C000321302

C000321302

Europe
Europa

	Country		Currency	100/51€ ②	SOS ☎	🛣	🚗	road	🏠	MAUT/TOLL	‰
	Österreich / Austria	A	1 Euro (EUR) = 100 Cent	133 / 144		130	100	100	50	✓	0,5 ‰
	Shqipëria / Albania	AL	1 Lek (ALL) = 100 Quindarka	129 / 126		120	100	80	40		0,0 ‰
	België/Belgique / Belgium	B	1 Euro (EUR) = 100 Cent	101 / 100		120	120	90	50		0,5 ‰
	Bŭlgarija / Bulgaria	BG	1 Lew (BGN) = 100 Stótinki	166 / 150		130	90	90	50	✓	0,5 ‰
	Bosna i Hercegovina / Bosnia and Herzegovina	BIH	Konvert. Marka (BAM) = 100 Fening	92 / 94		120	100	80	60		0,3 ‰
	Schweiz/Suisse/Svizzera / Switzerland	CH	1 Franken (CHF) = 100 Rappen	117 / 144		120	100	80	50	✓	0,5 ‰
	Kypros/Kibris / Cyprus	CY	1 Euro (EUR) = 100 Cent	199		100	80	80	50		0,5 ‰
	Česká republika / Czech republic	CZ	1 Koruna (CZK) = 100 Haliru	112 / 155		130	130	90	50	✓	0,0 ‰
	Deutschland / Germany	D	1 Euro (EUR) = 100 Cent	110 / 112		—	—	100	50		0,5 ‰
	Danmark / Denmark	DK	1 Krone (DKK) = 100 Øre	112		130	80	80	50		0,5 ‰
	España / Spain	E	1 Euro (EUR) = 100 Cent	112		110	100	90	50	✓	0,5 ‰
	Eesti / Estonia	EST	1 Euro (EUR) = 100 Cent	110 / 112		110	110	90	50		0,0 ‰
	France / France	F	1 Euro (EUR) = 100 Cent	112		130	110	90	50	✓	0,5 ‰
	Suomi/Finland / Finland	FIN	1 Euro (EUR) = 100 Cent	112		120	100	100	50		0,5 ‰
	United Kingdom / United Kingdom	GB	1 Pound Sterling (GBP) = 100 Pence	999 / 112		70 mph (112)	70 mph (112)	60 mph (96)	30 mph (48)	✓	0,8 ‰
	Ellás (Hellás) / Greece	GR	1 Euro (EUR) = 100 Cent	100 / 166		120	110	90	50	✓	0,5 ‰
	Magyarország / Hungary	H	1 Forint (HUF) = 100 Filler	112		130	110	90	50	✓	0,0 ‰
	Hrvatska / Croatia	HR	1 Kuna (HRK) = 100 Lipa	112 / 94		130	110	90	50	✓	0,5 ‰
	Italia / Italy	I	1 Euro (EUR) = 100 Cent	112 / 118		130	110	90	50	✓	0,5 ‰
	Éire/Ireland / Ireland	IRL	1 Euro (EUR) = 100 Cent	999 / 112		120	100	60/100	50	✓	0,8 ‰
	Ísland / Iceland	IS	1 Krona (ISK) = 100 Aurar	112				80/90	50		0,5 ‰
	Kosovo / Kosovo	KSV	1 Euro (EUR) = 100 Cent	112 / 92		130	110	80	50		0,5 ‰
	Luxembourg / Luxembourg	L	1 Euro (EUR) = 100 Cent	113 / 112		130	90	90	50		0,5 ‰
	Lietuva / Lithuania	LT	1 Litas (LTL) = 100 Centas	02 / 03 / 112		110	90	90	50		0,4 ‰
	Latvija / Latvia	LV	1 Lats (LVL) = 100 Santīmi	02 / 03 / 112		110	90	90	50		0,5 ‰
	Makedonija / Macedonia	MK	1 Denar (MKD) = 100 Deni	192 / 194		120	100	80	40/60	✓	0,5 ‰
	Norge / Norway	N	1 Krone (NOK) = 100 Øre	112 / 113		90	90	80	50	✓	0,2 ‰
	Nederland / Netherlands	NL	1 Euro (EUR) = 100 Cent	112		120	100	80	50		0,5 ‰
	Portugal / Portugal	P	1 Euro (EUR) = 100 Cent	112		120	100	90	50	✓	0,5 ‰
	Polska / Poland	PL	1 Zloty (PLN) = 100 Groszy	112 / 999		130/140	100/120	90/100	50	✓	0,2 ‰
	România / Romania	RO	1 Leu (RON) = 100 Bani	112		130	100	90	50	✓	0,0 ‰
	Rossija / Russia	RUS	1 Rubel (RUB) = 100 Kopeek	02 / 03		110	90	90	60		0,3 ‰
	Sverige / Sweden	S	1 Krona (SEK) = 100 Öre	112		110	110/90	70/90	50		0,2 ‰
	Srbija / Crna Gora / Serbia / Montenegro	SR MNE	1 Dinar (CSM) = 100 Para ; Euro	92 / 94		120	100	80	60	✓	0,3 ‰
	Slovenská republika / Slovakia	SK	1 Euro (EUR) = 100 Cent	112 / 155		130	90	90	60	✓	0,0 ‰
	Slovenija / Slovenia	SLO	1 Euro (EUR) = 100 Cent	113 / 112		130	100	90	50	✓	0,5 ‰
	Türkiye / Turkey	TR	1 Lira (TRY) = 100 Kurus	155 / 112		120	90	90	50	✓	0,5 ‰
	Ukrajina / Ukraine	UA	1 Griwna (UAH) = 100 Kopijken	02 / 03		130	110	90	60		0,0 ‰

1:900 000

1:15 000

© GeoGraphic Publishers, 2011
GeoGraphic Publishers GmbH & Co. KG
Königinstraße 11, D-80539 München,
Telefon +49-89-458020-0, Fax +49-89-458020-21
E-Mail info@geographicmedia.de
www.kunth-verlag.de

© AA Media Limited 2011
Fanum House, Basing View,
Basingstoke, Hampshire RG21 4EA, UK
ISBN: 978-0-7495-7113-9

Based on an idea by: GeoGraphic Publishers
Hill shading 1:4 500 000 / 1:900 000:
Produced using SRTM data from Heiner Newe,
GeoKarta, Altensteig

Printed in Slovakia

The contents of this atlas are believed to be correct at the time of the latest revision. However, the publishers cannot be held responsible for loss occasioned to any person acting or refraining from action as a result of any material in this atlas, nor for any errors, omissions or changes in such material.

All rights reserved. No part of this publication may be reproduced, stored in a retrieval system, or transmitted in any form or by any means electronic, mechanical, photocopying, recording or otherwise unless the permission of the publisher has been given beforehand.

AA European Breakdown Cover

SAVE £10 on single trips of 6 days or more or Annual Multi Trip policies

Driving in Europe? Breaking down without cover can not only be inconvenient, but also expensive. With a 24-hour English speaking helpline, trust the AA to get you back on the road. Buy now and **save £10** on European Breakdown Cover.

Call free on

0800 294 0298 and quote EURO ATLAS

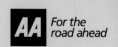
AA For the road ahead

Offer available by phone when quoting 'Euro Atlas' and is not available in a breakdown situation. £10 saving available on European Breakdown Full Cover trips of 6 days or more or Annual Multi Trip Full Cover policies. Not available on European Breakdown Cover Lite or European Breakdown Assistance Short Break. Offer cannot be used in conjunction with any other offer and can be withdrawn at anytime. **Offer ends 30/10/2012.** Terms and conditions apply to European Breakdown Cover, including territorial and claim limits, vehicle eligibility and other restrictions. Insurer (Acromas Insurance Company Limited) is not responsible for goods or services provided by third parties even where the cost of these is met under the policy. Different rates apply to different lengths of cover / parties of more than eight and supplements may apply (E.g. for older vehicles and trailers). Information correct at time of going to print (July 2011) but subject to change.

European Breakdown Cover is underwritten by Acromas Insurance Services Ltd. Automobile Association Insurance Services Limited is an insurance intermediary and is authorised and regulated by the Financial Services Authority (FSA). Registered office: Fanum House, Basing View, Basingstoke, Hampshire RG21 4EA. Registered in England and Wales number 2414212.

AAR238 Breakdown (07/11)

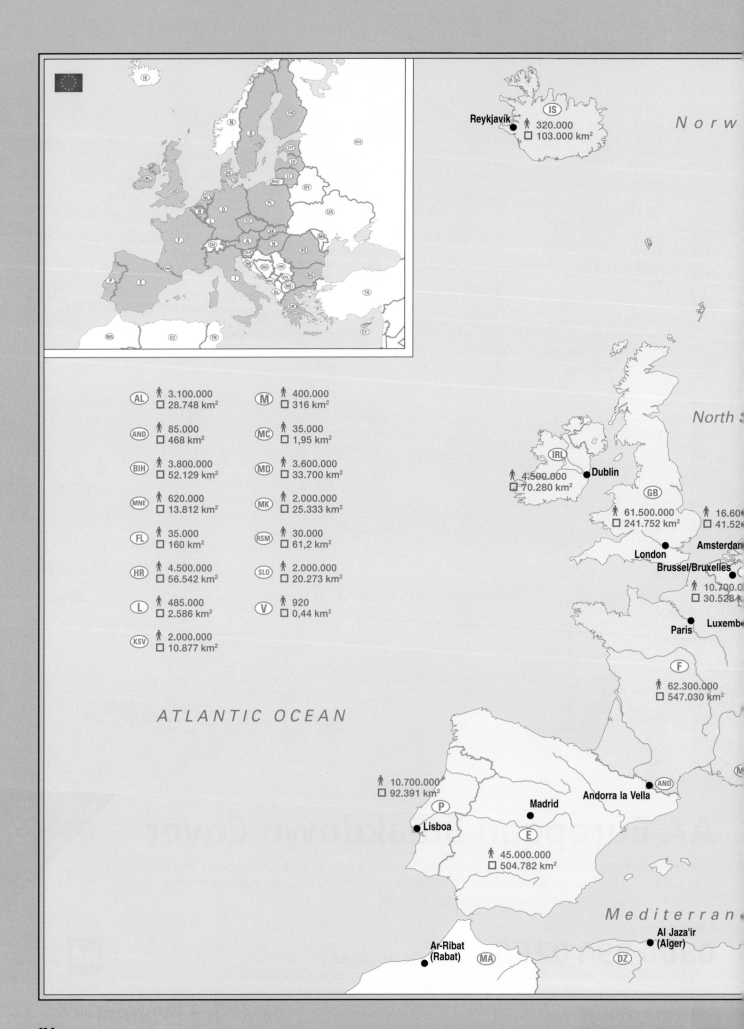

IV

Reykjavík   👤 320.000   ⬜ 103.000 km²

Norw

North S

AL	👤 3.100.000 ⬜ 28.748 km²
AND	👤 85.000 ⬜ 468 km²
BIH	👤 3.800.000 ⬜ 52.129 km²
MNE	👤 620.000 ⬜ 13.812 km²
FL	👤 35.000 ⬜ 160 km²
HR	👤 4.500.000 ⬜ 56.542 km²
L	👤 485.000 ⬜ 2.586 km²
KSV	👤 2.000.000 ⬜ 10.877 km²
M	👤 400.000 ⬜ 316 km²
MC	👤 35.000 ⬜ 1,95 km²
MD	👤 3.600.000 ⬜ 33.700 km²
MK	👤 2.000.000 ⬜ 25.333 km²
RSM	👤 30.000 ⬜ 61,2 km²
SLO	👤 2.000.000 ⬜ 20.273 km²
V	👤 920 ⬜ 0,44 km²

IRL   👤 4.500.000 ⬜ 70.280 km²   ● Dublin

GB   👤 61.500.000 ⬜ 241.752 km²

👤 16.60
⬜ 41.52

● Amsterdam
London
Brussel/Bruxelles ●
👤 10.700.0
⬜ 30.528 k

Paris ●   Luxemb

F   👤 62.300.000 ⬜ 547.030 km²

ATLANTIC OCEAN

M

👤 10.700.000 ⬜ 92.391 km²

P

● Lisboa

Madrid ●

E

👤 45.000.000 ⬜ 504.782 km²

Andorra la Vella ● AND

Mediterran

Ar-Ribat (Rabat) ●

MA

Al Jaza'ir (Alger) ●

DZ

ian Sea

Baltic Sea

Black Sea

n Sea

Oslo
 ⩓ 4.800.000
 ☐ 324.220 km²

Stockholm
 ⩓ 9.200.000
 ☐ 449.964 km²

Helsinki
 ⩓ 5.300.000
 ☐ 337.031 km²

Tallinn · EST
 ⩓ 1.300.000
 ☐ 45.226 km²

Riga · LV
 ⩓ 2.300.000
 ☐ 64.589 km²

Moskva
 ⩓ 140.900.000
 ☐ 17.075.200 km²

RUS

Vilnius · LT
 ⩓ 3.700.000
 ☐ 65.200 km²

Minsk · BY
 ⩓ 9.700.000
 ☐ 207.600 km²

RUS

København · DK
 ⩓ 5.400.000
 ☐ 43.094 km²

Berlin · D
 ⩓ 82.200.000
 ☐ 357.021 km²

Warszawa · PL
 ⩓ 38.000.000
 ☐ 312.685 km²

Kyjiv · UA
 ⩓ 45.700.000
 ☐ 603.700 km²

Praha · CZ
 ⩓ 10.400.000
 ☐ 78.866 km²

Bratislava · SK
 ⩓ 5.400.000
 ☐ 48.845 km²

Wien · A
 ⩓ 8.400.000
 ☐ 83.870 km²

Budapest · H
 ⩓ 10.000.000
 ☐ 93.030 km²

Chişinău · MD

RO

Bucureşti · RO
 ⩓ 21.300.000
 ☐ 237.500 km²

Bern · CH
Vaduz · FL
 ⩓ 7.600.000
 ☐ 41.290 km²

Ljubljana · SLO

Zagreb · HR

Beograd
 ⩓ 7.700.000
 ☐ 77.484 km²

San Marino · RSM

Sarajevo · BIH

Podgorica · MNE

Priština · KSV

Sofija · BG
 ⩓ 7.500.000
 ☐ 110.910 km²

Ankara · TR

Monaco

Roma · I
 ⩓ 60.000.000
 ☐ 301.230 km²

V

Tiranë

Skopje · MK

SRB

Athína · GR
 ⩓ 11.100.000
 ☐ 131.940 km²

AL

TR
 ⩓ 75.000.000
 ☐ 780.580 km²

Tunis · TN

Valletta · M

CY
 ⩓ 870.000
 ☐ 9.250 km²

	A	Österreich
	AL	Shqipëria
	AND	Andorra
	B	België/Belgique
	BG	Bâlgarija
	BIH	Bosna i Hercegovina
	BY	Belarus
	MNE	Crna Gora
	CH	Schweiz/Suisse/Svizzera
	CY	Kýpros
	CZ	Česká Republika
	D	Deutschland
	DK	Danmark
	E	España
	EST	Eesti
	F	France
	FIN	Finland
	FL	Liechtenstein
	GB	United Kingdom
	GR	Elláda
	H	Magyarország
	HR	Hrvatska
	I	Italia
	IRL	Éire/Ireland
	IS	Ísland
	KSV	Kosovo
	L	Luxembourg
	LT	Lietuva
	LV	Latvija
	M	Malta
	MC	Monaco
	MD	Moldova
	MK	Makedonija
	N	Norge
	NL	Nederland
	P	Portugal
	PL	Polska
	RO	România
	RSM	San Marino
	RUS	Rossija
	S	Sverige
	SK	Slovenská Republika
	SLO	Slovenija
	SRB	Srbija
	TR	Türkiye
	UA	Ukrajina
	V	Città del Vaticano

(GB) (D) (F) (NL) (I) (PL) (DK) (N)

Significant points of interest · Herausragende Sehenswürdigkeiten · Curiosités remarquables · Opvallende bezienswaardigheden
Punti di interesse degni di nota · Obiekty turystyczne · Betydningsfulde sevaerdigheder · Betydelig severdigheter

GB	D	F	NL		I	PL	DK	N
Major tourist route	Autoroute	Autoroute	Autoroute		Ittinerario stradale	Trasy samochodowe	Bilvej	Bilvei
Major tourist railway	Bahnstrecke	Ligne ferroviaire	Spoorwegtraject		Percorso ferroviario	Trasy kolejowe	Jernbane	Jernbane
Highspeed train	Hochgeschwindigkeits-zug	Train à Grande Vitesse	Hogesnelheidstrein		Treno ad alta velocità	Kolej dużych szybkości	Højhastighedstog	Høyhastighetstog
Shipping route	Schiffsroute	Itinéraire en bateau	Scheepsroute		Ittinerario navale	Trasy podróży statkiem	Skibsruter	Skipsruter
UNESCO World Natural Heritage	UNESCO-Weltnaturerbe	Patrimoine naturel de l'humanité de l'UNESCO	UNESCO-wereldnatuurerfgoed		Patrimonio naturale mondiale UNESCO	Światowe dziedzictwo natury UNESCO	UNESCO Verdensarvsted (natur)	UNESCOs verdensarvsteder (natur)
Mountain landscape	Gebirgslandschaft	Paysage de montagne	Berglandschap		Paesaggio montano	Krajobraz górski	Bjerglandskab	Fjellandskap
Rock landscape	Felslandschaft	Paysage rocheux	Rotslandschap		Paesaggio roccioso	Krajobraz skalny	Klippelandskab	Klippelandskap
Ravine/canyon	Schlucht/Canyon	Gorge/canyon	Kloof/canyon		Gola/canyon	Wąwóz/kanion	Kløfter/canyons	Kløfter/canyons
Glacier	Gletscher	Glacier	Gletsjer		Ghiaccio	Lodowiec	Gletsjer	Isbre
Active volcano	Vulkan, aktiv	Volcan actif	Actieve vulkaan		Vulcano attivo	Wulkan aktywny	Aktive vulkaner	Aktive vulkaner
Extinct volcano	Vulkan, erloschen	Volcan éteint	Dode vulkaan		Vulcano spento	Wygasły wulkan	Udslukte vulkaner	Slukte vulkaner
Geyser	Geysir	Geyser	Geiser		Geyser	Gejzer	Gejser	Geysir
Cave	Höhle	Grotte	Grotten		Grotta	Jaskinia	Hule/grotte	Hule
River landscape	Flusslandschaft	Paysage fluvial	Rivierlandschap		Paesaggio fluviale	Krajobraz rzeczny	Flodlandskab	Elvelandskap
Waterfall/rapids	Wasserfall/Stromschnelle	Chute d'eau/rapide	Waterval/stroomversnelling		Cascata/rapide	Wodospad/bystrze	Vandfald/strømhvirvler	Fosser/strømhvirvler
Lake country	Seenlandschaft	Paysage de lacs	Merenlandschap		Paesaggio lacustre	Krajobraz nadmorski	Søområder	Sjøområder
Desert	Wüstenlandschaft	Désert	Woestijnlandschap		Paesaggio desertico	Krajobraz pustynny	Ørken	Ørken
Oasis	Oase	Oasis	Oase		Oasi	Oaza	Oase	Oase
Depression	Depression	Bassin	Depressie		Depressione geologica	Depresja	Sænkning	Forsenkning
Fossil site	Fossilienfundstätte	Site fossile	Fossielenplaats		Zona fossile	Miejsca ze skamieniałościami	Forekomster af fossiler	Forekomster av fossiler
Nature park	Naturpark	Parc naturel	Natuurpark		Parco naturale	Park natury	Naturpark	Naturpark
National park (landscape)	Nationalpark (Landschaft)	Parc national (paysage)	Nationaal park (landscape)		Parco nazionale (territorio)	Park narodowy krajobraz)	Nationalpark (landskab)	Nasjonalpark (landskap)
National park (flora)	Nationalpark (Flora)	Parc national (flore)	Nationaal park (flora)		Parco nazionale (fauna)	Park narodowy (fauna)	Nationalpark (flora)	Nasjonalpark (flora)
National park (fauna)	Nationalpark (Fauna)	Parc national (faune)	Nationaal park (fauna)		Parco nazionale (fauna)	Park narodowy (fauna)	Nationalpark (fauna)	Nasjonalpark (fauna)
National park (culture)	Nationalpark (Kultur)	Parc national (site culturel)	Nationaal park (cultuur)		Parco nazionale (cultura)	Park narodowy (kultura)	Nationalpark (kultur)	Nasjonalpark (kultur)
Botanic gardens	Botanischer Garten	Jardin botanique	Botanische tuin		Giardino botanico	Ogród botaniczny	Botanisk have	Botanisk hage
Biosphere reserve	Biosphärenreservat	Réserve de biosphère	Biosfeerreservaat		Riserva di biosfera	Rezerwat biosfery	Biosfæreområde	Biosfæreområde
Wildlife reserve	Wildreservat	Réserve animale	Wildreservaat		Riserva selvatica/zoo	Rezerwat dziki	Dyrereservat	Dyrereservat
Zoo/safari park	Zoo/Safaripark	Zoo/parc de safari	Dierentuin/safaripark		Zoo/parco safari	Zoo/park safari	Zoologisk have/dyrepark	Zoologisk hage/dyrepark
Coastal landscape	Küstenlandschaft	Paysage côtier	Kustlandschap		Paesaggio costiero	Krajobraz wybrzeża	Kystlandskab	Kystlandskap
Beach	Strand	Plage	Strand		Spiaggia	Plaża	Strand	Strand
Island	Insel	Île	Eiland		Isola	Wyspa	Ø	Øyer
Underwater reserve	Unterwasserreservat	Réserve sous-marine	Onderwaterreservaat		Riserva sottomarina	Rezerwat podwodny	Undervandsreservat	Marint reservat
Spring	Quelle	Source	Bron		Sorgente	Źródło	Kilde	Kilde
UNESCO World Cultural Heritage	UNESCO-Weltkulturerbe	Patrimoine culturel de l'humanité de l'UNESCO	UNESCO-wereldcultuurerfgoed		Patrimonio culturale mondiale UNESCO	Światowe dziedzictwo kulturowe UNESCO	UNESCO-Verdensarvsted (kultur)	UNESCOs Verdensarvsted (kultur)
Remarkable city	Außergewöhnliche Metropole	Métropole d'exception	Buitengewone metropolen		Metropoli straordinaria	Niezwykłe miasta	Bemærkelsesværdig storby	Bemerkelsesverdig storby
Pre-and early history	Vor- und Frühgeschichte	Préhistoire et protohistoire	Prehistorie en vroegste geschiedenis		Preistoria e protostoria	Prehistoria i historia wczesna	Forhistorisk sted	Forhistorisk sted
Prehistoric rockscape	Prähistorische Felsbilder/Naturvölker	Peintures rupestres préhistoriques	Prehistorische rotstekeningen		Disegni rupestri preistorici	Prehistoryczne malowidła skalne	Forhistoriske klippebilleder	Forhistoriske klippebilleder
The Ancient Orient	Alter Orient	Ancien Orient	Oud-Oriënt		Antico Oriente	Dawny Wschód	Oldtidens Orient	Oldtidens Orient
Minoan site	Minoische Kultur	Civilisation minoenne	Minoïsche cultuur		Cultura Minoica	Kultura minojska	Minoisk kultur	Minoisk kultur
Phoenecian site	Phönikische Kultur	Civilisation phénicienne	Fenicische cultuur		Cultura Fenicia	Kultura fenicka	Fønikisk kultur	Fønikisk kultur
Etruscan site	Etruskische Kultur	Civilisation étrusque	Etruskische cultuur		Cultura Etrusca	Kultura etruska	Etruskisk kultur	Etruskisk kultur
Greek antiquity	Griechische Antike	Antiquité grecque	Griekse oudheden		Antichità greca	Grecki antyk	Den gamle græske kultur	Den gamle greske kultur
Roman antiquity	Römische Antike	Antiquité romaine	Romeinse oudheden		Antichità romana	Rzymski antyk	Den gamle romerske kultur	Den gamle romerske kultur
Vikings	Wikinger	Vikings	Vikingen		Vichingo	Wikingowie	Vikinger	Vikinger
Places of Jewish cultural interest	Jüdische Kulturstätte	Site juif	Joodse cultuurhist. plaatsen		Luogo culturale ebraico	Miejsca związane z kulturą żydowską	Steder af jødisk kulturel interesse	Steder av jødisk kulturell interesse
Places of Islamic cultural interest	Islamische Kulturstätte	Site islamique	Islamitische cultuurhist. plaatsen		Luogo culturale islamico	Miejsca związane z kulturą islamską	Steder af islamisk kulturel interesse	Steder av islamsk kulturell interesse
Places of Christian cultural interest	Christliche Kulturstätte	Site chrétien	Christelijke cultuurhist. plaatsen		Luogo culturale cristiano	Miejsca związane z kulturą chrześcijańską	Steder af kristen kulturel interesse	Steder av kristen kulturell interesse
Roman church	Romanische Kirche	Église romane	Romaanse kerk		Chiesa romanica	Kościół romański	Romersk kirke	Romersk kirke
Gothic church	Gotische Kirche	Église gothique	Gotische kerk		Chiesa gotica	Kościół gotycki	Gotisk kirke	Gotisk kirke
Renaissance church	Renaissance-Kirche	Église renaissance	Renaissance kerk		Rinascimento	Renesans	Renæssance kirke	Renaissance kirke
Baroque church	Barock-Kirche	Église baroque	Barok kerk		Barocco	Barok	Barok kirke	Barokk kirke

VI

(GB)   (D)   (F) (NL) (I) (PL) (DK) (N)

Significant points of interest · Herausragende Sehenswürdigkeiten · Curiosités remarquables · Opvallende bezienswaardigheden
Punti di interesse degni di nota · Obiekty turystyczne · Betydningsfulde sevaerdigheder · Betydelig severdigheter

GB	D	F	NL		I	PL	DK	N
Christian monastery	Christliches Kloster	Monastère chrétien	Christelijk klooster		Convento cristiano	Klasztor chrześcijański	Kristent kloster	Kristene kloster
Cultural landscape	Kulturlandschaft	Paysage culturel	Cultuurlandschap		Paesaggio culturale	Krajobraz kulturowy	Kulturlandskab	Kulturlandskap
Historical city scape	Historisches Stadtbild	Cité historique	Historisch stadsgezicht		Immagine storica della città	Historyczny obraz miasta	Historiske byer	Historiske byer
Impressive skyline	Imposante Skyline	Gratte-ciel	Imposante skyline		Skyline imponente	Imponująca linia horyzontu	Flot silhuet	Flott silhuett
Castle/fortress/fort	Burg/Festung/ Wehranlage	Château/forteresse/ remparts	Burcht/vesting/ verdedigingswerk		Rocca/fortezza/ baluardo di difesa	Zamek/twierdza/ twierdza obronna	Slot/fæstning/borg	Slott/festning/borg
Castle ruin	Burgruine	Château ruine	Burcht ruine		Rovine di castello	Ruiny zamku	Slotsruin	Slottsruin
Tower of interest	Sehenswerter Turm	Tour intéressante	Bezienswaardige toren		Torre dall'architettura interessante	Warta zobaczenia wieża	Seværdigt tårn	Severdig tårn
Windmill	Windmühle	Moulin	Windmolen		Molino a vento	Wiatrak	Vindmølle	Vindmølle
Palace	Palast/Schloss	Palais	Paleis		Palazzo	Pałac	Palads	Palass
Technical/industrial monument	Techn./industrielles Monument	Monument technique/ industriel	Technisch/industrieel monument		Monumento tecnico/ industriale	Pomnik techniczny/ przemysłowy	Teknisk/industrielt monument	Teknisk/industrielt monument
Working mine	Bergwerk in Betrieb	Mine en activité	Mijn in bedrijf		Miniera in funzione	Pracująca kopalnia	Mine i drift	Gruve i drift
Disused mine	Bergwerk geschlossen	Mine fermée	Mijn buiten bedrijf		Miniera in disuso	Kopalnia zamknięta	Lukket mine	Nedlagt gruve
Dam	Staumauer	Barrage	Stuwdam		Diga di sbarramento	Zapora	Dæmning	Demning
Impressive lighthouse	Sehenswerter Leuchtturm	Très beau phare	Bezienswaardige vuurtoren		Faro dall'architettura interessante	Godna zobaczenia latarnia morska	Seværdigt fyrtårn	Severdig fyrtårn
Notable bridge	Herausragende Brücke	Pont remarquable	Opvallende brug		Ponte maestoso	Zdumiewające mosty	Seværdig bro	Bemerkelsesverdig bro
Remarkable building	Herausragendes Gebäude	Bâtiment remarquable	Bijzonder gebouw		Edificio imponente	Wspaniałe budynki	Seværdig bygning	Severdig bygning
Tomb/grave	Grabmal	Tombeau	Grafmonument		Monumento funerario	Grobowiec	Gravmæle	Gravmæle
Monument	Denkmal	Monument	Monument		Monumento	Pomnik	Monument	Monument
Memorial	Mahnmal	Mémorial	Gedenkteken		Monumento commemorativo	Monument	Mindesmærke	Minnesmerke
Theater of war/ battlefield	Kriegsschauplatz/ Schlachtfeld	Champs de bataille	Strijdtoneel/ slagvelden		Teatro di guerra/ campo di battaglia	Teatr działań wojennych/ pola bitew	Slagmark	Slagmark
Space mission launch site	Weltraumbahnhof	Base spatiale	Ruimtestation		Stazione spaziale	Stacja kosmizna	Rumcenter	Romsenter
Space telescope	Weltraumteleskop	Télescope astronomique	Ruimtetelescoop		Telescopio spaziale	Teleskop kosmiczny	Rumfartsteleskop	Astronomisk observatorium
Market	Markt	Marché	Markt		Mercato	Rynek	Marked	Marked
Festivals	Feste und Festivals	Fêtes et festivals	Feesten en festivals		Feste e festival	Święta i festiwale	Byfester og festivals	Festivaler
Museum	Museum	Musée	Museum		Museo	Muzeum	Muséer	Museum
State Historical Park	Freilichtmuseum	Musée de plein air	Openluchtmuseum		Museo all'aperto	Skansen	Frilandsmuseum	Friluftsmuseum
Theatre	Theater	Théâtre	Theater		Teatro	Teatr	Teater	Teater
World exhibition/ World Fair	Weltausstellung	Exposition universelle	Wereldtentoonstelling		Esposizione internazionale	Wystawa światowa	Verdensudstilling	Verdensutstilling
Arena/stadium	Arena/Stdion	Arène/stade	Arena/stadion		Arena/stadio	Arena/stadion	Arena/stadion	Arena/stadion
Race track	Rennstrecke	Circuit automobile	Circuit		Circuito	Trasa wyścigu	Væddeløbsbane	Racerbane
Golf	Golf	Golf	Golf		Golf	Golf	Golf	Golf
Horse racing	Pferdesport	Équitation	Paardensport		Sport Ippici	Jazda konna	Hestevæddeløb	Hesteveddeløp
Skiing	Skigebiet	Station de ski	Skigebied		Area sciistica	Miejsce do jazdy na nartach	Skiområde	Skisport
Sailing	Segeln	Voile	Zeilen		Velismo	Żeglowanie	Sejlads	Seiling
Wind surfing	Windsurfen	Planche à voile	Surfen		Surf	Surfowanie	Vindsurfing	Vindsurfing
Surfing	Wellenreiten	Surf	Surfriding		Wave-riding	Pływanie na falach	Surfing	Surfing
Diving	Tauchen	Plongée	Duiken		Immersioni	Nurkowanie	Dykning	Dykking
Canoeing/rafting	Kanu/Rafting	Canoë/rafting	Kanoën/rafting		Canoa/rafting	Pływanie kanu/ spływy pontonowe	Kanosejlads/rafting	Kanopadling/rafting
Seaport	Seehafen	Port	Zeehaven		Porto marittimo	Port morski	Havn	Havn
Deep-sea fishing	Hochseeangeln	Pêche en mer	Zeevissen		Pesca marina	Łowienie ryb na morzu	Fiskeri	Fiske
Waterskiing	Wasserski	Ski nautique	Waterskiën		Sci acquatico	Narty wodne	Vandski	Vandski
Beach resort	Badeort	Station balnéaire	Badplaats		Località balneare	Kąpielisko	Badested	Badested
Leisure bath	Freizeitbad	Piscine découverte	Recreatiebad		Parco acquatico	Basen	Svømmehal/vandland	Friluftsbad
Mineral/thermal spa	Mineralbad/Therme	Station hydrothermale	Mineraalbad/thermen		Sogente termale	Wody mineralne/ kąpielisko termalne	Mineralbad/termalbad	Mineralbad/termalbad
Leisure park	Freizeitpark	Parc de loisirs	Recreatiepark		Parco di divertimento	Park rozrywki	Forlystelsespark	Forlystelsesrk/ temapark
Casino	Spielcasino	Casino	Casino		Casino	Kasyno	Kasino	Kasino
Hill resort	Hill Resort	Station de montagne	Hill resort		Località colinare	Hill resort	Bjerghoteller	Fjellhoteller
Mountain refuge/ alpine pasture	Berghütte/Alm	Refuge/pâturages	Berghut/alpenweide		Rifugio/pascolo alpino	Schroniska górskie/ pastwiska alpejskie	Bjerghytte/alpe	Høyfjellshytte
Rambling/rambling area	Wandern/Wandergebiet	Randonnées/zone de randonnées	Wandelen/wandelgebied		Escursionismo/ area escursionistica	Wędrowanie/obszar wędrówek	Vandring/vandreområde	Vandreområde
Viewpoint	Aussichtspunkt	Point de vue	Uitzichtpunt		Punto panoramico	Punkt widokowy	Udsigtspunkt	Utsiktspunkt
Mountain railway	Bergbahn	Chemin de fer de montagne	Kabelbaan		Ferrovia di montagna	Kolejka górska	Bjergbane	Bergbane
Shipwreck	Schiffswrack	Épave de navire	Scheepswrak		Rottame di nave	Wrak statku	Skibsvrag	Skipsvrak

Legend (GB)	Zeichenerklärung (D)	Légende (F)	Legenda (NL)	1: 900 000	Segni convenzionali (I)	Objaśnienia znaków (PL)	Tegnforklaring (DK)	Tegnforklaring (N)
Motorway	Autobahn	Autoroute	Autosnelweg		Autostrada	Autostrady	Motorvej	Motorvei
Toll motorway	Gebührenpflichtige Autobahn	Autoroute à péage	Tolautosnelweg		Autostrada soggetta a pedaggio	Autostrady płatne	Motorvej med betalingspligt	Motorvei med bompenger
Dual carriageway	4- oder mehrspurige Straße	Double chaussée	Hoofdroute, vierbaans		Strada di grande com. a 4 corsie	Drogi szybkiego ruchu	Vej med to vejbaner	Vei med 4 eller flere felt
Primary route	Fernstraße	Route principale	Hoofdroute		Strada di grande comunicazione	Przelotowe drogi główne	Fjerntrafikvej	Riksvei
Major road	Wichtige Hauptstraße	Route principale importante	Belangrijke verbindingsweg		Strada principale di particolare importanza	Ważniejsze drogi główne	Vigtig hovedvej	Viktig hovedvei
Main road	Hauptstraße	Route régionale	Regionale verbindingsweg		Strade principale	Drogi główne	Hovedvej	Hovedvei
Secondary road	Nebenstraße	Route secondaire	Overige wegen		Strada secondaria	Drogi drugorzędne	Bivej	Sidevei
Railway	Eisenbahn	Chemin de fer	Spoorweg		Ferrovia	Linie kolejowe	Jernbane	Jernbane
Restricted area	Sperrgebiet	Zone interdite	Verboden gebied		Zona vietata	Obszary zamknięte	Afspærret omrade	Sperret område
National or nature park	National- und Naturpark	Parc national, parc naturel	Nationaal park, natuurpark		Parco nazionale, parco naturale	Parki narodowe	Nationalpark, naturpark	Nasjonal- og naturpark
Border crossing point	Grenzübergang	Passage frontalier	Grensovergang		Passaggio di frontiera	Przejścia graniczne	Grænsovergang	Grenseovergang
Motorway junction number	Autobahnanschlussnummer	Numéro d'échangeurs	Afrit met nummer		Numero di raccordo autostradale	Numery rozjazdów	Tilslutning med nummer	Motorvei inn-/utkjørselnummer
Motorway junction	Anschlussstelle	Échangeurs	Aansluiting		Raccordo autostradale	Węzły drogowe	Tilslutning	Inn-/utkjørsel
Filling station	Autobahntankstelle	Station-service	Tankstation		Area di servizio	Stacje paliw	Tankanlæg	Bensinstasjon på motorvei
Restaurant	Autobahnrasthaus	Restaurant	Restaurant		Ristorante	Restauracje	Rasteplads	Veikro på motorvei
Restaurant with motel	Autobahnrasthaus mit Motel	Hôtel	Restaurant met motel		Motel	Restauracje z motelem	Rasteplads met overnatning	Veikro på motorvei med motell
Not suitable/closed for caravans	Für Wohnwagen nicht geeignet-verboten	Non recommandé aux caravans-interdite	Voor caravans niet aanbevolen-verboden		Non raccomandabile alle roulottes-divieto	Drogi nie zalecane dla przyczep-zamknięte	Anbefales ikke for campingvogne-forbudt	Ikke anbefalt for campingvogner-forbudt
Major airport	Wichtiger Flughafen	Aéroport important	Belangrijke luchthaven		Aeroporti principali	Ważniejsze lotniska	Vigtig Lufthavn	Viktig flyhavn
Airport	Flughafen	Aéroport	Luchthaven		Aeroporto	Lotniska	Lufthavn	Flyhavn
Airfield	Flugplatz	Aérodrome	Vliegveld		Aerodromo	Lądowiska	Flyveplads	Flyplass
Ferry	Autofähre	Bac autos	Veerdienst		Traghetto	Linie żeglugi promowej	Bilfærge	Bilferge
Place of interest	Sehenswerter Ort	Curiosités	Bezienswaardig	COLMAR	Punto di notevole interesse	Interesujące miejscowości	Seværdighed	Severdig sted

City map	Stadtplan	Plan de ville	Plattegrond	1: 15 000	Pianta della città	Plan miasta	Bykort	Bykart
Motorway	Autobahn	Autoroute	Autosnelweg		Autostrada	Autostrady	Motorvej	Motorvei
Major road	Wichtige Hauptstraße	Route principale importante	Hoofdroute		Strada principale di particolare importanza	Ważniejsze drogi główne	Vigtig hovedvej	Viktig hovedvei
Main road	Hauptstraße	Route régionale	Belangrijke verbindingsweg		Strada principale	Drogi główne	Hovedvej	Hovedvei
Pedestrian zone	Fußgängerzone	Zone piétonne	Voetgangerzone		Zona pedonale	Strefa ruchu pieszego	Gågade	Gågate
Railway	Bahnlinie	Ligne de tramway	Spoorweg		Ferrovia	Linie kolejowe	Jernbane	Jernbane
Stadium	Stadion	Stade	Stadion		Stadio	Stadiony	Stadion	Stadion
Parking, garage parking	Parkplatz, Parkhaus	Parking	Parkeerplaats		Parcheggio, autosilo	Parkingi, parkingi wielokondygnacyjne	Parkeringsplads, parkeringshus	Parkeringsplass, parkeringshus
Exhibition Hall	Messe	Palais des expositions	Beurs		Fiera	Targi	Messe	Messe
Central station	Hauptbahnhof	Gare centrale	Centraal station		Stazione centrale	Dworzec główny	Hovedbanegård	Sentralstasjon
Bus station	Busbahnhof	Gare routière	Busstation		Stazione degli autobus	Dworce autobusowe	Busterminal	Busstasjon
Hospital	Krankenhaus	Hôpital	Ziekenhuis		Ospedale	Szpitale	Sygehus	Sykehus
Information	Information	Information	Informatie		Informazioni	Informacja	Information	Informasjon
Post office	Post	Bureau de poste	Postkantoor		Ufficio postale	Poczty	Posthus	Post
Church	Kirche	Église	Kerk		Chiesa	Kościoły	Kirke	Kirke
Mosque	Moschee	Mosquèe	Moskee		Moschea	Meczety	Moske	Moské
Synagogue	Synagoge	Synagogue	Synagoge		Sinagoga	Synagogi	Synagoge	Synagoge
Theatre	Theater	Théâtre	Theater		Teatro	Teatry	Teater	Teater
Museum	Museum	Musée	Museum		Museo	Muzea	Museum	Museum
Library	Bibliothek	Bibliothèque	Bibliotheek		Biblioteca	Biblioteki	Bibliotek	Bibliotek

Aa   Ab   Ac   Ad   Ba

01

02

03

04

05

06

07

Denmark Strait

Ísafjarðardjúp

Straumnes

Vestfirðir
Hornbjarg
Breiðaskarðs-hnúkur
709

Suðureyri
Sæból
Bolungarvík
Ísafjörður
IFJ
60
48
Suðavík
Myrar
Neðribær
TEY
Þingeyri
Hrafnseyri
957
Ögur
Reykjanes
Drangajökull
925

ÍSLAND

Breiðavík
Bjargtangar
Hnjótur
Patreksfjörður
Bíldudalur
Látrabjarg
BIU
64
Gláma
Munaðarnes
Dynjandifoss
(Fjallfoss)
178
Árnes
Gjögur

Reykjafjörður
663
Hagi
130
Reiphólsfjöll
Gufudalur
981
Hólmavík
53

Skoragrunn

Breiðafjörður
Flatey
Reykhólar
Króksfjarðarnes
Staðarhóll
26
Drangsnes
Kollafjarðarnes
Skagaströnd
Húnaflói
Skagi
Skagatá
121
22
Siglufjörður
SIJ

Öndverðarnes
Hellissandur
Ólafsvík
Þjóðgarðurinn
Snæfellsjökull
1446
Tröllakirkja
Malarrif
Hellnar
Búðir
Snæfellsnes
930
Grundarfjörður
Stykkishólmur
SYK
51
Brokey
Staðarfell
Háfratindur
923
60
57
Prestbakki
Hindisvík
Blönduós
Reykjadiskur
Þingeyrar
BLO
Sauðárkrókur
Hofsós
Barð
Ólafsfjörður
Gjóg
76
Dalvík
Hrísey
Gren
Viðvík
36
81
Hólar
82
43
1358
Tröllaskagi
Akureyri
AEY
Svalbarðse
Hrafnagil
Ísafastaðir
1138
95
1

Gerðuberg
54
Buðardalur
72
57
Borðeyri
Eiríksstaðir
Brú
33
Staðarskáli
820
Laugarbakki
Hvammstangi
Svínavatn
Varmahlíð
50
Glaumbær
26
Goðdalir
Blöndulón
110

Baroagrunn
Akrar
Myrar
Hjörsey
82
21
Hvammur
34
47
1
Dalfoss
Steinsstaðabyggð
112
Torfufell
1241
Hólar
Aldeyjar
112
112

Faxaflói
Borgarnes
Hvanneyri
Reykholt
Hraunfossar
Viðgelmir
Húsafell
Eiríksjökull
1675
Langjökull
1420
Hveravellir
Kjölur
Hofsjökull
1800
Snækollur
1477
1204
Ísland
Nýidalur
1520
1460
Öskjuvat
Trölladyngja
15
Askja

Akranes
Skarðsheiði
1041
45
Pyrill
Glymur
Hofsvík
Esja
914
3
Þingvellir
Skjaldbreiður
1060
Hvítárvatn
92
Sprengisandur
Fjórðungsvatn

Garðskagi
Garður
Sandgerði
Keflavík
KEF
Hafnir
Hafnaberg
Bláa lónið
Reykjanestá
Grindavík
REYKJAVÍK
Hafnarfjörður
Kópavogur
Mosfellsbær
46
43
Brúnir
Heiðin há
Elliðavatn
Þingvallavatn
Laugarvatn
Geysir
Strokkur
36
Reykholt
Gullfoss
Vatnsleysufoss
Hvita
Hvanngiljafoss
Gljúfurleitarfoss
Kvíslavatn
Hágöngulón
Þórisvatn
Bárðarbunga
2009
Kverkfjöll
1929
Vatnajökull

Strandarkirkja
Þorlákshöfn
Hveragerði
19
12
66
Selfoss
Skálholt
67
Flúðir
84
Tangafoss
Stöng
32
Þjóðveldisbærinn
62
Langisjór
Laki
Þórðarhyrna
1719
Grímsvötn
1659
Grænalón
Þjóðgarðurinn
Skaftafell

Eyrarbakki
Stokkseyri
Eyrarbakkabugur
Pykkvibær
Hólt
Hella
Hvolsvöllur
Hekla
1491
Friðland að
Fjallabaki
1462
Kaldaklofsfjöll
1278
Landmannalaugar
Eldgjá
Prestbakki
Systrafoss
Núpsstaður
Svartifoss
88
Hvannadalshnúkur
2119
Jökulsárlón
05

Kross
1
1666
98
Þórsmörk
Mýrdalsjökull
Kirkjubæjarklaustur
Skeiðarársandur
Hof

Vestmannaeyjar
Surtsey
Heimaey
VEY
Skógafoss
Skógar
1450
Eyjafjallajökull
Dyrhólaey
Vík
80
Hraungerði
Mýrnatangi
Fagurhólsmýri
Ingólfshöfði

ATLANTIC

OCEAN

Aa   Ab   Ac   Ad   Ba

2

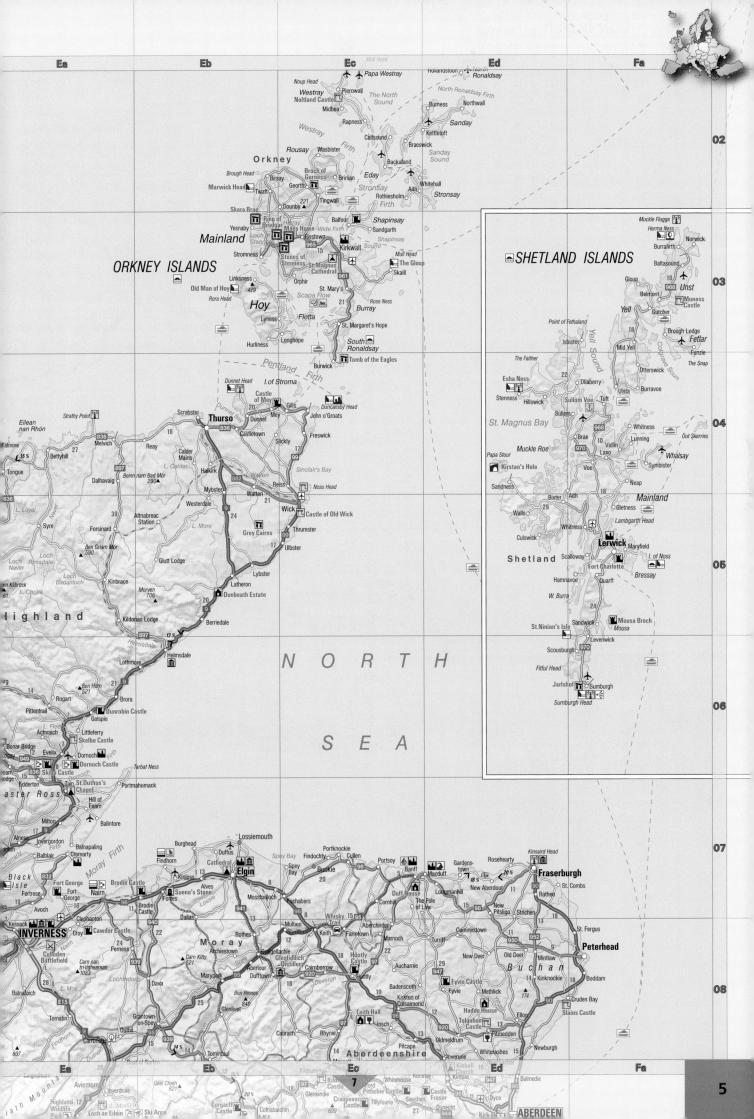

ORKNEY ISLANDS

Noup Head
Westray
Noltland Castle
Midbea
Papa Westray
Pierowall
The North Sound
Hollandstoun
North Ronaldsay
Rapness
Calfsound
Burness
Northwall
Sanday
Kettletoft
Braeswick
Backaland
Sanday Sound

Rousay
Wasbister
Orkney
Birsay
Brough Head
Broch of Gurness
Georth
Brinian
Eday
Whitehall
Stronsay
Stronsay Firth
Rothiesholm

Marwick Head
Twatt
Dounby
Tingwall
Balfour
Shapinsay
Sandgarth
Shapinsay Sound

Skara Brae
Yesnaby
Ring of Brodgar
Maes Howe
Finstown
Kirkwall
Mull Head

Mainland
Loch Stenness
Stones of Stenness
St. Magnus Cathedral
The Gloup

ORKNEY ISLANDS
Stromness
Orphir
Skaill

Old Man of Hoy
Linksness
St. Mary's
Scapa Flow
Rose Ness
Burray

Rora Head
Hoy
Flotta
Burray

Lyness
St. Margaret's Hope
South Ronaldsay

Hurliness
Longhope
Tomb of the Eagles
Burwick

Pentland Firth

Dunnet Head
I. of Stroma
Castle of Mey
Gills
Duncansby Head
John o'Groats

Strathy Point
Eilean nan Rhón
Scrabster
Thurso
Mey
Dunnet
Castletown
Freswick

Talmine
Melvich
Reay
Slickly
Reiss

Bettyhill
Calder Mains
Halkirk
Watten
Noss Head

Tongue
Beinn nam Bad Mór 290
L. Calder
Mybster
Westerdale
Wick
Castle of Old Wick

Syre
Dalhavaig
L. Watten
Reiss
Thrumster

Forsinard
Altnabreac Station
Grey Cairns
Ulbster

Ben Griam Mór 590
Glutt Lodge
L. More
Lybster
Latheron

Kinbrace
Morven 706
Dunbeath Estate

Kildonan Lodge
Berriedale

Helmsdale
Lothmore
Helmsdale

Ben Horn 521
Rogart
Brora

Pittentrail
Dunrobin Castle
Golspie

Bonar Bridge
Achvaich
Littleferry
Skelbo Castle

Evelix
Dornoch
Skibo Castle
Dornoch Castle
Tarbat Ness

Edderton
Tain
St. Duthus's Chapel
Portmahomack

Milton
Hill of Fearn
Balintore

Alness
Invergordon
Balnapaling
Cromarty

Balblair
Moray Firth

Black Isle
Fortrose
Fort George
Brodie Castle
Findhorn
Burghead
Lossiemouth
Spey Bay
Findochty
Portknockie
Cullen
Portsoy
Banff
Macduff
Gardenstown
Rosehearty
Kinnaird Head
Fraserburgh

Avoch
Fort George
Nairn
Forres
Sueno's Stone
Elgin
Mosstodloch
Spey Bay
Buckie
Duff House
Longmanhill
New Aberdour
St. Combs

INVERNESS
Kessock
Clephanton
Brodie Castle
Dallas
Fochabers
Cornhill
The Pole of Law
New Pitsligo
Strichen
Rathen

Croy
Cawdor Castle
Ferness
Kinloss
Whisky Trail
Keith
Aberchirder
Turriff
Cuminestown
New Deer
Old Deer
St. Fergus

Culloden Battlefield
Carn nan tri-tighearnan 1063
Rothes
Farntown
Marnoch
Aucharnie
New Deer
Peterhead

Balnafoich
Dava
Marypark
Dufftown
Cairnborrow
Huntly
Badenscoth
Fyvie Castle
Methlick
Boddam

L. Moy
Aberlour
Glenfiddich Distillery
Kirkton of Culsalmond
Fyvie
Haddo House
Cruden Bay

Tomatin
Glenlivet
Ben Rinnes 840
Insch
Leith Hall
Tolquhon Castle
Pitmedden
Slains Castle

Carrbridge
Grantown-on-Spey
Rhynie
Inverugie
Ellon
Newburgh

Tomintoul
Cabrach
Pitcaple
Oldmeldrum
Whiterashes

Aberdeenshire
Buchan

SHETLAND ISLANDS

Muckle Flugga
Herma Ness
Norwick
Burrafirth
Baltasound

Gloup
Belmont
Unst
Muness Castle

Point of Fethaland
Isbister
Yell
Mid Yell
Brough Lodge
Fetlar
Funzie
The Snap

The Faither
Otterswick
Gutcher

Esha Ness
Stenness
Hillswick
Ollaberry
Ulsta
Burravoe

St. Magnus Bay
Sullom Voe
Sullom
Toft
Brae
Vidlin
Whitness
Out Skerries

Muckle Roe
Laxo
Lunning
Whalsay

Papa Stour
Voe
Symbister

Kirstan's Hole
Bixter
Aith
Neap

Sandness
Gletness

Walls
Lambgarth Head

Culswick
Whitness
Lerwick
Maryfield

Shetland
Scalloway
I. of Noss
Bressay

Hamnavoe
Fort Charlotte
Quarff

W. Burra

Sandwick
Mousa Broch
Mousa

St. Ninian's Isle
Levenwick

Scousburgh

Fitful Head
Jarlshof
Sumburgh

Sumburgh Head

NORTH SEA

ATLANTIC

OCEAN

A T L A N T I C   O C E A

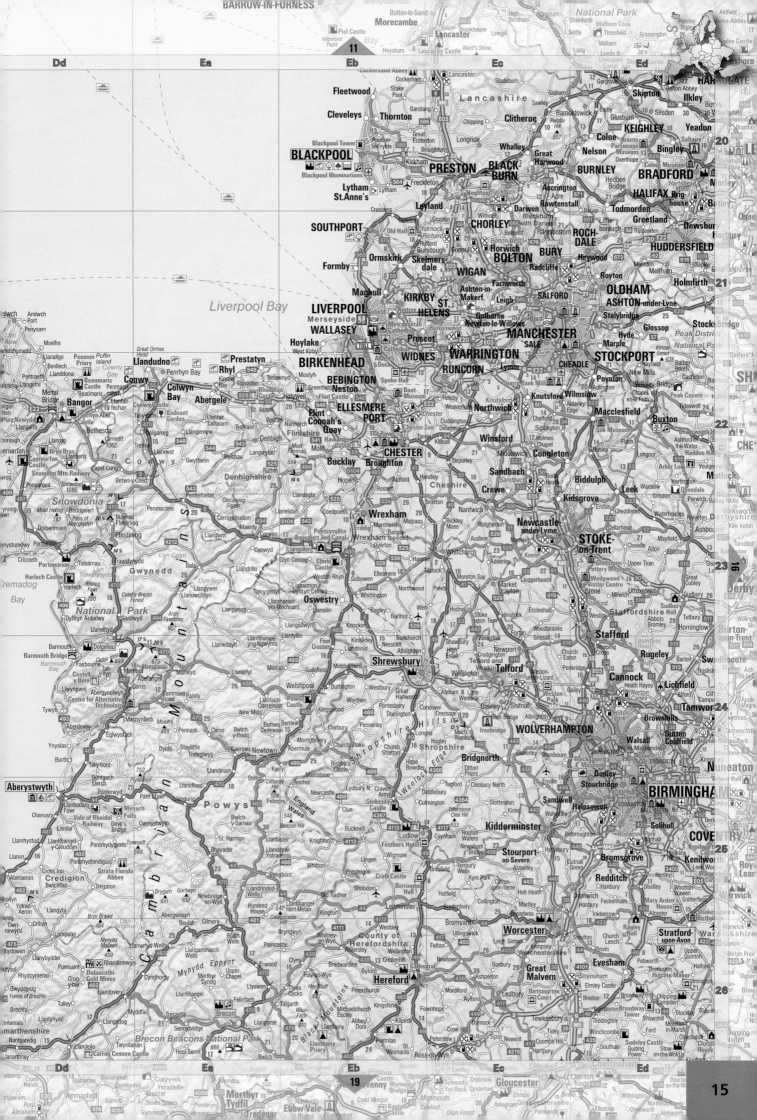

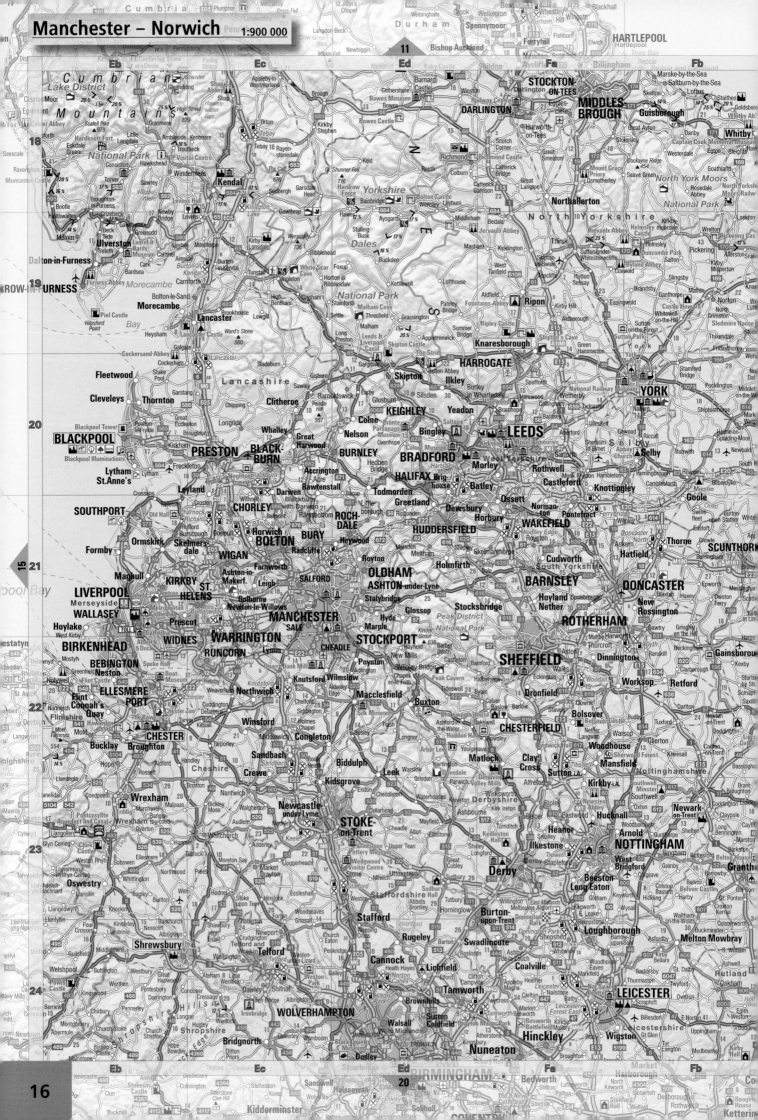

14

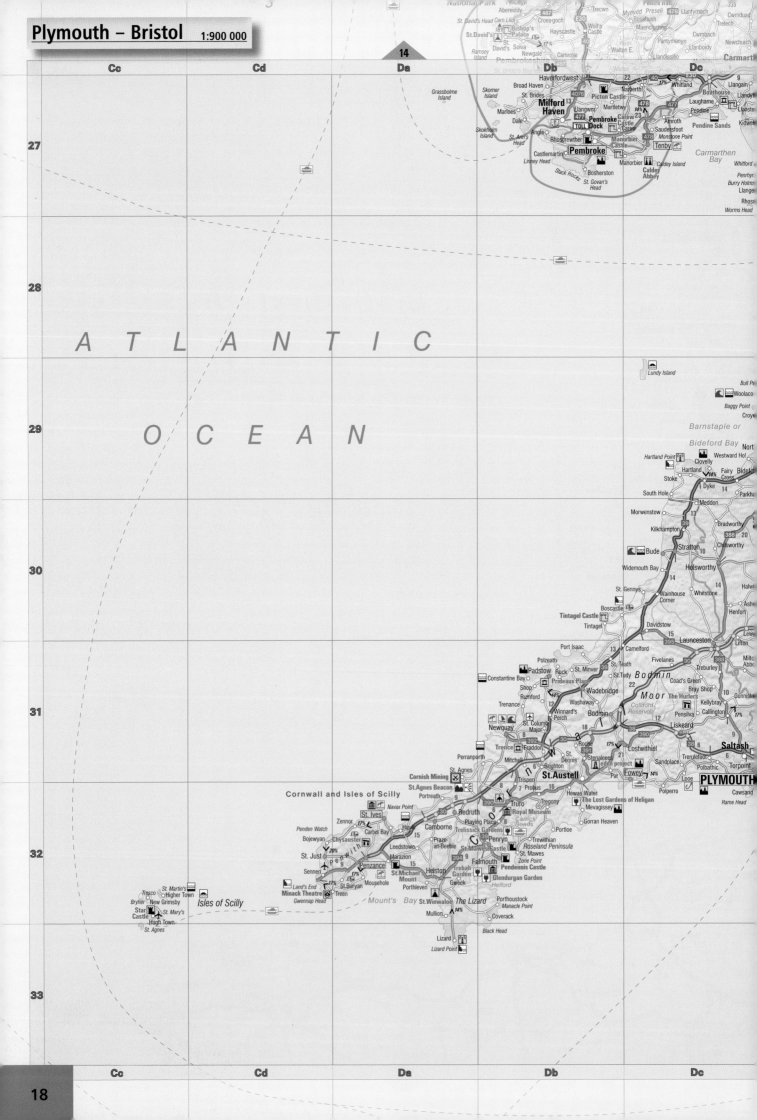

A T L A N T I C

O C E A N

Lundy Island

Cc   Cd   Da   Db   Dc

Grassbolme Island

Milford Haven

Haverfordwest

Pembroke Dock

Pembroke

Carmarthen Bay

27

28

29

Barnstaple or Bideford Bay

Hartland Point Clovelly
Hartland Fairy Cross
Stoke
South Hole Meddon

Morwenstow
Bradworthy
Kilkhampton **388**
Bude Stratton
Widemouth Bay Holsworthy
St. Gennys Whitstone
Wainhouse Corner
Boscastle
Tintagel Castle
Tintagel Davidstow
Camelford
Port Isaac Launceston
Polzeath St. Teath
Padstow Rock St. Minver Treburley
St. Tudy **B o d m i n**
Constantine Bay Prideaux Place Wadebridge **M o o r** Coad's Green
Shop 22 Bray Shop
Rumford Washaway *Colliford* The Hurlers Kellybray
Trenance Winnard's Bodmin *Reservoir* Pensilva Callington
Perch Liskeard
Newquay St. Columb Roche **Saltash**
Major Trerulefoot Torpoint
Perranporth St. Dennis Lostwithiel **PLYMOUTH**
Trenee Fraddon Stenalees Sandplace Polbathic
Mitchell Brighton *Eden project* **Fowey** Cawsand
Cornish Mining St. Polperro *Rame Head*
St. Agnes Trispen Par
St. Agnes Beacon Probus Hewas Water **The Lost Gardens of Heligan**
Cornwall and Isles of Scilly Portreath Truro Tregony Mevagissey
Navax Point Redruth **Royal Museum** Gorran Haven
St. Ives Playing Place *Carrick* Portloe
Penden Watch Camborne **Trelissick Gardens** *Roads*
Zennor Carbis Bay **Penryn** Trewithian
Bojewyan Chysauster Leedstown Praze- **St. Mawes Castle** *Roseland Peninsula*
St. Just an-Beeble St. Mawes *Zone Point*
Marazion **Falmouth** **Pendennis Castle**
Sennen **Penzance** Helston **Glendurgan Garden**
St. Buryan **St. Michael's** Trebah *Helford*
Land's End Mousehole **Mount** Garden Porthoustock
Minack Theatre Treen Porthleven St. Winwaloe *Manacle Point*
Gwennap Head **St. Winwaloe** *The Lizard*
Mount's Bay Gweek Coverack
Mullion *Black Head*
30

31

32

Tresco St. Martin's
Bryher Higher Town
New Grimsby
Star Castle St. Mary's
Hugh Town
St. Agnes *Isles of Scilly*

Lizard
Lizard Point

33

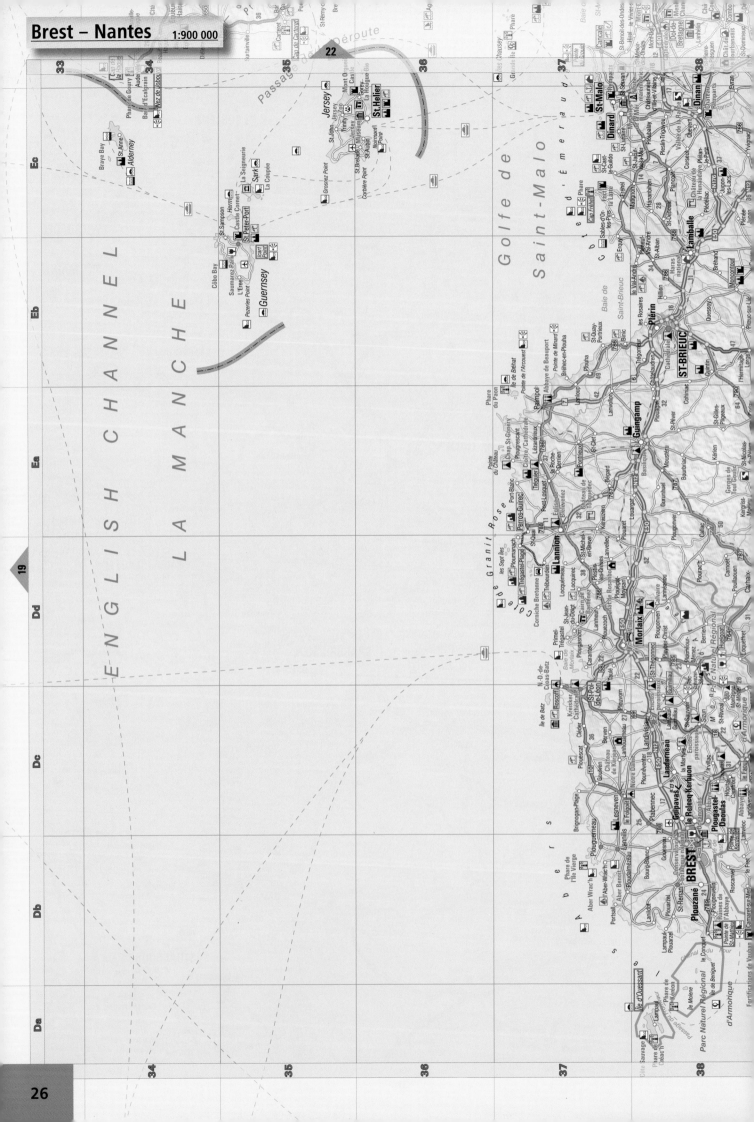

22

33

34

35

36

37

38

Ec

Eb

Ea

Dd

Dc

Db

Da

19

E N G L I S H   C H A N N E L

L A   M A N C H E

Passage de la Déroute

Jersey

Mont-Orgueil
Castle
Gorey
La Hougue
St-Helier
St-John
Jersey
Zoo
Trinity
St-Brelade
St-Aubin
Grosnez Point
Corbière Point
Noirmont
Point

Braye Bay
St-Anne
Alderney
Phare de Goury
Bar d'Ecalgrain
Mez de Joboy
Audervi

La Seigneurie
Sark
La Coupée

Herme
Castle Cornet

St-Samson
St-Peter-Port
Icart
Point

Côbo Bay
Saumarez Park
L'Eree
Pezeries Point
Guernsey

Golfe de
Saint-Malo

d ' É m e r a u d

Phare
Cap Fréhel

St-Malo
Dinard
St-Servan
St-Lunaire
St-Jacut-
de-la-Mer
St-Cast-
le-Guildo
Fréhel
Sables-d'Or-
les-Pins
Erquy
Le Val-André
St-Alban
St-André

Dinan
Léhon
Corseul
Plancoët
Plélan-
le-Petit
Vallée de la Rance
Plesin-Trévou
Plouasne
Châteauneuf-
Jugon
Plédéliac
Plénée-
Jugon

Lamballe
Bréhand
Moncontour
Hénon
Hénansal
Hénanbihen
Le Val-André

Plérin
les Rosaires
Hillion
Pleneuf-sur-Mer

Baie de
Saint-Brieuc
Quessoy
Pleuc-sur-Lié
Moncontour

ST-BRIEUC
Cathédrale
Châtelaudren
Quintin
Plaine
St-Gilles-
Pligeaux
L'Hermitage
Lorge

St-Quay-
Portrieux
Binic
Tréveneuc
Trégueux

Abbaye de Beauport
Pointe de Minard
Bréhec-en-Plouha
Plouha
Lanloup
Lanvollon
St-Clet
Plouagat
Bourbriac

Île de Bréhat
Pointe de l'Arcouest
Pampol
Lézardrieux
Paimpol

Phare
du Paon

Guingamp
Basilique
Moustéru
Kérien
St-Nicolas-
du-Pélem

Pointe
du Château
Chap. St-Gonéry
Port-Blanc
Plougrescant
Tréguier
Château de
Tonquédec
Pontrieux
Bégard
Plouaret
Callac

les Sept Îles
Perros-Guirec
St-Quai
Trégastel
Ploumanac'h

Côte de
Granit Rose

Corniche Bretonne

Lannion
Le Roche-
Derrien
Églises/
Brélévenez
St-Michel-
en-Grève
Lanvellec
Louargat
Kergrist
Trégrom

Trébeurden
Ploumilliau
Plestin-
les-Grèves
Plouaret

Tréguier-Plage
Loquémeau
Cairn de
Barnenez
Rosporhio
Plougasnou
Plouégat-
Moysan

Pirmel-
Trégastel
Ploumoguer
Carantec
Baie de
Morlaix
Lanmeur
Plouézoc'h
Berrien
Huelgoat
Poullaouen

N.-D.-de-
Cloas-Batz

Île de Batz
Roscoff
Cathédrale
St-Pol-
de-Léon
Plouvorn
Taulé
St-Thégonnec
Guimiliau

Morlaix
St-Thégonnec
Pleyber-Christ
Parc Naturel Régional
d'Armorique
St-Rivoal
St-Michel

Kreisker
Cléder
Plouescat
Lanhouarneau
Landivisiau
La Martyre
Enclos
paroissiaux

Goulven
Beven
Château
de Kerjean
Plouzévédé
St-Sauveur
Sizun
Commana

Ploudaniel
Lesneven
Le Folgoët
Plabennec
Landerneau
La Roche-Maurice
Ploudiry
Le Faou

Brignogan-Plage
Kerlouan
Plouguerneau

Phare de
l'Île Vierge

Lampaul-
Ploudalmézeau
Ploudalmézeau
Lannilis
Le Relecq-Kerhuon
Plougastel-
Daoulas
Daoulas
Irvillac
Abbaye

Aber Wrac'h
Aber Benoît
Portsall

Plouguin
BREST
Plouzané
Bourg-Blanc
Guipavas
Pointe de
Kerdéniel
Camaret-sur-Mer

Lanildut
Plouzel
Plourin

Le Conquet
Pointe de
St-Mathieu
Fortifications de Vauban

Île d'Ouessant
Phare de
Créac'h
Île Molène
Lampaul
Phare du
Créac'h
Chenal du Four

Île de Ouessant
Chenal de la Helle

Parc Naturel Régional
d'Armorique

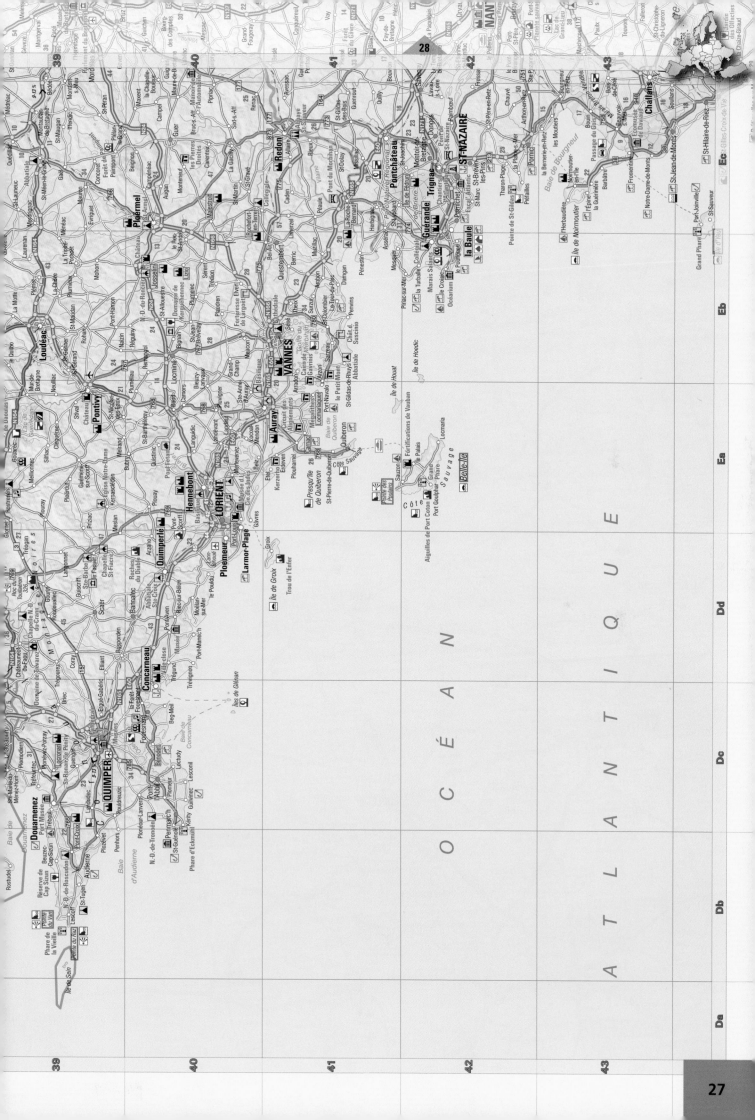

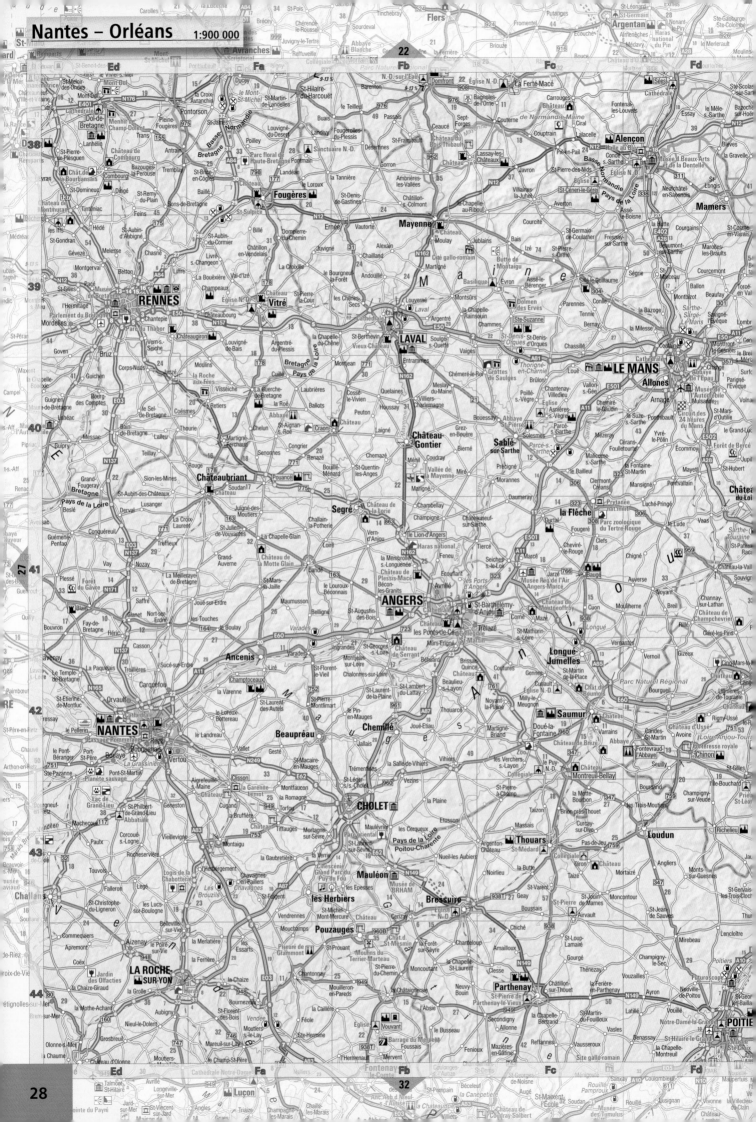

Ac Ad Ba Bb Bc

52

O C É A N O

A T L Á N T I C O

Rías Altas

Rías Centrales

53

Cabo Ortegal
Estaca de Bares
Porto do Barqueiro
Porto de Bares

FERROL

54

A CORUÑA / LA CORUÑA

Betanzos

Villalba / Vilalba

Mondoñedo

Viveiro

55

Santiago de Compostela

LUGO

G A L I C I A

M E S E T A   d e   L u g o

Noia

56

Pontevedra

M A C I Z O

57

VIGO

OURENSE / ORENSE

58

Tui

P O R T U G A L

E S P A Ñ A

Parque Nacional

Ac Ad Ba Bb Bc

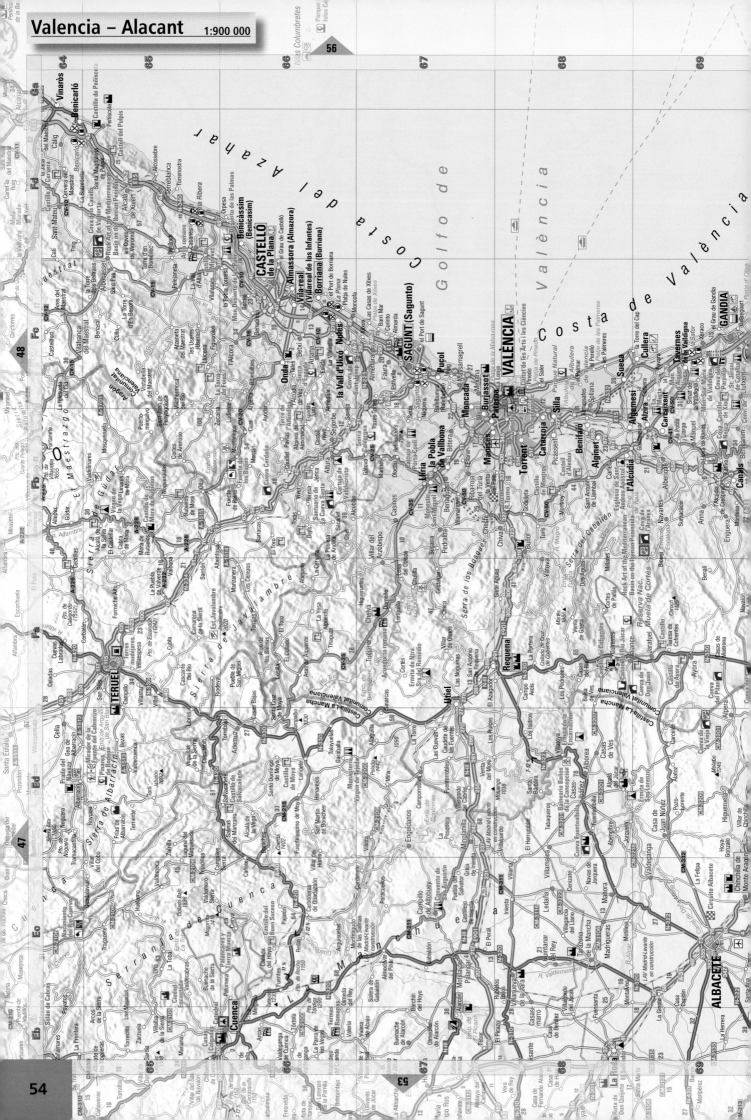

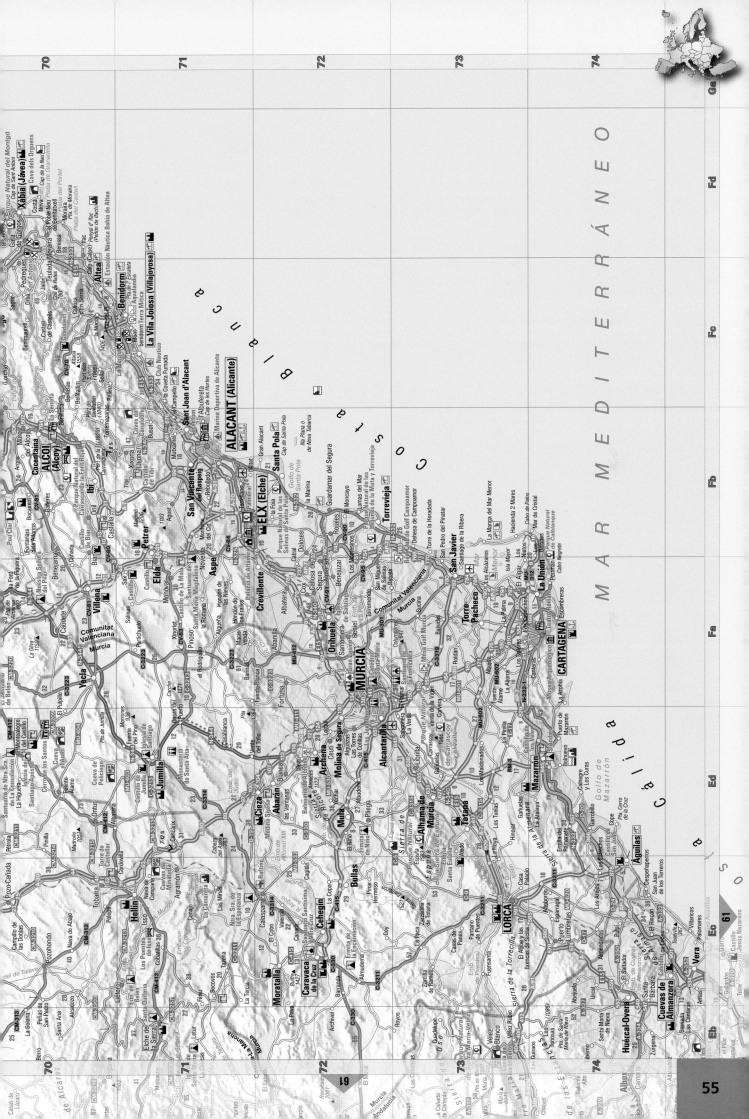

Ga   Gb   Gc   Gd   Ha

22
Sant Jordi
del Maestr
Càlig
Vinaròs
Benicarló
Castillo de Peñíscola
Peñíscola
stell del Pulpis

65

66

Islas Columbretes

Parque Natural
Islas Columbretes

67

ILLES BALEARS
(ISLAS BALEARES)

Banyalt
Estellencs
Mirador de
Ricard Roca
Ma-10
Sa Dragonera   Sant Elm   Es
Andratx   Cal
Port d'Andratx
Peguera
Santa Ponça
Portals
Cala

54   68

Eivissa
(Ibiza)
Portinatx
Na Xamena   Sant Joan   Cova des Cuieram
de Labritja   Cala Sant Vicenç
Sant Mateu
Sta. Agnès   d'Aubarca   Sant Miquel   Sant Carles
de Corona   de Balansat   de Peralta   Illa Tagomago
Santa Gertrudis
de Frutera   30
Sant Antoni   C-733   Cala Llenya
de Portmany   Sant Rafel
sa Conillera   C-731 de sa Creu   Santa Eulària
Ca'n   d'es Riu
Port d'es   Sant Agustí   14   Fornet   Cala Llonga
Torrent   d'es Vedrà   Roca Llisa
Sant Josep   Sa Caleta y Necròpolis del Puig des Molins
Cala Vedella   de sa Talaia
Cala d'Hort   475   10   Platja
sa Talaiassa   d'en Bossa   Eivissa (Ibiza)
Cala d'Hort   Cova Santa
es   Sant Francesc
Cubells   de s'Estany
Illa d'es Vedrà   sa Canal
Pta. de
ses Portes
I. de s'Espardell
t. de s'Espalmador
Illetes
sa Savina   es Pujols   Formentera
St.Francesc   Estany
de Formentera   Pudent
La Mola
el Pilar
de la Mola
Cap de
Barbària

Pitiusas

69

70

71

Ga   Gb   Gc   Gd   Ha

56

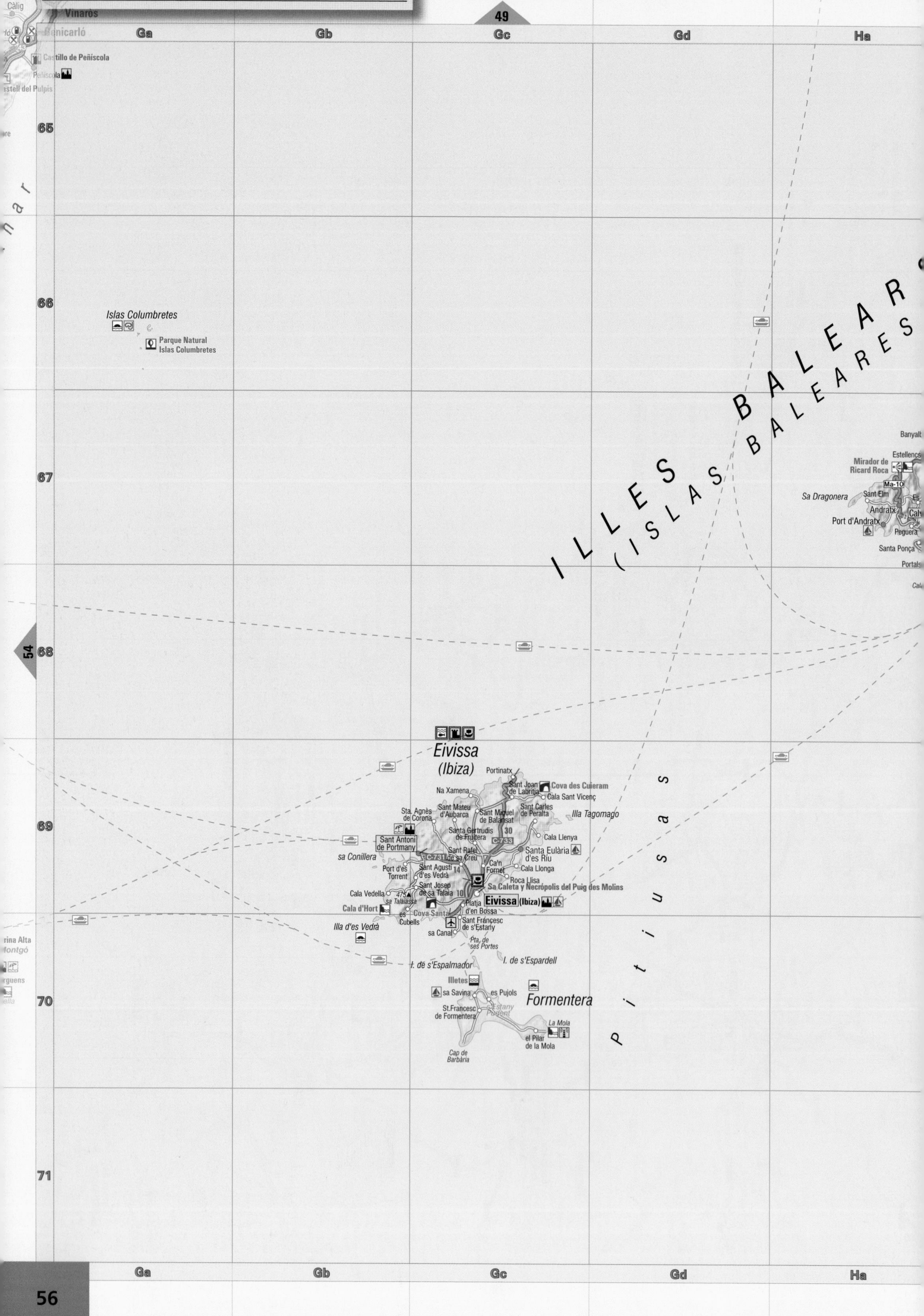

65

Menorca

Cala Morell
Puig de Sta. Agueda
Binimel-là
Cap de Cavalleria
Cova Polida
Fornells
Port d'Addaia
Naveta d'es Tudons
264
Me-15
Me-1 24 es Mercadal
Punta de Bajolí
357
Cap de Favàritx
Monte Toro
Ciutadella
s'Albufera
Illa d'en Colom
Ferreries
Barranc
Cala Blanca
Cala d'Algendar
Migjorn
Gran
21
Alaior
Talaiot de
Torellonet Vell
es Grau
Cala Mesquida
Galdana
Cap d'Artrutx
Sant Tomàs
Son Bou
Cova d'en Xoroi
Cala Turqueta
Sant
Climent
Maó (Mahón)
Cap d'Artrutx
Reserva de
Bìosfera Menorca
Cala en Porter
Cales Coves
Binissafullet
es Castell
Sant Lluís
s'Algar

66

Cap de Formentor
Formentor
Sant Vicenç
Cala
Badia de Pollença
Port de
Pollença
Cap d'es Pinar
Binissafullet
Binibèquer Vell
Punta Prima
Torrent
de Pareis
7-12% Ma-10
73
**Pont
Romà**
Sa Calobra
Santuari
de Lluc
Puig Tomir
1102
Puig Major
1445
7-12%
12
Alcúdia
Coves de
Campanet
Port d'Alcúdia
Cap
de Ferrutx
s'Albufera
Badia d'Alcúdia
t de Sóller
Castell
d'Alaró
Selva
Ca'n Picafort
Ermita
de Betlem
Sóller
16
Lloseta
Inca
Ma-13
35
Ma-12
Colònia
de Sant Pere
Artà
Pta. de Capdepera
Deià
34
30
Campanet
Llubí
Santa
Margalida
Ma-15
Cala Rajada
Valldemossa
Valldemossa
Palmanyola
Bunyola
Consell
Binissalem
Sineu
Santa
Maria de
la Salut
Capdepera
Coves d'Artà
es
Sencelles
Petra
20
Costa de
Canyamel
Sta.Maria
del Camí
Nòstra Senyora
dels Dolors
Ma-15
51
Lloret de
Vistalegre
Sant Joan
Vilafranca
de Bonany
Sant Llorenç
des-Cardassar
Cala Millor
Santa Eugènia
Sa Cabaneta
Mallorca
S'Illot
Ma-11
Montuiri
Ma-15
Manacor
Porto Cristo
Es Molinar
Sant Jordi
Algaida
32
Son
Macià
Coves del Drac
67
Ca'n
Pastilla
Santuari
de Cura
Ma-14
Cales de Mallorca
S'Arenal
Ma-19
Porreres
Felanitx
Santuari de
Sant Salvador
Cala Antena
Cala Blava
Llucmajor
Porto Colom
26
Badia Gran
Ma-19
Campos
Castillo de Santueri
ia de Palma
26
Calonge
Cala d'Or
Ses
Salines
Ma-19
Santanyí
Sa Ràpita
Cala Pi
Es Llombards
Cala Figuera
Cap Blanc
Colònia de
Sant Jordi
68
Cap de
ses Salines
I. Conejera
Es Port
I. Cabrera
*Parque Nacional
Terrestre-Marítimo
de Cabrera*
G i m n e s i a s

69

M A R M E D I T E R R Á N E O

70

71

04

05

N O R W E G I A N   S E A

06

07

Lopphave

Fugløykalven fyr
Grimsholman
Næringen
Nordkvaløy
Torsvåg fyr Nakkeslett
Burøya
Burøysund
Vannareid
Fugløya
Fugløykallen 753
Fugløysvet
Fugløysund
Årviks
Store Skorøya
Spenna
Vannavalen
Hegtind 924
Ar
La
Store Måsvær
Helgøy
Sengskroken kpl.
Bekkestrand
Vanna (Vannøya)
Skåningbukt
Vannvåg
898 Akkarvik
Arne
Grøtøy
Laukvik
737
Råsa
Helgøy
Helgøyfjorden
Hamrefjorden
Vannsundet
Haugnes
Store Hattøy
Andammen
654
Hersøya
Bromnes
Dåvøya
Grunnfjord
Karlsøy
Karlsøy
Nordklubben
Vorterøyskag
Vorter
Sør-Fugløya
Rebbenesbotn
Mikkelvik
Steinnes
Storvollen
Russelv
Russelvfjellet 816
Mjølvik
Sandøya
Árnes
Dafjord
Klokkarvollen
Teigen
U
Engvik
Sør-Grunnfjord
Elvebakken
Hessfjord
Stakkvik
Risøy
Måsvik
Skarstjord
Hansnes
Skars-fjorden
Komagvik
Skogsfjord
vatnet
Gamnes
Reinøy
Søreidet
Storvoll
Lyngøyleia
Gåsvær
Musvær
Ytre Kárvik
Ringvassøy
Soltindan 1051
863
884
Grøtnesdalen
Styrmannstø
Tverrbakktind 1320
Berglund
Kiberg
Skogsfjordvatnet
Finnkroken
Ullstind 1094
Latter vik
Sør-Lenangen
Hav
Vengsøy
Naustbukti
Nordhella
Skulgam
Skotsætet
Botn
1398
Djupvik
Laukvik
Skittenelv
Vengsøyfjorden
Skulsfjord
Oldervik
Jægervatn
Iddonjárgga
Nordm
Bellvika
Futrikelv
863
Store Jæger vatnet
Nokrd
Hersøya
Tromvik
Tønsnes
Store Blåmannen 1044
Nonstind 1111
Breivikeidet
Lenangstind 1596
Koppangen
Håja
Sessøya
Rekvik
Kvaløysletta
862
Kroken
Svensby
Håløyfjorden
Ersfjordbotn
Eidkjosen
Polaria
Hov.
1441
1489
Kjosen
Tussøya
843
Vasstrand
Kvaløy
Håkøy
Ishavskatedralen
22
Kviteberg
Hillesøy Tussøy
Sommarøy
Sandnessham
Håkøybotn
TROMSØ
Stormo
Skarmunken
Forneset
Rørnes
Odde
Kjølva 414
Hekkingen fyr
Hillesøy
Mjelskartind 952
Fjellheisen
Fagernes
24
Bjørnskar-tinden 1359
Lyngseidet
Lok
Husøy
Laukvik
Sjøtun
Vollen
Larseng
Skjelnes
Ullsfjord
Rypedals vatnet
Fosse
Mefjordvær
Senjahopen
Fjordgård
Bakkejord 862
Skåvberg helleristninger
Ramfjordnes
Ytre Andersdal
1567
Jorbbavarre 1413
E6
Revdal
Bøvær
Vangshamn
Tennskjer
Vikran
Ansnes 1169
Kobbevåg
Jiekkevarre 129 Skognes
Hundberg 1833
Sandvika
Bergsøyan
Skaland
Stonnesbotn
Lysnes
Rødbergshamn
Spildra
858
Stortind 1323
Selnes
E8
Stordalselv
1565
Lakselv-bukt
Furuflaten
868
Abnelva
Skibotn
Hamn
864
Bukkemoen
Harstad
Rossfjord
Malangen Krokelv
Sletting 1118
Malangseidet
Kantornes
Lia
1617
42
Falsnes
Nordlysobservatoriet
A
Gryllefjord
86
Sætra 910
Nymoen
Lenvik Bygde-museum
Straumen
Skrean
Mestervik
Balsfjord
Slettmo
Sommarfjellet 1491
Brennfjell
Torsken fjorden
765 Spekkely fossen
Senja
Gibostad
Bjørelvnes
Tårnev
Eidet
Nord-
854
Nordfjordbotn
859
Heimdal
1514
E8
E6
Andenes fyr
Skognes

Svanelvmo
Anderdalen nasjonal-
Finnsnes
Kampevoll
Rossvoll
Flakkstadvåg
Vågan
860
Lunne-borg
Aursfjord-botn
Mythaug
Blåtind
Storsteines
Bergneset
Nordkjosbotn
18
Øvergård
Signaldalen
Markus fjellet

Ja Jb Jc Jd Ka

04

Kinnarodden
Slettnes fyr
Museum 71°N
Gamvik
Brodkorbbruket
Knivskjelodden
Nordkapp
Nordkapp
Vestfjord fjellet 314 x-III
Kirkeporten
Skarsvåg
Nordre Bjørnsviktua 339
Mehamn
888
Storstappen
Stappen
Trollvikfjellet
Kamøyvær
Kjelsnæringen
Smørbring 313
Risdalsfjellet 370
Gjesværstappen
Gjesvær
Tufjord 33
Magerøya
Kamøyvær
Helnes fyr
Skjøtningberg-halvøya
Kjøllefjord
894
Kifjord
Krambenes

Hjelmsøya
Langfjorden
Vannholman
Vannfjord-næringen 297
Magerøystua
Nordmannset
Store Finnkjerka
Laukvik
Dyfjord
Nordkinnhalvøya
Sandfjellet 486

Ingøya
Store Gåsøya
Måsøya
Storbukt
Nordkappmuseet
Nordvågen
Honningsvåg
bompenger
Iversfjord
Sandholmen

Hammerfest
Kvaløya
Porsangerhalvøya
Lakselv
Karasjok / Kárášjohka
Stabbursdalen nasjonalpark

Finnmarksvidda

Pikefossen
Postue

93

Ja Jb Jc Jd Ka

64   68

BARENTS SEA

04

05

06

07

08

09

10

Varangerhalvøya

Berlevåg
Havnemuseum

Båtsfjord

Vardø
Vardøhus festning

Vadsø
Vadsøya Kulturpark

Varangerfjorden

Kirkenes

NORGE
SUOMI/FINLAND

NORGE
ROSSIJA

Zapoljarnyj

Nikel'

Petsamontunturit

Poluostrov Rybačij

Poluostrov
Srednij

Pečenga

Øvre Pasvik
nasjonalpark

Fa Fb Fc Fd Ga

11

NORWEGIAN SEA

Andenes Andenes fyr Holmenvær Gur
Bleik Polarmuseet
Fiskenes
Stave Sverigetind 512 Skarstein
Breivik
Dungan Ramså Steinavær
Nordmela Dverberg
Andøya Myre 82
Nøss Åse Andfjorden
Bøgard Rismåls- Meløyvær Skrolsvik Kveitemuseet
tinden 616 Hovdingtun Gardsøya Senjen
Anda fyr Langholman
Nyksund Langenes Bjarkøy Austnes
Klo Bjørnskinn Åse Bjarkøy Sand
Strengelvåg 654 Risøyhamn Lovik Kinnaksla Grøtavær Tussen 940
Skogsøya 707 Myre Gisløy Svindalen 99 Ånessletta Grøtavær Dale Vikran
Tunnstad Ålsvåg Buksnes Gapøyholman Elgsnes Kjøtta
Tindsøya Børøyfjord Smines Skjolde- Bleks- Gapøya Moldvik 412 Bjørnera Grytøya 867
Hovden Barkestad Elvenes 763 hamn vatnet Durmål- Elda Stornes Lundenes
Sandset Bremnes tinden Kasfjord
Mekland 821 Stamnes Medby 883 Myrland Kvæfjord Trondenes kirk
820 Langøya Vikeid Rokenes HARSTAD
Frøskeland 73 Liland Kvæøya 83 Breivik 83
Rise Godfjordbotn Kvæfjord Store Rogla Kilbotn
820 Sandvik Hokland Straumen
Straumsjøen Sørfjorden Sørvika 825
Auvåg Guvåg Straumfjord Flesnes Kjengsnes Storvatnet 23 Sandstrand
820 Sortland Bø Sigerfjord Revsnes Gausvik 83
Bø Bygdemuseum Straumsnes Fleines 748 Djupfjord 83 Hinnøya Sæfertinden Tjeldsundbru
Hurtigrute Vik Sandnes 822 1116 1094 Nipen
Litløya museet Breidvika Gjerstad Møysalen 32 Kongsvika 50 Ulvika
Stokmarknes Bitterstad Møysalen 1262 Fiskefjord Evenskjer
Hadseløya Hadsel 625 n.p. Gullesfjordbotn Hov Fjelldal
Ånnstad Kaljord Lonkan 15 824 Strandtinden Lavangen
Norsk Fiskeindustrimuseum 820 Lonkan 1076 E10 Dragland Ramsund
Melbu Hanøy 50 Bukketinden Erikstad Trollfjellet 1010 Vargeneset Rørvik
Sanden Fiskebøl 980 85 Tjeldnes 837 Mykleboatad Pun
Laukvika E10 Svartsundtinden 1050 Kongselva 880 Lødingen Rushaugen Hamnes Kjeldebotn 817
Straumnes Mortfjorden Higravtinden Tennstrand Nes Skarstad Håfjellet
Eggum Elde 1146 Troll- Øksneshavn Vestbygda Rindbø Barøya Karihaugen Baliang
Kvalnes Hovsund Gimsøy Vestpollen fjorden Selsøy Ytterstad Langvågen 835
Vestvågøya Haveren Digermulen Svellingen Offersøya Valletinden
Unnstad Steira 808 Brenna 33 Ulvåg Alpøya Vadholmen Korsnes Eidet E6 Forsa
Borg 71 Gimsøy Årsteinen Skarberget Forsa- 827
Myrland Lofotr Sundklakk Svolvær Stormolla Buvåg 35 hauet Lysvoll
Utakleiv Lauvdalen Klepstad Litlmolla Hamarøya Bognes Hatten 850 Tys- Stetinden
815 Moland Kabelvåg Skrova Hamsund Kaldvika Kjeikvika
E10 Valberg 816 Hopen Skrova 36 Presteid 81 Hund- 1392 1391
Flakstadøya 815 Vågakallen Skrova Presteid Arran holmen
bompenger 817 842 Hamlot Kjøpsvik Nestinden
Vikten Leknes Stamsund Ulsvåg Rørvika 1112
Fredvang Gravdal 818 Henningsvær Kaldvågfjorden Drag Mann-
Flakstad Rambera Sennesvika Finnøya 827 Kjerr fjorden
Selfjorden 64 Stjerntinden Ballstad Lundøya Nesberg Finnøya Bjør-
Moskenesøya 931 Mørkveden Nusfjord Skutvika Vikvika Øverås Røttangen Beassegma
1029 Vindstad E10 Lyngmoen Husøya 389 21 Vetøfjellet 1251
Hermannsdalstinden Hamnøy Engeløya Mjelde Husøya Innhavet Grunn- Stuortjåhkka
Reine Steigen Hakvåg 835 Veggfjellan fjorden 1196
Sørvågen Flatøya 1133 Tømmerneset Musken Grunnfjordbotn
Norsk Fiskeværsmuseum Vinjen Bogen Åstad 66 Straum- E6
Lofotodden 600 Å Engelvær Holkestad Dyping fjorden Falkelva Hellmobotn
Moskenstraumen Moløya 835 Hattan Forsan- Sandnes Rek- 1283
Mosken Skotsfjorden 1029 vatnet vatnet Livsse-
Nordland Myklebostad 835 Skjelvareid Stot- Vatnøyra jåhkk Reinoksfjellet 1374
Værøy Sørland Skjelvareid 873 Lakså vatnet Ånderbakks- 1472 1283
Helnessund Leinsfjorden Nordfold Mørsvik tinden Reinoksfjellet Gal-
Husøyværet Kråktinden Hopen 1235 Mørsvik 1517
Håsand 1045 Sildhopen Gasskatjåhkkå
Vågholmen Slåttvik Helldalisen Horndal- Kobb- Linjajävri
Karlsøyvær Hjartøya Muligtind Stauren vatnet Slåpka
Helløya 1108 1361 1219 109 1517
Prestmåsøya Myr Kobb- Linjajävri
Rørstad Sagfjorden Bonåsjøen vatnet Raddu- Padjelant
Os Rundtinden 977 Syrkesnes Elvkroken Gaulis Padjelanta
1020 Tårnvika bompenger 327 nationalpa
Karlsøyfjorden Sommarset Rago Arajävrre Vrihaure
16 Kjerringøy 834 Misten Langvatnet Rago national-
Landego fyr Øyjorda Røsvik Fauskvik nasjonalpark Raddu- park
Landegode Gyltvika Nordfjord nasjonalpark Gåsakjávrre Stalo-
Lyngvær Festvåg Sjunkhatten 826 Megården Gåsakjåhkkå luokta
Helligvær Landego Breidviktinden Østerkløft 1345 fjäll-
Helligvær Fenes 802 1133 1154 Djupvika station
Givær Kvi Vågøna nasjonalpark Straumen Blåmannsisen
Bliksvær Bratten 834 Mulstranda Heggmoen Kvitblik 1540 samev
Mosti Heggmoen Stuorajåvre
Bratten Mørnestinden Kosmo Valnesfjord Straums- Sise- 1345
80 Løding 1058 43 nes vatnet 1663
BODØ 16 Goøynes 17 Naurstad Straumsnes Hjemås Blåmannen
Norsk Luftfartsmuseum Godøynes 18 Venset 80 Fauske Raudtind
Saltstraumen Kvikstad Skjerstad Øyvatnet 830 Solvik 1165
Kjerva Godøya Straumen Alsvik Øynes Leivset Tverråmoen
Fleinvær Nordarnøy Evja Hoset Stovset Breivik Sulisielma 1607
Sandvika Åseli Ersvika Gjelbuneset Labba

Fa Fb Fc Fd Ga

Rognan Saltdal Museum

Ea Eb Ec Ed Fa

18

19

NORWEGIAN SEA

20

21

22

23

24

Myken fyr
Ytre Myken
Kjølsøyværet

Finnskjærværet
Valvær
Bolga
Bolga
Amnøy
Amnøyhamna
Skårdsfjorden
Skagen

Gjessøya
Rødøya
Vågaholmen Ågsk
Nord-Værne
Strau

Lyngværfjorden
Lyngvær

Risøyvær
Flatøya Rangsundøya
Røøya Gjerdøya Øya Renga
Jektvik
Buvika

Selvær
Nordnesøya
Nesøya
Sørnesøya
Sundøya
Selsøyvika
Hestmona

Melfj
Melfj

Sandvær
Dørvær
Trænafestivalen
Trænstaven Træna
Husøya
Froan

Selsøya
Hestmona
Tønnes
Steinsland
Olderv
Kilboghamn
Skvika

Måvær
Måvatnet

Lovundvær
Verholmen Lurøy
Lurøy
Onøya Stigen
Oresvika

Lovund Lovund Solvær
Ulvøya Sleneset
Buøya
Aldra
Strandtindan
773
Haugland
Stokkvågen
Sila Flostrand
1023
Nord

Åsvær

Nordøyvågen
Forsland Handstein Handnes 31
Tomma Handnes
øya 848
Husby Tomma Steiro Longset
Vik Skog

Søråsværfjorden
Vandved
Åkerøya
Slapøya
Glein Løkta Hugla Nesna 808
Horn Hugla Løvang

Skipbåtsvær
Dønna Nordvik Koppardal
Dønna Fagervika Nordtoven
Bjørn 848 995

Gåsvær
Dønnmannen
858 628 Angerneset Leira Drevvatn
Sør-Åvika 17
Seløy Helgelandsbrua Leines Leland 66 Luktva
Øksningen Engan bompenger Sundan Toven
Nord-Herøy Helgelandsbrua 912
Sør-Herøy Urda Sandnessjøen Remnes Angermoen
Herøyholmen Sjusjøstre Granmoen Forsmoen
Austbø Dalheim Kvalnes Holandsvika
Husvær Søvika Alsta 1072 Vestvågan
Floværet Sandvær 17 Hamnes Hundåla
Setting Sandvik
Blomsøy Alstahaug Hundåla
Nordværet Krigskirkegård Skjåmoen
Skjervær Rød Husvika Mosjøen
Hysværet Tjøtta øya Sjøgata
Mindtangen Skiløperen Grytåa Aufles E6
Kjerkøya Mindlandet Stokka Stor-Finnknet
Brastad Hellerstninger 1162 Grøv-fjellet
Sundsvoll Gladstad Vågsodden Visthus 1001
Sola 839 Igerøy Hamn Forvika Øksendalen
787 Rørøya Ylvingen Åsmyra
Fuglværet Vega Ylvingen Høgholmstindan
Eidem 1015
Muddværet Odden Høyholm Laksfors
Horn Snøfjelltinden Holmen
1072 Grar
Kversteinen Mo Lomsdal-Visten Feli
14 nasjonalpark 1239 Trof
Brønnøysund Austdalsfjellet Vistkjerringa
Tofte Skille Middagsfjellet Storbørja Kvitfjell
76 804 1248
Ytter-Torga Nevernes Blåfjellet
Torger Hommelstø 1293
Inner-Torga Sømna Røyrmarka Breivasstinden
Torghatten Berg Halsen 1224 20
50 Lysingen Sausdalen Stre
Horsvær 648 Saus Tosbotn Holmvassdalen Kapi
Sandvær Mardal 99 Tøymsk
Vik Simsk
Lyngvær- Vååg Hongset Svenning
fjorden Olvika Sefrivatnet E6
Roøsvika Fjell Kvännlitinden Feli
Kvaløya Hielmset vatnet 1095
Sklinna Vennesund Skotnes Tuvfjellet Little Majl
Hortavær Røytvoll 804 Tosaunet vatnet
Holm Lande Store Majl Majav
Sklinnaflesin Nordhorsfjord 1021 vatnet
Kvelia 767 vatnet
Leka Leknes Nørd-Gutvika Bindalseidet Majaklumpen 70 Bleika
Skei Sørhorsfjord Øksninga Mellings- Smalåsen
Solsemhola 771 Helstad Granbostadfjellet vatnet
MO Sør-Gutvika Kjelda 1043 Mellingsmoen
Mådsøygrenda Austra 801 Terråk
Raudøya Steinän Åarsand Terråkfjellet Fuglstad Giso
Kvaløya Skottnes 787 Bjørnstad
Kalvøya Fjølvika

Fråholmen Valøya Austafjord Drag Lauvøya Gravik
Ytter- 770 Lødding Inner- Arfora Folkered Namsskogans
Vikna Vikna 770 Rørvik Horven 771 Bogan Heimsnes 905 Namsskogan
Mellom- 771 54 770 Foldereid Nonsfjellet 927 Bjørhusdalen
Elvalon Mønset Poseidet Nonsfjellet Stjørje

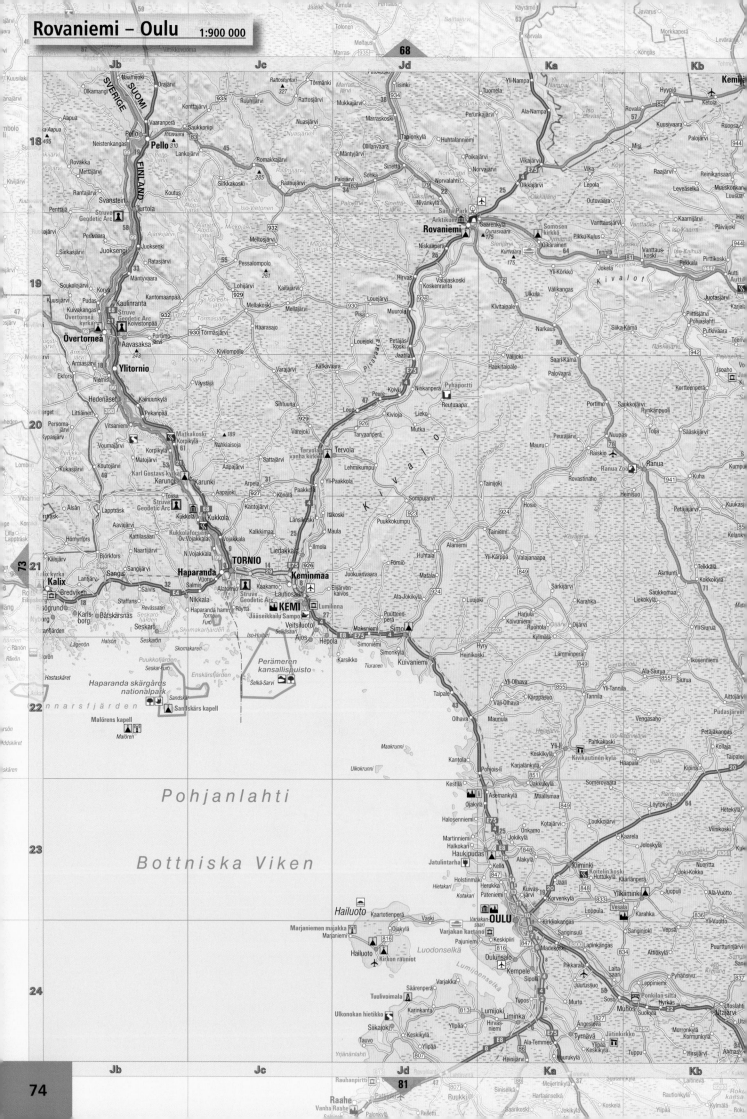

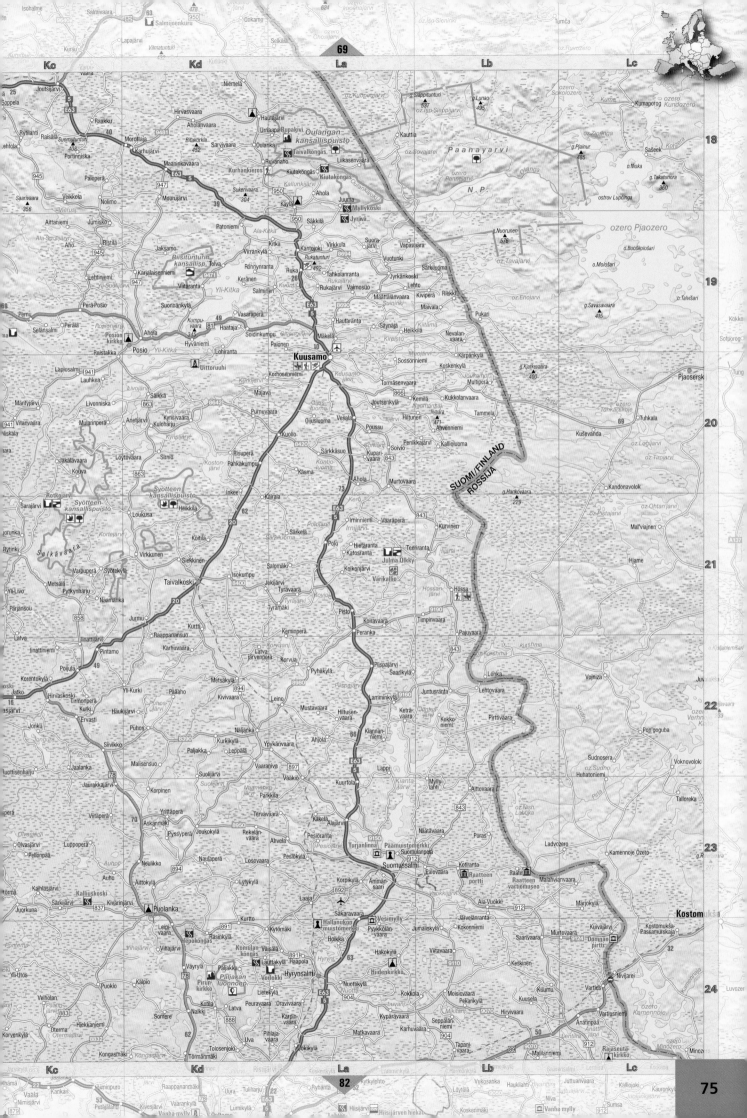

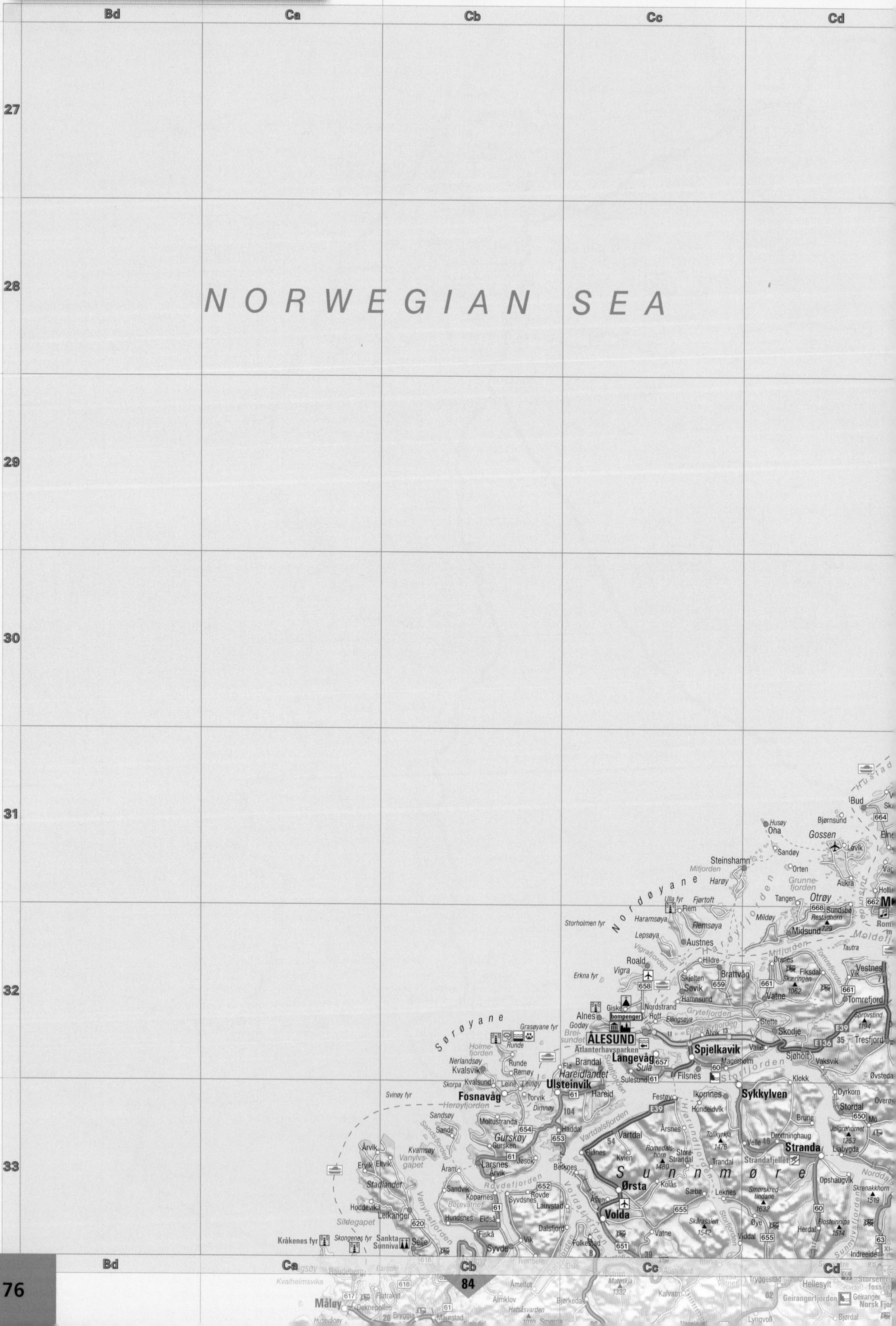

	Bd	Ca	Cb	Cc	Cd

27

28 N O R W E G I A N   S E A

29

30

31

Husøy
Ona
Steinshamn
Mifjorden
Harøy
Nordøyane
Bjørnsund
Gossen
Sandøy
Orten
Aukra
Grunne-fjorden
Bud
664
Lørvik
Otrøy
668 Sundsbø
662 M
Tangen
Rom
m
Ulla fyr
Fjørtoft
Flem
Haramsøya
Flemsøya
Mildøy
Midsund
Moldefj
Lepsøya
Austnes
Tautra
Storholmen fyr
Hildre
Ørenes
Vestnes
Vik
661
Roald
Vigra
Brattvåg
Fiksdal 1062
Vatne
Tomrefjord
Sprovstind
Erkna fyr
658
Skjelten
Søvik
659
661
E39
E136 35 Tresfjord
32 *Sørøyane*
Grasøyane fyr
Giske
Nordstrand
Hoff
Stette
Skodje
Valla
Alnes
Godøy
bompenger
Eidsvåg
Grytefjorden
Vaksvik
ÅLESUND
Atlanterhavsparken
Spjelkavik
Magerholm
Sjøholt
Klokk
Holme-fjord
Runde
Langevåg 657
Storfjorden
60
Dyrkorn
Nerlandsøy
Brandal
Sula
Filsnes
Stordal
Ulsteinvik
Hareid
Sulesund 61
Ikornnes
Overø
Kvalsvik
Festøy
Sykkylven
650
Svinøy fyr
Leine Leinøy
Torvik
61
E39
Hundeidvik
Bruna
Jolgrahornet 1253
Fosnavåg
Dimnøy
104
Vartdal
 Årsnes
Drottninghaug 1476
Sandsøy
Moltustranda
654
Haddal
54
Vartdalsfjorden
Tollkyrkja
Velle 46
Gurskøy
653
Bjørke
Romdals-horn
Store- Trandal
Stranda
Sunnmøre
Strandafjellet
Llabygda
Arvik
Kvamsøy
Kvien
Jøsok
Bøknes
1480
60
Opshaugvik
Skrenakkhorn 1519
Ervik Eltvik
Larsnes
Sæbø
Leknes
Smørskred-tindane 1632
Stadlandet
Sandvik
652
Ørsta
Kolås
Øye
655
Hoddevika
Kopanes Rovde
Syvdsnes Lauvstad
Volda
655
Skårasalen 1542
Flosteinnipa 1514
Herdal
63
Sildegapet
620
Hundshøe Eidså
Fiskå
Vik
Dalsfjord
Folkestad
651
Viddal 655
33 Kråkenes fyr
Skongenes fyr Sankta
Sunniva Selje
Syvde
Vatne
8 39
Indreeide

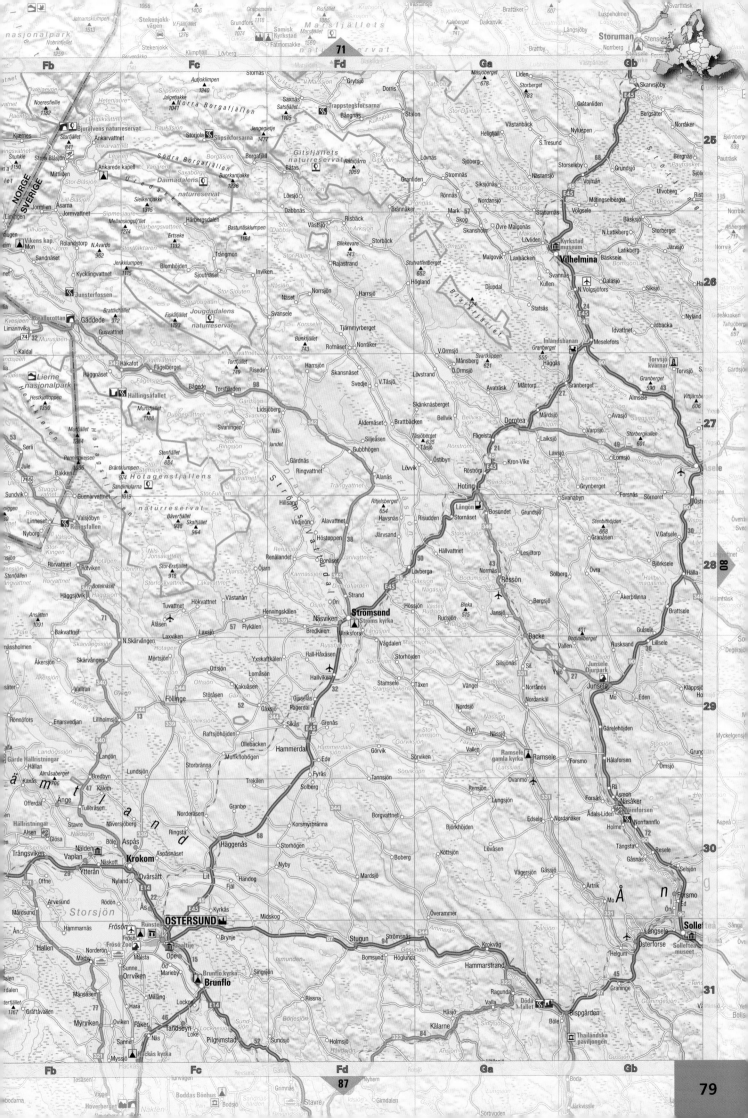

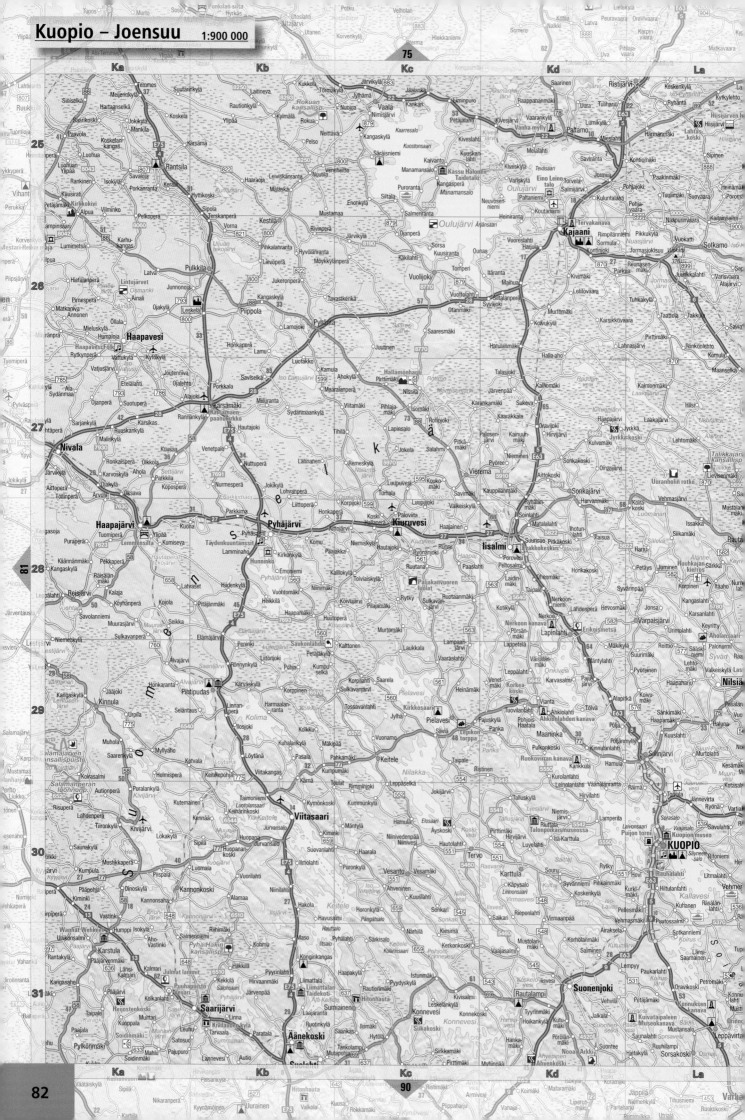

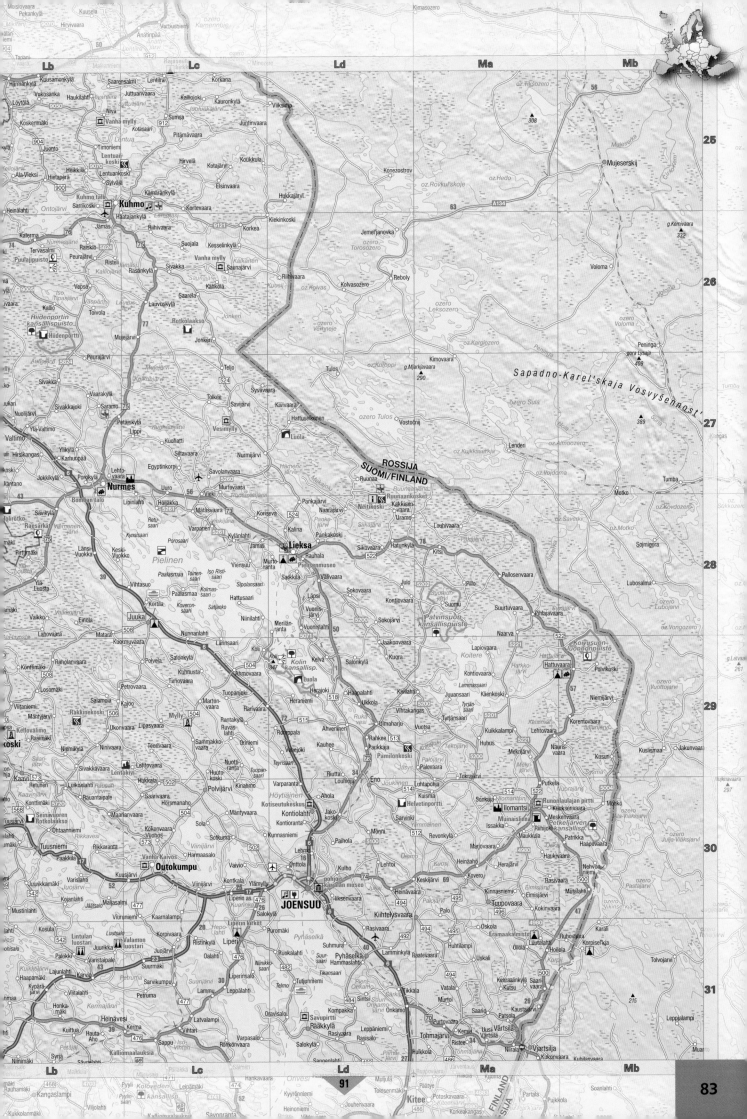

NORWEGIAN

SEA

Höga Kusten

Nyland Sandslån S. Ulvön

Krämfors

Lunde
Klocke-
Sprängsviken strand
Nora
Ramvik Högbondens fyr
Högakustenbron
Högsjö
Utansjö
Storön
32 Viksjö
Aspnäs Hemsö
Rö
Ålandsbro Ulvik Hemsön
Lungön
Gussjön Sörå Stigsjö
Stor- Vägnön
Roten
Ljustorp Åsäng
HÄRNÖSAND Gånsvik
Antjärn Murberget Härnön
Stavreviken Hässjö Öje
Lögdö bruks Bye 45
Bernsersen Häggdånger
Söråker Barsviken
TIMRÅ Hovid
Sundsbruk Tynderö Åvikebukten
Vi Alnön
Tunadal Åstön Åkerö
Cosmopol Rödön Åstholmsudde
Ankarsvik
Svartvik Sundsvallsbukten
industriminnen
Kvissleby Essvik Juniskär
Skottsund
Njurundabommen
Njurunda

Brämön

34 Västan Armsjön Galtströms bruk
Galtström
Ragvaldsnäs

84
Gnarp Norrfjärden
Sörfjärden
Hårte
ittendal Vitörarna
Mellanfjärden
Lönnånger Jättholmarna
Hånger
Stocka
87 Strömsbruk
35 Bästdal
Vasta
Rogsta

HUDIKSVALL
Bålsön
Idenor Kuggörarna
Hornslandet
Klapperstenfält
Iggesund Hölick
Tunaolmen
Njutånger
Innerstön Agön
36 Tihällan
Enhammarsfjärden
Långvinds bruk
Lngvind

S e l k ä m e r

B o t t e n h a v e t

Skivså
Forsbacka
amn Strösund
Istanbo
37 ndarne
Ljusne Ala
Vallvik

25

38 Norsbr
Hamrångefjärden
Iggön

Trödje

B o t t e n h a v e t

Gävlebukten
ärnvägsmuseum

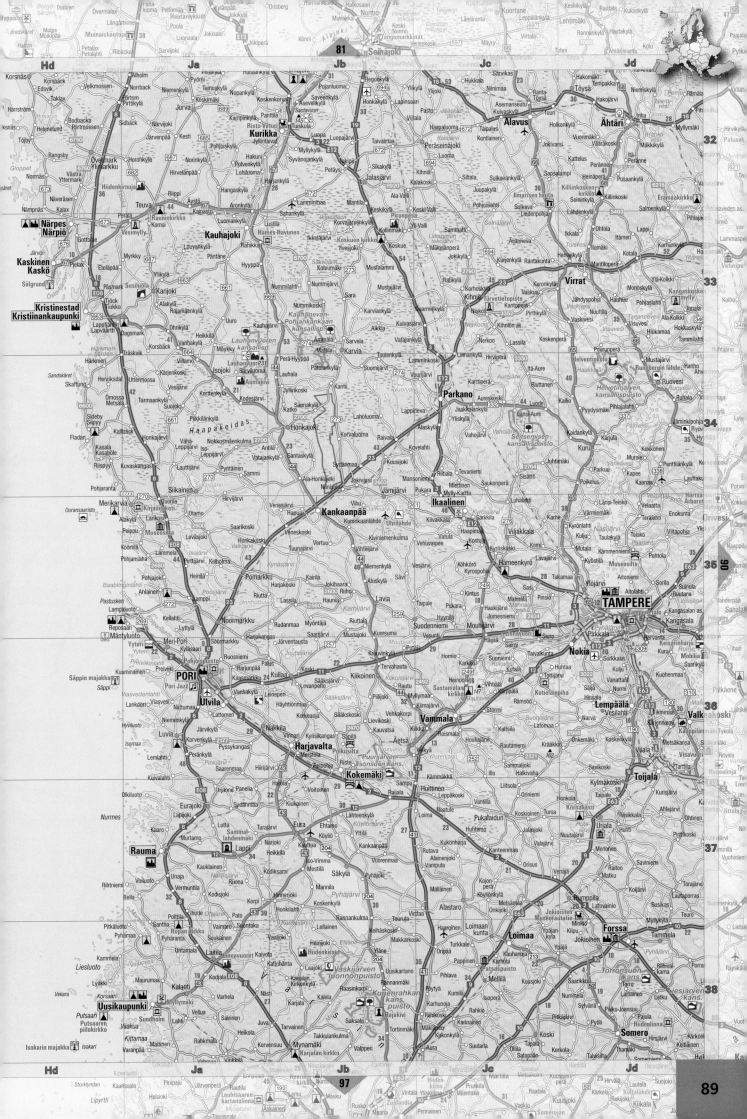

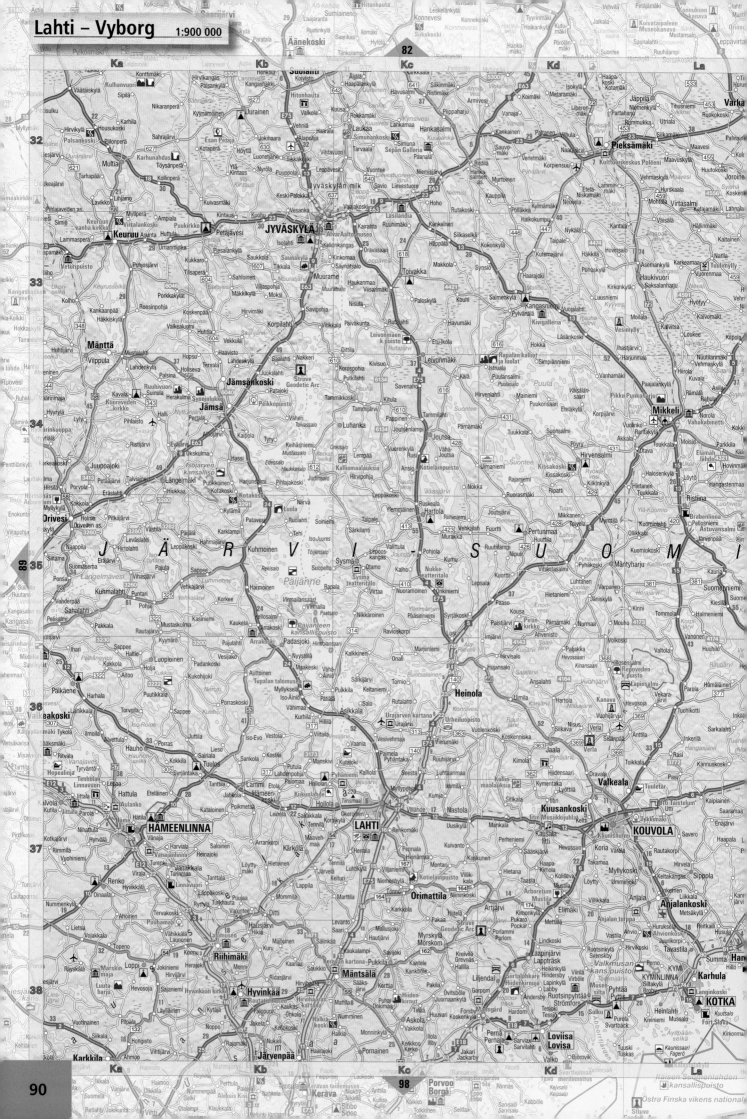

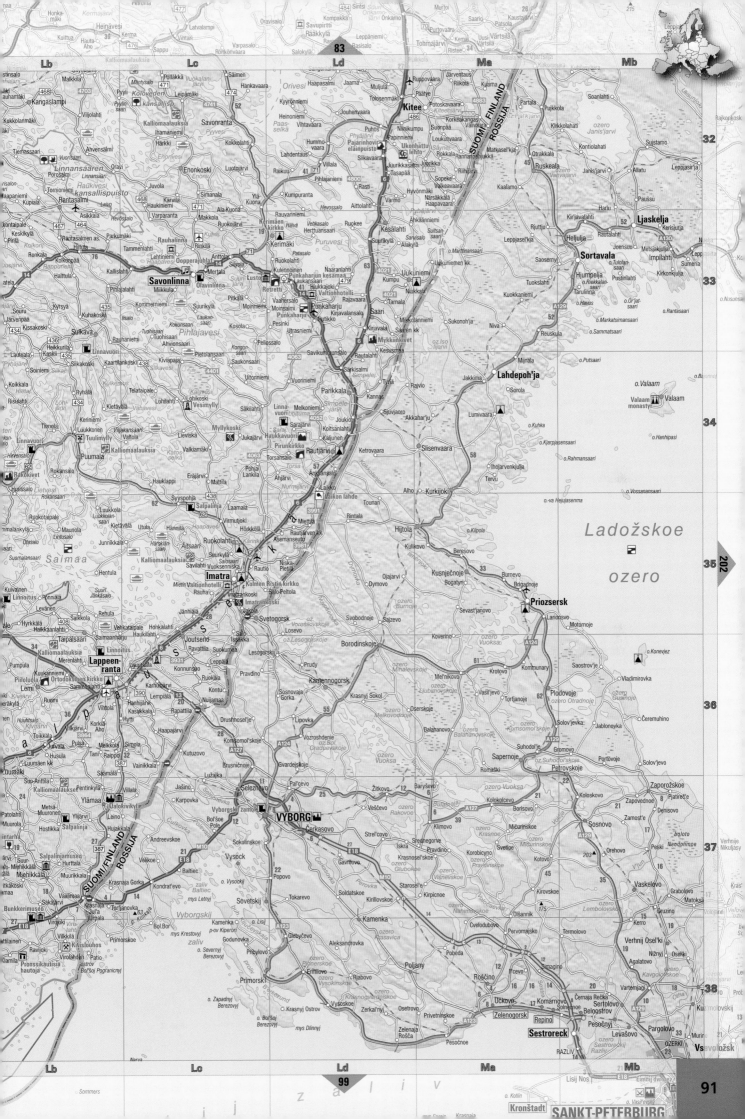

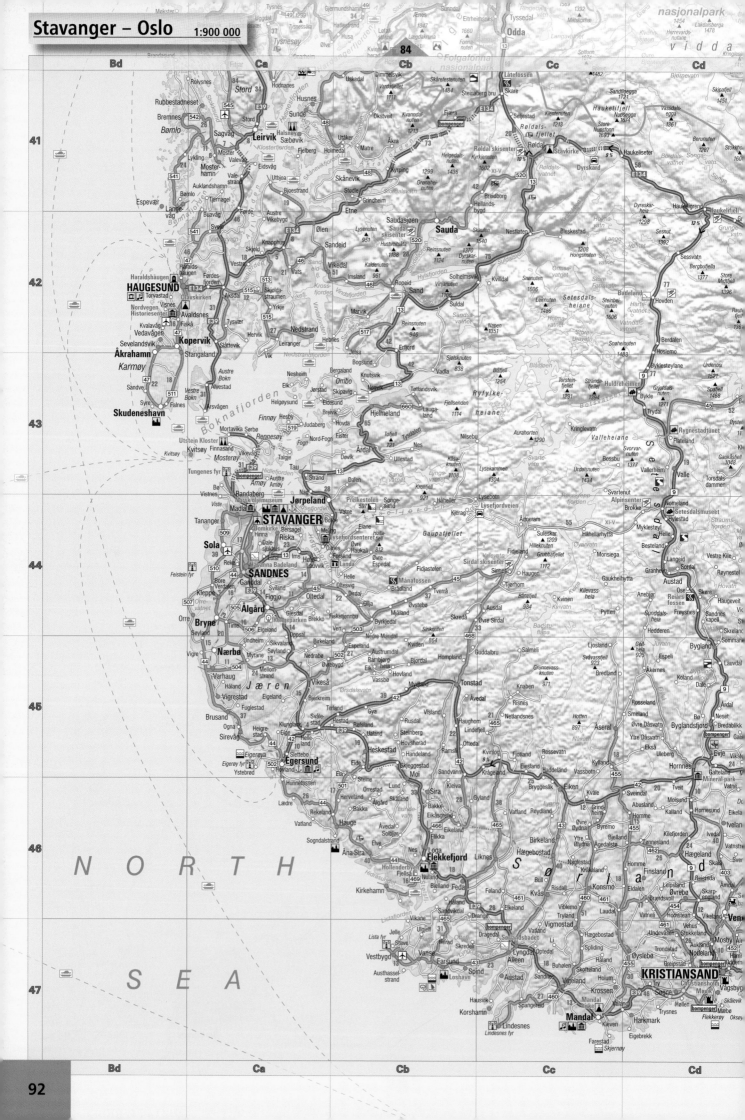

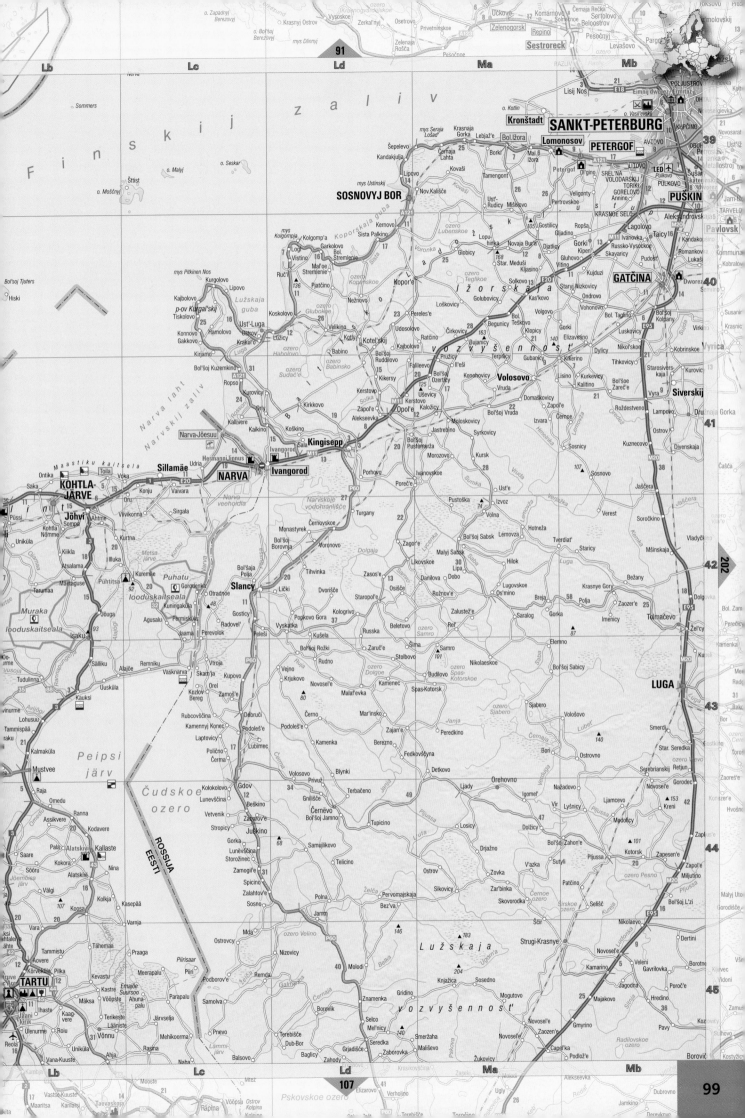

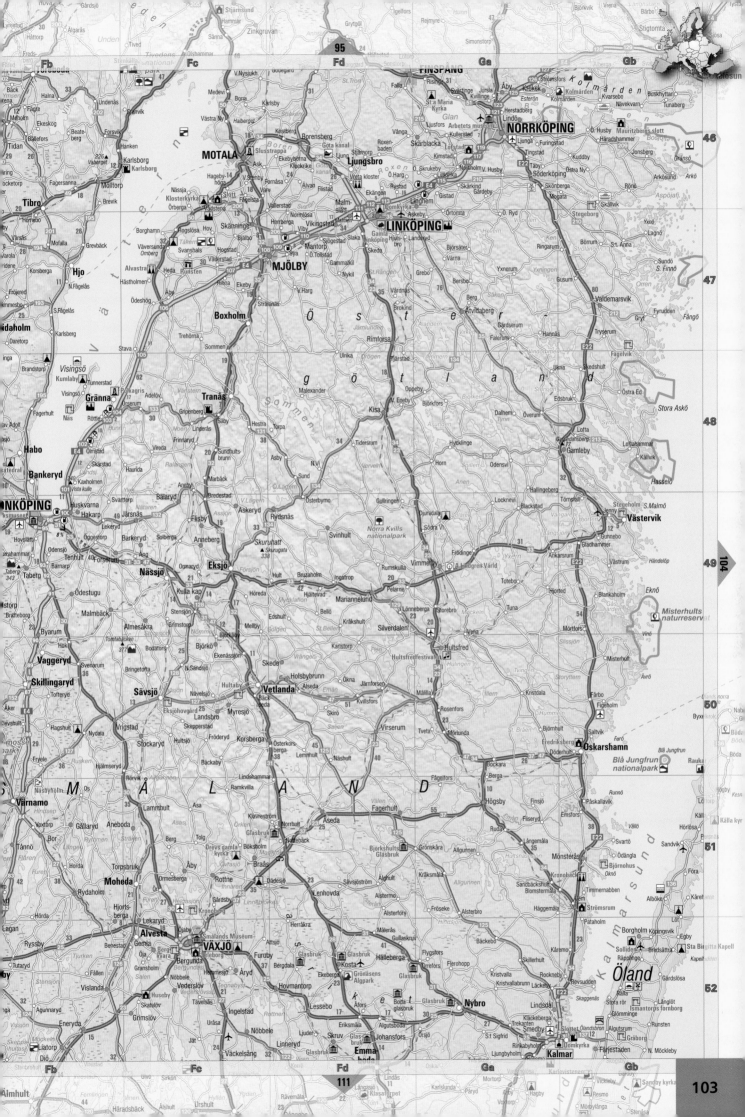

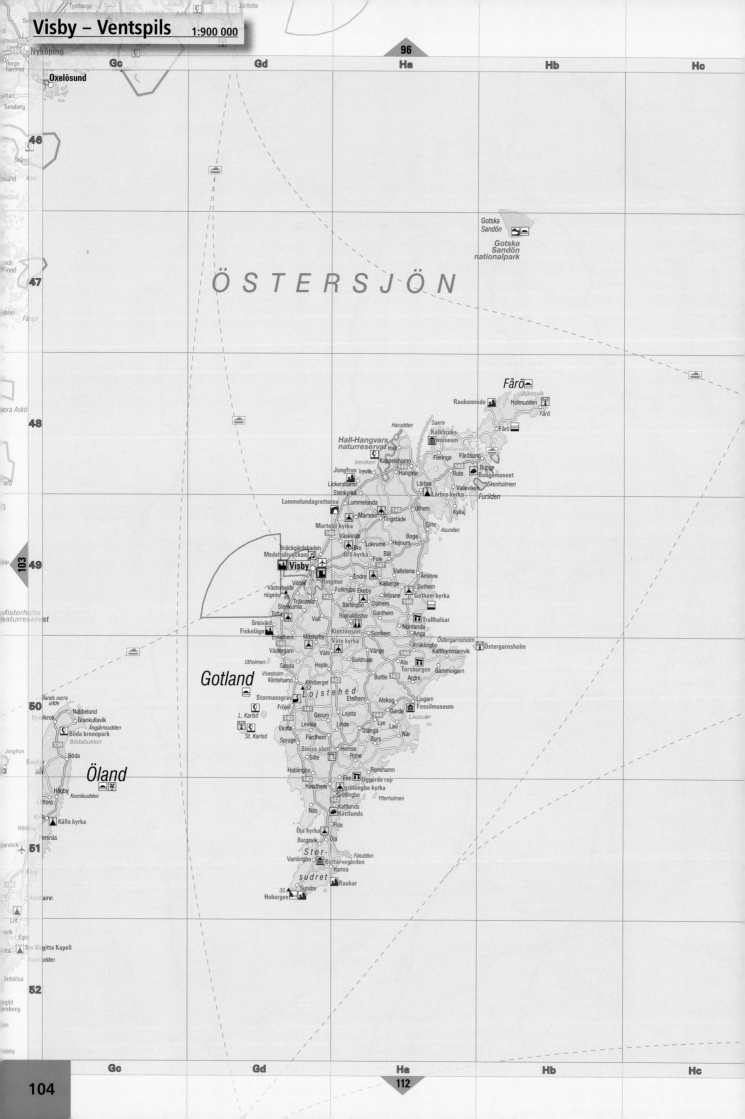

Nyköping

Oxelösund

Tunaberg

Bergs-hammar

Gränsö

Arkö

Finnö

Fångö

ndö

elö

Misterhults
naturreservat

nora Askö

46

47

48

103   49

50

51

52

Ö S T E R S J Ö N

Gotska
Sandön

Gotska
Sandön
nationalpark

Fårö
Ajkesvik
Raukområde   Holmudden
Fårö
Fårö

Harudden   Saxriv
Kalkbruks-
Hall-Hangvars   museum   Bästeträsk
naturreservat   Hall   Fleringe   Fårösund
Ireviken   Kappelshamn   Bunge
Jungfrun   Irevik   Hangvar   Rute   Bungemuseet
Lickershamn   Lärbro   Skenholmen
Stenkyrka   Lärbro kyrka   Valleviken
Lummelundagrottorna   Lummelunda   Furilden
Othem
Martebo   Tingstäde   Slite
Martebo kyrka   Asunden
Väskinde   Lokrume   Hejnum
Snäckgärdsbaden   Bro   Boge   Bäl
Medeltidsveckan   Bro kyrka   Fole
Vibble   Visby   Ringmur   Endre   Vallstena   Åminne
Västerhejde   Follingbo Ekeby   Källunge   Gothem
Högklint   Källunge   Hörsne   Gothem kyrka
Träkumla   Barlingbo   Ganthem
Stenkumla   Römakloster   Norrlanda   Trullhalsar
Tofta   Vall   Klosterrum   Sjonhem   Anga   Östergarnsholm
Gnisvärd   Mästerby   Väte kyrka   Kräklingbo   Östergarnsholm
Fiskeläge   Eskelhem   Väte   Vänge   Katthammarsvik
Västergarn   Guldrupe   Ala   Gammelgarn
Utholmen   Sanda   Hejde   Buttle   Ardre
Viveholm   Klintehamn   Klintberget   Torsburgen
Gotland   Ljojstehed   Alskog
Stormansgrav   Etelhem   Ljugarn
Fröjel   Gerum   Lojsta   Garde   Fossilmuseum
L. Karlsö   Levide   Lista   Lye   Lau   Lausvik
Eksta   Linde   Stånga   När
St. Karlsö   Sproge   Fardhem   Burs
Smiss slott   Hemse   Rone
Hablingbo   Silte   Ronehamn
Öland   Eke   Uggårde rojr
Havdhem   Grötlingbo kyrka
Näs   Grötlingbo   Ytterholmen
Kattlunds
Kattlunds
Öja kyrka   Fide
Burgsvik   Öja
Stor-   Faludden
Vamlingbo   Bottarvegården
sudret   Hamra
Raukar
Sundre
Hoburgen

Ölands norra
udde
Nabbelund
Byxelkrok   Grankullavik
Ängjärnsudden
Böda kronopark
Bödabukten
Böda

Jungfrun

Raukar

Högby   Kesnäsudden
Löttorp
Källa
Källa kyrka
Persnäs
sandvik
Föra

Sta Birgitta Kapell
Kapelludden

svik
Egby
tra   rbro

Kärehamn

Lör

ärdslösa

aglöt
rnborg

kdeby

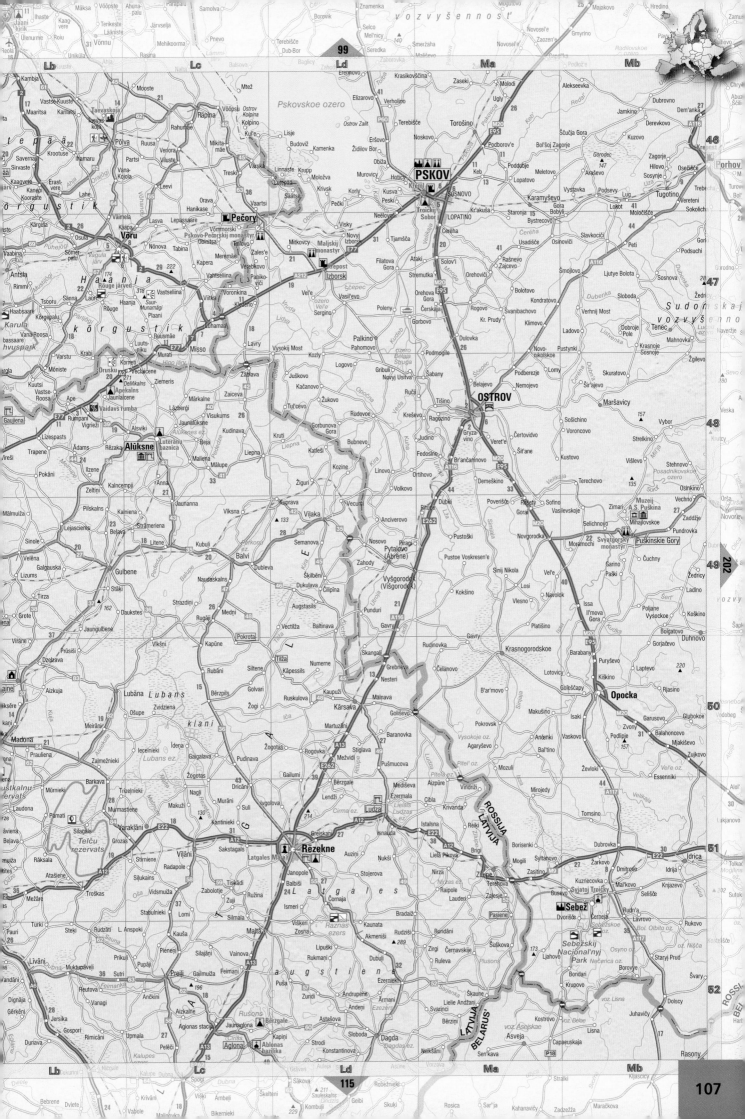

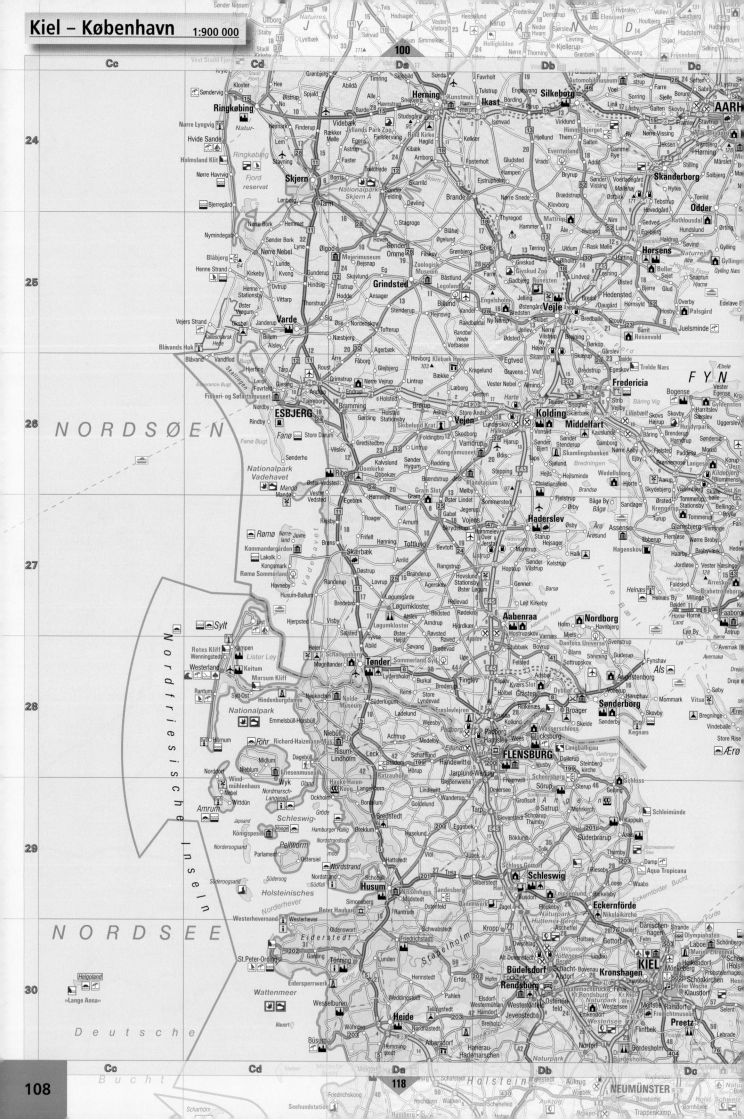

Skatelöv   Lessebo   Åfors   Boda glasbruk   Glasbruk   **Nybro**   Skäggenäs   Stora rör   Langlöt   Ismantorps fornborg   53
Agunnaryd   Ingelstad   Rottnen   Glasbruk   glasbruk   Klackeberga   Glömminge   Gråborg
Eneryda   Grimslöv   Uråsa   Eriksmåla   Algutsboda   S:t Sigfrid   Smedby   Slottet Ölandsbron   Algutsrum   Runsten
Viseön   Mäckeln   Nöbbele   Ljuder   Johansfors   Örsjö   Kalmar   Färjestaden   Gråborg

Imhult   Virestad   Urshult   Korrö   Oskar   Vassmolösa   Skogsby   Gårdby   53
Stenbrohult   Häradsbäck   Ålshult   **Tingsryd**   Långasjö   Klasatorpet   Karlslunda   Mortorp   Vickleby   Resmo   Sandby kyrka
Hökön   Ryd   Dångebo   Konga   Vissefjärda   Gullabo   Hagby   Mörbylånga   Stenåsa
Fridafors   Oljehult   Hallabro   Eringsboda   Holmsjö   Söderåkra   Bärbyborg   Triberga fornborg   Hulterstad
Boalt   Lönsboda   Kyrkhult   Ringamåla   Backaryd   Tving   Torsås   Bergkvara   Smedby   Skärlöv   Södra Ölands
Glimma   Olofström   Svängsta   Bräkne-Hoby   Kallinge   Fridlevstad   Rödeby   Fågelmara   Kristianopel   Gräsgård   odlingslandskap
Broby   Jämshög   Mörrum   Ronneby   Nättraby   **KARLS-KRONA**   Ventlinge   Eketorps fornborg
Hanaskog   Pukavik   Karlshamn   Ronneby hamn   Listerby   Augerum   Grönhögen   Karl X Gustafs mur   54

Bromölla   Sölvesborg   Mjällby   Hörvik   *Pukaviksbukten*   Hasslö   Sturkö   Tjurkö   55

Åhus   Yngsjö   *Hanöbukten*   56

Stenshuvuds nationalpark   **Simrishamn**   Ö S T E R S J Ö N   56   112

SVERIGE
DANMARK   *Hammeren*   Sandvig   Erthölmene   Christiansø   57
Hammershus   Allinge   Tejn   **Helligdomsklipperne**
Olsker   **Gudhjem**
Hasle   Klemensker   Rø   Melsted
Nyker   Årsballe   Østermarie   **Svaneke**
Rønne   Vestermarie   Almindingen   Joboland
Nylars   Bodilsker
Arnager   **Aakirkeby**   Nexø   58
Bornholm (DK)   Pedersker   Balka
Snogebæk
Dueodde

Ustk   59

Wicko Morskie   Duninowo
Jarosławiec   Jez. Wicko   Drozdowo   Darłowo

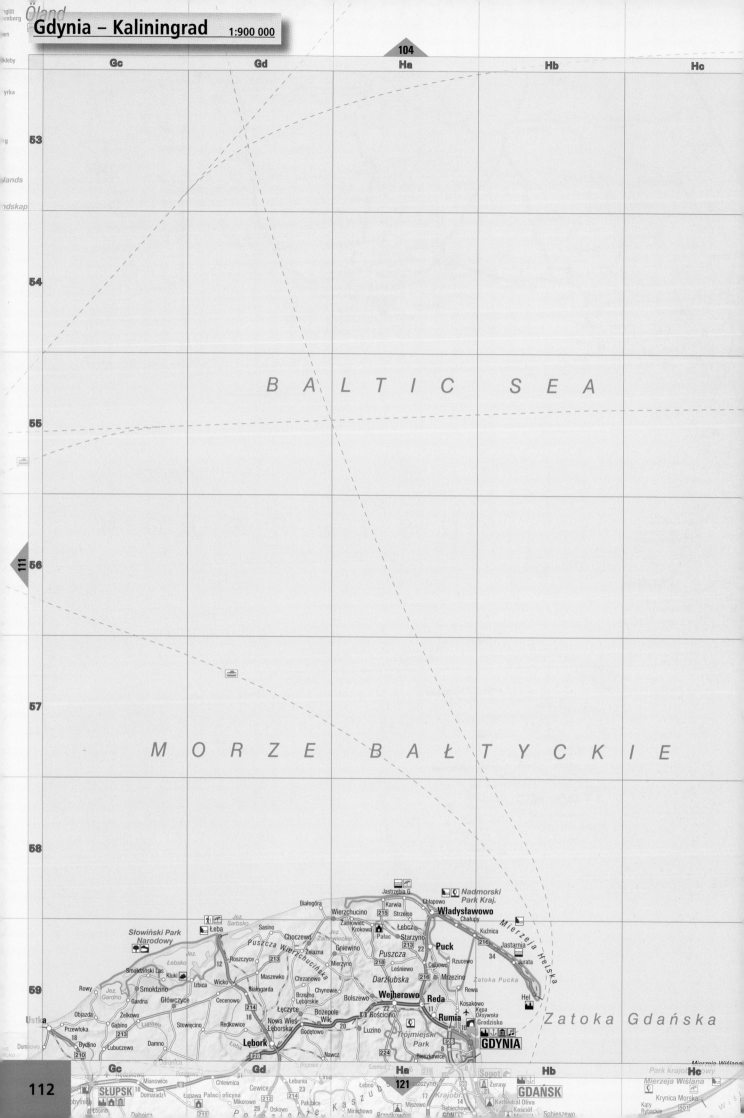

B A L T I C   S E A

M O R Z E   B A Ł T Y C K I E

Zatoka Gdańska

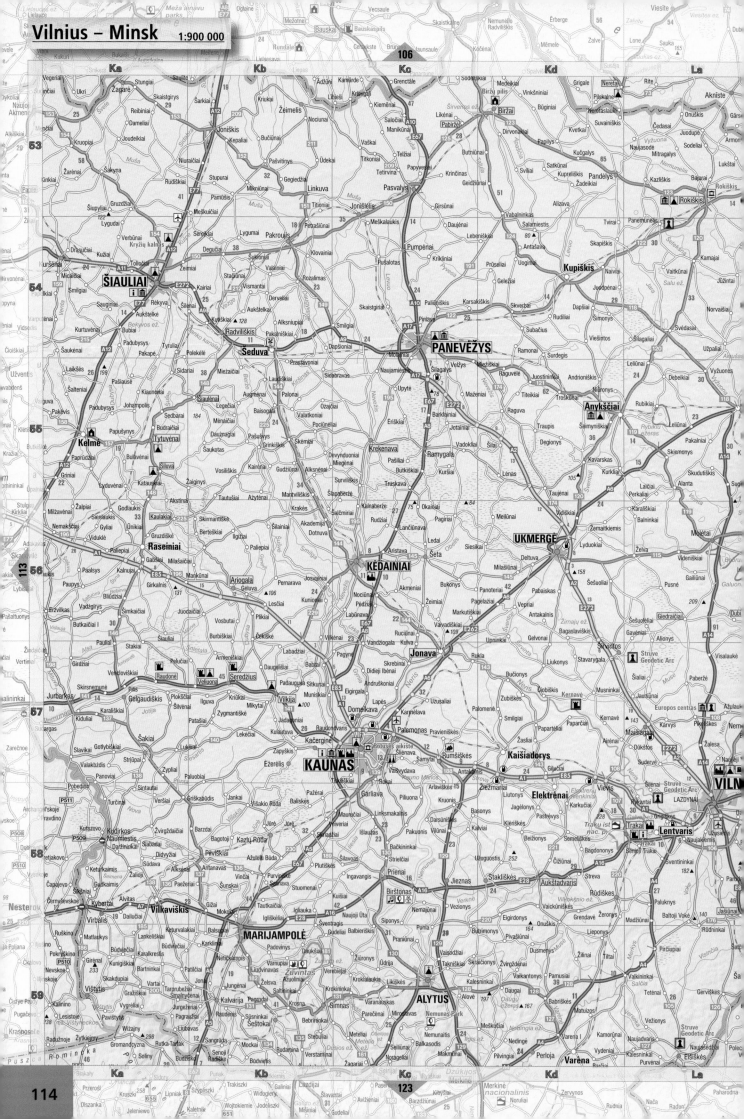

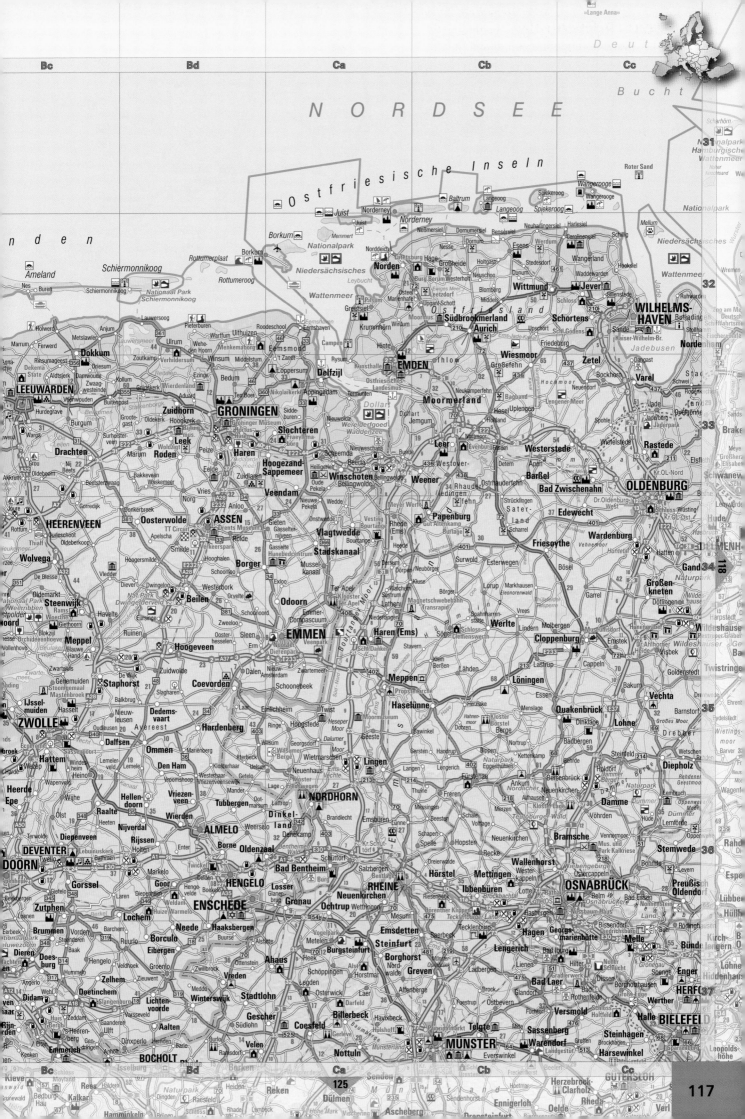

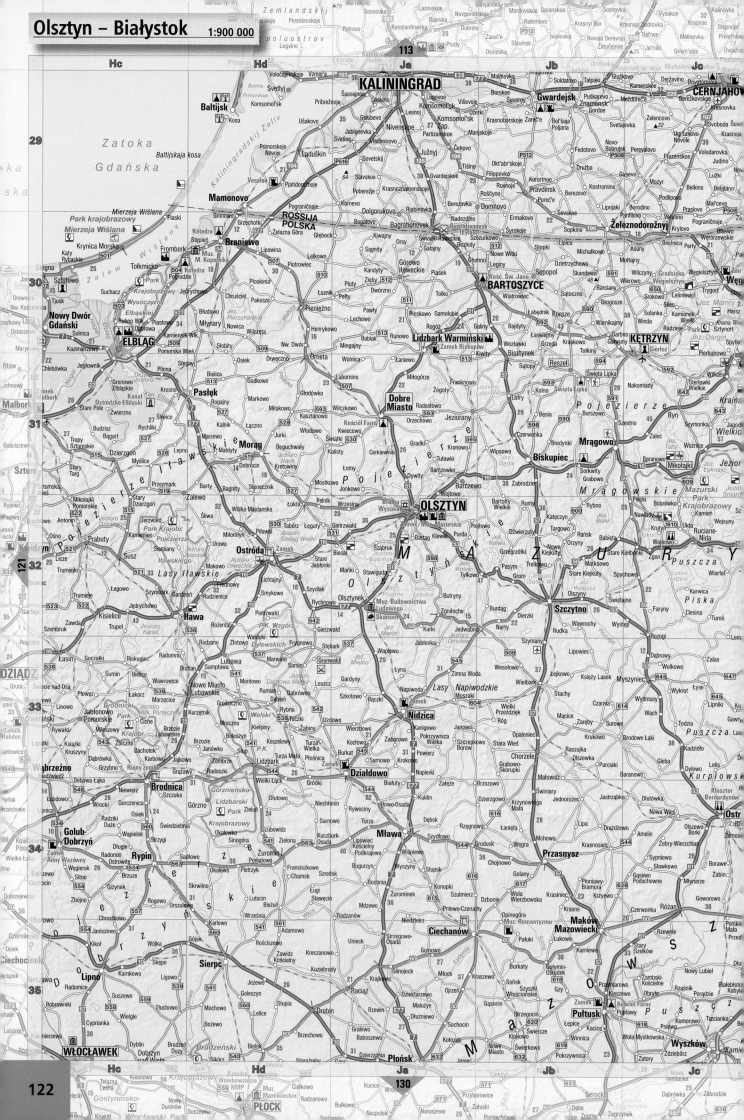

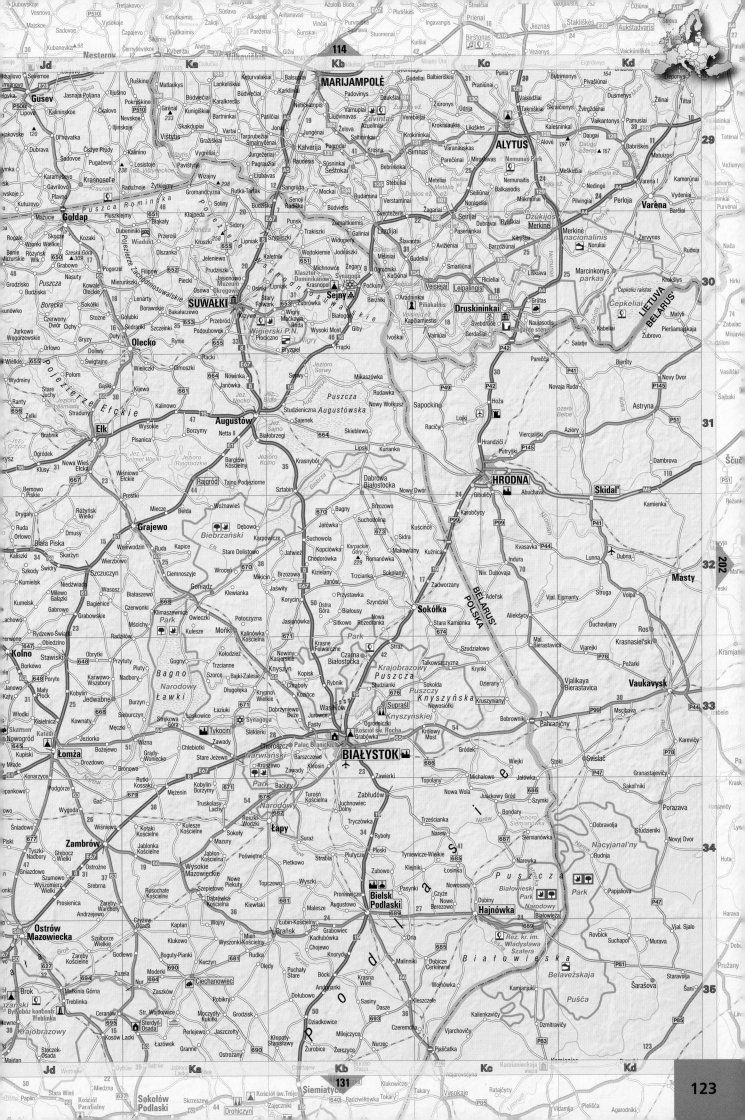

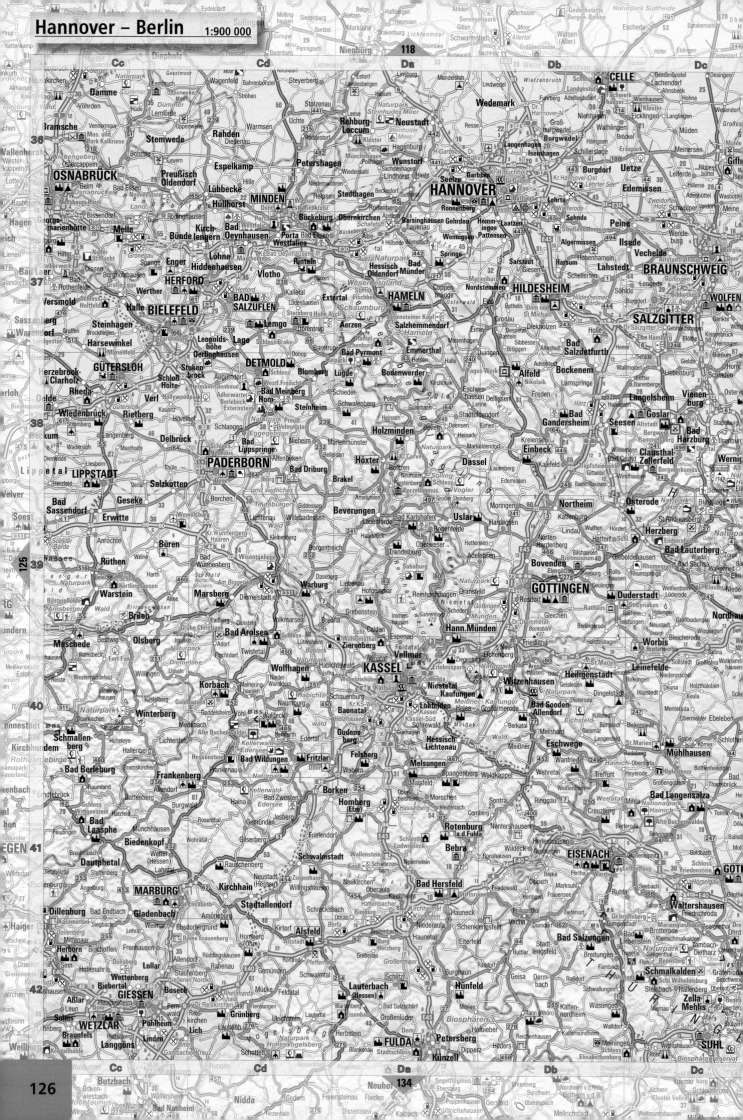

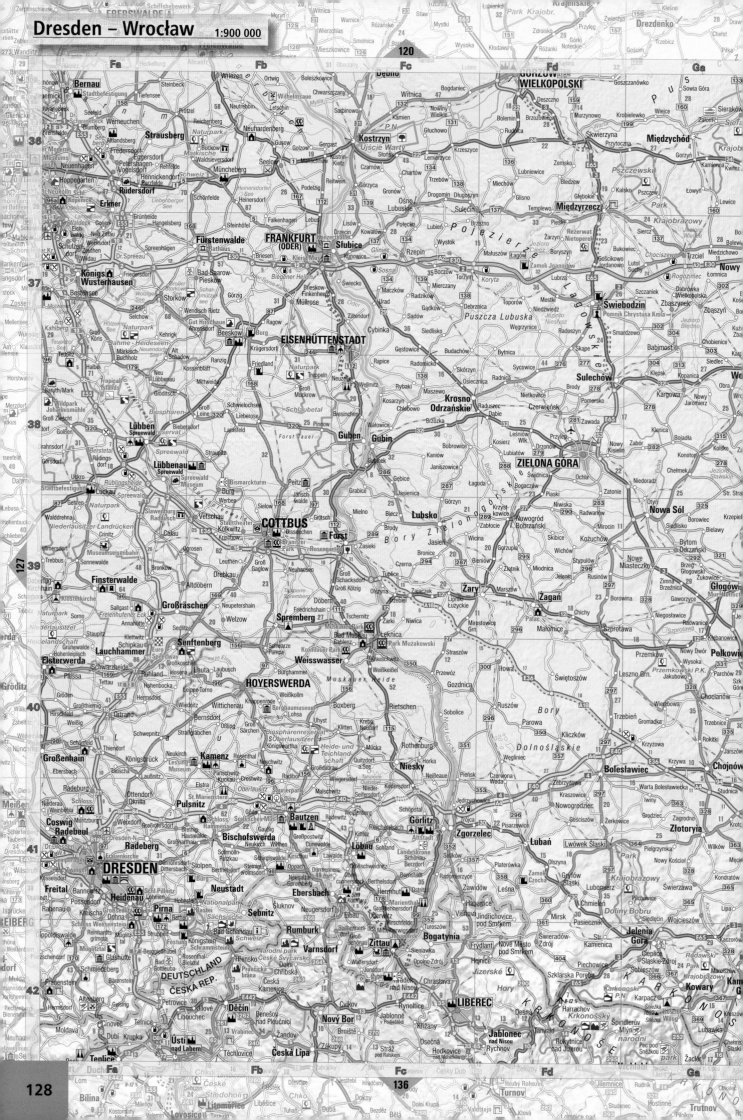

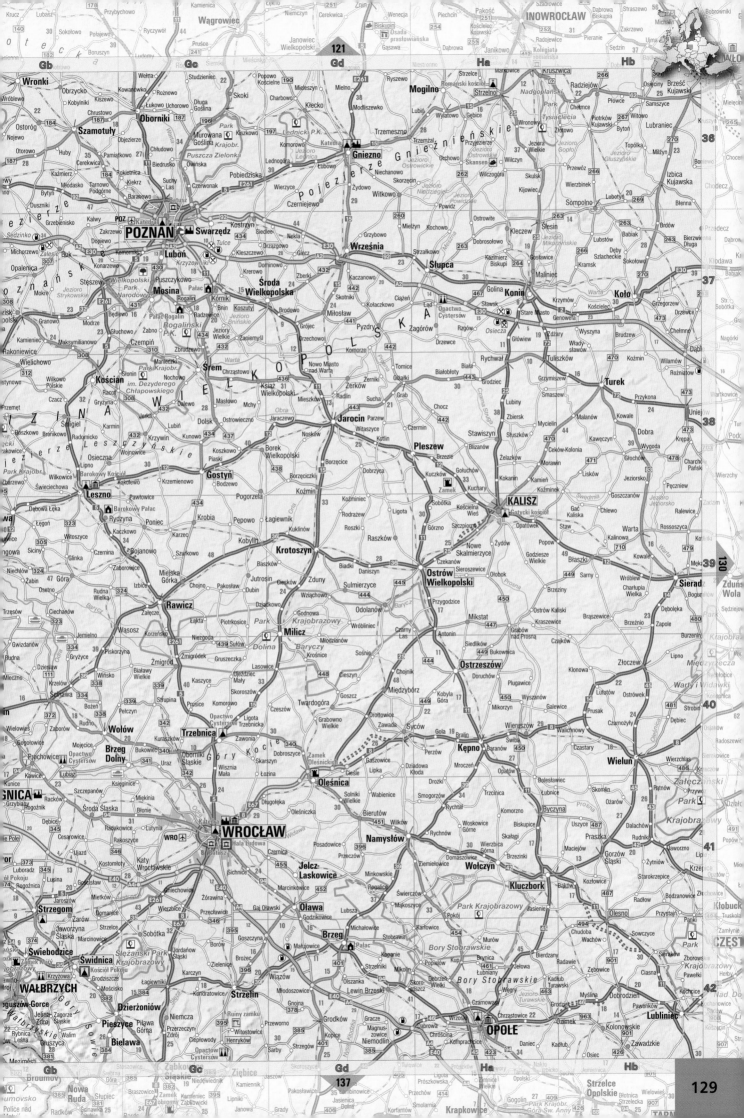

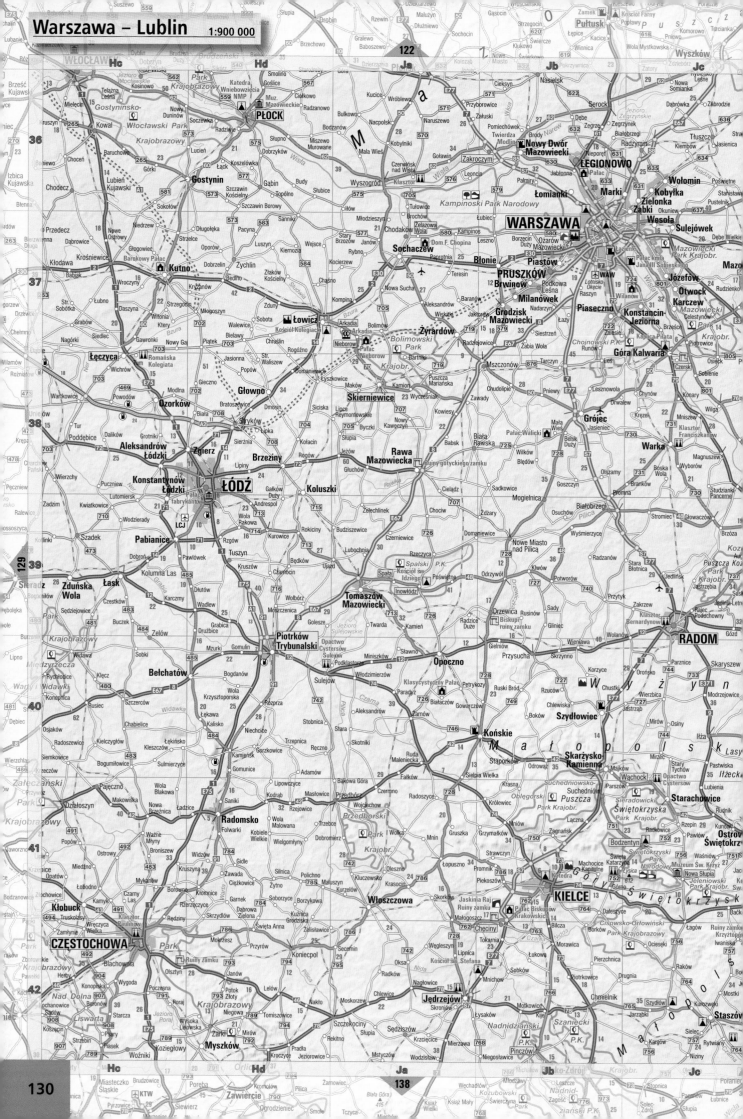

ÖSTERREICH

Fa **Fb** **Fc** **Fd** **Ga**

Freistadt
Krems a.d.D.
Gallneukirchen
LINZ
St. Pölten
Traun
Wels
Lambach
Amstetten
Steyr
Gmunden
Waidhofen a.d.Ybbs
Lilienfeld
Mariazell
Gloggnitz
Mürzzuschlag
Bad Aussee
Liezen
Admont
Eisenerz
Kapfenberg
Schladming
Bruck a.d.Mur
Leoben
Weiz
Knittelfeld
Judenburg
GRAZ
Köflach
Voitsberg
St.Veit a.d.Glan
Wolfsberg
Leibnitz
Villach
Völkermarkt
KLAGENFURT
ÖSTERREICH
SLOVENIJA
MARIBOR

Torino – Milano 1:900 000

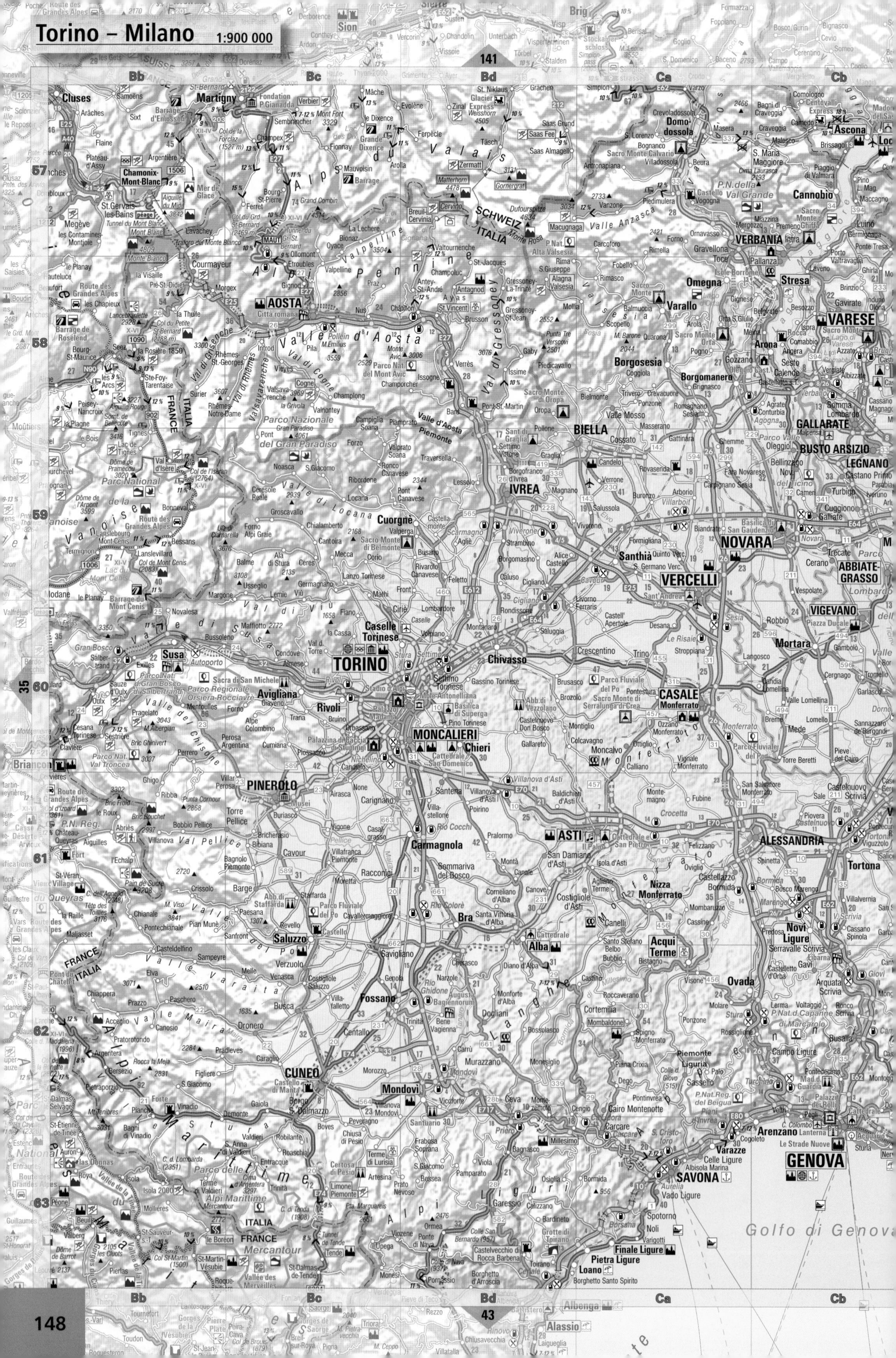

Ca
Cb
Cc
Cd
Da

MAR LIGURE

MAR

MEDITERRÁNEO

67

68

69

70

71

72

73

Castiglioncello
Rosignano Solvay
Vada
S. Pietro in Palazzi
Marina di Cecina

Via Aurelia
Marina di Bibbona
Marina di Castagneto-Donoratico
Castagne
San Vincenzo
Populonia
Tombe etrusche
Piombino

Parco Nazionale
dell'Arcipelago
Toscano
Capraia Isola
Isola di Capraia

Portoferraio
Palazzina dei Mulini
Marciana
Marciana Marina
Terme San
Procchio Giovanni
Marina
di Campo
Capoliveri
Isola d'Elba
Chiessi
Rio Marina
Faro
Porto Azzurro
Cavo

Parco Nazionale
dell'Arcipelago
Toscano

Isola Pianosa
Pianosa
Parco Nazionale
dell'Arcipelago
Toscano

la Villa
Isola di Montecristo
Parco Nazionale
dell'Arcipelago
Toscano

MAR TIRRENO

Cap Corse
Port de Centuri
Barcaggio
Tours de Rogliano
Centuri
Rogliano
Macinaggio
Pino
Luri
Santa Severa
Canari
Conchigliu
Marine d'Albo
1307
Sisco
Marine de Sisco
Nonza
Mte.Stello
Brando
Erbalunga
San Martino
di Lota
Miomo
Serra
di Fiumo
960
BASTIA
Vieux Port

Golfe de
St-Florent
Désert des Agriates
L'Île-Rousse
Algajola
Lozari
Calvi
Sant
Antonino
Belgodère
Sto-Pietro-
di-Tenda
Oletta
Citadelle
Lumio
Muro
Olmi-
Capella
Pietralba
San Michele
N1197
N193
20
72
Murato
Campitello
Casamozza
La Canonica
Bastia Poretta
Etang de
Biguglia

Punta de la Revellata
Punta Palazzu
Galéria
Rés. Naturelle
de Scandola
La Scandola
Girolate
Golfe de Girolate
Osani
Golfe de Porto
Porto
Les Calanche
Capu
Rossu
Piana
Thurgio
Punta
d'Orchinu
Cargèse

Sainte Catherine
Suare
Calenzana
Chaos de
Bocca Rezza
Monte
Estremo
Haut-Asco
Mte.Cinto
2706
Calacuccia
Scala di
Sta-Regina
Col de la Croix
(269)
Tour génoise
Col de Vergio
(1477)
Forêt
d'Aîtone
Évisa
Cristinacce
Mte.Corona
2144
Bonifato
Cirque de
Bonifato
Asco
Ponte Leccia
Ponte
Nuovo
Corsica
Ponte
Castirla
Soveria
Francardo
Caporalino
Piedicroce
Couvent
d'Orezza
San
Nicolao
Corte
Forêt de
Valdu-Niellu
Lac de
Nino
Sermano
Vescovato
Penta di
Casinca
Morosaglia
la Porta
St-Jean
Baptiste
Talasani
Folelli
Anghione
Moriani-Plage
Cervione
Prunete
Moita
Vico
Orto
Guagno
Salice
Vero
Tiuccia
Sagone
Calcatoggio
Capo di Feno
Capu di Muru
Cauro
Ocana
Corrano

Gorges de la Restonica
Mte.Rotondo
2622
Vivario
Mte.d'Oro
2389
Venaco
Vezzani
Pont du
Vecchio
Vizzavona
Bocognano
Mte.Renoso
2352
Ghisoni
Défilé de
l'Inzecca
St-Antoine
Maison
Pieraggi
Caterapio
Aléria
Padulone
Site archéologique
Corsicana
Étang de Diane
Étang d'Urbino
Ghisonaccia

Golfe
de Sagone
Sari
d'Orcino
CORSE
Punta Tiruletta
1541
Bastelica
Gorges du Prunelli
Zicavo
Sta-Maria-
Siché
Grosseto
Prugna
Bisinao
Pila-Canale
Petreto-
Bicchisano
Olmeto
Filitosa
Propriano
Sollacaro
Mte.Incudine
2136
Aiguilles
de Bavella
1596
Bavella
Zonza
Col de Bavella
Cucuruzzu
Aullène
Levie
Ste-Lucie-
de-Tallano
Catenacciu
Sartène
Figari
Belvédère-
Campomoro
Alignements
de Pagliaju
Punta di Senetosa
Tizzano
Mégalithes
de Cauria
Serragia
Pianottoli-
Caldarello
L'Uomo di Cagna
1217
Figari
Sud-Corse
859
Chera
Barrage
de Figari

AJACCIO
Ajaccio
Campo dell'Oro
Punta de
la Parata
Porticcio
Îles Sanguinaires
Golfe
d'Ajaccio
Port de
Chiavari
Acqua
Doria
Porto Pollo
Golfe
de Valinco
Cozzano
Solaro
Travo
Solenzara
Favone
Torre
Cala Rossa
Pinarello
Ste-Lucie-
de-Porto-Vecchio
L'Ospedale
Sotta
Porto-Vecchio
Golfe de Porto-Vecchio
Punta di a Chiappa
Piccovagia
Îles Cerbicale
Plage de Palombaggia
Bocca
di l'Oro
Golfe de Sta-Manza
Punta di Capicciola

Ventiseri
Prunelli
di Fiumorbo
Montagne de Cagna
N198
N196

Bonifacio
Capo Pertusato
Bouches de
Bonifacio
Îles Lavezzi
FRANCE
ITALIA
Bocche di Bonifacio
Île Cavallo
Capo Falcone
Parco Nazionale
dell'Arcipelago
della Maddalena
I.Razzoli
I.Budelli
I.Spargi
I. S. Maria
I.Caprera
de la Maddalena
Capo Testa
S.Teresa
Gallura
la Maddalena
I.S.Stefano
Palau
Capo d'Orso
Portobello
di Gallura
Vignola
Mare
Porto
Pozzo
Bassacutena
Aglientu
Baia Sardinia
Porto Cervo
Arzachena

Punta Paradiso
Isola Rossa
Trinità d'Agultu
Codaruina
Badesi
Luras
S. Antonio
Cabu Abbay
Arzachena
Costa Smeralda
Porto Rotondo
Mulino di
Capriccioli
Porto
Golfo Aranci
Olbia
Golfo di

154

Roma – Napoli 1:900 000

156

Gd   Ha   Hb   Hc   Hd

163 Gallipoli

Santa Maria al Bagno
Neviano   Maglie
Città vecchia   Parabita   Collepasso   Muro Leccese   Santa Marina   Grotta dei Cervi
Chiesa d.   Nociglia   Poggiardo
Casaranello   Supersano   Santa Cesarea Terme
Casarano   Diso   Grotta Romanelli/
Taviano   Ruffano   Montesano   Castro Marina   Grotta Zinzulusa
Salentino

Racale   Tricase
Alliste   Specchia   Tricase Porto
Ugento   Marina Serra
Presicce   Alessano   28
Torre San Giovanni   25   Marina di Novaglie
Salve
Marini   Patù   Gagliano del Capo
Torre Vado
Marina
di Leuca   Capo S.Maria
di Leuca

78

79

Staz.d.Mandatoriccio-
Campana
E90   Cariati   P. Fiume Nicà
datoriccio
Terravecchia
Campana   Crucoli   P. Alice
Umbriatico   Ciro   Santuario di
Apollo Aleo
Melissa   Cirò Marina
Verzino   80   Torre Melissa
Petelia
Strongoli   106
nzia   Marina di Strongoli
Rocca di Neto   E90   Fasana
46   107   49
Neto
a   Santa Severina   Gabella Grande
Castello   CROTONE
S.Mauro
Marchesato
soraca   Mus.Arch.Naz.   Tempio di
Hera Lacinia
Cutro   Salica   Capo Colonna
pani   S. Anna
Cropani   Steccato   Isola di
Marina   E90   106   Capo Rizzuto
Botricello   Fortezza aragonese
le Castella   Capo Rizzuto
Area Marina Protetta   Capo
Capo Rizzuto   Rizutto

M A R   I O N I O

80

81

olfo di

uillace

82

M A R

83

M E D I T E R R A N E O

84

Gd   Ha   Hb   Hc   Hd

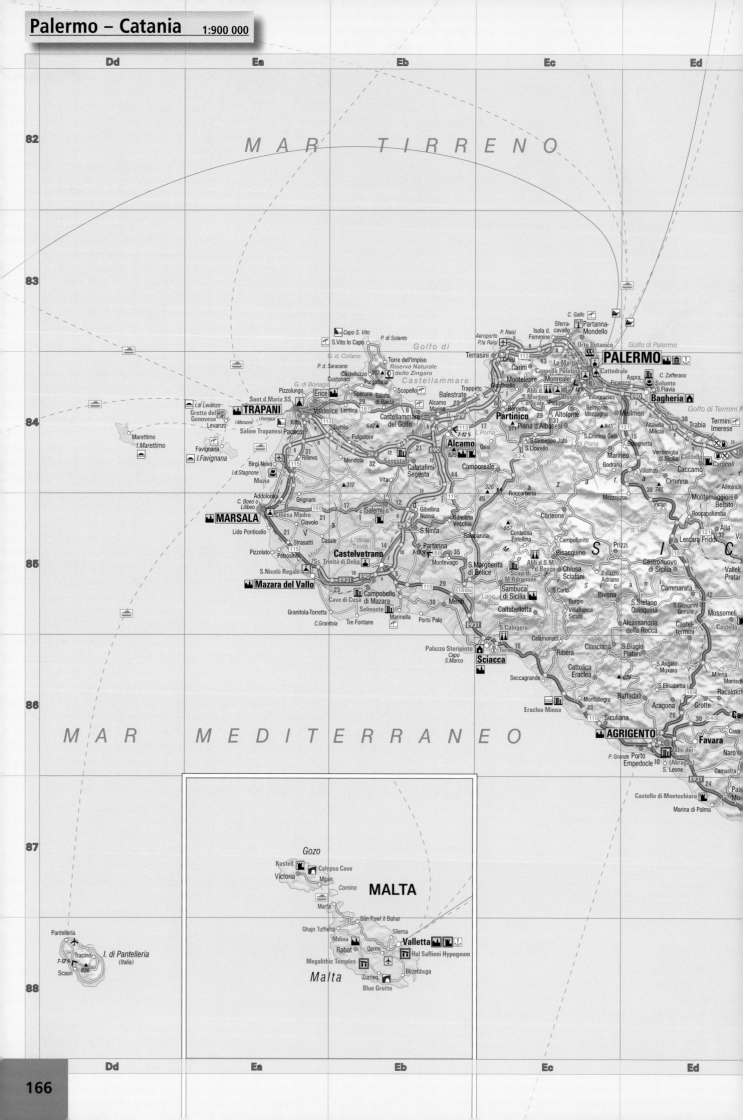

MAR TIRRENO

Dd   Ea   Eb   Ec   Ed

82
83
84
85
86
87
88

MAR MEDITERRANEO

Capo S. Vito
S.Vito lo Capo
P. di Solanto
Golfo di

Riserva Naturale
dello Zingaro
Castellammare

Terrasini
Carini
Chisi
Isola d.
Femmine
Sferra-
cavallo
Partanna-
Mondello
C. Gallo

PALERMO
Cattedrale
Orto Botanico
Golfo di Palermo

Bagheria
Golfo di Termini

Trapani
Marsala
Mazara del Vallo
Sciacca
AGRIGENTO
Favara

MALTA
Gozo
Victoria
Calypso Cave
Comino

Valletta
Hal Safileni Hypogeum
Mdina
Rabat
Sliema
Qormi
Megalithic Temples
Birzebbuga
Zurrieq
Blue Grotto
Malta

Pantelleria
Tracino
836
Scauri
I. di Pantelleria
(Italia)

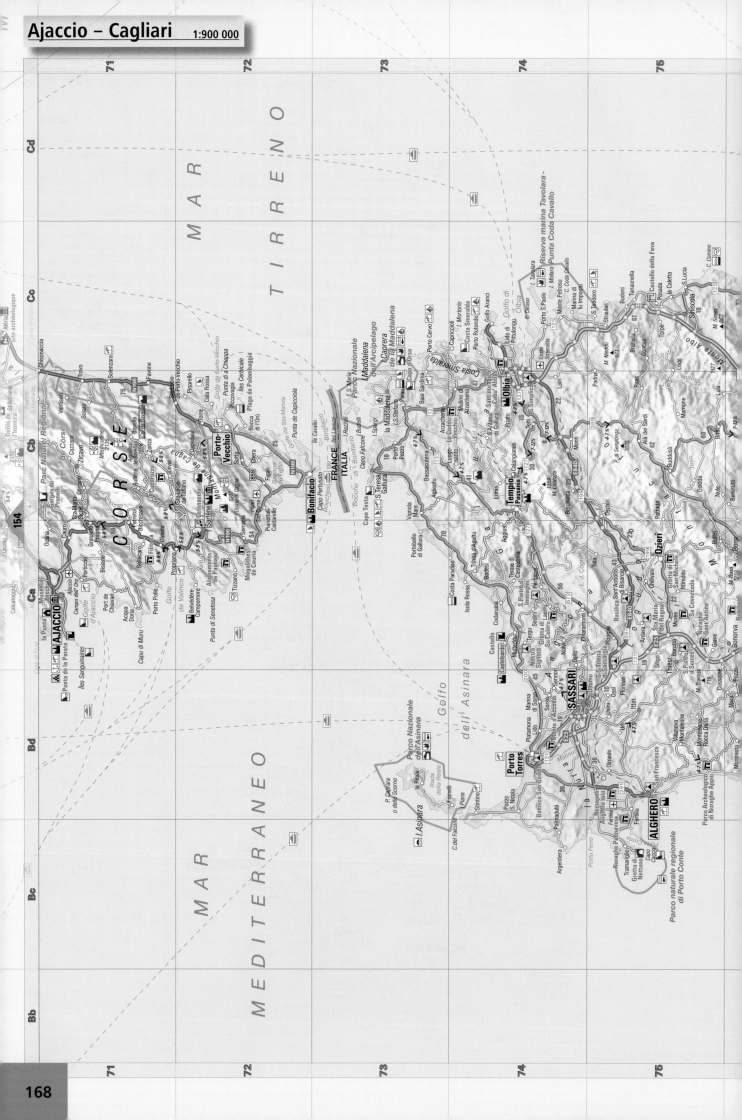

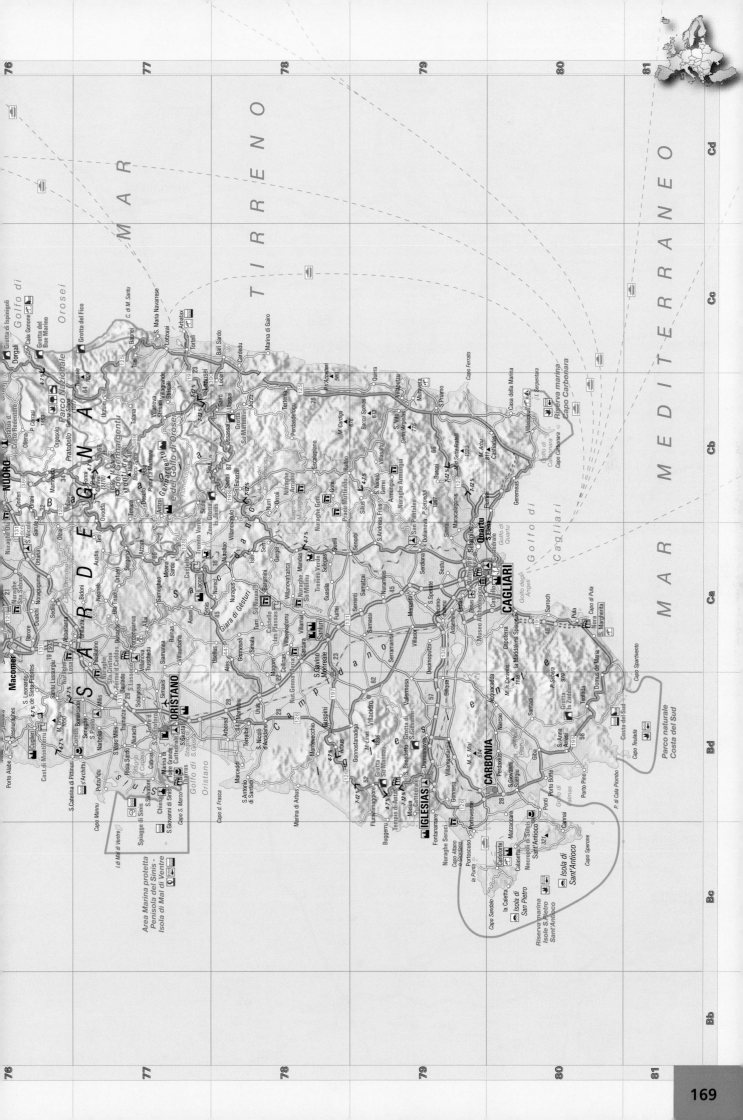

Timişoara – Craiova

1:900 000

172

BACĂU

BUCUREŞTI

BRAŞOV

PLOIEŞTI

BUZĂU

FOCŞANI

TÂRGOVIŞTE

CÂMPULUNG

Fǎgǎraş

Miercurea-Ciuc

SFÂNTU GHEORGHE

Târgu Secuiesc

ONEŞTI

Râmnicu Sărat

Urziceni

SLOBOZIA

Comǎneşti

Târgu Ocna

Odorheiu Secuiesc

SĂCELE

ZĂRNEŞTI

Râşnov

CÂMPINA

Gǎeşti

Titu

Buftea

Videle

Moreni

Pucioasa

Comarnic

Breaza

Sinaia

Buşteni

Predeal

Vǎlenii de Munte

Mizil

Urlati

Boldeşti-Scǎeni

Bǎicoi

180

176

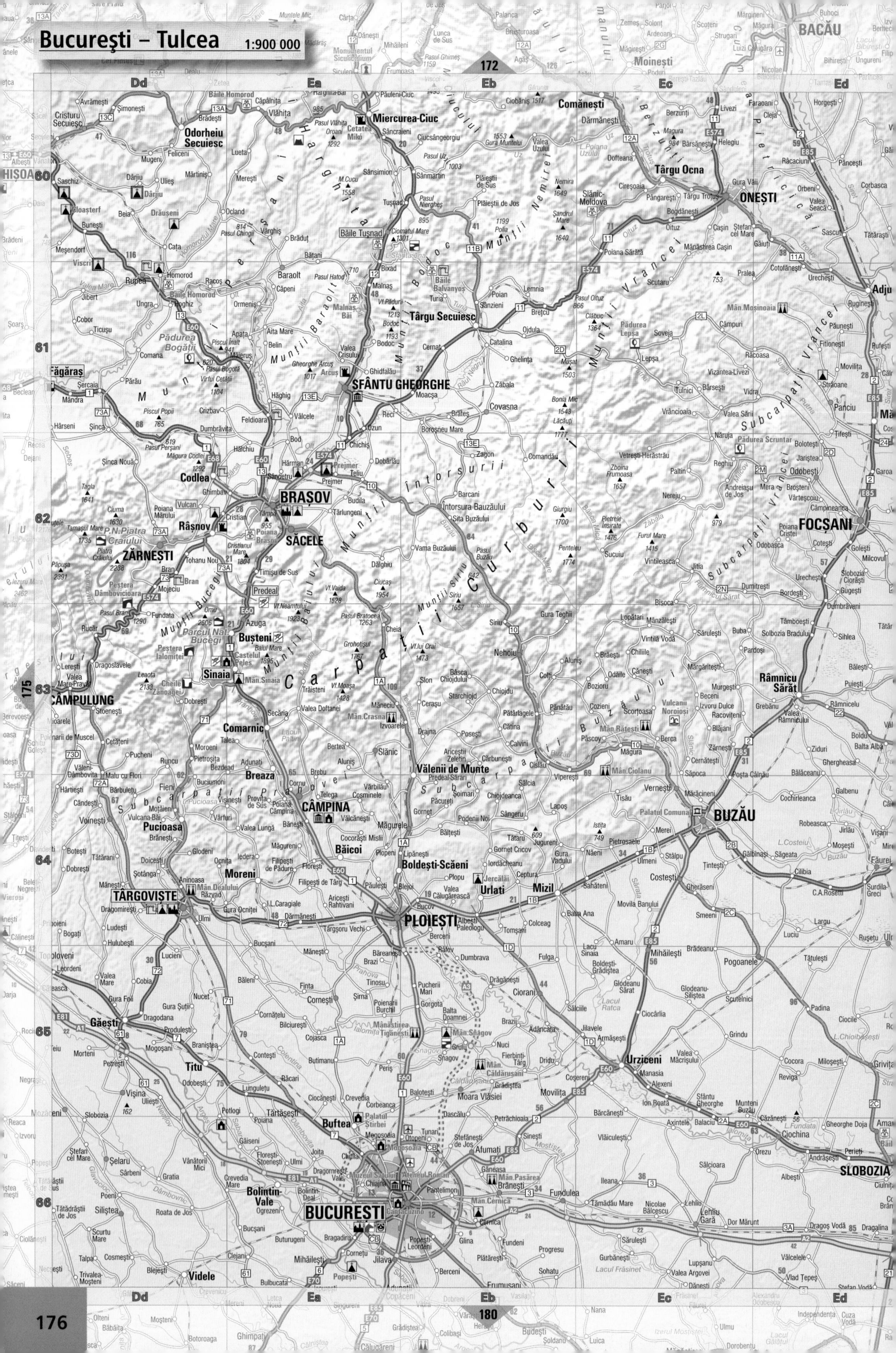

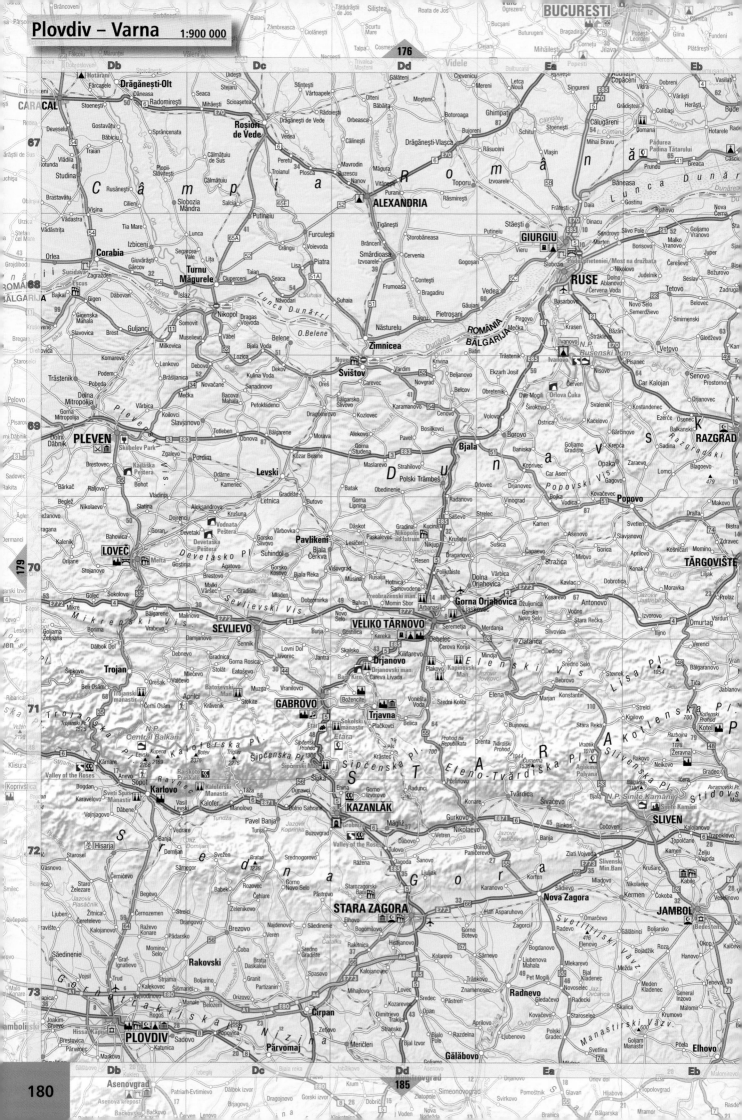

Gb　　　　Gc　　　　Gd　　　　Ha　　　　Hb

74

B L A C K   S E A

K A R A   D E N İ Z

75

Çatalağzı　76
Kilimli　Türkali Musil Kızılelma Mağarası
ZONGULDAK　Gumayani Mağarası
Kozlu　Gökgöl Mağarası Sofular
Armutçuk　Örencik　750
48　Derekoy Beycuma
Heracleia Pontike　985
Ereğli　Aydınlar　Aydın 67-31
12　Kızılcapınar İskenderli 39 14
Büyüktekke　Ormanlı Devrek　77
Alaplı　67-50 Kurtlar Karakavur Derebulaca
Kandıra 30 10 Develi　Eğerci Çıplak 43
Akçakoça Dağları

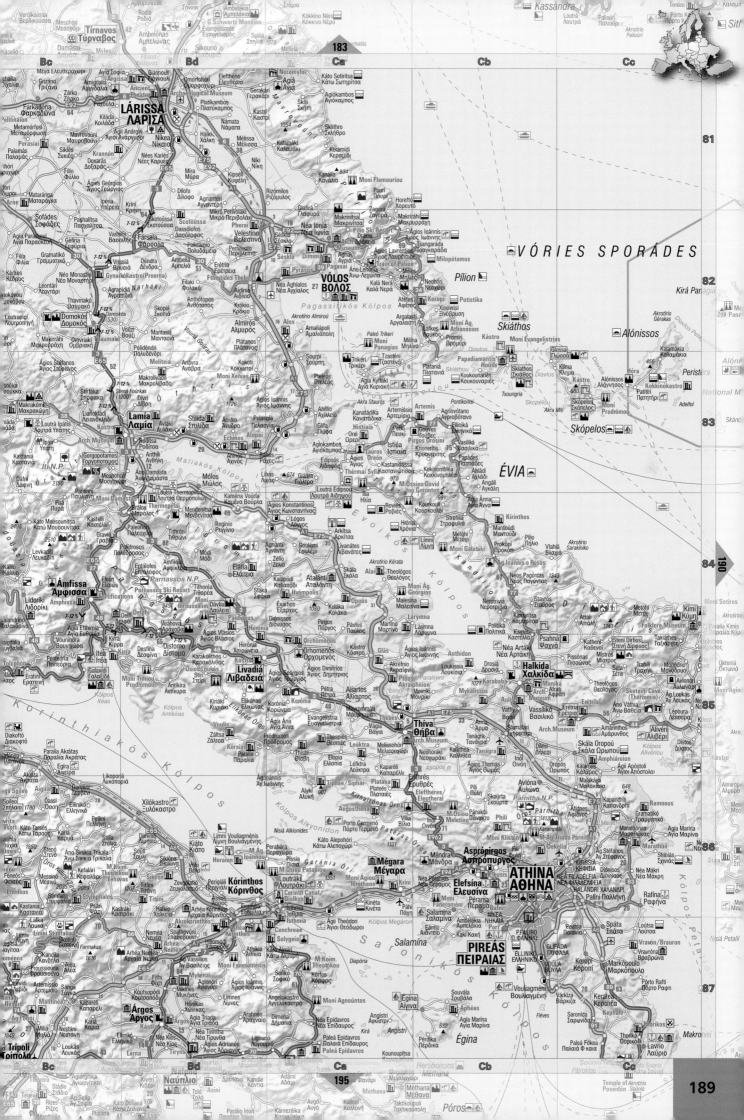

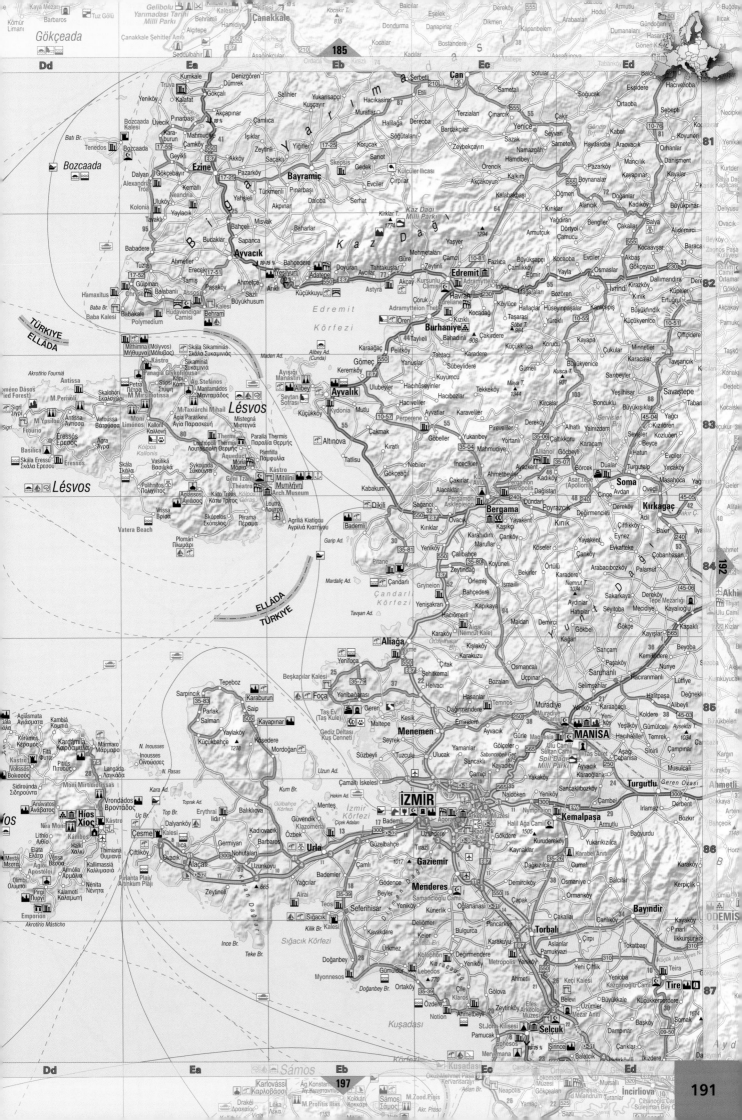

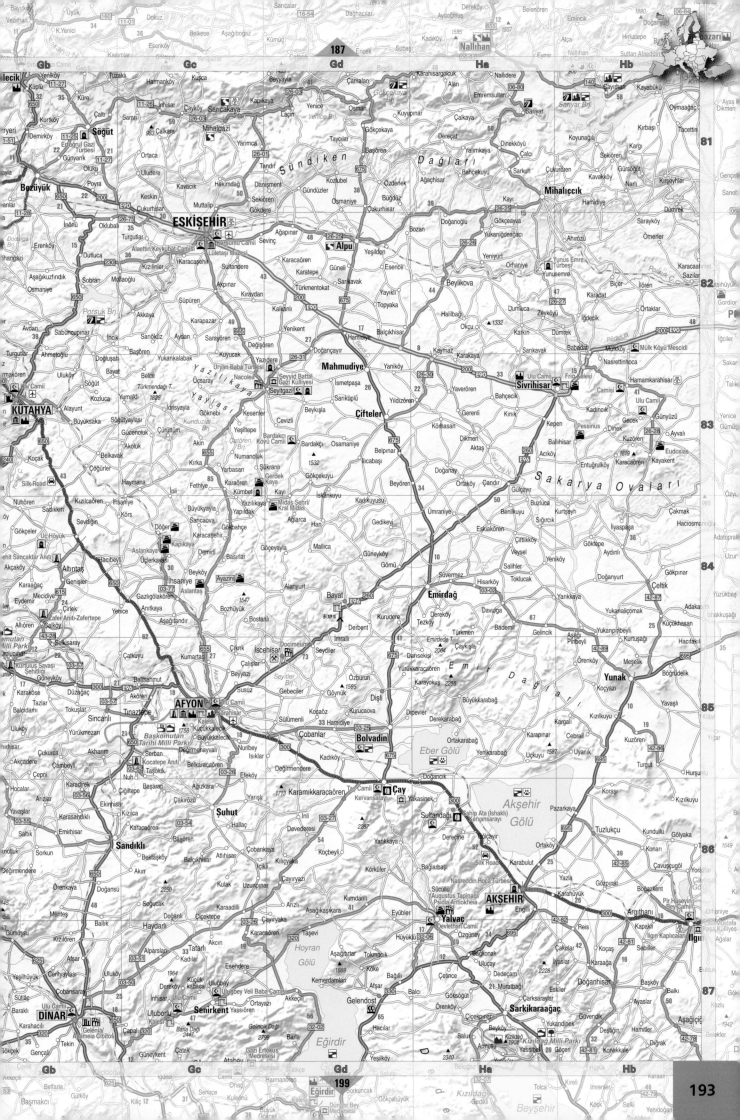

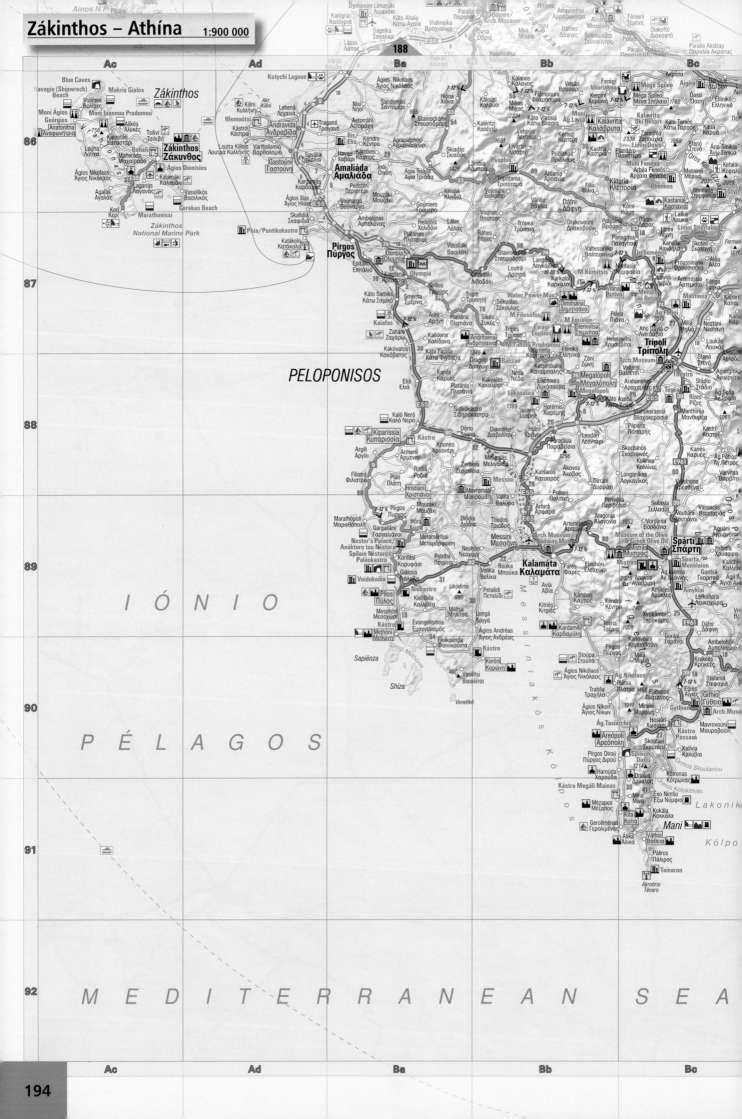

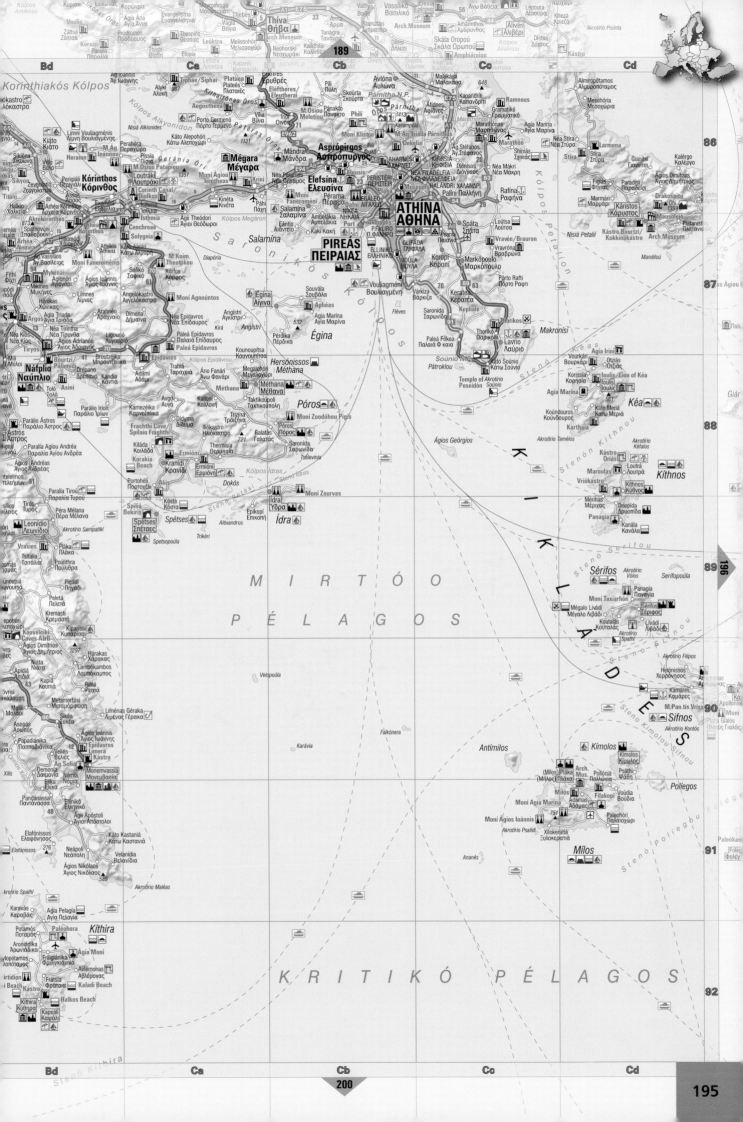

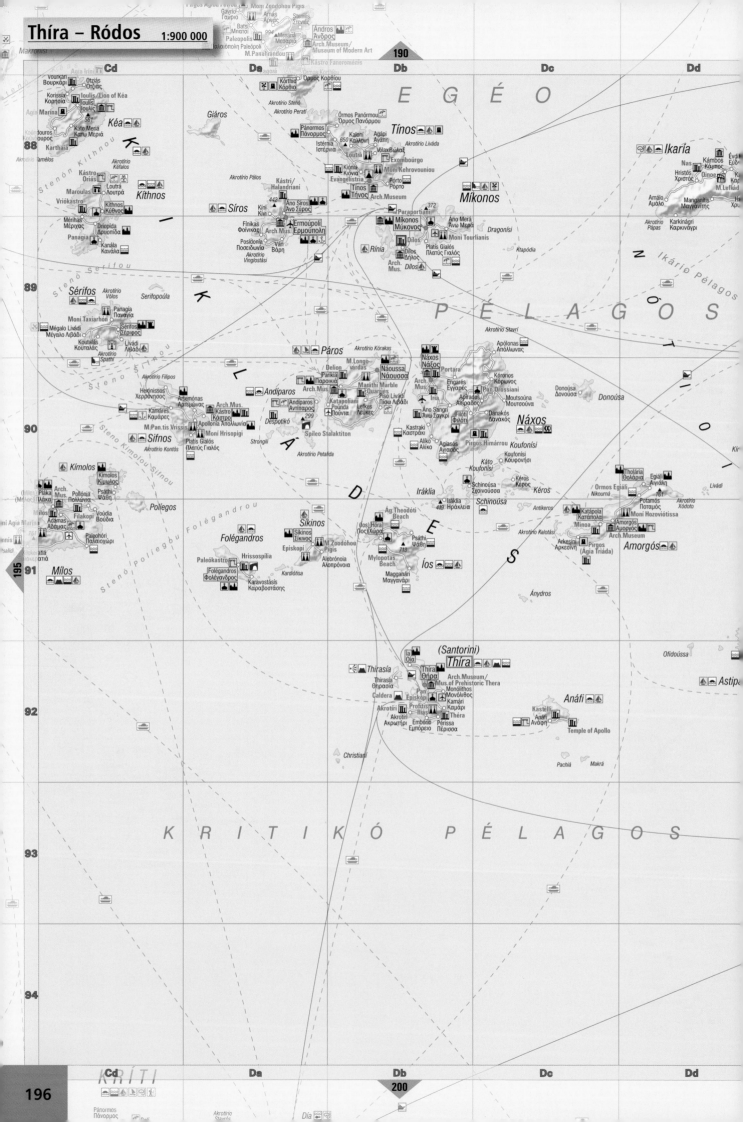

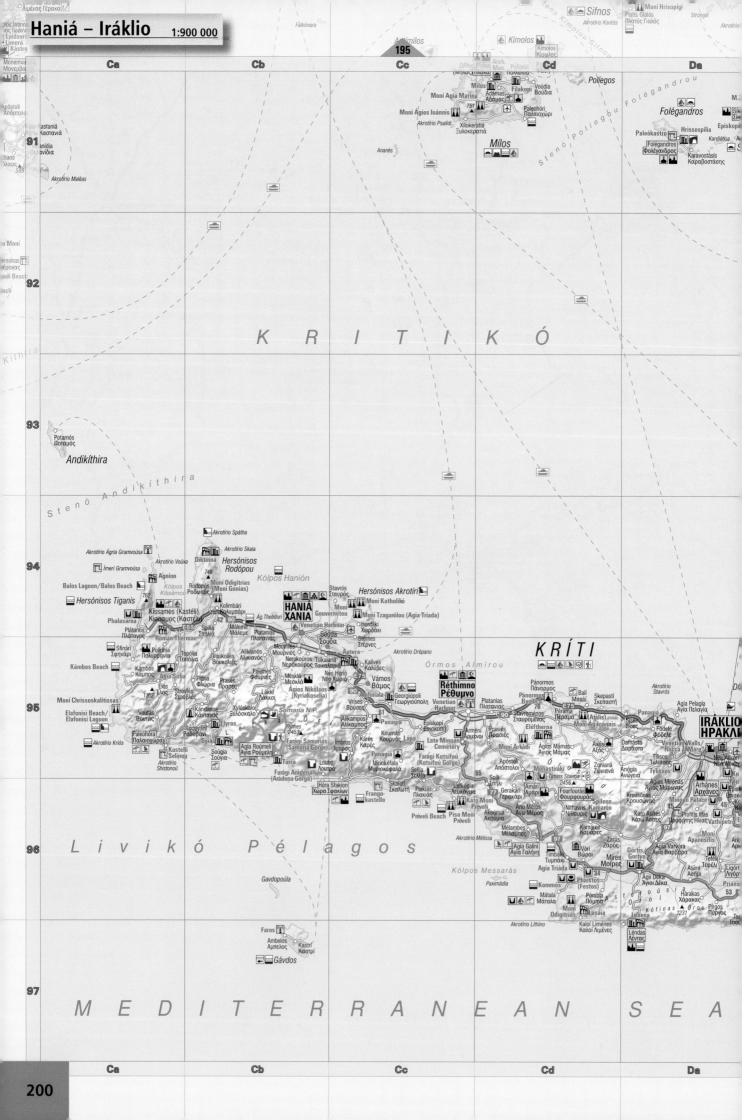

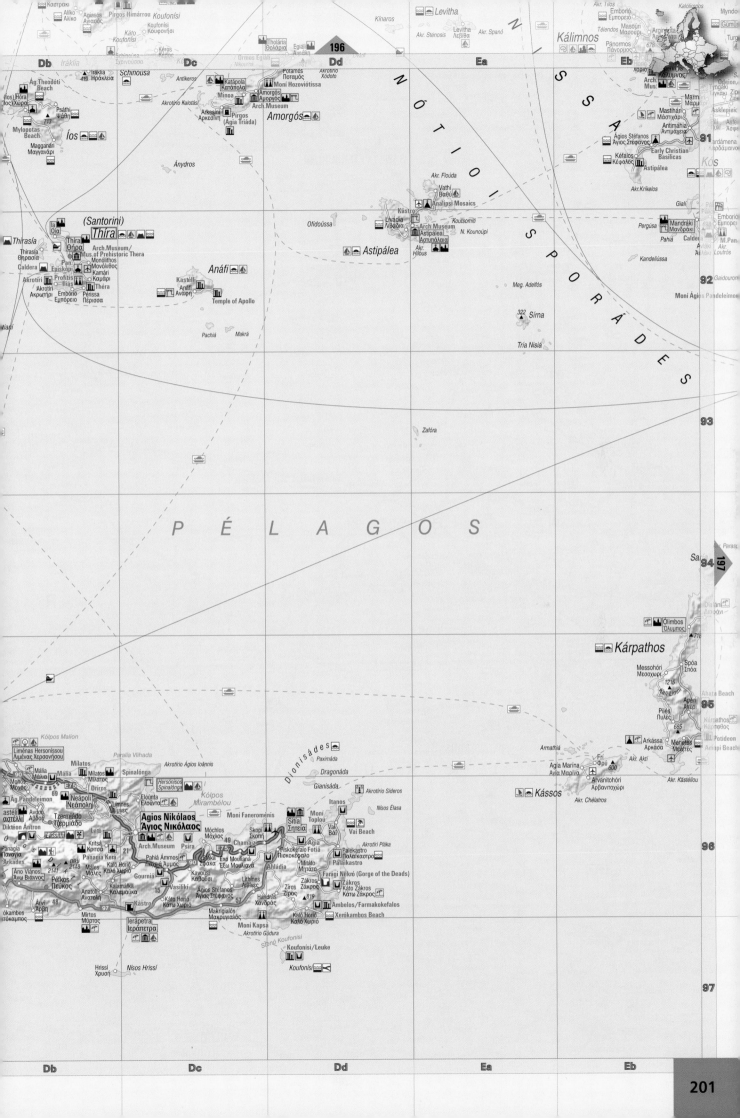

Kastráki
Aliko
Αλικό
Agiasós
Αγιασός
Pírgos Himárrou
Koufonísi
Levitha
Akr. Tílos
Emborió
Myndo
Gümüş
Telendos
Masoúri
Arginónta
Kalolimnos
Turg
Káto
Kastráki
Koufonísi
Koufonjoi
Kéros
Schinoússa
Σχινούσσα
Tholária
Θολάρια
Egiáli
Aiγιάλη
196
Ormos Egiáli
Kálimnos
Kálimnos
Πάνορμος
Πάνορμος
678
Arch. Mus.
Arch.
Mus.
Argos

Iráklia
Ιράκλεια
419
Schinoússa
Antíkeros
Katápola
Κατάπολα
Potamós
Ποταμός
Akrotírio
Chódoto

Ág. Theodóti
Beach
(Íos) Hóra
Íos Ιχώρα
Ψάθι Psáthi
713
Íos
Mylopótas
Beach
Magganári
Μαγγανάρι

Db Iráklia
Dc
Arkesíni
Αρκεσίνη
Minóa
Arch. Museum
Amorgós
Αμοργός
Moní Hozoviótissa
Dd
Ea
Eb
Arch.
Mus.
91

Mástihári
Μαστιχάρι
Marm
Már
Asklepieic
Antimáhia
Αντιμάχεια
Ágios Stéfanos
Άγιος Στέφανος
Early Christian
Basilicas
Kéfalos
Κέφαλος
Astipálea
Kos
Kardámena

NÓTIOI SPORÁDES

Thirasía
(Santorini)
Thíra
Θήρα
Pan.
Episkopí
Profítis
Ilías
Akrotíri
Ακρωτήρι
Emborió
Εμπόρειο
Kamári
Thíra
Périssa
Périssa
Caldera
Thirasía
Θηρασία
Arch. Museum/
Mus. of Prehistoric Thera
Monólithos
Μονόλιθος

Anáfi
Kastélli
Anáfi
Ανάφη
Temple of Apollo
Pachiá
Makrá

Akr. Flouda
Vathí
Βαθύ
Analipsi Mosaics
Kástro
Livádia
Λιβάδια
Arch. Museum
Astipálea
Αστυπάλαια
Koutsomíti
N. Kounoúpi
Astipálea
Akr.
Hílous
Meg. Adelfós
322
Sírna
Tría Nisiá

Gíali
Mandráki
Μανδράκι
Pergúsa
Pahiá
Calderic
Emborió
Εμπόρειο
M.Pan.
Akr.
A
Avláki
Akr.
Loutrós

92
Gaidouron.
Kandelíússa
Moní Ágios Pandeleímo

Zafóra

93

P É L A G O S

94 **197**
Saí
Parasp
Diafáni
Διαφάνι

Ólimbos
Όλυμπος
718

Kárpathos

Messohóri
Μεσοχώρι
Spóa
Σπόα
1215
Achata Beach
Apéri
Απέρι
Apéri
95
Piléš
Πυλές
685
Kárpathos
Κάρπαθος
Arkássa
Αρκάσα
Menetés
Μενετές
Potídeon
Amopí Beach

Dionisádes
Kólpos Mallon
Limenás Hersoníssou
Λιμένας Χερσονήσου
Mália
Μάλια
Milátos
Μίλατος
Milátos
Paralía Vlihada
Spinalónga
Akrotírio Ágios Ioánnis
Paximáda
Dragonáda
Gianísada
Akrotírio Síderos
Armathiá
Agía Marína
Αγία Μαρίνα
Frí
Φρύ
600
Akr. Aktí
Arvanitohóri
Αρβανιτοχώρι
Akr. Kástéllou
Kássos
Akr. Chélatros

Mólos
Μόχος
69
Ág. Pandeleímon
Neápoli
Νεάπολη
Dríros
Eloúnta
Ελούντα
Hersónisos
Spinalónga
Kólpos
Mirambélou
Moní Fanerómenis
Itanos
Nísos Élasa
Vái Beach

astéli
αστελι
90
Anáo
Tzermiádo
Τζερμιάδο
Díkteon Ántron
Lassíthi
Limnes
Λίμνες
Agios Nikólaos
Άγιος Νικόλαος
Arch. Museum
Psíra
Móchlos
Móchlos
Móchlos
Moní Toploú
Sitía
Σητεία
Skopí
Σκοπή
Agía
Palékastro
Παλαίκαστρο
Palékastro

Panagía
Panagía
Kerá
Kritsá
Κριτσά
Panagía Kerá
Lató
21
Pahiá Ámmos
Exo Mouliana
Éxo Mouliana
Piskoképhalo
Πισκοκέφαλο
Fotiá
Palékastro
Παλαίκαστρο
Mitato
Μητάτο

Panagía
Arkades
2148
Dikti
2141
Máles
Μάλες
Kaló Horió
Kaló Chorió
Gourniá
Kanoúsi
Kavoúsi
Lithínes
Λιθίνες
Ágios Stéfanos
Handrás
Χανδράς
Zákros
Ζάκρος
Farági Nékró (Gorge of the Deads)
Káto Zákros
Κάτω Ζάκρος

Áno Viános
Άνω Βιάνος
Réfkos
Πεύκος
Anatolí
Ανατολή
Kalamáfka
Καλαμάφκα
15
Vasilikí
Ágios Stéfanos
Káto Horió
Κάτω Χωριό
Ziros
Ζήρος
819
Ámbelos/Farmakokéfalos

Arvi
Αρβι
48
Mírtos
Μύρτος
Kástro
97
Makrigialós
Μακρυγιαλός
Moní Kapsá
Kaló Horió
Kaló Chorió
Xerókambos Beach

ókambos
τόκαμπος
Ierápetra
Ιεράπετρα
Akrotírio Gúdura
Koufonísi/Leuke

Hríssi
Χρυσή
Nísos Hríssi
Koufonísi
Koufonísi

Db
Dc
Dd
Ea
Eb

201

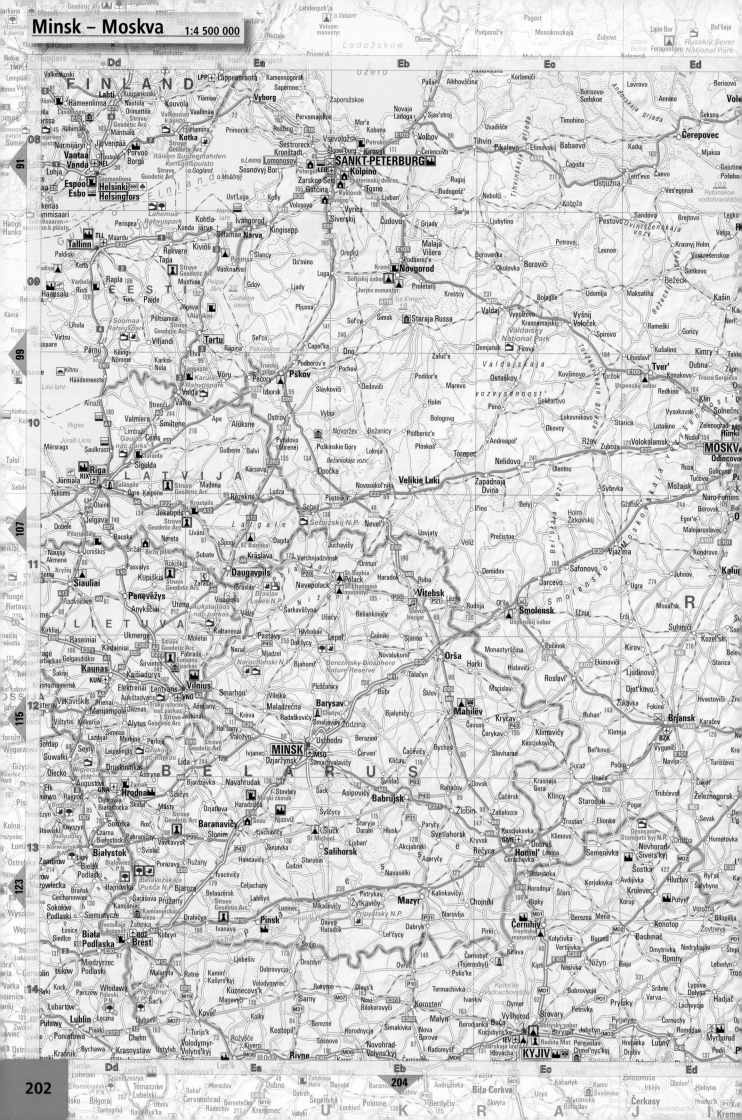

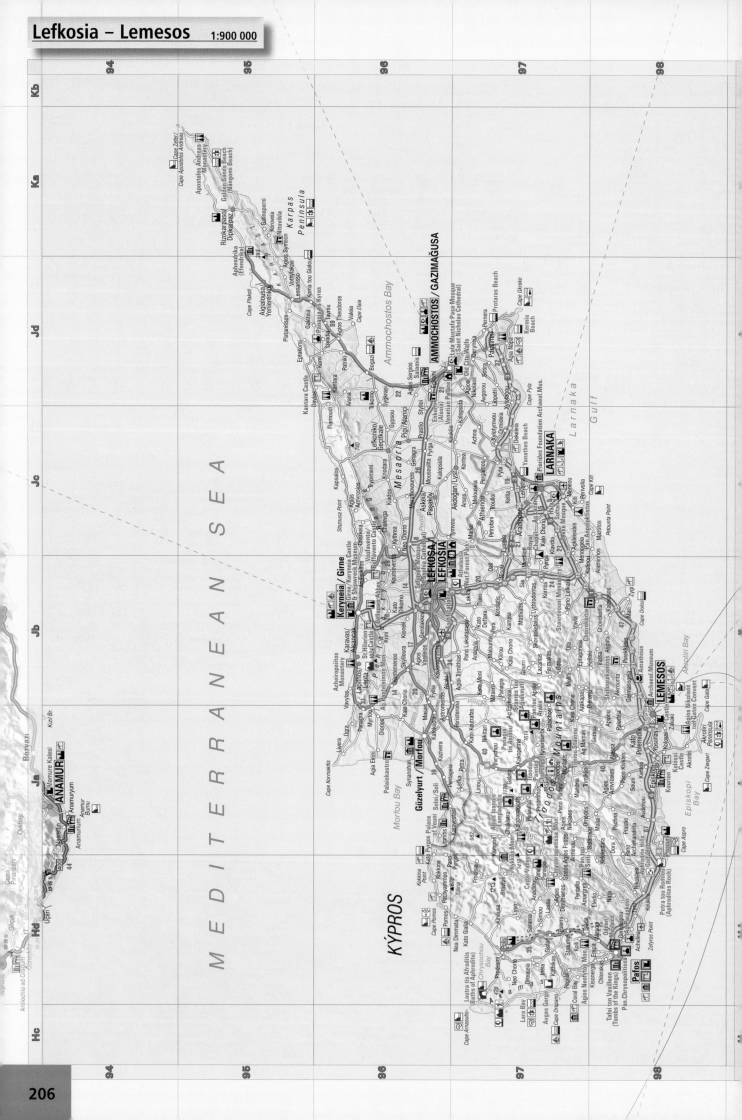

2. Mai RO 181 Fc68
23. August RO 181 Fc68

A

Å N 66 Fa15
Å N 77 Dd31
Å N 78 Ea28
Aabenraa DK 108 Db27
Aabybro DK 100 Dc20
Aach D 142 Cc51
Aachen D 125 Bb41
Aadorf CH 142 Cc52
Aakirkeby DK 111 Fc58
Aakre EST 106 La46
Aalborg DK 100 Dc21
Aalburg NL 124 Ba37
Aalen D 134 Db48
Aalestrup DK 100 Db22
Aalsmeer NL 116 Ba36
Aalst B 124 Ac40
Aalten NL 125 Bd37
Äänekoski FIN 82 Kb31
Aapajärvi FIN 69 Kb16
Aapajärvi FIN 74 Jc20
Aapajoki FIN 74 Jc20
Aapua S 74 Jb18
Aarau CH 141 Ca53
Aarberg CH 141 Bc54
Aarburg CH 141 Ca53
Aardenburg NL 124 Ab38
Aareavaara S 68 Ja16
Aarhus DK 108 Dc24
Aarneniemi FIN 65 Kb09
Aarninjarga FIN 65 Kb09
Aars DK 100 Db22
Aarschot B 124 Ad40
Aarup DK 108 Dc26
Aaşağinova TR 185 Ec80
Ääsmäe EST 98 Kb43
Aatsinki FIN 69 Kd17
Aavajärvi S 73 Jb21
Aavasaksa FIN 73 Jb19
Åbacka S 72 Gb23
Abaclia MD 177 Fd60
Abad E 36 Bb53
Abades E 46 Da63
Abadía E 45 Ca64
Abadín E 36 Bc54
Abádszalók H 146 Jc53
A Baiuca E 36 Ad54
Abalar TR 185 Eb76
Abaliget H 152 Hb57
A Baña E 36 Ad55
Abancourt F 23 Gc34
Abanilla E 55 Fa72
Abano Terme I 150 Dd60
Abant TR 187 Ha79
Abarán E 55 Ed72
Abárzuza E 39 Ec57
Abaucourt-Hautecourt F 24 Jb35
Abaújszántó H 147 Jd50
Abaurrea Alta E 39 Fa56
Abaurrea Baja E 39 Fa56
Abbadia San Salvatore I 156 Dd68
Abbasanta I 169 Ca76
Abbas Combe GB 19 Ec29
Abbekås S 110 Fa57
Abberley GB 15 Ec25
Abbeville F 23 Gc33
Abbey IRL 12 Bd22
Abbey Dore GB 15 Eb26
Abbeydorney IRL 12 Bb24
Abbeyfeale IRL 12 Bb24
Abbeyleix IRL 13 Cb22
Abbiategrasso I 148 Cb59
Abborrberg S 71 Ga23
Abborrberget S 95 Gb43
Abborrtjärn S 80 Hb27
Abborrträsk S 72 Ha23
Abborrträsk S 80 Ha26
Abbots Bromley GB 16 Ed23
Abbotsbury GB 19 Eb31
Abbots Leigh GB 19 Eb28
Abbots Ripton GB 20 Fc25
Abbytown GB 11 Eb17
Abda H 145 Gd52
Abdürrahim TR 185 Ea78
Abdurrahmanlar TR 199 Gd91
Abejar E 47 Ea60
Abejuela E 54 Fa66
Abejuela E 61 Ec74
Åbel N 93 Da46
Abela P 50 Ab71
Ābeļi LV 106 La52
Abellá E 36 Ba55
Abella de la Conca E 48 Gb59
Abelsborg N 65 Kb06
Abelvær N 78 Eb25
Abenberg D 134 Dc47
Abengibre E 54 Ed68
Abenójar E 52 Da69
Abensberg D 135 Ea48
Aber GB 15 Dd22
Aberaeron GB 15 Dd25
Aberaman GB 19 Ea27
Aberangell GB 15 Ea24
Abercarn GB 19 Eb27
Aberchirder GB 7 Ec08
Abercraf GB 19 Ea27
Aberdare GB 19 Ea27
Aberdaron GB 14 Dc23
Aberdeen GB 7 Ed09
Aberdovey GB 15 Dd24
Abereiddy GB 14 Db26
Aberfeldy GB 7 Ea11
Aberford GB 16 Fa20
Aberfoyle GB 7 Dd12
Abergavenny GB 19 Eb27
Abergele GB 15 Ea22
Åberget S 72 Ha21
Abergwesyn GB 15 Ea25
Abergwynfi GB 19 Ea27
Abergynolwyn GB 15 Dd24
Aberlady GB 11 Ec13
Aberlour GB 7 Eb08
Abermule GB 15 Eb24
Abernyte GB 7 Eb11
Aberporth GB 14 Dc25
Abersoch GB 14 Dc23
Abertamy CZ 135 Ec43
Abertillery GB 19 Eb27
Abertura E 51 Ca68
Aberystwyth GB 15 Dd25
Abetone I 155 Db64
Abganerovo RUS 203 Fd14
Abia de la Obispalía E 53 Eb66
Abiego E 48 Fc59
Abild DK 108 Da28
Abild S 102 Ed51
Abildå DK 108 Da24
Abingdon GB 20 Fa27
Abington GB 10 Ea14
Abington GB 20 Fd26
Abington IRL 12 Bd23
Abisko S 67 Gd14
Abizanda E 48 Fd59
Abja-Paluoja EST 106 Kd46
Abla E 61 Dd75
Ablanica BG 184 Cd75
Ablis F 29 Gc38
Ablitas E 47 Ed59
Abmelaseter N 62 Ha10
Åbo FIN 97 Jb39
Åbo S 78 Ed29
Åbo S 87 Ga35
Abod H 138 Jc49
Abondance F 35 Kb45
Abony H 146 Jb54
Aborim P 44 Ad59
Åbosjö S 80 Gc29
Aboyne GB 7 Ec09
Abram RO 171 Cc56
Abramów PL 131 Ka39
Abrămuţ RO 170 Cb56
Abrantes P 50 Ad66
Abraure S 72 Gd21
Abreiro P 45 Bc60
Abrene RUS 107 Ld49
Abrene = Pytalovo RUS 202 Ea10
Abreschviller F 25 Kb37
Abridge GB 20 Fd27
Abriès F 35 Kb49
Abrud RO 171 Cd59
Abruka EST 105 Jc47
Abrupe LV 106 La49
Absberg D 134 Dc47
Absdorf A 144 Ga50
Abstatt D 134 Cd47
Abtei A 144 Fb56
Abtei I 143 Ea56
Abtenau A 143 Ed53
Abtsgmünd D 134 Da48
Abtsteinach D 134 Cc46
Abula EST 105 Jc46
Abusland N 92 Cd46
Åby N 93 Dc44
Åby S 103 Ga46
Åby S 103 Fc47
Åby S 103 Fc51
Åbyen DK 100 Dc19
Åbyggeby S 95 Gb39
Åbyn S 73 Hc24
Åbyskov DK 109 Dd27
Åbytorp S 95 Fc44
A Cañiza E 36 Ba57
Acâş RO 171 Cc55
Acătari RO 171 Dc59
Acate I 167 Fb87
Accadia I 161 Fd74
Acceglio I 148 Bb62
Accettura I 162 Gb76
Acciarella I 160 Eb73
Acciaroli I 161 Fc77
Accrington GB 15 Ec20
Accumoli I 156 Ec69
Acebuche E 59 Bc75
Acedera E 51 Cb68
Acedo E 39 Eb57
Acehuche E 51 Bd66
Acered E 47 Ed62
Acerenza I 162 Gb75
Acerno I 161 Fc75
Acerra I 161 Fb74
Aceuchal E 51 Bd70
Ach A 143 Ec51
Achahoish GB 6 Db13
Achanalt GB 4 Dd07
Achel B 124 Ba39
Acheleia CY 206 Hd98
Achenkirch A 143 Ea53
Achères F 29 Ha42
Achern D 133 Ca48
Achill Sound IRL 8 Bb18
Achiltibuie GB 4 Dc06
Achim D 118 Cd34
Achleck GB 6 Da11
Achmore GB 4 Da05
Achmore GB 4 Db08
Achna CY 206 Jc97
Achnacroish GB 6 Db11
Achnasheen GB 4 Dc07
Achosnich GB 6 Da10
Achranich GB 6 Db11
Achslach D 135 Ec48
Achstetten D 142 Da50
Achvaich GB 5 Ea06
Aci Castello I 167 Fd86
Aci Catena I 167 Fd85
Acıdere TR 198 Fc88
Acıdere TR 198 Fd88
Acıköy TR 193 Ha83
Acıpayam TR 198 Fd89
Acireale I 167 Fd85
Aci Trezza I 167 Fd85
Aciveiro E 36 Ba56
Acklinga S 102 Fa47
Acksi S 87 Fb38
Aclare IRL 8 Bd18
Acle GB 17 Gb24
A Coruña E 36 Ba54
Acquacadda I 169 Bd80
Acquacalda I 167 Fc82
Acqua Doria F 154 Ca71
Acquaformosa I 164 Gb78
Acquafredda I 161 Ga77
Acqualagna I 156 Eb66
Acquanegra sul Chiese I 149 Db60
Acquapendente I 156 Dd68
Acquaro I 164 Gb82
Acquasanta Terme I 156 Ed68
Acquasparta I 156 Eb69
Acquaviva delle Fonti I 162 Gd75
Acquaviva Picena I 157 Fa68
Acquedolci I 167 Fb84
Acqui Terme I 148 Ca62
Acri I 164 Gc79
Ács H 145 Ha52
Acsa H 146 Hd52
Ácsteszér H 145 Hb53
Acton GB 20 Fc28
Acy-en-Multien F 23 Ha36
Ada SRB 153 Jb58
Adács H 146 Ja52
Adahuesca E 48 Fc59
Adak S 72 Gd23
Adakasım TR 193 Hb84
Adakavas LT 113 Jd56
Adaköy TR 197 Fa91
Ådalsbruk N 86 Eb38
Ådals-Liden S 79 Gb30
Adámas GR 195 Cd91
Adamclisi RO 181 Fb67
Adámi GR 195 Ca88
Adamów PL 130 Hd40
Adamów PL 131 Ka38
Adamowo PL 122 Hd35
Ādams LV 107 Lb48
Adamsfjord N 64 Jd06
Adămuş RO 175 Db60
Adamuz E 60 Cc72
Adâncata RO 172 Ec55
Adâncata RO 176 Eb65
Ádánd H 145 Hb55
Adanero E 46 Da62
Adapazarı = Sakarya TR 187 Gc78
Adare IRL 12 Bc23
Adaševci SRB 153 Hd61
Adatepe TR 187 Gc78
Adatepe TR 191 Eb82
Adaúfe P 44 Ad59
Adavere EST 98 Kd44
Ādaži LV 106 Kb50
Ādaži LV 106 Kc50
Adderley GB 15 Ec23
Addit DK 108 Db24
Addolorata I 166 Ea85
Adelán E 36 Bc53
Adelboden CH 141 Bd55
Adelebsen D 126 Da39
Adelfia I 162 Gd74
Adelheidsdorf D 126 Db36
Adelmannsfelden D 134 Da48
Adelöv S 103 Fc48
Adelschlag D 135 Dd48
Adelsdorf D 134 Dc45
Adelsheim D 134 Cd46
Adelshofen D 134 Db46
Adelsö S 96 Gc43
Adelsried D 134 Dc49
Ademuz E 54 Ed66
Adenau D 125 Bd42
Adenbüttel D 126 Dc36
Adendorf D 118 Dc33
Adendro GR 183 Ca77
Adenstedt D 126 Db38
Adıgüzeller TR 192 Fd87
Adil TR 191 Ed84
Adinkerke B 21 Gd29
Adjud RO 176 Ed61
Ådland N 84 Cb39
Adlešiči SLO 151 Fd60
Adlington GB 16 Ed22
Adliswil CH 141 Cb53
Adliye TR 186 Fd80
Adliye TR 187 Gc79
Adlkofen D 135 Eb49
Admont A 144 Fb53
Ådneram N 92 Cc44
Adobes E 47 Ed64
Adolfsberg S 95 Fd44
Adolfsström S 71 Ga20
Adony H 146 Hc54
Adorf D 126 Cd40
Adorf D 135 Eb43
Adra E 61 Dd76
Adradas E 47 Eb61
Adraku EST 99 Lb43
Adrall E 40 Gc58
Adrano I 167 Fc85
Adria I 150 Ea61
Adriani GR 184 Da76
Adriers F 33 Ga45
Adrigole IRL 12 Ba26
Adsbøl DK 108 Db28
Aduard NL 117 Bd33
Adunaţi RO 176 Ea63
Adunaţii-Copăceni RO 180 Ea67
Adutiškis LT 115 Lc56
Adzes LV 105 Jb51
Ādžūni LT 114 Kb53
Aegviidu EST 98 Kd42
Ænes N 84 Cb40
A Ermida E 36 Ba56
Ærøskøbing DK 108 Dc28
Aerzen D 126 Da37
Aesch CH 141 Bd52
Aesoo EST 98 Kc45
A Estrada E 36 Ad56
Aetohóri GR 183 Bd76
Aetomilitsa GR 182 Ad78
Aetópetra GR 182 Ac80
Aetorráhi GR 188 Ba86
Aetós GR 183 Bb77
Aetós GR 188 Ad83
Äetsä FIN 89 Jb36
Afándou GR 197 Fa93
Åfarnes N 77 Da32
Afétes GR 189 Ca82
Affalterbach D 134 Cd48
Affing D 134 Dc49
Affoltern CH 141 Cb53
Affoux F 34 Ja46
Affric Lodge GB 6 Dc08
Afídnes GR 189 Cc86
Afionas GR 182 Aa79
Áfitos GR 183 Cb80
Aflenz Kurort A 144 Fd53
A Fonsagrada E 37 Bd55
Åfors S 103 Fd52
A Forxa E 36 Bb58
A Forxa (Punxín) E 36 Ba57
Afragola I 161 Fb75
Afráti GR 189 Cb85
Africo Nuovo I 164 Gb84
Afritz A 144 Fa55
Afşar TR 192 Fb87
Afşar TR 193 Gb87
Afşar TR 193 Gd87
Aftret N 78 Eb30
Afumaţi RO 176 Eb66
Afumaţi RO 179 Cd67
Afyon TR 193 Gc85
Aga N 84 Cc40
Ağaçbeyli TR 192 Ga86
Ağaçhisar TR 193 Ha81
Ağacık TR 187 Gc78
Ağaçlı TR 186 Fc77
Ağaçlıhüyük TR 197 Ed90
Ağaköy TR 185 Ec80
Agalás GR 188 Ac86
Agápi GR 196 Db88
Agapia RO 172 Eb57
Ağapınar TR 193 Gd82
Ågarden N 78 Fa26
Agaryševo RUS 107 Ma50
Agăş RO 172 Eb59
Agatovo BG 180 Dc70
Agay F 43 Kc54
Agazzano I 149 Cc61
Agde F 41 Hc55
Ågedalstø N 92 Cc46
Agen F 40 Ga52
Åger E 48 Ga59
Agerbæk DK 108 Da25
Agerskov DK 108 Da27
Agersø DK 109 Ea27
Agersted DK 101 Dd20
Agger DK 100 Cd21
Aggersund DK 100 Db21
Aggius I 168 Ca74
Aggsbach Dorf A 144 Fd50
Aggsbach Markt A 144 Fd50
Aggtelek H 138 Jb49
Aghadoon IRL 8 Bb17
Aghagallon GB 9 Da17
Aghamore IRL 8 Ca19
Aghavannagh IRL 13 Cd23
Aghaville IRL 12 Bb26
Aghireşu RO 171 Cd57
Aghleam IRL 8 Bb18
Agiá GR 188 Ac81
Agiá GR 189 Ca81
Agía Ána GR 189 Ca85
Agía Ánna GR 189 Cb84
Agía Efimía GR 188 Ac84
Agía Efthimía GR 189 Bc84
Agía Eirini CY 206 Ja96
Agía Galíni GR 200 Cd96
Agía Kiriakí GR 188 Ac81
Agia Kyriakí GR 189 Ca83
Agía Marína GR 189 Cc86
Agía Marína GR 195 Cb87
Agía Marína GR 197 Eb90
Agía Marína GR 201 Eb95
Agia Napa CY 206 Jd97
Agía Paraskeví GR 182 Ad79
Agía Paraskeví GR 189 Bc82
Agía Paraskeví GR 191 Ea83
Agía Pelagía GR 195 Bd91
Agía Pelagía GR 200 Da95
Agía Roúmeli GR 200 Cb95
Agíasma GR 184 Dc77
Agiásmata GR 191 Dd85
Agía Sofía GR 189 Bd81
Agía Sofía GR 194 Bc88
Agiasós GR 196 Db90
Agiássos GR 191 Ea83
Agía Thékli GR 188 Ab84
Agía Triáda GR 188 Ad82
Agía Triáda GR 188 Ba86
Agía Triáda GR 188 Bb83
Agia Triada GR 195 Bd87
Agía Triás GR 183 Ca78
Agía Varvára GR 200 Da96
Agigea RO 181 Fc67
Agighiol RO 177 Fd64
Ágii Anárgiri GR 189 Bd81
Ágii Anárgiri GR 194 Bc89
Ágii Apóstoli GR 189 Cc85
Ágii Apóstoli GR 195 Bd91
Ágii Déka GR 200 Da96
Ágii Theódori GR 189 Bc81
Ágii Theódori GR 189 Ca86
Ağılköy TR 199 Gd88
Agimont B 132 Ad43
Aginta RO 175 Dc61
Agiófillo GR 183 Bb79
Ágio Gála GR 191 Dd85
Agioi Pántes GR 182 Ac80
Agioi Trimithias CY 206 Jb97
Agiókambos GR 189 Ca81
Agiokambos GR 189 Ca83
Agionas stacija LV 107 Lc52
Agionóri GR 195 Bd87
Ágio Pnévma GR 184 Cc76
Agiorgitika GR 194 Bc88
Ágios GR 189 Ca83
Ágios Adrianós GR 195 Bd87
Ágios Ahílios GR 182 Ba77
Agios Amvrosios CY 206 Ja98
Agios Amvrosios CY 206 Jc96
Ágios Andréas GR 194 Bb89
Ágios Andréas GR 195 Bd88
Ágios Antónios GR 183 Cb78
Ágios Athanásios GR 183 Bc77
Ágios Athanássios GR 183 Ca77
AgiosDimitrianos CY 206 Hd97
Ágios Dimítrios GR 183 Bd79
Ágios Dimítrios GR 189 Ca85
Ágios Dimítrios GR 190 Cd86
Ágios Dimítrios GR 195 Bd90
Ágios Efstrátios GR 190 Db82
Ágios Epifanios CY 206 Jb97
Agios Epikitos CY 206 Jb96
Ágios Fokás GR 197 Ec91
Ágios Geórgios GR 182 Ab80
Ágios Geórgios GR 183 Bd78
Ágios Geórgios GR 188 Bb83
Ágios Geórgios GR 189 Ca85
Ágios Germanós GR 182 Ba76
Ágios Harálambos GR 184 Dc78
Ágios Ilías GR 188 Ad86
Ágios Ioánnis GR 189 Bd83
Ágios Ioánnis GR 189 Ca82
Ágios Ioánnis GR 189 Ca83
Ágios Ioánnis GR 189 Ca85
Ágios Ioánnis GR 189 Ca85
Ágios Ioánnis GR 194 Bc89
Ágios Ioánnis GR 195 Bd87
Ágios Ioánnis GR 195 Bd90
Ágios Isídoros GR 197 Ed93
Ágios Kiriakí GR 197 Ea88
Ágios Kírikos GR 197 Ea88
Ágios Konstantínos GR 189 Bd84
Ágios Konstantínos GR 197 Eb88
Ágios Lavréntios GR 189 Ca82
Ágios Loukás GR 189 Cc85
Agios Mamas CY 206 Ja97
Ágios Mámas GR 183 Cb79
Ágios Mámas GR 200 Cd95
Ágios Mathéos GR 182 Ab80
Ágios Mírónas GR 200 Da96
Ágios Nikítas GR 188 Ac83
Agios Nikolaos CY 206 Ja97
AgiosNikolaos CY 206 Jd97
Ágios Nikólaos GR 184 Cc79
Ágios Nikolaos GR 188 Ac86
Ágios Nikólaos GR 188 Ad83
Ágios Nikolaos GR 188 Ba86
Ágios Nikólaos GR 189 Bc85
Ágios Nikólaos GR 194 Bb90
Ágios Nikólaos GR 195 Bd91
Ágios Nikólaos GR 201 Dc96
Ágios Níkon GR 194 Bb90
Ágios Pandeleímonas GR 183 Bc77
Ágios Panteleímon GR 195 Bd88
Ágios Pávlos GR 183 Cb79
Ágios Pétros GR 183 Ca77
Ágios Pétros GR 194 Bc88
Ágios Pródromos GR 183 Cb78
Ágios Sergios CY 206 Jd96
Ágios Stéfanos GR 189 Bc83
Ágios Stéfanos GR 189 Cc86
Ágios Stéfanos GR 197 Eb91
Ágios Stéfanos GR 201 Dc96
Ágios Symeon CY 206 Jd95
Ágios Theodoros CY 206 Jd96
Ágios Thomás GR 189 Cb85
Ágios Vasileios CY 206 Jb96
Ágios Vassílios GR 183 Cb78
Ágios Vassílios GR 195 Bd87
Ágios Vassílios GR 195 Bd89
Ágios Vlásios GR 189 Bd84
Agira I 167 Fb85
Agivey GB 9 Cd15
Ağızkara TR 193 Gc86
Agkleisides CY 206 Jc97
Ağla TR 198 Fc90
Ağlarca TR 193 Gd84
Ağlaşan TR 186 Fd80
Aglasterhausen D 134 Cc46
Ağlasun TR 199 Gc89
Agle N 78 Ed27
Ăglen BG 179 Da70
Aglen N 78 Eb26
Ağli TR 205 Fa20
Agliano Terme I 148 Ca61
Agliè I 148 Bd59
Aglientu I 168 Cb73
Aglona LV 107 Lc52
Agna I 150 Ea61
Agnano Terme I 161 Fa75
Agnanterí GR 189 Bd81
Agnanteró GR 188 Bb81
Agnánti GR 189 Ca84
Agnantiá GR 183 Bb80
Agnesberg S 102 Ec48
Agno CH 148 Cb57
Agnone I 161 Fb72
Agnone Bagni I 167 Fd86
Agoitz E 39 Ed57
Agónas GR 188 Ac84
Agon-Coutainville F 22 Ed36
Agordo I 150 Ea57
Agost E 55 Fb71
Ågotnes N 84 Bd39
Ágra GR 191 Dd83
Agrafa GR 188 Bb82
Agramón E 53 Ec71
Agramunt E 48 Gb60
A Graña E 36 Ba57
Agrapidiá GR 189 Bc82
Agrapidohóri GR 188 Ba86
Ágras GR 183 Bc77
Agrate Conturbia I 148 Cb58
Ágreda E 47 Ec60
Agreliá GR 183 Bc80
Agriá GR 189 Ca82
Agrianí GR 184 Cd76
Agriáni GR 194 Bc89
Agrigent = Agrigento (Sizilien) I 166 Ed86
Agrigento I 166 Ed86
Agrij RO 171 Cd57
Agriliá Kiatígou GR 191 Eb84
Agrinio GR 188 Ba84
Agriovótano GR 189 Cb83
Agrişu Mare RO 170 Ca59
Agrochão P 45 Bc59
Agropoli I 161 Fc76
Ågskardet N 70 Fa19
Ag. Theódori GR 183 Bb79
Aguadulce E 60 Cc74
Aguadulce E 61 Ea76
Aguafria E 59 Bc73
Agualada E 36 Ad54
Agua Longa P 44 Ad60
A Guarda E 36 Ac58
Aguarón E 47 Ed61
Aguas E 48 Fc59
Aguasantas E 36 Ad57
Águas de Moura P 50 Ab69
Águas dos Fusos P 58 Ad74
Águas Frias P 44 Bb59
Aguas Nuevas E 53 Ec69
Aguatón E 47 Fa64
Aguaviva E 48 Fc63
Aguaviva de la Vega E 47 Eb62
A Gudiña E 36 Bc58
Agudo E 52 Cd69
Águeda P 44 Ad63
Agüera E 38 Dd55
Agüera E 38 Dd56
Agüerina E 37 Ca55
Agüero E 39 Fb58
Aguessac F 41 Hb52
Agugliano I 156 Ed66
Aguiar P 50 Ad70
Aguiar da Beira P 44 Bb62
Aguiar de Sousa P 44 Ad61
Aguilafuente E 46 Db62
Aguilar de Campoo E 38 Db56
Aguilar de Campos E 46 Cd59
Aguilar de Codés E 39 Eb57
Aguilar de la Frontera E 60 Cd74
Aguilar del Alfambra E 48 Fb64
Aguilar del Río Alhama E 47 Ec59
Águilas E 61 Ec74
Aguilón E 47 Fa62
Aguiño E 36 Ac56
Agunnaryd S 103 Fb52
Agusalu EST 99 Lc42
Agustín E 36 Bc55
Ağva TR 187 Gb77
Aha S 72 Gc23
Ahakista IRL 12 Ba26
Aham D 135 Eb49
Aharávi GR 182 Ab79
Aharnés GR 189 Cb86
Ahaste EST 98 Kb45
Ahat TR 192 Ga85
Ahatlar TR 192 Fa87
Ahatlı TR 198 Ga92
Ahaus D 125 Ca37
Ahausen D 118 Da34
Åheim N 84 Cb34
Aheloj BG 181 Fa72
Ahievren TR 185 Ec78
Ahigal E 45 Ca65
Ahigal de Villarino E 45 Ca61
Ahíllio GR 189 Ca83
Ahillones E 51 Ca71
Ahimehmet TR 186 Fa76
Ahinós GR 184 Cc77
Ahinós GR 189 Bd83
Ahırhisar TR 193 Gb85
Ahırözü TR 193 Hb82
Ahja EST 99 Lb45
Ahjärvi FIN 91 Ld34
Ahjola FIN 75 La22
Ähkäänniemi FIN 91 Ld33
Ahkiolahti FIN 82 Kd29
Ahládi GR 189 Cb83
Ahladiá GR 184 Cd75
Ahladohóri GR 184 Cc76
Ahladókambos GR 194 Bc88
Ahladókastro GR 188 Bb84
Ahlainen FIN 89 Ja35
Ahlajärvi FIN 89 Jd37
Ahlatlı TR 185 Ed74
Ahlbeck D 120 Fb32
Ahlden D 118 Da35
Ahlen D 125 Cb38
Ahlerstedt D 118 Da33
Ahli EST 98 Ka44
Ahmas FIN 74 Kb24
Ahmediye TR 187 Gc79
Ahmetbey TR 185 Ed76
Ahmetbey TR 186 Fc80
Ahmetbeyler TR 191 Ec83
Ahmetbeyli TR 191 Ec87
Ahmetçe TR 185 Ed75
Ahmetçe TR 191 Ea82
Ahmet Gazi Camii (Eskiçine) TR 197 Fa89
Ahmetler TR 185 Ed74
Ahmetler TR 191 Ea82
Ahmetler TR 192 Fc85
Ahmetler TR 199 Hb91
Ahmetli TR 191 Ec87
Ahmetli TR 192 Fa86
Ahmetli TR 192 Fc84
Ahmetoğlu TR 193 Gb82
Ahmoo FIN 90 Ka38
Ahmovaara FIN 83 Lc29
Ahnatal D 126 Da40
Ahnsbeck D 126 Dc36
Aho FIN 75 Kc19
Ahoghill GB 9 Cd16
Ahoinen FIN 90 Ka37
Ahokylä FIN 82 Kc27
Ahola FIN 74 La18
Ahola FIN 75 Kd19
Ahola FIN 75 La20
Ahola FIN 81 Jc30
Ahola FIN 82 Ka27
Ahola FIN 83 Ld30
Aholanvaara FIN 74 Kd18
Aholfing D 135 Eb48
Aholming D 135 Ec49
Ahonkylä FIN 81 Jb31
Ahonperä FIN 81 Jd26
Ahorn D 134 Da46
Ahorn D 134 Dc44
Aho-Vastinki FIN 82 Ka31
Ahrbergen D 133 Cb43
Ahrbrück D 125 Bd42
Ahrensbök D 119 Dd31
Ahrensburg D 118 Dc32
Ahrensdorf D 128 Fb37
Ahrensfelde-Blumberg D 128 Fa36
Ahrenshagen D 119 Ec30
Ahrenshoop D 119 Ec30
Ahrweiler, Bad Neuenahr- D 125 Bd42
Ähtäri FIN 89 Jd32
Ähtärinranta FIN 81 Jd31
Ähtävä FIN 81 Jb29
Ahtiala FIN 97 Jd39
Ahtme EST 99 Lb42
Ahtopol BG 186 Fa74
Ahtropovo RUS 203 Fb08
Ahtubinsk RUS 203 Ga14
Ahujärvi FIN 69 Kb11
Ahun F 33 Gd46
Ahunapalu EST 99 Lc45
Åhus S 111 Fb55
Ahvela FIN 75 La23
Ahveninen FIN 82 Kc30
Ahveninen FIN 83 Ld29
Ahveninen FIN 90 Ka34
Ahvenisto FIN 90 Kd35
Ahvenniemi FIN 75 Lb20
Ahvensaari FIN 97 Ja40
Ahvensalmi FIN 91 Lb32
Ahvenselkä FIN 69 Kc17
Ahvio FIN 90 La38
Ahvionsaari FIN 91 Lc33
Aia E 39 Ec55
Aia E 39 Ec56
Aialvir E 46 Dc64
Aibaladejo del Cuende E 53 Eb66
Aibar E 39 Ed57
Aich A 144 Fa53
Aicha D 135 Ed49
Aichach D 135 Dd49
Aichhalden D 141 Cb50
Aichstetten D 142 Da51
Aichtal D 134 Cd49
Aiddejavrre fjellstue N 68 Ja12
Aidenbach D 135 Ed49
Aidhausen D 134 Db44
Aidinio GR 189 Bd82
Aidone I 167 Fb86
Aidonohóri GR 184 Cc77
Aidu EST 98 La44
Aiello Calabro I 164 Gb80
Aielo de Malferit E 55 Fb70
Aigen A 144 Fb53
Aigen im Mühlkreis A 136 Fa49
Aigialousa CY 206 Jd95
Aigle CH 141 Bb56
Aiglsbach D 135 Ea49
Aignan F 40 Fd54
Aignay-le-Duc F 30 Ja40
Aigre F 32 Fc47
Aigrefeuille-d'Aunis F 32 Fa46
Aigrefeuille-sur-Maine F 28 Fa43
Aiguafreda E 49 Ha60
Aiguebelle F 35 Ka47
Aigueblanche F 35 Ka47
Aiguefonde F 41 Ha54
Aigueperse F 34 Hb46
Aigues-Mortes F 42 Ja54
Aigues-Vives F 41 Hb55
Aiguilles F 35 Kb49
Aiguillon F 40 Fd52
Aiguines F 42 Ka53
Aigurande F 33 Gc45
Äijäjoki FIN 68 Ja14
Äijälä FIN 90 Kc32
Aijala FIN 97 Jd40
Äijänneva FIN 89 Jc33
Äijävaara S 73 Hd18
Ailefroide F 35 Ka49
Aillant-sur-Tholon F 30 Hb40
Aillas F 32 Fc51
Aillevillers-et-Lyaumont F 31 Jd39
Aillianville F 31 Jc38
Aillon-le-Jeune F 35 Jd47
Ailly-le-Haut-Clocher F 23 Gc33
Ailly-sur-Noye F 23 Gd34
Ailt an Chorráin IRL 8 Ca15
Aimargues F 42 Ja54
Aime F 35 Kb47
Ainali FIN 81 Jc27
Ainali FIN 82 Ka26
Ainay-le-Château F 29 Ha44
Ainaži LV 106 Kb47
Ainet A 143 Ec55
Ainhoa F 39 Ed55
Ainijärvi FIN 69 Kd14
Ainring D 143 Ec52
Ainsa E 40 Fd58
Ainzón E 47 Ed60
Airaines F 23 Gc33
Airaksela FIN 82 Kd31
Airasca I 148 Bc61
Aird GB 6 Db12
Aird Mhór IRL 13 Ca26

Almacelles - Ansnes

Almacelles E 48 Fd60
Almaciles E 61 Eb72
Almada P 50 Aa69
Almadén E 52 Cd69
Almadén de la Plata E 59 Bd72
Almadenejos E 52 Cd70
Almagro E 52 Db69
Almăj RO 175 Cd65
Almajano E 47 Eb60
Almaluez E 47 Eb62
Almancil P 58 Ac74
Almansa E 55 Fa70
Almanza E 37 Cd57
Almaraz E 51 Cb66
Almarda E 54 Fc67
Almargen E 60 Cc75
Almarza E 47 Eb59
Almås N 78 Ed26
Almaş RO 170 Cb59
Almásfüzitő H 145 Hb52
Almassora E 54 Fc66
Almaşu RO 171 Cd57
Almaşu Mare RO 175 Cd60
Almatret E 48 Fd62
Almazán E 47 Eb61
Almazora E 54 Fc66
Almberget S 94 Fa39
Almby S 95 Fd44
Almdalen N 70 Fa22
Alme D 126 Cc39
Almeda de Cervera E 53 Dd68
Almedíjar E 54 Fb66
Almedina E 53 Dd70
Almedinilla E 60 Da74
Almeida E 45 Ca61
Almeida P 45 Bc63
Almeirim P 50 Ac67
Almelo NL 117 Bd36
Almenar E 48 Ga60
Almenara E 54 Fc67
Almenar de Soria E 47 Eb60
Almendar TR 186 Fd77
Almendra E 45 Ca61
Almendral E 51 Bc69
Almendralejo E 51 Bd69
Almendricos E 61 Ec74
Almendros E 53 Ea66
Almenêches F 22 Fd37
Almenno San Salvatore I 149 Cd58
Almens CH 142 Cd55
Almensilla E 59 Bd74
Almere NL 116 Ba35
Almere-Buiten NL 116 Ba35
Almere-Haven NL 116 Ba36
Almería E 61 Ea76
Almerimar E 61 Dd76
Almesåkra S 103 Fc49
Almese I 148 Bc60
Al'met'evsk RUS 203 Ga08
Älmhult S 111 Fb53
Almidar E 61 Dd74
Almind DK 108 Db26
Almirópótamos GR 190 Cd86
Almirós GR 189 Bd82
Almklov N 84 Cb34
Almlia N 78 Eb27
Almlia N 78 Eb28
Ålmo N 77 Db30
Almodôvar P 58 Ac73
Almodóvar del Campo E 52 Da70
Almodóvar del Pinar E 53 Ec67
Almodóvar del Río E 60 Cc72
Almogia E 60 Cd76
Almograve P 58 Ab72
Almoguera E 46 Dd65
Almoharín E 51 Ca68
Almonacid de la Sierra E 47 Ed61
Almonacid del Marquesado E 53 Ea66
Almonacid de Toledo E 52 Db66
Almonacid de Zorita E 47 Ea65
Almonáster la Real E 59 Bc72
Almonte E 59 Bc74
Almoradí E 55 Fb72
Almoraima E 59 Cb77
Almorox E 46 Da65
Almoster P 44 Ac65
Almourol P 50 Ac66
Almsele S 79 Gb27
Älmsta S 96 Ha41
Almstedt D 126 Db37
Almudaina E 55 Fc70
Almudema E 61 Ec72
Almudévar E 48 Fb59
Almuñécar E 60 Db76
Almunge S 96 Gd42
Almunia de San Juan E 48 Fd60
Almuradiel E 52 Dc70
Almussafes E 54 Fb68
Alna N 93 Ea41
Alnaši RUS 203 Ga08
Alnes N 76 Cc32
Alness GB 5 Ea07
Alnö S 88 Gc33
Alnwick GB 11 Fa15
Alobrónoia GR 196 Da91
Alocén E 47 Ea64
Aloja LV 106 Kc47
Alomartes E 60 Db74
Alónissos GR 189 Cc83
Alonsontegí E 38 Ea55
Álora E 60 Cd76
Alosno E 59 Bb73
Alovė LT 114 Kc59
Alovera E 46 Dd64
Alozaina E 60 Cc76
Alp E 41 Gd58
Alpagut TR 192 Fb81
Alpalhão P 50 Ba67
Alparslan TR 193 Gc87
Alpbach A 143 Ea53
Alpe Colombino I 148 Bc60
Alpe di Siusi I 143 Dd56
Alpedrete E 46 Db63
Alpedrinha P 44 Bb65
Alpen D 125 Bc38
Alpera E 54 Ed69
Alphen NL 124 Ad38
Alphen aan de Rijn NL 116 Ad36
Alpheton GB 21 Ga26
Alpiarça P 50 Ac67
Alpicat E 48 Ga60
Alpirsbach D 133 Cb49
Alpnach Dorf CH 141 Ca54
Alpu TR 193 Gd82
Alpua FIN 82 Ka25
Alpuente E 54 Fa66
Alpullu TR 185 Ec76
Alqueva P 50 Ba71
Alquézar E 48 Fd59
Als DK 101 Dd22
Alsån S 73 Ja19
Alsån S 73 Jb21
Alsancak = Karavas CY 206 Jb96
Alsasua E 39 Ec56
Alsdorf D 125 Bc41
Alseda S 103 Fd50
Alsėdžiai LT 113 Jc54
Alsen S 79 Fb30
Alsenz D 133 Ca45
Alsfeld D 126 Cd42
Ålsgårde DK 109 Ec24
Alsheim D 133 Cb45
Ålshult S 111 Fc53
Alsike S 96 Gc42
Alsjärv S 73 Ja19
Alsjö S 87 Ga34
Alskog S 104 Ha50
Alsleben D 127 Ea39
Alslev DK 108 Cd25
Alslev DK 108 Da27
Alsø DK 109 Ea28
Alsónémedi H 146 Hd53
Alsópáhok H 145 Gd55
Alsópakony H 146 Hd53
Alsószentiván H 146 Hc55
Alsótold H 146 Ja51
Alsózsolca H 146 Jc51
Ålsrode DK 101 Dd23
Alstad N 78 Eb29
Alstadt S 115 Ed56
Alstätte D 125 Bd37
Alster S 94 Fa43
Alsterbro S 103 Ga51
Alsterfors S 103 Fd51
Alstermo S 103 Fd51
Alston GB 11 Ec17
Alstrup DK 109 Dd25
Alsunga LV 105 Jb51
Ålsvåg N 66 Fd12
Alsvik N 66 Fb17
Alsviķi LV 107 Lc48
Alswear GB 19 Dd29
Alta N 63 Hd08
Älta S 96 Gd44
Altach A 142 Cd53
Altamura I 162 Gc75
Altarejos E 53 Eb66
Altaussee A 144 Fa52
Altavilla Irpina I 161 Fc74
Altavilla Milicia I 166 Ed84
Altavilla Silentina I 161 Fd76
Altbüron CH 141 Ca53
Altdöbern D 128 Fb39
Altdorf CH 141 Cb54
Altdorf D 135 Dd46
Altdorf D 135 Eb49
Alt Duvenstedt D 118 Db30
Alte P 58 Ac74
Altea E 55 Fc70
Altedo I 150 Dd62
Alteglofsheim D 135 Eb48
Alteidet N 63 Hc08
Altena D 125 Cb40
Altenahr D 125 Bd42
Altenbeken D 126 Cd38
Altenberg D 128 Fa42
Altenberge D 125 Ca37
Altenbuch D 134 Cd45
Altenburg D 127 Eb41
Altendorf D 135 Dd45
Altendorf D 135 Eb46
Altenfelden A 144 Fa50
Altenglan D 133 Ca45
Altenhausen D 127 Dd37
Altenhof D 119 Ec33
Altenkirchen (Rügen) D 119 Ed29
Altenkirchen (Westerwald) D 125 Ca42
Altenkrempe D 119 Dd31
Altenkunstadt D 135 Dd44
Altenmark bei Sankt Gallen A 144 Fc52
Altenmarkt D 143 Eb51
Altenmarkt an der Triesting A 144 Ga51
Altenmarkt im Isperthale A 144 Fc50
Altenmarkt im Pongau A 143 Ed53
Altenmedingen D 118 Dc34
Altenstadt D 134 Cd43
Altenstadt D 135 Eb45
Altenstadt D 142 Da50
Altenstadt D 142 Dc52
Altensteig D 133 Cb49
Altenthann D 135 Eb48
Altentreptow D 119 Ed32
Altenwalde D 118 Cd31
Altenweddingen D 127 Ea38
Alter do Chão P 50 Ba67
Alteren N 71 Fb20
Altertheim D 134 Da45
Altes Lager D 127 Ed38
Altfraunhofen D 143 Eb50
Altfriesack D 119 Ec35
Althegnenberg D 142 Dc50
Altheim A 143 Ed50
Altheim D 134 Cd46
Altheim D 134 Da49
Althofen A 144 Fb55
Althorne GB 21 Ga27
Althütte D 134 Da48
Altimir BG 179 Cd69
Alțina RO 175 Db61
Altınçay TR 187 Ha78
Altınkaya TR 199 Ha90
Altınkum TR 197 Ec89
Altınkum TR 199 Gd91
Altınova TR 186 Ga79
Altınova TR 191 Eb83
Altınova TR 199 Gd91
Altıntaş TR 185 Eb77
Altıntaş TR 192 Ga84
Altıntaş TR 193 Gb84
Altıntaşköyü TR 198 Fb88
Altınyaka TR 199 Gc92
Altınyayla TR 198 Ga91
Altipiani di Arcinazzo I 160 Ec72
Alt Käbelich D 120 Fa33
Altkalen D 119 Ec32
Altkirch F 31 Kb40
Altlandsberg D 128 Fa36
Altmannstein D 135 Ea48
Altmünster A 144 Fa52
Altnabreac Station GB 5 Eb05
Altnacallich GB 4 Dd05
Altnaharra GB 4 Dd05
Altnamackan GB 9 Cd18
Altn Bulg RUS 203 Ga14
Altnes N 63 Hd07
Altobordo E 61 Ec74
Alto da Serra P 50 Ab67
Alto de la Madera E 37 Cc54
Altofonte I 166 Ec84
Altomonte I 164 Gb79
Altomünster D 143 Dd50
Alton GB 16 Ed23
Alton GB 20 Fb29
Altopascio I 155 Db65
Altorricón E 48 Fd60
Altötting D 143 Ec50
Alträsk S 73 Hc22
Altrip D 134 Cc46
Alt Ruppin D 119 Ec35
Altsasu E 39 Ec56
Alt Schadow D 128 Fa38
Alt Schönau D 119 Ec33
Altshausen D 142 Cd51
Altstätten CH 142 Cd53
Altsvattnets sameviste S 71 Fd21
Alttajärvi S 67 Hb15
Alttojärvi FIN 69 Kb12
Altuna S 95 Gb42
Altura E 54 Fb66
Altusried D 142 Db52
Altwarp D 120 Fb32
Alu EST 98 Kb43
Aluatu MD 177 Fc62
Alūksne LV 107 Lc48
Ålum DK 100 Dc23
Ålund S 73 Hc24
Alunda S 96 Gd41
Aluniș MD 173 Fa55
Aluniș RO 171 Da57
Aluniș RO 171 Dc58
Aluniș RO 176 Ea63
Aluniș RO 176 Eb63
Alunu RO 175 Da64
Aluokta S 67 Gd17
Alupka UA 205 Fa18
Aluskylä FIN 89 Jb35
Alušta UA 205 Fa18
Alustante E 47 Ed64
Alvaiázere P 44 Ad65
Alvajärvi FIN 82 Ka29
Alvalade P 50 Ac71
Älvan S 103 Fd46
Älvängen S 102 Ec48
Alvarado E 51 Bc69
Alvarenga P 44 Ad61
Alvares P 44 Ad65
Álvaro P 44 Ba65
Alvarrões P 51 Bb67
Alvdal N 85 Ea34
Älvdalen S 87 Fb37
Alvegal P 50 Ad66
Alverca do Ribatejo P 50 Ab68
Alversund N 84 Ca38
Alves GB 5 Eb07
Alveslohe D 118 Db32
Alvesta S 103 Fc52
Alvestad N 92 Ca43
Alveston GB 19 Ec28
Alvettula FIN 90 Ka36
Älvho S 87 Fc36
Alviano I 156 Ea69
Alvignac F 33 Gc50
Alvik N 76 Cc32
Alvik N 84 Cc39
Alvik S 73 Hd22
Alvik S 95 Fc39
Alvitas LT 114 Ka58
Alvito I 160 Ed72
Alvito P 50 Ad70
Älvkarleby S 96 Gc39
Älvkarleö S 96 Gc39
Alvor P 58 Ab74
Alvorge P 44 Ac65
Alvøy N 84 Ca39
Älvros S 87 Fc34
Älvsbacka S 72 Gd21
Älvsbacka S 94 Fa42
Älvsbyn S 73 Hc22
Älvsered S 102 Ed50
Älvsund S 87 Gb34
Alwernia PL 138 Hd44
Alwinton GB 11 Ed15
Alykí GR 189 Ca86
Alyth GB 7 Eb11
Alytus LT 114 Kc59
Alzano Lombardo I 149 Cd58
Alzenau D 134 Cd44
Alzey D 133 Cb45
Alzira E 54 Fb69
Alzola E 39 Eb55
Alzon F 41 Hc53
Amadora P 50 Aa68
Amagne F 24 Hd34
Amailloux F 28 Fc44
Åmål S 94 Ed44
Amalfi I 161 Fb76
Amaliáda GR 188 Ba86
Amaliápoli GR 189 Ca82
Amálo GR 196 Dd88
Amance F 30 Ja38
Amance F 31 Jd40
A Manchica E 36 Ba57
Amandola I 156 Ed68
Amange F 31 Jc42
Amantea I 164 Gb80
Amara RO 176 Ed66
Amarante P 44 Ba61
Amárantos GR 182 Ad78
Amărăşti RO 175 Da65
Amărăştii de Jos RO 179 Da67
Amărăştii de Sus RO 179 Da67
Amareleja P 51 Bb71
Amares P 44 Ad59
Amargreti CY 206 Hd98
Amári GR 200 Cd96
Amárinthos GR 189 Cc85
Amaru RO 176 Ec64
Amaseno I 160 Ec73
Amasya TR 205 Fc20
Amatrice I 156 Ec69
Amay B 124 Ba41
Amaya E 38 Db57
Amarès et-Lagrave F 32 Fb50
Ambarkaya TR 198 Fd91
Ambas E 37 Cc54
Ambazac F 33 Gb46
Ambeláki GR 188 Ba83
Ambelákia GR 183 Bd80
Ambelákia GR 195 Cb87
Ambeļi LV 115 Lc53
Ambelia GR 182 Ad80
Ambeliá GR 189 Bd82
Ambelohóri GR 182 Ba80
Ambelohóri GR 194 Bc90
Ambelónas GR 182 Ac80
Ambelónas GR 183 Bd80
Ambelónas GR 194 Ba87
Ambelos GR 200 Cb97
Amberg D 135 Ea46
Ambérieu-en-Bugey F 35 Jc46
Ambérieux-en-Dombes F 34 Jb46
Ambert F 34 Hc47
Ambialet F 41 Ha53
Ambierle F 34 Hd46
Ambiévillers F 31 Jd39
Ambjörby S 94 Fa40
Ambjörnarp S 102 Fa50
Ambla EST 98 Kd43
Amblainville F 23 Gd35
Amble GB 11 Fa15
Ambleside GB 11 Eb18
Ambleteuse F 21 Gb30
Ambleville F 23 Gc36
Amboise F 29 Gb42
Ambon F 27 Eb41
Ämbra EST 98 Kd43
Ambra I 156 Dd66
Ambrault F 29 Gd44
Ambria I 149 Cd58
Ambrières-les-Vallées F 28 Fb38
Ambronay F 35 Jc46
Åmdal N 92 Cd46
Amden CH 142 Cc54
Ameixial P 58 Ad73
Amel B 125 Bb42
Amele LV 105 Jc49
Åmelfot N 84 Cb34
Amelia I 156 Eb70
Amélie-les-Bains-Palalda F 41 Ha58
Amelin PL 122 Jc34
Amelinghausen D 118 Dc34
Amelunxen D 126 Da38
Amendoeira P 58 Ad72
Amendolara I 164 Gc78
Amer E 49 Ha59
Amerang D 143 Eb51
A Merca E 36 Ba58
Amerongen NL 125 Bb37
Amersfoort NL 116 Bb36
Amersham GB 20 Fb27
Amesbury GB 20 Ed29
Amezketa E 39 Ec56
A Mezquita E 36 Bc58
Amfíklia GR 189 Bd84
Amfilohía GR 188 Ad83
Amfípolis GR 184 Cd77
Ámfissa GR 189 Bc84
Amieira P 50 Ba70
Amiens F 23 Gd33
Amieva E 37 Cd55
Amigdaliá GR 189 Bc81
Amigdaliá GR 189 Bc85
Amigdaliés GR 182 Ba79
Amikles GR 194 Bc89
Amillano E 39 Ec57
Amilly F 29 Ha40
Amíndeo GR 183 Bb77
Åminne FIN 81 Hd31
Åminne S 104 Ha49
Amla N 84 Cd37
Åmli N 93 Da45
Åmliden S 72 Ha24
Amlwch GB 15 Dd21
Amlwch Port GB 15 Dd21
Ämmälä FIN 89 Jb33
Ammanford GB 19 Dd27
Ammänsaari FIN 75 La23
Ammarnäs S 71 Ga21
Åmmeberg S 95 Fc45
Ammenäs S 102 Eb47
Ammern D 126 Dc40
Ammersbek D 118 Dc32
Ammerthal D 135 Ea46
Ammerzoden NL 124 Ba37
Ammeville F 22 Fd36
Ammochostos CY 206 Jd96
Amnehärad S 95 Fb45
Amnéville F 25 Jd35
Åmnøyhamna N 70 Fa19
Amoliani GR 184 Cd79
Amöneburg D 126 Cd41
Amorbach D 134 Cd45
Amorebieta E 38 Ea55
Amorgós GR 196 Dc91
Amóri GR 185 Eb76
Amorosa P 44 Ac59
Amorosi I 161 Fb74
Åmot N 85 Dd38
Åmot N 86 Eb37
Åmot N 93 Dd41
Åmot N 93 Da42
Åmot S 87 Ga38
Åmot S 94 Ed42
Åmotfors S 94 Ec42
Amotopos GR 188 Ad81
Åmotsdal N 93 Da42
Amou F 39 Fb54
Amous F 43 Kb53
Ampezzo I 143 Ec56
Ampfing D 143 Eb50
Ampflwang A 143 Ed51
Ampfurth D 127 Dd38
Ampiala FIN 90 Ka33
Amplepuis F 34 Ja46
Amplier F 23 Gd32
Ampola FIN 97 Jc40
Amposta E 48 Ga64
Ampthill GB 20 Fc26
Ampudia E 46 Cd59
Ampuero E 38 Dd55
Amriswil CH 142 Cd52
Amroth GB 18 Dc27
Åmsele S 80 Ha26
Amsteg CH 141 Cb55
Amstelveen NL 116 Ba35
Amsterdam NL 116 Ba35
Amstetten A 144 Fc51
Amtoft DK 100 Da21
Amtsberg D 127 Ec42
Amtzell D 142 Da52
Amulree GB 7 Ea11
Amurrio E 38 Ea56
Amusco E 38 Da58
Amusquillo E 46 Db60
Amvrossía GR 184 Dc77
Amzacea RO 181 Fb68
Ån S 79 Fb31
Anacapri I 161 Fa76
Anadiou CY 206 Hd97
Anadolufeneri TR 186 Fd77
Anáfi GR 196 Dc92
Anafonitria GR 188 Ac86
Anagénisis GR 183 Cb76
Anagni I 160 Ec72
Anagyia CY 206 Jb97
Análipsis GR 188 Bb84
Anapa RUS 205 Fb17
Ånår FIN 69 Ka11
Anarcs H 147 Kb50
Anárgiri GR 183 Bb77
Anascaul IRL 12 Ba24
Ånäset S 80 Hc27
Åna-Sira N 92 Cb46
Änätinpää FIN 75 Lc24
Anatolí GR 183 Bd80
Anatolí GR 201 Db96
Anatolikó GR 183 Bc78
Anatolikó GR 183 Ca78
Anavainen FIN 97 Ja39
Anávatos GR 191 Dd86
Anávra GR 189 Bd83
Anavrití GR 194 Bc89
Anaya E 46 Da62
Anaya de Alba E 45 Cc63
An Bun Beag IRL 8 Ca15
Ançã P 44 Ac64
An Cabhán IRL 9 Cb19
An Caiseal IRL 8 Bb20
An Caisleán Nua IRL 12 Bc24
An Caisleán Riabhach IRL 8 Bd19
Ance LV 105 Jc49
Ancelle F 35 Ka50
Ancenis F 28 Fa42
Ančenki RUS 107 Ma50
Ancerville F 24 Ja37
An Charraig IRL 8 Ca16
An Chathair IRL 13 Ca24
Anché F 32 Fd45
Anchor GB 15 Eb25
Anchuras E 52 Cd67
Ancín E 39 Eb57
Anciverovo RUS 107 Ld49
Ančkini LV 107 Lc52
An Clochán IRL 8 Bb20
An Clochán IRL 9 Cb16
An Clochán Liath IRL 8 Ca15
An Cloigeann IRL 8 Ba20
An Cóbh IRL 12 Bd26
An Coireán IRL 12 Ba25
Ancona I 156 Ed66
An Creagán IRL 8 Bd20
Ancroft GB 11 Ed14
Ancy-le-Franc F 30 Hd40
An Daingean IRL 12 Ba24
Andalo I 149 Dc57
Åndalseter N 77 Da31
Åndalsnes N 77 Da32
Andance F 34 Jb48
Andåsen S 87 Fc34
Andau A 145 Gc52
Andavías E 45 Cb60
Anddalsvågen N 70 Ed23
Andebu N 93 Dd43
Andechs D 143 Dd51
Andeer CH 142 Cd55
Andelfingen CH 141 Cb52
Andelot-Blancheville F 30 Jb38
Andelot-en-Montagne F 31 Jd43
Andelsbuch A 142 Da53
Andelst NL 125 Bb37
Andenäs S 94 Fa40
Andenes N 66 Ga11
Andeni LV 107 Ld52
Andenne B 124 Ad42
Andermatt CH 141 Cb55
Andernach D 125 Ca42
Andernos-les-Bains F 32 Fa50
Andersby FIN 90 Kd38
Andersby N 65 Kc06
Anderslöv S 110 Ed56
Andersskog N 77 Db29
Anderstorp S 102 Fa50
Andersvattnet S 80 Hc26
Andijk NL 116 Bb34
Andilly F 32 Fa45
Andíparos GR 196 Da90
Andírio GR 188 Bb85
Andız TR 193 Gb83
Andlau F 25 Kb37
Andoain E 39 Ec55
Andocs H 145 Ha56
Andoins F 40 Fc55
Andon F 43 Kb53
Andorf A 143 Ed50
Åndørja N 67 Gb12
Andorlia N 67 Gd11
Andornaktálya H 146 Jb51
Andorra E 48 Fb63
Andorra la Vella AND 40 Gc58
Andosilla E 39 Ec58
Andouillé F 28 Fb39
Andover GB 20 Fa29
Andoversford GB 20 Ed27
Andrarum S 111 Fb56
Andrăşeşti RO 176 Ed66
Andratx E 56 Ha67
Andravída GR 188 Ad86
Andreapol' RUS 202 Ec10
Andreas GB 10 Dd18
Andreevca MD 173 Ga55
Andreiaşu de Jos RO 176 Ec62
Andrespol PL 130 Hd39
Andrest F 40 Fd55
Andrésy F 23 Gd36
Andretta I 161 Fd75
Andrézieux-Bouthéon F 34 Ja47
Andria I 162 Gb74
Andrid RO 171 Cc55
Andrieşeni RO 173 Fa56
Andrijaševci HR 153 Hc60
Andrijevica MNE 159 Jb68
Andrijivka UA 205 Fb16
Andrioniškis LT 114 Kc57
Andritsena GR 194 Bb87
An Droichead Nua IRL 13 Cc22
Ándros GR 190 Da87
Andrup DK 108 Cd26
Andrupene LV 107 Ld52
Andruşivka UA 204 Eb15
Andruşul de Jos MD 177 Fb61
Andrychów PL 138 Hd45
Andryjanki PL 123 Kb35
Andrzejewo PL 123 Jd34
Andselv N 67 Gc11
Andsnes N 63 Hb07
An Dúchoraidh IRL 8 Ca16
Andújar E 52 Da72
Anduze F 41 Hd52
Andvikgrend N 84 Ca37
Anebakelv N 64 Hb09
Anebjør N 92 Cd44
Aneboda S 103 Fc51
Aneby S 103 Fc48
Anelema EST 98 Kb45
Anemoráhi GR 188 Ad81
Anenii Noi MD 173 Ga58
Anero E 38 Dc55
Ånes N 66 Fd11
Ånessletta N 66 Fd12
Anet F 23 Gb37
Anetjärvi FIN 75 Kd20
Anevo BG 180 Db72
Anfo I 149 Db58
Äng S 103 Fc49
Anga S 104 Ha49
Angáli GR 189 Cb83
Angarn S 96 Gd43
Angé F 29 Gb42
Ånge S 72 Gc21
Ånge S 79 Fb30
Ånge S 87 Fd33
Ängebäck S 94 Ec43
Ängebo S 87 Ga35
Angelbachtal D 134 Cc47
Angelburg D 126 Cc41
Ängelholm S 110 Ed54
Angeli FIN 68 Jc11
Angelniemi FIN 97 Jc40
Angelohóri GR 183 Bd77
Angelohóri GR 183 Ca78
Angelókastro GR 188 Ba84
Angelókastro GR 195 Ca87
Ängelsberg S 95 Ga41
Angelstad S 102 Fa52
Anger A 144 Ga54
Angera I 148 Cb58
Angerdshestra S 103 Fb49
Angered S 102 Ec49
Angerlo NL 125 Bc37
Angermoen N 70 Fa21
Angermünde D 120 Fa35
Angern D 127 Ea37
Angern an der March A 145 Gc50
Angerneset N 70 Ed21
Angers F 28 Fb41
Ängersjö S 80 Hb29
Ängersjö S 87 Fc35
Angerville F 29 Gd38
Ängesån S 73 Hd18
Ängesbyn S 73 Hd22
Ängesleva FIN 74 Ka24
Ängesträsk S 73 Hd21
Anghiari I 156 Ea66
Anghione F 154 Cc69
Angísta GR 184 Cd77
Angístri GR 195 Ca87
Angístro GR 184 Cc75
Angla EST 97 Jc45
Anglards-de-Salers F 33 Ha49
Angle GB 18 Db27
An Gleann Garbh IRL 12 Bb26
Anglefort F 35 Jd46
Angles F 32 Fa45
Anglès F 41 Ha54
Anglès E 49 Ha59
Anglesola E 48 Gb60
Angles-sur-l'Anglin F 29 Ga44
Anglet F 39 Ed54
Angliers F 28 Fd43
Anglure F 24 Hc37
Angnäs S 80 Ha28
Angoncillo E 39 Eb58
An Gort IRL 12 Bd22
An Gort Mór IRL 8 Bb20
Angoulême F 32 Fd47
Angri I 161 Fb75
Ängskär S 96 Gd40
Ängsö S 95 Gb43
Angstedt, Gräfinau- D 127 Dd42
Ängsvik S 96 Ha43
Angüés E 48 Fc59
Anguiano E 38 Ea58
Anguillara Sabazia I 160 Ea71
Anguillara Veneta I 150 Ea61
Anguita E 47 Eb62
Anguix E 47 Ea64
Anguse EST 98 La42
Angvik N 77 Db31
Anhée B 124 Ad42
Anholt D 125 Bc37
Anholt DK 101 Eb22
Aniane F 41 Hc54
Aniche F 24 Hb32
Anidro GR 189 Bd83
Aniés E 39 Fb58
Änimskog S 94 Ec45
Anina RO 174 Ca63
Aninoasa RO 175 Cd64
Aninoasa RO 175 Dc63
Aninoasa RO 176 Dd64
Aniñón E 47 Ed61
Anıtkaya TR 193 Gc84
Anixiátiko GR 188 Ba82
Anizy-le-Château F 24 Hb34
Anjala FIN 90 La37
Anjalankoski FIN 90 La37
Anjan S 78 Ed29
Anjum NL 117 Bc32
Ankaran SLO 151 Fa59
Ankarsrum S 103 Gb49
Ankarsund S 71 Ga23
Ankarsvik S 88 Gc33
Ankarvattnet S 79 Fb25
Änkilänsalo FIN 91 Ld34
Anklam D 120 Fa32
Ankum D 117 Cb35
An Leacht IRL 12 Bc22
An Longfort IRL 9 Cb20
Anloo NL 117 Bd34
An Mhala Raithní IRL 8 Bb19
An Móta IRL 13 Cb21
An Muileann gCearr IRL 9 Cb20
Anna E 54 Fb69
Anna EST 98 Kd43
Anna LV 107 Lc48
Anna RUS 203 Fb12
Annaberg A 144 Fd52
Annaberg-Buchholz D 135 Ed43
Annaberg im Lammertal A 143 Ed53
Annaburg D 127 Ed39
Annacloy GB 9 Da18
Annahütte D 128 Fa39
Annalong GB 9 Da19
Annan GB 11 Eb16
Anna Paulowna NL 116 Ba34
An Nás IRL 13 Cc22
Annas LV 106 Kd50
Annayalla IRL 9 Cd18
Anneberg S 102 Ec49
Anneberg S 103 Fc49
Annecy F 35 Jd46
Annel FIN 68 Jc11
Annelund S 102 Ed48
Annemasse F 35 Ka45
Annenieki LV 106 Kb52
Annental A 144 Ga51
Annerstad S 102 Fa52
Annestown IRL 13 Cb25
Annevoie-Rouillon B 124 Ad42
Annfield Plain GB 11 Ed17
Anņi LV 106 La48
Annikvere EST 98 Kd41
Annino RUS 99 Mb39
Annino RUS 202 Ed08
Annonay F 34 Ja48
Annonen FIN 82 Ka26
Annopol PL 131 Jd41
Annot F 43 Kb52
Ånnstad N 66 Fc13
Annweiler amTrifels D 133 Ca47
Áno Ágios Vlássios GR 188 Ba83
Áno Damásta GR 189 Bd83
Áno Daviá GR 194 Bc87
Áno Drossiní GR 185 Dd77
Annœullin F 23 Ha31
Áno Fanári GR 195 Ca88
Anógia GR 200 Da95
Áno Hóra GR 188 Bb84
Áno Kalendíni GR 188 Ba82
Áno Kalliníki GR 183 Bb76
Áno Kariófito GR 184 Db76
Áno Kastrítsi GR 188 Bb85
Áno Kómi GR 183 Bc79
Áno Korakiána GR 182 Ab80
Áno Koudoúni GR 188 Ba84
Áno-Lehónia GR 189 Ca82
Áno Mathráki GR 182 Aa79
Áno Merá GR 196 Db89
Áno Méros GR 200 Cd96
Añón E 47 Ec60
Änonjalme sameviste S 67 Gb16
Áno Poróia GR 183 Cb76
Añora E 52 Cc71
Áno Sangrí GR 196 Db90
Áno Sinikia Trikala GR 189 Bc86
Áno Síros GR 196 Da88
Anost F 30 Hd42
Anould F 31 Ka38
Áno Váthia GR 189 Cc85
Áno Viános GR 201 Db96
Áno Vrondoú GR 184 Cc76
Anoye F 40 Fc55
Anquela del Ducado E 47 Eb63
An Ráth IRL 12 Bd24
Anröchte D 126 Cc39
An Ros IRL 13 Da21
Ans DK 100 Db23
Ansac-sur-Viènne F 33 Ga46
Ansager DK 108 Da25
Ansalahti FIN 90 Kd36
Ansbach D 134 Dc47
An Scairbh IRL 12 Bd22
An Sciobairín IRL 12 Bb26
Anse F 34 Ja46
An Seanchaisleán IRL 9 Cc20
Ansedonia I 155 Dc69
Anselküla EST 105 Jc47
Anserall E 40 Gc58
Ansião P 44 Ac65
Ansignan F 41 Ha57
Ansio FIN 90 Kc34
Ansku FIN 97 Jd40
Ansnes N 62 Gc10
Ansnes N 77 Dc29

Asenovgrad - Bad Bertrich

Asenovgrad BG 184 Db74
Asenovo BG 180 Ea70
Åsensbruk S 94 Ec45
Åseral N 92 Cc45
Aseri EST 98 La41
Åserud N 94 Eb42
Asevelikylä FIN 89 Jb32
Asfáka GR 182 Ad80
Asfeld F 24 Hd34
Asfendioú GR 197 Ec91
Asferg DK 100 Dc22
Asfordby GB 16 Fb24
Åsgårdstrand N 93 Dd43
Asgata CY 206 Jb98
Ash GB 20 Fd28
Åshagen S 94 Ed41
Åshammar S 95 Gb39
Ashbourne GB 16 Ed23
Ashbourne IRL 13 Cd21
Ashburton GB 19 Dd31
Ashbury GB 20 Ed28
Ashby-de-la-Zouch GB 16 Fa24
Ashdon GB 20 Fd26
Ashford GB 21 Ga29
Ashford IRL 13 Cd22
Ashford-in-the-Water GB 16 Ed22
Ashill GB 17 Ga24
Ashington GB 11 Fa16
Ashington GB 20 Fc30
Ashkirk GB 11 Ec14
Ashley GB 20 Fd26
Ashmore GB 19 Ec30
Ashperton GB 15 Ec26
Ashton-in-Makerfield GB 15 Ec21
Ashton Keynes GB 20 Ed27
Ashton-under-Lyne GB 16 Ed21
Ashwater GB 18 Dc30
Ashwell GB 16 Fb24
Ashwell GB 20 Fc26
Ashwellthorpe GB 17 Gb24
Asiago I 150 Dd58
Asikkala FIN 90 Kc36
Asikkala FIN 91 Lb32
Asila FIN 90 La34
Asími GR 200 Da96
Asipovičy BY 202 Eb13
Aşırlar TR 187 Gc78
Ask N 84 Ca39
Ask N 85 Dd40
Ask N 93 Ea41
Ask S 103 Fc46
Ask S 110 Ed55
Aska FIN 69 Ka16
Askainen FIN 97 Ja39
Aşkale TR 205 Ga20
Askanmäki FIN 75 Kd23
Askeaton IRL 12 Bc23
Askeby S 103 Ga47
Askeia CY 206 Jc96
Asker N 93 Dd42
Askerıye TR 199 Gc88
Askern GB 16 Fa21
Askeröd S 110 Fa55
Askersby S 95 Fd44
Askersund S 95 Fc45
Askerswell GB 19 Eb30
Askeryd S 103 Fc49
Askesta S 87 Gb37
Askett GB 20 Fb27
Åskilje S 80 Gc25
Åskiljeby S 80 Gc25
Askim N 93 Ea42
Askim S 102 Eb49
Asklanda S 102 Ed48
Asklipío GR 197 Ed93
Åskloster S 102 Ec50
Askø By DK 109 Ea28
Askola FIN 90 Kc38
Askome S 102 Ec51
Äsköping S 95 Ga44
Askós GR 183 Cb77
Askov DK 108 Da26
Askum S 102 Eb46
Askvoll N 84 Ca36
As Lamas E 36 Bb58
Aslanapa TR 193 Gb83
Aslanlar TR 191 Ec87
Aslestad N 92 Cd43
Aslıhantepeciği TR 192 Fa82
Åsljunga S 110 Fa54
Asma E 36 Bb56
Asmalı TR 186 Fa79
Asmali TR 198 Fd90
Åsmansbo S 95 Fd40
Åsmarka N 86 Ea38
Asmíni GR 189 Ca83
Ašmjany BY 202 Ea12
Asmo N 67 Gd11
Åsmon S 79 Gb30
Asmundtorp S 110 Ed55
Asmunti FIN 74 Kb21
Åsmyra N 70 Ed22
Asnæs DK 109 Ea25
Åsnes N 78 Eb27
Åsnes Finnskog N 94 Ec39
As Neves E 36 Ad58
Asnières-sur-Vègre F 28 Fc40
As Nogais E 36 Bc56
Asola I 149 Da60
Asolo I 150 Ea58
Asopós GR 195 Bd90
Asos GR 188 Ac84
Asp DK 100 Da23
Aspach D 134 Cd48
Aspai E 36 Bb55
Aspang Markt A 145 Gb53
Aspariegos E 45 Cc60
Asparn an der Zaya A 137 Gb49
Asparuhovo BG 181 Ec72
Asparuhovo BG 181 Ed71
Aspås S 79 Fc30
Aspåsnäset S 79 Fc30
Aspatria GB 11 Eb17
Aspberget S 86 Ec38
Aspe E 55 Fb71
Aspeå S 80 Ha29
Aspeå S 80 Gc30
Aspeboda S 95 Fd39
Aspenes N 62 Gd10
Aspenstedt D 127 Dd38
Äspered S 102 Ed49
Asperen NL 124 Ba37
Asperg D 134 Cd48
Äsperöd S 110 Fa56
Aspet F 40 Ga56
Aspliden S 72 Ha23
Aspliden S 73 Hc24
Asplund S 72 Gc23
Aspnäs S 88 Gc32
Aspnes N 79 Fb27
Aspö S 95 Gb43
Aspö S 111 Fd54
As Pontes de García Rodríguez E 36 Bb54
Aspoús GR 190 Da84
Aspra I 166 Ed84
Aspremont F 42 Jd51
Aspres-sur-Buëch F 35 Jd50
Åspro GR 183 Bd77
Asprógia GR 183 Bb77
Asproklisiá GR 183 Bb80
Asprópirgos GR 189 Cb86
Åspros GR 183 Ca77
Asprovålta GR 184 Cc78
Aspsele S 80 Gd28
Assamalla EST 98 La42
Assamstadt D 134 Da46
Assat F 40 Fc55
Assé-le-Bérenger F 28 Fc39
Assé-le-Boisne F 28 Fc38
Assemini I 169 Ca79
Assen NL 117 Bd34
Assenois B 132 Ba44
Assens DK 100 Dc22
Assens DK 108 Dc27
Assentoft DK 100 Dc23
Assérac F 27 Ec41
Asserbo DK 109 Eb24
Assergi I 156 Ed70
Assesse B 124 Ad42
Assier F 33 Gd51
Assikvere EST 99 Lb44
Åssiros GR 183 Cb77
Assisi I 156 Eb67
Åsskard N 77 Db31
Aßlar D 126 Cc42
Aßling D 143 Ea51
Asso I 149 Cc58
Asson F 40 Fc56
Assoro I 167 Fb85
Åssos GR 188 Ad81
Åssos GR 189 Bd86
Åsta N 86 Eb37
Astaffort F 40 Ga53
Astakós GR 188 Ad84
Åstan N 77 Dd29
Astašova LV 107 Ld52
Aste EST 105 Jc46
Åsteby S 94 Ed40
Astee IRL 12 Bb23
Asten A 144 Fb51
Asten NL 125 Bb39
Astfeld I 143 Dd56
Asti I 148 Ca61
Aştileu RO 170 Cb57
Astipálea GR 197 Ea92
Åstol S 102 Eb48
Aston GB 16 Fa22
Aston GB 20 Fa27
Astorga E 37 Cb57
Åstorp S 110 Ed54
Astradamovka RUS 203 Fd10
Astrain E 39 Ec57
Åsträsk S 80 Hb26
Astromeritis CY 206 Ja96
Astros GR 195 Bd88
Astrup DK 100 Dc19
Astrup DK 100 Dc22
Astrup DK 108 Da24
Åstrup DK 108 Dc27
Astruptunet N 84 Cc35
Astryna BY 202 Dd13
Astudillo E 38 Db58
Asuaju RO 171 Cd55
Asuja EST 106 Kc46
Asūne LV 107 Ld52
Asuni I 169 Ca77
Asunta FIN 90 Ka33
Asuny PL 122 Jc30
Ásványráró H 145 Gd52
Asvestohóri GR 183 Cb78
Asvestópetra GR 183 Bb78
Aszár H 145 Ha53
Aszód H 146 Hd52
Aszófő H 145 Ha55
Atabey TR 186 Fd78
Atabey TR 199 Gc88
Atajate E 59 Cb76
Ataki RUS 107 Ma47
Atalánti GR 189 Ca84
Atalaya del Cañavate E 53 Eb67
Atanzón E 46 Dd64
Ataquines E 46 Cd62
Atarte E 60 Db75
Atašiene LV 107 Lb51
Atbükü TR 199 Gc92
Atça TR 187 Hb80
Atça TR 197 Fa88
Atea E 47 Ed62
Ateaş RO 170 Ca57
Ateca E 47 Ec61
Ateham GB 15 Ec24
Ațel RO 175 Db60
Ateleta I 161 Fa71
Atella I 161 Ga75
Atena Lucana I 161 Ga76
Atessa I 161 Fb71
Atháni GR 188 Ac83
Athboy IRL 9 Cc20
Áth Cinn IRL 8 Bc20
Athea IRL 12 Bb23
Athée F 31 Jc42
Athenry IRL 12 Bd21
Athéras GR 188 Ab84
Atherstone GB 16 Fa24
Athesans F 31 Ka40
Athienou CY 206 Jc97
Athies F 23 Ha33
Athikia GR 195 Bd87
Athina GR 189 Cb86
Athis-de-l'Orne F 22 Fb37
Athleague IRL 8 Ca20
Athlone IRL 13 Ca21
Athy IRL 13 Cc22
Atid RO 172 Dd59
Atienza E 47 Ea62
Atina I 161 Fa72
Ațintiș RO 171 Db59
Atios E 36 Ba58
Atjaševo RUS 203 Fc10
Atla EST 105 Jb46
Atlanterra E 59 Ca78
Atlıhisar TR 193 Gc86
Åtlo N 78 Eb29
Atnbrua N 85 Ea35
Atnmoen N 85 Ea35
Åtran S 102 Ed51
Atrani I 161 Fb75
Åträsk S 73 Hc23
Åträsk S 73 Hc21
Atri I 157 Fa69
Atripalda I 161 Fc75
Atsalama EST 99 Lb42
Attáli GR 189 Cc84
Attendorn D 125 Cb40
Attenkirchen D 135 Ea49
Attersee A 143 Ed52
Attert B 132 Ba44
Attigny F 24 Hd34
Attimis I 150 Ed57
Attiökylä FIN 74 Kb24
Attleborough GB 21 Ga25
Attlebridge GB 17 Gb24
Attmar S 87 Gb33
Attnang-Puchheim A 144 Fa51
Åttonträsk S 80 Gc26
Attrup DK 100 Db21
Attsjö S 103 Fc52
Attu FIN 97 Jb40
Attvika N 66 Ga12
Åtvidaberg S 103 Ga47
Atzara I 169 Ca77
Atzendorf D 127 Ea38
Atzeneta del Maestrat E 54 Fc65
Au D 135 Ea49
Aub D 134 Db46
Aubagne F 42 Jd55
Aubange B 132 Ba45
Aubazine F 33 Gc49
Aubel B 125 Bb41
Aubenas F 34 Ja50
Aubenton F 24 Hd33
Aubepierre-sur-Aube F 30 Jb39
Aubergenville F 23 Gc36
Aubérive F 24 Hd35
Auberive F 30 Jb40
Aubeterre-sur-Dronne F 32 Fd49
Aubiat F 34 Hb46
Aubiet F 40 Ga54
Aubigné F 32 Fc46
Aubigny F 28 Ed44
Aubigny-au-Bac F 24 Hb32
Aubigny-en-Artois F 23 Gd32
Aubigny-sur-Nère F 29 Gd41
Aubin F 33 Gd51
Aubonne CH 140 Ba55
Aubrac F 34 Hb51
Aubusson F 33 Gd46
Auby F 23 Ha31
Auce LV 105 Jd52
Auch F 40 Ga54
Aucharnie GB 7 Ec08
Auchavan GB 7 Eb10
Auchel F 23 Gd31
Auchencairn GB 10 Ea17
Auchenmaig GB 10 Dc16
Auchentiber GB 10 Dd14
Auchronie GB 7 Ec10
Auchterarder GB 7 Ea12
Auchtermuchty GB 7 Eb12
Auchy-au-Bois F 23 Gd31
Aucun F 40 Fc56
Audenge F 32 Fa51
Audenhain D 127 Ec40
Auderville F 22 Ed34
Audevälja EST 98 Ka43
Audierne F 27 Db39
Audincourt F 31 Ka41
Audla EST 105 Jd46
Audlem GB 15 Ec23
Audru EST 106 Kb46
Audruicq F 21 Gc30
Audrupi LV 106 Kc52
Audun-le-Roman F 25 Jc34
Audun-le-Tiche F 25 Jc34
Aue D 135 Ec43
Auer I 150 Dd57
Auerbach D 135 Ea45
Auerbach D 135 Eb43
Auerbach D 135 Ed49
Auerswalde D 127 Ec42
Auetal D 126 Da37
Aufferville F 29 Ha39
Aufhausen D 135 Eb48
Aufles N 70 Fa22
Aufseß D 135 Dd45
Augan F 27 Ec40
Augé F 32 Fc45
Augerolles F 34 Hc47
Augerum S 111 Fd54
Aughacasla IRL 12 Ba24
Augher GB 9 Cc17
Aughils IRL 12 Ba24
Aughnacloy GB 9 Cc18
Aughrim IRL 13 Ca21
Aughrim IRL 13 Cd23
Augland N 93 Da46
Augmėnai LV 114 Kb55
Augsburg D 142 Dc50
Augsligatne LV 106 Kd49
Augstasils LV 107 Ld49
Augstkalne LV 106 Ka52
Augusta I 167 Fd87
Augustdorf D 126 Cd38
Auguste LV 113 Jc53
Augustenborg DK 108 Db28
Augustów PL 123 Ka31
Augustów PL 130 Jc39
Augustowo PL 123 Kb34
Augustusburg D 127 Ed42
Auho FIN 75 Kc23
Auiņi LV 105 Jc52
Aukan N 77 Db30
Aukland N 92 Cd47
Auklandshamn N 92 Ca41
Aukra N 76 Cd31
Aukrug D 118 Db31
Aukštadvaris LT 114 Kd58
Aukštelkai LT 114 Kb54
Aukštelkė LT 114 Ka54
Auktsjaur S 72 Ha22
Auleben D 127 Dd40
Auleja LV 107 Ld52
Aulendorf D 142 Cd51
Aulesti E 39 Eb55
Auletta I 161 Fd76
Aulla I 149 Cd63
Aullène F 154 Cb71
Aulnay F 32 Fc46
Aulnay-la-Riviere F 29 Gd39
Aulnay-sous-Bois F 23 Gd36
Aulnizeux F 24 Hc37
Aulnoye-Aymeries F 24 Hc32
Aulstad N 85 Dd37
Ault F 23 Gb33
Aultbea GB 4 Dc06
Aulum DK 100 Da23
Aulus-les-Bains F 40 Gb57
Auma D 127 Ea42
Aumale F 23 Gc34
Aumeisteri LV 106 La48
Aumetz F 25 Jc34
Aumont F 31 Jc43
Aumont-Aubrac F 34 Hc50
Aumühle D 118 Dc33
Aun N 66 Ga12
Aunay F 29 Gc38
Aunay-en-Bazois F 30 Hc42
Aunay-sur-Odon F 22 Fb36
Aune N 77 Dd30
Auneau F 29 Gc38
Aunebakksetra N 77 Dc31
Aunet N 78 Ed25
Aunet N 78 Ed26
Aunet N 78 Eb27
Aunet N 78 Ea29
Auneuil F 23 Gc35
Auning DK 101 Dd23
Aunslev DK 109 Dd27
Aups F 42 Ka53
Aura D 134 Da44
Aura FIN 89 Jc38
Aurach D 134 Db47
Aurachtal D 134 Dc46
Auray F 27 Ea41
Aurdal N 85 Dc38
Aure N 77 Db30
Aureskoski FIN 89 Jc34
Aurice F 39 Fb53
Aurich D 117 Cb32
Aurignac F 40 Ga55
Aurillac F 33 Ha50
Auriol F 42 Jd54
Aurisina I 151 Fa59
Auritz E 39 Ed56
Aurlandsvangen N 84 Cd38
Aurolzmünster A 143 Ed50
Auron F 43 Kc51
Aurons F 42 Jc53
Auronzo di Cadore I 143 Eb56
Aurora RO 181 Fc68
Auros F 32 Fc51
Aursfjordbotn N 67 Gc11
Aursmoen N 94 Eb41
Ausa Corno I 150 Ed59
Ausås S 110 Ed54
Auschwitz = Oświęcim PL 138 Hd44
Ausdal N 92 Cc44
Ausejo E 39 Eb58
Auşeu RO 171 Cc57
Auskarnes N 64 Ka05
Ausonia I 160 Ed73
Ausserferrera CH 142 Cd56
Ausserfragant A 143 Ec55
Außervillgraten A 143 Eb55
Aussonne F 40 Gb54
Austad N 92 Cd44
Austad N 92 Cc47
Austafjord N 78 Eb25
Austanå N 93 Da45
Austbø N 70 Ed21
Austbygda N 93 Db41
Austefjord N 84 Cc34
Austervika N 67 Gb13
Austevoll N 84 Ca40
Austhasselstrand N 92 Cb47
Austis I 169 Ca77
Austmarka N 94 Ec41
Austnes N 66 Ga12
Austnes N 76 Cc32
Austpollen N 66 Fd13
Austrått N 77 Dd29
Austre Amøy N 92 Ca43
Austreim N 84 Cb36
Austre Moland N 93 Db46
Austre Vikebygd N 92 Ca42
Austrheim N 84 Ca38
Austrumdal N 92 Cb45
Auterive F 40 Gc55
Auteuil F 23 Gd35
Autheuil-Authouillet F 23 Gb36
Authon F 42 Ka51
Authon-du-Perche F 29 Ga39
Authon-la-Plaine F 29 Gc38
Autilla del Pino E 46 Da59
Autio FIN 74 Kb24
Autio FIN 81 Jd31
Autio FIN 82 Kb31
Autionperä FIN 82 Ka30
Autol E 47 Ec59
Autrans F 35 Jc48
Autrèche F 29 Gb41
Autrey F 31 Jc41
Autricourt F 30 Ja39
Autry-le-Châtel F 29 Ha41
Autti FIN 74 Kb19
Auttoinen FIN 90 Kb36
Autun F 30 Hd43
Auvåg N 66 Fc13
Auverse F 28 Fd41
Auvers-sur-Oise F 23 Gd36
Auvillar F 40 Ga53
Auvillars-sur-Saône F 30 Jb42
Auvre F 24 Ja36
Auw bei Prüm D 133 Bc43
Auxerre F 30 Hc40
Auxi-le-Château F 23 Gd32
Auxon F 30 Hc39
Auxonne F 31 Jc42
Auxy F 30 Ja43
Auzances F 33 Ha46
Auzat-la-Combelle F 34 Hc48
Auziņas LV 106 Ka51
Auziņi LV 106 Kd51
Auziņi LV 107 Ld51
Ava FIN 97 Hd39
Ava S 80 Ha29
Avafors S 73 Hd21
Availles-Limouzine F 33 Ga46
Avaldsnes N 92 Bd42
Avallon F 30 Hc41
Avan S 73 Hd22
Avan S 73 Hd24
Avanäs S 80 Ha27
Avant-lès-Marcilly F 30 Hc38
Avant-lès-Remerupt F 30 Hd38
Ávas GR 185 Dd77
Avasjö S 73 Gb27
Avaträsk S 79 Ga27
Avaviken S 72 Gd22
Avcılar TR 186 Fa75
Avcılar TR 191 Eb82
Avcıoğlu TR 198 Fd91
Avdan TR 186 Ga80
Avdan TR 191 Ed83
Avdan TR 193 Gb82
Avdan TR 198 Fc89
Avdarma MD 177 Fd60
Avdebo DK 109 Eb25
Avdijivka UA 202 Ed13
Avdimou CY 206 Ja98
Avdira GR 184 Db77
Avdou GR 201 Db96
Avebury GB 20 Ed28
Åvedal N 92 Cb45
Åvedal N 92 Cb46
A Veiga E 36 Bc58
Aveiras de Cima P 50 Ab67
Aveiro P 44 Ac62
Avelengo I 142 Dc56
Avella I 161 Fb74
Avellanosa del Páramo E 38 Dc58
Avellino I 161 Fc75
Avenas F 34 Ja45
Avenches CH 141 Bc54
Avening GB 19 Ec27
Ävensor FIN 97 Ja40
Avereest NL 117 Bd35
Avernak By DK 108 Dc28
Avernay-Val-d'Or F 24 Hd36
A Ver-o-Mar P 44 Ac60
Aversa I 161 Fa74
Averton F 28 Fc38
Aves P 44 Ad60
Avesnes-le-Comte F 23 Gd32
Avesnes-lès-Aubert F 24 Hb32
Avesnes-sur-Helpe F 24 Hc32
Avessac F 27 Ec41
Avesta S 95 Ga41
Avetrana I 162 Hb76
Avezzano I 160 Ed71
Avgan TR 192 Fd86
Avgancık TR 192 Ga86
Avgerinós GR 182 Ba78
Avgó GR 195 Ca88
Avgorou CY 206 Jd97
Avía GR 194 Bb89
Avià E 49 Gd59
Aviano I 150 Eb58
Aviemore GB 7 Ea09
Avigliana I 148 Bc60
Avigliano I 161 Ga75
Avignon F 42 Jb53
Avignonet-Lauragais F 40 Gc55
Ávila E 46 Cd63
Avilés E 37 Cb54
Aviliai LT 115 Lb54
Avilley F 31 Jd41
Avinurme EST 99 Lb43
Avinyó E 49 Gd60
Avio I 149 Dc58
Avion F 23 Ha31
Avión E 36 Ba57
Avirey F 30 Hd39
Avis P 50 Ad68
Åvist FIN 81 Jb29
Avize F 24 Hc36
Avižieniai LT 123 Kc30
Avláki GR 189 Bd83
Avláki GR 197 Ec92
Avlémonas GR 195 Bd92
Avliótes GR 182 Aa79
Avlóna GR 189 Cb86
Avlonári GR 189 Cc85
Avô P 44 Ba64
Avoca IRL 13 Cd23
Avoch GB 5 Ea07
Avoine F 28 Fd42
Avola I 167 Fd88
Avord F 29 Ha43
Avoriaz F 35 Kb45
Avot F 30 Jb40
Avoudrey F 31 Ka42
Avrămeni RO 172 Ed54
Avrămești RO 176 Db60
Avram Iancu RO 170 Ca58
Avram Iancu RO 171 Cc59
Avranches F 22 Fa37
Avren BG 185 Dd76
Avren BG 181 Fa71
Avrig RO 175 Db61
Avrillé F 28 Fb41
Avrillé F 32 Ed45
Avsallar TR 199 Hb92
Avtovac BIH 159 Hc67
Avtovo RUS 99 Mb39
Avvakajjo S 67 Ha17
Avvakko S 67 Hb17
Avvil FIN 69 Ka11
Avžže N 68 Ja11
Axalp CH 141 Ca55
Axamer Lizum A 143 Dd54
Axams A 143 Dd54
Axat F 41 Gd57
Axberg S 95 Fd43
Axel NL 124 Ab39
Axente Sever RO 175 Db60
Axford GB 20 Fa29
Axintele RO 176 Ec66
Axioúpoli GR 183 Ca76
Ax-les-Thermes F 41 Gd57
Axmarby S 87 Gb38
Axminster GB 19 Eb30
Axós GR 183 Bd77
Axós GR 200 Cd95
Axstedt D 118 Cd33
Axvall S 102 Fa47
Ayamonte E 58 Ba74
Ayancık TR 205 Fb19
Ayas I 148 Bd58
Ayaslar TR 193 Hb87
Ayaz E 36 Bb56
Ayazini TR 193 Gc84
Ayazkent TR 191 Ec83
Aydın TR 187 Hb77
Aydın TR 197 Ed88
Aydıncık TR 185 Dd80
Aydınkent = İbradı TR 199 Hb90
Aydınlar TR 186 Fb76
Aydınlar TR 187 Hb77
Aydınlar TR 191 Ed84
Aydınlı TR 186 Fd78
Aydınlı TR 193 Hb84
Aydoğdu TR 186 Ga80
Aydoğmuş TR 187 Ha80
Aydoğmus TR 198 Fd89
Ayen F 33 Gb49
Ayer CH 141 Bd56
Ayerbe E 39 Fb58
Ayguesvives F 40 Gc55
Aylesbury GB 20 Fb27
Aylesham GB 21 Gb29
Ayllón E 46 Dd61
Aylsham GB 17 Gb24
Aylton GB 15 Ec26
Aynac F 33 Gc50
Ayódar E 54 Fc66
Ayora E 54 Fa69
Ayr GB 10 Dd14
Ayrancı TR 192 Ga85
Ayron F 28 Fd44
Ayşebacı TR 192 Fa82
Aysgarth GB 11 Ed19
Äyskoski FIN 82 Kc30
Aystetten D 142 Dc50
Äystö FIN 89 Ja32
Ayton GB 11 Ed13
Ayton GB 17 Fc19
Aytré F 32 Fa46
Ayvacık TR 191 Ea82
Ayvacık TR 191 Ec85
Ayvacık TR 191 Ed85
Ayvacık TR 192 Ga85
Ayvacık TR 205 Fc20
Ayvalı TR 192 Fd82
Ayvalı TR 193 Hb83
Ayvalık TR 191 Eb83
Ayvalıpınar TR 199 Gd88
Ayvanpazarı TR 186 Ga79
Ayvatlar TR 191 Ec83
Ayvatlat TR 192 Fa82
Aywaille B 124 Ba42
Azaila E 48 Fb62
Azambuja P 50 Ab68
Azanja SRB 174 Bb65
Azannes F 24 Jb35
Azanúy E 48 Fd59
Azaruja P 50 Ba69
Azaryčy BY 202 Eb13
Azatlı TR 185 Eb76
Azay-le-Ferron F 29 Gb43
Azay-le-Rideau F 28 Fd42
Azé F 29 Gb40
Azeitada P 50 Ac67
Azincourt F 23 Gd31
Azinhal P 58 Ba74
Azinheira dos Barros P 50 Ac71
Azinhoso P 45 Bd61
Azıtepe TR 192 Fb86
Aziziye BG 185 Ed74
Azizler TR 192 Ga86
Azkoitia E 39 Eb55
Aznakaevo RUS 203 Ga08
Aznalcázar E 59 Bd74
Aznalcóllar E 59 Bd73
Azoia P 44 Ab65
Azov RUS 205 Fc15
Azpeitia E 39 Eb55
Azuaga E 51 Cb71
Azuara E 47 Fa62
Azuel E 52 Da71
Azuga RO 176 Ea63
Ažulaukė LT 114 La57
Ažuolu Būda LV 114 Kb58
Azuoliniai LV 114 Kb59
Azuqueca de Henares E 46 Dd64
Azur F 39 Fa53
Azurara P 44 Ac60
Azy F 29 Ha42
Ažytėnai LV 114 Kb55
Azzano Decimo I 150 Eb58
Azzate I 148 Cb58

B

Ba SRB 159 Jc64
Baak NL 125 Bc37
Baal D 125 Bc40
Baalberge D 127 Ea39
Baamonde E 36 Bb54
Baar CH 141 Cb53
Baarland NL 124 Ab38
Baarle-Nassau B 124 Ad38
Baarlo NL 125 Bc39
Baarn NL 116 Bb36
Baasdorf D 127 Eb39
Baba Ana RO 176 Eb64
Babadag RO 177 Fc65
Babadağ TR 198 Fc88
Babadat TR 193 Hb82
Babadere TR 191 Ea82
Babaeski TR 185 Ec76
Babaevo RUS 202 Ec08
Băbăița RO 180 Dd67
Babakale TR 191 Ea82
Babaköy TR 192 Fa81
Băbana RO 175 Dc64
Babarc H 153 Hc58
Babasultan TR 192 Fd81
Babek BG 180 Dc72
Babenhausen D 134 Cd44
Babenhausen D 142 Db50
Băbeni RO 171 Da56
Băbeni RO 175 Db64
Babensham D 143 Eb51
Babiak PL 122 Ja30
Babiak PL 129 Hb37
Babiak PL 130 Hc37
Babica PL 139 Ka44
Babice PL 138 Hd44
Babići BIH 158 Gd64
Băbiciu RO 180 Db67
Babięta PL 122 Jb32
Babigoszcz PL 120 Fc32
Babilafuente E 45 Cc62
Babimost PL 128 Ga37
Babina Greda HR 153 Hc61
Babin Most KSV 178 Bb70
Babino RUS 99 Ld40
Babino Polje HR 158 Ha69
Babin Potok HR 151 Fd62
Babjak BG 184 Cd74
Babljak MNE 159 Ja68
Babócsa H 152 Gd58
Bábolna H 145 Ha52
Bábonymegyer H 145 Hb55
Baborów PL 137 Ha44
Baboszewo PL 122 Ja35
Babriškės LT 114 Kd59
Babrujsk BY 202 Eb13
Babrungas LT 113 Jc54
Babsk PL 130 Ja38
Babtai LV 114 Kb57
Babuk BG 181 Ed68
Babušnica SRB 179 Ca70
Bač SRB 153 Hd60
Băcani RO 177 Fa60
Bača pri Modreju SLO 151 Fa57
Bacares E 61 Ea75
Bacău RO 172 Ed59
Bačavani BIH 152 Gc61
Baccano I 160 Ea71
Baccarat F 25 Ka37
Baccealia MD 173 Ga59
Baccon F 29 Gc40
Baceno I 141 Ca56
Băcești RO 172 Ed58
Bach A 142 Db53
Bach D 135 Eb48
Bach F 40 Gc52
Bachant F 24 Hc32
Bacharach D 133 Ca44
Bachčysaraj UA 205 Fa18
Bachmač UA 202 Ed14
Bachórz PL 139 Ka44
Bachórzec PL 139 Kb44
Bachotek PL 122 Hc33
Băcia RO 175 Cc61
Bačina SRB 178 Bc67
Băcioi MD 173 Fd58
Baciu RO 171 Da58
Baciuty PL 123 Kb34
Back GB 4 Db05
Bäck S 103 Fb46
Backa S 87 Fc38
Backa S 96 Ha41
Backa S 102 Eb49
Bäckaby S 103 Fc50
Backaland GB 5 Ec02
Bačka Palanka SRB 153 Ja60
Backaryd S 111 Fd53
Bačka Topola SRB 153 Ja58
Backberg S 95 Gb39
Backbodarna S 95 Fc40
Bäckby FIN 81 Jb28
Backe S 79 Ga28
Bäcke S 94 Ec45
Bäckebo S 103 Ga52
Bäckefors S 94 Ec45
Backen S 87 Gb32
Backen S 87 Ga33
Backgränd FIN 97 Jd40
Bački Breg SRB 153 Hd58
Bački Brestovac SRB 153 Hd59
Bački Jarak SRB 153 Jb60
Bačkininkai LT 114 Kc58
Bački Petrovac SRB 153 Ja60
Bački Sokolac SRB 153 Ja58
Bäckmark S 72 Gb23
Backnang D 134 Cd48
Bäcknäs S 72 Gd23
Bačko Dobro Polje SRB 153 Ja59
Bačko Gradište SRB 153 Jb59
Bačko Novo Selo SRB 153 Hd60
Bačko Petrovo Selo SRB 153 Jb59
Bačkovo BG 184 Db74
Bäckseda S 103 Fc50
Backträsk S 73 Hc22
Băcleș RO 175 Cc65
Bacoli I 161 Fa75
Bacor Olivar E 61 Dd74
Bacova Mahala BG 180 Dc69
Bacquepuis F 23 Gb36
Bácsalmás H 153 Hd57
Bácsbokod H 153 Hd57
Bácsszentgyörgy H 153 Hd58
Bacton GB 21 Ga25
Bacup GB 16 Ed20
Bad Abbach D 135 Ea48
Badachro GB 4 Db07
Badacsonytomaj H 145 Ha55
Bad Aibling D 143 Ea52
Badajoz E 51 Bc69
Badalona E 49 Ha61
Badalucco I 43 La52
Badarán E 38 Ea58
Bad Arolsen D 126 Cd40
Bad Aussee A 144 Fa53
Bad Bederkesa D 118 Cd32
Bad Bentheim D 117 Ca36
Badbergen D 117 Cc35
Bad Bergzabern D 133 Ca47
Bad Berka D 127 Dd41
Bad Berleburg D 126 Cc40
Bad Berneck im Fichtelgebirge D 135 Ea44
Bad Bertrich D 133 Bd43

Bad Bevensen – Balsthal

Bad Bevensen D 118 Dc34
Bad Bibra D 127 Ea40
Bad Birnbach D 143 Ec50
Bad Blankenburg D 127 Dd42
Bad Bleiberg A 144 Fa56
Bad Blumau A 144 Ga54
Bad Bocklet D 134 Db43
Bad Bodenteich D 118 Dc35
Bad Boll D 134 Da49
Bad Brambach D 135 Eb44
Bad Bramstedt D 118 Db31
Bad Breisig D 125 Ca42
Bad Brückenau D 134 Da43
Bad Buchau D 142 Cd51
Badby GB 20 Fa25
Bad Camberg D 133 Cb43
Badcaul GB 4 Dc06
Bad Colberg-Heldburg D 134 Dc43
Badderen N 63 Hc08
Bad Deutsch-Altenburg A 145 Gc51
Bad Doberan D 119 Eb31
Bad Driburg D 126 Cd38
Bad Düben D 127 Ec39
Bad Dürkheim D 133 Cb46
Bad Dürrenberg D 127 Eb40
Bad Dürrheim D 141 Cb51
Badeborn D 127 Dd38
Bądecz PL 121 Gc34
Bad Eilsen D 126 Cd37
Badellou E 48 Ga60
Bad Elster D 135 Eb44
Badelunda S 95 Gb42
Bademağacı TR 199 Gc90
Bademler TR 191 Eb86
Bademli TR 185 Dd80
Bademli TR 191 Eb84
Bademli TR 191 Eb86
Bademli TR 192 Fa83
Bademli TR 193 Ha84
Bademli TR 198 Ga89
Bademli TR 199 Gd88
Bademli TR 199 Hb89
Bademli TR 199 Hb90
Bad Ems D 133 Ca43
Baden A 145 Gb51
Baden CH 141 Cb52
Baden-Baden D 133 Cb48
Bad Endbach D 126 Cc41
Badendiek D 119 Eb32
Bad Endorf D 143 Eb51
Badenhausen D 126 Db38
Badenscoth GB 7 Ec08
Badenweiler D 141 Bd51
Baderna HR 151 Fa61
Badersleben D 127 Dd38
Badesi I 168 Ca74
Bad Essen D 117 Cc36
Bad Feilnbach D 143 Ea52
Bad Frankenhausen D 127 Dd40
Bad Freienwalde D 120 Fb35
Bad Friedrichshall D 134 Cd47
Bad Fusch A 143 Ec54
Bad Füssing D 143 Ed50
Bad Gandersheim D 126 Db38
Bad Gastein A 143 Ec54
Bad Gleichenberg A 144 Ga55
Bad Gögging D 135 Ea48
Bad Goisern A 143 Ed52
Bad Gottleuba-Berggießhübel D 128 Fa42
Bad Griesbach D 143 Ed50
Bad Grund D 126 Db38
Bad Hall A 144 Fb51
Bad Harzburg D 126 Dc38
Bad Heilbrunn D 143 Dd52
Bad Herrenalb D 133 Cb48
Bad Hersfeld D 126 Da41
Bad Hindelang D 142 Db53
Bad Hofgastein A 143 Ec54
Bad Homburg D 134 Cc43
Bad Honnef D 125 Ca42
Bad Hönningen D 125 Ca42
Badia I 143 Ea56
Badia Calavena I 149 Dc59
Badia Gran E 57 Hb68
Badia Polesine I 150 Dd61
Badia Prataglia I 156 Dd65
Badia Tedalda I 156 Ea65
Bad Iburg D 125 Cb37
Bădiceni MD 173 Fb54
Badicul Moldovenesc MD 177 Fb61
Badingen D 127 Ea36
Badirga TR 186 Fc80
Bad Ischl A 143 Ed52
Badje-Sohppar S 68 Hc14
Bad Karlshafen D 126 Da39
Bad Kemmeriboden CH 141 Ca54
Bądki PL 121 Hb32
Bad Kissingen D 134 Db44
Bad Kleinen D 119 Ea32
Bad Kleinkirchheim A 144 Fa55
Bad Klosterlausnitz D 127 Ea41
Bad Kohlgrub D 142 Dc52
Bad König D 134 Cd45
Bad Königshofen D 134 Dc43
Bad Kösen D 127 Ea41
Bad Köstritz D 127 Eb41
Bądkowo PL 121 Hb35
Bad Kreuzen A 144 Fc50
Bad Kreuznach D 133 Ca44
Bad Krozingen D 141 Bd51
Bad Laasphe D 126 Cc41
Bad Laer D 126 Cc37
Bad Langensalza D 126 Dc41
Bad Lauchstädt D 127 Ea40
Bad Lausick D 127 Ec41
Bad Lauterberg D 126 Dc39
Bad Leonfelden A 144 Fb50
Bad Liebenstein D 126 Db42
Bad Liebenwerda D 127 Ed40
Bad Liebenzell D 134 Cc48
Bad Lippspringe D 126 Cd38
Badljevina HR 152 Gd59
Bad Lobenstein D 135 Ea43
Bad Marienberg D 125 Cb42
Bad Meinberg, Horn- D 126 Cd38
Bad Mergentheim D 134 Da46
Badminton GB 19 Ec28
Bad Mitterndorf A 144 Fa53
Bad Münder D 126 Da37
Bad Münster-Ebernburg D 133 Ca45
Bad Münstereifel D 125 Bd42
Bad Muskau D 128 Fc39
Bad Nauheim D 134 Cc43
Bad Neuenahr-Ahrweiler D 125 Bd42
Bad Neustadt D 134 Db43
Bad Oeynhausen D 126 Cd37
Badolato I 164 Gc82
Badolato Marina I 164 Gc82
Badolatosa E 60 Cd74
Bad Oldesloe D 118 Dc32
Badonviller F 25 Ka37
Bad Orb D 134 Cd43
Badovinci SRB 153 Ja62
Bad Peterstal-Griesbach D 133 Cb49
Bad Pyrmont D 126 Da38
Bad Radkersburg A 144 Ga56
Bad Ragaz CH 142 Cd54
Bad Rappenau D 134 Cd47
Bad Reichenhall D 143 Ec52
Bad Rippoldsau-Schapbach D 133 Cb49
Bad Rodach D 134 Dc43
Bad Rothenfelde D 126 Cc37
Bad Saarow-Pieskow D 128 Fb37
Bad Sachsa D 126 Dc39
Bad Säckingen D 141 Ca52
Bad Salzdetfurth D 126 Db37
Bad Salzschlirf D 126 Da42
Bad Salzschlirf D 126 Da42
Bad Salzuflen D 126 Cd37
Bad Salzungen D 126 Db42
Bad Sankt Leonhard im Lavanttal A 144 Fc55
Bad Sassendorf D 126 Cc39
Bad Saulgau D 142 Cd51
Bad Schallerbach A 144 Fa50
Bad Schandau D 128 Fb42
Bad Schmiedeberg D 127 Ec39
Bad Schönau A 145 Gb53
Bad Schönborn D 134 Cc47
Bad Schussenried D 142 Cd51
Bad Schwalbach D 133 Cb43
Bad Schwartau D 119 Dd31
Bad Schwarzsee CH 141 Bc55
Bad Segeberg D 118 Dc31
Bad Sobernheim D 133 Ca45
Bad Soden D 134 Cc44
Bad Soden-Salmünster D 134 Cd43
Bad Sooden-Allendorf D 126 Db40
Bad Staffelstein D 135 Dd44
Bad Steben D 135 Ea43
Bad Suderode D 127 Dd39
Bad Sulza D 127 Ea41
Bad Sülze D 119 Ec31
Bad Tatzmannsdorf A 145 Gb54
Bad Teinach-Zavelstein D 134 Cc48
Bad Tennstedt D 126 Dc41
Bad Tölz D 143 Dd52
Bad Überkingen D 134 Da49
Badules E 47 Ed62
Bad Urach D 134 Cd49
Bad Vellach A 144 Fb56
Bad Vilbel D 134 Cc43
Bad Vöslau A 145 Gb51
Bad Waldsee D 142 Da51
Bad Wiessee D 143 Ea52
Bad Wildbad D 133 Cb48
Bad Wildungen D 126 Cd40
Bad Wilsnack D 119 Eb35
Bad Wimpfen D 134 Cd47
Bad Windsheim D 134 Db46
Bad Wörishofen D 142 Db51
Bad Wurzach D 142 Da51
Bad Zell A 144 Fc50
Bad Zwesten D 126 Cd41
Bad Zwischenahn D 118 Cc33
Baek D 119 Eb34
Bække DK 108 Da26
Bækmarksbro DK 100 Cd23
Bælum DK 100 Dc22
Baena E 60 Da73
Baerenthal F 25 Kb35
Baesweiler D 125 Bc41
Baeza E 52 Dc72
Bafra TR 205 Fb19
Bagà E 41 Gd58
Băgaciu RO 175 Db60
Bagaladi I 164 Ga84
Bagamér H 147 Kb52
Bağarası TR 197 Ed88
Bagart PL 122 Hc31
Bagaslaviškis LT 114 Kd56
Bağbaşı TR 192 Ga85
Bagdononys LT 114 Kd58
Bågede S 79 Fc27
Bâgé-le-Châtel F 34 Jb45
Bagenalstown IRL 13 Cc23
Bagenkop DK 109 Dd29
Bages F 41 Hb57
Baggböle S 80 Hb28
Baggbrod S 95 Fd42
Baggetorp S 95 Ga45
Bagheria I 166 Ed84
Bagienice PL 123 Jd32
Bağıllı TR 193 Gd87
Bağıllı TR 199 Gd88
Bağırganlı TR 187 Gb77
Bağkonak TR 193 Ha87
Baglad H 145 Gb56
Bağlarbaşı TR 193 Ha86
Bagley GB 15 Eb23
Bağlıağaç TR 198 Fd92
Baglicy RUS 99 Ld45
Bagn N 85 Dc38
Bagnac-sur-Célé F 33 Gd51
Bagnaia I 156 Ea70
Bagnara Calabra I 164 Ga83
Bagnarola I 150 Dd62
Bagnasco I 148 Bd63
Bagnères-de-Bigorre F 40 Fd56
Bagnères-de-Luchon F 40 Ga57
Bagneux-la-Fosse F 30 Hd39
Bagni Contursi I 161 Fd75
Bagni del Masino I 149 Cd57
Bagni di Craveggia I 148 Cb57
Bagni di Lucca I 155 Db64
Bagni di Mondragone I 161 Fa74
Bagni di Petriolo I 155 Dc67
Bagni di Rabbi I 142 Dc56
Bagni di Stigliano I 160 Ea71
Bagni di Tivoli I 160 Eb71
Bagni di Vinadio I 148 Bb63
Bagni San Cataldo I 161 Ga75
Bagnity PL 122 Hd31
Bagno I 161 Ga72
Bagno di Romagna I 156 Ea65
Bagnoles-de-l'Orne F 28 Fc38
Bagnoli di Sopra I 150 Ea60
Bagnoli Irpino I 161 Fc75
Bagnolo Mella I 149 Da59
Bagnolo Piemonte I 148 Bc61
Bagnols F 33 Ha48
Bagnols-en Forêt F 43 Kb54
Bagnols-les-Bains F 34 Hc51
Bagnols-sur-Cèze F 42 Jb52
Bagnone I 149 Cd63
Bagnoregio I 156 Ea69
Bagny PL 123 Kb32
Bågø By DK 108 Db27
Bagod H 145 Gc55
Bagojë AL 182 Ab75
Bagolino I 149 Db58
Bagolyirtás H 146 Ja51
Bagotoji LV 114 Kb58
Bağözü TR 187 Hb80
Bagrationovsk RUS 122 Ja30
Bagrdan SRB 174 Bc66
Bağsaray TR 199 Gc89
Báguena E 47 Ed62
Bagües E 39 Fa58
Bağyurdu TR 191 Ed86
Bahabón de Esgueval E 46 Dc60
Bahadınlı TR 191 Ec82
Bahadır TR 192 Ga85
Bahadırlar TR 192 Fc87
Baharlar TR 191 Eb82
Bahçeağıl TR 186 Fa76
Bahçecik TR 187 Gb79
Bahçecik TR 192 Fa86
Bahçecik TR 193 Ha83
Bahçedere TR 191 Eb82
Bahçedere TR 191 Ec84
Bahçeköy TR 185 Eb78
Bahçeköy TR 186 Fa76
Bahçekuyu TR 193 Ha81
Bahçeli TR 191 Ea82
Bahçeyaka TR 197 Fa90
Bahçıvanlar TR 199 Gd89
Bahillo (Loma del Ucieza) E 38 Da57
Bahmut MD 173 Fb57
Bahna RO 172 Ec58
Bahnea RO 171 Dc59
Bahovica BG 180 Db70
Bahrdorf D 127 Dd36
Bahrenborstel D 126 Cd36
Bahrendorf D 127 Ea38
Bahşayış TR 186 Fc77
Bahu MD 173 Fc56
Baia I 161 Fa75
Baia RO 172 Eb56
Baia RO 177 Fc65
Baia de Aramă RO 175 Cc63
Baia de Criş RO 175 Cc60
Baia de Fier RO 175 Da63
Baia delle Zagare I 162 Gb72
Baia Domizia I 161 Fa74
Baia Mare RO 171 Da55
Baiano I 161 Fb74
Baiardo I 43 Kd52
Baia Sardinia I 168 Cb73
Băicoi RO 176 Ea64
Băiculeşti RO 175 Dc64
Baides E 47 Ea62
Baienfurt D 142 Cd51
Baierbrunn D 143 Dd51
Baiersbronn D 133 Cb49
Baiersdorf D 135 Dd46
Baierz D 142 Da51
Baigneaux F 29 Gc39
Baigneux-les-Juifs F 30 Ja41
Baile an Fheirtearaigh IRL 12 Ad24
Baile an Mhóta IRL 8 Bd18
Baile an Róba IRL 8 Bc20
Baile an Sceilg IRL 12 Ad25
Baile Átha IRL 13 Cc22
Baile Átha an Rí IRL 12 Bd21
Baile Átha Cliath IRL 13 Cd21
Baile Átha Fhirdhia IRL 9 Cd19
Baile Átha Luain IRL 13 Ca21
Baile Átha Troim IRL 9 Cc20
Băile Bixad RO 171 Da54
Băile Borşa RO 171 Dc55
Baile Brigin IRL 9 Cd20
Baile Chláir IRL 12 Bc21
Băile Felix RO 170 Cb57
Băile Govora RO 175 Db64
Băile Herculane RO 174 Cb64
Baile Locha Riach IRL 12 Bd21
Baile Mhic Andáin IRL 13 Cb24
Baile Mhistéala IRL 12 Bd24
Baile Mór GB 6 Da11
Bailén E 52 Db72
Baile na Finne IRL 8 Ca16
Baile na Lorgan IRL 9 Cd19
Băile Olăneşti RO 175 Db63
Băileşti RO 179 Cc67
Băile Tuşnad RO 176 Ea60
Baile Uí Fhiacháin IRL 8 Bc19
Baile Uí Mhatháin IRL 9 Cb20
Bailieborough IRL 9 Cc19
Baillé F 28 Fa38
Bailleau-le-Pin F 29 Gb38
Bailleul F 21 Ha30
Bailo E 39 Fb58
Bailyhaugh GB 6 Da10
Bailyhaugh GB 9 Da14
Baimaclia MD 173 Fd59
Baimaclia MD 177 Fc61
Baiñas E 36 Ac55
Bainbridge GB 11 Ed18
Bain-de-Bretagne F 28 Ed40
Baindt D 142 Da51
Bains F 34 Hd49
Bains-les-Bains F 31 Jd39
Bainton GB 17 Fc20
Baio E 36 Ac54
Baiona E 36 Ac58
Bairro P 50 Ac66
Bais F 28 Fc39
Baiso I 149 Db63
Băişoara RO 171 Cd58
Baisogala LV 114 Kb55
Băiţa RO 175 Cc60
Băiţa de Sub Codru RO 171 Cd55
Băiuş MD 177 Fc60
Băiuţ RO 171 Db55
Baix F 34 Jb50
Baja H 153 Hd57
Bajáansenye H 145 Gb55
Baja de Arieş RO 171 Cd59
Bajāri LV 114 La53
Bajč SK 145 Hb51
Bajćsa H 152 Gc57
Bajdyty PL 122 Jb30
Bajevka RUS 113 Ja58
Bajgora KSV 178 Bb70
Bajina Bašta SRB 159 Ja64
Bajkal BG 180 Db68
Bajki-Zalesie PL 123 Ka33
Bajlovce MK 178 Bd72
Bajlovo BG 179 Cd71
Bajmok SRB 153 Ja58
Bajna H 146 Hc52
Bajorai LT 114 La53
Bajovo Polje MNE 159 Hd67
Bajram Curr AL 159 Jc69
Bajša SRB 153 Ja58
Bak H 145 Gc55
Baka SK 145 Gd51
Bakacak TR 185 Ec80
Bakałarzewo PL 123 Ka30
Bakar HR 151 Fb60
Bakdemirler TR 187 Gd79
Bakel NL 125 Bb38
Bakewell GB 16 Ed22
Bakır TR 191 Ed84
Bakırköy TR 186 Fb80
Bakka N 92 Cb46
Bakka N 93 Db41
Bakkafjörður IS 3 Bc04
Bakkagerði IS 3 Bc05
Bakke N 84 Cb40
Bakke N 92 Cb46
Bakke N 93 Dd42
Bakke N 93 Db45
Bakkeby N 63 Hb09
Bakkejord N 62 Gc10
Bakkejord N 67 Gb13
Bakken N 77 Dc29
Bakken N 78 Eb30
Bakken N 79 Fb27
Bakketun N 71 Fb22
Bakkeveen NL 117 Bd33
Bakko N 93 Db41
Baklalı TR 186 Fc77
Baklan TR 192 Ga87
Baklançakırlar TR 198 Fd88
Baklankuyucak TR 198 Ga88
Baklia N 85 Dc36
Bakonybél H 145 Ha54
Bakonycsernye H 145 Hb53
Bakonygyepes H 145 Ha54
Bakonyjákó H 145 Ha54
Bakonykoppány H 145 Ha53
Bakonypéterd H 145 Ha53
Bakonyszombathely H 145 Ha53
Bąków PL 129 Hb41
Bąkowa Góra PL 130 Ja41
Baksan RUS 205 Ga17
Baksjöberg S 80 Gd27
Baksjöliden S 80 Gd27
Baktakék H 146 Jc50
Baktalórántháza H 147 Kb51
Baktsjaur S 72 Ha23
Bakum D 117 Cc35
Bakvattnet S 79 Fb28
Bäl S 104 Ha49
Bala GB 15 Ea23
Băla RO 171 Dc58
Bala RO 175 Cc64
Balaban TR 186 Fa75
Balaban TR 186 Fc77
Balaban TR 187 Gb78
Balabancık TR 185 Eb77
Balabancık TR 185 Ec78
Bălăbăneşti MD 173 Fd58
Bălăbăneşti RO 177 Fa61
Balabanlı TR 185 Ed77
Balabanlı TR 191 Ea82
Balabanlı TR 192 Fa87
Balabanovo RUS 202 Ed11
Balabanu MD 177 Fc61
Bălăceanu RO 176 Ed63
Balaci RO 175 Dd66
Bălăciţa RO 175 Cc66
Balaciu RO 176 Ec66
Balaguer E 48 Ga60
Balahna RUS 203 Fb09
Balahoncevo RUS 107 Mb50
Balaklija UA 203 Fa14
Balakovo RUS 203 Ga11
Bălan RO 171 Cd56
Bălan RO 172 Ea59
Balanegra E 61 Dd76
Bălăneşti MD 173 Fb57
Bălăneşti RO 175 Cd63
Balaruc-les-Bains F 41 Hd54
Bälaryd S 103 Fc49
Bălăşeşti MD 173 Fc56
Bălăşeşti RO 177 Fa61
Balašiha RUS 203 Fa10
Balasineşti MD 172 Ed54
Balašov RUS 203 Fc12
Balassagyarmat H 146 Hd51
Balástya H 146 Jb56
Balata di Baida I 166 Eb84
Balata di Modica I 167 Fc87
Balatcık TR 191 Ed87
Balatdanişment TR 192 Fd82
Bălaţi RO 172 Ed57
Balatina MD 173 Fa55
Balatonakali H 145 Ha55
Balatonakarattya H 145 Hb54
Balatonalmádi H 145 Hb54
Balatonboglár H 145 Ha55
Balatonbozsok H 145 Hb55
Balatonföldvár H 145 Ha55
Balatonfüred H 145 Ha55
Balatonfűzfő H 145 Hb54
Balatongyörök H 145 Gd55
Balatonkenese H 145 Hb54
Balatonkeresztúr H 145 Gd56
Balatonlelle H 145 Ha55
Balatonmagyaród H 145 Gd56
Balatonszabadi H 145 Hb55
Balatonszárszó H 145 Ha55
Balatonszemes H 145 Ha55
Balatonszentgyörgy H 145 Gd56
Balatonudvari H 145 Ha55
Balatonújlak H 145 Gd56
Bălăureşti MD 173 Fb58
Bălăuşeri RO 171 Dc59
Balazote E 53 Eb69
Balazuc F 34 Ja51
Balbeggie GB 7 Eb11
Balbieriškis LT 114 Kc59
Balbigny F 34 Hd46
Balbiši LV 107 Ld51
Balblair GB 5 Ea07
Balboa E 37 Bd56
Balbriggan IRL 9 Cd20
Balc RO 171 Cc56
Bâlca RO 172 Eb56
Balcani RO 172 Ec59
Bălcăuţi MD 173 Fa53
Bălcăuţi RO 172 Eb55
Bălceşti RO 175 Da65
Balcı TR 191 Ed81
Balcı TR 193 Gd87
Balcıdamı TR 193 Gb85
Balčik BG 181 Fb70
Balçık TR 186 Ga78
Balçıkhisar TR 187 Gb80
Balçıkhisar TR 193 Gc86
Balçıkhisar TR 193 Gd82
Balcılar TR 185 Eb80
Balcılar TR 191 Ed86
Balcombe GB 20 Fc29
Balderschwang D 142 Da53
Baldichierid'Asti I 148 Bd61
Baldock GB 20 Fc26
Baldone LV 106 Kc51
Baldos P 44 Bb62
Baldovineşti RO 175 Da66
Baldovineşti RO 177 Fb63
Bale HR 151 Fa61
Baleix F 40 Fc55
Baleizão P 50 Ad71
Balen B 124 Ba39
Băleni RO 176 Ea65
Băleni RO 177 Fb62
Balenos LT 113 Jd53
Balerma E 61 Dd76
Băleşti RO 175 Cc63
Băleşti RO 176 Ed63
Balestrand N 84 Cc36
Balestrate I 166 Eb84
Balf H 145 Gc52
Balfour GB 5 Ec03
Balfron GB 7 Dd12
Balgale LV 105 Jd50
Bălgaranovo BG 180 Eb71
Bălgarene BG 180 Db70
Bălgarene BG 180 Dc69
Bălgarevo BG 181 Fb70
Bălgari BG 186 Fa74
Bălgarin BG 185 Ea74
Bălgarovo BG 181 Ed72
Bălgarska poljana BG 185 Ea74
Bălgarski Izvor BG 179 Da70
Bălgarsko Slivovo BG 180 Dd69
Balge D 118 Da35
Bälgviken S 95 Gb44
Bali GR 200 Cd95
Balice PL 138 Ja44
Baligród PL 139 Kb46
Balik BG 181 Fa68
Balıkesir TR 192 Fa82
Balıklı TR 185 Ed79
Balıklıçeşme TR 185 Ec80
Balıklıdere TR 192 Fb81
Balıklıova TR 191 Ea86
Bălileşti RO 175 Dc64
Balinderry IRL 13 Ca22
Bälinge S 73 Hd22
Bälinge S 96 Gc41
Bälinge S 96 Gc45
Bälinge S 102 Ec48
Bälinge S 110 Fa54
Balingen D 142 Cc50
Balingsta S 96 Gc42
Balinţ RO 174 Ca60
Balintore GB 5 Ea07
Baliskės LV 114 Kb58
Balivanich GB 6 Cd07
Balizac F 32 Fb51
Balje D 118 Da31
Baljevac BIH 151 Ga62
Baljevac SRB 178 Ba68
Balk NL 116 Bb34
Balka DK 111 Fd58
Balkanski BG 180 Eb69
Balkány H 147 Ka51
Balkasodis LT 114 Kc59
Balkbrug NL 117 Bd35
Balkı TR 193 Hb87
Balkıca TR 198 Fd89
Balla IRL 8 Bc19
Ballaban AL 182 Ac77
Ballabio Inferiore I 149 Cd58
Ballachullish GB 6 Dc10
Ballagh IRL 12 Bc24
Ballaghaderreen IRL 8 Bd19
Ballancourt-sur-Essone F 29 Gd38
Ballangen N 66 Ga14
Ballantrae GB 10 Dc16
Ballao I 169 Cb78
Ballasalla GB 10 Dc19
Ballasviken S 71 Ga20
Ballater GB 7 Ec09
Balle DK 101 Dd23
Balle Bhuirne IRL 12 Bb25
Ballefors S 103 Fb46
Ballen DK 109 Dd25
Ballenstedt D 127 Dd39
Balleroy F 22 Fb36
Ballerup DK 109 Ec25
Ballesteros E 52 Db68
Ballesteros de Calatrava E 52 Db69
Ballı TR 185 Ec78
Ballıbucak TR 199 Gd90
Ballıca TR 186 Ga78
Ballickmoyler IRL 13 Cc23
Ballıhisar TR 193 Hb83
Ballık TR 193 Gb86
Ballık TR 198 Fd91
Ballina IRL 8 Bc18
Ballina IRL 12 Bd23
Ballinafad IRL 8 Ca19
Ballinagleragh IRL 8 Ca18
Ballinakill IRL 13 Cb23
Ballinalee IRL 9 Cb20
Ballinamore IRL 9 Cb19
Ballinascarty IRL 12 Bc26
Ballinasloe IRL 13 Ca21
Ballinclea IRL 13 Cd22
Ballincollig IRL 12 Bd26
Ballincurrig IRL 12 Bd25
Ballindine IRL 8 Bd20
Balling DK 100 Da22
Ballingarry IRL 12 Bc24
Ballingarry IRL 13 Ca22
Ballingarry IRL 13 Cb23
Ballingeary IRL 12 Bb26
Ballingslöv S 110 Fa54
Ballingurteen IRL 12 Bc26
Ballinhassig IRL 12 Bd26
Ballinlough IRL 8 Bd19
Ballino I 149 Db58
Ballinrobe IRL 8 Bc20
Ballinspittle IRL 12 Bc26
Ballintogher IRL 8 Ca18
Ballinunty IRL 13 Ca23
Ballinure IRL 13 Ca24
Ballıpınar TR 186 Fa79
Ballivor IRL 9 Cc20
Ballobar E 48 Fd61
Balloch GB 10 Dd13
Balloch GB 10 Dd15
Ballon F 28 Fd39
Ballon IRL 13 Cc23
Balloo Cross Roads GB 10 Db18
Ballota E 37 Ca54
Ballots F 28 Fa40
Ballsh AL 182 Ab77
Ballsnes N 66 Ga14
Ballstad N 66 Fb15
Ballyengland IRL 12 Bc23
Ballybay IRL 9 Cc18
Ballybofey IRL 9 Cb16
Ballyboghill IRL 13 Cd21
Ballybogy GB 9 Cd15
Ballybrittas IRL 13 Cc22
Ballybunnion IRL 12 Bb23
Ballycanew IRL 13 Cd24
Ballycastle GB 9 Da15
Ballycastle IRL 8 Bc17
Ballyclare GB 9 Da17
Ballyclare IRL 8 Ca20
Ballycolla IRL 13 Cb22
Ballyconneely IRL 8 Ba20
Ballyconnell IRL 9 Cb18
Ballycorick IRL 12 Bc23
Ballycotton IRL 13 Ca26
Ballydangan IRL 13 Ca21
Ballydehob IRL 12 Bb26
Ballydesmond IRL 12 Bb24
Ballyduff IRL 12 Bb23
Ballyduff IRL 13 Ca25
Ballyfad IRL 13 Cd23
Ballyfeard IRL 12 Bd26
Ballyferriter IRL 12 Ad24
Ballygalley GB 9 Da16
Ballygarrett IRL 13 Cd24
Ballygawley GB 9 Cc17
Ballyglass IRL 8 Bc19
Ballygowan GB 9 Da17
Ballygrant GB 6 Da13
Ballyhahill IRL 12 Bc23
Ballyhalbert GB 10 Db17
Ballyhaunis IRL 8 Bd19
Ballyhean IRL 8 Bc19
Ballyheerin IRL 9 Cb15
Ballyheige IRL 12 Ba24
Ballyhillin IRL 9 Cc14
Ballyhooly IRL 12 Bd25
Ballyhornan GB 10 Db18
Ballyjamesduff IRL 9 Cc19
Ballykeel GB 9 Da18
Ballylanders IRL 12 Bd24
Ballylongford IRL 12 Bb23
Ballylooby IRL 13 Ca24
Ballylynan IRL 13 Cc22
Ballymacarbry IRL 13 Ca25
Ballymack IRL 13 Cb24
Ballymacoda IRL 13 Ca26
Ballymacrevan GB 9 Da17
Ballymahon IRL 9 Cb20
Ballymena GB 9 Da16
Ballymoe IRL 8 Bd20
Ballymoney GB 9 Cc16
Ballymoney GB 9 Cd15
Ballymore IRL 9 Cb20
Ballymore Eustace IRL 13 Cd22
Ballymote IRL 8 Bd18
Ballymurphy IRL 13 Cc24
Ballynabola IRL 13 Cc24
Ballynacarrigy IRL 9 Cb20
Ballynacourty IRL 13 Ca25
Ballynagore IRL 13 Cb21
Ballynagree IRL 12 Bc25
Ballynahinch GB 9 Da18
Ballynahown IRL 12 Bb21
Ballynahown IRL 13 Ca21
Ballynakilla IRL 12 Ba26
Ballynakilly Upper IRL 12 Ba25
Ballynamona IRL 12 Bd25
Ballynamult IRL 13 Ca25
Ballynana IRL 12 Ad24
Ballynaskreena IRL 12 Bb23
Ballyneety IRL 12 Bd23
Ballynure GB 9 Da16
Ballypatrick IRL 13 Cb24
Ballyporeen IRL 13 Ca24
Ballyquin IRL 12 Ba24
Ballyragget IRL 13 Cb23
Ballyroebuck IRL 13 Cd23
Ballyroon IRL 12 Ba26
Ballysadare IRL 8 Ca18
Ballyshannon IRL 8 Ca17
Ballyshannon IRL 13 Cc22
Ballysteen IRL 12 Bc23
Ballytoohy IRL 8 Bb19
Ballyvaughan IRL 12 Bc21
Ballyvourney IRL 12 Bb25
Ballyvoy GB 9 Da15
Ballywater GB 10 Db17
Ballywilliam IRL 13 Cc24
Balmacara GB 4 Da05
Balmahmut TR 193 Gc85
Balmaseda E 38 Dd55
Balmazújváros H 147 Jd52
Balme I 148 Bc59
Balmedie GB 7 Ed09
Balmerino GB 7 Eb11
Balminnoch GB 10 Dc16
Balmonte E 37 Bd54
Balmuccia I 148 Ca58
Balnafoich GB 7 Ea08
Balnahard GB 6 Da11
Balnapaling GB 5 Ea07
Balneario de Panticosa E 40 Fc57
Balninkai LT 114 La56
Baloira E 36 Ad56
Bálojotnjálbmi FIN 68 Ja13
Balören TR 187 Gb78
Baloteşti RO 176 Eb65
Baloži LV 106 Kb51
Balquhidder GB 7 Dd11
Balrath IRL 9 Cd20
Balş RO 175 Da66
Balsa P 44 Bb60
Balşa RO 175 Cd60
Balsa de Ves E 54 Fa68
Balsareny E 49 Gd60
Balsfjord N 62 Gd10
Balsham GB 20 Fd26
Balsicas E 55 Fa73
Balsièges F 34 Hc51
Balsjö S 80 Ha28
Balsorano Nuovo I 160 Ed72
Balsovo RUS 99 Lc45
Bålsta S 96 Gc43
Balsthal CH 141 Bd53

Balsupiai – Bebertal

Balsupiai LV 114 Kb59
Balta UA 204 Ec16
Balta Albă RO 176 Ed63
Balta Berilovac SRB 179 Ca69
Balta Doamnei RO 176 Eb65
Baltanás E 46 Db59
Baltar E 36 Bb58
Baltasound GB 5 Fa03
Bălţata MD 173 Fd58
Bălţăteşti RO 172 Ec57
Balta Verde RO 174 Cb66
Bălteni RO 173 Fa59
Bălteni RO 175 Cd64
Bălteşti RO 176 Eb64
Bălti MD 173 Fb55
Baltijsk RUS 113 Hd59
Baltimore IRL 12 Bb27
Baltinava LV 107 Ld49
Baltinglass IRL 13 Cc22
Bal'tino RUS 107 Ma50
Baltoji Vokė LT 114 La58
Bałtów PL 131 Jd41
Baltrušaičiai LT 113 Jd57
Balugães P 44 Ad59
Băluseni RO 172 Ed55
Balvan BG 180 Dd70
Balve D 125 Cb39
Balvi LV 107 Lc49
Balya TR 191 Ed82
Balze I 156 Ea65
Balzers FL 142 Cd54
Balzo I 156 Ed68
Bambalió GR 188 Ba83
Bamberg D 134 Dc45
Bamble N 93 Dc44
Bamburgh GB 11 Fa14
Bamford GB 16 Ed22
Bammental D 134 Cc46
Bampton GB 19 Ea29
Banafjäl S 80 Ha30
Banagher IRL 13 Ca21
Banarlı TR 185 Ed77
Banatska Dubica SRB 174 Bb62
Banatska Palanka SRB 174 Bc64
Banatska Topola SRB 153 Jc58
Banatska Topola SRB 174 Bb60
Banatski Despotovac SRB 174 Bb62
Banatski Dvor SRB 153 Jc59
Banatski Karlovac SRB 174 Bc63
Banatsko Aranđelovo SRB 170 Bb59
Banatsko Karađorđevo SRB 153 Jc59
Banatsko Novo Selo SRB 174 Bb63
Banatsko Veliko Selo SRB 174 Bb60
Banaz TR 192 Ga85
Banbridge GB 9 Da18
Banbury GB 20 Fa26
Banca RO 177 Fb60
Band RO 171 Db59
Bande E 36 Ba58
Bandeira E 36 Ba56
Bandenitz D 119 Ea33
Bandholm DK 109 Ea28
Bandirma TR 186 Fa80
Bando I 150 Ea62
Bandol F 42 Jd55
Bandon IRL 12 Bc26
Băneasa RO 177 Fb61
Băneasa RO 180 Ea67
Băneasa RO 181 Fa67
Bañeres E 55 Fb70
Bånes N 63 Hc08
Băneşti RO 176 Ea64
Banevo BG 181 Ed72
Banff GB 5 Ec07
Bångnäs S 79 Fd25
Bangor GB 10 Db17
Bangor GB 15 Dd22
Bangor IRL 8 Bb18
Bangor-is-y-coed GB 15 Eb23
Bangsund N 78 Ec26
Bangueses E 36 Ba58
Banica BG 179 Cd69
Banie PL 120 Fc34
Banie Mazurskie PL 123 Jd30
Baniewice PL 120 Fc34
Baniska BG 180 Ea69
Bănişor RO 171 Cc57
Banište BG 179 Cb71
Băniţa RO 175 Cd62
Banja BG 184 Cc74
Banja BG 179 Da72
Banja BG 180 Db72
Banja BG 180 Ea72
Banja BG 181 Fa72
Banja BIH 159 Ja65
Banja SRB 159 Ja66
Banja e Kukës AL 182 Ad79
Banja Koviljača SRB 153 Hd63
Banjaloka SLO 151 Fc60
Banja Luka BIH 152 Gd62
Banjani SRB 153 Jb62
Banja Vrućica BIH 152 Hb62
Banje KSV 178 Ba69
Banjica KSV 178 Ad70
Banjica SRB 159 Jc68
Banjište MK 182 Ad74
Banjska KSV 178 Ba69
Bankekind S 103 Ga47
Bankeryd S 103 Fb48
Bankja BG 179 Cc71
Banloc RO 174 Bc62
Bannalec F 27 Dd40
Bännbäck S 95 Gb41
Bannegon F 29 Ha43
Bannes F 24 Hc37
Bannes F 30 Jb39
Bannewitz D 128 Fa41
Bannockburn GB 7 Ea12
Bannoncourt F 24 Jb36
Bannow IRL 13 Cc25
Banon F 42 Jd52
Bañón E 47 Fa63
Banos de Alicún de las Torres E 61 Dd74
Baños de Benasque E 40 Ga57
Baños de Fuente de la Encina E 52 Db72
Baños de la Encina E 52 Db71
Baños de Molgas E 36 Bb58
Baños de Montemayor E 45 Cb64
Baños de Río Tobia E 38 Ea58
Baños de Valdearados E 46 Dc60
Baños de Valdeganga E 53 Eb66
Bánov CZ 137 Ha48
Bánov SK 145 Hb51
Banova Jaruga HR 152 Gc60
Bánovce nad Bebravou SK 137 Hb49
Banovci Dunav SRB 153 Jc61
Banovići BIH 153 Hc63
Bánréve H 146 Jb50
Bansha IRL 13 Ca24
Bansin D 120 Fb31
Bansjo MK 183 Ca75
Banská Bystrica SK 138 Hd49
Banská Stiavnica SK 146 Hc50
Banské SK 139 Jd48
Bansko BG 184 Cc74
Banstead GB 20 Fc29
Banteer IRL 12 Bc25
Banteln D 126 Db37
Bantheville F 24 Ja35
Bantry IRL 12 Bb26
Bantzenheim F 31 Kc39
Bañuelos de Bureba E 38 Dd58
Bañugues E 37 Cc53
Bānūži LV 106 Kd49
Banwell GB 19 Eb28
Banyalbufar E 56 Ha67
Banyoles E 49 Hb59
Banyuls-sur-Mer F 41 Hb58
Banzi I 162 Gb75
Banzkow D 119 Ea33
Bapaume F 23 Ha32
Bár H 153 Hc57
Bar MNE 163 Ja71
Bar UA 204 Eb15
Bâra RO 172 Ed58
Bara RO 174 Ca60
Bara S 110 Ed56
Barabany RUS 107 Mb50
Baraboi MD 173 Fa54
Baracak TR 191 Ed82
Bărăganu RO 177 Fa65
Bărăganu RO 181 Fc67
Baragem da Aguieira P 44 Ad63
Baragı TR 192 Ga84
Bárago E 38 Da55
Barahona E 47 Ea62
Barajas E 46 Dc64
Barajas de Melo E 47 Ea65
Barakaldo E 38 Ea55
Baraklı TR 193 Gb87
Baranavičy BY 202 Ea13
Báránd H 147 Jd53
Barane KSV 178 Ad71
Baranivka UA 204 Eb15
Baranjsko Petrovo Selo HR 153 Hc59
Barano d'Ischia I 161 Fa75
Baranovka LV 107 Ld50
Baranów PL 129 Ha40
Baranów PL 130 Ja37
Baranów PL 131 Ka39
Baranowo PL 122 Jc31
Baranowo PL 122 Jc33
Baranowo PL 129 Gc36
Baranów Sandomierski PL 131 Jd42
Baranyajenő H 152 Hb57
Baraolt RO 176 Ea61
Baraque-Saint-Jean F 41 Ha52
Baraqueville F 41 Ha52
Barasso I 102 Ed52
Barásoain E 39 Ed57
Bărăşti RO 175 Db65
Barăteaz RO 174 Bc60
Barbacena P 51 Bb68
Barbadillo E 45 Cb62
Barbadillo de Herreros E 46 Dd59
Barbadillo del Mercado E 46 Dd59
Barbadillo del Pez E 46 Dd59
Barbalimpia E 53 Eb66
Barban HR 151 Fa61
Barbantes E 36 Ba57
Barbarano Vicentino I 150 Dd60
Barbaros TR 185 Dd80
Barbaros TR 185 Ed78
Barbaros TR 191 Ea86
Barbarušince SRB 178 Bd71
Barbaste F 40 Fd52
Barbastro E 48 Fd59
Barbate E 59 Bd77
Bărbăteşti RO 175 Cd64
Bărbăteşti RO 175 Da63
Barbatovac SRB 178 Bb69
Barbâtre F 27 Ec43
Barbazan F 40 Ga56
Barbeitos E 37 Bd55
Bârbele LV 106 Kc52
Barber Booth GB 16 Ed22
Barberino di Mugello I 155 Dc64
Barberino Val d'Elsa I 155 Dc66
Barbezieux-Saint-Hilaire F 32 Fc48
Barbières F 35 Jc49
Barbing D 135 Eb48
Barbizon F 29 Ha38
Bärbo S 95 Gb45
Bárboles E 47 Fa60
Barbonne-Fayel F 24 Hc37
Barbotan-les-Thermes F 40 Fc53
Barbu N 93 Db46
Bărbuleţu RO 176 Dd64
Barbullush AL 163 Jb71
Barbuñales E 48 Fc59
Barby D 127 Eb38
Barca E 47 Ea61
Bârca RO 179 Cd67
Barca de Alva P 45 Bc62
Barcaggio F 154 Cc67
Barcaldine GB 6 Dc11
Bărcăneşti RO 176 Ec65
Barcani RO 176 Eb62
Barcarrota E 51 Bc70
Barcea RO 177 Fa62
Barcellona Pozzo di Gotto I 167 Fd84
Barcelona E 49 Ha61
Barcelonne-du-Gers F 40 Fc54
Barcelonnette F 43 Kb51
Barcelos P 44 Ad60
Bárcena de Ebro E 38 Db56
Bárcena del Monasterio E 37 Ca54
Bárcena de Pie de Concha E 38 Db55
Bárcena Mayor E 38 Db55
Barchem NL 125 Bd37
Barchín del Hoyo E 53 Eb67
Barčiai LT 114 Kd59
Barcial del Barco E 45 Cb59
Barciany PL 122 Jb30
Barcillonnette F 42 Jd51
Barcin PL 121 Ha35
Barcis I 150 Eb57
Barco P 44 Ba64
Barcones E 47 Ea61
Barcos P 44 Bb61
Barcs H 152 Ha58
Barcus F 39 Fb55
Barczewko PL 122 Ja31
Barczewo PL 122 Ja31
Bard I 148 Bd58
Bârda RO 174 Bd62
Bardakçı TR 192 Fb84
Bardakçı TR 193 Gd83
Bardakçılar TR 191 Ec81
Bardal N 70 Fa21
Bardallur E 47 Fa60
Bardar MD 173 Fc58
Bardarski Geran BG 179 Da68
Barde DK 108 Da24
Bardejov SK 139 Jd46
Bardejovské Kúpele SK 139 Jd46
Bårdesø DK 109 Dd26
Bardi I 149 Cd62
Bardineto I 148 Bd63
Bard-le-Régulier F 30 Hd42
Bardney GB 17 Fc22
Bardo PL 137 Gc43
Bardolino I 149 Db59
Bardonecchia I 148 Ba60
Bardowick D 118 Dc33
Bardsea GB 11 Eb19
Bardsey GB 16 Fa20
Bardu bygdetun N 67 Gc12
Bardujord N 67 Gc12
Bare BIH 159 Hd65
Bare MNE 159 Jb68
Bare SRB 174 Bb66
Băreaneşti RO 176 Eb65
Bäreberg S 102 Ed47
Barèges F 40 Fd56
Bärenbad A 143 Ea54
Barenburg D 118 Cd35
Barendrecht NL 124 Ad37
Bärenstein D 128 Fa42
Bärenstein D 135 Ed43
Barentin F 23 Ga34
Barenton F 28 Fb38
Barevo BIH 152 Gd63
Bärfendal S 102 Eb46
Barfleur F 22 Fa34
Barford GB 17 Ga24
Barford Saint Martin GB 20 Ed29
Barga I 155 Da64
Bargas E 52 Db66
Bărgăuani RO 172 Ec58
Barge I 148 Bc61
Bargème F 43 Kb53
Bargemon F 43 Kb53
Bargen, Helmstadt- D 134 Cd46
Bargeshagen D 119 Eb31
Bargfeld-Stegen D 118 Dc32
Barghe I 149 Db59
Bârghis RO 175 Dc61
Bargłówka PL 137 Hb44
Bargłów Kościelny PL 123 Ka31
Bargoed GB 19 Ea27
Bargrennan GB 10 Dd16
Bargstedt D 118 Da33
Bargteheide D 118 Dc32
Bargullas AL 182 Ac77
Bar Hill GB 20 Fd25
Bari I 162 Gd74
Barić SRB 153 Jc62
Barić Draga HR 151 Fd63
Barice SRB 174 Bc62
Barilović HR 151 Fd60
Barinas E 55 Fa71
Båring DK 108 Dc26
Bari Sardo I 169 Cc78
Barisciano I 156 Ed70
Barisey-la-Côte F 25 Jc37
Barjac F 34 Hc51
Barjac F 34 Ja51
Bårjås S 72 Ha18
Barjols F 42 Ka54
Bark D 118 Dc31
Barkač BG 180 Db69
Barkåker N 93 Dd43
Barkarö S 95 Gb43
Barkava LV 107 Lb50
Barkelsby D 108 Db29
Barkeryd S 103 Fc49
Barkestad N 66 Fc12
Barking GB 20 Fd28
Barklainiai LT 114 Kc55
Barkowo PL 120 Fd32
Barkowo PL 121 Gc32
Barkston GB 16 Fb23
Barkway GB 20 Fd26
Bârla RO 175 Dc66
Barla TR 193 Gd87
Bârlad RO 177 Fa60
Barleben D 127 Ea37
Bar-le-Duc F 24 Jb37
Barles F 42 Ka51
Barletta I 162 Gb73
Barlinek PL 120 Fd35
Barlingbo S 104 Ha49
Barlo D 125 Bd37
Barlow GB 16 Fa22
Barmash AL 182 Ad78
Barmouth GB 15 Dd24
Barmstedt D 118 Db32
Barna IRL 12 Bc21
Bârna RO 174 Ca61
Barnaderg IRL 8 Bd20
Barnard Castle GB 11 Ed18
Barnarp S 103 Fb49
Bärnau D 135 Eb45
Barnave F 35 Jc50
Barnay F 30 Hd42
Barne-Åsaka S 102 Ed47
Barneberg D 127 Dd37
Barnes GB 20 Fc28
Barnesmore IRL 9 Cb16
Barnetby le Wold GB 17 Fc21
Barneveld NL 116 Bb36
Barneville-Carteret F 22 Ed35
Barnewitz D 127 Ec36
Barney GB 17 Ga23
Barnim PL 120 Fd33
Bärnkopf A 144 Fc50
Barnoldswick GB 16 Ed20
Bârnova RO 173 Fa58
Barnówko PL 120 Fc35
Barnsley GB 16 Fa21
Barnsley GB 20 Ed27
Barnstädt D 127 Ea40
Barnstaple GB 19 Dd29
Barnstorf D 118 Cd35
Barntrup D 126 Cd38
Baron F 23 Ha36
Baroncea MD 173 Fb54
Baronissi I 161 Fc75
Baronville F 25 Ka36
Baroševac SRB 153 Jc63
Barösund FIN 98 Ka40
Barovo MK 183 Bd75
Barqueiro P 44 Ad65
Barqueiros P 44 Ac60
Barquilla de Pinares E 45 Cc65
Barr F 25 Kb37
Barracas E 54 Fb66
Barrachina E 47 Fa63
Barraco E 46 Da64
Barra de Mira P 44 Ac63
Barrado E 45 Cb65
Barraduff IRL 12 Bb25
Barrafranca I 167 Fa86
Barral (Castrelo de Miño) E 36 Ba57
Barrancos P 51 Bb71
Barranco Velho P 58 Ad74
Barranda E 61 Ec72
Barrax E 53 Eb69
Barrea I 161 Fa72
Barreiro P 50 Aa69
Barrême F 42 Ka52
Barret-le-Bas F 42 Jd51
Barrhead GB 10 Dd13
Barrhill GB 10 Dc16
Barriada de Jarana E 59 Bd76
Barriada Las Canteras E 61 Eb75
Barrière de Champlon B 132 Ba43
Barrigone IRL 12 Bc23
Barri Mar E 54 Fc67
Barrio de Nuestra Señora E 37 Cc57
Barrit DK 108 Dc25
Barro E 38 Da54
Barrô P 44 Ba61
Barroca P 44 Ba64
Barroças e Taias P 36 Ad58
Barros E 38 Db55
Barroselas P 44 Ac59
Barrosinha P 50 Ac70
Barrou F 29 Ga43
Barrowby GB 16 Fb23
Barrow-in-Furness GB 11 Eb19
Barrow-upon-Soar GB 16 Fa24
Barruç AL 178 Ad73
Barruecopardo E 45 Bd62
Barruelo de Santullán E 38 Db56
Barry GB 19 Ea28
Bârsa RO 170 Cb59
Bârsana RO 171 Db54
Bârsăneşti RO 176 Ec60
Barsanges F 33 Gd48
Bârsău de Sus RO 171 Cd55
Barsbüttel D 118 Dc32
Bårse DK 109 Eb27
Barsebäckshamm S 110 Ed55
Barsele S 72 Gc24
Bârseşti RO 176 Ec61
Barsinghausen D 126 Da36
Barsinghausen D 126 Da37
Barsk MNE 159 Jb67
Barßel D 117 Cb33
Barst F 25 Ka35
Barstyčiai LT 113 Jc53
Bar-sur-Aube F 30 Ja38
Bar-sur-Seine F 30 Hd39
Barsviken S 88 Gc33
Barszczewo PL 123 Kb33
Bārta LV 113 Jb53
Bartąg PL 122 Ja32
Bartenheim F 31 Kc40
Bartenstein D 134 Da46
Barth D 119 Ec30
Bartholomä D 134 Da48
Bartın TR 205 Fa20
Bartne PL 139 Jd45
Bartniki PL 130 Ja38
Bartninkai LT 114 Ka59
Bartołty Wielkie PL 122 Jb31
Barton GB 16 Ed24
Barton Mills GB 20 Fd25
Barton-upon-Humber GB 17 Fc21
Bartoszyce PL 122 Jb30
Barty PL 122 Hd31
Baru RO 175 Cc62
Baruchowo PL 130 Hc36
Barum D 118 Dc34
Barumini I 169 Ca78
Barun RUS 203 Ga14
Baruth/Mark D 128 Fa38
Barutin BG 184 Da75
Barva S 95 Gb43
Barvas GB 4 Da04
Barvaux B 124 Ba42
Barvaux-Condroz B 124 Ba42
Barver D 118 Cd35
Bårvik N 63 Hc06
Barvinkove UA 205 Fb15
Barwice PL 121 Gb32
Barwinek PL 139 Jd46
Barwino PL 121 Gc30
Barycz PL 139 Ka44
Baryczka PL 139 Ka44
Baryš RUS 203 Fd10
Barysav BY 202 Eb12
Bârza RO 175 Da66
Barzago I 149 Cc58
Bârzava RO 174 Ca60
Barzdai LV 114 Kb58
Barzdžiūnai LT 123 Kc30
Bârzija BG 179 Cc69
Bârzina BG 179 Cd68
Barzio I 149 Cd58
Bås N 93 Da45
Bašaid SRB 174 Bb61
Başalma MD 177 Fc61
Basarabeasca MD 177 Fd60
Basarabi RO 181 Fc67
Başarap TR 193 Gc86
Basarbovo BG 180 Ea68
Basardilla E 46 Db62
Basauri E 38 Ea55
Basavžže N 65 Kb06
Bâsca Chiojdului RO 176 Eb63
Başcalia MD 177 Fd60
Báscara E 49 Hb59
Başçayır TR 192 Fa87
Baschi I 156 Ea69
Baschurch GB 15 Eb24
Basconcillos del Tozo E 38 Db57
Bascones de Ojeda E 38 Da57
Bascov RO 175 Dc64
Basdahl D 118 Da33
Basdorf D 119 Ed35
Basel CH 141 Bd52
Båseland N 93 Da46
Baselga di Piné I 149 Dc57
Baselice I 161 Fc73
Băseşti RO 171 Cd55
Başgöze TR 199 Hb88
Båsheim N 93 Dc41
Basi LV 105 Jb51
Başıbüyük TR 186 Fd78
Basicò I 167 Fc84
Basigo de Bakio E 38 Ea55
Basildon GB 20 Fd28
Basiliano I 150 Ec58
Basilique de Hennebont F 27 Ea40
Bašin SRB 174 Bb65
Bäsinge S 95 Ga41
Basingstoke GB 20 Fa29
Basırlar TR 193 Gc84
Bäsjösätern S 86 Fa38
Baška CZ 137 Hb46
Baška HR 151 Fc61
Båskas FIN 81 Ja30
Baskemölla S 111 Fb56
Baške Oštarije HR 151 Fd63
Başköy TR 191 Ed87
Başköy TR 192 Fc81
Başköy TR 192 Fd83
Başköy TR 193 Hb87
Bäsksele S 79 Gb26
Bäsksjö S 79 Gb26
Başlamış TR 192 Fa84
Başlar TR 199 Ha90
Baslow GB 16 Fa22
Başmakçı TR 199 Gb88
Bäsna S 95 Fd39
Basonys LT 114 Kc58
Başören TR 193 Gc82
Başören TR 193 Gc86
Başören TR 193 Gd81
Basovizza I 151 Fa59
Başpınar TR 199 Gb90
Bassac F 32 Fc47
Bassacutena I 168 Cb73
Bassano del Grappa I 150 Dd59
Basse D 119 Ec31
Bassella E 48 Gb59
Bassenthwaite GB 11 Eb17
Bassevuovdde N 68 Jc11
Bassignac F 33 Ha48
Bassignac-le-Haut F 33 Gd49
Bassilac F 33 Ga49
Bassingham GB 16 Fb22
Bassou F 30 Hc40
Bassoues F 40 Fd54
Bassum D 118 Cd35
Bast FIN 81 Jb28
Båstad N 94 Eb42
Båstad S 110 Ed53
Baštanka UA 204 Ed16
Bastardo I 156 Eb68
Bastasi BIH 152 Gb63
Bästdal S 88 Gc35
Bastelica F 154 Cb70
Bastheim D 134 Db43
Bastia F 154 Cc68
Bastia Umbra I 156 Eb67
Båstlund DK 108 Da25
Bastnäs S 94 Ed41
Bastogne B 132 Ba43
Baston GB 17 Fc24
Bastorf D 119 Eb31
Bastuträsk S 80 Hb25
Bastuträsk S 80 Ha28
Bastuträsk by S 80 Hb25
Bastwick GB 17 Gb24
Baszków PL 129 Gd39
Båta BG 179 Da72
Bata BG 181 Ed72
Báta H 153 Hc57
Bata MNE 159 Hd69
Bata RO 174 Ca60
Batajnica SRB 153 Jc61
Batajsk RUS 205 Fc15
Batak BG 184 Da74
Batak BG 180 Dd69
Batakiai LT 113 Jd56
Batalha P 50 Ab66
Bátamonostor H 153 Hd57
Băţani RO 176 Ea60
Batanovci BG 179 Cb71
Batăr RO 170 Ca58
Bătarci RO 171 Cd54
Båtas S 79 Fd25
Bátaszék H 153 Hc57
Batea E 48 Fd62
Båteng N 64 Ka07
Baterno E 52 Cd69
Bath GB 19 Ec28
Bathgate GB 10 Ea13
Bathmen NL 117 Bc36
Batida H 146 Jc56
Batignano I 155 Dc68
Batıköy TR 197 Ec89
Batin BG 180 Dd68
Batina HR 153 Hc58
Batir MD 173 Fd59
Bátka SK 146 Jb50
Batković BIH 153 Hd62
Batlava KSV 178 Bb70
Batley GB 16 Ed20
Batnfjordsøra N 77 Da31
Batočina SRB 174 Bb66
Bátonyterenye H 146 Ja51
Batorz PL 131 Kb41
Batoş RO 171 Dc58
Bátovce SK 146 Hc50
Batovo BG 181 Fa70
Batowo PL 120 Fc34
Bătrâna RO 174 Cb61
Batrge SRB 178 Ad69
Batrina HR 152 Ha60
Båtsfjord N 65 Kc05
Batsí GR 190 Da87
Båtsjaur S 72 Gb21
Båtskärsnäs S 73 Jb21
Battaglia Terme I 150 Dd60
Battenberg D 126 Cc41
Bätterkinden CH 141 Bd53
Battipaglia I 161 Fc76
Battle GB 20 Fd30
Battonya H 147 Jd56
Batulci BG 179 Da70
Batuša SRB 174 Bc65
Båtvik S 73 Hc24
Bátya H 146 Hd56
Batyk H 145 Gd55
Batyrevo RUS 203 Fd09
Baud F 27 Ea40
Baudreville F 29 Gc38
Bauduen F 42 Ka53
Baugé F 28 Fc41
Baugy F 29 Ha42
Bauladu I 169 Bd77
Baulmes CH 141 Bb54
Bauma CH 142 Cc53
Baumbach, Ransbach- D 125 Ca42
Baumber GB 17 Fc22
Baume-les-Doubs F 31 Ka41
Baume-les-Messieurs F 31 Jc43
Baumholder D 133 Bd45
Baunatal D 126 Da40
Baunei I 169 Cc77
Bauņi LV 106 Kd47
Baurci MD 177 Fc61
Baurci-Moldoveni MD 177 Fb61
Baurene BG 179 Cd69
Bauska LV 106 Kc52
Băuţar RO 174 Cb62
Bautzen D 128 Fb41
Bavanište SRB 174 Bb63
Bavay F 24 Hc32
Bavella F 154 Cb72
Bavigne L 133 Bb44
Bavorov CZ 136 Fa48
Bawdeswell GB 17 Ga24
Bawdsey GB 21 Gb26
Bawinkel D 117 Cb35
Bawnboy IRL 9 Cb18
Bawtry GB 16 Fb21
Bayat TR 192 Ga87
Bayat TR 193 Gb83
Bayat TR 193 Gd84
Bayat TR 205 Fb20
Bayatbademler TR 199 Gc90
Bayburt TR 205 Ga19
Baye F 24 Hc37
Bayerbach D 135 Eb49
Bayerbach D 143 Ed50
Bayerisch Eisenstein D 135 Ed48
Bayeux F 22 Fb35
Bayındır TR 186 Ga79
Bayındır TR 191 Ed86
Bayındır TR 199 Gb91
Bayındır TR 199 Gc89
Bayır TR 197 Fa90
Bayır TR 197 Fa91
Bayırköy TR 185 Eb79
Bayırköy TR 186 Ga80
Bayırköy TR 187 Gb80
Bayırköy TR 197 Fa91
Bayo E 37 Cb54
Bayon F 25 Jd37
Bayonne F 39 Ed54
Bayons F 42 Ka51
Bayraktar TR 187 Gb78
Bayralar TR 198 Ga92
Bayramdere TR 185 Ed75
Bayramdere TR 186 Fb80
Bayramiç TR 191 Eb81
Bayramlı TR 185 Ec76
Bayramoğlu TR 186 Fd78
Bayramşah TR 192 Ga81
Bayramşah TR 192 Ga83
Bayreuth D 135 Ea45
Bayrischzell D 143 Ea52
Bayubas de Abajo E 47 Ea61
Baza E 61 Ea74
Bāzān BG 180 Ea68
Bazán E 52 Dc70
Bazarnye Mataki RUS 203 Ga09
Bazarnyi Karabulak RUS 203 Fd11
Bazas F 32 Fc51
Bazenheid CH 142 Cc53
Baziaş RO 174 Bc64
Bazicourt F 23 Ha35
Bazie AL 159 Ja70
Bazièges F 40 Gc55
Bazna RO 175 Db60
Bazoches F 30 Hc41
Bazoches-les-Gallerandes F 29 Gd39
Bazoches-sur-Hoëne F 28 Fd38
Bazolles F 30 Hc42
Bazoques F 23 Ga36
Bazos RO 174 Bd61
Bazouges-la-Perouse F 28 Ed38
Bāzovec BG 179 Cd68
Bazsi H 145 Gd55
Bazzano I 149 Dc63
Beaconsfield GB 20 Fb28
Beal IRL 12 Bb23
Bealach an Doirín IRL 8 Bd19
Bealach Conglais IRL 13 Cc22
Bealach Féich IRL 9 Cb16
Bealaha IRL 12 Bb23
Bealalaw Bridge IRL 12 Ba25
Béal an Átha IRL 8 Bc18
Béal an Átha Móir IRL 9 Cb19
Béal an Mhuirthead IRL 8 Bb17
Béal Atha an Ghaorthaidh IRL 12 Bb26
Béal Átha hAmhnais IRL 8 Bd19
Béal Átha na Muice IRL 8 Bd19
Béal Átha na Sluaighe IRL 13 Ca21
Béal Átha Seanaidh IRL 8 Ca17
Béal Deirig IRL 8 Bc17
Bealdovuobmi FIN 68 Jb13
Bealnablath IRL 12 Bc26
Beaminster GB 19 Eb30
Beanntrai IRL 12 Bb26
Béard F 30 Hb43
Beardsen GB 10 Dd13
Beare Green GB 20 Fc29
Beariz E 36 Ba57
Bearna IRL 12 Bc21
Béar Tairbirt IRL 9 Cb18
Beas E 59 Bc73
Beasain E 39 Eb56
Beas de Segura E 53 Dd71
Beateberg S 103 Fb46
Beatenberg CH 141 Bd55
Beaucaire F 42 Jb53
Beaucamps-le-Vieux F 23 Gc33
Beauchamps F 22 Fa37
Beauchamps F 23 Gb33
Beauchastel F 34 Jb50
Beauche F 23 Ga37
Beauchêne F 22 Fb37
Beaufay F 28 Fd39
Beaufort F 35 Ka46
Beaufort IRL 12 Bb25
Beaufort L 133 Bb44
Beaugency F 29 Gc40
Beaujeu F 31 Jc41
Beaujeu F 34 Ja45
Beaujeu F 42 Ka51
Beaulard I 148 Bb60
Beaulieu F 23 Ga37
Beaulieu F 29 Ha41
Beaulieu GB 20 Fa30
Beaulieu-sur-Dordogne F 33 Gc50
Beauly GB 7 Dd08
Beaumaris GB 15 Dd22
Beaumesnil F 22 Fa37
Beaumesnil F 23 Ga36
Beaumetz-lès-Loges F 23 Ha32
Beaumont B 124 Ac42
Beaumont F 25 Jc36
Beaumont-de-Lomagne F 40 Gb53
Beaumont-du-Gâtinais F 29 Ha39
Beaumont-du-Périgord F 33 Ga50
Beaumont-en-Argonne F 24 Ja34
Beaumont-Hague F 22 Ed34
Beaumont-Hamel F 23 Ha33
Beaumont-la-Ronce F 29 Ga41
Beaumont-le-Roger F 23 Ga36
Beaumont-lès-Valence F 34 Jb50
Beaumont-sur-Oise F 23 Gd36
Beaumont-sur-Sarthe F 28 Fd39
Beaumont-sur-Vingeanne F 30 Jb41
Beaune F 30 Ja42
Beaune-la-Rolande F 29 Gd39
Beaupréau F 28 Fa42
Beauquesne F 23 Gd33
Beauraing B 132 Ad43
Beaurainville F 23 Gc31
Beauregard F 40 Gc52
Beaurepaire F 34 Jb48
Beaurières F 35 Jc50
Beauvais F 23 Gd35
Beauval F 23 Gd33
Beauvezer F 43 Kb52
Beauvoir-sur-Mer F 27 Ec43
Beauvoir-sur-Niort F 32 Fb46
Beauzac F 34 Hd48
Beauzée-sur-Aire F 24 Jb36
Bebares E 37 Ca54
Beba Veche RO 170 Bb59
Bebe LV 105 Jb52
Bebekli TR 192 Fc86
Bebertal D 127 Ea37

Bebington – Bettola

Bebington GB 15 Eb22
Bebra D 126 Da41
Bebrene LV 115 Lb53
Bebrininkai LV 114 Kb59
Bebrovo BG 180 Ea71
Beccles GB 21 Gb25
Becedas E 45 Cb64
Beceite E 48 Fd63
Bečej SRB 153 Jb59
Béceleuf F 32 Fb45
Beceni RO 176 Ec63
Becerreá E 36 Bc56
Becerril E 46 Dd61
Becerril de Campos E 46 Da59
Bécherel F 28 Ed39
Becherov SK 139 Jd46
Bechet RO 179 Da68
Bechhofen D 134 Dc47
Becicherecu Mic RO 174 Bc60
Bečići MNE 159 Hd70
Beciler TR 192 Fc84
Becilla de Valderaduey E 46 Cd59
Beckdorf D 118 Db33
Beckedorf D 126 Da36
Beckenham GB 20 Fc28
Beckfoot GB 11 Eb17
Beckingen D 133 Bc46
Beckingen D 133 Bd47
Beckingham GB 16 Fb22
Beckinghausen D 125 Ca38
Beckington GB 19 Ec29
Beckov SK 137 Ha49
Beck Side GB 11 Eb19
Beckum D 125 Cb38
Beclean RO 171 Db57
Beclean RO 175 Dc61
Bécon-les-Granits F 28 Fb41
Bečov nad Teplou CZ 135 Ec44
Bečváry CZ 136 Fc45
Bedale GB 11 Fa19
Bédarieux F 41 Hb54
Bédarrides F 42 Jb52
Bedburg D 125 Bc40
Bedburg-Hau D 125 Bc38
Beddau GB 19 Ea28
Beddgelert GB 15 Dd23
Beddinge läge S 110 Fa57
Beddingestrand S 110 Fa57
Beddwas GB 19 Ea27
Bédée F 28 Ed39
Bedegkér H 145 Hb56
Bedekovčina HR 151 Ga58
Beden BG 184 Da75
Bédénac F 32 Fc49
Bedenica HR 152 Gb58
Bedenik HR 152 Gd58
Beder DK 108 Dc24
Bedford GB 20 Fc26
Będgoszcz PL 120 Fc34
Bedirli TR 198 Ga89
Będków PL 130 Hd39
Będlewo PL 129 Gb37
Bedlington GB 11 Fa16
Bedlno PL 130 Hd37
Bedmar E 60 Dc73
Bednja HR 151 Ga57
Bédoin F 42 Jc52
Bedonia I 149 Cd62
Bedous F 39 Fb56
Bedretto CH 141 Cb56
Bedsted DK 100 Da21
Bedsted DK 108 Da27
Bedum NL 117 Bd33
Bedworth GB 20 Fa25
Będzin PL 138 Hc43
Będzino PL 120 Ga31
Beedenbostel D 126 Dc36
Beeford GB 17 Fc20
Beek NL 125 Bb40
Beekbergen NL 117 Bc36
Beek en Donk NL 125 Bb38
Beelen D 126 Cc38
Beelitz D 127 Ed37
Beer GB 19 Eb30
Beerfelden D 134 Cd46
Beerse B 124 Ad39
Beerta NL 117 Ca33
Beesel NL 125 Bb39
Beesenstedt D 127 Ea39
Beeskow D 128 Fb37
Beesten D 117 Cb36
Beeston GB 16 Fa23
Beeswing GB 10 Ea16
Beetsterzwaag NL 117 Bc33
Beetz D 119 Ed35
Beetzendorf D 119 Dd35
Begaljica SRB 174 Bb64
Bégard F 26 Ea37
Begeč SRB 153 Ja60
Begejci SRB 174 Bb61
Beğendik TR 185 Eb78
Beğendik TR 186 Fa74
Beget E 41 Ha58
Beggerow D 119 Ed32
Begíjar E 52 Dc72
Begiş TR 199 Gb91
Begles F 32 Fb50
Beglež BG 180 Db70
Beg-Meil F 27 Dc40
Begnecourt F 31 Jd38
Begnins CH 140 Ba55
Begnište MK 183 Bc75
Begonte E 36 Bb55
Begov most SRB 159 Jb66
Begovo BG 180 Db72
Begues E 49 Gd61
Begunicy RUS 99 Ma40
Begunje SLO 151 Fb57
Begunovci BG 179 Cb71
Begur E 49 Hc59
Beho B 133 Bb43
Behram TR 191 Ea82
Behramli TR 185 Ea80
Behren-Lübchin D 119 Ec31
Behringen D 126 Dc41
Béhuard F 28 Fb42
Beia RO 176 Dd60
Beian N 77 Dd29
Beica de Jos RO 171 Dc58
Beidaud RO 177 Fc65
Beiersdorf D 128 Fb41
Beignon F 27 Ec40
Beigondo E 36 Ba55
Beilen NL 117 Bd34
Beilngries D 135 Dd48
Beilrode D 127 Ed39
Beilstein D 133 Bd43
Beilstein D 134 Cd47
Beirã P 51 Bb67
Beisfjord N 67 Gb14
Beisland N 93 Da46
Beistad N 78 Eb28
Beith GB 10 Dd13
Beitostølen N 85 Db37
Beiuş RO 170 Cb58
Beižionys LT 114 Kd58
Beja LV 107 Lc48
Beja P 50 Ad71
Béjar E 45 Cb64
Bejís E 54 Fb66
Bejsce PL 138 Jb43
Bejsnap DK 108 Da25
Bekçiler TR 198 Ga91
Békés H 147 Jd55
Békéscsaba H 147 Jd55
Bekilli TR 192 Fd87
Bekirler TR 191 Ec84
Bekirli TR 186 Fb77
Bekirli TR 192 Ga87
Bekkarfjord N 64 Jd05
Bekken N 86 Ec36
Bekkestrand N 62 Gd08
Bekkevoll N 65 Kd08
Bekkevoort B 124 Ad40
Bekkjarvik N 84 Ca40
Bektaşköy TR 193 Gc86
Bektaşlar TR 192 Ga82
Bělá CZ 135 Ed45
Bělá CZ 137 Gd44
Belá SK 138 Hc47
Belaazërsk BY 202 Ea13
Belabino RUS 113 Jc59
Belâbre F 29 Gb44
Bela Crkva SRB 174 Bd63
Bel-Air F 27 Eb41
Belaja Kalitva RUS 203 Fc14
Belajevo RUS 107 Ma48
Bela Krajina SLO 151 Fd59
Belalcázar E 52 Cc70
Belá nad Cirochou SK 139 Ka47
Bělá nad Radb. CZ 135 Ec46
Belanica KSV 178 Ba71
Belanovce MK 178 Bc72
Belanovica SRB 153 Jc63
Belante E 36 Bc56
Bela Palanka SRB 179 Ca69
Bélapátfalva H 146 Jb51
Bělá pod B. CZ 136 Fc43
Belascoáin E 39 Ec57
Beļava LV 107 Lb49
Beļava LV 107 Lb51
Belbaşı TR 199 Gb92
Belbroughton GB 20 Ed25
Belca SLO 144 Fa56
Belcaire F 41 Gd57
Belcastel F 33 Ha51
Belce TR 193 Gc83
Belceğiz TR 198 Fc92
Belceşti RO 172 Ed57
Bełchatów PL 130 Hd40
Belchite E 48 Fb62
Bělčice CZ 136 Fa46
Belciğez TR 199 Ha88
Belčin BG 179 Cc72
Belcoo GB 9 Cb18
Belcov BG 180 Dd69
Bełda PL 123 Ka32
Belderrig IRL 8 Bc17
Beldibi TR 199 Gc92
Belec HR 152 Gb57
Belecke D 126 Cc39
Belecska H 145 Hb56
Beled H 145 Gc53
Belegiš SRB 153 Jc61
Belej HR 151 Fb62
Belek TR 199 Gd91
Belén E 36 Bc53
Belén E 37 Ca54
Belence TR 192 Ga86
Belence TR 199 Ha89
Belenci BG 179 Da70
Belene BG 180 Dc68
Belenköy TR 197 Ec91
Beleño E 37 Cd55
Belenören TR 187 Ha80
Belenyaka TR 192 Fb86
Belesh AL 182 Ab76
Beleţi-Negreşti RO 175 Dc64
Beletovo RUS 99 Ld42
Belev RUS 202 Ed12
Belevi TR 191 Ed87
Belevi TR 198 Fd88
Belfast GB 9 Da17
Belfir RO 170 Ca57
Belford GB 11 Ed14
Belfort F 31 Ka40
Belgern D 127 Ed40
Belgioioso I 149 Cc60
Belgirate I 148 Cb58
Belgodère F 154 Cb69
Belgorod RUS 203 Fa14
Belgun BG 181 Fb69
Belhade F 39 Fb52
Belhomert-Guéhouville F 29 Gb38
Beli HR 151 Fb61
Belianes E 48 Gb61
Belica BG 184 Cc74
Belica BG 179 Cd72
Belica BG 180 Dd71
Belica BG 181 Ec68
Belica HR 152 Gc57
Belica MK 182 Ba75
Beli Iskăr BG 179 Cc72
Beli Izvor BG 179 Cc69
Beli Izvor SRB 178 Bb68
Beli Manastir HR 153 Hc58
Beli Manastir SRB 153 Hd58
Belin RO 176 Ea61
Belin-Béliet F 32 Fb51
Belinchón E 53 Dd66
Beli Osăm BG 180 Db71
Beli plast BG 185 Dd74
Beli Potok SRB 174 Bb64
Beliş RO 171 Cd58
Belišće HR 153 Hc59
Beliševo SRB 178 Bd71
Beliu RO 170 Ca58
Beljanovo BG 180 Dd69
Beljin SRB 153 Jb62
Beljina SRB 153 Jc62
Belkaracaören TR 193 Gc85
Belkavak TR 193 Gb83
Belkaya TR 192 Fd85
Belkese TR 187 Gc80
Belkino RUS 113 Jc59
Belkino RUS 113 Jd58
Bel'kovo RUS 202 Ec12
Bell D 125 Bd42
Bella I 161 Ga75
Bellac F 33 Gb46
Bellacorick IRL 8 Bc18
Bellagio I 149 Cc57
Bellamonte I 150 Dd57
Bellanaboy Bridge IRL 8 Bc17
Bellanacargy IRL 9 Cc19
Bellananagh IRL 9 Cb19
Bellano I 149 Cc57
Bellante I 157 Fa69
Bellarena GB 9 Cd15
Bellaria I 156 Eb64
Bellavary IRL 8 Bc19
Bellavista E 59 Ca74
Bellcaire d'Urgell E 48 Gb60
Belleben D 127 Ea39
Bellechaume F 30 Hc39
Belle Croix B 125 Bb42
Belle-Eglise F 23 Gd35
Belleek GB 8 Ca17
Bellegarde F 29 Gd39
Bellegarde F 42 Ja53
Bellegarde-en-Marche F 33 Gd46
Bellegarde-sur-Valserine F 35 Jd45
Belleherbe F 31 Ka41
Bellême F 29 Ga38
Bellenaves F 34 Hb45
Bellencombre F 23 Gb34
Bellerive-sur-Allier F 34 Hc46
Bellersen D 126 Da38
Belles-Forêts F 25 Ka36
Belleu F 24 Hb35
Bellevaux B 132 Ad44
Bellevesvre F 31 Jc43
Belleville F 34 Ja45
Belleville-sur-Vie F 28 Ed44
Bellevue-la-Montagne F 34 Hd49
Belley F 35 Jc46
Bellheim D 133 Cb47
Bellicourt F 24 Hb33
Bellifallim E 55 Fb70
Belligné F 28 Fa41
Bell-lloc d'Urgell E 48 Ga61
Bellinge DK 108 Dc27
Bellingham GB 11 Ed16
Bellingwedde D 117 Ca33
Bellingwolde NL 117 Ca33
Bellinzago Novarese I 148 Cb59
Bellinzona CH 149 Cc57
Bellizzi I 161 Fc76
Bello E 47 Ed63
Bellö S 103 Fd49
Belloc F 40 Fc54
Bellocq F 39 Fa54
Bellosguardo I 161 Fd76
Bellot F 24 Hb37
Bellou F 22 Fd36
Bellpuig E 48 Gb61
Bellreguart E 54 Fc69
Belluno I 150 Ea57
Bellvik S 79 Ga27
Bellvika N 62 Gc09
Bellvís E 48 Ga60
Bellwald CH 141 Ca56
Belm D 117 Cc36
Bélmez E 52 Cc71
Bélmez de la Moraleda E 60 Dc73
Belmont GB 5 Fa03
Belmont GB 15 Ec21
Belmonte E 53 Ea67
Belmonte P 44 Bb64
Belmonte Castello I 161 Fa72
Belmonte de Campos E 46 Cd59
Belmonte del Sannio I 161 Fb72
Belmonte de Miranda E 37 Cb54
Belmontejo E 53 Eb66
Belmonte Mezzagno I 166 Ec84
Belmont-sur-Rance F 41 Hb53
Belmullet IRL 8 Bb17
Belobreşca RO 174 Bd64
Beloci MD 173 Fd55
Belœil B 124 Ab41
Belogradčik BG 179 Cb68
Belokopitovo BG 181 Ec70
Beloljin SRB 178 Bc69
Belomorskoje RUS 113 Jb58
Belo Polje KSV 178 Ba70
Belorado E 38 Dd58
Belorečensk RUS 205 Fc17
Belören TR 199 Gb93
Belören TR 199 Gc89
Belosavci SRB 174 Bb65
Beloslav BG 181 Fa70
Belotić SRB 153 Ja61
Belotín CZ 137 Ha46
Belotinci BG 179 Cb68
Belovar Moravče HR 152 Gb58
Belovec BG 180 Eb68
Belovica BG 180 Db72
Belovo BG 179 Cd73
Belovodica MK 183 Bc75
Belozem BG 180 Dc73
Belpasso I 167 Fc85
Belpech F 40 Gc55
Belper GB 16 Fa23
Belpınar TR 193 Gd83
Belsay GB 11 Ed16
Belsk Duży PL 130 Jb38
Beltarla TR 199 Gb88
Beltheim D 133 Ca43
Beltinci SLO 145 Gb56
Beltiug RO 171 Cd55
Beltra IRL 8 Bc19
Beltra IRL 8 Bd18
Belturbet IRL 9 Cb18
Belum D 118 Da31
Beluša SK 137 Hb48
Belušić SRB 178 Bb67
Beluso E 36 Ac57
Belvédère-Campomoro F 154 Ca72
Belvedere Marittimo I 164 Ga79
Belver E 48 Fd60
Belver P 50 Ad66
Belver de los Montes E 45 Cc60
Belvès F 33 Gb50
Belvèze-du-Razès F 41 Gd56
Belvezet F 34 Hd51
Belville IRL 8 Bc18
Belvís de la Jara E 52 Cd66
Belvis de Monroy E 51 Cb66
Belvoir F 31 Ka41
Belvoir GB 16 Fb23
Belyj RUS 202 Ec11
Belz F 27 Ea40
Bełżec PL 131 Kd42
Belzig D 127 Ec37
Bełżyce PL 131 Ka40
Bembibre E 37 Ca57
Bembibre (Val do Dubra) E 36 Ad55
Bembridge GB 20 Fa31
Bemmel NL 125 Bb37
Bemowo Piskie PL 123 Jd31
Bemposta P 45 Bd61
Bemposta P 50 Ad67
Benabarre E 48 Ga59
Benacazón E 59 Bd74
Benadresa E 54 Fc66
Benafim Grande P 58 Ac74
Benaguasil E 54 Fb67
Benahadux E 61 Ea76
Benahavís E 60 Cc77
Benajarafe E 60 Da76
Ben Alder Lodge GB 7 Dd10
Benalí E 54 Fa69
Benalmádena E 60 Cd76
Benalmádena E 60 Cd77
Benalúa de Guadix E 61 Dd74
Benalúa de la Villas E 60 Db74
Benalup de Sidonia E 59 Ca77
Benamargosa E 60 Da76
Benamaurel E 61 Ea73
Benamejí E 60 Cd74
Benamocarra E 60 Da76
Benaoján E 59 Cb76
Benasal E 54 Fc65
Benasau E 55 Fc70
Benasque E 40 Ga57
Benassay F 28 Fd44
Benatae E 53 Ea71
Benátky nad Jizera CZ 136 Fc44
Benavent E 48 Gb59
Benavente E 45 Cb59
Benavente E 51 Bb68
Benavente P 50 Ab68
Benavides E 37 Cb57
Bendestorf D 118 Db33
Bendorf D 125 Ca42
Bēne LV 106 Ka52
Beneden-Leeuwen NL 125 Bb37
Benediktbeuern D 143 Dd52
Benedita P 50 Ab66
Benefield GB 20 Fb25
Benejama E 55 Fb70
Benejúzar E 55 Fa72
Benešat RO 171 Cd56
Benešov CZ 136 Fc45
Benešovice CZ 135 Ec45
Benešov nad Černou CZ 136 Fc49
Benešov nad Ploučnicí CZ 128 Fb42
Bénesse-lès-Dax F 39 Fa54
Benesse-Maremne F 39 Fa54
Benestad S 103 Fc52
Bénestroff F 25 Ka36
Benet F 32 Fb45
Benetutti I 168 Cb76
Beneuvre F 30 Jb40
Bene Vagienna I 148 Bd62
Bénévent-l'Abbaye F 33 Gc46
Benevento I 161 Fc74
Benfeld F 31 Kc38
Bengeşti-Ciocadia RO 175 Cc63
Bengiler TR 191 Ed82
Bengtsby FIN 98 Kc39
Bengtsfors S 94 Ec44
Bengtsheden S 95 Ga39
Benia (Onís) E 37 Cd55
Beniarrés E 55 Fb70
Beničanci HR 152 Hb59
Benicarló E 48 Fd64
Benicasim E 54 Fd66
Benicàssim E 54 Fd66
Benidorm E 55 Fc71
Beniel E 55 Fa72
Benifaió E 54 Fb68
Benifallet E 48 Ga63
Benigànim E 54 Fb69
Benik TR 197 Fa90
Benilloba E 55 Fb70
Benimaurell E 55 Fc70
Beninar E 61 Dd76
Benington GB 17 Fd23
Benissa E 55 Fd70
Benitachell E 55 Fd70
Benkovac HR 157 Ga64
Benkovski BG 181 Ed69
Benlieli TR 192 Fb84
Benlikuyu TR 193 Ha84
Benllech GB 15 Dd22
Benlloch E 54 Fd65
Benløse DK 109 Eb26
Benmore GB 7 Dd11
Benneckenstein D 126 Dc39
Bennettsbridge IRL 13 Cb24
Bennstedt D 127 Ea40
Bennungen D 127 Dd40
Bénodet F 27 Dc40
Benquerenicia E 36 Bc53
Bensafrim P 58 Ab74
Bensbyn S 73 Hd22
Bensdorf D 127 Eb36
Benserseiel D 117 Cb32
Bensheim D 134 Cc45
Bensjö S 87 Fd32
Bensnes N 62 Ha09
Benson GB 20 Fa27
Bentpath GB 11 Eb15
Bentraces E 36 Ba57
Bentwisch D 119 Eb31
Benwick GB 20 Fc25
Benzú E 59 Cb79
Beočin SRB 153 Ja60
Beograd SRB 153 Jc61
Beograd- Surcin SRB 153 Jc61
Beomužević SRB 153 Jb63
Bera E 39 Ed55
Beram HR 151 Fa60
Berane MNE 159 Jb68
Beranje SRB 174 Bc64
Beranuy E 40 Ga58
Berastegi E 39 Ec56
Berat AL 182 Ab76
Bérat F 40 Gb55
Beratón E 47 Ec60
Beratzhausen D 135 Ea47
Berazino BY 202 Eb12
Bérbaltavar H 145 Gc55
Berbegal E 48 Fc59
Berbes E 37 Cd54
Berbeşti RO 175 Da64
Berbinzana E 39 Ec58
Berca RO 176 Ec63
Bercedo E 38 Dd56
Bercel H 146 Hd51
Bercenay-le-Hayer F 30 Hc38
Berceni RO 176 Eb64
Berceni RO 176 Eb66
Berceto I 149 Cd62
Berchères-sur-Vesgre F 23 Gc37
Berchidda I 168 Cb74
Berching D 135 Dd47
Berchtesgaden D 143 Ec52
Bérchules E 60 Dc75
Bercianos de Aliste E 45 Ca59
Bercianos del Páramo E 37 Cc58
Bercimuel E 46 Dc61
Berck F 23 Gb32
Berck-Plage F 23 Gb32
Bercu RO 171 Cd54
Berdal N 77 Dc30
Berdalen N 92 Cd42
Berd'huis F 29 Ga38
Berdía E 36 Ad55
Berdjans'k UA 205 Fb16
Berdoias E 36 Ac54
Berducedo E 37 Bd55
Berdún E 39 Fa57
Berdyčiv UA 204 Eb15
Berechiu RO 170 Ca58
Beregsău RO 174 Bc60
Berehove UA 204 Dd16
Berek HR 152 Gc59
Bereketli TR 186 Fa80
Berekfürdő H 146 Jc53
Beremend H 153 Hc58
Bere Regis GB 19 Ec30
Berestečko UA 204 Ea15
Bereşti RO 177 Fb61
Bereşti Bistriţa RO 172 Ed59
Bereşti-Meria RO 177 Fb61
Bereşti-Tazlău RO 172 Ec59
Beretinec HR 152 Gb57
Berettyószentmárton H 147 Ka53
Berettyóújfalu H 147 Ka53
Berevoeşti RO 175 Dc63
Berezanka UA 204 Ec16
Berezanskaja RUS 205 Fc16
Berežany UA 204 Ea15
Berezeni RO 177 Fb60
Berežkovskoe RUS 113 Jc59
Berezlogi MD 173 Fd56
Berezna UA 202 Ec13
Berezne UA 202 Ea14
Bereznehuvate UA 204 Ed16
Berezno RUS 99 Ld43
Berezovka RUS 113 Ja59
Berezovo RUS 113 Jb59
Berfay F 29 Ga40
Berg D 133 Cb47
Berg D 135 Dd47
Berg D 135 Dd49
Berg D 135 Ea43
Berg D 143 Dd51
Berg N 70 Ed23
Berg N 93 Dc44
Berg N 94 Eb44
Berg S 87 Fc32
Berg S 94 Ec45
Berg S 95 Ga43
Berg S 102 Fa46
Berg S 103 Ga47
Berg S 103 Fc51
Berga D 127 Dd40
Berga D 127 Eb42
Berga E 49 Gd59
Berga S 94 Ed42
Berga S 95 Fb45
Berga S 103 Ga50
Bergaland N 92 Cb43
Bergama TR 191 Ec84
Bergamo I 149 Cd58
Bergara E 39 Eb56
Bergatreute D 142 Da51
Bergdala S 103 Fd52
Berge D 117 Cb35
Berge D 119 Eb34
Berge D 127 Ec36
Berge E 48 Fb63
Berge N 77 Da31
Berge N 93 Da44
Bergeforsen S 88 Gc33
Bergen D 118 Db35
Bergen D 120 Fa30
Bergen D 135 Eb43
Bergen D 143 Eb52
Bergen N 84 Ca39
Bergen NL 116 Ba34
Bergen aan Zee NL 116 Ad34
Bergendal N 93 Db45
Bergen (Dumme) D 119 Dd35
Bergen = Mons B 124 Ab41
Bergen op Zoom NL 124 Ac38
Berger N 93 Dd43
Bergerac F 32 Fd50
Bergères-lès-Vertus F 24 Hc36
Berget N 71 Fb20
Berget N 78 Ea28
Bergeyk NL 124 Ba39
Bergfors S 67 Ha14
Bergfors S 87 Ga36
Berggießhübel, Bad Gottleuba- D 128 Fa42
Bergheim D 125 Bc40
Berghem S 102 Ec50
Berghin RO 175 Da60
Bergholz-Rehbrücke D 127 Ed37
Bergisch Gladbach D 125 Bd40
Bergkamen D 125 Cb38
Bergkarlås S 87 Fc38
Bergkvara S 111 Ga53
Bergland S 71 Ga24
Berglern D 143 Ea50
Bergli N 77 Db29
Berglia N 78 Fa27
Bergliden S 80 Hb25
Berglund N 62 Ha09
Berglunda S 80 Gd26
Bergmo N 63 Hb09
Bergnäs S 72 Gb22
Bergnäs S 79 Gb25
Bergnäset S 73 Hd22
Bergnäsudden S 72 Gc22
Bergnäsviken S 72 Gc20
Bergndal N 85 Dd39
Bergneset N 67 Gd11
Bergneustadt D 125 Ca40
Bergnicourt F 24 Hd34
Bergnicourt F 24 Hd35
Bergö FIN 81 Hd31
Bergrheinfeld D 134 Db44
Bergsäng S 94 Fa41
Bergsäter S 79 Gb25
Bergsbyn S 80 Hc25
Bergseng N 86 Ea38
Bergshammar S 95 Gb45
Bergshamra S 96 Ha42
Bergsjö S 79 Ga28
Bergsjö S 87 Gb35
Bergsmoen N 78 Ed26
Bergstad FIN 98 Kb40
Bergstrøm N 94 Eb43
Bergsviken S 73 Hc23
Bergtheim D 134 Db45
Bergues F 21 Gd30
Bergün CH 142 Cd55
Bergunda S 103 Fc52
Bergundhaugen N 85 Ea37
Bergvik S 87 Gb37
Bergviken S 72 Gd20
Bergwitz D 127 Ec39
Berhida H 145 Hb54
Berill N 77 Da33
Beringel P 50 Ad71
Beringen B 124 Ba40
Berini RO 174 Bd62
Beriozchi MD 173 Ga58
Berisal CH 141 Ca56
Beriu RO 175 Cd61
Berja E 61 Dd76
Berka D 126 Db41
Berkåk N 77 Dd32
Berkatal D 126 Db40
Berkel NL 116 Ad36
Berkeley GB 19 Ec27
Berkenbrück D 127 Ed37
Berkenthin D 119 Dd32
Berkhamsted GB 20 Fb27
Berkheim D 142 Da51
Berknes N 76 Cc33
Berkovica BG 179 Cc69
Berkovici BIH 158 Hb67
Berkswell GB 20 Ed25
Berlanga E 51 Ca71
Berlanga de Duero E 47 Ea61
Berlanga del Bierzo E 37 Ca56
Berlangas de Roa E 46 Dc60
Berle N 84 Ca34
Berleşti RO 175 Cd64
Berlevåg N 65 Kb04
Berlin D 127 Ed36
Berlingerode D 126 Db39
Berlstedt D 127 Dd41
Bermeo E 38 Ea55
Bermés E 36 Ba56
Bermillo de Sayago E 45 Ca61
Bern CH 141 Bd54
Bernalda I 162 Gc76
Bernardos E 46 Da62
Bernartice CZ 136 Fb47
Bernāti LV 113 Ja53
Bernau D 128 Fa36
Bernau D 141 Ca51
Bernau D 143 Eb52
Bernaville F 23 Gd32
Bernay F 23 Ga36
Bernay F 28 Fc39
Bernbeuren D 142 Dc52
Bernburg D 127 Ea38
Berndorf A 145 Gb51
Berne D 118 Cd33
Bernécourt F 25 Jc36
Bernedo E 39 Eb57
Berngau D 135 Dd47
Bernhardswald D 135 Eb48
Bernhardthal A 137 Gc49
Bernin F 35 Jd48
Bernkastel-Kues D 133 Bd44
Bernolákovo SK 145 Gd51
Bernon F 30 Hd39
Bernried D 135 Ec48
Bernried D 143 Dd51
Bernsdorf D 128 Fb40
Bernstadt D 128 Fc41
Bernstein A 145 Gb53
Bernués E 39 Fb58
Beromünster CH 141 Ca53
Beronovo BG 181 Ec71
Beroun CZ 136 Fb45
Berovo MK 183 Cb74
Berra I 150 Ea61
Berre-l'Étang F 42 Jc54
Berric F 27 Eb41
Berriedale GB 5 Eb05
Berrien F 26 Dd38
Berriew GB 15 Eb24
Berro E 53 Eb70
Berrocal E 59 Bc73
Berrocal de Salvatierra E 45 Cb63
Berrocalejo E 52 Cc66
Berrocalejo de Aragona E 46 Da63
Beršad' UA 204 Ec16
Bersagel N 92 Ca44
Bersbo S 103 Ga47
Bersenbrück D 117 Cb35
Bersezio I 148 Bb62
Beršići SRB 159 Jc64
Bertamiráns (Ames) E 36 Ad55
Bertea RO 176 Ea63
Berteroda D 126 Dc41
Berteškiai LV 114 Kb56
Berteştii de Jos RO 177 Fa65
Berthelsdorf D 128 Fb41
Berthelsdorf D 128 Fc41
Bertincourt F 23 Ha32
Bertingen D 127 Eb37
Bertinoro I 156 Ea64
Bertogne B 132 Ba43
Bertrix B 132 Ad44
Berven F 26 Dc37
Berveni RO 171 Cc54
Berville-sur-Mer F 22 Fd35
Berwang A 142 Dc53
Berwick-upon-Tweed GB 11 Ed14
Beryslav UA 204 Ed16
Bērzaune LV 106 La50
Berzé-la-Ville F 34 Ja45
Berzence H 152 Gd57
Bērzgale LV 107 Ld51
Bērzi LV 105 Jd52
Bērziems LV 106 Ka50
Bērziņi LV 107 Ma52
Berżniki PL 123 Kb30
Berzocana E 51 Cb67
Berzosa E 46 Dd60
Berzovia RO 174 Bd62
Bērzpils LV 107 Lc50
Berzunţi RO 176 Ec60
Bērzupe LV 106 Ka51
Beša SK 145 Hb51
Besalú E 49 Hb59
Besançon F 31 Jd42
Besande E 37 Cd56
Bešankovičy BY 202 Eb11
Bescanó E 49 Hb59
Bescaran E 40 Gc58
Bescsehely H 145 Gb56
Besedino RUS 203 Fa13
Besednice CZ 136 Fb49
Besenyőtelek H 146 Jb52
Besenyszög H 146 Jb53
Beserovina SRB 159 Ja64
Beşevler TR 186 Fc80
Beşghioz MD 177 Fd61
Bęsia PL 122 Jb31
Besigheim D 134 Cd47
Běšiny CZ 135 Ed47
Bešište MK 183 Bc76
Beška SRB 153 Jb60
Beškino RUS 99 Lc44
Besko PL 139 Ka45
Beşkonak TR 199 Gc89
Beşkonak = Bozkaya TR 199 Ha90
Beslé F 28 Ed41
Besni Fok SRB 153 Jc61
Besozzo I 148 Cb58
Bessais-le-Fromental F 29 Ha44
Bessaker N 78 Ea27
Bessan F 41 Hc55
Bessans F 35 Kb48
Bessbrook GB 9 Cd18
Besse F 35 Ka49
Besse-et-Saint-Anastaise F 34 Hb48
Bessèges F 41 Hd52
Bessenay F 34 Ja47
Bessenbach D 134 Cd45
Bessé-sur-Braye F 29 Ga40
Bessières F 40 Gc53
Besson F 30 Hb44
Best NL 124 Ba38
Besteland N 92 Cc44
Beştemac MD 173 Fc59
Bestensee D 128 Fa37
Bestwig D 126 Cc39
Besullo E 37 Ca55
Besvica MK 183 Bd75
Beszterec H 147 Ka50
Betanzos E 36 Ba54
Betelu E 39 Ec56
Bétera E 54 Fb67
Beteta E 47 Ec64
Bethausen RO 174 Ca60
Betheln D 126 Db37
Bétheniville F 24 Hc35
Bétheny F 24 Hc35
Bethersden GB 21 Ga29
Bethesda GB 15 Dd22
Béthines F 29 Ga44
Béthisy-Saint-Pierro F 23 Ha35
Bethmale F 40 Gb56
Bethon F 24 Hc37
Béthune F 23 Ha31
Betliar SK 138 Jb48
Betsele S 80 Gd26
Bettembourg L 133 Bb45
Bettens CH 141 Bb55
Bettna S 95 Gb45
Bettola I 149 Cd61

Betton - Blumau

Betton F 28 Ed39
Bettona I 156 Eb68
Bettws Cedewain GB 15 Ea24
Bettyhill GB 5 Ea04
Bettystown IRL 9 Cd20
Betws-y-Coed GB 15 Ea22
Betxí E 54 Fc66
Betz F 23 Ha36
Betzdorf D 125 Cb41
Betzenstein D 135 Dd45
Betzweiler-Wälde D 133 Cb49
Beugneux F 24 Hb35
Beuil F 43 Kc52
Beulah GB 15 Ea26
Beuna D 127 Eb40
Beuningen NL 125 Bb37
Beunza E 39 Ed56
Beura I 148 Ca57
Beuren D 126 Db40
Beurnevésin CH 141 Bc52
Beuron D 142 Cc51
Beutelsbach D 135 Ed49
Beuvron-en-Auge F 22 Fc36
Beuvry F 23 Ha31
Beuzec-Cap-Sizun F 27 Db39
Beuzeville F 22 Fd35
Bevagna I 156 Eb68
Bevensen D 126 Da36
Beverley GB 17 Fc20
Bevern D 126 Da38
Beverstedt D 118 Cd33
Beverungen D 126 Da39
Beverwijk NL 116 Ad35
Béville-le-Comte F 29 Gc38
Bevorchians I 143 Ec56
Bevtoft DK 108 Da27
Bewcastle GB 11 Ec16
Bexbach D 133 Bd46
Bexhill GB 20 Fd30
Beyağaç TR 198 Fc90
Beyazköy TR 186 Fa76
Beyçayırı TR 185 Ec80
Beyce TR 187 Gb80
Beyce TR 191 Ed83
Beycik TR 199 Gc92
Beyciler TR 186 Fb77
Beycuma TR 187 Hb77
Beydağ TR 192 Fa87
Beydili TR 187 Gd80
Beydili TR 199 Ha89
Beydilli TR 193 Gb86
Beyel TR 192 Fc82
Beyelli TR 192 Ga87
Beyerli TR 198 Fb88
Beykışla TR 193 Gd83
Beyköy TR 185 Eb78
Beyköy TR 192 Fa82
Beyköy TR 193 Gc84
Beyköy TR 193 Ha87
Beyköy TR 198 Ga90
Beyler TR 191 Eb86
Beylerbeyi TR 198 Fc88
Beylerli TR 198 Ga88
Beylikova TR 193 Ha82
Beymelek TR 199 Gb93
Beynac-et-Cazenac F 33 Gb50
Beynat F 33 Gc49
Beynes F 23 Gc37
Beyoba TR 185 Ec79
Beyoba TR 191 Ed85
Beyobası TR 198 Fc91
Beyoğlu TR 185 Ec78
Beyören TR 193 Gd83
Beypazarı TR 187 Hb80
Beyşehir TR 199 Hb88
Beyyayla TR 193 Gd81
Beyyazı TR 193 Gc85
Bežanicy RUS 202 Eb10
Bežanovo BG 179 Da70
Bežanovo BG 181 Fb69
Bežany RUS 99 Mb42
Bezas E 47 Ed65
Bezau A 142 Da53
Bézaudun-sur-Bine F 35 Jc50
Bezdan SRB 153 Hd58
Bezdead RO 176 Dd63
Bezden BG 179 Cb70
Bezděz CZ 136 Fc43
Bezdonys LT 114 La57
Bèze F 30 Jb41
Bežeck RUS 202 Ed09
Bezenčuk RUS 203 Ga10
Béziers F 41 Hc55
Bezkese TR 198 Fc91
Bezledy PL 122 Ja30
Bezmer BG 181 Ed68
Bezno CZ 136 Fc43
Bez'va RUS 99 Ld44
Bezvěrov CZ 135 Ed45
Biała PL 120 Fd33
Biała PL 121 Gb34
Biała PL 129 Ha38
Biała PL 130 Hd38
Biała PL 131 Ka38
Biała PL 137 Gd43
Białaczów PL 130 Ja40
Biała Góra PL 121 Hb31
Biała Piska PL 123 Jd32
Biała Podlaska PL 131 Kb37
Biała Rawska PL 130 Ja38
Białaszewo PL 123 Ka32
Białawy Wielkie PL 129 Gc40
Białebłoto-Kobyla PL 122 Jc35
Białka PL 138 Ja46
Białobłoty PL 129 Ha38
Białobrzegi PL 123 Ka31
Białobrzegi PL 130 Jb36
Białobrzegi PL 130 Jb39
Białobrzegi PL 139 Kb43
Białogard PL 120 Ga31
Białogarda PL 121 Gd29
Białogóra PL 112 Gd28
Białogóry PL 123 Kb30
Białopole PL 131 Kd40
Białośliwie PL 121 Gc34
Białousy PL 123 Kb32
Białowąs PL 121 Gb32
Białowieża PL 123 Kc35
Białuty PL 122 Ja34
Biały Bór PL 121 Gc32
Biały Dunajec PL 138 Ja46
Białystok PL 123 Kb33
Biancavilla I 167 Fc85
Bianchi I 164 Gc80
Bianco I 164 Gb84
Biandrate I 148 Ca59
Biar E 55 Fb70
Biarritz F 39 Ed54
Biarrotte F 39 Fa54
Bias F 39 Fa52
Biasca CH 142 Cc56
Biatorbagy H 146 Hc53
Bibaktad N 64 Jc07
Bibbiano I 149 Da62
Bibbiena I 156 Dd65
Bibbona I 155 Da67
Biberach D 133 Ca49
Biberach an der Riß D 142 Da50
Biberbach D 134 Dc49
Biberist CH 141 Bd53
Bibertal D 142 Db50
Biberwier A 142 Dc53
Bibiana I 148 Bd61
Bibione I 150 Ec59
Biblis D 134 Cc45
Bibury GB 20 Ed27
Bicaj AL 178 Ad72
Bıçakçi TR 192 Fa87
Bicaz RO 171 Cd55
Bicaz RO 172 Eb58
Bicaz-Chei RO 171 Cd56
Bicazu Ardelean RO 172 Eb58
Biccari I 161 Fd73
Biçer TR 193 Hb82
Bicester GB 20 Fa27
Bichiş RO 171 Db59
Bichl D 143 Dd52
Bichlbach A 142 Dc53
Bickendorf D 133 Bc43
Bickenriede D 126 Dc40
Bicker GB 17 Fc23
Bickleigh GB 19 Ea30
Bickley Moss GB 15 Ec23
Bicorp E 54 Fb69
Bicos P 58 Ab72
Bicske H 146 Hc53
Bidalite S 111 Ga53
Biddenden GB 21 Ga29
Biddestone GB 19 Ec28
Biddinghuizen NL 116 Bb35
Biddulph GB 16 Ed22
Bideford GB 19 Dd29
Bidegyan E 39 Ec55
Bidingen D 142 Dc52
Bidjovagge N 63 Hd10
Bidonì I 169 Ca77
Bidovce SK 139 Jd48
Biduedo E 36 Ba57
Bie S 95 Ga44
Biebelried D 134 Db45
Bieberehren D 134 Db46
Biebergemünd D 134 Cd44
Biebersdorf D 128 Fa38
Biebertal D 126 Cc42
Biebesheim D 134 Cc45
Biecz PL 128 Fc39
Biecz PL 139 Jd45
Biedaszek PL 122 Hc33
Biedenkopf D 126 Cc41
Biederitz D 127 Ea37
Biedrusko PL 129 Gc36
Biel CH 141 Bc53
Biel E 39 Fa58
Bielanka PL 138 Ja46
Bielany-Żytaki PL 131 Ka36
BielatalRosenthal D 128 Fa42
Bielawa PL 129 Gb42
Bielawy PL 128 Ga39
Bielawy PL 130 Hd37
Bielba (Herrerías) E 38 Db55
Bielcza PL 138 Jb44
Bielefeld D 126 Cc37
Bielica PL 122 Hd31
Bielice PL 122 Hc33
Biella I 148 Ca59
Bielland N 92 Cb46
Bielmonte I 148 Ca58
Bielsa E 40 Fd57
Bielsk PL 122 Hd35
Bielsk Podlaski PL 123 Kb34
Bienenbüttel D 118 Dc34
Bieniów PL 128 Fd39
Bieńkowice PL 137 Hb44
Bienne CH 141 Bc53
Bienno I 149 Da58
Bienservida E 53 Ea71
Bientina I 155 Db65
Bienvenida E 51 Bd71
Bienvenida E 52 Cd70
Bierawa PL 137 Hb44
Bierdzany PL 129 Ha42
Bière CH 140 Ba55
Biere D 127 Ea38
Bierge E 48 Fc59
Biergenis S 71 Ga21
Bieringen D 134 Da46
Bierné F 28 Fb40
Biersted DK 100 Dc20
Biertan RO 175 Dc60
Bieruń PL 138 Hc44
Bieruń Str. PL 138 Hc44
Bierutów PL 129 Gd41
Bierwart B 124 Ad41
Bierzwienna Długa PL 129 Hb37
Bierzwnica PL 120 Ga32
Biesal PL 122 Ja32
Biescas E 40 Fc57
Biesenthal D 120 Fa35
Biesiekierz PL 120 Ga31
Biesles F 30 Jb39
Bieşti MD 173 Fd56
Bieszkowice PL 121 Ha29
Bietigheim D 133 Cb48
Bietigheim-Bissingen D 134 Cd48
Bieuzy-Lanvaux F 27 Ea40
Bièvre B 132 Ad43
Biez B 124 Ad41
Bieżuń PL 122 Hd34
Biga TR 185 Ec80
Bigadiç TR 192 Fa83
Bigalı TR 185 Ea80
Biganos F 32 Fa51
Bigaunciems LV 106 Ka50
Bigbury-on-Sea GB 19 Dd32
Bigganjarg N 65 Kb06
Biggar GB 11 Eb14
Biggleswade GB 20 Fc26
Bignan F 27 Eb40
Bignasco CH 141 Cb56
Bignor GB 20 Fb30
Bigny F 29 Gd43
Bigor MNE 159 Ja70
Bigorne P 44 Ba61
Bigüézal E 39 Fa57
Bihać BIH 151 Ga62
Biharia RO 170 Cb56
Biharkeresztes H 147 Ka53
Biharnagybajom H 147 Jd53
Bihireşti RO 172 Ed59
Bijela MNE 159 Hd69
Bijele Poljane MNE 159 Hd69
Bijeljani BIH 159 Hc67
Bijeljina BIH 153 Hd62
Bijelo Brdo HR 153 Hd59
Bijelo polje HR 151 Ga62
Bijelo Polje MNE 159 Jb67
Bikal H 152 Hb57
Bikavėnai LT 113 Jc56
Bikernieki LV 115 Lc53
Bikovo SRB 153 Ja58
Biksēre LV 107 Lb50
Biksti LV 105 Jd51
Bila Cerkva UA 204 Ec15
Bilalovac BIH 158 Hb64
Bílá Voda CZ 137 Gc43
Bilbao E 38 Ea55
Bilbo = Bilbao E 38 Ea55
Bilbor RO 172 Ea57
Bilčice CZ 137 Gd45
Bilciureşti RO 176 Ea65
Bilcza PL 130 Jb42
Bildsberg S 102 Fa48
Bildudalur IS 2 Ac02
Bileća BIH 159 Hc68
Bilecik TR 187 Gb80
Biled RO 174 Bc60
Bilelyeri TR 199 Gc91
Biłgoraj PL 131 Kb42
Bilhorod-Dnistrovs'kyj UA 204 Ec17
Biliat F 35 Jd45
Bilicenii Vechi MD 173 Fb56
Bilina CZ 136 Fa43
Bilišane HR 157 Ga64
Bilisht AL 182 Ba77
Biljača KSV 178 Bc72
Bilje HR 153 Hc59
Bilka BG 181 Ed71
Billdal S 102 Eb49
Billé F 28 Fa39
Billeberga S 110 Ed55
Billerbeck D 125 Ca37
Billericay GB 20 Fd27
Billesdon GB 16 Fb24
Billesholm S 110 Ed54
Billigheim D 134 Cd46
Billigheim-Ingenheim D 133 Cb47
Billingborough GB 17 Fc23
Billinge S 110 Fa55
Billingen N 85 Da34
Billingham GB 11 Fa17
Billinghay GB 17 Fc23
Billingsfors S 94 Ed45
Billingshurst GB 20 Fc30
Billnäs FIN 97 Jd40
Billom F 34 Hc47
Billsta S 80 Gd30
Billum DK 108 Cd25
Billund DK 108 Da25
Billy F 34 Hc45
Bilohors'k UA 205 Fa17
Bilokurakyne UA 203 Fb14
Bilopillja UA 202 Ed13
Bílovec CZ 137 Ha45
Bilovods'k UA 203 Fb14
Bilshausen D 126 Db39
Bilska LV 106 La48
Bilsko PL 138 Jb45
Bilto N 63 Hb10
Bilzingsleben D 127 Dd40
Bimeda E 37 Ca55
Biňa SK 146 Hc51
Binaced E 48 Fd60
Binarowa PL 138 Jc45
Binarville F 24 Ja35
Binas F 29 Gb40
Binasco I 149 Cc60
Binbrook GB 17 Fc21
Binche B 124 Ac42
Bińcze PL 121 Gc32
Bindalseidet N 70 Ed24
Bindslev DK 101 Dd19
Binéfar E 48 Fd60
Bingen D 133 Cb44
Bingen D 142 Cd50
Bingen N 93 Dc41
Bingen N 94 Eb42
Bingham GB 16 Fb23
Bingley GB 16 Ed20
Bingöl TR 205 Ga20
Bingsjö S 87 Fd38
Bingsta S 87 Fc32
Binibèquer Vell E 57 Ja66
Binic F 26 Eb37
Biniés E 39 Fb57
Binimel-là E 57 Ja65
Binissafullet E 57 Ja66
Binissalem E 57 Hb67
Binkos BG 180 Ea72
Binn CH 141 Ca56
Binn Éadair IRL 13 Da21
Binneberg S 102 Fa46
Binsfeld D 133 Bc44
Binswangen D 134 Dc49
Binz D 120 Fa30
Bioča MNE 159 Jb68
Bioče MNE 159 Ja69
Biograd na moru HR 157 Fd65
Biokovina BIH 152 Gd63
Bionaz I 148 Bc57
Biorine HR 158 Gc66
Biorra IRL 13 Ca22
Bioska SRB 159 Jb65
Biot F 43 Kc53
Biota E 39 Fa58
Bippen D 117 Cb35
Bîrboieni MD 173 Fb58
Birchiş RO 174 Cb60
Bircza PL 139 Kb45
Birdhill IRL 12 Bd23
Birdlip GB 20 Ed27
Birdsmoor Gate GB 19 Eb30
Birgi TR 192 Fa86
Birgi Novo I 166 Ea84
Birgland D 135 Ea46
Biri N 86 Ea38
Bīriņi LV 106 Kc49
Biristrand N 86 Ea38
Birító H 146 Hc56
Birkeland N 92 Ca45
Birkeland N 92 Cc46
Birkeland N 93 Da46
Birkelse DK 100 Dc20
Birkenau D 134 Cc46
Birkende DK 109 Dd26
Birkenes N 93 Da46
Birkenfeld D 133 Bd45
Birkenfeld D 134 Cc48
Birkenfeld D 134 Da45
Birkenhead GB 15 Eb22
Birkenwerder D 127 Ed36
Birkerød DK 109 Ec25
Birkestrand N 64 Ka05
Birket DK 109 Ea28
Birkfeld A 144 Ga53
Birkungen D 126 Dc40
Bîrlădeni MD 173 Fa54
Birmingham GB 20 Ed25
Birnova MD 173 Fa53
Birónico CH 149 Cc57
Birr IRL 13 Ca22
Birsay GB 5 Eb02
Birstein D 134 Cd43
Birštonas LT 114 Kc58
Biruința MD 173 Fb55
Biruința MD 177 Fc61
Biržai LT 114 Kd53
Birzebbuga M 166 Eb88
Birzes LV 106 Kc52
Birzgale LV 106 Kc51
Birži LV 105 Jb51
Birži LV 106 La52
Birzuļi LV 106 La48
Bisaccia I 161 Fd74
Bisacquino I 166 Ec85
Biscarrosse F 32 Fa51
Biscarrosse-Plage F 32 Fa51
Bisceglie I 162 Gc73
Bischberg D 134 Dc45
Bischbrunn D 134 Da45
Bischheim F 25 Kc37
Bischoffen D 126 Cc42
Bischofsgrün D 135 Ea44
Bischofsheim D 133 Cb44
Bischofsheim D 134 Db43
Bischofshofen A 143 Ed53
Bischofsmais D 135 Ec48
Bischofsreut D 136 Fa48
Bischofswerda D 128 Fb41
Bischofswiesen D 143 Ec52
Bischofszell CH 142 Cd52
Bischwiller F 25 Kc36
Bisenti I 157 Fa69
Biser BG 185 Ea74
Biserci BG 180 Eb68
Bishop Auckland GB 11 Fa17
Bishop's Castle GB 15 Eb24
Bishop's Lydeard GB 19 Ea29
Bishop's Stortford GB 20 Fd27
Bishop's Waltham GB 20 Fa30
Bisiano F 154 Ca71
Bisignano I 164 Gb79
Bisingen D 142 Cc50
Bisisthal CH 142 Cc54
Bisko HR 158 Gc66
Biskopsbyn S 86 Fa38
Biškupci HR 152 Ha60
Biskupice PL 129 Ha41
Biskupice PL 131 Kb40
Biskupiec PL 122 Hc33
Biskupiec PL 122 Jb31
Biskupin PL 121 Gd35
Bislev DK 100 Dc21
Bisley GB 19 Ec27
Bislich D 125 Bc38
Bismark D 127 Ea36
Bismervik N 63 Hd05
Bismo N 85 Db34
Bisoca RO 176 Ec62
Bispberg S 95 Fd40
Bispgården S 79 Gb31
Bispingen D 118 Db34
Bissendorf D 126 Cc37
Bissendorf D 126 Cc37
Bisserup DK 109 Ea27
Bissingen D 134 Dc49
Bissingen, Bietigheim- D 134 Cd48
Bissjön S 80 Hc26
Bissone I 149 Cc58
Bissy-sur-Fley F 30 Ja44
Bistagno I 148 Ca62
Bistar SRB 179 Ca72
Bistarac BIH 153 Hc63
Bistra BG 180 Eb70
Bistra RO 171 Cd59
Bistra RO 171 Db54
Bistra SLO 151 Fc58
Bistražin KSV 178 Ad71
Bistrec BG 181 Ec73
Bistreţ RO 179 Cd67
Bistrica BG 179 Cb73
Bistrica BG 179 Cc71
Bistrica BIH 152 Gd61
Bistrica BIH 152 Gd62
Bistrica BIH 158 Ha65
Bistrica BIH 159 Hc65
Bistrica MK 183 Bb76
Bistrica MNE 159 Ja68
Bistrica SRB 159 Jb66
Bistričak BIH 152 Hb63
Bistriţa RO 171 Dc57
Bistriţa Bârgăului RO 171 Dc57
Biszcza PL 131 Kb42
Bisztynek PL 122 Jb31
Bitburg D 133 Bc44
Bitche F 25 Kb35
Bitelić HR 158 Gc65
Bitem E 48 Ga63
Bitetto I 162 Gc74
Bitola MK 183 Bb76
Bitonto I 162 Gc74
Bitterfeld D 127 Eb39
Bitterna S 102 Ed47
Bitterstad N 66 Fc13
Bitti I 168 Cb75
Bitton GB 19 Ec28
Bitz D 142 Cc50
Biville F 22 Ed34
Bivio CH 142 Cd56
Bivolari RO 173 Fa56
Bivona I 166 Ec85
Bixad RO 176 Ea61
Bixter GB 5 Ed05
Bıyıklar TR 192 Fb84
Bıyıklı TR 197 Ed88
Bize H 145 Gd56
Bizeljsko SLO 151 Ga58
Bizeneuille F 33 Ha45
Bizovac HR 153 Hc59
Bizzarone I 148 Cb58
Bjæverskov DK 109 Eb26
Bjahoml' BY 202 Ea12
Bjala BG 180 Dd69
Bjala BG 180 Ea72
Bjala BG 181 Fa71
Bjala čerkva BG 184 Db74
Bjala Čerkva BG 180 Dc70
Bjala reka BG 184 Dc74
Bjala Reka BG 180 Dc70
Bjala Reka BG 181 Ec71
Bjala Slatina BG 179 Da69
Bjala Voda BG 180 Dc68
Bjal izvor BG 184 Dc75
Bjal Izvor BG 180 Dd73
Bjal Kladenec BG 180 Ea73
Bjalo Pole BG 180 Dd73
Bjalyničy BY 202 Eb12
Bjännberg S 80 Hb29
Bjännfors S 80 Hc27
Bjår N 93 Db42
Bjäresjö S 110 Fa56
Bjärklunda S 102 Fa47
Bjarkøy N 66 Ga12
Bjärme S 87 Gb33
Bjar'movo RUS 107 Ma50
Bjärnum S 110 Fa54
Bjaroza BY 202 Ea13
Bjarozavka BY 202 Ea13
Bjärred S 110 Ed56
Bjärsjölagård S 110 Fa56
Bjärten S 80 Ha28
Bjärtrå S 80 Gc31
Bjästa S 80 Gd30
Bjela BIH 159 Hd66
Bjelahe KSV 178 Ad70
Bjelahe SRB 159 Jc68
Bjelajci BIH 152 Gc61
Bjelland N 92 Cd46
Bjeloperica SRB 159 Jb64
Bjelovar HR 152 Gc58
Bjerangen N 71 Fb19
Bjergby DK 100 Dc19
Bjergby DK 100 Da23
Bjerghuse DK 100 Cd23
Bjerka N 71 Fb21
Bjerkreim N 92 Ca45
Bjerkvik N 67 Gb13
Bjerre DK 101 Dd22
Bjerre DK 108 Dc25
Bjerreby DK 109 Dd28
Bjerregård DK 108 Cd24
Bjerregrav DK 100 Db22
Bjerringbro DK 100 Db23
Bjkörkö-Arholma S 96 Ha41
Bjoestrand N 92 Ca41
Bjølstad N 85 Dc35
Bjönsaberg S 87 Fb37
Bjøranes N 85 Ea36
Björbo S 95 Fc40
Björboholm S 102 Ec48
Bjordal N 84 Cb37
Bjordal N 84 Cd34
Bjordal N 92 Cb45
Bjorelvnes N 62 Gc10
Bjørgan N 86 Ea32
Bjørgo N 85 Dc38
Bjørhusdalen N 78 Fa25
Björka S 87 Fc38
Bjørkås N 67 Gd12
Björkås S 71 Ga21
Björkbäcken S 71 Fd22
Björkberg S 73 Hc21
Björkberg S 80 Gc26
Björkberg S 87 Fc36
Björkboda FIN 97 Jc40
Björkborn S 95 Fc43
Björkbysätern S 94 Ed40
Bjørke N 84 Cc34
Björke S 96 Gc39
Bjørkebakken N 67 Gb11
Bjørkebol S 94 Ec43
Bjørkedal N 84 Cc34
Bjørkedal N 93 Da46
Bjørkekjær N 93 Db45
Bjørkelangen N 94 Eb41
Bjørketorp S 102 Ec50
Björkfors S 73 Jb21
Björkfors S 103 Ga48
Björkhöjden S 79 Ga30
Björkholmen S 72 Gd19
Björkland S 72 Gd23
Bjørklia N 77 Ea30
Björkliden S 67 Gd13
Björkliden S 72 Gb22
Björkliden S 73 Hb24
Björklinge S 96 Gc41
Björklund S 72 Gd23
Björklunda S 72 Gd20
Bjørkneset N 65 Kc08
Bjørkness N 94 Eb41
Björkö FIN 97 Hd40
Björkö FIN 97 Ja40
Björkö FIN 97 Ja41
Björkö S 103 Fc50
Björköby FIN 81 Hd30
Björköby S 103 Fc49
Björksele S 79 Gb28
Björksele S 80 Gd25
Björksjön S 80 Gc30
Björksta S 95 Gb42
Björkvattnet S 79 Fb26
Björkvik S 95 Gb45
Björlanda S 102 Eb49
Bjørna S 78 Ed25
Bjørn N 70 Ed21
Björna S 80 Gd29
Bjørndalen N 78 Ec25
Björneborg S 95 Fb44
Bjørnengen N 63 Hd08
Bjørnera N 66 Ga12
Bjørnerheim N 84 Cc35
Bjørnevatn N 65 Kd08
Bjørnhaugseter N 85 Dd36
Björnhult S 103 Ga50
Björnliden S 86 Ed34
Björnlunda S 96 Gc44
Björnrike S 87 Fb33
Bjørnset N 63 Ja08
Björnsjö S 80 Gd29
Bjørnskinn N 66 Fd12
Bjørnstad N 65 Kd07
Bjørnstad N 71 Fc18
Bjørnstad N 78 Fa25
Björnvik FIN 90 Kd38
Björsäter S 102 Fa46
Björsäter S 103 Ga47
Björsberg S 95 Fd39
Bjuråker S 87 Ga35
Bjurbäck S 102 Fa48
Bjurberget S 94 Ed39
Bjurfors S 80 Hc25
Bjurfors S 80 Hb26
Bjurholm S 80 Ha28
Bjurön S 81 Hd26
Bjursås S 95 Fd39
Bjursele S 80 Ha26
Bjursele S 80 Ha25
Bjurselet S 73 Hc24
Bjurström S 80 Hb25
Bjurtjärn S 95 Fb43
Bjurträsk S 72 Ha24
Bjurträsk S 73 Hd22
Bjurum S 102 Fa47
Bjurvattnet S 80 Ha28
Bjurvattnet S 80 Hb25
Bjuv S 110 Ed54
Blaby GB 16 Fa24
Blace BIH 158 Hb66
Blace HR 158 Ha68
Blace SRB 178 Bc69
Blachownia PL 130 Hc42
Black Bull IRL 13 Cd21
Blackburn GB 10 Ea13
Blackburn GB 15 Ec20
Blacke S 81 Hd26
Blackhall GB 11 Fa17
Blackhill GB 4 Da07
Blacklion IRL 9 Cb18
Blacklunans GB 7 Eb10
Blackmoor Gate GB 19 Dd29
Black Mount GB 7 Dd11
Black Notley GB 21 Ga27
Blackpool GB 15 Eb20
Blackridge GB 10 Ea13
Blacksnäs FIN 89 Hd32
Blacksta S 95 Gb45
Blackstad S 103 Ga49
Blackwater GB 20 Fa31
Blackwater IRL 13 Cd24
Blackwaterfoot GB 10 Db14
Blackwood GB 19 Ea27
Bladåker S 96 Gd41
Bladel NL 124 Ba39
Błądzim PL 121 Ha33
Blaenau Ffestiniog GB 15 Dd23
Blaenavon GB 19 Eb27
Blaengarw GB 19 Ea27
Blæsbjerg DK 101 Dd19
Blagaj BIH 152 Gb61
Blagaj BIH 158 Hb67
Blagdon GB 19 Eb28
Blăgeşti RO 172 Ec59
Blăgeşti RO 177 Fb61
Blagnac F 40 Gb54
Blagodarnyj RUS 205 Ga16
Blagoevgrad BG 179 Cb73
Blagoevo BG 180 Eb69
Blagojev Kamen SRB 174 Bd65
Blagon F 32 Fa50
Blåhøj DK 108 Da25
Blaibach D 135 Ec47
Blaichach D 142 Db52
Blaiken S 72 Gb24
Blaikliden S 71 Fd24
Blain F 28 Ed41
Blainville-Crevon F 23 Gb35
Blainville-sur-l'Eau F 25 Jd37
Blairgowrie GB 7 Eb11
Blaise F 30 Ja38
Blaisy-Bas F 30 Ja41
Blaj RO 175 Da60
Blajan F 40 Ga55
Blăjani RO 176 Ec63
Blăjel RO 175 Db60
Blăjeni RO 171 Cc59
Błąkały PL 123 Ka30
Blakeney GB 17 Ga23
Blakeney GB 19 Ec27
Blaker N 94 Eb41
Blakesley GB 20 Fa26
Blakstad N 77 Da31
Blakstad N 93 Da46
Blâmont F 25 Ka37
Blan F 41 Gd54
Blanca E 55 Ed72
Blancafort F 29 Ha41
Blancas E 47 Ed63
Blanchardstown IRL 13 Cd21
Blanchland GB 11 Ed17
Blancos E 36 Bb58
Blandford Forum GB 19 Ec30
Blandiana RO 175 Cd60
Blanes E 49 Hb60
Blaney GB 9 Cb17
Blangy-sur-Bresle F 23 Gc33
Blangy-sur-Ternoise F 23 Gd31
Blankaholm S 103 Gb49
Blankenau D 126 Da42
Blankenberg D 135 Ea43
Blankenberge B 124 Aa38
Blankenburg D 127 Dd38
Blankenfelde-Mahlow D 127 Ed37
Blankenhain D 127 Dd42
Blankenhain D 127 Eb42
Blankenheim D 125 Bc42
Blankenheim D 127 Ea39
Blankenrath D 133 Bd44
Blankensee D 119 Ed33
Blanquefort F 32 Fb50
Blans DK 108 Db28
Blansko CZ 137 Gc47
Blanzac F 32 Fd48
Blanzy F 30 Ja44
Blarnalearoch GB 4 Dc06
Blarney IRL 12 Bd25
Blaron F 43 Kb52
Blăskovo BG 181 Ed71
Blåsmark S 73 Hc23
Blåsut S 102 Ec47
Błaszki PL 129 Hb39
Blatna BIH 152 Gb61
Blatná CZ 136 Fa47
Blatné SK 145 Gd50
Blato HR 158 Gc68
Blato na Cetini HR 158 Gc66
Blatten CH 141 Bd56
Blatten CH 141 Ca56
Blattniksele S 72 Gc23
Blatzheim D 125 Bc41
Blaubeuren D 134 Da49
Blaufelden D 134 Da47
Blaustein D 134 Da49
Blauwe Hand NL 117 Bc35
Blauwhuis NL 116 Bb33
Blåvand DK 108 Cd26
Blåvik S 80 Gc25
Blåviksjön S 80 Gc25
Blavozy F 34 Hd49
Blaxton GB 16 Fb21
Blaye F 32 Fb49
Blaye F 41 Ha52
Blaye-les-Mines F 41 Gd53
Blaževo SRB 178 Bb69
Blāzma LV 105 Jc49
Błażowa PL 139 Ka44
Blažuj BIH 158 Hb65
Bleadon GB 19 Eb28
Bleckåsen S 79 Fb30
Bleckede D 119 Dd33
Blecket S 87 Fd38
Bled SLO 151 Fa57
Błędów PL 130 Jb38
Błędów PL 138 Hd43
Błędowo PL 121 Hb33
Bledzew PL 128 Fd36
Bleialf D 133 Bc43
Bleiburg A 144 Fc56
Bleicherode D 126 Dc40
Bleik N 66 Fd11
Bleiknesmo N 71 Fd18
Bleikvasslia N 71 Fb22
Blejeşti RO 176 Dd66
Blejoi RO 176 Ea64
Bleken S 102 Ec46
Blekendorf D 119 Dd30
Bleket S 102 Eb48
Blender D 118 Da34
Blendija SRB 178 Bd68
Bléneau F 29 Ha40
Blenna PL 129 Hb36
Blennerville IRL 12 Bb24
Blénod-lès-Toul F 25 Jc37
Blentarp S 110 Fa56
Blera I 156 Ea70
Blérancourt F 24 Hb34
Bléré F 29 Ga42
Blesa E 47 Fa62
Bleskestad N 92 Cc42
Blesle F 34 Hb48
Blessington IRL 13 Cd22
Bleşteni MD 173 Fa54
Blet F 29 Ha43
Bletchingdon GB 20 Fa27
Bletsoe GB 20 Fc26
Bletterans F 31 Jc43
Bleurville F 31 Jd39
Bleury F 30 Hb40
Blévaincourt F 31 Jc39
Blèves F 28 Fd38
Blewbury GB 20 Fa28
Blidari RO 171 Da54
Blīdene LV 105 Jd52
Blidö S 96 Ha42
Bliedersdorf D 118 Da33
Bliedersdorf D 118 Db33
Bliesbruck F 25 Kb35
Blieskastel D 133 Bd46
Blievenstorf D 119 Ea33
Bligny F 24 Hc35
Bligny F 30 Ja39
Bligny-sur-Ouche F 30 Ja42
Blijnii Hutor MD 173 Ga58
Bliksund N 93 Da47
Bliksvær N 66 Fb17
Blinisht AL 163 Jc71
Blinja HR 152 Gb60
Bliūdžiai LT 114 Ka56
Blizanów PL 129 Ha38
Blížejov CZ 135 Ec46
Bliznaci BG 181 Ec69
Bliznaci BG 181 Fa71
Blizne PL 139 Ka45
Bllacë AL 182 Ad74
Blockley GB 20 Ed26
Bloemendaal NL 116 Ad35
Blois F 29 Gb41
Blokhus DK 100 Dc20
Blokzijl NL 117 Bc34
Blombacka S 94 Fa43
Blomberg D 117 Cb32
Blomberg D 126 Cd38
Blome LV 106 Lc48
Blomhöjden S 79 Fc26
Blommenslyst DK 108 Dc26
Blomskog S 94 Ec44
Blomsøy N 70 Ed22
Blomstermåla S 103 Gb51
Blomvåg N 84 Bd38
Blond F 33 Gb46
Blönduós IS 2 Ad03
Błonie PL 129 Gc41
Błonie PL 130 Jb37
Bloška Polica SLO 151 Fb59
Blötberget S 95 Fc41
Błotnica Strzelecka PL 137 Hb43
Błotno PL 120 Fc32
Blovice CZ 135 Ed46
Blovstrød DK 109 Ec25
Blowatz D 119 Ea31
Bloxham GB 20 Fa26
Bludenz A 142 Da54
Bludov CZ 137 Gc45
Błudowo PL 122 Hd30
Blue Ball IRL 13 Cb21
Blueford IRL 12 Bc24
Blumau A 145 Gb53

Blumau – Bösdorf

Blumau I 143 Dd56
Blumberg D 141 Cb51
Blumberg, Ahrensfelde- D 128 Fa36
Blumenhagen D 120 Fa33
Blumenthal D 119 Ec34
Blyberg S 87 Fb37
Blynki RUS 99 Ld43
Blyth GB 11 Fa16
Blyth Bridge GB 11 Eb14
Bnin PL 129 Gc37
Bø N 62 Gc09
Bø N 66 Fc13
Bø N 66 Fd13
Bø N 77 Db31
Bø N 84 Ca36
Bø N 92 Ca43
Bø N 92 Cd45
Bø N 93 Db43
Bø N 93 Dc43
Bo S 95 Fd45
Bo'Ness GB 10 Ea13
Boadilla del Monte E 46 Db64
Boadilla de Rioseco E 37 Cd58
Boal E 37 Bd54
Boalt S 111 Fb53
Boan MNE 159 Ja68
Boario Terme I 149 Da58
Boat of Garten GB 7 Ea08
Boa Vista P 44 Ac65
Boba H 145 Gd54
Bobadilla del Campo E 46 Cd62
Bobadilla Estación E 60 Cd75
Bobâlna RO 171 Da57
Bobbau D 127 Eb39
Bobbio I 149 Cc61
Bobbio Pellice I 148 Bb61
Bobeica MD 173 Fc58
Bobenheim-Roxheim D 133 Cb45
Boberg S 79 Fd30
Bobicești RO 175 Da66
Bobigny F 23 Gd36
Böbing D 142 Dc52
Bobingen D 142 Dc50
Böbingen an der Rems D 134 Da48
Bobitz D 119 Ea32
Böblingen D 134 Cc48
Bobolice PL 121 Gb31
Boboševo BG 179 Cb73
Bobota HR 153 Hd60
Bobota RO 171 Cc56
Bobovdol BG 179 Cb72
Bobovište MNE 159 Ja70
Bobowa PL 138 Jc45
Bobowo PL 121 Hb31
Bobr BY 202 Eb12
Bobrețu RO 175 Da65
Bóbrka PL 139 Kb46
Bobrov RUS 203 Fb13
Bobrovec SK 138 Hd47
Bobrovycja UA 202 Ec14
Bobrowice PL 128 Fc38
Bobrówko PL 120 Fd35
Bobrówko PL 122 Jc32
Bobrowniki PL 122 Hc35
Bobrowniki PL 123 Kc33
Bobrowniki Wielkie PL 138 Jc44
Bobrynec' UA 204 Ed16
Boc MNE 159 Jc68
Boc MNE 178 Ad69
Bóć SK 145 Gd51
Boca de Huérgano E 37 Cd56
Bocairent E 55 Fb70
Bocale I 164 Ga84
Bocani MD 173 Fb56
Bočar SRB 153 Jb58
Bocca di l'Orù F 154 Cb72
Bocca di Piazza I 164 Gc80
Bocchigliero I 164 Gc79
Boceguillas E 46 Dc61
Böçen TR 192 Ga82
Bochnia PL 138 Jb44
Bocholt B 125 Bb39
Bocholt D 125 Bd38
Bochov CZ 135 Ed44
Bochum D 125 Ca39
Bocigas E 46 Da61
Bockara S 103 Ga50
Bockau D 135 Ec43
Bockenem D 126 Db38
Bockfliess A 145 Gc50
Bockhorn D 118 Cc33
Bockhorn D 143 Ea50
Böcki PL 123 Kb35
Böckstein A 143 Ec54
Bockträsk S 72 Gc23
Böckweiler D 133 Bd46
Bočna ob Dreti SLO 151 Fc57
Bocognano F 154 Cb70
Bócsa H 146 Ja56
Bocșa RO 171 Cd56
Bocșa RO 174 Bd62
Bocsig RO 170 Ca59
Boczów PL 128 Fc37
Bod RO 176 Ea62
Boda S 87 Fd38
Boda S 87 Gb32
Boda S 94 Ed43
Boda S 94 Ed43
Böda S 104 Gc50
Bodaczów PL 131 Kc41
Boda glasbruk S 103 Fd52
Bodajk H 145 Hb53
Bødal N 84 Cd35
Bodange B 132 Ba44
Bođani SRB 153 Hd60
Bodaño E 36 Ba56
Bodators S 103 Fc50
Bodbacka FIN 89 Hd32
Bodbyn S 80 Hb28
Boddam GB 5 Fa08
Boddensdorf A 144 Fa56
Boddum DK 100 Da22
Bodegraven NL 116 Ad36
Boden A 142 Db53
Boden D 125 Cb42
Boden S 73 Hd21
Bodenfelde D 126 Da39
Bodenheim D 133 Cb44
Bodenkirchen D 143 Eb50
Bodenmais D 135 Ed48
Bodenwerder D 126 Da38
Bodenwöhr D 135 Eb47
Bodești RO 172 Ec57
Bodfari GB 15 Ea22
Bodilsker DK 111 Fc58
Bodman D 142 Cc51
Bodmin GB 18 Db31
Bodnegg D 142 Da52
Bodö FIN 81 Jb28
Bodø N 66 Fc17
Bodoc RO 176 Ea61
Bodom N 78 Ec28
Bodonal de la Sierra E 51 Bc71
Bodonci SLO 145 Gb55
Bodorgan Station GB 15 Dd22
Bodrost BG 179 Cc73
Bodrum TR 197 Ec90
Bodsjö S 87 Fc32
Bodsjöedet S 78 Ed30
Bodträskfors S 73 Hc21
Bodyke IRL 12 Bd22
Bodzanów PL 130 Ja36
Bodzanowice PL 129 Hb41
Bodzechów PL 131 Jd41
Bodzentyn PL 130 Jc41
Boé F 40 Ga52
Boecillo E 46 Da60
Boedapest = Budapest H 146 Hd53
Boëge F 35 Ka45
Boekel NL 125 Bb38
Boekelo NL 117 Bd36
Boën F 34 Hd47
Boen N 93 Da47
Boeslunde DK 109 Ea27
Boeza E 37 Ca56
Bofara S 87 Ga37
Boffzen D 126 Da38
Bofin IRL 8 Ba19
Bofors S 95 Fc43
Boftsa N 64 Ka06
Bogács H 146 Jc51
Bogaczów PL 128 Fd38
Bogádmindszent H 152 Hb58
Bogan N 78 Ed25
Bøgard N 66 Fd11
Bogarra E 53 Eb70
Bogata RO 171 Db59
Bogați RO 176 Dd64
Bogatić SRB 153 Ja61
Bogatovo RUS 113 Jb58
Bogatovo RUS 122 Ja30
Bogatynia PL 128 Fc42
Boğazak TR 199 Ha91
Boğazcık TR 198 Ga92
Bogazi CY 206 Jd96
Boğaziçi TR 198 Ga88
Boğaziçi TR 199 Gb89
Boğazığı TR 198 Fd92
Boğazkale TR 205 Fb20
Boğazkent TR 193 Hb86
Boğazköy TR 186 Ga80
Boğazköy TR 192 Fc84
Bogdan BG 180 Db72
Bogdana RO 173 Fa59
Bogdanci BG 181 Ec69
Bogdanci MK 183 Ca76
Bogdand RO 171 Cd56
Bogdănești RO 172 Ec56
Bogdănești RO 176 Ec60
Bogdănești RO 177 Fa60
Bogdaniec PL 128 Fc36
Bogdănița RO 177 Fa60
Bogdanovca Nouă MD 177 Fd60
Bogdanovo BG 180 Ea73
Bogdanów PL 130 Hd40
Bogdan Vodă RO 171 Db55
Bogë AL 159 Jb69
Boge S 104 Ha49
Bogen D 135 Ec48
Bogen N 66 Fd15
Bogen N 67 Gb13
Bogen S 94 Ed41
Bogense DK 108 Dc26
Bogetići MNE 159 Hd69
Boggan IRL 9 Cc19
Boghenii Noi MD 173 Fb56
Boghești RO 177 Fa61
Boghiceni MD 173 Fc58
Bogliasco I 148 Cb63
Boglösa S 96 Gc43
Bognanco Fonti I 148 Ca57
Bognelv N 63 Hc08
Bognelvdalen N 63 Hc08
Bognes N 66 Ga14
Bogno CH 149 Cc57
Bognor Regis GB 20 Fb30
Bogny-sur-Meuse F 24 Ja33
Bogø By DK 109 Eb28
Bogodol BIH 158 Ha66
Bogojevac SRB 178 Bc69
Bogojevice SRB 178 Bd70
Bogojevo SRB 153 Hd59
Bogojina SLO 145 Gb56
Bogomila MK 183 Bb74
Bogomilovo BG 180 Dd73
Bogomolje HR 158 Gd67
Bogorodick RUS 203 Fa11
Bogorodsk RUS 203 Fb09
Bogorovo BG 181 Ed68
Bogosavac SRB 153 Ja62
Bogoslov BG 179 Ca72
Bögöte H 145 Gd54
Bogova RO 174 Cb65
Bogovina SRB 178 Bd67
Böğrüdelik TR 193 Hb85
Bogsta S 96 Gc45
Bogstad N 84 Cc35
Bogsund N 92 Cb43
Bogučar RUS 203 Fc13
Boguchwałów PL 137 Ha44
Boguchwały PL 122 Hd31
Bogue GB 10 Dd16
Bogumiłów PL 129 Hb39
Bogumiłowice PL 130 Hc40
Boguszewo PL 121 Hb33
Boguszów-Gorce PL 129 Gb42
Bogutovac SRB 178 Ba67
Boguty-Pianki PL 123 Ka35
Bogyiszló H 146 Hc56
Bogzești MD 173 Fc56
Bohain-en-Vermandois F 24 Hb33
Bohan B 132 Ad44
Bohdalice CZ 137 Gc47
Bohdalov CZ 136 Ga46
Bohdašín CZ 137 Gb43
Boheden S 73 Ja20
Böheimkirchen A 144 Ga51
Boherboy IRL 12 Bc25
Boherlalan IRL 13 Ca23
Bohinjska Bistrica SLO 151 Fa57
Böhl-Iggelheim D 133 Cb46
Böhme D 118 Da35
Böhmenkirch D 134 Da49
Bohmte D 117 Cc36
Bohoduchiv UA 203 Fa14
Boholt RO 175 Cc60
Bohonal de Ibor E 51 Cb66
Böhönye H 145 Gd56
Bohot BG 180 Db69
Bohukaly PL 131 Kc36
Bohula MK 183 Bd75
Bohumín CZ 137 Hb45
Bohuňovice CZ 137 Gd46
Bohus S 102 Ec48
Bohuslav UA 204 Ec15
Bohutín CZ 136 Fa46
Boialvo P 44 Ad63
Boianu Mare RO 171 Cc56
Boiereni RO 171 Db56
Boiro E 36 Ac56
Boiry-Saint-Matin F 23 Ha32
Boiscommun F 29 Gd39
Bois-de-Céné F 28 Ed43
Bois-le-Roi F 29 Ha38
Boismont F 25 Jc34
Boișoara RO 175 Db62
Boisredon F 32 Fb48
Boisseron F 41 Hd53
Boisson F 42 Ja52
Boišta = Slepač most MNE 159 Jb67
Boisville F 29 Gc38
Boitzenburg D 120 Fa34
Boiu Mare RO 171 Da56
Böixols E 48 Gb59
Boizenburg D 119 Dd33
Böja S 102 Fa46
Bojadła PL 128 Ga38
Bojadžik BG 180 Eb73
Bojančište MK 183 Bc75
Bojane MK 178 Bb73
Bojano I 161 Fb73
Bojanovo BG 180 Eb73
Bojanów PL 139 Ka43
Bojanowo PL 129 Gc39
Bojas LV 105 Jb52
Bojčinovci BG 179 Cc69
Bøjden DK 108 Dc27
Bojewyan GB 18 Cd32
Bojišta MK 182 Ba75
Bojka BG 180 Ea70
Bojkovice CZ 137 Ha48
Bojmie PL 131 Jd37
Bojná SK 137 Ha49
Bojnica BG 179 Cb67
Bojnice SK 137 Hb48
Bojnik SRB 178 Bc70
Bojszowy PL 138 Hc44
Bojtiken S 71 Fc23
Boka SRB 174 Bb62
Bókaháza H 145 Gd55
Bokel D 118 Cd33
Bokenäs S 102 Eb47
Bokinka Pańska PL 131 Kc37
Böklund D 108 Db29
Bokod H 145 Hb53
Boków PL 130 Jb40
Bokros H 146 Jb55
Böksholm S 103 Fc51
Boksjok N 64 Ka05
Boksjön S 71 Fd22
Bol HR 158 Gc67
Bol' SK 139 Ka49
Bolandoz F 31 Jd42
Bolaños de Calatrava E 52 Dc69
Bolaños de Campos E 45 Cc59
Bolayır TR 185 Eb79
Bolbec F 22 Fd34
Bölberget S 86 Fa34
Bolboși RO 175 Cc64
Bolca I 149 Dc59
Bölcske H 146 Hd55
Bolderaja LV 106 Kb50
Boldești-Grădiștea RO 176 Ec65
Boldești-Scăeni RO 176 Ea64
Boldogkőváralja H 147 Jd50
Boldon GB 11 Fa16
Boldu RO 176 Ed63
Boldur RO 174 Ca61
Boldurești MD 173 Fb57
Boldva H 146 Jc50
Böle FIN 98 Ka40
Bøle N 78 Eb26
Böle S 73 Hc23
Böle S 73 Hd21
Böle S 79 Fb30
Böle S 79 Gb31
Böle S 87 Fb33
Bolea E 39 Fb58
Boleč SRB 153 Jc62
Boleč SRB 174 Bb64
Bolemin PL 128 Fd36
Boleráz SK 145 Gd50
Bolesław PL 138 Hd43
Bolesławiec PL 128 Fd40
Bolesławiec PL 129 Ha40
Boleszkowice PL 128 Fc36
Boleszyn PL 122 Hd33
Bolewice PL 128 Ga37
Bolewicko PL 128 Ga37
Bolfan HR 152 Gc57
Bolfoss N 94 Eb41
Bolga N 70 Fa19
Bolgatovo RUS 107 Mb49
Bolgheri I 155 Db67
Bolhás H 152 Gd57
Bolhó H 152 Gd58
Bolhov RUS 202 Ed12
Bolhrad UA 204 Ec18
Boliden S 80 Hb25
Bolimów PL 130 Ja37
Bolinglanna IRL 8 Bb19
Bolintin-Deal RO 176 Ea66
Bolintin-Vale RO 176 Ea66
Boljanic BIH 152 Hb62
Boljanići MNE 159 Ja66
Boljarino BG 180 Dc73
Boljarovo BG 185 Ec74
Boljarsko BG 180 Eb73
Boljevac SRB 178 Bd67
Boljevci SRB 153 Jc62
Boljkovci SRB 159 Jc64
Bolkesjø N 93 Dc42
Bölkow D 119 Eb31
Bolków PL 128 Ga42
Boll, Bad D 134 Da49
Bollebygd S 102 Ec49
Bollendorf D 133 Bc44
Bollène F 42 Jb52
Bollermoen N 71 Fb21
Bollezeele F 21 Gd30
Bólliga E 47 Eb65
Bollnäs S 87 Ga37
Bollsetra N 63 Ja08
Bollsbyn S 94 Ec44
Bollstabruk S 80 Gc31
Bolluca TR 186 Fc77
Bollullos de la Mitación E 59 Bd74
Bollullos par del Condado E 59 Bc74
Bolman HR 153 Hc59
Bolmen S 102 Fa52
Bölmepınar TR 198 Ga90
Bolmsö S 102 Fa51
Bolnhurst GB 20 Fc26
Bolnuevo E 55 Ed74
Bologna I 149 Dc63
Bologne F 30 Jb39
Bolognetta I 166 Ed84
Bolognola I 156 Ec68
Bologoe RUS 202 Ec09
Bologovo RUS 202 Eb10
Bolohani MD 173 Fd56
Bolotana I 169 Ca76
Boloteşti RO 176 Ed62
Bolotovo RUS 107 Ma47
Bol'šaja Polja RUS 99 Lc42
Bol'šaja Poljana RUS 113 Jb59
Bol'šakovo RUS 113 Jc58
Bolsena I 156 Ea69
Bol'ševik RUS 203 Fd12
Bol'šie Berežki RUS 113 Jb57
Bol'šinka RUS 203 Fc14
Bol'šoe Zareč'e RUS 99 Mb41
Bol'šoj Borovnja RUS 99 Ld42
Bol'šoj Ižora RUS 99 Ma39
Bol'šoj Jamno RUS 99 Ld44
Bol'šoj Kolpany RUS 99 Mb40
Bol'šoj Kuzemkino RUS 99 Lc41
Bol'šoj L'zi RUS 99 Mb44
Bol'šoj Ozerticy RUS 99 Ma41
Bol'šoj Pustomerža RUS 99 Ld41
Bol'šoj Rožki RUS 99 Ld43
Bol'šoj Ruddilovo RUS 99 Ld40
Bol'šoj Sabicy RUS 99 Ma43
Bol'šoj Sabsk RUS 99 Ma42
Bol'šoj Selo RUS 113 Jd57
Bol'šoj Stremlenie RUS 99 Ld40
Bol'šoj Taglino RUS 99 Mb40
Bol'šoj Teškovo RUS 99 Ma40
Bol'šoj Vruda RUS 99 Ma41
Bol'šoj Zagorje RUS 107 Ma46
Bol'šoj Zahon'e RUS 99 Mb44
Bolsover GB 16 Fa22
Bolstad S 102 Ec46
Bolsward NL 116 Bb33
Bolszewo PL 121 Ha29
Boltaña E 40 Fd58
Boltenhagen D 119 Ea31
Boltigen CH 141 Bc55
Bolton GB 15 Ec21
Bolton Abbey GB 16 Ed20
Bolton-le-Sand GB 11 Ec19
Bolțun MD 173 Fc58
Bolu TR 187 Hb79
Bölüceağac TR 198 Ga93
Bolungarvík IS 2 Ac02
Bolvadin TR 193 Gd85
Bolvașnița RO 174 Cb62
Böly H 153 Hc58
Bolzano I 143 Dd56
Bomal B 124 Ba42
Bomarken S 94 Eb44
Bomba I 161 Fb71
Bombarral P 50 Aa67
Bominaco I 156 Ed70
Bomlitz D 118 Db35
Bømlo N 92 Bd41
Bompas F 41 Hb57
Bomporto I 149 Dc62
Bomsund S 79 Fd31
Bona F 30 Hc43
Bona S 103 Fc46
Bonac F 40 Gb56
Bönan S 96 Gc39
Bonanza E 59 Bd75
Boñar E 37 Cc56
Bonar Bridge GB 5 Ea06
Bonarcado I 169 Bd77
Bonares E 59 Bc74
Bonäs S 87 Fb38
Bonäset S 78 Fa30
Bonäset S 79 Fd28
Bonåsjøen N 66 Fd16
Bonawe GB 6 Dc11
Bonboillon F 31 Jc41
Boncath GB 14 Dc26
Bonchester Bridge GB 11 Ec15
Boncuklu TR 191 Ed83
Bończa PL 131 Kc40
Bondari RUS 107 Mb52
Bondary PL 123 Kc34
Bondeborg S 73 Ja21
Bondemon S 94 Eb45
Bondeno I 150 Dd61
Bonderup DK 100 Db21
Bondorf D 134 Cc49
Bondstorp S 103 Fb49
Bondyrz PL 131 Kc42
Bönebüttel D 118 Dc31
Bonefro I 161 Fc72
Bonelli I 150 Eb62
Bönen D 125 Cb39
Bonens N 67 Gc13
Bonese D 119 Dd35
Bonete E 55 Ed70
Bönhamn S 80 Gd31
Bonhill GB 10 Dd13
Bonhomme F 31 Kb38
Boniches E 54 Ed66
Boniewo PL 129 Hb36
Bonifacio F 154 Cb72
Bonifato F 154 Ca69
Bonilla de la Sierra E 45 Cc64
Bonin PL 120 Fd34
Bonlieu F 31 Jd44
Bonn D 125 Bd41
Bonnat F 33 Gc45
Bonndorf D 141 Cb51
Bonne F 35 Ka45
Bonnebosq F 22 Fd36
Bønnerup Strand DK 101 Dd23
Bonnet DK 100 Cd22
Bonnétable F 28 Fd39
Bonneuil-Matours F 29 Ga44
Bonneval F 29 Gb39
Bonneval F 35 Kb47
Bonneval-en-Diois F 35 Jd50
Bonnevaux F 31 Jd43
Bonnevaux F 31 Ka44
Bonneville F 35 Ka45
Bonneville-la-Louvet F 22 Fd35
Bonnières-sur-Seine F 23 Gc36
Bonnieux F 42 Jc53
Bönnigheim D 134 Cd47
Bönningstedt D 118 Db32
Bonnyapuszta H 145 Ha56
Bonny-sur-Loire F 29 Ha41
Bono E 40 Ga58
Bono I 168 Ca76
Bonorva I 168 Ca76
Bonrepaux F 40 Gc53
Bons F 35 Ka45
Bonsecours F 23 Gb35
Bønsnes N 93 Dd41
Bønsvig DK 109 Eb27
Bontgoch Elerch GB 15 Dd24
Bonțida RO 171 Da57
Bonvilston GB 19 Ea28
Bőny H 145 Ha52
Bonyhád H 153 Hc57
Boo S 96 Gd43
Boock D 119 Ea35
Boolakennedy IRL 13 Ca24
Boos D 142 Db51
Boos F 23 Gb35
Boostedt D 118 Dc31
Bootle GB 11 Eb18
Bopfingen D 134 Db48
Boppard D 133 Ca43
Boquiñeni E 47 Fa60
Bor CZ 135 Ec46
Bor S 103 Fb51
Bor SRB 174 Ca66
Boraja HR 158 Gb66
Borås S 102 Eb49
Borăscu RO 175 Cc65
Borawe PL 122 Jc34
Borawskie PL 123 Ka30
Borba P 50 Ba69
Borca RO 172 Ea57
Borča SRB 153 Jc61
Borca di Cadore I 143 Eb56
Borcea RO 181 Fa67
Börcek TR 191 Ed83
Borchen D 126 Cd39
Borci BIH 152 Ha63
Borci BIH 158 Hb66
Borculo NL 125 Bd37
Bordalba E 47 Ec61
Bordalen N 78 Eb30
Bordány H 146 Jb56
Bordeaux F 32 Fb50
Bordeira P 58 Aa73
Bordei Verde RO 177 Fa64
Bordelum D 108 Da29
Bordères-Louron F 40 Fd57
Bordesholm D 118 Dc30
Bordessoule F 33 Gd45
Bordești RO 176 Ed62
Borðeyri IS 2 Ad03
Bordighera I 43 Kc52
Bording DK 108 Db24
Bordon GB 20 Fb29
Bords F 32 Fb47
Bordușani RO 177 Fa66
Bore I 149 Cd62
Borehamwood GB 20 Fc27
Borek PL 138 Jb44
Borek Wielkopolski PL 129 Gc38
Boreland GB 11 Eb15
Borello I 156 Ea64
Borensberg S 103 Fd46
Boretto I 149 Db61
Bore Verdalen N 92 Ca44
Borg N 66 Fb14
Borgå FIN 98 Kc39
Borgafjäll S 79 Fc25
Borgan N 78 Eb25
Borgarnes IS 2 Ac04
Borgata Marina I 164 Gc78
Borge N 93 Ea44
Borgen N 92 Cd43
Borgen S 80 Gc27
Borgentreich D 126 Da39
Börger D 117 Cb34
Börger D 117 Cb34
Borger NL 117 Bd34
Borger NL 117 Ca34
Borgetto I 166 Ec84
Borggård S 95 Fd45
Borghamn S 103 Fc47
Borghetto I 150 Ea63
Borghetto d'Arroscia I 148 Bd63
Borghetto di Vara I 149 Cd63
Borghetto Santo Spirito I 148 Bd63
Borgholm S 103 Gb52
Borgholzhausen D 126 Cc37
Borghorst D 125 Ca37
Borghusseter N 77 Dd33
Borgia I 164 Gc81
Borgloon B 124 Ba41
Børglum DK 100 Dc20
Borgo F 154 Cc69
Borgo a Mozzano I 155 Da64
Borgo Cortili I 150 Dd62
Borgoforte I 149 Db61
Borgofranco d'Ivrea I 148 Bd59
Borgo Grappa I 160 Ec73
Borgo Libertà I 161 Ga74
Borgomanero I 148 Ca58
Borgomasino I 148 Bd59
Borgonovo Ligure I 149 Cc63
Borgonovo Val Tidone I 149 Cc61
Borgo Piave I 160 Eb73
Borgorose I 156 Ec70
Borgo San Dalmazzo I 148 Bc63
Borgo San Giusto I 161 Fd73
Borgo San Lorenzo I 155 Dc64
Borgo San Michele I 160 Ec73
Borgo San Siro I 148 Cb60
Borgo Schisina I 167 Fd84
Borgo Segezia I 161 Fd73
Borgosesia I 148 Ca58
Borgo Tossignano I 150 Dd63
Borgo Val di Taro I 149 Cc62
Borgo Valsugana I 150 Dd58
Borgsdorf D 127 Ed36
Borgsjö S 80 Gc27
Borgsjö S 87 Ga33
Borgstena S 102 Ed48
Borgund N 85 Da37
Borgunda S 102 Fa47
Borgvattnet S 79 Fd30
Borgvik S 94 Ed43
Bori RUS 99 Ma43
Boriç AL 159 Jb70
Borika BG 179 Cd72
Borima BG 180 Db70
Borina SRB 153 Hd63
Borino BG 184 Da75
Borinskoe RUS 203 Fb12
Borisenki RUS 107 Ma51
Borisoglebsk RUS 203 Fc12
Borisovka RUS 203 Fa14
Borisovo BG 180 Eb68
Borisovo RUS 202 Ed08
Borisovo-Sudskoe RUS 202 Ec08
Borja E 47 Ed60
Børja N 94 Ec41
Borje HR 151 Ga62
Börjelsbyn S 73 Ja21
Börjelslandet S 73 Hd22
Borkan S 71 Fd24
Borkel NL 124 Ba39
Borken D 125 Bd38
Borken (Hessen) D 126 Cd41
Borkheide D 127 Ec37
Borki PL 131 Ka38
Borki PL 138 Jc43
Borki RUS 99 Ma39
Børkop DK 108 Db25
Borków PL 130 Jb42
Borkowo PL 123 Jd33
Borkum D 117 Bd32
Borlänge S 95 Fd40
Borlaug N 85 Da37
Borlești RO 172 Ec58
Børlja N 86 Ea32
Borlu TR 192 Fb85
Bormes-les Mimosas F 43 Kb55
Bormida I 148 Ca63
Bormio I 142 Db56
Born D 119 Ec30
Born NL 125 Bb40
Born S 87 Fd38
Borna D 127 Ec41
Borna D 127 Ed40
Borne D 127 Ea38
Borne F 34 Hd49
Borne NL 117 Bd36
Borness GB 10 Dd17
Borne Sulinowo PL 121 Gb33
Bornheim D 125 Bd41
Bornhöved D 118 Dc31
Börnichen D 127 Ed42
Børnnes N 64 Jc05
Borno I 149 Da58
Bornos E 59 Ca76
Börnsen D 118 Dc33
Bornstedt D 127 Ea39
Boroaia RO 172 Ec56
Borobia E 47 Ec60
Borod RO 171 Cc57
Borodino RUS 113 Jc59
Borodjanka UA 202 Ec14
Borogani MD 177 Fc60
Borohrádek CZ 136 Ga44
Boronów PL 130 Hc42
Borore I 169 Ca76
Boroseni Noi MD 173 Fa54
Boroșneu Mare RO 176 Eb61
Borotin CZ 136 Fc46
Borotno RUS 99 Mb45
Borova UA 203 Fb14
Borova Glava SRB 159 Jb65
Borová Lada CZ 136 Fa48
Borovan BG 179 Cd69
Borovany CZ 136 Fc48
Borovci BG 179 Cc69
Borovci HR 158 Ha67
Borovec BG 179 Cc73
Borovenka RUS 202 Ec09
Boroviči RUS 202 Ec09
Borovik HR 152 Hb60
Borovik RUS 99 Ld45
Borovnica BIH 152 Hb63
Borovnica SLO 151 Fb58
Borovnice CZ 137 Gb46
Borovno CZ 136 Fa46
Borovo BG 180 Ea69
Borovo HR 153 Hd60
Borovo Selo HR 153 Hd60
Borovsk RUS 202 Ed11
Borovye RUS 107 Mb52
Borów PL 129 Gc42
Borów PL 131 Jd41
Borowa PL 138 Jc43
Borowie PL 131 Jd37
Borowiec PL 128 Ga39
Borowina PL 128 Fd39
Borówno PL 121 Ha33
Borowno PL 130 Hc41
Borowo PL 121 Ha30
Borox E 46 Dc65
Borrby S 111 Fb56
Borrby strandbad S 111 Fb57
Borre N 93 Dd43
Borredà E 49 Gd59
Borres E 37 Ca54
Borrèze F 33 Gb50
Borriana E 54 Fc66
Börringe S 110 Fa56
Borriol E 54 Fc66
Borris DK 108 Da24
Borris IRL 13 Cc24
Borris in Ossory IRL 13 Cb22
Borrisokane IRL 13 Ca22
Borrisoleigh IRL 13 Ca23
Börrum S 103 Gb47
Borș RO 170 Ca56
Børsa N 77 Ea30
Borșa RO 171 Da57
Borșa RO 171 Dc55
Borsækoia N 92 Cd43
Borščiv UA 204 Ea16
Borsdorf D 127 Ec40
Borsec RO 172 Ea58
Børselv N 64 Jc06
Borsfa H 145 Gc56
Borsh AL 182 Ab78
Borsk PL 121 Gd31
Borskoe RUS 113 Jb59
Borský Mikuláš SK 137 Gd49
Borsodivánka H 146 Jc52
Borsodnádasd H 146 Jb51
Borsosgyőr H 145 Gd53
Borssele NL 124 Ab38
Börßum D 126 Dc37
Børsted DK 109 Eb27
Borstel D 118 Cd35
Börstig S 102 Fa48
Börstil S 96 Gd40
Bortan S 94 Ed41
Borth D 125 Bd38
Borth GB 15 Dd24
Bortigali I 169 Ca76
Bort-les-Orgues F 33 Ha48
Börtlüce TR 192 Fb85
Börtnan S 87 Fb32
Bortnen N 84 Cb34
Boruja PL 128 Ga37
Boruja Kościelna PL 128 Ga37
Borum DK 108 Dc24
Borup DK 100 Db21
Borup DK 109 Eb26
Boruszyn PL 121 Gb35
Borutta I 168 Ca75
Borve GB 4 Cd06
Borynja UA 204 Dd16
Boryspil' UA 202 Ec14
Boryszyn PL 128 Fd37
Borzechów PL 131 Ka40
Borzechowo PL 121 Ha31
Borzęcice PL 129 Gd38
Borzęciczki PL 129 Gd38
Borzecin PL 138 Jb44
Borzęcin Duży PL 130 Jb37
Borzna UA 202 Ec14
Borzonasca I 149 Cc63
Borzykowa PL 130 Hd41
Borzymy PL 123 Ka31
Borzysław PL 121 Gc31
Borzytuchom PL 121 Gc30
Bosa I 169 Bd76
Bosa Marina I 169 Bd76
Bosanci RO 172 Ec56
Bosanic HR 151 Fd60
Bosanka Kostajnica BIH 152 Gc60
Bosanki Dubočac BIH 152 Hb61
Bosanska Bojna BIH 151 Ga61
Bosanska Krupa BIH 152 Gb62
Bosanska Rača BIH 153 Ja61
Bosanski Brod BIH 152 Hb61
Bosanski Kobaš BIH 152 Ha61
Bosanski Petrovac BIH 152 Gb63
Bosansko Grahovo BIH 158 Gb64
Bošany SK 137 Hb49
Bősárkány H 145 Gd52
Bosau D 118 Dc31
Bosbury GB 15 Ec26
Boscamnant F 32 Fc49
Boșcana MD 173 Fd57
Boscastle GB 18 Db30
Bosco I 156 Eb67
Bosco/Gurin CH 141 Cb56
Bosco Chiesanuova I 149 Dc59
Bosco Marengo I 148 Cb61
Boscotrecase I 161 Fb75
Bösdorf D 118 Dc31

Bosebo – Brisley

Bosebo S 102 Fa50
Bosebyn S 94 Ed42
Bösel D 117 Cc34
Bösenbrunn D 135 Eb43
Bosherston GB 18 Db27
Bosilegrad SRB 179 Ca72
Bosiljevo HR 151 Fd60
Bosilkovci BG 180 Dd69
Bosjön S 95 Fb42
Boskic HR 152 Hb59
Boskoop NL 116 Ad36
Boškov CZ 137 Gd46
Boskovice CZ 137 Gc46
Bosley GB 16 Ed22
Bosna BG 181 Ec68
Bosna TR 185 Eb75
Bosnek BG 179 Cc72
Bošnjace SRB 178 Bd70
Bošnjaci HR 153 Hc61
Boşorod RO 175 Cc61
Bossbøen N 93 Da42
Bossbu N 92 Cc43
Bossea I 148 Bd63
Bossée F 29 Ga42
Bossolasco I 148 Bd62
Bossòst E 40 Ga57
Bostanci TR 185 Ed80
Bostandere TR 185 Ec80
Bostandere TR 199 Hb89
Boštanj SLO 151 Fd58
Bostanlı TR 185 Ec75
Bostanlı TR 193 Gc84
Bostanyeri TR 187 Ha78
Böste läge S 110 Ed57
Boston GB 17 Fc23
Bostrak N 93 Db44
Bošulja BG 179 Da73
Bosund FIN 81 Jb28
Bosundet S 79 Ga28
Bosut SRB 153 Ja61
Bosuta SRB 153 Jc63
Boswil CH 141 Cb53
Böszénfa H 152 Ha57
Boszkowo PL 129 Gb38
Bot E 48 Fd63
Bote S 80 Gc31
Botesdale GB 21 Ga25
Botești RO 172 Ec57
Botești RO 173 Fb58
Botești RO 176 Dd64
Botevgrad BG 179 Cd70
Botevo BG 179 Cd68
Botevo BG 181 Fa70
Botfei RO 170 Cb58
Bothel D 118 Da34
Bothel GB 11 Eb17
Bothenheilingen D 126 Dc40
Boticas P 44 Bb59
Botilsäter S 94 Ed44
Botiz RO 171 Cd54
Botiza RO 171 Db55
Botley GB 20 Fa30
Botn N 62 Ha09
Botn N 67 Gb13
Botnărești MD 173 Fd58
Botne N 92 Ca44
Botne N 93 Dd43
Botnen N 84 Cc34
Botngård N 77 Dd28
Botnlia N 86 Ec32
Bótoa E 51 Bc68
Botoroaga RO 180 Dd67
Botorrita E 47 Fa61
Botoš SRB 153 Jc60
Botoš SRB 174 Bb62
Botoșana RO 172 Eb55
Botoșani RO 172 Ec55
Botrange B 125 Bb42
Botricello I 165 Gd81
Botsmark S 80 Hb27
Bottarone I 149 Cc60
Botteghelle I 167 Fb87
Botten S 94 Ed43
Bottesford GB 16 Fb23
Bottheim N 85 Dc34
Bottidda I 168 Ca76
Böttingen D 142 Cc50
Bottna S 102 Eb46
Bottnaryd S 102 Fa49
Bottrop D 125 Bd39
Botsfjord N 63 Hd06
Botun MK 182 Ba75
Botunje SRB 174 Bb66
Boturić SRB 178 Bb68
Bötzingen D 141 Ca50
Bötzow D 127 Ed36
Bouaye F 28 Ed42
Bouça P 45 Bc60
Bouce F 22 Fc37
Bouchain F 24 Hb32
Bouçoães P 45 Bc59
Boucq F 25 Jc37
Boudin F 35 Ka46
Boudreville F 30 Ja39
Boudry CH 141 Bb54
Boueilho F 40 Fc54
Bouessay F 28 Fc40
Bouesse F 29 Gc44
Bouges-le-Château F 29 Gc43
Bouglainval F 29 Gb38
Bouguenais F 28 Ed42
Bouilland F 30 Ja42
Bouillargues F 42 Ja53
Bouillé-Ménard F 28 Fa40
Bouillon B 132 Ad43
Bouillon B 132 Ad44
Bouilly F 30 Hd39
Bouin F 27 Ec43
Boujailles F 31 Jd43
Boúka GR 188 Ad83
Boúka GR 194 Bb89
Bouladuff IRL 13 Ca23
Boulay-Moselle F 25 Jd35
Bouligneux F 34 Jb46
Bouligny F 25 Jc35
Bouloc F 41 Hb52
Boulogne-Billancourt F 23 Gd37
Boulogne-sur-Gesse F 40 Ga55
Boulogne-sur-Mer F 21 Gc30
Bouloire F 29 Ga40
Bouloz CH 141 Bb55
Bouniagues F 33 Ga50
Bouray sur-Juine F 29 Gd38
Bourbon-Lancy F 30 Hc44
Bourbon-l'Archambault F 30 Hb44
Bourbonne-les-Bains F 31 Jc39
Bourbourg F 21 Gd30
Bourbriac F 26 Ea38
Bourdeaux F 35 Jc50
Bourdeilles F 33 Ga48
Bourdon F 23 Gc33
Bourdons-sur-Rognon F 30 Jb39
Bouresse F 33 Ga45
Bourg F 32 Fb49
Bourg-Achard F 23 Ga35
Bourganeuf F 33 Gc46
Bourg-Archambault F 33 Gb45
Bourg-Argental F 34 Ja48
Bourg-Beaudouin F 23 Gb35
Bourg-Blanc F 26 Db38
Bourg-de-Péage F 34 Jb49
Bourg-des Comptes F 28 Ed40
Bourg-de-Visa F 40 Gb52
Bourg-d'Oueil F 40 Ga57
Bourg-en-Bresse F 34 Jb45
Bourges F 29 Gd43
Bourg-et-Comin F 24 Hc35
Bourg-Lastic F 33 Ha47
Bourg-Madame F 41 Gd58
Bourgneuf F 29 Gd42
Bourgneuf F 35 Ka47
Bourgneuf-en-Retz F 27 Ec43
Bourgogne F 24 Hd35
Bourgoin-Jallieu F 35 Jc47
Bourg-Saint-Andéol F 42 Jb51
Bourg-Saint-Maurice F 35 Kb47
Bourg-Saint Pierre CH 148 Bc57
Bourgthéroulde-Infreville F 23 Ga35
Bourgueil F 28 Fd42
Bourn GB 20 Fc26
Bournand F 28 Fd43
Bourne GB 17 Fc24
Bournemouth GB 20 Ed31
Bourneville F 23 Ga35
Bournezeau F 28 Fa44
Bournos F 40 Fc55
Bouro P 44 Ad59
Bourriot-Bergonce F 40 Fc52
Bourron F 29 Ha38
Bourtange NL 117 Ca34
Bourth F 23 Ga37
Bourton-on-the-Water GB 20 Ed27
Bousières F 31 Jd42
Boussac F 33 Gd45
Boussais F 28 Fc43
Boussens F 40 Gb56
Bousses F 40 Fd52
Boussière-Poitevine F 33 Ga45
Bouvières F 42 Jc51
Bouville F 29 Gd38
Bouvron F 28 Ed41
Bouxwiller F 25 Kb36
Bouy F 24 Hd36
Bouzas E 36 Ad57
Bouzonville F 25 Jd35
Bouzov CZ 137 Gc46
Bova I 164 Gb84
Bøvær N 62 Gb10
Bovalino I 164 Gb83
Bovalino Marina I 164 Gb84
Bovallstrand S 102 Eb46
Bova Marina I 164 Gb84
Bovan SRB 178 Bd68
Bovec SLO 150 Ed57
Bóveda E 36 Bc56
Bóveda E 38 Dd56
Bovegno I 149 Da58
Bovenau D 118 Db30
Bovenden D 126 Db39
Bovense DK 109 Dd26
Bøverdal N 85 Db35
Bøverfjord N 77 Db31
Boves F 23 Gd33
Boves I 148 Bc63
Bovey Tracey GB 19 Dd31
Boviel GB 9 Cd16
Bovigny B 133 Bb43
Bovik FIN 96 Hb40
Boviken S 80 Hc25
Bovingdon GB 20 Fb27
Bovino I 161 Fd74
Bøvlingbjerg DK 100 Cd25
Bovolone I 149 Dc60
Bovrup DK 108 Db28
Bowburn GB 11 Fa17
Bowes GB 11 Ed18
Bowmore GB 6 Da13
Bowness-on-Solway GB 11 Eb16
Box FIN 98 Kc39
Box GB 19 Ec28
Boxberg D 128 Fb40
Boxberg D 134 Da46
Boxford GB 20 Fa28
Boxholm S 103 Fc47
Boxmeer NL 125 Bb38
Boxtel NL 124 Ba38
Boyabat TR 205 Fb20
Boyalı TR 192 Fa84
Boyalı TR 199 Hb89
Boyalıca TR 186 Ga79
Boyalıca TR 192 Fc82
Boyalık TR 186 Fc77
Boyalılar TR 192 Fa85
Boyardville F 32 Fa46
Boyle IRL 8 Ca19
Bøylestad N 93 Da46
Boynanalar TR 191 Ed81
Boynes F 29 Gd39
Boynton GB 17 Fc19
Bøyum N 84 Cc36
Bozahlat TR 186 Fb80
Bozalan TR 191 Ec85
Bozan TR 193 Gb87
Bozan TR 193 Gd82
Božanka PL 121 Gc31
Bozarmut TR 187 Hb79
Bozarmut TR 197 Fa89
Božava HR 157 Fc64
Bozbelen TR 192 Fd82
Bozbük TR 192 Fb83
Bozburun TR 187 Gb78
Bozburun TR 197 Fa91
Bozcaada TR 191 Ea81
Bozcaarmut TR 192 Ga81
Bozcaatlı TR 192 Fc85
Bozdağ TR 192 Fa86
Bozdağ TR 192 Ga87
Bozdoğan TR 198 Fb88
Bożejewo PL 123 Jd33
Božejov CZ 136 Fd47
Bozel F 35 Kb47
Bozen I 143 Dd56
Bożeń PL 129 Gb40
Bozen TR 192 Fb81
Božencite BG 180 Dd71
Bożepole Wielkopolski PL 121 Gd29
Božetići SRB 178 Ad67
Boževac SRB 174 Bc65
Bożewo PL 122 Hd35
Bozhane TR 186 Fd77
Bozhigrad AL 182 Ba77
Bozhüyük TR 193 Gc84
Bozhüyük TR 199 Gb91
Božica SRB 179 Ca71
Božice CZ 137 Gb48
Bozieni MD 173 Fc59
Bozieni RO 172 Ed58
Bozioru RO 176 Ec63
Bozkaya TR 199 Ha90
Bozkır TR 191 Ed86
Bozkurt TR 198 Ga88
Bozkuş TR 192 Ga85
Bozlar TR 185 Ed80
Bozören TR 191 Ed82
Bozouls F 33 Ha51
Bozova TR 199 Gb90
Bozovici RO 174 Ca64
Bozrük TR 197 Ec89
Bozsok H 145 Gb54
Boztepe TR 187 Gc79
Boztepe TR 199 Gd91
Boztepe TR 199 Hb92
Božurište BG 179 Cc71
Božurovo BG 180 Eb68
Božurovo BG 181 Fa69
Bozüyük TR 193 Gb81
Bozvelijsko BG 181 Ed71
Bozyaka TR 198 Fd91
Bozzecca I 149 Db58
Bozzolo I 149 Db61
Bra B 124 Ba42
Bra I 148 Bd61
Braaid GB 10 Dc19
Braak D 118 Dc32
Braås S 103 Fc51
Brabova RO 175 Cd66
Bracadale GB 4 Da08
Braccagni I 155 Db68
Bracciano I 160 Ea71
Bracebridge Heath GB 17 Fc22
Braćevac SRB 174 Cb66
Brach F 32 Fa49
Brachlewo PL 121 Hb32
Brachstedt D 127 Eb39
Bracht D 125 Bc39
Brachttal D 134 Cd43
Bracieux F 29 Gc41
Bracigliano I 161 Fc75
Bracigovo BG 184 Da74
Brackagh IRL 13 Cc21
Bräcke S 87 Fd32
Bräcke S 94 Ec44
Brackel D 118 Db33
Brackenheim D 134 Cd47
Brackley GB 20 Fa26
Bracknell GB 20 Fb28
Braco GB 7 Ea12
Brad RO 175 Cc60
Bradaiž LV 107 Ld51
Brădeanu RO 176 Ec65
Brădeni RO 175 Dc60
Bradesiai LT 115 Lb54
Brădești RO 175 Cd65
Brădești RO 176 Dd60
Bradfield GB 20 Fa28
Bradford GB 16 Ed20
Bradford-on-Avon GB 19 Ec28
Brådland N 92 Cb44
Bradno SK 138 Ja49
Bradu RO 175 Dc65
Brădulet RO 175 Dc63
Brăduț RO 176 Ea60
Bradvari BG 181 Ed68
Bradwell-on-Sea GB 21 Ga27
Bradworthy GB 18 Dc30
Brae GB 5 Fa04
Brædstrup DK 108 Db24
Braemar GB 7 Eb09
Brændstrup DK 108 Da26
Brăești RO 172 Ec55
Brăești RO 172 Ed57
Brăești RO 176 Ec63
Braeswick GB 5 Ec02
Braga P 44 Ad60
Bragadiru RO 176 Ea66
Bragadiru RO 180 Dd68
Bragança P 45 Bd59
Bragayrac F 40 Gb54
Brăicău MD 173 Fb53
Braies I 143 Ea55
Brail CH 142 Da55
Brăila MD 173 Fd58
Brăila RO 177 Fb64
Brailes GB 20 Fa26
Brailovo MK 183 Bb74
Braine F 24 Hb35
Braintree GB 20 Fd27
Braives B 124 Ba41
Brajkovići BIH 158 Ha64
Brajkovići HR 151 Fa61
Brajkovići SRB 159 Jb64
Brake D 118 Cd33
Brakel D 126 Cd38
Brakel NL 124 Ba37
Bräkne-Hoby S 111 Fd54
Brålanda S 102 Ec46
Bralin PL 129 Ha40
Braljina SRB 178 Bc67
Brallo di Pregola I 149 Cc62
Brálos GR 189 Bd84
Braloștița RO 175 Cd65
Bram F 41 Gd55
Bramberg A 143 Eb54
Bramhope GB 16 Fa20
Brämhult S 102 Ed49
Bramming DK 108 Da26
Brampton GB 11 Ec16
Brampton GB 21 Gb25
Bramsche D 117 Cb36
Bramstedt D 118 Cd33
Bran RO 176 Dd62
Brånaberg S 71 Ga23
Branäs S 94 Ed39
Braña Vieja E 38 Db56
Branč SK 145 Hb50
Branca I 156 Eb67
Brancaleone Marina I 164 Gb84
Br'ančaninovo RUS 107 Ma48
Brancaster GB 17 Ga23
Brânceni RO 180 Dd68
Brancion F 30 Ja44
Brâncovenești RO 171 Dc58
Brâncoveni RO 175 Db66
Brand A 142 Cd54
Brandal N 76 Cc32
Brändåsen S 86 Ed33
Brandasund N 84 Bd40
Brandberg A 143 Ea54
Brandbu N 85 Ea40
Brande DK 108 Da24
Brände S 80 Hc26
Brandenberg A 143 Ea53
Brandenburg D 127 Ec36
Brand-Erbisdorf D 127 Ed42
Branderup DK 108 Da27
Brandeso E 36 Ba55
Brandis D 127 Ec40
Brandlecht D 117 Ca36
Brando F 154 Cc68
Brandö FIN 97 Hd39
Brandomil E 36 Ac55
Brandon GB 11 Fa17
Brandon GB 21 Ga25
Brändön S 73 Ja22
Brändövik FIN 81 Hd30
Brandsby GB 16 Fb19
Brandshagen D 119 Ed30
Brandsøy N 84 Ca35
Brandstad N 77 Db32
Brandstorp S 103 Fb48
Brandsvoll N 92 Cd46
Brandval N 94 Ec40
Brandýs nad Labem-Stará Boleslav CZ 136 Fc44
Brănești RO 176 Dd64
Brănești RO 176 Eb66
Branica BG 185 Ea74
Branice PL 137 Ha44
Braničevo BG 181 Ed69
Braničevo SRB 174 Bd64
Braniewo PL 122 Hd30
Branik SLO 151 Fa58
Branişca RO 175 Cc60
Braniște BG 181 Fa69
Braniștea RO 171 Db57
Braniștea RO 176 Dd65
Braniștea RO 177 Fa63
Brankovina SRB 153 Jb63
Branków PL 130 Jc38
Branná CZ 137 Gc44
Bränna S 94 Ec45
Brännåker S 79 Fd25
Brännan FIN 81 Jb29
Brännan N 78 Ec29
Brännan S 73 Hb23
Brännan S 73 Hd21
Brännäs S 73 Hb24
Brännås S 87 Ga34
Brannay F 30 Hb39
Brännberg S 73 Hc22
Branne F 32 Fc50
Brannenburg D 143 Ea52
Brännfors S 73 Hc24
Brännholmen S 72 Gd21
Brännkälen S 80 Hc25
Brännland S 80 Hb28
Brännland S 80 Ha28
Brännö S 102 Eb49
Brännvattnet S 80 Hb26
Brännvattnet S 80 Hc26
Brañosera E 38 Db56
Brańsk PL 123 Kb35
Bransles F 29 Ha39
Brańszczyk PL 122 Jc35
Brant Broughton GB 16 Fb23
Brantevik S 111 Fb56
Branti LV 106 La49
Brantice CZ 137 Gd44
Brantôme F 33 Ga48
Braset N 71 Fb19
Braskereidfoss N 94 Ec39
Braslav BY 202 Ea11
Brăšljanica BG 180 Db69
Brașov RO 176 Ea62
Brasparts F 26 Dc38
Brassac F 41 Ha54
Brasschaat B 124 Ad39
Brassempouy F 39 Fb54
Brassy F 30 Hd42
Brastad N 70 Ed22
Brastad S 102 Eb46
Brastavățu RO 180 Db67
Břasy CZ 136 Fa45
Brąszewice PL 129 Hb39
Braszowice PL 137 Gc43
Brataj AL 182 Ab78
Bratanica BG 179 Da73
Bratca RO 171 Cc57
Brateljevici BIH 159 Hc64
Brateș RO 176 Eb61
Bratian PL 122 Hd33
Bratislava SK 145 Gd51
Bratja Daskalovi BG 180 Dc73
Bratkowice PL 139 Ka44
Bratonci SLO 145 Gb56
Bratoszewice PL 130 Hd38
Bratovoești RO 175 Da66
Bratronice CZ 136 Fa44
Bråttåker S 71 Ga24
Bråttas S 81 Hd26
Brattbäcken S 79 Fd27
Brattby S 71 Ga24
Brattby S 80 Hb28
Bratteborg S 103 Fb49
Bratten N 66 Fc17
Bratten S 80 Gd26
Brattfors S 80 Hb29
Brattfors S 95 Fb42
Bratthøvollseter N 77 Ea33
Brattli N 65 Kd08
Brattli N 67 Gc12
Brattmon S 94 Ed39
Brättö FIN 96 Hc41
Bratto I 149 Da58
Bratton GB 19 Ec29
Brattsbäcken S 80 Ha28
Brattsele S 79 Gb28
Brattset N 77 Dc31
Brattvåg N 76 Cc32
Bratunac BIH 159 Ja64
Brătușeni MD 173 Fa54
Braubach D 133 Ca43
Braughing GB 20 Fd27
Braunau a.Inn A 143 Ec50
Braunfels D 126 Cc42
Braunlage D 126 Dc39
Bräunlingen D 141 Cb51
Braunsbach D 134 Da47
Braunsbedra D 127 Ea40
Braunschweig D 126 Dc37
Braunsdorf-Langhennersdorf D 127 Ed41
Braunton GB 19 Dd29
Brauteseter N 94 Eb41
Bravães P 44 Ad59
Bravnica BIH 152 Gd63
Bravuogn CH 142 Cd55
Bray IRL 13 Cd22
Bray Shop GB 18 Dc31
Bray-sur-Seine F 30 Hb38
Bray-sur-Somme F 23 Ha33
Braz A 142 Da54
Brazatortas E 52 Da70
Brazey-en-Plain F 30 Jb42
Brazi RO 176 Ea65
Brazii RO 170 Cb59
Brazii RO 176 Eb65
Brbinj HR 157 Fc64
Brčigovo BIH 159 Hd65
Brčko BIH 153 Hc61
Brdani SRB 159 Jc64
Brdovec HR 151 Ga58
Brdów PL 129 Hb37
Bré IRL 13 Cd22
Brea de Aragón E 47 Ed61
Breakish GB 4 Db08
Brean GB 19 Eb28
Breasclete GB 4 Da05
Breasta RO 175 Cd66
Bréau F 29 Ha38
Breaza RO 171 Dc58
Breaza RO 172 Ea55
Breaza RO 176 Ea63
Brebeni RO 175 Db66
Brebu RO 174 Ca62
Brebu RO 176 Ea64
Brebu Nou RO 174 Ca62
Brécey F 22 Fa37
Brechfa GB 15 Dd26
Brechin GB 7 Ec10
Brecht B 124 Ad39
Breckerfeld D 125 Ca40
Břeclav CZ 137 Gc49
Brecon GB 15 Ea26
Bred S 95 Gb42
Breda E 49 Ha60
Breda NL 124 Ad38
Bredablikk N 92 Cd45
Bredal DK 108 Db25
Bredared S 102 Ed48
Bredaryd S 102 Fa51
Bredballe DK 108 Db25
Bredbyn S 79 Fb29
Bredbyn S 80 Gd30
Breddin D 119 Eb35
Breddorf D 118 Da33
Bredebro DK 108 Da27
Bredenbury GB 15 Ec25
Bredene B 21 Ha29
Bredenfelde D 119 Ed33
Bredereiche D 119 Ed34
Bredestad S 103 Fc49
Bredevad DK 108 Da28
Bredgar GB 21 Ga29
Bredkälen S 79 Fd28
Bredon GB 20 Ed26
Bredsäter S 102 Fa46
Bredsättra S 103 Gb52
Bredsel S 73 Hb22
Bredsjö S 95 Fc42
Bredsjön S 87 Gb32
Bredstedt D 108 Da29
Bredsten DK 108 Db25
Bredstrup DK 108 Db26
Bredträsk S 80 Gd28
Bredvik S 80 Hb29
Bredviken S 73 Jb21
Bredwardine GB 15 Eb26
Bredynki PL 122 Jb31
Bree B 125 Bb40
Breg SLO 151 Fd58
Bregana HR 151 Ga58
Breganze I 150 Dd59
Bregare BG 179 Da68
Bregenz A 142 Da53
Breginj SLO 150 Ed57
Bregninge DK 108 Dc28
Bregninge DK 109 Dd28
Bregovo BG 174 Cb66
Bréhal F 22 Ed37
Bréhand F 26 Eb38
Bréhec-en-Plouha F 26 Eb37
Brehme D 126 Dc39
Brehna D 127 Eb39
Breibuktnes N 68 Hd11
Breidablik N 85 Da34
Breiðdalsvík IS 3 Bc06
Breidenbach D 126 Cc41
Breidenbach F 25 Kb35
Breidvik N 78 Eb28
Breidvik N 93 Da44
Breidvika N 66 Fc13
Breiholz D 118 Db30
Breil CH 142 Cc55
Breil F 28 Fd41
Breil-sur-Roya F 43 Kd52
Brein N 84 Cc35
Breisach D 141 Bd50
Breistein N 84 Ca39
Breitenaich A 144 Fa50
Breitenau A 144 Fb52
Breitenbach CH 141 Bd52
Breitenbach D 126 Da42
Breitenbach D 126 Da42
Breitenberg D 136 Fa49
Breitenbrunn A 145 Gc51
Breitenbrunn D 135 Ea48
Breitenbrunn D 135 Ec43
Breitenbrunn D 142 Db50
Breitenfelde D 119 Dd32
Breitenfurth bei Wien A 145 Gb51
Breitengüßbach D 134 Dc44
Breitenworbis D 126 Dc40
Breitscheid D 125 Cb42
Breitungen D 126 Db42
Breivik N 63 Hc06
Breivik N 64 Ka05
Breivik N 66 Ga12
Breivik N 66 Fd17
Breivik N 66 Ga11
Breivik N 92 Cb43
Breivikbotn N 63 Hd05
Breivikeidet N 62 Gd09
Breja RUS 99 Ma42
Brejning DK 108 Db25
Brejtovo RUS 202 Ed09
Brekka N 70 Fa22
Brekke N 84 Ca37
Brekken N 78 Eb29
Brekken N 86 Ec32
Brekkestø N 93 Da47
Brekkhus N 84 Cb38
Brekko N 92 Ca44
Brekkvasselv N 78 Fa25
Breklum D 108 Da29
Brekov SK 139 Ka48
Brekovo SRB 178 Ad67
Brekstad N 77 Dd29
Breland N 92 Cc45
Brembilla I 149 Cd58
Breme I 148 Cb60
Bremen D 118 Cd34
Bremen D 125 Cb39
Bremerhaven D 118 Cd32
Bremervörde D 118 Da33
Bremgarten CH 141 Cb53
Bremm D 133 Bd43
Bremnes N 66 Fd12
Bremnes N 92 Bd41
Bremsnes N 77 Da30
Brem-sur-Mer F 28 Ed44
Breń PL 120 Ga34
Brénaz F 35 Jd46
Brence E 36 Bc57
Brenderup DK 108 Dc26
Brenes E 57 Ca73
Brenesh AL 182 Ac75
Brenguļi LV 106 Kd48
Brenica BG 179 Da69
Brenica BG 181 Ec68
Brenish GB 4 Cd05
Brenna N 66 Fc14
Brenna PL 138 Hc45
Brennan N 78 Ec30
Brennberg D 135 Eb48
Brennbergbánya H 145 Gb52
Brennfjell N 62 Ha10
Brennsvik N 63 Ja06
Breno I 149 Da58
Brenod F 35 Jc46
Brensbach D 134 Cc45
Breńsk PL 121 Gc32
Brentonico I 149 Dc58
Brentwood GB 20 Fd28
Brény F 24 Hb35
Brenzett GB 21 Ga30
Brenzone I 149 Db59
Bres E 37 Bd54
Brescello I 149 Db61
Brescia I 149 Da59
Bresinchen D 128 Fc38
Breskens NL 124 Ab38
Breslau = Wrocław PL 129 Gc41
Bresles F 23 Gd35
Bressanone I 143 Dd55
Bressuire F 28 Fb43
Brest BG 180 Db68
Brest BY 202 Dd14
Brest F 26 Db38
Brest HR 151 Fa60
Brestak BG 181 Ed69
Brestanica SLO 151 Fd58
Breste BG 179 Da69
Brestova HR 151 Fb61
Brestovac SRB 174 Ca66
Brestovac SRB 178 Bb69
Brestovačka Banja SRB 174 Ca66
Brestovac Požeški HR 152 Ha60
Brestovăț RO 174 Ca60
Brestovec BG 180 Db69
Brestovene BG 180 Eb68
Brestovica BG 180 Db73
Brestovik SRB 174 Bb64
Brestovo BG 180 Dc70
Brețcu RO 176 Eb61
Bretea Română RO 175 Cc61
Breteau F 29 Ha40
Bretenoux F 33 Gc50
Breteuil F 23 Gd34
Breteuil-sur-Iton F 23 Ga37
Bretford GB 20 Fa25
Bretforton GB 20 Ed26
Brétignolles-sur-Mer F 28 Ed44
Bretigny-sur-Orge F 23 Gd37
Bretnig-Hauswalde D 128 Fb41
Bretoncelles F 29 Ga38
Bretstein A 144 Fb53
Bretten D 134 Cc47
Brettesnes N 66 Fc14
Bretteville-sur-Ay F 22 Ed35
Bretteville-sur-Laize F 22 Fc36
Bretzfeld D 134 Cd47
Breuil-Cervinia I 148 Bd57
Breuillet F 29 Gd38
Breuilpont F 23 Gb36
Breukelen NL 116 Ba36
Breum DK 100 Db22
Breuna D 126 Cd39
Breuvannes-en-Bassigny F 31 Jc39
Brevens bruk S 95 Fd45
Brevik N 93 Dc44
Brevik S 96 Gd43
Brevik S 96 Gd44
Brevik S 103 Fb46
Breza BIH 158 Hb64
Breza MK 178 Bc72
Brežani BG 183 Cb74
Brežđe SRB 153 Jb63
Breze BG 179 Cc70
Breze SLO 151 Fd57
Březí CZ 137 Gb49
Brežice SLO 151 Ga58
Brézins F 35 Jc48
Brezje pri Tržiču SLO 151 Fb57
Breznica KSV 178 Bc71
Breźnica PL 122 Jc30
Breznica Đakovačka HR 152 Hb60
Breznica Našička HR 152 Hb59
Březnice CZ 136 Fa46
Breznički Hum HR 152 Gb58
Breznik BG 179 Cb71
Breznița-Motru RO 175 Cc65
Březno CZ 136 Fc43
Brezno SK 138 Ja48
Brezno SLO 144 Fd56
Brezoaia MD 177 Ga60
Brezoi RO 175 Db63
Brezolles F 23 Gb37
Březolupy CZ 137 Gd47
Březová CZ 135 Ec44
Březová nad Svitavou CZ 137 Gb46
Brezová pod Bradlom SK 137 Gd49
Brezovica KSV 178 Ba72
Brezovica SK 138 Jc47
Brezovica SLO 151 Fb58
Brezovo BG 180 Dc73
Brezovo Polje BIH 153 Hd62
Brezovo Polje HR 152 Gb61
Brgat HR 158 Hb69
Briançon F 35 Kb49
Briare F 29 Ha41
Briatexte F 41 Gd54
Briatico I 164 Gb82
Bribir HR 157 Ga65
Briceni MD 172 Ed53
Briceni MD 173 Fb53
Bricherasio I 148 Bc61
Bricon F 30 Jb39
Bricquebec F 22 Ed35
Bricqueville F 22 Fb35
Bridaga LV 106 Kb48
Bride GB 10 Dd18
Bridel L 133 Bb45
Brideswell IRL 8 Ca20
Bridge End IRL 9 Cc15
Bridgend GB 19 Ea28
Bridgent GB 6 Da13
Bridge of Baldie GB 7 Dd11
Bridge of Ericht GB 7 Dd10
Bridge of Orchy GB 7 Dd11
Bridgetown IRL 13 Cc25
Bridgnorth GB 15 Ec24
Bridgwater GB 19 Eb29
Břidličná CZ 137 Gd45
Bridlington GB 17 Fc19
Bridport GB 19 Eb30
Briec F 27 Dc39
Brie-Comte-Robert F 23 Ha37
Brielle NL 124 Ac37
Brienne-le-Château F 30 Ja38
Briénon-sur-Armançon F 30 Hc39
Brienz CH 141 Ca55
Brienza I 161 Ga76
Brienzwiler CH 141 Ca55
Brieselang D 127 Ed36
Briesen D 128 Fb37
Brieskow-Finkenheerd D 128 Fb37
Brietlingen D 118 Dc33
Brieulles-sur-Bar F 24 Ja34
Brieva de Cameros E 47 Ea59
Brieves E 37 Ca54
Briey F 25 Jc35
Brig CH 141 Ca56
Brigachtal D 141 Cb51
Brigels CH 142 Cc55
Brigg GB 17 Fc21
Brighouse GB 16 Ed20
Brightlingsea GB 21 Ga27
Brighton GB 18 Db31
Brighton GB 20 Fc30
Brigi LV 107 Ma51
Brignais F 34 Jb47
Brignogan-Plage F 26 Dc37
Brignoles F 42 Ka54
Brignoud F 35 Jd48
Brig o'Turk GB 7 Dd12
Brigueuil F 33 Ga46
Brihuega E 47 Ea63
Brijesta HR 158 Ha68
Brik BIH 159 Hd65
Briksdal N 84 Cd35
Brillon-en-Barrois F 24 Jb37
Brilon D 126 Cc39
Brimfield GB 15 Ec25
Brimnes N 84 Cc39
Brinches P 50 Ba71
Brindisi I 162 Hb75
Bringetofta S 103 Fc50
Brinje HR 151 Fd61
Brinkum D 118 Cd34
Brinkworth GB 20 Ed28
Brinlack IRL 8 Ca15
Brinon-sur-Beuvron F 30 Hc42
Brinon-sur-Sauldre F 29 Gd41
Brintbodarna S 95 Fb39
Brînzeni MD 172 Ed54
Brînzenii Noi MD 173 Fc56
Brinzio I 148 Cb58
Brion F 29 Gc43
Briones E 38 Ea57
Brione Verzasca CH 141 Cb56
Brionne F 23 Ga36
Brion-près-Thouet F 28 Fc43
Brion-sur-Ource F 30 Ja39
Brioude F 34 Hc48
Brioux-sur-Boutonne F 32 Fc46
Briouze F 22 Fc37
Briscous F 39 Ed55
Brisighella I 156 Dd64
Brisley GB 17 Ga24

Brismene - Busachi

Brismene S 102 Fa48
Brissac-Quince F 28 Fc42
Brissago CH 148 Cb57
Bristen CH 141 Cb55
Bristol GB 19 Ec28
Briston GB 17 Ga23
Britiande P 44 Ba61
Brittas IRL 13 Cd22
Britten D 133 Bc45
Britvica BIH 158 Ha66
Britz D 120 Fa35
Brive-la-Gaillarde F 33 Gc49
Brives F 29 Ga40
Briviesca E 38 Dd57
Brivio I 149 Cd58
Brixen I 143 Dd55
Brixen im Thale A 143 Eb53
Brixham GB 19 Ea31
Brixlegg A 143 Ea53
Brize Norton GB 20 Fa27
Brjagovo BG 184 Dc74
Brjanka UA 205 Fb15
Brjansk RUS 202 Ed12
Brjastovec BG 181 Ed72
Brka BIH 153 Hc62
Brložnik BIH 159 Hd64
Brmyan GB 5 Ec02
Brna HR 158 Gc68
Brnaze HR 158 Gc66
Brněnec CZ 137 Gb46
Brničko CZ 137 Gc45
Brniště CZ 128 Fc42
Brnjica SRB 178 Ad68
Brno CZ 137 Gb47
Bro S 94 Ed44
Bro S 96 Gc43
Bro S 104 Ha49
Broad Chalke GB 20 Ed29
Broadford GB 4 Db08
Broadford IRL 12 Bc24
Broadford IRL 12 Bd22
Broad Haven GB 18 Db27
Broad Hinton GB 20 Ed28
Broad Oak GB 21 Ga30
Broadstairs GB 21 Gb28
Broadwas GB 15 Ec25
Broadway GB 19 Eb30
Broadway GB 20 Ed26
Broadwell Ho GB 11 Ed17
Broadwey GB 19 Ec31
Broadwindsor GB 19 Eb30
Broager DK 108 Db28
Broaryd S 102 Ed51
Broby S 111 Fb54
Brobyværk DK 108 Dc27
Broćanac BIH 158 Ha66
Brocas F 39 Fb53
Brocēni LV 105 Jd52
Brochel GB 4 Db08
Brochów PL 130 Ja37
Bročice HR 152 Gc60
Brock D 125 Cb37
Brockel D 118 Da34
Bröckel D 126 Dc36
Brockenhurst GB 20 Ed30
Brockhagen D 126 Cc37
Broczyno PL 121 Gb33
Brod BIH 159 Hd66
Brod KSV 178 Ba73
Brod MK 183 Bb74
Brod MK 183 Bb76
Brod SRB 179 Ca70
Brodalen S 102 Eb46
Brodarevo SRB 159 Jb67
Brodce CZ 136 Fc44
Broddarp S 102 Fa48
Broddbo S 95 Ga41
Broddetorp S 102 Fa47
Brodec MK 178 Ba72
Brodec'ke UA 204 Eb15
Brodek u Přerova CZ 137 Gd46
Brodek u Prostějova CZ 137 Gc47
Brodenbach D 133 Ca43
Broderstorf D 119 Eb31
Broderup DK 108 Da28
Brodica SRB 174 Bd65
Brodick GB 10 Dc14
Brodie Castle GB 5 Eb07
Brodina RO 172 Ea55
Brodina de Jos RO 172 Ea55
Brod na Kupi HR 151 Fc60
Brodnica PL 122 Hc34
Brodowe Łąki PL 122 Jb33
Brodowo PL 129 Gd37
Brodski Stubnik HR 152 Ha61
Brody PL 128 Fc39
Brody PL 128 Fd38
Brody PL 130 Jb36
Brody UA 204 Ea15
Broglie F 23 Ga36
Brojce PL 120 Fd31
Brok PL 123 Jd35
Brokdorf D 118 Da31
Brokęcino PL 121 Gc33
Brokefjell N 93 Da43
Brokind S 103 Fd47
Brokke N 92 Cd44
Brokstedt D 118 Db31
Brolo I 167 Fc84
Bromarv FIN 97 Jc41
Bromberg A 145 Gb52
Bromberg = Bydgoszcz PL 121 Ha34
Brome D 127 Dd36
Brome GB 21 Gb25
Bromley GB 20 Fd28
Bromma N 85 Dc39
Brommösund S 94 Fa45
Bromnes N 62 Gd08
Bromölla S 111 Fb54
Brompton GB 17 Fc19
Brömsebro S 111 Ga54
Bromsgrove GB 20 Ed25
Bromskirchen D 126 Cc40
Bromyard GB 15 Ec26
Bron F 34 Jb47
Brönäs S 94 Ed39
Bronchales E 47 Ed64
Brøndby Strand DK 109 Ec26
Brønderslev DK 100 Dc20
Broni I 149 Cc61
Bronice PL 128 Fc39
Bronikowo PL 120 Ga34
Bronikowo PL 129 Gb38
Broniszew PL 130 Hc41
Bronken N 94 Eb39
Bronkow D 128 Fa39
Brönnestad S 110 Fa54
Brønnøysund N 70 Ed23
Bronowo PL 123 Jd33
Brøns DK 108 Da27
Bronte I 167 Fc85
Bronzani BIH 152 Gc62
Brook GB 20 Ed30
Brookhouse GB 11 Ec19
Broomfield GB 20 Fd27
Broomfield IRL 9 Cd19
Broomhaugh GB 11 Ed16
Broons F 26 Ec38
Brora GB 5 Ea06
Brørup DK 108 Da26
Brösarp S 111 Fb56
Broscauți RO 172 Ec54
Brossac F 32 Fc48
Brøstadbotn N 67 Gb11
Broşteni MD 173 Ga55
Broşteni RO 172 Ea57
Broşteni RO 175 Cc64
Broşteni RO 176 Ed62
Broszków PL 131 Jd37
Brotas P 50 Ad68
Broto E 40 Fc57
Broträsk S 80 Hc26
Brottby S 96 Gd43
Brøttem N 77 Ea30
Brotterode D 126 Dc42
Brøttum N 86 Ea38
Brou F 29 Gb39
Brouage F 32 Fa47
Broué F 23 Gb37
Brough GB 11 Ec18
Brough Lodge GB 5 Fa03
Broughshane GB 9 Da16
Broughton GB 11 Eb17
Broughton GB 15 Eb22
Broughton GB 15 Ec20
Broughton GB 16 Fb21
Broughton GB 20 Fa29
Broughton Astley GB 16 Fa24
Broughton-in-Furness GB 11 Eb18
Broughton Poggs GB 20 Ed27
Broumov CZ 137 Gb43
Brousse-le-Château F 41 Ha53
Broussey-Raulecourt F 25 Jc36
Broutzéika GR 195 Bd87
Brouvelieures F 31 Ka38
Brouwershaven NL 124 Ac37
Brouzet-lès-Alès F 42 Ja52
Brovary UA 202 Ec14
Brovst DK 100 Db21
Brown Candover GB 20 Fa29
Brownhills GB 16 Ed24
Brownston GB 19 Dd32
Broxton GB 15 Eb23
Broye F 31 Jc41
Brozas E 51 Bc66
Brożec PL 129 Gc42
Brozolo I 148 Bd60
Brozzo I 149 Da58
Brseč HR 151 Fb61
Brštanavo HR 158 Gb66
Brtnice CZ 136 Ga47
Brtonigla HR 150 Ed60
Brú IS 2 Ad04
Bruay-la-Buissière F 23 Gd31
Bruay-sur-les-Eaux F 24 Hb31
Brubakk N 78 Eb30
Bruchhausen-Vilsen D 118 Cd35
Bruchköbel D 134 Cd43
Bruchmühlbach-Miesau D 133 Bd46
Bruchsal D 134 Cc47
Bruck A 143 Ec54
Brück D 127 Ec37
Bruck/Opf. D 135 Eb47
Bruck an der Leitha A 145 Gc51
Bruck an der Mur A 144 Fd53
Bruckberg D 134 Dc46
Bruckberg D 135 Ea49
Brücken D 133 Bd46
Brückl A 144 Fb55
Bruckmühl D 143 Ea52
Brucoli I 167 Fd86
Bruc-sur-Aff F 27 Ec40
Brudzeń Duży PL 122 Hc35
Brudzew PL 129 Hb37
Brudzowice PL 138 Hc43
Brue-Auriac F 42 Ka54
Brüel D 119 Ea32
Bruès E 36 Ba57
Bruff IRL 12 Bd24
Bruflat N 85 Dc38
Brugg CH 141 Ca52
Brugge B 124 Aa39
Brüggen D 125 Bc39
Brüggen D 126 Db37
Brugnato I 149 Cd63
Bruhagen N 77 Da31
Bruheim N 84 Cd35
Brühl D 125 Bd41
Brühl D 134 Cc46
Bruinisse NL 124 Ac37
Bruino I 148 Bc60
Bruino I 148 Bc60
Bruiu RO 175 Dc61
Bruksvallarna S 86 Ed32
Brullés E 38 Dc57
Brûlon F 28 Fc40
Brumath F 25 Kc36
Brumby D 127 Ea38
Brummen NL 125 Bc37
Brumov-Bylnice CZ 137 Ha48
Brumovice CZ 137 Gc48
Brumundal N 86 Ea38
Brunate I 149 Cc58
Brunau D 119 Ea35
Brunava LV 106 Kc52
Brundby DK 109 Dd25
Brune N 76 Cd33
Bruneck I 143 Ea55
Brunehamel F 24 Hd33
Brunella I 168 Cc75
Brünen D 125 Bd38
Brunet F 42 Ka53
Brunete E 46 Db64
Bruneval F 22 Fd34
Brunflo S 79 Fc31
Brunhosinho P 45 Bd61
Brunico I 143 Ea55
Bruniquel F 40 Gc53
Brunkeberg N 93 Da43
Brunmyrheden S 72 Gd23
Brunn D 119 Ed32
Brunn S 96 Ha43
Brunn S 102 Fa49
Brünn = Brno CZ 137 Gb47
Brunna S 96 Gc43
Brunnalm A 144 Fd53
Brunn an der Wild A 136 Fd49
Brunnen CH 141 Cb54
Brunnsberg S 87 Fb37
Brunnthal D 143 Ea51
Brunsbüttel D 118 Da31
Brunskog S 94 Ed42
Brunssum NL 125 Bb40
Brunswijk = Braunschweig D 126 Dc37
Bruntál CZ 137 Gd45
Bruree IRL 12 Bd24
Brus SRB 178 Bb68
Brusago I 150 Dd57
Brusand N 92 Ca45
Brušane HR 151 Fd63
Brusarci BG 179 Cc68
Brusasco I 148 Bd60
Brusen BG 179 Da71
Brüsewitz D 119 Ea32
Brushkuli AL 182 Ab74
Bruskowo Wielkopolski PL 121 Gc30
Brusnik SRB 174 Ca66
Brusník SK 146 Hd50
Brusno-kúpele SK 138 Hd48
Br'usovo RUS 113 Jd59
Brušperk CZ 137 Hb45
Brusque F 41 Hb53
Brussel B 124 Ac40
Brusson I 148 Bd58
Brüssow D 120 Fb33
Brusturi RO 170 Cb56
Brusturi-Drăgănești RO 172 Ec57
Brusturoasa RO 172 Eb59
Brusy PL 121 Gd32
Brutelles F 23 Gb32
Bruton GB 19 Ec29
Brutovce SK 138 Jc47
Bruttig-Fankel D 133 Bd43
Brutuli LV 106 La48
Bruvik N 84 Cb39
Bruvno HR 151 Ga63
Bruvoll N 94 Eb40
Bruxelles B 124 Ac40
Bruyères F 31 Ka38
Bruyères-et-Montberault F 24 Hc34
Bruz F 28 Ed39
Bruzaholm S 103 Fd49
Bruzilas LV 105 Jd52
Bruzzano Zeffirio I 164 Gb84
Břvarty CZ 136 Fa43
Brvenica MK 178 Ba73
Brvenik SRB 178 Ba68
Brwinow PL 130 Jb37
Brydalen N 86 Eb34
Bryggesåk N 92 Cc46
Bryggja N 84 Cb34
Brylle DK 108 Dc27
Bryn N 93 Dd41
Brynamman GB 19 Dd27
Bryncethin GB 19 Ea28
Bryne N 92 Ca44
Bryngwran GB 14 Dc22
Bryngwyn GB 15 Eb26
Bryn-henllan GB 14 Db26
Brynica PL 129 Ha42
Brynje S 79 Fc31
Brynmawr GB 19 Eb27
Bryrup DK 108 Db24
Bryzgiel PL 123 Kb30
Brzączowice PL 138 Ja45
Brzan SRB 174 Bc66
Brza Palanka SRB 174 Cb65
Brzava MNE 159 Jb67
Brzeće SRB 178 Bb68
Brzechowo PL 122 Hd35
Brzeg PL 129 Gd42
Brzeg Dolny PL 129 Gc40
Brzeg Głogowski PL 128 Ga39
Brzemiona PL 121 Ha33
Brześce PL 130 Jc37
Brześć Kujawski PL 129 Hb36
Brzesko PL 138 Jb44
Brzeszcze PL 138 Hc44
Brzezie PL 121 Gc32
Brzezie PL 129 Ha38
Brzezina PL 120 Fd34
Brzezinki PL 129 Ha41
Brzeziny PL 120 Ga34
Brzeziny PL 129 Ha39
Brzeziny PL 130 Hd38
Brzeziny PL 139 Jd44
Brzeźnica PL 138 Hd44
Brzeźnica Krajeńska PL 121 Gb33
Brzeźnio PL 129 Hb39
Brzeźno PL 120 Ga32
Brzeźno PL 121 Hb34
Brzeźno PL 128 Fc37
Brzeźno PL 131 Kd40
Brzeźno Lęborskie PL 121 Gd29
Brzeźno Szlacheckie PL 121 Gc31
Brzezówka PL 138 Jc43
Brzohode SRB 174 Bc65
Brzostek PL 139 Jd44
Brzotin SK 138 Jb49
Brzoza PL 121 Ha34
Brzóza PL 130 Jc39
Brzóza Królewska PL 139 Ka43
Brzozie PL 122 Hd33
Brzozie Lubawskie PL 122 Hc33
Brzózka PL 128 Fc38
Brzozów PL 139 Ka45
Brzozowa PL 123 Kb32
Brzozowiec PL 128 Fd36
Brzozowo PL 122 Ja34
Brzozowo PL 123 Kb32
Brzuska PL 139 Kb45
Brzuze PL 122 Hc34
Bšezno CZ 135 Ed43
Bû F 23 Gb37
Bua S 102 Ec50
Buais F 28 Fb38
Buar S 94 Eb45
Buavåg N 92 Ca41
Buba RO 176 Ec63
Bubakken N 77 Ea33
Bubbio I 148 Ca62
Bubenreuth D 135 Dd46
Buberget S 80 Hb27
Bubiai LT 114 Ka54
Bublava CZ 135 Ec43
Bubnevo RUS 107 Ld48
Bubry F 27 Ea40
Bubuieci MD 173 Fd58
Bubwith GB 16 Fb20
Buc F 23 Gd37
Buča UA 202 Ec14
Bučač UA 204 Ea16
Bucak TR 197 Ed89
Bucak TR 198 Fc88
Bucak TR 199 Gc89
Bucak TR 199 Ha91
Bucakşeyhler TR 199 Ha91
Buccheri I 167 Fc87
Bucchianico I 157 Fa70
Buccino I 161 Fd75
Buccleuch GB 11 Eb15
Bucelas P 50 Aa68
Buceş RO 175 Cc60
Buch D 142 Db50
Buch D 143 Ea51
Buchanty GB 7 Ea11
Buchau, Bad D 142 Cd51
Buchbach D 143 Eb50
Buchdorf D 134 Dc48
Bucheben A 143 Ec54
Bucheloh D 127 Dd42
Büchen D 118 Dc33
Buchen D 134 Cd46
Buchenbach D 134 Da47
Büchenbach D 135 Dd47
Buchenberg D 142 Db52
Büchenbeuren D 133 Bd44
Buchholz D 118 Db33
Buchholz D 118 Dd35
Buchholz D 127 Ed37
Buchholz (Westerwald) D 125 Ca41
Buchin RO 174 Ca62
Buchişu RO 179 Da67
Büchlberg D 135 Ed49
Buchloe D 142 Dc51
Buchlovice CZ 137 Gd48
Buchs CH 142 Cd54
Buchy F 23 Gb34
Bučin MK 183 Bb75
Bucine I 156 Dd66
Bučin Prohod BG 179 Cc70
Bučionys LT 114 Kd57
Bučište MK 178 Bd73
Bucium RO 171 Cd59
Buciumeni MD 173 Fa57
Buciumeni RO 176 Ed61
Buciumi RO 171 Cd57
Buciumoni RO 176 Dd64
Bučiūnai LT 114 Kb53
Buciușca MD 173 Fd56
Bučje HR 152 Gd60
Bučje SRB 174 Ca66
Buckarby S 95 Gb41
Buckden GB 11 Ed19
Buckden GB 20 Fc25
Bückeburg D 126 Cd37
Bücken D 118 Da35
Buckfastleigh GB 19 Dd31
Buckhaven GB 7 Eb12
Buckie GB 5 Ec07
Buckingham GB 20 Fb26
Buckland GB 20 Fa27
Bucklay GB 15 Eb22
Buckminster GB 16 Fb24
Bucknell GB 15 Eb25
Buckow D 128 Fb36
Bucks Green GB 20 Fc29
Bucoşnița RO 174 Cb62
Bucov RO 176 Eb64
Bucovăț MD 173 Fc57
Bucovăț RO 175 Cd65
Bucovica BIH 158 Gd66
Bučovice CZ 137 Gc47
Bucquoy F 23 Ha32
Bucsa H 147 Jd53
Bucşani RO 176 Ea64
Bucşani RO 176 Ea66
Bucureşci RO 175 Cc60
Bucureşti RO 176 Eb66
Bucuria MD 177 Fc61
Bucuria RO 175 Cd61
Bucy-lès-Pierrepont F 24 Hc34
Buczek PL 130 Hc39
Buczkowice PL 138 Hc45
Bud N 76 Cd31
Budachów PL 128 Fc37
Budačka Rijeka HR 151 Ga60
Budacu de Jos RO 171 Dc57
Budacu de Sus RO 171 Dc57
Budăi MD 173 Fc56
Budakdoğanca TR 185 Eb75
Budakeszi H 146 Hc53
Budaklar TR 187 Gc78
Budaklar TR 191 Ea82
Budaklar TR 192 Ga86
Budakovo MK 183 Bb76
Buđanovci SRB 153 Jb61
Budaörs H 146 Hc53
Budapest H 146 Hd53
Buðardalur IS 2 Ac03
Budby GB 16 Fb22
Buddbyn S 73 Hd21
Büddenstedt D 127 Dd37
Buddusò I 168 Cb75
Bude GB 18 Dc30
Budeasa RO 175 Dc64
Budei MD 177 Fc62
Budel NL 125 Bb39
Büdelsdorf D 118 Db30
Budënnovsk RUS 205 Ga16
Budens P 58 Aa74
Büderich D 125 Bd38
Büdesheim D 133 Bc43
Budeşti MD 173 Fd58
Budeşti RO 171 Db55
Budeşti RO 171 Db58
Budeşti RO 175 Db64
Budeşti RO 180 Eb67
Buđevo SRB 178 Ad68
Budía E 47 Ea64
Budila RO 176 Ea62
Budilovo RUS 99 Ma43
Budimci HR 152 Hb60
Budimir SK 139 Jd48
Budimlić Japra BIH 152 Gb62
Büdingen D 134 Cd43
Budišov CZ 136 Ga47
Budišov nad Budišovkou CZ 137 Gd45
Budkovce SK 139 Ka48
Budleigh Salterton GB 19 Ea31
Budmerice SK 145 Gd50
Budogošč' RUS 202 Eb08
Budoi RO 170 Cb56
Budomierz Duży PL 139 Kc43
Budoni I 168 Cc75
Budoviž RUS 107 Ld46
Budraičiai LT 114 Ka55
Budrio I 150 Dd63
Budry PL 122 Jc30
Budumirci MK 183 Bc76
Budureasa RO 171 Cc58
Buduslău RO 170 Cb55
Budva MNE 159 Hd70
Būdviečiai LT 113 Jc56
Būdviečiai LT 114 Ka59
Būdviečiai LT 114 Ka59
Būdvietis LV 114 Kb59
Budweis = České Budějovice CZ 136 Fb48
Budy PL 130 Hd36
Budyně CZ 136 Fb43
Budzeń PL 120 Fc33
Budziska PL 123 Jd30
Budzisz PL 122 Hc31
Budziszewice PL 130 Ja39
Budzyń PL 121 Gc35
Buenache de Alarcón E 53 Eb67
Buenache de la Sierra E 47 Ec65
Buenaventura E 46 Cd65
Buenavista de Valdavia E 38 Da57
Buendía E 47 Ea65
Buer D 126 Cc37
Buerås S 102 Eb50
Bueres E 37 Cd55
Bueu E 36 Ad57
Buftea RO 176 Ea66
Bugac H 146 Ja55
Bugarra E 54 Fb67
Buğdaylar TR 192 Fd85
Buğdaylı TR 186 Fa80
Büğdüz TR 193 Gd81
Büğdüz TR 199 Gb89
Bugeac MD 177 Fc60
Bugeat F 33 Gd47
Būgeniai LT 113 Jc53
Buggerru I 169 Bd79
Bughea de Jos RO 175 Dc63
Būginiai LT 114 Kd53
Buglose F 39 Fa54
Bugnara I 161 Fa71
Bugojno BIH 158 Ha64
Bugøyfjord N 65 Kc07
Bugøynes N 65 Kc07
Bugraz TR 186 Fd78
Buguchwała PL 139 Ka44
Bugul'ma RUS 203 Ga09
Bugurzyn PL 122 Ja34
Bügüş TR 197 Fa92
Bugyi H 146 Hd54
Buharkent TR 192 Fc87
Bühl D 133 Cb48
Bühlertal D 133 Cb48
Bühlertann D 134 Da47
Bühlerzell D 134 Da48
Buhoci RO 172 Ed59
Buhølen N 92 Cc47
Buholmen N 65 Kc07
Buhovci BG 181 Ec70
Buhovo BG 179 Cc71
Buhuşi RO 172 Ec59
Builth Wells GB 15 Ea26
Buinsk RUS 203 Fd09
Buirios Ui Chéin IRL 13 Ca22
Buironfosse F 24 Hc33
Buis-les-Baronnies F 42 Jc51
Buitenpost NL 117 Bc33
Buitrago del Lozoya E 46 Dc62
Buivydžiai LT 115 Lb57
Buj RUS 203 Fa08
Buják H 146 Ja51
Bujalance E 52 Da72
Bujanicy RUS 99 Ma40
Bujanovac KSV 178 Bc71
Bujaraloz E 48 Fc61
Buje HR 150 Ed60
Bujnovci BG 180 Ea71
Bujor MD 173 Fc58
Bujoreni RO 180 Dd67
Bujoru RO 180 Dd68
Buk H 145 Gc53
Buk PL 129 Gb37
Bukaiši LV 106 Ka52
Bukanovskaja RUS 203 Fc13
Bukas LV 106 Kd48
Bükdere TR 192 Fb82
Bükkábrány H 146 Jc51
Bukkemoen N 62 Gb10
Bükkösd H 152 Hb57
Büklüce TR 199 Ha91
Bukonys LT 114 Kc56
Bukorovac SRB 174 Bb66
Bukovac SRB 153 Hd59
Bukova Gora BIH 158 Gd66
Bukovec BG 179 Cb68
Bukovi SRB 159 Jb64
Bukovica HR 152 Ha59
Bukovica MNE 159 Ja67
Bukovica SLO 151 Fb57
Bukowa PL 131 Kb42
Bukowice PL 129 Gc40
Bukowiec PL 121 Ha33
Bukowiec PL 128 Ga37
Bukowina Tatrzańska PL 138 Ja46
Bukówko PL 120 Ga31
Bukownica PL 129 Ha40
Bukowno PL 138 Hd43
Bukowsko PL 139 Ka46
Buksnes N 66 Fd12
Bukta N 64 Jd05
Bukta N 78 Ea29
Buky UA 204 Ec15
Bülach CH 141 Cb52
Bulăieşti MD 173 Fd56
Bulair BG 181 Ed71
Bulanık TR 205 Fd19
Bulărda MD 173 Fc57
Bulavėnai LT 114 Ka55
Bulboaca MD 173 Fa53
Bulboaca MD 173 Ga58
Bulboci MD 173 Fb54
Bulbucata RO 176 Ea66
Bulbuente E 47 Ed60
Buldan TR 192 Fc87
Bulduri LV 106 Kb50
Bulgar RUS 203 Fd09
Bulgiza AL 163 Jc72
Bulgiza AL 182 Ac74
Bulgurca TR 191 Ec87
Buli Potok SRB 178 Bd68
Bülkau D 118 Da32
Bulken N 84 Cb38
Bulkowo PL 130 Ja36
Bull N 92 Cc46
Bullas E 61 Ec72
Bullaun IRL 12 Bd21
Bulle CH 141 Bc55
Bullerup DK 109 Dd26
Büllingen B 125 Bc42
Bullmark S 80 Hc27
Bully-les-Mines F 23 Ha31
Bulnes E 38 Da55
Bulshizë AL 163 Jb71
Bultei I 168 Ca75
Bulz RO 171 Cc57
Bulzeşti RO 175 Da65
Bulzeştii de Sus RO 171 Cc59
Bumbăta MD 173 Fb57
Bumbeşti-Jiu RO 175 Cd63
Bumbeşti-Pitic RO 175 Da63
Buna BIH 158 Hb67
Bun an Phobail IRL 9 Cc15
Bunarkaig GB 6 Dc09
Bunbeg IRL 8 Ca15
Bunbrosna IRL 9 Cb20
Bunclody IRL 13 Cc23
Buncrana IRL 9 Cc15
Bun Cranncha IRL 9 Cc15
Bunde D 117 Ca33
Bünde D 126 Cd37
Bundenthal D 133 Ca47
Bun Dobhráin IRL 8 Ca17
Bundoran IRL 8 Ca17
Bundorf D 134 Dc44
Bunes N 65 Kb06
Bunessan GB 6 Da11
Buneşti RO 172 Ec56
Buneşti RO 175 Db63
Buneşti RO 176 Dd60
Buneşti-Avereşti RO 173 Fb59
Bungay GB 21 Gb25
Bunge S 104 Ha48
Bunić HR 151 Ga62
Bunila RO 175 Cc61
Bunka LV 105 Jb52
Bunkeflostrand S 110 Ed56
Bunken DK 101 Dd19
Bunkris S 86 Fa36
Bunmahon IRL 13 Cb25
Bun na hAbhna IRL 8 Bb18
Bunnahowen IRL 8 Bb18
Bun na Leaca IRL 8 Ca15
Bunnyconnellan IRL 8 Bd18
Buño E 36 Ad54
Buñol E 54 Fb68
Bunovo BG 179 Cd71
Bunschoten NL 116 Bb36
Bunteşti RO 170 Cb58
Buntingford GB 20 Fc26
Buntowo PL 121 Gc34
Buñuel E 47 Ed59
Bünüs TR 187 Hb78
Bunyola E 57 Hb67
Buochs CH 141 Cb54
Buoldavárre S 68 Hc16
Buonabitacolo I 161 Ga77
Buonalbergo I 161 Fa74
Buonconvento I 155 Dc67
Bur DK 100 Cd23
Burano I 150 Eb60
Burbach D 125 Cb41
Burbáguena E 47 Ed63
Burbia E 37 Bd56
Burbiškiai LV 114 Kb56
Burcei I 169 Cb79
Burcin F 35 Jc48
Burcun TR 186 Ga80
Burdağ PL 122 Jb32
Burdnomohkki FIN 69 Ka13
Burdur TR 199 Gb88
Bureå S 72 Gc23
Bureå S 80 Hc25
Bureåborg S 80 Gc30
Burela E 36 Bc53
Burelles F 24 Hc33
Büren D 126 Cc39
Büren NL 117 Bc32
Büren NL 124 Ba37
Büren an der Aare CH 141 Bd53
Bures GB 21 Ga26
Burfjord N 63 Hc08
Burford GB 20 Ed27
Burg D 118 Da31
Burg D 127 Eb37
Burg D 128 Fb38
Burgas BG 181 Ed73
Burgau A 145 Gb54
Burgau D 134 Db49
Burg auf Fehmarn D 119 Ea30
Burgberg D 142 Db52
Burgbernheim D 134 Db46
Burgbrohl D 125 Bd42
Burgdorf CH 141 Bd54
Burgdorf D 126 Db36
Burgdorf D 126 Db37
Burgebrach D 134 Dc45
Bürgel D 127 Ea41
Burgess Hill GB 20 Fc30
Burghagel D 134 Db49
Burghammer D 128 Fb40
Burghaslach D 134 Dc45
Burghaun D 126 Da42
Burghausen D 127 Eb40
Burghausen D 143 Ec51
Burghead GB 5 Eb07
Burgheim D 134 Dc49
Burgh-Haamstede NL 124 Ab37
Burgh le Marsh GB 17 Fd22
Burgh Saint Peter GB 21 Gb25
Burgillos del Cerro E 51 Bc70
Burgio I 166 Ec85
Burgio I 167 Fc88
Burgkirchen A 143 Ec51
Burgkirchen D 143 Ec51
Burgkunstadt D 135 Dd44
Burg Lauenstein D 135 Dd43
Burglauer D 134 Db43
Burglengenfeld D 135 Ea47
Burgo E 36 Bb55
Burgo P 44 Ad62
Burgoberbach D 134 Dc47
Burgohondo E 46 Cd64
Burgos E 38 Dc58
Burgos I 168 Ca76
Burgpreppach D 134 Dc44
Burgsalach D 135 Dd48
Burgsinn D 134 Da44
Burgstädt D 127 Ec41
Bürgstadt D 134 Cd45
Burg Stargard D 119 Ed33
Burgsteinfurt D 125 Ca37
Burgsvik S 104 Gd51
Burgthann D 135 Dd47
Burgueira E 36 Ac58
Burguete E 39 Ed56
Burgui E 39 Fa57
Burguillos E 59 Ca73
Burguillos de Tajo E 52 Db66
Burgum NL 117 Bc33
Burgwald D 126 Cc41
Burgwedel D 126 Db36
Burgwindheim D 134 Dc45
Burhan TR 192 Fd82
Burhaniye TR 191 Ec82
Buriasco I 148 Bc61
Burie F 32 Fc47
Burila Mare RO 174 Cb65
Burja BG 180 Dc70
Burjassot E 54 Fb67
Burjuc RO 174 Cb60
Burk D 134 Db47
Burkal DK 108 Da28
Burkardroth D 134 Db43
Burkat PL 122 Ja33
Burkaty PL 122 Jb35
Burkhardtsdorf D 127 Ec42
Burlăceni MD 177 Fc62
Burlacu MD 177 Fc61
Burladingen D 142 Cc50
Burlăneşti MD 172 Ed54
Burley in Wharfedale GB 16 Ed20
Burlo D 125 Bd37
Burlton GB 15 Eb23
Burmahan TR 199 Ha90
Burness GB 5 Ed02
Burnham-on-Crouch GB 21 Ga27
Burnham-on-Sea GB 19 Eb29
Burnley GB 16 Ed20
Burntisland GB 11 Eb13
Buronzo I 148 Ca59
Burovac SRB 174 Bc65
Burow D 119 Ed32
Burøysund N 62 Gd07
Burrafirth GB 5 Fa03
Burravoe GB 5 Fa04
Burrel AL 163 Jc72
Burren IRL 12 Bc21
Burres E 36 Ba55
Burringham GB 16 Fb21
Burry Port GB 19 Dd27
Burs S 104 Ha50
Bursa TR 186 Fd80
Burscheid D 125 Bd40
Burscough GB 15 Eb21
Burseryd S 102 Fa51
Bursiljum S 80 Hc26
Bürstadt D 134 Cc45
Bursuc MD 173 Fc58
Burszewo PL 122 Jb31
Burtenbach D 142 Db50
Burtnieki LV 106 Kd48
Burton Agnes GB 17 Fc19
Burton Constable GB 17 Fc20
Burton-in-Kendal GB 11 Ec19
Burton Latimer GB 20 Fb25
Burtonport IRL 8 Ca15
Burton-upon-Stather GB 16 Fb21
Burton-upon-Trent GB 16 Fa23
Burträsk S 80 Hc26
Burujón E 52 Da66
Burvik S 81 Hd26
Burwash GB 20 Fd30
Burwell GB 17 Fd22
Burwell GB 20 Fd25
Burwick GB 5 Ec04
Bury GB 15 Ec21
Bury Saint Edmunds GB 21 Ga25
Burzenin PL 129 Hb40
Burzyn PL 123 Ka33
Busachi I 169 Ca77

Cañaveras – Castel San Lorenzo

Cañaveras E 47 Eb65
Canazei I 143 Ea56
Cancale F 22 Ed37
Cancárix E 55 Ed71
Cancelada E 37 Bd56
Cancellara I 161 Ga75
Cancello e Arnone I 161 Fa74
Canchy F 23 Gc32
Cancon F 33 Ga51
Candal P 44 Ad64
Candamil E 36 Bb54
Candanedo de Fenar E 37 Cc56
Çandarlı TR 187 Gb79
Çandarlı TR 191 Eb84
Candás E 37 Cc54
Candasnos E 48 Fd61
Candé F 28 Fa41
Candedo P 44 Bb60
Candela I 161 Ga74
Candelario E 45 Cb64
Candeleda E 45 Cc65
Candelo I 148 Ca59
Candes-Saint-Martin F 28 Fd42
Cândești RO 172 Ec59
Cândești RO 176 Dd64
Candia Lomellina I 148 Cb60
Candiolo I 148 Bc60
Çandır TR 192 Fa82
Çandır TR 193 Ha83
Çandır TR 198 Fb91
Çandır TR 199 Gd89
Candlesby GB 17 Fd22
Candón E 59 Bc73
Cánduas E 36 Ac54
Caneda E 38 Db56
Canelli I 148 Ca61
Canena E 52 Dc72
Canencia E 46 Dc63
Canero E 37 Ca54
Cănești RO 176 Ec63
Canet F 41 Hb57
Canet F 41 Hc54
Canet de Mar E 49 Ha61
Cañete E 53 Ec66
Cañete de las Torres E 52 Da72
Cañete la Real E 60 Cc75
Canet lo Roig E 48 Fd64
Canet-Plage F 41 Hb57
Canewdon GB 21 Ga27
Ca'n Fornet E 56 Gc69
Canfranc E 39 Fb57
Canfranc-Estación E 39 Fb57
Cangas E 36 Ac57
Cangas E 36 Bc53
Cangas del Narcea E 37 Ca55
Cangas de Onís E 37 Cd54
Canha P 50 Ac69
Canhestros P 50 Ac71
Canhıdır TR 185 Ec77
Cania MD 177 Fb60
Caniçada P 44 Ba59
Canicattì I 166 Ed86
Canicattini Bagni I 167 Fc87
Caniceira P 44 Ac63
Canicosa de la Sierra E 46 Dd59
Canido E 36 Ac57
Caniles E 61 Ea74
Canillo AND 40 Gc57
Canillo AND 40 Gc57
Canino I 156 Dd69
Cañizal E 45 Cc62
Cañizares E 47 Eb64
Canj MNE 159 Hd70
Canjáyar E 61 Ea75
Çankırı TR 205 Fb20
Çanköy TR 191 Ec84
Çanköy TR 191 Ed84
Canlıköy TR 191 Ed87
Canna I 162 Gc77
Cannai I 169 Bc80
Cannes F 43 Kc54
Canneto I 155 Db67
Canneto I 167 Fc83
Canneto sull'Oglio I 149 Da60
Cannich GB 7 Dd08
Canningstown IRL 9 Cc19
Cannington GB 19 Eb29
Cannobio I 148 Cb57
Cannock GB 16 Ed24
Cano P 50 Ba68
Canolo I 164 Gb83
Canonbie GB 11 Eb16
Canosa di Puglia I 162 Gb74
Canosa Sannita I 157 Fb70
Canosio I 148 Bb62
Canossa I 149 Da62
Canove I 148 Bd61
Ca'n Pastilla E 57 Hb67
Ca'n Picafort E 57 Hc66
Çanşa TR 192 Fc85
Canstein D 126 Cd39
Çanta TR 186 Fa77
Cantalapiedra E 45 Cc62
Cantalejo E 46 Db61
Cantalobos E 48 Fc60
Cantalojas E 46 Dd62
Cantalpino E 45 Cc62
Cantalupo Ligure I 148 Cb62
Cantalupo nel Sannio I 161 Fb73
Cantanhede P 44 Ac63
Cantavieja E 48 Fb64
Čantavir SRB 153 Ja58
Canteleu F 23 Ga35
Cantemir MD 177 Fb60
Canteras E 55 Fa74
Canterbury GB 21 Gb29
Cantiano I 156 Eb66
Cantillana E 59 Ca73
Cantimpalos E 46 Db62
Cantobre F 41 Hc52
Cantoira I 148 Bc59
Cantoral E 38 Da56
Cantoria E 61 Eb74
Cantù I 149 Cc58
Canvey Island GB 21 Ga28
Cany-Barville F 23 Ga34
Canyelles E 49 Gc62
Canyet E 49 Hb60
Canzo I 149 Cc58
Caoles GB 9 Da14
Caoria di Dentro I 150 Dd57
Caorle I 150 Ec59
Caorso I 149 Cd61
Capaccio I 161 Fd76
Capaclia MD 177 Fc60
Čapaevo BG 180 Ea70
Čapaevskj RUS 203 Ga10
Čapajevo RUS 114 Ka58
Çapak TR 191 Ec86
Çapaklı TR 192 Fa85
Capalbio I 155 Dc69
Capalbio Scalo I 155 Dc69
Çapalı TR 193 Gc87
Căpâlnița RO 176 Ea60
Capannoli I 155 Db66
Capannori I 155 Db65
Caparde BIH 153 Hd63
Capari MK 182 Ba76
Caparroso E 39 Ed58
Capbreton F 39 Ed54
Cap d'Artrutx E 57 Ja66
Capdenac-Gare F 33 Gd51
Capdepera E 57 Hd67
Cap de Pin F 39 Fa52
Capel Curig GB 15 Dd22
Capelins P 51 Bb69
Capel'ka RUS 99 Ma45
Capel'ka RUS 202 Ea09
Capella E 48 Fd59
Capellades E 49 Gc61
Capelle aan de IJssel NL 124 Ad37
Capel Saint Mary GB 21 Ga26
Capendu F 41 Ha55
Căpeni RO 176 Ea61
Capestang F 41 Hb55
Capestrano I 157 Fa70
Cap Ferret F 32 Fa51
Capidava RO 177 Fb66
Capileira E 60 Dc75
Capinha P 44 Bb64
Capistrello I 160 Ed71
Capitignano I 161 Fc75
Capizzi I 167 Fb85
Căpleni RO 171 Cc54
Čaplje BIH 152 Gc62
Čapljina BIH 158 Ha67
Čaplygin RUS 203 Fb11
Čaplynka UA 205 Fa17
Capodimonte I 156 Dd69
Capo di Ponte I 149 Da57
Capo d'Orlando I 167 Fc84
Capoiale I 161 Ga71
Capoliveri I 155 Da68
Capo Raisigerbi I 167 Fa84
Caporal-Alexa RO 170 Ca59
Caporalino F 154 Cb69
Capo Rizzuto I 165 Gd81
Caposile I 150 Eb59
Capostrada I 155 Db64
Capoterra I 169 Ca80
Cappadocia I 160 Ec71
Cappagh GB 9 Cc17
Cappagh White IRL 13 Ca23
Cappeen IRL 12 Bc26
Cap Pelat F 40 Fc53
Cappelle sul Tavo I 157 Fa70
Cappeln D 117 Cc35
Cappercleuch GB 11 Eb14
Cappoquin IRL 13 Ca25
Capracotta I 161 Fb72
Capraia Isola I 155 Cd67
Capranica I 156 Ea70
Caprarica di Lecce I 163 Hc77
Caprarola I 156 Ea70
Caprese Michelangelo I 156 Ea66
Capri I 161 Fb76
Căpriana MD 173 Fc57
Capriati a Volturno I 161 Fa73
Capriccioli I 168 Cc74
Caprile I 143 Ea56
Caprino CH 149 Cc57
Caprino Veronese I 149 Db59
Captieux F 40 Fc52
Capua I 161 Fa74
Capurso I 162 Gd74
Căpușu Mare RO 171 Cd58
Caputh D 127 Ed37
Caputh GB 7 Eb11
Čara HR 158 Gd68
Carabias E 46 Dc61
Caracal RO 180 Db67
Caracena E 46 Dd61
Caracenilla E 47 Ea65
Caracui MD 173 Fc59
Caracușenii Noi MD 172 Ed53
Caracușenii Vechi MD 172 Ed53
Caragiale, I.L. RO 176 Ea64
Caraglio I 148 Bc62
Caraman F 40 Gc54
Caramanico Terme I 161 Fa71
Caramulo P 44 Ad63
Cărand RO 170 Cb58
Caranga de Abajo E 37 Cb55
Carani RO 174 Bc60
Caransebeș RO 174 Ca62
Carantec F 26 Dd37
Caraorman RO 177 Ga64
Carapeços P 44 Ad59
Carasco I 149 Cc63
Car Asen BG 180 Ea69
Carașova RO 174 Ca62
Carastelec RO 171 Cc56
Carate Brianza I 149 Cc58
Caraula RO 175 Cc66
Caravaca de la Cruz E 61 Ec72
Caravaggio I 149 Cd59
Carbajales de Alba E 45 Cb60
Carbajo E 51 Bb66
Carbalia MD 177 Fc62
Carballeda de Avia E 36 Ba57
Carballedo E 36 Ad57
Carballiño E 36 Ba57
Carballo E 36 Ad54
Carballo E 36 Bb55
Carballo (Verea) E 36 Ba58
Carbayín E 37 Cc54
Carbellino E 45 Ca61
Carbes E 37 Cd55
Carbis Bay GB 18 Da32
Carbonera de Frentes E 47 Eb60
Carboneras E 61 Ec76
Carboneras de Guadazaón E 53 Ec66
Carbonero el Mayor E 46 Db62
Carboneros E 52 Db71
Carbonia I 169 Bd80
Carbonin I 143 Ea56
Carbonne F 40 Gb55
Carbost GB 4 Da07
Cărbuna MD 173 Fd59
Cărbunești RO 176 Eb63
Carcaboso E 45 Ca65
Carcabuey E 60 Da74
Carcaixent E 54 Fb69
Carcaliu RO 177 Fb64
Cárcamo E 38 Ea56
Carcanières-les-Bains F 41 Gd57
Carcans F 32 Fa49
Carcans-Plage F 32 Fa49
Carção P 45 Bd60
Cárcar E 39 Ec58
Carcare I 148 Ca63
Carcassonne F 41 Ha55
Carcastillo E 39 Ed58
Carcelén E 54 Ed69
Carcès F 42 Ka54
Carchelejo E 60 Db73
Carcoforo I 148 Ca57
Çardak TR 185 Eb79
Çardak TR 198 Ga88
Çardak TR 199 Ha91
Cardaklija MK 183 Bd74
Cardaño de Abajo E 38 Da56
Cardaño de Arriba E 38 Da56
Cardedeu E 49 Ha60
Cardedu I 169 Cc78
Cardejón E 47 Ec60
Cardeña E 52 Da71
Cardeñadijo E 38 Dc58
Cardenete E 53 Ec67
Cardeñosa E 46 Cd63
Cardesse F 39 Fb55
Cardiff GB 19 Eb28
Cardigan GB 14 Dc26
Cardigos P 50 Ad66
Cardito I 161 Fa72
Cardó E 48 Ga63
Cardon RO 177 Ga64
Cardona E 49 Gc60
Cardross GB 10 Dd13
Căreași RO 171 Db56
Carei RO 171 Cc55
Carena CH 149 Cc57
Carennac F 33 Gc50
Carentan F 22 Fa35
Carentoir F 27 Ec40
Careva Livada BG 180 Dd71
Carev Brod BG 181 Ec70
Carevci BG 181 Fa71
Carevdar HR 152 Gc58
Carev Dol BG 181 Ec68
Carev Dvor MK 182 Ba76
Carevec BG 179 Cd70
Carevec BG 180 Dd69
Carew GB 18 Db27
Carezza I 143 Dd56
Čargan BG 180 Eb72
Cargantilla E 52 Cd67
Cargèse F 154 Ca70
Carhaix-Plouguer F 26 Dd38
Caria I 164 Ga82
Caria P 44 Bb64
Cariati I 165 Gd79
Caričino BG 181 Fb69
Carignan F 24 Jb34
Carignano I 148 Bc61
Carignano I 161 Fd73
Çarıklar TR 191 Ed87
Cariñena E 47 Fa61
Carini I 166 Ec84
Carinish GB 6 Cd07
Cariño E 36 Bb53
Carinola I 161 Fa74
Carisolo I 149 Db57
Carviçais P 45 Bc61
Cârjiți RO 175 Cc61
Cark GB 14 Eb19
Car Kalojan BG 180 Eb69
Çarksaraylar TR 193 Ha87
Carland GB 9 Cd17
Carlanstown IRL 9 Cc20
Carlazzo I 149 Cc57
Carlentini I 167 Fc86
Carlepont F 23 Ha34
Carlet E 54 Fb68
Cârlibaba RO 172 Dd55
Carlingford IRL 9 Da19
Carlisle GB 11 Eb16
Carloforte I 169 Bc80
Cârlogani RO 175 Da65
Carlops GB 11 Eb13
Carlow D 119 Dd32
Carlow IRL 13 Cc23
Carloway GB 4 Da05
Carlsfeld D 135 Ec43
Carlton GB 16 Fa24
Carlton GB 20 Fb26
Carlton-on-Trent GB 16 Fb22
Carluke GB 10 Ea14
Carlux F 33 Gb50
Carmagnola I 148 Bd61
Carmanova MD 173 Ga57
Carmarthen GB 14 Dc26
Carmaux F 41 Gd53
Cármenes E 37 Cc56
Carmiano I 163 Hc76
Carmona E 59 Ca73
Carmonita E 51 Bd68
Carmzow D 120 Fb33
Carna IRL 8 Bb20
Carnac F 27 Ea41
Carnach GB 6 Dc08
Çarnbașı TR 198 Ga88
Carn Domhnach IRL 9 Cc15
Carndonagh IRL 9 Cc15
Carnew IRL 13 Cd23
Carnforth GB 11 Ec19
Carnia Piani I 150 Ec57
Carnikava LV 106 Kb50
Carnlough GB 9 Da16
Carno GB 15 Ea24
Carnoët F 26 Dd38
Carnon-Plage F 41 Hd54
Carnota E 36 Ac55
Carnoustie GB 7 Ec11
Carnwath GB 10 Ea14
Carolei I 164 Gb80
Carolinensiel D 117 Cc32
Carolles F 22 Ed37
Caromb F 42 Jc52
Carona I 149 Cd57
Caronia I 167 Fb84
Carosino I 162 Ha76
Carovigno I 162 Hb75
Carovilli I 161 Fb72
Carpaneto Piacentino I 149 Cd61
Carpegna I 156 Ea65
Carpen RO 175 Cc66
Carpenedolo I 149 Db60
Carpentras F 42 Jc52
Carpi I 149 Db62
Carpignano Salentino I 163 Hc77
Carpignano Sesia I 148 Ca59
Cărpineanca MD 173 Fc59
Cărpineni MD 173 Fc59
Cărpinet RO 170 Cb59
Carpineti I 149 Db63
Carpineto della Nora I 157 Fa70
Carpineto Romano I 160 Ec72
Cărpiniș RO 174 Bc60
Carpino I 161 Ga72
Carpinone I 161 Fb72
Carpio E 46 Cd61
Carquefou F 28 Ed42
Carracastle IRL 8 Bd19
Carracedelo E 37 Bd57
Carracedo E 36 Ad56
Carradale GB 10 Db14
Carragh IRL 13 Cc21
Carraig Mhachaire Rois IRL 9 Cd19
Carraig na Siúire IRL 13 Cb24
Carral E 36 Ba54
Carranque E 46 Db65
Carranza-Karrantza E 38 Dd55
Carrapateira P 58 Aa74
Carrara I 155 Da64
Carrascal del Obispo E 45 Ca63
Carrascosa E 47 Eb64
Carrascosa de Haro E 53 Ea67
Carrascosa del Campo E 53 Ea66
Carratraca E 60 Cc76
Carrazeda de Ansiães P 45 Bc61
Carrazedo de Montenegro P 44 Bb60
Carrbridge GB 7 Ea08
Carregado P 50 Ab68
Carregal do Sal P 44 Ba63
Carreña E 38 Da55
Carresse F 39 Fa55
Carrick GB 6 Dc12
Carrick IRL 8 Ca16
Carrickboy IRL 9 Cb20
Carrickfergus GB 9 Da17
Carrickmacross IRL 9 Cd19
Carrickmore GB 9 Cc17
Carrick-on-Shannon IRL 8 Ca19
Carrick-on-Suir IRL 13 Cb24
Carrig IRL 12 Bd25
Carrigadrohid IRL 12 Bc25
Carrigaholt IRL 12 Bb23
Carrigahorig IRL 13 Ca22
Carrigallen IRL 9 Cb19
Carriganimmy IRL 12 Bc25
Carrigkerry IRL 12 Bc23
Carrignavar IRL 12 Bd25
Carrigtohill IRL 12 Bd26
Carril E 36 Ad56
Carrión de Calatrava E 52 Db69
Carrión de los Céspedes E 59 Bd74
Carrión de los Condes E 38 Da58
Carrizo E 37 Cb57
Carrizosa E 53 Dd69
Carro F 42 Jc55
Carron Bridge GB 10 Ea13
Carros F 43 Kc53
Carrouge CH 141 Bb55
Carrouges F 28 Fc38
Carrowneden IRL 8 Bd18
Carrowntanlis IRL 8 Bd20
Carrowntrella IRL 8 Bc18
Carrù I 148 Bd62
Carryduff GB 9 Da17
Carry-le-Rouet F 42 Jc55
Carsac F 33 Gb50
Carsaig GB 6 Db11
Çarşamba TR 205 Fc19
Carsarsa della Delizia I 150 Ec58
Carshovë AL 182 Ad78
Carsoli I 160 Ec71
Carsphairn GB 10 Dd15
Carstairs GB 10 Ea14
Cârța RO 172 Ea59
Cârța RO 175 Dc61
Cartagena E 55 Fa74
Cartama E 60 Cd76
Cartaojal E 60 Cd75
Cartaxo P 50 Ab67
Cartaya E 59 Bb74
Cartelle E 36 Ba57
Carteret F 22 Ed35
Carterton GB 20 Ed27
Cartigny F 23 Ha33
Cârțișoara RO 175 Dc61
Cartmel GB 11 Eb19
Cartoceto I 156 Eb66
Cartuja de Aula Dei E 48 Fb60
Carucedo E 37 Bd57
Carunchio I 161 Fb71
Carvalhais P 44 Ac64
Carvalhal P 44 Ba62
Carvalhelhos P 44 Bb59
Carvalho de Egas P 45 Bc61
Carvalhos P 44 Ad61
Cărvarica BG 179 Cb73
Carvin F 23 Ha31
Carvoeiro P 58 Ab74
Carwitz D 119 Ed34
Casabermeja E 60 Cd76
Casablanca E 36 Bc54
Casablanca E 55 Ed71
Casablanca E 60 Cc74
Casa Branca P 50 Ab70
Casa Branca P 50 Ac70
Casa Branca P 50 Ba68
Casacalenda I 161 Fc72
Casacanditella I 157 Fb70
Casa Capitán E 53 Eb69
Casa Castalda I 156 Eb67
Casaccia CH 142 Cd56
Casa de Benítez E 53 Eb68
Casa de Fernando Alonso E 53 Eb68
Casa de Haro E 53 Eb68
Casa de Juan Núñez E 54 Ed69
Casa del Capitán E 53 Eb69
Casa della Marina I 169 Cb80
Casaio E 37 Bd57
Casa l'Abate I 163 Hc76
Casalanguida I 161 Fb71
Casalarreina E 38 Ea57
Casalbordino I 161 Fb71
Casalbore I 161 Fc74
Casal Borsetti I 150 Ea63
Casalbuono I 161 Ga77
Casalbuttano ed Uniti I 149 Cd60
Casal di Principe I 161 Fa74
Casale I 166 Ea85
Casalecchio di Reno I 149 Dc63
Casale Monferrato I 148 Ca60
Casalfiumanese I 150 Dd63
Casalgrasso I 148 Bc61
Casalmaggiore I 149 Da61
Casalnuovo Monterotaro I 161 Fd72
Casaloldo I 149 Db60
Casalonga E 36 Ad55
Casalpusterlengo I 149 Cd60
Casalromano I 149 Da60
Casal Sabini I 162 Gc75
Casaluce I 161 Fa74
Casalvecchio di Puglia I 161 Fd72
Casamassima I 162 Gd74
Casamicciola Terme I 161 Fa75
Casamozza F 154 Cc69
Casa Palacio E 61 Ec73
Casarabonela E 60 Cc76
Casarano I 163 Hc77
Casar de Cáceres E 51 Bd67
Casares E 59 Cb77
Casares de Arbás E 37 Cb56
Casariche E 60 Cd74
Casarrubios del Monte E 46 Db65
Casas Bajas E 54 Ed66
Casas de Don Pedro E 52 Cc68
Casas de la Peña E 53 Eb68
Casas de Lázaro E 53 Eb70
Casas del Monte E 45 Ca65
Casas de los Pinos E 53 Eb68
Casas del Puerto E 55 Ed71
Casas del Puerto de Tornavacas E 45 Cb64
Casas del Río E 54 Fa68
Casas de Madrona E 54 Fa69
Casas de Millán E 51 Bd66
Casas de Miravete E 51 Cb66
Casas de Panes E 61 Ec73
Casas de Ves E 54 Ed68
Casas-Ibáñez E 54 Ed68
Casasimarro E 53 Ec68
Casas Novas P 51 Bb69
Casasola de Arión E 45 Cc60
Casasuertes E 37 Cd55
Casatejada E 51 Cb66
Casatenovo I 149 Cc58
Casavieja E 46 Cd65
Casbas de Huesca E 48 Fc59
Cascais P 50 Aa68
Cascano I 161 Fa74
Cascante E 47 Ed59
Cascante del Río E 47 Fa65
Cascia I 156 Ec69
Casciana Terme I 155 Db66
Cascina I 155 Da65
Căscioarele RO 180 Eb67
Casebres P 50 Ac69
Cáseda E 39 Ed58
Casei Gerola I 148 Cb61
Cășeiu RO 171 Da56
Casekow D 120 Fb34
Casella I 148 Cb62
Caselle in Pittari I 161 Ga77
Caselle Torinese I 148 Bc60
Casemurate I 156 Ea64
Casenove Serrone I 156 Eb68
Caserta I 161 Fb74
Caserta Vecchia I 161 Fb74
Casetas E 47 Fa60
Cashel IRL 8 Bb20
Cashel IRL 13 Ca24
Cashel IRL 13 Cb22
Cashleen IRL 8 Bb20
Cashlie GB 7 Dd11
Cashmore GB 20 Ed30
Casillas E 46 Da64
Casimcea RO 177 Fc65
Cașin RO 176 Ec60
Casina I 149 Da62
Casinina I 156 Eb65
Casinos E 54 Fb67
Čaška MK 183 Bc74
Casla IRL 12 Bb21
Čáslav CZ 136 Fd45
Cășlița RO 177 Ga63
Cășlița-Prut MD 177 Fb63
Časniki BY 202 Eb12
Casola in Lunigiana I 149 Da63
Casola Valsenio I 156 Dd64
Casole d'Elsa I 155 Db66
Casoli I 161 Fb71
Casorate Primo I 148 Cb60
Casoria I 161 Fb75
Caspe E 48 Fc62
Caspoggio I 149 Da57
Cassà de la Selva E 49 Hb60
Cassagnas F 41 Hd52
Cassagnes-Bégonhès F 41 Ha52
Cassano allo Ionio I 164 Gb78
Cassano d'Adda I 149 Cd59
Cassano delle Murge I 162 Gc75
Cassano Irpino I 161 Fc75
Cassano Magnago I 148 Cb58
Cassano Spinola I 148 Cb61
Cassaro I 167 Fc87
Cassel F 21 Gd30
Casseneuil F 33 Ga51
Casserres E 49 Gd59
Cassibile I 167 Fd87
Cassine I 148 Ca61
Cassino I 161 Fa73
Cassis F 42 Jd55
Casson F 28 Ed42
Cassuejouls F 34 Hb50
Častá SK 145 Gd50
Castagnaro I 150 Dd61
Castagneto Carducci I 155 Da67
Castala E 61 Dd76
Castalla E 55 Fb70
Castañar de Ibor E 52 Cc67
Castañares E 38 Dc58
Castañares de Rioja E 38 Ea57
Castanea delle Furie I 164 Ga83
Castañeda E 36 Ba55
Castañeda E 38 Dc55
Castanedo E 37 Bd54
Castanet-Tolosan F 40 Gc54
Castanheira de Pira P 44 Ad65
Castanheiro P 44 Ac64
Castano Primo I 148 Cb59
Castaromocho E 46 Cd59
Castayrols F 41 Gd53
Casteggio I 149 Cc61
Castejón E 47 Ed59
Castejón de Monegros E 48 Fc61
Castejón de Sos E 40 Ga58
Castejón de Valdejasa E 47 Fa59
Castel Baronia I 161 Fd74
Castel Bolognese I 150 Dd63
Castelbuono I 167 Fa84
Castelcivita I 161 Fd76
Castelculier F 40 Ga52
Castel d'Aiano I 149 Dc63
Castel d'Ario I 149 Dc60
Castel de Cabra E 48 Fb63
Casteldelci I 156 Ea65
Casteldelfino I 148 Bb62
Castel del Monte I 156 Ed70
Castel del Piano I 156 Dd68
Castel del Rio I 156 Dd64
Castel di Iudica I 167 Fb86
Casteldimezzo I 156 Eb65
Castel di Sangro I 161 Fa72
Castel di Tora I 156 Ec70
Castel di Tusa I 167 Fa84
Castelejo P 44 Bb64
Castelequin IRL 12 Ba25
Castelfidardo I 156 Ed66
Castelfiorentino I 155 Db66
Castelflorite E 48 Fc60
Castelforte I 161 Fa73
Castelfranco di Sopra I 156 Dd66
Castelfranco Emilia I 149 Dc62
Castelfranco in Miscano I 161 Fd73
Castelfranco Veneto I 150 Ea59
Castel Frentano I 157 Fb70
Castel Gandolfo I 160 Eb72
Castel Goffredo I 149 Db60
Castelgrande I 161 Fd75
Casteljaloux F 40 Fd52
Castellabate I 161 Fc77
Castel Lagopesole I 161 Ga75
Castellammare del Golfo I 166 Eb84
Castellammare di Stabia I 161 Fb75
Castellamonte I 148 Bd59
Castellana Grotte I 162 Gd75
Castellane F 43 Kb53
Castellaneta I 162 Gd75
Castellaneta Marina I 162 Gd76
Castell'Apertole I 148 Ca60
Castellar de la Frontera E 59 Cb77
Castellar de la Ribera E 49 Gc59
Castellar del Vallès E 49 Gd61
Castellar de n'Hug E 41 Gd58
Castellar de Santiago E 52 Dc70
Castellar de Santisteban E 53 Dd71
Castellaro Lagusello I 149 Db60
Castell'Arquato I 149 Cd61
Castell'Azzara I 156 Dd68
Castellazzo Bormida I 148 Ca61
Castellbò E 40 Gc58
Castelldans E 48 Ga61
Castell de Cabres E 48 Fd64
Castell de Castells E 55 Fc70
Castelldefels E 49 Gd62
Castell de Ferro E 60 Dc76
Castelleone I 149 Cd60
Castellerçol E 49 Gd60
Castelletto d'Orba I 148 Cb62
Castelletto sopra Ticino I 148 Cb58
Castellfollit de Riubregós E 49 Gc60
Castellfort E 48 Fc64
Castelli I 156 Ed69
Castellina in Chianti I 155 Dc66
Castellina Marittima I 155 Da66
Castellnovo E 54 Fb66
Castelló de Farfanya E 48 Ga60
Castelló de la Plana E 54 Fc66
Castello del Matese I 161 Fb73
Castelló d'Empúries E 41 Hb58
Castelló de Rugat E 54 Fb69
Castellote E 48 Fc63
Castello Tesino I 150 Dd58
Castellserà E 48 Gb60
Castelluccio dei Sauri I 161 Fd73
Castelluccio Inferiore I 164 Gb78
Castelluccio Valmaggiore I 161 Fd73
Castell' Umberto I 167 Fc84
Castelluzzo I 166 Eb84
Castel Maggiore I 149 Dc62
Castelmassa I 149 Dc61
Castelmezzano I 162 Gb76
Castelmola I 167 Fd84
Castelmoron-sur-Lot F 33 Ga51
Castelnau-Barbarens F 40 Ga54
Castelnaudary F 41 Gd55
Castelnau-d'Auzan F 40 Fd53
Castelnau-de-Médoc F 32 Fb49
Castelnau-de-Montmirail F 40 Gc53
Castelnau-le-Lez F 41 Hd54
Castelnau-Magnoac F 40 Ga55
Castelnau-Montratier F 40 Gb52
Castelnau-Rivière-Basse F 40 Fc54
Castelnou E 48 Fc62
Castelnou F 41 Ha57
Castelnovo ne' Monti I 149 Da63
Castelnuovo Berardenga I 156 Dd66
Castelnuovo del Garda I 149 Db59
Castelnuovo della Daunia I 161 Fd72
Castelnuovo di Garfagnana I 155 Da64
Castelnuovo di Porto I 160 Eb71
Castelnuovo Don Bosco I 148 Bd60
Castelnuovo Scrivia I 148 Cb61
Castelo Branco P 44 Bb65
Castelo Branco P 45 Bd61
Castelo de Paiva P 44 Ad61
Castelo de Vide P 51 Bb67
Castelo Melhor P 45 Bc62
Castelo Mendo P 45 Bc63
Castelo Rodrigo P 45 Bc62
Castelraimondo I 156 Ec67
Castelrotto I 143 Dd56
Castel San Gimignano I 155 Db66
Castel San Giovanni I 149 Cc61
Castel San Lorenzo I 161 Fd76

Castel San Pietro Terme - Chalais

Castel San Pietro Terme I 150 Dd63
Castelsantangelo sul Nera I 156 Ec68
Castel San Vincenzo I 161 Fa72
Castelsaraceno I 162 Gb77
Castelsardo I 168 Ca74
Castelsarrasin F 40 Gb53
Castelseprio I 148 Cb58
Castelserás E 48 Fc63
Casteltermini I 166 Ed86
Castelu RO 181 Fb67
Castelvecchio I 149 Dc59
Castelvecchio di Rocca Barbena I 148 Bd63
Castelvecchio Subequo I 160 Ed71
Castelvetrano I 166 Eb85
Castel Viscardo I 156 Ea68
Castel Volturno I 161 Fa74
Castenedolo I 149 Da59
Castéra-Verduzan F 40 Fd53
Castets F 39 Fa53
Castex F 40 Fd55
Casti CH 142 Cd55
Castiadas I 169 Cb80
Castiblanco de los Arroyos E 59 Ca73
Castiello de Jaca E 39 Fb57
Castigaleu E 48 Ga59
Castiglioncello I 155 Da66
Castiglione I 161 Fb71
Castiglione Chiavarese I 149 Cc63
Castiglione dei Pepoli I 155 Dc64
Castiglione del Lago I 156 Ea67
Castiglione della Pescaia I 155 Db68
Castiglione delle Stiviere I 149 Db60
Castiglione di Garfagnana I 155 Da64
Castiglione di Sicilia I 167 Fd84
Castiglione d'Orcia I 156 Dd68
Castiglione Olona I 148 Cb58
Castiglion Fiorentino I 156 Dd66
Castilblanco E 52 Cc68
Castil de Peones E 38 Dd58
Castilfabib E 47 Ed65
Castilfrío de la Sierra E 47 Eb60
Castiliscar E 39 Fa58
Castilléjar E 61 Ea73
Castillejo de Iniesta E 53 Ec67
Castillejo de Martín Viejo E 45 Bd63
Castillejo de Mesleón E 46 Dc61
Castillejo de Robledo E 46 Dc61
Castillo de Bayuela E 46 Cd65
Castillo de Garcimuñoz E 53 Eb67
Castillo de la Reina E 46 Dd59
Castillo de Locubín E 60 Db74
Castillon-du-Gard F 42 Ja53
Castillon-en-Couserans F 40 Gb56
Castillon-la-Bataille F 32 Fc50
Castillonnès F 33 Ga51
Castilruiz E 47 Ec60
Castino I 148 Ca62
Castione della Presolana I 149 Da58
Castions di Strada I 150 Ec58
Částkov CZ 135 Ec45
Castle Acre GB 17 Ga24
Castle Ashby GB 20 Fb25
Castlebaldwin IRL 8 Ca18
Castlebar IRL 8 Bc19
Castlebay GB 6 Cc09
Castlebellingham IRL 9 Cd19
Castleblayney IRL 9 Cd19
Castlebridge IRL 13 Cd24
Castle Bytham GB 17 Fc24
Castle Cary GB 19 Ec29
Castle Combe GB 19 Ec28
Castlecomer IRL 13 Cb23
Castlecove IRL 12 Ba26
Castlederg GB 9 Cb16
Castledermot IRL 13 Cc23
Castle Douglas GB 10 Ea16
Castlefinn IRL 9 Cb16
Castleford GB 16 Fa20
Castlegal IRL 8 Ca17
Castlehill IRL 8 Bb18
Castleisland IRL 12 Bb24
Castlejordan IRL 13 Cc21
Castlemaine IRL 12 Bb24
Castlemartin GB 18 Db27
Castlemartyr IRL 13 Ca26
Castlepollard IRL 9 Cb20
Castlerea IRL 8 Bd19
Castleton GB 16 Ed22
Castleton GB 19 Eb28
Castletown GB 5 Eb04
Castletown GB 10 Dc19
Castletown IRL 12 Bc24
Castletown IRL 13 Cb21
Castletown IRL 13 Cd23
Castletownbere IRL 12 Ba26
Castletownshead IRL 12 Bb27
Castlewellan GB 9 Da18
Casto I 149 Da59
Castranova RO 179 Da67
Castrejón E 45 Cc61
Castrejón de la Peña E 38 Da56
Castrelo do Val E 36 Bb58
Castrelos P 45 Bd59
Castres F 41 Gd54
Castres-Gironde F 32 Fb51
Castricum NL 116 Ad35
Castries F 41 Hd54
Castril E 61 Ea73
Castrillo de Cabezón E 38 Db58
Castrillo de Don Juan E 46 Db60
Castrillo de la Vega E 46 Dc60
Castrillo de Río Pisuerga E 38 Db57
Castrillo de Sepúlveda E 46 Dc61
Castrillo de Villavega E 38 Da57
Castrillo-Tejeriego E 46 Da60
Castriz E 36 Ad54
Castro E 36 Ba53
Castro E 36 Bb57
Castro E 36 Bc55
Castrobarto E 38 Dd56
Castrobol E 37 Cc58
Castrocalbón E 37 Cb58
Castro Caldelas E 36 Bc57
Castro (Carballedo) E 36 Bb57
Castrocaro Terme I 156 Ea64
Castrocontrigo E 37 Ca58
Castro Daire P 44 Ba62
Castro de Filabres E 61 Ea75
Castro de Fuentidueña E 46 Dc61
Castro dei Volsci I 160 Ed73
Castro del Río E 60 Cd73
Castro de Rei E 36 Bc54
Castro (Dozón) E 36 Ba56
Castrofilippo I 166 Ed86
Castrojeriz E 38 Db58
Castro Laboreiro P 36 Ba58
Castromao E 36 Bc58
Castro Marim P 58 Ba74
Castro Marina I 163 Hc77
Castromonte E 46 Cd60
Castronuevo E 45 Cc60
Castronuño E 45 Cc61
Castronuovo di San Andrea I 162 Gb77
Castronuovo di Sicilia I 166 Ed85
Castropol E 37 Bd54
Castrop-Rauxel D 125 Ca39
Castroreale I 167 Fd84
Castroreale Terme I 167 Fd84
Castro-Urdiales E 38 Dd55
Castrovega de Valmadrigal E 37 Cc58
Castroverde E 36 Bc55
Castro Verde P 58 Ac72
Castroverde de Campos E 45 Cc59
Castroverde de Cerrato E 46 Db60
Castroviejo E 38 Ea58
Castrovillari I 164 Gb78
Castuera E 51 Cb69
Caşunca MD 173 Fc55
Çat TR 205 Ga20
Caţa RO 176 Dd60
Çatacık TR 187 Gd80
Cataeggio I 149 Cd57
Çatak TR 192 Fa86
Çatak TR 193 Gc87
Çataklı TR 186 Ga77
Çatalağıl TR 186 Fc80
Çatalan TR 187 Hb76
Çatalca TR 186 Fb77
Çatalçam TR 192 Fb82
Catalina RO 176 Eb61
Çatalköprü TR 187 Gc78
Çatallar TR 199 Gb92
Çatallar TR 199 Gd90
Cataloi RO 177 Fc64
Çataltepe TR 186 Fd80
Catane RO 179 Cd67
Catania I 167 Fd86
Catanzaro I 164 Gc81
Catanzaro Marina I 164 Gc81
Catarroja E 54 Fb68
Câţcău RO 171 Da56
Căteasca RO 175 Dc65
Căteleni MD 173 Fb58
Catenanuova I 167 Fc85
Cateraggio F 154 Cc70
Caterham GB 20 Fc29
Čatež SLO 151 Fc58
Cathair na Mart IRL 8 Bc19
Cathair Saidhbhin IRL 12 Ba25
Cati E 48 Fd64
Catignano I 157 Fa70
Cătina RO 171 Db58
Cătina RO 176 Eb63
Cativelos P 44 Ba63
Çatkuyu TR 193 Gc85
Catlowdy GB 11 Ec16
Catoira E 36 Ad56
Çatoluk TR 198 Ga93
Catral E 55 Fa72
Cattedrale di Anagni I 160 Ec72
Catterick Bridge GB 11 Fa18
Catterick Garrison GB 11 Ed18
Cattolica I 156 Eb65
Cattolica Eraclea I 166 Ec86
Cătunele RO 175 Cc64
Catus F 33 Gb51
Căuaş RO 171 Cc55
Caudebec-en-Caux F 23 Ga34
Caudebec-lès-Elbeuf F 23 Gb35
Caudecoste F 40 Ga52
Caudete E 55 Fa70
Caudete de las Fuentes E 54 Ed67
Caudiel E 54 Fb66
Caudiès-de-Fenouillèdes F 41 Ha57
Caudrot F 32 Fc51
Caudry F 24 Hb32
Caujac F 40 Gc55
Caulnes F 27 Ec39
Caulonia I 164 Gc83
Caumont F 40 Gb53
Caumont-l'Éventé F 22 Fb36
Caumont-sur-Durance F 42 Jb53
Caunes-Minervois F 41 Ha55
Cauro F 154 Ca71
Căuşeni MD 173 Ga59
Causeway IRL 12 Bb24
Çaush AL 182 Ab79
Caussade F 40 Gc52
Cautano I 161 Fb74
Cauterets F 40 Fc56
Cava d'Aliga I 167 Fc88
Cava de' Tirreni I 161 Fc75
Cavadineşti RO 177 Fb61
Cavagnac F 33 Gd51
Cavaillon F 42 Jc53
Cavalaire-sur-Mer F 43 Kb55
Cavaleiro P 58 Ab72
Cavalese I 150 Dd57
Cavalière F 43 Kb55
Cavallermaggiore I 148 Bc61
Cavallino I 150 Eb60
Cavan IRL 9 Cb19
Cavanagarvan IRL 9 Cc18
Căvăran RO 174 Ca61
Cavarzere I 150 Ea61
Cavazzo Carnico I 150 Ec57
Çavdar TR 197 Ed88
Çavdar TR 198 Fb89
Çavdarhisar TR 192 Ga84
Çavdır TR 198 Fd93
Çavdir TR 198 Ga90
Cave di Predil I 143 Ed56
Caveirac F 42 Ja53
Cavertitz D 127 Ed40
Cavezzo I 149 Dc61
Cavi I 149 Cc63
Cavignac F 32 Fc49
Čavle HR 151 Fb60
Cavnic RO 171 Db55
Cavo I 155 Da68
Cavour I 148 Bc61
Cavriglia I 156 Dd66
Cavtat HR 159 Hc69
Çavuşbaşı TR 186 Fd77
Çavuşçugöl TR 193 Hb86
Çavuşköy TR 185 Ec76
Çavuşköy TR 199 Gc93
Çavuşlu TR 187 Gb78
Čavusy BY 202 Ec12
Cawood GB 16 Fa20
Cawsand GB 18 Dc32
Cawston GB 17 Gb24
Caxarias P 50 Ac66
Caxton GB 20 Fc26
Çay TR 193 Gd86
Çayağazı TR 187 Ha77
Çayağzı TR 186 Fa79
Çayağzı TR 186 Fd77
Çayeli TR 205 Ga19
Cayeux-sur-Mer F 23 Gb32
Çayhisar TR 198 Fc91
Çayır TR 198 Fc90
Çayırgan TR 198 Fc89
Çayırhan TR 193 Hb81
Çayıroluk TR 192 Ga82
Çayıryaka TR 193 Gd86
Çayıryazı TR 193 Gd86
Çaykışla TR 192 Fc86
Çaykışla TR 193 Ha85
Çayköy TR 187 Gc79
Çayköy TR 193 Gc81
Çayköy TR 199 Gd88
Çaylakköy TR 187 Gd80
Çaylar TR 205 Ga20
Caylus F 40 Gc52
Caynham GB 15 Ec25
Çayören TR 192 Fd82
Çaypınar TR 192 Fa81
Çaypınar TR 192 Fa86
Cayres F 34 Hd50
Cayrols F 33 Gd50
Caythorpe GB 16 Fb23
Cazaclia MD 177 Fc61
Cazalegas E 46 Cd65
Cazalla de la Sierra E 59 Ca72
Cazals F 33 Gb51
Căzăneşti MD 173 Fc56
Căzăneşti RO 173 Fa58
Căzăneşti RO 175 Cc64
Căzăneşti RO 176 Ed66
Cazangic MD 173 Fc59
Cazanuecos E 37 Cb58
Cazaubon F 40 Fc53
Cazaux F 32 Fa51
Cazères F 40 Gb55
Cazes-Mondenard F 40 Gb52
Cazin BIH 151 Ga61
Čazma HR 152 Gc59
Cazorla E 61 Dd72
Cazouls-lès-Béziers F 41 Hb55
Cea E 37 Cd57
Ceadea E 45 Ca60
Ceadîr-Lunga MD 177 Fd61
Ceahlău RO 172 Eb57
Cealâd MD 177 Fc62
Ceamurlia de Jos RO 177 Fc65
Ceanannus Mór IRL 9 Cc20
Ceann Toirc IRL 12 Bc24
Ceanu Mare RO 171 Db58
Ceapach Choinn IRL 13 Ca25
Cea (San Cristóbal de Cea) E 36 Ba57
Ceatad RO 174 Bc60
Ceatalchioi RO 177 Fc64
Ceatharlach IRL 13 Cc23
Ceaucé F 28 Fb38
Ceauşu de Câmpie RO 171 Dc58
Cebara BIH 158 Gd66
Cebas E 61 Dd73
Cebeceiras de Basto P 44 Ba60
Cebeci TR 187 Gb77
Čeboksary RUS 203 Fc09
Cebolais de Cima P 50 Ba66
Cebolla E 52 Da66
Cebrail TR 193 Hb85
Cebreros E 46 Da64
Cebrones del Río E 37 Cb58
Čečava BIH 152 Ha62
Ceccano I 160 Ec72
Cece H 146 Hc55
Čečejovce SK 138 Jc49
Čečel'nyk UA 204 Ec16
Cecenowo PL 121 Gd29
Čechtice CZ 136 Fc46
Čechtín CZ 136 Ga47
Čechy pod Kosířem CZ 137 Gc46
Cecina I 155 Da66
Ceclavín E 51 Bc66
Cecos E 37 Bd55
Čečovice CZ 135 Ec46
Čedasai LT 114 La53
Cedegolo I 149 Da57
Cedeira E 36 Bb53
Cedillo E 51 Bb66
Cedrillas E 47 Fa64
Cedynia PL 120 Fb35
Cée E 36 Ac55
Cefa RO 170 Ca57
Cefalù I 167 Fa84
Ceggia I 150 Eb59
Cegléd H 146 Ja54
Ceglie Messapica I 162 Ha75
Cegłów PL 131 Jd37
Čegrane MK 178 Ba73
Cehal RO 171 Cc56
Cehăluţ RO 171 Cc55
Cehegín E 61 Ec72
Čehlare BG 180 Dc72
Čehov RUS 203 Fa11
Čehovo RUS 113 Ja59
Cehu Silvaniei RO 171 Cd56
Ceica RO 170 Cb57
Ceikiniai LT 115 Lc55
Ceilhes-et-Rocozels F 41 Hb53
Ceinos de Campos E 46 Cd59
Ceintrey F 25 Jd37
Ceira P 44 Ad64
Ceivães P 36 Ad58
Čejč CZ 137 Gc48
Čejkov SK 139 Ka49
Čejkovice CZ 137 Gc48
Cekcyn PL 121 Ha33
Çekerek TR 205 Fb20
Çekirdekli TR 192 Fa83
Čekiškė LV 114 Kb56
Čekonje MNE 159 Hd69
Ceków-Kolonia PL 129 Ha38
Cela E 36 Bc56
Celada E 37 Cb57
Celadas E 47 Fa64
Čelakovice CZ 136 Fc44
Celano I 160 Ed71
Celanova E 36 Ba58
Čelanovo RUS 107 Ma50
Čelarevo SRB 153 Ja60
Celaru RO 179 Da67
Celbowo PL 121 Ha29
Celbridge IRL 13 Cd21
Čelebić BIH 158 Gc65
Čelebići BIH 159 Hd66
Celeiro P 44 Ba60
Celepköy TR 186 Fb76
Celerina CH 142 Da56
Celestynów PL 130 Jc37
Čelić BIH 153 Hd62
Čelije SRB 153 Jc63
Çelikler TR 192 Fc83
Čelina CZ 136 Fb46
Celina RUS 205 Fd15
Čelinac Donji BIH 152 Gd62
Celjachany BY 202 Ea13
Celje SLO 151 Fd57
Cella E 47 Ed64
Cellarhead GB 16 Ed23
Celldömölk H 145 Gd54
Celle D 126 Db36
Celle Ligure I 148 Ca63
Cellers E 48 Ga59
Celles B 124 Ad42
Celles-sur-Belle F 32 Fc45
Cellettes F 29 Gb41
Celliers F 35 Ka47
Cellino San Marco I 162 Hb76
Cellole I 161 Fa74
Celmenieki LV 105 Jc52
Celmini LV 106 Kb51
Čelopeč BG 179 Da71
Čelopeci MK 182 Ba74
Čelopek MK 178 Ba73
Celorico da Beira P 44 Bb63
Cel'ovce SK 139 Ka49
Celrà E 49 Hb59
Çeltek TR 199 Gb89
Çeltik TR 185 Eb78
Çeltik TR 186 Fb77
Çeltik TR 193 Hb84
Çeltikçi TR 186 Fa79
Çeltikçi TR 186 Ga80
Çeltikçi TR 199 Gc89
Çeltikçi TR 199 Ha91
Çeltikdere TR 187 Hb80
Cemalçavus TR 192 Fc85
Cembra I 149 Dc57
Cemerno BIH 159 Hc67
Čeminac HR 153 Hc59
Çemişgezek TR 205 Fd20
Cemke TR 186 Fd77
Cemmaes Road GB 15 Ea24
Cempi LV 106 Kd48
Cenac MD 177 Fc60
Cenad RO 170 Bb59
Cenade RO 175 Da60
Cenajo E 53 Ec71
Cenarth GB 14 Dc26
Cenas LV 106 Kb51
Cencenighe Agordino I 150 Ea57
Çendik TR 199 Gb88
Cenei RO 174 Bc60
Cenej SRB 153 Jb60
Çeneköy TR 185 Ec77
Cenes de la Vega E 60 Dc75
Ceneselli I 149 Dc61
Cénevières F 33 Gc51
Çengelli TR 185 Ed77
Çenger TR 198 Fd91
Çenger TR 199 Hb92
Cengio I 148 Bd62
Cenicero E 38 Ea58
Cenicientos E 46 Da65
Cenizate E 53 Ec68
Cenlle E 36 Ba57
Čenovan SLO 151 Fa58
Cenovo BG 180 Dd69
Censeau F 31 Jd43
Čenta SRB 153 Jc60
Centallo I 148 Bc62
Centelles E 49 Ha60
Cento I 149 Dc62
Centuri F 154 Cc67
Centuripe I 167 Fc85
Cepagatti I 157 Fa70
Cepăria MD 173 Fb55
Čepelare BG 184 Db75
Cepeleuţi MD 173 Fa53
Cépet F 40 Gc54
Čepić HR 151 Fa61
Čepigova MK 183 Bb75
Čepin HR 153 Hc59
Ceplenita RO 172 Ed56
Çepni TR 186 Fa80
Çepni TR 186 Fc80
Çepni TR 193 Gb85
Ceppo I 156 Ed69
Ceprano I 160 Ed73
Ceptura RO 176 Eb64
Cequeril E 36 Ad56
Cer MK 182 Ba75
Cerachovka BY 202 Ec13
Čeralije HR 152 Ha59
Cerami I 167 Fb85
Cerano I 148 Cb59
Ceranów PL 123 Jd35
Cérans-Foulletourte F 28 Fd40
Ceraso I 161 Fd77
Ceraşu RO 176 Eb63
Cerăt RO 179 Cd67
Ceraukste LV 106 Kc52
Cëravë AL 182 Ad76
Cerbaia I 155 Dc65
Cerbăl RO 175 Cc61
Cerbère F 41 Hc58
Cercadillo E 47 Ea62
Cercal P 50 Ab67
Cercal P 58 Ab72
Čerčany CZ 136 Fc45
Cerceda E 36 Ba55
Cerceda E 46 Db63
Cercedilla E 46 Db63
Cercemaggiore I 161 Fc73
Cerchezu RO 181 Fb68
Cerchiara di Calabria I 164 Gc78
Cercs E 49 Gd59
Cercy-la-Tour F 30 Hc43
Cerda I 166 Ed84
Čerdakly RUS 203 Fd09
Cerdanyola E 49 Gd61
Cerdedelo E 36 Bc58
Cerdedo E 36 Ad56
Cerdeira P 45 Bc63
Cerdeirinhas P 44 Ba59
Cerdon F 29 Gd41
Céré F 29 Gc43
Cēre LV 105 Jd50
Cerea I 149 Dc60
Cereceda E 38 Dd57
Cerecinos de Campos E 45 Cc59
Cered H 146 Ja50
Cereglio I 149 Dc63
Čerëha RUS 107 Ma47
Cerekwica PL 121 Gd35
Cerekwica PL 129 Gb36
Cérences F 22 Fa37
Čerencovo RUS 202 Eb08
Cerentino CH 141 Cb56
Cerenzia I 165 Gd80
Cereo E 36 Ad54
Čerepovec RUS 202 Ed08
Čerepovo BG 185 Ea74
Ceres I 148 Bc59
Čereša BG 181 Ec71
Čerešovo BG 180 Eb68
Ceresole Reale I 148 Bc59
Čerešovica BG 179 Cb69
Céreste F 42 Jd53
Céret F 41 Hb58
Čeretelevo BG 180 Db73
Čerević SRB 153 Ja60
Cerezal E 45 Ca64
Cerezal de Peñahorcada E 45 Bd61
Cerezo de Abajo E 46 Dc62
Cerezo de Riotirón E 38 Dd58
Cergău RO 175 Da60
Cergnago I 148 Cb60
Ceriana I 43 La52
Cerić HR 153 Hd60
Cëricë AL 182 Ac77
Cerignola I 161 Ga73
Cérilly F 29 Ha44
Cérilly F 30 Ja40
Čerin BIH 158 Ha67
Čerin SK 138 Hd49
Cerisiers F 30 Hb39
Cérisy-la-Forêt F 22 Fb36
Cerisy-la-Salle F 22 Fa36
Cerityaylası TR 193 Gb87
Cerizay F 28 Fb43
Cerjë AL 182 Ba77
Čerkaski BG 179 Cc69
Čerkasy UA 204 Ed15
Çerkeş TR 205 Fa20
Çerkeşli TR 186 Ga78
Çerkesli TR 187 Gb80
Čerkessk RUS 205 Fd17
Çerkezköy TR 186 Fa77
Çerkezmüsellim TR 185 Ec76
Cerkiewnik PL 122 Ja31
Cerklje SLO 151 Fb57
Cerklje ob Krki SLO 151 Fd58
Cerknica SLO 151 Fb59
Cerkno SLO 151 Fa57
Čerkovna BG 180 Eb70
Cērkste LV 106 Ka50
Cerkvenjak SLO 144 Ga56
Cerkwica PL 120 Fc31
Cerlina MD 173 Fc54
Čerma RUS 99 Lc43
Cermë e poshtëme AL 182 Ab75
Cermei RO 170 Ca58
Cermenate I 149 Cc58
Cermone I 156 Ec70
Čern' RUS 203 Fa12
Černa BG 181 Fa68
Cerna HR 153 Hc60
Cerna RO 177 Fb64
Cernache de Bonjardim P 44 Ad65
Černá Hora CZ 137 Gb47
Černaja Lahta RUS 99 Ma39
Cerna-Sat RO 174 Cb63
Cernat RO 176 Eb61
Cernăteşti RO 175 Cd65
Cernăteşti RO 176 Ec63
Černava RUS 203 Fa11
Černava RUS 203 Fa12
Cernavodă RO 181 Fb67
Čerņavskije LV 107 Ma52
Cernay F 31 Kb39
Cernay-la-Ville F 23 Gc37
Cerne Abbas GB 19 Ec30
Cernégula E 38 Dd57
Černeja RUS 107 Mb51
Cernele RO 175 Cd66
Cerneşti RO 171 Da55
Cerneux F 24 Hb37
Černëvo RUS 99 Ld44
Černica BG 181 Ec72
Cernica RO 176 Eb66
Černičevo BG 180 Db72
Černihiv UA 202 Ec14
Cernik HR 152 Gd60
Černilov CZ 136 Ga44
Černi Osăm BG 180 Db71
Černi Rid BG 185 Ea75
Cernişoara RO 175 Da64
Cerniţa MD 173 Fc55
Černivci UA 204 Ea16
Černi Vit BG 179 Da71
Černi Vrăh BG 179 Cc68
Černjachiv UA 202 Eb14
Černjachovsk RUS 113 Jc59
Černjanka RUS 203 Fa13
Černjovo BG 179 Cd72
Černo RUS 99 Ld43
Cernobbio I 149 Cc58
Černochov CZ 136 Fa43
Černoe RUS 99 Mb41
Černogorovo BG 179 Da73
Cernoleuca MD 173 Fa53
Černolik BG 181 Ed68
Černomorec BG 181 Fa73
Černoočene BG 184 Dc75
Černook BG 181 Ed70
Černookovo BG 181 Fb69
Černošice CZ 136 Fb45
Černošín CZ 135 Ec45
Černovice CZ 136 Fc47
Černovskoe RUS 99 Ld42
Cernoy-en-Berry F 29 Ha41
Černozemen BG 180 Db72
Cerny-en-Laonnois F 24 Hc35
Černyševskoe RUS 114 Ka58
Černyškovskij RUS 203 Fd14
Cerova SRB 179 Ca69
Cerovac HR 157 Ga64
Cerovac SRB 174 Bb66
Cerova Korija BG 180 Dd71
Cerovica SRB 178 Bd68
Cerovljani BIH 152 Gd61
Cerovlje HR 151 Fa60
Cerovo BG 179 Cc70
Cerovo BG 179 Cd72
Cerponzons E 36 Ad56
Cerqueto I 156 Ea68
Cerralbo E 45 Bd62
Cerredo E 37 Ca56
Cerredolo I 149 Db63
Cerreto d'Esi I 156 Ec67
Cerreto Sannita I 161 Fb73
Cerrigydrudion GB 15 Ea23
Cërrik AL 182 Ac75
Cerro al Volturno I 161 Fa72
Cerro Muriano E 60 Cd72
Čerskaja RUS 107 Ma47
Certaldo I 155 Dc66
Çerte TR 192 Ga83
Certeju de Sus RO 175 Cc60
Certeşti RO 177 Fa61
Certeze RO 171 Da54
Čertižné SK 139 Ka46
Čertkovo RUS 203 Fc14
Čertovidvo RUS 107 Ma48
Ceru-Băcăinţi RO 175 Cd60
Čerusti RUS 203 Fa10
Cervara di Roma I 160 Ec71
Cervaro I 161 Fa73
Cervatos de la Cueza E 38 Da58
Červen BG 184 Db74
Červen BG 180 Ea69
Červen' BY 202 Eb12
Červená CZ 136 Fb47
Çervenakë AL 182 Ad76
Červená Řečice CZ 136 Fd46
Červena Skalá SK 138 Jb48
Červena Voda BG 180 Ea68
Červená Voda CZ 137 Gc44
Červen Brjag BG 179 Da69
Červenci BG 181 Ed69
Cervenia RO 180 Dd68
Červený Kláštor SK 138 Jb46
Červený Kostelec CZ 136 Ga43
Cervera E 48 Gb60
Cervera de Buitrago E 46 Dc63
Cervera de Llano E 53 Eb66
Cervera del Maestrat E 48 Fd64
Cervera del Río Alhama E 47 Ec59
Cervera de Pisuerga E 38 Da56
Cervesina I 149 Cc60
Cerveteri I 160 Ea71
Cervia I 156 Eb64
Cervià de les Garrigues E 48 Ga61
Cervià de Ter E 49 Hb59
Cervico Navero E 46 Db59
Cervières F 35 Kb49
Cervignano di Friuli I 150 Ed59
Cervinara I 161 Fb74
Cervione F 154 Cc69
Cervo E 36 Bc53
Cervo I 43 La52
Cervon F 30 Hc42
Červonohrad UA 204 Dd15
Čërykav BY 202 Ec12
Cerzeto I 164 Gb79
Cesana Torinese I 148 Bb60
Cesarica HR 151 Fc63
Cesarò I 167 Fc85
Cesarowice PL 129 Gb41
Cescau F 39 Fb55
Cesena I 156 Ea64
Cesenatico I 156 Eb64
Cēsis LV 106 Kd49
Česká Bělá CZ 136 Ga46
Česká Kamenice CZ 128 Fb42
Česká Kubice CZ 135 Ec47
Česká Lípa CZ 128 Fb42
Česká Skalice CZ 136 Ga43
Česká Třebová CZ 137 Gb45
České Budějovice CZ 136 Fb48
České Velenice CZ 136 Fc49
Český Brod CZ 136 Fc44
Český Dub CZ 136 Fc43
Český Krumlov CZ 136 Fb49
Český Těšín CZ 137 Hb45
Çeşme TR 191 Ea86
Çeşmealtı TR 185 Ed80
Çeşmekolu TR 185 Ed76
Çeşmeköy TR 197 Ed88
Çeşmeköy TR 198 Ga93
Çeşmeli TR 186 Fa77
Cesole I 149 Db61
Cespedosa de Tormes E 45 Cb63
Cessenon F 41 Hb54
Cessières F 24 Hb34
Cestas F 32 Fb50
Cestice CZ 136 Fa47
Čestimensko BG 181 Ed68
Čestín CZ 136 Fd45
Čestobrodica SRB 159 Jb64
Cesuna I 150 Dd58
Cesvaine LV 107 Lb50
Cetara I 161 Fc75
Cetariu RO 170 Cb56
Cetate RO 171 Dc57
Cetate RO 175 Cc66
Cetatea de Baltă RO 175 Db60
Cetăţeni RO 176 Dd63
Cetenov CZ 136 Fc43
Cetina E 47 Ec62
Çetince TR 193 Ha87
Cetingrad HR 151 Ga61
Cetinje MNE 159 Hd70
Četirci BG 179 Cb72
Cetireni MD 173 Fb57
Ceton F 29 Ga39
Cetona I 156 Dd68
Cetraro I 164 Gb79
Cetraro Marina I 164 Gb79
Céüse 2000 F 42 Jd51
Ceuta E 59 Cb79
Ceutí E 55 Ed72
Ceva I 148 Bd62
Cevico de la Torre E 46 Da59
Cevio CH 141 Cb56
Cevizli TR 193 Gd83
Cevizli TR 199 Hb90
Çevlik TR 199 Gb88
Čevo MNE 159 Hd69
Cewice PL 121 Gd30
Cewków PL 139 Kc43
Ceylanköy TR 198 Ga91
Ceyzériat F 35 Jc45
Cézens F 34 Hb49
Cezieni RO 175 Da66
Cezura E 38 Db56
Chaam NL 124 Ad38
Chabanais F 33 Ga47
Chabeuil F 34 Jb49
Chabielice PL 130 Hc40
Chablis F 30 Hc40
Chabrac F 33 Ga46
Chabreloche F 34 Hc46
Chabris F 29 Gc42
Chacim P 45 Bd60
Chaffayer F 35 Jd50
Chaffois F 31 Jd43
Chagny F 30 Ja43
Chailland F 28 Fb39
Chaillé-les-Marais F 32 Fa45
Chailley-Turny F 30 Hc39
Chailly-en-Bière F 29 Ha38
Chailly-en-Brie F 24 Hb37
Chailly-sur-Armançon F 30 Ja42
Chaintré F 34 Ja45
Chaintrix F 24 Hd36
Chakistra CY 206 Ja97
Chalabre F 41 Gd56
Chalais F 32 Fd49

Ciolacu Nou - Corrales

Ciolacu Nou MD 173 Fb56
Ciolăneşti RO 175 Dc66
Ciołkowo PL 130 Hd36
Ciomăgeşti RO 175 Db64
Cionn tSáile IRL 12 Bd26
Ciorani RO 176 Eb65
Ciorăşti RO 176 Ed63
Cioroiaşi RO 179 Cd67
Ciorteşti RO 173 Fb58
Cipérez E 45 Ca62
Çıplak TR 187 Hb77
Ciprian Porumbescu RO 172 Eb56
Čiprovci BG 179 Cb69
Cirák H 145 Gc53
Ciral F 28 Fc38
Çıralı TR 199 Gc93
Cirat E 54 Fb66
Cirauqui E 39 Ec57
Cirava LV 105 Jb52
Circa MD 173 Fd58
Ciré-d'Aunis F 32 Fa46
Cirella I 164 Ga78
Čiren BG 179 Cd69
Cirencester GB 20 Ed27
Cires-lès-Mello F 23 Gd35
Cireşoaia RO 176 Ec60
Cirešu RO 174 Cb64
Cireşu RO 176 Ed64
Cirey-sur-Vezouze F 25 Ka37
Ciricilla I 164 Gc80
Ciriè I 148 Bc60
Cirigliano I 162 Gb76
Ciripcău MD 173 Fc55
Cirkale LV 105 Jc50
Čirkovicy RUS 99 Ma40
Cirkulane SLO 151 Ga57
Cirkuše SLO 151 Fc57
Çirlek TR 193 Gb84
Cîrnătenii Noi MD 173 Fd59
Cirò I 165 Gd80
Cirò Marina I 165 Gd80
Čirpan BG 180 Dc73
Cirpeşti MD 177 Fc60
Çirpı TR 191 Ed87
Çırpıcılar TR 192 Fd86
Çırpılar TR 191 Eb81
Ciruelos E 52 Dc66
Ciruelos de Coca E 46 Da61
Ciruli LV 105 Jc49
Ciry-le-Noble F 30 Hd44
Cisano I 149 Db59
Ciscar E 48 Ga59
Cisla E 46 Cd62
Cisla MD 173 Fc56
Cişla MD 177 Fc61
Cislău RO 176 Eb63
Cişmea MD 173 Fd56
Cişmichioi MD 177 Fc63
Cismişlia MD 173 Fd59
Cismon del Grappa I 150 Dd58
Cisna PL 139 Kb46
Cisnădie RO 175 Db61
Cisneros E 37 Cd58
Čistá CZ 136 Fa45
Cista Provo HR 158 Gd66
Cisterna di Latina I 160 Eb72
Cistérniga E 46 Da60
Cisternino I 162 Ha75
Cistierna E 37 Cd56
Čistye Prudy RUS 113 Jd59
Çıtak TR 191 Ec85
Çıtak TR 192 Ga87
Çitgöl TR 192 Fc84
Çıtlık TR 198 Fb90
Čitluk BIH 152 Gc61
Čitluk BIH 158 Ha67
Citou F 41 Ha55
Čitov CZ 136 Fb43
Cittadella I 150 Dd59
Cittadella del Capo I 164 Ga79
Città della Pieve I 156 Ea68
Città del Vaticano V 160 Ea71
Città di Castello I 156 Ea66
Cittaducale I 156 Ec70
Cittanova I 164 Gb83
Cittareale I 156 Ec69
Città San Angelo I 157 Fa69
Ciucea RO 171 Cc57
Ciuciuieni MD 173 Fb56
Ciuciulea MD 173 Fa56
Ciuciuleni MD 173 Fc58
Ciucsângeorgiu RO 176 Eb60
Ciucur-Mingir MD 177 Fd60
Ciucurova RO 177 Fc65
Ciudad Real E 52 Db69
Ciudad Rodrigo E 45 Bd63
Ciudanoviţa RO 174 Bd63
Ciufleşti MD 173 Fd59
Ciugud RO 175 Da60
Ciuhoi RO 170 Cb56
Ciulniţa RO 176 Ed66
Ciumani RO 172 Ea59
Ciumeghiu RO 170 Ca57
Ciunteşti RO 170 Cb58
Ciuperceni RO 175 Cc64
Ciuperceni RO 180 Dc68
Ciurea RO 173 Fa58
Ciurgiuleşti MD 177 Fb63
Ciurila RO 171 Da58
Ciuruleasa RO 171 Cd59
Ciutadella E 57 Ja65
Ciutadilla E 48 Gb61
Ciuteşti MD 173 Fb57
Ciutuleşti MD 173 Fc55
Civago I 149 Da63
Civaux F 33 Ga45
Cividale del Friuli I 150 Ed58
Çivilçam TR 192 Fc81
Çivili TR 192 Fc81
Civil'sk RUS 203 Fc09
Civita Castellana I 156 Ea70
Civitanova del Sannio I 161 Fb72
Civitanova Marche I 156 Ed67
Civita Superiore I 161 Fb73
Civitavecchia I 160 Dd71
Civitella Casanova I 157 Fa70
Civitella Cesi I 156 Ea70
Civitella del Tronto I 156 Ed68
Civitella di Romagna I 156 Ea64
Civitella Marittima I 155 Dc68
Civitella Roveto I 160 Ed71
Civlı TR 193 Gb83
Civorio I 156 Ea65
Civray F 32 Fd46
Çivril TR 187 Hb79
Çivril TR 192 Ga86
Cizer RO 171 Cc57
Čižiūnai LT 114 Kd58
Čížkov CZ 136 Fd47
Cjurupyns'k UA 204 Ed17
Čkalovo RUS 113 Jd59
Čkalovsk RUS 203 Fb09
Čkyně CZ 136 Fa48
Clachan Mór GB 9 Da14
Clacton-on-Sea GB 21 Gb27
Cladich GB 6 Dc11
Clady GB 9 Da17
Claigan GB 4 Da07
Claino con Osteno I 149 Cc57
Clairac F 40 Fd52
Clairavaux F 33 Gd47
Clairvaux-les-Lacs F 31 Jc44
Clamart F 23 Gd37
Clamecy F 30 Hc41
Clamper Cross IRL 12 Bc24
Clanabogan GB 9 Cc17
Clane IRL 13 Cc21
Clanfield GB 20 Fa27
Claonaig GB 6 Db13
Clapham GB 11 Ec19
Clara IRL 13 Cb21
Clarborough GB 16 Fb22
Clár Chlainne Mhuiris IRL 8 Bd19
Clare GB 21 Ga26
Clarecastel IRL 12 Bc22
Clareen IRL 13 Ca22
Claregalway IRL 12 Bc21
Claremorris IRL 8 Bd19
Claret F 41 Hd53
Clarholz, Herzebrock- D 126 Cc38
Claro CH 142 Cc56
Clashmore IRL 13 Ca25
Claudon F 31 Jd39
Claudy GB 9 Cc16
Claußnitz D 127 Ec41
Clausthal-Zellerfeld D 126 Dc38
Claut I 150 Eb57
Claverley GB 15 Ec24
Clavière I 148 Bb60
Clavijo E 39 Eb58
Clay Cross GB 16 Fa22
Claydon GB 21 Gb26
Claye-Souilly F 23 Ha36
Claypole GB 16 Fb23
Cleadale GB 6 Da09
Cleat GB 6 Cc09
Cleator Moor GB 10 Ea18
Clécy F 22 Fc37
Cléder F 26 Dc37
Cleebronn D 134 Cd47
Cleethorpes GB 17 Fd21
Clefmont F 31 Jc39
Clefs F 28 Fc41
Cleggan IRL 8 Ba20
Cleguérec F 27 Ea39
Cleja RO 176 Ed60
Clejani RO 176 Ea66
Clelles F 35 Jd50
Clémont F 29 Gd41
Clenze D 119 Dd35
Cleobury North GB 15 Ec25
Cléon-d'Andran F 34 Jb50
Clephanton GB 7 Ea08
Cléré-les-Pins F 28 Fd41
Clères F 23 Gb34
Clérey F 30 Hd39
Clergoux F 33 Gd48
Clermont F 23 Gd35
Clermont F 35 Jd46
Clermont-Créans F 28 Fc40
Clermont-en-Argonne F 24 Jb35
Clermont-Ferrand F 34 Hb47
Clermont-l'Hérault F 41 Hc54
Clermont-sur-Lauquet F 41 Ha56
Cléron F 31 Jd42
Clerval F 31 Ka41
Clervaux L 133 Bb43
Cléry-Saint-André F 29 Gc40
Cles I 142 Dc56
Clesse F 28 Fc44
Clety F 23 Gd31
Clevedon GB 19 Eb28
Cleveleys GB 15 Eb20
Clifden IRL 8 Bb20
Cliff IRL 8 Ca17
Cliffe GB 20 Fd28
Clifton Campville GB 16 Fa24
Clifton-upon-Teme GB 15 Ec25
Climăuţi MD 173 Fa53
Clion F 29 Gb43
Clişova MD 173 Fc56
Clisson F 28 Fa43
Clitheroe GB 15 Ec20
Clocuşna MD 173 Fa53
Clogan IRL 9 Cb16
Clogh IRL 13 Cd24
Cloghan IRL 13 Ca21
Clogheen IRL 13 Ca24
Clogher GB 9 Cc17
Clogherhead IRL 9 Cd20
Cloghjordan IRL 13 Ca22
Cloghroe IRL 12 Bc25
Cloghy GB 10 Db18
Clohernagh IRL 13 Cb25
Cloich na Coillte IRL 12 Bc26
Clóirtheach IRL 13 Cb21
Clomot F 30 Ja42
Clonakenny IRL 13 Ca22
Clonakilty IRL 12 Bc26
Clonaslee IRL 13 Cb22
Clonbern IRL 8 Bd20
Cloncagh IRL 12 Bc24
Clondalkin IRL 13 Cd21
Clonea IRL 13 Cb25
Clones IRL 9 Cc18
Clonmany IRL 9 Cc15
Clonmel IRL 13 Ca24
Clonmellon IRL 9 Cc20
Clonoulty IRL 13 Ca23
Clonroche IRL 13 Cc24
Clontibret IRL 9 Cc18
Clonygowan IRL 13 Cb22
Cloonacool IRL 8 Bd18
Cloonbannin IRL 12 Bc25
Cloonboo IRL 8 Bc20
Cloonboo IRL 12 Bc21
Cloonfad IRL 8 Bd20
Cloonken IRL 12 Bb25
Cloonlough IRL 8 Ca19
Cloonymorris IRL 12 Bd21
Clopodia RO 174 Bd62
Clopotina RO 175 Cc62
Cloppenburg D 117 Cc35
Clopton GB 20 Fc25
Cloşani RO 175 Cc63
Closeburn GB 10 Ea15
Close Clark GB 10 Dc19
Clough GB 9 Da18
Cloughton GB 17 Fc18
Clova GB 7 Eb10
Clovelly GB 18 Dc29
Clowne GB 16 Fa22
Cloyes-sur-le-Loir F 29 Gb40
Cluain Eois IRL 9 Cc18
Cluainin IRL 8 Ca18
Cluain Meala IRL 13 Ca24
Clugnat F 33 Gd45
Cluis F 29 Gc44
Cluj-Napoca RO 171 Da58
Clumanc F 42 Ka52
Clun GB 15 Eb25
Cluny F 30 Ja44
Cluses F 35 Ka45
Clusone I 149 Da58
Clynacantan IRL 12 Ad25
Clynnog-Fawr GB 15 Dd23
Clyro GB 15 Eb26
Clyst Hydon GB 19 Ea30
Ćmielów PL 131 Jd41
Cmolas PL 139 Jd43
Coachford IRL 12 Bc25
Coad's Green GB 18 Dc31
Coalburn GB 10 Ea14
Coalisland GB 9 Cd17
Coalville GB 16 Fa24
Coaña E 37 Bd54
Coarnele Caprei RO 172 Ed56
Coarraze F 40 Fc56
Coatbridge GB 10 Ea13
Čoba BG 180 Dc73
Coba E 36 Bc57
Cobadin RO 181 Fb68
Çobanhasan TR 191 Ed84
Çobani MD 173 Fa55
Çobanisa TR 198 Ga91
Çobanisa TR 199 Gd89
Çobankaya TR 193 Gc86
Çobanlar TR 192 Fa83
Çobanlar TR 193 Gc84
Çobanpınar TR 199 Gd89
Çobansaray TR 193 Gb87
Cobatillas E 53 Ec71
Cóbdar E 61 Eb75
Cobertelada E 47 Eb61
Cobeta E 47 Eb63
Cobh IRL 12 Bd26
Cobia RO 176 Dd65
Cobîlnea MD 173 Fc55
Cobor RO 176 Dd61
Cobos de Cerrato E 46 Db59
Cóbreces E 38 Db54
Cobres E 36 Ad57
Coburg D 135 Dd44
Cobusca Nouă MD 173 Ga58
Cobusca Veche MD 173 Fd58
Coca E 46 Da62
Cocentaina E 55 Fb70
Cochem D 133 Bd43
Cochirleanca RO 176 Ed64
Cochirleni RO 181 Fb67
Cochstedt D 127 Ea38
Cociuba Mare RO 170 Cb58
Cociulia MD 177 Fc60
Cockerham GB 15 Eb20
Cockermouth GB 11 Eb17
Cockfield GB 21 Ga26
Cockington GB 19 Ea31
Cocksburnspath GB 11 Ed13
Coclois F 30 Hd38
Cocollos Vega E 60 Dc74
Cocora RO 176 Ed65
Cocorăşti Mislii RO 176 Ea64
Čočoveni BG 180 Ea72
Cocu RO 175 Dc64
Codăeşti RO 173 Fb58
Codaruina I 168 Ca74
Codaval P 44 Bb60
Coddington GB 16 Fb23
Code LV 106 Kc52
Codeseda E 36 Ad56
Codicote GB 20 Fc27
Codigoro I 150 Ea62
Codlea RO 176 Dd62
Codo E 48 Fb61
Codogno I 149 Cd60
Codos E 47 Ed62
Codreanca MD 173 Fc57
Codreni MD 173 Fd59
Codroipo I 150 Ec58
Codru MD 173 Fd58
Coed Morgan GB 19 Eb27
Coedpoeth GB 15 Eb23
Coesfeld D 125 Ca37
Coësmes F 28 Fa40
Cœuvres-et-Valsery F 24 Hb35
Coevorden NL 117 Bd35
Coëx F 28 Ed44
Cofiñal E 37 Cd55
Cofrentes E 54 Fa68
Cogealac RO 177 Fc66
Cogeces del Monte E 46 Da61
Coggeshall GB 21 Ga27
Coggiola I 148 Ca58
Cogîlnic MD 173 Fd59
Cogîlniceni MD 173 Fd56
Coglio CH 141 Cb56
Cognac F 32 Fc47
Cognac-la-Forêt F 33 Gb47
Cogne I 148 Bc58
Cognin-les-Gorges F 35 Jc48
Cogoderos E 37 Cb57
Cogoleto I 148 Ca63
Cogolin F 43 Kb55
Cogollos E 38 Dc58
Cogolludo E 46 Dd63
Çöğürler TR 193 Gb83
Cohade F 34 Hc48
Cohiniac F 26 Eb38
Coignafearn GB 7 Ea09
Coill an Chollaigh IRL 9 Cc19
Coimbra P 44 Ad64
Coin E 60 Cc76
Coincy F 24 Hb36
Coirós E 36 Ba54
Coja P 44 Ba64
Cojasca RO 176 Ea65
Cojocna RO 171 Da58
Cojuşna MD 173 Fc58
Čoka SRB 153 Jb58
Çökeler TR 187 Hb79
Çokköy TR 192 Ga82
Čokoba BG 180 Eb72
Čokovići MNE 159 Hd70
Col SLO 151 Fa58
Colaboll GB 4 Dd06
Colbitz D 127 Ea37
Colbost GB 4 Da07
Colburn GB 11 Ed18
Colcavagno I 148 Bd60
Colceag RO 176 Eb64
Colchester GB 21 Ga27
Colditz D 127 Ec41
Cold Norton GB 21 Ga28
Coldstream GB 11 Ed14
Coleford GB 19 Ec27
Colera E 41 Hc58
Coleraine GB 9 Cd15
Colfiorito I 156 Ec68
Colibabovca MD 173 Fc59
Colibaşi RO 180 Eb67
Colibiţa RO 172 Dd57
Colicăuţi MD 173 Fa53
Colico I 149 Cc57
Coligny F 35 Jc45
Colinas E 59 Bd74
Colindres E 38 Dd55
Colintraive GB 6 Dc13
Coll GB 4 Db05
Collado-Villalba E 46 Db63
Collanzo E 37 Cc55
Collarmele I 160 Ed71
Coll de Nargó E 48 Gb59
Collecchio I 149 Da62
Colle d'Anchise I 161 Fb73
Colledimezzo I 161 Fb71
Colle di Tora I 156 Ec70
Colle di Val d'Elsa I 155 Dc66
Colleferro I 160 Ec72
Colle Isarco I 143 Dd55
Collepardo I 160 Ed72
Collepasso I 163 Hc77
Collesalvetti I 155 Da66
Colle San Marco I 156 Ed68
Colle Sannita I 161 Fc73
Collesano I 167 Fa84
Colletorto I 161 Fc72
Colli a Volturno I 161 Fa72
Colli di Montebove I 160 Ec71
Collimento I 156 Ed70
Collina I 143 Ec56
Collinas I 169 Ca78
Collinée F 26 Eb38
Collingbourne Ducis GB 20 Ed29
Collingham GB 16 Fa20
Collington GB 15 Ec25
Collinstown IRL 9 Cc20
Collio I 149 Da58
Collioure F 41 Hb57
Collobrières F 43 Kb55
Collodi I 155 Db64
Collon IRL 9 Cd20
Collonges F 35 Jd45
Collonges-la-Rouge F 33 Gc49
Colmar F 31 Kb38
Colmars F 43 Kb51
Colmberg D 134 Db46
Colmenar E 60 Da76
Colmenar del Arroyo E 46 Db64
Colmenar de Oreja E 46 Dc65
Colmenar Viejo E 46 Dc63
Colnabaichin GB 7 Eb09
Colne GB 16 Ed20
Coln Saint Aldwyns GB 20 Ed27
Colobraro I 162 Gc77
Cologna I 150 Ea61
Cologna Veneta I 150 Dd60
Cologne F 40 Gb54
Colognora I 155 Db64
Colombey-les-Belles F 25 Jc37
Colombey-les-Deux-Eglises F 30 Ja38
Colombier CH 141 Bb54
Colombier F 31 Jd40
Colombier F 31 Ka42
Colomera E 60 Db74
Colomers E 49 Hb59
Colonard F 29 Ga38
Colondannes F 33 Gc45
Coloneşti RO 172 Ed59
Coloneşti RO 175 Db65
Colònia de Sant Jordi E 57 Hc68
Colònia de Sant Pere E 57 Hc66
Coloniţa MD 173 Fd58
Colonna di Grillo I 156 Dd66
Colonnetta I 156 Ea68
Colorico de Basto P 44 Ba60
Colorno I 149 Da61
Colos P 58 Ac72
Colosova MD 173 Ga57
Cölpin D 119 Ed33
Colsterworth GB 16 Fb24
Colston Bassett GB 16 Fb23
Colţi RO 176 Eb63
Coltishall GB 17 Gb24
Colunga E 37 Cd54
Colwyn Bay GB 15 Ea22
Coly F 33 Gb49
Colyford GB 19 Eb30
Comabbio I 148 Cb58
Comacchio I 150 Ea62
Çomaklı TR 199 Gb90
Čomakovci BG 179 Da69
Comana RO 176 Dd61
Comana RO 180 Eb67
Comana RO 181 Fb68
Comandău RO 176 Eb62
Comăneşti RO 176 Ec60
Comares E 60 Da76
Comarna RO 173 Fb57
Comarnic RO 176 Ea63
Combeaufontaine F 31 Jc40
Combe Martin GB 19 Dd29
Comber GB 9 Da17
Comberouger F 40 Gb53
Comblain-au-Pont B 124 Ba42
Combles F 23 Ha33
Combloux F 35 Ka46
Combourg F 28 Ed38
Combres F 29 Gb38
Combronde F 34 Hb46
Combs-la-Ville F 23 Ha37
Comeda P 50 Ba67
Comeglians I 143 Ec56
Comelico Superiore I 143 Eb56
Comillas E 38 Db55
Comines F 21 Ha30
Comisarovca Nouă MD 173 Ga57
Comiso I 167 Fb87
Çömlekçi TR 192 Fa85
Çömlekçi TR 197 Ed90
Cömlekköy TR 185 Eb75
Comlod RO 171 Dc58
Comloşu Mare RO 174 Bb60
Commarin F 30 Ja42
Commeen IRL 8 Ca15
Commensacq F 39 Fb52
Commentry F 33 Ha45
Commequiers F 28 Ed44
Commercy F 25 Jc37
Como I 149 Cc58
Comologno CH 148 Cb57
Comorâşte RO 174 Bd62
Cómpeta E 60 Da76
Compiano I 149 Cd62
Compiègne F 23 Ha35
Compolibat F 33 Gd51
Comporta P 50 Ab70
Comprignac F 33 Gb46
Comps-sur-Artuby F 43 Kb53
Comrat MD 177 Fc60
Comrie GB 7 Ea11
Comunanza I 156 Ed68
Cona I 150 Dd62
Concabella E 48 Gb60
Concarneau F 27 Dc40
Concas I 168 Cc75
Concavada P 50 Ad66
Concerviano I 156 Ec70
Concesio I 149 Da59
Conceşti RO 172 Ec54
Concèze F 33 Gb48
Conches-en-Ouche F 23 Ga36
Conchigliu F 154 Cc68
Conchra GB 6 Dc12
Conchy-les-Pots F 23 Ha34
Concordia Sagittaria I 150 Ec59
Concordia sul Secchia I 149 Dc61
Concoret F 27 Ec39
Concots F 33 Gc51
Concoules F 34 Hd51
Concressault F 29 Ha41
Condamine-Châtelard, la F 43 Kb51
Condat F 33 Ha48
Condé-en-Brie F 24 Hc36
Condé-Folie F 23 Gc33
Condeixa a-Nova P 44 Ac64
Condé sur-Huisne F 29 Ga38
Condé-sur-les-Eaux F 24 Hb31
Condé-sur-Noireau F 22 Fb37
Condé sur-Sarthe F 28 Fd38
Condé-sur-Vesgre F 23 Gc37
Condé sur-Vire F 22 Fa36
Condino I 149 Db58
Condofuri Marina I 164 Ga84
Condom F 40 Fd53
Condove I 148 Bc60
Condover GB 15 Eb24
Condrieu F 34 Jb48
Condriţa MD 173 Fc58
Conegliano I 150 Eb58
Conesa E 48 Gb61
Conevo BG 181 Ed71
Conflans-sur-Lanterne F 31 Jd40
Conflans-sur-Seine F 30 Hc38
Confolens F 33 Ga46
Confolent-Port-Dieu F 33 Ha48
Cong IRL 8 Bc20
Conga IRL 8 Bc20
Congaz MD 177 Fc61
Congazcic MD 177 Fc60
Congleton GB 15 Ec22
Congosto de Valdavia E 38 Da57
Congostrina E 46 Dd62
Congresbury GB 19 Eb28
Congrier F 28 Fa40
Coniale I 155 Dc64
Conil de la Frontera E 59 Bd77
Coningsby GB 17 Fc23
Conisbrough GB 16 Fa21
Conlie F 28 Fc39
Conna IRL 12 Bd25
Connagh IRL 12 Bd22
Connah's Quay GB 15 Eb22
Connaux F 42 Ja52
Connel GB 6 Dc11
Connerré F 28 Fd39
Connonagh IRL 12 Bb26
Conop RO 170 Ca59
Čonoplja SRB 153 Hd58
Conquéreuil F 28 Ed41
Conques F 33 Ha51
Conques-sur-Orbiel F 41 Ha55
Conquista E 52 Cd71
Conselice I 150 Dd63
Consell E 57 Hb67
Conselve I 150 Ea60
Consenvoye F 24 Jb35
Consett GB 11 Ed17
Consiston GB 11 Eb18
Constância P 50 Ad66
Constanța RO 181 Fc67
Constantí E 48 Gb62
Constantina E 59 Cb72
Constantin Brâncoveanu RO 176 Ed66
Constantine Bay GB 18 Db31
Constantin Gabrielescu RO 177 Fa64
Constanzana E 46 Cd62
Consuegra E 52 Dc67
Consuma I 156 Dd65
Contadero E 52 Db71
Contamine-Sarzin F 35 Jd46
Contarina I 150 Ea61
Contay F 23 Gd33
Contes F 43 Kd53
Contessa Entellina I 166 Ec85
Conteşti RO 176 Ea65
Conteşti RO 180 Dd68
Conteville F 23 Gc34
Conthey CH 141 Bc56
Contigliano I 156 Eb70
Contijo de Tortas E 53 Eb70
Contin GB 4 Dd07
Contis-Plage F 39 Fa52
Contrada I 161 Fc75
Contres F 29 Gb41
Contrexéville F 31 Jc38
Controne I 161 Fd76
Contursi Terme I 161 Fd75
Contwig D 133 Bd46
Conty F 23 Gd34
Conversano I 162 Gd74
Conwy GB 15 Ea22
Coo B 125 Bb42
Cookham GB 20 Fb28
Cookstown GB 9 Cd17
Coola IRL 8 Ca18
Coole F 24 Hd37
Coole IRL 9 Cb20
Coolgrange IRL 13 Cb23
Coolham GB 20 Fc30
Coolkeeragh GB 9 Cc15
Coolroebeg IRL 13 Cb24
Coombe Bissett GB 20 Ed29
Coombe Hill GB 15 Ec26
Cooraclare IRL 12 Bb23
Coornagillagh IRL 12 Ba25
Cootehill IRL 9 Cc19
Copăcel RO 170 Cb57
Copăcele RO 174 Ca62
Copăceni MD 173 Fc56
Copăceni RO 175 Da64
Copălău RO 172 Ed56
Copalnic-Mănăştur RO 171 Da55
Copanca MD 173 Ga59
Copanello I 164 Gc82
Copceac MD 177 Ga60
Cope E 55 Ed74
Copeceac MD 177 Fc62
Copertino I 163 Hc77
Çöpköy TR 185 Ec77
Copons E 49 Gc60
Copparo I 150 Dd61
Coppenbrügge D 126 Da37
Copplestone GB 19 Dd30
Coppull GB 15 Ec21
Copşa Mică RO 175 Db60
Corabia RO 180 Db68
Coraci I 164 Gc80
Cora Droma Rúisc IRL 8 Ca19
Coral Bay CY 206 Hd97
Čoralići BIH 151 Ga61
Coralstown IRL 13 Cc21
Corato I 162 Gc74
Coratxa E 48 Fd64
Coray F 27 Dd39
Čorbadžijsko BG 184 Dc76
Corbalán E 47 Fa65
Corbasca RO 176 Ed60
Corbeanca RO 176 Ea65
Corbeil-Essonnes F 23 Gd37
Corbeilles F 29 Ha39
Corbelle E 36 Bc56
Corbeni RO 175 Dc63
Corbeny F 24 Hc34
Corbera E 54 Fc69
Corbera d'Ebre E 48 Ga62
Corberon F 30 Jb42
Corbi RO 175 Dc63
Corbie F 23 Gd33
Corbières CH 141 Bc55
Corbigny F 30 Hc42
Corbins E 48 Ga60
Corbiţa RO 176 Ed60
Corbola I 150 Ea61
Corbon F 22 Fc36
Corbu MD 173 Fa54
Corbu RO 172 Ea58
Corbu RO 175 Dc66
Corbu RO 177 Fc66
Corbu Vechi RO 177 Fa63
Corby GB 20 Fb25
Corby Glen GB 17 Fc24
Corcaigh IRL 12 Bd26
Corcelles-en-Beaujolais F 34 Ja45
Corcelles-Ferrières F 31 Jc42
Corchuela E 45 Cc65
Corchuela E 51 Bb69
Corciano I 156 Ea67
Córcoles E 47 Ea64
Corconte E 38 Dc56
Corcoué-sur-Logne F 28 Ed43
Corcova RO 175 Cc64
Corcubión E 36 Ac55
Corcy F 24 Hb35
Cordal E 36 Bc54
Cordăreni RO 172 Ec54
Cordéac F 35 Jd49
Cordesse F 30 Hd42
Cordes-sur-Ciel F 41 Gd53
Córdoba E 60 Cd73
Cordobilla de Lácara E 51 Bd68
Cordovilla E 53 Ec70
Cordovilla la Real E 46 Db59
Corduente E 47 Ec63
Cordun RO 172 Ed58
Coreglia Antelminelli I 155 Da64
Corella E 47 Ec59
Cores E 36 Ad54
Coreses E 45 Cb60
Corestăuţi MD 173 Fa53
Corfe GB 19 Eb30
Corgo E 36 Bc55
Corhampton GB 20 Fa30
Cori I 160 Ec72
Coria E 45 Bd65
Coria del Río E 59 Bd74
Coriano I 156 Eb65
Corigliano Calabro I 164 Gc79
Corinaldo I 156 Ec66
Corinto E 54 Fc67
Corio I 148 Bc59
Coripe E 59 Cb75
Corjeuţi MD 172 Ed54
Corjova MD 173 Fd57
Corjova MD 173 Fd58
Cork IRL 12 Bd26
Corlăţel RO 175 Cc65
Corlăţeni RO 172 Ec55
Corlay F 26 Ea38
Corlea IRL 8 Ca20
Corleone I 166 Ec85
Corleto Perticara I 162 Gb76
Çorlu TR 186 Fa77
Cormaia RO 171 Dc56
Cormainville F 29 Gc39
Cormatin F 30 Ja44
Cormeilles F 22 Fd35
Corme-Porto E 36 Ac54
Cormery F 29 Ga42
Cormons I 150 Ed58
Cormoz F 30 Jb44
Corna E 36 Ba56
Cornafulla IRL 13 Ca21
Cornago E 47 Ec59
Čornaja LV 107 Ld51
Cornamona IRL 8 Bc20
Cornăţelu RO 176 Ea65
Cornberg D 126 Db41
Corné F 28 Fc41
Cornea RO 174 Cb63
Corñeda E 36 Ba55
Corneliano d'Alba I 148 Bd61
Cornellà de Llobregat E 49 Gd61
Cornellà del Terri E 49 Hb59
Cornellana E 37 Cb54
Cornereva RO 174 Cb63
Corneşti MD 173 Fb57
Corneşti RO 171 Da57
Corneşti RO 176 Ea65
Cornetu RO 176 Ea66
Corneuil F 23 Gb37
Cornhill GB 5 Ec07
Cornhill-on-Tweed GB 11 Ed14
Corni RO 172 Ec55
Corni RO 177 Fa62
Corniglia I 155 Cd64
Corniglio I 149 Da63
Cornil F 33 Gc49
Cornimont F 31 Ka39
Čornobyl' UA 202 Ec14
Cornollo E 37 Bb55
Čornomors'ke UA 204 Ed17
Cornova MD 173 Fb57
Cornu RO 176 Ea64
Čornuchy UA 202 Ed14
Cornuda I 150 Ea58
Cornudella de Montsant E 48 Ga62
Cornudilla E 38 Dd57
Cornu Luncii RO 172 Eb56
Cornus F 41 Hb53
Cornusse F 29 Ha43
Corny-sur-Moselle F 25 Jd36
Corod RO 177 Fa61
Coroieni RO 171 Da56
Coroieşti RO 177 Fa60
Coroisânmartin RO 171 Dc59
Çorovodë AL 182 Ac77
Corpach GB 6 Dc10
Corpaci MD 172 Ed54
Corporales E 37 Ca58
Corps F 35 Jd49
Corps-Nuds F 28 Ed40
Corpusty GB 17 Gb23
Corrakyle IRL 12 Bd22
Corral de Almaguer E 53 Dd66
Corral de Calatrava E 52 Db69
Corrales E 45 Cb61
Corrales E 59 Bb74

Czerwone - Diakovo

Czerwone PL 123 Jd33
Czerwonka PL 122 Jb31
Czerwonka PL 122 Jc34
Czerwonki PL 123 Ka32
Czerwony Dwór PL 123 Jd30
Czestków PL 130 Hc39
Częstochowa PL 130 Hc42
Czeszów PL 129 Gd40
Człopa PL 120 Ga34
Człuchów PL 121 Gc32
Czorsztyn PL 138 Jb46
Czudec PL 139 Ka44
Czumów PL 131 Kd41
Czyczkowy PL 121 Gd32
Czyże PL 123 Kc34
Czyżew-Osada PL 123 Ka35
Czyżkowo PL 121 Gc33

D

Daaden D 125 Cb41
Dăbâca RO 171 Da57
Dabar HR 151 Fd61
Dabar HR 158 Gc65
Dabas H 146 Hd54
Dabbnäs S 79 Fd25
Dabel D 119 Eb32
Dăben BG 179 Da70
Dăbene BG 180 Db72
Dąbie PL 120 Fd32
Dąbie PL 128 Fd38
Dąbie PL 129 Hb37
Dąbie PL 131 Ka37
Dabilja MK 183 Ca75
Dąbki PL 121 Gb30
Dăbnica BG 184 Cd75
Dăbovan BG 180 Db68
Dăbovec BG 185 Ea75
Dăbovo BG 180 Dd72
Dabrac BIH 152 Gd63
Dabrica BIH 158 Hb67
Dąbrowa PL 120 Fc35
Dąbrowa PL 121 Ha35
Dąbrowa PL 122 Hc30
Dąbrowa PL 129 Ha42
Dąbrowa Białostocka PL 123 Kb31
Dąbrowa Biskupia PL 121 Hb35
Dąbrowa Chełmińska PL 121 Ha34
Dąbrowa Górnicza PL 138 Hc43
Dąbrowa Tarnowska PL 138 Jc44
Dąbrowa Zielona PL 130 Hd41
Dąbrowica PL 131 Kb42
Dąbrowice PL 130 Hc37
Dąbrówka PL 122 Hc33
Dąbrówka PL 122 Jc33
Dąbrówka PL 130 Jc36
Dąbrówka PL 131 Jd40
Dąbrówka PL 131 Jd41
Dąbrówka PL 139 Kb43
Dąbrówka-Kościelna PL 123 Ka34
Dąbrówka Wielkopolska PL 128 Ga37
Dąbrówki PL 139 Ka43
Dąbrówno PL 122 Hd33
Dąbrowy PL 122 Jc33
Dabryn' BY 202 Eb14
Dăbuleni RO 179 Da68
Dachau D 143 Dd50
Dachnów PL 139 Kc43
Dachsbach D 134 Dc46
Dačice CZ 136 Fd48
Dacón E 36 Ba57
Dadalı TR 187 Ha77
Dädesjö S 103 Fc51
Dadiá GR 185 Ea77
Dådran S 87 Fd38
Dăeni RO 177 Fb65
Dăești RO 175 Db63
Dafjord N 62 Gd08
Dáfnes GR 188 Bb85
Dafni GR 184 Cd79
Dáfni GR 188 Bb82
Dáfni GR 188 Bb86
Dáfni GR 189 Bc83
Dáfni GR 194 Bc89
Dağ TR 199 Gc90
Dağakçaköy TR 192 Fc81
Dagali N 85 Db39
Dağardı TR 192 Fc83
Dağarlar TR 192 Fb87
Dağâta RO 172 Ed58
Dağbağ TR 199 Gb92
Dagda LV 107 Ld52
Dağdemirciler TR 192 Fd81
Dağdere TR 192 Fa84
Dagdere TR 198 Ga88
Dagebüll D 108 Cd28
Dagenham GB 20 Fd28
Dağeymiri TR 191 Ed87
Dağhacılar TR 187 Gd80
Dağırmandere TR 191 Ec85
Dağıstan TR 191 Ec83
Dağkadı TR 186 Fb80
Dağkızılca TR 191 Ec86
Daglingworth GB 20 Ed27
Dagomys RUS 205 Fd17
Dağpınar TR 197 Fa90
Dagsås S 102 Ec51
Dagsmark FIN 89 Ja33
Dağyenice TR 186 Fb77
Dağyolu TR 187 Ha80
Dahlem D 125 Bc42
Dahlen D 127 Ed40
Dahlenburg D 119 Dd34
Dahme D 119 Dd30
Dahme D 127 Ed38
Dahn D 133 Ca47
Dähre D 119 Dd35
Daia RO 175 Dc60
Daia RO 180 Ea67
Daia Română RO 175 Da60
Daikanberg S 71 Ga24
Daikanvik S 71 Ga24
Dailly GB 10 Dc15
Dailučiai LT 114 Ka58
Daimiel E 52 Dc69
Dainville-Bertheléville F 30 Jb38
Dairsie GB 7 Ec12
Dajla HR 150 Ed60
Dakovica KSV 178 Ad71
Đakovo HR 153 Hc60
Daksti LV 106 Kd47
Dal N 93 Db41
Dal N 93 Db44
Dal N 94 Eb40
Dal S 80 Gc31
Dala S 102 Fa47
Ðala SRB 153 Jb57
Dalaas A 142 Da54
Dalachów PL 129 Hb41
Dalama TR 197 Fa88
Dalaman TR 198 Fc91
Dalarö S 96 Ha44
Dalasjö S 79 Gb26
Dalavardo S 71 Fd21
Dalavich GB 6 Dc12
Dalbe LV 106 Kb51
Dalbeattie GB 10 Ea16
Dălbok Dol BG 180 Db71
Dălbok izvor BG 184 Dc74
Dalboșet RO 174 Ca64
Dalby DK 109 Eb27
Dalby DK 109 Dd26
Dalby S 94 Ed39
Dalby S 96 Gc42
Dalby S 110 Fa56
Dalbyn S 87 Fc37
Dalbyover DK 100 Dc22
Dalca TR 187 Gb78
Dalchalloch GB 7 Ea10
Dalchruin GB 7 Ea12
Dale GB 18 Db27
Dale N 66 Ga12
Dale N 84 Ca36
Dale N 84 Cb38
Dale N 84 Cc34
Dale N 84 Cd36
Dale N 92 Cd45
Dale N 93 Da44
Dale N 93 Da44
Dale N 93 Da46
Dalen N 77 Db32
Dalen N 92 Cb43
Dalen N 93 Da43
Dalen N 94 Eb42
Dalen NL 117 Bd35
Dalen S 78 Fa30
Daleng N 67 Gd12
Dalesjukhus N 92 Ca44
Daleszyce PL 130 Jb41
Dalewo PL 129 Gc38
Dalfors S 87 Fd37
Dalfsen NL 117 Bc35
Dălga Luka BG 179 Ca71
Dalghiu RO 176 Ea62
Dălgi Del BG 179 Cb69
Dălgopol BG 181 Ed71
Dalhavaig GB 5 Ea04
Dalheim L 133 Bb45
Dalheim N 62 Ha10
Dalheim N 70 Ed21
Dalhem B 125 Bb41
Dalhem S 103 Ga48
Dalhem S 104 Ha49
Dalholen N 85 Dd34
Dali CY 206 Jb97
Dalías E 61 Dd76
Daliburgh GB 6 Cd08
Dalików PL 130 Hc38
Daliowa PL 139 Ka46
Dalj HR 153 Hd59
Dalkarlså S 80 Hc27
Dalkarsberg S 95 Fc43
Dalkeith GB 11 Eb13
Dallas GB 5 Eb07
Dalleagles GB 10 Dd15
Dallgow-Döberitz D 127 Ed36
Dallımandıra TR 191 Ed82
Dallmin D 119 Eb34
Dällogilli S 73 Ja18
Dall Villaby DK 100 Dc21
Dalmally GB 6 Dc11
Dalmellington GB 10 Dd15
Dalmine I 149 Cd59
Dalmose DK 109 Ea27
Dal'nee RUS 113 Jc58
Dalness GB 6 Dc10
Daloba TR 191 Eb81
Dalry GB 10 Dc14
Dalsbruk FIN 97 Jc41
Dalselv N 71 Fb20
Dalsetra N 77 Dd33
Dalsfjord N 76 Cc33
Dalshult S 102 Ed52
Dalsjöfors S 102 Ed49
Dalskog S 94 Ec45
Dals Långed S 94 Ec45
Dalsøyra N 84 Ca37
Dals Rostock S 94 Ec45
Dalston GB 11 Eb17
Dalstorp S 102 Fa49
Dalstuga S 87 Fd38
Dalton GB 11 Eb16
Dalton-in-Furness GB 11 Eb19
Daluis F 43 Kb52
Dalum S 102 Fa48
Dalvík IS 2 Ba03
Dálvvadis S 72 Ha19
Dalyan TR 191 Ea81
Dalyan TR 197 Ec89
Dalyan TR 198 Fb91
Dalyanköy TR 191 Ea86
Damak H 146 Jc50
Dâmanești RO 175 Dc64
Damarası TR 197 Fa90
Damas-aux-Bois F 31 Jd38
Damaskinia GR 182 Ba78
Damasławek PL 121 Gd35
Damássi GR 183 Bc80
Damásta GR 200 Da95
Damatlı TR 192 Fa86
Damazan F 40 Fd52
Dambaslar TR 185 Ed77
Damelang-Freienthal D 127 Ec37
Dameliai LT 114 Ka53
Damerey F 30 Jb43
Damerham GB 20 Ed30
Damery F 24 Hc36
Damgan F 27 Eb41
Dămienești RO 172 Ed59
Damjanovo BG 180 Dc70
Dammarie F 29 Gb38
Dammarie-les-Lys F 29 Ha38
Dammartin-en-Goële F 23 Ha36
Damme B 124 Aa39
Damme D 117 Cc36
Dammen N 93 Dc43
Dammet S 73 Ja21
Damnica PL 121 Gc30
Damno PL 121 Gc29
Damp D 108 Dc29
Dampierre F 24 Hd37
Dampierre F 31 Jc42
Dampierre-en-Bray F 23 Gc34
Dampierre-en-Burly F 29 Ha40
Dampierre-en-Yvelines F 23 Gc37
Dampierre-Saint-Nicolas F 23 Gb33
Dampierre-sur-Boutonne F 32 Fc46
Dampierre-sur-Salon F 31 Jc41
Dampınar TR 191 Ed87
Damprichard F 31 Kb41
Damsdorf D 127 Ec37
Damsdorf D 127 Ed38
Damsholte DK 109 Ec28
Dămuc RO 172 Eb58
Damüls A 142 Da53
Damville F 23 Gb37
Damvillers F 24 Jb35
Damwoude NL 117 Bc33
Danaçalı TR 192 Fc82
Danakós GR 196 Dc90
Danamandıra TR 186 Fb77
Danapinar TR 185 Ec80
Danasjö S 71 Ga23
Danbury GB 21 Ga27
Danby GB 11 Fb18
Dănceni MD 173 Fc58
Danciulești RO 175 Da65
Dancu MD 173 Fb59
Dăneasa RO 180 Db67
Daneș RO 175 Dc60
Danesfort IRL 13 Cb24
Dănești RO 172 Ea59
Dănești RO 173 Fa58
Dănești RO 175 Cd64
Dănești RO 176 Ec66
Danești RO 179 Da67
Dangast D 118 Cc33
Dangeau F 29 Gb39
Dångebo S 111 Fd53
Dângeni RO 172 Ed55
Dangé-Saint-Romain F 29 Ga43
Dangy F 22 Fa36
Danholn S 95 Fd39
Dănicei RO 175 Db64
Daniec PL 129 Ha42
Danilov RUS 203 Fa08
Danilova RUS 99 Ma42
Danilovgrad MNE 159 Ja69
Danilovka RUS 203 Fd13
Dänischenhagen D 118 Dc30
Danişment TR 185 Ec80
Danişment TR 191 Ed81
Danişment TR 193 Gd81
Danişmentler TR 192 Fc84
Daniszyn PL 129 Gd39
Dankov RUS 203 Fa12
Danków PL 120 Fd35
Dannäs S 102 Fa51
Danndorf D 127 Dd36
Dannemare DK 109 Ea29
Dannemarie F 31 Kb40
Dannemora S 96 Gc41
Dannenberg D 119 Dd34
Dannenwalde D 119 Ed34
Dannike S 102 Ed49
Danören TR 199 Gd88
Dánszentmiklós H 146 Ja54
Danu MD 173 Fa55
Danzé F 29 Gb40
Danzig = Gdańsk PL 121 Hb30
Daoulas F 26 Dc38
Dapšiai LT 114 Kd54
Dapsici MNE 159 Jb68
Dapšioniai LT 114 Kb54
Darabani RO 172 Ec54
Darány H 152 Ha58
Dáras GR 194 Bc87
Darbėnai LT 113 Jb54
Dărcăuți MD 173 Fb54
Darda HR 153 Hc59
Dardesheim D 127 Dd38
Dardhë AL 182 Ad77
Darenth GB 20 Fd28
Daretorp S 103 Fb47
Darfo I 149 Da58
Dargosław PL 120 Fd31
Dargov SK 139 Jd48
Dargun D 119 Ec32
Darıca TR 186 Fd78
Darıca TR 192 Fa81
Darıçayırı TR 187 Gc78
Darıcı TR 192 Fc83
Darısekisi TR 193 Ha85
Darıveren TR 198 Fd90
Darıyerihasanbey TR 187 Ha78
Dârjiu RO 176 Dd60
Darlaston GB 16 Ed24
Darlık TR 186 Ga77
Darlington GB 11 Fa18
Dârlos RO 175 Db60
Darłówko PL 121 Gb30
Darłowo PL 121 Gb30
Darlton GB 16 Fb22
Dărmănești RO 172 Eb55
Dărmănești RO 176 Ea64
Dărmănești RO 176 Ec60
Darmstadt D 134 Cc44
Darneke sameviste S 71 Fc23
Darnétal F 23 Gb35
Darney F 31 Jd39
Darnowo PL 121 Gc31
Daroca E 47 Ed62
Darova RO 174 Ca61
Darque E 44 Ac59
Darragh IRL 12 Bc22
Darro E 60 Dc74
Dars AL 182 Ab75
Darsūniškis LT 114 Kc58
Dārte LV 105 Jd49
Dartford GB 20 Fd28
Dartmouth GB 19 Ea32
Dartsel S 73 Hb23
Daruvar HR 152 Gd59
Dârvari RO 175 Cc66
Darvas H 147 Jd54
Darvel GB 10 Dd14
Darwen GB 15 Ec20
Daržininkai LT 114 Ka58
Darzininkai LT 114 La58
Dasburg D 133 Bb43
Dascălu RO 176 Eb65
Daseburg D 126 Cd39
Dasing D 142 Dc50
Dáski GR 183 Bc78
Dăskot BG 180 Dd70
Dăskotna BG 181 Ed71
Dassel D 126 Da38
Dassendorf D 118 Dc33
Dassólofos GR 189 Bd82
Dassow D 119 Dd31
Dasze PL 123 Kb35
Daszyna PL 130 Hc37
Datça TR 197 Ed91
Datchworth GB 20 Fc27
Datteln D 125 Ca38
Dattilo I 166 Eb84
Daubach D 133 Ca44
Daudzese LV 106 Kd52
Daudzeva LV 106 Kd52
Daugai LT 114 Kd59
Daugailiai LT 115 Lb54
Daugård DK 108 Db25
Daugavpils LV 115 Lc53
Daugbjerg DK 100 Db23
Daugelišiai LV 114 Kb57
Daugėliškis LT 115 Lc55
Dauginčiai LT 113 Jb54
Dauglaukis LT 113 Jd57
Daugstad N 76 Cd32
Dauguļi LV 106 Kd48
Daujėnai LT 114 Kc54
Daukšiai LT 113 Jb53
Daukšiai LV 114 Kb59
Daukštes LV 107 Lb49
Daumazan-sur-Arize F 40 Gb56
Daumeray F 28 Fc41
Daun D 133 Bd43
Dausse F 40 Ga52
Dautphetal D 126 Cc41
Daužnagiai LV 114 Kb55
Dava GB 7 Eb08
Daventry GB 20 Fa25
Davézieux F 34 Jb48
Davidești RO 175 Dc64
Davidovac SRB 174 Cb65
Davidstow GB 18 Dc30
Davik N 84 Ca35
Davle CZ 136 Fb45
Dávlia GR 189 Bd84
Davlos CY 206 Jd95
Davor HR 152 Ha61
Davos CH 142 Da55
Davulga TR 193 Gb86
Davulga TR 193 Ha84
Davutlar TR 197 Ec88
Davyd-Haradok BY 202 Ea14
Dawley GB 15 Ec24
Dawlish GB 19 Ea31
Dax F 39 Fa54
Dayılar TR 192 Ga87
Dazkırı TR 198 Ga88
D. Bijelo Bučje BIH 152 Ha63
D. Dubrava HR 152 Gc57
Deag RO 171 Db59
Deal GB 21 Gb29
Dealu RO 172 Dd59
Dealu Morii RO 176 Ed60
Deanich Lodge GB 4 Dd06
Deanshanger GB 20 Fb26
Deargget S 68 Hd17
Deauville F 22 Fd35
Deba E 39 Eb55
Debal'ceve UA 205 Fb15
Débanos E 47 Ec60
Debar MK 182 Ad74
Dębe PL 130 Jb36
Debeikiai LT 114 La55
Debel DK 100 Da21
Debelec BG 180 Dd70
Debeli Lug SRB 174 Bd65
Debeljača SRB 153 Jc61
Debeljača SRB 174 Bb63
Debelo Brdo HR 151 Ga62
Dębe Wielkie PL 130 Jc37
Dębica PL 120 Fd31
Dębica PL 139 Jd44
Dębice PL 129 Gb41
Dębiec PL 129 Hb40
Dębień PL 122 Hd33
Dębieniec PL 121 Hb33
De Bilt NL 116 Ba36
De Blesse NL 117 Bc34
Dęblin PL 131 Jd39
Deblín CZ 137 Gb47
Debnevo BG 180 Db71
Dębnica Kaszubska PL 121 Gc30
Dębno PL 120 Fc35
Dębno PL 121 Gd34
Dębno PL 138 Jb44
Dębno PL 138 Jb46
Dębno PL 139 Kb43
Dębołęka PL 129 Hb39
Debovo BG 180 Dc69
Dębowa Kłoda PL 131 Kb38
Debowa Łąka PL 122 Hc34
Dębowa Łęka PL 129 Gb39
Dębowiec PL 139 Jd45
Dębowo PL 123 Ka32
Debrc SRB 153 Jb62
Debrecen H 147 Ka52
Debrešte MK 183 Bb74
Debrznica PL 128 Fc37
Debrzno PL 121 Gc33
Dębsk PL 122 Ja34
Debsko PL 120 Ga34
Dęby Szlacheckie PL 129 Hb37
Deč SRB 153 Jb61
Dečani KSV 178 Ad71
Dečani SRB 159 Jc69
Decazeville F 33 Gd51
Decima I 149 Dc62
Decimomannu I 169 Ca79
Decimoputzu I 169 Ca79
Děčín CZ 128 Fb42
Decize F 30 Hc43
De Cocksdorp NL 116 Ba33
Decollatura I 164 Gc81
Decs H 153 Hc57
Deda RO 172 Dd57
Deddington GB 20 Fa26
Dedeburnu TR 192 Fa83
Dedeçam TR 193 Ha87
Dedeleben D 127 Dd38
Dedeler TR 187 Gd80
Dedeler TR 187 Ha79
Dedeler TR 192 Fb83
Dedeler TR 192 Fd81
Dedeli MK 183 Ca75
Dedelow D 120 Fa33
Dedelstorf D 118 Dc35
Dedems-vaart NL 117 Bd35
Dedenevo RUS 202 Ed10
Dédestapolcsány H 146 Jb50
Dedinci BG 180 Ea71
Dedinky SK 138 Jb48
Dedino MK 183 Ca74
Dedoviči RUS 202 Eb10
Deelish IRL 12 Bb26
Deensen D 126 Da38
Deeping Saint Nicholas GB 17 Fc24
Deetz D 127 Eb38
Deetz D 127 Ec36
Defurovy Lažany CZ 136 Fa47
Dég H 145 Hb55
Degaña E 37 Ca55
Degeberga S 111 Fb55
Degerbäcken S 73 Hc21
Degerby FIN 96 Hc41
Degerby FIN 98 Ka40
Degerfors S 80 Hc26
Degerfors S 95 Fb44
Degerhamn S 111 Gb53
Degernes N 94 Eb43
Degerö FIN 98 Kb40
Degersheim CH 142 Cc53
Degersjö S 80 Gc29
Degerträsk S 73 Hb24
Deggendorf D 135 Ec48
Deggenhausertal D 142 Cd51
Deggingen D 134 Da49
Degionys LT 114 Kd55
Değirmen TR 186 Fa77
Değirmenalanı TR 198 Fc89
Değirmenayvalı TR 193 Gc85
Değirmencieli TR 191 Ed84
Değirmencik TR 185 Ed75
Değirmendere TR 186 Ga79
Değirmendere TR 191 Ec87
Değirmendere TR 193 Gb86
Değirmendere TR 193 Gd85
Değirmendüzü TR 185 Eb79
Değirmenli TR 192 Fa82
Değirmenlik TR 199 Hb90
Değirmenözü TR 199 Ha89
Değirmentköy TR 192 Fd84
Değirmisaz TR 192 Fd83
Değişören TR 193 Gc82
Değnekler TR 192 Fa85
Dego I 148 Ca62
Degolados P 51 Bb68
Degole LV 106 Ka51
Degučiai LT 113 Jc56
Degučiai LT 114 Kb54
Degučiai LT 115 Lb54
De Haan B 21 Ha29
Dehesa de Campoamor E 55 Fb73
Dehesa Mayor E 46 Db61
Dehesas E 37 Bd57
Deià E 57 Hb67
Deidesheim D 133 Cb46
Deifontes E 60 Db74
Deining D 135 Dd47
Deining D 135 Ea47
Deiningen D 134 Dc48
Deinste D 118 Da32
Deißlingen D 141 Cb50
Deiva Marina I 149 Cc63
Dej RO 171 Da57
Dejani RO 175 Dc62
Deje S 94 Fa43
Dejret DK 109 Dd24
Dekanovec HR 145 Gc56
Dekeleia CY 206 Jc97
Deknepollen N 84 Ca34
De Koog NL 116 Ba33
De Kooy NL 116 Ba33
Dekov BG 180 Dc69
Dekutince SRB 178 Bd71
Delačău MD 173 Ga57
Delamere GB 15 Ec22
Delary S 111 Fb53
Délasse F 22 Ed34
Delbinisht AL 163 Jb72
Delbrück D 126 Cc38
Delčevo MK 179 Ca73
Delden NL 117 Bd36
Delecke D 125 Cb39
Deleitosa E 51 Cb66
Đelekovec HR 152 Gc57
Delémont CH 141 Bd53
Deleni RO 172 Ed56
Deleni RO 173 Fa59
Deleni RO 181 Fb67
Delești RO 173 Fa59
Delfi GR 189 Bd84
Delft NL 116 Ad36
Delfzijl NL 117 Ca33
Delia I 167 Fa86
Deliblato SRB 174 Bc63
Delice TR 192 Fc82
Deliceto I 161 Fd74
Deligrad SRB 178 Bc68
Deliler TR 192 Fb84
Deliömer TR 191 Ec87
Delitzsch D 127 Eb39
Deliveli TR 187 Gb78
Deliyusuflar TR 192 Fa81
Dellach A 143 Ec56
Dellach A 143 Ed55
Dellach im Drautal A 143 Ec55
Delle F 31 Kb40
Delligsen D 126 Db38
Delme F 25 Jd36
Delmenhorst D 118 Cd34
Delnice HR 151 Fc60
Delphi IRL 8 Bb19
Delsbo S 87 Gb35
Deltebre E 48 Ga63
Deltuva LT 114 Kd56
Delvin IRL 9 Cc20
Delvinákí GR 182 Ac79
Delvinë AL 182 Ab79
Demandice SK 146 Hc51
Demandolx F 43 Kb53
Dem'anka RUS 107 Mb46
Demanová SK 138 Hd47
de Meca E 59 Bd77
Demecser H 147 Ka50
Demen D 119 Eb32
Demene LV 115 Lc54
Demeškino RUS 107 Ma48
Demidov RUS 202 Ec11
Demigny F 30 Jb43
Demirci TR 191 Ec84
Demirci TR 192 Fc84
Demircihali TR 185 Ed75
Demirciköy TR 191 Ec86
Demirciköy TR 192 Fc84
Demirciler TR 186 Ga78
Demirciler TR 187 Ha79
Demirciler TR 192 Fb87
Demirciller TR 192 Fc82
Demirhan TR 192 Fa87
Demirhanlı TR 185 Eb75
Demirişık TR 186 Ga80
Demir Kapija MK 183 Bd75
Demirköy TR 186 Fa75
Demirköy TR 193 Gb81
Demirler TR 187 Gb79
Demirler TR 192 Fc82
Demirli TR 193 Gc84
Demirli TR 198 Fc91
Demirtaş TR 186 Fd80
Demitz-Thumitz D 128 Fb41
Demjansk RUS 202 Eb09
Dem'jas RUS 203 Ga11
Demmin D 119 Ed32
Demonía GR 195 Bd90
Demonte I 148 Bb63
Demre TR 199 Gb93
Demstrup DK 100 Db23
Dena E 36 Ac56
Denain F 24 Hb32
Denbigh GB 15 Ea22
Den Burg NL 116 Ba33
Denby Dale GB 16 Fa21
Dencsháza H 152 Ha58
Dendermonde B 124 Ac40
Déndra GR 189 Bd82
Dendrohóri GR 182 Ba77
Denekamp NL 117 Ca36
Den Haag NL 116 Ad36
Den Ham NL 117 Bd35
Den Helder NL 116 Ba33
Denholm GB 11 Ec15
den Hoorn NL 117 Bd32
Denia E 55 Fd70
Denizgören TR 191 Ea81
Denizköy TR 187 Gc77
Denizköy TR 197 Ec89
Denizler TR 198 Fd88
Denizli TR 198 Fd88
Denkendorf D 135 Dd48
Denkingen D 142 Cc50
Denklingen D 142 Dc51
Denkte D 126 Dc37
Dennebrœucq F 23 Gd31
Dennington GB 21 Gb25
Denny GB 10 Ea13
Densuș RO 175 Cc62
Denta RO 174 Bc62
Dentlein D 134 Db47
Denzlingen D 141 Ca50
Deonica SRB 153 Jc60
De Panne B 21 Gd29
Děpoltovice CZ 135 Ec44
Depułtycze Królewskie PL 131 Kc40
Derben D 127 Eb36
Derbent TR 187 Gb79
Derbent TR 191 Ed86
Derbent TR 192 Fd82
Derbent TR 192 Fd85
Derbent TR 193 Gd84
Derborence CH 141 Bc56
Derby GB 16 Fa23
Dere TR 192 Fa83
Dereağzı TR 192 Fb87
Derebucak TR 199 Ha89
Derebulaca TR 187 Hb77
Dereçat TR 193 Ha81
Derecikören TR 192 Fb83
Dereçine TR 193 Ha86
Derecske H 147 Ka53
Derekarabağ TR 193 Ha85
Đerekari SRB 178 Bb69
Derekaya TR 192 Ga82
Dereköy TR 185 Dd80
Dereköy TR 185 Eb77
Dereköy TR 185 Ec80
Dereköy TR 185 Ed74
Dereköy TR 186 Fc80
Dereköy TR 186 Ga80
Dereköy TR 187 Ha80
Dereköy TR 187 Hb77
Dereköy TR 191 Ec83
Dereköy TR 191 Ed82
Dereköy TR 191 Ed84
Dereköy TR 192 Fd84
Dereköy TR 193 Gc87
Dereköy TR 193 Ha84
Dereköy TR 197 Fa88
Dereköy TR 198 Fd92
Dereköy TR 199 Gb90
Dereli TR 192 Fa85
Dereli TR 205 Fd19
Dereliçam TR 192 Fc86
Derenburg D 127 Dd38
Dereneu MD 173 Fc57
Dereoba TR 191 Ec81
Deretepe TR 187 Gb78
Derevkovo RUS 107 Mb46
Dereyürük TR 187 Gb80
Dergači RUS 203 Ga11
Derhači UA 203 Fa14
Dermanci BG 179 Da70
Dermbach D 126 Db42
Dermulo I 149 Dc57
Derna RO 170 Cb56
Dernau D 125 Bd42
Dernbach D 125 Cb42
Deronje SRB 153 Hd59
Derreen IRL 8 Bc18
Derreendarragh IRL 12 Ba25
Derringstone GB 21 Gb29
Derry GB 9 Cc16
Derrybrien IRL 12 Bd22
Derrydruel IRL 8 Ca16
Derryerglinna IRL 8 Bc20
Derrygonelly GB 9 Cb17
Derrykeevan GB 9 Cd17
Derrylin GB 9 Cb18
Derrynawilt GB 9 Cc18
Dersca RO 172 Ec54
Dersekow D 119 Ed31
Dersingham GB 17 Fd23
Dërsnik AL 182 Ad77
Dersum D 117 Ca34
Dertini RUS 99 Mb45
Deruta I 156 Eb68
Dervaig GB 6 Da10
Derval F 28 Ed41
Derveliai LT 114 Kb54
Dervéni GR 189 Bc86
Derventa BIH 152 Hb61
Dervio I 149 Cc57
Deryneia CY 206 Jd97
Deržavino RUS 113 Jc59
Desa RO 179 Cc67
Désaignes F 34 Ja49
Desana I 148 Ca60
Desborough GB 20 Fb25
Descargamaría E 45 Bd64
Descartes F 29 Ga43
Desenzano del Garda I 149 Db59
Désertines F 28 Fb38
Desertmartin GB 9 Cd16
Deșești RO 171 Db55
Deset N 86 Eb37
Desfina GR 189 Bd85
Desinić HR 151 Ga57
Desio I 149 Cc59
Deskáti GR 183 Bb80
Deskie SLO 150 Ed58
Desna CZ 128 Fd42
Desno Trebarjevo HR 152 Gb59
Dešov CZ 136 Ga48
Despeñaperros E 61 Ec74
Despetal D 126 Db37
Despotis GR 183 Bb79
Despotovac SRB 174 Bc66
Despotovo SRB 153 Ja59
Dessau-Roßlau D 127 Eb38
Dessel B 124 Ba39
Déssi GR 188 Ba81
Deştiğin TR 193 Hb87
Deştin TR 197 Fa89
Deštná CZ 136 Fc47
Deštné CZ 137 Gb44
Destriana E 37 Cb58
Desulo I 169 Cb77
Desvres F 23 Gc31
Deszczno PL 128 Fd36
Deszk H 153 Jb57
Deta RO 174 Bc62
Detern D 117 Cb33
Detk H 146 Jb52
Detkovo RUS 99 Ma43
Dětmarovice CZ 137 Hb45
Detmold D 126 Cd38
Dettelbach D 134 Db45
Dettenheim D 133 Cb47
Dettey F 30 Hd43
Dettmannsdorf D 119 Ec31
Dettwiller F 25 Kb36
Detva SK 138 Hd49
Deuerling D 135 Ea48
Deuna D 126 Dc40
Deurne NL 125 Bb39
Deutsch-Evern D 118 Dc34
Deutsch-Griffen A 144 Fa55
Deutsch Jahrndorf A 145 Gd51
Deutschkreuz A 145 Gc53
Deutschlandsberg A 144 Fd55
Deutsch-Wagram A 145 Gb50
Deux-Chaises F 34 Hb45
Deva RO 175 Cc61
Devauden GB 19 Eb27
Dévaványa H 147 Jd54
Deveci TR 185 Ec78
Devecikonağı TR 192 Fb81
Devecser H 145 Gd54
Devederesi TR 193 Gd86
Develi TR 186 Fa76
Develi TR 187 Ha77
Devene BG 179 Cd69
Deventer NL 117 Bc36
Deveören TR 187 Hb80
Devesa E 37 Bd53
Deveselu RO 180 Db67
Deveso E 36 Bb53
Devesos E 36 Bb53
Devetaki BG 180 Dc70
Deviat F 32 Fd48
Devic MK 183 Bb74
Devic'i SRB 178 Ba68
Devil's Bridge GB 15 Dd25
Devin BG 184 Da74
Devín SK 145 Gc51
Devizes GB 20 Ed28
Devletliağaç TR 185 Ec74
Devnja BG 181 Fa70
Devojački Bunar SRB 174 Bb63
Devrek TR 187 Hb77
Devynduoniai LV 114 Kb55
De Wijk NL 117 Bc35
Dewsbury GB 16 Fa21
Deza E 47 Ec61
Dežanovac HR 152 Gd59
Dezghingea MD 177 Fc60
Dezna RO 170 Cb59
Dezzo I 149 Da58
Dhërm AL 182 Aa78
Dhrovjan AL 182 Ac79
Dhuizon F 29 Gc41
Dhuvjan AL 182 Ac79
Diablerets CH 141 Bc56
Diafáni GR 197 Ec94
Diakoftó GR 189 Bc85
Diákos GR 183 Bb79
Diakovce SK 145 Ha51
Diakovo BG 179 Cb72

Dornie - East Haddon

Dornie GB 6 Dc08
Dornişoara RO 172 Dd57
Dornoch GB 5 Ea06
Dornstadt D 134 Da49
Dornstetten D 133 Cb49
Dornum D 117 Cb32
Dornumersiel D 117 Cb32
Dorobanţu RO 177 Fb65
Dorobenţu RO 181 Ec67
Dorog H 146 Hc52
Dorohoi RO 172 Ec54
Dorohusk PL 131 Kd40
Dorolţ RO 171 Cd54
Doroslovo SRB 153 Hd59
Dorotea S 79 Ga27
Doroţeaia MD 173 Ga57
Dörpen D 117 Ca34
Dorras N 63 Hc08
Dorrås N 78 Eb27
Dorrington GB 15 Eb24
Dorris S 79 Fd25
Dörrmoschel D 133 Ca45
Dorsten D 125 Bd38
Dortan F 35 Jc45
Dortmund D 125 Ca39
Dörtyol TR 191 Ed82
Doruchów PL 129 Ha40
Dorum D 118 Cd32
Dorupe LV 106 Ka52
Dörverden D 118 Da35
Dorvvinjargga N 64 Jc09
Dorweiler D 133 Ca43
Dörzbach D 134 Da46
Dos Aguas E 54 Fb68
Dosbarrios E 52 Dc66
Döşeme TR 187 Gb79
Dösemealtı TR 199 Gc91
Dos Hermanas E 59 Ca74
Dösjebro S 110 Ed55
Dospat BG 184 Da75
Dossenheim D 134 Cc46
Dos Torres E 52 Cc70
Døstrup DK 100 Dc22
Døstrup DK 108 Da27
Dotkomyrene N 65 Kb06
Dötlingen D 117 Cc34
Dotnuva LV 114 Kb56
Dotsikó GR 182 Ba79
Döttingen CH 141 Cb52
Douai F 23 Ha32
Douarnenez F 27 Dc39
Doubravčice CZ 136 Fc45
Douchy F 30 Hb40
Douchy-les-Mines F 24 Hb32
Doucier F 31 Jd44
Doudeville F 23 Ga34
Doue F 24 Hb37
Doué-la-Fontaine F 28 Fc42
Douglas GB 10 Dd19
Doulaincourt-Saucourt F 30 Jb38
Doulevant-le-Château F 30 Ja38
Doullens F 23 Gd32
Dounby GB 5 Ec02
Doune GB 7 Ea12
Dounoux F 31 Jd39
Dourdan F 29 Gd38
Dourgne F 41 Gd54
Douriez F 23 Gc32
Dournazac F 33 Ga47
Doussard F 35 Ka46
Douvaine F 35 Ka45
Douvres-la-Délivrande F 22 Fc35
Douzy F 24 Ja34
Dovadola I 156 Dd64
Dovatorovka RUS 113 Jc59
Dover GB 21 Gb29
Dovhe UA 204 Dd16
Døvik N 92 Cb43
Dovilai LT 113 Jb55
Døvling DK 108 Da24
Dovre N 85 Dc34
Dovreskogen N 85 Dc34
Dovsk BY 202 Eb13
Downham GB 20 Fd25
Downhill GB 9 Cd15
Downpatrick GB 9 Da18
Dowra IRL 8 Ca18
Dowsby GB 17 Fc23
Doxarás GR 182 Ba79
Doxarás GR 189 Bc81
Doxáto GR 184 Da77
Doyuran TR 191 Eb82
Dozulé F 22 Fc36
Dozza I 150 Dd63
Drabeši LV 106 Kd49
Drabiv UA 202 Ed14
Dråby DK 109 Dd24
Drača SRB 174 Bb66
Dračevo BIH 158 Hb68
Dračevo MK 178 Bc73
Drachselsried D 135 Ec48
Drachten NL 117 Bc33
Dračić SRB 153 Jb63
Drag N 66 Ga15
Drag N 78 Eb25
Draga Baščanska HR 151 Fc61
Dragacz PL 121 Hb33
Dragalina RO 176 Ed66
Dragalj MNE 159 Hd69
Dragaljevac BIH 153 Hd62
Dragalovci BIH 152 Ha62
Dragana BG 179 Da70
Drăgăneşti MD 173 Fc55
Drăgăneşti RO 170 Cb58
Drăgăneşti RO 176 Eb65
Drăgăneşti RO 177 Fa62
Drăgăneşti de Vede RO 180 Dc67
Drăgăneşti-Olt RO 180 Db67
Drăgăneşti-Vlaşca RO 180 Dd67
Draganići HR 151 Ga59
Draganovo BG 180 Dd70
Drăganu RO 175 Dc64
Dragaryd S 102 Fa52
Dragaš KSV 178 Ba72
Drăgăşani RO 175 Db65
Dragas Vojvoda BG 180 Dc68
Dragatuš SLO 151 Fd59
Drage D 118 Dc33
Drage HR 157 Ga65
Dragedal N 92 Cc47
Drăgeşti RO 170 Cb57
Drăghiceni RO 179 Da67
Dragičevo BG 179 Cc71
Draginac SRB 153 Ja63
Draginje SRB 153 Jb62
Draginovo BG 179 Cd73
Dragland N 66 Ga13
Draglica SRB 159 Jb66
Dragnic BIH 158 Gd64
Drago RO 171 Cd57
Dragobi AL 159 Jc69
Dragobrača SRB 174 Bb66
Dragočaj BIH 152 Gd62
Dragocvet SRB 174 Bc66
Dragodana RO 176 Dd65
Drăgoeşti RO 175 Db64
Dragoevo BG 181 Ec70
Dragoevo MK 183 Bd74
Dragógi GR 194 Bb88
Drăgoieşti RO 172 Eb56
Dragojčinci BG 179 Ca71
Dragojnovo BG 184 Dc74
Dragoman BG 179 Cb70
Dragomer SLO 151 Fb58
Dragomireşti RO 171 Dc55
Dragomireşti RO 172 Ec58
Dragomireşti RO 173 Fa59
Dragomireşti RO 176 Dd64
Dragomirovo BG 180 Dc69
Dragør DK 109 Ec26
Dragomireşti-Vale RO 176 Ea66
Dragoslavele RO 176 Dd63
Dragostunjë AL 182 Ad75
Dragoş Vodă RO 176 Ed66
Drăgoteşti RO 175 Cc64
Drăgoteşti RO 175 Da66
Dragotina HR 152 Gb60
Dragot-Sulovë AL 182 Ac76
Dragov Dol MK 183 Bb74
Dragovica Polje MNE 159 Ja68
Dragovištica BG 179 Ca72
Dragsmark S 102 Eb47
Dragsvik FIN 97 Jd40
Dragsvik N 84 Cc36
Draguć HR 151 Fa60
Draguignan F 43 Kb54
Drăguşeni RO 172 Ec57
Drăguşeni RO 172 Ed54
Drăguşeni RO 177 Fa61
Drăguţeşti RO 175 Cc64
Drahičyn BY 202 Ea14
Drahnsdorf D 128 Fa38
Drahonice CZ 136 Fa47
Drajna RO 176 Eb63
Draka BG 181 Ec73
Drakéi GR 197 Ea88
Drakenburg D 118 Da35
Drákia GR 189 Ca82
Drakótripa GR 188 Bb81
Drakovoúni GR 194 Bb87
Draksenić BIH 152 Gc60
Dralfa BG 180 Eb70
Dráma GR 184 Cd76
Drammen N 93 Dd42
Drămša BG 179 Cc70
Drănceni RO 173 Fb58
Drangan IRL 13 Cb24
Drange N 92 Cb46
Drangedal N 93 Db44
Drangovo BG 180 Dc73
Drängsered S 102 Ed51
Drängsmark S 80 Hc25
Drangsnes IS 2 Ad03
Drangstedt D 118 Cd32
Drănic RO 179 Da67
Dransfeld D 126 Da39
Dranske D 119 Ed29
Drarović HR 152 Gd60
Draše HR 151 Ga58
Drasenhofen A 137 Gc49
Drăsliceni MD 173 Fd57
Drasučiai LT 114 Ka54
Drávafok H 152 Ha58
Drávaszabolcs H 152 Hb58
Drávaszentes H 152 Gd58
Drávasztára H 152 Ha58
Draveil F 23 Gd37
Dravískos GR 184 Cd77
Dravograd SLO 145 Fc56
Dravovce SK 137 Ha49
Drawno PL 120 Ga34
Drawsko PL 120 Ga35
Drawsko Pomorskie PL 120 Ga33
Drążdżewo PL 122 Jb34
Draženov CZ 135 Ec46
Draževac SRB 153 Jc62
Dražgoše SLO 151 Fb57
Dražice HR 151 Fb60
Dražmirovac SRB 174 Bc66
Drebber D 117 Cc35
Drebkau D 128 Fb39
Dreenagh IRL 12 Ba23
Dreetz D 119 Ec35
Drégelypalánk H 146 Hd51
Dreieich D 134 Cc44
Dreierwalde D 117 Cb36
Dreis D 133 Bc44
Dreis-Brück D 133 Bc43
Dreißigacker D 126 Db42
Drejø By DK 108 Dc28
Drelnes DK 3 Ca07
Drelów PL 131 Kb37
Drem GB 11 Ec13
Dren BG 179 Cb72
Drena I 149 Dc58
Drenchia I 150 Ed57
Drenovac SRB 178 Bd71
Drenovci HR 153 Hd61
Drenovë AL 182 Ad77
Drenovec BG 179 Cb68
Drenovo MK 183 Bc75
Drenovstica MNE 159 Hd69
Drensteinfurt D 125 Cb38
Drenta BG 180 Ea71
Drentwede D 118 Cd35
Drépano GR 183 Bc78
Drépano GR 195 Bd88
Drepcăuţi MD 172 Ed53
Dresden D 128 Fa41
Drëtun' BY 202 Eb11
Dretyń PL 121 Gc31
Dreux F 23 Gb37
Dřevčice CZ 136 Fb43
Drevdagen S 86 Ed35
Dreverna LT 113 Jb56
Dřevohostice CZ 137 Gd46
Drevsjø N 86 Ec35
Drevvatn N 70 Fa21
Drewitz D 127 Eb37
Drewnica PL 121 Hb30
Drezdenko PL 120 Ga35
Drežnica HR 151 Fd61
Drežnik SRB 159 Jb65
Drežnik Grad HR 151 Ga61
Drialos GR 194 Bc91
Dricāni LV 107 Lc51
Dridu RO 176 Eb65
Driebergen-Rijsenburg NL 116 Ba36
Driebes E 46 Dd65
Driedorf D 125 Cb42
Drieliņi LV 106 Kc48
Drienov SK 139 Jd48
Driesum NL 117 Bc33
Drietoma SK 137 Ha48
Driffield GB 17 Fc20
Drimnin GB 6 Db10
Drimoleague IRL 12 Bb26
Drimónas GR 188 Bb84
Drimós GR 183 Ca77
Drimpton GB 19 Eb30
Drinagh IRL 13 Cd25
Drinić BIH 152 Gc63
Drinjača BIH 153 Hd63
Drinovci BIH 158 Gd67
Drionville F 23 Gc31
Driopída GR 195 Cd89
Drióvouno GR 183 Bb78
Drishtë AL 159 Jb70
Drizë AL 182 Aa76
Drizë AL 182 Ac76
Drjanovec BG 180 Ea69
Drjanovec BG 180 Eb69
Drjanovo BG 185 Ea74
Drjanovo BG 180 Dd71
Drjažno RUS 99 Ma44
Drlače SRB 159 Ja64
Drmno SRB 174 Bc64
Drnholec CZ 137 Gb48
Drniš HR 158 Gb65
Drnje HR 152 Gc57
Drnovice CZ 137 Gc47
Dro I 149 Dc58
Drøbak N 93 Ea42
Drobeta-Turnu Severin RO 174 Cb65
Drobin PL 122 Hd35
Drochia MD 173 Fb54
Drochia MD 173 Fb54
Drochow D 128 Fa39
Drochtersen D 118 Da32
Drogheda IRL 9 Cd20
Drogomin PL 128 Fc36
Drogosze PL 122 Jb30
Drohiczyn PL 131 Ka36
Drohobyč UA 204 Dd16
Droichead Átha IRL 9 Cd20
Droichead na Bandan IRL 12 Bc26
Droisy F 23 Gb37
Droitwich GB 20 Ed25
Drolshagen D 125 Cb40
Drołtowice PL 129 Gd40
Drom SRB 153 Jb58
Droman GB 4 Dc04
Dromcolliher IRL 12 Bc24
Dromina IRL 12 Bc24
Dromahane IRL 12 Bc25
Drömme S 80 Gd30
Dromod IRL 8 Ca19
Dromore GB 9 Cb17
Dromore GB 9 Da18
Dromore West IRL 8 Bd18
Dronero I 148 Bc62
Dronfield GB 16 Fa22
Dronninglund DK 101 Dd20
Dronningmølle DK 109 Ec25
Dronten NL 116 Bb35
Dropkovec HR 152 Gb58
Dropla BG 181 Fb69
Drosbacken S 86 Ed35
Drosendorf Stadt A 136 Ga48
Drosiá GR 189 Cb85
Droskovo RUS 203 Fa12
Drosopigí = Vourgareli GR 188 Ba81
Drossáto GR 183 Ca76
Drosseró GR 183 Bb78
Drosseró GR 183 Bd77
Drossopigí GR 183 Bb77
Drottninghaug N 76 Cd33
Drottningskär S 111 Fd54
Droué F 29 Gb39
Drouseia CY 206 Hd97
Drozdowo PL 121 Gb30
Drozdowo PL 123 Jd33
Drozdyn' UA 202 Ea14
Drożki PL 129 Ha41
Drübeck D 126 Dc38
Drugan BG 179 Cb72
Drugnia PL 130 Jb42
Drulingen F 25 Kb36
Drumbeg GB 4 Dc05
Drumcliff IRL 8 Ca17
Drumclog GB 10 Dd14
Drumcondra IRL 9 Cd19
Drume MNE 159 Ja70
Drumevo BG 181 Ed70
Drumfin IRL 8 Ca18
Drumfree IRL 9 Cc15
Drumgoft IRL 13 Cd22
Drumkeen IRL 9 Cb16
Drumkeeran IRL 8 Ca18
Drumlegagh GB 9 Cb17
Drumlish IRL 9 Cb19
Drummannon GB 9 Cd17
Drummore GB 10 Dc17
Drumnadrochit GB 7 Dd08
Drumnakilly GB 9 Cc17
Drumreagh IRL 8 Bb18
Drumrunie GB 4 Dc06
Drumsallie GB 6 Dc10
Drumshanbo IRL 8 Ca19
Drunen NL 124 Ba38
Druskininkai LT 123 Kc30
Drusti LV 106 La49
Druten NL 125 Bb37
Druva LV 105 Jd52
Druvas LV 105 Jd52
Druviena LV 107 Lb49
Druyes-les-Belles-Fontaine F 30 Hb41
Družba RUS 113 Jb59
Družba UA 202 Ed13
Drużbice PL 130 Hd40
Družetić SRB 153 Jb63
Družetići SRB 159 Jc64
Družnaja Gorka RUS 99 Mb41
Drvar BIH 152 Gb63
Drvenik HR 158 Gd67
Drwalew PL 130 Jb38
Drwęczno PL 122 Hd31
Drybrook GB 19 Ec27
Drygały PL 123 Jd32
Drymen GB 7 Dd12
Dryszczów PL 131 Kd40
Drzązgowo PL 129 Gc37
Drzecin PL 128 Fc37
Drzewce PL 129 Ha37
Drzewce PL 129 Hb37
Drzewce PL 131 Ka39
Drzewiany PL 121 Gb31
Drzewica PL 130 Jb39
Držková CZ 137 Ha47
Drzonów PL 128 Fd38
Drzonowo PL 120 Fd31
Drzonowo PL 121 Gc32
Drzycim PL 121 Ha33
Duacı TR 199 Gc91
Duagh IRL 12 Bb24
Dualar TR 191 Ed83
Dualchi I 169 Ca76
Duas Igrejas P 45 Ca60
Dub SRB 159 Jb64
Dubá CZ 136 Fb43
Dubac HR 158 Hb69
Dubăsari MD 173 Fd57
Dubăsarii Vechi MD 173 Ga57
Duba Stonska HR 158 Ha68
Dubău MD 173 Ga56
Dub-Bor RUS 99 Ld45
Dubci HR 158 Gc66
Dubeni LV 105 Jb52
Dubeņi LV 105 Jb52
Dubeninki PL 123 Ka30
Dubeşti RO 174 Ca60
Dubí CZ 128 Fa42
Dubicko CZ 137 Gc45
Dubicze Cerkiewne PL 123 Kc35
Dubienka PL 131 Kd40
Dubin PL 129 Gc39
Dubingiai LT 114 La56
Dubinné SK 139 Jd47
Dubiny PL 123 Kc34
Dub'jazy RUS 203 Fd08
Dubki RUS 107 Ma49
Dubleva LV 107 Lc49
Dublin IRL 13 Cd21
Dublovice CZ 136 Fb46
Dubna LV 115 Lc53
Dubna MD 173 Fc55
Dubna RUS 202 Ed10
Dubna RUS 203 Fa11
Dub nad Moravou CZ 137 Gd46
Dubňany CZ 137 Gc48
Dubné CZ 136 Fb48
Dubnica SRB 178 Bd71
Dubnica nad Váhom SK 137 Hb48
Dubník SK 145 Hb51
Dubno UA 204 Ea15
Dubočka SRB 174 Bd65
Duboštica BIH 153 Hc63
Dubova RO 174 Ca65
Dubovac KSV 178 Ba70
Dubovac SRB 174 Bc64
Dubovac Okučanski HR 152 Gd60
Dubovka RUS 203 Fd13
Dubovskoje RUS 113 Jd58
Dubovskoje RUS 205 Fd15
Dubovyj Ovrag RUS 203 Fd14
Dubranec HR 151 Ga59
Dubrava BIH 152 Ha62
Dubrava HR 152 Gb58
Dubrava HR 152 Gc58
Dubrava RUS 113 Jd59
Dubrave BIH 153 Hc62
Dubrave BIH 153 Hc63
Dubrave BIH 158 Gc64
Dubravica BIH 158 Hb64
Dubravica HR 151 Ga58
Dubravica SRB 174 Bc64
Dubravice BIH 153 Ja63
Dubravka HR 159 Hb69
Dubrivka UA 204 Eb15
Dubrovka RUS 107 Mb51
Dubrovka RUS 203 Fc12
Dubrovnik HR 158 Hb69
Dubrovno RUS 107 Mb46
Dubrovy RUS 107 Mb49
Dubrovycja UA 202 Ea14
Dubuļi LV 107 Ld52
Dubulti LV 106 La52
Ducaj AL 159 Jb70
Ducey F 28 Fa38
Duchally GB 4 Dd05
Duchcov CZ 136 Fa43
Ducherow D 120 Fa32
Duclair F 23 Ga35
Duda-Epureni RO 173 Fb59
Dudaklı TR 186 Fd80
Dudar H 145 Ha53
Duddington GB 16 Fb24
Dudelange L 133 Bb45
Dudeldorf D 133 Bc44
Dudenhofen D 133 Cb46
Düdenköy TR 198 Ga89
Düdenköy TR 199 Gb92
Duderstadt D 126 Db39
Dudeşti RO 177 Fa65
Dudeştii Vechi RO 170 Bb59
Đuđevo SRB 153 Jb60
Dudince SK 146 Hc50
Dudley GB 16 Ed24
Dudovica SRB 153 Jc63
Dueñas E 46 Da59
Duesund N 84 Ca37
Dufftown GB 7 Eb08
Duffus GB 5 Eb07
Duga Poljana SRB 178 Ad68
Duga Resa HR 151 Fd60
Düğer TR 199 Gb89
Duggendorf D 135 Ea47
Dugi Rat HR 158 Gc66
Dugo Selo HR 152 Gb59
Düğrek TR 198 Fb90
Duğüncüler TR 192 Fb83
Duhnen D 118 Cd31
Duhnovo RUS 107 Mb49
Duhovec BG 181 Ec69
Duhovnickoe RUS 203 Ga11
Duingen D 126 Da38
Duingt F 35 Ka46
Duinkerken = Dunkerque F 21 Gd29
Duino I 150 Ed59
Duirinish GB 4 Db08
Duisburg D 125 Bd39
Duiven NL 125 Bc37
Dukat AL 182 Aa78
Dukat SRB 178 Bd72
Dukla PL 139 Jd45
Dūkštas LT 115 Lb55
Dūkštos LT 114 La57
Dukuļava LV 107 Ld49
Dulceşti RO 172 Ed58
Dulcza Wielka PL 138 Jc43
Duleek IRL 9 Cd20
Duljci BIH 152 Gd63
Dulje KSV 178 Ba71
Dullingham GB 20 Fd26
Dülmen D 125 Ca38
Dulovka RUS 107 Ma47
Dulovo BG 181 Ed68
Dulverton GB 19 Ea29
Duły PL 123 Jd30
Dumača SRB 153 Jb62
Dumanalanı TR 185 Ed80
Dumanlar TR 192 Fc85
Dumanlı TR 192 Fd86
Dumanlı TR 199 Ha89
Dumbarton GB 10 Dd13
Dumbleton GB 20 Ed26
Dumbrava RO 174 Ca61
Dumbrava RO 175 Cc65
Dumbrava RO 176 Eb65
Dumbrăveni RO 172 Ec55
Dumbrăveni RO 175 Dc60
Dumbrăveni RO 176 Ed62
Dumbrăveni RO 181 Fb68
Dumbrăviţa MD 173 Fb56
Dumbrăviţa RO 171 Da55
Dumbrăviţa RO 174 Ca60
Dumbrăviţa RO 176 Dd62
Dümenler TR 192 Ga85
Dumeşti RO 172 Ed58
Dumeşti RO 173 Fa57
Dumfries GB 10 Ea16
Dumha Eige IRL 8 Bb18
Dumitra RO 171 Dc57
Dumitreşti RO 176 Ec62
Dumluca TR 193 Ha82
Dumlupınar TR 193 Gb85
Dummerstorf D 119 Eb31
Dümpelfeld D 125 Bd42
Dümrek TR 191 Ea81
Dümrek TR 193 Hb81
Dümrek TR 193 Hb82
Duna N 78 Ec26
Dunafalva H 153 Hc57
Dunaff IRL 9 Cc15
Dunaföldvár H 146 Hc55
Dunaharaszti H 146 Hd53
Dunajivci UA 204 Eb16
Dunajská Lužná SK 145 Gd51
Dunajská Streda SK 145 Ha51
Dunakeszi H 146 Hd52
Dunakömlőd H 146 Hc55
Dunalka LV 105 Jb52
Dunapataj H 146 Hd56
Dunăreni RO 179 Cd67
Dūņas LV 107 Lb52
Dunaszekcső H 153 Hc57
Dunaszentbenedek H 146 Hd56
Dunaszentgyörgy H 146 Hc56
Dunatetétlen H 146 Hd55
Dunaújváros H 146 Hc54
Dunava LV 107 Lb52
Dunavăţu de Jos RO 177 Fd65
Dunavci BG 179 Cb67
Dunavci BG 180 Dc72
Dunavecse H 146 Hd55
Dunbar GB 11 Ec13
Dunblane GB 7 Ea12
Dunboyne IRL 13 Cd21
Dún Chaoin IRL 12 Ad24
Dunchurch GB 20 Fa25
Duncormick IRL 13 Cc25
Dundaga LV 105 Jc49
Dundalk IRL 9 Cd19
Dündarlı TR 191 Ec84
Dun Dealgan IRL 9 Cd19
Dundee GB 7 Ec11
Dunderland N 71 Fc20
Dunderrow IRL 12 Bc26
Dundonald GB 9 Da17
Dundonnell GB 4 Dc06
Dundrennan GB 10 Ea17
Dundrum IRL 13 Ca23
Dunecht GB 7 Ed09
Dunes F 40 Ga53
Dunfanaghy IRL 9 Cb15
Dunfermline GB 7 Eb12
Dungannon GB 9 Cd17
Dún Garbhán IRL 13 Ca25
Dungarvan IRL 13 Ca25
Dungiven GB 9 Cd16
Dunglow IRL 8 Ca15
Dungourney IRL 12 Bd25
Dunholme GB 17 Fc22
Dunières F 34 Ja48
Dunika LV 113 Jb53
Duninowo PL 121 Gb29
Dunje MK 183 Bc75
Dunjica MK 183 Bd75
Dunkeld GB 7 Eb11
Dunker S 95 Gb44
Dunkerque F 21 Gd29
Dunkerrin IRL 13 Ca22
Dunkeswell GB 19 Ea30
Dunkineely IRL 8 Ca17
Dünkirchen = Dunkerque F 21 Gd29
Dunkirk GB 19 Ec28
Duńkowice PL 139 Kc44
Dun Laoghaire IRL 13 Cd21
Dunlavin IRL 13 Cc22
Dunleer IRL 9 Cd20
Dun-le-Palestel F 33 Gc45
Dunlop GB 10 Dd14
Dún Manmhaí IRL 12 Bc26
Dunmanus IRL 12 Ba26
Dunmanway IRL 12 Bc26
Dún Mór IRL 8 Bd20
Dunmore GB 9 Da19
Dunmore IRL 8 Bd20
Dunmore East IRL 13 Cc25
Dunnamanagh GB 9 Cc16
Dunnamore GB 9 Cc17
Dun na nGall IRL 8 Ca16
Dunnet GB 5 Eb04
Dunningen D 141 Cb50
Dunoon GB 6 Dc13
Dunquin IRL 12 Ad24
Duns GB 11 Ed14
Dunscore GB 10 Ea16
Dünsen D 118 Cd34
Dunsford GB 19 Dd30
Dunshaughlin IRL 13 Cd21
Dunstable GB 20 Fb27
Dunster GB 19 Ea29
Dun-sur-Auron F 29 Ha43
Dun-sur-Meuse F 24 Jb34
Dunte LV 106 Kc49
Duntish GB 19 Ec30
Dunum D 117 Cb32
Dunure GB 10 Dc15
Dunvegan GB 4 Da07
Dupnica BG 179 Cb72
Durabeyler TR 192 Fc82
Durach D 142 Db52
Đurađ HR 152 Hb59
Durağan TR 205 Fb20
Durak TR 199 Hb89
Duraklar TR 187 Ha78
Đurakovac KSV 178 Ba70
Duran BG 181 Ec69
Durance F 40 Fd52
Durango E 39 Eb55
Durankulak BG 181 Fc69
Duras F 32 Fd51
Durasılar TR 192 Fb83
Durasıllı TR 192 Fb86
Durbach D 133 Ca49
Durban-Corbières F 41 Hb56
Durbe LV 105 Jb52
Durbuy B 124 Ba42
Dúrcal E 60 Db75
Durdat-Larequille F 33 Ha45
Đurđenovac HR 152 Hb59
Đurđevac HR 152 Gd58
Đurđevik BIH 153 Hc63
Đurđevo SRB 174 Bb65
Đurđin SRB 153 Ja58
Dūre LV 106 Kd48
Düren D 125 Bc41
Durfort F 41 Hd53
Durfort-Lacapelette F 40 Gb52
Durham GB 11 Fa17
Durhasan TR 192 Fc81
Durhasan TR 192 Fc84
Đurinci SRB 174 Bb64
Durlangen D 134 Da48
Durlas IRL 13 Ca23
Durleşti MD 173 Fd58
Đurmanec HR 151 Ga57
Durmersheim D 133 Cb47
Durness GB 4 Dd04
Durneşti RO 172 Ed55
Durnholz I 143 Dd55
Dürnkrut A 145 Gc50
Dürnstein A 144 Fb55
Dürnstein A 144 Fd50
Duronia I 161 Fb72
Dürrboden CH 142 Da55
Durrës AL 182 Ab74
Dürrhennersdorf D 128 Fc41
Durrington GB 20 Ed29
Dürröhrsdorf-Dittersbach D 128 Fb41
Durrow IRL 13 Cb23
Durrus IRL 12 Bb26
Dürrwangen D 134 Db47
Dursunbey TR 192 Fc82
Duruelo de la Sierra E 47 Ea59
Durup DK 100 Da22
Dūrupe LV 105 Jc51
Dury F 23 Gd33
Dušanci BG 179 Da71
Dūseikiai LT 113 Jd54
Dusetos LT 115 Lb54
Dusina BIH 158 Hb65
Dušinci BG 179 Ca71
Duşmani MD 173 Fa55
Dusmenys LT 114 Kd59
Dusnok H 146 Hd56
Dusocin PL 121 Hb32
Düsseldorf D 125 Bd40
Dussen NL 124 Ba37
Dußlingen D 134 Cc49
Duston GB 20 Fb25
Duszniki PL 129 Gb36
Duszniki-Zdrój PL 137 Gb43
Dutağaç TR 198 Fb88
Duthil GB 7 Ea08
Dutka LV 106 Kd48
Dutluca TR 192 Fd82
Dutluca TR 192 Fd86
Dutluca TR 193 Gb82
Dutluca TR 198 Ga88
Dutovlje SLO 151 Fa59
Duvberg S 87 Fb34
Duved S 78 Ed30
Düverdüzü TR 187 Gd78
Düvertepe TR 192 Fb83
Düzağaç TR 193 Gb85
Düzağaç TR 199 Ha90
Duża Klonownica PL 131 Kb37
Düzce TR 187 Ha78
Duži BIH 158 Ha68
Dužica HR 152 Gb59
Düzkışla TR 193 Gb85
Düzköy TR 187 Gb78
Düzorman TR 185 Ed75
Düzova TR 186 Fa76
Duzy-le-Gros F 24 Hc34
Dvärsätt S 79 Fc30
Dve Mogili BG 180 Ea69
Dverberg N 66 Fd11
Dviete LV 115 Lb53
Dvor HR 152 Gb61
Dvor SLO 151 Fc59
Dvorčani LV 115 Ld53
Dvoriki RUS 203 Fa10
Dvorišče RUS 99 Ld42
Dvorišče RUS 107 Mb51
Dvory nad Žitavou SK 145 Hb51
Dvůr Králové nad Labem CZ 136 Ga43
Dwikozy PL 131 Jd41
Dwingeloo NL 117 Bd34
Dwórzno PL 122 Ja30
Dyan GB 9 Cd18
Dyblin PL 122 Hc35
Dybów PL 131 Jd36
Dyce GB 7 Ed09
Dydnia PL 139 Ka45
Dyffryn Ardudwy GB 15 Dd23
Dyfjord N 64 Jd04
Dygowo PL 120 Ga31
Dykan'ka UA 202 Ed14
Dyke GB 18 Dc29
Dykehead GB 7 Ec10
Dykends GB 7 Eb10
Dylewo PL 122 Jc33
Dylicy RUS 99 Mb40
Dylife GB 15 Ea24
Dymchurch GB 21 Ga29
Dymer UA 202 Ec14
Dymock GB 15 Ec26
Dymokury CZ 136 Fd44
Dynów PL 139 Ka44
Dyping N 66 Fd15
Dypvåg N 93 Db45
Dyranut N 84 Cd39
Dyrham GB 19 Ec28
Dyrkorn N 76 Cd33
Dyrnes N 77 Db29
Dyrøy N 67 Gb11
Dysberg S 87 Fb37
Dysbodarna S 86 Fa38
Dysna LT 115 Lc55
Dywity PL 122 Ja31
Džalil' RUS 203 Ga08
Džaniči BIH 158 Hb65
Džankoj UA 205 Fa17
Dzbonie PL 122 Jb34
Džebel BG 184 Dc75
Dzedri LV 105 Jd50
Dzelda LV 105 Jc52
Dzelmes LV 106 Kd51
Dzelzava LV 107 Lb50
Dzeņi LV 106 La48
Džep SRB 178 Bb71
Džepište MK 182 Ad74
Dzērbene LV 106 La49
Dzerjinscoe MD 173 Ga57
Dzeržinsk RUS 203 Fb09
Dzeržinskoje RUS 113 Jc58
Dziadkowice PL 123 Kb35
Dziadkowo PL 129 Gd39
Dziadowa Kłoda PL 129 Gd40
Działdowo PL 122 Ja33
Działoszyce PL 138 Jb43
Działoszyn PL 130 Hc41
Działyń PL 131 Kb38
Dziekanowice PL 138 Ja45
Dziektarzewo PL 122 Ja35
Dziemiany PL 121 Gd31
Dzierzążnia PL 122 Ja35
Dzierżążno Wielkie PL 121 Gb35
Dzierzgoń PL 122 Hc31
Dzierzgowo PL 122 Jb34
Dzierzkowice Rynek PL 131 Ka41
Dzierżoniów PL 129 Gb42
Dzierżysław PL 137 Ha44
Dziesław PL 129 Gb40
Dzietrzychowo PL 122 Jb30
Dziewin PL 138 Jb44
Džigolj SRB 178 Bc69
Dzikowo PL 120 Fd35
Dzikowo PL 121 Gb34
Dzików Stary PL 139 Kc43
Dzirciems LV 105 Jd50
Dziwnów PL 120 Fc31
Dziwnówek PL 120 Fc31
Dzjaržynsk BY 202 Ea12
Dzjatlava BY 202 Ea13
Džubga RUS 205 Fc17
Džūkste LV 106 Ka51
Džuljunica BG 180 Ea70
Džurkovo BG 184 Db74
Džurovo BG 179 Da70
Džuryn UA 204 Eb16
Dźwierszno Wielkie PL 121 Gd34
Dźwierzuty PL 122 Jc32
Dźwiżyno PL 120 Fd31

E

Ea E 39 Eb55
Éadan Doire IRL 13 Cc21
Eaglesfield GB 11 Eb16
Eani GR 183 Bc79
Eanodat FIN 68 Ja13
Eántio GR 195 Cb87
Earby GB 16 Ed20
Earls Barton GB 20 Fb25
Earls Colne GB 21 Ga26
Earlsferry GB 7 Ec12
Earlston GB 11 Ec14
Easdale GB 6 Db11
Easington GB 11 Fa17
Easington GB 17 Fd21
Easington GB 20 Fb27
Easingwold GB 11 Fa19
Easky IRL 8 Bd18
Eastbourne GB 20 Fd30
East Brent GB 19 Eb29
Eastchurch GB 21 Ga28
Eastcote GB 20 Fc28
East Cowes GB 20 Fa30
East Dereham GB 17 Ga24
Eastergate GB 20 Fb30
East Grafton GB 20 Ed28
East Grinstead GB 20 Fc29
East Haddon GB 20 Fb25

East Hanningfield - Emersleben

East Hanningfield GB 21 Ga27
East Horsley GB 20 Fc29
East Ilsley GB 20 Fa28
East Kilbride GB 10 Dd13
East Leake GB 16 Fa23
Eastleigh GB 20 Fa30
East Linton GB 11 Ec13
East Morden GB 19 Ec30
East Norton GB 16 Fb24
Eastoft GB 16 Fb21
Easton GB 17 Gb24
Easton GB 19 Ec31
Easton Grey GB 19 Ec27
East Poringland GB 17 Gb24
East Portlemouth GB 19 Dd32
East Ravendale GB 17 Fc21
East Rudham GB 17 Ga24
East Tisted GB 20 Fb29
Eastville GB 17 Fd23
East Winch GB 17 Fd24
Eastwood GB 16 Fa23
Eatoševo BG 180 Dc71
Eaux-Bonnes F 40 Fc56
Eauze F 40 Fd53
Ebberup DK 108 Dc27
Ebbo FIN 98 Kc39
Ebbw Vale GB 19 Eb27
Ebchester GB 11 Ed17
Ebeleben D 126 Dc40
Ebeltoft DK 109 Dd24
Eben A 143 Ea53
Ebene Reichenau A 144 Fa55
Ebenfurt A 145 Gb52
Ebensee A 144 Fa52
Ebensfeld D 134 Dc44
Eberbach D 134 Cd46
Eberdingen D 134 Cc48
Ebergassing A 145 Gb51
Ebergötzen D 126 Db39
Eberhardzell D 142 Da51
Ebermannsdorf D 135 Ea47
Ebermannstadt D 135 Dd45
Ebern D 134 Dc44
Ebernburg D 133 Ca45
Eberndorf A 144 Fc56
Ebersbach D 127 Ed41
Ebersbach D 128 Fa40
Ebersbach D 128 Fc41
Ebersbach D 128 Fc41
Ebersbach D 134 Cd48
Ebersberg D 143 Ea51
Ebersburg D 134 Da43
Eberschwang A 143 Ed51
Ebersdorf D 135 Dd44
Ebersdorf, Saalburg- D 135 Ea43
Eberswalde D 120 Fa35
Ebnat-Kappel CH 142 Cc53
Eboli I 161 Fc76
Ebrach D 134 Dc45
Ebreichsdorf A 145 Gb51
Ebreuil F 34 Hb46
Ebsdorfergrund D 126 Cd42
Ebstorf D 118 Dc34
Ecaterinovca MD 173 Fd59
Écaussinnes-Lalaing B 124 Ac41
Eccles GB 11 Ec14
Eccleshall GB 15 Ec23
Eceabat TR 185 Ea80
Echalar E 39 Ed55
Echallens CH 141 Bb55
Echalot F 30 Ja41
Echarri- E 39 Ec56
Echassières F 34 Hb45
Echauri E 39 Ec57
Eching D 135 Ea49
Eching D 143 Ea50
Echiré F 32 Fc45
Echourgnac F 32 Fd49
Echt GB 7 Ed09
Echt NL 125 Bb40
Echteld NL 125 Bb37
Echterdingen, Leinfelden- D 134 Cd49
Echternach L 133 Bc44
Écija E 60 Cc73
Ecirli TR 199 Ha89
Ečka SRB 174 Bb62
Eckartsau A 145 Gc51
Eckartsberga D 127 Ea41
Eckental D 135 Dd46
Eckernförde D 108 Db29
Eckerö FIN 96 Hb40
Eckersdorf D 135 Dd45
Eckington GB 16 Fa22
Eclaron-Braucourt F 24 Ja37
Ecly F 24 Hd34
Écommoy F 28 Fd40
Ecouché F 22 Fc37
Ecouflant F 28 Fb41
Écouis F 23 Gb35
Ecoyeux F 32 Fb47
Ecques F 23 Gd31
Ecseg H 146 Ja51
Ecsegfalva H 147 Jd54
Ecueillé F 29 Gb43
Écury-sur-Coole F 24 Hd36
Ed S 79 Gb30
Ed S 94 Ec45
Eda S 94 Ec42
Eda Glasbruck S 94 Ec41
Edam NL 116 Ba35
Edane S 94 Ed42
Ēdas LV 105 Jc51
Eddelak D 118 Da31
Edderton GB 5 Ea07
Eddleston GB 11 Eb14
Ede NL 125 Bb37
Ede S 79 Fd29
Ede S 87 Ga33
Edebäck S 94 Fa41
Edebo S 96 Ha41
Edeby S 96 Ha41
Edefors S 73 Hc21
Edelave By DK 108 Dc25
Edelény H 146 Jc50
Edelschrott A 144 Fc55
Edelsfeld D 135 Ea46
Edemissen D 126 Db38
Edemissen D 126 Dc36
Eden S 79 Gb29
Edenbridge GB 20 Fd29
Edenderry IRL 13 Cc21
Edenkoben D 133 Cb46
Edersleben D 127 Dd40
Edertal D 126 Cd40
Edesbyn S 87 Fd37
Edesheim D 133 Cb46
Édessa GR 183 Bc77
Edestad S 111 Fd54
Edevik S 78 Ed28
Edewecht D 117 Cc34
Edgbaston GB 20 Ed25
Edgeworthstown = Mostrim IRL 9 Cb20
Edhem S 103 Fb47
Edinburgh GB 11 Eb13
Edincik TR 186 Fa80
Edineț MD 173 Fa54
Edipsós GR 189 Ca83
Edırne TR 185 Eb75
Edith Weston GB 16 Fb24
Edlingham GB 11 Ed15
Edlitz A 145 Gb54
Edmundbyers GB 11 Ed17
Ēdole LV 105 Jb51
Edolo I 149 Da57
Edremit TR 191 Ec82
Edrželija MK 183 Bd74
Edsberg S 95 Fc44
Edsbro S 96 Ha41
Edsbruk S 103 Gb48
Edsele S 79 Ga30
Edshult S 103 Fd49
Edshultshall S 102 Eb47
Edsleskog S 94 Ec44
Edsta S 87 Gb35
Edsvalla S 94 Fa43
Edsvära S 102 Ed47
Edsvik FIN 89 Hd32
Edzell GB 7 Ec10
Eeklo B 124 Ab39
Eelde NL 117 Bd33
Eemshaven NL 117 Ca32
Eemsmond NL 117 Ca32
Eerbeek NL 125 Bc37
Eernegem B 21 Ha29
Eersel NL 124 Ba39
Efeköy TR 193 Gc86
Efendiköprüsü TR 192 Ga84
Efendili TR 192 Fb84
Eferding A 144 Fa50
Effelder D 135 Dd43
Effretikon CH 141 Cb53
Efimovskij RUS 202 Ec08
Efir TR 192 Fc83
Efkarpía GR 183 Ca76
Efkarpía GR 183 Ca77
Efkarpía GR 184 Cc77
Eflâni TR 205 Fa20
Eforie Nord RO 181 Fc68
Eforie Sud RO 181 Fc68
Efremov RUS 203 Fa12
Efteløt N 93 Dc42
Eg DK 108 Da25
Egáleo GR 189 Cb86
Egáni GR 183 Bd80
Egby S 103 Gb52
Egebæk DK 108 Da27
Egebjerg DK 108 Dc25
Egebjerg DK 109 Eb25
Egeln D 127 Ea38
Egense DK 101 Dd21
Eger H 146 Jb51
Egerbakta H 146 Jb51
Eğerci TR 187 Hb77
Egeris DK 108 Da24
Egersund N 92 Ca45
Egeskov DK 108 Db26
Egestorf D 118 Db34
Egg A 142 Da53
Eggby S 102 Fa46
Eggebek D 108 Da29
Eggedal N 85 Dc40
Eggemoen N 65 Kd07
Eggenburg A 136 Ga49
Eggenfelden D 143 Ec50
Eggenstein-Leopoldshafen D 133 Cb47
Eggerding A 143 Ed50
Eggermühlen D 117 Cb35
Eggersdorf, Fredersdorf- D 128 Fa36
Eggesin D 120 Fb32
Eggingen D 141 Cb52
Eggiwil CH 141 Bd54
Eggkleiva N 77 Ea30
Egglescliffe GB 11 Fa18
Egglham D 135 Ec49
Egglkofen D 143 Eb50
Eggolsheim D 135 Dd45
Eggstätt D 143 Eb51
Eggum N 66 Fb14
Egham GB 20 Fb28
Eghezée B 124 Ad41
Egiáli GR 196 Dd90
Egiertowo PL 121 Ha30
Egiés GR 194 Bc90
Egileta E 39 Eb57
Egilsstaðir IS 3 Bc05
Egina GR 195 Cb87
Eging am See D 135 Ed49
Egínio GR 183 Bd78
Égio GR 188 Bb85
Egíra GR 189 Bc85
Eğirdir TR 199 Gd88
Égiros GR 184 Dc77
Egkomi CY 206 Jd96
Eglaine LV 115 Lb53
Égletons F 33 Gd48
Eğlikler TR 199 Hb88
Egling D 142 Dc50
Egling D 143 Dd51
Eglingham GB 11 Ed15
Eglisau CH 141 Cb52
Égliseneuve-d'Antraigues F 33 Ha48
Egloffstein D 135 Dd45
Eglwysfach GB 15 Dd24
Eglwyswrw GB 14 Dc26
Eğmir TR 191 Ec82
Egmond aan Zee NL 116 Ad34
Egna I 150 Dd57
Egnach CH 142 Cd52
Egor'e RUS 202 Ed11
Egoreni MD 173 Fc54
Egor'evsk RUS 203 Fa10
Egorlykskaja RUS 205 Fc16
Egorovca MD 173 Fb56
Eğrekli TR 198 Fc91
Egremont GB 10 Ea18
Égreville F 29 Ha39
Eğridere TR 192 Fb87
Eğrioğlu TR 187 Gc78
Eğriöz TR 192 Fd83
Eğriöz TR 192 Ga82
Egsmark DK 109 Dd24
Egton GB 11 Fb18
Egtved DK 108 Db26
Éguilles F 42 Jc54
Eguisheim F 31 Kb39
Eguzon F 33 Gc45
Egyed H 145 Gd53
Egyek H 146 Jc52
Egyházasradoc H 145 Gc54
Egyptinkorpi FIN 83 Lc27
Ehekirchen D 134 Dc49
Ehingen D 134 Dc47
Ehingen am Ries D 134 Dc48
Ehingen (Donau) D 142 Da50
Ehinos GR 184 Db76
Ehningen D 134 Cc48
Ehra-Lessien D 127 Dd36
Ehrang D 133 Bc44
Ehrenberg D 134 Db43
Ehrenburg D 118 Cd35
Ehrenfriedersdorf D 127 Ec42
Ehrenhain D 127 Ec41
Ehrenhausen A 144 Fd55
Ehrenkirchen D 141 Ca51
Ehringshausen D 126 Cc42
Ehrwald A 142 Dc53
Ehtamo FIN 89 Jb37
Eia N 92 Cb45
Eiane N 92 Cb44
Eibar E 39 Eb55
Eibau D 128 Fc41
Eibelstadt D 134 Db45
Eibenstock D 135 Ec43
Eibergen NL 125 Bd37
Eibiswald A 144 Fd56
Eiby N 63 Hd08
Eich D 133 Cb45
Eichenbarleben D 127 Ea37
Eichenbrunn A 137 Gb49
Eichendorf D 135 Ec49
Eichenzell D 134 Da43
Eichstätt D 135 Db48
Eichstetten D 141 Ca50
Eichwalde D 128 Fa37
Eičiai LT 113 Jd57
Eicklingen D 126 Dc36
Eid N 77 Dc29
Eid N 77 Da32
Eid N 78 Ea28
Eidanger N 93 Dc44
Eidapere EST 98 Kc44
Eiðar IS 3 Bc05
Eidbukt N 66 Fd12
Eidbukta N 71 Fb19
Eide N 66 Fc14
Eide N 77 Da31
Eide N 84 Ca36
Eide N 84 Cc39
Eide N 92 Cb45
Eide N 93 Da47
Eidem N 70 Ec23
Eidesund N 92 Ca43
Eidet N 62 Gc10
Eidet N 65 Kd07
Eidet N 66 Ga14
Eidet N 77 Dd30
Eidet N 93 Db45
Eidevik N 84 Cb36
Eidfjord N 84 Cd39
Eiði DK 3 Ca06
Eidkjosen N 62 Gc09
Eidnes N 63 Ja04
Eidså N 76 Cb33
Eidsberg N 94 Eb43
Eidsborg N 93 Da42
Eidsdal N 76 Cd33
Eidsfoss N 93 Dd42
Eidskog N 94 Ec41
Eidslandet N 84 Cb38
Eidsnes N 63 Hd08
Eidsøra N 77 Db31
Eidsvåg N 77 Db32
Eidsvåg N 92 Ca41
Eidsvoll N 94 Eb40
Eidvågeid N 63 Hd06
Eiesland N 92 Cc45
Eige N 92 Ca45
Eigebrekk N 92 Cd47
Eigeland N 92 Ca44
Eigeland N 92 Ca45
Eigeltingen D 142 Cc51
Eigirdonys LT 114 Kd58
Eigirdžiai LT 113 Jd54
Eigirgala LT 114 Kc57
Eijsden NL 125 Bb41
Eik N 92 Ca43
Eik N 92 Cb45
Eikange N 84 Ca38
Eikåsgrend N 92 Cb46
Eikefjord N 84 Cb35
Eikeland N 92 Cb46
Eikeland N 92 Cd46
Eikeland N 93 Db45
Eikelandsosen N 84 Cb40
Eiken N 92 Cc46
Eikenes N 84 Ca36
Eikla EST 105 Jc46
Eiknes N 84 Cb40
Eilenburg D 127 Ec40
Eilgar RUS 205 Ga15
Eilsleben D 127 Dd37
Eime D 126 Db37
Eimen D 126 Db38
Eimisjärvi FIN 83 Ma30
Eimke D 118 Dc34
Eina N 85 Ea39
Einastrand N 85 Ea39
Einavoll N 85 Ea39
Einbeck D 126 Db38
Eindhoven NL 125 Bb39
Einhausen D 134 Cc45
Einola FIN 83 Lb28
Einsiedel D 127 Ec42
Einsiedeln CH 141 Cb54
Einville-au-Jaurd F 25 Jd37
Eisden B 125 Bb40
Eisenach D 126 Db41
Eisenbach D 141 Cb51
Eisenberg D 127 Ea41
Eisenberg D 133 Cb45
Eisenerz A 144 Fc53
Eisenheim D 134 Db45
Eisenhüttenstadt D 128 Fc37
Eisenkappel A 144 Fb56
Eisenstadt A 145 Gb52
Eisentratten A 143 Ed55
Eisfeld D 134 Dc43
Eisgarn A 136 Fd48
Eišiškės LT 114 La59
Eisķene LV 105 Jb50
Eisma EST 98 Kd41
Eitensheim D 135 Dd48
Eiterfeld D 126 Da42
Eitorf D 125 Ca41
Eitrheimsnes N 84 Cc40
Eitting D 143 Ea50
Eivere EST 98 Kd43
Eivindvik N 84 Ca37
Eivissa E 56 Gc69
Eixo P 44 Ac62
Ejby DK 108 Dc26
Ejby DK 109 Eb26
Ejea de los Caballeros E 47 Fa59
Ejheden S 87 Fd37
Ejsing DK 100 Da22
Ejsk RUS 205 Fb16
Ejstrupholm DK 108 Db24
Ejulve E 48 Fb63
Ek S 102 Fa46
Ekängen S 103 Fd46
Ekaterinovka RUS 203 Fa12
Ekaterinovka RUS 203 Fc12
Ekby S 102 Fa46
Eke S 104 Ha50
Ekeberga S 103 Fd52
Ekeby S 96 Gd41
Ekeby S 96 Gc44
Ekeby S 103 Fc47
Ekeby S 104 Ha49
Ekeby S 110 Ed55
Ekeby-Almby S 95 Fd44
Ekebyborna S 103 Fd46
Ekedalen S 102 Fa47
Ekenäs FIN 97 Jd40
Ekenässjön S 103 Fc50
Eker S 95 Fc44
Ekerö S 96 Gd44
Ekeskog S 103 Fb46
Eket S 110 Ed54
Eketånga S 102 Ed52
Ekfors S 73 Jb20
Ekimoviči RUS 202 Ec12
Ekinhisar TR 193 Gb86
Ekinli TR 186 Fb80
Ekinli TR 187 Gc79
Ekkerøy N 65 Kc06
Eknäs FIN 97 Jc40
Ekne N 78 Eb29
Ekola FIN 81 Jb30
Ekorrsele S 80 Ha26
Ekorrträsk S 80 Ha26
Ekså N 92 Cd45
Ekshärad S 94 Fa41
Ekşidere TR 191 Ed81
Eksı Gediz TR 192 Fd84
Ekşili TR 199 Gc90
Eksingedal N 84 Cb38
Eksjö S 103 Fc49
Ekskogen S 96 Gd42
Eksta S 104 Gd50
Ekträsk S 80 Hb26
Ekzarh Antimovo BG 181 Ec72
Ekzarh Josif BG 180 Ea69
Elabuga RUS 203 Ga08
Elafohóri GR 184 Da77
Elafohóri GR 185 Ea76
Elafónissos GR 195 Bd91
Elafótopos GR 182 Ad79
El Álamo E 46 Db65
El Álamo E 59 Bd73
El Álamo E 59 Cb73
El Algar E 55 Fa73
El Aljibe y las Brencas de Sicilia E 61 Ec73
El Alquián E 61 Eb76
Elämäjärvi FIN 82 Kb28
Elan' RUS 203 Fd12
El Ángel E 60 Cc77
Elan'-Kolenovskij RUS 203 Fc13
Elantxobe E 39 Eb55
El Arahal E 59 Cb74
El Arenal E 45 Cc65
Elassóna GR 183 Bc80
El Astillero E 38 Dc55
Eláta GR 191 Dd86
Eláti GR 183 Bc79
Elati GR 188 Bb81
Elátia GR 189 Bd84
Elat'ma RUS 203 Fb10
Elatohóri GR 182 Ba79
Elatohóri GR 183 Bd78
Élatos GR 182 Ba79
Elatoú GR 188 Bb84
El Azagador E 54 Fa67
El Ballestero E 53 Ea70
El Barco de Ávila E 45 Cb64
Elbasan AL 182 Ac75
Elbasan TR 186 Fb77
El Batán E 45 Bd65
El Baúl E 61 Dd74
El Bayo E 47 Fa59
Elbe D 126 Dc37
El Bercial E 52 Cc66
Elbeuf F 23 Ga35
Elbeyli TR 186 Ga79
Elbingerode D 126 Dc38
Elbląg PL 122 Hc30
El Bocal E 47 Ed59
El Bodón E 45 Bd64
El Bonillo E 53 Ea69
El Bosque E 59 Cb76
El'brus RUS 205 Ga17
Elbtal D 125 Cb42
El Bujeo E 59 Ca78
El Bullaque E 52 Da68
Elburg NL 117 Bc35
El Burgo E 60 Cc76
El Burgo de Ebro E 48 Fb61
El Burgo de Osma E 46 Dd60
El Burgo Ranero E 37 Cd57
El Buste E 47 Ed60
El Cabaco E 45 Ca63
El Cabo de Gata E 61 Eb76
El Calonge E 59 Cb73
El Campamento E 59 Cb78
el Campello E 55 Fb71
El Campillo E 53 Dd71
El Campillo E 53 Ea71
El Campillo de la Jara E 52 Cc67
El Campo de Peñaranda E 45 Cc62
El Cañavate E 53 Eb67
El Cardoso de la Sierra E 46 Dc62
El Carpio E 60 Cd72
El Carpio de Tajo E 52 Da66
El Casar de Escalona E 46 Da65
El Casar de Talamanca E 46 Dc63
El Castaño E 59 Ca77
El Castellar E 47 Fa65
El Castillo de las Guardas E 59 Bd73
El Centenillo E 52 Db71
El Cerro de Andévalo E 59 Bb72
El Chaparral E 60 Cd77
Elche E 55 Fb71
Elche de la Sierra E 53 Eb71
Elchesheim-Illingen D 133 Cb47
Elchingen D 134 Da49
Elciego E 39 Eb58
Elçili TR 185 Eb76
Elcóaz E 39 Fa57
El Cobo E 61 Ec72
el Cogul E 48 Ga61
El Collado E 54 Fa66
El Colmenar E 59 Cb76
El Colmenar E 59 Cb77
El Colorado E 59 Bd77
El Corchuelo E 59 Bc74
El Coronil E 59 Ca75
El Crucero E 37 Ca54
El Cuartón E 59 Ca78
El Cubillo de Uceda E 46 Dc63
El Cubo de Don Sancho E 45 Ca62
El Cubo de la Tierra del Vino E 45 Cb61
El Cuervo E 59 Bd75
Elda E 55 Fa71
Elda N 66 Ga12
Eldalen N 92 Cd46
Eldek TR 192 Fa85
Eldena D 119 Ea34
Eldforsen S 95 Fb40
Eldingen D 118 Dc35
Eldsberga S 110 Ed53
Eléa GR 195 Bd90
Elec RUS 203 Fa12
Eledio CY 206 Hd98
Elefsína GR 189 Cb86
Elefthério GR 189 Bd81
Eléfthero GR 182 Ad79
Eleftherohóri GR 183 Bb79
Eleftheroúpoli GR 184 Da77
Eleja LV 106 Kb52
El Ejido E 61 Dd76
Elek H 147 Jd56
Ėlektostal' RUS 203 Fa10
Elektrėnai LT 114 Kd58
Elemir SRB 153 Jc59
Elemno RUS 99 Ma43
Elena BG 180 Ea71
Elenovo BG 180 Ea73
Eleófito GR 188 Ba83
Eleohóri GR 184 Cd77
Eleohóri GR 194 Bb89
Eleón GR 184 Cc76
Eleón GR 189 Bc84
Eleoússa GR 182 Ad80
El Escorial E 46 Db64
Elešnica BG 184 Cc74
El Espinar E 46 Da63
Elfershausen D 134 Db44
Elford GB 16 Ed24
El Frago E 39 Fa58
El Frasno E 47 Ed61
Elgå N 86 Ec34
Elganowo PL 121 Ha31
El Gargantón E 52 Da69
El Garrobo E 59 Bb73
El Gastor E 59 Cb76
Elgg CH 142 Cc52
Elgin GB 5 Eb07
Elgiszewo PL 121 Hb34
Elgoibar E 39 Eb55
Elgol GB 6 Db09
El Grado E 48 Fd59
El Granado E 58 Ba73
el Grau de Castelló E 54 Fc66
el Grau de Gandia E 54 Fc69
Elgsmyra N 86 Ec36
Elgsnes N 66 Ga12
El Guijar E 46 Db62
El Guijo E 52 Cd70
Elham GB 21 Gb29
El Haza del Riego E 61 Ea75
El Herrumblar E 54 Ed68
El Higuerón E 60 Cc72
El Hijate E 61 Ea74
Elhovka RUS 203 Ga09
Elhovo BG 180 Db73
Elhovo BG 180 Eb73
El Hoyo E 52 Db71
El Hoyo de Pinares E 46 Da64
Eliá GR 194 Ba88
Elijärven kaivos FIN 74 Jc21
Elíka GR 195 Bd91
Elikónas GR 189 Bd85
Elimäki FIN 90 Kd37
Elincourt-Sainte-Marguerite F 23 Ha34
Elinókastro GR 183 Bb80
Elin Pelin BG 179 Cd71
Elionka RUS 202 Ec13
Elisejna BG 179 Cc70
Ėlista RUS 205 Ga15
Elizarovo RUS 107 Ld46
Elizavetino RUS 99 Mb40
Elizondo E 39 Ed56
El Jardín E 53 Eb70
El Jardón E 60 Cd73
Eljaröd S 111 Fb56
El Jautor E 59 Ca77
Ełk PL 123 Jd31
Elkeland N 92 Cc46
Elkenroth D 125 Cb41
Elkšņi LV 106 La52
Elkšņukrogs LV 106 La52
Elkstone GB 20 Ed27
Ellamaa EST 98 Ka43
El Lance de la Virgen E 61 Dd76
Ellastone GB 16 Ed23
Elleholm S 111 Fc54
Ellenberg D 134 Db48
Ellen's Green GB 20 Fc29
El Lentiscal E 59 Ca78
Ellerau D 118 Db32
Ellesmere GB 15 Eb23
Ellesmere Port GB 15 Eb22
Ellewoutsdijk NL 124 Ab38
Ellhofen D 134 Cd47
Elliant F 27 Dd39
Ellidshøj DK 100 Dc21
Elling DK 101 Dd19
Ellingen D 134 Dc47
Elliniká GR 189 Cb83
Ellinikó GR 189 Bc86
Ellinikó GR 194 Bb87
Ellinikó GR 194 Bc87
Ellinikó GR 195 Bd91
Ellinikó GR 195 Cb87
El Llano (San Tirso de Abres) E 37 Bd54
Ellmau A 143 Eb53
Ellon GB 5 Ed08
Ellös S 102 Eb47
Ellrich D 126 Dc39
Ellwangen D 142 Da51
Ellwangen/Jagst D 134 Db48
Elm CH 142 Cc54
Elmabağı TR 192 Fa86
Elmacık TR 185 Ed74
Elmacık TR 199 Gb89
El Maderal E 45 Cb61
El Madroño E 59 Bc73
Elmalı TR 185 Ec78
Elmalı TR 186 Fd77
Elmalı TR 187 Gb79
Elmalı TR 198 Ga91
El Manantial E 59 Bd76
Elmas I 169 Ca79
el Masnou E 49 Ha61
Elmdon GB 20 Fd26
Elmelunde DK 109 Ec28
Elmen A 142 Db53
Elmenhorst D 118 Dc32
Elmenhorst D 119 Eb31
Elmley Castle GB 20 Ed26
El Molar E 46 Dc63
el Molar E 48 Ga62
El Molar E 61 Dd72
El Molinillo E 52 Da67
El Moncayo E 55 Fb72
El Moral E 61 Eb72
Elmore GB 19 Ec27
el Morell E 48 Gb62
Elmshorn D 118 Db32
Elmstein D 133 Ca46
El Musel E 37 Cc54
Elne F 41 Hb57
Elnesvågen N 76 Cd31
El Niño E 55 Ed72
El'nja RUS 202 Ec11
Elopía GR 189 Ca85
Elorrio E 39 Eb56
Élos GR 200 Ca95
Előszállás H 146 Hc55
Eloúnta GR 201 Dc96
Eloyes F 31 Ka39
el Palmar E 54 Fc68
El Palmar E 55 Fa72
El Palmar de Troya E 59 Ca75
El Parador de las Hortichuelas E 61 Ea76
El Paraíso E 60 Cc77
El Pardo E 46 Dc64
el Pas de la Casa AND 40 Gc58
el Pas de la Casa AND 40 Gc58
El Pedernoso E 53 Ea67
El Pedregal E 47 Ed63
El Pedroso E 37 Cc54
El Pedroso E 59 Ca72
El Pedroso de la Armuña E 45 Cc62
El Peral E 53 Ec67
El Perdigón E 45 Cb61
el Perelló E 48 Ga63
el Perelló E 54 Fc68
Elphin GB 4 Dc06
Elphin IRL 8 Ca19
el Pia de Santa Maria E 48 Gb61
El Picazo E 53 Eb68
el Pi de Sant Just E 49 Gc59
El Pilar de la Horadada E 55 Fb73
el Pinell de Brai E 48 Ga63
El Piñero E 45 Cc61
El Pintado E 59 Ca72
el Poblenou del Delta E 48 Ga64
El Pobo E 47 Fa64
El Pobo de Dueñas E 47 Ed63
el Pont d'Armentera E 49 Gc61
el Pont de Suert E 40 Ga58
el Pont de Vilomara E 49 Gd60
El Portal E 59 Bd76
el Port de Borriana E 54 Fc66
el Port de la Selva E 41 Hc58
el Port de Sagunt E 54 Fc67
El Portil E 59 Bb74
El Pozo de los Frailes E 61 Eb76
El Priorato E 59 Cb73
El Provencio E 53 Ea68
El Puente del Arzobispo E 52 Cc66
El Puente del Rio E 61 Dd76
El Puente (Guriezo) E 38 Dd55
El Puerto E 37 Cb55
El Puerto E 51 Bc71
El Puerto de Santa María E 59 Bd76
El Pulpillo E 55 Ed70
El Puntal E 37 Cd54
El Real de la Jara E 59 Bd72
El Real de San Vicente E 46 Cd65
El Rincón E 61 Ec74
El Robledo E 52 Da68
El Rocío E 59 Bc74
el Rodriguillo E 55 Fa71
El Romeral E 52 Dc67
El Rompido E 59 Bb74
El Ronquillo E 59 Bd72
El Royo E 47 Ea60
El Rubio E 60 Cc74
El Sabinar E 47 Fa59
El Sabinar E 61 Eb72
el Sahuco E 61 Ea74
el Saler E 54 Fc68
El Salobral E 53 Ec69
El Saltador E 61 Ec74
El Santiscal E 59 Ca76
els Arcs E 48 Fd61
El Saucejo E 60 Cc75
Elsazı TR 199 Gd89
Elsdon GB 11 Ed15
Elsdorf D 118 Da33
Elsdorf D 125 Bc40
Elsdorf-Westermühlen D 118 Db30
Elsenborn B 125 Bb42
Elsenfeld D 134 Cd45
Elsenham GB 20 Fd27
el Serrat AND 40 Gc57
el Serrat AND 40 Gc57
Elsfjord N 71 Fb21
Elsfleth D 118 Cd33
els Hostalets d'en Bas E 49 Ha59
Elšica BG 179 Da72
Elsing D 127 Ec39
Elsing GB 17 Ga24
Elsinvaara FIN 83 Lc25
el Soleràs E 48 Ga61
Elspeet NL 116 Bb36
els Prats de Rei E 49 Gc60
Elsrickle GB 11 Eb14
Elst NL 125 Bb37
Elstad N 78 Ed26
Elstal D 127 Ed36
Elstead GB 20 Fb29
Elster D 127 Ec38
Elstertrebnitz D 127 Eb41
Elsterwerda D 128 Fa40
Elstow GB 20 Fc26
Elstra D 128 Fb41
Eltendorf A 145 Gb55
Elterlein D 135 Ec43
Eltham GB 20 Fd28
El Tiemblo E 46 Da64
El Toboso E 53 Dd67
Elton IRL 12 Bd24
El'ton RUS 203 Ga13
El Torno E 59 Bd76
El Toro E 54 Fa66
El Toro E 54 Fb66
El Tricheto E 52 Da68
El Trobal E 59 Ca75
El Tumbalejo E 59 Bc73
Eltvik N 76 Ca33
Eltville D 133 Cb44
Elva EST 106 La46
Elva I 148 Bb62
El Vacar E 60 Cc72
Elvanfoot GB 10 Ea15
Elvas P 51 Bb68
Elvåsen N 78 Ec25
Elvdal N 86 Ec36
Elve N 92 Cb46
Elvebakken N 62 Gd08
Elvebakken N 63 Hd08
Elveden GB 21 Ga25
Elvedjupkroken N 64 Ka06
Elvegården N 67 Gb14
El Vellón E 46 Dc63
Elvemund N 64 Jc09
Elven F 27 Eb40
el Vendrell E 49 Gc62
Elvenes N 65 Kd07
Elvenes N 66 Fc12
Elvenheim N 65 La07
El Ventorillo E 38 Db56
Elverum N 67 Gc11
Elverum N 86 Eb38
Elvestad N 93 Ea42
Elvevollen N 62 Ha10
El Villar de Arnedo E 39 Ec58
el Vilosell E 48 Gb61
Elviria E 60 Cc77
El Viso E 52 Cc70
El Viso del Alcor E 59 Ca74
Elvkroken N 66 Fd16
Elvran N 78 Eb30
Elwick GB 11 Fa17
Elworthy GB 19 Ea29
Elx E 55 Fb71
Elxleben D 127 Dd41
Ely GB 20 Fd25
Elz D 133 Cb43
Elzach D 141 Ca50
Elze D 126 Db37
Elztal D 134 Cd46
Emagny F 31 Jc41
Emanville F 23 Ga36
Embid E 47 Ec63
Embid de Ariza E 47 Ec61
Émbonas GR 197 Ed93
Embório GR 183 Bb78
Embório GR 196 Db92
Embório GR 197 Eb90
Emborió GR 197 Ec92
Emboriós GR 197 Ed92
Embrach CH 141 Cb52
Embrun F 35 Kb50
Embsen D 118 Dc34
Embún E 39 Fb57
Emburga LV 106 Kb52
Embūte LV 105 Jc52
Emden D 117 Ca33
Emecik TR 197 Ed91
Emerando E 38 Ea55
Emersleben D 127 Dd38

Emet – Fåker

Emet TR 192 Fd83
Emincik TR 187 Hb80
Emiralem TR 191 Ec85
Emirdağ TR 193 Ha84
Emirhisa TR 192 Ga86
Emirhisar TR 193 Gb86
Emirköy TR 192 Fd82
Emirler TR 192 Fb83
Emirler TR 198 Ga91
Emiryakup TR 185 Ec77
Emkendorf D 118 Db30
Emlichheim D 117 Bd35
Emly IRL 12 Bd24
Emmaboda S 111 Fd53
Emmaljunga S 110 Fa53
Emmaste EST 97 Jc45
Emmeloord NL 117 Bc34
Emmelsbüll-Horsbüll D 108 Cd28
Emmelshausen D 133 Ca43
Emmen NL 117 Ca34
Emmendingen D 141 Ca50
Emmer-Compascuum NL 117 Ca34
Emmerich D 125 Bc37
Emmerik = Emmerich D 125 Bc37
Emmerthal D 126 Da37
Emmerting D 143 Ec51
Emmingen-Liptingen D 142 Cc51
Emmoo IRL 8 Ca20
Emo IRL 13 Cb22
Emőd H 146 Jc51
Emoniemi FIN 82 Kb28
Empa CY 206 Hd98
Empessós GR 188 Ba82
Empfingen D 134 Cc49
Empo FIN 97 Jb39
Empoli I 155 Db65
Empuriabrava E 41 Hc58
Emre TR 186 Fb80
Emre TR 192 Fb85
Emremsultan TR 193 Ha81
Emsbüren D 117 Ca36
Emsdetten D 125 Cb37
Emsfors S 103 Gb51
Emskirchen D 134 Dc46
Emstek D 117 Cc35
Emtinghausen D 118 Cd34
Emyvale IRL 9 Cc18
Ena E 39 Fb58
Enafors S 78 Ed30
Enäjärvi FIN 90 La37
Enåker S 95 Gb41
Enånger S 87 Gb36
Enarsvedjan S 79 Fb29
Enåsa S 95 Fb45
Encekler TR 192 Fb85
Encima-Angulo E 38 Dd56
Encinas E 46 Dc61
Encinas de Abajo E 45 Cc62
Encinas de Esgueva E 46 Db60
Encinasola E 51 Bc71
Encinasola de los Comendadores E 45 Bd62
Encinas Reales E 60 Cd74
Encio E 38 Dd57
Enciso E 47 Eb59
Encs H 147 Jd50
Endach A 143 Eb53
Endingen CH 141 Cb52
Endingen D 141 Ca50
Endla EST 98 La44
Endon GB 16 Ed23
Endre S 104 Ha49
Endriejavas LT 113 Jc55
Endrinal E 45 Cb63
Endrup DK 108 Da26
Enebakk N 93 Ea42
Enego I 150 Dd58
Enerhodar UA 205 Fa16
Eneryda S 103 Fb52
Enez TR 185 Ea78
Enfesta E 36 Ad56
Engan N 70 Ed21
Engarés GR 196 Db90
Engdal N 77 Dc30
Enge N 77 Dc30
Engelberg CH 141 Cb55
Engelhartszell A 144 Fa50
Engeln D 118 Cd35
Engels RUS 203 Fd12
Engelsberg D 143 Eb51
Engelsbrand D 134 Cc48
Engelskirchen D 125 Ca41
Engelst DK 100 Db21
Engelsviken N 93 Ea43
Engelthal D 135 Dd46
Engen D 142 Cc51
Engene N 93 Da46
Engenes N 67 Gb12
Enger D 126 Cc37
Enger N 85 Dd39
Engerdal N 86 Ec35
Engerneset N 86 Ec36
Engesland N 93 Da46
Engesvang DK 108 Db24
Enghien B 124 Ab41
Engi CH 142 Cc54
Engili TR 193 Ha86
Engis B 124 Ba41
Englancourt F 24 Hc33
Englefontaine F 24 Hc32
Engstingen D 134 Cc49
Engstlenalp CH 141 Cb55
Enguera E 54 Fb69
Enguídanos E 54 Ed67
Engure LV 106 Ka50
Engürücük TR 186 Fd80
Engvik N 62 Gc08
Engvoll N 85 Ea34
Enica BG 179 Da69
Enichioi MD 177 Fc60
Enina BG 180 Dd72
Eningen D 134 Cd49
Enisala RO 177 Fc65
Enix E 61 Ea76
Enkenbach-Alsenborn D 133 Ca46
Enkhausen D 126 Cc40
Enkhuizen NL 116 Bb34
Enklinge FIN 97 Hd40
Enköping S 95 Gb42
Enköpings-Näs S 95 Gb43
Enmo N 86 Ea32
Enna I 167 Fa86
Enneberg I 143 Ea56
Ennepetal D 125 Ca39
Enney CH 141 Bc55
Ennezat F 34 Hb46
Ennigerloh D 125 Cb38
Enningdal N 94 Eb44
Ennis IRL 12 Bc22
Enniscorthy IRL 13 Cc24
Enniskean IRL 12 Bc26
Enniskerry IRL 13 Cd22
Enniskillen GB 9 Cb18
Ennistimon IRL 12 Bc22
Enns A 144 Fb51
Ennyinen FIN 97 Ja39
Eno FIN 83 Ld30
Enodden N 78 Ea31
Enokunta FIN 89 Jd35
Enonkoski FIN 91 Lc32
Enonkylä FIN 82 Kc25
Enonlahti FIN 82 La30
Ens NL 117 Bc35
Enschede NL 117 Bd36
Ensdorf D 135 Ea47
Ense D 125 Cb39
Ensen S 87 Fd38
Ensisheim F 31 Kb39
Enskogen S 87 Fd35
Enstone GB 20 Fa26
Enter NL 117 Bd36
Entlebuch CH 141 Ca54
Entracque I 148 Bc63
Entradas P 58 Ad72
Entrages F 42 Ka52
Entraigues F 29 Gc43
Entraigues F 35 Jd49
Entrains-sur-Nohain F 30 Hb41
Entrambasmestas E 38 Dc55
Entrammes F 28 Fb40
Entraunes F 43 Kb52
Entraygues-sur-Truyère F 33 Ha51
Entrecasteaux F 42 Ka54
Entrechaux F 42 Jc52
Entrena E 39 Eb58
Entre-os-Rios P 44 Ad61
Entrevaux F 43 Kb52
Entrín Bajo E 51 Bc69
Entroncamento P 50 Ac66
Entuğrulköy TR 193 Hb83
Entzheim F 25 Kc37
Envendos P 50 Ba66
Envermeu F 23 Gb33
Envernallas E 37 Bd55
Enviken S 95 Fd39
Enville GB 15 Ec25
Enying H 145 Hb55
Enzenkirchen A 144 Fa50
Enzersdorf im Thale A 137 Gb49
Enzesfeld A 145 Gb52
Enzinger Boden A 143 Eb54
Enzklösterle D 133 Cb48
Eochaill IRL 13 Ca26
Čohkkiras S 67 Hb15
Epagny F 24 Hb35
Epagny F 30 Jb41
Epaignes F 22 Fd35
Epáno Fellós GR 190 Da87
Epanomí GR 183 Ca78
Epaux-Bézu F 24 Hb36
Epe NL 117 Bc36
Épehy F 24 Hb33
Épernay F 24 Hc36
Epernon F 29 Gc38
Epfig F 31 Kb38
Epieds F 24 Hb36
Epierre F 35 Ka47
Epikopí GR 195 Ca89
Épila E 47 Fa61
Épinal F 31 Jd38
Epineuil-le-Fleuriel F 29 Ha44
Epiry F 30 Hc42
Episcopia I 162 Gb77
Episkopi CY 206 Ja98
Episkopí GR 188 Bb83
Episkopí GR 200 Cc95
Episkopi GR 200 Da96
Epitálio GR 194 Ba87
Epizon F 30 Jb38
Époisses F 30 Hd41
Epoo FIN 98 Kc39
Epoye F 24 Hd35
Eppan I 142 Dc56
Eppelborn D 133 Bd46
Eppenbrunn D 133 Ca47
Eppendorf D 127 Ed42
Eppe-Sauvage F 24 Hd32
Epping GB 20 Fd27
Eppingen D 134 Cc47
Eppstein D 134 Cc44
Epsom GB 20 Fc28
Eptagoneia CY 206 Jb97
Eptahóri GR 182 Ba78
Eptakomi CY 206 Jd95
Eptálofos GR 183 Cb76
Eptálofos GR 189 Bd84
Epuisay F 29 Ga40
Epureni RO 177 Fb60
Epworth GB 16 Fb21
Équeurdreville-Hainneville F 22 Ed34
Equihen-Plage F 23 Gb31
Equi Terme I 155 Da64
Eraclea I 150 Eb59
Eraclea Mare I 150 Ec59
Erahtur RUS 203 Fb10
Eräjärvi FIN 90 Ka35
Eräjärvi FIN 91 Lc34
Eranova I 164 Gb83
Eräslahti FIN 90 Ka34
Erastvere EST 107 Lb46
Eratiní GR 189 Bc85
Erátira GR 183 Bb78
Erba I 149 Cc58
Erbaa TR 205 Fc20
Erbach D 134 Cd45
Erbach D 142 Da50
Erbajolo F 154 Cb70
Erbalunga F 154 Cc68
Erbedeiro E 36 Bb57
Erbendorf D 135 Eb45
Ērberge LV 106 Kd52
Erbes-Büdesheim D 133 Cb45
Erbiceni RO 173 Fa57
Ercheu F 23 Ha34
Erchie I 162 Hb76
Ercolano I 161 Fb75
Ercsi H 146 Hc54
Erd H 146 Hc53
Erdal N 63 Ja06
Erdal N 84 Cd34
Erdal N 84 Cb35
Erdeborn D 127 Ea40
Erdek TR 186 Fa79
Erdelek TR 198 Ga91
Erdemli TR 187 Gb79
Erden BG 179 Cc69
Erdeven F 27 Ea41
Erdevik SRB 153 Ja61
Erding D 143 Ea50
Erdington GB 16 Ed24
Erdőbénye H 147 Jd50
Erdoğlu TR 187 Gc79
Erdut HR 153 Hd59
Erdweg D 143 Dd50
Eréac F 27 Ec39
Erecek TR 191 Ea82
Ereğli TR 187 Ha77
Erehnovo RUS 107 Ld46
Ereira P 50 Ab67
Eremitu RO 172 Dd58
Erenköy TR 193 Gb82
Erenler TR 186 Ga77
Eresfjord N 77 Db32
Eressós GR 191 Dd83
Erétria GR 189 Bd82
Erétria GR 189 Cc85
Erezée B 124 Ba42
Erfde D 118 Da30
Erfjord N 92 Cb42
Erftstadt D 125 Bd41
Erfurt D 127 Dd41
Ērgeme LV 106 La47
Ergersheim D 134 Db46
Ergili TR 186 Fa80
Ērgli LV 106 La50
Ergolding D 135 Eb49
Ergoldsbach D 135 Eb49
Ergué-Gabéric F 27 Dc39
Eriboll GB 4 Dd04
Erice I 166 Ea84
Erice TR 192 Ga86
Ericeira P 50 Aa68
Ericek TR 186 Fd80
Ericek TR 187 Gd80
Erikler TR 185 Ec75
Erikli TR 185 Eb78
Erikli TR 186 Fa80
Erikli TR 193 Gb81
Erikoussa GR 182 Aa79
Eriksberg S 71 Fd24
Eriksberg S 102 Eb47
Erikslund S 87 Ga33
Erikssmåla S 103 Fd52
Eriksrud N 85 Ea39
Erikstad N 66 Fd13
Erikstad S 102 Ec46
Ering D 143 Ed50
Eringsboda S 111 Fd53
Ēriškiai LT 114 Kc55
Eriskirch D 142 Cd52
Eriswell GB 20 Fd25
Eriswil CH 141 Ca54
Erithrés GR 189 Ca86
Erka N 85 Db34
Erkelenz D 125 Bc40
Erkheikki S 68 Ja17
Erkheim D 142 Db51
Erkner D 128 Fa36
Erla E 47 Fa59
Erlabrunn D 134 Da45
Erlach A 145 Gb52
Erlangen D 135 Dd46
Erlau D 127 Ec41
Erlbach D 143 Ec50
Erle D 125 Bd38
Erlėnai LT 113 Jb54
Erlenbach D 134 Cd45
Erlenbach D 134 Cd47
Erlensee D 134 Cd44
Erligheim D 134 Cc47
Erlinsbach CH 141 Ca53
Erlsbach A 143 Eb55
Erm NL 117 Bd35
Ermakiá GR 183 Bc78
Ermakovo RUS 122 Jb30
Ermakovo RUS 203 Ga09
Erma reka BG 184 Db76
Ermatingen CH 142 Cc52
Ermelo NL 116 Bb36
Ermelo P 44 Ba60
Ermenonville F 23 Ha36
Ermesinde P 44 Ad61
Ermida P 44 Ac63
Ermidas-Aldeia P 50 Ac71
Ermióni GR 195 Ca88
Ermiš RUS 203 Fb10
Ermita de Carrión E 51 Bb68
Ermita del Ramonete E 55 Ed74
Ermoclia MD 173 Ga59
Ermoúpoli GR 196 Da89
Ermsleben D 127 Dd39
Ermua E 39 Eb55
Erndtebrück D 126 Cc41
Ernée F 28 Fb39
Ernei RO 171 Dc59
Ernestinovo HR 153 Hc60
Ernsgaden D 135 Ea49
Ernstbrunn A 137 Gb49
Erolzheim D 142 Da51
Erôme F 34 Jb49
Erp NL 125 Bb38
Erpingham GB 17 Gb23
Erquy F 26 Eb37
Erriff Bridge IRL 8 Bb19
Erril IRL 13 Cb23
Errindlev DK 109 Ea29
Erritsø DK 108 Db26
Erro E 39 Ed56
Errol GB 7 Eb11
Erschwil CH 141 Bd53
Érsekcsanád H 153 Hd57
Ersekë AL 182 Ad78
Érsekvadkert H 146 Hd51
Ersfjordbotn N 62 Gc09
Erši RUS 202 Ed11
Erska S 102 Ec47
Erslev DK 100 Da21
Ersmark S 72 Gb24
Ersmark S 80 Hc25
Ersmark S 80 Hb28
Ersnäs S 73 Hd22
Eršovo RUS 107 Ld46
Erstein F 25 Kc37
Erstfeld CH 141 Cb55
Ersvika N 66 Fc17
Ertingen D 142 Cd50
Erto I 150 Eb57
Ertsjärv S 73 Hd19
Ertuğrul TR 185 Ed76
Ertuğrul TR 186 Fc80
Ertuğrul TR 191 Ed82
Ertuğrul TR 192 Fc87
Ervalla S 95 Fd43
Ervasti FIN 75 Kc22
Ervauville F 29 Ha39
Ervedal P 50 Ba68
Ervedosa do Douro P 44 Bb61
Ervelä FIN 97 Jd40
Ervenik HR 157 Ga64
Ervidel P 50 Ad71
Ervik N 76 Ca33
Ervita EST 98 Kd43
Ervy-le-Châtel F 30 Hc39
Erwitte D 126 Cc39
Erwood GB 15 Ea26
Erxleben D 127 Dd37
Erzgrube D 133 Cb49
Erzincan TR 205 Fd20
Erzurum TR 205 Ga19
Eržvilkas LT 114 Ka56
Esadiye TR 186 Fd79
Esanos E 38 Da55
Esatlar TR 192 Ga83
Esbjerg DK 108 Cd26
Esbo FIN 98 Kb39
Esbønderup DK 109 Ec24
Escairón (Saviñao) E 36 Bb56
Escalada E 38 Dc56
Escalaplano I 169 Cb78
Escalhão P 45 Bc62
Escalles F 21 Gc30
Escalona E 40 Fd58
Escalona E 46 Da65
Escalona del Prado E 46 Db62
Escalonilla E 52 Da66
Escalos de Baixo P 44 Bb65
Escalos de Cima P 44 Bb65
Escamplero E 37 Cb54
Escañuela E 52 Db72
es Capdellà E 56 Ha67
Escarabote E 36 Ac56
Escariche E 46 Dd64
Escároz E 39 Fa56
Escarrilla E 40 Fc57
es Castell E 57 Jb66
Escatalens F 40 Gb53
Escatrón E 48 Fc62
Eschach D 134 Da48
Eschau D 134 Cd45
Eschborn D 134 Cc44
Escheburg D 118 Dc33
Eschede D 118 Dc35
Eschenau A 144 Fd51
Eschenbach D 135 Ea45
Eschenburg D 126 Cc41
Eschenfelden D 135 Ea46
Eschenlohe D 143 Dd52
Eschershausen D 126 Da38
Eschlkam D 135 Ec47
Esch-s.-Alz. L 133 Bb45
Esch-sur-Sûre L 133 Bb44
Eschwege D 126 Db40
Eschweiler D 125 Bc41
Escombreras E 55 Fa74
Escorihuela E 47 Fa64
Escos F 39 Fa55
Escot F 39 Fb56
Escouloubre F 41 Gd57
Escource F 39 Fa52
Escrennes F 29 Gd39
es Cubells E 56 Gb69
Escucha E 48 Fb63
Escudeiros P 44 Ad60
Escuderos E 46 Db59
Escurial E 51 Ca68
Escusa P 50 Ad67
Esechioi RO 181 Ed68
Eşelek TR 185 Ec80
Eşeler TR 192 Fa82
Eşelniţa RO 174 Ca64
Esen BG 181 Ec71
Eşen TR 192 Fd82
Eşen TR 198 Fd92
Esenbağ TR 192 Fc83
Esence TR 186 Fc80
Esence TR 193 Gd82
Esendere TR 193 Gc87
Esenkaya TR 198 Fb89
Esenköy TR 187 Gc80
Esenköy TR 198 Fb88
Esenköy TR 198 Fd92
Esenler TR 185 Ed77
Esenli TR 192 Fa82
Esens D 117 Cb32
Esenyazı TR 192 Fb86
Esenyurt TR 186 Fc77
Esgos E 36 Bb57
es Grau E 57 Jb66
Esguevillas de Esgueva E 46 Da60
Esher GB 20 Fc28
Esh Winning GB 11 Fa17
Eskdale Green GB 11 Eb18
Eskdalemuir GB 11 Eb15
Eskebjerg DK 109 Ea25
Eskelhem S 104 Gd49
Eskiakören TR 193 Ha84
Eskiçine TR 197 Fa89
Eskidanişment TR 192 Fd81
Eskifjörður IS 3 Bc05
Eskihisar TR 197 Fa89
Eskikaraağaç TR 186 Fc80
Eskiler TR 193 Ha87
Eskilsäter S 94 Ed45
Eskilstrup DK 109 Eb28
Eskilstuna S 95 Gb43
Eskin TR 192 Fc85
Eskipazar TR 205 Fa20
Eskişehir TR 193 Gc82
Eskisığırcı TR 186 Fa80
Eskiyayla TR 187 Gb79
Eskola FIN 81 Jd27
Eskragh GB 9 Cc17
Esku EST 98 Kd44
Eslared S 102 Fa52
Eslarn D 135 Eb46
Eslida E 54 Fc66
es Llombards E 57 Hc68
Eslohe D 125 Cb40
Eslöv S 110 Ed55
Esmared S 102 Ed52
Esme TR 192 Fc86
es Mercadal E 57 Ja65
es Migjorn Gran E 57 Ja66
es Molinar E 57 Hb67
Esmoriz P 44 Ac61
Esna EST 98 Kd43
Esnandes F 32 Fa45
Esneux B 124 Ba42
Esnouveaux F 30 Jb39
Espadañedo E 37 Ca58
Espalion F 33 Ha51
Esparragal E 61 Ec74
Esparragalejo E 51 Bd68
Esparragosa de la Serena E 51 Cb70
Esparreguera E 49 Gd61
Esparron F 42 Jd54
Esparron-de-Verdon F 42 Ka53
Espås N 77 Ea30
Espe DK 108 Dc27
Espe N 84 Cc40
Espejo E 38 Ea56
Espejo E 60 Cd73
Espel NL 116 Bb34
Espeland N 84 Ca39
Espeland N 92 Cb45
Espeli N 92 Cd45
Espelkamp D 126 Cc36
Espeluche F 42 Jb51
Espenau D 126 Da40
Espera E 59 Ca75
Esperança P 51 Bb68
Espéraza F 41 Gd56
Esperia I 160 Ed73
Esperstedt D 127 Dd40
Espetøl N 93 Da44
Espevær N 92 Bd41
Espezel F 41 Gd57
Espiel E 52 Cc71
Espinama E 38 Da55
Espinaredo E 36 Bb53
Espinasses F 42 Ka51
Espinhal P 44 Ad65
Espinho P 44 Ac61
Espinilla E 38 Db56
Espinosa de Cerrato E 46 Db59
Espinosa de Cervera E 46 Dc59
Espinosa de Henares E 46 Dd63
Espinosa de los Monteros E 38 Dc56
Espinoso del Rey E 52 Cd67
Espírito Santo P 58 Ba73
Esplantas F 34 Hc50
Esplús E 48 Fd60
Espoey F 40 Fc55
Espolla E 41 Hb58
Espoo FIN 98 Kb39
Esporles E 57 Hb67
es Port E 57 Hb68
Esposende P 44 Ac59
Esprels F 31 Jd40
es Pujols E 56 Gc70
Esquedas E 48 Fb59
Esquivias E 46 Db65
Esrange S 67 Hb15
Esrum DK 109 Ec24
Essay F 28 Fd38
Esse FIN 81 Jb29
Esselbach D 134 Da45
Essen B 124 Ad38
Essen D 117 Cb35
Essen D 125 Bd39
Essenbach D 135 Eb49
Essenniki RUS 107 Mb50
Essentuki RUS 205 Ga17
Essertaux F 23 Gd34
Essertenne F 31 Jc41
Essimi GR 185 Dd77
Essing D 135 Ea48
Essingen D 134 Da48
Esslingen D 134 Cd48
Essômes-sur-Marne F 24 Hb36
Essoyes F 30 Ja39
Essunga S 102 Ed47
Essvik S 88 Gc33
Establet F 42 Jc51
Estação de Ourique P 58 Ac72
Estacas E 36 Ad57
Estación de Cártama E 60 Cd76
Estación de Páramo E 37 Ca56
Estación de Salinas E 60 Da75
Estadilla E 48 Fd59
Estagel F 41 Ha57
Estaing F 33 Ha51
Estaires F 23 Ha31
Estang F 40 Fc53
Estarreja P 44 Ac62
Estavayer-le-Lac CH 141 Bb54
Este I 150 Dd60
Estedt D 127 Ea36
Estela P 44 Ac60
Estella E 39 Ec57
Estellencs E 56 Ha67
Estenfeld D 134 Db45
Esteng F 43 Kb51
Estepa E 60 Cc74
Estépar E 38 Dc58
Estepona E 59 Cb77
Estercuel E 48 Fb63
Esternay F 24 Hc37
Esternberg A 135 Ed49
Esterri d'Àneu E 40 Gb57
Estersmark S 80 Hc26
Esterwegen D 117 Cb34
Esterzili I 169 Cb78
Estiche de Cinca E 48 Fd60
Estissac F 30 Hc38
Estivella E 54 Fc67
Estorf D 118 Da32
Estorf D 126 Da36
Estoril P 50 Aa68
Estorninhos P 58 Ad74
Estrées-Saint-Denis F 23 Ha35
Estrée-Wamin F 23 Gd32
Estreito P 44 Ba65
Estremera E 46 Dd65
Estremoz P 50 Ba69
Estrup DK 109 Eb26
Estry F 22 Fb37
Estuna S 96 Ha42
Estvad DK 100 Da22
Esztergom H 146 Hc52
Étain F 25 Jc35
Étais F 30 Ja40
Étalans F 31 Jd42
Étalle B 132 Ba44
Étampes F 29 Gd38
Étang-sur-Arroux F 30 Hd43
Étaples F 23 Gc31
Étauliers F 32 Fb49
Etel F 27 Ea41
Eteläinen FIN 90 Ka37
Eteläkylä FIN 90 Kd34
Etelälahti FIN 82 Ka27
Etelä-Niskamäki FIN 90 Kd32
Eteläpää FIN 89 Hd33
Etelä Varisala FIN 97 Ja39
Etelhem S 104 Ha50
Eterna E 38 Dd58
Etevaux F 30 Jb41
Etili TR 191 Ec81
Etival F 31 Jd44
Etival-Clairefontaine F 31 Ka38
Etne N 92 Cb41
Étoges F 24 Hc36
Etoile-Rhône F 34 Jb50
Etola FIN 90 Kb37
Etolikó GR 188 Ba84
Etouy F 23 Gd35
Étréaupont F 24 Hc33
Etréchy F 29 Gd38
Etrembières F 35 Jd45
Etrépagny F 23 Gc35
Étretat F 22 Fd34
Étreux F 24 Hc33
Etrœungt F 24 Hc33
Etropole BG 179 Cd71
Etroubles I 148 Bc58
Etsaut F 39 Fb56
Ettelbruck L 133 Bb44
Ettenheim D 141 Ca50
Etten-Leur NL 124 Ad38
Ettiswil CH 141 Ca53
Ettlingen D 133 Cb48
Ettrickbridge GB 11 Eb14
Ettringen D 142 Dc51
Etu-Ikola FIN 90 Kc33
Etulia MD 177 Fc63
Etusson F 28 Fc43
Etuz F 31 Jd41
Etxano E 38 Ea55
Etzen A 136 Fc49
Etzenricht D 135 Eb46
Eu F 23 Gb33
Euerbach D 134 Db44
Euerdorf D 134 Db44
Eugénie-les-Bains F 40 Fc54
Eulatal D 127 Ec41
Eupen B 125 Bb41
Eura FIN 89 Jb37
Eurajoki FIN 89 Ja37
Euratsfeld A 144 Fc51
Eursinge NL 117 Bd34
Euskirchen D 125 Bd42
Eußenheim D 134 Da44
Euston GB 21 Ga25
Euthal CH 142 Cc54
Eutin D 119 Dd31
Euzet F 42 Ja52
Evaillé F 29 Ga40
Eväjärvi FIN 90 Ka34
Evangelismós GR 183 Bd80
Evangelismós GR 194 Ba89
Evangelístria GR 189 Ca85
Evanger N 84 Cb38
Evanton GB 5 Ea07
Evaux-les-Bains F 33 Ha45
Evciler TR 185 Ed75
Evciler TR 191 Eb81
Evciler TR 191 Ed82
Evciler TR 191 Ed83
Evciler TR 192 Ga87
Évdilos GR 196 Dd88
Ēvele LV 106 Kd48
Evelix GB 5 Ea06
Evenhus N 78 Ea29
Evenskjer N 66 Ga13
Evenstad N 86 Eb36
Evercreech GB 19 Ec29
Everleigh GB 20 Ed29
Everöd S 111 Fb55
Eversley GB 20 Fb28
Everswinkel D 125 Cb38
Evertsberg S 87 Fb37
Evesham GB 20 Ed26
Évian-les-Bains F 31 Ka44
Evijärvi FIN 81 Jc29
Evillers F 31 Jd42
Evinohóri GR 188 Ba85
Evisa F 154 Ca70
Evitskog FIN 98 Ka40
Evja N 66 Fc17
Evje N 92 Cd45
Evkafteke TR 191 Ed84
Évlalo GR 184 Db77
Evlanovo RUS 203 Fa12
Évora P 50 Ad69
Évora Monte P 50 Ba69
Evran F 26 Ec38
Evrecy F 22 Fb36
Evrencik TR 186 Fa75
Evrensekiz TR 185 Ed76
Evreşe TR 185 Ec78
Évreux F 23 Gb36
Évrieu F 35 Jc47
Evriguet F 27 Ec39
Évron F 28 Fc39
Évry F 23 Gd37
Evrychou CY 206 Ja97
Ewell GB 20 Fc28
Examilia GR 195 Bd87
Exaplátanos GR 183 Bd76
Éxarhos GR 189 Ca84
Exbourne GB 19 Dd30
Excideuil F 33 Gb48
Exeter GB 19 Ea30
Exford GB 19 Ea29
Exilles I 148 Bb60
Exloo NL 117 Ca34
Exmes F 22 Fd37
Exmouth GB 19 Ea31
Exogí GR 188 Ac84
Exohí GR 182 Ad79
Exohí GR 184 Cd75
Exohí GR 184 Db77
Éxo Mouliana GR 201 Dc96
Éxo Nímfio GR 194 Bc91
Extertal D 126 Cd37
Extremo P 36 Ad58
Eyam GB 16 Ed22
Eydehavn N 93 Db46
Eydelstedt D 118 Cd35
Eydemir TR 193 Gb84
Eye GB 17 Fc24
Eye GB 21 Gb25
Eyerci TR 186 Fc80
Eyeries IRL 12 Ba26
Eygalières F 42 Jc53
Eygluy-Escoulin F 35 Jc50
Eyguians F 42 Jd51
Eyguières F 42 Jb53
Eygurande F 33 Ha47
Eygurande-et-Gardedeuil F 32 Fd49
Eymet F 32 Fd51
Eymir TR 187 Ha80
Eymoutiers F 33 Gc47
Eynez TR 191 Ed84
Eyrarbakki IS 2 Ac05
Eyrecourt IRL 13 Ca21
Eyrein F 33 Gd48
Eystrup D 118 Da35
Eyübler TR 193 Gd87
Ézaro E 36 Ac55
Ezcaray E 38 Ea58
Ezcurra E 39 Ec56
Eze F 43 Kd53
Ezerče BG 180 Eb69
Ezere LV 113 Jd53
Ezerec BG 181 Fc69
Ezerēlis LV 114 Kb57
Ezeriş RO 174 Ca62
Ezermala LV 107 Ld51
Ezernieki LV 107 Ld52
Ezerovo BG 181 Fa70
Eziler TR 192 Fc87
Ezine TR 191 Ea81
Ezy-sur-Eure F 23 Gb37

F

Faaborg DK 108 Dc27
Faak am See A 144 Fa56
Fabara E 48 Fd62
Fabas F 40 Ga55
Fabas F 40 Gb56
Fabbrica Curone I 149 Cc61
Fåberg N 84 Cd35
Fåberg N 85 Ea37
Fabero E 37 Bd56
Fábiánsebestyén H 146 Jc55
Fäboda FIN 81 Jb28
Fäbodliden S 80 Gc26
Fåborg DK 108 Da26
Fabrègues F 41 Hd54
Fabrezan F 41 Ha56
Fabriano I 156 Ec67
Fabrica di Roma I 156 Ea70
Fabro Scalo I 156 Ea68
Făcăeni RO 177 Fa66
Facho P 50 Ab66
Facinas E 59 Ca78
Fadd H 146 Hc56
Fadón E 45 Cb61
Faedis I 150 Ed57
Faenza I 150 Dd63
Færvik N 93 Db46
Faeto I 161 Fd73
Fafe P 44 Ba60
Fafleralp CH 141 Bd56
Fagagna I 150 Ec57
Făgăraş RO 175 Dc61
Fågelberget S 79 Fc27
Fågelfors S 103 Ga51
Fågelmara S 111 Ga54
Fågelsjö S 87 Fc35
Fågelsta S 79 Ga27
Fågelsta S 103 Fc46
Fågelsundet S 96 Gd39
Fågeltofta S 111 Fb56
Fagerås S 94 Fa43
Fagerdal S 79 Fd29
Fagerhaug N 64 Jb04
Fagerhaug N 77 Dd32
Fagerhult S 94 Eb45
Fagerhult S 102 Ec46
Fagerhult S 103 Fb48
Fagerhult S 103 Fd51
Fagermoen N 71 Fb21
Fagernes N 62 Gd10
Fagernes N 67 Gb13
Fagernes N 85 Dc38
Fagersanna S 103 Fb46
Fagersta S 95 Fd41
Fagerstrand N 93 Ea42
Fagertun N 67 Gc12
Fagervik FIN 98 Ka40
Fagervik N 78 Eb28
Fagervika N 70 Fa21
Fagerviken S 96 Gc39
Făget RO 174 Cb60
Făgețelu RO 175 Db65
Fåggeby S 95 Ga40
Faggen A 142 Db54
Fåglavik S 102 Ed47
Fåglum S 102 Ed47
Fagnano Castello I 164 Gb79
Fägre S 103 Fb46
Fagurhólsmýri IS 2 Ba06
Fahan IRL 9 Cc15
Fahrenbach D 134 Cd46
Fahrenkrug D 118 Dc31
Fahrenwalde D 120 Fb33
Fahrenzhausen D 143 Dd50
Fährhafen Sassnitz D 120 Fa30
Fahrland D 127 Ed36
Fahrwangen CH 141 Ca53
Fai della Paganella I 149 Dc57
Faido CH 141 Cb56
Fain-lès-Montbard F 30 Hd41
Fairbourne GB 15 Dd24
Fairford GB 20 Ed27
Fairlight GB 21 Ga30
Fairy Cross GB 18 Dc29
Fajsławice PL 131 Kb40
Fajsz H 146 Hd56
Fakenham GB 17 Ga23
Fåker S 79 Fc31

Fürstenau – Geriş

Fürstenau D 117 Cb36
Fürstenberg D 119 Ed34
Fürstenberg D 126 Da38
Fürstenfeld A 145 Gb54
Fürstenfeldbruck D 143 Dd50
Fürstenstein D 135 Ed49
Fürstenwalde D 128 Fb37
Fürstenwerder D 120 Fa33
Fürstenzell D 143 Ed50
Furta H 147 Ka54
Furtan S 94 Ed42
Furtei I 169 Ca78
Furth A 144 Ga50
Fürth D 134 Cc45
Fürth D 134 Dc46
Furth D 135 Ea49
Furth im Wald D 135 Ec47
Furtwangen D 141 Cb50
Furuby S 103 Fc52
Furudal S 87 Fc37
Furuflaten N 62 Ha10
Furulund S 110 Ed55
Furuly N 65 Kd08
Furunäs S 73 Hb20
Furuögrund S 73 Hc24
Furusjö S 103 Fb48
Furusund S 96 Ha42
Furuvik S 96 Gc39
Fusa N 84 Ca40
Fuscaldo I 164 Gb79
Fuschl am See A 143 Ed52
Fushë-Arrëz AL 159 Jc70
Fush'e Bullit AL 182 Ac75
Fush'e Bulqizës AL 182 Ad74
Fushë-Kruja AL 182 Ab74
Fushe-Lurë AL 163 Jc71
Fushë-Muhur AL 178 Ad73
Fusine I 149 Cd57
Fusine in Valromana I 143 Ed56
Fusio CH 141 Cb56
Füssen D 142 Dc52
Fussy F 29 Ha42
Fustiñana E 47 Ed59
Futani I 161 Fd77
Futog SRB 153 Ja60
Futrikelv N 62 Gd09
Fuurtti FIN 90 Kd35
Füzesabony H 146 Jb52
Füzesgyarmat H 147 Jd54
Fužina SLO 151 Fc58
Fužine HR 151 Fc60
Fužine SLO 151 Fa58
Fyfield GB 20 Fd27
Fyllia CY 206 Jb96
Fyllinge S 102 Ed52
Fynshav DK 108 Dc28
Fyrås S 79 Fd29
Fyresdal N 93 Da43
Fyrudden S 103 Gb47
Fyrunga S 102 Ed47
Fyvie GB 5 Ed08

G

Gaaldorf A 144 Fc54
Gaanderen NL 125 Bc37
Gaas A 145 Gb54
Gabaldón E 53 Ec67
Gabare BG 179 Cd69
Gabarret F 40 Fc53
Gabas F 39 Fb56
Gabbro I 155 Da66
Gabčíkovo SK 145 Ha51
Gabella Grande I 165 Gd80
Gabellino I 155 Db67
Gaber BG 179 Cb70
Gabicce Mare I 156 Eb65
Gąbin PL 130 Hd36
Gąbino PL 121 Gc29
Gablenz D 128 Fc40
Gablingen D 134 Dc49
Gabøl DK 108 Da27
Gabra BG 179 Cd72
Gabreševci BG 179 Ca71
Gabriac F 34 Hb51
Gabrje SLO 151 Fd59
Gabrovnica BG 179 Cc68
Gabrovo BG 180 Dc71
Gabrovo BG 183 Cb74
Gabrowo PL 123 Jd32
Gabšiai LT 114 Ka56
Gaby I 148 Bd58
Gać PL 123 Jd34
Gać PL 139 Kb44
Gacak TR 198 Fd91
Gacé F 22 Fd37
Gać Kaliska PL 129 Hb39
Gacko BIH 159 Hc67
Gad RO 174 Bc61
Gadbjerg DK 108 Db25
Gäddede S 79 Fb26
Gaddesby GB 16 Fb24
Gäddträsk S 80 Gd26
Gäddvik S 73 Hd22
Gadebusch D 119 Dd32
Gadheim D 134 Db44
Gądków PL 128 Fc37
Gadmen CH 141 Cb55
Gádor E 61 Ea76
Gádoros H 146 Jc55
Gadow D 119 Ec34
Gadūnavas LT 113 Jc54
Gadžin Han SRB 178 Bd69
Gæidno N 64 Ka07
Gæidnovuoppe N 63 Ja10
Gaël F 27 Ec39
Gærum DK 101 Dd20
Găești RO 176 Dd65
Gaeta I 160 Ed74
Gættevægie N 64 Jc09
Gafanha de Boa Hora P 44 Ac63
Gáfete P 50 Ba67
Gaflenz A 144 Fc52
Gaganica BG 179 Cc69
Gägelow D 119 Ea31
Găgești RO 177 Fb60
Gaggenau D 133 Cb48
Gaggio Montano I 155 Db64
Gagince SRB 178 Bd70
Gagino RUS 203 Fc09
Gagliano Castelferrato I 167 Fb85
Gagliano del Capo I 165 Hc78
Gaglovo SRB 178 Bc68
Gagnef S 95 Fc39
Gagovo BG 180 Eb69
Gagsmark S 73 Hc24
Găiceana RO 176 Ed60
Gaick Lodge GB 7 Ea09
Gaidar MD 177 Fd61
Gaideliai LT 113 Jc56
Gaidūnai LT 115 Lb58
Gaienhofen D 142 Cc52
Gaifana I 156 Eb67
Gaigalava LV 107 Lc50
Gaiķi LV 105 Jd51
Gaildorf D 134 Da48
Gailey GB 16 Ed24
Gailingen D 142 Cc52
Gailiūnai LT 114 La56
Gaillac F 41 Gd53
Gaillefontaine F 23 Gc34
Gaillimh IRL 12 Bc21
Gaillon F 23 Gb36
Gailmuiža LV 107 Lc52
Gailumi LV 107 Ld50
Gaimersheim D 135 Dd48
Găinești RO 172 Eb56
Gainsborough GB 16 Fb22
Gaiola I 148 Bc62
Gaiole in Chianti I 155 Dc66
Gaipler TR 192 Fd84
Gairloch GB 4 Dc08
Gairlochy GB 6 Dc09
Gairo I 169 Cb78
Gais CH 142 Cd53
Găiseni RO 176 Ea66
Gaishorn A 144 Fb53
Gaitsgill GB 11 Eb17
Găiuți RO 176 Ed60
Gaj HR 152 Gd60
Gaj SRB 174 Bc64
Gajary SK 145 Gc50
Gajdobra SRB 153 Ja60
Gajewo PL 121 Gb35
Gaj Oławski PL 129 Gd41
Gajtaninovo BG 184 Cc75
Gajutino RUS 202 Ed08
Gakkovo RUS 99 Lc40
Gakovo SRB 153 Hd58
Gålå N 85 Dd36
Gala P 44 Ab64
Gălăbinci BG 180 Ea73
Gălăbnik BG 179 Cb72
Galåbodarna S 87 Fb32
Gălăbovo BG 180 Ea73
Gălăbovo BG 184 Db74
Galåen N 86 Eb33
Gałajny PL 122 Ja30
Galambok H 145 Gd56
Galamuiža LV 105 Jd51
Galan F 40 Fd55
Galanito N 68 Hd11
Galanta SK 145 Ha50
Galapagar E 46 Db64
Gălăriești RO 172 Eb55
Galarinós GR 183 Cb78
Galaroza E 59 Bc72
Galashiels GB 11 Ec14
Galata CY 206 Ja97
Galata, Kr. BG 181 Fa70
Galatás GR 188 Ba85
Galatás GR 195 Cb88
Galateia CY 206 Jd95
Gălăteni RO 180 Dd67
Galati I 164 Gb84
Galați RO 177 Fb63
Galati Marina I 164 Ga84
Galatin BG 179 Cd69
Galatina I 163 Hc77
Galatini GR 183 Bb78
Galátista GR 183 Cb78
Galatone I 163 Hc77
Gălăuțaș RO 172 Ea58
Galaxídi GR 189 Bc85
Galbally IRL 12 Bd24
Galbenu RO 176 Ed64
Gålberget S 80 Gd29
Gălbinași RO 176 Ec64
Galda de Jos RO 175 Da60
Galeata I 156 Ea64
Galera E 61 Ea73
Galéria F 154 Ca69
Gălești MD 173 Fc57
Gălești RO 171 Dc59
Galewice PL 129 Ha40
Galgaguta H 146 Hd51
Galgamácsa H 146 Hd52
Galgate GB 11 Ec19
Gălgău RO 171 Da56
Galgauska LV 107 Lb49
Galgenen CH 142 Cc53
Galibabinac SRB 178 Bd68
Galič RUS 203 Fa08
Galiče BG 179 Cd68
Galicea RO 175 Db64
Galicea Mare RO 175 Cc66
Galičnik MK 182 Ad74
Galinduste E 45 Cb63
Galiniai LV 123 Kb30
Galinoporni CY 206 Ka95
Galiny PL 122 Jb30
Galipsós GR 184 Cd77
Galisteo E 45 Ca65
Galizano E 38 Dc54
Galizes P 44 Ba64
Gałków Duży PL 130 Hd39
Gallarate I 148 Cb58
Gallardon F 29 Gc38
Gällared S 102 Ed51
Gallareto I 148 Bd60
Gallargues F 42 Ja53
Gallartu E 38 Ea56
Gällaryd S 103 Fb51
Gallegos de Argañán E 45 Bd63
Gallegos de Solmirón E 45 Cc64
Gallejaur S 72 Ha24
Galleno I 155 Db65
Gällersta S 95 Fd44
Galliate I 148 Cb59
Gallicano I 155 Da64
Gallicano nel Lazio I 160 Eb71
Gallico I 164 Ga84
Gallico Marina I 164 Ga84
Gällinge S 102 Ec50
Gallio I 150 Dd58
Gallipoli I 162 Hb77
Gallisancho E 45 Cb63
Gällivare S 67 Hb17
Gallneukirchen A 144 Fb50
Gallo I 156 Eb65
Gällö S 79 Fd31
Gallo Matese I 161 Fb73
Gallspach A 144 Fa51
Gällstad S 102 Fa49
Gallur E 47 Ed60
Galluzzo I 155 Dc65
Galmenai LT 113 Jd56
Galovo BG 179 Da68
Galston GB 10 Dd14
Galtby FIN 97 Ja40
Galteland N 92 Cd45
Galtelli I 169 Cc76
Galten DK 108 Dc24
Galtisjaur S 72 Gc21
Gåltjärn S 87 Gb33
Galtseter N 86 Ec35
Galtström S 88 Gc34
Galtür A 142 Da54
Galugnano I 163 Hc77
Galve de Sorbe E 46 Dd62
Galveias P 50 Ad67
Gálvez E 52 Da66
Galway IRL 12 Bc21
Gałwuny PL 122 Jb30
Galzignano Terme I 150 Dd60
Gamaches F 23 Gb33
Gamalseter N 67 Gb11
Gamás H 145 Ha56
Gambais F 23 Gc37
Gambara I 149 Da60
Gambarie I 164 Ga84
Gambassi Terme I 155 Db66
Gambatesa I 161 Fc73
Gambettola I 156 Ea64
Gambolò I 148 Cb60
Gamborg DK 108 Db26
Gambsheim F 25 Kc36
Gamil P 44 Ad60
Gaming A 144 Fc52
Gamla Uppsala S 96 Gc41
Gamleby S 103 Gb48
Gamlingay GB 20 Fc26
Gammalkil S 103 Fd47
Gammalsälen S 94 Fa39
Gammalstorp S 111 Fc54
Gammelbo S 95 Fd42
Gammelby S 95 Ga42
Gammelgården S 73 Ja21
Gammelgarn S 104 Ha50
Gammelheimen N 63 Hd08
Gammel-Homna S 87 Fd37
Gammel Østerby DK 101 Ea20
Gammel Rye DK 108 Db24
Gammelsdorf D 135 Ea49
Gammelskolla N 85 Ea37
Gammelstaden S 73 Hd22
Gammertingen D 142 Cd50
Gamnes N 62 Gd08
Gamonal E 52 Cd66
Gamonero E 52 Cd67
Gampel CH 141 Bd56
Gams CH 142 Cd53
Gams bei Hieflau A 144 Fc52
Gamvik N 63 Hd05
Gamvik N 63 Hc07
Gamvik N 64 Ka04
Gamzigrad SRB 179 Ca67
Gâmzovo BG 174 Cb66
Gan F 40 Fc55
Gándara E 36 Ba55
Gándara de Esparíz P 44 Ba64
Gandarela E 36 Ba57
Gandarela P 44 Ba60
Ganddal N 92 Ca44
Ganderkesee D 118 Cd34
Gandesa E 48 Fd62
Gandia E 54 Fc69
Gandino I 149 Da58
Gandra P 44 Ad59
Gandrup DK 100 Dc21
Gandvik N 65 Kb07
Găneasa RO 175 Db66
Găneasa RO 176 Eb66
Gănești RO 171 Db59
Gangelt D 125 Bb40
Ganges F 41 Hd53
Gånghester S 102 Ed49
Gangi I 167 Fa85
Ganģiova RO 179 Cd67
Gangkofen D 143 Eb50
Gangloffsömmern D 127 Dd40
Gangsei N 93 Da45
Gangura MD 173 Fd59
Gañinas E 38 Da57
Ganllwyd GB 15 Dd23
Gannat F 34 Hb46
Gannay-sur-Loire F 30 Hc44
Gänsbrunnen CH 141 Bd53
Gänsen S 95 Fc40
Gänserndorf A 145 Gc50
Gånsvik S 88 Gd32
Gánt H 145 Hb53
Ganthem S 104 Ha49
Ganthorpe GB 16 Fb19
Gañuelas E 55 Ed73
Gañuelas E 55 Ed73
Ganuza E 39 Ec57
Gaoth Saile IRL 8 Bb18
Gap F 35 Ka50
Gaperhult S 94 Fa45
Gara H 153 Hd58
Garaballa E 54 Ed66
Garaguso I 162 Gb76
Gara Hitrino BG 181 Ec69
Gara Lakatnik BG 179 Cc70
Garancières F 23 Gc37
Gárasavvon FIN 68 Hd13
Garbagna I 148 Cb61
Garbatka-Letnisko PL 131 Jd39
Gârbău RO 171 Cd58
Garbayuela E 52 Cc68
Garberg N 78 Eb30
Garbno PL 122 Jb30
Gârbou RO 171 Da56
Gârbova RO 175 Da61
Garbów PL 131 Ka39
Garbsen D 126 Da36
Gârceni RO 173 Fa59
Garching D 143 Ea50
Garching D 143 Eb51
Garcia E 48 Ga62
Garciaz E 51 Cb67
Garciems LV 106 Kb50
Garcihernández E 45 Cc63
Garcilgalindo E 45 Cb63
Garčin HR 152 Hb60
Gârcina RO 172 Ec58
Garcinarro E 47 Ea65
Gărčinovo BG 180 Ea69
Gârcov RO 180 Db68
Garda I 149 Db59
Gârda de Sus RO 171 Cc59
Gardamas LT 113 Jc56
Gardanne F 42 Jd54
Gardawice PL 138 Hc44
Gårdby S 111 Gb53
Garde E 39 Fa57
Garde S 104 Ha50
Gårdeby S 103 Ga46
Gardeja PL 121 Hb32
Gardelegen D 127 Ea36
Gardenstown GB 5 Ed07
Garderen NL 116 Bb36
Gardermoen N 85 Ea40
Gardete P 50 Ba66
Gårdhem S 102 Ec47
Gardiki GR 188 Ba81
Garding D 118 Cd30
Gardinovci SRB 153 Jb60
Gardna PL 121 Gc29
Gärdnäs S 79 Fd27
Gardno PL 120 Fc34
Gardone Riviera I 149 Db59
Gardone Val Trompia I 149 Da59
Gardonne F 32 Fd50
Gárdony H 146 Hc54
Gardouch F 40 Gc55
Gårdsby S 103 Fc51
Gärdserum S 103 Ga47
Gårdsjö S 80 Gc27
Gårdsjö S 95 Fb45
Gårdsjöbäcken S 71 Ga23
Gårdsjönäs S 71 Ga23
Gårdskär S 96 Gc39
Gårdskär fiskehamn S 96 Gc39
Gärds Köpinge S 111 Fb55
Gärdslösa S 103 Gb52
Gårdstånga S 110 Fa55
Garður IS 2 Ab04
Gardyny PL 122 Ja33
Gardzień PL 122 Hc32
Garein F 39 Fb53
Garel F 23 Gb36
Gårelehöjden S 79 Gb29
Garelochhead GB 6 Dc12
Gares E 39 Ec57
Garešnica HR 152 Gc59
Garessio I 148 Bc63
Garfin E 37 Cd57
Garforth GB 16 Fa20
Gargaliáni GR 194 Ba89
Gargallo E 48 Fb63
Gargantiel E 52 Cd69
Gargaur S 72 Gc22
Gargellen A 142 Da54
Gargia fjellstue N 63 Ja08
Gargilesse-Dampierre F 29 Gc44
Gargnano I 149 Db59
Gargnäs S 72 Gc23
Gárgoles de Abajo E 47 Ea63
Gargrave GB 16 Ed20
Gargüera E 45 Ca65
Gargždai LT 113 Jb55
Gari MK 182 Ad74
Garino RUS 107 Mb49
Garipçe TR 199 Gc90
Garitz D 127 Eb38
Garkalne LV 106 Kc50
Garkleppvollen N 78 Ec31
Garkolovo RUS 99 Ld40
Garlasco I 148 Cb60
Gârleni RO 172 Ec59
Garliava LT 114 Kc58
Gârliciu RO 177 Fb65
Garliestown GB 10 Dd17
Garlin F 40 Fc54
Gârlița RO 181 Ed67
Garlitos E 52 Cc69
Garljano BG 179 Ca72
Garmisch-Partenkirchen D 142 Dc53
Garmo N 85 Dc35
Garnat-sur-Engièvre F 30 Hc44
Garnek PL 130 Hd41
Gârnic RO 174 Bd64
Garoaia RO 176 Ed62
Garons F 42 Ja53
Garoza LV 106 Kb52
Garpenberg S 95 Ga40
Garphyttan S 95 Fc44
Garpom FIN 90 Kd38
Garraf E 49 Gd62
Garrafe de Torio E 37 Cc56
Garragie Lodge GB 7 Dd09
Garrapinillos E 47 Fa60
Garray E 47 Eb60
Garrel D 117 Cc34
Garrigill GB 11 Ec17
Garrison GB 8 Ca17
Garrobillo E 55 Ed74
Garrovillas E 51 Bd66
Garrucha E 61 Ec75
Gars D 143 Eb51
Gars am Kamp A 136 Ga49
Garsås S 87 Fc38
Garsdale Head GB 11 Ec18
Gårsene LV 114 La53
Garsjøen N 85 Ea39
Gårslev DK 108 Db25
Gärsnäs S 111 Fb56
Garssnitz A 144 Fd53
Garstang GB 15 Ec20
Garsten A 144 Fb51
Gįrsūnai LT 114 Kc53
Garten N 77 Dd29
Gartland N 78 Ed26
Gartow D 119 Ea34
Gärtringen D 134 Cc49
Gartz D 120 Fb34
Garusovo RUS 107 Mb50
Gârva N 64 Jb10
Garvagh GB 9 Cd16
Garvaghy GB 9 Cc17
Garvald GB 11 Ec13
Garvan BG 181 Ec67
Garvão P 58 Ac72
Garve GB 4 Dd07
Garvín E 52 Cc66
Garvock GB 6 Dc13
Garwolin PL 131 Jd38
Garynahine GB 4 Da05
Garz D 119 Ed30
Gąsawa PL 121 Gd35
Gåsbakken N 77 Dd31
Gazlıgölakören TR 193 Gc84
Gåsborn S 95 Fb42
Gåsbu N 77 Db33
Gaschurn A 142 Da54
Gaschwitz D 127 Eb40
Gascueña E 47 Ea65
Gąsewo Poduchowne PL 122 Jc34
Gashy F 23 Gc36
Gaskeluokt S 72 Gb24
Gąski PL 123 Jd31
Gasmyr N 67 Gc11
Gåsnäs S 79 Gb30
Gåsnes N 63 Ja04
Gąsocin PL 122 Jb35
Gașpar MD 173 Fa54
Gaspoltshofen A 144 Fa51
Gasselte NL 117 Ca34
Gasselternijveen NL 117 Ca34
Gassino Torinese I 148 Bd60
Gåssjö S 79 Ga30
Gasteiz E 38 Ea56
Gastellovo RUS 113 Jc57
Gastes F 39 Fa52
Gastiáin E 39 Eb57
Gastins F 24 Hb37
Gastoúni GR 188 Ad86
Gastoúri GR 182 Ab80
Gaszowice PL 129 Gd40
Gata E 45 Bd64
Gata HR 158 Gc66
Gata N 94 Eb39
Gata de Gorgos E 55 Fd70
Gătaia RO 174 Bd62
Gatarta LV 106 La49
Gatčina RUS 99 Mb40
Gatčina RUS 202 Ea08
Gatehouse of Fleet GB 10 Dd16
Gátér H 146 Jb55
Gateshead GB 11 Fa16
Gatheme F 22 Fb37
Gâtova E 54 Fb67
Gatten DK 100 Db21
Gattendorf A 145 Gc51
Gatteo a Mare I 156 Eb64
Gattinara I 148 Ca59
Gattorna I 149 Cc63
Gau-Algesheim D 133 Cb44
Gaubert F 29 Gc39
Gaucín E 59 Cb77
Gauernitz D 127 Ed41
Gäufelden D 134 Cc49
Gauja LV 106 Kb50
Gaujani RO 180 Ea68
Gaujiena LV 107 Lb48
Gaukås N 93 Da44
Gaukheihytta N 92 Cc44
Gaukönigshofen D 134 Db46
Gaukönigshofen D 134 Db46
Gaulėniai LT 113 Jd54
Gaulstad N 78 Ec28
Gau-Odernheim D 133 Cb45
Gaupne N 84 Cd36
Gaurė LT 113 Jd56
Gaußig D 128 Fb41
Gausvik N 66 Ga13
Gautefall N 93 Db44
Gautestad N 92 Cd45
Gauting D 143 Dd51
Gauto S 71 Ga20
Găuzeni MD 173 Fc55
Gavà E 49 Gd62
Găvănoasa MD 177 Fc62
Gavardo I 149 Db59
Gavarnie F 40 Fc57
Gavelli I 156 Ec69
Gavėniai LT 114 La56
Gavi I 148 Cb62
Gavião P 50 Ad66
Gavieze LV 105 Jb52
Gavilanes E 46 Cd65
Gavirate I 148 Cb58
Gävle S 95 Gb39
Gavoi I 169 Cb76
Găvojdia RO 174 Ca61
Gavorrano I 155 Db68
Gavray F 22 Fa37
Gâvres F 27 Ea40
Gavril-Genovo BG 179 Cc69
Gavrilov-Jam RUS 203 Fa09
Gavrilovka RUS 99 Mb45
Gavrilovo RUS 113 Jd59
Gávrio GR 190 Da87
Gávros GR 182 Ba77
Gavry RUS 107 Ld49
Gavry RUS 107 Ma50
Gåvsta S 96 Gd41
Gâvurağılı TR 198 Fd93
Gaweinstal A 145 Gc50
Gawliki Wielkie PL 123 Jd31
Gaworzyce PL 128 Ga39
Gawroniec PL 120 Ga32
Gawronki PL 130 Hc37
Gawrychy PL 122 Jc33
Gawthrop GB 11 Ed18
Gawthwaite GB 11 Eb19
Gåxsjö S 79 Fc29
Gazeran F 23 Gc37
Gaziemir TR 191 Ec86
Gazimağusa = Ammochostos CY 206 Jd96
Gazitepe TR 186 Fb77
Gazivode KSV 178 Ba69
Gazlıgölakören TR 193 Gc84
Gazoldo degli Ippoliti I 149 Db60
Gazzaniga I 149 Cd58
Gazzuolo I 149 Db61
Gbelce SK 146 Hc52
Gbely SK 137 Gd49
Gdańsk PL 121 Hb30
Gdingen = Gdynia PL 121 Ha29
Gdinj HR 158 Gd67
Gdov RUS 99 Lc44
Gdov RUS 202 Ea09
Gdów PL 138 Ja45
Gdynia PL 121 Ha29
Geaca RO 171 Db58
Gea de Albarracín E 47 Ed64
Geamăna MD 173 Fd58
Geashill IRL 13 Cb21
Geaune F 40 Fc54
Geay F 28 Fc43
Gębałka PL 123 Jd30
Gebeciler TR 193 Gd85
Gebesee D 127 Dd41
Gebhardshagen D 126 Dc37
Gebhardshain D 125 Cb41
Gębice PL 121 Gb35
Gębice PL 128 Fc38
Gębice PL 129 Ha36
Gebiz TR 199 Gd90
Gebra D 126 Dc40
Gebze TR 186 Ga78
Gecek TR 193 Hb83
Geçitkale = Lefkoniko CY 206 Jc96
Geçitli TR 187 Gb80
Geçkinli TR 185 Ec75
Geçmen TR 199 Gb92
Gedek TR 191 Eb81
Gedeller TR 199 Gc91
Gedern D 134 Cd43
Gedesby DK 109 Eb29
Gedikbaşı TR 198 Ga92
Gedikevi TR 193 Gd84
Gedikli TR 199 Ha88
Gedinne B 132 Ad43
Gediz TR 192 Fd84
Gedney Dove End GB 17 Fd23
Gedre F 40 Fc57
Gedser DK 109 Eb29
Gedsted DK 100 Db22
Gedved DK 108 Dc25
Geel B 124 Ba39
Geertruidenberg NL 124 Ad38
Geesala IRL 8 Bb18
Geeste D 117 Ca35
Geesthacht D 118 Dc33
Geevagh IRL 8 Ca18
Gefell D 135 Ea43
Géfira GR 183 Ca77
Gefiria GR 189 Bc82
Gefrees D 135 Ea44
Gegiedžiai LT 114 Kb53
Gehofen D 127 Dd40
Gehrde D 117 Cc35
Gehrden D 126 Da37
Gehren D 127 Dd42
Gehren D 128 Fa39
Geibi LV 115 Ld53
Geidžiūnai LT 114 Kd53
Geilenkirchen D 125 Bb40
Geilo N 85 Da39
Geinberg A 143 Ed50
Geiranger N 84 Cd34
Geisa D 126 Db42
Geiselbach D 134 Cd44
Geiselhöring D 135 Eb48
Geiselwind D 134 Dc45
Geisenfeld D 135 Ea49
Geisenheim D 133 Cb44
Geising D 128 Fa42
Geisingen D 141 Cb51
Geisleden D 126 Db40
Geislingen D 134 Da49
Geismar D 126 Db40
Geisnes N 78 Ec25
Geistthal A 144 Fd54
Geisvika N 67 Gb13
Geithain D 127 Ec41
Geithus N 93 Dd41
Geitvågen N 66 Fc17
Gela I 167 Fa87
Gelbensande D 119 Ec31
Geldermalsen NL 124 Ba37
Geldern D 125 Bc38
Geldrop NL 125 Bb39
Geleen NL 125 Bb40
Gelej H 146 Jc51
Gelemiç TR 192 Fd81
Gelenau D 127 Ec42
Gelenbe TR 192 Fa83
Gelenbe TR 192 Fc87
Gelendost TR 193 Gd87
Gelendžik RUS 205 Fc17
Gelénes H 147 Kb50
Geležiai LT 114 Kd54
Gelfingen CH 141 Ca53
Gelgaudiškis LT 114 Ka57
Gelibolu TR 185 Eb79
Gelida E 49 Gd61
Gelincik TR 193 Ha84
Gelincik TR 199 Gc88
Gelles F 33 Ha47
Gellin F 31 Jd43
Gelnhausen D 134 Cd43
Gelnica SK 138 Jc48
Gelnmassan GB 6 Dc12
Gelsa E 48 Fb61
Gelse H 145 Gd56
Gelsenkirchen D 125 Ca39
Gelsesziget H 145 Gd56
Geltendorf D 142 Dc51
Gelterkinden CH 141 Ca52
Gelting D 108 Db29
Geltow D 127 Ed37
Gelu RO 174 Bc60
Gelucourt F 25 Ka36
Gėluva LV 114 Kb56
Gelvonai LT 114 Kd57
Gembloux sur-Orneau B 124 Ad41
Gemenele RO 177 Fa63
Gemer SK 138 Jb49
Gemerská Panica SK 138 Jb49
Gemerská Poloma SK 138 Jb48
Gemert NL 125 Bb38
Gemişköyü TR 198 Ga88
Gemla S 103 Fc52
Gemlik TR 186 Fd79
Gemona del Friuli I 150 Ec57
Gémozac F 32 Fb48
Gemträsk S 73 Hd21
Gemünd D 125 Bc42
Gemünden D 126 Cd41
Gemünden D 126 Cd42
Gemünden D 133 Ca44
Gemünden D 134 Da44
Genagra CY 206 Jc96
Genarp S 110 Fa56
Genas F 34 Jb47
Génave E 53 Ea71
Genazzano I 160 Ec72
Gençali TR 193 Gb87
Gençay F 32 Fd45
Gencek TR 199 Hb89
Genderkingen D 134 Dc49
Gendrey F 31 Jc42
Gendringen NL 125 Bc37
Gendt NL 125 Bc37
Genemuiden NL 117 Bc35
Générac F 42 Ja53
General Inzovo BG 180 Eb73
General Kolevo BG 181 Ed69
Generalski Stol HR 151 Fd60
General Toševo BG 181 Fb69
Geneston F 28 Ed43
Genevad S 110 Ed53
Genève CH 140 Ba56
Genevrières F 31 Jc40
Genf = Genève CH 140 Ba56
Gengenbach D 133 Ca49
Genicera E 37 Cc56
Génicourt-sur-Meuse F 24 Jb36
Genillé F 29 Gb42
Génis F 33 Gb48
Genişler TR 193 Gb84
Genisséa GR 184 Db77
Genivolta I 149 Cd60
Genk B 124 Ba40
Genlis F 30 Jb42
Gennádio GR 197 Ed94
Gennep NL 125 Bc38
Genner DK 108 Db27
Gennes F 28 Fc42
Genola I 148 Bc62
Génolhac F 34 Hd51
Genouillac F 33 Gd45
Genouillé F 32 Fd46
Genova I 148 Cb63
Genowefa PL 129 Hb37
Gensac F 32 Fd50
Gensingen D 133 Cb44
Gent B 124 Ab39
Genthin D 127 Eb37
Gentioux-Pigerolles F 33 Gd47
Gentofte DK 109 Ec25
Genua = Genova I 148 Cb63
Genzano di Lucania I 162 Gb75
Genzano di Roma I 160 Eb72
Geoagiu RO 175 Cd61
George Enescu RO 172 Ec54
Georgenberg D 135 Eb46
Georgenberg D 135 Eb46
Georgensgmünd D 134 Dc47
Georgenthal D 126 Dc42
Georgi-Damjanovo BG 179 Cb69
Georgi Dimitrov BG 179 Cd73
Georgievsk RUS 205 Ga17
Georgiúpoli GR 200 Cc95
Georgouléika GR 188 Ad83
Georgsdorf D 117 Ca35
Georgsmarienhütte D 126 Cc37
Georth GB 5 Ec02
Géos GR 188 Ab81
Gepatschhaus A 142 Db55
Ger F 22 Fb37
Gera D 127 Eb42
Gera E 37 Ca54
Geraardsbergen B 124 Ab40
Gerabronn D 134 Da47
Gerace I 164 Gb83
Geraci Siculo I 167 Fa85
Gerahies IRL 12 Bb26
Gerakári GR 189 Bd81
Gerakári GR 200 Cd96
Gerakaroú GR 183 Cb78
Geráki GR 195 Bb89
Gerakiní GR 183 Cb79
Gérardmer F 31 Ka39
Geras A 136 Ga49
Geras E 37 Cc56
Gerasa CY 206 Ja98
Géraudot F 30 Hd38
Gerberoy F 23 Gc34
Gerbéviller F 25 Ka37
Gerbini I 167 Fc86
Gerbstedt D 127 Ea39
Gerby FIN 81 Hd30
Gerdašiai LT 123 Kc30
Gerdau D 118 Dc34
Gerdshagen D 119 Eb34
Gerede TR 205 Fa20
Geremeas I 169 Cb80
Geren TR 191 Eb85
Gerena E 59 Bd73
Gerenli TR 193 Ha83
Gereñu E 39 Eb57
Geretsried D 143 Dd51
Gérgal E 61 Ea75
Gergei I 169 Ca78
Gergelyiugornya H 147 Kb50
Gergova RO 177 Fd64
Gergy F 30 Jb43
Gerhardshofen D 134 Dc46
Geringswalde D 127 Ec41
Geriş TR 199 Hb91

Gerişler - Gonnesa

Gerişler TR 187 Gc80
Gerjen H 146 Hc56
Ģērķeni LV 107 Lb52
Gerlev DK 109 Eb25
Gerlos A 143 Ea54
Germagnano I 148 Bc59
Germaringen D 142 Dc51
Germasogeia CY 206 Jb98
Germay F 30 Jb38
Germencik TR 197 Ed88
Germendorf D 119 Ed35
Germering D 143 Dd51
Germersheim D 133 Cb47
Germignaga I 148 Cb57
Germigny-des-Prés F 29 Gd40
Germiyan TR 191 Ea86
Gernec AL 182 Ab77
Gernika E 38 Ea55
Gernrode D 127 Dd39
Gernsbach D 133 Cb48
Gernsheim D 134 Cc45
Geroda D 134 Da43
Gerola Alta I 149 Cd57
Gerolakkos CY 206 Jb96
Geroldsgrün D 135 Ea43
Gerolfingen D 134 Db47
Geroliménas GR 194 Bc91
Gerolsbach D 135 Dd49
Gerolstein D 133 Bc43
Gerolzhofen D 134 Db45
Gerona = Girona E 49 Hb59
Geroplátanos GR 182 Ad79
Geroskipou CY 206 Hd98
Gerovo HR 151 Fc59
Gerovski Kraj HR 151 Fc60
Gerri de la Sal E 40 Gb58
Gerrikaiz E 39 Eb55
Gersdorf D 127 Ec41
Gersdorf D 127 Ec42
Gersfeld D 134 Db43
Gersheim D 133 Bd47
Gersten A 144 Fc51
Gersten D 117 Cb35
Gerstetten D 134 Da49
Gerstheim F 25 Kc37
Gersthofen D 134 Dc49
Gerstungen D 126 Db41
Gerswalde D 120 Fa34
Gerum S 104 Gd50
Gervelės LT 115 Lc55
Gerviškes LT 114 La59
Gerwisch D 127 Ea37
Gerzen D 135 Eb49
Gesäter S 94 Eb45
Gescher D 125 Ca37
Geschwenda D 126 Dc42
Geseke D 126 Cc39
Geslau D 134 Db46
Gespunsart F 24 Ja33
Gessertshausen D 142 Dc50
Gestad S 102 Ec46
Gestalgar E 54 Fa67
Gesté F 28 Fa42
Gesten DK 108 Da26
Gesties F 40 Gc57
Gestingthorpe GB 21 Ga26
Gęstowice PL 128 Fc37
Gesualdo I 161 Fc74
Gesunda S 87 Fc38
Gesves B 124 Ad42
Gesztely H 146 Jc50
Geszteréd H 147 Ka51
Geta FIN 96 Hb40
Getafe E 46 Dc65
Getaria E 39 Eb55
Getelo D 117 Bd36
Getinge S 102 Ed52
Gettorf D 118 Dc30
Getxo E 38 Ea55
Gevelsberg D 125 Ca39
Gevensleben D 127 Dd37
Gévezé F 28 Ed39
Gevgelija MK 183 Ca76
Gevigney-et-Mercey F 31 Jc40
Gévora del Caudillo E 51 Bc68
Gevrekli TR 199 Hb89
Gevsjön S 78 Ed30
Gex F 35 Jd45
Gey TR 198 Fd92
Geyre TR 198 Fc88
Geyve TR 187 Gc79
Gföhl A 144 Fd50
Ghajn Tuffieha M 166 Eb88
Ghedi I 149 Da60
Gheia RO 171 Db59
Ghelănza MD 173 Fc57
Ghelari RO 175 Cc61
Ghelința RO 176 Eb61
Ghemme I 148 Ca59
Gheorghe Doja RO 171 Dc59
Gheorghe Doja RO 176 Ed66
Gheorghe Lazăr RO 177 Fa66
Gheorgheni RO 172 Ea58
Gherăseni RO 176 Ec64
Ghercești RO 175 Da66
Ghergheasa RO 176 Ed63
Gherghești RO 173 Fa59
Gherla RO 171 Db57
Gherman RO 172 Eb58
Gherman RO 174 Bd62
Gherța Mică RO 171 Cd54
Ghetlova MD 173 Fc57
Ghiare I 149 Cd62
Ghidfalău RO 176 Ea61
Ghidigeni RO 177 Fa61
Ghidirim MD 173 Fd56
Ghiduleni MD 173 Fd56
Ghigo I 148 Bb61
Ghilad RO 174 Bc61
Ghilarza I 169 Ca77
Ghilavăț MD 172 Ed53
Ghiliceni MD 173 Fc56
Ghimbav RO 176 Ea62
Ghimeș-Făget RO 172 Eb59
Ghimpați RO 180 Ea67
Ghindari RO 172 Dd59
Ghindești MD 173 Fc55
Ghioroc RO 170 Bd59
Ghioroiu RO 175 Da65
Ghirla I 148 Cb58
Ghisonaccia F 154 Cc71
Ghisoni F 154 Cb70
Giálova GR 194 Ba89
Giáltra GR 189 Ca83
Gianádes GR 182 Aa80
Gianitsá GR 183 Bd77
Gianítsi GR 190 Cd86
Giánnouli GR 189 Bd81
Gianotá GR 183 Bc79
Giardinello I 166 Ec84
Giardinetto Vecchio I 161 Fd73
Giardini-Naxos I 167 Fd85
Giarmata RO 174 Bd60
Giarratana I 167 Fc87
Giarre I 167 Fd85
Giat F 33 Ha47
Giave I 168 Ca75
Giaveno I 148 Bc60
Giazza I 149 Dc59
Giba I 169 Bd80
Gibaldin E 59 Ca75
Gibellina Nuova I 166 Eb85
Gibellina Vecchia I 166 Eb85
Gibostad N 62 Gc10
Gibraleón E 59 Bb73
Gibraltar GB 59 Cb78
Ģibuļi LV 105 Jc50
Giby PL 123 Kb30
Gibzde LV 105 Jc49
Gic H 145 Ha53
Gidböle S 80 Ha30
Gideå S 80 Ha29
Gideå S 80 Gd29
Gideå bruk S 80 Ha29
Gideåkroken S 80 Ec26
Gidle PL 130 Hd41
Giebelstadt D 134 Da45
Gieboldehausen D 126 Db39
Giecz PL 129 Gd37
Gieczno PL 130 Hd38
Giedlarowa PL 139 Kb43
Giedraičiai LT 114 La56
Giekau D 118 Dc30
Gielas S 71 Fc23
Gielde D 126 Dc38
Gielniów PL 130 Jb40
Gielow D 119 Ec32
Gien F 29 Ha40
Giengen D 134 Db49
Giens F 42 Ka55
Giera RO 174 Bc62
Gierdingen N 85 Ea40
Giersleben D 127 Ea39
Gierzwałd PL 122 Hd32
Giesen D 126 Db37
Giessen D 126 Cc42
Gietelo NL 117 Bc36
Gieten NL 117 Ca34
Giethoorn NL 117 Bc34
Gietrzwałd PL 122 Ja32
Giffaumont-Champaubert F 24 Ja37
Giffers CH 141 Bc54
Gifford GB 11 Ec13
Gifhorn D 126 Dc36
Gigant RUS 205 Fd15
Gige H 152 Ha57
Gigean F 41 Hd54
Gigen BG 180 Db68
Gigenska Mahala BG 180 Db68
Gighera RO 179 Cd67
Giglio Campese I 155 Db70
Giglio Castello I 155 Db70
Giglio Porto I 155 Db70
Gignac F 41 Hc54
Gignese I 148 Cb58
Gignod I 148 Bc58
Gigny F 30 Hd40
Gigny F 31 Jc44
Gigors F 42 Ka51
Gigors-et-Luzeron F 34 Jb50
Gijano E 38 Dd55
Gijón E 37 Cd53
Ģikši LV 106 Kd49
Gilău RO 171 Cd58
Gilavë AL 182 Ab77
Gilbbesjavri FIN 67 Hb11
Gilberdyke GB 16 Fb20
Gilching D 143 Dd51
Gilcrux GB 11 Eb17
Gilena E 60 Cc74
Gilgenberg A 143 Ec51
Gilja N 92 Cb44
Gillanda S 94 Eb45
Gillberga S 94 Ed43
Gillberga S 95 Ga44
Gilleleje DK 109 Ec24
Gillenfeld D 133 Bd43
Gilley F 31 Ka42
Gillhov S 87 Fc32
Gillingham GB 19 Ec29
Gillingham GB 21 Ga28
Gillstad S 102 Ed46
Gilocourt F 23 Ha35
Gilserberg D 126 Cd41
Gilten D 118 Da35
Gilučiai LT 114 Kd57
Gilūtos LT 115 Lc55
Gilvrazino P 58 Ac74
Gilwern GB 19 Eb27
Gilze NL 124 Ad38
Gim S 87 Ga33
Gimåfors S 87 Ga32
Gimbsheim D 133 Cb45
Gimel-les-Cascades F 33 Gc48
Gimenells E 48 Fd60
Gimigliano I 164 Gc81
Gimileo E 38 Ea57
Gimmestad N 84 Cc35
Gimo S 96 Gd41
Gimont F 40 Ga54
Gimsøy N 66 Fb14
Ginasservis F 42 Jd53
Ginci BG 179 Cc70
Gindulai LT 113 Jb55
Ginestas F 41 Hb55
Ginestra degli Schiavoni I 161 Fc73
Gingelom B 124 Ba41
Gingst D 119 Ed30
Ginosa I 162 Gc76
Ginostra I 167 Fd82
Ginsheim D 133 Cb44
Gintališkė LT 113 Jc54
Ginzling A 143 Ea54
Gio E 37 Bd54
Gioi I 161 Fd77
Gioia dei Marsi I 160 Ed71
Gioia del Colle I 162 Gd75
Gioia Sannitica I 161 Fb73
Gioia Tauro I 164 Gb83
Gioiosa Jonica I 164 Gc83
Gioiosa Marea I 167 Fc84
Giolou CY 206 Hd97
Giornico CH 142 Cc56
Giovinazzo I 162 Gc74
Ģipka LV 105 Jd49
Giraltovce SK 139 Jd47
Girancourt F 31 Jd38
Girdiškė LT 113 Jd56
Girdvainiai LT 113 Jc55
Girdžiai LT 114 Ka57
Girecourt-sur-Durbion F 31 Ka38
Girėnai LT 113 Jc55
Girėnai LT 114 Ka59
Giresun TR 205 Fd19
Girifalco I 164 Gc81
Giriniai LT 115 Lb56
Girininkai LT 113 Jb55
Girkalnis LT 114 Ka56
Girmeler TR 198 Fd92
Girne = Keryneia CY 206 Jb96
Giroc RO 174 Bd61
Girolata F 154 Ca69
Giromagny F 31 Ka40
Giron S 67 Ha15
Girona E 49 Hb59
Gironcourt-sur-Vraine F 31 Jc38
Gironella E 49 Gd59
Gironville F 25 Jc36
Girov RO 172 Ec58
Giruliai LT 113 Jb55
Girvan GB 10 Dc15
Gisburn GB 15 Ec20
Gisca MD 173 Ga59
Gisholt N 93 Dc44
Gislaved S 102 Fa50
Gislev DK 109 Dd27
Gislingham GB 21 Ga25
Gislövsläge S 110 Ed57
Gisløy N 66 Fd12
Gisors F 23 Gc35
Gisselås S 79 Fd29
Gisslarbo S 95 Ga42
Gissträsk S 72 Ha24
Gistad S 103 Ga46
Gistel B 21 Ha29
Gistel B 124 Aa39
Gistrup DK 100 Dc21
Giswil CH 141 Ca54
Githio GR 194 Bc90
Gittelde D 126 Db38
Gittun S 72 Gd20
Giubega RO 175 Cd66
Giubiasco CH 149 Cc57
Giugliano in Campania I 161 Fa75
Giulești RO 171 Db54
Giulești RO 175 Da65
Giulianova I 157 Fa69
Giulvăz RO 174 Bc61
Giumarra I 167 Fb86
Giurdignano I 163 Hc77
Giurgeni RO 177 Fa65
Giurgița RO 179 Cd67
Giurgiu RO 180 Ea68
Giussano I 149 Cc58
Giuvărăști RO 180 Db68
Give DK 108 Db25
Giverny F 23 Gc36
Givet F 24 Ja32
Givors F 34 Jb47
Givry F 30 Ja43
Givry-en-Argonne F 24 Ja36
Givskud DK 108 Db25
Gižai LV 114 Kb58
Giżałki PL 129 Gd38
Gizdavac HR 158 Gc66
Gizeux F 28 Fd42
Giżycko PL 122 Jc31
Giżynek PL 122 Hc34
Gizzeria Lido I 164 Gb81
Gjæsingen N 77 Dc28
Gjegjan AL 163 Jc71
Gjelbuneset N 66 Fd17
Gjelleråsen N 93 Ea41
Gjellerup DK 108 Da24
Gjelsvik N 84 Ca35
Gjemnes N 77 Da31
Gjengstøa N 77 Dc29
Gjerde N 84 Cd35
Gjerdemyro N 93 Dc44
Gjerlev DK 100 Dc22
Gjermundshamn N 84 Cb40
Gjern DK 108 Dc24
Gjerrild DK 101 Dd23
Gjerstad N 66 Fd13
Gjerstad N 84 Ca39
Gjerstad N 93 Db45
Gjersvika N 78 Fa25
Gjesdal N 92 Ca44
Gjesing DK 108 Cd26
Gjesvær N 64 Jb04
Gjevaldshaugen N 86 Ec37
Gjevdeli N 93 Da44
Gjinar AL 182 Ac75
Gjinikas AL 182 Ad77
Gjirokastër AL 182 Ac78
Gjøl DK 100 Dc21
Gjølga N 78 Ea28
Gjølme N 77 Dd30
Gjøra N 77 Dc32
Gjorëm AL 182 Ab78
Gjøvdal N 93 Da45
Gjøvik N 67 Gb11
Gjøvik N 86 Ea38
Gjueševo BG 179 Ca72
Gladbach D 125 Bc41
Gladbeck D 125 Bd38
Gladenbach D 126 Cc41
Gladhammer S 103 Gb49
Gladstad N 70 Ec22
Glafirá GR 189 Ca81
Glainans F 31 Ka41
Glăjărie RO 172 Dd58
Glamis GB 7 Ec11
Glamoč BIH 158 Gc64
Glamsbjerg DK 108 Dc27
Glanaman GB 19 Dd27
Glandieu F 35 Jc47
Glandore IRL 12 Bb26
Glandorf D 125 Cb37
Glanegg A 144 Fb56
Glanerbrug NL 117 Ca36
Glanet F 28 Ed41
Glangevlin IRL 9 Cb18
Glanoe IRL 12 Bb24
Glanshammar S 95 Fd43
Glanworth IRL 12 Bd25
Glarryford GB 9 Da16
Glarus CH 142 Cc54
Glasbach, Mellenbach- D 127 Dd42
Glasgow GB 10 Dd13
Glashütte D 120 Fb33
Glashütte D 128 Fa42
Glashütten A 144 Fc55
Glashütten D 135 Ed45
Glassan IRL 8 Ca20
Glastonbury GB 19 Eb29
Glattbrugg CH 141 Cb53
Glatten D 133 Cb49
Glaubitz D 127 Ed40
Glauburg D 134 Cd43
Glauchau D 127 Ec42
Glava BG 179 Da69
Glava S 94 Ed43
Glavace HR 151 Fd62
Glava glasbruk S 94 Ec43
Glavan BG 185 Ea74
Glăvănești RO 177 Fa60
Glavas HR 158 Gb64
Glavatićevo BIH 158 Hb66
Glavičice BIH 153 Hd62
Glăvile RO 175 Da64
Glavinica BG 181 Ec68
Glavnik KSV 178 Bb70
Glāžškūnis LV 106 Kc51
Gleann Cholm Cille IRL 8 Bd16
Gleba PL 122 Jc33
Głębock PL 122 Hd30
Głębock PL 122 Ja30
Głębocz Wielki PL 123 Jd34
Głębokie PL 128 Fd36
Głębokie PL 131 Kc39
Gledačevo BG 180 Ea73
Gledić SRB 178 Bb67
Gledica SRB 178 Ad68
Gledin RO 171 Dc57
Gleichen D 126 Db39
Glein N 70 Ed21
Gleinstätten A 144 Fd55
Gleisdorf A 144 Ga54
Glejbjerg DK 108 Da26
Glemsford GB 21 Ga26
Glenade IRL 8 Ca17
Glenariff or Waterfoot GB 9 Da16
Glenarm GB 9 Da16
Glenbarr GB 10 Db14
Glenbeigh IRL 12 Ba25
Glenborrodale GB 6 Db10
Glenbrittle GB 4 Da08
Glencolumbkille IRL 8 Bd16
Glendalough IRL 13 Cd22
Glendorragha IRL 8 Ca16
Glenealy IRL 13 Cd22
Gleneely IRL 9 Cc15
Glenegedale GB 6 Da13
Glenelg GB 4 Db08
Glenfarne IRL 8 Ca18
Glenfeshie Lodge GB 7 Ea09
Glenfinnan GB 6 Dc10
Glengarriff IRL 12 Bb26
Glénic F 33 Gc45
Glenkindie GB 7 Ec09
Glenlivet GB 7 Eb08
Glenluce GB 10 Dc16
Glenmaye GB 10 Dc19
Glenmore IRL 12 Bc22
Glenmore IRL 13 Cc24
Glennamaddy IRL 8 Bd20
Glenridding GB 11 Eb18
Glenrothes GB 7 Eb12
Glenties IRL 8 Ca16
Glen Trool Lodge GB 10 Dd16
Glère F 31 Kb41
Glesborg DK 101 Dd23
Glesien D 127 Eb40
Glesne N 93 Dc41
Glespin GB 10 Ea14
Gletness GB 5 Fa05
Gletsch CH 141 Ca55
Glewe, Neustadt- D 119 Ea33
Glewitz D 119 Ed31
Glibaći MNE 159 Ja67
Glienicke D 127 Ed36
Glifa GR 189 Ca83
Glifáda GR 182 Ab80
Glifáda GR 195 Cb87
Glikí GR 188 Ac81
Glikolar AL 182 Ad78
Glikomiliá GR 183 Bb80
Glimåkra S 111 Fb54
Glimboca RO 174 Cb62
Glin IRL 12 Bc23
Glina HR 152 Gb60
Glina RO 176 Eb66
Glinde D 118 Dc33
Glindow D 127 Ec37
Gliniec PL 130 Jb39
Glinik PL 139 Jd44
Glinjeni MD 173 Fb56
Glinka PL 129 Gb39
Glinojeck PL 122 Ja35
Glinsce IRL 8 Bb20
Glinsk IRL 8 Bb20
Glisno PL 128 Fd36
Glissjöberg S 87 Fb34
Gliwice PL 137 Hb43
Gljadino RUS 99 Mb40
Globicy RUS 99 Ma40
Globočica KSV 178 Ba72
Globočica KSV 178 Bb72
Głochów PL 129 Hb38
Glodeanu Sărat RO 176 Ec65
Glodeanu-Siliștea RO 176 Ec65
Glodeni MD 173 Fa55
Glodeni RO 171 Dc58
Glodeni RO 176 Dd64
Glödnitz A 144 Fa55
Głodowa PL 121 Gb31
Głodówko PL 122 Hd31
Glodževo BG 180 Eb68
Gloggnitz A 144 Ga52
Glogova RO 175 Cc64
Glogovac KSV 178 Ba71
Glogovac SRB 174 Bc66
Glogovnica HR 152 Gc58
Głogów PL 128 Ga39
Głogówek PL 137 Ha43
Głogowiec PL 130 Hc37
Głogów Małopolski PL 139 Ka43
Glomel F 27 Ea39
Glomfjord N 71 Fb19
Glommen S 102 Ec51
Glommersträsk S 72 Ha23
Glömminge S 103 Gb52
Glomno PL 122 Ja30
Głomsk PL 121 Gc33
Glonn D 143 Ea51
Glorenza I 142 Db56
Glória do Ribatejo P 50 Ac68
Glösa S 79 Fb30
Glos-la-Ferrière F 23 Ga37
Glossa GR 189 Cb83
Glössbo S 87 Gb37
Glossop GB 16 Ed21
Glostrup DK 109 Ec26
Glöte S 86 Fa34
Glottertal D 141 Ca50
Gloucester GB 19 Ec27
Gloup GB 5 Fa03
Głowaczów PL 130 Jc39
Główczyce PL 121 Gc29
Glowe D 120 Fa29
Glöwen D 119 Eb35
Głowiew PL 129 Ha37
Głowno PL 130 Hd38
Gložan SRB 153 Ja60
Gložane SRB 174 Bc66
Gložene BG 179 Cd68
Gložene BG 179 Da70
Głubczyce PL 137 Ha44
Głubczyn PL 121 Gc34
Glubokij RUS 203 Fc14
Glubokoe RUS 107 Mb50
Głuchołazy PL 137 Gd43
Głuchów PL 130 Ja38
Głuchowo PL 128 Fc36
Głuchowo PL 129 Gb37
Glücksburg D 108 Db28
Glückstadt D 118 Da32
Glud DK 108 Dc25
Gludsted DK 108 Db24
Gluhove RUS 203 Fb10
Gluhovo RUS 99 Mb40
Glumče BG 181 Ec72
Glumina BIH 153 Hd63
Glumslöv S 110 Ed55
Glumsø DK 109 Eb27
Glurns I 142 Db55
Glusburn GB 16 Ed20
Głusk PL 131 Kb40
Gluškovo RUS 113 Jb59
Głuszyca PL 129 Gb42
Glutt Lodge GB 5 Eb05
Glyn Ceiriog GB 15 Eb23
Glyncorrwg GB 19 Ea27
Glyngøre DK 100 Da22
Glyn-neath GB 19 Ea27
Glyxnäs S 96 Ha42
Gmünd A 136 Fc49
Gmünd A 143 Ed55
Gmund D 143 Ea52
Gmunden A 144 Fa52
Gmyrino RUS 99 Mb45
Gnarp S 87 Gb34
Gnarrenburg D 118 Da33
Gnas A 144 Ga55
Gneevgullia IRL 12 Bb25
Gneisenaustadt Schildau D 127 Ec40
Gneotina MK 183 Bb76
Gnesau A 144 Fa55
Gnesta S 96 Gc44
Gniazdowo PL 123 Jd34
Gniebing A 144 Ga55
Gniechowice PL 129 Gc41
Gniew PL 121 Hb32
Gniewino PL 121 Ha29
Gniewkowo PL 121 Hb35
Gniewoszów PL 131 Jd39
Gniezno PL 129 Gd36
Gnilišče RUS 99 Ld44
Gnissau D 118 Dc31
Gnisvärd S 104 Gd49
Gnjilane KSV 178 Bc71
Gnjili Potok MNE 159 Jb68
Gnocchetta I 150 Eb62
Gnoien D 119 Ec31
Gnojewo PL 121 Hb31
Gnojna PL 129 Gd42
Gnojnik PL 138 Jb45
Gnosall GB 15 Ec24
Gnosjö S 102 Fa50
G. Novaki SLO 151 Fa57
Goathland GB 11 Fb18
Gob an Choire IRL 8 Bb18
Gobasna MD 173 Ga55
Göbeller TR 192 Fa81
Göbeller TR 191 Ec83
Gobesh AL 182 Ac77
Gobowen GB 15 Eb23
Göbül TR 192 Fb82
Göçbeyli TR 191 Ed83
Goce Delčev BG 184 Cc74
Goce Delčev BG 184 Cc75
Göcek TR 198 Fc91
Göçeler TR 187 Gd79
Göçeri TR 193 Hb87
Göçeri TR 199 Hc90
Göçeyayla TR 193 Gd84
Goch D 125 Bc38
Goch GB 19 Ea27
Gockenholz D 118 Dc35
Goczałki PL 122 Hc33
Goczałkowice-Zdrój PL 138 Hc45
Göd H 146 Hd52
Göda D 128 Fb41
Godačica SRB 178 Bb67
Godalming GB 20 Fb29
Godby FIN 96 Hc40
Goddelsheim D 126 Cd40
Godeanu RO 174 Cb64
Godeč BG 179 Cb70
Godegård S 95 Fd45
Godejorda N 78 Ed26
Godelleta E 54 Fb68
Gödence TR 191 Eb86
Gödenstorf D 118 Dc34
Goderville F 22 Fd34
Gödestad S 102 Ec51
Godętowo PL 121 Gd29
Godfjordbotn N 66 Fd12
Godiasco I 148 Cb61
Godinești RO 175 Cc63
Godkowo PL 122 Hd31
Godlaukis LT 114 Ka56
Godlewo PL 123 Ka35
Godmanchester GB 20 Fc26
Godmilje BIH 159 Hd64
Godnowa PL 129 Gd39
Gödöllő H 146 Hd52
Godovič SLO 151 Fa58
Godovo SRB 178 Ad69
Godów PL 131 Ka40
Godowa PL 139 Ka44
Godøynes N 66 Fc17
Godrano I 166 Ec84
Gödre H 152 Hb57
Godsted DK 109 Ea29
Godstone GB 20 Fd29
Godus BIH 153 Hd63
Godziesze Wielkie PL 129 Ha39
Godzikowice PL 129 Gd41
Godziszewo PL 121 Hb31
Godziszów PL 131 Kb41
Goente E 36 Bb53
Goes NL 124 Ab38
Goglio I 141 Ca56
Gogolin PL 137 Ha43
Gogołowice PL 129 Gb40
Gogoșari RO 180 Ea68
Gogoșu RO 174 Cb65
Gogoșu RO 175 Cd65
Göhl D 119 Dd30
Gohor RO 177 Fa61
Göhren D 120 Fa30
Goian MD 173 Fd57
Goián E 36 Ac58
Goiești RO 175 Cd65
Goirle NL 124 Ba38
Góis P 44 Ad64
Goito I 149 Db60
Goizueta E 39 Ec55
Gojan AL 163 Jc71
Gojna Gora SRB 159 Jc64
Gojsalići BIH 153 Hc63
Gökağaç TR 192 Ga84
Gökbahçe TR 193 Gc84
Gökbel TR 191 Ed84
Gökbel TR 198 Fb91
Gökben TR 198 Fd92
Gökçalı TR 191 Ea81
Gokčanica SRB 178 Ba68
Gökçe TR 191 Ed84
Gökçe TR 199 Gd88
Gökçeada TR 185 Dd80
Gökçeağıl TR 191 Eb83
Gökçeahmet TR 192 Fa84
Gökçealan TR 197 Ec88
Gökçeayva TR 193 Ha82
Gökçebağ TR 199 Gc88
Gökçebayır TR 191 Ea81
Gökçedağ TR 192 Fc82
Gökçehüyük TR 199 Gd88
Gökçek TR 193 Gb87
Gökçek TR 205 Ga20
Gökçekaya TR 193 Gd81
Gökçekuyu TR 193 Gd83
Gökçeler TR 192 Fa84
Gökçeler TR 193 Gb84
Gökçen TR 192 Fa87
Gökçeören TR 186 Fc80
Gökçeören TR 192 Fb85
Gökçeören TR 198 Ga93
Gökçesu TR 186 Ga80
Gökçetepe TR 185 Eb78
Gökçeyazı TR 191 Ed82
Gökçeyazı TR 198 Ga93
Gökçimen TR 199 Hb89
Gökçukur TR 192 Fa83
Gökdere TR 191 Ec86
Gökdere TR 193 Gc81
Gökdiken TR 197 Ec90
Gökeyüp TR 192 Fb85
Gökhem S 102 Fa47
Gökkaya TR 192 Fa86
Gökköy TR 192 Fa82
Gökköy TR 192 Fb82
Gökler TR 192 Ga83
Gökler TR 192 Ga84
Göknebi TR 193 Gc83
Gökpınar TR 193 Hb84
Göksöğüt TR 193 Ha87
Göksu TR 187 Gd79
Göktaş TR 199 Gd88
Göktepe TR 187 Gc78
Göktepe TR 193 Hb84
Göktepe TR 198 Fb85
Gol N 85 Db38
Gola HR 152 Gd57
Gola PL 129 Ha40
Gołąb PL 131 Jd39
Gołąbki PL 131 Ka38
Golada E 36 Ba56
Golăiești RO 173 Fa57
Gołańcz PL 121 Gc35
Golany PL 122 Jb34
Goławin PL 130 Ja36
Gölbaşı TR 199 Gc88
Golborne GB 15 Ec21
Gölby FIN 96 Hc40
Gölçayır TR 193 Ha86
Golce PL 121 Gb33
Golcea RO 179 Cd67
Gölçeler TR 191 Ec85
Golčův Jeníkov CZ 136 Fd45
Golczewo PL 120 Fc32
Gołdap PL 123 Jd30
Goldbach D 126 Dc41
Goldbach D 134 Cd44
Goldbeck D 119 Eb35
Goldberg D 119 Eb33
Goldcliff GB 19 Eb28
Goldden N 63 Ja10
Goldelund D 108 Da29
Golden IRL 13 Ca24
Golden Cross GB 20 Fd30
Goldenstedt D 117 Cc35
Goldkronach D 135 Ea44
Goldsborough GB 11 Fb18
Goldscheuer D 133 Ca49
Göle TR 205 Ga19
Golec BG 180 Db70
Gölecil TR 186 Fb80
Goleen IRL 12 Ba27
Golegã P 50 Ac67
Golem AL 182 Ab75
Golemo Selo BG 179 Cb72
Golemo Selo SRB 178 Bd71
Goleni MD 173 Fa54
Golenice PL 120 Fc35
Goleniów PL 120 Fc33
Goleš BG 181 Fa68
Goleš SRB 179 Ca72
Golești RO 175 Db63
Golești RO 176 Ed62
Golesze PL 130 Hd39
Goleszyn PL 122 Hd35
Golfe-Juan F 43 Kc53
Golfo Aranci I 168 Cc74
Gölhisar TR 197 Fa88
Gölhisar TR 198 Ga90
Golica BG 181 Ed71
Golicyno RUS 202 Ed10
Golina PL 129 Ha37
Goliševo LV 107 Ld50
Goljama Željazna BG 180 Db70
Goljam Dervent BG 185 Ec74
Goljam izvor BG 185 Dd75
Goljam Manastir BG 180 Eb73
Goljamo Asenovo BG 185 Dd74
Goljamo Belovo BG 179 Cd73
Goljamo Gradište BG 180 Ea69
Goljamo Kamenjane BG 185 Dd76
Goljamo Vranovo BG 180 Eb68
Gölkaşı TR 199 Hb88
Gölkaya TR 187 Gd78
Gołkowice PL 138 Jb46
Gölköy TR 199 Gb92
Gölköy TR 205 Fc20
Gölle H 145 Hb56
Göllersdorf A 145 Gb50
Gollin D 120 Fa34
Golling an der Salzach A 143 Ed52
Göllingen D 127 Dd40
Gollomboc AL 182 Ba76
Gollrad A 144 Fd52
Golm D 127 Ed37
Golma N 77 Db30
Gölmarmara TR 192 Fa85
Golmbach D 126 Da38
Golokino RUS 113 Jb58
Gološčapy RUS 107 Mb50
Gölova TR 191 Ec87
Gölova TR 199 Gb91
Gölova TR 199 Gb92
Gölpazarı TR 187 Gc80
Golpejas E 45 Cb62
Golspie GB 5 Ea06
Golßen D 128 Fa38
Golubac SRB 174 Bd64
Golub-Dobrzyń PL 122 Hc34
Golubevo RUS 113 Ja59
Golubic HR 158 Gb64
Golubinci SRB 153 Jb61
Golubinje SRB 174 Ca65
Golubovicy RUS 99 Ma40
Gołuchów PL 129 Ha38
Golvari LV 107 Lc50
Gölyaka TR 186 Fa80
Gölyaka TR 193 Hb86
Gölyaka TR 199 Ha88
Gölyazı TR 186 Fc80
Gołymin-Ośrodek PL 122 Jb35
Golzow D 127 Ec37
Golzow D 128 Fb36
Gomadingen D 134 Cd49
Gomagoi I 142 Db56
Gomantlaukis LT 113 Jc55
Gómara E 47 Eb60
Gomaringen D 134 Cc49
Gomáti GR 184 Cc79
Gomba H 146 Ja53
Gömbe TR 198 Ga92
Gombergean F 29 Gb41
Gombo I 155 Da65
Gombrèn E 41 Gd58
Gömce TR 192 Ga87
Gömeç TR 191 Eb83
Gomecello E 45 Cc62
Gomes Aires P 58 Ac73
Gomezserracín E 46 Da61
Gomirje HR 151 Fd60
Gomljamo Kruševo BG 181 Ec73
Gommern D 127 Ea38
Gommersheim D 133 Cb46
Gomont F 24 Hd34
Gömü TR 193 Gd84
Gomulin PL 130 Hd40
Gomunice PL 130 Hd40
Gonäs S 95 Fc41
Gönc H 139 Jd49
Göncek TR 192 Fd83
Goncelin F 35 Jd48
Goncourt F 31 Jc38
Gończyce PL 131 Jd38
Gondelsheim D 134 Cc47
Gondomar E 36 Ad58
Gondomar P 44 Ad61
Gondorf D 133 Ca43
Gondrame E 36 Bb56
Gondrecourt-le-Château F 25 Jc37
Gondreville F 25 Jc37
Gondrin F 40 Fd53
Gönen TR 185 Ed80
Gönen TR 199 Gc88
Gonfaron F 42 Ka54
Gonfreville l'Orcher F 22 Fd35
Goni GR 183 Bd80
Goni I 169 Cb78
Goniądz PL 123 Ka32
Gonnesa I 169 Bd79

Grenctāle – Gutowiec

Grenctāle LV 114 Kc53
Grendavė LT 114 Kd58
Grenivík IS 2 Ba03
Grenoble F 35 Jd48
Grense Jakobselv N 65 Kd07
Grentzingen F 31 Kb40
Grenzhausen, Höhr- D 125 Ca42
Gréolières F 43 Kc53
Gréoux-les-Bains F 42 Jd53
Greppin D 127 Eb39
Gresse-en-Vercors F 35 Jc49
Gressoney-La-Trinité I 148 Bd58
Gressoney-Saint-Jean I 148 Bd58
Gressvik N 93 Ea44
Grésy-sur-Isère F 35 Ka47
Gretna GB 11 Eb16
Grettstadt D 134 Db44
Greußen D 127 Dd40
Grevbäck S 103 Fb47
Greve DK 109 Ec26
Greve in Chianti I 155 Dc66
Greven D 125 Cb37
Grevená GR 183 Bb79
Grevenbroich D 125 Bc40
Greveníti GR 182 Ba80
Grevenmacher L 133 Bc45
Grevesmühlen D 119 Ea32
Greve Strand DK 109 Ec26
Grevie S 110 Ed53
Grevnäs FIN 90 Kc38
Greyabbey GB 10 Db17
Greysteel GB 9 Cc15
Greystoke GB 11 Eb17
Greystone GB 9 Cd17
Greystones IRL 13 Da22
Grézels F 33 Gb51
Grez-en-Bouère F 28 Fb40
Grèzes F 33 Gc51
Grezzana I 149 Dc59
Grgar SLO 151 Fa58
Grgurevci SRB 153 Ja61
Grgurnica MK 178 Bb73
Gribanovskij RUS 203 Fc12
Gribuli RUS 107 Ld48
Gridino RUS 99 Ld45
Grieben D 127 Eb36
Griebenow D 119 Ed31
Griem'ačje RUS 113 Jc58
Gries A 142 Dc54
Griesalp CH 141 Bd55
Gries am Brenner A 143 Dd54
Griesbach, Bad Peterstal- D 133 Cb49
Griesheim D 134 Cc45
Gries im Sellrain A 142 Dc54
Grieskirchen A 144 Fa50
Griesstätt D 143 Eb51
Griffen A 144 Fc56
Grigale LV 114 Kd53
Grigiškes LT 114 La58
Grignan F 42 Jb51
Grignani I 166 Ea85
Grignasco I 148 Ca58
Grigno I 150 Dd58
Grignols F 33 Ga49
Grignols F 40 Fc52
Grigor'evskoe RUS 203 Fb08
Grigorievca MD 173 Ga59
Grigoriopol MD 173 Ga57
Grijota E 46 Da59
Grijpskerk NL 117 Bd33
Griķi LV 105 Jc51
Gríkos GR 197 Ea89
Grillby S 96 Gc42
Grilli I 155 Db68
Grillos GR 194 Ba87
Grimaldi I 164 Gb80
Grimăncăuți MD 172 Ed53
Grimaud F 43 Kb54
Grimbråten S 94 Ed44
Grimdalen N 93 Da43
Grimentz CH 141 Bd56
Grimeton S 102 Ec51
Grimma D 127 Ec40
Grimmen D 119 Ed31
Grimmenstein A 145 Gb53
Grimmialp CH 141 Bd55
Grimnäs S 87 Fd32
Grimo N 84 Cc39
Grimsås S 102 Fa50
Grimsey IS 3 Bb03
Grimslöv S 103 Fc52
Grímsstaðir IS 3 Bb04
Grimstad N 93 Da46
Grimston GB 17 Fd24
Grimstorp S 103 Fc49
Grimstrup DK 108 Da26
Grimzdai LT 113 Jc55
Grinăuți MD 173 Fb55
Grinăuți-Raia MD 173 Fa53
Grindavík IS 2 Ab05
Grinde N 84 Cc37
Grindelwald CH 141 Ca55
Grinder N 94 Ec40
Grindheim N 92 Cb41
Grindheim N 92 Cc46
Grindholmen FIN 81 Jb29
Grindjorda N 67 Gb14
Grindon GB 16 Ed23
Grindsted DK 108 Da25
Grindu RO 176 Ec65
Grindu RO 177 Fb63
Gringley on the Hill GB 16 Fb21
Griniai LT 114 Ka55
Grinkiškis LV 114 Kb55
Grinneröd S 102 Eb47
Griñón E 46 Db65
Grinstad S 102 Ec46
Grințieș RO 172 Eb57
Grip N 77 Da30
Gripenberg S 103 Fc48
Grisi I 166 Ec84
Grisignano di Zocco I 150 Dd60
Griškabūdis LV 114 Kb58
Grisolia I 164 Ga78
Grisolles F 40 Gb53
Grisselören FIN 81 Ja29
Grisslehamn S 96 Ha41
Griva LV 115 Lc53
Grivaši LV 105 Jd52
Grivenskaja RUS 205 Fc16
Grivița RO 176 Ed65
Grivița RO 177 Fa61
Grivița RO 177 Fa62
Grizáno GR 189 Bc81
Grizebeck GB 11 Eb19
Grizic HR 152 Ha60
Grizzana Morandi I 149 Dc63
Grjadišče RUS 99 Ld45
Grjady RUS 202 Eb09
Grjazi RUS 203 Fb12
Grjazovec RUS 203 Fa08
Grljan SRB 179 Ca67
Grøa N 77 Dc32
Gröbers D 127 Eb40
Grobiņa LV 105 Jb52
Grobla PL 138 Jb44
Grobla PL 139 Kb43
Gröbming A 144 Fa53
Gröbzig D 127 Ea39
Grocka SRB 174 Bb64
Grodås N 84 Cc34
Gródek PL 121 Gb33
Gródek PL 123 Kc33
Gródek PL 131 Ka36
Gródek PL 131 Kd42
Gródek nad Dunajcem PL 138 Jc45
Gröden D 128 Fa40
Gröding A 143 Ec52
Grödinge S 96 Gd44
Gröditsch D 128 Fa38
Gröditz D 127 Ed40
Gródki PL 122 Hd33
Gródki PL 131 Kb41
Grodków PL 129 Gd42
Grodziczno PL 122 Hd33
Grodziec PL 128 Ga41
Grodziec PL 129 Ha38
Grodziec PL 129 Hb42
Grodziec PL 138 Hc45
Grodzisk PL 123 Jd34
Grodzisk PL 123 Ka35
Grodzisk Mazowiecki PL 130 Jb37
Grodzisko PL 123 Jd30
Grodzisko PL 139 Kb43
Grodzisk Wielkopolski PL 129 Gb37
Grodziszcze PL 129 Gb42
Groeningen NL 125 Bc38
Groenlo NL 125 Bd37
Groesbeek NL 125 Bb38
Grogan IRL 13 Cb21
Grohotno BG 184 Da75
Groitzsch D 127 Eb41
Groix F 27 Dd41
Grojdibodu RO 179 Da68
Grójec PL 129 Gd37
Grójec PL 130 Jb38
Grolanda S 102 Fa48
Grom PL 122 Jb32
Gromada PL 131 Kb42
Gromadka PL 128 Ga40
Gromadno PL 121 Gd34
Gromandcyzna PL 123 Ka29
Gromiljak BIH 158 Hb64
Grömitz D 119 Dd31
Gromnik PL 138 Jc45
Gromo I 149 Da58
Gromovo RUS 113 Jb58
Gron F 30 Hb39
Grøna N 85 Db35
Grönahög S 102 Fa49
Gronau (Leine) D 126 Db37
Gronau (Westfalen) D 117 Ca36
Grønbæk DK 100 Db23
Grønbjerg DK 108 Cd24
Grønbjerg DK 108 Da25
Grönbo S 73 Hb24
Grönbo S 95 Fd43
Grønbua N 85 Db35
Grøndal N 84 Cb35
Gröndal S 71 Fc22
Grondola I 149 Cd63
Grönenbach D 142 Db51
Grönfjäll S 71 Fd24
Grong N 78 Ec27
Grönhögen S 111 Gb54
Grønhøj DK 100 Db23
Gröningen D 127 Dd38
Groningen NL 117 Bd33
Grønlia N 78 Ea28
Grönliden S 80 Hb25
Grønnemose DK 108 Dc26
Grono CH 149 Cc57
Gronów PL 128 Fc36
Gronowo PL 122 Hd30
Gronowo Elbląskie PL 122 Hc31
Grönskara S 103 Fd51
Grönskåra S 103 Ga51
Grönwohld D 118 Dc32
Grootegast NL 117 Bd33
Gropello Cairoli I 148 Cb60
Gropen S 95 Fc44
Gropeni RO 177 Fa64
Gropnița RO 173 Fa57
Gropparello I 149 Cd61
Grornv HR 151 Fb62
Grosbliederstroff F 25 Ka35
Grosbous L 133 Bb44
Grosbreuil F 28 Ed44
Groscavallo I 148 Bc59
Grosebay GB 4 Da06
Groși RO 171 Da55
Grosio I 149 Da57
Grošnica SRB 174 Bb66
Großaitingen D 142 Dc50
Großalmerode D 126 Db40
Großalsleben D 127 Dd38
Groß Ammensleben D 127 Ea37
Großarl A 143 Ed54
Großbeeren D 127 Ed37
Groß-Bieberau D 134 Cc45
Großbodungen D 126 Dc39
Großbothen D 127 Ec41
Großbottwar D 134 Cd47
Großbreitenbach D 127 Dd42
Großburgwedel D 126 Db36
Groß Dölln D 120 Fa35
Großdubrau D 128 Fb40
Großefehn D 117 Cb33
Großeibstadt D 134 Dc43
Grosselfingen D 142 Cc50
Großenaspe D 118 Db31
Großenbrode D 119 Dd30
Großenehrich D 126 Dc40
Großenhain D 128 Fa40
Großenkneten D 117 Cc34
Großenlüder D 126 Da42
Großenlüder D 126 Da42
Großenlupnitz D 126 Dc41
Großensee D 118 Dc32
Großenseebach D 134 Dc46
Großenwiehe D 108 Da29
Grossenzersdorf A 145 Gb51
Grossepeterdorf A 145 Gb54
Großerlach D 134 Cd47
Grosseto I 155 Dc68
Grosseto Prugna F 154 Ca71
Großfurra D 126 Dc40
Groß Gaglow D 128 Fb39
Groß Garz D 119 Ea35
Groß-Gerau D 134 Cc44
Großgerungs A 136 Fc49
Groß Glienicke D 127 Ed36
Großglobnitz A 136 Fd49
Großgörschen D 127 Eb40
Groß Grönau D 119 Dd32
Großhabersdorf D 134 Dc46
Großhansdorf D 118 Dc32
Großharthau D 128 Fb41
Großhartmannsdorf D 127 Ed42
Großheide D 117 Cb32
Großheirath D 135 Dd44
Großhennersdorf D 128 Fc41
Großheubach D 134 Cd45
Großhöchstetten CH 141 Bd54
Groß Ippener D 118 Cd34
Großkarolinenfeld D 143 Ea52
Groß Kiesow D 120 Fa31
Groß Kölzig D 128 Fc39
Groß Köris D 128 Fa37
Großkoschen D 128 Fb40
Groß Kreutz D 127 Ec37
Großkugel D 127 Eb40
Großlangheim D 134 Db45
Großlehna D 127 Eb40
Groß Leine D 128 Fb38
Großlittgen D 133 Bc44
Großlohra D 126 Dc40
Groß Miltzow D 120 Fa33
Groß Muckrow D 128 Fb38
Grossmugl A 145 Gb50
Groß Mühlingen D 127 Ea38
Groß Naundorf D 127 Ed39
Groß Oesingen D 126 Dc36
Großostheim D 134 Cd44
Grossouvre F 30 Hb43
Groß Pankow D 119 Eb34
Großpertholz A 136 Fc49
Groß Pösna D 127 Ec40
Großpostwitz D 128 Fb41
Groß Quenstedt D 127 Dd38
Großraming A 144 Fb52
Großräschen D 128 Fa39
Großreifling A 144 Fc52
Großrinderfeld D 134 Da45
Groß Rodensleben D 127 Ea37
Groß-Rohrheim D 134 Cc45
Großröhrsdorf D 128 Fa41
Groß Rosenburg D 127 Eb38
Groß-Sankt-Florian A 144 Fd55
Groß Särchen D 128 Fb40
Groß Schacksdorf D 128 Fc39
Großschirma D 127 Ed41
Großschönau D 128 Fc42
Groß Schönebeck D 120 Fa35
Groß Schwechten D 127 Ea36
Großschweidnitz D 128 Fc41
Gross-Schweinparth A 145 Gc50
Groß-Siegharts A 136 Fd49
Großsölk A 144 Fa53
Großsolt D 108 Db29
Großsteinberg D 127 Ec40
Großthiemig D 128 Fa40
Großtreben D 127 Ed39
Groß Twülpstedt D 127 Dd36
Groß-Umstadt D 134 Cc45
Großwallstadt D 134 Cd45
Groß Warnow D 119 Ea34
Grossweikersdorf A 144 Ga50
Großweitzschen D 127 Ed41
Groß Wokern D 119 Ec32
Großwudicke D 127 Eb36
Groß Ziescht D 128 Fa38
Grostenquin F 25 Ka36
Grosuplje SLO 151 Fc58
Grøtavær N 66 Ga12
Grote LV 107 Lb49
Grotle N 84 Ca34
Grotli N 85 Da34
Grötlingbo S 104 Ha51
Grøtnes N 63 Hd06
Grøtnesdalen N 62 Gd09
Grotniki PL 130 Hc38
Grotów PL 120 Ga35
Grötsch D 128 Fb39
Grottaglie I 162 Ha76
Grottaminarda I 161 Fc74
Grottammare I 157 Fa68
Grotte I 166 Ed86
Grotte di Castro I 156 Dd69
Grotteria I 164 Gb83
Grotte Santo Stefano I 156 Ea69
Grottole I 162 Gc76
Grötvågen N 77 Dc30
Grou NL 117 Bc33
Grov N 67 Gb13
Grova N 93 Db43
Grozas LV 107 Lc51
Grozdjovo BG 181 Ed71
Grozești RO 173 Fb58
Grozești RO 175 Cd65
Grožnjan HR 151 Fa60
Grua N 85 Ea40
Grub D 135 Dd44
Grubben N 71 Fb22
Grubbenvorst NL 125 Bc39
Grubišno Polje HR 152 Gd59
Grucno PL 121 Ha33
Gruda HR 159 Hc69
Gruda Donja BIH 159 Hc68
Grude BIH 158 Ha66
Grudusk PL 122 Ja34
Grudziądz PL 121 Hb33
Grues F 32 Fa45
Gruffy F 35 Jd46
Gruia RO 174 Cb66
Gruissan F 41 Hb56
Gruissan-Plage F 41 Hb56
Gruiu RO 176 Eb65
Grumăzești RO 172 Ec57
Grumento Nova I 161 Ga77
Grumo Appula I 162 Gc74
Grums S 94 Ed43
Grünau im Almtal A 144 Fa52
Grünbach D 135 Eb43
Grünbach am Schneeberg A 144 Ga52
Grünberg D 126 Cd42
Grünberg PL 128 Fd38
Grünburg A 144 Fb51
Grundarfjörður IS 2 Ab03
Grundfors S 71 Fc24
Grundfors S 80 Gc25
Grundforsen S 86 Ed37
Grundsel S 73 Hb22
Grundsjö S 79 Ga28
Grundsjö S 79 Gb25
Grundsjön S 87 Fd33
Grundsund S 102 Eb47
Grundsunda FIN 96 Hc40
Grundtjärn S 79 Gb29
Grundträsk S 72 Ha23
Grundträsk S 72 Ha24
Grundträsk S 73 Hb20
Grundträsk S 73 Hb24
Grundvattnet S 73 Hb22
Grundzāle LV 106 La48
Grüneberg D 119 Ed35
Grünewald D 125 Bc38
Grünewalde D 128 Fa40
Grungedal N 92 Cd42
Grünhain D 135 Ec43
Grünheide D 128 Fa37
Grunnerud S 94 Eb44
Grunnfjord N 62 Gd08
Grunnfjordbotn N 66 Ga15
Grünsfeld D 134 Da46
Grünstadt D 133 Cb45
Grüntal D 120 Fa35
Grünwald D 143 Dd51
Grunwald PL 122 Hd33
Grupčin MK 178 Bb73
Grury F 30 Hd44
Grüsch CH 142 Cd54
Grūšlaukė LT 113 Jb54
Gruszeczka PL 129 Gc40
Gruszka PL 130 Ja41
Gruta PL 121 Hb33
Grūtas LT 123 Kc30
Gruvbyn S 87 Fc35
Gruyères CH 141 Bc55
Gruža SRB 174 Bb66
Gruzdiškė LT 114 Ka56
Gruzdžiai LT 114 Ka53
Grybėnai LT 115 Lb55
Grybów PL 138 Jc45
Gryckbro S 95 Fd39
Gryfice PL 120 Fd32
Gryfino PL 120 Fb34
Gryfów Śląski PL 128 Fd41
Grykë AL 182 Aa76
Gryllefjord N 62 Gb10
Grymyr N 85 Dd40
Grynberget S 79 Gb27
Gryt S 95 Gb44
Gryt S 103 Gb47
Gryta N 77 Dc29
Gryta S 96 Gc42
Grytåa N 70 Ed22
Gryteryd S 102 Ed51
Grytgöl S 95 Fd45
Grythyttan S 95 Fc42
Grytnäs S 95 Ga41
Grytsjö S 79 Fd25
Gryttjom S 96 Gc40
Gryzavino RUS 107 Ma48
Gryzy PL 123 Jd30
Gryżyce PL 129 Gb40
Gryżyna PL 129 Gb38
Grza SRB 178 Bd67
Grzebienisko PL 129 Gb37
Grzechotki PL 122 Hd30
Grzęda PL 122 Jb30
Grzegorzew PL 129 Hb37
Grzegrzółki PL 122 Jb32
Grzmiąca PL 121 Gb32
Grzybiany PL 129 Gb41
Grzybno PL 120 Fc35
Grzybno PL 122 Hc33
Grzybowo PL 129 Gd37
Grzymałków PL 130 Jb41
Grzymiszew PL 129 Hb38
Grzywna Biskupia PL 121 Hb34
Gschnitz A 143 Dd54
Gschwandt A 144 Fa51
Gschwend D 134 Da48
Gstaad CH 141 Bc55
Gsteig CH 141 Bc56
Guadahortuna E 60 Dc74
Guadalajara E 46 Dd64
Guadalaviar E 47 Ec65
Guadalcanal E 51 Ca71
Guadalcázar E 60 Cc73
Guadalix de la Sierra E 46 Dc63
Guadalmedina E 60 Cd76
Guadalmez E 52 Cc70
Guadalupe E 52 Cc67
Guadalupe E 61 Eb73
Guadamur E 52 Db66
Guadarrama E 46 Db63
Guadassuar E 54 Fb69
Guadiana del Caudillo E 51 Bc68
Guadix E 61 Dd74
Guadramil P 45 Bd59
Guagnano I 162 Hb76
Guagno F 154 Cb70
Guaire IRL 13 Cd23
Guájar-Faragüit E 60 Db76
Gualachulain GB 6 Dc11
Gualdo Tadino I 156 Eb67
Gualöv S 111 Fb54
Gualtieri I 149 Db61
Guarcino I 160 Ec72
Guarda CH 142 Da55
Guarda P 44 Bb63
Guardalfiera I 161 Fc72
Guardamar del Segura E 55 Fb72
Guardapasso I 160 Ea72
Guardavalle I 164 Gc82
Guardea I 156 Ea69
Guàrdia de Tremp E 48 Ga59
Guardiagrele I 157 Fb70
Guardia Lombardi I 161 Fd75
Guardia Perticara I 162 Gb76
Guardia Piemontese Marina I 164 Gb79
Guardiaregia I 161 Fb73
Guardia Sanframondi I 161 Fb73
Guardias Viejas E 61 Dd76
Guardiola de Berguedà E 49 Gd59
Guardiola de Font-rubí E 49 Gc61
Guardo E 38 Da56
Guareña E 51 Ca69
Guaro E 60 Cc76
Guarromán E 52 Db71
Guasila I 169 Ca78
Guastalla I 149 Db61
Guaza de Campos E 37 Cd58
Gubanicy RUS 99 Ma40
Gubavac MNE 159 Jb67
Gubbhögen S 79 Fd27
Gubbio I 156 Eb67
Gubbmyran S 86 Fa37
Gubbträsk S 72 Gc24
Guben D 128 Fc38
Gubeš BG 179 Cb70
Gubin PL 128 Fc38
Gubkin RUS 203 Fa13
Guča SRB 178 Ad67
Guča Gora BIH 158 Ha64
Gücenoluk TR 193 Gc83
Güçlüköy TR 199 Hb91
Gudai LT 113 Jc57
Gúdar E 48 Fb64
Gudbjerg DK 109 Dd27
Guddal N 84 Cb36
Guddalbru N 92 Cb45
Gudeliai LT 123 Kc30
Gudeliai LV 114 Kb59
Gudenieki LV 105 Jb51
Gudensberg D 126 Da40
Guderup DK 108 Db28
Gudhjem DK 111 Fc57
Gudin N 78 Ec27
Gudinge S 96 Gd39
Gudkaimis LT 114 Ka58
Gudme DK 109 Dd27
Gudmindrup DK 109 Ea25
Gudmont-Villiers F 30 Jb38
Gudmundrå S 80 Gc31
Gudmuntorp S 110 Fa55
Gudow D 119 Dd33
Gudowo PL 120 Ga33
Gudum DK 100 Cd22
Gudumholm DK 100 Dc21
Gudurica SRB 174 Bd62
Gudvangen N 84 Cc38
Gudžiūnai LV 114 Kb55
Guebwiller F 31 Kb39
Güéjar Sierra E 60 Dc75
Guémar F 31 Kb38
Guémené-Penfao F 28 Ed41
Guémené-sur-Scorff F 27 Ea39
Guengat F 27 Dc39
Guenrout F 27 Ec41
Guer F 27 Ec40
Guérande F 27 Eb42
Guéret F 33 Gc46
Guérigny F 30 Hb42
Guernica = Gernika E 38 Ea55
Güesa E 39 Fa57
Gües-d'Oloron F 39 Fb55
Gueugnon F 30 Hd44
Güevejar E 60 Db74
Gugalj SRB 159 Jc64
Gugești RO 176 Ed62
Güglingen D 134 Cc47
Guglionesi I 161 Fc71
Gugney-aux-Aulx F 31 Jd38
Gugny PL 123 Ka33
Gugutka BG 185 Ea76
Guhttás S 68 Hd13
Guia P 44 Ac65
Guichen F 28 Ed40
Guidizzolo I 149 Db60
Guidonia-Montecelio I 160 Eb71
Guiglia I 149 Db63
Guignen F 28 Ed40
Guignes F 23 Ha37
Guijo de Coria E 45 Bd65
Guijosa E 47 Ea62
Guijuelo E 45 Cb63
Guildford GB 20 Fb29
Guilheta P 44 Ac59
Guillar E 36 Ba56
Guillaumes F 43 Kb52
Guillena E 59 Bb73
Guillestre F 35 Kb50
Guillos F 32 Fb51
Guilsfield GB 15 Eb24
Guilvinec F 27 Dc40
Guimarães P 44 Ad60
Guimiliau F 26 Dc38
Guînes F 21 Gc30
Guingamp F 26 Ea38
Guipavas F 26 Dc38
Guipry F 28 Ed40
Guipy F 30 Hc42
Guisando E 45 Cc65
Guisborough GB 11 Fb18
Guiscard F 23 Ha34
Guiscriff F 27 Dd39
Guise F 24 Hc33
Guissona E 48 Gb60
Guist GB 17 Ga24
Guitalens F 41 Gd54
Guiting Power GB 20 Ed26
Guitiriz E 36 Bb54
Guitres F 32 Fc49
Guizan E 36 Ad57
Gujan-Mestras F 32 Fa51
Gukovo RUS 205 Fc15
Gulbene LV 107 Lb49
Gulbēris LV 106 La50
Gulbji LV 105 Ja51
Gülçayır TR 193 Ha83
Gulcz PL 121 Gb35
Güldalı TR 199 Ha89
Guldborg DK 109 Eb28
Güldibi TR 187 Gd78
Guldrupe S 104 Ha50
Gulen N 84 Ca37
Gulgofjorden N 65 Kb05
Gulholmen N 66 Fd13
Guljanci BG 180 Db68
Gul'keviči RUS 205 Fd16
Gülköy TR 199 Gb88
Gulla N 77 Dc31
Gullabo S 111 Ga53
Gulladuff GB 9 Cd16
Gullan GB 11 Ec13
Gullaskruv S 103 Fd52
Gullberg S 87 Fd37
Gullbrandstorp S 102 Ed52
Gulleråsen S 87 Fd38
Gullered S 102 Fa49
Gullesfjordbotn N 66 Fd13
Gullgammen N 64 Jb04
Gullhaug N 93 Dd43
Gullholmen N 66 Ka05
Gullholmen S 102 Eb47
Gullön S 72 Gd22
Gullringen S 103 Fd49
Gullsby S 94 Ed41
Gullspång S 95 Fb45
Gulltjärn S 80 Hb27
Gullträsk S 73 Hc20
Güllübahçe TR 197 Ec88
Güllüce TR 192 Fb81
Güllük TR 197 Ed90
Gullvik S 80 Gd30
Gülpınarı TR 191 Ea82
Gulsele S 79 Gb28
Gulsrud N 93 Dd41
Gulstøa N 84 Ca34
Gulsvik N 85 Dc40
Gumboda S 73 Hb24
Gumboda S 80 Hc27
Gumbodahamn S 80 Hc27
Gümele TR 192 Ga84
Gümeli TR 191 Ec83
Gumiel de Hizán E 46 Dc60
Gumiel de Mercado E 46 Dc60
Gumlösa S 111 Fb54
Gummark S 80 Hc25
Gummersbach D 125 Ca40
Gumowo PL 122 Ja35
Gumpelstadt D 126 Db42
Gumpersdorf D 143 Ec50
Gumpoldskirchen A 145 Gb51
Gumtow D 119 Eb35
Gümülceli TR 191 Ed85
Gümüldür TR 191 Eb87
Gümüşçay TR 185 Ec80
Gümüşdamla TR 199 Hb90
Gümüşhane TR 205 Fd19
Gümüşlük TR 197 Ec90
Gümüşoluk TR 187 Gd78
Gümüşova TR 187 Gd78
Gümüşpınar TR 186 Fb77
Gümüşpınar TR 192 Fc81
Gümüşsu TR 193 Gb87
Gümüşsuyu TR 186 Fa77
Gümüşyaka TR 199 Gb91
Gümüşyeni TR 192 Ga82
Günaydın TR 192 Fa81
Guncati SRB 153 Jc62
Gundelfingen D 134 Db49
Gundelfingen D 141 Ca50
Gundelsheim D 134 Cd47
Gundelsheim D 134 Dc45
Gundertshausen A 143 Ec51
Gunderup DK 108 Cd25
Gündoğan TR 185 Ed80
Gündoğan TR 197 Ec90
Gündoğdu TR 185 Ec80
Gündoğdu TR 185 Ed79
Gündoğdu TR 186 Fd80
Gündüzler TR 193 Gd81
Gündüzlü TR 185 Ed77
Günekestane TR 192 Ga81
Güneli TR 193 Gd82
Güneşli TR 192 Fb84
Güneşlı TR 199 Gc92
Güney TR 192 Fc83
Güney TR 192 Fc86
Güney TR 192 Fc87
Güney TR 198 Fc89
Güney TR 198 Ga89
Güneyce TR 199 Gd88
Güneykaya TR 199 Hb91
Güneykent TR 193 Gc87
Güneyköy TR 193 Gb85
Güneyköy TR 193 Gd84
Güngören TR 192 Fc81
Güngörmez TR 186 Fa76
Güngörmez TR 186 Fb80
Gunhåberget S 94 Fa39
Günlüce TR 192 Fd83
Günlük TR 197 Ed89
Günlükbaşı TR 198 Fd92
Gunnarn S 80 Gc25
Gunnarnes N 63 Ja05
Gunnarp S 102 Ed51
Gunnarsbyn S 73 Hd21
Gunnarsjö S 102 Ec50
Gunnarskog S 94 Ed42
Gunnarsnäs FIN 98 Kb40
Gunnarsnäs S 94 Ec45
Gunnarvattnet S 79 Fb27
Gunnebo S 103 Gb49
Gunnfarnes N 66 Ga11
Gunnilbo S 95 Ga42
Gunnislake GB 18 Dc31
Günseck A 145 Gb53
Gunskirchen A 144 Fa51
Gunsta S 96 Gd42
Günstedt D 127 Dd40
Gunten CH 141 Bd55
Guntersblum D 133 Cb45
Gunter's Bridge GB 20 Fb30
Guntersdorf A 136 Ga49
Günthersleben D 126 Dc41
Gunthorpe GB 16 Fb23
Guntin de Pallares E 36 Bb55
Günyarık TR 193 Gb81
Günyüzü TR 193 Hb83
Günzburg D 134 Db49
Gunzenhausen D 134 Dc47
Guovdageaidnu N 68 Hd11
Gura Bicului MD 173 Ga58
Gura Camencii MD 173 Fc55
Gura Foii RO 176 Dd65
Gürağaç TR 192 Fd82
Gura Galbenei MD 173 Fc59
Gura Haitii RO 172 Dd57
Gurahonț RO 170 Cb59
Gura Humorului RO 172 Eb56
Gurakuq AL 182 Ac75
Gura Ocniței RO 176 Dd64
Gura Râului RO 175 Da61
Gurasada RO 174 Cb60
Gura Şuţii RO 176 Dd65
Gura Teghii RO 176 Eb63
Gura Vadului RO 176 Eb64
Gura Văii RO 174 Cb64
Gura Văii RO 176 Ec60
Gurb E 49 Gd59
Gurba RO 170 Ca58
Gurbănești RO 176 Ec66
Gürceğiz TR 197 Ed90
Güre TR 191 Eb82
Güre TR 192 Fd85
Güre TR 198 Fb89
Gürece TR 197 Ec90
Güreci TR 185 Ec79
Gur'evsk RUS 113 Ja58
Gurghiu RO 171 Dc58
Gurgljat BG 179 Cb71
Guri i Bardha AL 182 Ac74
Gur i Zi AL 163 Jb71
Gurk A 144 Fb55
Gurkovo BG 180 Dd72
Gurkovo BG 181 Fb69
Gürle TR 191 Ec85
Gürlek TR 192 Ga85
Gurnos GB 19 Dd27
Gürpınar TR 186 Fc78
Gürpınar TR 192 Ga86
Gurrë AL 182 Ac75
Gurre DK 109 Ec24
Gurrea de Gállego E 48 Fb59
Gurr'e madhë AL 182 Ac74
Gursken N 76 Cb33
Gürsöğüt TR 193 Hb81
Gürsü TR 186 Fd80
Gurteen IRL 8 Ca18
Gurteen IRL 12 Bd21
Gurten A 143 Ed50
Gurunhuel F 26 Ea38
Gurviksdalen N 77 Dc28
Gusborn D 119 Dd34
Gušće HR 152 Gc60
Güsen D 127 Eb37
Gusendo de los Oteros E 37 Cc58
Gusev RUS 113 Jd59
Guševac SRB 179 Ca69
Gusevo RUS 107 Mb51
Gusevo RUS 113 Jc59
Gus'-Hrustal'nyj RUS 203 Fa10
Gusinje MNE 159 Jb69
Gusmar AL 182 Ab78
Gușoeni RO 175 Da65
Gusow D 128 Fb36
Guspini I 169 Bd78
Gusselby S 95 Fd42
Güsselfeld D 119 Ea35
Güssing A 145 Gb54
Gusswerk A 144 Fd52
Gustav Adolf S 95 Fb41
Gustav Adolf S 103 Fb48
Gustavsberg S 80 Ha25
Gustavsberg S 96 Gd43
Gustavsfors S 94 Fa41
Gustavsfors S 94 Ec44
Güsten D 127 Ea38
Guštirna HR 158 Gb66
Güstrow D 119 Eb32
Gusum S 103 Gb47
Gusvattnet S 79 Fb26
Gus'-Železnyj RUS 203 Fb10
Gutach D 141 Ca50
Gutach D 141 Cb50
Gutar E 61 Ed72
Gutau A 144 Fb50
Gutcher GB 5 Fa03
Gutenbrunn A 144 Fd50
Gutenstein A 144 Ga52
Gutenstetten D 134 Dc46
Gutenswegen D 127 Ea37
Gutenzell D 142 Da50
Güterfelde D 127 Ed37
Gütersloh D 126 Cc38
Gutorfölde H 145 Gc56
Gutowiec PL 121 Gd32

Harwell - Hiirijärvi

Harwell GB 20 Fa28
Harwich GB 21 Gb26
Harworth GB 16 Fb21
Harzgerode D 127 Dd39
Hasanağa TR 185 Eb75
Hasanağa TR 186 Fc80
Hasanbey TR 185 Ed80
Hasanbey TR 187 Gc78
Håsand N 66 Fc16
Hasandede TR 192 Ga87
Hasanköy TR 192 Ga85
Hasanlar TR 191 Ec85
Hasanlar TR 192 Fd83
Hasanlı TR 186 Ga78
Hasanpaşa TR 198 Ga90
Hasbergen D 125 Cb37
Hasborn D 133 Bd44
Hasdümen TR 199 Gd90
Haselbach D 135 Ec48
Haselbourg F 25 Kb36
Häselgehr A 142 Db53
Haselund D 108 Da29
Haselünne D 117 Cb35
Hasfjord N 63 Hc06
Hasgebe TR 199 Gd90
Håsjö S 79 Ga31
Haskovo BG 185 Dd74
Hasköy TR 185 Ea78
Hasköy TR 185 Ec75
Hasköy TR 192 Fd86
Hasla N 93 Da46
Haslach D 141 Ca50
Haslach an der Mühl A 136 Fa49
Hasle CH 141 Bd54
Hasle DK 111 Fc57
Haslemere GB 20 Fb29
Haslemoen N 94 Ec39
Haslev DK 109 Eb27
Haslingden GB 15 Ec20
Hasloch D 134 Da45
Hasloh D 118 Db32
Håslöv S 110 Ed56
Hasmark DK 109 Ed26
Hășmaș RO 170 Cb58
Hăsnășenii Mari MD 173 Fb55
Hăsnășenii Noi MD 173 Fb55
Hasparren F 39 Fa55
Haßbergen D 118 Da35
Hassel D 118 Da35
Hassel S 87 Gb34
Hassela S 87 Gb34
Hasselfelde D 127 Dd39
Hasselfors S 95 Fc44
Hasselösund S 102 Ea47
Hasselroth D 134 Cd44
Hasselt B 124 Ba40
Hasselt NL 117 Bc35
Haßfurt D 134 Dc44
Hassi FIN 90 Kb34
Hassjö S 88 Gc33
Hasslarp S 110 Ed54
Hassle S 95 Fb45
Haßleben D 120 Fa34
Hässleholm S 110 Fa54
Hasslö S 111 Fd54
Haßloch D 133 Cb46
Hasslösa S 102 Fa46
Haßmersheim D 134 Cd46
Håstad N 78 Eb26
Hästbacka FIN 81 Jc29
Hästbo S 95 Gb39
Hästbo S 95 Ga40
Haste D 126 Da36
Hästhagen S 96 Gd43
Hästholmen S 103 Fc47
Hastiere-Lavaux B 124 Ad42
Hastings GB 21 Ga30
Hästö FIN 97 Jc40
Hästveda S 111 Fb54
Håsum DK 100 Da22
Hasvik N 63 Hc06
Hațeg RO 175 Cc61
Hatfield GB 15 Ec25
Hatfield GB 16 Fb21
Hatfield GB 20 Fc27
Hatfield Heath GB 20 Fd27
Hatfield Peverel GB 21 Ga27
Hatherleigh GB 19 Dd30
Hathersage GB 16 Fa22
Hätila FIN 90 Ka37
Hatipkışla TR 197 Ed89
Hatıplar TR 191 Ed84
Hatlestrand N 84 Cb40
Hatlinghus N 78 Ec27
Hatrik N 84 Ca40
Hatsola FIN 90 La33
Hattem NL 117 Bc35
Hatten D 117 Cc34
Hatten F 25 Kc36
Hattersheim D 134 Cc44
Hattert D 125 Cb42
Hattevik N 77 Dc29
Hattfjelldal N 71 Fb23
Hatting DK 108 Db25
Hattingen D 125 Ca39
Hattorf D 126 Db39
Håttorp S 95 Fb45
Hattstedt D 108 Da29
Hattula FIN 90 Ka37
Hattusaari FIN 83 Lc28
Hattuselkonen FIN 83 Ld27
Hatu EST 98 Ka43
Hatulanmäki FIN 82 Kd26
Hatun TR 191 Ed83
Håtuna S 96 Gc42
Hatunkylä FIN 83 Ld28
Hatvan H 146 Ja52
Hatvanpuszta H 146 Hc55
Hatzfeld D 126 Cc41
Haubourdin F 23 Ha31
Haudainville F 24 Jb35
Hauenstein D 133 Ca47
Haug N 67 Gb11
Haug N 85 Da36
Haug N 93 Dd42
Haugastøl N 85 Da39
Hauge N 65 Kc09
Hauge N 84 Cd37
Hauge N 92 Cb46
Haugen N 92 Cc44
Haugesund N 92 Bd42
Haugeveit N 92 Cd44
Haugfoss N 93 Da43
Haughom N 92 Cb45
Haugland N 70 Fa20
Haugli N 67 Gc12
Haugnes N 62 Ha08
Haugsdorf A 136 Ga49
Haugsvik N 84 Cc38
Hauho FIN 90 Ka36
Hauhuu FIN 89 Jd33
Haukanmaa FIN 90 Kc33
Haukedal N 84 Cc36
Haukeligrend N 92 Cd41
Haukeliseter N 92 Cc41
Haukijärvi FIN 75 Kd22
Haukijärvi FIN 89 Jc35
Haukilahti FIN 83 Lb25
Haukilahti FIN 91 Lc35
Haukiniemi FIN 91 Lc32
Haukipudas FIN 74 Ka23
Haukitaipale FIN 74 Ka20
Haukivaara FIN 83 Ma30
Haukivuori FIN 90 La33
Haukkilahti FIN 81 Jd29
Haukklappi FIN 91 Lc34
Hauknes N 71 Fb20
Hauneck D 126 Da41
Haunetal D 126 Da42
Haunia FIN 89 Jb35
Haunsheim D 134 Db49
Hauptstuhl D 133 Ca46
Haurida S 103 Fc48
Haurukylä FIN 74 Ka24
Haus N 84 Ca39
Hausach D 141 Cb50
Hausen D 134 Db45
Hausen D 135 Ea48
Hausen D 141 Ca52
Häusern D 141 Ca51
Hausham D 143 Ea52
Hausjärvi FIN 90 Kb38
Hausmannstätten A 144 Fd55
Haustreisa N 70 Fa23
Hausvik N 92 Cc47
Hauta-Aho FIN 83 Lb31
Hautajärvi FIN 74 Kd18
Hautajoki FIN 82 Kb27
Hautajoki FIN 82 Kc28
Hautakylä FIN 81 Jd31
Hautaranta FIN 75 La19
Haut-Asco F 154 Cb69
Hautefort F 33 Gb49
Hauteluce F 35 Ka46
Haute-Nendaz CH 141 Bc56
Hauterives F 34 Jb48
Hauteville-Lompnès F 35 Jc46
Hauteville-Plage F 22 Ed36
Hautjärvi FIN 90 Kc38
Hautmont F 24 Hc32
Hautolahti FIN 82 Kc30
Hautvillers F 24 Hc36
Hauzenberg D 136 Fa49
Havaj SK 139 Ka46
Havant GB 20 Fb30
Havari GR 188 Ba86
Havârna RO 172 Ec54
Håvberget S 95 Fc40
Havbro DK 100 Db22
Havdáta GR 188 Ab85
Havdhem S 104 Gd51
Havdrup DK 109 Eb26
Håve S 94 Eb45
Havelange B 124 Ba42
Havelberg D 119 Eb35
Havelte NL 117 Bc34
Havenbuurt NL 116 Ba35
Haverdal S 102 Ec52
Haverdalsstrand S 102 Ec52
Haverfordwest GB 18 Db27
Haverhill GB 20 Fd26
Haverö S 87 Fc33
Haverö S 96 Ha41
Haversin B 124 Ad42
Haverslev DK 100 Dc22
Håverud S 94 Ec45
Havířov CZ 137 Hb45
Havixbeck D 125 Ca37
Hävla S 95 Ga45
Havlíčkův Brod CZ 136 Ga46
Havnbjerg DK 108 Db27
Havndal DK 100 Dc22
Havneby DK 108 Cd27
Havnemark DK 109 Dd26
Havnsø DK 109 Ea25
Havnstrup DK 108 Da24
Havøysund N 63 Ja04
Havraň CZ 136 Fa43
Havran TR 191 Ec82
Håvre S 87 Fd35
Havrebjerg DK 109 Ea26
Havrylivka UA 205 Fb15
Havsa TR 185 Ec76
Havsnäs S 79 Fd28
Havstenssund S 94 Ea45
Havumäki FIN 90 Kc33
Havusalmi FIN 82 Kb30
Havusalmi FIN 90 Kc32
Havvness N 62 Ha09
Havza TR 205 Fb20
Hawes GB 11 Ed18
Hawick GB 11 Ec15
Hawkhurst GB 20 Fd29
Hawkinge GB 21 Gb29
Hawkshead GB 11 Eb18
Hawsker GB 11 Fb18
Haxey GB 16 Fb21
Hayalli TR 192 Fb86
Hayange F 25 Jc35
Haydar TR 185 Ec80
Haydarköy TR 192 Fa81
Haydarlı TR 193 Gc87
Haydaroba TR 191 Ed81
Haydere TR 198 Fb89
Haydon Bridge GB 11 Ed16
Hayes GB 20 Fc28
Hayfield GB 16 Ed22
Häyhtiönmaa FIN 89 Jb36
Hayingen D 142 Cd50
Hayle GB 18 Da32
Haymana TR 193 Gc83
Hay-on-Wye GB 15 Eb26
Hayrabolu TR 185 Ec77
Hayriye TR 186 Fc79
Hayriye TR 198 Ga88
Hayscastle GB 14 Db27
Haywards Heath GB 20 Fc30
Haza del Lino E 60 Dc76
Hazebrouck F 21 Gd30
Hazelbank GB 10 Ea14
Hazinedar TR 185 Ec76
Hazırlar TR 198 Fd93
Hažlín SK 139 Jd46
Hazlov CZ 135 Eb44
Heacham GB 17 Fd23
Headcorn GB 21 Ga29
Headford IRL 8 Bc20
Headley GB 20 Fb29
Heager DK 108 Cd24
Heanor GB 16 Fa23
Heath End GB 20 Fa28
Heather GB 16 Fa24
Heathfield GB 20 Fd30
Heath Hayes GB 16 Ed24
Heber D 118 Db34
Heberg S 102 Ec52
Hebertsfelden D 143 Ec50
Hebnes N 92 Cb42
Heby S 95 Gb41
Hèches F 40 Fd56
Hechingen D 142 Cc50
Hecho E 39 Fb57
Hechtel-Eksel B 124 Ba40
Hechthausen D 118 Da32
Heciul Nou MD 173 Fb55
Heckelberg D 120 Fa35
Heckfield GB 20 Fb28
Heckington GB 17 Fc23
Hecklingen D 127 Ea38
Hed S 95 Fd42
Heda S 103 Fc47
Hedalen N 85 Dc39
Hedared S 102 Ed48
Hedås S 94 Fa43
Hedben Bridge GB 16 Ed20
Hedberg S 72 Gd23
Hedby S 95 Fc39
Hedbyn S 95 Fd41
Heddal N 93 Db42
Hedderen N 92 Cd44
Hédé F 28 Ed39
Hede S 86 Fa33
Hede S 95 Ga40
Hede S 95 Gb41
Hede S 102 Eb46
Hedegård DK 108 Db25
Hedehusene DK 109 Ec26
Hedekas S 102 Eb46
Hedemora S 95 Ga40
Heden DK 108 Dc27
Heden S 73 Hd22
Heden S 86 Ed35
Heden S 87 Fb37
Hedenäset S 73 Jb20
Hedenstad N 93 Dc42
Hedensted DK 108 Db25
Hedersleben D 127 Dd38
Hedersleben D 127 Ea39
Hedesunda S 95 Gb40
Hedeviken S 86 Fa33
Hedon GB 17 Fc20
Hedon GB 17 Fc21
Hedrum N 93 Dd44
Hedwiżyn PL 131 Kb42
Hee DK 108 Cd24
Heede D 117 Ca34
Heek D 125 Ca37
Heel NL 125 Bb40
Heemsen D 118 Da35
Heemskerk NL 116 Ad35
Heemstede NL 116 Ad35
Heerbrugg CH 142 Cd53
Heerde NL 117 Bc36
Heere D 126 Dc37
Heerenveen NL 117 Bc34
Heerhugowaard NL 116 Ba34
Heerlen NL 125 Bb41
Heers B 124 Ba41
Heesch NL 125 Bb38
Heeslingen D 118 Da33
Heestrand S 102 Ea46
Heeten NL 117 Bc36
Heeze NL 125 Bb39
Hegge N 85 Dc37
Heggelia N 67 Gc11
Heggen N 93 Dd41
Heggenes N 67 Gd11
Heggheim N 84 Cb36
Heggmoen N 66 Fc17
Heglesvollen N 78 Ec29
Hegra N 78 Eb30
Hegyeshalom H 145 Gd51
Hegyfalu H 145 Gc53
Hegyhátsál H 145 Gc55
Hegykő H 145 Gc53
Hegyközség H 145 Gc54
Hehlen D 126 Da38
Heia N 67 Gd11
Heia N 78 Ed27
Heidal N 85 Dc35
Heide D 118 Da30
Heideck D 135 Dd47
Heidelberg D 134 Cc46
Heiden D 125 Bd38
Heidenau D 118 Db33
Heidenau D 128 Fa41
Heidenheim D 134 Db49
Heidenheim D 134 Dd48
Heidenreichstein A 136 Fd48
Heidenrod D 133 Cb43
Heiderscheid L 133 Bb44
Heidersdorf D 127 Ed42
Heidgraben D 118 Db32
Heigrestad N 92 Ca45
Heikendorf D 118 Dc30
Heikinkylä FIN 90 Kd38
Heikkil N 68 Hd11
Heikkilä FIN 75 La19
Heikkilä FIN 75 Kd21
Heikkilä FIN 81 Jc29
Heikkilä FIN 82 Kb28
Heikkilä FIN 83 Lb25
Heikkilä FIN 89 Ja33
Heikkilä FIN 89 Jb37
Heikkurila FIN 91 Lb33
Heikola FIN 89 Ja38
Heilbronn D 134 Cd47
Heilevong N 84 Cb35
Heiligenberg D 142 Cd51
Heiligenblut A 143 Ec54
Heiligendamm D 119 Eb31
Heiligenfelde D 119 Ea35
Heiligengrabe D 119 Ec34
Heiligenhafen D 119 Dd30
Heiligenhaus D 125 Bd39
Heiligenkreuz A 144 Ga55
Heiligenkreuz A 145 Gb51
Heiligenkreuz im Lafnitztal A 145 Gb55
Heiligenstadt D 126 Db40
Heiligenstadt D 135 Dd45
Heiligenthal D 127 Ea39
Heiligerlee NL 117 Ca33
Heilitz-le-Maurupt F 24 Ja37
Heiloo NL 116 Ba35
Heilsbronn D 134 Dc47
Heim N 77 Dc30
Heimbuchenthal D 134 Cd45
Heimburg D 127 Dd38
Heimdal N 62 Gd10
Heimdal N 77 Ea30
Heimenkirch D 142 Da52
Heimertingen D 142 Db51
Heimola FIN 69 Kb15
Heimsheim D 134 Cc48
Heimsnes N 78 Ed25
Heinäaho FIN 83 Ma30
Heinade D 126 Da38
Heinajoki FIN 90 Kb37
Heinälahti FIN 83 Lb25
Heinämaa FIN 90 Kc37
Heinämäki FIN 82 Kc29
Heinämäki FIN 82 La25
Heinäperä FIN 89 Jd32
Heinävaara FIN 83 Ld30
Heinävesi FIN 83 Lb31
Heinebach D 126 Da41
Heinersdorf D 128 Fb36
Heinijärvi FIN 74 Ka24
Heinijoki FIN 89 Jb38
Heinikoski FIN 74 Jd22
Heinilä FIN 89 Ja35
Heiningen D 126 Dc37
Heiniranta FIN 82 Kd26
Heinisuo FIN 74 Kb20
Heinlahti FIN 90 La38
Heino NL 117 Bc35
Heinola FIN 90 Kc36
Heinolanperä FIN 82 Ka25
Heinoniemi FIN 91 Ld32
Heinoo FIN 89 Jc36
Heinsberg D 125 Bc40
Heinsen D 126 Da38
Heistad N 93 Dc44
Heiste EST 97 Jc44
Heitersheim D 141 Bd51
Heiterwang A 142 Dc53
Heituinlahti FIN 90 La36
Hejde S 104 Gd50
Hejls DK 108 Db26
Hejlsminde DK 108 Db26
Hejnice CZ 128 Fd42
Hejnsvig DK 108 Da25
Hejnum S 104 Ha49
Hejőbába H 146 Jc51
Hejsager DK 108 Db27
Hekimdağ TR 193 Gc81
Heksem N 78 Eb31
Hel PL 121 Hb29
Helbra D 127 Ea39
Heldburg, Bad Colberg- D 134 Dc43
Helden NL 125 Bb39
Heldrungen D 127 Dd40
Helechal E 51 Cb70
Helechosa E 52 Cd68
Helegiu RO 176 Ec60
Helenelund FIN 89 Hd32
Helensburgh GB 10 Dd13
Helfenberg A 136 Fb49
Helgarö S 95 Gb43
Helgatun N 84 Cc38
Helgen N 93 Dc43
Helgeroa N 93 Dc44
Helgerød N 93 Dd44
Helgesta S 95 Gb44
Helgheim N 84 Cc35
Helgøy N 62 Gd08
Helgøy N 85 Ea39
Helgøysund N 92 Ca43
Helgum S 79 Gb31
Heli N 93 Ea43
Helidóni GR 194 Ba87
Heligfjäll S 79 Ga25
Héliopolis F 43 Kb55
Hell N 78 Eb30
Hella IS 2 Ac05
Hella N 84 Cc36
Hellamaa EST 97 Jd44
Hellamaa EST 97 Jd45
Helland N 66 Ga15
Helland N 77 Dc30
Hellandsbygd N 92 Cb41
Hellanmaa FIN 81 Jb30
Helle N 92 Cb44
Helle N 92 Cd44
Hellebæk DK 109 Ec24
Hellefjord N 63 Hd06
Helleland N 92 Ca45
Hellendoorn NL 117 Bd36
Hellenthal D 125 Bc42
Hellesøy N 84 Bd38
Hellesvikan N 77 Dc28
Hellesylt N 84 Cd34
Hellevad DK 108 Da27
Hellevik N 84 Ca36
Hellevoetsluis NL 124 Ac37
Hellgvær N 66 Fb17
Hellimer F 25 Ka36
Hellín E 53 Ec71
Hellissandur IS 2 Ab03
Hellmobotn N 66 Ga15
Hellmonsödt A 144 Fb50
Hellnar IS 2 Ab03
Hellnes N 63 Hb08
Hellsö FIN 97 Hd41
Helmbrechts D 135 Ea44
Helmdange L 133 Bb44
Helme EST 106 La46
Helminghausen D 126 Cd39
Helmlüla EST 98 Ka45
Helmond NL 125 Bb38
Helmsdale GB 5 Eb06
Helmsley GB 16 Fb19
Helmstadt D 134 Da45
Helmstadt-Bargen D 134 Cd46
Helmstedt D 127 Dd37
Helnæs By DK 108 Dc27
Helnessund N 66 Fc16
Hel'pa SK 138 Ja48
Helpfau-Uttendorf A 143 Ed51
Helppi FIN 68 Jc17
Helsa D 126 Da40
Helsby GB 15 Ec22
Helse D 118 Da31
Helshan AL 178 Ad72
Helsingborg S 110 Ec54
Helsingby FIN 81 Ja31
Helsinge DK 109 Ec24
Helsingfors FIN 98 Kb39
Helsingør DK 109 Ec24
Helsinki FIN 97 Ja39
Helsinki FIN 98 Kb39
Helstad N 70 Ed24
Helston GB 18 Da32
Heltermaa EST 97 Jd44
Helvacı TR 191 Ec85
Hem N 93 Dd43
Hemau D 135 Ea48
Hemavan S 71 Fc22
Hemden D 125 Bd37
Hemeiuș RO 172 Ed59
Hemel Hempstead GB 20 Fc27
Hemer D 125 Cb39
Hemfjällstangen S 86 Fa38
Hemfurth D 126 Cd40
Hemhofen D 134 Dc45
Héming F 25 Ka37
Hemingbrough GB 16 Fb20
Hemling S 80 Gd29
Hemmesjö S 103 Fc52
Hemmesta S 96 Ha43
Hemmet DK 108 Cd25
Hemmingen D 126 Db37
Hemmingen D 134 Cc48
Hemmingen S 80 Ha25
Hemmingsjord N 67 Gc11
Hemmingsmark S 73 Hc23
Hemmingstedt D 118 Da30
Hemmonranta FIN 82 La30
Hemmoor D 118 Da32
Hemnes N 94 Eb42
Hemnesberget N 71 Fb21
Hemsbach D 134 Cc45
Hemse S 104 Ha50
Hemsedal N 85 Db38
Hemsjö S 102 Ec48
Hemslingen D 118 Db34
Hemsö S 88 Gd32
Hemyock GB 19 Ea30
Hen N 85 Dd40
Henån S 102 Eb47
Henarejos E 54 Ed66
Hencida H 147 Ka53
Henclová SK 138 Jb48
Hendaye F 39 Ec55
Hendek TR 187 Gd78
Hendungen D 134 Db43
Henfield GB 20 Fc30
Henfort GB 18 Dc30
Henfort GB 18 Dc30
Hengelo NL 117 Bd36
Hengelo NL 125 Bc37
Hengersberg D 135 Ec49
Hengevelde NL 117 Bd36
Heni N 93 Ea41
Heničes'k UA 205 Fa17
Hénin-Beaumont F 23 Ha31
Henley GB 20 Ed25
Henley-on-Thames GB 20 Fb28
Henllys GB 19 Eb27
Hennan S 87 Ga34
Hennebont F 27 Ea40
Hennef D 125 Ca41
Henne Stationsby DK 108 Cd25
Henne Strand DK 108 Cd25
Hennickendorf D 128 Fa36
Hennigsdorf D 127 Ed36
Henning N 78 Ec28
Henningen D 119 Dd35
Henningskälen S 79 Fc28
Henningsvær N 66 Fb14
Hennstedt D 118 Da30
Henrichemont F 29 Ha42
Henriksdal FIN 89 Hd34
Henryków PL 129 Gc42
Henrykowo PL 122 Hd30
Hensås N 85 Db37
Henstedt-Ulzburg D 118 Db32
Henstridge GB 19 Ec30
Hentorp S 102 Fa47
Hentula FIN 91 Lb35
Heol Senni GB 15 Ea26
Hepberg D 135 Dd48
Hepojoki FIN 97 Jc39
Hepola FIN 74 Jc21
Heppenheim D 134 Cc45
Herad N 85 Dc38
Herad N 92 Cb47
Heradsbygd N 86 Eb38
Herajärvi FIN 83 Ma30
Herajoki FIN 83 Ld29
Herajoki FIN 90 Kb38
Heraklion = Iráklio GR 200 Da95
Herakulma FIN 90 Ka34
Herálec CZ 136 Fd46
Herand N 84 Cc39
Heraniemi FIN 83 Ld29
Herăști RO 180 Eb67
Herbault F 29 Gb41
Herbeli AL 182 Ad74
Herbern D 125 Cb38
Herbertingen D 142 Cd51
Herbertstown IRL 12 Bd23
Herbeumont B 132 Ad44
Herbignac F 27 Ec41
Herbisse F 24 Hd37
Herbitzheim F 25 Kb35
Herbolzheim D 141 Ca50
Herborn D 126 Cc42
Herbrechtingen D 134 Db49
Herbsleben D 126 Dc41
Herbstein D 126 Cd42
Herby PL 130 Hc42
Herceg-Novi MNE 159 Hc69
Hercegovac HR 152 Gd59
Hercegszántó H 153 Hd58
Herdal N 76 Cd33
Herdecke D 125 Ca39
Herdla N 84 Bd38
Herdorf D 125 Cb42
Herdwangen-Schönach D 142 Cd51
Hereclean RO 171 Cd56
Hereford GB 15 Eb26
Héreg H 145 Hb52
Hereke TR 186 Ga78
Herencia E 52 Dc68
Herencsény H 146 Hd51
Herend H 145 Ha54
Herentals B 124 Ad39
Hérépian F 41 Hb54
Herfølge DK 109 Eb26
Herford D 126 Cd37
Herguijuela E 51 Cb67
Héric F 28 Ed41
Héricourt F 31 Ka40
Héricourt-en-Caux F 23 Ga34
Hérimoncourt F 31 Kb41
Heringen D 126 Db41
Heringsdorf D 119 Dd30
Heringsdorf D 120 Fb31
Heriot GB 11 Ec13
Herisau CH 142 Cd53
Hérisson F 29 Ha44
Herjangen N 67 Gb13
Herk-de-Stad B 124 Ba40
Herl'any SK 139 Jd48
Herleshausen D 126 Db41
Herlev DK 109 Ec25
Herlies F 23 Ha31
Herlufmagle DK 109 Eb27
Herm F 39 Fa53
Hermagor A 143 Ed56
Hermannsburg D 118 Db35
Heřmanova Hut' CZ 135 Ed46
Heřmanovice CZ 137 Gd44
Hermanowice PL 139 Kc45
Hermansverk N 84 Cd37
Heřmanův Městec CZ 136 Ga45
Hermaringen D 134 Db49
Hérmedes de Cerrato E 46 Db60
Herment F 33 Ha47
Hermes F 23 Gd35
Hermeskeil D 133 Bd45
Hermsdorf D 127 Ea42
Hermsdorf D 128 Fa40
Hermsdorf D 128 Fa42
Hernádkécs H 147 Jd50
Hernádnémeti H 146 Jc51
Hernani E 39 Ec55
Hernansancho E 46 Cd63
Herne D 125 Ca39
Herne Bay GB 21 Gb28
Herning DK 108 Da24
Herold D 127 Ec42
Heroldsbach D 134 Dc45
Heroldsberg D 135 Dd46
Herongen D 125 Bc39
Herónia GR 189 Bd85
Herónissos GR 195 Cd90
Herøyholmen N 70 Ed21
Herpont F 24 Ja36
Herråkra S 103 Fd52
Herrala FIN 90 Kc37
Herräng S 96 Ha41
Herraskylä FIN 89 Jd33
Herrberga S 103 Fd47
Herre N 93 Dc44
Herrefoss N 93 Da46
Herrenberg D 134 Cc49
Herrera E 60 Cc74
Herrera de Alcántara E 51 Bb66
Herrera del Duque E 52 Cc68
Herrera de los Navarros E 47 Fa62
Herrera de Pisuerga E 38 Db57
Herrere F 39 Fb56
Herreros de Jamuz E 37 Cb58
Herreros de Suso E 46 Cd63
Herreruela E 51 Bc67
Herreruela de Castillería E 38 Db56
Herrestad S 102 Eb47
Herrestrup DK 109 Eb25
Herrieden D 134 Db47
Herrischried D 141 Ca52
Herrljunga S 102 Ed48
Herrngiersdorf D 135 Eb49
Herrnhut D 128 Fc41
Herrö S 87 Fb34
Herröskaten FIN 96 Hc41
Herrsching D 143 Dd51
Herrskog S 80 Gc31
Herrstein D 133 Bd45
Herrup DK 100 Da23
Herry F 30 Hb42
Hersbruck D 135 Dd46
Herschbach D 125 Ca42
Herscheid D 125 Cb40
Herselt B 124 Ad40
Hérso GR 183 Ca76
Herstadberg S 103 Ga46
Hersvik N 84 Ca36
Herten D 125 Ca38
Hertford GB 20 Fc27
Hertnik SK 139 Jd47
Hertsånger S 80 Hc27
Herttuansaari FIN 91 Ld33
Herukka FIN 74 Ka23
Hervanta FIN 89 Jd36
Hervás E 45 Cb64
Herve B 125 Bb41
Herveland N 92 Cb46
Herves E 36 Ba54
Hervik N 92 Ca42
Herxheim D 133 Cb47
Herzberg D 119 Ed35
Herzberg D 127 Ed39
Herzberg am Harz D 126 Dc39
Herzebrock-Clarholz D 126 Cc38
Herzfeld D 126 Cc38
Herzfelde D 128 Fa36
Herzhorn D 118 Db32
Herzlake D 117 Cb35
Herzogenaurach D 134 Dc46
Herzogenbuchsee CH 141 Bd53
Herzogenburg A 144 Ga50
Herzogenrath D 125 Bb41
Herzsprung D 119 Ec34
Hesby N 92 Ca43
Hesdin F 23 Gc32
Hesel D 117 Cb33
Heskestad N 92 Cb45
Hesnæs DK 109 Eb28
Hespe D 126 Cd36
Hesperange L 133 Bb45
Hesselager DK 109 Dd27
Hesselbjerg DK 100 Da21
Hessellund DK 100 Db23
Hessen D 126 Dc38
Hesseng N 65 Kd07
Hessfjord N 62 Gd08
Hessisch Lichtenau D 126 Da40
Hessisch Oldendorf D 126 Da37
Hessvik N 84 Cb40
Hestad N 84 Cb36
Hestad N 92 Cb45
Hesteneset N 64 Jb09
Hestenesøyri N 84 Cc34
Hestmona N 70 Fa20
Hestnes N 64 Jb06
Hestnes N 66 Ga14
Heston GB 20 Fc28
Hestra S 102 Fa50
Hestra S 103 Fc48
Hestvika N 63 Hb08
Hestvika N 77 Dc29
Hetekylä FIN 74 Kb23
Hetényegyháza H 146 Ja55
Hetes H 145 Ha56
Hethpool GB 11 Ed14
Hetin SRB 174 Bc61
Hetta FIN 68 Ja13
Hettange-Grande F 25 Jd34
Hettensen D 126 Db39
Hetton-le-Hole GB 11 Fa17
Hettstedt D 127 Ea39
Hettstedt, Dienstedt- D 127 Dd42
Hetvebely H 152 Hb57
Hetzbach D 134 Cd45
Hetzerath D 133 Bc44
Heubach D 134 Da48
Heuchelheim D 126 Cc42
Heuchin F 23 Gd31
Heuchlingen D 134 Da48
Heudeber D 127 Dd38
Heumen NL 125 Bb38
Heusden NL 124 Ba38
Heusden-Zolder B 124 Ba40
Heusenstamm D 134 Cc44
Heustreu D 134 Db43
Heves H 146 Jb52
Hevilliers F 24 Jb37
Hevingham GB 17 Gb24
Hévíz H 145 Gd55
Hevlín CZ 137 Gb49
Hevosmäki FIN 82 Kd28
Hevosoja FIN 90 Ka38
Hevosoja FIN 90 La36
Hevossuo FIN 90 Kd37
Hewas Water GB 18 Db32
Hexham GB 11 Ed16
Heybeli TR 199 Gc89
Heybrook Bay GB 19 Dd32
Heyerode D 126 Db40
Heygendorf D 127 Dd40
Heyrieux F 34 Jb47
Heysham GB 11 Eb19
Heytesbury GB 19 Ec29
Hickling GB 16 Fb23
Hickling Green GB 17 Gb24
Hickstead GB 20 Fc30
Hida RO 171 Cd57
Hidas H 153 Hc57
Hidasnémeti H 139 Jd49
Hiddenhausen D 126 Cd37
Hidinge S 95 Fc44
Hıdırdivani TR 192 Fc84
Hıdırköylü TR 197 Ed88
Hidișelu de Sus RO 170 Cb57
Hieflau A 144 Fc53
Hiekkaniemi FIN 75 Kc24
Hiendelaencina E 46 Dd62
Hierden NL 116 Bb36
Hiersac F 32 Fc47
Hietakylä FIN 82 La31
Hietalanperä FIN 82 Ka26
Hietana FIN 90 Kd37
Hietanen FIN 90 La34
Hietaniemi FIN 69 Kd15
Hietaniemi FIN 90 Kc35
Hietaperä FIN 83 Lb25
Hietaranta FIN 75 La21
Hietoinen FIN 90 Kb37
Higham GB 21 Ga26
Higham Ferrers GB 20 Fb25
Highampton GB 19 Dd30
High Bentham GB 11 Ec19
Highbridge GB 19 Eb29
Highclere GB 20 Fa28
High Easter GB 20 Fd27
High Ercall GB 15 Ec24
Higher Town GB 18 Cc32
High Halden GB 21 Ga29
High Hesket GB 11 Ec17
Highworth GB 20 Ed27
High Wycombe GB 20 Fb27
Higuera de Arjona E 60 Db72
Higuera de Calatrava E 60 Da73
Higuera de las Dueñas E 46 Da65
Higuera de la Serena E 51 Ca70
Higuera de la Sierra E 59 Bd72
Higuera de Llerena E 51 Ca70
Higuera de Vargas E 51 Bb70
Higuera la Real E 51 Bc71
Higueruela E 54 Ed69
Higueruelas E 54 Fa67
Hihnavaara FIN 69 Kc15
Hiidenkylä FIN 82 Kb28
Hiidenlahti FIN 83 Lb30
Hiidensaari FIN 90 Kc36
Hiirijärvi FIN 89 Jb36

Hiirola – Horodyszcze

Hiirola FIN 90 La34
Hiisi FIN 82 La27
Hiisijärvi FIN 82 La25
Hiitelä FIN 90 Kc37
Hiittinen FIN 97 Jc41
Hijar E 48 Fb62
Hîjdieni MD 173 Fa55
Hijosa E 38 Db57
Hikiä FIN 90 Kb38
Hilchenbach D 125 Cb41
Hildburghausen D 134 Dc43
Hilden D 125 Bd40
Hilders D 126 Db42
Hildesheim D 126 Db37
Hildre N 76 Cc32
Hilgermissen D 118 Da35
Hilgertshausen D 143 Dd50
Hiliódendro GR 182 Ba78
Hiliomódi GR 195 Bd87
Hilişeu-Horia RO 172 Ec54
Hiliuţi MD 173 Fa55
Hiliuţi MD 173 Fb56
Hill GB 19 Ec27
Hilla FIN 98 Ka40
Hillared S 102 Ed49
Hille D 126 Cd36
Hille S 95 Gb39
Hillegom NL 116 Ad35
Hillerød DK 109 Ec25
Hillersboda S 95 Ga39
Hillerse D 126 Dc36
Hillerslev DK 100 Da21
Hillerslev DK 108 Dc27
Hillerstorp S 102 Fa50
Hillesheim D 133 Bc43
Hilleshög S 96 Gc43
Hillesøy N 62 Gc10
Hillestad N 93 Dd43
Hillested DK 109 Ea29
Hillhead GB 10 Dd16
Hillilä FIN 81 Jc27
Hillilä FIN 90 Kb36
Hillington GB 17 Ga24
Hillion F 26 Eb38
Hillmersdorf D 128 Fa39
Hillo FIN 90 La38
Hill of Fearn GB 5 Ea07
Hillosensalmi FIN 90 Kd36
Hillringsberg S 94 Ed43
Hillsand S 79 Fd28
Hillsborough GB 9 Da18
Hillswick GB 5 Ed04
Hilltown GB 9 Da18
Hilmiye TR 192 Ga81
Hilok RUS 99 Ma42
Hilovo RUS 107 Mb46
Hilpoltstein D 135 Dd47
Hilsenheim F 31 Kc38
Hiltenfingen D 142 Dc50
Hilter D 126 Cc37
Hiltpoltstein D 135 Dd46
Hiltula FIN 91 Lb33
Hiltulanlahti FIN 82 La30
Hiltunen FIN 75 Lb20
Hiltusen vaara FIN 75 La22
Hilvarenbeek NL 124 Ba38
Hilversum NL 116 Ba36
Hilzingen D 142 Cc51
Himalansaari FIN 90 La35
Himanka FIN 81 Jc27
Himankakylä FIN 81 Jc27
Himarë AL 182 Ab78
Himaros GR 183 Cb76
Himbergen D 119 Dd34
Himesháza H 153 Hc57
Himki RUS 202 Ed10
Himmelberg A 144 Fa55
Himmelkron D 135 Ea44
Himmelpforten D 118 Da32
Himmelstadt D 134 Da44
Himmeta S 95 Ga43
Himmetoğlu TR 187 Hb76
Hinbjørgen N 78 Eb31
Hincăuţi MD 173 Fa53
Hinceşti MD 173 Fc58
Hinckley GB 16 Fa24
Hindår FIN 98 Kc39
Hindås S 102 Ec49
Hindelang, Bad D 142 Db53
Hindeloopen NL 116 Bb34
Hindersby FIN 90 Kd38
Hindersön S 73 Ja22
Hindhead GB 20 Fb29
Hindsby FIN 98 Kc39
Hindsig DK 108 Cd25
Hınıs TR 205 Ga20
Hinişeni MD 173 Fc56
Hinka GR 182 Ad80
Hinna N 92 Ca44
Hinnerjoki FIN 89 Jb37
Hinnerup DK 100 Dc23
Hinneryd S 110 Fa53
Hinojal E 51 Bd66
Hinojales E 51 Bc71
Hinojar E 55 Ed73
Hinojares E 61 Dd73
Hinojos E 59 Bd74
Hinojosa de la Sierra E 47 Ea60
Hinojosa del Duque E 52 Cc70
Hinojosa del Valle E 51 Bd70
Hinojosas de Calatrava E 52 Da70
Hinova RO 174 Cb65
Hinsala FIN 89 Jd36
Hinstock GB 15 Ec23
Hinte D 117 Ca32
Hinterbichl A 143 Eb54
Hinterrhein CH 142 Cc56
Hinterriß A 143 Dd53
Hintersee A 143 Ed52
Hintersee D 120 Fb33
Hinterstoder A 144 Fb52
Hintertux A 143 Dd54
Hinterweidenthal D 133 Ca47
Hinterzarten D 141 Ca51
Hinthaara FIN 98 Kc39
Hinwil CH 142 Cc53
Hio E 36 Ac57
Hióna GR 188 Ba86
Híos GR 191 Dd86
Hippolytushoef NL 116 Ba34
Hipstedt D 118 Da33
Hîrbovaţ MD 173 Ga58
Hirceşti MD 173 Fb56
Hird H 152 Hb57
Hirel F 28 Ed38
Hîrjău MD 173 Fd55
Hırka TR 198 Fc89
Hırkalı TR 192 Fb84
Hırkatepe TR 187 Hb80
Hirla EST 98 La43
Hirova MD 173 Fc56
Hirsala FIN 98 Kb40
Hirschaid D 134 Dc45
Hirschau A 142 Da53
Hirschau D 135 Ea46
Hirschbach D 135 Ea46
Hirschberg D 134 Cc46
Hirschegg A 142 Da53
Hirschegg-Rein A 144 Fc55
Hirschfeld D 128 Fa40
Hirschfelde D 128 Fc42
Hirschhorn D 134 Cc46
Hirsijärvi FIN 74 Kb24
Hirsikangas FIN 83 Lb27
Hirsilä FIN 90 Ka34
Hirsingue F 31 Kb40
Hirsjärvi FIN 89 Jd38
Hirson F 24 Hc33
Hirtolahti FIN 90 Ka35
Hirtop MD 173 Fc59
Hirtop MD 173 Ga57
Hîrtopul Mare MD 173 Fd57
Hirtshals DK 100 Dc19
Hirtzfelden F 31 Kc39
Hirvaanmäki FIN 82 Kb31
Hirvälä FIN 97 Jd39
Hirvas FIN 74 Jd19
Hirvaskoski FIN 75 Kc22
Hirvasniemi FIN 74 Ka24
Hirvassalmi FIN 69 Jd12
Hirvasvaara FIN 74 Kd18
Hirvelä FIN 83 Lc25
Hirvelä FIN 90 La37
Hirvelänpää FIN 89 Ja32
Hirvenlahti FIN 90 Kd34
Hirvensalmi FIN 90 Kd34
Hirviäkuru FIN 69 Ka16
Hirvihaara FIN 90 Kb38
Hirvijärvi FIN 82 Kd27
Hirvijärvi FIN 82 Kd30
Hirvijärvi FIN 89 Ja34
Hirvijärvi FIN 90 Ka38
Hirvijärvi S 73 Ja19
Hirvijoki FIN 81 Jc31
Hirvikangas FIN 90 Kb32
Hirvikoski FIN 90 Kd38
Hirvikylä FIN 90 Ka32
Hirvilahti FIN 82 Kd30
Hirvimäki FIN 90 Kb33
Hirviperä FIN 89 Jc34
Hirvipohja FIN 90 Kc34
Hirvisalo FIN 90 Kd36
Hirvivaara FIN 75 Lb24
Hirvlax FIN 81 Ja29
Hirwaun GB 19 Ea27
Hîrzenhain D 134 Cd43
Hisar TR 198 Fd90
Hisar TR 199 Gc89
Hisaralan TR 192 Fb83
Hisarardı TR 197 Fa89
Hisarcık TR 192 Fd83
Hisarja BG 180 Db72
Hisarköy TR 193 Ha84
Hisarlık TR 187 Gb80
Hisarönü Köy TR 198 Fd92
Hischberg D 135 Ea43
Hishult S 110 Fa53
Hisingen S 102 Eb49
Hiski RUS 99 Lb40
Hislaviči RUS 202 Ec12
Hisøy N 93 Da46
Hissjön S 80 Hb28
Histijanovo BG 180 Dd73
Hita E 46 Dd63
Hitcham GB 21 Ga26
Hitching GB 20 Fc26
Hitiaş RO 174 Bd61
Hitis FIN 97 Jc41
Hitovo BG 181 Fa68
Hitra N 77 Dc29
Hittarp S 110 Ec54
Hittisau A 142 Da53
Hitzacker D 119 Dd34
Hitzhofen D 135 Dd48
Hiukamaa FIN 89 Jd33
Hiukkaa FIN 90 Ka34
Hiukkajoki FIN 91 Ld33
Hızırkahya TR 199 Gb93
Hjäggsjö S 80 Hb28
Hjallerup DK 100 Dc20
Hjällstad S 94 Ed39
Hjälmseryd S 103 Fc50
Hjälmsjö S 110 Ed54
Hjälsta S 96 Gc42
Hjälstad S 103 Fb46
Hjältevad S 103 Fd49
Hjärnarp S 110 Ed53
Hjärsås S 111 Fb54
Hjartdal N 93 Db42
Hjärtum S 102 Ec47
Hjarup DK 108 Db26
Hjelle N 84 Cc34
Hjelle N 85 Da36
Hjellestad N 84 Ca39
Hjelm DK 109 Eb28
Hjelmeland N 92 Cb43
Hjelmset N 70 Ed24
Hjelset N 77 Da31
Hjemås N 66 Fd17
Hjerkinn N 85 Dd34
Hjerm DK 100 Da23
Hjerpsted DK 108 Cd27
Hjerting DK 108 Cd26
Hjo S 103 Fb47
Hjøllund DK 108 Db24
Hjordkær DK 108 Db27
Hjørring DK 100 Dc19
Hjortdal DK 100 Db20
Hjorte DK 108 Dc26
Hjorted S 103 Ga49
Hjorteset N 84 Cb35
Hjortkvarn S 95 Fd45
Hjortsberga S 103 Fb52
Hjortshøj DK 100 Dc23
Hjulsbro S 103 Fd47
Hjulsjö S 95 Fc42
Hlebine HR 152 Gc57
Hlevacha UA 202 Ec14
Hligeni MD 173 Fd55
Hlina MD 172 Ed53
Hlinaia MD 173 Fa54
Hlinaia MD 173 Ga57
Hlinky CZ 135 Ec44
Hlinsko CZ 136 Ga45
Hlipiceni RO 172 Ed56
Hljabovo BG 185 Ea74
Hlobyne UA 204 Ed15
Hlohovec SK 145 Ha50
Hlubočky CZ 137 Gd46
Hluboká nad Vltavou CZ 136 Fb48
Hluchiv UA 202 Ed13
Hlučín CZ 137 Ha45
Hluk CZ 137 Gd48
Hlusk BY 202 Eb13
Hlybokae BY 202 Ea11
Hniezdne SK 138 Jb46
Hnilec SK 138 Jb48
Hnivan' UA 204 Eb15
Hnjótur IS 2 Ab02
Hnojník CZ 137 Hb45
Hnúšťa SK 138 Ja49
Hobeck D 127 Eb38
Höbesalu EST 98 Ka45
Hobiţa RO 175 Cc62
Hobol H 152 Ha58
Hobro DK 100 Dc22
Hocaköy TR 187 Gb78
Hocaköy TR 187 Hb78
Hocalar TR 193 Gb86
Hocalı TR 199 Hb91
Hocaş TR 187 Hb80
Hoceni RO 173 Fb59
Höchberg D 134 Da45
Hochburg A 143 Ec51
Hochdonn D 118 Da31
Höchenschwand D 141 Ca51
Hochfinstermünz A 142 Db55
Hochgurgl A 142 Dc55
Hochheim D 133 Cb44
Höchheim D 134 Dc43
Hochnaukirchen A 145 Gb53
Hochspeyer D 133 Ca46
Höchst CH 142 Cd53
Höchst D 134 Cd45
Hochstadt D 133 Cb46
Höchstädt D 134 Db49
Höchstädt D 135 Ea44
Hochstadt D 135 Dd44
Höchstädt D 135 Eb44
Hochwolkersdorf A 145 Gb52
Hoçisht AL 182 Ba77
Hockenheim D 134 Cc46
Hockley Heath GB 20 Ed25
Hoczew PL 139 Kb46
Hodac RO 172 Dd58
Hodal N 86 Eb33
Hodász H 147 Kb51
Hodde DK 108 Da25
Hoddesdon GB 20 Fc27
Hoddevika N 76 Ca33
Hodejov SK 146 Ja50
Hodenhagen D 118 Da35
Hodkovice nad Mohelkou CZ 128 Fc42
Hódmezővásárhely H 146 Jb56
Hodnanes N 92 Ca41
Hodnet GB 15 Ec23
Hodod RO 171 Cd56
Hodøl N 86 Ec33
Hodonín CZ 137 Gd48
Hodoš SLO 145 Gb55
Hodoşa RO 171 Dc59
Hodošan HR 152 Gc57
Hodrua-Hámre SK 146 Hc50
Hodsager DK 100 Da23
Hodslavice CZ 137 Ha46
Hodul TR 185 Ed80
Hoegaarden B 124 Ad41
Hoek NL 124 Ab38
Hoek van Holland NL 116 Ac36
Hoenderloo NL 117 Bc36
Hoeselt B 124 Ba41
Hoetmar D 125 Cb38
Hof D 135 Ea43
Hof N 93 Dd42
Hof N 93 Dd43
Hofbieber D 126 Da42
Höfen A 142 Db53
Höfen D 134 Cc48
Höfer D 118 Dc35
Hoff N 76 Cc32
Hoffen F 25 Kc36
Hofgeismar D 126 Da39
Hofheim D 134 Cc44
Hofheim D 134 Dc44
Hofkirchen A 144 Fa51
Hofkirchen D 135 Ed49
Hofkirchen im Traunkreis A 144 Fb51
Hofles N 78 Ec25
Höfn IS 3 Bb06
Hofors S 95 Ga39
Hofsós IS 2 Ba03
Hofsøy N 67 Gb11
Hofstad N 78 Ea27
Hofstätten A 144 Ga54
Hofstetten D 142 Dc51
Hofsvík IS 2 Ac04
Hög S 87 Gb35
Höga S 102 Eb48
Höganäs S 110 Ec54
Högås S 80 Gc26
Högås S 102 Eb47
Högbo S 95 Gb39
Högbränna S 72 Gc23
Högbränna S 72 Ha23
Högby S 104 Gc51
Hogdal S 93 Ea44
Høgebru N 84 Cd36
Högen S 94 Eb45
Högerund S 94 Ed43
Høgeset N 85 Da37
Högfors S 95 Fc41
Högfors S 95 Ga41
Höggais FIN 97 Jb40
Höggeröd S 102 Eb47
Högheden S 73 Hb24
Höghilag RO 175 Dc60
Höghiz RO 176 Dd61
Høgild DK 108 Da24
Högland RUS 98 La39
Högland S 79 Fd26
Högland S 80 Ha29
Högland S 87 Gb35
Höglekardalen S 79 Fb31
Höglunda S 79 Fd31
Högnabba FIN 81 Jc29
Hogne B 124 Ba42
Hognes N 78 Ed25
Högsåra FIN 97 Jb41
Högsäter S 102 Ec46
Högsätter S 94 Ec42
Högsbo S 95 Gb41
Högsby S 103 Ga51
Högsjö S 88 Gc32
Högsjö S 95 Fd44
Högsön S 73 Ja21
Högstad S 103 Fc47
Høgstadgård N 67 Gd12
Högstena S 102 Fa47
Högsträsk S 73 Hb19
Högvålen S 86 Ed34
Högvalta S 94 Ed42
Högyész H 146 Hc56
Hohberg D 133 Ca49
Hohburg D 127 Ec40
Hoheleye D 126 Cc40
Hohen D 128 Fa36
Hohenahr D 126 Cc42
Hohenaspe D 118 Db31
Hohenau A 137 Gc49
Hohenau D 135 Ed48
Hohenberg A 144 Ga52
Hohenberg D 135 Eb44
Hohenbocka D 128 Fa40
Hohenbrunn D 143 Ea51
Hohenbucko D 127 Ed39
Hohenems A 142 Cd53
Hohenfels D 135 Ea47
Hohenfurch D 142 Dc51
Hohengörsdorf D 127 Ed38
Hohenhameln D 126 Db37
Höhenkirchen D 143 Ea51
Hohenleipisch D 128 Fa40
Hohenleuben D 127 Eb42
Hohenlinden D 143 Ea51
Hohenlobese D 127 Eb37
Hohenlockstedt D 118 Db31
Hohenmocker D 119 Ed32
Hohenmölsen D 127 Eb41
Hohennauen D 127 Eb36
Hohen Neuendorf D 127 Ed36
Hohenpolding D 143 Eb50
Hohenroth D 134 Db43
Hohensaaten D 120 Fb35
Hohenseeden D 127 Eb37
Hohenseefeld D 127 Ed38
Hohenselchow D 120 Fb34
Hohen Sprenz D 119 Eb31
Hohenstein D 133 Cb43
Hohenstein D 142 Cd50
Hohenstein-Ernstthal D 127 Ec42
Hohentauern A 144 Fb53
Hohentengen D 142 Cd51
Hohenthann D 135 Eb49
Hohen Wangelin D 119 Ec32
Hohenwarsleben D 127 Ea37
Hohenwart D 135 Dd49
Hohenwarth A 144 Ga50
Hohenwarth D 135 Ec47
Hohenwestedt D 118 Db31
Hohenziatz D 127 Eb37
Hohn D 118 Db30
Hohne D 126 Dc36
Höhnhart A 143 Ed51
Höhnhart A 143 Ed52
Höhnstedt D 127 Ea39
Hohnstein D 128 Fb41
Hohnstorf D 118 Dc33
Hoho FIN 90 Kc32
Höhr-Grenzhausen D 125 Ca42
Hohwacht D 119 Dd30
Høiby DK 109 Eb25
Hoikankylä FIN 82 Kd31
Hoikka FIN 75 La24
Hoilola FIN 83 Ma31
Hoisko FIN 81 Jd30
Højby DK 109 Dd27
Højen DK 101 Dd19
Højer DK 108 Cd28
Højerup DK 109 Ec27
Højmark DK 108 Cd24
Højslev DK 100 Db22
Højslev Stationsby DK 100 Db22
Hojsova Stráž CZ 135 Ed47
Hok S 103 Fb50
Hökåsen S 95 Gb42
Hökhuvud S 96 Gd40
Hokka FIN 90 Kd33
Hokkåsen N 94 Ec40
Hokkaskylä FIN 89 Jd33
Hokksund N 93 Dd42
Hokland N 66 Ga12
Hökmark S 81 Hd26
Hökön S 111 Fb53
Hököpinge S 110 Ed56
Hokstad N 78 Eb28
Hökvattnet S 79 Fc28
Hol N 77 Dd31
Hol N 85 Da39
Holand N 66 Fc14
Holand N 79 Fb26
Holandsvika N 70 Fa21
Holapantörmä FIN 75 Kc23
Hola Prystan' UA 204 Ed17
Hólar IS 2 Ba03
Holasovice CZ 137 Ha44
Holbæk DK 101 Dd22
Holbæk DK 109 Eb25
Holbeach GB 17 Fd24
Holbeach Saint Matthew GB 17 Fd23
Holboca RO 173 Fa57
Holbøl DK 108 Db28
Holdenstedt D 127 Ea40
Holdorf D 117 Cc35
Holdre EST 106 Kd47
Høle N 92 Ca44
Hole N 93 Dd41
Hole S 94 Fa41
Holeby DK 109 Ea29
Hølen N 93 Ea43
Holercani MD 173 Fd57
Holešov CZ 137 Gd47
Holevik N 84 Ca35
Holford GB 19 Ea29
Holguera E 45 Bd65
Holíč SK 137 Gd49
Holice CZ 136 Ga44
Holice SK 145 Gd51
Hölick S 88 Gc36
Holiseva FIN 90 Ka34
Holja FIN 90 Ka36
Höljäkka FIN 83 Lc28
Höljes S 86 Ed38
Holkestad N 66 Fc15
Holkonkylä FIN 89 Jd32
Holla N 77 Dc30
Hollabrunn A 136 Ga49
Hollád H 145 Gd56
Hollandstoun GB 5 Ed02
Hollange B 132 Ba44
Holle D 126 Db37
Holleben D 127 Ea40
Høllen N 92 Cd47
Hollenfels L 133 Bb44
Hollenstedt D 118 Db33
Hollerath D 125 Bc42
Hollern-Twielenfleth D 118 Db32
Hollersbach A 143 Eb54
Hollfeld D 135 Dd45
Hollingsholm N 76 Cd31
Hollóháza H 139 Jd49
Hollókő H 146 Ja51
Hollola FIN 90 Kc37
Hollolan FIN 90 Kb37
Hollstadt D 134 Db43
Hollum NL 117 Bc32
Höllviken S 110 Ed57
Hollybush GB 10 Dd15
Hollyford IRL 13 Ca23
Hollyfort IRL 13 Cd23
Hollymount IRL 8 Bc20
Hollywood IRL 13 Cd22
Holm D 118 Db32
Holm DK 108 Db27
Holm FIN 81 Jb28
Holm N 66 Fd12
Holm N 70 Ed24
Holm N 77 Da32
Holm N 93 Ea44
Holm RUS 202 Eb10
Holm S 87 Gb32
Holm S 94 Ec45
Holm S 96 Gc42
Holma FIN 90 Ka35
Hólmavík IS 2 Ad03
Holme S 79 Gb30
Holmedal N 92 Cb41
Holmedal S 94 Ec43
Holmegil N 94 Eb44
Holmen N 70 Fa23
Holmenkollen N 93 Ea41
Holme-Olstrup DK 109 Eb27
Holme-on-Spalding-Moor GB 16 Fb20
Holmes Chapel GB 15 Ec22
Holmestad S 102 Fa46
Holmestrand N 93 Dd43
Holmfirth GB 16 Ed21
Holmfors S 72 Gc24
Holmfors S 73 Hb23
Holmfors S 73 Hc24
Holmisperä FIN 82 Ka29
Holmmo N 78 Fa25
Holmön S 80 Hc28
Holmøyane N 84 Cc34
Holmsbu N 93 Dd42
Holmsjö S 72 Gd24
Holmsjö S 79 Fd31
Holmsjö S 80 Gc29
Holmsjö S 111 Fd53
Holmskij RUS 205 Fc17
Holmstrand N 64 Jb09
Holmsund S 80 Hc29
Holmsvattnet S 80 Hc26
Holmsveden S 87 Gb37
Holmträsk S 73 Hc23
Holmträsk S 80 Hb25
Holmträsk S 80 Ha26
Holmträsk S 80 Gc28
Holmudden S 104 Hb48
Holmvassdalen N 70 Fa22
Holm-Žirkovskij RUS 202 Ec11
Hölö S 96 Gc44
Holod RO 170 Cb57
Holoşniţa MD 173 Fc54
Holøydal N 86 Eb34
Holsbybrunn S 103 Fd50
Holsen N 84 Cc36
Holsljunga S 102 Ed50
Holstad N 78 Eb27
Holstebro DK 100 Da23
Holsted DK 108 Da26
Holsted Stationsby DK 108 Da26
Holstinmäki FIN 74 Ka23
Holsworthy GB 18 Dc30
Holt GB 17 Ga23
Holt N 93 Db45
Holtdalsvollen N 78 Eb31
Holte N 78 Ea31
Holten NL 117 Bd36
Holtet DK 101 Dd21
Holtgast D 117 Cb32
Holt Heath GB 15 Ec25
Holtsee D 118 Db30
Holtslåtten N 94 Eb39
Holum N 92 Cc47
Holungen D 126 Dc39
Holven N 84 Cc39
Holvika N 78 Eb26
Holwerd NL 117 Bc32
Holy Cross IRL 13 Ca23
Holyhead GB 14 Dc22
Holýšov CZ 135 Ed46
Holywell GB 15 Eb22
Holywell GB 19 Eb30
Holywood GB 9 Da17
Holzbach D 133 Ca44
Holzdorf D 127 Ed39
Holzgerlingen D 134 Cc49
Holzhausen D 133 Cb43
Holzheim D 134 Db49
Holzkirchen D 143 Ea52
Holzminden D 126 Da38
Holzthaleben D 126 Dc40
Holzweiler D 125 Bc40
Holzweißig D 127 Eb39
Holzwickede D 125 Ca39
Hömb S 103 Fb47
Homberg (Efze) D 126 Da41
Homberg (Ohm) D 126 Cd42
Homborsund N 93 Da47
Hombourg-Budange F 25 Jd35
Hombourg-Haut F 25 Ka35
Hombukt N 63 Hc08
Homburg am Main D 134 Da45
Homburg (Saar) D 133 Bd46
Homel' BY 202 Ec13
Homeshi AL 182 Ad74
Homme N 92 Cd46
Homme N 92 Cd46
Hommelstø N 70 Ed23
Hommelvik N 78 Eb30
Hommerts NL 116 Bb34
Homocea RO 176 Ed61
Homokszentgyörgy H 152 Ha57
Homoroade RO 171 Cd55
Homorod RO 176 Dd61
Hompland N 92 Cb45
Homps F 41 Ha55
Homrogd H 146 Jc50
Homstad N 78 Ec26
Homstean N 92 Cd46
Homutovka RUS 202 Ed13
Hømvejle DK 108 Da26
Hömyrfors S 73 Jb21
Honaz TR 198 Fd88
Hondarribia E 39 Ec55
Hondelange B 132 Ba45
Hondón de las Nieves E 55 Fa71
Hondón de los Frailes E 55 Fa71
Hondschoote F 21 Gd30
Hønefoss N 85 Dd40
Honfleur F 22 Fd35
Høng DK 109 Ea26
Hongisto FIN 90 Ka38
Hongset N 70 Ed23
Hónikas GR 195 Bd87
Honing GB 17 Gb24
Honiton GB 19 Ea30
Honkajärvi FIN 89 Ja34
Honkajoki FIN 89 Jb34
Honkakoski FIN 82 Kd28
Honkakoski FIN 89 Ja35
Honkakylä FIN 89 Jb32
Honkalahti FIN 91 Lc35
Honkamäki FIN 83 Lb31
Honkamukka FIN 69 Kd15
Honkaperä FIN 82 Kb26
Honkaperä FIN 82 Kb28
Honkaranta FIN 82 Ka29
Honkilahti FIN 89 Jb37
Honkola FIN 82 Kb31
Honkola FIN 89 Jd37
Hønning DK 108 Da27
Honningsvåg N 64 Jc04
Hönö S 102 Eb49
Honrubia E 53 Eb67
Hønseby N 63 Hd06
Hontalbilla E 46 Db61
Hontanares E 46 Cd65
Hontanaya E 53 Ea67
Hontangas E 46 Dc60
Hontianske Nemce SK 146 Hc50
Hontoria del Pinar E 46 Dd60
Hoofddorp NL 116 Ad35
Hoofdplaat NL 124 Ab38
Hoogerheide NL 124 Ac38
Hoogersmilde NL 117 Bd34
Hoogeveen NL 117 Bd35
Hoogezand-Sappemeer NL 117 Ca33
Hooge Zwaluwe NL 124 Ad37
Hooghalen NL 117 Bd34
Hoogkarspel NL 116 Ba34
Hoogkerk NL 117 Bd33
Hoogstade B 21 Ha30
Hoogstede D 117 Ca35
Hoogstraten B 124 Ad38
Hook GB 20 Fb29
Hook Norten GB 20 Fa26
Hooksiel D 117 Cc32
Höör S 110 Fa55
Hoorn NL 116 Ba34
Hopa TR 205 Ga19
Hopârta RO 171 Da59
Hope GB 4 Dd04
Hope GB 15 Eb22
Hope GB 19 Dd32
Hope N 93 Db45
Hope Bowdler GB 15 Eb24
Hopen N 66 Fc14
Hopen N 66 Fd15
Hopen N 77 Db29
Hopfgarten A 143 Ea53
Hopfgarten A 143 Eb55
Höpfingen D 134 Cd46
Hôpital-Camfrout F 26 Dc38
Hopovo SRB 153 Jb60
Hoppegarten D 128 Fa36
Hoppula FIN 74 Kb19
Hopseidet N 64 Ka05
Hopsten D 117 Cb36
Hopsu FIN 90 Kb34
Hopton GB 17 Gc24
Hopton Wafers GB 15 Ec25
Hoptrup DK 108 Db27
Hóra GR 194 Ba89
Hóra GR 196 Db91
Hóra GR 197 Eb88
Horam GB 20 Fd30
Horasan TR 205 Ga19
Horasanlı TR 198 Fc89
Hóra Sfakíon GR 200 Cc95
Hora Svatého Kateřiny CZ 135 Ed43
Hora Svaté Šebestiána CZ 135 Ed43
Horaždovice CZ 136 Fa47
Horb am Neckar D 134 Cc49
Horbelev DK 109 Eb28
Horbury GB 16 Fa21
Hørby DK 100 Dc22
Hørby DK 101 Dd20
Hörby S 110 Fa55
Horcajada de la Torre E 53 Ea66
Horcajo de las Torres E 46 Cd62
Horcajo de los Montes E 52 Cd68
Horcajo de Santiago E 53 Dd66
Horcajo Medianero E 45 Cc63
Horche E 46 Dd64
Horda S 103 Fb51
Hörda S 103 Fb51
Hordabø N 84 Ca38
Hordáki GR 200 Cc94
Hörden D 126 Dc39
Hordorf D 127 Dd38
Hørdum DK 100 Da21
Høre N 85 Db37
Horea RO 171 Cc59
Horeb GB 14 Dc26
Höreda S 103 Fc49
Horeftó GR 189 Ca81
Horémis GR 194 Bb88
Horeşti MD 173 Fa56
Horeşti MD 173 Fd58
Horezu RO 175 Da63
Horgau D 142 Dc50
Horgen CH 141 Cb53
Horgenzell D 142 Cd51
Hörgertshausen D 135 Ea49
Horgeşti RO 176 Ed60
Horgevik N 93 Da43
Horgheim N 77 Da33
Horgoš SRB 153 Jb57
Horhausen D 125 Ca42
Höri CH 141 Cb52
Horia RO 172 Ed58
Horia RO 177 Fb66
Horia RO 177 Fc64
Hořice CZ 136 Ga43
Hořice na Šumavě CZ 136 Fb49
Horígio GR 183 Ca76
Hořiněves CZ 136 Ga44
Horió GR 197 Eb90
Horistí GR 184 Cd76
Hörja S 110 Fa54
Horka D 128 Fc40
Horki BY 202 Eb12
Hörkkölä FIN 91 Lc35
Horleşti RO 173 Fa57
Horley GB 20 Fc29
Horlivka UA 205 Fb15
Hörlösa S 103 Gb51
Hormakumpu FIN 68 Jc15
Hormanloukko FIN 81 Jb31
Hormigos E 46 Da65
Horn A 136 Ga49
Horn N 70 Ed23
Horn N 70 Fa21
Horn S 103 Fb46
Horn S 103 Ga48
Horna E 55 Ed70
Hornachos E 51 Ca70
Hornachuelos E 60 Cc72
Horná Súča SK 137 Ha48
Hornbach D 133 Bd46
Horn-Bad Meinberg D 126 Cd38
Hornbæk DK 109 Ec24
Hornberg D 141 Cb50
Hornberga S 87 Fc37
Hornburg D 126 Dc38
Horncastle GB 17 Fc22
Horndal S 95 Ga40
Horne DK 100 Dc19
Horne DK 108 Dc27
Hörnebo S 103 Fb47
Hörneburg D 118 Db33
Hörnefors S 80 Hb29
Horné Motešice SK 137 Hb48
Horné Mýto SK 145 Ha51
Hornesund N 92 Cd46
Horní Bečva CZ 137 Hb46
Horní Benešov CZ 137 Gd45
Horní Blatná CZ 135 Ec43
Horní Bříza CZ 135 Ed45
Horní Cerekev CZ 136 Fd47
Horní Jelení CZ 136 Ga44
Horní Jiřetín CZ 135 Ed43
Horní Kněžeklady CZ 136 Fb47
Horní Kruty CZ 136 Fc45
Horní Lideč CZ 137 Ha47
Hornillatorre E 38 Dc56
Hornillos de Cerrato E 46 Db59
Hornindal N 84 Cc34
Hørning DK 108 Dc24
Horning GB 17 Gb24
Horninglow GB 16 Ed23
Hornio FIN 89 Jc36
Horní Planá CZ 136 Fa49
Horní Slavkov CZ 135 Ec44
Horní Vltavice CZ 136 Fa48
Hornmyr S 80 Gd26
Hornnes N 92 Cd45
Hornoy-le-Bourg F 23 Gc33
Hornsea GB 17 Fc20
Hornsjø N 85 Ea37
Hörnsjö S 80 Ha28
Hornslet DK 100 Dc23
Hornstein A 145 Gb52
Hornsträsk S 73 Hb24
Hornsyld DK 108 Dc25
Hörnum D 108 Cd28
Hornum DK 100 Db21
Horný Tisovník SK 146 Hd50
Horoatu Crasnei RO 171 Cc56
Horochiv UA 204 Ea15
Horodca MD 173 Fc58
Horodenka UA 204 Ea16
Horodişte MD 173 Fa55
Horodişte MD 173 Fb54
Horodişte MD 173 Fc57
Horodişte MD 173 Fd56
Horodło PL 131 Kd40
Horodnic RO 172 Eb55
Horodniceni RO 172 Eb56
Horodnja UA 202 Ec13
Horodnycja UA 202 Eb14
Horodok UA 204 Ea15
Horodyšče UA 204 Ec15
Horodyszcze PL 131 Kb38

Horonkylä - Impalata

Horonkylä FIN 82 Kc30
Horonkylä FIN 89 Ja32
Horoszki Duże PL 131 Kb36
Hořovice CZ 136 Fa45
Hořovičky CZ 135 Ed44
Horoz TR 198 Ga89
Horrabridge GB 19 Dd31
Horred S 102 Ec50
Hörröd S 111 Fb55
Horrskog S 95 Gb40
Horsdal N 71 Fb18
Horse and Jockey IRL 13 Ca23
Horseleap IRL 13 Cb21
Horsens DK 108 Dc25
Horsham GB 20 Fc29
Hørsholm DK 109 Ec25
Horslunde DK 109 Ea28
Horsmanaho FIN 83 Lc30
Hörsne S 104 Ha49
Horšovský Týn CZ 135 Ec46
Horst D 118 Db32
Horst NL 125 Bc39
Hörstel D 117 Cb36
Horstmar D 125 Ca37
Horstwalde D 127 Ed38
Horsunlu TR 198 Fb88
Hort H 146 Ja52
Horta de Sant Joan E 48 Fd63
Hortas E 36 Ba55
Hortáta GR 188 Ac83
Hørte N 93 Da46
Horten N 93 Dd43
Hortes F 31 Jc40
Hortezuela E 47 Ea61
Hortiátis GR 183 Cb78
Hortigüela E 46 Dd59
Hortlax S 73 Hd23
Hortobágy H 147 Jd52
Horton GB 20 Ed30
Horton GB 20 Fb26
Horton-cum-Studley GB 20 Fa27
Horton in Ribbledale GB 11 Ec19
Hörup D 108 Da28
Hørup DK 108 Dc28
Hørve DK 109 Ea25
Horven N 78 Ec25
Hörvik S 111 Fc54
Horwich GB 15 Ec21
Horyniec PL 139 Kc43
Horyszów Ruski PL 131 Kd41
Horzamalayaka TR 192 Fb86
Horzum TR 192 Fa86
Horzumenbelli TR 192 Fb86
Hoşafoglu TR 187 Ha78
Hosanger N 84 Ca38
Hösbach D 134 Cd44
Hosby DK 108 Dc25
Hoscheid L 133 Bb44
Hosena D 128 Fa40
Hosenfeld D 134 Da43
Hoset N 66 Fc17
Hoset N 77 Da31
Hosiári GR 194 Bc90
Hosingen L 133 Bb43
Hosio FIN 74 Ka21
Hoslemo N 92 Cd42
Hospice de France F 40 Ga57
Hospital E 36 Bc56
Hospital E 40 Fd58
Hospital IRL 12 Bd24
Hospital de Órbigo E 37 Cb57
Hossa FIN 75 Lb21
Hossegor F 39 Ed54
Hössjö S 80 Hb28
Hössjön S 79 Fd28
Hössna S 102 Fa48
Hosszúhetény H 152 Hb57
Hosszúpályi H 147 Ka53
Hosszúpereszteg H 145 Gc54
Hostal de Ispiés E 40 Fc58
Hostalric E 49 Hb60
Hostens F 32 Fb51
Hostěradice CZ 137 Gb48
Hostikka FIN 91 Lb37
Hostinné CZ 136 Ga43
Hostivice CZ 136 Fb44
Hošťka CZ 136 Fb43
Hostomice CZ 136 Fa45
Höstoppen S 79 Fd28
Hostouň CZ 135 Ec46
Hostrupskov DK 108 Db27
Hotanlı TR 186 Fb80
Hotarele RO 180 Eb67
Hotaşlar TR 192 Fa82
Hotedršica SLO 151 Fa58
Hötensleben D 127 Dd37
Hoticy RUS 107 Ld46
Hoting S 79 Ga27
Hotneža RUS 99 Ma42
Hotnica BG 180 Dd70
Hotolisht AL 182 Ad75
Hotonj BIH 158 Hb68
Hotton B 124 Ba42
Hötzelsdorf A 136 Ga49
Hou DK 101 Dd21
Hou DK 108 Dc25
Houdain F 23 Gd31
Houdan F 23 Gc37
Houdelaincourt F 24 Jb37
Houeillès F 40 Fd52
Houetteville F 23 Gb36
Houffalize B 133 Bb43
Houghton-le-Spring GB 11 Fa17
Houhajärvi FIN 89 Jc36
Houlbjerg DK 100 Dc23
Houlgate F 22 Fc35
Houliarádes GR 182 Ad80
Houmnikó GR 194 Cc77
Hourtin F 32 Fa49
Hourtin-Plage F 32 Fa49
Houssay F 28 Fb40
Housukoski FIN 90 Ka32
Houten NL 124 Ba37
Houthalen-Helchteren B 124 Ba40
Houtsala FIN 97 Ja40
Houtskär FIN 97 Ja40
Houyet B 132 Ad43
Hov N 62 Gd09
Hov N 66 Ga13
Hov N 78 Eb26
Hov N 85 Dd39
Hov S 103 Fc47
Hov S 110 Ed53
Hova S 95 Fb45
Høvåg N 93 Da47
Hovås S 102 Eb49
Hovborg DK 108 Da26
Hovda N 92 Cb43
Hovden N 66 Fc12
Hove GB 20 Fc30
Hove N 84 Cb35
Hovedgård DK 108 Dc24
Hövej H 145 Gc53
Hövelhof D 126 Cd38
Hoven DK 108 Da25
Hovenäset S 102 Ea46
Hovet N 85 Da39
Hověží CZ 137 Ha47
Hovi FIN 82 La30
Hovid S 88 Gc33
Hovika N 78 Ec26
Höviken S 94 Ed41
Höviksnäs S 102 Eb48
Hovin N 78 Ea31
Hovin N 93 Db41
Hovin N 93 Ea42
Hovinmäki FIN 90 La34
Hovinsalo FIN 90 Kd33
Hovland N 92 Cb45
Hovmantorp S 103 Fd52
Hovorany CZ 137 Gc48
Hovsherad N 92 Cb45
Hovslätt S 103 Fb49
Hovslund Stationsby DK 108 Db27
Hovsta S 95 Fd43
Hovsund N 66 Fb14
Hovsvågen N 70 Ed21
Howden GB 16 Fb20
Howmore GB 6 Cd08
Hownam GB 11 Ec15
Howth IRL 13 Da21
Höxter D 126 Da38
Hoya D 118 Da35
Hoya de Santa María E 59 Bd72
Hoya-Gonzalo E 54 Ed69
Høyanger N 84 Cb36
Høydalsmo N 93 Da42
Hoyerswerda D 128 Fb40
Høyholm N 70 Ed22
Høyjord N 93 Dd43
Höykkylä FIN 81 Jc30
Höylä FIN 83 Lb28
Hoylake GB 15 Eb21
Høylandet N 78 Ed26
Hoyland Nether GB 16 Fa21
Hoym D 127 Dd38
Hoyocasero E 46 Cd64
Hoyo de Manzanares E 46 Db64
Hoyos E 45 Bd64
Höytiä FIN 90 Kb32
Høyvik N 63 Hc06
Høyvik N 84 Ca35
Hoz E 40 Fc57
Hozabejas E 38 Dc57
Hrabrovo RUS 113 Ja58
Hrabušice SK 138 Jb48
Hrabyně CZ 137 Ha45
Hradčany CZ 136 Fc43
Hradec Králové CZ 136 Ga44
Hradec nad Moravicí CZ 137 Ha45
Hradec nad Svitavou CZ 137 Gb46
Hrádek CZ 136 Fa46
Hrádek CZ 137 Gb49
Hrádek nad Nisou CZ 128 Fc42
Hradyz'k UA 204 Ed15
Hrafnagil IS 2 Ba04
Hrafnseyri IS 2 Ac02
Hráni GR 194 Bb88
Hranice CZ 135 Eb43
Hranice CZ 137 Ha46
Hraničné SK 138 Jc46
Hranovnica SK 138 Jb48
Hrastelnica HR 152 Gb60
Hrastje HR 152 Gb58
Hrastnik SLO 151 Fd57
Hrebenne PL 139 Kd43
Hrebinka UA 202 Ed14
Hredino RUS 99 Mb45
Hřensko CZ 128 Fb42
Hrhov SK 138 Jc49
Hrib-Loški Potok SLO 151 Fb59
Hriňová SK 138 Hd49
Hrísafa GR 194 Bc89
Hrísey IS 2 Ba03
Hříškov CZ 136 Fa44
Hrisópetra GR 183 Cb77
Hrisóstomos GR 196 Dd88
Hrissí GR 201 Db97
Hrissó GR 184 Cc76
Hrissoúpoli GR 184 Db77
Hrissovítsi GR 194 Bb87
Hristiáni GR 194 Ba88
Hristós GR 196 Dd88
Hristovaia MD 173 Fd54
Hrnjadi BIH 152 Gb63
Hrochův Týnec CZ 136 Ga45
Hrodna BY 202 Dd13
Hrómio GR 183 Bb79
Hrónia GR 189 Cb84
Hronov CZ 137 Gb43
Hronský Beňadik SK 146 Hc50
Hrostovice SK 139 Ka47
Hrotovice CZ 136 Ga48
Hroznětín CZ 135 Ec44
Hrtkovci SRB 153 Jb61
Hrubieszów PL 131 Kd41
Hrubov SK 139 Ka47
Hrud PL 131 Ka37
Hruşca MD 173 Fc54
Hrušica SLO 144 Fa56
Hrušica SLO 151 Fa58
Hruşova MD 173 Fd57
Hrušťin SK 138 Hd47
Hrušuvacha UA 203 Fa14
Hrvaćani BIH 152 Ha62
Hrvace HR 158 Gc65
Hrvatska Dubica HR 152 Gc60
Hrvatska Kostajnica HR 152 Gc60
Hrženica HR 152 Gc57
Huaröd S 111 Fb55
Hubbo S 95 Gb42
Huben A 143 Eb55
Huby PL 129 Gb36
Hubynycha UA 205 Fa15
Huchet F 39 Ed53
Hückelhoven D 125 Bc40
Hückeswagen D 125 Ca40
Hucknall GB 16 Fa23
Hucqueliers F 23 Gc31
Huddersfield GB 16 Ed21
Huddunge S 95 Gb41
Hüde D 117 Cc36
Hude D 118 Cd34
Hudene S 102 Ed48
Hudënisht AL 182 Ad76
Hudeşti RO 172 Ec54
Hudiksvall S 87 Gb35
Huedin RO 171 Cd57
Huélago E 60 Dc74
Huélamo E 47 Ec65
Huelgoat F 26 Dd38
Huelma E 60 Dc73
Huelva E 59 Bb74
Huéneja E 61 Dd75
Huércal-Overa E 61 Ec74
Huércanos E 38 Ea58
Huergas E 37 Cb56
Huergas E 37 Cc56
Huérmeces E 38 Dc57
Huerta de Arriba E 46 Dd59
Huerta de la Obispalía E 53 Eb66
Huerta del Rey E 46 Dd60
Huerta de Valdecarábanos E 52 Dc66
Huertahernado E 47 Eb63
Huérteles E 47 Eb59
Huerto E 48 Fc60
Huesa E 61 Dd73
Huesa del Común E 47 Fa63
Huesca E 48 Fc59
Huéscar E 61 Ea73
Huete E 47 Ea65
Huétor Santillán E 60 Dc75
Huétor Tajar E 60 Da75
Hüfingen D 141 Cb51
Hugh Town GB 18 Cc32
Hugla N 70 Fa21
Hugley GB 15 Ec24
Huglfing D 143 Dd52
Huğlu TR 199 Hb89
Huhmarkoski FIN 81 Jc30
Huhtaa FIN 89 Jc36
Huhtala FIN 74 Jd21
Huhtalanniemi FIN 74 Jd18
Huhtamo FIN 89 Jc37
Huhtapuhto FIN 81 Jd27
Huhti FIN 89 Jd37
Huhtia FIN 90 Kb33
Huhtijärvi FIN 90 Ka33
Huhtilampi FIN 83 Ma31
Huhus FIN 83 Ma29
Huikkola FIN 83 Ma31
Huilliécourt F 31 Jc39
Huisheim D 134 Dc48
Huissen NL 125 Bc37
Huissinkylä FIN 81 Jb31
Huittinen FIN 89 Jc37
Huizen NL 116 Ba36
Hujakkala FIN 91 Lb37
Hujansalo FIN 90 Kd36
Hukanmaa S 68 Hd16
Hukkajärvi FIN 83 Ld25
Hukkala FIN 83 Lc30
Hukkala FIN 89 Jc32
Hulby DK 109 Ea27
Hulderbu N 85 Dc34
Hulín CZ 137 Gd47
Huljajpole UA 205 Fb15
Huljen S 87 Gb33
Hullbridge GB 21 Ga27
Hüllhorst D 126 Cd36
Hullo EST 97 Jd44
Hülsede D 126 Da37
Hulsig DK 101 Dd19
Hulst NL 124 Ac39
Hult S 95 Fb44
Hult S 103 Fd49
Hultafors S 102 Ed49
Hulterstad S 111 Gb53
Hultsfred S 103 Ga50
Hultsjö S 103 Fc50
Hulubeşti RO 176 Dd64
Huluboaia MD 177 Fc61
Hum BIH 159 Hd66
Hum HR 151 Fa60
Humada E 38 Db57
Humaloja FIN 82 Ka26
Humanby GB 17 Fc19
Humanes E 46 Dd63
Humberston GB 17 Fc21
Humbie GB 11 Ec13
Humble DK 109 Dd28
Humenné SK 139 Ka47
Humes-Jorquenay F 30 Jb39
Humilladero E 60 Cd75
Humla S 102 Fa48
Humlebæk DK 109 Ec25
Humljani HR 152 Ha59
Humlum DK 100 Da22
Hummelholm S 80 Ha29
Hummelo NL 125 Bc37
Hummelsta S 95 Gb42
Hummelvik N 63 Hc07
Hummersö FIN 96 Hc41
Hummovaara FIN 91 Ld32
Hummuli EST 106 La47
Humpolec CZ 136 Fd46
Humppi FIN 82 Ka31
Humppila FIN 89 Jd37
Hunawihr F 31 Kb38
Hundåla N 70 Fa22
Hundberg N 62 Gd10
Hundberg S 72 Gd23
Hundborg DK 100 Da21
Hundeidvik N 76 Cc33
Hundelev DK 100 Dc20
Hundeluft D 127 Eb38
Hunderdorf D 135 Ec48
Hundeshagen D 126 Db40
Hundested DK 109 Eb25
Hundholmen N 66 Ga14
Hundisburg D 127 Ea37
Hundorp N 85 Dd36
Hundred House GB 15 Ea25
Hundsangen D 125 Cb42
Hundsbach D 133 Ca45
Hundsjö S 80 Ha29
Hundsjön S 73 Hd21
Hundslund DK 108 Dc25
Hundsnes N 76 Cb33
Hundvin N 84 Ca38
Hune DK 100 Dc20
Hunedoara RO 175 Cc61
Hünfeld D 126 Da42
Hunge S 87 Fc32
Hungen D 134 Cd43
Hungerford GB 20 Fa28
Hunnebostrand S 102 Ea46
Hunnefossen N 92 Ca46
Hunnestad S 102 Ec51
Hunspach F 25 Kc35
Hunstanton GB 17 Fd23
Huntingdon GB 20 Fc25
Huntley GB 19 Ec27
Huntly GB 7 Ec08
Hünxe D 125 Bd38
Huopana FIN 82 Kb30
Huopanankoski FIN 82 Kb30
Huparlac F 33 Ha50
Huppy F 23 Gc33
Hüpstedt D 126 Dc40
Hurbanovo SK 145 Hb52
Hurdal N 85 Ea40
Hurdegrave NL 117 Bc33
Hurezani RO 175 Cd64
Huriel F 33 Ha45
Hurissalo FIN 91 Lb34
Hurlers Cross IRL 12 Bc23
Hurliness GB 5 Eb03
Hurones E 38 Dc58
Hurskaala FIN 90 La32
Hurstbourne Priors GB 20 Fa29
Hurstbourne Tarrant GB 20 Fa29
Hurst Green GB 20 Fd30
Hurşunlu TR 193 Hb85
Hürtgenwald D 125 Bc41
Hürth D 125 Bd41
Hurttala FIN 91 Lb37
Huruieşti RO 176 Ed60
Huruksela FIN 90 La38
Hurum N 93 Dd42
Hurup DK 100 Cd22
Huruslahti FIN 90 La32
Hurva S 110 Fa55
Hurworth-on-Tees GB 11 Fa18
Hurzuf UA 205 Fa18
Husa N 84 Cb40
Husa S 78 Fa30
Husaby S 102 Fa46
Húsafell IS 2 Ac04
Husasău de Tinca RO 170 Ca57
Húsavík IS 3 Bb03
Husbondliden S 80 Gd25
Husby D 108 Db28
Husby DK 100 Cd23
Husby N 70 Fa21
Husby S 95 Ga40
Husby-Ärlinghundra S 96 Gd42
Husby-Rekarne S 95 Ga43
Husby-Sjuhundra S 96 Ha42
Husby-Sjutolft S 96 Gc42
Hüseyin TR 199 Gb92
Hüseyinpaşalar TR 191 Ec82
Hushinish GB 4 Cd06
Huşi RO 173 Fb59
Husinec CZ 136 Fa48
Huskvarna S 103 Fb49
Huslenky CZ 137 Ha47
Husnes N 92 Ca41
Husnicioara RO 175 Cc64
Husøy N 62 Gb10
Hustad N 76 Cd31
Hustopeče CZ 137 Gc48
Husula FIN 90 La38
Husula FIN 91 Lb36
Husum D 108 Da29
Husum D 126 Da36
Husum S 80 Ha30
Husum-Ballum DK 108 Cd27
Husvika N 70 Ed22
Huszlew PL 131 Kb37
Hutovo BIH 158 Hb68
Hüttenberg A 144 Fb55
Hüttenberg D 126 Cc42
Hüttenrode D 127 Dd39
Hutthurm D 135 Ed49
Hüttlingen D 134 Db48
Hutton Sessay GB 11 Fa19
Hüttschlag A 143 Ed54
Huttukylä FIN 74 Ka23
Huttula FIN 90 Ka33
Huttwil CH 141 Ca54
Huuhilo FIN 90 La36
Huuhilonkylä FIN 83 Lb25
Huuhkala FIN 69 Ka11
Huukki S 68 Jb16
Huutijärvi FIN 89 Jd35
Huutokoski FIN 83 Lc29
Huutokoski FIN 90 La32
Huutoperä FIN 82 Kb28
Huuttila FIN 90 Kd35
Huuvari FIN 90 Kc38
Huwniki PL 139 Kb45
Huy B 124 Ba41
Hüyük TR 199 Hb88
Hüyüklü TR 193 Ha87
Huzenbach D 133 Cb49
Hvåle N 85 Db40
Hvaler N 93 Ea44
Hvalpsund DK 100 Db22
Hvalvík DK 3 Ca06
Hvalynsk RUS 203 Ga11
Hvam DK 100 Da23
Hvam Mejeriby DK 100 Da23
Hvammstangi IS 2 Ad03
Hvam Stationsby DK 100 Db22
Hvanneyri IS 2 Ac04
Hvar HR 158 Gc67
Hvarnes N 93 Dd43
Hvastoviči RUS 202 Ed12
Hveragerði IS 2 Ac05
Hvidbjerg DK 100 Da22
Hvide Sande DK 108 Cd24
Hvilsom DK 100 Db22
Hvirring DK 108 Db25
Hvitsten N 93 Ea42
Hvittingfoss N 93 Dd43
Hvitträsk FIN 98 Kb40
Hvojna BG 184 Db74
Hvolsvöllur IS 2 Ac05
Hvornum DK 100 Dc22
Hvorostjanka RUS 203 Ga10
Hvorslev DK 100 Dc23
Hybo S 87 Ga35
Hycklinge S 103 Ga48
Hyde GB 16 Ed21
Hyen N 84 Cb35
Hyenville F 22 Fa36
Hyères F 42 Ka55
Hyères-Plage F 42 Ka55
Hyet F 31 Jd41
Hylestad N 92 Cd44
Hylke DK 108 Dc24
Hylla N 78 Eb28
Hyllestad N 84 Ca36
Hyllested Skovgårde DK 109 Dd24
Hyllinge DK 109 Eb27
Hyltebruk S 102 Ed51
Hyltinge S 95 Gb44
Hymont F 31 Jd38
Hynish GB 9 Da14
Hynnekle N 93 Da45
Hyönölä FIN 98 Ka39
Hyötyy FIN 90 La33
Hyrkäs FIN 74 Kb24
Hyrkkälä FIN 91 Lb35
Hyrkkölä FIN 98 Ka39
Hyrsyla FIN 89 Jd35
Hyrvälä FIN 90 Ka37
Hyry FIN 74 Ka22
Hyrylä FIN 98 Kb39
Hyrynsalmi FIN 75 La24
Hysgjokaj AL 182 Ab76
Hysnes N 77 Dd29
Hyssna S 102 Ec49
Hythe GB 20 Fa30
Hythe GB 21 Gb29
Hytölä FIN 82 Kc31
Hytti FIN 91 Lc36
Hyttikoski FIN 82 Kb25
Hyväniemi FIN 75 Kd19
Hyvikkälä FIN 90 Ka37
Hyvinkää FIN 90 Kb38
Hyvölänranta FIN 82 Kb26
Hyvönmäki FIN 91 Ld32
Hyynilä FIN 89 Jc35
Hyypiö FIN 74 Kb18
Hyyppä FIN 89 Ja33
Hyyrylä FIN 90 Ka34
Hyytiälä FIN 90 Ka34
Hyżne PL 139 Ka44

I

Ia GR 196 Db92
Iabloana MD 173 Fa55
Iacobeni RO 172 Ea56
Iacobeni RO 175 Dc60
Ialoveni MD 173 Fd58
Ialpugeni MD 173 Fc59
Iam RO 174 Bd63
Iana RO 177 Fa60
Ianca RO 177 Fa64
Ianca RO 179 Da68
Iancu Jianu RO 175 Da65
Ianoşda RO 170 Ca57
Iare RO 171 Da58
Iargara MD 177 Fc60
Iarova MD 173 Fb53
Iaşi RO 173 Fa57
Íasmos GR 184 Dc77
Ibahernando E 51 Ca67
Iballë AL 159 Jc70
Ibăneşti RO 172 Dd58
Ibăneşti RO 172 Ec54
Ibarra E 39 Ec56
Ibbenbüren D 117 Cb36
Ibdes E 47 Ec62
Ibeas de Juarros E 38 Dc58
İbecik TR 198 Fd90
Ibi E 55 Fb70
İbirler TR 192 Fa82
Ibiza E 56 Gc69
İbradı TR 199 Hb90
Ibramowice PL 138 Ja43
Ibrány H 147 Ka50
İbrikbaba TR 185 Eb79
İbriktepe TR 185 Eb77
Ibros E 52 Dc72
Ibstone GB 20 Fb27
İçdedeler TR 187 Gc79
Ičera BG 180 Eb72
Ichalia GR 189 Bc81
Ichenhausen D 142 Db50
Ichenheim D 133 Ca49
Ichtershausen D 127 Dd41
İçikler TR 192 Fb85
İçikli TR 193 Gc86
Icking D 143 Dd51
Icklingham GB 21 Ga25
Icksjö S 87 Fc38
Iclănzel RO 171 Db59
Iclod RO 171 Da57
İçmeler TR 197 Fa91
Ičnja UA 202 Ec14
Icoana RO 175 Db66
Icuşeşti RO 172 Ed58
Idala S 102 Ec50
Idala S 110 Fa54
Idanha-a-Nova P 44 Bb65
Idar-Oberstein D 133 Ca45
Idbacka S 79 Gb26
Idd N 94 Eb44
Ideciu de Jos RO 171 Dc58
Iden D 119 Eb35
Iden GB 21 Ga30
Ideņa LV 107 Lc50
Idenor S 87 Gb36
Idivuoma S 68 Hd13
Idkerberget S 95 Fd40
Idom DK 100 Cd23
Idoméni GR 183 Ca76
Idoš SRB 174 Bb60
Ídra GR 195 Cb88
Idre S 86 Ed35
Idrica RUS 107 Mb51
Idrija RUS 107 Mb51
Idrija SLO 151 Fa58
İdrisyayla TR 193 Gc83
Idro I 149 Db58
Idrsko SLO 150 Ed57
Idstein D 133 Cb43
Idus LV 106 Kc47
Idvattnet S 79 Gb26
Idvor SRB 153 Jc60
Idvor SRB 174 Bb62
Idzików PL 137 Gc44
Iecava LV 106 Kb52
Iecelnieki LV 107 Lc50
Iedera RO 176 Ea64
Ieper B 21 Ha30
Iepureşti RO 180 Ea67
Ierápetra GR 201 Dc96
Ieras LV 105 Jc51
Ieriķi LV 106 Kd49
Ierissós GR 184 Cd79
Iernut RO 171 Db59
Ieropigí GR 182 Ba77
Ieud RO 171 Db55
Iezărenii Vechi MD 173 Fb56
Ifac E 55 Fd70
Iffeldorf D 143 Dd52
Iffendic F 27 Ec39
Iffezheim D 133 Cb48
Iffigenalp CH 141 Bc56
Ifield GB 20 Fc29
Ig SLO 151 Fb58
Igaküla EST 97 Jd45
Igal H 145 Ha56
Igalo MNE 159 Hc69
Igar H 146 Hc55
Igate LV 106 Kc49
Iğdeci TR 199 Gc88
Iğdecik TR 192 Fb85
Iğdecik TR 192 Fb87
Iğdecik TR 193 Hb82
Iğdır TR 186 Fd80
Igé F 34 Ja45
Igea E 47 Ec59
Igea Marina I 156 Eb64
Igel D 133 Bc45
Igelfors S 95 Fd45
Igelstorp S 103 Fb47
Igensdorf D 135 Dd46
Igerøy N 70 Ed22
Igersheim D 134 Da46
Iggaldas N 64 Jb07
Iggensbach D 135 Ed49
Iggesund S 87 Gb36
Iggön S 88 Gc38
Ighişu Nou RO 175 Db60
Ighiu RO 175 Cd60
Ightham GB 20 Fd29
Iglarevo KSV 178 Ba71
Iglesiarrubia E 46 Dc59
Iglesias E 38 Db58
Iglesias I 169 Bd79
Igliauka LV 114 Kb58
Iglika BG 181 Ec69
Igliškėliai LV 114 Kb58
Igls A 143 Dd54
Ignaberga S 110 Fa54
Ignalina LT 115 Lb55
Ignaţei MD 173 Fc56
İğneada TR 186 Fa75
İğneler TR 185 Ed76
Igneşti RO 170 Cb59
Igny-Comblizy F 24 Hc36
Igołomia PL 138 Ja44
Igomel' RUS 99 Ma44
Igoumenítsa GR 182 Ac80
Igrane HR 158 Gd67
Igrejinha P 50 Ad69
Igualada E 49 Gc61
Igualeja E 60 Cc76
Igüeña E 37 Ca56
Ihamäki FIN 89 Jd38
Ihamaniemi FIN 91 Lc32
Ihamaru EST 107 Lb46
Ihari FIN 90 Ka36
Iharos H 152 Gd57
Iharosberény H 152 Gd57
Ihasalu EST 98 Kc42
Ihaste EST 99 Lb45
Ihastjärvi FIN 90 La33
Ihlienworth D 118 Cd32
Ihlow D 117 Cb33
Ihode FIN 89 Ja37
Iholdy F 39 Fa55
Ihotunlahti FIN 82 Kd28
Ihova SLO 144 Ga56
Ihrlerstein D 135 Ea48
İhsaniye TR 186 Fc79
Ihsaniye TR 186 Ga79
İhsaniye TR 193 Gc83
İhsaniye TR 193 Gc84
İhsaniye TR 199 Gd91
Ii FIN 74 Ka23
Iidır TR 191 Ea86
Iigaste EST 106 La47
Iijärvi FIN 64 Ka09
Iiksenvaara FIN 83 Ld30
Iinattijärvi FIN 75 Kc22
Iinattiniemi FIN 75 Kc22
Iiroonranta FIN 81 Jd31
Iisalmi FIN 82 Kd28
Iisinki FIN 74 Jd18
Iisvesi FIN 82 Kd31
Iitin FIN 90 Kd37
Iittala FIN 90 Ka37
IJmuiden NL 116 Ad35
IJsselmuiden NL 117 Bc35
IJsselstein NL 124 Ba37
IJzendijke NL 124 Ab38
Ikaalinen FIN 89 Jc35
Ikast DK 108 Db24
Ikervár H 145 Gc54
İkibaşlı TR 192 Fd83
İkizce TR 198 Fd93
İkizdere TR 191 Ed87
Ikkala FIN 89 Jd33
Ikkala FIN 98 Ka39
Ikkelajärvi FIN 89 Jb33
Ikla EST 106 Kb47
Ikornnes N 76 Cc33
Ikosenniemi FIN 74 Kb22
İkramiye TR 187 Gb79
Ikrény H 145 Gd52
Ikšķile LV 106 Kc51
Ilandža SRB 174 Bc62
Ilanz CH 142 Cc55
Ilava SK 137 Hb48
Iława PL 122 Hc32
Ilberstedt D 127 Ea38
Ilbro DK 100 Dc20
il Castagno I 155 Db66
Ilche E 48 Fd59
Ilchester GB 19 Eb30
Ileana RO 176 Ec66
Ileanda RO 171 Da56
Île de Fédrun F 27 Ec42
Ilenuţa MD 173 Fb56
Il'eši RUS 99 Ma41
Ilfeld D 126 Dc39
Ilford GB 20 Fd28
Ilfracombe GB 19 Dd29
Ilgardere TR 185 Eb80
Ilgaz TR 205 Fb20
Ilgın TR 193 Hb87
Ilgižiai LV 114 Kb56
Ilguva LV 114 Kb57
Ílhavo P 44 Ac63
Ilia GR 189 Ca83
Ilia RO 175 Cc60
Iliç TR 205 Fd20
Ilıca TR 191 Ea86
Ilıca TR 192 Fa81
Ilıcabaşı TR 193 Gd83
Ilıcak TR 186 Fa80
Ilıcaköy TR 199 Ha91
Ilıcaksu TR 192 Ga82
Ilıcasu TR 192 Fd84
Ilidža BIH 159 Hc65
Ilija Bläskovo BG 181 Ec70
Ilijaš BIH 159 Hc64
Ilijno BG 180 Db72
Il'ino RUS 202 Eb11
Il'insko-Zaborskoe RUS 203 Fb08
Iliókastro GR 195 Ca88
Iliokómi GR 184 Cd77
Ilirska Bistrica SLO 151 Fb59
Iljinskoje RUS 113 Jd59
Iljušino RUS 113 Jd59
Ilkestone GB 16 Fa23
Ilkkurşunköy TR 192 Fa87
Ilkley GB 16 Ed20
Illana E 47 Ea65
Illano E 37 Bd54
Illar E 61 Ea76
Illasi I 149 Dc59
Illby FIN 90 Kc38
Illerrieden D 142 Da50
Illertissen D 142 Da50
Illescas E 46 Db65
Ille-sur-Têt F 41 Ha57
Illičivs'k UA 204 Ec17
Illiers-Combray F 29 Gb39
Illingen D 133 Bd46
Illingen D 134 Cc48
Illkirch-Graffenstaden F 25 Kc37
Illmensee D 142 Cd51
Illmitz A 145 Gc52
Illo FIN 89 Jc36
Illo FIN 97 Jc40
Illois F 23 Gc34
İllora E 60 Db74
Illschwang D 135 Ea46
Illueca E 47 Ed61
Illuka EST 99 Lb42
Illzach F 31 Kb39
Ilmajoki FIN 89 Jb32
Ilmenau D 127 Dd42
Il'men' Suvorovskij RUS 203 Fd14
Ilmington GB 20 Ed26
Ilminster GB 19 Eb30
Ilmjärve EST 107 Lb47
Ilmoila FIN 90 Ka36
Ilmola FIN 74 Jc21
Ilmolahti FIN 82 Kb30
Il'mova Gora RUS 107 Mb49
Ilok HR 153 Ja60
Ilola FIN 90 Kc38
Ilomäki FIN 82 Kc31
Ilomäki FIN 89 Jd33
Ilomantsi FIN 83 Ma30
İlören TR 193 Hb82
Ilosjoki FIN 82 Kb29
Ilovăt RO 174 Cb64
Ilovice BIH 159 Hc65
Ilovita RO 174 Cb64
Iłów PL 130 Ja36
Iłowa PL 128 Fd40
Iłowo PL 121 Gd33
Iłowo-Osada PL 122 Ja34
Ilsbo S 87 Gb35
Ilsede D 126 Dc37
Ilsenburg D 126 Dc38
Ilseng N 86 Eb38
Ilsfeld D 134 Cd47
Ilshofen D 134 Da47
Ilskov DK 100 Da23
Ilttula FIN 97 Jc39
Ilūkste LV 115 Lb53
Ilumäe EST 98 Kd41
Ilva Mare RO 172 Dd56
Ilva Mică RO 171 Dc56
Ilvesjoki FIN 89 Jb33
Ilyasbey TR 199 Gb88
İlyasbey TR 187 Gb80
İlyaslı TR 192 Fd85
İlyaslar TR 191 Ed84
İlyaslar TR 192 Fb83
İlyaslar TR 193 Hb87
İlyaspaşa TR 193 Hb84
Iłża PL 130 Jc40
Ilzene LV 107 Lb48
İmamlar TR 198 Fd90
Imatra FIN 91 Lc35
Imatrankoski FIN 91 Lc35
Imavere EST 98 Kd44
Imbarė LT 113 Jb54
Imbradas LT 115 Lb54
İmbros GR 200 Cc95
İmecik TR 199 Gb91
Imeciksusuzu TR 199 Gb91
Imeľ SK 145 Hb51
Imenicy RUS 99 Mb42
Imeno SLO 151 Ga57
Imer I 150 Ea57
Ímeros GR 184 Dc77
Imielin PL 138 Hc44
Imirizaldu E 39 Fa57
Imjärvi FIN 90 Kd36
Immeln S 111 Fb54
Immendingen D 142 Cc51
Immenhausen D 126 Da39
Immenreuth D 135 Ea45
Immenstaad D 142 Cd52
Immenstadt D 142 Db52
Immilä FIN 90 Kc37
Immingham GB 17 Fc21
Immolanmäki FIN 91 Lb32
Imola I 150 Dd63
Imón E 47 Ea62
Imotski HR 158 Gd66
Impalata I 162 Ha75

Jasa Tornič – Kąkolewnica Wschodnia

Jasa Tornič SRB 174 Bc61
Jaščera RUS 99 Hd41
Jasenak HR 151 Fc60
Jasenica BIH 152 Gb62
Jasenica SRB 174 Ca66
Jasenice HR 157 Ga64
Jasenie SK 138 Hd48
Jasenik HR 152 Gd58
Jasenkovo BG 181 Ec69
Jasenovac HR 152 Gc60
Jasenovec BG 181 Ec69
Jasenovo SRB 174 Bc63
Jasenovo SRB 178 Ad67
Jasenskaja RUS 205 Fc16
Jasień PL 121 Gd30
Jasień PL 121 Hb30
Jasień PL 128 Fc39
Jasienica PL 120 Fb33
Jasienica PL 128 Fc38
Jasienica PL 130 Jc36
Jasienica PL 138 Hc45
Jasienica Dolna PL 137 Gd43
Jasienie PL 129 Ha41
Jasieniec PL 130 Jb38
Jasika SRB 178 Bc68
Jasikovo SRB 174 Bd66
Jasionka PL 139 Ka43
Jasionna PL 121 Gb35
Jasionna PL 130 Hd38
Jasionów PL 138 Ja46
Jasionówka PL 123 Kb32
Jasionowo PL 123 Ka30
Jašiūnai LT 114 La58
Jaškul' RUS 205 Ga15
Jaślany PL 139 Jd43
Jasło PL 139 Jd45
Jasná SK 138 Hd48
Jasnaja Poljana RUS 113 Jd59
Jasna Poljana BG 181 Fa73
Jasnoe RUS 113 Jc57
Jasnogorsk RUS 203 Fa11
Jasov SK 138 Jc48
Jásova SK 145 Hb51
Jastarnia PL 121 Hb29
Jastkowice PL 131 Ka42
Jastrebarsko HR 151 Ga59
Jastrebino RUS 99 Ma41
Jastrowie PL 121 Gc33
Jastrząb PL 130 Jc40
Jastrząbka PL 122 Jc34
Jastrzębia PL 130 Jc39
Jastrzębia PL 138 Jc45
Jastrzębia Góra PL 112 Ha58
Jastrzębie-Zdrój PL 137 Hb45
Jaświły PL 123 Kb32
Jasynuvata UA 205 Fb15
Jászalsószentgyörgy H 146 Jb53
Jászapáti H 146 Jb53
Jászárokszállás H 146 Ja52
Jászberény H 146 Ja53
Jaszczołty PL 123 Ka35
Jászfényszaru H 146 Ja52
Jászkarajenő H 146 Jb54
Jászkisér H 146 Jb53
Jászladány H 146 Jb53
Jaszów PL 137 Gd43
Jászszentandrás H 146 Jb52
Jászszentlászló H 146 Ja56
Jät S 103 Fc52
Játar E 60 Db75
Jatko FIN 75 Kc22
Jättendal S 87 Gb35
Jättensö S 87 Ga33
Jättölä FIN 98 Ka39
Jatwież PL 123 Kb32
Jatznick D 120 Fa33
Jauge F 32 Fb51
Jauhojärvi FIN 68 Jc16
Jauja E 60 Cd74
Jaulín E 47 Fa61
Jaulnay F 28 Fd43
Jaun CH 141 Bc55
Jaunaglona LV 107 Lc52
Jaunalūksne LV 107 Lc48
Jaunanna LV 107 Lc49
Jaunauce LV 105 Jd52
Jaunbērze LV 106 Ka51
Jaunciems LV 105 Jc48
Jaunciems LV 105 Jd49
Jaundziras LV 105 Jd51
Jaungulbene LV 107 Lb49
Jauniūnai LT 114 La57
Jaunjelgava LV 106 Kd51
Jaunjērcēni LV 106 Kd48
Jaunkalsnava LV 106 La51
Jaunlaicene LV 107 Lb48
Jaunlutriņi LV 105 Jc51
Jaunmuiža LV 105 Jc51
Jaunpasts LV 105 Jd50
Jaunpiebalga LV 106 La49
Jaunpils LV 106 Ka51
Jaunsaras E 39 Ec56
Jaunsāti LV 105 Jd51
Jaunsaule LV 106 Kc52
Jaunsmiltene LV 106 La48
Jaunsvirlauka LV 106 Kb52
Jaurakkajärvi FIN 75 Kc23
Jausa EST 97 Jc45
Jausiers F 43 Kb51
Javarus FIN 69 Kb17
Jávea E 55 Fd70
Jävenitz D 127 Ea36
Javerlhac-et-la-Chapelle-Saint-Robert F 33 Ga48
Javgur MD 173 Fc59
Javier E 39 Fa57
Javierre E 40 Fc58
Javorani BIH 152 Gd62
Javorec BG 180 Dc71
Javorina SK 138 Ja47
Javoriv UA 204 Dd15
Javorná CZ 135 Ec44
Javorná CZ 135 Ed47
Javornic HR 151 Fd61
Javorník CZ 137 Gc43
Jävre S 73 Hd24
Javron F 28 Fc38
Jawor PL 129 Gb41
Jaworki PL 138 Jb46
Jawornik PL 138 Ja45
Jaworowice PL 139 Kb45
Jaworze PL 138 Hc45
Jaworzno PL 129 Hb41
Jaworzno PL 138 Hd44
Jaworzyna Śląska PL 129 Gb42
Jayena E 60 Db75
Jaywick GB 21 Gb27
Jaz MNE 159 Hd70
Jazente P 44 Ba61
Jeantes F 24 Hc33
Jebel RO 174 Bc61
Jedburgh GB 11 Ec15
Jedlicze PL 139 Jd45
Jedlina-Zdrój PL 129 Gb42
Jedlińsk PL 130 Jc39
Jedlnia-Letnisko PL 130 Jc39
Jednorożec PL 122 Jb34
Jedovnice CZ 137 Gc47
Jędrychowo PL 122 Hc32
Jędrychowo PL 122 Hd30
Jędrzejów PL 130 Ja42
Jędrzychowice PL 129 Gb39
Jédula E 59 Ca76
Jedwabne PL 123 Jd33
Jedwabno PL 122 Jb32
Jeesiö FIN 69 Jd15
Jeesiöjärvi FIN 69 Jd15
Jegălia RO 181 Fa67
Jegerup DK 108 Db27
Jeggau D 127 Dd36
Jegind DK 100 Da22
Jegłownik PL 122 Hc31
Jégun F 40 Fd54
Jegunovce MK 178 Bb72
Jēkabpils LV 106 La52
Jeksen DK 108 Dc24
Jektvika N 70 Fa19
Jektvika N 70 Fa19
Jelaci SRB 178 Bb68
Jelah BIH 152 Hb62
Jelanec' UA 204 Ed16
Jelašca BIH 159 Hc66
Jelašnica SRB 174 Ca66
Jelcz-Laskowice PL 129 Gd41
Jelen Do SRB 159 Jc64
Jelenec SK 145 Hb50
Jelenia Gora PL 128 Ga42
Jeleniewo PL 123 Ka30
Jelenin PL 128 Fd39
Jelenino PL 121 Gb32
Jelesejevići SRB 159 Jb64
Jelésnia PL 138 Hd46
Jelgava LV 106 Kb51
Jelgavkrasti LV 106 Kc49
Jelling DK 108 Db25
Jel'niki RUS 113 Jc58
Jelonki PL 123 Jd34
Jelovac SRB 174 Bd66
Jelovoje RUS 113 Jd58
Jełowa PL 129 Ha42
Jels DK 108 Da26
Jelsa HR 158 Gc67
Jelsa N 92 Cb42
Jelšane SLO 151 Fb60
Jelšava SK 138 Jb49
Jelsi I 161 Fc73
Jemelle B 132 Ba43
Jemenovci SRB 174 Bc62
Jemenuño E 46 Da62
Jemeppe-sur-Meuse B 124 Ad42
Jemgum D 117 Cb33
Jemielnica PL 137 Hb43
Jemielno PL 129 Gb39
Jena D 127 Ea41
Jenakijeve UA 205 Fb15
Jenaz CH 142 Cd54
Jenbach A 143 Ea53
Jenikowo PL 120 Fd33
Jenlain F 24 Hb32
Jennersdorf A 145 Gb55
Jenny S 103 Gb49
Jensåsvoll N 86 Ec32
Jenstad N 77 Dc33
Jenzat F 34 Hb45
Jeppo FIN 81 Jb29
Jepua FIN 81 Jb29
Jerez de La Frontera E 59 Bd76
Jerez del Marquesado E 61 Dd75
Jerez de los Caballeros E 51 Bc70
Jergucat AL 182 Ac79
Jérica E 54 Fb66
Jerichow D 127 Eb36
Jerka PL 129 Gc38
Jerlev DK 108 Db25
Jerli Perlez KSV 178 Bb71
Jerpåsen N 71 Fb23
Jerrettspass GB 9 Cd18
Jersika LV 107 Lb52
Jerslev DK 100 Dc20
Jeršov RUS 203 Ga11
Jeršovo RUS 113 Jb58
Jerte E 45 Cb65
Jerup DK 101 Dd19
Jerxheim D 127 Dd37
Jerzens A 142 Dc54
Jerzmanowa PL 128 Ga39
Jerzmanowice PL 138 Hd44
Jerzu I 169 Cb78
Jerzwałd PL 122 Hc32
Jesberg D 126 Cd41
Jesenice CZ 135 Ed44
Jesenice CZ 136 Fb45
Jesenice SLO 144 Fa56
Jeseník CZ 137 Gd44
Jeserig D 127 Ec37
Jesewitz D 127 Ec40
Jesi I 156 Ec66
Jesolo I 150 Eb59
Jésonville F 31 Jd39
Jessen D 127 Ed39
Jessheim N 94 Eb41
Jeßnitz D 127 Eb39
Jesteburg D 118 Db33
Jestetten D 141 Cb52
Jestřebí CZ 136 Fc43
Jeti EST 106 La47
Jettingen D 134 Cc49
Jettingen-Scheppach D 142 Db50
Jetzendorf D 143 Dd50
Jeugny F 30 Hb39
Jeumont F 24 Hc32
Jeurre F 31 Jc44
Jevenstedt D 118 Db30
Jever D 117 Cc32
Jevíčko CZ 137 Gc46
Jevišovice CZ 136 Ga48
Jevnaker N 85 Dd40
Jevpatorija UA 205 Fa17
Jevreni MD 173 Fd57
Ježe PL 123 Jd32
Jezera BIH 152 Ha63
Jezerane HR 151 Fd61
Jezerce KSV 178 Bb71
Jezero BIH 152 Gd63
Ježević HR 158 Gc65
Ježevo HR 152 Gb59
Jeżewo PL 121 Hb33
Jeżewo PL 122 Hd35
Jeziorany PL 122 Ja31
Jeziora Wielkie PL 129 Ha36
Jeziorki Wałeckie PL 120 Ga34
Jeziorko PL 123 Jd33
Jeziorowice PL 130 Hd42
Jeziorsko PL 129 Hb38
Jeziory Wielkie PL 129 Gc37
Jeziorzany PL 131 Ka39
Jeżów PL 130 Ja38
Jeżowe PL 139 Ka43
Jiana RO 174 Cb65
Jiana Mare RO 174 Cb65
Jibert RO 176 Dd61
Jibou RO 171 Cd56
Jichișu de Jos RO 171 Da57
Jičín CZ 136 Fd43
Jičíněves CZ 136 Fd43
Jidvei RO 175 Db60
Jierijärvi S 73 Ja18
Jieznas LT 114 Kc58
Jihlava CZ 136 Fd47
Jijila RO 177 Fb63
Jijona E 55 Fb71
Jilava RO 176 Ea66
Jilavele RO 176 Ec65
Jilemnice CZ 136 Fd43
Jilové CZ 128 Fb42
Jílové u Prahy CZ 136 Fb45
Jiltjaur S 72 Gb23
Jimbolia RO 174 Bb60
Jimena E 60 Dc73
Jimena de la Frontera E 59 Cb77
Jiménez de Jamuz E 37 Cb58
Jimramov CZ 137 Gb46
Jina RO 175 Da61
Jince CZ 136 Fa45
Jindřichov CZ 137 Gd44
Jindřichovice CZ 135 Ec44
Jindřichovice pod Smrkem CZ 128 Fd41
Jindřichův Hradec CZ 136 Fc48
Jinošov CZ 137 Gb47
Jirkov CZ 135 Ed43
Jirlău RO 176 Ed64
Jistebnice CZ 136 Fb46
Jitia RO 176 Ec62
Jivjany CZ 135 Ec46
Joachimsthal D 120 Fa35
Joakim-Gruevo BG 180 Db73
João Serra P 58 Ad72
Joarilla de las Matas E 37 Cd58
Jobbágyi H 146 Ja52
Jochberg A 143 Eb53
Jocketa D 135 Eb43
Jockfall S 73 Ja19
Jockgrim D 133 Cb47
Jódar E 60 Dc73
Jodeliszki PL 123 Kb30
Jodłowa PL 139 Jd44
Jodłownik PL 138 Jb45
Jodoigne B 124 Ad41
Jõelähtme EST 98 Kc42
Joensuu FIN 83 Ld30
Joesjö S 71 Fc22
Jõgeva EST 98 La44
Johampolis LT 114 Ka55
Johannesfors S 80 Hc28
Johann-Georgenstadt D 135 Ec43
Johannishus S 111 Fd54
Johanniskirchen D 135 Ec49
Johanniskreuz D 133 Ca46
Johansfors S 102 Ed52
Johansfors S 103 Fd52
John o'Groats GB 5 Ec04
Johnsbach A 144 Fb53
John's Cross GB 20 Fd30
Johnshaven GB 7 Ed10
Johnstone GB 10 Dd13
Johnstown IRL 13 Cb23
Johnstown IRL 13 Cd23
Johovac BIH 152 Hb62
Johovac BIH 153 Hd62
Jöhstadt D 135 Ed43
Jõhvi EST 99 Lb42
Joigny F 30 Hb39
Joinville F 30 Jb38
Joița RO 176 Ea66
Jokela FIN 74 Ka19
Jokela FIN 82 Kc27
Jokela FIN 90 Kb38
Jøkelfjord N 63 Hc08
Jokihaara FIN 89 Jb35
Jokihaara FIN 90 Kb32
Jokijärvi FIN 75 Kd21
Jokijärvi FIN 82 Kc30
Joki-Kokko FIN 74 Kb23
Jokikunta FIN 98 Ka39
Jokikylä FIN 74 Ka23
Jokikylä FIN 75 La24
Jokikylä FIN 81 Jd27
Jokikylä FIN 81 Jc29
Jokikylä FIN 81 Ja31
Jokikylä FIN 82 Kb27
Jokikylä FIN 82 Ka25
Jokikylä FIN 89 Jc33
Jokina Čuprija SRB 159 Jb65
Jokiniemi FIN 90 Ka38
Jokioinen FIN 89 Jd38
Jokiperä FIN 81 Ja31
Jokipii FIN 89 Jb32
Jokisalo FIN 81 Ja31
Jokivarsi FIN 81 Jd31
Jokivarsi FIN 89 Jb34
Jokivarsi FIN 89 Jc32
Jokkikylä FIN 83 Lb27
Jokkmokk S 72 Ha19
Jokūbavas LT 113 Jb55
Jola E 51 Bb67
Jolanda di Savoia I 150 Ea61
Jolda P 44 Ad59
Jolkka FIN 81 Jc28
Jølle N 92 Cb47
Jöllen S 87 Fb37
Joloskylä FIN 74 Kb23
Jølstad N 86 Ea38
Joltai MD 177 Fd61
Jomala FIN 96 Hc40
Jomås N 93 Da45
Jonai LV 114 Kb59
Jönåker S 95 Gb45
Jonasvollen N 86 Ec34
Jonava LT 114 Kc57
Joncherey F 31 Kb40
Jonchery F 30 Jb39
Jonchery-sur-Vesle F 24 Hc35
Joncy F 30 Ja44
Jondal N 84 Cb39
Jondalen N 93 Dc42
Joniec PL 122 Ja35
Joniškis LT 114 Kb53
Joniškis LT 115 Lb56
Joniškėlis LT 114 Kc53
Jonkeri FIN 83 Lc26
Jönköping S 103 Fb49
Jonkovo BG 181 Ec69
Jonkowo PL 122 Ja31
Jonku FIN 75 Kc22
Jonquières F 42 Jb52
Jonsa FIN 82 La28
Jonsberg S 103 Gb46
Jonsdorf D 128 Fc42
Jonsered S 102 Ec49
Jönshyttan S 95 Fc42
Jønsrud N 86 Eb38
Jonsrud N 94 Eb39
Jonstorp S 110 Ec54
Jonvelle F 31 Jc39
Jonzac F 32 Fc48
Jonzier F 35 Jd45
Jöpiste EST 97 Jd45
Joppolo I 164 Ga82
Jora de Mijloc MD 173 Fd56
Jorăști RO 177 Fb61
Jordankino BG 179 Cd71
Jordanów PL 138 Ja45
Jordanów Śląski PL 129 Gc42
Jordbro S 96 Gd44
Jördenstorf D 119 Ec32
Jordet N 86 Ec36
Jordløse DK 108 Dc27
Jorgastak N 64 Jc10
Jörgeveste EST 106 La47
Jork D 118 Db33
Jörlanda S 102 Eb48
Jørlunde DK 109 Ec25
Jormasjokisuu FIN 82 La26
Jormlien S 79 Fb25
Jormua FIN 82 Kd25
Jormvattnet S 79 Fb26
Jörn S 73 Hb24
Jornini LV 105 Jc49
Joroinen FIN 90 La32
Jørpeland N 92 Ca44
Jorquera E 54 Ed69
Jørstad N 78 Ed27
Jørstad N 92 Ca43
Jørstadmoen N 85 Ea37
Jørundland N 93 Da44
Jorvas FIN 98 Kb40
Jošanica BIH 159 Hc65
Jošanica KSV 178 Ba70
Jošanica SRB 178 Bd67
Jošanička Banja SRB 178 Ba68
Joseni RO 172 Ea58
Josenii Bârgăului RO 171 Dc57
Joševa SRB 153 Ja62
Josipdol HR 151 Fd61
Josipovac HR 153 Hc59
Joškar-Ola RUS 203 Fc08
Joskaudai LT 113 Jb54
Josnes F 29 Gc40
Jøsok N 76 Cb33
Jossa D 134 Da43
Jössefors S 94 Ec42
Josselin F 27 Eb40
Jøssenøya N 77 Dc29
Jossgrund D 134 Da44
Jøssund N 78 Eb27
Jostaji LV 105 Jd51
Jósvafő H 138 Jb49
Josvainiai LV 114 Kb56
Jotainiai LT 114 Kc55
Jou P 44 Bb60
Joudeikiai LT 114 Ka53
Joué-Etiau F 28 Fb42
Joué-lès-Tours F 29 Ga42
Joué-sur-Erdre F 28 Fa41
Jouet-sur-l'Aubois F 30 Hb43
Jõuga EST 99 Lb42
Jougne F 31 Ka43
Jouhenvaara FIN 91 Ld32
Jouhet F 33 Ga45
Jouix F 33 Gd48
Joukio FIN 91 Ld34
Joukokylä FIN 75 Kd23
Jouques F 42 Jd53
Joure NL 117 Bc34
Journy F 21 Gc30
Joutenniva FIN 82 Ka27
Joutsa FIN 90 Kc34
Joutsenkylä FIN 75 La20
Joutsenlampi FIN 90 Kc34
Joutseno FIN 91 Lc36
Joutsijärvi FIN 74 Kc18
Joutsjärvi FIN 90 Kd35
Joux-la-Ville F 30 Hc41
Jouy-le-Châtel F 24 Hb37
Jouy-le-Potier F 29 Gc40
Jovkovo BG 181 Fb68
Jovnes N 93 Db45
Jovsa SK 139 Ka48
Joyeuse F 34 Ja51
Józefów PL 130 Jc37
Józefów PL 131 Jd41
Józefów PL 131 Kc42
Józsa H 147 Ka52
Juankoski FIN 83 Lb29
Juan-les-Pins F 43 Kc53
Jübar D 119 Dd35
Jübek D 108 Db29
Jublains F 28 Fb39
Jubrique E 59 Cb76
Jučaičiai LT 113 Jd56
Juchavičy BY 202 Ea11
Jüchen D 125 Bc40
Juchnowiec Dolny PL 123 Kb34
Juchowo PL 121 Gb32
Jüchsen D 134 Dc43
Jucu RO 171 Da58
Judaberg N 92 Ca43
Judaži LV 106 Kd50
Judelnik BG 180 Eb68
Judenau A 144 Ga50
Judenburg A 144 Fc54
Judin RUS 203 Fc14
Judino RUS 107 Ma48
Judino RUS 113 Jc59
Judinsalo FIN 90 Kb34
Judrėnai LT 113 Jc55
Juelsminde DK 108 Dc25
Juf CH 142 Cd56
Juggijaur S 72 Ha19
Jugon-les-Lacs F 26 Ec38
Jugorie SLO 151 Fd59
Jugureni RO 176 Eb64
Jugy F 30 Jb44
Juhnov RUS 202 Ed11
Juhonpieti S 68 Ja17
Juhtimäki FIN 89 Jc34
Juigné-des-Moutiers F 28 Fa41
Juillac F 33 Gb48
Juilly F 23 Ha36
Juist D 117 Ca32
Jukajärvi FIN 91 Lc34
Jukeronperä FIN 82 Kb26
Jukkasjärvi S 67 Hb15
Juknaičiai LT 113 Jc56
Juksjaur S 71 Fd22
Juktån S 72 Gc24
Jule N 79 Fb27
Julianadorp NL 116 Ba34
Julianstown IRL 9 Cd20
Jülich D 125 Bc41
Julita S 95 Ga44
Jullouville F 22 Ed37
Julnes N 78 Ec28
Julo FIN 83 Ld28
Jumaliskylä FIN 75 Lb24
Jumeaux F 34 Hc48
Jumesniemi FIN 89 Jc35
Jumilhac-le-Grand F 33 Gb48
Jumilla E 55 Ed71
Juminda EST 98 Kc41
Juminen FIN 82 La28
Jumisko FIN 75 Kc19
Jumkil S 96 Gc41
Jumo FIN 97 Ja39
Jumprava LV 106 Kd51
Jumurda LV 106 La50
Juncosa E 48 Ga61
Jundola BG 179 Cd73
Juneda E 48 Ga61
Jung S 102 Ed47
Jungėnai LV 114 Kb59
Jungingen D 142 Cc50
Junglinster L 133 Bb44
Jungsund FIN 81 Hd30
Junik KSV 178 Ad71
Junik SRB 159 Jc69
Juniskär S 88 Gc33
Juniville F 24 Hd35
Junkerdal N 71 Fd19
Junkerdal turistcenter N 71 Fd19
Junkovac SRB 174 Bb65
Junnikkala FIN 91 Lc35
Junnonoja FIN 82 Kb26
Junnonperä FIN 81 Jd27
Junosando S 68 Hd16
Junqueira P 44 Ad62
Junquera de Tera E 45 Ca59
Junsele S 79 Gb29
Juntinaapa FIN 69 Ka16
Juntinvaara FIN 83 Lc25
Juntusranta FIN 75 Lb22
Juodaičiai LV 114 Kb56
Juodainiai LT 113 Jd55
Juodeikiai LT 113 Jb54
Juodkrantė LT 113 Jb56
Juodpėnai LT 114 Kd54
Juodupė LT 114 La53
Juojärvi FIN 83 Lc31
Juoksengi S 73 Jb19
Juoksenki FIN 73 Jb19
Juokslahti FIN 90 Kb34
Juokuanvaara FIN 74 Jd21
Juonto FIN 83 Lb25
Juopuli FIN 74 Kb23
Juorkuna FIN 75 Kc23
Juornaankylä FIN 90 Kc38
Juostininkai LT 114 Kd55
Juotasjärvi FIN 74 Kb19
Juper BG 180 Eb68
Jupilles F 28 Fd40
Jupiter RO 181 Fc68
Jura MD 173 Fd56
Jurata PL 121 Hb29
Jurbarkas LT 114 Ka57
Juré F 34 Hd46
Jūrė LV 114 Kb58
Jūrė LV 114 Kb58
Jur'evec RUS 203 Fb08
Jur'ev-Pol'skij RUS 203 Fa09
Jurgelionys LT 115 Lb59
Jurgežeriai LV 114 Kb59
Jurgi LV 105 Jd51
Jüri EST 98 Kb42
Jurignac F 32 Fc48
Jurilovca RO 177 Fd65
Jur'jivka UA 205 Fa15
Jūrkalne LV 105 Jb51
Jurki PL 122 Hd31
Jurklošter SLO 151 Fd58
Jurkowice PL 130 Jc42
Jurkowo Węgorzewskie PL 123 Jd30
Jūrmala LV 106 Kb50
Jūrmalciems LV 113 Ja53
Jurmo FIN 97 Hd39
Jurmo FIN 97 Ja41
Jurmu FIN 75 Kd21
Juromenha P 51 Bb69
Jurovo RUS 203 Fb08
Jurowce PL 123 Kb33
Juršići HR 151 Fa61
Juršinci SLO 144 Ga56
Jursla S 103 Ga46
Jurva FIN 89 Ja32
Jurvala FIN 91 Lb36
Jurvansalo FIN 82 Kb30
Juseu E 48 Fd59
Juškovo RUS 107 Ld48
Jussac F 33 Ha49
Jussey F 31 Jc40
Jussy-Champagne F 29 Ha43
Jussy-le-Chaudrier F 30 Hb42
Justa RUS 203 Ga14
Justøy N 93 Da47
Juszkowy Gród PL 123 Kc34
Juta H 145 Ha56
Jüterbog D 127 Ed38
Jutigny F 30 Hb38
Jutis S 72 Gb20
Jutrosin PL 129 Gc39
Jutsajaure S 72 Ha18
Juttuanvaara FIN 83 Lc25
Juuansaari FIN 83 Ma29
Juujärvi FIN 74 Kb19
Juuka FIN 83 Lc28
Juuma FIN 74 La18
Juupajoki FIN 90 Ka34
Juupakylä FIN 89 Jc32
Juurikka FIN 83 Lb31
Juurikka FIN 91 Ma32
Juurikkalahti FIN 82 La26
Juurikkamäki FIN 83 Lb30
Juurikkasalmi FIN 91 Ld32
Juurikorpi FIN 90 La38
Juuru EST 98 Kc43
Juurussuo FIN 74 Ka24
Juutinen FIN 82 Kc26
Juva FIN 89 Jb38
Juva FIN 91 Lb33
Juvigné F 28 Fa39
Juvigny-en-Perthois F 24 Jb37
Juvigny-le-Tertre F 22 Fa37
Juvola FIN 91 Lc32
Juvre DK 108 Cd27
Juža RUS 203 Fb09
Juzanvigny F 30 Ja38
Juzennecourt F 30 Ja39
Juzet-d'Izaut F 40 Ga56
Jūžintai LT 114 La54
Južnoukrajins'k UA 204 Ec16
Južnyj RUS 113 Ja59
Južnyj RUS 205 Ga15
Jyderup DK 109 Ea26
Jylhä FIN 82 Kc29
Jylhämä FIN 82 Kc25
Jyllinge DK 109 Eb25
Jyllinkoski FIN 89 Jb34
Jyllintaival FIN 89 Jb32
Jyrinki FIN 81 Jd27
Jyrkänkoski FIN 75 La19
Jyrkkä FIN 82 Kd27
Jyry FIN 81 Ja31
Jyväskylä FIN 90 Kb33
Jyväskylän maalaiskunta FIN 90 Kb32
Jzobil'nyj RUS 205 Fd16

K

Kaagjärve EST 106 La47
Kaagvere EST 99 Lb45
Kaagvere EST 107 Lb46
Kaakamo FIN 74 Jc21
Kaalasjärvi S 67 Ha15
Kaali EST 105 Jc46
Kaali EST 105 Jd46
Kaamanen FIN 64 Ka10
Kaamasjoki FIN 64 Ka10
Kaamasmukka FIN 64 Jd09
Kaanaa FIN 89 Jd34
Kaanaa FIN 90 Kb38
Kaanaa FIN 97 Jb39
Käännänmäki FIN 82 Ka28
Kaansoo EST 98 Kc45
Kääntöjärvi S 68 Hc16
Kääpa EST 107 Lc47
Kaarakkala FIN 82 Kd27
Kaarela FIN 74 Ka23
Kaarepere EST 98 La44
Kaaresuvanto FIN 68 Hd13
Kääriälä FIN 90 La34
Kääriänperä FIN 74 Kb23
Kaarina FIN 97 Jb39
Kaarlela FIN 81 Jb28
Kaarma EST 105 Jc46
Kaarnalampi FIN 83 Lc30
Kaarnevaara S 68 Ja15
Kaarnijärvi FIN 74 Kb19
Kaaro FIN 89 Ja37
Kaarßen D 119 Dd34
Kaarst D 125 Bd40
Kaartilankoski FIN 91 Lb34
Kaarto FIN 69 Jd16
Kaartotienperä FIN 74 Jd23
Kaartunen FIN 81 Jc30
Kaasmarkku FIN 89 Ja36
Kaavere EST 98 Kd45
Kaavi FIN 83 Lb29
Kaba H 147 Jd53
Kabaağaç TR 198 Fc88
Kabaca TR 187 Ha80
Kabakça TR 186 Fb77
Kabaklar TR 192 Ga85
Kabaklı TR 192 Fd83
Kabakoz TR 186 Ga77
Kabakoz TR 192 Fb84
Kabakum TR 191 Eb83
Kabala EST 98 Kd44
Kabalak TR 187 Ha78
Kabalar TR 192 Fd87
Kabalı TR 191 Ed81
Kabalı TR 205 Fb19
Kabaseki TR 198 Ga92
Kabböle FIN 98 Kd39
Kåbdalis S 73 Hb21
Kabeliai LT 123 Kd30
Kabelvåg N 66 Fc14
Kaberneeme EST 98 Kc42
Kabile BG 180 Eb72
Kabile LV 105 Jc51
Kablešovo BG 181 Ed72
Kabli EST 106 Kb47
Kabmasmohkki FIN 64 Jd09
Kabriste EST 106 Kb46
Kač SRB 153 Jb60
Kačanik KSV 178 Bb72
Kačanovo RUS 107 Ld48
Kačarevo SRB 174 Bb63
Kacelovo BG 180 Ea69
Kačerginė LV 114 Kb57
Kačergiškė LT 115 Lc55
Kaceřov CZ 135 Ed45
Kachovka UA 205 Fa16
Kacice PL 122 Jb35
Kačikol KSV 178 Bb70
Kąclowa PL 138 Jc45
Kácov CZ 136 Fc45
Kaczanowo PL 129 Gd37
Kaczkowo PL 129 Gb39
Kaczorów PL 128 Ga42
Kaczory PL 121 Gc34
Kadaga LV 106 Kc50
Kadaň CZ 135 Ed43
Kadıdondurma TR 185 Eb77
Kadijača KSV 178 Ba69
Kadiķi LV 106 Kb51
Kadıköy TR 185 Ec78
Kadıköy TR 186 Fa76
Kadıköy TR 186 Fd79
Kadıköy TR 187 Ha80
Kadıköy TR 191 Ec83
Kadıköy TR 191 Ed81
Kadıköy TR 193 Gd85
Kadıköy TR 197 Fa89
Kadıköya TR 192 Fa83
Kadıköy = Evreșe TR 185 Ec78
Kadıkuyusu TR 193 Gd84
Kadılar TR 185 Eb80
Kadılar TR 193 Gc87
Kadılı TR 186 Ga78
Kadıncık TR 193 Hb83
Kadıovacık TR 191 Ea86
Kadirler TR 198 Ga93
Kadłub PL 129 Hb42
Kadłubówka PL 123 Kb35
Kadłub Turawski PL 129 Ha42
Kadrifakovo MK 183 Bd74
Kadrina EST 98 Kd42
Kadriye TR 185 Ec76
Kaduj RUS 202 Ed08
Kädva EST 98 Kc44
Kadyj RUS 203 Fb08
Kadymka RUS 113 Jd59
Kadzidło PL 122 Jc33
Kædeby DK 109 Dd28
Kaelase EST 98 Kb45
Käenkoski FIN 83 Ma29
Kafacakaplancık TR 197 Fa89
Kåfjord N 62 Ha09
Kåfjord N 64 Jc05
Kåfjordbotn N 63 Hb10
Kåfjorddalen N 63 Hb10
Kağan TR 191 Ed85
Kåge S 80 Hc25
Kågeröd S 110 Ed55
Kaharlyk UA 204 Ec15
Kähkölä FIN 83 Lc26
Kahl D 134 Cd44
Kahla D 127 Ea42
Kähtävä FIN 81 Jd27
Kahya TR 198 Fc92
Kaidankylä FIN 89 Jd34
Kaihlasjärvi FIN 75 Kc23
Kaikino RUS 99 Lc41
Käikul S 73 Hb20
Käina EST 97 Jc44
Kainach A 144 Fc54
Kainasto FIN 81 Jb31
Kainasto FIN 89 Ja32
Kaindorf A 144 Ga54
Kainu FIN 81 Jc29
Kainulasjärvi S 73 Hd18
Kainuunkylä FIN 73 Jb20
Kainuunmäki FIN 82 Kd27
Kaipiainen FIN 90 La37
Kaipola FIN 90 Kb34
Kairahta FIN 90 Kc33
Kairala FIN 69 Kb16
Kairala FIN 75 Kd20
Kairėnai LV 114 Kb55
Kairiai LT 114 Kb54
Kairiai LT 113 Jb55
Kairila FIN 89 Jb35
Kairiškiai LT 113 Jd53
Kaisepakte S 67 Gd14
Kaisers A 142 Db54
Kaisersbach D 134 Da48
Kaisersesch D 133 Bd43
Kaiserslautern D 133 Ca46
Kaisheim D 134 Dc48
Kaišiadorys LT 114 Kd57
Kaitainen FIN 90 La33
Kaitainsalmi FIN 82 La26
Kaitajärvi FIN 74 Jc19
Kaitsor FIN 81 Ja30
Kaitum S 67 Ha16
Kaiu EST 98 Kc43
Kaivanto FIN 82 Kc25
Kaive LV 105 Jd50
Kaive LV 106 La50
Kaivola FIN 89 Ja38
Kaivomäki FIN 90 La33
Kajaani FIN 82 Kd26
Kajala FIN 97 Jb39
Kajan AL 182 Ab76
Kajánújfalu H 146 Jc55
Kajbolovo RUS 99 Lc40
Kajbolovo RUS 99 Ld40
Kajdacs H 146 Hc56
Kajnardža BG 181 Fa68
Kajoo FIN 83 Lb29
Kájov CZ 136 Fb49
Kajsackoe RUS 203 Ga12
Kakalétri GR 194 Bb88
Kakanj BIH 158 Hb64
Kakasd H 153 Hc57
Kakavija AL 182 Ac79
Käkelä FIN 75 La23
Kakerbeck D 127 Ea36
Kakí GR 195 Cb87
Kakkilahti FIN 82 Kc26
Kakkisenvaara FIN 83 Ld28
Kaklık TR 198 Fd88
Kakmuži MNE 159 Ja67
Kąkol PL 121 Hb34
Kąkolewnica Wschodnia PL 131 Kb37

Klenovica – Korita

Klenovica HR 151 Fc61
Kleosin PL 123 Kb33
Kleppe N 85 Dc35
Kleppe N 92 Ca44
Kleppenes N 84 Cb34
Kleppestø N 84 Ca39
Klępsk PL 128 Ga38
Klepstad N 66 Fb14
Klėriškės LT 114 Kd58
Kleśno PL 120 Ga35
Kleszczele PL 123 Kb35
Kleszczewo PL 129 Gc37
Kleszczów PL 130 Hc40
Kleszczów PL 137 Hb43
Kleszewo PL 122 Jb35
Klėtiškė LT 113 Jd55
Kletnja RUS 202 Ec12
Kletno PL 137 Gc44
Kletskij RUS 203 Fd13
Klettgau D 141 Cb52
Klettwitz D 128 Fa39
Kleve D 125 Bc38
Kleven N 92 Cc47
Klevmarken S 94 Eb45
Klevshult S 103 Fb50
Klewianka PL 123 Ka32
Klewki PL 122 Ja32
Klezeno RUS 107 Lc47
Kličav BY 202 Eb12
Kličevac SRB 174 Bc64
Kliczków PL 128 Fd40
Klidí GR 183 Bb77
Klidí GR 183 Ca78
Klieken D 127 Eb38
Kliening A 144 Fc55
Klietz D 127 Eb36
Kligene LV 106 Kd50
Klíma GR 183 Bb78
Klíma GR 189 Cc83
Klimaszewnica PL 123 Ka32
Klimatáki GR 182 Ba79
Klimatiá GR 182 Ab79
Klimavičy BY 202 Ec12
Kliment BG 181 Ec69
Klimkovice CZ 137 Ha45
Klimontów PL 131 Jd42
Klimontów PL 138 Jb43
Klimovo RUS 107 Ma47
Klimovo RUS 202 Ec13
Klimovsk RUS 202 Ed10
Klimpfjäll S 71 Fc24
Klin RUS 202 Ed10
Klina KSV 178 Ba70
Klincovka RUS 113 Ja58
Klincovka RUS 203 Ga11
Klincy RUS 202 Ec13
Klindiá GR 188 Ba86
Klinga N 78 Ec26
Klingenbach A 145 Gb52
Klingenberg D 134 Cd45
Klingenmünster D 133 Cb47
Klingenthal D 135 Eb43
Klingersel S 73 Hc20
Klingnau CH 141 Cb52
Kliniča Sela HR 151 Ga59
Klink D 119 Ec33
Klinkby DK 100 Cd22
Klinó GR 182 Ba80
Klintebjerg DK 109 Dd26
Klintehamn S 104 Gd50
Klippan S 110 Ed54
Klippen S 71 Fc22
Klippen S 80 Gc28
Klippinge DK 109 Ec27
Klirou CY 206 Jb97
Klis HR 158 Gc66
Klisa HR 153 Hd59
Klisino PL 137 Ha44
Klissoúra GR 183 Bb78
Klissoúra GR 188 Ad81
Klisura BG 179 Cc72
Klisura BG 179 Da71
Klisura SRB 179 Ca71
Klisurica BG 179 Cc68
Klitmøller DK 100 Da21
Klitoría GR 188 Bb86
Klitten D 128 Fc40
Klitten S 87 Fb37
Klivi LV 106 Kc52
Kljajićevo SRB 153 Hd58
Kljasino RUS 99 Ma40
Kljavino RUS 203 Ga09
Ključ BIH 152 Gc63
Klo N 66 Fd12
Klobouky u Brna CZ 137 Gc48
Kłobuck PL 130 Hc41
Klobuk BIH 158 Ha67
Klobuky CZ 136 Fa44
Klöch A 144 Ga55
Klockestrand S 88 Gc32
Klockrike S 103 Fd46
Klockträsk S 73 Hb24
Kłoczew PL 131 Jd38
Kłodawa PL 120 Fd35
Kłodawa PL 130 Hc37
Klöden D 127 Ec39
Kłodzko PL 137 Gc43
Kløfta N 93 Ea41
Klokk N 76 Cd32
Klokkarvik N 84 Ca39
Klokkarvollen N 62 Ha08
Klokkerholm DK 100 Dc20
Klokočevac SRB 174 Ca65
Klokočevci HR 152 Hb59
Klokočov SK 137 Hb46
Klokotnica BG 185 Dd74
Kłomnice PL 130 Hd41
Klonowa PL 129 Hb40
Klooga EST 98 Ka43
Klooganranna EST 98 Ka42
Klopicy RUS 99 Ma40
Kłopoty-Stanisławy PL 123 Kb35
Klos AL 182 Ac74
Klosi AL 163 Jc72
Kloštar HR 152 Gd58
Kloštar Ivanic HR 152 Gb59
Kloster DK 108 Cd24
Klosterfelde D 120 Fa35
Klosterhaar NL 117 Bd35
Klosterle A 142 Da54
Klosterlechfeld D 142 Dc50
Klostermansfeld D 127 Ea39
Klosterneuburg A 145 Gb50
Klosters CH 142 Da55
Kloster Zinna D 127 Ed38
Kloten CH 141 Cb53
Kloten S 95 Fd42
Klötze D 127 Dd36
Klovainiai LT 114 Kb54
Klovborg DK 108 Db24
Klövedal S 102 Eb48
Klöverfors S 73 Hc24
Klöverträsk S 73 Hc22
Kløvimoen N 71 Fb23
Klövsjö S 87 Fb33
Kløvstad N 86 Eb37
Klubben N 65 Kc06
Klubben N 84 Ca34
Klubbfors S 73 Hc24
Klubbukt N 63 Ja06
Klubbvik N 65 Kb06
Kluczbork PL 129 Ha41
Klucze PL 138 Hd43
Kluczewo PL 120 Ga32
Kluczewsko PL 130 Ja41
Kluki PL 121 Gc29
Klukowa Huta PL 121 Gd30
Klukowicze PL 131 Kb36
Klukowo PL 122 Jb35
Klukowo PL 123 Ka35
Kluksdal N 78 Ec30
Klund N 94 Eb43
Klundert NL 124 Ad38
Klungland N 92 Ca45
Kluge BIH 152 Ha62
Kluse D 117 Ca34
Kl'ušov SK 139 Jd47
Klüsserath D 133 Bc44
Klusy PL 123 Jd31
Klutmark S 80 Hc25
Klutsjön S 86 Ed34
Kluž D 119 Ea31
Klwów PL 130 Jb39
Klykoliai LT 113 Jd53
Kłyżów PL 131 Ka42
Knaben N 92 Cc45
Knaften S 80 Gd26
Knäm S 94 Ea45
Knaphill GB 20 Fb29
Knappenrode D 128 Fb40
Knapphus N 92 Ca42
Knapstad N 93 Ea42
Knapton GB 16 Fb19
Knäred S 110 Fa53
Knaresborough GB 11 Fa19
Knarvik N 84 Ca38
Knätte S 102 Fa48
Knebel DK 109 Dd24
Kneesall GB 16 Fb22
Kneese D 119 Dd32
Kneesworth GB 20 Fc26
Knesebeck D 118 Dc35
Kneža BG 179 Da69
Knežak SLO 151 Fb59
Kneževici Sušica SRB 159 Jb65
Kneževi Vinogradi HR 153 Hc59
Kneževo HR 153 Hc58
Kněžice CZ 136 Fd44
Knežina BIH 159 Hd64
Kněžmost CZ 136 Fc43
Knić SRB 174 Bb66
Knićanin SRB 153 Jc60
Knídi GR 183 Bb79
Knighton GB 15 Eb25
Knight's Town IRL 12 Ad25
Knin HR 158 Gb64
Knislinge S 111 Fb54
Knista S 95 Fc44
Knittelfeld A 144 Fc54
Knittlingen D 134 Cc47
Knīvert LV 105 Jb52
Kniveton GB 16 Ed23
Knivsta S 96 Gc42
Knjaževac SRB 179 Ca68
Knjazevo RUS 107 Mb51
Knjaževo RUS 203 Fb08
Knjažica RUS 99 Ma45
Knock IRL 8 Bd19
Knock IRL 12 Bb23
Knockalough IRL 12 Bc23
Knockaunalour IRL 12 Bd25
Knockaunnaglashy IRL 12 Ba24
Knockbrandon IRL 13 Cd23
Knockcroghery IRL 8 Ca20
Knockdrin IRL 9 Cb20
Knockeen Cross Roads IRL 12 Bb24
Knockferry IRL 8 Bc20
Knockin GB 15 Eb23
Knocknabul Cross IRL 12 Bb24
Knocknagashel IRL 12 Bb24
Knocks IRL 12 Bc26
Knocktopher IRL 13 Cb24
Knockvicar IRL 8 Ca19
Knodara CY 206 Jc96
Knokke-Heist B 124 Aa38
Knopkägra FIN 89 Jc40
Knoppe S 87 Gb34
Knorydy PL 123 Kb35
Knottingley GB 16 Fa20
Knowehead GB 10 Dd15
Knowl Hill GB 20 Fb28
Knudby DK 100 Db22
Knudshoved DK 109 Dd27
Knurów PL 137 Hb44
Knurowiec PL 122 Jc35
Knutby S 96 Gd41
Knutsford GB 15 Ec22
Knutsvik N 92 Cb43
Knyszyn PL 123 Ka33
Koactarla TR 185 Ed74
Kobaklar TR 192 Fb84
Kobarid SLO 150 Ed57
Kobbevåg N 62 Gd10
Kobbevåg N 63 Hc06
Kobbfoss N 65 Kc09
Kobela EST 107 Lb47
Købelev DK 109 Ea28
Kobeljaky UA 204 Ed15
København DK 109 Ec26
Kobeřice CZ 137 Ha45
Kobern-Gondorf D 133 Ca43
Kobiele Wielkie PL 130 Hd41
Kobiljane BG 184 Dc75
Kobilje SLO 145 Gb56
Kobiór PL 138 Hc44
Kobišnica SRB 174 Cb66
Koblenz D 133 Ca43
Kobona RUS 202 Eb08
Koboža RUS 202 Ed08
Kobrinskoe RUS 99 Mb40
Kobryn BY 202 Dd14
Kobyla Góra PL 129 Ha40
Kobylanka PL 120 Fc33
Kobylin PL 123 Jd33
Kobylin PL 129 Gc39
Kobylin-Borzymy PL 123 Ka34
Kobyłka PL 130 Jc36
Kobylnica PL 121 Gc30
Kobylniki PL 129 Gb36
Kobylniki PL 130 Ja36
Koca Ahmetler TR 199 Gd90
Kocaali TR 185 Ec79
Kocaali TR 187 Gd78
Kocaaliler TR 199 Gd90
Kocaavşar TR 191 Ed82
Kocabaş TR 198 Fd88
Kocabey TR 192 Fb83
Kocaçeşme TR 185 Eb78
Kocadağ TR 191 Ec82
Kocadağ TR 199 Gd90
Kocadere TR 198 Fd88
Kocadöngel TR 187 Gc78
Kocaeli TR 187 Gb78
Kocagöl TR 186 Fa80
Kocagöl TR 193 Gb86
Kocahıdır TR 185 Ea78
Kocaiskan TR 192 Fa83
Koçak TR 192 Ga86
Koçak TR 193 Gb83
Kocakangan TR 192 Fa84
Kocakaymaz TR 187 Gb78
Kocakovacık TR 192 Fd81
Kocalar TR 185 Eb80
Kočane SRB 178 Bb69
Kočani MK 179 Ca73
Kocaoba TR 191 Ed82
Kocaöz TR 193 Gd85
Kocapınar TR 191 Ed81
Koçar TR 187 Gd78
Koçarlı TR 197 Ed88
Koçaş TR 193 Hb87
Kocayaka TR 192 Ga87
Kocayazı TR 185 Ec74
Koçbeyli TR 193 Gd86
Koceljevo SRB 153 Jb63
Kočėnai LT 106 Kd52
Kočeni LV 106 Kd48
Kočerin BIH 158 Ha66
Kočerinovo BG 179 Cb73
Kočetovka RUS 203 Fb12
Kočevje SLO 151 Fc59
Kočevska Reka SLO 151 Fc59
Kochanowice PL 129 Hb42
Kochcice PL 129 Hb42
Kochel am See D 143 Dd52
Kochfidisch A 145 Gb54
Kochowo PL 129 Ha37
Kocień Wielkie PL 121 Gb35
Kocierzew PL 130 Ja37
Kočilar MK 183 Bc74
Kociołek Szlachecki PL 122 Jc32
Kock PL 131 Ka38
Kočkarlej RUS 203 Fd10
Kočmar BG 181 Ed69
Kočov CZ 135 Ec45
Kočovo BG 181 Ec70
Kocs H 145 Hb52
Kocsér H 146 Jb54
Kocsola H 145 Hb56
Kocsord H 147 Kb51
Kócsújfalu H 146 Jc52
Kocular TR 199 Ha88
Koçyazı TR 193 Hb85
Koczała PL 121 Gc32
Kodal N 93 Dd44
Kodavere EST 99 Lb44
Kode S 102 Eb48
Kodeń PL 131 Kc37
Kodeniec PL 131 Kb38
Kodersdorf D 128 Fc41
Kodesjärvi FIN 89 Ja34
Kodiksami FIN 89 Ja37
Kodisjoki FIN 89 Ja37
Köditz D 135 Ea43
Kodjala FIN 89 Ja38
Kodrąb PL 130 Hd41
Kodyma UA 204 Ec16
Kodžadžik MK 182 Ad74
Koekelare B 21 Ha29
Kœnigsmacker F 25 Jd34
Koersel B 124 Ba40
Koeru EST 98 Kd43
Koetschette L 132 Ba44
Kœtzingue F 31 Kc40
Kofçaz TR 185 Ec74
Kofinou CY 206 Jb97
Köflach A 144 Fc54
Köfles A 142 Dc54
Kog SLO 145 Gb56
Køge DK 109 Ec26
Kogula EST 105 Jc46
Koguva EST 97 Jd45
Kohila EST 98 Kb43
Köhkörö FIN 89 Jc35
Kohlberg D 135 Eb46
Köhlen D 118 Cd32
Kohma RUS 203 Fa09
Kohmu FIN 82 Kb31
Kohren-Sahlis D 127 Ec41
Kohtla-Järve EST 99 Lb41
Kohtla Nõmme EST 99 Lb42
Koigi EST 98 Kd43
Koigi EST 98 Kd44
Koijärvi FIN 89 Jd37
Koikkala FIN 91 Lb34
Koikküla EST 106 La47
Koili CY 206 Hd97
Koilovci BG 180 Db69
Kõima EST 106 Kb46
Koimäki FIN 90 Kd32
Koimla EST 105 Jc47
Köinge S 102 Ec51
Koirakoski FIN 82 La28
Koirasalmi FIN 82 Ka29
Koiravaara FIN 75 La21
Koisjärvi FIN 98 Ka39
Koisko SLO 150 Ed58
Koitila FIN 75 Kd21
Koitsanlahti FIN 91 Ld34
Koivisto FIN 90 Kb32
Koivistonpää FIN 73 Jb19
Koivu FIN 74 Jd20
Koivujärvi FIN 82 Kc28
Koivukylä FIN 82 Kd26
Koivulahti FIN 81 Ja30
Koivumäki FIN 81 Jd32
Koivumäki FIN 82 La29
Koivumäki FIN 89 Jb33
Koivuniemi FIN 74 Ka21
Kojanlahti FIN 83 Lb30
Kojdalen N 86 Ec32
Kojetín CZ 137 Gd47
Kojnare BG 179 Da69
Kojola FIN 81 Jb31
Kojola FIN 82 Ka28
Kojonperä FIN 89 Jc37
Kóka H 146 Ja53
Kokála GR 194 Bc91
Kokanin PL 129 Ha38
Kokar FIN 97 Hd41
Kokava nad Rimavicou SK 138 Ja49
Köke TR 193 Gd87
Kokelv N 63 Ja06
Kokemäki FIN 89 Jb36
Kokin Brod SRB 159 Jb66
Kokíni GR 182 Ab80
Kokiniá GR 182 Ac80
Kokiniá GR 183 Cb76
Kokinolithári GR 182 Ac80
Kokinombléa GR 189 Cb83
Kokinopilós GR 183 Bd79
Kokinvaara FIN 83 Ma30
Kokkári GR 197 Eb88
Kokkila FIN 90 Ka36
Kokkila FIN 97 Jc39
Kokkina CY 206 Hd96
Kokkino Néro GR 183 Ca80
Kokkinotrimithia CY 206 Jb96
Kokkokylä FIN 74 Kb21
Kokkola FIN 75 Lb24
Kokkola FIN 81 Jb28
Kokkola FIN 90 Ka35
Kokkolahti FIN 91 Lc32
Kokkoniemi FIN 75 Lb22
Kokkosenlahti FIN 90 La34
Kokkovaara FIN 68 Jc16
Koklë AL 182 Ac76
Köklot FIN 81 Hd30
Koknese LV 106 Kd51
Koknese LV 106 La51
Kokonkylä FIN 90 Kd33
Kokonniemi FIN 75 Lb24
Kokonvaara FIN 83 Lc30
Kokora EST 99 Lb44
Kokořín CZ 136 Fb43
Kokory CZ 137 Gd46
Kokošinje MK 178 Bd73
Kokoti GR 189 Bd83
Kökpınar TR 205 Ga20
Kokrica SLO 151 Fb57
Koksijde-Bad B 21 Gd29
Kokšino RUS 107 Ma49
Koktebel' UA 205 Fb17
Kokträsk S 72 Gd23
Kola BIH 152 Gd62
Kola FIN 81 Jc28
Köla S 94 Ec42
Kölaby S 102 Fa48
Kołacin PL 130 Hd38
Kołacze PL 131 Kc39
Kołaczkowo PL 129 Gd37
Kołaczyce PL 139 Jd45
Kolak TR 198 Fd90
Koláka GR 189 Ca84
Kołaki Kościelne PL 123 Ka34
Koland N 92 Cd45
Kolankaya TR 192 Fc86
Kolarci BG 181 Fa68
Kolari FIN 68 Jb16
Kolari SRB 174 Bb64
Kolárovice SK 137 Hb47
Kolarovo BG 180 Dd73
Kolarovo BG 181 Ec68
Kolárovo SK 145 Ha51
Kolås N 76 Cc33
Kolåsen S 78 Fa29
Kolašin MNE 159 Jb68
Kolatovo BG 183 Cb75
Kolbäck S 95 Ga43
Kolbermoor D 143 Ea52
Kołbiel PL 130 Jc37
Kolbnitz A 143 Ed55
Kolbu N 85 Ea39
Kolbudy Grn. PL 121 Ha30
Kolbulia N 86 Eb38
Kolbuszowa PL 139 Jd43
Kølby DK 100 Db21
Kolby DK 109 Dd25
Kolby Kås DK 109 Dd25
Kol'čugino RUS 203 Fa10
Kołczewo PL 120 Fc31
Kołczygłowy PL 121 Gc30
Koldby DK 100 Da21
Koldere TR 191 Ed85
Kolding DK 108 Db26
Kołdrąb PL 121 Gd35
Koler S 73 Hb23
Kölesd H 146 Hc56
Koleška BIH 159 Hc67
Kolešovice CZ 136 Fa44
Kolga-Jaani EST 98 Kd45
Kolgaküla EST 98 Kd42
Kolgomp'a RUS 99 Ld40
Kolhikí GR 183 Bb77
Kolhikó GR 183 Cb77
Kolho FIN 90 Ka33
Koli FIN 83 Lc29
Kolimbári GR 200 Cb94
Kolímbia GR 197 Fa93
Kolín CZ 136 Fd45
Kolind DK 101 Dd23
Kolindrós GR 183 Bd78
Kolinec CZ 135 Ed47
Kölingared S 102 Fa48
Koliseva FIN 90 Kd37
Kolitzheim D 134 Db45
Köljala EST 105 Jd46
Koljane HR 158 Gc65
Kolka LV 105 Jc48
Kølkær DK 108 Da24
Kolkanlahti FIN 82 Ka31
Kolkja EST 99 Lb44
Kolkku FIN 82 Kb29
Kolko FIN 97 Ja39
Kolkonjärvi FIN 75 La21
Kolkonpää FIN 91 Lb33
Kolkontaipale FIN 91 Lb33
Kolkwitz D 128 Fb39
Kolky UA 202 Ea14
Kollaja FIN 74 Kb22
Kölleda D 127 Dd40
Kollersdorf A 144 Ga50
Kollerud S 94 Ed40
Kollerup DK 100 Db21
Kölliken CH 141 Ca53
Kollínes GR 194 Bc88
Kollinmäki FIN 89 Jb33
Kollinperä FIN 90 Ka32
Kollmar D 118 Db32
Kollnburg D 135 Ec48
Kölln-Reisiek D 118 Db32
Kollum NL 117 Bc33
Kollund DK 108 Db28
Kollungeröd S 102 Eb47
Kolma FIN 90 La32
Kolmården S 103 Ga46
Kolmjärv S 73 Hd20
Kolm-Saigurn A 143 Ec54
Köln D 125 Bd41
Kolno PL 122 Jb31
Kolno PL 123 Jd33
Kolo BIH 158 Gd65
Koło PL 129 Hb37
Kołobrzeg PL 120 Fd31
Kołodzież PL 123 Ka33
Kologrivo RUS 99 Ld42
Kolokolčovka RUS 203 Fd12
Kolokolovo RUS 99 Lc44
Kolomna RUS 203 Fa10
Kolomyja UA 204 Ea16
Kolonia AL 182 Ab78
Kolonowskie PL 129 Hb42
Kolossi CY 206 Ja98
Koloveč CZ 135 Ed46
Kolpino RUS 107 Lc46
Kolpino RUS 202 Eb08
Kolpny RUS 203 Fa12
Kolppi FIN 81 Jb29
Kolrep D 119 Eb34
Kolsätter S 87 Fc34
Kölsillre S 87 Fd33
Kölsjön S 87 Ga34
Kolsko PL 128 Ga38
Kolsva S 95 Ga43
Kolta SK 145 Hb51
Kolu FIN 81 Jd31
Kolumna PL 130 Hc39
Kolunić BIH 152 Gb63
Koluszki PL 130 Hd38
Kolut SRB 153 Hd58
Koluvere EST 98 Ka44
Kolvereid N 78 Ec25
Kolvik N 64 Jb07
Kolyčivka UA 202 Ec14
Kolyšlej RUS 203 Fc11
Komádi H 147 Ka54
Komagfjord N 63 Hd07
Komagvær N 65 Kd06
Komagvik N 62 Gd08
Komańcza PL 139 Ka46
Kómanos GR 183 Bc78
Komar BIH 158 Ha64
Kómara GR 185 Ea75
Komarani SRB 178 Ad68
Komarevo BG 180 Db69
Komarno MNE 159 Ja70
Komárno SK 145 Hb52
Komárom H 145 Hb52
Komárov CZ 136 Fa45
Komarówka Podlaska PL 131 Kb38
Komarów-Osada PL 131 Kc41
Koma tou Gialou CY 206 Jd95
Kombóti GR 188 Ad82
Kombsija AL 182 Ac74
Kombuļi LV 115 Ld53
Komen SLO 151 Fa59
Komi CY 206 Jd96
Komi FIN 89 Jc35
Kómi GR 189 Bc86
Komin HR 158 Ha68
Kominternivs'ke UA 204 Ec17
Kómito GR 190 Cd86
Komiža HR 158 Gb68
Komjatice SK 145 Hb51
Komló H 146 Jb52
Komló H 152 Hb57
Kommerniemi FIN 91 Lc33
Komnes N 93 Dd43
Komniná GR 183 Bc77
Komniná GR 184 Db76
Komninádes GR 182 Ba77
Komorane KSV 178 Ba71
Komorniki PL 129 Gc37
Komorowo PL 122 Jc35
Komorowo PL 129 Gc40
Komorowo PL 129 Gd36
Komorze PL 129 Gd37
Komorzno PL 129 Ha41
Komosomol'sk RUS 203 Fa09
Komossa FIN 81 Jb30
Komoštica BG 179 Cc68
Komotiní GR 184 Dc77
Kompakka FIN 83 Lc31
Kompelusvaara S 68 Hd17
Kompina PL 130 Ja37
Komprachcice PL 129 Ha42
Kõmsi EST 98 Ka45
Komsi FIN 89 Ja33
Komsomol'sk RUS 113 Hd59
Komsomol'sk RUS 113 Ja59
Komsomol'skij RUS 203 Fc10
Komsomol'sk Zappvednik RUS 113 Ja59
Komu FIN 82 Kb28
Komula FIN 82 La26
Komunari BG 181 Ed71
Komuniga BG 184 Dc74
Kömürcü TR 192 Fa84
Kömürköy TR 186 Fa75
Kömür Limanı TR 185 Dd80
Konak BG 180 Eb70
Konak SRB 174 Bc62
Konak TR 198 Fd89
Konakkale TR 193 Hb87
Konaklı TR 199 Hb92
Konakovo RUS 202 Ed10
Konakpınar TR 192 Fa83
Konare BG 180 Ea72
Konare BG 181 Fb69
Konarevo SRB 178 Ba67
Konarı TR 193 Hb86
Konary PL 130 Jc38
Konarzewo PL 129 Gb37
Konarzyce PL 123 Jd33
Konarzyny PL 121 Gd32
Konäs S 78 Fa29
Končanica HR 152 Gd59
Konče MK 183 Bd75
Końcżewice PL 121 Hb34
Kondiás GR 190 Db81
Kondofrej BG 179 Cb72
Kondolovo BG 186 Fa74
Kondopoúli GR 190 Dc81
Kondorfa H 145 Gb55
Kondoros H 146 Jc55
Kondratovo RUS 107 Ma47
Kondratów PL 128 Ga41
Kondratowice PL 129 Gc42
Kondrić HR 152 Hb60
Kondrovo RUS 202 Ed11
Køng DK 109 Eb27
Konga S 111 Fd53
Köngäs FIN 64 Jd07
Köngäs FIN 68 Jc14
Köngäs FIN 69 Ka14
Köngäs FIN 69 Kb17
Kongasmäki FIN 75 Kd24
Kongens Lyngby DK 109 Ec25
Kongerslev DK 100 Dc21
Konginkangas FIN 82 Kb31
Kongsberg N 93 Dc42
Kongselva N 66 Fd13
Kongsfjord N 65 Kb04
Kongshavn N 93 Db46
Kongsli N 67 Gd11
Kongsmark DK 108 Cd27
Kongsmoen N 78 Ed25
Kongsvika N 66 Ga13
Kongsvinger N 94 Ec40
Koņi LV 106 Kd47
Koniaków PL 138 Hc46
Konice CZ 137 Gc46
Koniecpol PL 130 Hd42
Konieczna PL 139 Jd46
Koniewo PL 120 Fc32
Königerode D 127 Dd39
Königgrätz = Hradec Králové CZ 136 Ga44
Königheim D 134 Da45
Königsaue D 127 Ea38
Königsbach-Stein D 134 Cc47
Königsberg D 134 Dc44
Königsbronn D 134 Db48
Königsbrück D 128 Fa40
Königsbrunn D 142 Dc50
Königsdorf D 143 Dd52
Königsee D 127 Dd42
Königsfeld D 135 Dd45
Königsfeld D 141 Cb50
Königshain-Wiederau D 127 Ec41
Königshofen D 134 Da46
Königslutter D 127 Dd37
Königsmoos D 135 Dd49
Königstein D 128 Fb42
Königstein D 134 Cc43
Königstein D 135 Ea46
Königswartha D 128 Fb40
Königswiesen A 144 Fc50
Königswinter D 125 Bd41
Königs Wusterhausen D 128 Fa37
Konin PL 129 Ha37
Konina PL 138 Ja46
Koņinciems LV 105 Jb51
Konispol AL 182 Ab80
Kónitsa GR 182 Ad79
Köniz CH 141 Bd54
Konjavo BG 179 Cb72
Konjic BIH 158 Hb66
Konjsko BIH 158 Ha66
Konjsko BIH 159 Hc69
Konjsko SRB 178 Ba68
Konju EST 99 Lc41
Konjuh KSV 178 Bb71
Konjuhe MNE 159 Jb68
Konnekoski FIN 82 Kd31
Könnern D 127 Ea39
Konnersreuth D 135 Eb44
Konnerud N 93 Dd42
Konnevesi FIN 82 Kc31
Könni FIN 81 Jb31
Konnovo RUS 99 Lc40
Kõnnu EST 98 Kc44
Kõnnu EST 105 Jd46
Konnunsuo FIN 91 Lc36
Konnuslahti FIN 82 La31
Konohovicy RUS 99 Ma41
Könölä FIN 74 Jc20
Konopiska PL 130 Hc42
Konopište MK 183 Bd75
Konopki PL 122 Ja34
Konopnica PL 130 Hc40
Konotop PL 120 Ga33
Konotop PL 128 Ga38
Konotop UA 202 Ed14
Konradsreuth D 135 Ea44
Końskie PL 130 Jb40
Konsko MK 183 Bd76
Końskowola PL 131 Ka39
Konsmo N 92 Cc46
Konstancin-Jeziorna PL 130 Jc37
Konstantin BG 180 Ea71
Konstantinova LV 107 Ld52
Konstantinovka RUS 113 Ja58
Konstantinovsk RUS 205 Fc15
Konstantinovy Lázně CZ 135 Ec45
Konstantynów PL 131 Kb36
Konstantynów Łódzki PL 130 Hc39
Konstanz D 142 Cc52
Kontea CY 206 Jc97
Kontemenos CY 206 Jb96
Kontiainen FIN 81 Jc30
Kontiainen FIN 89 Jc32
Kontinjoki FIN 82 Kd26
Kontiolahti FIN 83 Ld30
Kontiomäki FIN 82 La25
Kontioranta FIN 83 Ld30
Kontiovaara FIN 83 Ma29
Kontiovaara FIN 83 Ld28
Kontkala FIN 83 Lc30
Konttajärvi FIN 74 Jc18
Konttimäki FIN 83 Lb29
Konttimäki FIN 83 Lb30
Konttimäki FIN 90 Ka32
Kontu FIN 91 Lc36
Konuklu TR 187 Gc78
Konuralp TR 187 Ha78
Konuš BG 185 Dd74
Kóny H 145 Gd52
Konz D 133 Bc45
Konzell D 135 Ec48
Kõo EST 98 Kd44
Koobassaare EST 107 Lb47
Koonga EST 98 Kb45
Kooraste EST 107 Lb46
Koorküla EST 106 La47
Köörtilä FIN 89 Ja35
Koosa EST 99 Lb44
Kootwijk NL 116 Bb36
Kopáni GR 188 Ad81
Kopanica PL 128 Ga38
Kopanie PL 129 Gd42
Koparnes N 76 Cb33
Köpasker IS 3 Bb03
Kópavogur IS 2 Ac05
Kopciówka PL 123 Kb32
Kopdarbs LV 105 Ja52
Kopenhagen = København DK 109 Ec26
Koper SLO 151 Fa59
Kopervik N 92 Bd42
Kopfing A 144 Fa50
Kopice PL 120 Fc32
Kopice PL 129 Gd42
Kopidlno CZ 136 Fd44
Kopilovci BG 179 Cb69
Köping S 95 Ga43
Köpingebro S 110 Fa56
Köpingsvik S 103 Gb52
Kopisk PL 123 Kb33
Koplik i Poshtëm AL 159 Ja70
Köpmanholm S 96 Ha42
Köpmanholmen S 80 Gd31
Kopor'e RUS 99 Ld40
Koporic'e KSV 178 Bb69
Kopsperä FIN 82 Ka27
Koppang N 86 Eb36
Koppangen N 62 Ha09
Kopparåsen S 67 Gc13
Kopparberg S 95 Fc42
Koppardal N 70 Ed21
Kopparmora S 96 Ha43
Koppelo FIN 69 Kb11
Koppelo FIN 83 Lb27
Kopperå N 78 Ec30
Koppom S 94 Ec42
Koprivec BG 180 Ea69
Koprivlen BG 184 Cd75
Koprivna SLO 144 Fc56
Koprivnica HR 152 Gc57
Kopřivnice CZ 137 Ha46
Koprivštica BG 179 Da72
Köprübaşı TR 187 Gd78
Köprübaşı TR 192 Fb85
Köprücek TR 187 Gc80
Köprühisar TR 186 Ga80
Köprüören TR 192 Ga82
Koprzywnica PL 131 Jd42
Kopsa FIN 81 Jd25
Kopstad N 93 Dd43
Kõpu EST 97 Jc44
Kõpu EST 106 Kd46
Kopyčynci UA 204 Ea16
Korablino RUS 203 Fb11
Koračica SRB 174 Bb65
Koraj BIH 153 Hd62
Koraşı TR 193 Hb86
Korb D 134 Cd48
Korbach D 126 Cd40
Korbeniči RUS 202 Ec08
Korbevac SRB 178 Bd71
Korbielów PL 138 Hd46
Korbøl N 71 Fc18
Korbovo SRB 174 Cb65
Korčanica BIH 152 Gb62
Korçë AL 182 Ad77
Korčevka RUS 203 Fd10
Korčula HR 158 Gd68
Korczew PL 131 Ka36
Korczyna PL 139 Ka45
Kordel D 133 Bc44
Korec' UA 202 Eb14
Köreken TR 192 Ga83
Korenevo RUS 202 Ed13
Korenica HR 151 Ga62
Korenica KSV 178 Ad71
Korenica SRB 159 Jc69
Korenovsk RUS 205 Fc16
Korentokylä FIN 75 Kc22
Korentovaara FIN 83 Mb29
Körez TR 192 Fc85
Korfantów PL 137 Gd43
Körfez TR 186 Ga78
Korfos GR 195 Ca87
Korfovoúni GR 188 Ad81
Korfu = Kérkira GR 182 Ab80
Korgen N 71 Fb21
Korgene LV 106 Kc48
Körgepalu EST 107 Lb47
Kõrgessaare EST 97 Jc44
Körhasan TR 193 Ha83
Korholanmäki FIN 82 Kd31
Korhosenniemi FIN 75 Kd20
Korhoskylä FIN 81 Jd27
Korhoskylä FIN 89 Jc33
Koria FIN 90 Kd37
Korifási GR 194 Ba89
Korifí GR 182 Ba79
Korifí GR 188 Ba81
Korinós GR 183 Bd79
Korinth DK 108 Dc27
Korinth = Kórinthos GR 189 Bd86
Kórinthos GR 189 Bd86
Koriseva FIN 83 Lc28
Korissía GR 195 Cd88
Korissós GR 183 Bb78
Korita BIH 158 Gb64
Korita BIH 159 Hc67
Korita HR 152 Gd60
Korita HR 158 Ha69
Korita MNE 159 Jb69

Koriten – Kromy

Koriten BG 181 Fa68
Korjukivka UA 202 Ec13
Korkea FIN 83 Lc26
Korkeakangas FIN 91 Ma32
Korkeakoski FIN 90 Ka34
Korkeaoja FIN 89 Jb36
Korkee FIN 90 Kb35
Korkia-aho FIN 91 Lb36
Korkiakangas FIN 81 Jd30
Korkina BG 179 Cb72
Körküler TR 193 Gd86
Korkuteli TR 199 Gb90
Körkvere EST 97 Jd45
Körle D 126 Da40
Korly RUS 107 Ld46
Körmend H 145 Gc55
Kormunkylä FIN 74 Kb24
Korne PL 121 Gd31
Körner D 126 Dc40
Korneti LV 107 Lb48
Korneuburg A 145 Gb50
Kornevo RUS 113 Hd59
Kornevo RUS 113 Ja59
Kornica BG 184 Cc75
Kórnik PL 129 Gc37
Kornofoliá GR 185 Ea77
Kornos CY 206 Jb97
Kornós GR 190 Db81
Kornsjø N 94 Eb45
Kornstad N 77 Da31
Korntal D 134 Cd48
Kornwestheim D 134 Cd48
Környe H 145 Hb53
Koroča RUS 203 Fa13
Koromačno HR 151 Fa61
Koróni GR 194 Bb90
Korónia GR 189 Ca85
Koronissía GR 188 Ad82
Koronkylä FIN 89 Jc33
Kóronos GR 196 Dc90
Koronoúda GR 183 Cb77
Koronowo PL 121 Ha33
Korop UA 202 Ed13
Koropí GR 195 Cc87
Körösladány H 147 Jd54
Korospohja FIN 90 Kc34
Körösszegapáti H 147 Ka54
Köröstarcsa H 147 Jd54
Korosten' UA 202 Eb14
Kőröstetétlen H 146 Jb54
Korostyšiv UA 204 Eb15
Koroveia CY 206 Ka95
Koroviha RUS 203 Fb08
Korpavár H 145 Gc56
Korpela FIN 81 Jd29
Korpela FIN 97 Jc39
Korpi FIN 81 Jc28
Korpi FIN 89 Ja37
Korpiensuu FIN 90 Kd32
Korpijärvi FIN 90 Kd34
Korpijoki FIN 82 Kc28
Korpikå S 73 Ja21
Korpikylä FIN 73 Jb20
Korpikylä FIN 75 La23
Korpikylä FIN 90 Kc37
Korpikylä S 73 Jb20
Korpilahti FIN 82 Kc29
Korpilahti FIN 90 Kb33
Korpilombolo S 73 Ja18
Korpinen FIN 75 Kd23
Korpinen FIN 82 La28
Korpiperä FIN 82 Ka30
Korpivaara FIN 83 Lc31
Korpo FIN 97 Ja40
Korpoström FIN 97 Ja40
Korppinen FIN 82 Kb29
Korppoo FIN 97 Ja40
Korrö S 111 Fd53
Kors N 77 Da33
Körs TR 193 Gc84
Korså bruk S 95 Ga39
Korsåsen S 87 Fd37
Korsbäck FIN 89 Ja33
Korsbäck FIN 89 Hd32
Korsberga S 103 Fb47
Korsberga S 103 Fd50
Korschenbroich D 125 Bc40
Korshamn N 92 Cc47
Korsholm FIN 81 Ja30
Korskrogen S 87 Fd35
Korsmyrbränna S 79 Fd30
Korsnäs FIN 89 Hd32
Korsnäs S 95 Fd39
Korsnes N 66 Ga14
Korsnes N 77 Db30
Korsnes N 78 Ec25
Korsø DK 100 Da21
Korsö FIN 97 Hd39
Korso FIN 98 Kb39
Korsør DK 109 Ea27
Korssjön S 80 Hc27
Korsträsk S 73 Hc22
Korsun'-Ševčenkivs'kyj UA 204 Ec15
Korsvegen N 77 Ea30
Korsvoll N 77 Db30
Korsze PL 122 Jb30
Kortekylä FIN 81 Jd30
Kortemark B 21 Ha29
Korten BG 180 Ea72
Kortenaken B 124 Ad40
Kortesjärvi FIN 81 Jb30
Kortessem B 124 Ba40
Kortevaara FIN 83 Lc25
Kortgene NL 124 Ab38
Kórthio GR 196 Da88
Kortila FIN 83 Lc28
Kortjärvi FIN 81 Jc29
Kortrijk B 124 Aa40
Kortteenperä FIN 74 Kb20
Korttenkylä FIN 89 Ja34
Korttia FIN 90 Kc38
Korubaşı TR 192 Fb85
Korubükü TR 198 Fd92
Korucak TR 191 Eb81
Korucu TR 185 Eb78
Korucu TR 191 Ed82
Korucuk TR 187 Hb79
Korucuk TR 197 Fa89
Koruköy TR 185 Eb79
Koruköy TR 187 Gc79
Koruköy TR 198 Fd91
Korup DK 108 Dc26
Kõruse EST 105 Jb46
Koruste EST 106 La46
Korva S 73 Jb19
Korvajärvenkylä FIN 89 Jb33
Korvakumpu FIN 69 Kb16
Korvala FIN 69 Ka17
Korvaluoma FIN 89 Jb34
Kõrve küla EST 99 Lb45
Korvenkylä FIN 74 Ka23
Korvenkylä FIN 75 Kc24
Korvenkylä FIN 81 Jc27
Korvenkylä FIN 81 Jd26
Korvenkylä FIN 89 Ja36
Korvensuu FIN 89 Ja38
Korvua FIN 75 La22
Koryčany CZ 137 Gd48
Korycin PL 123 Kb32
Korytków PL 131 Kb42
Korytnica PL 131 Jd36
Korytnica-kúpele SK 138 Hd48
Korzeńsko PL 129 Gc39
Korzybie PL 121 Gc30
Korzyce PL 130 Jb40
Kós GR 197 Ec91
Koš SK 137 Hb49
Kosa RUS 113 Hd59
Kosaja Gora RUS 203 Fa11
Kosakowo PL 121 Ha29
Kosančić SRB 178 Bd69
Kosanica MNE 159 Ja67
Košarevo BG 179 Cb71
Košarica BG 181 Fa72
Košarovce SK 139 Ka47
Kosarzyn PL 128 Fc38
Košava BG 179 Cc67
Koschach A 143 Ed55
Kösching D 135 Dd48
Kościan PL 129 Gb38
Kościelec PL 129 Hb37
Kościelec PL 138 Jb44
Kościelisko PL 138 Ja47
Kościelna Wieś PL 129 Ha39
Kościernica PL 121 Gb31
Kościerzyna PL 121 Ha31
Kościelec Kujawski PL 121 Ha35
Kose EST 98 Kc43
Köse TR 205 Fd20
Kösedere TR 191 Ea85
Köseilyas TR 185 Ed77
Köseköy TR 187 Gb79
Kosel MK 182 Ba75
Köseler TR 191 Ec84
Köseler TR 192 Fc82
Köseler TR 199 Gd90
Koselji BIH 158 Hb65
Koserow D 120 Fb31
Košetice CZ 136 Fd46
Kose-Uuemõisa EST 98 Kc43
Košice SK 139 Jd48
Košická Belá SK 138 Jc48
Kosierz PL 128 Fd38
Kosihovce SK 146 Hd50
Kosina PL 139 Kb44
Kosinë AL 182 Ac78
Kosino PL 120 Ga32
Kosinowo PL 130 Hc36
Kosjerić SRB 159 Jb64
Köşk TR 197 Fa88
Köşk TR 199 Hb88
Koška HR 152 Hb59
Koskama FIN 69 Jd15
Koskeby FIN 81 Ja30
Koskela FIN 81 Jd30
Koskela FIN 82 Ka25
Koskelankangas FIN 82 Ka25
Koskelankylä FIN 81 Jb31
Koskelokangas FIN 69 Kb15
Koskenkorva FIN 89 Jb32
Koskenkylä FIN 75 Lb20
Koskenkylä FIN 82 Kd30
Koskenkylä FIN 82 La25
Koskenkylä FIN 89 Jb37
Koskenkylä FIN 89 Jd36
Koskenkylä FIN 90 La32
Koskenkyla FIN 90 Kd38
Koskenmaa FIN 81 Jc28
Koskenmäki FIN 83 Lb25
Koskenniska FIN 69 Jd11
Koskenniska FIN 90 Kd36
Koskenpää FIN 90 Kb33
Koskenperä FIN 89 Jd33
Koskenranta FIN 74 Jd19
Koski FIN 82 Kc28
Koski FIN 89 Jb36
Koski FIN 89 Jc38
Koski FIN 97 Jd40
Koski FIN 99 Ka39
Koskimäki FIN 89 Ja32
Koškino RUS 99 Ld41
Koškino RUS 107 Mb49
Koskinoú GR 197 Fa92
Koskioinen FIN 89 Jc37
Koskolovo RUS 99 Ld40
Koskue FIN 89 Jb33
Koskullskulle S 67 Hb17
Koskunen FIN 90 Kc37
Košljun HR 151 Fc63
Kosman BIH 159 Hd66
Kosmás GR 195 Bd89
Kósmi GR 184 Dc77
Kosmo N 66 Fd17
Kosmonosy CZ 136 Fc43
Kosmów PL 131 Kd41
Košničari BG 180 Eb70
Kosobudy PL 121 Gd32
Kosobudy PL 131 Kc42
Kosola FIN 81 Jb30
Kosola FIN 91 Lc33
Kosovo HR 158 Gb65
Kosovo Polje KSV 178 Bb71
Kosovrasti MK 182 Ad74
Kosovska Kamenica KSV 178 Bc71
Kosovska Mitrovica KSV 178 Ba70
Kosów Lacki PL 123 Jd35
Kosowo PL 121 Gd34
Kóspallag H 146 Hc51
Koßdorf D 127 Ed40
Kössen A 143 Eb52
Kossenblatt D 128 Fb38
Kößlarn D 143 Ed50
Kósta GR 195 Ca89
Kosta S 103 Fd52
Kostamo FIN 69 Kb17
Kostandenec BG 180 Eb69
Kostandovo BG 179 Da73
Kostanjevac HR 151 Fd59
Kostanjevica na Krki SLO 151 Fd58
Kosta Perčovo BG 179 Cb67
Kostelec nad Černými Lesy CZ 136 Fc45
Kostelec nad Labem CZ 136 Fc44
Kostelec nad Orlicí CZ 137 Gb44
Kostelec na Hané CZ 137 Gc46
Kosten BG 181 Ec72
Kostenec BG 179 Cd72
Kostenec BG 179 Cd73
Kostila FIN 90 Kb36
Kostinbrod BG 179 Cc71
Kostivere EST 98 Kc42
Kostjantynivka UA 205 Fb15
Kostojevići SRB 159 Jb64
Kostolac SRB 174 Bc64
Kostomlaty pod Milešovkou CZ 136 Fa43
Kostomłoty PL 129 Gb41
Kostopil' UA 202 Ea14
Kostroma RUS 203 Fa08
Kostromino RUS 113 Jb59
Kostrzyn PL 128 Fc36
Kostrzyn PL 129 Gc37
Kostula FIN 89 Jc33
Kosturino MK 183 Ca75
Kosula FIN 83 Lb31
Koszalin PL 120 Ga31
Koszarawa PL 138 Hd46
Koszęcin PL 130 Hc42
Kőszeg H 145 Gb53
Koszelewy PL 122 Hd33
Koszelówka PL 130 Hd36
Koszkowo PL 129 Gc38
Kosztowo PL 121 Gc34
Koszuty PL 129 Gc37
Koszyce PL 138 Jb44
Kótaj H 147 Ka50
Kotajärvi FIN 74 Ka23
Kotajärvi FIN 83 Lc25
Kotakoski FIN 90 Kb34
Kotala FIN 69 Kd16
Kotala FIN 89 Jd33
Kotamäki FIN 90 Kd32
Kotaperä FIN 90 Kb32
Kotasalmi FIN 82 La30
Kotel BG 180 Eb71
Kőtelek H 146 Jb53
Kotel'nikovo RUS 203 Fd14
Kotel'skij RUS 99 Ld40
Kotel'va UA 202 Ed14
Köthen D 127 Eb39
Kothréas GR 188 Ac84
Kotikylä FIN 82 Kd28
Kotila FIN 75 Kd24
Kotili GR 182 Ba78
Kotiranta FIN 75 Lb23
Kotka FIN 90 La38
Kotkajärvi FIN 90 Ka37
Kotlarnia PL 137 Hb43
Kotlenice HR 158 Gc66
Kotlin PL 129 Gd38
Kotlinki PL 130 Hc39
Kotlje SLO 144 Fc56
Kotly RUS 99 Ld40
Kotly RUS 202 Ea08
Kotomierz PL 121 Ha33
Kotor MNE 159 Hd69
Kotorani BIH 152 Gb61
Kotoriba HR 152 Gc57
Kotorsk RUS 99 Mb44
Kotorsko BIH 152 Hb62
Kotor Varoš BIH 152 Gd62
Kotovo RUS 203 Fd12
Kotovsk RUS 203 Fb12
Kotovs'k UA 204 Ec16
Kotowa Wola PL 131 Ka42
Kotraža SRB 178 Ad67
Kotrónas GR 194 Bc90
Kotroniá GR 185 Ea77
Kötschach-Mauthen A 143 Ec56
Kotsiatis CY 206 Jb97
Köttkulla S 102 Fa49
Köttsjön S 79 Ga30
Kotuń PL 131 Jd37
Kotvala FIN 82 Ka29
Kötzlin D 119 Eb35
Kötzting D 135 Ec47
Koudekerke NL 124 Ab38
Koudoúnia GR 184 Cd77
Koudum NL 116 Bb34
Kõue EST 98 Kc43
Koufália GR 183 Ca77
Koufonísi GR 196 Dc90
Kouhi FIN 90 Kc33
Koukkula FIN 83 Lc25
Kouklia CY 206 Hd98
Kouklia CY 206 Jc97
Kouklí GR 182 Ac79
Koukomäki FIN 82 Kc27
Koúkos GR 183 Bd78
Koukounariés GR 189 Cb83
Kounávi GR 200 Da96
Koúndouros GR 195 Cd88
Kounoupiá GR 195 Bd89
Kounoupítsa GR 195 Ca88
Koura FIN 81 Jc31
Kouřim CZ 136 Fc45
Kourkoulí GR 189 Cb84
Kournás GR 200 Cc95
Kousa FIN 90 Kd35
Koutalás GR 195 Cd89
Koutaniemi FIN 82 Kd25
Koutojärvi S 73 Jb20
Koutsó GR 184 Db77
Koutsopódi GR 195 Bd87
Koutsoventis CY 206 Jb96
Koutus FIN 74 Jb18
Kouva FIN 75 Kc20
Kouvola FIN 90 Kd37
Kovačevci BG 179 Cb71
Kovačevci BG 179 Cc72
Kovačevec BG 180 Ea70
Kovačevica BG 184 Cd74
Kovačevo BG 180 Ea73
Kovačica BG 179 Cb68
Kovačica SRB 153 Jc60
Kovallberget S 80 Gc25
Kovancılar TR 205 Ga20
Kovanj BIH 159 Hd65
Kovářov CZ 136 Fb46
Kovařská CZ 135 Ed43
Kovaši RUS 99 Ma39
Kovel' UA 202 Ea14
Kovelahti FIN 89 Jb34
Kovernino RUS 203 Fb08
Kovero FIN 83 Ma30
Köveskál H 145 Ha55
Kovilj SRB 153 Jb60
Kovin SRB 174 Bc64
Kovjoki FIN 81 Jb29
Kovland S 87 Gb33
Kovren MNE 159 Jb67
Kovrov RUS 203 Fa09
Kovylkino RUS 203 Fc10
Kowal PL 130 Hc36
Kowale PL 129 Hb38
Kowale PL 129 Hb39
Kowale Oleckie PL 123 Jd30
Kowalewo PL 121 Gd34
Kowalewo PL 121 Gd35
Kowalewo Pomorskie PL 121 Hb34
Kowalów PL 128 Fc37
Kowalówka PL 139 Kc43
Kowańcz PL 120 Ga31
Kowanówko PL 129 Gc36
Kowary PL 128 Ga42
Kowiesy PL 130 Ja38
Kownaty PL 123 Jd33
Kownaty PL 131 Kb37
Köyceğiz TR 198 Fb91
Köyhäjoki FIN 81 Jc29
Köyhänperä FIN 82 Ka28
Köyliö FIN 89 Jb37
Köyliönkylä FIN 89 Jc37
Köylüce TR 191 Ec82
Köysivaara FIN 69 Ka12
Koyulhisar TR 205 Fc20
Koyunağılı TR 193 Hb81
Koyunbaba TR 185 Ec75
Koyunbeyli TR 192 Ga86
Koyuneli TR 191 Ec84
Koyuneri TR 191 Ed81
Koyunköy TR 192 Ga81
Koyunlar TR 197 Fa88
Koyunoba TR 192 Fc83
Koyunyeri TR 185 Eb78
Kozağaç TR 198 Fb90
Kozağaç TR 198 Ga90
Kozağacı TR 199 Gc90
Kozani PL 123 Jd30
Kozan TR 187 Gb79
Kozan TR 199 Gd90
Kozáni GR 183 Bc78
Kozarac BIH 152 Gc61
Kozarac HR 151 Ga60
Kozar Belene BG 180 Dc69
Kozarevec BG 180 Dd73
Kozarica HR 158 Ha68
Kozármisleny H 152 Hb58
Kozárovce SK 145 Hb50
Kozarska Dubica BIH 152 Gc61
Kozarsko BG 179 Da73
Kozbudaklar TR 192 Fd81
Kozçeşme TR 185 Ec80
Kozdere TR 186 Ga80
Kozel'sk RUS 202 Ed11
Kozičino BG 181 Ed72
Koziebrody PL 122 Hd35
Koziegłowy PL 130 Hc42
Kozielice PL 120 Fc34
Kozienice PL 131 Jd39
Kozina SLO 151 Fa59
Kozińce PL 123 Kb33
Kozine LV 107 Ld48
Kozioł PL 123 Jd33
Koziuca TR 192 Fd82
Kozjak MK 182 Ba76
Kozjatyn UA 204 Eb15
Kozlar TR 198 Fc90
Kozloduj BG 179 Cd68
Kozlodujci BG 181 Fa69
Kozlov Bereg RUS 99 Lc43
Kozlovec BG 180 Dd69
Kozlovka RUS 203 Fd09
Kozłów PL 138 Ja43
Kozłów PL 138 Jc43
Kozłowice PL 129 Hb41
Kozłówka PL 131 Ka39
Kozłowo PL 122 Ja33
Kozlu TR 187 Hb76
Kozlu TR 187 Hb78
Kozlu TR 192 Fa83
Kozlubel TR 193 Gd81
Kozluca TR 193 Gb83
Kozluca TR 199 Gb89
Kozluk BIH 153 Hd63
Kozluk TR 187 Gd78
Kozluöen TR 191 Ed83
Kozluören TR 186 Fd80
Kozlupınar TR 205 Fd20
Kozły PL 131 Kb37
Kozly RUS 107 Ld47
Koźmin PL 129 Gd38
Koźmin PL 129 Hb38
Koźminek PL 129 Hb38
Koźminiec PL 129 Gd38
Koz'modem'jansk RUS 203 Fc09
Kożuchów PL 128 Fd39
Kožuhe BIH 152 Hb62
Kozyörük TR 185 Ec77
Krääkkiö FIN 89 Jd36
Krabi EST 107 Lb47
Kräckelbäcken S 87 Fb36
Kräcklinge S 95 Fc44
Kraddsele S 71 Ga22
Krag PL 121 Gb31
Krågeland N 92 Cc45
Kragelund DK 101 Dd20
Kragelund DK 108 Da26
Kragenæs DK 109 Ea28
Kragerø N 93 Dc45
Kragujevac SRB 174 Bb66
Krågvåg N 77 Dd29
Kraiburg D 143 Eb51
Kraichtal D 134 Cc47
Kraig A 144 Fb55
Kraište BG 181 Fb68
Kraište BG 184 Cc74
Krajenka PL 121 Gc34
Krajišnik SRB 174 Bb61
Krajková CZ 135 Ec44
Krajkovac SRB 178 Bc69
Krajná Poľana SK 139 Jd46
Krajné SK 137 Ha49
Krajnici BG 179 Cc72
Krajnik PL 120 Fb35
Krakača BIH 151 Ga61
Krakau = Kraków PL 138 Ja44
Kråkeland N 92 Cc46
Kråkerøy N 93 Ea44
Krakės LV 114 Kb56
Krakhella N 84 Ca36
Kråklingbo S 104 Ha50
Kråklivollen N 78 Ea31
Kråkmo N 66 Fd15
Kråkmo N 78 Ea29
Krakol'o RUS 99 Lc40
Kraków PL 138 Ja44
Krakow am See D 119 Eb32
Kråkshult S 103 Fd49
Kråksmåla S 103 Ga51
Kråkstad N 93 Ea42
Kr'akuša RUS 107 Ma46
Kråkviken S 94 Ec44
Král' SK 146 Jb50
Kralevo BG 181 Ec70
Králíky CZ 137 Gc44
Kraljeva Sutjeska BIH 158 Hb64
Kraljevec Kupinečki HR 151 Ga59
Kraljevica HR 151 Fb60
Kraljevo SRB 178 Bd67
Králův Brod SK 145 Ha51
Kralovice CZ 135 Ed45
Kráľovský Chlmec SK 139 Ka49
Kralupy nad Vltava CZ 136 Fb44
Kramarzówka PL 139 Kb44
Kramarzyny PL 121 Gc31
Kramators'k UA 205 Fb15
Krambenes N 64 Jd04
Kramfors S 80 Gc31
Kramnitse DK 109 Ea29
Kramovik KSV 178 Ba71
Krampenes N 65 Kd06
Krampsach A 143 Ea53
Kramsk PL 129 Hb37
Kramvik N 65 Kd05
Kråmvik N 93 Da41
Kranéa GR 182 Ba79
Kranéa GR 183 Bd80
Kranenburg D 125 Bc38
Krani MK 182 Ba76
Kraniá GR 183 Bd77
Kranichfeld D 127 Dd42
Kranídi GR 195 Ca88
Kranj SLO 151 Fb57
Kranjska Gora SLO 144 Fa56
Kranovo BG 181 Fa68
Krapanj HR 157 Ga66
Krapčene BG 179 Cc69
Krapec BG 181 Fc69
Krąpiel PL 120 Fd34
Krapina HR 151 Ga57
Krapinske Toplice HR 151 Ga58
Krapje HR 152 Gc60
Krapkowice PL 137 Ha43
Krarup DK 101 Dd23
Kras HR 151 Fb61
Kraselov CZ 136 Fa47
Krasen BG 180 Ea68
Krasen BG 181 Fa68
Krašić SLO 151 Fd59
Krasica HR 151 Fa60
Krasiczyn PL 139 Kb45
Krasikovščina RUS 107 Ma46
Krasiniec PL 122 Jb34
Kraskowo PL 122 Jb30
Kraslava LV 115 Ld53
Kraslice CZ 135 Ec43
Krasna PL 130 Jb41
Krásná Hora CZ 136 Fb46
Krasnaja Dudrovka RUS 113 Jc58
Krasnaja Gora RUS 202 Ec13
Krasnaja Gorka RUS 99 Ma39
Krasnaja Jaruga RUS 203 Fa13
Krasnaja Poljana RUS 205 Fd17
Krásna nad Hornádom SK 139 Jd48
Krasna Wieś PL 123 Kb35
Krasne PL 122 Jb34
Krasne PL 139 Ka44
Krasne Folwarczne PL 123 Kb33
Kraśnik PL 131 Ka41
Kraśnik Fabryczny PL 131 Ka41
Krasnja SLO 151 Fc57
Krasnoarmejsk RUS 203 Fa10
Krasnoarmejsk RUS 203 Fd12
Krasnoarmijs'k UA 205 Fb15
Krasnoborskoje RUS 113 Jb59
Krasnobród PL 131 Kc42
Krasnodar RUS 205 Fc17
Krasnodon UA 205 Fc15
Krasnoe RUS 113 Jc58
Krasnoe RUS 203 Fa12
Krasnoe Selo RUS 99 Mb39
Krasnogorodskoe RUS 107 Ma50
Krasnogorskoe RUS 113 Jd58
Krasnogvardejskoe RUS 205 Fd16
Krasnohorivka UA 205 Fb15
Krásnohorské Podhradie SK 138 Jc49
Krasnohrad UA 203 Fa14
Krasnohvardijs'ke UA 205 Fa17
Krasnojarskoe RUS 113 Jc59
Krasnoje RUS 113 Jb58
Krasnoje Selo RUS 113 Jd57
Krasnoje Sosnoje RUS 107 Mb47
Krasnokuts'k UA 203 Fa14
Krasnomajskij RUS 202 Ec09
Krásno nad Kysucou SK 138 Hc46
Krasnookt'abr'skoje RUS 113 Jc58
Krasnopavlivka UA 205 Fa15
Krasnoperekops'k UA 205 Fa17
Krasnopillja UA 203 Fa14
Krasnopol PL 123 Kb30
Krasnopoljanokoe RUS 113 Jc59
Krasno Polje HR 151 Fc62
Krasnosel'e RUS 113 Jd59
Krasnosielc PL 122 Jb34
Krasnoslobodsk RUS 203 Fc10
Krasnoslobodsk RUS 203 Fd14
Krasnotorovka RUS 113 Hd58
Krasnovka RUS 113 Jc59
Krasnovo BG 179 Da72
Krasnoznamensk RUS 113 Jd57
Krasnoznamenskoje RUS 113 Ja59
Krasnybór PL 123 Kb31
Krásny Brod SK 139 Ka46
Krasnye Baki RUS 203 Fb08
Krasnye Gory RUS 99 Mb42
Krasnyj Bor RUS 113 Jb58
Krasnyj Holm RUS 202 Ed09
Krasnyj Jar RUS 203 Ga10
Krasnyj Kut RUS 203 Ga12
Krasnyj Luč UA 205 Fb15
Krasnystaw PL 131 Kc40
Krasocin PL 130 Ja41
Krasonice CZ 136 Ga48
Krasslandet FIN 81 Jc28
Krastë AL 182 Ac74
Krăstec BG 180 Dd71
Krăstevič BG 179 Da72
Krasti LV 106 Kd52
Krasyliv UA 204 Eb15
Kraszewice PL 129 Ha39
Kraszewo PL 122 Ja35
Krasznok-Vajda H 138 Jc49
Kraszowice PL 128 Fd41
Krateró GR 183 Bb76
Kratovo MK 178 Bd73
Kratzeburg D 119 Ed33
Kraubath A 144 Fc54
Krauchenwies D 142 Cd51
Krauja LV 115 Lc53
Kraujas LV 105 Jc50
Krauschwitz D 128 Fc40
Krausenbach D 134 Cd45
Krautheim D 134 Da46
Kravaře CZ 136 Fb43
Kravaře CZ 137 Ha45
Kravarsko HR 151 Ga59
Krăvenik BG 180 Dc71
Kravevo BG 181 Fb70
Kravnsø DK 108 Cd25
Kravoder BG 179 Cc69
Kražiai LT 113 Jd55
Krążki Bachowskie PL 139 Kb45
Krčedin SRB 153 Jb60
Krčevac SRB 174 Bb65
Krchleby CZ 136 Fc44
Krčina BIH 153 Hd62
Kreba-Neudorf D 128 Fc40
Krebeck D 126 Db39
Kreczanowo PL 122 Ja35
Krefeld D 125 Bc39
Kregme DK 109 Eb25
Kreiensen D 126 Db38
Kreileroord NL 116 Ba34
Kreischa D 128 Fa41
Kreivilä FIN 90 Kc38
Krekenava LT 114 Kc55
Krekila FIN 81 Jc28
Kremastí GR 195 Bd89
Kremastí GR 197 Fa92
Kremenčuk UA 204 Ed15
Kremenec' UA 204 Ea15
Kremikovci BG 179 Cc71
Kremmen D 119 Ed35
Kremna SRB 159 Ja65
Kremnica SK 138 Hc49
Krempe D 118 Db31
Kremperheide D 118 Db31
Krempna PL 139 Jd46
Krems an der Donau A 144 Ga50
Kremsbrücke A 143 Ed55
Kremsmünster A 144 Fb51
Křemže CZ 136 Fb48
Kreni RUS 99 Mb44
Krępa PL 129 Hb38
Krepča BG 180 Ea69
Krępcewo PL 120 Fd34
Krepoljin SRB 174 Bd66
Krepšic BIH 153 Hc61
Krępsko PL 121 Gc34
Krerowo PL 129 Gc37
Kreševo BIH 158 Hb65
Kreševo RUS 107 Ma48
Kresk-Królowa PL 131 Ka37
Kresna BG 183 Cb74
Kresnice SLO 151 Fc58
Kreßberg D 134 Db47
Kressbronn D 142 Cd52
Krestcy RUS 202 Eb09
Kréstena GR 194 Ba87
Kreszów PL 131 Ka42
Kretinga LT 113 Jb54
Kretingalė LT 113 Jb55
Kretingsodis LT 113 Jb54
Kretowiny PL 122 Hd31
Kreuth D 143 Ea52
Kreuzau D 125 Bc41
Kreuzen A 143 Ed56
Kreuzlingen CH 142 Cc52
Kreuzstetten A 145 Gb50
Kreuztal D 125 Cb41
Kreuzwertheim D 134 Da45
Krėva BY 202 Ea12
Krezluk BIH 152 Ha63
Krezszów PL 128 Ga42
Kriátsi GR 188 Bb84
Kría Vrissi GR 183 Bd77
Kriebstein D 127 Ed41
Krieglach A 144 Fd53
Kriegsfeld D 133 Ca45
Krien D 120 Fa32
Kriens CH 141 Ca54
Krievciems LV 105 Jb50
Krievgalji LV 114 Kc53
Krievragciems LV 105 Jd49
Kriezá GR 189 Cc85
Krikello GR 188 Bb83
Krikelos GR 188 Ba83
Krikliniai LT 114 Kc54
Krikštonys LT 123 Kc30
Krilo HR 158 Gc66
Krimpen aan de IJssel NL 124 Ad37
Krimūnas LV 106 Ka52
Krinčinas LT 114 Kc53
Křinec CZ 136 Fd44
Kringa HR 151 Fa61
Kringla N 84 Ca37
Kringlevatn N 92 Cc43
Krini CY 206 Jb96
Krini GR 183 Cb78
Kríni GR 189 Bd82
Krinídes GR 184 Da77
Kriokiš LT 113 Jd57
Krionéri GR 194 Ba88
Krioneritis GR 189 Cb83
Kriopigí GR 183 Cb80
Krischow D 128 Fb39
Kriskovci BIH 152 Ha61
Kristallopigí GR 182 Ba77
Kristberg S 103 Fd46
Kristdala S 103 Ga50
Kristianopel S 111 Ga54
Kristiansand N 92 Cd47
Kristianstad S 111 Fb55
Kristiansund N 77 Da30
Kristiinankaupunki FIN 89 Hd33
Kristineberg S 72 Gd24
Kristinefors S 94 Ed41
Kristinehamn S 95 Fb44
Kristinestad FIN 89 Hd33
Kristóni GR 183 Ca77
Kristvalla S 103 Ga52
Kristvallabrunn S 103 Ga52
Krithía GR 183 Cb77
Kritinia GR 197 Ed93
Kritsá GR 201 Db96
Kritzmow D 119 Eb31
Kriukai LT 114 Kb53
Kriūkai LV 114 Kb57
Kriva Feja SRB 178 Bd71
Krivaja BIH 152 Hb63
Kriváň SK 138 Hd49
Krivanda LV 107 Ma51
Krivāni LV 115 Lc53
Kriva Palanka MK 179 Ca72
Krivi LV 106 Kd49
Krivi Dol MK 183 Bd74
Krivina BG 180 Dd69
Krivi Put HR 151 Fc61
Krivi Vir SRB 178 Bd67
Krivodol BG 179 Cd69
Krivodol SRB 179 Cb70
Krivogaštani MK 183 Bb75
Křivoklát CZ 136 Fa44
Krivolak MK 183 Bd75
Krivorož'e RUS 203 Fc14
Krivsk RUS 107 Ld46
Križ HR 152 Gc59
Křižanov CZ 136 Ga47
Křižany CZ 128 Fc42
Križevci HR 152 Gc58
Križevci SLO 145 Gb56
Križi LV 115 Lc53
Križpolje HR 151 Fd61
Krjukovo RUS 99 Ld43
Krk HR 151 Fb61
Krklja MK 179 Ca72
Krmed HR 151 Fa61
Krmelj SLO 151 Fd58
Krnica HR 151 Fa61
Krnja MNE 159 Ja68
Krnjeuša BIH 152 Gb62
Krnjevo SRB 174 Bc65
Krnov CZ 137 Gd44
Krobia PL 129 Gc39
Krobielewko PL 128 Ga36
Kroczyce PL 130 Hd42
Krøderen N 85 Dc40
Kroer N 93 Ea42
Krögis D 127 Ed41
Krogsbølle DK 108 Dc26
Krogsered S 102 Ed51
Krogsētas LV 105 Jc51
Krokan N 93 Da41
Krokbäck S 80 Hb27
Krokedal N 94 Eb42
Krokeés GR 194 Bc90
Krokeide N 84 Ca39
Krokek S 103 Ga46
Krokelv N 62 Gc10
Kroken N 63 Ja05
Kroken N 62 Gd09
Kroken N 64 Jc06
Kroken N 71 Fb23
Kroken N 84 Cd36
Kroken N 93 Db44
Kroken S 94 Eb44
Krokfors S 73 Hb20
Krokhaug N 85 Dd34
Krokialaukis LT 114 Kc59
Krokilio GR 189 Bc84
Krokininkai LT 114 Kc59
Krókio GR 189 Bd82
Krokom S 79 Fc30
Krókos GR 183 Bc79
Krokowa PL 121 Ha29
Krokowo PL 122 Ja33
Kroksätern S 86 Ed38
Króksfjarðarnes IS 2 Ac03
Kroksjö S 80 Gc26
Kroksjön S 80 Hb27
Kroksjön S 80 Hc25
Krokstad S 102 Eb46
Krokstranda N 71 Fc20
Kroksund N 94 Eb42
Kroktjärn S 73 Hb21
Kroktorp S 95 Fb40
Krokträsk S 73 Hd20
Krokträsk S 73 Hc22
Krokvåg S 79 Ga31
Krokvik S 67 Ha15
Krolevec' UA 202 Ed13
Królewiec PL 130 Jb41
Królowy Most PL 123 Kc33
Kroměříž CZ 137 Gd47
Krómni GR 183 Bd77
Kromołów PL 138 Hd43
Krompachy SK 138 Jc48
Kromy RUS 202 Ed12

Kronach - Kyselka

Kronach D 135 Dd44
Kronan S 94 Ed42
Kronau D 134 Cc47
Kronauce LV 106 Ka52
Kronberg D 134 Cc43
Kronburg D 142 Db51
Kronenburg D 125 Bc42
Kröning D 135 Eb49
Kronoby FIN 81 Jb28
Kronowo PL 122 Ja31
Kronprinzenkoog D 118 Da31
Kronsdorf A 144 Fb51
Kronshagen D 118 Db30
Kronshagen D 118 Dc30
Kronštadt RUS 202 Ea08
Kron-Vike S 79 Ga27
Krootuse EST 107 Lb46
Kropa SLO 151 Fb57
Kröpelin D 119 Eb31
Kropotkin RUS 205 Fd16
Kropp D 118 Db30
Kroppenstedt D 127 Dd38
Kropstädt D 127 Ec38
Krościenko PL 139 Kb46
Krościenko nad Dunajcem PL 138 Jb46
Kroševo Brdo BIH 152 Ha63
Kröslin D 120 Fa31
Krosna LV 114 Kb59
Krośnice PL 129 Gd40
Krośniewice PL 130 Hc37
Krosno PL 122 Hc31
Krosno PL 139 Ka45
Krosno Odrzańskie PL 128 Fc38
Krössbach A 143 Dd54
Krossen N 92 Cc47
Krossen N 93 Da42
Krossli N 93 Da43
Krostitz D 127 Ec40
Krote LV 105 Jb52
Krotoszyce PL 128 Ga41
Krotoszyn PL 129 Gd39
Krottendorf A 144 Fd54
Krouna CZ 136 Ga45
Krousónas GR 200 Da96
Kröv D 133 Bd44
Krovili GR 185 Dd77
Krowiarki PL 137 Ha44
Krpimej KSV 178 Bb70
Krrabë AL 182 Ac75
Krš HR 151 Fd62
Krško SLO 151 Fd58
Krst SRB 174 Bd66
Krstac MNE 159 Hd68
Krstac MNE 159 Hd70
Krstinja HR 151 Ga60
Krstur SRB 153 Jb57
Krtova BIH 153 Hc62
Kruče MNE 163 Ja71
Krucz PL 121 Gb35
Kruë i Fushës AL 159 Jb70
Kruge HR 151 Ga62
Krügersdorf D 128 Fb37
Kruglovka RUS 113 Jb59
Kruglovo RUS 113 Hd58
Kruishoutem B 124 Ab40
Krujë AL 163 Jb72
Krujë AL 182 Ab74
Kruk N 85 Dc37
Kruklanki PL 123 Jd30
Krukowo PL 122 Jb33
Krum BG 185 Dd74
Krumbach (Schwaben) D 142 Db50
Krumë AL 178 Ad72
Krummennaab D 135 Eb45
Krummesse D 119 Dd32
Krummhörn D 117 Ca32
Krumovgrad BG 185 Dd76
Krumovo BG 180 Eb73
Krumovo Gradiste BG 181 Ec72
Krumpendorf A 144 Fb56
Krün D 143 Dd53
Krunderup DK 100 Da23
Kruonis LT 114 Kc58
Kruopiai LT 113 Jc54
Kruopiai LT 114 Ka53
Krupá CZ 136 Fa44
Krupac BIH 159 Hc65
Krupac SRB 179 Cb70
Krupaja SRB 174 Bd66
Krupa na Vrbasu BIH 152 Gd62
Krupanj SRB 153 Ja63
Krupe PL 131 Kc40
Krupina SK 146 Hc50
Krupište MK 183 Bd74
Krupka CZ 128 Fa42
Krupnik BG 183 Cb74
Krupovo RUS 107 Ma52
Krupp RUS 107 Ld46
Kruså DK 108 Db28
Krušare BG 180 Eb72
Krušari BG 181 Fa68
Kruščić SRB 153 Ja59
Kruščica HR 151 Fd62
Kruščica HR 151 Fd63
Krušedol Selo SRB 153 Jb60
Krušeto BG 180 Dd70
Kruševac SRB 178 Bc68
Kruševec BG 181 Ed73
Kruševica SRB 153 Jc63
Kruševo BIH 159 Hc64
Kruševo MK 183 Bb75
Krušica BIH 158 Ha64
Krusin PL 121 Hb33
Krušovene BG 180 Db68
Krušovica BG 179 Cd68
Krustpils LV 106 La51
Krušuna BG 180 Dc70
Kruszewo PL 121 Gb35
Kruszewo PL 123 Ka33
Kruszki PL 123 Ka30
Kruszów PL 130 Hd39
Kruszwica PL 129 Ha36
Kruszyn PL 130 Hc36
Kruszyna PL 130 Hc41
Kruszyniany PL 123 Kc33
Kruszyny PL 122 Hc33
Krūte LV 113 Jb53
Krute MNE 163 Ja71
Kruth F 31 Kb39
Kruti LV 107 Ld48
Krutje e sipërme AL 182 Ab76
Krutneset N 71 Fb22
Krutyń PL 122 Jc32
Kruunupyy FIN 81 Jb28
Kruusila FIN 97 Jd39
Kruuvinkylä FIN 89 Jb36
Krużlowa Wyżna PL 138 Jc45
Krvavi Potok SLO 151 Fa59
Kryčav BY 202 Ec12
Kryekuq AL 182 Ab76
Kryevidh AL 182 Ab75
Kryg PL 139 Jd45
Kryle DK 100 Cd23
Krylovo RUS 122 Jc30
Krymsk RUS 205 Fc17
Krynica PL 138 Jc46
Krynica Morska PL 122 Hc30
Krynka PL 131 Ka37
Krynki PL 123 Kc33
Krypno Wielkie PL 123 Ka33
Kryry CZ 135 Ed44
Kryve Ozero UA 204 Ec16
Kryvsk BY 202 Ec13
Kryvyj Rih UA 204 Ed16
Kryżanów PL 130 Hc37
Kryżopil' UA 204 Eb16
Krzczonów Wójtostwo PL 131 Kb40
Krzęcin PL 120 Fd34
Krzeczów PL 129 Hb40
Krzelów PL 129 Gb40
Krzemienica PL 139 Jd43
Krzemieniewo PL 121 Gc32
Krzemienowo PL 129 Gc38
Krzemlin PL 120 Fc34
Krzepice PL 129 Hb41
Krzepielów PL 128 Ga39
Krzepów PL 128 Ga39
Krześlin PL 131 Ka36
Krzeszów PL 139 Kb43
Krzeszowice PL 138 Hd44
Krzeszyce PL 128 Fc36
Krzewiny PL 121 Hb32
Krzyewo PL 122 Jb34
Krzymów PL 129 Hb37
Krzynowłoga Mała PL 122 Jb34
Krzystkowice PL 128 Fd39
Krzyszkowice PL 138 Ja45
Krzywa PL 128 Ga40
Krzywcza PL 139 Kb44
Krzywda PL 131 Ka38
Krzywe PL 123 Ka30
Krzywin PL 129 Gc38
Krzyż PL 120 Ga35
Krzyż PL 138 Jb43
Krzyżanowice PL 137 Ha44
Krzyżowa PL 128 Ga40
Krzyżowa PL 129 Gb42
Krzyżówka PL 138 Jc46
Kšenskij RUS 203 Fa13
Książenice PL 137 Hb44
Książki PL 122 Hc33
Książ Mały PL 138 Ja43
Książ Wielki PL 138 Ja43
Książ Wielkopolski PL 129 Gc38
Księginice PL 129 Gc41
Księżomierz PL 131 Ka41
Księżpol PL 131 Kb42
Księży Lasek PL 122 Jb33
Kstovo RUS 203 Fb09
Ktery PL 130 Hc37
Ktísmata GR 182 Ac79
Ktová CZ 136 Fd43
Kubanovka RUS 113 Jd58
Kubbe S 80 Gc29
Kübekháza H 153 Jb57
Kublov CZ 136 Fa45
Kubrat BG 180 Eb68
Kubuļi LV 107 Lc49
Kuç AL 182 Ab78
Kučajna SRB 174 Bd65
Kučanci HR 152 Hb59
Kučevište MK 178 Bb72
Kučevo SRB 174 Bd65
Kučgalys LT 114 Kd53
Kuchary PL 129 Ha38
Kuchen D 134 Da49
Kuchl A 143 Ed52
Kuchyňa SK 145 Gd50
Kucice PL 130 Ja36
Kucina BG 180 Dd70
Kučište KSV 178 Ad70
Kučište SRB 159 Jc68
Kūčiūnai LV 123 Kb30
Kuc'i Zi AL 182 Ad77
Kučkova MK 178 Bb73
Kuçovë AL 182 Ab76
Küçükalan TR 198 Ga90
Küçükbahçe TR 191 Ea85
Küçükdağdere TR 192 Fb83
Küçükdanişmend TR 185 Ec76
Küçükhasan TR 193 Hb84
Küçükkabaca TR 193 Gc87
Küçükkalecik TR 193 Gc85
Küçükkaraağaç TR 186 Fb80
Küçükkaraağaç TR 198 Fb91
Küçükkarakarlı TR 185 Ed76
Küçükkarıştıran TR 185 Ed76
Küçükkemerdere TR 191 Ed87
Küçükkılıca TR 191 Ec82
Küçükkışla TR 187 Gc78
Küçükköy TR 191 Eb83
Küçükköy TR 199 Gb90
Küçükkumla TR 186 Fd79
Küçükkuyu TR 191 Eb82
Küçükpınar TR 199 Gb92
Küçüksuzus TR 187 Gb80
Küçükyala TR 186 Fa75
Küçükyenice TR 191 Ed82
Küçükyonalı TR 186 Fa76
Kucura SRB 153 Ja59
Kuczbork-Osada PL 122 Hd34
Kuczków PL 129 Ha38
Kuczyn PL 123 Ka35
Kuddby S 103 Gb46
Kudinava LV 107 Lc48
Kudirkos Naumiestis LT 114 Ka58
Kudowa-Zdrój PL 137 Gb43
Kūdums LV 106 Kd49
Kufas H 152 Gd57
Kuflew PL 131 Jd37
Kufstein A 143 Eb53
Kugej RUS 205 Fc16
Kūgeliai LT 113 Jc57
Kuggeboda S 111 Fd54
Kuha FIN 74 Kb20
Kuhakoski FIN 91 Lb33
Kuhalankylä FIN 82 Kb29
Kuhanen FIN 82 La30
Kühbach D 135 Dd49
Kuhfelde D 119 Dd35
Kühlungsborn D 119 Eb31
Kuhmalahti FIN 90 Ka35
Kuhmirn A 145 Gb54
Kuhmo FIN 83 Lb25
Kuhmoinen FIN 90 Kb35
Kühnhausen D 127 Dd41
Kühnsdorf A 144 Fc56
Kuhnusta FIN 83 Lc29
Kühren-Burkartshain D 127 Ec40
Kühsen D 119 Dd32
Kühtai A 142 Dc54
Kuhtur FIN 69 Jd12
Kuijõe EST 98 Ka43
Kuikkalampi FIN 83 Ma29
Kuimetsa EST 98 Kc43
Kuinre NL 117 Bc34
Kuišiai LT 114 Kc58
Kuisma FIN 83 Ma30
Kuittua FIN 83 Lb31
Kuivainen FIN 91 Lb35
Kuivajärvi FIN 75 Lc24
Kuivajõe EST 98 Kc43
Kuivakangas S 73 Jb19
Kuivalahti FIN 89 Ja36
Kuivaniemi FIN 74 Jd22
Kuivanto FIN 90 Kc37
Kuivasjärvi FIN 74 Ka23
Kuivasjärvi FIN 89 Jc33
Kuivaskylä FIN 89 Jc32
Kuivasmäki FIN 90 Kb32
Kuivastu EST 97 Jd45
Kuiviži LV 106 Kb48
Kujan PL 121 Gc33
Kujduzi RUS 99 Mb40
Kūkas LV 107 Lb51
Kukasjärvi FIN 69 Jd16
Kukasjärvi S 73 Jb20
Kukës AL 178 Ad72
Kukkaperä FIN 74 Kb23
Kukkaro FIN 90 Kb33
Kukko FIN 90 Ka32
Kukkola FIN 74 Jc21
Kukkola FIN 82 Kb25
Kukkola FIN 90 Ka36
Kukkola S 74 Jc21
Kukkolanmäki FIN 91 Lb32
Kukkolanvaara FIN 75 Lb20
Kuklen BG 184 Db74
Kuklin PL 122 Ja34
Kuklinów PL 129 Gd39
Kukliš MK 183 Ca75
Kukljić HR 151 Ga63
Kukljica HR 157 Fd64
Kukmor RUS 203 Fd08
Kukohijoki FIN 90 Ka36
Kukonharja FIN 89 Jc37
Kukonkylä FIN 81 Jd27
Kukonkylä FIN 81 Jd31
Kuks CZ 136 Ga43
Kuktiškės LT 114 La55
Kukujevci SRB 153 Ja61
Kukulje BIH 152 Ha61
Kukur AL 182 Ac76
Kukurečani MK 183 Bb76
Kukuri LV 106 Ka52
Kükürt TR 192 Ga82
Kula BG 179 Cb67
Kula HR 152 Hb60
Kula MNE 159 Ja68
Kula SRB 153 Ja59
Kula TR 192 Fc86
Kulak TR 193 Gc86
Kulaši BIH 152 Ha62
Kulata BG 184 Cc75
Kulautuva LV 114 Kb57
Kuļciems LV 105 Jd50
Kulcs H 146 Hc54
Kuldiga LV 105 Jc51
Kul'e RUS 107 Lc46
Kulebaki RUS 203 Fb10
Kuleli TR 185 Ec76
Kulennoinen FIN 91 Ld33
Kulen Vakuf BIH 152 Gb63
Kuleönü TR 199 Gc88
Kuleši RUS 203 Fa12
Kulesze PL 123 Ka32
Kulesze Kościelne PL 123 Ka34
Kuleszewo PL 121 Gc30
Kulho FIN 83 Ld30
Kulhuse DK 109 Eb25
Kulikovo RUS 113 Ja58
Kulina SRB 178 Bc68
Kulina Voda BG 180 Dc69
Kulju FIN 89 Jd35
Kulju FIN 89 Jd36
Külköy TR 192 Ga86
Kulkwitz D 127 Eb40
Kulla EST 106 Kd46
Kullaa FIN 89 Jb36
Kullaberg S 110 Ec54
Kulla kap S 103 Fc49
Kullamaa EST 98 Ka44
Kullar TR 187 Gb79
Kullavik S 102 Eb49
Kullen S 79 Ga26
Kullenga EST 98 La42
Kullerstad S 103 Ga46
Kullo FIN 98 Kc39
Kulloo FIN 98 Kc39
Küllstedt D 126 Db40
Kulltorp S 102 Fa50
Kullunki FIN 69 Kd17
Kulmain D 135 Ea45
Kulmbach D 135 Dd44
Kulmenai LT 113 Jc57
Kuloharju FIN 75 Kd20
Kulp TR 205 Ga20
Külsheim D 134 Da45
Külsővat H 145 Gd54
Kultima FIN 68 Hd13
Kultigün TR 185 Ec77
Kultukka FIN 74 Kb20
Kuluntalahti FIN 82 Kd25
Kulupėnai LT 113 Jb54
Kulva LT 114 Kc57
Kulvemäki FIN 82 Kd27
Kuma TR 186 Fd78
Kumafşarı TR 198 Ga90
Kuman AL 182 Ab76
Kumane SRB 153 Jb59
Kumanica SRB 178 Ad68
Kumanovo MK 178 Bc72
Kumarı TR 193 Gb83
Kumartaş TR 193 Gc85
Kümbet TR 193 Gc83
Kumbuli LV 115 Lc54
Kumburgaz TR 186 Fb77
Kumdanlı TR 193 Gd86
Kumelsk PL 123 Jd32
Kumhausen D 143 Eb50
Kumielsk PL 123 Jd32
Kumilä FIN 89 Jc38
Kumio FIN 97 Jc39
Kumiseva FIN 82 Ka28
Kumja FIN 90 Kc37
Kumkadı TR 186 Fb80
Kumkale TR 191 Ea81
Kumköy TR 186 Fd77
Kumköy TR 199 Gd91
Kumköy TR 199 Ha91
Kumkuyucak TR 192 Fa85
Kumla S 95 Fd44
Kumla Kyrkby S 95 Gb42
Kumlinge FIN 97 Hd40
Kumluca TR 199 Gb93
Kummavuopio S 67 Hb12
Kummelnäs S 96 Gd43
Kümmersbruck D 135 Ea46
Kummunkylä FIN 82 Kc30
Kumpu FIN 91 Ld33
Kumpula FIN 82 Ka30
Kumpumäki FIN 82 Kd29
Kumpuranta FIN 91 Ld32
Kumpuselkä FIN 82 Kb29
Kumpuvaara FIN 74 Kb20
Kumrags LV 106 Kb48
Kumrovec HR 151 Ga58
Kumu FIN 90 Kc35
Kunbaracs H 146 Hd54
Künceğiz TR 186 Ga80
Kuncsorba H 146 Jc54
Kunda EST 98 La41
Kundl A 143 Ea53
Kundullu TR 193 Hb86
Künerlik TR 191 Ec86
Kunes N 64 Jd06
Kunfehértó H 146 Ja56
Kungälv S 102 Eb48
Kungas FIN 81 Jc27
Kungbäck S 103 Ga46
Kungsängen S 96 Gc43
Kungsåra S 95 Gb43
Kungsäter S 102 Ec50
Kungsbacka S 102 Ec50
Kungsberg S 95 Ga39
Kungsfors S 95 Gb39
Kungsgarden S 95 Gb39
Kungshamn S 102 Ea47
Kungs-Husby S 96 Gc43
Kungsör S 95 Ga43
Kunhegyes H 146 Jc53
Kunice PL 129 Gb41
Kunigiškiai LT 114 Ka59
Kuningaküla EST 99 Lc42
Kuninkaanlähde FIN 89 Jb35
Kunino BG 179 Da70
Kunioniai LV 114 Kb56
Kunj HR 151 Fa61
Kun'je UA 203 Fb14
Kunmadaras H 146 Jc53
Kunnasniemi FIN 83 Ld30
Kunow D 119 Eb35
Kunów PL 130 Jc41
Kunowice PL 128 Fc37
Kunowo PL 129 Gc38
Kunpeszér H 146 Hd54
Kunrau D 127 Dd36
Kunreuth D 135 Dd45
Kunštát CZ 137 Gb46
Kunszentmárton H 146 Jb55
Kunszentmiklós H 146 Hd54
Kunžak CZ 136 Fd48
Künzell D 126 Da42
Künzelsau D 134 Da47
Künzing D 135 Ec49
Kuohatti FIN 83 Lc27
Kuohenmaa FIN 89 Jd36
Kuohu FIN 90 Kb33
Kuoksu S 68 Hc16
Kuolio FIN 75 La20
Kuomiokoski FIN 90 La35
Kuomiolahti FIN 90 La35
Kuona FIN 82 Kb28
Kuopio FIN 82 La30
Kuoppala FIN 82 Ka31
Kuora FIN 83 Ld29
Kuormuvaara FIN 83 Lc29
Kuorpak sameviste S 72 Gd18
Kuorsuma FIN 89 Jb35
Kuortane FIN 81 Jc31
Kuortti FIN 90 Kd35
Kuosku FIN 69 Kc16
Kup PL 129 Ha42
Kuparivaara FIN 75 La20
Kupčino RUS 99 Mb39
Küpeler TR 191 Ed82
Kupeli RUS 99 Mb43
Kupferberg D 135 Ea44
Kupferzell D 134 Da47
Kupiá GR 195 Bd90
Kupiala FIN 91 Lb32
Kupinec HR 151 Ga59
Kupinovo SRB 153 Jb62
Kupiski PL 123 Jd33
Kupiškis LT 114 Kd54
Kupjak HR 151 Fc60
Kup'jans'k UA 203 Fb14
Kup'jans'k-Vuzlovyj UA 203 Fb14
Kupljensko HR 151 Ga60
Küplü TR 185 Ea77
Küplü TR 193 Gb81
Kupovo RUS 99 Lc43
Kuppenheim D 133 Cb48
Kuprava LV 107 Ld49
Kupreliškis LT 114 Kd53
Kupres BIH 158 Gd64
Küps D 135 Dd44
Kupusina SRB 153 Hd59
Kuqan AL 182 Ac75
Kuraszków PL 128 Gc40
Kurbnesh AL 163 Jc71
Kurd H 145 Hb56
Kurdžinovo RUS 205 Fd17
Küre TR 192 Fa87
Küre TR 193 Gb81
Küreci TR 192 Fd83
Küredere TR 192 Fb83
Kurejoki FIN 81 Jc30
Kürekçi TR 192 Fb84
Kureküla EST 98 La45
Kuremaa EST 98 La44
Kuremäe EST 99 Lc42
Kuressaare EST 105 Jc46
Kurevere EST 98 Ka44
Kurevere EST 105 Jb46
Kureyşler TR 192 Ga83
Kurfallı TR 186 Fb77
Kurganinsk RUS 205 Fd17
Kurgja EST 98 Kc44
Kurgolovo RUS 99 Lc40
Kurhila FIN 90 Kb36
Kurianka PL 123 Kb31
Kurikka FIN 89 Jb32
Kurikkala FIN 81 Jc27
Kuřim CZ 137 Gb47
Kurima SK 139 Jd47
Kurisjärvi FIN 89 Jd37
Kuřivody CZ 136 Fc43
Kurjala FIN 83 Lb31
Kurjenkylä FIN 89 Jc33
Kürkçüler TR 198 Fb91
Kurkela FIN 97 Jd39
Kurkevicy RUS 99 Mb41
Kurki FIN 75 Kc22
Kurki PL 122 Ja32
Kurkikylä FIN 75 Kd22
Kurkimäki FIN 82 La30
Kurkkio FIN 68 Jb14
Kurkkio S 68 Hd16
Kurkliai LT 114 Kd55
Kurkse EST 98 Ka43
Kurlovskij RUS 203 Fa10
Kurmale LV 105 Jc51
Kurmelionys LT 115 Lb59
Kurmene LV 106 Kd52
Kürnüç TR 187 Gd80
Kurola FIN 91 Lb32
Kurolanlahti FIN 82 Kd29
Kurortnoe RUS 113 Jb59
Kurovicy RUS 99 Lc41
Kurovicy RUS 99 Mb41
Kurovskoe RUS 203 Fa10
Kurów PL 131 Ka39
Kurowice PL 130 Hd39
Kurowo PL 121 Gb31
Kurozwęki PL 130 Jc42
Kurravaara S 67 Hb15
Kurrokvejk S 72 Gc21
Kuršai LT 113 Jd54
Kürse TR 192 Fa82
Kuršėnai LT 114 Ka54
Kursi EST 98 La44
Kuršiai LT 114 Kc55
Kursiši LV 105 Jd52
Kursk RUS 99 Ma41
Kursk RUS 203 Fa13
Kursu FIN 69 Kc17
Kuršumlija SRB 178 Bb69
Kuršumlijska Banja SRB 178 Bb69
Kurşunlu TR 186 Fb80
Kursunlu TR 186 Fd80
Kurşunlu TR 192 Fc81
Kurşunlu TR 192 Fc85
Kurşunlu TR 205 Fa20
Kurtakko FIN 68 Jb16
Kurtdere TR 186 Fa76
Kurtdere TR 192 Fa81
Kurtdere TR 192 Fd84
Kürten D 125 Ca40
Kurtköy TR 186 Fd78
Kurtköy TR 186 Fd79
Kurtköy TR 187 Gb79
Kurtköy TR 187 Gc78
Kurtköy TR 193 Gb81
Kurtlar TR 187 Ha77
Kurtna EST 99 Lb42
Kurtşeyh TR 193 Hb84
Kurtsuyu TR 187 Hb78
Kurttepe TR 185 Eb76
Kurtti FIN 75 Kd21
Kurtto FIN 75 Kd24
Kurttüllü TR 185 Eb77
Kurttutan TR 192 Fa85
Kurtul TR 186 Fd80
Kurtulmus TR 192 Fa84
Kurtuşağı TR 193 Hb85
Kurtuvėnai LT 114 Ka54
Kuru FIN 89 Jd34
Kuru FIN 89 Jd36
Kuru FIN 90 Kb38
Kurucaova TR 193 Gd85
Kuruçay TR 192 Ga83
Kurucuova TR 199 Ha88
Kurudere TR 185 Ed75
Kurudere TR 187 Gd78
Kurudere TR 193 Gd84
Kurudereköy TR 191 Ed86
Kurukavak TR 187 Gd78
Kurvinen FIN 75 Lb21
Kuryłówka PL 139 Kb43
Kurzelów PL 130 Ja41
Kurzętnik PL 122 Hd33
Kurzras I 142 Dc55
Kurzyna PL 131 Ka42
Kusadak SRB 174 Bb65
Kuşadası TR 197 Ec88
Kušalino RUS 202 Ed09
Kuşca TR 193 Gc81
Kuşçayır TR 191 Eb81
Kuščevskaja RUS 205 Fc16
Kuścińce PL 123 Kc32
Kusel D 133 Bd45
Kušela RUS 99 Ld42
Kusey D 127 Dd36
Kushovë AL 182 Ac76
Kušići SRB 178 Ad68
Kuside MNE 159 Hd68
Kušiljevo SRB 174 Bc65
Kuslin PL 129 Gb37
Kuşluca TR 199 Hb88
Kusmark S 80 Hc25
Küsnacht CH 141 Cb53
Kušnin KSV 178 Ad71
Kusowo PL 121 Gb32
Küssaberg D 141 Cb52
Kussjö S 80 Ha27
Küssnacht am Rigi CH 141 Cb54
Kustavi FIN 97 Ja39
Küstelberg D 126 Cc40
Küsten D 119 Dd35
Kuštili SRB 174 Bd63
Kustovo RUS 107 Ma48
Kuşuköy TR 192 Fc84
Kusuri FIN 83 Mb29
Kusva RUS 107 Ld46
Kuta BIH 159 Hd65
Kütahya TR 193 Gb83
Kutajoki FIN 90 Kc36
Kutala FIN 89 Jc36
Kutbey TR 185 Eb77
Kutemainen FIN 82 Kb30
Kutemajärvi FIN 90 Kd33
Kutenholz D 118 Da33
Kuterevo HR 151 Fd62
Kuti MNE 159 Jb69
Küti EST 98 La42
Kutila FIN 90 Ka37
Kutina HR 152 Gc60
Kutinica HR 152 Gc59
Kutiškiai LT 114 Kb54
Kutjevo HR 152 Ha60
Kutlovo SRB 174 Bb66
Kutlu-Bukaš RUS 203 Ga08
Kutná Hora CZ 136 Fd45
Kutno PL 130 Hc37
Kutsu FIN 83 Ma31
Kuttainen S 68 Hd13
Kuttanen FIN 68 Hd13
Küttigen CH 141 Ca53
Kuttura FIN 69 Jd12
Kutumäki FIN 82 Kd31
Kutuzovo RUS 113 Jd59
Kutuzovo RUS 114 Ka58
Kuty PL 123 Jd30
Kúty SK 137 Gc49
Kutzleben D 127 Dd40
Kuukanniemi FIN 91 Lb36
Kuukasjärvi FIN 74 Kb21
Kuuksenvaara FIN 83 Ma30
Kuuminainen FIN 89 Ja36
Kuumu FIN 75 Lb24
Kuurna FIN 91 Ma32
Kuurtola FIN 75 La23
Kuurusenvaara FIN 68 Jb17
Kuusa FIN 90 Kc32
Kuusaa FIN 82 Ka27
Kuusajoki FIN 68 Jc15
Kuusalu EST 98 Kc42
Kuusamo FIN 75 La20
Kuusankoski FIN 90 Kd37
Kuusela FIN 75 Lb24
Kuusijärvi S 73 Jb19
Kuusijoki FIN 89 Jb34
Kuusikonkumpu FIN 69 Ka16
Kuusiku EST 98 Kb44
Kuusilaki S 73 Ja18
Kuusiniemi S 68 Ja15
Kuusiranta FIN 82 Kc26
Kuusirati FIN 82 Ka25
Kuusivaara FIN 74 Kb18
Kuusjärvi FIN 83 Lc30
Kuusjoenperä FIN 97 Jd39
Kuusjoki FIN 89 Jc38
Kuusjoki FIN 97 Jd39
Kuuskanlahti FIN 82 Kc25
Kuuslahti FIN 82 Kc30
Kuuslahti FIN 82 La29
Kuutsi EST 107 Lb48
Kuuttila FIN 81 Ja31
Kuvala FIN 90 La34
Kuvaskangas FIN 89 Ja34
Kuvšinovo RUS 202 Ec10
Kuyubaşı TR 199 Gc89
Kuyucak TR 187 Hb80
Kuyucak TR 193 Gc82
Kuyucak TR 198 Fb88
Kuyucak TR 199 Hb90
Kuyucakkarapınar TR 192 Fb84
Kuyumcu TR 191 Ec83
Kuyupınar TR 193 Gd81
Kuyusinir TR 193 Gb83
Kuzayır TR 192 Fc84
Kuzca TR 199 Gd89
Kužiai LT 114 Ka54
Kuzie PL 122 Jc33
Kuzkaya TR 187 Gd79
Kuzköy TR 199 Gc89
Kuzma SLO 145 Gb55
Kuzmica HR 152 Ha60
Kuzmice SK 139 Jd49
Kuzmin SRB 153 Ja61
Kuźmina PL 139 Kb45
Kuzminec HR 151 Ga57
Kuzminec HR 152 Gc57
Kuzneck RUS 203 Fd10
Kuznecovka RUS 107 Mb51
Kuznecovo RUS 99 Mb41
Kuznecovs'k UA 202 Ea14
Kuźnia Raciborska PL 137 Hb44
Kuźnica PL 121 Hb29
Kuźnica PL 123 Kc32
Kuźnica Czarnkowska PL 121 Gb35
Kuźnica Grodziska PL 130 Hd41
Kuźnica Zbąska PL 128 Ga37
Kuźnica Żelichowska PL 120 Ga35
Kuzören TR 193 Hb83
Kuzören TR 193 Hb85
Kuzovo RUS 107 Mb46
Kuzuköy TR 192 Fb84
Kuzulimanı TR 185 Dd80
Kuzuluk TR 187 Gc79
Kvačany SK 138 Hd47
Kvæfjord N 66 Ga12
Kvæl N 71 Fd18
Kvænangsbotn N 63 Hc09
Kværkeby DK 109 Eb26
Kværndrup DK 109 Dd27
Kværs DK 108 Db28
Kväkköl S 87 Fc37
Kvål N 77 Ea30
Kvalavåg N 92 Bd42
Kvåle N 92 Cc46
Kvalfjord N 63 Hd07
Kvalnes N 66 Fb14
Kvalnes N 70 Fa21
Kvaløysætra N 78 Eb26
Kvaløysletta N 62 Gd09
Kvalsund N 63 Ja06
Kvalsund N 76 Cb33
Kvalsvik N 76 Cb32
Kvalvåg N 77 Db31
Kvam N 85 Dd35
Kvammen N 77 Dc31
Kvanløse DK 109 Eb26
Kvanndal N 84 Cc39
Kvanne N 77 Db31
Kvantorp S 80 Ha27
Kvänum S 102 Ed47
Kvarnåsen S 80 Ha25
Kvarnbyn S 80 Hb26
Kvarnbyn S 80 Hc26
Kvarnsjö S 87 Fb33
Kvarsätt S 87 Gb33
Kvarsebo S 103 Gb46
Kvarstadseter N 85 Ea37
Kvås N 92 Cc46
Kvasice CZ 137 Gd47
Kveaunet N 78 Fa27
Kvėdarna LT 113 Jc55
Kveina N 70 Ed24
Kvelde N 93 Dd44
Kvelia N 79 Fb26
Kvennland N 78 Eb27
Kvenvær N 77 Db29
Kvernes N 77 Da31
Kvernessetra N 86 Eb36
Kvernhaugen N 94 Ec39
Kvernmo N 86 Ed37
Kvernstad N 77 Dd29
Kvetkai LT 114 Kd53
Kvevlax FIN 81 Ja30
Kvi N 66 Fc17
Kvibille S 102 Ed52
Kviby N 63 Hd07
Kvicksund S 95 Ga43
Kvidinge S 110 Ed54
Kvien N 76 Cc33
Kvikkjokk S 72 Gc18
Kvikne N 85 Dd36
Kvikstad N 66 Fc17
Kvilda CZ 136 Fa48
Kvilldal N 92 Cc42
Kville S 102 Eb46
Kvillinge S 103 Ga46
Kvillsfors S 103 Fd50
Kvimo FIN 81 Ja30
Kvinen N 92 Cc44
Kvinesdal N 92 Cc46
Kvinlog N 92 Cc45
Kvinnestad S 102 Ed48
Kvinnherad N 84 Cb40
Kvisler N 94 Ec39
Kvissleby S 88 Gc34
Kvistbro S 95 Fc44
Kvisvik N 77 Db31
Kvitberget N 63 Hd06
Kvitblik N 66 Fd17
Kviteberg N 62 Ha09
Kviteseid N 93 Da43
Kvitfors N 66 Ga13
Kvitlen N 92 Cb45
Kvitnes N 66 Fd13
Kvitnes N 79 Da31
Kvitno N 84 Cc40
Kvitsøy N 92 Ca43
Kvitten N 86 Eb33
Kvitvik N 63 Hd07
Kvívík DK 3 Ca06
Kvong DK 108 Cd25
Kvorning DK 100 Dc23
Kwakowo PL 121 Gc30
Kwiatkowice PL 130 Hc39
Kwidzyn PL 121 Hb32
Kwiecewo PL 122 Ja31
Kwilcz PL 128 Ga36
Kybartai LT 114 Ka58
Kycklingvattnet S 79 Fb26
K. Yenice TR 187 Gb80
Kyjiv UA 202 Ec14
Kyjov CZ 137 Gd48
Kylämä FIN 90 Kb35
Kylänlahti FIN 83 Lc28
Kylänpää FIN 81 Ja31
Kyläsaari FIN 89 Ja36
Kyle of Lochalsh GB 4 Db08
Kylerhea GB 4 Db08
Kylestrome GB 4 Dd05
Kyllaj S 104 Ha49
Kylland N 92 Cc45
Kyllburg D 133 Bc43
Kylmäkoski FIN 89 Jd37
Kylmälä FIN 74 Ka21
Kylmälä FIN 82 Kb25
Kylmämäki FIN 90 Kd32
Kymbo S 102 Fa48
Kymentaka FIN 90 Kd37
Kymi FIN 90 La38
Kyminlinna FIN 90 La38
Kymönkoski FIN 82 Kb30
Kymstad S 94 Ed41
Kynsikangas FIN 89 Jb36
Kynsivaara FIN 75 Kd20
Kynšperk nad Ohří CZ 135 Ec44
Kyöstilä FIN 89 Jd35
Kypäräjärvi FIN 83 Lb31
Kypärävaara FIN 75 La24
Kypasjärv S 73 Ja20
Kyperounta CY 206 Ja97
Kyre Park GB 15 Ec25
Kyritz D 119 Ec35
Kyrkås S 79 Fc30
Kyrkberg S 72 Gb24
Kyrkesund S 102 Eb48
Kyrkhult S 111 Fc53
Kyrkjestølane N 85 Da37
Kyrkjeteig N 84 Cb35
Kyrkosund S 94 Ea45
Kyrksæterøra N 77 Dc30
Kyrkslätt FIN 98 Ka40
Kyrksten S 95 Fb43
Kyrnyčky UA 204 Ec17
Kyrönlahti FIN 89 Jd35
Kyröskoski FIN 89 Jc35
Kyrospohja FIN 89 Jc35
Kyrping N 92 Cb41
Kyrsyä FIN 91 Lb33
Kyselka CZ 135 Ec44

Kysucké Nové Mesto – Lampinsaari

Kysucké Nové Mesto SK 138 Hc47
Kysucký Lieskovec SK 138 Hc47
Kytäjä FIN 90 Kb38
Kythrea CY 206 Jc96
Kytkylehto FIN 82 La25
Kytö FIN 97 Jc39
Kytökylä FIN 82 Ka26
Kytömäki FIN 75 Kd24
Kyyjärvi FIN 81 Jd30
Kyynämöinen FIN 90 Kb32
Kyynärö FIN 90 Ka35
Kyyrönniemi FIN 91 Ld32

L

Laa an der Thaya A 137 Gb49
Laaber D 135 Ea48
La Acenuela E 60 Cc74
La Adrada E 46 Da64
Laafeld A 144 Ga56
Laage D 119 Ec31
Laagri EST 98 Kb42
Laaja FIN 75 La23
Laajala FIN 68 Jb16
Laajaranta FIN 82 Kb31
Laajoki FIN 89 Jb38
Laakajärvi FIN 82 La27
Laakirchen A 144 Fa51
La Alameda E 52 Db70
La Alberca E 45 Ca64
La Alberca de Záncara E 53 Ea67
La Alberguería de Argañán E 45 Bc64
La Albuera E 51 Bc69
La Aldea del Obispo E 51 Ca67
La Aldea del Portillo de Busto E 38 Dd57
La Aldehuela E 45 Cc64
La Alfahuara E 61 Eb73
La Algaba E 59 Ca73
La Algaida E 59 Bd75
La Aliseda de Tormes E 45 Cc64
La Aljorra E 55 Fa73
La Almarcha E 53 Eb67
La Almolda E 48 Fc61
La Almunia de Doña Godina E 47 Ed61
Laamala FIN 91 Lc35
Laanila FIN 69 Ka12
Lääniste EST 99 Lb45
La Antilla E 58 Ba74
Laapinjärvi FIN 90 Kd38
Laar D 117 Bd35
Laarne B 124 Ab39
Laas D 127 Ed40
Laas I 142 Db56
Laasala FIN 81 Jd31
La Atalaya E 55 Ed74
Laatre EST 106 Kd47
Laatre EST 106 La47
Laatzen D 126 Db37
La Aulaga E 59 Bd73
Laax CH 142 Cc55
La Azohia E 55 Fa74
Labacolla E 36 Ad55
la Bade F 33 Ha49
Labadžiai LV 114 Kb57
Labalme F 35 Jc45
la Balme-de-Sillingy F 35 Jd46
La Baña E 37 Bd58
La Bañeza E 37 Cb58
Labanoras LT 115 Lb56
La Barca de la Florida E 59 Bd76
La Barca de la Florida E 59 Ca76
Labarces E 38 Db55
Labardžiai LT 113 Jc55
la Barre-en-Ouche F 23 Ga36
La Barrela E 36 Bb56
la Barthe-de-Neste F 40 Fd56
Labasheeda IRL 12 Bc23
la Bassée F 23 Ha31
la Bastide F 43 Kb53
Labastide-Beauvoir F 40 Gc54
Labastide-Clairence F 39 Fa55
Labastide-d'Armagnac F 40 Fc53
la Bastide-de-Lordat F 40 Gc56
la Bastide-des-Jourdans F 42 Jd53
Labastide-Murat F 33 Gc51
la Bastide-Puylaurent F 34 Hd51
Labastide-Rouairoux F 41 Ha54
Labastide-Saint-Pierre F 40 Gb53
la Bathie F 35 Ka47
la Bâtie-Neuve F 35 Ka50
Lábatlan H 146 Hc52
la Baule F 27 Ec42
La Bazana E 51 Bc71
la Bazoche-Gouet F 29 Ga39
la Bazoge F 28 Fd39
l'Abbaye F 41 Hd52
Labby FIN 90 Kd38
Låbbyn S 94 Ec43
Labeaume F 34 Ja51
Łabędnik PL 122 Jb30
Łabędzie PL 120 Ga32
Labège F 40 Gc54
la Bégude-Blanche F 42 Ka52
Laben A 144 Ga51
Labenne F 39 Ed54
Labenne-Océan F 39 Ed54
Labenz D 118 Dc32
la Bérade F 35 Ka49
Laberget N 67 Gc12
la Bernerie-en-Retz F 27 Ec43
Laberweinting D 135 Eb49
l'Aber-Wrac'h F 26 Db37
Labin HR 151 Fa61
Labinsk RUS 205 Fd17
la Bisbal de Falset E 48 Ga62
la Bisbal del Penedès E 49 Gc62
la Bisbal d'Empordà E 49 Hb59
Łabiszyn PL 121 Ha35
Lablachère F 34 Ja51
Labljane KSV 178 Bb71
La Bobadilla E 60 Da73
la Bocca F 43 Kc54
Lábod H 152 Gd57
Laboe D 118 Dc30
la Boissière F 22 Fd36
la Bonneville-sur-Iton F 23 Gb36
Laborel F 42 Jd51
la Borne F 29 Ha42
la Bouëxière F 28 Fa39
Labouheyre F 39 Fa52
la Bouille F 23 Ga35
la Bourboule F 33 Ha47
Laboutarie F 41 Gd53
la Boutière F 35 Jd48
Labovë AL 182 Ac78
La Bóveda de Toro E 45 Cc61
Łabowa PL 138 Jc46
Labrags LV 105 Jb51
l'Abre F 33 Ga47
la Brède F 32 Fb51
la Bresse F 31 Ka39
la Brévine CH 141 Bb54
la Bridoire F 35 Jd47
la Brillanne F 42 Jd52
Labrit F 39 Fb52
Labrousse F 33 Gb46
Labroye F 23 Gc32
la Bruffière F 28 Fa43
Labruguière F 41 Gd54
La Bruyère B 124 Ad41
l'Absie F 28 Fb44
Labuť CZ 135 Ec45
Labudnjača SRB 153 Hd59
Labuerda E 40 Fd58
Labūnava LT 114 Kc56
Łabunie PL 131 Kc41
Labuništa MK 182 Ad75
la Burbanche F 35 Jc46
la Bussière F 29 Ha40
la Butte F 28 Fc43
Lac AL 163 Jb72
La Cabrera E 46 Dc63
la Caillère F 28 Fb44
La Calahorra E 61 Dd75
La Calera E 38 Dd55
La Caletta I 168 Cc75
La Caletta I 169 Bc80
la Calmet F 42 Ja53
La Calzada de Oropesa E 52 Cc66
La Campana E 59 Cb73
La Cañada E 46 Da64
La Cañada de Cañepla E 61 Eb73
La Cañada de San Urbano E 61 Ea76
La Cañada de Verich E 48 Fc63
Lacanau F 32 Fa50
Lacanau-Océan F 32 Fa49
la Canourgue F 34 Hb51
la Capelle F 24 Hc33
la Capelle F 34 Hc51
la Capelle-lès-Boulogne F 23 Gc31
Lacapelle-Marival F 33 Gd50
Lacapelle-Viescamp F 33 Gd50
Lačarak SRB 153 Ja61
La Cardenchosa E 51 Cb71
La Cardenchosa E 51 Cb71
La Caridad E 37 Bd53
La Carlota E 60 Cc73
La Carolina E 52 Db71
La Carrasca E 60 Da74
La Carrasca E 60 Db73
La Casicas E 53 Eb71
la Cassa I 148 Bc60
Lacaune F 41 Ha54
La Cavada E 38 Dc55
la Cavalerie F 41 Hb53
Lacave F 33 Gc50
Lacco Ameno I 161 Fa75
Lac de Tignes F 35 Kb47
Lacedonia I 161 Fd74
Lacelle F 33 Gc47
la Celle-Dunoise F 33 Gc45
la Celle-en-Morvan F 30 Hd43
La Cellera de Ter E 49 Ha59
la Celle-Saint-Avant F 29 Ga43
La Cerca E 38 Dd56
La Cerollera E 48 Fc63
La Cervera E 54 Fa66
Laces I 142 Dc56
Łacha PL 122 Jc32
la Chaise-Dieu F 34 Hc48
la Chaize F 28 Fa44
la Chaize-Giraud F 28 Ed44
la Chambre F 35 Ka48
la Champenoise F 29 Gc43
Lachamp Raphaël F 34 Ja50
la Chapelaude F 33 Ha45
La Chapelle F 24 Ja33
la Chapelle F 35 Ka47
la-Chapelle-au-Riboul F 28 Fc38
la Chapelle-aux-Chasses F 30 Hc44
Lachapelle-aux-Pots F 23 Gc35
la Chapelle-Bertrand F 28 Fc44
la Chapelle-Bouëxic F 28 Ed40
la Chapelle-d'Angillon F 29 Gd42
la Chapelle-du-Bois F 29 Ga39
la Chapelle-du-Chêne F 28 Fb39
la Chapelle-du-Noyer F 29 Gb39
la Chapelle-en-Valgaudemar F 35 Ka49
la Chapelle-en-Vercors F 35 Jc49
la Chapelle-Faucher F 33 Ga48
La Chapelle-Glain F 28 Fa41
la Chapelle-la-Reine F 29 Ha38
la Chapelle-Laurent F 34 Hb49
la Chapelle-Montreuil F 28 Fd44
la Chapelle-Rainsoui F 28 Fb39
la Chapelle-Saint-André F 30 Hb41
la Chapelle-Saint-Géraud F 33 Gd49
la Chapelle-Saint-Laurent F 28 Fb44
la Chapelle-Saint-Quillain F 31 Jc41
Lachapelle-sous-Rougemont F 31 Kb40
la Chapelle-Vendômoise F 29 Gb41
la Chapelle Verlain F 33 Ga48
la Chapelle-Vicomtesse F 29 Gb40
la Chapelle-Yvon F 22 Fd36
la Chapelotte F 29 Ha42
Láchar E 60 Db75
la Charce F 42 Jc51
la Charité-sur-Loire F 30 Hb42
la Chartre-sur-le-Loir F 29 Ga40
la Châtaigneraie F 28 Fb44
la Châtelaine F 31 Jd43
la Châtre F 29 Gd44
la Châtre-Langlin F 33 Gb45
la Chaudière F 35 Jc50
la Chaume F 28 Ed44
la Chaux-de-Fonds CH 141 Bb53
la Chavade F 34 Hd50
Lachen CH 142 Cc53
Lachendorf D 126 Dc36
la Cheppe F 24 Hd36
la Chèze F 27 Eb39
Lachowo PL 123 Jd32
La Cierva E 53 Ec66
Laçin TR 193 Gd81
la Ciotat F 42 Jd55
Lack GB 9 Cb17
Łąck PL 130 Hd36
Läckalns LV 106 La52
Läckeby S 103 Ga52
Łącko PL 138 Jb46
la Clayette F 34 Ja45
la Clisse F 32 Fb47
la Clusaz F 35 Ka46
la Cluse F 35 Jc45
la Cluse F 35 Jd50
la Cluse-et-Mijoux F 31 Ka43
La Codoñera E 48 Fc63
La Codosera E 51 Bb67
la Combe F 35 Jc47
La Concha E 38 Dc55
Laconi I 169 Ca77
La Contienda E 51 Bb71
La Copa E 61 Ec72
la Coquille F 33 Gb48
La Coronada E 51 Cb69
La Coronada E 51 Cb71
La Corte E 59 Bc72
La Coruña E 36 Ba54
La Costana E 38 Db56
la Côte-Saint-André F 35 Jc48
la Cotinière F 32 Fa46
la Couarde-sur-Mer F 32 Ed46
la Couronne F 32 Fd47
Lacourt F 40 Gb56
la Courtine F 33 Gd47
la Couvertoirade F 41 Hc53
La Coveta Fumada E 55 Fc71
Lacq F 39 Fb55
la Crèche F 32 Fc45
la Crocina I 156 Dd66
Lacroix F 23 Ha35
la Croix-aux-Bois F 24 Ja34
la Croix-aux-Bois F 24 Ja35
la Croix-Avranchin F 28 Fa38
Lacroix-Barrez F 33 Ha50
La Croixille F 28 Fa39
La Croix-Laurent F 28 Ed41
Lacroix-sur-Meuse F 24 Jb36
la Croix-Valmer F 43 Kb55
La Crosetta I 150 Eb58
La Cuesta E 46 Db62
La Cumbre E 51 Ca67
la Cure F 31 Jd44
Lacu Roşu RO 172 Ea58
Lacu Sărat RO 177 Fb64
Lacu Sinaia RO 176 Ec64
Łączki Brzeskie PL 139 Jd43
Łączna PL 130 Jb41
Łącznik PL 137 Ha43
Łączno PL 122 Hd31
Lad H 152 Ha57
Ląd PL 129 Ha37
Ladapeyre F 33 Gd45
Ladbergen D 125 Cb37
Ladby DK 109 Dd26
Lāde LV 106 Kc49
Läde S 87 Fb38
Ladeburg D 128 Fa36
Lądek-Zdrój PL 137 Gc43
Ladelund D 108 Da28
Ladenburg D 134 Cc46
Ladendorf A 137 Gb49
La Derrasa E 36 Bb57
Lădeşti RO 175 Da64
Ladezers LV 106 Kc49
Ládi GR 185 Ea76
Ladignac F 33 Gb47
Ladino RUS 107 Mb49
Ladispoli I 160 Ea71
Ladoeiro P 44 Bb65
Ladon F 29 Ha39
la Douze F 33 Ga49
Ladovo RUS 107 Mb47
la Drée F 30 Ja43
La Duquesa E 59 Cb77
Laduškin RUS 113 Hd59
Laduz F 30 Hb40
Ladybank GB 7 Eb12
Ladyžyn UA 204 Ec16
Ładzice PL 130 Hd41
Læborg DK 108 Da26
Lædre N 92 Ca46
Laekvere EST 98 La43
La Encinilla E 59 Ca75
Laer D 125 Ca37
Láerma GR 197 Ed93
La Ermita E 61 Eb74
Laerru I 168 Ca74
La Espina E 37 Ca54
La Espina E 37 Cd56
La Estación E 59 Ca73
La Estrella E 52 Cc66
Laeva EST 98 La45
Lævvajokgiedde N 64 Jd07
la Farga de Moles E 40 Gc58
la Fatarella E 48 Ga62
la Faurie F 35 Jd50
la Favière F 43 Kb51
la Feclaz F 35 Jd47
La Felguera = Langreo E 37 Cc55
La Felipa E 53 Ec69
la Fère F 24 Hb34
la Ferière-en-Parthenay F 28 Fc44
la Ferrière F 28 Fa44
la Ferrière F 35 Ka48
la Ferrière-aux-Étangs F 22 Fb37
la-Ferrière-sur-Risle F 23 Ga36
la Ferté F 30 Ja44
la Ferté-Alais F 29 Gd38
la Ferté-Bernard F 29 Ga39
la Ferté-Frênel F 22 Fd37
la Ferté-Gaucher F 24 Hb37
la Ferté-Imbault F 29 Gc42
la Ferté-Loupière F 30 Hb40
la Ferté-Macé F 28 Fc38
la Ferté-Milon F 24 Hb36
la Ferté-Saint-Aubin F 29 Gc40
la Ferté-Saint-Cyr F 29 Gc41
la Ferté-sous-Jouarre F 24 Hb36
Laferté-sur-Amance F 31 Jc40
Laferté-sur-Aube F 30 Ja39
la Ferté-Vidame F 29 Ga38
Lafeuillade-en-Vézie F 33 Ha50
La Feuilllie F 23 Gb35
La Figal E 37 Ca54
Navia E 37 Ca54
Lafitte F 40 Gb53
Lafka GR 194 Bc87
Láfkos GR 189 Cb82
la Flèche F 28 Fc41
La Florida E 37 Ca54
la Flotte F 32 Fa46
la Foia E 55 Fb72
la Fontaine-Saint-Martin F 28 Fd40
la Font de la Figuera E 55 Fa70
la Font d'en Carròs E 54 Fc69
la Force F 32 Fd50
la Forêt-Fouesnant F 27 Dc40
la Forêt-Sainte-Croix F 29 Gd38
la Forêt-sur-Sèyre F 28 Fb44
la Forie F 34 Hc47
Laforsen S 87 Fd35
la Fouillade F 41 Gd52
la Fourche F 30 Ja44
la Foux-d'Allos F 43 Kb51
La Franca E 38 Da54
Lafrançaise F 40 Gb52
La Freissinouse F 35 Jd50
La Fresneda E 48 Fd63
la Frette F 35 Jc48
La Frontera E 47 Eb64
La Frua I 141 Ca56
La Fuencubierta E 60 Cc73
La Fuente de San Esteban E 45 Ca63
la Fuliola E 48 Gb60
Łąg PL 121 Ha32
La Gacilly F 27 Ec40
La Galera E 48 Ga64
La Gallega E 46 Dd59
Lagan S 103 Fb52
Laganás GR 188 Ac86
La Ganchosa E 59 Ca72
Lagar E 37 Bd54
la Garde F 34 Hc50
la Garde F 42 Ka55
la Garde-Adhémar F 42 Jb51
la Garde-Freinet F 43 Kb54
la Garde-Guérin F 34 Hd51
Lagarelhos P 44 Bb59
La Garganta E 37 Bd54
La Garganta E 45 Cb64
La Garovilla E 51 Bd69
la Garriga E 49 Ha60
Lagartera E 52 Cc66
la Gaubretière F 28 Fa43
Lagavara GB 9 Da15
Lagdei I 149 Cd63
Lage D 117 Ca36
Lage D 126 Cd37
Lagedi EST 98 Kc42
Lage Mierde NL 124 Ba39
Lägerdorf D 118 Db31
Laget N 93 Db45
Lagg GB 6 Db13
Lagga S 96 Gd42
Laggan GB 7 Ea09
Laggars FIN 81 Ja29
Laggerberg S 87 Gb33
Laghy IRL 8 Ca17
Łagiewnik PL 129 Gc39
Łagiewniki PL 129 Gc42
Laginá GR 183 Cb77
La Gineta E 53 Ec69
La Gironda E 59 Ca75
la Giustiniana I 160 Ea71
Lagje AL 182 Ac74
Laglio I 149 Cc58
Lagnieu F 35 Jc46
Lagnö S 103 Gb47
Lagny F 23 Ha34
Lagny-sur-Marne F 23 Ha37
Lago I 164 Gb80
Lagoa P 58 Ab74
Lagoa (Campo Lameiro) E 36 Ad56
Łagoda PL 128 Fd38
la Godivelle F 34 Hb48
Lagolovo RUS 99 Mb40
Lagonegro I 161 Ga77
Lágos GR 184 Dc77
Lagos P 58 Ab74
Lagosanto I 150 Ea62
la Goutelle F 33 Ha47
Łagów PL 128 Fd37
Łagów PL 130 Jc41
Lagrán E 39 Eb57
La Granada de Riotinto E 59 Bc72
la Granadella E 48 Ga61
la Grand-Combe F 41 Hd52
la Grand-Croix F 34 Ja47
la Grande-Motte F 41 Hd54
la Grande-Motte F 42 Ja54
la Granja d'Escarp E 48 Fd61
La Granjuela E 51 Cb71
Lagrasse F 41 Ha56
la Grave F 29 Ha44
la Grave F 35 Ka49
la Gravelle F 28 Fd38
la Grolle F 28 Ed44
Lägsta S 80 Gc28
Laguardia E 39 Eb57
La Guardia E 52 Dc66
La Guardia de Jaén E 60 Db73
Laguarta E 40 Fc58
Laguépie F 41 Gd52
La Guerche-de-Bretagne F 28 Fa40
la Guerche-sur-l'Aubois F 30 Hb43
la Guérinière F 27 Ec43
Lagueruela E 47 Fa62
La Guijarrosa E 60 Cc73
Laguiole F 34 Hb50
Laguna de Contreras E 46 Db61
Laguna de Duero E 46 Da60
Laguna del Maquesado E 47 Ec65
Laguna de Negrillos E 37 Cc58
Laguna de Somoza E 37 Ca57
Laguna Rodrigo E 46 Da62
Lagunilla E 45 Ca64
Lagzdene LV 105 Jb50
La Haba E 51 Ca69
Lahanás GR 183 Cb77
Lahaniá GR 197 Ed94
Lahardaun IRL 8 Bc18
Laharie F 39 Fa53
La Haye-du-Puits F 22 Ed35
la Haye-Pesnel F 22 Fa37
Lähden D 117 Cb35
Lahdenkylä FIN 89 Jd33
Lahdenkylä FIN 90 Ka34
Lahdenkylä FIN 90 Kb34
Lahdenperä FIN 82 Kd28
Lahdenperä FIN 82 Ka30
Lahdenpohja FIN 90 Kb36
Lahdentaus FIN 91 Ld32
Lahe EST 98 Kd41
Lahe EST 107 Lb46
Lahenpää S 73 Ja18
La Herguijuela E 45 Cc64
la Hérie-la-Viéville F 24 Hc33
La Herlière F 23 Gd32
La Hermida E 38 Da55
La Herradura E 60 Db76
La Herrera E 53 Eb69
La Herrería E 60 Cc73
Laheycourt F 24 Ja36
La Higuera E 55 Ed70
Lahinch IRL 12 Bc22
La Hinojosa E 53 Eb67
Lahišyn BY 202 Ea13
Lahm D 135 Dd44
Lahnajärvi FIN 97 Jd39
Lahnajärvi S 73 Hd18
Lahnakoski FIN 81 Jc28
Lahnalahti FIN 90 La32
Lahnanen FIN 82 Kb27
Lahnasjärvi FIN 82 Kd26
Lahnstein A 144 Fa52
Lahnstein D 133 Ca43
Lahntal D 126 Cc41
Laholm S 110 Ed53
Laholuoma FIN 89 Jb34
La Horcajada E 45 Cc64
La Horra E 46 Dc60
Lahovaara FIN 83 Lb28
La Hoya E 55 Ed73
Lahr D 133 Ca49
Lahstedt D 126 Dc37
Lähte EST 99 Lb45
Lähteenkylä FIN 89 Jb37
Lahti FIN 89 Ja38
Lahti FIN 90 Kc37
lahti FIN 98 Kb40
Lahtiranta FIN 81 Jd25
Lähtru EST 98 Ka44
la Hutte F 28 Fd39
Lai CH 142 Cd55
Laichingen D 134 Da49
Laičiai LT 114 La55
Laide GB 4 Dc06
Laidi LV 105 Jc52
Laidinmäki FIN 82 Kd28
Laidze LV 105 Jd50
l'Aigle F 23 Ga37
La Iglesuela E 46 Cd65
La Iglesuela del Cid E 48 Fc64
Laigné F 28 Fb40
Laignes F 30 Hd40
Laigueglia I 43 La52
l'Aiguillon-sur-Mer F 32 Fa45
Laihia FIN 81 Ja31
Laikko FIN 91 Ld34
Laikšės LT 114 Ka55
Laiksjö S 79 Ga27
Laiküla EST 98 Ka44
Lailiás GR 184 Cc76
Lailly-en-Val F 29 Gc40
Laimbach am Ostrong A 144 Fd50
Laimetsa EST 98 Kd44
Laimjala EST 105 Jd46
Laimoluokta sameviste S 67 Ha14
Laimont F 24 Ja36
La Ina E 59 Bd76
Lainach A 143 Ec55
Lainate I 149 Cc59
Lainejaur S 72 Gd24
Lainio S 68 Hd15
Lair GB 6 Ea10
Laisbäck S 72 Gb24
La Isla E 37 Cd54
Laissac F 34 Hb51
Láista GR 182 Ad79
Laisvall S 72 Gb21
Laisvalls by S 72 Gb21
Laitamaa S 68 Hd17
Laitasaari FIN 74 Ka24
Laiterla FIN 97 Jc40
Laitiainen FIN 89 Jd38
Laitikkala FIN 90 Ka36
Laitila FIN 89 Ja38
Laitineva FIN 82 Kb25
Laitse EST 98 Kb43
Laiuse EST 98 La44
Laiva sameviste S 71 Fd21
Laives F 30 Jb44
Laives I 143 Dd56
Laize-la-Ville F 22 Fc36
Laižuva LT 113 Jd53
la Jana E 48 Fd64
la Javie F 42 Ka52
Lajkovac SRB 153 Jc63
la Jonchère-Saint-Maurice F 33 Gc46
la Jonquera E 41 Hb58
Lajoskomáron H 145 Hb55
Lajosmizse H 146 Ja54
Lajunlahti FIN 83 Lb31
Láka GR 188 Ab81
Lakaluoma FIN 81 Jc31
Lakaniemi FIN 81 Jc30
Łąka Prudnicka PL 137 Gd43
Lakasjö S 80 Gc28
Lakatnik BG 179 Cc70
Lakaträsk S 73 Hc20
Lakavica MK 178 Ba73
Lakavica MK 183 Bd74
Lakenheath GB 20 Fd25
Läki BG 184 Db74
Laki MK 183 Ca74
Łąkie PL 121 Gc33
Lakinsk RUS 203 Fa10
Lakitelek H 146 Jb55
Lakkí GR 197 Eb90
Lákki GR 200 Cb95
Lakkia CY 206 Jb97
Lákkoma GR 184 Dc79
Laknasi AL 182 Ab74
Lakócsa H 152 Ha58
Lakolk DK 108 Cd27
Łakorz PL 122 Hc33
Lakså N 66 Fd15
Laksåvik N 77 Dc29
Lakselv N 64 Jb07
Lakselv bukt N 62 Gd10
Laksfors N 70 Fa23
Lakshola N 66 Fd17
Laksnes N 64 Jd07
Laksvatn N 62 Gd10
Łąkta PL 129 Gc39
Laktaši BIH 152 Gd61
Låktatjåkka S 67 Gc13
Lakyle IRL 12 Bb23
Lalacelle F 28 Fc38
Lalandelle F 23 Gc35
La Lantejuela E 59 Cb74
La Lapa E 51 Bd70
Lalapaşa TR 185 Eb75
Lalar AL 182 Ab76
Lálas GR 194 Ba87
la Latette F 31 Jd43
l'Albagés E 48 Ga61
l'Albaron F 42 Ja54
Lalbenque F 40 Gc52
l'Albi E 48 Gb61
l'Albufereta E 55 Fb71
l'Alcora E 54 Fc66
l'Alcúdia E 54 Fb68
l'Alcúdia de Crespins E 54 Fb69
l'Alcúdia de Veo E 54 Fc66
La Lechère I 148 Bc57
Lalendorf D 119 Ec32
Lalevade-d'Ardèche F 34 Ja50
Lalić SRB 153 Ja59
la Lima I 155 Db64
Lalin E 36 Ba56
Lalinde F 33 Ga50
La Línea de la Concepción E 59 Cb78
la Llacuna E 49 Gc61
Lalleu F 28 Ed40
Lalling D 135 Ed48
Lalm N 85 Dc35
l'Almadrava E 48 Ga63
Lalœuf F 25 Jd37
La Lomba E 38 Db56
la Londe-les-Maures F 42 Ka55
Laloşu RO 175 Da65
la Loupe F 29 Gb38
Lalouvesc F 34 Ja49
La Louvière B 124 Ac41
Lalova MD 173 Fd56
l'Alpe-d'Huez F 35 Ka49
Lalsi EST 98 La45
l'Altet E 55 Fb71
Lalueza E 48 Fc60
La Luisiana E 59 Cb73
Laluque F 39 Fa53
Lam D 135 Ec47
la Maçana AND 40 Gc57
la Maçana AND 40 Gc57
la Machine F 30 Hc43
la Maddalena I 168 Cb73
Lama dei Peligni I 161 Fa71
La Madelaine F 22 Fa35
La Madeleine-Bouvet F 29 Ga38
La Magdalena E 37 Cb56
Lamaids F 33 Ha45
la Main F 31 Ka42
la Malène F 41 Hc52
la Malmaison F 24 Hc34
Lamalonga E 37 Bd58
Lamalou-les-Bains F 41 Hb54
Lama Mocogno I 149 Db63
Lamandia I 162 Ha74
Lamanère F 41 Ha58
La Manga del Mar Menor E 55 Fb73
La Marañosa E 46 Dc65
Lamarche F 31 Jc39
La Marea E 37 Cc55
Lamargelle F 30 Ja41
la Marina E 55 Fb72
la Marolle-en-Sologne F 29 Gc41
Lamarque F 32 Fb49
la Martella I 162 Gc75
la Martyre F 26 Dc38
La Masadera E 48 Fc60
Lamas de Olo P 44 Ba60
Lamas de Podence P 45 Bc60
Lamas do Vouga P 44 Ad63
Lamastre F 34 Ja49
La Mata E 52 Da66
La Mata de Monteagudo E 37 Cd56
Lambach A 144 Fa51
Lamballe F 26 Eb38
Lamberhurst GB 20 Fd29
Lambesc F 42 Jc53
Lámbia GR 188 Bb86
Łambinowice PL 137 Gd43
Lambley GB 11 Ec16
Lambókambos GR 195 Bd90
Lamborn S 87 Fd38
Lambourn GB 20 Fa28
Lambrecht D 133 Cb46
Lambrechten A 143 Ed50
Lambsheim D 133 Cb46
Lamego P 44 Ba61
La Meilleraye-de-Bretagne F 28 Fa41
La Melgosa E 53 Eb66
l'Amelie-sur-Mer F 32 Fa48
la Membrolle-sur-Longuenée F 28 Fb41
Lamerdingen D 142 Dc51
la Merlatière F 28 Fa44
l'Ametlla del Vallès E 49 Ha60
l'Ametlla de Mar E 48 Ga63
Lamezia Terme I 164 Gc81
Lamía GR 189 Bd83
la Milesse F 28 Fd39
Lamington GB 10 Ea14
Lamlash GB 10 Dc14
Lammasperä FIN 90 Ka33
Lammela FIN 89 Ja35
Lammersdorf D 125 Bc41
Lammhult S 103 Fc51
Lammi FIN 81 Jc30
Lammi FIN 90 Kb37
Lamminaho FIN 82 Kb28
Lamminkoski FIN 89 Jc34
Lamminkylä FIN 75 La22
Lamminkylä FIN 82 La25
Lamminkylä FIN 83 Ld31
Lamminmaa FIN 89 Jb32
Lamminmäki FIN 90 Kc32
Lamminperä FIN 74 Ka22
Lammu FIN 83 Lc31
Lamnay F 29 Ga39
La Mojonera E 61 Ea76
la Môle F 43 Kb55
la Molina E 41 Gd58
Lamone CH 149 Cc57
la Mongie F 40 Fd56
Lamontgie F 34 Hc48
La Montiela E 60 Cc73
La Morera E 51 Bc70
Lamosa E 36 Ad57
la Mothe-Achard F 28 Ed44
la Mothe-Saint-Héray F 32 Fc45
la Motte F 23 Ha35
la Motte F 27 Eb39
la Motte F 42 Ka51
Lamotte-Beuvron F 29 Gd41
la Motte-Bourbon F 28 Fc43
la Motte-Chalancon F 42 Jc51
la Motte-d'Aigues F 42 Jd53
la Motte-Saint-Martin F 35 Jd49
Lamotte-Warfusée F 23 Ha33
Lamovita BIH 152 Gc62
Lampaanjärvi FIN 82 Kc29
Lampaluoto FIN 89 Ja35
Lampaul-Guimiliau F 26 Dc38
Lampaul-Plouarzel F 26 Db38
Lampeland N 93 Dc41
Lamperila FIN 82 Kd30
Lampertheim D 134 Cc45
Lampertswalde D 128 Fa40
Lampeter GB 15 Dd26
Lampinsaari FIN 82 Ka26

Lampiselkä - Launkalne

Lampiselkä FIN 69 Ka16
l'Ampolla E 48 Ga63
Lamport GB 20 Fb25
Lampovo RUS 99 Mb41
Lamppi FIN 89 Ja35
Lamsfeld D 128 Fb38
Lamspringe D 126 Db38
Lamstedt D 118 Da32
Lamu FIN 82 Kb26
La Mudarra E 46 Cd60
La Muela E 47 Ea60
La Muela E 47 Fa61
Lamujoki FIN 82 Kb26
la Mure F 35 Jd49
Lamure-sur-Azergues F 34 Ja46
Lamvik N 63 Hd07
Lana I 142 Dc56
Lanabregas AL 182 Ac74
Lanabukt N 65 Kd07
Lanaja E 48 Fc60
Lanaken B 125 Bb40
la Napoule F 43 Kc54
Lanarce F 34 Hd50
Lanark GB 10 Ea14
La Nava E 59 Bc72
La Nava de Ricomalillo E 52 Cd67
La Nava de Santiago E 51 Bd68
Lancaster GB 11 Ec19
Lanciano I 157 Fb70
Lanciego E 39 Eb57
Lancin F 35 Jc47
Lančiūnava LT 114 Kc56
Lanckorona PL 138 Ja45
Lançon-Provence F 42 Jc54
Lańcucka PL 139 Kb43
Łańcut PL 139 Ka44
Landa S 102 Ec50
Landau a.d. Isar D 135 Ec49
Landau in der Pfalz D 133 Cb47
Landaul F 27 Ea40
Landaville-la-Haut F 31 Jc38
Landbobyn S 95 Fb39
Lande N 70 Fa24
Landéan F 28 Fa38
Landeck A 142 Db54
Landeleau F 27 Dd39
Landen B 124 Ad41
Landepereuse F 23 Ga36
Landerneau F 26 Dc38
Landerum NL 116 Bb32
Landeryd S 102 Ed51
Landeryd S 103 Fd47
Landesbergen D 126 Da36
Landet DK 109 Dd28
Landete E 54 Ed66
Landévant F 27 Ea40
Landévennec F 26 Dc38
Landford GB 20 Ed30
Landgraaf NL 125 Bb40
Landiras F 32 Fb51
Landivisiau F 26 Dc38
Landivy F 28 Fa38
Landkey GB 19 Dd29
Landkirchen D 119 Ea30
Landl A 143 Ea53
Landön S 79 Fb29
Landön S 111 Fb55
Landos F 34 Hd50
Landouzy-la-Ville F 24 Hc33
Landquart CH 142 Cd54
Landrecies F 24 Hc32
Landres F 25 Jc35
Landriano I 149 Cc60
Landsberg D 127 Eb39
Landsberg = Gorzów Wielkopolski PL 128 Fd36
Landsberg a. Lech D 142 Dc51
Landsbro S 103 Fc50
Landscheid D 133 Bc44
Landsee A 145 Gb53
Landshut D 135 Eb49
Landskrona S 110 Ed55
Landsmarkakap N 93 Db43
Landsmeer NL 116 Ba35
Landstuhl D 133 Ca46
Landudec F 27 Dc39
Landvetter S 102 Ec49
Landvik N 93 De46
Landze LV 105 Jb50
Låne N 84 Cc36
Lane End GB 20 Fb28
Lanersbach A 143 Ea54
Lane-Ryr S 102 Ec46
Lanesborough IRL 8 Ca20
Lanestosa E 38 Dd55
la Neuville-en-Tourne-à-Fuy F 24 Hd35
Langå DK 100 Dc23
Langa E 46 Cd62
Långå S 86 Fa33
Langáda GR 191 Dd85
Langadás GR 183 Cb77
Langa de Duero E 46 Dd60
Langádia GR 194 Bb87
Långalma S 96 Gd40
Långäminne FIN 81 Ja31
Langangen N 93 Dc44
Långared S 102 Ec48
Långaryd S 102 Fa51
Långås S 102 Ec51
Långasjö S 111 Fd53
Langau A 136 Ga49
Långbäcken S 80 Gc27
Långban S 95 Fb42
Långbo S 87 Ga36
Långby S 87 Gb35
Langdal N 77 Da33
Langdon Beck GB 11 Ed17
Langdorf D 135 Ed48
Langeac F 34 Hc49
Langeais F 28 Fd42
Langebæk DK 109 Eb28
Langedijk NL 116 Ba34
Langegg A 136 Fc49
Längelmäki FIN 90 Ka34
Langeln D 126 Dc38
Langelsheim D 126 Dc38
Långemåla S 103 Ga51
Langemark B 21 Ha30
Langen D 117 Cb35
Langen D 118 Cd32
Langen D 134 Cc44
Langenaltheim D 134 Dc48
Langenargen D 142 Cd52
Långenäs S 94 Ed41
Langenau D 127 Ed42
Langenau D 134 Db49
Langenbach D 143 Ea50
Langenberg D 127 Eb42
Langenberg/Westf. D 126 Cc38
Langenbernsdorf D 127 Eb42
Langenburg D 134 Da47
Langendernbach D 125 Cb42
Langeneichstädt D 127 Ea40
Langenenslingen D 142 Cd50
Langenes N 66 Fc12
Längenfeld A 142 Dc54
Langenfeld D 125 Bd40
Langenhagen D 126 Db36
Langenhahn D 125 Cb42
Langenhoe GB 21 Ga27
Langenhorn D 108 Da29
Langenleuba-Niederhain D 127 Ec41
Langenleuba-Oberhain D 127 Ec41
Langenlois A 144 Ga50
Langenlonsheim D 133 Ca44
Langennerie F 29 Ga41
Langenneufnach D 142 Db50
Langenpreising D 143 Ea50
Langen-Selbold D 134 Cd43
Langenthal CH 141 Bd53
Langenwang A 144 Ga53
Langenweddingen D 127 Ea38
Langenwetzendorf D 127 Eb42
Langenwolmsdorf D 128 Fb41
Langenzenn D 134 Dc46
Langeoog D 117 Cb31
Langerringen D 142 Dc51
Langerwehe D 125 Bc41
Langeskov DK 109 Dd27
Langesund N 93 Dc44
Langevåg N 76 Cc32
Langevåg N 92 Bd41
Langewiesen D 127 Dd42
Langey F 29 Gb39
Langfjord N 63 Hc08
Langfjordbotn N 65 Kd08
Langfjordhamn N 63 Hc08
Langfjordnes N 64 Ka05
Långforsselet S 73 Ja19
Langfurth D 134 Db47
Langgöns D 126 Cc42
Langhagen D 119 Ec32
Långhed S 87 Ga37
Långhem S 102 Ed49
Langhirano I 149 Db62
Langholm GB 11 Eb16
Langhus N 93 Ea42
Långjum S 102 Ed47
Langleeford GB 11 Ed14
Langli N 65 Kd08
Langlingen D 126 Dc36
Långlöt S 103 Gb52
Långnäs FIN 96 Hc41
Långnäs S 73 Hc23
Långnäs S 95 Ga39
Langnau im Emmental CH 141 Bd54
Langnes N 63 Ja06
Langø DK 109 Dd28
Langogne F 34 Hd50
Langoiran F 32 Fc51
Langon F 32 Fc51
Langonnet F 27 Dd39
Langør DK 109 Dd25
Langosco I 148 Ca60
Langport GB 19 Eb29
Langquaid D 135 Ea48
Langreo E 37 Cc55
Langres F 30 Jb40
Langrick GB 17 Fc23
Långron S 80 Ha30
Langschlag A 136 Fc49
Långsel S 73 Hd20
Långsele S 79 Gb31
Långsele S 80 Gd27
Långselet S 80 Hb25
Langserud S 94 Ed44
Langset N 94 Eb40
Langseter N 94 Eb42
Långshyttan S 95 Ga40
Långsjöby S 72 Gb24
Långsjön S 73 Hc21
Langslett N 63 Hb09
Langstrand N 63 Hd06
Langstrand N 64 Jc05
Langstranda N 78 Ea28
Langtoft GB 17 Fc19
Långtora S 96 Gc42
Långträsk S 72 Ha24
Långträsk S 73 Hb23
Långträsk S 80 Ha26
Languidic F 27 Ea40
Langvad N 71 Fd18
Langvågen N 66 Ga14
Langvatn N 71 Fb20
Långvattnet S 80 Hb25
Långvattnet S 80 Gc28
Långvik FIN 98 Kb40
Langvik N 85 Ea37
Långvik S 96 Ha44
Långviken S 72 Gc22
Långviken S 80 Hc25
Långviksmon S 80 Gd29
Långvind S 87 Gb36
Långvinds bruk S 87 Gb36
Langwathby GB 11 Ec17
Langwedel D 118 Da34
Langweid D 134 Dc49
Langwies CH 142 Cd55
Langwyfan GB 15 Ea22
Lanhélin F 28 Ed38
Lanheses P 44 Ad59
Lanhouameau F 26 Dc37
Łanięta PL 122 Jb34
Łaniewo PL 122 Ja31
Lanilar GB 15 Dd25
Lanildut F 26 Db38
Lanjarón E 60 Dc76
Lankamaa FIN 90 Kc32
Lankas LV 105 Jb52
Lanke D 120 Fa35
Lankeliškiai LT 114 Ka59
Łankiejmy PL 122 Jb30
Lankila FIN 90 La37
Lankojärvi FIN 74 Jc18
Lankoori FIN 89 Ja36
Lankosi FIN 89 Jb35
Lanloup F 26 Ea37
Lanmeur F 26 Dd37
Lanna S 95 Fc44
Länna S 95 Gb44
Länna S 96 Gd42
Länna S 96 Ha42
Lanna S 102 Fa50
Lännäs S 95 Fd44
Lannavaara S 68 Hc14
Lannéanou F 26 Dd38
Lannemezan F 40 Fd56
Lanneray F 29 Gb39
Lannevesi FIN 82 Kb31
Lannilis F 26 Db37
Lannion F 26 Ea37
la Nocle-Maulaix F 30 Hc43
Lanouaille F 33 Gb48
Lansån S 73 Hd19
Lans-en-Vercors F 35 Jc49
Länsi-Aure FIN 89 Jc34
Länsi-Kalmari FIN 82 Ka31
Länsikoski FIN 74 Jc21
Länsikylä FIN 81 Jc31
Länsiranta FIN 64 Ka10
Länsiranta FIN 81 Jc31
Länsi-Saamainen FIN 82 La31
Länsi-Teisko FIN 89 Jd35
Länsi-Vuokka FIN 83 Lb28
Lansjärv S 73 Hd19
Lanškroun CZ 137 Gb45
Lanslebourg-Mont-Cenis F 35 Kb48
Lanslevillard F 35 Kb48
Lanta F 40 Gc54
Lantadilla E 38 Db58
Lantenay F 30 Ja41
Lanterot F 31 Ka40
Lantjärv S 73 Jb21
Lantosque F 43 Kd52
Lantsch CH 142 Cd55
La Nucia E 55 Fc70
Lanuéjols F 41 Hc52
La Nuez de Arriba E 38 Dc57
Lanusei I 169 Cb77
Lanuvio I 160 Eb72
Lanvellec F 26 Dd37
Lanvéoc F 26 Db38
Lanvollon F 26 Ea37
Lány CZ 136 Fa44
Łany PL 137 Ha44
Lánycsók H 153 Hc58
Lanz D 119 Ea34
Lanza E 36 Ba55
Lanzahita E 46 Cd65
Lanzas Agudas E 38 Dd55
Lanžhot CZ 137 Gc49
Lanzo d'Intelvi I 149 Cc57
Lanzós E 36 Bb54
Lanzo Torinese I 148 Bc59
Lanzuela E 47 Fa62
Lao EST 106 Kb46
Laon F 24 Hc34
Laons F 23 Gb37
La Orbada E 45 Cc62
La Paca E 61 Ec73
La Pacaudière F 34 Hd45
Lápafő H 145 Hb56
Lapajärvi FIN 69 Kc17
Lapalisse F 34 Hc45
La Palma E 55 Fa73
La Palma del Condado E 59 Bc73
la Palmyre F 32 Fa47
la Palud-sur-Verdon F 42 Ka53
Lapan AL 182 Ac77
Lapan F 29 Gd43
la Panadella E 49 Gc61
Łapanów PL 138 Jb45
La Paquelais F 28 Ed42
Laparade F 40 Fd52
La Paradilla E 46 Db64
La Paraya E 37 Cc55
La Parra E 51 Bc70
La Parra de las Vegas E 53 Eb66
La Parte de Sotoscueva E 38 Dc56
Lápas GR 188 Ba85
La Pava E 61 Eb72
Łapczyca PL 138 Jb44
La Peña E 45 Bd61
La Peral E 37 Cb54
La Peraleja E 47 Ea65
Laperdiguera E 48 Fc59
Lapės LT 114 Kc57
La Pescia I 161 Ga73
La Pesga E 45 Ca64
La Pesquera E 54 Ed67
la Petite-Pierre F 25 Kb36
la Petrizia I 164 Gc81
Lapeyrade F 40 Fc53
la Peyrade F 41 Hd54
Lapeyrouse F 34 Hb45
La Peza E 60 Dc74
la Pezade F 41 Hc53
Lapford GB 19 Dd30
la Piarre F 42 Jd51
la Pierre-Percée F 30 Hb44
Lapijoki FIN 89 Ja37
La Pinilla E 55 Ed73
Lapinkangas FIN 74 Ka24
Lapinkylä FIN 90 Kd38
Lapinkylä FIN 98 Ka39
Lapinlahti FIN 82 Kd28
Lapinsaari FIN 89 Jb32
Lapinsalo FIN 82 Kc27
Lapiosalmi FIN 75 Kc20
Lapiovaara FIN 83 Ma29
Lapithos CY 206 Jb96
Lapjärvi FIN 91 Lb37
la Plagne F 35 Kb47
la Plaine F 28 Fb43
la Plaine-sur-Mer F 27 Ec42
la Planchette F 35 Ka48
La Plaza (Teverga) E 37 Cb55
Lapleau F 33 Gd48
Laplume F 40 Ga52
Lapmežciems LV 106 Ka50
la Pobla de Benifassà E 48 Fd64
la Pobla de Cérvoles E 48 Gb61
la Pobla de Lillet E 41 Gd58
la Pobla de Massaluca E 48 Fd62
la Pobla de Montornès E 49 Gc62
la Pobla de Segur E 48 Gb59
la Pobla de Vallbona E 54 Fb67
la Pobla Llarga E 54 Fb69
la Pobla Tornesa E 54 Fc66
La Pobleta de Andilla E 54 Fa66
La Pola de Gordón E 37 Cc56
la Porta F 154 Cc69
La Portellada E 48 Fd63
La Portera E 54 Fa68
Lapoș RO 176 Eb64
Lapouyade F 32 Fc49
La Póveda de Soria E 47 Eb59
Lapovo SRB 174 Bc66
Lappach I 143 Ea55
Lappago I 143 Ea55
Lappajärvi FIN 81 Jc30
Läppäkoski FIN 90 Kb37
Lappberg S 67 Ha16
Lappböle FIN 98 Ka39
Lappea FIN 68 Jb17
Lappeenranta FIN 91 Lb36
Lappers FIN 98 Ka40
Lappersdorf D 135 Eb48
Lappetelä FIN 82 Kd29
Lappfjärd FIN 89 Hd33
Lappfors FIN 81 Jb29
Lappi FIN 75 La22
Lappi FIN 89 Jd33
Lappi FIN 89 Ja37
Lappila FIN 90 Kb37
Lappineva FIN 89 Jc34
Lappo FIN 97 Hd40
Lappohja FIN 97 Jd41
Lappoluobbal N 63 Ja10
Lappträsk FIN 90 Kd38
Lappträsk S 73 Jb21
Lappvattnet S 80 Hc26
Lappvik FIN 97 Jd41
la Praye F 30 Hd44
la Preste F 41 Ha58
la Primaube F 41 Ha52
Lâpseki TR 185 Eb79
Läpsi FIN 83 Ld28
Lapta = Lapithos CY 206 Jb96
Laptevo RUS 107 Mb50
Laptovicy RUS 99 Lc43
Lapua FIN 81 Jb31
La Puebla de Almoradiel E 53 Dd67
La Puebla de Castro E 48 Fd59
La Puebla de Cazalla E 59 Cb74
La Puebla de Híjar E 48 Fb62
La Puebla de los Infantes E 59 Cb72
La Puebla del Río E 59 Bd74
La Puebla de Montalbán E 52 Da66
La Puebla de Valdavia E 38 Da57
La Puebla de Valverde E 47 Fa65
La Pueblanueva E 52 Cd66
la Puerta de Segura E 53 Ea71
Lăpugiu de Jos RO 174 Cb60
La Punt-Chamues-ch CH 142 Da56
Lăpuș RO 171 Db56
Lăpușata RO 175 Da64
Lăpușna MD 173 Fc58
Lăpușna RO 172 Dd58
Lăpușnicel RO 174 Ca63
la Puye F 29 Ga44
Lapväärtti FIN 89 Hd33
Łapy PL 123 Kb34
L'Aquila I 156 Ed70
la Quintaine F 41 Ha53
La Rábita E 60 Dc76
Laracha E 36 Ad54
Lara de los Infantes E 46 Dd59
la Rades E 46 Dc62
Laragh IRL 13 Cd22
Laragne-Montéglin F 42 Jd51
la Raille F 35 Kb50
La Rambla E 60 Cd73
La Rasa E 46 Dd61
Larbert GB 10 Ea13
l'Arboç E 49 Gc62
l'Arbresle F 34 Ja46
Lärbro S 104 Ha48
Larce MK 178 Bb73
Larceveau F 39 Fa55
Larchant F 29 Ha38
Larche F 33 Gb49
Lårdal N 93 Da43
Lardaro I 149 Db58
Larderello I 155 Db67
Lardero E 39 Eb58
Lárdos GR 197 Fa93
Lardosa P 44 Bb65
Lardy F 29 Gd38
La Reale I 168 Bb73
Laredo E 38 Dd54
La Redondela E 58 Ba74
La Regla E 37 Ca55
Laren NL 116 Ba36
Laren NL 117 Bc36
la Réole F 32 Fc51
Larer CH 142 Da55
La Revilla E 38 Db55
Larg GB 5 Ea06
Larga MD 172 Ed53
Largentière F 34 Ja51
l'Argentière-la Bessée F 35 Kb49
Largoward GB 7 Ec12
Largs GB 6 Dc13
Largu RO 176 Ed64
Lărguța MD 177 Fc60
la Riba E 48 Gb62
La Riba de Escalote E 47 Ea61
Lárimna GR 189 Cb84
Larino I 161 Fc72
Larinsaari FIN 83 Lc29
Lario E 37 Cd56
Lárissa GR 189 Bd81
La Riva E 38 Cd56
la Rivière-Thibouville F 23 Ga36
Larkhall GB 10 Ea14
Larkhill GB 20 Ed29
Larkollen N 93 Ea43
Larmor-Plage F 27 Ea40
Larnaka CY 206 Jc97
Larne GB 9 Da16
la Robine F 42 Ka52
La Robla E 37 Cc56
La Roca de la Sierra E 51 Bc68
la Roca del Vallès E 49 Ha61
la Rocca I 167 Fc84
la Rochebeaucourt-et-Argentine F 32 Fd48
La-Roche-Bernard F 27 Ec41
la Roche-Chalais F 32 Fc49
la Roche-de Rame F 35 Kb50
la Roche-Derrien F 26 Ea37
la Roche-des-Arnauds F 35 Jd50
La Roche-en-Ardenne B 132 Ba43
la Rochefoucauld F 32 Fd47
la Roche-Guyon F 23 Gc36
la Rochelle F 32 Fa46
Larochemillay F 30 Hd43
la Roche-Morey F 31 Jc40
la Roche-Posay F 29 Ga44
la Rochepot F 30 Ja43
la Roche-sur-Foron F 35 Ka45
la Roche-sur-Yon F 28 Ed44
la Rochette F 35 Ka47
la Rochette F 43 Kc52
Larochette L 133 Bb44
La Roda E 37 Bd53
La Roda E 53 Eb68
La Roda de Andalucía E 60 Cd75
la Roë F 28 Fa40
Laroles E 61 Dd75
la Romagne F 28 Fa43
la Romana E 55 Fa71
la Romieu F 40 Ga53
Larón E 37 Ca55
la Ronde F 32 Fb45
Laroquebrou F 33 Gd50
la Roquebrussane F 42 Ka54
la Roque-d'Anthéron F 42 Jc53
Laroque-de-Fa F 41 Ha56
Laroque-d'Olmes F 41 Gd56
la Roque-Gageac F 33 Gb50
la Roque-sur-Cèze F 42 Ja52
Laroque-Timbaut F 40 Ga52
La Rösa CH 142 Da56
la Rosière 1850 F 35 Kb47
Larouco E 36 Bc57
Larrabetzu E 38 Ea55
Larraga E 39 Ec57
Larrainzar E 39 Ed56
Larraona E 39 Eb57
Larrazet F 40 Gb53
Larressingle F 40 Fd53
Larroque F 40 Ga55
Larroque F 40 Gc53
Larseng N 62 Gc10
Larsmo FIN 81 Jb28
Larsnes N 76 Cb33
La Rubia E 47 Eb60
Laruns F 39 Fb56
Larva E 61 Dd73
Larvik N 93 Dd44
Las PL 138 Hd45
Lasa I 142 Db56
Las Alcantarillas E 59 Ca75
Las Aljabaras E 60 Cc72
la Salle F 31 Ka38
Lasalle F 41 Hd52
la Salle-de-Vihiers F 28 Fb42
Las Almontarás E 61 Ea73
la Salvetat-Peyralès F 41 Gd52
la Salvetat-Saint-Gilles F 40 Gb54
la Salvetat-sur-Agout F 41 Ha54
La Salzedella E 48 Fd64
Läsänkoski FIN 90 Kd33
La Santa Espina E 46 Cd60
la Sarraz CH 141 Bb55
La Sauceda E 59 Ca76
La Sauceda E 59 Ca77
la Saulce F 42 Ka51
la-Saulsotte F 30 Hb38
la Sauve F 32 Fc50
la Sauvetat-du-Dropt F 32 Fd51
Las Berlanas E 46 Cd63
Låsby DK 108 Dc24
Las Cabezas de San Juan E 59 Ca75
Las Casas de Xilxes E 54 Fc67
Las Cobatillas E 61 Eb73
Lascuarre E 48 Ga59
Las Cuevas E 54 Ed67
Las Cuevas de los Medinas E 61 Eb76
Las Cuevas de Soria E 47 Ea60
La Seca E 46 Cd61
La Secada E 37 Cc54
la Secuita E 48 Gb62
la Selle-sur-le-Bied F 29 Ha39
la Selva del Camp E 48 Gb62
la Selve F 41 Ha52
Las Encarnaciones E 59 Cb75
la Sénia E 48 Fd64
Lásenice CZ 136 Fc48
La Serna E 38 Da58
la Serre F 33 Gd48
la Seu d'Urgell E 40 Gc58
la Seyne-sur-Mer F 42 Ka55
Las Fraguas E 38 Db55
Lasham GB 20 Fa29
Las Herast E 38 Da56
Las Herencias E 52 Cd66
Las Herrerías E 58 Ba73
Lasila EST 98 Kd42
Łasin PL 122 Hc33
Las Infantas E 60 Db72
Lasinia HR 151 Ga59
Las Jarillas E 59 Ca72
Łask PL 130 Hc39
Laska PL 121 Gd31
Łaskarzew PL 131 Jd38
Laski PL 121 Gb31
Laski PL 122 Jc33
Laskino RUS 113 Ja59
Łasko PL 120 Ga34
Laško SLO 151 Fd57
Laskowa PL 138 Jb45
Laskowice PL 123 Ka33
Laskowice PL 137 Ha43
Laskowiec PL 121 Ha33
Las Labores E 52 Dc68
Las Lagunillas E 60 Da74
Laslea RO 175 Dc60
Las Majadas E 47 Ec65
Las Mellizas E 60 Cd76
Las Mesas E 53 Ea68
Las Minas E 53 Ec71
Las Navas E 60 Da74
Las Navas de la Concepción E 59 Cb72
Las Navas del Marqués E 46 Da64
Las Negras E 61 Eb76
Las Nogueras E 54 Fa67
La Solana E 53 Dd69
La Solana E 53 Eb70
la Source F 29 Gc40
la Souterraine F 33 Gc45
Lasovo SRB 179 Ca67
Lasowice PL 129 Gd40
Lasówka PL 137 Gb44
Las Pachecas E 53 Dd69
Las Pajanosas E 59 Bd73
Laspaúles E 40 Ga58
Las Pedroñeras E 53 Ea68
Las Pedrosas E 47 Fa59
La Spezia I 155 Cd64
Las Planas E 48 Fc63
Las Quintanillas E 38 Dc58
Las Rozas E 46 Db64
Lassa CY 206 Hd97
Låssa S 96 Gc43
Lassahn D 119 Dd32
Las Salas E 37 Cd56
Lassan D 120 Fa31
Lassay-les-Châteaux F 28 Fb38
Lassee A 145 Gc50
Lassemoen N 78 Ed26
Lässerud S 94 Ec42
Lasseube F 39 Fb55
Lassigny F 23 Ha34
Lassila FIN 89 Jb35
Lassila FIN 89 Jc33
Lassnitz bei Murau A 144 Fb54
Låstad S 102 Fa46
Lastak sameviste S 72 Gc18
la Sterza I 155 Db66
Lastic F 33 Ha47
Las Torrecillas E 51 Bc69
Las Torres de Aliste E 45 Ca59
Las Torres de Cotillas E 55 Ed72
Lastovo HR 158 Gd68
Lastra a Signa I 155 Dc65
Lastras de Cuéllar E 46 Db61
Lastres E 37 Cd54
Låstringe S 96 Gc45
Lastrup D 117 Cb35
Lastulahti FIN 82 La29
Las Uces E 45 Bd62
la Suze-sur-Sarthe F 28 Fd40
Lasva EST 107 Lc47
Las Veguillas E 45 Cb63
las Ventanas E 55 Ed72
Las Ventas con Peña Aguilera E 52 Da67
Las Ventas de Retamosa E 46 Db65
Las Ventas de San Julián E 45 Cc65
Las Viñas E 61 Dd74
Las Virtudes E 52 Dc70
Lašva BIH 158 Hb64
Łaszczów PL 131 Kd42
Laszki PL 139 Kc44
la Tannière F 28 Fa38
Latasa E 39 Ec56
La Tercia E 53 Ec71
la Terrasse-sur Dorlay F 34 Ja48
Laterza I 162 Gd76
La Teste F 32 Fa51
Lathen D 117 Ca34
Latheron GB 5 Eb05
la Thuile I 148 Bb58
Lathus F 33 Ga45
Latiano I 162 Hb76
Latikberg S 79 Gb26
Latillé F 28 Fd44
Latina I 160 Eb73
Latisana I 150 Ec59
Látky SK 138 Ja49
La Toba E 47 Ec65
Latomaa FIN 89 Jc36
Latorpsbruk S 95 Fc44
La Torre E 54 Ed67
La Torre de Cabdella E 40 Gb58
La Torre de Esteban Hambrán E 46 Da65
la Torre de Fontaubella E 48 Ga62
la Torre del Cap E 54 Fc68
la Torre de l'Espanyol E 48 Ga62
la Torre dels Beltrans E 54 Fc65
La Torre d'En Besora E 54 Fc65
La Torresaviñán E 47 Ea63
Latoszyn PL 139 Jd44
Latoue F 40 Ga56
la Tour-Blanche F 32 Fd48
la Tour-d'Aigues F 42 Jd53
la Tour-d'Auvergne F 33 Ha48
Latour-de-Carol F 41 Gd58
la Tour-du-Pin F 35 Jc47
la Tour-Fondue F 42 Ka55
la Toussuire F 35 Ka48
Latovainio FIN 89 Jd37
Latowicz PL 131 Jd37
la Tranche-sur-Mer F 32 Ed45
Latrány H 145 Ha55
la Tremblade F 32 Fa47
Latresne F 32 Fb50
la Trimouille F 33 Gb45
La Trinité-Porhoët F 27 Eb39
Latronico I 162 Gb77
Latronquière F 33 Gd50
Latsch I 142 Dc56
Latteluokta S 67 Ha14
Latterbach CH 141 Bd55
Lattern N 63 Hb09
Lattervik N 62 Ha09
Lattin IRL 12 Bd24
Lattomeri FIN 89 Ja36
Lattrop NL 117 Ca36
Lattuna FIN 69 Kc14
la Turballe F 27 Eb42
la Turbie F 43 Kd53
Latva FIN 75 Kc21
Latva FIN 75 Kd24
Latva FIN 82 Ka26
Latvajärvenperä FIN 75 Kd22
Latvalampi FIN 83 Lc31
Latvaset FIN 82 Ka28
Lau S 104 Ha50
Laubach D 126 Cd42
Lauben D 142 Db51
Laubere LV 106 Kd50
Laubert F 34 Hc51
Laubrières F 28 Fa40
Laubusch D 128 Fb40
Laucesa LV 115 Lc54
Laucha D 127 Ea40
Lauchhammer D 128 Fa40
Lauchheim D 134 Db48
Laučiai LT 113 Jc56
Lauda-Königshofen D 134 Da46
Laudal N 92 Cc46
Laudenbach D 134 Cc45
Lauder GB 11 Ec14
Lauderi LV 107 Ma51
Laudio E 38 Ea55
Laudiškiai LV 114 Kb55
Ļaudona LV 107 Lb51
Laudun F 42 Jb52
Lauenau D 126 Da37
Lauenberg D 126 Db38
Lauenbrück D 118 Db34
Lauenburg D 118 Dc33
Lauenen CH 141 Bc56
Lauenförde D 126 Da39
Lauf D 135 Dd46
Laufach D 134 Cd44
Laufen CH 141 Bd52
Laufen D 143 Ec51
Laufenburg CH 141 Ca52
Laufenburg D 141 Ca52
Lauffen D 134 Cd47
Laugaland N 92 Cb43
Laugaliai LT 113 Jb55
Laugar IS 3 Bb04
Laugarbakki IS 2 Ad03
Laugarvatn IS 2 Ac05
Laugharne GB 18 Dc27
Laugnac F 40 Ga52
Lauhala FIN 89 Jb34
Lauhkea FIN 75 Kc20
Lauingen (Donau) D 134 Db49
Laujar de Andarax E 61 Dd75
Laujuzan F 40 Fc53
Lauka EST 97 Jc44
Laukaa FIN 90 Kc32
Laukansaari FIN 91 Ld33
Laukeland N 84 Cb36
Lauker S 72 Ha22
Laukgaļi LV 113 Jb53
Laukka-aho FIN 83 Lb30
Laukkala FIN 82 Kc29
Laukkala FIN 91 Lb36
Laukkuluspa S 67 Ha15
Laukna EST 98 Kb44
Laukoski FIN 98 Kc39
Lauko Soda LT 113 Jd54
Lauksargiai LT 113 Jd57
Lauksundskardet N 62 Ha08
Laukuva LT 113 Jd55
Laukvik N 62 Gd08
Laukvik N 62 Gc09
Laukvik N 62 Gb10
Laukvik N 63 Hd07
Laukvik N 64 Jd04
Laukvika N 66 Fc14
Laukvika N 66 Fc16
Laukžemė LT 113 Jb54
La Uña E 37 Cd55
Launac F 40 Gb54
Launaguet F 40 Gc54
Launceston GB 18 Dc31
Laundos P 44 Ac60
La Unión E 55 Fa74
La Unión de Campos E 45 Cc59
Launkalne LV 106 La49

Launois-sur-Vence – Lera

Launois-sur-Vence F 24 Hd34
Launonen FIN 90 Ka38
Laupa EST 98 Kc44
Laupen CH 141 Bc54
Laupheim D 142 Da50
Laupstad N 66 Fc14
Laupunen FIN 97 Ja39
Laura I 161 Fc76
Lauragh IRL 12 Ba26
Laurbjerg DK 100 Dc23
Laureana di Borrello I 164 Gb82
Laurenan F 27 Eb39
Laurencekirk GB 7 Ec10
Laurencetown IRL 13 Ca21
Laurenzana I 162 Gb76
Lauri EST 107 Lb47
Lauria I 161 Ga77
Laurière F 33 Gc46
Laurieston GB 10 Dd16
Laurino I 161 Fd76
Laurito I 161 Fd77
Lauritsala FIN 91 Lc36
Lauro I 161 Fb75
La Urz E 37 Cb56
Lausa KSV 178 Ba70
Lausanne CH 141 Bb55
Lauscha D 135 Dd43
Laussac F 33 Ha50
Laußig D 127 Ec39
Laußnitz D 128 Fa41
Lauta D 128 Fb40
Lautakoski S 68 Hd16
Lautaporras FIN 89 Jd37
Lauteala FIN 91 Lb33
Lautela FIN 97 Jd39
Lautenbach F 31 Kb39
Lauter D 135 Ec43
Lauterach A 142 Cd53
Lauterbach D 126 Da42
Lauterbourg F 133 Cb47
Lauterbrunnen CH 141 Bd55
Lautere LV 106 La50
Lauterecken D 133 Ca45
Lauterhofen D 135 Ea47
Lauterstein D 134 Da48
Lautertal D 126 Cd42
Lautertal D 134 Cc45
Lautertal D 135 Dd43
Lautiosaari FIN 74 Jc21
Lautrec F 41 Gd54
Lauttakulma FIN 89 Jd34
Lauttakylä FIN 75 Kd24
Lauttijärvi FIN 89 Ja34
Lauvåsen N 78 Ea31
Lauvdal N 92 Cd45
Lauvdalen N 66 Fb14
Lauve N 93 Dd44
Lauvsjølia N 79 Fb27
Lauvsnes N 78 Eb26
Lauvstad N 76 Cc33
Lauvuskylä FIN 83 Lc26
Lauvvik N 92 Ca44
Lauwersoog NL 117 Bd32
Lauzerte F 40 Gb52
Lauzun F 32 Fd51
Láva GR 183 Bc79
la Vacherie F 35 Jc49
Lavachey I 148 Bb57
Lavad S 102 Ed46
Lavadáki GR 194 Bb87
Lavagna I 149 Cc63
Lavajärvi FIN 89 Jc35
Laval F 28 Fb39
Laval-Atger F 34 Hd50
Lavaldens F 35 Jd49
la Valette F 35 Jd49
la Valette-du-Var F 42 Ka55
La Vall d'Alba E 54 Fc65
La Vall d'Uixó E 54 Fc66
La Valle Agordina I 150 Ea57
la Vallivana E 48 Fd64
Laval-Roquecézière F 41 Ha53
Lavamünd A 144 Fc56
Lavangen N 66 Ga13
Lavangen N 67 Gc12
Lávara GR 185 Eb76
Lavardac F 40 Fd52
Lavardens F 40 Ga54
Lavardin F 29 Ga40
Lavaré F 29 Ga39
la Varenne F 28 Fa42
Lavarone I 149 Dc58
Lavassaare EST 98 Kb45
Lavaudieu F 34 Hc48
Lavaufranche F 33 Gd45
Lavaur F 40 Gc54
Lavau-sur-Loire F 27 Ec42
Lávdas GR 182 Ba79
La Vecilla E 37 Cc56
La Vega de Almanza E 37 Cd57
La Vega (Riosa) E 37 Cb55
La Vega (Vega de Liébana) E 38 Da55
Lavelanet F 41 Gd56
La Vellés E 45 Cb62
Lavello I 161 Ga74
Lavendon GB 20 Fb26
Lavenham GB 21 Ga26
Laveno I 148 Cb58
la Venta del Poio E 54 Fb67
Laventie F 23 Ha31
La Ventosa E 47 Eb65
Lavercantière F 33 Gb51
la Verdière F 42 Ka53
la Verna I 156 Ea65
la Verrie F 28 Fa43
Laversines F 23 Gd35
Lavertezzo CH 141 Cb56
Laveyssière F 32 Fd50
Lavezzola I 150 Dd63
Lavia FIN 89 Jb35
Laviano I 161 Fd75
La Victoria E 60 Cc73
La Vid E 46 Dc60
La Vid de Ojeda E 38 Db57
la Vieille-Lyre F 23 Ga37
Lavik N 84 Ca37
Lavikko FIN 90 Ka32
La Vila Joiosa E 55 Fc71
La Vilavella E 54 Fc66
La Vilella Baixa E 48 Ga62
La Villa I 143 Ea56
la Villa I 155 Da70
La Villa de Don Fadrique E 53 Dd67
la Ville-aux-Clercs F 29 Gb40
la Villedieu F 32 Fc46
la Villedieu F 33 Gc47
Lavilledieu F 34 Ja51
la Villedieu-du-Clain F 32 Fd45
la Villedieu-en-Fontenette F 31 Jd40
la Villeneuve F 33 Ha46
Lavinio-Lido di Enea I 160 Eb73
La Virgen del Camino E 37 Cc57
Lavis I 149 Dc57
la Visaille I 148 Bb58
Lavit-de-Lomagne F 40 Ga53
Lavoriškės LT 115 Lb57
la Voulte-sur-Rhône F 34 Jb50
Lavoûte-Chilhac F 34 Hc49
Lavoûte-sur-Loire F 34 Hd49
Lavoux F 29 Ga44
Lavra P 44 Ac60
Lavre P 50 Ac69
Lavre S 73 Hb20
la Vrine F 31 Ka42
Lavrio GR 195 Cc87
Lavrovo RUS 107 Mb51
Lavrovo RUS 202 Ed08
Lavry RUS 107 Lc47
Lavsjö S 79 Gb27
la Wantzenau F 25 Kc36
Ławy PL 120 Fc35
Laxå S 95 Fc45
Laxarby S 94 Ec44
Laxbäcken S 79 Ga26
Laxe E 36 Ac54
Laxede S 73 Hc20
Laxey GB 10 Dd19
Laxfield GB 21 Gb25
Laxford Bridge GB 4 Dd05
Laxforsen S 67 Hb15
Laxnäs S 71 Fd22
Laxo GB 5 Fa04
Laxsjö S 79 Fc28
Laxsjön S 87 Gb32
Laxviken S 79 Fc29
Layer-de-la-Haye GB 21 Ga27
La Yesa E 54 Fa66
Läyliäinen FIN 90 Ka38
Layna E 47 Eb62
Layrac F 40 Ga52
Laytown IRL 9 Cd20
La Yunta E 47 Ed63
Laž RUS 203 Fd08
Laza E 36 Bb58
Laza RO 173 Fa59
Lazagurría E 39 Eb58
Lažani MK 183 Bb75
Lazanias CY 206 Jb97
Lăzarea RO 172 Ea58
Lăzăreni RO 170 Cb57
Lazarevac SRB 153 Jc63
Lazarevo SRB 153 Jc59
Lazarevskoe RUS 205 Fc17
Lazarina GR 188 Bb81
Lazaropore MK 182 Ba74
La Zarza E 46 Cd61
Lāzberģi LV 107 Lc48
Laz Bistrički HR 152 Gb58
Lazdeğirmeni TR 192 Fc84
Lazdijai LV 123 Kb30
Lazdininkai LT 113 Jb54
Lazdona LV 107 Lb50
Lazdynai LT 114 La58
Lažec MK 183 Bb76
Łażek Ordynacki PL 131 Ka42
Lazise I 149 Db59
Łaziska Górne PL 138 Hc44
Lazisko SK 138 Hd48
Łaziuki PL 123 Ka33
Lazkao E 39 Ec56
Lázně Bohdaneč CZ 136 Ga44
Lázně Kynžvart CZ 135 Ec44
Laznica SRB 174 Bd66
Lazovskoe RUS 113 Ja58
Łazówek PL 123 Ka35
Lazuri RO 171 Cd54
Lazuri de Beiuş RO 170 Cb58
Lazy CZ 135 Ec44
Łazy PL 120 Ga30
Łazy PL 130 Jb37
Łazy PL 138 Hd43
Lazzaro I 164 Ga84
Leabgarrow IRL 8 Ca15
Leadburn GB 11 Eb13
Leadenham GB 16 Fb23
Leaden Roding GB 20 Fd27
Lealt GB 6 Db12
Leányfalu H 146 Hd52
Leatherhead GB 20 Fc29
Łeba PL 121 Gd29
Lebach D 133 Bc46
le Bailleul F 28 Fc40
Lebane SRB 178 Bc70
Lebanje KSV 178 Bb70
le Barcarès F 41 Hb57
le Barp F 32 Fb51
le Bastit F 33 Gc50
Łebcz PL 121 Ha29
le Béage F 34 Hd50
le Beausset F 42 Jd55
le Bec-Hellouin F 23 Ga35
Lebedjan RUS 203 Fa12
Lebedyn UA 202 Ed14
le Bégude-de Mazenc F 42 Jb51
Lebeña E 38 Da55
Lebeniškiai LT 114 Kc54
Lebeniškiai LT 114 Kd54
Lébény H 145 Gd52
Lebesby N 64 Jd05
le Bessat F 34 Ja48
Lebiedziew PL 131 Kc37
Lebiez F 23 Gc31
le Biot F 35 Ka45
Lebjaž'e RUS 99 Ma39
le Blanc F 29 Gb44
le Bleymard F 34 Hd51
le Bleymard-Mont-Lozère F 34 Hd51
Łebno PL 121 Ha30
Le Bodéo F 26 Eb38
le Bois F 35 Kb47
le Bois-d'Oingt F 34 Ja46
le Bolle I 155 Dc66
Leboreiro E 36 Bb55
le Boréon F 43 Kc52
Lębork PL 121 Gd29
le Bosquet-d'Orb F 41 Hb54
le Boulay F 28 Fa41
le Boulou F 41 Hb57
le Bourg F 33 Gd50
le Bourg-d'Oisans F 35 Jd49
le Bourget-du-Lac F 35 Jd47
le Bourgneuf-la-Forêt F 28 Fb39
le Bourg-Saint-Léonard F 22 Fd37
Lebrade D 118 Dc30
le Brassus CH 140 Ba55
le Breil-sur-Mérize F 28 Fd40
le Breuil F 29 Gb38
le Breuil F 34 Hc45
le Breuil-en-Auge F 22 Fd35
Lebrija E 59 Bd75
le Broc F 43 Kc53
le Bugue F 33 Ga50
le Buisson-de-Cadouin F 33 Ga50
Łebunia PL 121 Gd30
Lebus D 128 Fb37
Lebusa D 127 Ed39
le Busseau F 28 Fb44
le Caloy F 40 Fc53
le Camp-du-Castellet F 42 Jd55
le Cap d'Agde F 41 Hc55
le Castella I 165 Gd81
le Castellet F 42 Jd55
le Cateau-Cambrésis F 24 Hb32
le Catelet F 24 Hb33
le Caylar F 41 Hc53
Lecce I 163 Hc76
Lecco I 149 Cc58
Lece SRB 178 Bc70
le Cendre F 34 Hb47
Lécera E 48 Fb62
Lech A 142 Da54
l'Echalp F 35 Kc50
le Chambon-Feugerolles F 34 Ja48
le Chambon-sur-Lignon F 34 Ja49
le Champ-Saint-Père F 28 Fa44
le Charme F 30 Hb40
le Château-d'Oléron F 32 Fa47
le Châtelet F 29 Gd44
le Châtelet-en-Brie F 29 Ha38
le Châtenet-en-Dognon F 33 Gc46
Lechbruck D 142 Dc52
Léchelle F 24 Hb37
le Chesne F 24 Ja34
le Cheylard F 34 Ja50
Lechința RO 171 Db57
Lechlade GB 20 Ed27
Lechovice CZ 137 Gb48
Lechowo PL 122 Ja30
Lēči LV 105 Jb50
Lecina E 48 Fd59
Leciñena E 48 Fb60
Leck D 108 Da28
Leckanvy IRL 8 Bb19
Leckaun IRL 8 Ca18
Leckava LT 113 Jc53
le Conquet F 26 Db38
le Corbier F 35 Ka48
le Coteau F 34 Hd46
le Creusot F 30 Ja43
le Croisic F 27 Eb42
Le Crotoy F 23 Gc32
Lectoure F 40 Ga53
Lecumberri E 39 Ec56
Łęczna PL 131 Kb39
Łęczyca PL 120 Fc33
Łęczyca PL 130 Hc38
Łęczyce PL 121 Gd29
Ledai LT 114 Kc56
Ledal N 77 Dc30
Ledaña E 53 Ec68
Ledbury GB 15 Ec26
Ledeč nad Sázavou CZ 136 Fd46
Ledenice CZ 136 Fc48
le Deschaux F 31 Jc43
le Désert F 35 Ka49
Ledesma E 45 Ca62
Lédignan F 41 Hd53
Leding S 80 Gd29
le Dixence CH 148 Bc57
Lēdmane LV 106 Kd51
Ledmore GB 4 Dd06
Lednice CZ 137 Gc49
Lednické Rovne SK 137 Hb48
Lednogóra PL 129 Gd36
le Donjon F 34 Hc45
le Dorat F 33 Gb45
le Douhet F 32 Fb47
Lędowo PL 121 Hb30
Ledrada E 45 Cb64
Lēdurga LV 106 Kc49
Lędyczek PL 121 Gc33
Lędziny PL 138 Hc44
Leebiku EST 106 La46
Leeds GB 16 Fa20
Leedstown GB 18 Da32
Leek GB 16 Ed22
Leek NL 117 Bd33
Leek Wooton GB 20 Fa25
Leenaun IRL 8 Bb20
Leende NL 125 Bb39
Leer D 117 Cb33
Leerdam NL 124 Ba37
Leersum NL 125 Bb37
Leese D 126 Da36
Leesi EST 98 Kc41
Leeuwarden NL 117 Bc33
Leevi EST 107 Lc46
Leezdorf D 117 Cb32
Leezen D 118 Dc31
le Faou F 26 Dc38
le Faouët F 27 Dd39
le Ferté-Villeneuil F 29 Gb40
Leffonds F 30 Jb39
Lefka CY 206 Ja97
Lefkáda GR 188 Ac83
Lefkára GR 183 Bc78
Lefkes GR 196 Db90
Lefki GR 184 Da77
Lefkími GR 188 Ab81
Lefkímmi GR 185 Ea77
Lefkó GR 182 Ba77
Lefkógia GR 200 Cc96
Lefkóhora GR 194 Bc89
Lefkónas GR 184 Cc76
Lefkoniko CY 206 Jc96
Lefkopigí GR 183 Bb79
Lefkoşa = Lefkosia CY 206 Jb96
Lefkosia CY 206 Jb96
Léfktra GR 189 Ca85
le Fleix F 32 Fd50
le Folgoët F 26 Dc37
le-Fond-de-France F 35 Jd48
le Fossat F 40 Gc55
le Fousseret F 40 Gb55
le Frasnois F 31 Jd44
le Frêche F 40 Fc53
le Fret F 26 Db38
Leganés E 46 Db65
Leganiel E 46 Dd65
Legau D 142 Da51
le Gault-Perche F 29 Ga39
Legazpi E 39 Eb56
Legbąd PL 121 Ha32
Legden D 125 Ca37
Legé F 28 Ed43
Lège F 32 Fa50
Legečiai LV 114 Kb55
Legionowo PL 130 Jb36
Legkovo RUS 202 Ed09
Léglise B 132 Ba44
Legnago I 149 Dc60
Legnano I 148 Cb59
Legnaro I 150 Ea60
Legnica PL 128 Ga41
Legnickie Pole PL 129 Gb41
Łęgoń PL 129 Gb39
Legorreta E 39 Ec56
le Gouray F 26 Eb38
Łęgowo PL 121 Hb30
Łęgowo PL 122 Hc32
Legrad HR 152 Gc57
le Grand-Bourg F 33 Gc46
le Grand-Lucé F 28 Fd40
le Grand-Madieu F 32 Fd46
le Grand-Piquey F 32 Fa50
le Grand-Pressigny F 29 Ga43
Le Grand-Quevilly F 23 Ga35
le Grand-Serre F 34 Jb48
le Grau-du-Roi F 42 Ja54
le Grotte I 161 Ga72
Léguevin F 40 Gb54
le Gurp F 32 Fa48
Legutiano E 39 Eb56
Łęguty PL 122 Hd32
Léh H 146 Jc50
Le Havre F 22 Fd35
Lehčevo BG 179 Cd68
Lehená GR 188 Ad86
Lehesten D 135 Ea43
Lehliu RO 176 Ec66
Lehliu-Gară RO 176 Ec66
Lehmäjoki FIN 81 Jb30
Lehmikumpu FIN 74 Jd20
Lehmja EST 98 Kb42
Lehmo FIN 83 Ld30
Lehnice SK 145 Gd51
Lehnin D 127 Ec37
Lehnitz D 119 Ed35
Lehnsdorf D 127 Ec38
le Houga F 40 Fc54
le Houlme F 23 Gb35
Le Hourdel F 23 Gb32
Lehoúri GR 188 Bb86
Lehrberg D 134 Db46
Lehre D 126 Dc37
Lehrte D 126 Db36
Lehtimäki FIN 81 Jd31
Lehtiniemi FIN 75 Kc19
Lehtiniemi FIN 91 Lc33
Lehtma EST 97 Jc44
Lehto FIN 75 La19
Lehtoi FIN 83 Ld30
Lehtola FIN 74 Kc18
Lehtomäki FIN 82 La29
Lehtomäki FIN 82 Ka31
Lehtomäki FIN 82 La27
Lehtovaara FIN 75 Lb22
Lehtovaara FIN 82 Kd26
Lehtovaara FIN 83 Lb27
Lehtovaara FIN 83 Lc29
Lehtovaara FIN 83 Ma29
Lehtse EST 98 Kd42
Leiblfing D 135 Eb49
Leibnitz A 144 Fd55
Leicester GB 16 Fa24
Leichlingen (Rheinland) D 125 Bd40
Leiden NL 116 Ad36
Leiderdorp NL 116 Ad36
Leie EST 98 La45
Leiferde D 126 Dc36
Leifers I 143 Dd56
Leigh GB 15 Ec21
Leighinbridge IRL 13 Cc23
Leigh Sinton GB 15 Ec26
Leighton-Buzzard GB 20 Fb27
Leignes-sur-Fontaine F 33 Ga45
Leignon B 124 Ad42
Leikanger N 76 Cb33
Leikanger N 84 Cc37
Leimbach D 126 Db42
Leimen D 133 Ca46
Leimen D 134 Cc46
Leina EST 106 Kb46
Leinach D 134 Da45
Leinburg D 135 Dd46
Leine N 76 Cb33
Leinefelde-Worbis D 126 Dc40
Leinelä FIN 90 Kb37
Leineperi FIN 89 Jb36
Leines N 70 Ed21
Leinfelden-Echterdingen D 134 Cd49
Leingarten D 134 Cd47
Leino FIN 75 La22
Leinolanlahti FIN 82 Kd30
Leinzell D 134 Da48
Leipalingis LT 123 Kc30
Leipämäki FIN 91 Lc32
Leipheim D 134 Db49
Leipivaara FIN 75 Kd24
Leipojärvi S 73 Hc18
Leippe-Torno D 128 Fb40
Leipsland N 92 Cd46
Leipzig D 127 Eb40
Leira N 70 Fa21
Leira N 71 Fb23
Leira N 77 Db30
Leira N 85 Dc38
Leiranger N 92 Ca42
Leirbakken N 78 Fa26
Leirbotn N 63 Hd07
Leiria P 44 Ac65
Leirmoen N 71 Fc19
Leiro E 36 Ba57
Leirosa P 44 Ab64
Leirpollskogen N 65 Kb05
Leirskogen N 85 Dd38
Leirsund N 93 Ea41
Leirvåg N 84 Ca37
Leirvik N 63 Hc07
Leirvik N 67 Gb13
Leirvik N 92 Ca41
Leirvik DK 3 Ca06
Leirvika N 70 Fa21
Leirvika N 78 Ec26
Leirviklandet N 77 Dc30
Leisi EST 97 Jc45
Leisnig D 127 Ec41
Leiston GB 21 Gb26
Leisu EST 97 Jc45
Leitariegos E 37 Ca55
Leiten A 143 Ea53
Leitir Ceanainn IRL 9 Cb16
Leitir Meallain IRL 12 Bb21
Leitrim IRL 8 Ca19
Leitza E 39 Ec56
Leitzersdorf A 145 Gb50
Leitzkau D 127 Eb38
Leiva E 38 Ea58
Leivadia CY 206 Jc97
Leiviskänranta FIN 82 Kb25
Leivonmäki FIN 90 Kc34
Leivset N 64 Jb06
Leivset N 66 Fd17
Leixlip IRL 13 Cd21
Lejasciems LV 107 Lb49
Lejçan AL 182 Ad74
Lejkowo PL 121 Gb30
Lejkowo PL 122 Jb33
Lejre DK 109 Eb26
Lejthizë AL 159 Jc70
Lejthizë AL 178 Ad72
Léka GR 197 Eb88
Lekangsund N 67 Gb11
Lekáni GR 184 Da76
Lekaryd S 103 Fc51
Lekåsa S 102 Ed47
Łękawa PL 130 Hd40
Łękawica PL 138 Hd45
Lek-Bibaj AL 159 Jc70
Leke B 21 Ha29
Lekėčiai LV 114 Kb57
Lekeitio E 39 Eb55
Lekenik HR 152 Gb59
Lekeryd S 103 Fb49
Łęki Dukielskie PL 139 Jd45
Łęki Górne PL 138 Jc44
Łękińsko PL 130 Hd40
Lekkerkerk NL 124 Ad37
Leknes N 66 Fb14
Leknes N 70 Ec24
Leknes N 76 Cc33
Łęknica PL 128 Fc40
Łękno PL 121 Gd35
Leksa N 77 Dd29
Leksand S 95 Fc39
Leksberg S 102 Fa46
Leksdalen N 78 Ec28
Leksvik N 78 Ea29
Lekvattnet S 94 Ed41
le Lac-d'Issarlès F 34 Hd50
Leland N 70 Fa21
le Landreau F 28 Fa42
le Lardin-Saint-Lazere F 33 Gb49
le Lauzet-Ubaye F 42 Ka51
le Lavandou F 43 Kb55
Lel'čycy BY 202 Eb14
Leleasca RO 175 Db65
Lelenai LT 113 Jc55
Leles SK 139 Ka49
Lelese RO 175 Cc61
Lelești RO 175 Cc63
l'Eliana E 54 Fb67
Lelice PL 122 Hd35
le Liège F 29 Gb42
le Lion-d'Angers F 28 Fb41
Lelis PL 122 Jc33
Leliūnai LT 114 La55
Leliūnai LT 114 La55
Lelkowo PL 122 Hd30
Lellainen FIN 89 Jb38
Lelle EST 98 Kc44
Le Locle CH 141 Bb53
le Logis-de-Nans F 42 Jd54
le Loroux F 28 Fa38
le Loroux-Bottereau F 28 Fa42
le Louroux-Béconnais F 28 Fb41
Lelów PL 130 Hd42
le Luc F 42 Ka54
le Lude F 28 Fd41
le Luthier F 31 Ka42
Lelystad NL 116 Bb35
Lem DK 100 Da22
Lem DK 108 Cd24
le Malzieu-Ville F 34 Hc50
Leman PL 122 Jc32
Le Mans F 28 Fd40
le Markstein F 31 Kb39
le Mas F 43 Kc53
le Mas-d'Agenais F 32 Fd51
le Mas-d'Azil F 40 Gc56
le Massegros F 41 Hb52
le Mayet-de-Montagne F 34 Hc46
Lembach F 25 Kc35
Lembeck D 125 Bd38
Lemberg D 133 Ca47
Lemberg F 25 Kb35
Lembeye F 40 Fc55
Lembruch D 117 Cc36
Lemele NL 117 Bd35
Lemelerveld NL 117 Bc35
le Mêle-sur-Sarthe F 28 Fd38
le Ménil F 31 Jd39
le Merlerault F 22 Fd37
Lemešany SK 139 Jd48
Lemesjö S 80 Ha29
Le Mesnil-Vigot F 22 Fa36
Lemesos CY 206 Ja98
le Meux F 23 Ha35
Lemförde D 117 Cc36
Lemgo D 126 Cd37
Lemgow D 119 Ea35
Lemi FIN 91 Lb36
Lemie I 148 Bc59
Lemierzyce PL 128 Fc36
Lemlahti FIN 89 Ja36
Lemland FIN 96 Hc41
Lemmenjoki FIN 69 Jd11
Lemmer NL 117 Bc34
Lemmikküla EST 98 Ka44
Lemnhult S 103 Fd50
Lemnia RO 176 Eb61
le Molay-Littry F 22 Fb35
le Monastier-sur-Gazeille F 34 Hd49
le Monêtier-les-Bains F 35 Kb49
le Mont F 30 Jb40
le Montat F 40 Gc52
le Mont-Dore F 33 Ha47
le Montet F 34 Hb45
Lemós GR 182 Ba76
le Mouret CH 141 Bc54
le Moutchic F 32 Fa49
Lemovza RUS 99 Ma42
Lempää FIN 90 Kc34
Lempäälä FIN 89 Jd36
Lempdes F 34 Hb47
Lempdes F 34 Hb48
Lempiälä FIN 91 Lc36
Lempyy FIN 82 Kd31
Lemreway GB 4 Da06
Lemsi EST 106 Kb47
Lemu FIN 97 Jb39
le Muret F 32 Fb51
le Muy F 43 Kb54
Lemvig DK 100 Cd22
Lemwerder D 118 Cd34
Lemybrien IRL 13 Cb25
Lēna LV 105 Jc52
Lena N 85 Ea39
Lena S 102 Ec48
Lenart v. Slovenske gorice SLO 144 Ga56
Lenarty PL 123 Ka30
Lėnas LT 114 Kd55
Lencăuți MD 173 Fb53
Lences E 38 Dd57
Lenči LV 106 Kd49
Lencloître F 28 Fd44
l'Enclus F 35 Jd50
Lencouacq F 40 Fc52
Lend A 143 Ec54
Lendak SK 138 Jb47
Léndas GR 200 Da97
Lendava SLO 145 Gb56
Lendinara I 150 Dd61
Lendínez E 60 Da73
Lendum DK 101 Dd20
Lendži LV 107 Ld51
Lenes N 77 Dc30
Le Neubourg F 23 Ga36
Lengdorf D 143 Ea50
Lengede D 126 Dc37
Lengefeld D 127 Ed42
Lengenes N 67 Gb14
Lengenfeld D 126 Db40
Lengenfeld D 135 Eb43
Lengenwang D 142 Db52
Lengerich D 117 Cb35
Lengerich D 125 Cb37
Lenggries D 143 Dd52
Lengronne F 22 Fa36
Lengyeltóti H 145 Ha56
Lenham GB 21 Ga29
Lenhovda S 103 Fd51
Lenina BY 202 Ec13
Lenine UA 205 Fb17
Leningrad = Sankt-Peterburg RUS 99 Mb39
Leninogorsk RUS 203 Ga09
Leninsk RUS 203 Ga13
Leninskij RUS 203 Fa11
Leninskoje RUS 113 Jc57
Lenk CH 141 Bd56
Lenkimai LT 113 Jb53
Lenkivci UA 204 Eb15
Lenkovo BG 180 Db69
Lennartsfors S 94 Ec43
Lenne D 126 Da38
Lennestadt D 125 Cb40
Lenningen D 134 Cd49
Leno I 149 Da60
Lenola I 160 Ed73
Lenora CZ 136 Fa48
le Nouvion-en-Thiérache F 24 Hc33
Lenovac SRB 179 Ca67
Lenovo BG 184 Dc74
Lens F 23 Ha31
Lensahn D 119 Dd30
Lensvik N 77 Dd29
Lent F 34 Jb45
Lentate sul Seveso I 149 Cc58
Lentellais E 36 Bc57
Lent'evo RUS 202 Ed08
Lentföhrden D 118 Db31
Lenti H 145 Gc56
Lentiai I 150 Ea58
Lentiira FIN 83 Lc25
Lentina I 166 Eb84
Lenting D 135 Dd48
Lentini I 167 Fc86
Lentuankoski FIN 83 Lc25
Lentvaris LT 114 La58
Lenungen S 94 Ec43
Lenungshammar S 94 Ec43
Lenz CH 142 Cd55
Lenzburg CH 141 Ca53
Lenzen D 119 Ea34
Lenzerheide CH 142 Cd55
Lenzkirch D 141 Ca51
Leoben A 144 Fc53
Leoberghe F 21 Gd30
Leobersdorf A 145 Gb52
Leodári GR 194 Bb88
Leofreni I 156 Ec70
Leogang A 143 Ec53
Léognan F 32 Fb50
Leominster GB 15 Eb25
Léon F 39 Fa53
León E 37 Cc57
Leonarisso CY 206 Jd95
Leonberg D 134 Cc48
Leonberg D 135 Eb45
Leoncin PL 130 Ja36
Leonding A 144 Fb50
Leonessa I 156 Ec69
Leonforte I 167 Fb85
Leonídio GR 195 Bd89
Leonstein A 144 Fb52
Leontári GR 189 Bc82
Leopoldov SK 145 Ha50
Leopoldsburg B 124 Ba39
Leopoldschlag Markt A 136 Fb49
Leopoldsdorf im Marchfelde A 145 Gc51
Leopoldshafen D 133 Cb47
Leopoldshagen D 120 Fa32
Leopoldshöhe D 126 Cd37
Leorda RO 172 Ec55
Leordeni RO 176 Dd65
Leordina RO 171 Db55
Léouvé F 43 Kc52
Leova MD 177 Fc60
Leoz E 39 Ed57
Lepaa FIN 90 Ka37
le Pailly F 30 Jb40
le Palais F 27 Ea42
le Parcq F 23 Gd32
Lepassaare EST 107 Lc47
Lépaud F 33 Ha45
le Pavillon-Sainte-Julie F 30 Hc38
Lepe E 59 Bb74
le Péage-de-Roussillon F 34 Jb48
Lepel' BY 202 Eb12
le Pellerin F 28 Ed42
Lepenoú GR 188 Ba83
le Perray-en-Yvelines F 23 Gc37
le Perthus F 41 Hb58
le Pertuis F 34 Hd49
Łepice PL 122 Jb35
l'Épine F 24 Hd36
l'Épine F 27 Ec43
le Pin-en-Mauges F 28 Fb42
le Pin-la-Garenne F 29 Ga38
Lepistö FIN 69 Kd16
Lepistönmäki FIN 81 Jc29
le Planay F 35 Kb46
le Planay F 35 Kb48
le Plessis-Belleville F 23 Ha36
Le Plessis-Grimoult F 22 Fb36
le Plot F 35 Ka46
Lepno PL 122 Hc31
le Poët F 42 Jd51
Lepoglava HR 152 Gb57
le Poinçonnet F 29 Gc44
le Poiré-sur-Vie F 28 Ed44
Lepola FIN 74 Ka18
le Pompidou F 41 Hc52
le Pont CH 140 Ba55
le Pont-Béranger F 28 Ed42
le Pont-d'Agris F 32 Fd47
le Pont-de-Beauvoisin F 35 Jd47
le Pont-de-Claix F 35 Jd49
le Pont-de-Montvert F 34 Hd51
le Pontet F 32 Fb49
Lepooskangas FIN 90 Kc35
le Porge F 32 Fa50
le-Porge-Océan F 32 Fa50
le Portel F 23 Gb31
Leposavić KSV 178 Ba69
le Pouldu F 27 Dd40
le Pouliguen F 27 Eb42
Lépoura GR 189 Cc85
le Pouzin F 34 Jb50
Leppäjärvi FIN 68 Ja13
Leppäkorpi FIN 97 Jd39
Leppäkoski FIN 89 Jc37
Leppäkoski FIN 90 Ka35
Leppäkoski FIN 90 Kc34
Leppälä FIN 75 Kd22
Leppälä FIN 91 Lc36
Leppälahti FIN 82 Kd29
Leppälahti FIN 82 La28
Leppälahti FIN 83 Lc31
Leppälänkylä FIN 81 Jc31
Leppämäki FIN 82 La31
Leppäniemi FIN 83 Ld31
Leppäselkä FIN 82 Kc30
Leppävesi FIN 90 Kb32
Leppävirta FIN 82 La31
Leppiniemi FIN 74 Kb24
Leppneeme EST 98 Kb42
le Pradet F 42 Ka55
Lepşa RO 176 Ec61
Lepsala FIN 90 Kc35
Lepsäma FIN 98 Kb39
Lepste LV 106 Ka49
Leptokariá GR 183 Bd79
Leptokariá GR 185 Ea77
le Puy-en-Velay F 34 Hd49
le Puy-Notre-Dame F 28 Fc42
le Puy-Saint-Reparade F 42 Jc53
le Quesnel F 23 Ha33
le Quesnoy F 24 Hb32
Lequile I 163 Hc76
le Quilho F 27 Eb39
Ler N 77 Ea30
Lera MK 182 Ba76

Lindshammar - Loobu

Lindshammar S 103 Fd51
Lindstedt D 127 Ea36
Lindum DK 100 Dc22
Lindved DK 108 Db25
Lindwedel D 126 Db36
Líně CZ 135 Ed46
Linevo RUS 203 Fd12
Lingbo S 87 Gb38
Lingen D 117 Ca35
Lingen GB 15 Eb25
Lingenfeld D 133 Cb46
Lingfield GB 20 Fc29
Linghed S 95 Ga39
Linghem S 103 Ga46
Linguaglossa I 167 Fd85
Lingura MD 177 Fc60
Linhamari FIN 97 Jd40
Linia PL 121 Gd30
Liniewo PL 121 Ha31
Liniez F 29 Gc43
Linkmenys LT 115 Lb55
Linköping S 103 Fd47
Linksmakalnis LT 114 Kc58
Linksness GB 5 Eb03
Linkuva LT 114 Kb53
Linlithgow GB 10 Ea13
Linna EST 106 La46
Linna FIN 82 Kb31
Linnamäe EST 98 Ka44
Linnankylä FIN 89 Jc34
Linnanperä FIN 82 Kb29
Linnarnäs FIN 97 Jc40
Linnaste RUS 107 Ld46
Linnerud N 86 Eb37
Linneryd S 103 Fd52
Linnes N 86 Ed36
Linneset N 79 Fb28
Linnich D 125 Bc40
Linnunpää FIN 97 Jc39
Linnuse EST 97 Jd45
Linou CY 206 Ja97
Linovo RUS 107 Ld48
Linowo PL 122 Hc33
Linsburg D 126 Da36
Linsell S 87 Fb34
Linsengericht D 134 Cd44
Linthal CH 142 Cc54
Lintig D 118 Cd32
Lintrup DK 108 Da26
Lintula FIN 68 Jc14
Linxe F 39 Fa53
Linyola E 48 Gb60
Linz A 144 Fb50
Linz D 125 Ca42
Lioliai LT 113 Jc55
Lioni I 161 Fd75
Lion-sur-Mer F 22 Fc35
Liopetri CY 206 Jd97
Lios Dúin Bhearna IRL 12 Bc22
Lios Mor IRL 13 Ca25
Lios Tuathail IRL 12 Bb23
Lipa BIH 152 Gb62
Lipa BIH 158 Ha66
Lipa EST 98 Kb44
Lipa GR 188 Ad81
Lipa PL 122 Jb34
Lipa PL 128 Ga41
Lipa PL 131 Ka42
Lipa RUS 99 Ma42
Lipănești RO 176 Ea64
Lipany SK 138 Jc47
Lipar SRB 153 Ja59
Lipari I 167 Fc83
Lipasvaara FIN 83 Lc29
Lipcani MD 172 Ed53
Lipce Reymontowskie PL 130 Ja38
Lipczynek PL 121 Gc32
Lipeck RUS 203 Fb12
Lipen BG 179 Cc69
Lipenec CZ 136 Fa44
Liperi FIN 83 Lc31
Liperin asema FIN 83 Lc30
Liperinsalo FIN 83 Lc31
Liperonmäki FIN 90 Kd32
Liphook GB 20 Fb29
Lipia Góra PL 121 Gc34
Lipiany PL 120 Fc35
Lipica PL 122 Jb30
Lipica SLO 151 Fa59
Lipice HR 151 Fd61
Lipicy-Zybino RUS 203 Fa12
Lipie PL 130 Hc41
Lipik HR 152 Gd60
Lipiniški LV 115 Lc53
Lipinki PL 121 Ha32
Lipinki PL 131 Kc38
Lipinlahti FIN 83 Lc27
Lipiny PL 130 Hd38
Lipiny Górne-Lewki PL 131 Kb42
Lipka PL 121 Gc33
Lipka PL 129 Gd41
Lipka PL 130 Hd38
Lipki RUS 203 Fa11
Lipkovo MK 178 Bc72
Lipljan KSV 178 Bb71
Lipniak PL 123 Ka30
Lipniak PL 123 Kb30
Lipniaki PL 131 Ka37
Lipnic MD 173 Fa53
Lipnica BG 179 Cd70
Lipnica PL 121 Gd31
Lipnica PL 122 Hc34
Lipnica PL 130 Ja42
Lipnica Murowana PL 138 Jb45
Lipnica Wielka PL 138 Hd46
Lipnice CZ 136 Fc48
Lipnice nad Sázavou CZ 136 Fd46
Lipník PL 131 Jd42
Lipniki PL 122 Jc33
Lipniki PL 137 Gc43
Lipniki Łużyckie PL 128 Fc39
Lipník nad Bečvou CZ 137 Gd46
Lipnița RO 181 Fa67
Lipnjaki RUS 113 Jb59
Lipno PL 122 Hc35
Lipno PL 129 Gb38
Lipno PL 129 Hb40
Lipno nad Vltavou CZ 136 Fb49
Lipolist SRB 153 Ja62
Liposthey F 39 Fb52
Lipótfa H 152 Ha57
Lipová CZ 137 Gc46
Lipova RO 172 Ed59
Lipova RO 174 Ca60
Lipovac HR 153 Hd61
Lipoválázně CZ 137 Gc44
Lipovăț RO 173 Fa59
Lipovce SK 138 Jc47
Lipovec CZ 137 Gc47
Lipoveni MD 173 Fd59
Lipovljani HR 152 Gc60
Lipovo MNE 159 Ja68
Lipovo RUS 99 Lc40
Lipovo RUS 99 Ld39
Lipovo RUS 113 Jd59
Lipovo Polje HR 151 Fd62
Lipovu RO 179 Cd67
Lipowa PL 138 Hc45
Lipowczyce PL 130 Hd41
Lipowiec PL 122 Jb33
Lipowiec Kościelny PL 122 Ja34
Lipowina PL 122 Hd30
Lipówka PL 131 Kc38
Lippborg D 125 Cb38
Lippetal D 125 Cb38
Lippi FIN 83 Lc27
Lippstadt D 126 Cc38
Lipsí GR 197 Eb89
Lipsk PL 123 Kb31
Lipsko PL 131 Jd40
Lipsko PL 131 Kc41
Liptál CZ 137 Ha47
Liptingen, Emmingen- D 142 Cc51
Liptovská Lúžna SK 138 Hd48
Liptovská Osada SK 138 Hd48
LiptovskáTeplička SK 138 Ja48
Liptovské Revúce SK 138 Hd48
Liptovský Hrádok SK 138 Ja47
Liptovský Mikuláš SK 138 Hd47
Lipuški LV 107 Ld52
Lipusz PL 121 Gd31
Lira E 36 Ac55
Liré F 28 Fa42
Lis AL 163 Jc72
Lisa RO 175 Dc62
Lisa RO 180 Dc68
Lisac BIH 158 Ha64
Lisacul IRL 8 Bd19
Lišane Ostrovičke HR 157 Ga65
Lisberg D 134 Dc45
Lisboa P 50 Aa68
Lisburn GB 9 Da17
Liscannor IRL 12 Bc22
Liscarney IRL 8 Bc19
Liscarroll IRL 12 Bc24
Lișcoteanca RO 177 Fa64
Lisdoonvarna IRL 12 Bc22
Lisduff IRL 9 Cc20
Lisec MK 178 Ba73
Liseleje DK 109 Eb24
Lisewo PL 121 Hb33
Lisia Góra PL 138 Jc44
Lisięcice PL 137 Ha44
Lisie Jamy PL 139 Kc43
Lisieux F 22 Fd36
Lisino RUS 99 Ma41
Lisje RUS 107 Ld46
Liskeard GB 18 Dc31
Liski PL 123 Jd32
Liski RUS 203 Fb13
Liškiava LT 123 Kc30
Lisków PL 129 Hb38
Liskowate PL 139 Kb45
l'Isle CH 140 Ba55
Lisle F 33 Ga49
Lislea GB 9 Cd16
Lislea GB 9 Cd18
l'Isle-Adam F 23 Gd36
l'Isle-d'Abeau F 35 Jc47
l'Isle-deNoé F 40 Fd54
l'Isle-en-Dodon F 40 Ga55
Lisleherad N 93 Dc42
l'Isle-Jourdain F 33 Ga45
l'Isle-Jourdain F 40 Gb54
l'Isle-sur-la-Sorgue F 42 Jc53
l'Isle-sur-le-Doubs F 31 Ka41
l'Isle-sur-Serein F 30 Hd41
Lisle-sur-Tarn F 40 Gc53
Lisma FIN 68 Jc13
Lismacaffry IRL 9 Cb20
Lismanaapa FIN 69 Ka16
Lișmănița RO 172 Ec54
Lismore IRL 13 Ca25
Lisnagry IRL 12 Bd23
Lisnaskea GB 9 Cb18
Lišov CZ 136 Fc48
Lisów PL 128 Fc37
Lisowo PL 120 Fd33
Lisronagh IRL 13 Ca24
Liss GB 20 Fb29
Lissamona IRL 12 Bb27
Lisse NL 116 Ad36
Lissett GB 17 Fc20
Lissy F 23 Ha37
Lissycasey IRL 12 Bc23
List D 108 Cd27
Lista S 95 Ga43
Lişteava RO 179 Da68
Listellick IRL 12 Bb24
Listerby S 111 Fd54
Listowel IRL 12 Bb23
Lisvane GB 19 Eb28
Liszki PL 138 Ja44
Liszkowo PL 121 Gc34
Liszó H 152 Gd57
Lit S 79 Fc30
Lita RO 171 Da58
Lița RO 180 Dc68
Litakovo BG 179 Cd70
Litava SK 146 Hd50
Litcham GB 17 Ga24
Liteň CZ 136 Fb45
Litene LV 107 Lc49
Liteni RO 172 Ec56
Lit-et-Mixe F 39 Fa53
Lith NL 125 Bb37
Lithines GR 201 Dc96
Lithio GR 191 Dd86
Lithótopos GR 183 Cb76
Liti GR 183 Cb77
Litija SLO 151 Fc58
Litke H 146 Ja50
Litmalahti FIN 82 La30
Litmaniemi FIN 83 Lb30
Litobratřice CZ 137 Gb48
Litóhoro GR 183 Bd79
Litoměřice CZ 136 Fb43
Litomyšl CZ 137 Gb45
Litos E 45 Cb59
Litovel CZ 137 Gc46
Litovo RUS 99 Mb39
Litschau A 136 Fc48
Litslena S 96 Gc42
Littiäinen S 73 Jb20
Little Barningham GB 17 Gb23
Littleborough GB 16 Ed21
Little Brington GB 20 Fb25
Littleferry GB 5 Ea06
Little Glenshee GB 7 Ea11
Littlehampton GB 20 Fb30
Little Langdale GB 11 Eb18
Little Mill GB 19 Eb27
Littleport GB 20 Fd25
Littleton IRL 13 Ca23
Little Torrington GB 19 Dd30
Little Walsingham GB 17 Ga23
Little Weighton GB 17 Fc20
Little Weighton GB 17 Fc21
Little Wenlock GB 15 Ec24
Littoinen FIN 97 Jb39
Lituénigo E 47 Ec60
Litultovice CZ 137 Ha45
Litvínov CZ 136 Fa43
Litzelsdorf A 145 Gb54
Litzendorf D 135 Dd45
Liu EST 106 Kb46
Liubavas LT 114 Ka59
Liudvinavas LV 114 Kb59
Liukko FIN 81 Jd30
Liukonys LT 114 Kd57
Liutonys LT 114 Kd58
Livada RO 170 Bd59
Livada RO 171 Cd54
Livaderó GR 183 Bc79
Livaderó GR 184 Da76
Livádi GR 183 Bc79
Livádi GR 183 Cb78
Livádi GR 195 Cd89
Livadia CY 206 Jd96
Livádia GR 183 Bd76
Livádia GR 189 Bd85
Livádia GR 196 Dd92
Livádia GR 197 Ec92
Livadohóri GR 190 Db81
Livanátes GR 189 Ca84
Līvāni LV 107 Lb52
Livari MNE 159 Ja70
Livarot F 22 Fd36
Livártzi GR 188 Bb86
Livata I 160 Ec71
Līvbērze LV 106 Ka51
Livenskoje RUS 113 Jd57
Livera CY 206 Ja96
Liverá GR 183 Bb78
Livernon F 33 Gc51
Liverovići MNE 159 Hd68
Liverpool GB 15 Eb21
Livezeni RO 171 Dc59
Livezi RO 175 Da64
Livezi RO 176 Ec60
Livezile RO 171 Dc57
Livezile RO 174 Cb65
Livigno I 142 Da56
Livingston GB 11 Eb13
Liviöjärvi S 68 Ja17
Livizile RO 171 Da59
Livno BIH 158 Gd65
Livny RUS 203 Fa12
Livø DK 100 Db21
Livo FIN 74 Kb21
Livold SLO 151 Fc59
Livonniska FIN 75 Kc20
Livonsaari FIN 97 Ja39
Livorno I 155 Da66
Livorno Ferraris I 148 Ca60
Livov SK 138 Jc47
Livré-sur-Changeon F 28 Fa39
Livron-sur-Drôme F 34 Jb50
Livry-Louvercy F 24 Hd36
Liw PL 131 Jd36
Lixa P 44 Ba60
Lixnaw IRL 12 Bb24
Lixoúri GR 188 Ab85
Lizard GB 18 Da33
Lizarra E 39 Ec57
Lizarraga E 39 Ec56
Lizēre LV 106 La50
Līzespasts LV 107 Lb48
Lizine F 31 Jd42
Lizio F 27 Eb40
Lizums LV 107 Lb49
Lizy-sur-Ourcq F 23 Ha36
Lizzano I 162 Ha76
Lizzano in Belvedere I 155 Db64
Lizzola I 149 Da57
Ljachavičy BY 202 Ea13
Ljady RUS 99 Ma44
Ljady RUS 202 Ea09
Ljahovo RUS 107 Ma52
Ljaskovec BG 180 Dd70
Ljatno BG 181 Ed69
Ljeljenča BIH 153 Hd62
Lješane KSV 178 Ad70
Ljeskove Vode BIH 152 Hb62
Ljig SRB 153 Jc63
Ljørdalen N 86 Ed37
Ljosland N 92 Cc45
Ljosland N 92 Cd45
Ljubac HR 157 Fd64
Ljuban' BY 202 Eb13
Ljuban' RUS 202 Eb08
Ljubaništa MK 182 Ad76
Ljubar UA 204 Eb15
Ljuben BG 180 Db72
Ljubenova Mahala BG 180 Ea73
Ljubenovo BG 180 Ea73
Ljuberadja SRB 179 Ca70
Ljubešiv UA 202 Ea14
Ljubić SRB 174 Bb66
Ljúbija BIH 152 Gc61
Ljubim RUS 203 Fa08
Ljubimec BG 185 Ea74
Ljubinje BIH 158 Hb68
Ljubiš SRB 159 Jb65
Ljubište KSV 178 Bb72
Ljubljana SLO 151 Fb58
Ljubno ob Savinji SLO 151 Fc57
Ljubogošta BIH 159 Hc65
Ljubojno MK 182 Ba76
Ljuboml' UA 202 Dd14
Ljubovija SRB 159 Ja64
Ljubovo BIH 159 Hc69
Ljubusa BIH 159 Hc66
Ljubuški BIH 158 Ha67
Ljubymivka UA 205 Fb15
Ljubytino RUS 202 Ec09
Ljuder S 103 Fd52
Ljudinovo RUS 202 Ed12
Ljugarn S 104 Ha50
Ljulin BG 181 Ec73
Ljuljak BG 180 Dd72
Ljuljakovo BG 181 Ec71
Ljung S 102 Ed48
Ljung S 103 Fd46
Ljunga S 103 Ga46
Ljungaverk S 87 Ga33
Ljungby S 103 Fb52
Ljungbyhed S 110 Ed54
Ljungbyholm S 103 Ga52
Ljungdalen S 86 Ed32
Ljunghusen S 110 Ed57
Ljungsarp S 102 Fa49
Ljungsbro S 103 Fd46
Ljungskile S 102 Eb47
Ljuša BIH 158 Gd64
Ljuså S 73 Hd21
Ljušci Palanka BIH 152 Gb62
Ljusdal S 87 Ga35
Ljusfallshammar S 95 Fd45
Ljusfors S 103 Ga46
Ljushult S 102 Ed49
Ljusne S 87 Gb37
Ljusnedal S 86 Ed33
Ljusterö S 96 Ha43
Ljustorp S 88 Gc32
Ljusträsk S 72 Ha22
Ljusvattnet S 80 Hb26
Ljuti Brod BG 179 Cd70
Ljuti Dol BG 179 Cd70
Ljutoglav KSV 178 Ba72
Ljutomer SLO 145 Gb56
Ljutovnica SRB 159 Jc64
Ljutye Bolota RUS 107 Mb47
Llaberia E 48 Ga62
Lladó E 41 Hb58
Lladomericë AL 182 Ad74
Lladorre E 40 Gb57
Lladurs E 49 Gc59
Llagostera E 49 Hb60
Llamas de Rueda E 37 Cd57
Llamas del Mouro E 37 Ca55
Llanallgo GB 15 Dd22
Llanarmon Dyffryn Ceiriog GB 15 Eb23
Llanarthney GB 15 Dd26
Llánaves de la Reina E 38 Da56
Llanbadarn Fawr GB 15 Dd25
Llanberis GB 15 Dd22
Llanbister GB 15 Ea25
Llanboidy GB 14 Dc26
Llanddarog GB 19 Dd27
Llanddewi Ystradenni GB 15 Ea25
Llanddona GB 15 Dd22
Llandegla GB 15 Eb23
Llandeilo GB 15 Dd26
Llandenny GB 19 Eb27
Llandinam GB 15 Ea24
Llandissilio GB 14 Dc26
Llandovery GB 15 Dd26
Llandrillo GB 15 Ea23
Llandrindod-Wells GB 15 Ea25
Llandrinio GB 15 Eb24
Llandudno GB 15 Ea22
Llandyfaelog GB 18 Dc27
Llanelidan GB 15 Ea23
Llanelli GB 19 Dd27
Llanelltyd GB 15 Dd23
Llanerchymedd GB 15 Dd22
Llanerfyl GB 15 Ea24
Llanes E 38 Da54
Llanfaethlu GB 14 Dc21
Llanfaidr-Caereinion GB 15 Ea24
Llanfair-fechan GB 15 Dd22
Llanfair Talhaiarn GB 15 Ea22
Llanfair-yn-Neubwll GB 14 Dc22
Llanfihangel GB 15 Ea26
Llanfihangel-nant-Melan GB 15 Ea25
Llanfihangel-y-Creuddyn GB 15 Dd25
Llanfihangel-yng-Ngwynfa GB 15 Ea24
Llanfyllin GB 15 Eb24
Llanfynydd GB 15 Dd26
Llanfyrnach GB 14 Dc26
Llangadog GB 15 Dd26
Llangaffo GB 15 Dd22
Llangain GB 18 Dc27
Llangammarch Wells GB 15 Ea26
Llangedwyn GB 15 Eb23
Llangefni GB 15 Dd22
Llangeinor GB 19 Ea27
Llangeler GB 14 Dc26
Llangenith GB 18 Dc27
Llangernyw GB 15 Ea22
Llangollen GB 15 Eb23
Llangorse GB 15 Ea26
Llangrannog GB 14 Dc25
Llangurig GB 15 Ea25
Llangwm GB 15 Ea23
Llangwm GB 18 Db27
Llangwm GB 19 Eb27
Llangwnnadl GB 14 Dc25
Llangybi GB 15 Dd25
Llangybi GB 19 Eb27
Llangynidr GB 19 Ea27
Llangynog GB 15 Ea23
Llangywer GB 15 Ea23
Llanharan GB 19 Ea28
Llanhilleth GB 19 Eb27
Llanidloes GB 15 Ea25
Llanillo E 38 Db57
Llanmadoc GB 19 Dd27
Llanon GB 15 Dd25
Llanrhaeadr-ym-Mochnant GB 15 Ea23
Llanrhystud GB 15 Dd25
Llanrug GB 15 Dd22
Llanrwst GB 15 Ea22
Llansilin GB 15 Eb23
Llansoy GB 19 Eb27
Llansteffan GB 18 Dc27
Llanthony GB 15 Eb26
Llantwit Major GB 19 Ea28
Llanuwchllyn GB 15 Ea23
Llanvetherine GB 19 Eb27
Llanwddyn GB 15 Ea24
Llanwrog GB 15 Dd22
Llanwrtyd Wells GB 15 Ea26
Llanybydder GB 15 Dd26
Llanynghenedl GB 14 Dc22
Llanystumdwy GB 15 Dd23
Llardecans E 48 Ga61
Llavorsí E 40 Gb58
Llechryd GB 14 Dc26
Lleida E 48 Ga61
Llengë AL 182 Ad76
Llera E 51 Ca70
Llessui E 40 Gb58
Llimiana E 48 Gb59
Llinars E 49 Gc59
Llinars del Vallès E 49 Ha60
Llíria E 54 Fb67
Llithfaen GB 14 Dc23
L'Ille-Rousse F 154 Cb68
Llobera E 49 Gc59
Llodio E 38 Ea55
Lloggerheads GB 15 Ec23
Llorac E 48 Gb61
Llorenç del Penedès E 49 Gc62
Lloret de Mar E 49 Hb60
Lloret de Vistalegre E 57 Hc67
Llosa de Ranes E 54 Fb69
Lloseta E 57 Hb67
Llovio E 37 Cd54
Llubí E 57 Hc67
Lluçà E 49 Gd59
Llucena E 54 Fc65
Llucmajor E 57 Hb67
Llutxent E 54 Fc69
Llwyngwril GB 15 Dd24
Llyswen GB 15 Ea26
Lnáře CZ 136 Fa46
Lniano PL 121 Ha33
Lo B 21 Ha30
Löa S 95 Fd42
Loamneș RO 175 Db61
Loanhead GB 11 Eb13
Loano I 148 Bd63
Loan-Villegruis-Fontaine F 24 Hb37
Loarre E 39 Fb58
Löbau D 128 Fc41
Lobcovo RUS 203 Fa09
Łobdowo PL 122 Hc34
Lobe LV 106 Kd51
Lobeiras E 36 Bc53
Löbejün D 127 Eb39
Lobera de Onsella E 39 Fa58
Lobērgi LV 106 La48
Löberitz D 127 Eb39
Löberöd S 110 Fa55
Łobez PL 120 Fd32
Lobinstown IRL 9 Cd20
Löbnitz D 119 Ec30
Löbnitz D 127 Ec39
Łobodno PL 130 Hc41
Lobón E 51 Bc69
Lobonäs S 87 Fd36
Loboš BG 179 Cb72
Loburg D 127 Eb37
Łobżenica PL 121 Gc34
Locana I 148 Bc59
Locarno CH 148 Cb57
Loccum, Rehburg- D 126 Da36
Loceri I 169 Cb78
Lochailort GB 6 Db10
Lochaline GB 6 Db11
Lochau A 142 Da52
Lochbuie GB 6 Db11
Lochcarron GB 6 Dc08
Lochdrum GB 4 Dd07
Lochearnhead GB 7 Dd11
Lochem NL 117 Bc36
Loches F 29 Gb42
Loché-sur-Indrois F 29 Gb43
Loch Garman IRL 13 Cd25
Löchgau D 134 Cd47
Lochgelly GB 7 Eb12
Lochgilphead GB 6 Db12
Lochinver GB 4 Dc05
Lochmaben GB 11 Eb16
Lochmaddy GB 6 Cd07
Lochore GB 7 Eb12
Łochów PL 131 Jd36
Lochranza GB 6 Dc13
Lochskipport GB 6 Cd08
Lochton GB 7 Ed09
Lochuisge GB 6 Db10
Lochvycja UA 202 Ed14
Lochwinnoch GB 10 Dd13
Ločica pri Vranskem SLO 151 Fc57
Loćika SRB 178 Bc67
Lociki LV 115 Lc53
Lockenhaus A 145 Gb53
Lockerbie GB 11 Eb16
Locketorp S 103 Fb46
Lockne S 79 Fc31
Locknevi S 103 Ga49
Löcknitz D 120 Fb33
Locmaria F 27 Ea42
Locmariaquer F 27 Ea41
Locminé F 27 Eb40
Locoal-Mendon F 27 Ea40
Locorotondo I 162 Ha75
Locquémeau F 26 Dd37
Locquirec F 26 Dd37
Locri I 164 Gb83
Locronan F 27 Dc39
Loctudy F 27 Dc40
Loculi I 168 Cc76
Löddeköpinge S 110 Ed55
Loddin D 120 Fb31
Lødding N 78 Eb25
Loddon GB 17 Gb24
Lode GB 20 Fd25
Lodè I 168 Cc75
Lode LV 106 Kd47
Lode LV 106 La49
Lodĕnice CZ 136 Fb45
Löderburg D 127 Ea38
Lodersleben D 127 Ea40
Löderup S 111 Fb57
Löderups strandbad S 111 Fb57
Lodève F 41 Hc53
Lodi I 149 Cd60
Løding N 66 Fc17
Lødingen N 66 Fd13
Lodi Vecchio I 149 Cc60
Lodosa E 39 Ec58
Lödöse S 102 Ec48
Lodrino CH 142 Cc56
Lodrone I 149 Db58
Łódź PL 130 Hd38
Loeches E 46 Dc64
Loekton GB 16 Fb19
Loen N 84 Cd34
Loenen NL 117 Bc36
Lõetsa EST 97 Jd45
Løfallstrand N 84 Cb40
Lofer A 143 Ec53
Löffingen D 141 Cb51
Lófos GR 183 Bd79
Lofsdalen S 86 Fa34
Lofta S 103 Gb48
Loftahammar S 103 Gb48
Lofthouse GB 11 Ed19
Lofthus N 84 Cc39
Loftus GB 11 Fb18
Log RUS 203 Fd13
Loga N 92 Cb46
Logănești MD 173 Fc58
Logarska Dolina SLO 151 Fc57
Logatec SLO 151 Fb58
Lögda S 80 Gd27
Lögdeå S 80 Ha29
Loghill IRL 12 Bc23
Logi RUS 99 Ld40
Lognvik N 93 Da42
Logofteni MD 173 Fa56
Lógos GR 189 Ca84
Logovardi MK 183 Bb76
Logovo RUS 107 Ld48
Log pod Mangartom SLO 150 Ed57
Logrești RO 175 Cd64
Logron F 29 Gb39
Logroño E 39 Eb58
Logrosán E 51 Cb67
Løgstør DK 100 Db21
Løgstrup DK 100 Db23
Løgten DK 100 Dc23
Løgumgårde DK 108 Da27
Løgumkloster DK 108 Da27
Logvino RUS 113 Hd58
Lohals DK 109 Dd27
Lohärad S 96 Ha42
Lohberg D 135 Ed47
Lohéac F 28 Ed40
Lohfelden D 126 Da40
Lohheide D 118 Db35
Lohijärvi FIN 74 Jc19
Lohikoski FIN 91 Lc34
Lohilahti FIN 91 Lc34
Lohiluoma FIN 89 Ja32
Lohiniva FIN 68 Jc17
Lohiranta FIN 75 Kd19
Lohja FIN 98 Ka39
Lohjantaipale FIN 97 Jd39
Lohm D 119 Eb35
Lohmar D 125 Ca41
Lohmen D 128 Fa41
Löhnberg D 125 Cb42
Lohne D 117 Cc35
Löhne D 126 Cd37
Lohnsburg A 143 Ed51
Lohr D 134 Da44
Lohra D 126 Cc42
Lohsa D 128 Fb40
Lohtaja FIN 81 Jc27
Lohusalu EST 98 Ka42
Lohusuu EST 99 Lb43
Lohvanperä FIN 82 Kb27
Loiano I 149 Dc63
Loibltal A 144 Fb56
Loiching D 135 Eb49
Loima FIN 89 Jc37
Loimaa FIN 89 Jc38
Loimaankunta FIN 89 Jc38
Loiré F 28 Fa41
Loiri I 168 Cb74
Loisach A 143 Ec55
Loitsche D 127 Ea37
Loitz D 119 Ed31
Loivre F 24 Hc35
Loja E 60 Da75
Lojanice SRB 153 Jb62
Lojo FIN 98 Ka39
Lojsta S 104 Ha50
Løjt Kirkeby DK 108 Db27
Lokakylä FIN 82 Ka30
Lokalahti FIN 89 Ja38
Lokča SK 138 Hd46
Loke S 79 Fc31
Løken N 93 Ea41
Løken N 94 Eb42
Løkeng N 63 Hc08
Loket CZ 135 Ec44
Lokka FIN 69 Kb14
Løkken DK 100 Dc20
Løkken N 77 Dd31
Lokkiperä FIN 81 Jd28
Lokmanlı TR 187 Gb78
Loknja RUS 202 Eb10
Lökönen FIN 91 Lb36
Lőkösháza H 147 Jd56
Lokot RUS 107 Mb46
Lokot' RUS 202 Ed13
Łokowica PL 138 Jb45
Lokrume S 104 Ha49
Loksa EST 98 Kd41
Løksa N 67 Gb12
Lokuta EST 98 Kc44
Lokva HR 158 Gc66
Lokva SRB 159 Jb65
Lokvé SRB 174 Bc62
Lokve Lóqua SLO 151 Fa58
Løkvoll N 62 Ha10
Lollar D 126 Cc42
l'Olleria E 54 Fb69
Lölling A 144 Fc55
Lom BG 179 Cc67
Lom CZ 136 Fa43
Lom N 85 Db35
Lomas del Mar E 55 Fb72
Lomåsen S 79 Fc29
Łomazy PL 131 Kb37
Lombardore I 148 Bd60
Lomben S 73 Ja20
Lombez F 40 Ga55
Lombheden S 73 Ja20
Lomborg DK 100 Cd22
Lombreuil F 29 Ha40
Lombron F 28 Fd39
Lomci BG 180 Eb69
Lomello I 148 Cb60
Lomen N 85 Db37
Lomi LV 107 Lc51
Lomiai LT 113 Jd56
Łomianki PL 130 Jb36
Lomma S 110 Ed56
Lommel B 124 Ba39
Lommeland S 94 Eb44
Lom nad Rimavicou SK 138 Ja49
Łomnica PL 121 Gb34
Łomnica PL 128 Ga37
Lomnice CZ 135 Ec44
Lomnice CZ 137 Gd45
Lomnice nad Lužnicí CZ 136 Fc48
Lomnice nad Popelkou CZ 136 Fd43
Lomonosov RUS 99 Ma39
Lomonosov RUS 202 Ea08
Lomovo RUS 113 Jd58
Lompolo FIN 68 Jc14
Lompolo FIN 68 Jb16
Lomselenäs S 72 Gc24
Lomsjö S 79 Gb27
Lomträsk S 72 Ha22
Lomträsk S 73 Ja19
Łomy PL 122 Ja31
Lomy RUS 107 Ma48
Łomża PL 123 Jd33
Lonato I 149 Db59
Lønborg DK 108 Cd24
Lončari BIH 153 Hc61
Lončarica HR 152 Gd59
Londa I 156 Dd65
Londinières F 23 Gb33
London GB 20 Fc28
Londonderry = Derry GB 9 Cc16
Lone LV 106 La52
Lonevåg N 84 Ca38
Long S 102 Ed47
Longá GR 183 Bc80
Longá GR 194 Bb89
Longanikos GR 194 Bc88
Longare I 150 Dd59
Longares E 47 Fa61
Longarone I 150 Eb57
Longbridge Deverill GB 19 Ec29
Longchamp F 35 Ka48
Longchaumois F 31 Jd44
Long Crendon GB 20 Fb27
Long Eaton GB 16 Fa23
Longeau F 30 Jb40
Longecourt-en-Plaine F 30 Jb42
Longega I 143 Ea55
Longeville-sur-Mer F 32 Ed45
Longford GB 16 Ed23
Longford IRL 9 Cb20
Longformacus GB 11 Ec13
Longhorsley GB 11 Ed15
Longhoughton GB 11 Fa15
Longi I 167 Fc84
Longkamp D 133 Bd44
Longmanhill GB 5 Ed07
Long Melford GB 21 Ga26
Longnes F 23 Gc36
Longno GB 15 Eb24
Longnor GB 16 Ed22
Longny-au-Perche F 29 Ga38
Longobucco I 164 Gc79
Longos Vales P 36 Ad58
Longpont F 24 Hb35
Long Preston GB 11 Ed19
Longra P 44 Ad60
Longré F 32 Fc46
Longriddry GB 11 Ec13
Longride GB 15 Ec20
Longroiva P 45 Bc62
Longset N 70 Fa20
Long Stratton GB 21 Gb25
Long Sutton GB 17 Fd24
Long Sutton GB 19 Eb29
Longtown GB 11 Eb16
Longué-Jumelles F 28 Fc42
Longueval-Barbonval F 24 Hc35
Longueville F 30 Hb38
Longueville-sur-Scie F 23 Gb34
Longuich D 133 Bc44
Longuyon F 24 Jb34
Longwy F 25 Jc34
Lonigo I 150 Dd60
Lonin N 78 Ea27
Löningen D 117 Cb35
Löningsberg S 87 Fd32
Łoniów PL 131 Jd42
Lonja HR 152 Gc60
Lonkan N 66 Fd13
Lönnånger S 88 Gc35
Lönneberga S 103 Fd49
Lönnskog S 94 Ed43
Lönsboda S 111 Fb53
Lønsdal N 71 Fd19
Lønset N 77 Dc32
Lønset N 77 Da31
Lons-le-Saunier F 31 Jc44
Lönstrup DK 100 Dc19
Lónya H 139 Kb49
Lonzac F 32 Fc48
Lõo EST 98 Ka45
Loobu EST 98 Kd42

Looe – Luzaga

Looe GB 18 Dc31
Loon op Zand NL 124 Ba38
Loon-Plage F 21 Gd30
Lõõpõllu EST 105 Jc47
Loos F 23 Ha31
Loosdorf A 144 Fd51
Loosdrecht NL 116 Ba36
Loose D 108 Db29
Lopadea Nouă RO 171 Da59
Lopar HR 151 Fc62
Lopare BIH 153 Hd62
Lopătari RO 176 Ec63
Lopatica MK 183 Bb75
Lopatino RUS 107 Ma47
Lopatino RUS 203 Fd11
Łopatki PL 122 Hc33
Lopatnic MD 172 Ed54
Lopatovo RUS 107 Ma46
Lopcombe Corner GB 20 Ed29
Lõpe EST 98 Ka45
Lopera E 52 Da72
Łopiennik PL 131 Kc40
Loppa N 63 Hb07
Loppersum NL 117 Ca33
Loppi FIN 90 Ka38
Loppula FIN 74 Ka23
Lopud HR 158 Hb69
Lopuhinka RUS 99 Ma40
Łopuszna PL 138 Ja46
Łopuszno PL 130 Ja41
Loqueffret F 26 Dd38
Lora de Estepa E 60 Cc74
Lora del Río E 59 Cb73
Loranca de Tajuña E 46 Dd64
Lorbé E 36 Ba54
Lörby S 111 Fc54
Lorca E 61 Ec73
Lorch D 133 Ca44
Lorch D 134 Da48
Lorcha E 55 Fc70
Lordolo P 44 Ad61
Lordosa P 44 Ba62
Lørenfallet N 94 Eb41
Lorentzer F 25 Kb36
Lorenzago di Cadore I 143 Eb56
Lorenzana E 37 Cc57
Lorenzana I 155 Da66
Loreo I 150 Ea61
Loreto I 156 Ed66
Loreto Aprutino I 157 Fa70
Lórév H 146 Hc54
Lorgues F 43 Kb54
Lorguichon F 22 Fc36
Lorica I 164 Gc80
Lorient F 27 Ea40
Loriga P 44 Ba64
Loriguilla E 54 Fa67
Lőrinci H 146 Ja52
Loriol-sur-Drôme F 34 Jb50
Lormaison F 23 Gd35
Lormes F 30 Hc42
Loro Ciuffenna I 156 Dd66
Lorqui E 55 Ed72
Lörrach D 141 Bd52
Lorrez-le-Bocage F 29 Ha39
Lorris F 29 Ha40
Lorsch D 134 Cc45
Lørslev DK 100 Dc20
Lorton GB 11 Eb17
Lorup D 117 Cb34
l'Orxa E 55 Fc70
Lörzweiler D 133 Cb44
Loś PL 130 Jb38
Los S 87 Fd35
Losa del Obispo E 54 Fa67
Los Alares E 52 Cd67
Los Alazdres E 60 Da75
Los Alcázares E 55 Fa73
Los Algarbes E 60 Cc73
Los Arcos E 39 Eb57
Losar de la Vera E 45 Cb65
Los Arejos E 61 Ec74
Los Arenales E 59 Cb74
Los Ausines E 38 Dc58
Los Badalejos E 59 Ca77
Los Barrios E 59 Ca78
Los Barrios de Luna E 37 Cb56
Los Bayos E 37 Cb56
Los Belmontes E 53 Eb71
Los Belones E 55 Fb74
Los Blázquez E 51 Cb70
Los Caños E 59 Bd77
Los Castaños E 61 Eb75
Los Centenaros E 61 Ea72
Los Cerezos E 54 Fa66
Los Cerralbos E 52 Da66
Los Clementes E 61 Eb72
Los Corrales E 60 Cc75
Los Corrales de Buelna E 38 Db55
Los Cortijos de Arriba E 52 Db68
Loscos E 47 Fa62
Los Dolores E 55 Fa73
Losenstein A 144 Fb52
Los Escoriales E 52 Db71
Los Estrechos E 61 Ec74
Løsetdalen N 86 Ec36
Łosewo PL 123 Jd33
Los Gallardos E 61 Ec75
Los Guadalperales E 51 Cb68
Los Guiraos E 61 Eb74
Losheim am See D 133 Bc45
Los Hinojosos E 53 Ea67
Losi RUS 107 Ma49
Łosice PL 131 Kb36
Losicy RUS 99 Ma44
Losilla E 54 Fa66
Łosinka PL 123 Kc34
Łosino PL 121 Gc30
Los Isidros E 54 Ed68
Los Jinetes E 59 Ca73
Loskeran IRL 13 Ca25
Loškovicy RUS 99 Ma40
Los Lobos E 61 Ec74
Los Maldonados E 55 Ed73
Los Molares E 59 Ca74
Los Molinos E 46 Db63
Los Monteros E 60 Cc77
Los Montesinos E 55 Fb72
Los Morones E 60 Dc76
Los Navalmorales E 52 Cd66
Los Navalucillos E 52 Cd67
Los Nietos E 55 Fb73
Løsning DK 108 Db25
Los Nogueroles E 60 Da73
Los Ojuelos E 59 Cb74
Losomäki FIN 83 Lb29
Losovaara FIN 75 Kd23
Los Palacios y Villafranca E 59 Ca74
Los Pastores E 59 Cb78
l'Ospedale F 154 Cb72
Los Pedrones E 54 Fa68
Los Piedros E 60 Cd74
Los Pozuelos de Calatrava E 52 Da69
Los Rábanos E 47 Eb60
Los Rosales E 59 Ca73
Los Ruices E 54 Ed67
Lossa D 127 Ea40
Los Santos E 45 Cb63
Los Santos de Maimona E 51 Bd70
Loßburg D 133 Cb49
Losse F 40 Fc52
Losser NL 117 Ca36
Losset IRL 9 Cb15
Lossiemouth GB 5 Eb07
Los Silos E 59 Bc72
Lößnitz D 135 Ec43
Los Tablones E 60 Dc76
Lostallo CH 142 Cc56
Loštice CZ 137 Gc45
Los Tonosas E 61 Eb74
Los Tuelas E 55 Ed73
Lostwithiel GB 18 Dc31
Los Villaesteres E 45 Cc60
Los Villares E 60 Db73
Los Villares E 60 Da74
Los Yébenes E 52 Db67
Los Yesos E 61 Eb75
Löt S 96 Gc43
Löt S 103 Gb51
Lote N 84 Cc34
Løten N 86 Eb38
Lothmore GB 5 Eb06
Lotlax FIN 81 Ja30
Lotorp S 95 Ga45
Lotošino RUS 202 Ed10
Lotovicy RUS 107 Mb50
Lotte D 117 Cb36
Lottefors S 87 Ga36
Löttorp S 104 Gc51
Lottum NL 125 Bc39
Lotyń PL 121 Gc33
Lotzorai I 169 Cc77
Louans F 29 Ga42
Louargat F 26 Ea38
Loubillé F 32 Fc46
Loučeň CZ 136 Fc44
Louchats F 32 Fb51
Loučka CZ 137 Ha46
Loučná Hora CZ 136 Fd44
Loučná nad Desnou CZ 137 Gc44
Loudéac F 27 Eb39
Loudun F 28 Fd43
Loué F 28 Fc40
Loue FIN 74 Jd20
Louejärvi FIN 74 Jd19
Louejoki FIN 74 Jd19
Loughanavally IRL 9 Cb20
Loughborough GB 16 Fa24
Lougher IRL 12 Ba24
Loughglinn IRL 8 Bd19
Lough Gowna IRL 9 Cb19
Loughlinstown IRL 13 Cd22
Loughmoe IRL 13 Ca23
Loughrea IRL 12 Bd21
Loughton GB 20 Fd27
Lougratte F 33 Ga51
Loúha GR 188 Ac86
Louhans F 30 Jb44
Louhioja FIN 83 Ld29
Louhivaara FIN 83 Ma28
Louisburgh IRL 8 Bb19
Loukás GR 194 Bc87
Loukee FIN 90 La33
Loukinainen FIN 97 Jb39
Loukíssia GR 189 Cb85
Loukkojärvi FIN 74 Ka23
Loukunvaara FIN 91 Ma32
Loukusa FIN 75 Kd21
Loulans F 31 Jd41
Loulay F 32 Fb46
Loulé P 58 Ac74
Lõunaküla EST 98 Kb42
Lounovice CZ 136 Fc46
Louny CZ 136 Fa43
Lourdes F 40 Fc56
Louredo P 44 Ad61
Loures P 50 Aa68
Louriçal P 44 Ac64
Lourinhã P 50 Aa67
Lourmarin F 42 Jc53
Louro E 36 Ac55
Louro P 44 Ad60
Loúros GR 188 Ad82
Lourosa P 44 Ad61
Loury F 29 Gd39
Lousã P 44 Ad64
Lousa P 45 Bc61
Lousada E 36 Bb55
Lousada P 44 Ad60
Louth GB 17 Fd22
Louth IRL 9 Cd19
Loutrá GR 184 Cc76
Loutrá GR 184 Cc80
Loutrá GR 191 Ea84
Loutrá GR 194 Bb87
Loutrá GR 195 Cd88
Loutrá Edipsoú GR 189 Ca83
Loutrá Eleftherón GR 184 Cd78
Loutrá Ipátis GR 189 Bc83
Loutráki GR 183 Bc76
Loutráki GR 188 Ad83
Loutráki GR 189 Ca86
Loutra Kilinis GR 188 Ad86
Loutrá Smokóvou GR 189 Bc82
Loutrá Thermopilón GR 189 Bd83
Loutró GR 183 Bd78
Loutró GR 200 Cb95
Loutropigí GR 189 Bc82
Loutrópoli Thermís GR 191 Ea83
Loutrós GR 185 Ea78
Loútsa GR 188 Ac81
Loútsa GR 195 Cc87
Louvankylä FIN 89 Ja33
Louverné F 28 Fb39
Louvie-Juzon F 40 Fc56
Louviers F 23 Gb36
Louvigné-de-Bais F 28 Fa39
Louvigné-du-Desert F 28 Fa38
Louvois F 24 Hd36
Louvroil F 24 Hc32
Louze F 30 Ja38
Lovagny F 35 Jd46
Lövånger S 81 Hd26
Lovas HR 153 Hd60
Lövås S 80 Gd27
Lovasberény H 146 Hc53
Lövåsen S 79 Ga30
Lovászhetény H 153 Hc57
Lovászi H 145 Gc56
Lovászpatona H 145 Ha53
Lövberg S 71 Fc24
Lövberga S 79 Fd28
Lövberget S 95 Fc40
Lovćenac SRB 153 Ja59
Lovćić HR 152 Ha60
Loveč BG 180 Db70
Loveč BG 180 Da71
Lovečkovice CZ 136 Fb43
Løvel DK 100 Db22
Lovelhe P 36 Ad58
Lovere I 149 Da58
Lövestad S 110 Fa56
Loviisa FIN 90 Kd38
Lovik N 66 Fd12
Lovik N 76 Cd31
Lovikka S 68 Hd16
Lovinac HR 151 Ga63
Lovinobaňa SK 146 Ja50
Lovisa FIN 90 Kd38
Loviště HR 158 Gd68
Lövliden S 79 Ga26
Lövnäs S 72 Gc20
Lövnäs S 79 Ga25
Lövnäs S 80 Gc27
Lövnäs S 86 Fa37
Lövnäsvallen S 86 Fa35
Lovni Dol BG 180 Dc71
Lövö H 145 Gc53
Lovoleto I 150 Dd62
Lovosice CZ 136 Fa43
Lovran HR 151 Fb60
Lovreć HR 151 Fa61
Lovreć HR 158 Gd66
Lovrenc na Pohorju SLO 144 Fd56
Lovrin RO 174 Bc60
Lovrup DK 108 Da27
Lövsjö S 79 Fd25
Lövsjön S 95 Fc40
Løvskal DK 100 Dc23
Lövstabruk S 96 Gd40
Lövstalöt S 96 Gc41
Lövstrand S 79 Ga27
Lovund N 70 Ed20
Lövvik S 79 Ga27
Łowcza PL 139 Kc43
Löwenberg D 119 Ed35
Löwenberger Land D 119 Ed35
Lower Beeding GB 20 Fc29
Lower Boddington GB 20 Fa26
Lower Cam GB 19 Ec27
Lower Diabaig GB 4 Db07
Lower Killeyan GB 9 Da14
Lowestoft GB 21 Gc25
Lowgill GB 11 Ec19
Łowicz PL 130 Hd37
Łowicz Wałecki PL 120 Ga33
Low Row GB 11 Ec16
Łowyń PL 128 Ga36
Loxstedt D 118 Cd33
Loyers GB 7 Dd08
Loyettes F 35 Jc46
Löytänä FIN 82 Kb29
Löytö FIN 90 La34
Löytökylä FIN 74 Kb23
Löytölä FIN 83 Lb25
Löytövaara FIN 75 Kd20
Löytty FIN 90 Kd37
Löyttymäki FIN 90 Kb37
Lož SLO 151 Fb59
Lozarevo BG 181 Ec72
Lozari F 154 Cb68
Lozen B 125 Bb39
Lozen BG 179 Cc71
Lozenec BG 181 Ec72
Lozenec BG 181 Fa68
Lozhan AL 182 Ad77
Lozica BG 180 Dc69
Łozina PL 129 Gc40
Lozna RO 171 Da56
Lozna SRB 178 Bb67
Loznica BG 180 Eb70
Loznica BG 181 Fa68
Łożnica PL 120 Fc32
Loznica SRB 153 Ja62
Łoznik PL 122 Ja30
Lozorno SK 145 Gc50
Lozova MD 173 Fc57
Lozova UA 205 Fa15
Lozovac HR 157 Ga65
Lozovik SRB 174 Bc65
Lozovik SRB 174 Bc66
Lozoya E 46 Dc62
Lozoyuela E 46 Dc63
Lozzo di Cadore I 143 Eb56
Luaces E 36 Bc55
Luanco (Gozon) E 37 Cc53
Luaras AL 182 Ad78
Luarca E 37 Ca54
Lubaczów PL 139 Kc43
Lubań PL 128 Fd41
Lubāna LV 107 Lb50
Lubanie PL 121 Hb35
Lubanowo PL 120 Fc34
Lubars D 127 Eb37
Lubartów PL 131 Kb39
Lubasz PL 121 Gb35
Lubatowa PL 139 Ka45
Lubawa PL 122 Hd33
Lubawka PL 128 Ga42
Lübbecke D 126 Cd36
Lübben/Spreewald D 128 Fa38
Lübbenau/Spreewald D 128 Fa38
Lübbow D 119 Dd35
Lubcroy GB 4 Dd06
Lubczyna PL 120 Fc33
Lübeck D 119 Dd32
Lubenec CZ 135 Ed44
Lubenia PL 139 Ka44
Lubersac F 33 Gb48
Lubes LV 105 Jd49
Lubián E 37 Bd58
Łubianka PL 120 Fd35
Łubianka PL 121 Hb34
Lubiatów PL 128 Fd38
Lubiatowo PL 120 Fc34
Lubiaż PL 129 Gb40
Lubichowo PL 121 Ha32
Lubicz PL 121 Hb34
Łubiec PL 130 Jb37
Lubień PL 128 Fc37
Lubień PL 138 Ja45
Lubień Kujawski PL 130 Hc36
Lubieszewo PL 120 Ga33
Lubiewo PL 121 Ha33
Lubiewo Zalesie PL 120 Fb32
Lubimec RUS 99 Lc43
Lubin PL 120 Fb32
Lubin PL 129 Gb40
Lubiń PL 129 Gc38
Lubiń PL 129 Ha36
Łubin-Kościelny PL 123 Kb35
Lubiny PL 129 Ha38
Lubjaniki RUS 203 Fb10
Lubla PL 139 Jd45
Lublewo Gdańskie PL 121 Ha30
Lublin PL 131 Kb40
Lubliniec PL 129 Hb42
Lubliniec PL 139 Kc43
Lubmin D 120 Fa31
Lubnia PL 121 Gd31
Łubniany PL 129 Ha42
Łubnice PL 129 Ha41
Lubnice PL 138 Jc43
Lubniewice PL 128 Fd36
Lubno PL 120 Fc35
Lubno PL 121 Gb33
Łubno PL 121 Gc31
Łubno PL 130 Hc37
Lubny UA 202 Ed14
L'ubochňa SK 138 Hd47
Lubochnia PL 130 Ja39
Lubomierz PL 128 Fd41
Lubomierz PL 138 Ja45
Lubomino PL 122 Ja31
Luboń PL 129 Gc37
Luboradz PL 129 Gb41
Luborzyca PL 138 Ja44
Lubostroń PL 121 Ha35
Lubosz PL 128 Ga36
L'ubotín SK 138 Jc47
Lubotyń PL 129 Hb36
Lubowidz PL 122 Hd34
Łubowo PL 121 Gb33
Łubowo PL 129 Gd36
Lubraniec PL 129 Hb36
Lubrin E 61 Eb75
Lubrza PL 128 Fd37
Lubrza PL 137 Gd43
Lubsko PL 128 Fc39
Lübstorf D 119 Ea32
Lubstów PL 129 Hb37
Lubsza PL 129 Gd41
Lübtheen D 119 Dd33
Lubuczewo PL 121 Gc29
Luby CZ 135 Eb44
Łuby PL 121 Ha32
Lubycza Królewska PL 131 Kd42
Lübz D 119 Eb33
Lubzina PL 139 Jd44
Luc F 34 Hd50
Luc F 41 Ha52
Luca Cernii de Jos RO 174 Cb61
Lucainena de las Torres E 61 Eb75
Lucan IRL 13 Cd21
Lucaph MD 177 Fc61
Lúcar E 61 Ea74
Lucareț RO 174 Bd60
Lučatin SK 138 Hd48
Luçay-le-Malle F 29 Gb42
Lucca I 155 Da65
Lucena E 60 Cd74
Lucena del Puerto E 59 Bc74
Lucenay-le-Duc F 30 Ja41
Luc-en-Diois F 35 Jc50
Lučenec SK 146 Ja50
Luceni E 47 Fa60
Lucens CH 141 Bb55
Lucenza E 36 Bb58
Luče ob Savinji SLO 151 Fc57
Lucera I 161 Fd73
Lucéram F 43 Kd52
Lucey F 35 Jd46
Luché-Pringé F 28 Fd41
Lucheux F 23 Gd32
Lüchow D 119 Dd35
Luchów PL 139 Kb43
Luchy F 23 Gd34
Luciana E 52 Da69
Lučica SRB 174 Bc64
Lucień PL 130 Hd36
Lucieni RO 176 Dd65
Lucignano I 156 Dd67
Lucignano d' Arbia I 155 Dc67
Lucillos E 52 Cd66
Lučine SLO 151 Fb58
Lucito I 161 Fc72
Luciu RO 176 Ed64
Luciu RO 177 Fa65
Luc'k UA 204 Ea15
Lucka D 127 Eb41
Luckau D 128 Fa38
Luckenbach D 125 Cb42
Luckenwalde D 127 Ed38
Lucker GB 11 Fa14
Lucksta S 87 Gb34
Lückstedt D 119 Ea35
Lúčky SK 138 Hd47
Lucmau F 40 Fc52
Luco dei Marsi I 160 Ed71
Luçon F 32 Fa45
Luc-sur-Mer F 22 Fc35
Ludanice SK 137 Hb49
Ludborough GB 17 Fc21
Ludbreg HR 152 Gc57
Lüdelsen D 119 Dd35
Lüdenhausen D 126 Cd37
Lüdenscheid D 125 Ca40
Lüder D 118 Dc35
Lüderitz D 127 Ea36
Lüderode, Weißenborn- D 126 Dc39
Lüdersdorf D 119 Dd32
Ludești RO 176 Dd64
Ludford GB 17 Fc22
Ludgershall GB 20 Ed29
Ludgershall GB 20 Fb27
Ludgo S 96 Gc45
Ludiente E 54 Fc66
Lüdinghausen D 125 Ca38
Ludlow GB 15 Eb25
Ludogorci BG 181 Ec69
Ludomy PL 121 Gc35
Ludoș RO 175 Da61
Luduș RO 171 Db59
Ludvigsborg S 110 Fa55
Ludvika S 95 Fd41
Ludwigsburg D 134 Cd48
Ludwigsfelde D 127 Ed37
Ludwigshafen D 142 Cc51
Ludwigshafen a. Rh. D 133 Cb46
Ludwigslust D 119 Ea33
Ludwigsstadt D 135 Dd43
Ludwigswinkel D 133 Ca47
Ludwin PL 131 Kb39
Ludza LV 107 Ld51
Lüe F 39 Fa52
Luesia E 39 Fa58
Luesma E 47 Fa62
Lueta RO 176 Ea60
Lug BIH 159 Hc68
Lug HR 153 Hc59
Lug RUS 107 Mb46
Luga RUS 99 Mb43
Luga RUS 202 Ea09
Lugagnano Val d'Arda I 149 Cd61
Lugán E 37 Cc56
Lugano CH 149 Cc57
Lugasu de Jos RO 170 Cb57
Lugaži LV 106 La47
Lügde D 126 Da38
Lüge D 119 Ea35
Lugendorf A 144 Fd50
Ługi PL 122 Hd34
Luglon F 39 Fb53
Lugnano in Teverina I 156 Ea69
Lugnås S 102 Fa46
Lugnvik S 80 Gc31
Lugny F 30 Jb44
Lugo E 36 Bb55
Lugo I 149 Db63
Lugo I 150 Ea63
Lugo de Llanera E 37 Cc54
Lugoj RO 174 Ca61
Lugomerci SRB 153 Hd59
Lugones E 37 Cb54
Lugovoe RUS 113 Ja59
Lugovskoe RUS 99 Ma42
Lugros E 60 Dc75
Lugton GB 10 Dd13
Luh RUS 203 Fb09
Luhačovice CZ 137 Ha47
Luhalahti FIN 89 Jc35
Luhamaa EST 107 Lc47
Luhanka FIN 90 Kc34
Luhans'k UA 203 Fb14
Luhe-Wildenau D 135 Eb46
Lühmannsdorf D 120 Fa31
Luhovicy RUS 203 Fa10
Luhtaanmaa FIN 90 Kc36
Luhtanen FIN 90 Kd35
Luhtapohja FIN 83 Ma30
Luhtikylä FIN 90 Kc37
Luib GB 4 Db08
Luica RO 181 Ec67
Luidja EST 97 Jc44
Luige EST 98 Kb42
Luigny F 29 Gb39
Luik = Liège B 124 Ba41
Luikonlahti FIN 83 Lb30
Luimneach IRL 12 Bd23
Luino I 148 Cb57
Luintra (Nogueira de Ramuín) E 36 Bb57
Luio FIN 69 Kb16
Luisant F 29 Gb38
Luisenthal D 126 Dc42
Luizi Călugăra RO 172 Ed59
Lújar E 60 Dc76
Luka BIH 158 Hb66
Luka HR 157 Fd65
Luka SRB 174 Ca66
Lukač HR 152 Gd58
Luka nad Jihlavou CZ 136 Ga47
Lukanja SLO 144 Fd56
Luka Pokupska HR 151 Ga59
Lukare SRB 178 Ba69
Lukaši RUS 99 Mb40
Lukavac BIH 153 Hc62
Lukavci SLO 145 Gb56
Lukavec CZ 136 Fc46
Lukawiec PL 139 Kc43
Luke MK 179 Ca72
Lukeswell IRL 13 Cb24
Lukićevo SRB 153 Jc60
Lukićevo SRB 174 Bb62
Lukinić Brdo HR 151 Ga59
Lukkaroistenperä FIN 81 Jd25
Luknés LT 113 Jb53
Lukojanov RUS 203 Fc10
Lukovica SLO 151 Fc57
Lukovica SRB 174 Bc66
Lukovit BG 179 Da70
Lukovnikovo RUS 202 Ec10
Lukovo BG 179 Cc71
Lukovo HR 151 Fc62
Lukovo MK 182 Ad75
Lukovo MNE 159 Hd68
Lukovo SRB 178 Bb69
Lukovo SRB 178 Bd67
Lukovo Šugarje HR 151 Fd63
Łuków PL 131 Ka37
Łukowa PL 130 Jb42
Łukowa PL 131 Kc42
Łukowica PL 138 Jb45
Łukowisko PL 131 Kb37
Łukowo PL 122 Jb35
Łukowo PL 129 Gc36
Lukšiai LT 114 Ka57
Lukštai LT 114 La53
Łukta PL 122 Hd32
Luktvatnet N 70 Fa21
Lula I 168 Cb75
Luleå S 73 Hd22
Lüleburgaz TR 185 Ed76
Lüllemäe EST 106 La47
Lullymore IRL 13 Cc21
Lułowo PL 121 Gd33
Lümanda EST 105 Jb46
Lumasi AL 182 Ac76
Lumbarda HR 158 Gd68
Lumbier E 39 Ed57
Lumbrales E 45 Bd62
Lumbrein CH 142 Cc55
Lumbres F 23 Gd31
Lumby DK 108 Dc26
Lumes F 24 Ja33
Lumezzane I 149 Da59
Lumijoki FIN 74 Ka24
Lumikylä FIN 82 Kd25
Lumimetsä FIN 82 Ka26
Lumina RO 181 Fc67
Lumio F 154 Ca69
Lummelunda S 104 Ha49
Lummen B 124 Ba40
Lummukka FIN 81 Jc30
Lumparland FIN 96 Hc41
Lumpiaque E 47 Ed60
Lumpzig D 127 Eb41
Lumsås DK 109 Ea25
Lumsheden S 95 Ga39
Lun HR 151 Fc62
Luna E 47 Fa59
Lunano I 156 Eb65
Lunas F 41 Hc54
Lunca RO 170 Cb58
Lunca RO 171 Dc58
Lunca RO 172 Ed56
Lunca RO 175 Cc60
Lunca RO 180 Dc68
Lunca Banului RO 173 Fb59
Lunca Bradului RO 172 Dd58
Lunca Corbului RO 175 Dc65
Lunca de Jos RO 172 Eb59
Lunca de Sus RO 172 Eb59
Lunca Ilvei RO 172 Dd56
Lunca Murșului RO 171 Da59
Luncavița RO 174 Ca63
Luncavița RO 177 Fb63
Luncoiu de Jos RO 175 Cc60
Lund DK 108 Db25
Lund N 78 Ec25
Lund N 92 Cb46
Lund S 110 Ed56
Lunda S 96 Gd42
Lundamo N 78 Ea31
Lundbjörken S 95 Fc39
Lundby DK 100 Db21
Lundby DK 109 Dd28
Lundby DK 109 Eb27
Lundby S 95 Ga43
Lunde DK 108 Cd25
Lunde DK 108 Dc26
Lunde N 67 Gc12
Lunde N 84 Cd34
Lunde N 85 Dd38
Lunde N 93 Db43
Lunde S 88 Gc32
Lundeborg DK 109 Dd27
Lundebyvollen N 86 Ec38
Lunden D 118 Da30
Lunden N 93 Db45
Lundenes N 66 Ga12
Lundersæter N 94 Ec40
Lunderskov DK 108 Db26
Lundsbrunn S 102 Fa46
Lundsjön S 79 Fc29
Lüneburg D 118 Dc34
Lunel F 42 Ja54
Lünen D 125 Ca38
Lunestedt D 118 Cd33
Lunéville F 25 Jd37
Lunevščina RUS 99 Lc44
Lunga MD 173 Fd57
Lungeni RO 172 Ed57
Lungern CH 141 Ca55
Lungești RO 175 Da65
Lungön S 88 Gd32
Lungro I 164 Gb78
Lungsjön S 79 Ga30
Lungsund S 95 Fb43
Lungulețu RO 176 Ea65
Lunha MD 173 Fc55
Luninec BY 202 Ea13
Lunino RUS 113 Jd58
Lunino RUS 203 Fc10
Lunkkaus FIN 69 Kc16
Lünne D 117 Ca36
Lunneborg N 67 Gc11
Lunner N 85 Ea40
Lunning GB 5 Fa04
Lunow D 120 Fb35
Lunteren NL 116 Bb36
Lunz am See A 144 Fc52
Lunzenau D 127 Ec41
Luoba LT 113 Jc53
Luode FIN 89 Jc34
Luoftjok N 64 Ka06
Luogosanto I 168 Cb74
Luohua FIN 82 Ka25
Luohuan Ylipää FIN 82 Ka25
Luoke LT 113 Jd54
Luoma FIN 89 Jc32
Luoma-aho FIN 81 Jc30
Luomala FIN 82 Kb30
Luomankylä FIN 89 Ja33
Luonaala FIN 81 Ja31
Luonetjärvi FIN 90 Kb32
Luopa FIN 89 Jb32
Luopajärvi FIN 89 Jb32
Luopioinen FIN 90 Ka36
Luosto FIN 69 Kb16
Luosu FIN 68 Jb16
Luotakko FIN 82 Kb27
Luoto FIN 81 Jb28
Luotojärvi FIN 91 Lc32
Luotola FIN 91 Lb37
Luotolahti FIN 90 La35
Lupac RO 174 Ca62
Lupara I 161 Ga73
Łupawa PL 121 Gd30
Lupėnai LT 113 Jc57
Lupeni RO 172 Dd59
Lupeni RO 175 Cb62
Lupersat F 33 Gd46
Lupiac F 40 Fd54
Lupiana E 46 Dd64
Lupiñén E 48 Fb59
Łupków PL 139 Ka46
Luplanté F 29 Gb39
Lupogav HR 151 Fa60
Luppa D 127 Ec40
Luppoperä FIN 75 Kc23
Lupșa RO 171 Cd59
Lupșanu RO 176 Ec66
Lüptitz D 127 Ec40
Luque E 60 Da73
Luquin E 39 Ec57
Lur S 94 Eb45
Luras I 168 Cb74
Lurcy-Lévis F 30 Hb44
Lure F 31 Ka40
Lurgan GB 9 Cd17
Luri F 154 Cc68
Lurøy N 70 Fa20
Lurs F 42 Jd52
Lury-sur-Arnon F 29 Gd42
Lusanger F 28 Ed41
Lušė LT 113 Jc53
Lüsen I 143 Ea55
Lüsens A 142 Dc54
Lusevera I 150 Ed57
Lushnjë AL 182 Ab76
Lusi FIN 90 Kc35
Lusiana I 150 Dd58
Lusignan F 32 Fd45
Lusigny F 30 Hc44
Lusigny-sur-Barse F 30 Hd38
Lusina PL 129 Gb41
Lusk IRL 13 Cd21
Luskovicy RUS 99 Mb40
Lus-la-Croix-Haute F 35 Jd50
Luso P 44 Ad63
Luson I 143 Ea55
Luspebryggan S 72 Ha18
Luspeholmen S 72 Gb24
Luss GB 7 Dd12
Lussac F 32 Fc50
Lussac-les-Châteaux F 33 Ga45
Lussac-les-Eglises F 33 Gb45
Lussan F 42 Ja52
Lussat F 33 Gd45
Lusta GB 4 Da07
Lustenau A 142 Cd53
Lustila FIN 89 Ja33
Łuszczów PL 131 Kb39
Luszkowo PL 121 Ha33
Luszyn PL 130 Hd37
Lutago I 143 Ea55
Lutcza PL 139 Ka45
Lutepää LV 107 Ld46
Lütersheim D 126 Cd40
Lütfiye TR 186 Ga79
Lütfiye TR 191 Ed85
Luthenay-Uxeloup F 30 Hb43
Luthern-Bad CH 141 Ca54
Lutherstadt Eisleben D 127 Ea39
Lutherstadt Wittenberg D 127 Ec38
Lutin CZ 137 Gc46
Lütjenburg D 119 Dd30
Lütjensee D 118 Dc32
Lutocin PL 122 Hd34
Lutol Suchy PL 128 Ga37
Lutomiersk PL 130 Hc39
Luton GB 20 Fc27
Lütow D 120 Fa31
Lutowiska PL 139 Kb46
Lutówko PL 121 Gd33
Lutrini LV 105 Jd51
Lutry PL 122 Jb31
Lütschental CH 141 Ca55
Lutsi N 92 Ca44
Lutta FIN 89 Jb37
Luttach I 143 Ea55
Lütte D 127 Ec37
Lutter am Barenberge D 126 Dc38
Lutterworth GB 20 Fa25
Lüttich = Liège B 124 Ba41
Lutuhyne UA 205 Fb15
Lututów PL 129 Hb40
Lutynia PL 129 Gc41
Lützelbach D 134 Cd45
Lützen D 127 Eb40
Lutzerath D 133 Bd43
Lützkampen D 133 Bb43
Lutzmannsburg A 145 Gc53
Lützow D 119 Dd32
Luujoki FIN 74 Jd21
Luukkola FIN 91 Lb35
Luukkonen FIN 91 Lb34
Luumäen kirkonkylä FIN 91 Lb36
Luumäki FIN 91 Lb36
Luupuvesi FIN 82 Kb28
Luupuvesi FIN 82 Kc27
Luusniemi FIN 90 Kd33
Luusua FIN 74 Kb18
Luutalahti FIN 83 Ma31
Luutsniku EST 107 Lc47
Luvelahti FIN 82 Kd30
Luvia FIN 89 Ja36
Luvos S 72 Gd19
Luxaondo E 38 Ea56
Luxembourg L 133 Bb45
Luxeuil-les-Bains F 31 Jd40
Luxey F 39 Fb52
Luyando E 38 Ea56
Luyères F 30 Hd38
Luynes F 29 Ga42
Luz P 50 Ba70
Luzaga E 47 Eb63

Luzaide-Valcarlos - Mandelbachtal

Luzaide-Valcarlos E 39 Ed56
Lužani HR 152 Ha61
Luzarches F 23 Gd36
Luz de Tavira P 58 Ad74
Luže CZ 136 Ga45
Luzech F 33 Gb51
Luzern CH 141 Ca54
Luzianes P 58 Ab72
Lužice CZ 137 Gc48
Lužicy RUS 99 Ld40
Luz i Madh AL 182 Ab75
Luzino PL 121 Ha29
Luzki PL 131 Kb36
Lužki RUS 113 Jc59
Lužná CZ 136 Fa44
Lūžņa LV 105 Jb49
Łużna PL 138 Jc45
Luz-Saint-Sauveur F 40 Fc57
Luzy F 30 Hd43
Luzzara I 149 Db61
Luzzi I 164 Gb79
L'viv UA 204 Dd15
L'vovskoe RUS 113 Jc59
Lwówek PL 128 Ga36
Lwówek Śląski PL 128 Fd41
Lybiskiai LT 113 Jd56
Lybster GB 5 Eb05
Lychen D 119 Ed34
Lycke S 102 Eb48
Lyckeby S 111 Fd54
Lycksaberg S 72 Gc24
Lycksele S 80 Gd26
Lydbury North GB 15 Eb25
Lydd GB 21 Ga30
Lydersholm DK 108 Da28
Lydney GB 19 Ec27
Lyduokiai LT 114 Kd56
Lyduvėnai LT 114 Ka55
Lye S 104 Ha50
Lygna N 85 Ea40
Lygudai LT 114 Ka54
Lygumai LT 114 Kb54
Lykling N 92 Bd41
Lyly FIN 90 Ka34
Lylykylä FIN 75 Kd23
Lyman UA 203 Fa14
Lyme Regis GB 19 Eb30
Lyminge GB 21 Gb29
Lymington GB 20 Fa30
Lymm GB 15 Ec22
Lympia CY 206 Jc97
Lympne GB 21 Ga29
Łyna PL 122 Ja33
Lyndby DK 109 Eb26
Lyndhurst GB 20 Ed30
Lyndlich GB 19 Ec30
Lyne DK 108 Cd25
Lyne GB 11 Eb14
Lyneham GB 20 Ed28
Lyness GB 5 Ec03
Lyngby DK 100 Cd21
Lyngby DK 101 Dd23
Lyngdal N 92 Cc47
Lyngdal N 93 Dc41
Lynge DK 109 Ec25
Lyngerup DK 109 Eb25
Lyngmoen N 66 Fc15
Lyngså DK 101 Dd20
Lyngseidet N 62 Ha10
Lyngsjö S 111 Fb55
Lyngstad N 77 Da31
Lyngvoll N 84 Cd34
Łyniew PL 131 Kc38
Lynmouth GB 19 Dd29
Lynton GB 19 Dd29
Lyø By DK 108 Dc27
Lyoffans F 31 Ka40
Lyökki FIN 89 Hd38
Lyon F 34 Jb47
Lyons-la-Forêt F 23 Gb35
Lyöttilä FIN 90 Kd37
Lypci UA 203 Fa14
Lypova Dolyna UA 202 Ed14
Lyrestad S 95 Fb45
Łysaków PL 130 Ja42
Lysá nad Labem CZ 136 Fc44
Lysá pod Makytou SK 137 Hb47
Łysa Polana PL 138 Ja47
Łyse PL 122 Jc33
Lyse S 102 Eb47
Lysebotn N 92 Cb44
Lysekil S 102 Eb47
Lysi CY 206 Jc97
Lysice CZ 137 Gb46
Lyski PL 137 Hb44
Lyskovo RUS 203 Fc09
Lysnes N 62 Gc10
Lyšnicy RUS 99 Mb44
Lyso CY 206 Hd97
Łysomice PL 121 Hb34
Łysów PL 131 Ka36
Lysøysundet N 77 Dd28
Lyss CH 141 Bc53
Lystbæk DK 100 Cd23
Lysthaugen N 78 Ec29
Lystrup DK 108 Dc24
Lystrup Strand DK 101 Dd23
Lysvik S 94 Fa41
Lysvoll N 66 Ga14
Lysyčans'k UA 203 Fb14
Lysye Gory RUS 203 Fd12
Łyszkowice PL 130 Hd38
Lytham GB 15 Eb20
Lytham Saint Anne's GB 15 Eb20
Lythrodontas CY 206 Jb97
Lyttylä FIN 89 Ja35

M

Maakeski FIN 90 Kb36
Maalahti FIN 81 Hd31
Maalismaa FIN 74 Ka23
Maam Cross IRL 8 Bb20
Maaninka FIN 82 Kd29
Maaninkavaara FIN 74 Kd18
Maanselkä FIN 82 La27
Maaralanperä FIN 82 Kb27
Maardu EST 98 Kc42
Maarheeze NL 125 Bb39
Maaria FIN 97 Jb39
Maarianhamina FIN 96 Hc41
Maarianvaara FIN 83 Lb30
Maaritsa EST 107 Lb46
Maarja EST 99 Lb44
Maarn NL 116 Bb36
Maarssen NL 116 Ba36
Maas IRL 8 Ca16
Maasbracht NL 125 Bb40
Maasbree NL 125 Bc39
Maaseik B 125 Bb40
Maasmechelen B 125 Bb40
Maassluis NL 124 Ac37
Maastricht NL 125 Bb41
Määttälä FIN 81 Jd28
Määttälänvaara FIN 75 La19
Maavehmaa FIN 90 Kb37
Maavesi FIN 90 La32
Maavuskylä FIN 90 La32
Mablethorpe GB 17 Fd22
Macael E 61 Eb74
Maçaínhas P 44 Bb64
Maçanet de Cabreneys E 41 Hb58
Maçanet de la Selva E 49 Hb60
Mação P 50 Ad66
Măcăreuca MD 173 Fb54
Macau F 32 Fb49
Maccagno I 148 Cb57
Macchiascandona I 155 Db68
Macclesfield GB 16 Ed22
Macduff GB 5 Ed07
Mače HR 152 Gb58
Mace IRL 8 Bc19
Macea RO 170 Bd58
Maceda E 36 Bb57
Macedo de Cavaleiros P 45 Bc60
Maceira E 36 Ad57
Macerata I 156 Ed67
Macerata Feltria I 156 Eb65
Măceşu de Jos RO 179 Cd67
Măceşu de Sus RO 179 Cd67
Mac Gregor's Corner GB 9 Da16
Long Bennington GB 16 Fb23
Machault F 24 Hd35
Mâche CH 148 Bc57
Machecoul F 28 Ed43
Machern D 127 Ec40
Machliny PL 121 Gb33
Machocice Kapitulne PL 130 Jb41
Machowa PL 138 Jc44
Machrihanish GB 10 Db14
Machynlleth GB 15 Dd24
Mącice PL 122 Jb33
Maciejów PL 129 Hb41
Maciejowice PL 131 Jd38
Măcin RO 177 Fb64
Macinaggio F 154 Cc67
Macisvenda E 55 Fa71
Măciuca RO 175 Da64
Mackan GB 9 Cb18
Mačkovac BIH 153 Hc63
Mačkovci SLO 145 Gb55
Maćkowa Ruda PL 123 Kb30
Maclas F 34 Ja48
Maclodio I 149 Da59
Macomer I 169 Ca76
Mâcon F 34 Jb45
Macotera E 45 Cc63
Macqueville F 32 Fc47
Macroom IRL 12 Bc25
Macugnaga I 148 Bd57
Macure HR 157 Ga64
Maczków PL 128 Fc37
Mád H 147 Jd50
Madan BG 179 Cc68
Madan BG 184 Db75
Mädängsholm S 103 Fb47
Madara BG 181 Ec70
Madaras H 153 Hd57
Mădăraş RO 170 Ca57
Madariaga E 39 Eb55
Maddalena Spiaggia, la I 169 Ca80
Maddaloni I 161 Fb74
Made NL 124 Ad38
Madekoski FIN 74 Ka24
Madeley GB 15 Ec23
Maden TR 205 Ga19
Maderuelo E 46 Dc61
Madesimo I 142 Cd56
Madetkoski FIN 69 Ka14
Madières F 41 Hc53
Madiran F 40 Fc54
Madise EST 98 Ka43
Madiswil CH 141 Bd53
Madla N 92 Ca44
Madliena LV 106 Kd50
Madona LV 107 Lb50
Madonna di Campiglio I 149 Dc57
Madonna di Senales I 142 Dc55
Madonna di Tirano I 149 Da57
Madosca H 146 Hd55
Madra CH 142 Cc56
Mădrec BG 185 Ea74
Madrid E 46 Dc64
Madridejos E 52 Dc67
Madrigal de las Altas Torres E 46 Cd62
Madrigal de la Vera E 45 Cc65
Madrigalejo E 51 Cb68
Madrigalejo del Monte E 46 Dc59
Madrigueras E 53 Ec68
Mădrino BG 181 Ec72
Madrona E 46 Db63
Madroñera E 51 Cb67
Madsøygrenda N 70 Ec24
Mădulari RO 175 Da65
Madžarovo BG 185 Dd75
Madžiūnai LT 114 La58
Mäebe EST 105 Jc47
Mæbø N 92 Cd47
Mæl N 93 Db41
Maël-Carhaix F 26 Ea38
Mælen N 78 Ea28
Maella E 48 Fd62
Maello E 46 Da63
Mælum N 93 Dc44
Maenclochog GB 14 Dc26
Mäentaka FIN 97 Jc39
Maerdy GB 15 Ea23
Mære N 78 Ec28
Maerişte RO 171 Cc56
Maesteg GB 19 Ea27
Maestrello I 156 Ea67
Maestu E 39 Eb57
Mäetaguse EST 99 Lb42
Maevka RUS 113 Jc58
Mafalda I 161 Fc71
Maffe B 124 Ba42
Maffiotto I 148 Bc60
Mafra P 50 Aa68
Magacela E 51 Cb69
Magallón E 47 Ed60
Magaluf E 57 Hb67
Magaña E 47 Eb60
Maganey IRL 13 Cc23
Mağara TR 187 Gc78
Mağaraları TR 191 Ec82
Mägari EST 98 Ka44
Magasa I 149 Db58
Magašići BIH 153 Ja63
Magaz E 46 Da59
Magdala D 127 Ea41
Magdeburg D 127 Ea37
Magenta I 148 Cb59
Magerholm N 76 Cc32
Magerøystua N 64 Jb04
Magescq F 39 Fa54
Măgeşti RO 171 Cc57
Mağganári GR 196 Db91
Maggia CH 141 Cb56
Maghanlawaun IRL 12 Ba25
Maghera GB 9 Cd16
Magherabane IRL 9 Cc15
Magherafelt GB 9 Cd16
Magheralin GB 9 Da17
Magheramason GB 9 Cc16
Magheramorne GB 9 Da16
Magherani RO 171 Dc59
Măgheruş RO 172 Dd58
Maghull GB 15 Eb21
Magione I 156 Ea67
Măgireşti RO 172 Ec59
Maglaj BIH 152 Hb63
Maglavit RO 179 Cc67
Maglebrænde DK 109 Eb28
Magleby DK 109 Ec28
Maglehem S 111 Fb55
Maglehøj Strand DK 109 Ea29
Maglen BG 181 Ed72
Magliano de'Marsi I 160 Ed71
Magliano in Toscana I 155 Dc69
Magliano Sabina I 156 Eb70
Maglić SRB 153 Ja60
Maglić SRB 178 Ba67
Maglie I 163 Hc77
Magliž BG 180 Dd72
Magnac-Bourg F 33 Gb47
Magnac-Laval F 33 Gb45
Magnano I 148 Bd59
Magnant F 30 Hd39
Magnat-l'Etrange F 33 Gd47
Magnières F 25 Ka37
Magnillseter N 77 Ea33
Magnor N 94 Ec41
Magnuszew PL 130 Jc38
Magnuszowice PL 129 Gd42
Magny-Cours F 30 Hb43
Magny-en-Vexin F 23 Gc36
Mágocs H 152 Hb57
Magra S 102 Ed47
Magreglio I 149 Cc58
Magstadt D 134 Cc48
Magueija P 44 Ba61
Maguelone F 41 Hd54
Maguilla E 51 Ca71
Maguiresbridge GB 9 Cb18
Magūnai LT 115 Lb57
Măgura RO 172 Ed59
Măgura RO 176 Ec63
Măgura RO 180 Dd67
Măgura RO 181 Fb68
Măgura Ilvei RO 172 Dd56
Măgurele MD 173 Fb56
Măgurele RO 176 Eb64
Măgureni RO 176 Ea64
Măgureni RO 177 Fb65
Măguri-Răcătău RO 171 Cd58
Magyarbóly H 153 Hc58
Magyarkeszi H 145 Hb55
Magyarmecske H 152 Hb58
Magyarszék H 152 Hb57
Magyarszentmiklós H 145 Gc56
Magyarszombatfa H 145 Gb55
Mahala MNE 159 Ja70
Mahdalynivka UA 205 Fa15
Maherádo GR 188 Ac86
Mahično HR 151 Fd59
Mahide E 45 Ca59
Mahilëv BY 202 Eb12
Mahlow, Blankenfelde- D 127 Ed37
Mahlu FIN 82 Ka31
Mahlwinkel D 127 Ea36
Mahmudia RO 177 Fd64
Mahmudiye TR 186 Ga80
Mahmudiye TR 191 Ea81
Mahmudiye TR 191 Ec83
Mahmudiye TR 192 Fb82
Mahmudiye TR 193 Gd83
Mahmutbey TR 186 Fc77
Mahmutköy TR 185 Eb78
Mahmutlar TR 199 Gd88
Mahmut Şevket Paşa TR 186 Fd77
Mahmut Şevket Paşa TR 186 Fd77
Mahnala FIN 89 Jc35
Mahnovka RUS 107 Mb47
Maholič BG 181 Ec71
Mahón E 57 Jb66
Mahon Bridge IRL 13 Cb25
Mahora E 53 Ec68
Mahovo HR 152 Gb59
Mahramlı TR 185 Ec78
Mähring D 135 Eb45
Mahtra EST 98 Kc43
Mahu EST 98 La41
Maia P 44 Ad61
Maiac MD 173 Ga57
Maials E 48 Ga61
Măicăneşti RO 177 Fa63
Maîche F 31 Ka41
Maida I 164 Gc81
Maida Marina I 164 Gb81
Maiden Bradley GB 19 Ec29
Maidenhead GB 20 Fb28
Maiden Newton GB 19 Eb30
Maidstone GB 20 Fd29
Maienfeld CH 142 Cd54
Maiern I 143 Dd55
Maieru RO 171 Dc56
Măieruş RO 176 Ea61
Maigh Chromtha IRL 12 Bc25
Maigh Cuilinn IRL 12 Bc21
Maigh Nuad IRL 13 Cd21
Maignelay-Montigny F 23 Gd34
Maijanen FIN 68 Jc17
Maijanen FIN 68 Jc17
Maikammer D 133 Cb46
Mailand = Milano I 149 Cc59
Mailat RO 174 Bc60
Maillas F 40 Fc52
Maillé F 32 Fb45
Mailley-et-Chazelot F 31 Jd41
Maillezais F 32 Fb45
Mailly-le-Camp F 24 Hd37
Mailly-Maillet F 23 Gd33
Mainar E 47 Ed62
Mainbernheim D 134 Db45
Mainbressy F 24 Hd34
Mainburg D 135 Ea49
Mainhardt D 134 Da47
Mainiemi FIN 90 Kd34
Mainistir Fhear Maí IRL 12 Bd25
Mainistir Laoise IRL 13 Cb22
Mainistir na Búille IRL 8 Ca19
Mainistir na Corann IRL 12 Bd26
Mainleus D 135 Dd44
Mainsat F 33 Ha46
Mainstockheim D 134 Db45
Mainstone GB 15 Eb24
Maintal D 134 Cc44
Maintenay F 23 Gc32
Maintenon F 29 Gc38
Mainua FIN 82 Kd26
Mainvilliers F 29 Gb38
Mainz D 133 Cb44
Maiori I 161 Fb76
Mairago I 149 Cd60
Mairena del Alcor E 59 Ca74
Maisach D 143 Dd50
Maisey-le-Duc F 30 Ja40
Maišiagala LT 114 La57
Maison-Neuve F 34 Ja51
Maison Pieraggi F 154 Cb70
Maison-Rouge F 30 Hb38
Maisons F 41 Ha56
Maisons-Laffitte F 23 Gd36
Maissau A 136 Ga49
Maisse F 29 Gd38
Maissin B 132 Ad43
Máistir Gaoithe IRL 12 Ba25
Maitenbeth D 143 Ea51
Maitoinen FIN 90 Kb38
Maivala FIN 75 Lb19
Maivala FIN 90 La34
Maizières F 22 Fc36
Maizières-lès-Vic F 25 Ka36
Maja HR 152 Gb60
Majadahonda E 46 Db64
Majadas E 45 Cb65
Majaelrayo E 46 Dd62
Majak Oktjabrja RUS 203 Ga13
Majakovo RUS 99 Mb45
Majakovske RUS 113 Jd59
Majaneque E 60 Cc72
Majava FIN 75 Kd20
Majavaoja FIN 68 Jb14
Majavatn N 70 Fa24
Majbølle DK 109 Eb28
Majdan PL 123 Jd35
Majdan RUS 203 Fd09
Majdan SK 138 Jc47
Majdan UA 204 Dd16
Majdan Królewski PL 139 Jd43
Majdan Nepryski PL 131 Kc42
Majdanpek SRB 174 Bd65
Majdan Radliński PL 131 Ka40
Majdan Sieniawski PL 139 Kb43
Majdan Stary PL 131 Kb42
Majilovac SRB 174 Bc64
Majkop RUS 205 Fd17
Majków PL 130 Jb40
Majori LV 106 Kb50
Majorskij RUS 205 Fd15
Majs H 153 Hc58
Majskoe RUS 113 Jd58
Majšperk SLO 151 Ga57
Majtum S 72 Ha20
Makariopolsko BG 181 Ec70
Makarovo RUS 203 Fc12
Makarska HR 158 Gd67
Makce SRB 174 Bc64
Mäkelä FIN 75 La19
Mäkeläinperä FIN 89 Jc33
Mäkiänen FIN 89 Jc38
Makijivka UA 205 Fb15
Mäkikylä FIN 82 Kd29
Mäkipää FIN 82 Kb29
Makirráhi GR 189 Bc82
Makita EST 107 Lb46
Mäkitalo FIN 68 Jc16
Mäkkarkoski FIN 89 Jb38
Mäkkikylä FIN 89 Jd32
Mäkkikylä FIN 90 Kb33
Makkola FIN 90 Kc33
Makkola FIN 91 Lc33
Makkum NL 116 Bb33
Maklár H 146 Jb52
Makljenovac BIH 152 Hb62
Makmūnai LT 114 Kc59
Makó H 153 Jc57
Mąkoszyce PL 129 Gd41
Makov SK 137 Hb47
Makovac KSV 178 Bb70
Makovce SK 139 Ka46
Makovo BG 180 Eb70
Makovo MK 183 Bb76
Maków PL 130 Ja38
Maków PL 138 Ja43
Mąkowarsko PL 121 Gd33
Makowiska PL 121 Ha34
Makowiska PL 130 Hc41
Makowlany PL 123 Kb32
Maków Mazowiecki PL 122 Jb35
Makowo PL 122 Hd32
Maków Podhalański PL 138 Hd45
Makrakómi GR 189 Bc83
Makreš Donji KSV 178 Bc71
Mákri GR 185 Dd78
Makríamos GR 184 Db78
Makrigialós GR 201 Dc96
Makrihóri GR 184 Da77
Makrihóri GR 189 Bc81
Makrinitsa GR 189 Ca82
Makriplágio GR 184 Da76
Makrirráhi GR 189 Ca82
Makrohóri GR 183 Bd78
Makrolívado GR 189 Bd83
Makrygialos GR 183 Ca78
Mäksa EST 99 Lb45
Maksamaa FIN 81 Ja30
Maksatiha RUS 202 Ed09
Makşempınar TR 186 Fc80
Maksniemi FIN 74 Jd21
Maksutlu TR 186 Fa77
Mäksy FIN 81 Jd30
Maksymilianowo PL 121 Ha34
Maksymilianowo PL 129 Gb37
Makušino RUS 107 Ma50
Makuži LV 107 Lc51
Mala IRL 12 Bc25
Malå S 72 Gd24
Malá E 60 Db75
Mala Bosna SRB 153 Ja57
Mala Buna HR 152 Gb59
Mala Čista HR 157 Ga65
Malacky SK 145 Gc50
Malá Domaša SK 139 Ka47
Maladzečna BY 202 Ea12
Malaf'evka RUS 99 Ld43
Málaga E 60 Cd76
Málaga del Fresno E 46 Dd63
Malagón E 52 Db68
Malagrotta I 160 Ea71
Malaguilla E 46 Dd63
Malahide IRL 13 Cd21
Malahvianvaara FIN 75 Lc23
Malaia RO 175 Da63
Mălăieşti MD 173 Fc56
Mălăieşti MD 173 Ga58
Mălăieşti RO 175 Cc62
Malaincourt F 31 Jc38
Malainn Bhig IRL 8 Bd16
Malaja Višera RUS 202 Eb09
Mala Kapela HR 151 Fd61
Malakása GR 189 Cc86
Malakássi GR 182 Ba80
Malăk izvor BG 185 Dd75
Mala Kladuša BIH 151 Ga61
Malăk Porovec BG 181 Ec68
Malăk Preslavec BG 181 Ec67
Malalbergo I 150 Dd62
Malá Morávka CZ 137 Gd45
Malandrino GR 189 Bc84
Målång S 79 Fc31
Malangen N 62 Gc10
Malangseidet N 62 Gd10
Malanów PL 129 Hb38
Målarhusen S 111 Fb57
Malarrif IS 2 Ab03
Malaryta BY 202 Dd14
Mäläskä FIN 82 Kb25
Mala Subotica HR 152 Gc57
Małaszewicze PL 131 Kc37
Malaucène F 42 Jc52
Malåvännäs S 72 Gd24
Mala Vyska UA 204 Ed15
Mała Wieś PL 130 Ja36
Mała Wieś PL 130 Jb38
Malax FIN 81 Hd31
Malbekkvatnet N 65 Kc08
Malborghetto I 143 Ed56
Malbork PL 121 Hb31
Malborn D 133 Bd45
Malbouzon F 34 Hb50
Malbuisson F 31 Ka43
Målby S 95 Ga41
Malča SRB 178 Bb69
Malcesine I 149 Db58
Mal'cevo RUS 113 Jc59
Malchin D 119 Ec32
Malching D 143 Ed50
Malchow D 119 Ec33
Malčice SK 139 Ka49
Malcoci MD 173 Fc58
Malcocinado E 51 Ca71
Malcontenta I 150 Ea60
Malcov SK 138 Jc46
Maldan TR 191 Ec84
Măldăreşti RO 175 Da63
Maldon GB 21 Ga27
Małdyty PL 122 Hd31
Måle DK 109 Dd26
Malé I 142 Dc56
Malechowo PL 121 Gb30
Male Drage HR 151 Fc60
Małe Gacno PL 121 Ha32
Máleme GR 200 Cb94
Malente D 119 Dd30
Malente D 119 Dd30
Male Pijace SRB 153 Jb57
Maleräs S 103 Fd52
Máles GR 201 Db96
Malesco I 148 Cb57
Malesherbes F 29 Gd38
Malesína GR 189 Ca84
Malešov CZ 136 Fd45
Malestroit F 27 Ec40
Malesze PL 123 Kb34
Malevo BG 185 Dd74
Malexander S 103 Fd48
Malfa I 167 Fc82
Malga Ciapela I 143 Ea56
Malgaçmustafa TR 192 Fa87
Malgersdorf D 135 Ec49
Malgovik S 79 Ga26
Malgrat de Mar E 49 Hb60
Malhada Sorda P 45 Bc63
Malham GB 11 Ed19
Mālī LV 106 La50
Malia CY 206 Ja98
Mália GR 201 Db96
Malicorne-sur-Sarthe F 28 Fc40
Maliena LV 107 Lc48
Mali Idoš SRB 153 Ja59
Mali Izvor SRB 179 Ca68
Malijai F 42 Ka52
Mali Konjari MK 183 Bb75
Malilanniemi FIN 75 Lb24
Målilla S 103 Ga50
Mali Lošinj HR 151 Fb63
Malin IRL 9 Cc15
Malina BG 181 Fb69
Malin Beg IRL 8 Bd16
Málinec SK 138 Ja49
Malingsbo S 95 Fd41
Mălini RO 172 Eb56
Maliniec PL 129 Ha37
Malinniki PL 123 Kb35
Maļinovka LV 115 Lc53
Malinovka RUS 113 Jb58
Malinovka RUS 113 Jc58
Malinovo BG 180 Dc70
Malinovscoe MD 173 Fa55
Malinska HR 151 Fb61
Mali Ostros MNE 163 Ja71
Mali Požarevac SRB 174 Bb64
Maliq AL 182 Ad77
Malisensuo FIN 75 Kd22
Mališevo RUS 99 Ld45
Maliskylä FIN 82 Ka27
Mali Stapar SRB 153 Hd59
Mali Štupelj KSV 178 Ad70
Mali Štupelj SRB 159 Jc68
Maliuc RO 177 Fd64
Mali Vranjska SRB 153 Jb62
Malix CH 142 Cd55
Mali Zam SRB 174 Bd62
Maljala FIN 91 Lb34
Maljamäki FIN 97 Jc39
Maljasalmi FIN 83 Lb30
Maljasset F 35 Kb50
Maljiševo KSV 178 Ba71
Maljkovo HR 158 Gc65
Malkar TR 185 Ec78
Małkinia Górna PL 123 Jd35
Malki Văršec BG 180 Dc70
Malki Voden BG 185 Ea75
Malkkila FIN 91 Lb32
Malkoca TR 192 Fa85
Malkoçlar TR 185 Ec74
Malko gradište BG 185 Ea75
Malko Tărnovo BG 185 Ed74
Mal'kovo RUS 107 Mb51
Malko Vranovo BG 180 Eb68
Małkowice PL 139 Kb44
Mallaig GB 6 Db09
Mälläinen FIN 89 Jc37
Mallemort F 42 Jc53
Mallén E 47 Ed60
Mallersdorf-Pfaffenberg D 135 Eb49
Malles Venosta I 142 Db55
Mallıca TR 193 Gd84
Malling DK 108 Dc24
Malliß D 119 Ea34
Mallnitz A 143 Ec55
Mallow IRL 12 Bc25
Mallusjoki FIN 96 Kc38
Mallwyd GB 15 Ea24
Malm N 78 Eb28
Malmbäck S 103 Fb49
Malmberget S 67 Hb17
Malme N 77 Da31
Malmedy B 125 Bb42
Malmesbury GB 20 Ed28
Malmi FIN 98 Kb39
Malmivaara S 67 Hb17
Malmköping S 95 Gb44
Malmö S 110 Ed56
Malmön S 102 Eb47
Malmslätt S 103 Fd46
Malmuiža LV 107 Lb49
Malmyž RUS 203 Fd08
Malnaş RO 176 Ea61
Malnate I 148 Cb58
Malnava LV 107 Ld50
Malnes N 77 Dc29
Malo I 150 Dd59
Maloarhangel'sk RUS 203 Fa12
Mal'oe Stremlenie RUS 99 Ld40
Małogoszcz PL 130 Ja41
Maloja CH 142 Cd56
Malojaroslavec RUS 202 Ed11
Malo Konare BG 179 Da73
Malo-les-Bains F 21 Gd29
Malo Malovo BG 179 Cb70
Małomice PL 128 Fd39
Malomir BG 180 Eb73
Malomirovo BG 185 Eb74
Malomožajskoe RUS 113 Jd58
Malónas GR 197 Fa93
Malonno I 149 Da57
Malonty CZ 136 Fb49
Malorad BG 179 Cd69
Malo Selo HR 151 Fc60
Malo Tičevo BIH 158 Gc64
Målöv DK 109 Ec25
Malovăt RO 174 Cb64
Malo Vukovje HR 152 Gc59
Malowidz PL 122 Jb33
Måløy N 84 Ca34
Malpaas GB 15 Eb23
Malpaga I 149 Cd59
Malpartida de Cáceres E 51 Bd67
Malpartida de Plasencia E 45 Ca65
Malpensado P 58 Ab72
Malpica de Arba E 39 Fa58
Malpica de Bergantiños E 36 Ad54
Malpica de Tajo E 52 Da66
Malpica do Tejo P 51 Bb66
Mālpils LV 106 Kd50
Malsätra S 96 Gd41
Malsch D 133 Cb48
Malschwitz D 128 Fb41
Målselv N 67 Gc11
Malsfeld D 126 Da41
Malšice CZ 136 Fb47
Mals im Vinschgau I 142 Db55
Malšín CZ 136 Fb49
Malsjö S 94 Ed43
Malsjöbodarna S 87 Fd33
Målsryd S 102 Ed49
Målsta S 79 Fc31
Malsta S 96 Ha42
Malta A 143 Ed55
Malta LV 107 Lc52
Maltarina BIH 158 Hb68
Maltat F 30 Hc44
Maltaverne F 29 Ha42
Maltby GB 16 Fa21
Maltby le Marsh GB 17 Fd22
Maltepe TR 185 Eb77
Maltepe TR 185 Ec80
Maltepe TR 191 Eb85
Malters CH 141 Ca54
Malton GB 16 Fb19
Maltträsk S 80 Ha26
Malu cu Flori RO 176 Dd63
Maluenda E 47 Ed62
Małujowice PL 129 Gd42
Malu Mare RO 175 Da66
Malung S 94 Fa39
Malungen N 94 Eb39
Malungen S 87 Gb34
Malungsfors S 94 Fa39
Mālupe LV 107 Lc48
Măldureni RO 175 Dc64
Măluşteni RO 177 Fb60
Małuszów PL 128 Fd37
Maluszyn PL 130 Hd41
Malva E 45 Cc60
Malvaglia CH 142 Cc56
Malvaste EST 97 Jc44
Malveira P 50 Aa68
Malvinavas LT 115 Lb55
Malyj Sabsk RUS 99 Ma42
Malyn UA 202 Eb14
Mały Płock PL 123 Jd33
Malyševo RUS 203 Fb10
Mamadys RUS 203 Ga08
Mamaia RO 181 Fc67
Mamatlar TR 187 Hb78
Mambrilla de Castrejón E 46 Db60
Mambrillas de Lara E 46 Dd59
Mamer L 133 Bb45
Mamers F 28 Fd38
Mametz F 23 Ha33
Maminas AL 182 Ab74
Mamirolle F 31 Jd42
Mammendorf D 143 Dd50
Mamming D 135 Ec49
Mammola I 164 Gb83
Mamoiada I 169 Cb76
Mamone I 168 Cb75
Mamonovo RUS 113 Hd59
Mamuras AL 163 Ja74
Mamykovo RUS 203 Ga09
Måmyra N 78 Ea27
Maňa SK 145 Hb51
Manacor E 57 Hc67
Manamansalo FIN 82 Kc25
Manán E 36 Bc55
Mañaria E 39 Eb55
Manarola I 155 Cd64
Manasia RO 176 Ec65
Manasterz PL 139 Kb44
Manastir BG 181 Ed70
Manastir BG 184 Db75
Manastir BG 185 Dd74
Manastır TR 198 Fd90
Mănăstirea RO 181 Ec67
Mănăstirea Caşin RO 176 Ec60
Mănăstirea Humorului RO 172 Eb56
Mănăstirea Neamț RO 172 Eb57
Mănăstireni RO 171 Cd58
Manastirica SRB 174 Bd65
Mănăştiur RO 174 Ca60
Mănăştur RO 174 Bc60
Manavgat TR 199 Ha91
Mancera de Arriba E 45 Cc63
Mancha Real E 60 Db73
Manchecourt F 29 Gd39
Manchester GB 15 Ec21
Manching D 135 Dd49
Manchita E 51 Ca69
Manciano I 155 Dc69
Manciet F 40 Fd53
Mancılık TR 191 Ed81
Mandal N 92 Cc47
Mandanici I 167 Fd84
Mandas I 169 Ca78
Mandatoriccio I 165 Gd79
Mandayona E 47 Ea63
Mandelbachtal D 133 Bd46

Mandelieu-la Napoule – Massoult

Mandelieu-la Napoule F 43 Kc53
Mandello del Lario I 149 Cc58
Mandelsloh D 126 Da36
Mander NL 117 Bd36
Manderfeld B 125 Bc42
Manderscheid D 133 Bc43
Mandeure F 31 Ka41
Mandø DK 108 Cd26
Mándok H 139 Kb49
Mándra GR 184 Db77
Mándra GR 185 Ea76
Mándra GR 189 Cb86
Mândra RO 176 Dd61
Mandráki GR 197 Eb92
Mandre HR 151 Fc63
Mandria CY 206 Ja97
Mandrica BG 185 Ea76
Mandrikó GR 197 Ed93
Manduria I 162 Hb76
Mane F 40 Gb56
Mane F 42 Jd52
Manea GB 20 Fd25
Manebach D 126 Dc42
Mâneciu RO 176 Ea63
Manent-Montaine F 40 Ga55
Manerba del Garda I 149 Db59
Manerbio I 149 Da60
Maneset N 78 Ec25
Mănești RO 176 Dd64
Mănești RO 176 Ea65
Manětín CZ 135 Ed45
Manevyči UA 202 Ea14
Mánfa H 152 Hb57
Manfredonia I 161 Ga72
Mangalia RO 181 Fc68
Manganeses de la Lampreana E 45 Cb60
Manganeses de la Polvorosa E 45 Cb59
Manganitis GR 196 Dd88
Mångbyn S 81 Hd26
Mangen N 94 Eb41
Manger N 84 Ca38
Mangskog S 94 Ed42
Mangualde P 44 Ba63
Manhay B 124 Ba42
Máni GR 185 Eb76
Maniago I 150 Eb57
Maniáki GR 183 Bc77
Manieczki PL 129 Gc38
Manikūnai LT 114 Kc53
Manilva E 59 Cb77
Maninghem F 23 Gc31
Manısa TR 191 Ed85
Manises E 54 Fb67
Manjärv S 73 Hb22
Manjärvträsk S 73 Hb23
Manjaur S 80 Ha25
Manjinac SRB 179 Ca68
Mank A 144 Fd51
Mankaičai LT 113 Jd56
Mankala FIN 90 Kd37
Månkarbo S 96 Gc40
Mańki PL 122 Ja32
Mankila FIN 82 Ka25
Mankūnai LT 114 Ka56
Manlleu E 49 Ha59
Manna DK 100 Dc20
Männamaa EST 97 Jc44
Mannersdorf Leithagebirge A 145 Gc51
Mannestad N 85 Ea40
Mannheim D 134 Cc46
Männikkö S 68 Hd17
Männiku EST 98 Kb42
Männiku EST 98 Kc44
Mannila FIN 89 Jb37
Manningtree GB 21 Ga26
Männistönpää FIN 68 Jb17
Mănoilești MD 173 Fb57
Manole BG 180 Db73
Manoleasa RO 172 Ed54
Manolovo BG 180 Dc72
Mañón E 36 Bb53
Manonville F 25 Jc36
Manoppello I 157 Fa70
Manorbier GB 18 Dc27
Manorhamilton IRL 8 Ca18
Manosque F 42 Jd53
Manowo PL 121 Gb31
Manresa E 49 Gd60
Månsåsen S 79 Fb31
Månsberg S 79 Ga27
Manschnow D 128 Fb36
Mansfeld D 127 Ea39
Mansfield GB 16 Fa22
Mansigné F 28 Fd40
Mansilla E 47 Ea59
Mansilla de las Mulas E 37 Cc57
Mansilla de las Mulas E 38 Dc58
Mansilla del Páramo E 37 Cb57
Manskivi FIN 90 Kb36
Mansle F 32 Fd47
Mansoniemi FIN 89 Jc34
Månsted S 102 Fa49
Månsträsk S 72 Gd23
Mansuè I 150 Eb58
Manta MD 177 Fb62
Mantamádos GR 191 Ea83
Mantasiá GR 189 Bd82
Manteigas P 44 Bb63
Mantel D 135 Eb46
Mantes-la-Jolie F 23 Gc36
Mantes-la-Ville F 23 Gc36
Mantet F 41 Ha58
Manthelan F 29 Ga42
Manthiréa GR 194 Bc88
Mantila FIN 89 Jb32
Mantiloperä FIN 89 Jd33
Mäntlahti FIN 91 Lb38
Måntorp S 79 Ga27
Mantorp S 103 Fd47
Mantoúdi GR 189 Cb84
Mantova I 149 Db60
Mäntsälä FIN 90 Kc38
Mänttä FIN 90 Ka33
Mantua = Mantova I 149 Db60
Manturovo RUS 203 Fb08
Mantviliškis LV 114 Kb55
Mäntyharju FIN 90 Kd35
Mäntyjärvi FIN 74 Jd18
Mäntyjärvi FIN 75 Kc20
Mäntyjärvi FIN 83 Lb29
Mäntylä FIN 82 Kc30
Mäntylahti FIN 82 Kd29
Mäntylänperä FIN 81 Jd25
Mäntyluoto FIN 89 Ja35
Mäntyvaara FIN 73 Jb19
Mäntyvaara FIN 83 Lc30
Mäntyvaara S 73 Hc18
Manuden GB 20 Fd27
Manuel E 54 Fb69
Manyas TR 192 Fa81
Mânzălești RO 176 Ec63
Manzanal del Puerto E 37 Ca57
Manzanares E 52 Dc69
Manzanares el Real E 46 Db63
Manzaneda E 36 Bc57
Manzaneda E 37 Ca58
Manzanedo E 38 Dc56
Manzaneque E 52 Db67
Manzanera E 54 Fa66
Manzano I 150 Ed58
Manzat F 34 Hb46
Manziana I 160 Ea71
Manziat F 34 Jb45
Mäo EST 98 Kd44
Maó E 57 Jb66
Maoča BIH 153 Hc62
Maothail IRL 9 Cb19
Maqellarë AL 182 Ad74
Maqueda E 46 Da65
Mar P 44 Ac59
Mara I 168 Bd76
Marac F 30 Jb39
Maracalagonis I 169 Ca79
Maracena E 60 Db75
Mărăcineni RO 175 Dc64
Mărăcineni RO 176 Ec64
Marainviller F 25 Ka37
Maramonovca MD 173 Fb54
Maranchón E 47 Eb62
Mărăndeni MD 173 Fb56
Maranello I 149 Db62
Maraneve I 167 Fc85
Maranhão P 50 Ad68
Marano di Napoli I 161 Fa75
Marano Lagunare I 150 Ec59
Marans F 32 Fa45
Maranville F 30 Ja39
Mărășești RO 176 Ed61
Marásia GR 185 Eb75
Mărașu RO 177 Fb65
Maratea I 164 Ga78
Marathiás GR 188 Bb85
Marathókambos GR 197 Eb88
Marathónas GR 189 Cc86
Marathópoli GR 194 Ba89
Marathoússa GR 184 Cc78
Marathovounos CY 206 Jc96
Marault F 30 Jb39
Maraye-en-Othe F 30 Hc39
Marazion GB 18 Da32
Marbach A 144 Fd51
Marbach A 144 Fd51
Marbach D 134 Cd48
Marbäck S 102 Fa49
Marbäck S 103 Fc48
Mårbacka S 94 Fa42
Mårbacken S 94 Ed41
Marbella E 60 Cc77
Marboué F 29 Gb39
Marboz F 34 Jb45
Marburg D 126 Cc41
Marburg = Maribor SLO 144 Ga56
Marby S 79 Fb31
Marca RO 171 Cc56
Marçà E 48 Ga62
Marcali H 145 Gd56
Marcaltő H 145 Gd53
Marčana HR 151 Fa61
Marcaria I 149 Db60
Mărcăuți MD 173 Fa53
Mărcăuți MD 173 Fd57
Marcé F 28 Fc41
Marceddì I 169 Bd78
Marcelová SK 145 Hb52
Marcena I 142 Dc56
Marcenat F 34 Hb48
Marčevo BG 179 Cc68
March D 141 Ca50
March GB 17 Fd24
Marchagaz E 45 Ca64
Marchais F 24 Hc34
Marchamalo E 46 Dd64
Marche-en-Famenne B 132 Ba43
Marchegg A 145 Gc50
Marchenilla E 59 Cb77
Marchenoir F 29 Gb40
Marcheprime F 32 Fb50
Marchiennes F 24 Hb31
Marchin B 124 Ba42
Marchtrenk A 144 Fa51
Marchwiel GB 15 Eb23
Marciac F 40 Fd54
Marciana I 155 Cd68
Marciana Marina I 155 Cd68
Marcianise I 161 Fb74
Marciena LV 107 Lb50
Marcigny F 34 Hd45
Marcilla E 39 Ec58
Marcillac-la-Croisille F 33 Gd48
Marcillac-Vallon F 33 Ha51
Marcillat-en-Combraille F 33 Ha46
Marcilly-sur-Eure F 23 Gb37
Marcilloles F 34 Jb48
Marcilly-en-Gault F 29 Gc41
Marcilly-en-Villette F 29 Gd40
Marcilly-le-Hayer F 30 Hc38
Marcilly-sur-Seine F 24 Hc37
Marcinkonys LT 123 Kd30
Marcinkowice PL 129 Gd41
Marcinkowice PL 138 Jb45
Marcinowice PL 129 Gb42
Marciszów PL 128 Ga42
Marck F 21 Gc30
Marckolsheim F 31 Kc38
Marco E 36 Bb55
Marco de Canaveses P 44 Ba61
Marcoing F 24 Hb32
Mărculești MD 173 Fc55
Mărculești MD 173 Fc55
Mårdaklev S 102 Ed50
Mardal N 70 Ed23
Mardalen N 77 Db33
Mar de Cristal E 55 Fb74
Marden GB 20 Fd29
Mardilly F 22 Fd37
Mårdsel S 73 Hc20
Mårdsele S 80 Ha26
Mårdsjö S 79 Ga27
Mårdsjö S 79 Fd30
Mårdsjön S 79 Fb30
Måre DK 109 Dd27
Marebbe I 143 Ea56
Maredret B 124 Ad42
Mårem N 93 Db41
Marennes F 32 Fa47
Marentes E 37 Bd55
Maresfield GB 20 Fd30
Marettimo I 166 Dd84
Mareuil F 32 Fd48
Mareuil-en-Brie F 24 Hc36
Mareuil-sur-Arnon F 29 Gd43
Mareuil-sur-Lay F 28 Fa44
Mareuil-sur-Ourcq F 24 Hb36
Mar'evka RUS 203 Ga10
Marevo RUS 202 Eb10
Marezige SLO 151 Fa60
Marfa M 166 Eb87
Marga RO 174 Cb62
Margam GB 19 Dd27
Mărgăritești RO 176 Ec63
Margaríti GR 188 Ac81
Margaritove RUS 205 Fc16
Margate GB 21 Gb28
Mărgău RO 171 Cc58
Margaux F 32 Fb49
Margecany SK 138 Jc48
Margès F 34 Jb49
Margetshöchheim D 134 Da45
Margherita di Savoia I 162 Gb73
Marghita RO 170 Cb56
Margina RO 174 Cb60
Marginea RO 172 Eb55
Mărgineni RO 172 Ec58
Mărgineni RO 172 Ed59
Margolles E 37 Cd54
Margon F 29 Ga38
Margone I 148 Bc60
Margonin PL 121 Gc35
Margraten NL 125 Bb41
Margretetorp S 110 Ed53
Marguerittes F 42 Ja53
Margueron F 32 Fd50
Margut F 24 Jb34
Marham GB 17 Fd24
Marhaň SK 139 Jd47
Marhanec' UA 205 Fa16
Marholm GB 17 Fc24
Mari CY 206 Jb98
Maria E 61 Eb73
Maria Alm A 143 Ec53
María de Huerva E 47 Fa61
María de la Salut E 57 Hc67
Maria Elend A 144 Fa56
Mariager DK 100 Dc22
Marialva P 45 Bc62
Mariana E 47 Eb65
Marianca de Jos MD 177 Ga60
Maria Neustift A 144 Fc51
Mariannelund S 103 Fd49
Marianopoli I 167 Fa85
Marianowo PL 120 Fd33
Mariánské Lázně CZ 135 Ec45
Maria Saal A 144 Fb56
Maria Schmolln A 143 Ed51
Maria Wörth A 144 Fb56
Mariazell A 144 Fd52
Maribáñez E 59 Ca74
Maribo DK 109 Ea29
Maribor SLO 144 Ga56
Marieberg S 95 Fd44
Marieby S 79 Fc31
Mariefred S 96 Gc44
Mariehamn FIN 96 Hc41
Marieholm S 102 Fa50
Marieholm S 110 Ed55
Marielund N 64 Ka06
Marielund S 72 Gc22
Marielund S 96 Gd42
Marielyst DK 109 Eb29
Marienbad = Mariánské Lázně CZ 135 Ec45
Mariënbad = Mariánské Lázně CZ 135 Ec45
Marienbaum D 125 Bc38
Marienberg D 127 Ed42
Mariënberg NL 117 Bd35
Marienfließ D 119 Eb33
Marienhafe D 117 Cb32
Marienhagen D 126 Da37
Marienheide D 125 Ca40
Marienmünster D 126 Da38
Mariental D 127 Dd37
Marienwerder D 120 Fa35
Mariés GR 184 Da78
Mariestad S 102 Fa46
Marifjora N 84 Cd36
Marigenta E 59 Bc73
Marigliano I 161 Fb75
Marignac F 32 Fb48
Marignane F 42 Jc54
Marigné F 28 Fb40
Marigny F 22 Fa36
Marigny-en-Orxois F 24 Hb36
Marigny-le Châtel F 30 Hc38
Marijampolė LV 114 Kb59
Marija na Muri HR 152 Gc57
Marijskoje RUS 113 Ja59
Marikostenovo BG 184 Cc75
Marín E 36 Ad57
Marína GR 183 Bc77
Marina HR 158 Gb66
Marina di Alberese I 155 Db69
Marina di Amendolara I 164 Gc78
Marina di Andora I 43 La52
Marina di Arbus I 169 Bd78
Marina di Ascea I 161 Fd77
Marina di Belmonte I 164 Gb80
Marina di Belvedere I 164 Ga79
Marina di Bibbona I 155 Da67
Marina di Camerota I 164 Fd78
Marina di Campo I 155 Da68
Marina di Caronia I 167 Fb84
Marina di Carrara I 155 Cd64
Marina di Castagneto-Donoratico I 155 Da67
Marina di Caulonia I 164 Gc83
Marina di Cecina I 155 Da66
Marina di Chieuti I 161 Fd71
Marina di Fuscaldo I 164 Gb79
Marina di Gairo I 169 Cc78
Marina di Ginosa I 162 Gd76
Marina di Gioia Tauro I 164 Ga83
Marina di Gioiosa Jonica I 164 Gc83
Marina di Grosseto I 155 Db68
Marina di Lago di Patria I 161 Fa75
Marina di Leuca I 165 Hc78
Marina di lu Impostu I 168 Cc74
Marina di Massa I 155 Da64
Marina di Minturno I 160 Ed74
Marina di Modica I 167 Fc88
Marina di Montemarciano I 156 Ed66
Marina di Montenero I 161 Fc71
Marina di Novaglie I 165 Hc78
Marina di Nova Siri I 162 Gc77
Marina di Orosei I 169 Cc76
Marina di Ostuni I 162 Ha75
Marina di Palma I 166 Ed87
Marina di Pescia Romana I 155 Dc70
Marina di Pietrasanta I 155 Da64
Marina di Pisa I 155 Da65
Marina di Pisciotta I 161 Fd77
Marina di Pulsano I 162 Ha76
Marina di Ragusa I 167 Fb88
Marina di Ravenna I 150 Ea63
Marina di San Vito I 157 Fb70
Marina di Sibari I 164 Gc78
Marina di Sorso I 168 Bd74
Marina di Strongoli I 165 Gd80
Marina di Torre Grande I 169 Bd77
Marina di Zambrone I 164 Gb82
Marinaleda E 60 Cc74
Marina Palmense I 157 Fa67
Marina Romea I 150 Ea63
Marina Schiavonea I 164 Gc79
Marina Serra I 165 Hc78
Marina Velca I 156 Dd70
Marinbrod HR 152 Gb60
Marine d'Albo F 154 Cc68
Marine de Sisco F 154 Cc68
Marinella I 166 Eb85
Marineo I 166 Ec84
Marines E 54 Fb67
Marines F 23 Gc36
Maringues F 34 Hc46
Marinha das Ondas P 44 Ac64
Marinha Grande P 44 Ab65
Marini I 165 Hc78
Marinka BG 181 Ed73
Marinkainen FIN 81 Jc27
Marino I 160 Eb72
Mar'insko RUS 99 Ld43
Mariotto I 162 Gc74
Maripérez E 53 Eb69
Mărișel RO 171 Cd58
Mărișelu RO 171 Dc57
Maritsá GR 197 Fa93
Mariupol' UA 205 Fb16
Marjaliza E 52 Db67
Märjamaa EST 98 Kb44
Marjan BG 180 Ea71
Marjanci HR 152 Hb59
Marjaniemi FIN 74 Jd24
Marjokylä FIN 75 Lc23
Marjoniemi FIN 90 Kc36
Marjoperä FIN 81 Jd30
Marjovaara FIN 83 Ma30
Marjusaari FIN 81 Jd29
Mark S 79 Ga26
Marka N 71 Fb18
Marka S 102 Fa47
Märkalne LV 107 Lc48
Markaryd S 110 Fa53
Markby FIN 81 Jb29
Mark Cross GB 20 Fd29
Markdorf D 142 Cd52
Markelo NL 117 Bd36
Market Bosworth GB 16 Fa24
Market Deeping GB 17 Fc24
Market Drayton GB 15 Ec23
Market Harborough GB 20 Fb25
Markethill GB 9 Cd18
Market Rasen GB 17 Fc22
Market Weighton GB 16 Fb20
Markfield GB 16 Fa24
Markgröningen D 134 Cd48
Markhausen D 117 Cb34
Marki PL 130 Jb36
Markina-Xemein E 39 Eb55
Märkisch-Buchholz D 128 Fa38
Markitta S 68 Hc17
Markivka UA 203 Fb14
Markkina FIN 68 Hd13
Markkleeberg D 127 Eb40
Markkula FIN 81 Jd27
Marklkofen D 135 Eb49
Marklohe D 118 Da35
Marklowice PL 137 Hb44
Marknesse NL 117 Bc34
Markneukirchen D 135 Eb43
Marko CY 206 Jc97
Markoldendorf D 126 Db38
Markop N 63 Ja06
Markópoulo GR 195 Cc87
Markovac SRB 174 Bb65
Markovac SRB 174 Bc65
Markovac SRB 174 Bb63
Markovo BG 180 Db73
Markovo BG 181 Ed70
Markovščina SLO 151 Fa59
Markov Sušica MK 178 Bb73
Markowa PL 139 Ka44
Markowice PL 121 Ha35
Markowo PL 122 Hd31
Markranstädt D 127 Eb40
Marksewo PL 122 Jb32
Marksuhl D 126 Db41
Markt Allhau A 145 Gb54
Marktbergel D 134 Db46
Markt Berolzheim D 134 Dc48
Markt Bibart D 134 Db45
Marktbreit D 134 Db45
Markt Einersheim D 134 Db45
Markt Erlbach D 134 Dc46
Marktgraitz D 135 Dd44
Marktheidenfeld D 134 Da45
Markt Indersdorf D 143 Dd50
Marktjärn S 87 Ga32
Marktl D 143 Ec50
Marktleugast D 135 Ea44
Marktleuthen D 135 Eb44
Markt Nordheim D 134 Db46
Marktoberdorf D 142 Db52
Marktoffingen D 134 Db48
Markt Piesting A 145 Gb52
Marktredwitz D 135 Eb45
Markt Rettenbach D 142 Db51
Marktrodach D 135 Dd44
Markt Sankt Florian A 144 Fb51
Markt Sankt Martin A 145 Gb53
Marktschorgast D 135 Ea44
Markt Schwaben D 143 Ea51
Marktsteft D 134 Db45
Marktzeuln D 135 Dd44
Markušica HR 153 Hc60
Markušovce SK 138 Jb48
Markutiškiai LT 114 Kc56
Markvarec CZ 136 Fd48
Marl D 125 Ca38
Marlborough GB 20 Ed28
Marle F 24 Hc34
Marlenheim F 25 Kb37
Marlishausen D 127 Dd42
Marloes GB 18 Db27
Marlow D 119 Ec31
Marlow GB 20 Fb28
Marly F 25 Jd35
Marly-Gomont F 24 Hc33
Marma S 96 Gc40
Marmagne F 30 Ja43
Marmande F 32 Fd51
Mármara GR 196 Db90
Marmara TR 185 Ed79
Marmaracık TR 186 Fa77
Marmaraereğlisi TR 186 Fa78
Marmári GR 190 Cd86
Marmári GR 197 Ec91
Marmaris TR 197 Fa91
Mármaro GR 191 Dd85
Marmav S 87 Gb37
Marmelete P 58 Ab73
Marmolejo E 52 Da72
Marmorbyn S 95 Ga44
Marmore I 156 Eb69
Marmoutier F 25 Kb36
Marnand CH 141 Bb54
Marnäs S 87 Fd38
Marnay F 31 Jc41
Marne D 118 Da31
Mårnes N 71 Fb18
Marnheim D 133 Cb45
Marnitz D 119 Eb33
Marnoch GB 7 Ec08
Maro E 60 Db76
Marœuil F 23 Ha32
Maroilles F 24 Hc32
Marola I 149 Da63
Maroldsweisach D 134 Dc44
Marolles-les-Braults F 28 Fd39
Maron F 25 Jd37
Maroñas E 36 Ac55
Marónia GR 184 Dc77
Maroslele H 153 Jc57
Marostica I 150 Dd59
Marotta I 156 Ec65
Maroufenha P 58 Ab72
Marovac KSV 178 Bc71
Marpingen D 133 Bd46
Marple GB 16 Ed21
Marpod RO 175 Db61
Marquartstein D 143 Eb52
Marquion F 23 Ha32
Marquise F 21 Gc30
Marradi I 156 Dd64
Marrasjärvi FIN 69 Jd17
Marraskoski FIN 74 Jd18
Marrault F 30 Hd41
Marrazes P 44 Ab65
Marrebæk DK 109 Eb29
Marroquin-Encina Hermosa E 60 Db73
Marroule F 33 Gd51
Marrubiu I 169 Bd78
Marrum NL 117 Bc32
Marrupe E 46 Cd65
Marsaglia I 149 Cc62
Marsais F 32 Fb46
Marsala I 166 Ea85
Maršal'skoe RUS 113 Ja58
Marșani RO 175 Db67
Maršavicy RUS 107 Mb48
Marsberg D 126 Cd39
Marschacht D 118 Dc33
Marsciano I 156 Ea68
Marsden GB 16 Ed21
Marseillan F 41 Hc55
Marseillan-Plage F 41 Hc55
Marseille F 42 Jc55
Marseille-en-Beauvaisis F 23 Gc34
Marsh GB 19 Eb30
Marshfield GB 19 Ec28
Marsh Gibbon GB 20 Fb27
Marsia I 156 Ed68
Marsiconuovo I 161 Ga76
Marsicovetere I 161 Ga76
Marsiliana I 155 Dc69
Marsjärv S 73 Hd19
Marske-by-the-Sea GB 11 Fb18
Mars-la-Tour F 25 Jc35
Mårslet DK 108 Dc24
Marsliden S 71 Fd24
Mārsnēni LV 106 Kd48
Marson F 24 Hd36
Marssac-sur-Tarn F 41 Gd53
Marssum NL 117 Bc33
Märsta S 96 Gd42
Marstal DK 109 Dd28
Marston GB 16 Fb23
Marston Magna GB 19 Ec29
Marstrand S 102 Eb48
Marstrup DK 108 Db27
Marsvinsholm S 110 Fa56
Märsylä FIN 81 Jc27
Marszów PL 128 Fd39
Marta I 156 Dd69
Martainville F 23 Gb35
Martanesh AL 182 Ac74
Martano I 163 Hc77
Martebo S 104 Ha49
Martel F 33 Gc50
Martelange B 132 Ba44
Mártély H 146 Jb56
Marten BG 180 Ea68
Mårtensboda S 80 Hc26
Martfeld D 118 Da35
Martfű H 146 Jb54
Mártha GR 201 Db96
Marthon F 32 Fd47
Martiago E 45 Bd64
Martignas-sur-Jalle F 32 Fb50
Martigné F 28 Fb39
Martigné-Briand F 28 Fc42
Martigné-Ferchaud F 28 Fa40
Martigny CH 148 Bc57
Martigny-le-Comte F 30 Ja44
Martigny-les-Bains F 31 Jc39
Martigny-lès-Gerbonvaux F 31 Jc38
Martigues F 42 Jc54
Martilla FIN 97 Jc39
Martim Longo P 58 Ad73
Martin SK 138 Hc47
Martina CH 142 Db55
Martina Franca I 162 Ha75
Martiñán E 36 Bc54
Martin Brod BIH 152 Gb63
Martinci SRB 153 Ja61
Martinci Čepinski HR 153 Hc59
Martín de la Jara E 60 Cc75
Martín del Río E 47 Fa63
Martín de Yeltes E 45 Ca63
Martin Drove End GB 20 Ed30
Martinești RO 175 Cd61
Martinet E 40 Gc58
Martingança P 44 Ab65
Mărtiniș RO 176 Dd60
Martín Muñoz de las Posadas E 46 Da62
Martinniemi FIN 74 Jd23
Martíno GR 189 Ca84
Martinsberg A 144 Fd50
Martinšćica HR 151 Fb62
Martinsheim D 134 Db46
Martinsicuro I 157 Fa68
Martinskj HR 151 Fa61
Martinstown GB 9 Da16
Martizay F 29 Gb44
Martletwy GB 18 Db27
Martley GB 15 Ec25
Martna EST 98 Ka44
Martock GB 19 Eb30
Martofte DK 109 Dd26
Martonoš SRB 153 Jb57
Martonvaara FIN 83 Lc29
Martonvásár H 146 Hc53
Martorell E 49 Gd61
Martos E 60 Db73
Martragny F 22 Fb35
Martron F 32 Fc49
Mårtsbo S 96 Gc39
Mårtsviken S 86 Fa38
Martti FIN 69 Kc15
Marttila FIN 90 Kc37
Marttila FIN 98 Ka39
Martuzāni LV 107 Ld50
Maruflar TR 191 Ec84
Marugán E 46 Da63
Maruggio I 162 Ha76
Marum NL 117 Bd33
Marum S 102 Fa47
Marunowo PL 121 Gb35
Mărunței RO 175 Db66
Mārupe LV 106 Kb51
Maruševec HR 152 Gb57
Maruszów PL 131 Jd40
Marvão P 51 Bb67
Marvejols F 34 Hc51
Marvik N 92 Cb42
Marville F 24 Jb36
Marwałd PL 122 Hd33
Marwitz D 127 Ed36
Marxzell D 133 Cb48
Märy FIN 97 Jc39
Marybank GB 4 Dd07
Maryfield GB 5 Fa05
Marykirk GB 7 Ec10
Marynowy PL 121 Hb30
Marypark GB 7 Eb08
Maryport GB 10 Ea17
Mary Tavy GB 19 Dd31
Marzabotto I 149 Dc63
Marzahna D 127 Ec38
Marzamemi I 167 Fd88
Marzán E 37 Cb56
Marzęcice PL 122 Hc33
Marzell D 141 Bd51
Marzell D 141 Ca51
Marzewo PL 122 Hd31
Marzoa E 36 Ba55
Marzocca I 156 Ed66
Masa E 38 Dc57
Masahoca TR 191 Ed83
Masari CY 206 Ja96
Masarolis I 150 Ed57
Masboquera E 48 Ga63
Mascali I 167 Fd85
Mascalucia I 167 Fc85
Mascaraque E 52 Db66
Mas-Carbadès F 41 Ha55
Mas de Barberans E 48 Fd63
Mas de las Matas E 48 Fc63
Masegosa E 47 Ec64
Masegoso E 53 Eb70
Masegoso de Tajuña E 47 Ea63
Maselheim D 142 Da50
Måsenes N 64 Jc06
Maser I 150 Ea58
Masera I 148 Ca57
Masevaux F 31 Kb40
Masfjorden N 84 Ca38
Mas-Grenier F 40 Gb53
Masham GB 11 Fa19
Maside E 36 Ba57
Masi Måze N 63 Ja10
Maskaur S 72 Gc22
Maskjok N 64 Ka06
Masku FIN 97 Jb39
Maslacq F 39 Fb55
Maslarevo BG 180 Dd69
Masléon F 33 Gc47
Maslinica HR 158 Gb67
Maşloc RO 174 Bd60
Maslovare BIH 152 Ha63
Masłowice PL 130 Hd41
Masłowo PL 129 Gc38
Mas-Neuf-sur-Orb F 41 Hb53
Maso FIN 82 Kb31
Maso Corto I 142 Dc55
Masoúri GR 197 Eb90
Måsøy N 64 Jb04
Masquefa E 49 Gd61
Massa I 155 Da64
Massa d'Albe I 160 Ed71
Massa Finalese I 149 Dc61
Massa Fiscaglia I 150 Ea62
Massafra I 162 Gd76
Massagette F 33 Ha47
Massais F 28 Fc43
Massa Lombarda I 150 Dd63
Massa Lubrense I 161 Fb76
Massamagrell E 54 Fc67
Massa Marittima I 155 Db67
Massa Martana I 156 Eb68
Massarosa I 155 Da65
Massat F 40 Gb56
Massay F 29 Gd42
Maßbach D 134 Db44
Massenbachhausen D 134 Cd47
Masserano I 148 Ca59
Masserberg D 135 Dd43
Masseret F 33 Gc48
Masseria I 143 Dd55
Masseria Airili I 161 Fd73
Masseria Anzani I 162 Gb73
Masseria Candelaro I 161 Ga72
Masseria Cangiulli I 162 Gc75
Masseria Monaco Cappelli I 161 Ga72
Masseria Montanaro I 162 Gd75
Masseria Motta Panetteria I 161 Fd72
Masseria Petrulli I 161 Fd72
Masseria Stimpato I 167 Fc86
Masseube F 40 Ga55
Massford GB 9 Da18
Massiac F 34 Hb48
Massiaru EST 106 Kc47
Massignac F 33 Ga47
Massing D 143 Ec50
Massoult F 30 Ja40

Massu - Metamórfosi

Massu EST 98 Ka45
Măstăcani RO 177 Fb62
Mästerby S 104 Gd50
Masterelv N 63 Ja06
Mastergeehy IRL 12 Ba25
Masterud N 94 Ec41
Mas Thibert F 42 Jb54
Mastholte D 126 Cc38
Mastihári GR 197 Eb91
Mästocka S 110 Ed53
Masty BY 202 Dd13
Masua I 169 Bd79
Masugnsbyn S 68 Hd16
Mašun SLO 151 Fb59
Måsvik N 62 Gc08
Maszewko PL 121 Gd29
Maszewo PL 120 Fc33
Maszewo PL 128 Fc38
Mata E 38 Db55
Mata E 38 Dc57
Mata P 50 Ac66
Matabuena E 46 Dc62
Mata de Alcántara E 51 Bc66
Matala FIN 74 Jd21
Mátala GR 200 Cd96
Matalalahti FIN 82 Kd28
Matalascañas E 59 Bc75
Matalebreras E 47 Ec60
Matallana E 37 Cc58
Matamala de Almazán E 47 Ea61
Matamorisca E 38 Db56
Matamorosa E 38 Db56
Matanza E 37 Cc58
Mataporquera E 38 Db56
Matapozuelos E 46 Cd61
Matara FIN 83 Lb28
Matarága GR 188 Ba84
Mataramäki FIN 90 Kd32
Mataránga GR 189 Bc81
Mataró E 49 Ha61
Mataruge MNE 159 Ja67
Mataruška Banja SRB 178 Ba67
Mătăsari RO 175 Cc64
Mätäsvaara FIN 83 Lc28
Mątawy PL 121 Hb33
Matca RO 177 Fa62
Matching Green GB 20 Fd27
Matcze PL 131 Kd40
Mateeşti RO 175 Da63
Matei RO 171 Db57
Matejče MK 178 Bc72
Matelica I 156 Ec67
Matera I 162 Gc75
Materija SLO 151 Fa59
Mateševo MNE 159 Jb68
Mátészalka H 147 Kb51
Mateus P 44 Bb61
Matfors S 87 Gb33
Matha F 32 Fc47
Mathi I 148 Bc59
Mathiatis CY 206 Jb97
Mathieu F 22 Fc35
Mathildedal FIN 97 Jc40
Mathopen N 84 Ca39
Matienzo E 38 Dd55
Matignon F 26 Ec38
Matigny F 23 Ha33
Matilda FIN 97 Jc40
Matilla de los Caños del Río E 45 Cb63
Matinella I 161 Fd76
Matiši LV 106 Kd48
Matka MK 178 Bb73
Matkaniva FIN 82 Ka26
Matkavaara FIN 75 La24
Matku FIN 89 Jd37
Matkule LV 105 Jd51
Matlaukys LT 114 Ka59
Matlock GB 16 Fa22
Mătnica BG 181 Ec70
Mato E 36 Bb54
Matojärvi S 73 Jb20
Matos P 50 Ad71
Matosinhos P 44 Ac61
Matour F 34 Ja45
Mátraderecske H 146 Jb51
Mátrafüred H 146 Ja52
Mátraterenye H 146 Ja51
Matre N 92 Cb41
Matrei A 143 Eb54
Matrei am Brenner A 143 Dd54
Matrei in Osttirol A 143 Eb55
Matrice I 161 Fc72
Matrosovo RUS 113 Ja58
Matrosovo RUS 113 Jb57
Matsalu EST 98 Ka45
Matsdal S 71 Fd23
Matsi EST 106 Ka46
Matsoúki GR 188 Ba83
Matteröd S 110 Fa54
Mattersburg A 145 Gb52
Mattila FIN 89 Jb33
Mattila FIN 90 Kc38
Mattila FIN 91 Lc34
Mattilanmäki FIN 69 Kc17
Mattilanperä FIN 81 Jd25
Mattinata I 162 Gb72
Mattinen FIN 89 Ja38
Mattisudden S 72 Ha19
Mattmar S 79 Fb30
Mattnäs FIN 97 Ja40
Mattsee A 143 Ec51
Måttsund S 73 Hd22
Matuizos LT 114 Kd59
Matveev Kurgan RUS 205 Fc15
Mátyásdomb H 145 Hb55
Matzaccara I 169 Bd80
Maubeuge F 24 Hc32
Mauborget CH 141 Bb54
Maubourguet F 40 Fd55
Maubuisson F 32 Fa49
Mauchline GB 10 Dd14
Mauerkirchen A 143 Ed51
Mauern D 135 Ea49
Maughold GB 10 Dd18
Mauguio F 41 Hd54
Maukkula FIN 83 Ma30
Maula FIN 74 Jc21
Maulbronn D 134 Cc47
Maulburg D 141 Ca52
Maulde F 24 Hb31
Maule F 23 Gc37
Mauléon F 28 Fb43
Mauléon-Barousse F 40 Ga56
Mauléon-Licharre F 39 Fa55
Maulévrier F 28 Fb43
Mauls I 143 Dd55
Maumusson F 28 Fa41
Maunola FIN 91 Lb35
Maunu S 68 Hd13
Maunujärvi FIN 69 Jd16
Maunula FIN 74 Ka22
Mauperthuis F 23 Ha37
Mauprévoir F 33 Ga46
Maura N 85 Ea40
Maurach A 143 Ed54
Maure-de-Bretagne F 27 Ec40
Mauriac F 33 Gd49
Maurnes N 66 Fd12
Mauron F 27 Ec39
Maurrin F 40 Fc53
Maurs F 33 Gd50
Maurstad N 84 Cb34
Mauru FIN 74 Ka20
Mauručiai LT 114 Kc58
Mauruciems LV 105 Jb49
Maurumaa FIN 89 Ja38
Maurvangen N 85 Db36
Maury F 41 Ha57
Maussane F 42 Jb53
Mauterndorf A 144 Fa54
Mautern in Steiermark A 144 Fc53
Mauth D 136 Fa48
Mauthausen A 144 Fb50
Mauthen, Kötschach- A 143 Ec56
Mauvezin F 40 Fd56
Mauvezin F 40 Ga54
Mauvoisin CH 148 Bc57
Mauzé-sur-le-Mignon F 32 Fb46
Mevagissey GB 18 Db32
Mavas sameviste S 71 Ga18
Mavikent TR 199 Gc93
Mavranéi GR 182 Ba79
Mavréli GR 183 Bc80
Mavrodin RO 180 Dd67
Mavrohóri GR 183 Bb78
Mavromáta GR 188 Bb82
Mavromáti GR 188 Bb81
Mavromáti GR 194 Bb88
Mavrommáti GR 189 Ca85
Mavronéri GR 183 Ca77
Mavropigí GR 183 Bb78
Mavroúda GR 184 Cc77
Mavrovi Anovi MK 182 Ba74
Mavrovo MK 182 Ba74
Mavrovoúni GR 189 Bc81
Mavrovoúni GR 194 Bc90
Maxdorf D 133 Cb46
Maxent F 27 Ec40
Maxey-sur-Meuse F 31 Jc38
Maxey-sur-Vaise F 25 Jc37
Maxhütte-Haidhof D 135 Eb47
Maxieira P 50 Ad66
Măxineni RO 177 Fa63
Maxmo FIN 81 Ja30
Mayalde E 45 Cb61
Maybole GB 10 Dc15
Mayen D 133 Bd43
May-en-Multien F 23 Ha36
Mayenne F 28 Fb39
Mayerling A 145 Gb51
Mayet F 28 Fd40
Mayfield GB 16 Ed23
Mayfield GB 20 Fd30
Maynooth IRL 13 Cd21
Mayobridge GB 9 Da18
Mayorga E 37 Cc58
Mäyränperä FIN 82 Ka26
Mayreville F 41 Gd55
Mayrhofen A 143 Ea54
Mäyry FIN 81 Jc31
Máza H 152 Hb57
Mazagón E 59 Bb74
Mazaleón E 48 Fd62
Mazamet F 41 Ha54
Mazan-l'Abbaye F 34 Hd50
Mazara del Vallo I 166 Ea85
Mazarambroz E 52 Db67
Mazarete E 47 Eb63
Mazargan F 24 Hd35
Mazarrón E 55 Ed74
Mazarulleque E 47 Ea65
Mazaterón E 47 Ec61
Mazé F 28 Fc41
Mažeikiai LT 113 Jd53
Mazeley F 31 Jd38
Maženiai LT 114 Kc55
Mazères F 40 Gc55
Mazerny F 24 Hd34
Mazgramzda LV 113 Jb53
Mazières-en-Gâtine F 28 Fc44
Mazières-lès-Metz F 25 Jd35
Mazıköy TR 197 Ed90
Mazille F 34 Ja45
Mazilmaja LV 105 Jb52
Mazin HR 151 Ga63
Mazirbe LV 105 Jc48
Mažonai LT 113 Jd56
Mazotos CY 206 Jc98
Mazsalaca LV 106 Kc47
Mażucie PL 123 Jd30
Mažučište MK 183 Bb75
Mazuela E 38 Dc58
Mažurani HR 151 Fd63
Mazury PL 123 Ka34
Mazury PL 139 Ka43
Mazy B 124 Ad41
Mazyr BY 202 Eb13
Mazzarino I 167 Fa86
Mazzarò I 167 Fd85
Mazzarrà Sant'Andrea I 167 Fd84
Mcensk RUS 203 Fa12
Mchowo PL 122 Jb34
Mchy PL 129 Gc38
Mda RUS 99 Lc45
Mdzewo PL 122 Ja34
Méailles F 43 Kb52
Mealhada P 44 Ad63
Mealsgate GB 11 Eb17
Meana Sardo I 169 Ca77
Méaudre F 35 Jc49
Meaulne F 29 Ha44
Meaux F 23 Ha36
Meauzac F 40 Gb53
Mébecq F 29 Gb44
Mecca I 148 Bc59
Mechelen B 124 Ac40
Mechernich D 125 Bc42
Měcholupy CZ 135 Ed44
Mechowo PL 120 Fc32
Mecidiye TR 185 Eb78
Mecidiye TR 191 Ed84
Mecidiye TR 192 Fa82
Mecidiye TR 193 Gb84
Męcikał PL 121 Gd32
Měčín CZ 135 Ed46
Męcina PL 138 Jb45
Męcinka PL 128 Ga41
Mecitözü TR 205 Fb20
Mečka BG 180 Db69
Mečka BG 180 Ea68
Meckenbeuren D 142 Cd52
Meckenheim D 125 Bd42
Meckenheim/Pfalz D 133 Cb46
Meckesheim D 134 Cc46
Meco E 46 Dd64
Mecseknádasd H 153 Hc57
Męczki PL 123 Ka33
Meda I 149 Cc58
Međa SRB 174 Bc61
Mêda P 45 Bc62
Medak HR 151 Fd63
Medåker S 95 Fd43
Međas BIH 153 Hd63
Međaši BIH 153 Ja61
Médavy F 22 Fd37
Medbourne GB 16 Fb24
Medby N 66 Fd12
Medby N 67 Gb11
Meddo NL 125 Bd37
Meddon GB 18 Dc30
Mede I 148 Cb60
Medebach D 126 Cc40
Međeđa BIH 159 Ja65
Medeikiai LT 114 Kd53
Medeiros E 44 Bb59
Medelås S 80 Gc25
Medelim P 44 Bb65
Medellín E 51 Ca69
Medelplana S 102 Fa46
Medemblik NL 116 Ba34
Medena-Selišta BIH 158 Gc64
Medeni Poljani BG 184 Cd74
Meden Kladenec BG 180 Eb73
Medeno polje BIH 152 Gb63
Medesano I 149 Da62
Medet TR 198 Fc89
Medevi S 103 Fc46
Medgidia RO 181 Fb67
Medgyesegyháza H 147 Jd56
Medhamn S 95 Fb44
Mediana E 48 Fb61
Mediaş RO 175 Db60
Medicina I 150 Dd63
Médière F 31 Ka41
Medieşu Aurit RO 171 Cd54
Medinaceli E 47 Eb62
Medina de las Torres E 51 Bd70
Medina del Campo E 46 Cd61
Medina de Pomar E 38 Dd56
Medina de Rioseco E 46 Cd59
Medina Sidonia E 59 Bd77
Medinci HR 152 Ha59
Medingėnai LT 113 Jc55
Medininkai LT 115 Lb58
Medinyà E 49 Hb59
Mediona E 49 Gc61
Mediševa LV 107 Ld50
Medjuhana SRB 178 Bc69
Medkovec BG 179 Cc68
Medle S 80 Hc25
Medņi LV 107 Lc49
Medovo BG 181 Ed72
Medovo BG 181 Fa69
Médréac F 27 Ec39
Mędrzechów PL 138 Jc43
Medskogen S 86 Ed33
Medstugan S 78 Ed29
Medulin HR 151 Fa62
Medumi LV 115 Lb54
Meduno I 150 Ec57
Međurečje SRB 178 Ad67
Međurić HR 152 Gc60
Međurječje MNE 159 Ja68
Meduši, Star. RUS 99 Ma40
Međuvođe BIH 152 Gc61
Medvedja SRB 174 Bc66
Medvedja SRB 178 Bc70
Medved'ov SK 145 Ha52
Medveja HR 151 Fb60
Medveja MD 172 Ed53
Medvenka RUS 203 Fa13
Medviđa HR 157 Ga64
Medvode SLO 151 Fb57
Medyka PL 139 Kc44
Medynia Głogowska PL 139 Kb44
Medze LV 105 Ja52
Medzev SK 138 Jc48
Medzilaborce SK 139 Ka46
Medžitlija MK 183 Bb76
Meeder D 134 Dc43
Meek N 77 Da31
Meenlaragh IRL 8 Ca15
Meerane D 127 Eb42
Meerapalu EST 99 Lc45
Meerbusch D 125 Bd39
Meerhout B 124 Ba39
Meerkerk NL 124 Ba37
Meerle B 124 Ad38
Meersburg D 142 Cd52
Meeth GB 19 Dd30
Meeuwen-Gruitrode B 124 Ba40
Mefjordvær N 62 Gb10
Méga Dério GR 185 Ea76
Méga Eleftherohóri GR 183 Bc80
Méga Kefalóvriso GR 188 Bb81
Megála GR 188 Bb81
Megáli Kápsi GR 188 Bb83
Megáli Panagía GR 184 Cc78
Megáli Stérna GR 183 Ca76
Megáli Vríssi GR 183 Ca76
Megalóhari GR 188 Ba82
Megalohóri GR 188 Bb81
Megalohóri GR 195 Ca88
Megálo Horió GR 197 Eb89
Megálo Horío GR 197 Ec92
Megálo Livádi GR 195 Cd89
Megalópoli GR 194 Bb88
Méga Peristéri GR 182 Ba80
Mégara GR 189 Ca86
Megården N 66 Fd17
Mégaro GR 182 Ba79
Méga Spíleo GR 189 Bc86
Megeces E 46 Da61
Megève F 35 Ka46
Meggenhofen A 144 Fa51
Megísti GR 198 Ga93
Megrunn N 85 Dc36
Megyaszó H 147 Jd50
Mehadia RO 174 Cb64
Mehadica RO 174 Ca63
Mehamn N 64 Ka04
Mehedeby S 96 Gc40
Mehikoorma EST 99 Lc45
Mehlis, Zella- D 126 Dc42
Mehmed Paša = Sokolovici BIH 159 Hd64
Mehmetalanı TR 191 Ec82
Mehren D 133 Bd43
Mehring D 133 Bc44
Mehring D 143 Ec51
Mehringen D 127 Ea39
Mehrnbach A 143 Ed51
Mehrstetten D 142 Cd50
Mehtäkylä FIN 81 Jc26
Mehtäperä FIN 81 Jd27
Mehun-sur-Yèvre F 29 Gd42
Meiåvollen N 86 Eb32
Meiden CH 141 Bd56
Meidrim GB 14 Dc26
Meifod GB 15 Eb24
Meijel NL 125 Bb39
Meijerinkylä FIN 82 Ka25
Meilán E 36 Bc54
Meilen CH 141 Cb53
Meillant F 29 Ha44
Meillerie F 31 Kb44
Meillers F 33 Hb45
Meilūnai LT 114 Kd56
Meimoa P 45 Bc64
Meina I 148 Cb58
Meine D 126 Dc36
Meineringhausen D 126 Cd40
Meinersen D 126 Dc36
Meinerzhagen D 125 Ca40
Meinhard D 126 Db40
Meiningen D 126 Dc42
Meinkenbracht D 125 Cb40
Meira E 36 Bc54
Meirāni LV 107 Lb50
Meirás E 36 Ba53
Meiringen CH 141 Ca55
Meisburg D 133 Bc43
Meisenheim D 133 Ca45
Meisingset N 77 Db31
Meißen D 127 Ed41
Meißner D 126 Db40
Meitene LV 106 Kb52
Meitingen D 134 Dc49
Meixdevant-Virton B 132 Ba45
Meixedo P 44 Bb59
Meixide P 44 Bb59
Mejlby DK 100 Dc23
Mejorada E 46 Cd65
Mejrup Kirkeby DK 100 Da23
Męka PL 129 Hb39
Mekece TR 187 Gb79
Mekényes H 145 Hb56
Mekinjar HR 151 Ga63
Mekrijärvi FIN 83 Ma29
Mel I 150 Ea58
Mel N 84 Cc36
Melá GR 190 Da84
Melaje SRB 178 Ad69
Melalahti FIN 82 La30
Melalahti FIN 82 Kd25
Mélambes GR 200 Cd96
Meland N 63 Hd06
Meland N 84 Ca38
Melaniós GR 191 Dd85
Melánthio GR 182 Ba78
Melás GR 182 Ba77
Melates GR 188 Ad82
Melay F 34 Hd45
Melbārži LV 106 La49
Melbeck D 118 Dc34
Melbourn GB 20 Fd26
Melbourne GB 16 Fa23
Melbu N 66 Fc13
Melby DK 109 Eb25
Melč CZ 137 Ha45
Melchsee Frutt CH 141 Ca55
Meldal N 77 Dd31
Meldola I 156 Ea64
Meldorf D 118 Da31
Meldzere LV 105 Jc52
Melegnano I 149 Cc60
Melekçeoruç TR 187 Gb79
Melen N 78 Ec26
Melenci SRB 153 Jc59
Melendugno I 163 Hc77
Melenki RUS 203 Fb10
Meleski EST 98 La45
Melesse F 28 Ed39
Meleti I 149 Cd60
Meletovo RUS 107 Ma46
Melfi I 161 Ga74
Melfjorden N 71 Fb20
Melfort GB 6 Db12
Melgaço P 36 Ba58
Melgar de Arriba E 37 Cd58
Melgar de Fernamental E 38 Db58
Melgar de Yuso E 38 Db58
Melgarve GB 7 Dd09
Melholt DK 101 Dd21
Melhus N 77 Ea30
Meliana E 54 Fc67
Mélida E 39 Ed58
Melide CH 148 Cb58
Melide E 36 Ba55
Melides P 50 Ab70
Meligalás GR 194 Bb88
Meliki GR 183 Bd78
Melilli I 167 Fd87
Melineşti RO 175 Cd65
Meling N 92 Ca44
Melini CY 206 Jb97
Mélisey F 31 Ka40
Mélissa GR 189 Bd81
Melissa I 165 Gd80
Melissohóri GR 183 Ca77
Melissohóri GR 189 Ca85
Melissópetra GR 182 Ad79
Melissótopos GR 183 Bb77
Melissourgós GR 184 Cc78
Melíti GR 183 Bb77
Melitopol' UA 205 Fa16
Melito Porto Salvo I 164 Ga84
Melívia GR 183 Ca80
Melívia GR 184 Db76
Melk A 144 Fd51
Melkarlia N 71 Fb23
Melkas LV 106 Kc47
Melkkola FIN 91 Lb36
Melkoniemi FIN 91 Ld34
Melksham GB 19 Ec28
Mellajärvi FIN 74 Jc19
Mellakoski FIN 74 Jc19
Mellanfjärden S 88 Gc35
Mellansel S 80 Gd30
Mellansjö S 80 Ha28
Mellanström S 72 Gc22
Mellanzos E 37 Cc57
Mellau A 142 Da53
Mellby S 102 Ed46
Mellby S 103 Fc49
Mellbystrand S 110 Ed53
Melle D 126 Cc37
Melle F 32 Fc45
Melle I 148 Bc62
Mellen D 119 Ea34
Mellensee D 127 Ed37
Mellerud S 94 Ec45
Mellilä FIN 89 Jc38
Mellin D 127 Dd36
Mellinghausen D 118 Cd35
Mellingsmoen N 70 Fa24
Mellionnec F 27 Ea39
Mello F 23 Gd35
Mellomstrand N 92 Ca45
Mellösa S 95 Gb44
Mellrichstadt D 134 Db43
Melmerby GB 11 Ec17
Melnica MK 183 Bc74
Melnica SRB 174 Bd65
Melnice HR 151 Fc61
Mělnické Vtelno CZ 136 Fc43
Mel'nicy RUS 99 Ld45
Melnik BG 184 Cc75
Mělník CZ 136 Fb43
Mel'nikovo RUS 113 Ja58
Melnrage LT 113 Jb55
Melnsils LV 105 Jc48
Melón E 36 Ba57
Melouseia CY 206 Jc97
Meløysund N 71 Fb19
Meløyvær N 66 Ga11
Melrand F 27 Ea39
Melres P 44 Ad61
Melrose GB 11 Ec14
Mels CH 142 Cd54
Melsomvik N 93 Dd44
Melsted DK 111 Fc57
Melsträsk S 73 Hb24
Melsungen D 126 Da40
Melsvik N 63 Hd08
Meltaus FIN 69 Jd17
Meltham GB 16 Ed21
Melton Mowbray GB 16 Fb24
Meltosjärvi FIN 74 Jc19
Melun F 29 Ha38
Melvaig GB 4 Db06
Melvich GB 5 Ea04
Mélykút H 153 Ja57
Melzo I 149 Cc59
Memaliaj AL 182 Ab78
Membrilla E 52 Dc69
Membrillar E 38 Da57
Membrío E 51 Bc66
Memeceler TR 187 Gc80
Mēmele LV 106 Kd52
Memer F 41 Gd52
Memleben D 127 Ea40
Memmelsdorf D 134 Dc45
Memmingen D 142 Db51
Memória P 44 Ac65
Memucaj AL 182 Ab77
Mena UA 202 Ec13
Menaggio I 149 Cc57
Menai Bridge GB 15 Dd22
Mėnaičiai LV 114 Kb55
Menaldum NL 117 Bc33
Menàrguens E 48 Ga60
Menasalbas E 52 Da67
Menat F 34 Hb46
Menata I 150 Ea62
Menaza E 38 Db56
Menčiai LT 113 Jd53
Mencshely H 145 Ha55
Mendavia E 39 Eb58
Mende F 34 Hc51
Mendeleevsk RUS 203 Ga08
Menden D 125 Cb39
Mendenitsa GR 189 Bd84
Menderes TR 191 Ec86
Mendicino I 164 Gb80
Mendig D 133 Bd43
Mendiga P 50 Ab66
Mendigorría E 39 Ec57
Mendola I 166 Eb84
Ménéac F 27 Eb39
Menée F 35 Jc50
Menemen TR 191 Ec85
Menen B 21 Ha30
Menen B 124 Aa40
Meneou CY 206 Jc97
Ménerbes F 42 Jc53
Menesjärvi FIN 69 Jd11
Menestreau-en-Villette F 29 Gd40
Menetés GR 201 Eb95
Menetou-Salon F 29 Ha42
Ménétréol-sur-Sauldre F 29 Gd41
Menfi I 166 Eb85
Mengamuñoz E 46 Cd64
Mengara I 156 Eb67
Mengele LV 106 Kd51
Mengen D 142 Cd51
Mengen TR 205 Fa20
Mengerskirchen D 125 Cb42
Mengeš SLO 151 Fb57
Mengibar E 60 Db72
Mengiševo BG 180 Eb71
Mengkofen D 135 Eb49
Menidi GR 188 Ad82
Ménigoute F 32 Fc45
Ménil F 28 Fb40
Ménil-la-Tour F 25 Jc36
Menisjavri FIN 69 Jd11
Menkijärvi FIN 81 Jc31
Mennetou-sur-Cher F 29 Gc42
Mennogeia CY 206 Jb97
Menonen FIN 89 Jd37
Menouille F 31 Jc44
Mens F 35 Jd50
Menslage D 117 Cb35
Mensträsk S 72 Ha24
Menstrup DK 109 Ea27
Mentana I 160 Eb71
Menteroda D 126 Dc40
Menteş TR 191 Eb86
Menteş TR 193 Gb86
Menteşe TR 192 Fd81
Menteşe TR 198 Fb89
Menton F 43 Kd53
Mentoulles I 148 Bb60
Méntrida E 46 Da65
Menz D 119 Ed34
Menzelinsk RUS 203 Ga08
Meopham GB 20 Fd28
Méounes-les-Montrieux F 42 Ka55
Mepal GB 20 Fd25
Meppel NL 117 Bc35
Meppen D 117 Ca35
Mequinenza E 48 Fd61
Mer F 29 Gc41
Mera E 36 Bb53
Mera RO 176 Ed62
Meråker N 78 Ec30
Meran I 142 Dc55
Merano I 142 Dc55
Merás E 37 Ca54
Merasjärvi S 68 Hc16
Merate I 149 Cc58
Mercadillo E 38 Dd55
Mercadillo E 45 Cc63
Mercatello I 156 Eb68
Mercatello sul Metauro I 156 Ea66
Mercatino Conca I 156 Eb65
Mercato I 161 Fc75
Mercato San Severino I 161 Fc75
Mercato Saraceno I 156 Ea65
Merćez SRB 178 Bb69
Merching D 142 Dc50
Mercœur F 33 Gd49
Mercogliano I 161 Fc75
Mercues F 33 Gb51
Mercurey F 30 Ja43
Merdanja BG 180 Ea70
Merdare KSV 178 Bb70
Merdrignac F 27 Ec39
Mere GB 19 Ec29
Meré E 37 Cd54
Merefa UA 203 Fa14
Merei RO 176 Ec64
Meremäe EST 107 Lc47
Merendero E 36 Bb54
Mereni MD 173 Fc59
Mereni MD 173 Fd58
Mereni RO 180 Dd67
Mereni RO 181 Fb68
Merenlahti FIN 91 Lb36
Mereşeni MD 173 Fc59
Mereşti RO 176 Ea60
Mereworth GB 20 Fd29
Mergenli TR 198 Fb91
Merghndeal RO 175 Dc61
Mergozzo I 148 Ca57
Mēri LV 106 La48
Méribel F 35 Kb47
Meriç TR 185 Eb77
Meriçler TR 197 Ed89
Meričleri BG 180 Dd73
Mérida E 51 Bd69
Mérignac F 32 Fb50
Mérignac F 32 Fc47
Mérignac F 32 Fc48
Merihas GR 195 Cd89
Merijärvi FIN 81 Jd26
Merikarvia FIN 89 Ja35
Meriläinen FIN 81 Jd29
Merilänranta FIN 83 Ld28
Merimasku FIN 97 Ja39
Měřín CZ 136 Ga47
Mérindol F 42 Jc53
Mering D 142 Dc50
Meri-Pori FIN 89 Ja36
Merişani RO 175 Dc64
Mérk H 147 Kb51
Merkebekk N 93 Db44
Merkem B 21 Ha30
Merkendorf D 134 Dc47
Merkeşler TR 187 Hb78
Merkinė LT 123 Kc30
Merklín CZ 135 Ed46
Merklingen D 134 Da49
Merlevenez F 27 Ea40
Merlimont F 23 Gc31
Merlimont-Plage F 23 Gb31
Merlines F 33 Ha47
Mern DK 109 Eb28
Mernieki LV 106 Kb47
Mernye H 145 Ha56
Merone I 149 Cc58
Merošina SRB 178 Bd69
Merriott GB 19 Eb30
Merry-Sec F 30 Hc40
Mersch L 133 Bb44
Merschwitz D 127 Ed40
Merseburg D 127 Eb40
Mersrags LV 105 Jd49
Mers-sur-Indre F 29 Gc44
Merstham GB 20 Fc29
Merstola FIN 89 Jb36
Mertajärvi S 68 Hd13
Mertala FIN 91 Lc33
Merthyr Cynog GB 15 Ea26
Merthyr Tydfil GB 19 Ea27
Merthyr Vale GB 19 Ea27
Mertingen D 134 Dc49
Mértola P 58 Ba72
Méru F 23 Gd35
Merufe P 36 Ad58
Mervans F 30 Jb43
Mervent F 28 Fb44
Merville F 23 Ha31
Méry-sur-Seine F 30 Hc38
Merza E 36 Ba56
Merzdorf D 127 Ed38
Merzen D 117 Cb36
Merzenich D 125 Bc41
Merzhausen D 141 Ca51
Merzifon TR 205 Fb20
Merzig (Saar) D 133 Bc45
Mesagne I 162 Hb76
Mesanagrós GR 197 Ed94
Mésandans F 31 Ka41
Mesão Frio P 44 Ba61
Mesariá GR 190 Da87
Mesas de Ibor E 51 Cb66
Meschede D 126 Cc40
Meschers-sur-Gironde F 32 Fa48
Mešeišta MK 182 Ba75
Meselefors S 79 Gb26
Meşelik TR 193 Hb85
Meşelik TR 197 Ed90
Meşendorf RO 176 Dd60
Meşeni MD 173 Fc56
Mesenikólas GR 188 Bb81
Meseşenii de Jos RO 171 Cd56
Meshaw GB 19 Dd29
Mesia E 36 Ba55
Mesiano I 164 Gb82
Mesić SRB 174 Bd63
Mesići BIH 159 Hd65
Mesihovina BIH 158 Gd66
Mesinge DK 109 Dd26
Meškalaukis LT 114 Kc54
Meskenvaara FIN 83 Ma30
Meškinė LT 113 Jc56
Mesklá GR 200 Cb95
Meškučiai LT 114 Kd59
Meškuičiai LT 114 Kb53
Meslan F 27 Dd39
Meslay-du-Maine F 28 Fb40
Meslon F 29 Ha44
Mesnali N 85 Ea37
Mešnik SRB 159 Jb65
Mesnil-Saint-Père F 30 Hd38
Mesnil-Sellières F 30 Hd38
Mesocco CH 142 Cc56
Mesogi CY 206 Hd98
Mesohóri GR 183 Bb76
Mesohóri GR 183 Bc80
Mesohóri GR 189 Bc82
Mesohóri GR 194 Ba89
Mesohória GR 190 Cd86
Mesola I 150 Ea61
Mesón do Vento E 36 Ba54
Mesones E 46 Dc63
Mesópirgos GR 188 Ba82
Mesopotamiá GR 182 Ba77
Mesopótamo GR 188 Ac81
Mesoraca I 165 Gd81
Mesorópi GR 184 Cd77
Mesóvouno GR 183 Bc77
Mespelbrunn D 134 Cd44
Mesquer F 27 Eb41
Messac F 28 Ed40
Messancy B 132 Ba45
Messanges F 39 Ed53
Messanges-Plage F 39 Ed53
Messaure S 73 Hb19
Meßdorf D 119 Ea35
Messeix F 33 Ha47
Messejana P 58 Ac72
Messelt N 86 Eb36
Méssi GR 184 Dc77
Messigny-et-Vantoux F 30 Jb41
Messina I 164 Ga83
Messingen D 117 Ca36
Messingham GB 16 Fb21
Messini GR 194 Bb89
Messinó GR 189 Bc86
Meßkirch D 142 Cc51
Messlingen S 86 Ed32
Messohóri GR 201 Eb95
Messolóngi GR 188 Ba84
Messongí GR 182 Ab80
Meßstetten D 142 Cc50
Mesta BG 184 Cc74
Mestá GR 191 Dd86
Mestanza E 52 Db70
Mestas E 37 Ca55
Městečko Trnávka CZ 137 Gc46
Městec Králové CZ 136 Fd44
Mestervik N 62 Gd10
Mésti GR 185 Dd77
Meštica BG 179 Cb71
Mestilä FIN 89 Jb37
Mestlin D 119 Eb33
Město Albrechtice CZ 137 Gd44
Město Libavá CZ 137 Gd45
Město Touškov CZ 135 Ed45
Mestre I 150 Ea60
Mesudiye TR 186 Fc80
Mesum D 117 Ca36
Mesutlar TR 199 Hb88
Mesvres F 30 Hd43
Mesztegnyő H 145 Gd56
Meta I 161 Fb75
Metajna HR 151 Fc63
Metallikó GR 183 Ca76
Metamórfosi GR 183 Bb78
Metamórfosi GR 189 Bc81
Metamórfosi GR 194 Ba89

Metamorfósi – Mo

Metamorfósi GR 195 Bd90
Metamórfossi GR 183 Ca76
Metamórfossi GR 184 Cc79
Metangitsi GR 184 Cc79
Meţaparks LV 106 Kb50
Metaurilia I 156 Ec65
Metaxádes GR 185 Ea76
Metaxás GR 183 Bc79
Metelen D 125 Ca37
Meteliai LT 114 Kc59
Meteş RO 175 Cd60
Méthamis F 42 Jc52
Méthana GR 195 Ca88
Metheringham GB 17 Fc22
Methil GB 7 Eb12
Methlick GB 5 Ed08
Methóni GR 194 Ba89
Methven GB 7 Ea11
Methwold GB 20 Fd25
Metković HR 158 Ha68
Metlič SRB 153 Ja62
Metličina BG 181 Ed69
Metlika SLO 151 Fd59
Metnitz A 144 Fb55
Meţno PL 120 Fb35
Metodievo BG 181 Ec70
Metóhi GR 189 Cb84
Metóhi GR 189 Cc84
Metovnica SRB 179 Ca67
Metów PL 131 Kb40
Metsäkansa FIN 89 Jd36
Metsäkantano FIN 83 Lb27
Metsäkylä FIN 75 Kd22
Metsäkylä FIN 90 La37
Metsälä FIN 75 Kc21
Metsälä FIN 89 Ja34
Metsämaa FIN 89 Jc37
Metsä-Muuronen FIN 91 Lb37
Metsküla EST 97 Jc45
Metslawier NL 117 Bc32
Métsovo GR 182 Ba80
Mettä Dokkas S 68 Hc17
Mettäjärvi S 74 Jb18
Mettälä FIN 90 Kd37
Metten D 135 Ec48
Mettenheim D 133 Cb45
Mettenheim D 143 Eb50
Mettersdorf am Saßbach A 144 Ga55
Mettevoll N 63 Hb08
Mettingen D 117 Cb36
Mettlach D 133 Bc45
Mettlen CH 141 Ca54
Mettmann D 125 Bd40
Mettmenstetten CH 141 Cb53
Metveit N 93 Da46
Metz F 25 Jd35
Metzeral F 31 Kb39
Metzervisse F 25 Jd35
Metzingen D 134 Cd49
Meucon F 27 Eb40
Meulan F 23 Gc36
Meung-sur-Loire F 29 Gc40
Meursault F 30 Ja43
Meuse F 31 Jc39
Meuselwitz D 127 Eb41
Meussia F 31 Jc44
Meuzac F 33 Gb48
Mevassvika N 78 Ed26
Meximieux F 34 Jb46
Mey GB 5 Eb04
Meydancik TR 205 Ga18
Meyenburg D 118 Cd33
Meyenburg D 119 Eb33
Meymac F 33 Gd48
Meyrargues F 42 Jd53
Meyrueis F 41 Hc52
Meysee F 34 Jb50
Meysey Hampton GB 20 Ed27
Meyssac F 33 Gc49
Meyzieu F 34 Jb47
Mézapos GR 194 Bb91
Mežāre LV 107 Lb51
Mežatites LV 107 Lb51
Mežda BG 180 Ea73
Mežden BG 181 Ed68
Mezdra BG 179 Cd70
Meždureč'e RUS 113 Jc59
Meždurečje RUS 113 Jd58
Mèze F 41 Hc54
Mezek BG 185 Ea75
Mężenin PL 123 Ka34
Mézeray F 28 Fc40
Mézérial F 34 Jb45
Mežica SLO 144 Fc56
Mézidon-Canon F 22 Fc36
Mézières-en-Brenne F 29 Gb43
Mézières-sur-Issoire F 33 Ga46
Mézilhac F 34 Ja50
Mézilles F 30 Hb40
Mezimĕstí CZ 137 Gb43
Mézin F 40 Fd53
Mezit TR 192 Ga81
Mezitler TR 192 Fb82
Mezőberény H 147 Jd55
Mezőcsát H 146 Jc51
Mezőfalva H 146 Hc55
Mezőhegyes H 147 Jd56
Mezőhék H 146 Jb54
Mezőkeresztes H 146 Jc51
Mezőkomáron H 145 Hb55
Mezőkovácsháza H 147 Jd56
Mezőkövesd H 146 Jc51
Mezőladany H 147 Kb50
Mezőörs H 145 Ha53
Mézos F 39 Fa52
Mézos F 39 Fa53
Mezőszilas H 146 Hc55
Mežotne LV 106 Kb52
Mezőtúr H 146 Jc54
Mežvidi LV 107 Ld50
Mezzana I 149 Db57
Mezzano I 150 Ea63
Mezzojuso I 166 Ed85
Mezzoldo I 149 Cd57
Mezzolombardo I 149 Dc57
Mgarr M 166 Ea87
Miączyn PL 131 Kd41
Miajadas E 51 Ca68
Mialet F 33 Ga48
Mialet F 41 Hd52
Miały PL 120 Ga35
Mianowice PL 121 Gc30
Miasteczko Krajeńskie PL 121 Gc34
Miasteczko Śląskie PL 138 Hc43
Miastko PL 121 Gc31
Miastków Kościelny PL 131 Jd38
Miastkowo PL 123 Jd33
Miavaig GB 4 Cd05
Miazzina I 148 Cb57
Mica RO 171 Db57
Mica RO 171 Db59
Micaičiai LT 114 Ka54
Micăsasa RO 175 Db60
Micereces de Tera E 45 Cb59
Miceşti RO 175 Da60
Miceşti RO 175 Dc64
Miceştii de Câmpie RO 171 Db58
Michaelchurch Escley GB 15 Eb26
Michaelnbach A 144 Fa50
Michajlovskoe RUS 203 Fc09
Michal'any SK 139 Ka49
Michalin PL 121 Hb35
Michałkowo PL 122 Jb30
Michalová SK 138 Ja48
Michalovce SK 139 Ka48
Michałów PL 131 Kd42
Michałów PL 138 Jb43
Michałowice PL 129 Gd42
Michałowice PL 138 Ja44
Michałowo PL 123 Kc33
Michelau D 134 Db45
Michelbach A 144 Ga51
Michelbach D 134 Da47
Micheldorf in Oberösterreich A 144 Fb52
Michelfeld D 134 Da47
Michelsdorf D 127 Ec37
Michelsneukirchen D 135 Eb47
Michelstadt D 134 Cd45
Michendorf D 127 Ed37
Michery F 30 Hb38
Michnowce PL 123 Kb30
Michorzewo PL 129 Gb37
Michów PL 131 Ka39
Mičići SRB 153 Ja63
Micılar TR 192 Fb82
Mickai LT 113 Jb55
Mickelsträsk S 80 Hb27
Mickhausen D 142 Dc50
Mickleton GB 11 Ed17
Micleşti MD 173 Fd57
Micleşti RO 173 Fb58
Micula RO 171 Cd54
Mičurin BG 186 Ea74
Mičurinsk RUS 203 Fb12
Midbea GB 5 Ec02
Middelbeers NL 124 Ba38
Middelburg NL 124 Ab38
Middelfart DK 108 Db26
Middelharnis NL 124 Ac37
Middelkerke B 21 Ha29
Middels D 117 Cb32
Middelstum NL 117 Bd33
Middenbeemster NL 116 Ba35
Middenmeer NL 116 Ba34
Middleham GB 11 Ed19
Middlemarsh GB 19 Ec30
Middle Rasen GB 17 Fc22
Middlesbrough GB 11 Fa18
Middleton GB 21 Gb25
Middleton in Teesdale GB 11 Ed17
Middleton-on-Sea GB 20 Fb30
Middleton-on-the-Wolds GB 16 Fb20
Middletown GB 9 Cc18
Middletown GB 15 Eb24
Middle Wallop GB 20 Ed29
Middlewich GB 15 Ec22
Midgeholme GB 11 Ec16
Midhurst GB 20 Fb30
Midıklı TR 192 Fc85
Midleton IRL 12 Bd26
Midlum D 108 Cd28
Midlum D 118 Cd32
Midrevaux F 31 Jc38
Midskog S 79 Fd30
Midsomer Norton GB 19 Ec29
Midsund N 76 Cd32
Midtgård N 65 Kd07
Midtre Fingervatn N 64 Ka06
Midtskogberget N 86 Ec37
Mid Yell GB 5 Fa03
Miechów PL 128 Fd36
Miechów PL 138 Ja43
Miechów-Charsznica PL 138 Ja43
Miechucino PL 121 Ha30
Miecze PL 123 Ka32
Miedes E 47 Ed62
Miedes de Atienza E 47 Ea62
Miedzichowo PL 128 Ga37
Miedzna PL 131 Jd36
Miedźno PL 130 Hc41
Międzybórz PL 129 Gd40
Międzybrodzie Bialskie PL 138 Hc45
Międzychód PL 128 Ga36
Międzygórze PL 137 Gc44
Międzyleś PL 131 Kc37
Międzylesie PL 137 Gc44
Międzyrzec Podlaski PL 131 Kb37
Międzyrzecz PL 128 Fd36
Międzywodzie PL 120 Fc31
Międzyzdroje PL 120 Fb32
Miegėnai LT 114 Kc55
Miehikkälä FIN 91 Lb37
Miehlen D 133 Ca43
Miejsce Piastowe PL 139 Ka45
Miejska Górka PL 129 Gc39
Miekak S 72 Gb18
Miękinia PL 129 Gc41
Miekojärvi S 73 Ja20
Miękowo PL 120 Fc33
Mielagėnai LT 115 Lc55
Miélan F 40 Fd55
Mielec PL 139 Jd43
Mielęcin PL 121 Gb34
Mielęcin PL 130 Hc36
Mielenko Drawskie PL 120 Ga33
Mieleszyn PL 129 Gd36
Mielnik PL 131 Kb36
Mielno PL 120 Fd33
Mielno PL 120 Ga30
Mielno PL 128 Fc39
Mielno PL 129 Gd36
Mieluskylä FIN 82 Ka26
Mielżyn PL 129 Gd37
Mieming A 142 Dc53
Miemo I 155 Db66
Mień PL 123 Ka35
Miera E 37 Cc55
Mieraslompolo FIN 64 Ka08
Mierašluobbal FIN 64 Ka08
Miercurea-Ciuc RO 176 Ea60
Miercurea Nirajului RO 171 Dc59
Miercurea Sibiului RO 175 Da61
Mierczany PL 128 Fc37
Mieres E 37 Cc55
Mieres E 49 Hb59
Miereszyn PL 121 Ha30
Mierlo NL 125 Bb39
Mierojokka N 68 Hd11
Mieroszów PL 129 Gb42
Miersig RO 170 Ca57
Mieruniszki PL 123 Ka30
Mierzawa PL 130 Ja42
Mierzęcice PL 138 Hc43
Mierzyno PL 121 Gd29
Miesbach D 143 Ea52
Mieścisko PL 121 Gc35
Miesenbach A 144 Ga53
Miesenbach D 133 Ca46
Mieslahti FIN 82 Kd25
Mieste D 127 Dd36
Miesterhorst D 127 Dd36
Mieszków PL 129 Gd38
Mieszkowice PL 120 Fb35
Mietków PL 129 Gb41
Mietoinen FIN 97 Jb39
Miettinen FIN 89 Jc34
Mieza E 45 Bd61
Mieżaičiai LV 114 Kb55
Mieżiškiai LT 114 Kd55
Mifol AL 182 Aa77
Migennes F 30 Hc39
Migliarino I 150 Ea62
Migliarino I 155 Da65
Miglionico I 162 Gc76
Mignano Monte Lungo I 161 Fa73
Migné F 29 Gb44
Mignères F 29 Ha39
Miguel Esteban E 53 Dd67
Miguelturra E 52 Db69
Mihăeşti RO 175 Dc64
Mihăeşti RO 180 Dc67
Mihai Bravu RO 177 Fc65
Mihai Bravu RO 180 Ea67
Mihai Eminescu RO 172 Ec55
Mihăileni MD 173 Fa54
Mihăileni MD 173 Fa54
Mihăileni RO 172 Ea59
Mihăileni RO 172 Eb54
Mihăileni RO 175 Db61
Mihăileşti RO 176 Ea66
Mihăileşti RO 176 Ec65
Mihail Kogălniceanu RO 173 Fa57
Mihail Kogălniceanu RO 177 Fa65
Mihail Kogălniceanu RO 177 Fc64
Mihail Kogălniceanu RO 181 Fc67
Mihailovca MD 173 Fc56
Mihailovca MD 173 Fd55
Mihailovca MD 173 Fd56
Mihailovca MD 173 Fd59
Mihai Viteazu RO 171 Da59
Mihai Viteazu RO 177 Fc66
Mihajlov RUS 203 Fa11
Mihajlovac SRB 174 Bb64
Mihajlovac SRB 174 Cb65
Mihajlovka RUS 203 Fd13
Mihajlovo BG 179 Cd68
Mihajlovo BG 180 Dd73
Mihajlovo RUS 113 Jd58
Mihajlovo SRB 174 Bb61
Mihajlovskoe RUS 107 Mb49
Mihălăşeni MD 173 Fa53
Mihălăşeni RO 172 Ed55
Mihálď H 145 Gd56
Mihalgazi TR 193 Gc81
Mihalıççık TR 193 Ha81
Mihalkovo BG 184 Da74
Mihalţ RO 175 Da60
Mihályfa H 145 Gd55
Mihas GR 188 Bb86
Miheşu de Câmpie RO 171 Db58
Mihkil EST 98 Kb45
Mihla D 126 Dc41
Mihnevo RUS 203 Fa10
Miholjska HR 158 Ha69
Mihovljan HR 151 Ga57
Miikkula FIN 91 Lc33
Miiluranta FIN 82 Kb27
Mijanès F 41 Gd57
Mijares E 46 Cd64
Mijas E 60 Cd76
Mijdrecht NL 116 Ba36
Mijoska SRB 159 Jb66
Mijoux F 31 Jd44
Mikaševičy BY 202 Eb13
Mikaszówka PL 123 Kb31
Mike H 152 Ha57
Mikeļtornis LV 105 Jc49
Míki GR 184 Db76
Mikicin PL 123 Kb32
Mikines GR 195 Bd87
Mikitamäe EST 107 Lc46
Mikkanen FIN 90 Kb35
Mikkelbostad N 67 Gb12
Mikkeli FIN 90 La34
Mikkelsnes N 65 Kc08
Mikkelvik N 62 Gd08
Mikkola FIN 69 Jd15
Mikkolanniemi FIN 91 Ld33
Miklavž na Dr. p. SLO 144 Ga56
Mikleuš HR 152 Ha59
Mikniūnai LT 114 Kb53
Mikołajki PL 122 Jc31
Mikołajki Pomorskie PL 122 Hc31
Mikolin PL 129 Gd42
Mikoliškiai LT 113 Jb55
Mikołów PL 138 Hc44
Míkonos GR 196 Db89
Mikorowo PL 121 Gd30
Mikorzyn PL 129 Ha40
Mikre BG 180 Db70
Mikrí Vólvi GR 184 Cc78
Mikró Dério GR 185 Ea76
Mikrókambos GR 183 Ca77
Mikrolímni GR 182 Ba77
Mikrolívado GR 182 Ba79
Mikromiliá GR 184 Cd75
Mikró Monastíri GR 183 Bd77
Mikró Perivoláki GR 189 Bd81
Mikrópoli GR 184 Cd76
Mikstat PL 129 Ha39
Mikulov CZ 137 Gc49
Mikulovice CZ 137 Gd44
Mikytai LV 114 Kb57
Miladinovci MK 178 Bc73
Miłakowo PL 122 Hd31
Milano E 45 Bd62
Milano I 149 Cc59
Milano Marittima I 150 Ea63
Milanovo BG 179 Cc70
Milanovo BG 181 Ec70
Milanovo SRB 178 Bd70
Milanów PL 131 Kb38
Milanówek PL 130 Jb37
Milaş RO 171 Dc58
Milas TR 197 Ed89
Milašaičiai LV 114 Kb56
Milašiūnai LT 114 Kb56
Milatkoviće SRB 178 Ba68
Milatos GR 201 Db95
Milazzo I 167 Fd83
Milborne Saint Andrew GB 19 Ec30
Milcoiu RO 175 Db64
Milcov RO 175 Db66
Milcovul RO 176 Ed62
Mildenberg D 119 Ed35
Mildenhall GB 20 Fd25
Mildı TR 192 Fd87
Mildstedt D 108 Da29
Miléa GR 182 Ba80
Miléa GR 183 Bc79
Mileanca RO 172 Ed54
Milehouse IRL 13 Cc24
Milejczyce PL 123 Kb35
Milejów-Wieś PL 131 Kb40
Milena I 166 Ed86
Mileševo SRB 153 Jb58
Milešov CZ 136 Fb46
Milešov CZ 136 Fa43
Mileşti MD 173 Fb57
Mileştii Mici MD 173 Fd58
Milestone IRL 13 Ca23
Mileszewy PL 122 Hc33
Miletićevo SRB 174 Bc62
Miletín CZ 136 Ga43
Miletkovo MK 183 Bd75
Mileto I 164 Gb82
Milevsko CZ 136 Fb46
Milewo Gałązki PL 123 Jd32
Milford GB 20 Fb29
Milford Haven GB 18 Db27
Milhars F 41 Gd52
Mili GR 195 Bd88
Miliá GR 185 Ea75
Miliá GR 194 Bc87
Miliá GR 194 Bc90
Milianni I 167 Fa84
Milice PL 137 Ha44
Milići BIH 159 Hd64
Miličín CZ 136 Fc46
Miličinica SRB 153 Jb63
Milicz PL 129 Gd39
Miliés GR 189 Ca82
Milín CZ 136 Fa46
Milína GR 189 Cb82
Milino MK 183 Bc74
Miliotádes GR 182 Ad80
Milis I 169 Bd77
Milişăuţi RO 172 Eb55
Militello in Val di Catania I 167 Fc86
Militsa GR 194 Ba89
Miljana HR 151 Ga58
Miljen BIH 159 Hd67
Miljević SRB 174 Bd64
Miljevina BIH 159 Hc66
Miljkovac SRB 178 Bd68
Miljutino RUS 99 Mb44
Miłki PL 122 Jc31
Milkjovci BG 179 Cb71
Milkovica BG 180 Db68
Millancay F 29 Gc41
Millares E 54 Fb68
Millas F 41 Ha57
Millau F 41 Hb52
Millerovo RUS 203 Fc14
Millesimo I 148 Bd63
Millesvik S 94 Ed45
Millevaches F 33 Gd47
Millford IRL 9 Cb15
Mill Hill GB 20 Fc27
Millinge DK 108 Dc27
Millingen aan de Rijn NL 125 Bc37
Millisle GB 10 Db17
Millom GB 11 Eb19
Millport GB 6 Dc13
Mill-Sint Hubert NL 125 Bb38
Millstatt A 143 Ed55
Millstreet IRL 12 Bc25
Millstreet IRL 13 Ca25
Milltown GB 11 Eb16
Milltown GB 19 Dd29
Milltown IRL 8 Bd20
Milltown IRL 12 Bb24
Milltown Malbay IRL 12 Bb22
Milly-la-Forêt F 29 Gd38
Milly-le-Meugnon F 28 Fc42
Milmarcos E 47 Ec62
Milmersdorf D 120 Fa34
Milna HR 158 Gb68
Milnathort GB 7 Eb12
Milngavie GB 10 Dd13
Milnthorpe GB 11 Ec19
Milo I 167 Fd85
Miloćaj SRB 178 Ba67
Miločer MNE 159 Hd70
Miłocice PL 121 Gc31
Miłogórze PL 122 Ja31
Miłomłyn PL 122 Hd32
Miłoradz PL 121 Hb31
Miloşeşti RO 176 Ed65
Miloševa Kula SRB 174 Ca66
Milošev Do SRB 159 Jb66
Miloševo SRB 174 Cb66
Miłosław PL 129 Gd37
Milos = Pláka GR 195 Cd91
Milot AL 163 Jb72
Milotice CZ 137 Gd48
Milovaig GB 4 Da07
Milow D 127 Eb36
Milówka PL 138 Hc46
Mils bei Imst A 142 Db54
Miltach D 135 Ec47
Milte D 125 Cb37
Miltenberg D 134 Cd45
Miltern D 127 Eb36
Milton GB 5 Ea07
Milton GB 7 Dd08
Milton Abbas GB 19 Ec30
Milton Abbot GB 18 Dc31
Milton Keynes GB 20 Fb26
Miltzow D 119 Ed31
Milutinovac SRB 174 Cb65
Milverton GB 19 Ea29
Milwich GB 16 Ed23
Milžavėnai LT 114 Ka56
Milżyn PL 129 Hb36
Mimizan F 39 Fa52
Mimizan-Plage F 39 Fa52
Mimoň CZ 136 Fc43
Mína GR 194 Bc91
Mina da Juliana P 50 Ad71
Mina de São Domingos P 58 Ba72
Miñagón E 37 Bd54
Minard GB 6 Dc12
Minare TR 198 Fd92
Minas de Riotinto E 59 Bc72
Minaya E 53 Eb68
Mincenii de Jos MD 173 Fd56
Minchinhampton GB 19 Ec27
Minde P 50 Ac66
Mindelheim D 142 Db51
Mindelo P 44 Ac60
Mindelstetten D 135 Ea48
Minden D 126 Cd36
Mindic MD 173 Fb54
Mindja BG 180 Ea71
Mindreşti MD 173 Fc56
Mindszent H 146 Jb56
Mindtangen N 70 Ed22
Minehead GB 19 Ea29
Mineo I 167 Fc86
Mineralni bani BG 184 Dc74
Mineral'nye Vody RUS 205 Ga16
Minerbe I 149 Dc60
Minerbio I 150 Dd62
Minerve F 41 Ha55
Minervino Murge I 162 Gb74
Minety GB 20 Ed27
Minfeld D 133 Cb47
Minfford GB 15 Dd24
Mingajny PL 122 Hd30
Mingajny PL 122 Ja30
Mingir MD 173 Fc59
Minglanilla E 54 Ed67
Mingorría E 46 Cd63
Minićevo SRB 179 Ca68
Minija LT 113 Jb56
Mining A 143 Ed50
Miniszków PL 130 Ja40
Minkiö FIN 89 Jd38
Minkowskie PL 129 Gd41
Minnetler TR 191 Ed82
Minnetler TR 192 Fc84
Miño de Medinaceli E 47 Eb62
Miño de San Esteban E 46 Dd61
Miñol E 36 Ba54
Minot F 30 Ja40
Miňovce SK 139 Jd47
Minsk BY 202 Ea12
Mińsk Mazowiecki PL 130 Jc37
Minster GB 21 Ga28
Minster GB 21 Gb28
Minster Lovell GB 20 Fa27
Mintia RO 175 Cc60
Mintiu Gherlii RO 171 Db57
Mintlaw GB 5 Ed08
Mintraching D 135 Eb48
Minturno I 160 Ed73
Mioarele RO 176 Dd63
Miočinovići HR 152 Gb60
Miodnica PL 128 Ga39
Miokovci SRB 159 Jc64
Miomo F 154 Cc68
Mionica SRB 153 Jb63
Mions F 34 Jb47
Mios F 32 Fa51
Mioska MNE 159 Ja68
Miotek PL 138 Hc43
Mioveni RO 175 Dc64
Míra E 54 Ed67
Míra GR 188 Bb85
Mira GR 189 Bd81
Mira I 150 Ea60
Mira P 44 Ac63
Mirabeau F 42 Jd53
Mirabel E 51 Ca66
Mirabel F 34 Ja50
Mirabel F 34 Jb50
Mirabel F 40 Gc52
Mirabel-aux-Baronnies F 42 Jc51
Mirabella Eclano I 161 Fc74
Mirabella Imbaccari I 167 Fb86
Mirachowo PL 121 Ha30
Miradoux F 40 Ga53
Miraflores de la Sierra E 46 Dc63
Miralrío E 47 Ea63
Miramar F 43 Kc54
Miramar P 44 Ac61
Miramare I 156 Eb64
Miramas F 42 Jb54
Mirambeau F 32 Fb48
Mirambel E 48 Fc64
Miramont-de-Guyenne F 32 Fd51
Miranda de Arga E 39 Ec58
Miranda de Ebro E 38 Ea57
Miranda del Castañar E 45 Ca64
Miranda do Corvo P 44 Ad64
Miranda do Douro P 45 Ca60
Mirande F 40 Fd54
Mirandela P 45 Bc60
Mirandilla E 51 Bd68
Mirandola I 149 Dc61
Mirandol-Bourgnounac F 41 Gd52
Miranje HR 157 Ga65
Mirano I 150 Ea59
Mirantes de Luna E 37 Cb56
Miraš KSV 178 Bb71
Mirăslău RO 171 Da59
Miraumont F 23 Ha32
Miravci MK 183 Bd75
Miravet E 48 Ga62
Miravete E 48 Fb64
Mircea Vodă RO 176 Ed64
Mircea Vodă RO 181 Fb67
Mirceşti RO 172 Ed57
Mircze PL 131 Kd41
Miré F 28 Fb40
Mirebeau F 28 Fd44
Mirebeau-sur-Bèze F 30 Jb41
Mirebel F 31 Jc43
Mirecourt F 31 Jd38
Miren SLO 150 Ed58
Mirepoix F 41 Gd56
Mires GR 200 Cd96
Mireşti MD 173 Fc58
Mireşu Mare RO 171 Da55
Mireval F 41 Hd54
Miribel F 34 Jb46
Miričina BIH 153 Hc62
Mírina GR 190 Db81
Miriokéfala GR 200 Cc95
Mirkovo BG 179 Cd71
Mirmande F 34 Jb50
Mirna SLO 151 Fc58
Mirocin PL 128 Fd39
Mirojedy RUS 107 Ma51
Mironeasa RO 173 Fa58
Mirones E 38 Dc55
Miroševce SRB 178 Bd70
Miroşi RO 175 Dc66
Miroslav CZ 137 Gb48
Miroslava RO 173 Fa57
Miroslavas LT 114 Kc59
Mirosławiec PL 120 Ga33
Miroslovești RO 172 Ec57
Mirošov CZ 136 Fa46
Mirostowice PL 128 Fc39
Mirotice CZ 136 Fa47
Mirovci BG 181 Ed69
Mirovec BG 181 Ec70
Mirovice CZ 136 Fa46
Mirović Zagora HR 158 Gb65
Mirovo BG 179 Ca72
Mirovo BG 180 Ea70
Mirow D 119 Ec34
Mirów PL 130 Hd42
Mirów PL 130 Jc40
Mirşid RO 171 Cd56
Mirsína GR 183 Bb79
Mirsíni GR 194 Bc90
Mirsk PL 128 Fd41
Mirto I 165 Gd79
Mírtos GR 201 Db96
Mirzec PL 130 Jc40
Misa LV 106 Kc52
Misano Adriatico I 156 Eb64
Mişca RO 170 Ca58
Mischii RO 175 Da66
Misefa H 145 Gc55
Miševo RUS 99 Ma39
Misi FIN 74 Kb18
Misilmeri I 166 Ec84
Mišinci BIH 152 Hb61
Mišiniai LV 123 Kb30
Miske H 146 Hd56
Miskolc H 146 Jc50
Miskolctapolca H 146 Jc51
Misliče SLO 151 Fa59
Mislina HR 158 Ha68
Mislinja SLO 144 Fd56
Mišnjak HR 151 Fc62
Missanello I 162 Gb77
Missen D 142 Da52
Missenträsk S 72 Ha24
Missery F 30 Hd42
Missillac F 27 Ec41
Misso EST 107 Lc47
Mistegná GR 191 Ea83
Mistelbach A 137 Gb49
Mistelbach D 135 Ea45
Mistelgau D 135 Dd45
Misten N 66 Fc17
Misterbianco I 167 Fc86
Misterdalsetra N 86 Eb35
Misterhult S 103 Gb50
Mistrás GR 194 Bc89
Mistretta I 167 Fb84
Mistrós GR 189 Cc85
Mišučiai LT 113 Jd56
Misurina I 143 Eb56
Misvær N 71 Fc18
Misvak TR 191 Ea82
Misy-sur-Yonne F 30 Hb38
Miszewo PL 121 Ha30
Miszewo Murowane PL 130 Hd36
Mitáto GR 201 Dd96
Mitcham GB 20 Fc28
Mitchell GB 18 Db31
Mitchelstown IRL 12 Bd24
Mithimna GR 191 Ea83
Mitikas GR 188 Ac82
Mitikas GR 188 Ad83
Mitilíni GR 191 Ea83
Mitilinií GR 197 Eb88
Mitkovcy RUS 107 Ld47
Mitlo HR 158 Gb66
Mitoc RO 172 Ed54
Mitocu Dragomirnei RO 172 Ec55
Mitragalys LT 114 La53
Mitrašinci MK 183 Ca74
Mitreni RO 181 Ec67
Mitrofanovka RUS 203 Fb14
Mitrópoli GR 188 Bb81
Mitrova Reka SRB 178 Ba68
Mitrovica SRB 153 Ja61
Mitrovići BIH 152 Hb63
Mitrovo SRB 178 Bb68
Mitry-Mory F 23 Ha36
Mitsero CY 206 Jb97
Mittådalen S 86 Ed32
Mittelbach D 127 Ec42
Mittelberg A 142 Da53
Mittelberg A 142 Dc55
Mittelbiberach D 142 Da51
Mitteldorf an der Raab A 144 Ga54
Mitteleschenbach D 134 Dc47
Mittelherwigsdorf D 128 Fc42
Mittelsinn D 134 Da44
Mittelurbach D 142 Da51
Mittenaar D 126 Cc42
Mittenwald D 143 Dd53
Mittenwalde D 120 Fa34
Mittenwalde D 128 Fa37
Mitterbach am Erlaufsee A 144 Fd52
Mitterfels D 135 Ec48
Mitterkirchen im Machland A 144 Fc51
Mittersheim F 25 Ka36
Mittersill A 143 Eb54
Mitterskirchen D 143 Ec50
Mitterteich D 135 Eb45
Mitterweissenbach A 144 Fa52
Mittet N 77 Da32
Mittewald an der Drau A 143 Eb55
Mittliden S 79 Fb25
Mittweida D 127 Ec41
Mittweide D 128 Fb38
Mitwitz D 135 Dd44
Mizija BG 179 Cd68
Mizil RO 176 Eb64
Mjadzel BY 202 Ea12
Mjakiševo RUS 107 Mb50
Mjaksa RUS 202 Ed08
Mjåland N 92 Cb44
Mjåland N 93 Da45
Mjäldrunga S 102 Ed48
Mjällby S 111 Fc54
Mjällom S 80 Gd31
Mjåvatn N 93 Db45
Mjåvatn N 93 Da46
Mjelde N 66 Fc15
Mjell N 84 Cc36
Mjels DK 108 Db27
Mjöbäck S 102 Ed50
Mjöhult S 110 Ec54
Mjölby S 103 Fd47
Mjölkberg S 72 Gc22
Mjölkvattnet S 78 Fa28
Mjølvik N 62 Gc08
Mjømna N 84 Ca37
Mjönäs S 94 Fa42
Mjøndalen N 93 Dd42
Mjønes N 77 Dd29
Mjørlund N 85 Ea39
Mjösjöby S 80 Gd28
Mjösund FIN 97 Jb40
Mladá Boleslav CZ 136 Fc43
Mladá Vožice CZ 136 Fc46
Mladé Buky CZ 136 Ga43
Mladen BG 180 Dc70
Mladenovac SRB 174 Bb65
Mladenovo SRB 153 Hd60
Mladikovina BIH 152 Ha63
Mladinovo BG 185 Ea74
Mlado MK 178 Bc74
Mladotice CZ 135 Ed45
Mladovo BG 180 Ea72
Mláka CZ 136 Fc48
Mlanča SRB 178 Ba68
Mława PL 122 Ja34
Mlebniko RUS 203 Fd08
Mlečevo BG 180 Dc71
Mlečino BG 184 Dc75
Mleczno PL 129 Gb40
Mlekarevo BG 180 Ea73
Mlik AL 182 Ab75
Mlini HR 159 Hc69
Mliništa BIH 158 Gc64
Mljetičak MNE 159 Ja68
Młock PL 122 Ja35
Młodasko PL 129 Gb36
Młodoszowice PL 129 Gd42
Młodzawy PL 138 Jb43
Młodzianów PL 129 Gd39
Młodzieszyn PL 130 Ja37
Młogoszyn PL 130 Hd37
Młynary PL 122 Hd30
Młynarze PL 122 Jc34
Mlyniv UA 204 Ea15
Mlýny CZ 136 Fc47
Mnich CZ 136 Fc47
Mnichovice CZ 135 Ec44
Mnichovice CZ 136 Fc45
Mnichovo Hradiště CZ 136 Fc43
Mnichów PL 130 Jb42
Mnin PL 130 Ja41
Mniów PL 130 Jb41
Mníšek nad Hnilcom SK 138 Jc48
Mniszew PL 130 Jc38
Mo N 70 Ed23
Mo N 76 Cd33
Mo N 77 Dc31
Mo N 84 Cb38

Muro - Nejdek

Muro P 44 Ad60
Muro de Aguas E 47 Ec59
Muro del Alcoy E 55 Fb70
Murol F 34 Hb47
Murole FIN 89 Jd34
Muro Leccese I 163 Hc77
Muro Lucano I 161 Fd75
Murom RUS 203 Fb10
Muromskoe RUS 113 Ja58
Muron F 32 Fb46
Murony H 147 Jd55
Muros E 36 Ac55
Murovicy RUS 107 Ld46
Murów PL 129 Ha42
Murowana Goślina PL 129 Gc36
Mürren CH 141 Bd55
Murrhardt D 134 Da48
Murronkylä FIN 74 Kb24
Murs F 42 Jc53
Mursal TR 198 Ga92
Mursalevo BG 179 Cb73
Mursallı TR 185 Ec78
Mursallı TR 197 Ed88
Mürseller TR 192 Fd81
Mürseller TR 199 Gb89
Mûrs-Erigné F 28 Fb42
Murska Sobota SLO 145 Gb56
Mursko Središće HR 145 Gb56
Mursley GB 20 Fb26
Murtamo FIN 89 Ja37
Murtas E 61 Dd76
Murten CH 141 Bc54
Murter HR 157 Ga65
Murtino MK 183 Ca75
Murto FIN 74 Ka24
Murtoi FIN 83 Ma31
Murtoinen FIN 90 Kd32
Murtolahti FIN 82 La29
Murtomäki FIN 82 Kd26
Murtomäki FIN 82 Kc28
Murton GB 11 Fa17
Murtoranta FIN 83 Ld28
Murtosa P 44 Ac62
Murtovaara FIN 75 Lc24
Murtovaara FIN 75 La20
Murtovaara FIN 83 Lc27
Muruvik N 78 Eb30
Murvica HR 157 Fd64
Murviel-lès-Béziers F 41 Hb54
Mürzsteg A 144 Fd52
Murzynko PL 121 Hb35
Murzynowo PL 128 Fd36
Mürzzuschlag A 144 Ga53
Muş TR 205 Ga20
Muša RUS 203 Fd08
Musaca TR 192 Fa84
Musaitu MD 177 Fc62
Musaköy TR 192 Ga83
Musalar TR 192 Fd83
Musamaa FIN 81 Jc30
Muşăteşti RO 175 Dc63
Müsch D 125 Bd42
Müschenbach D 125 Cb42
Muselievo BG 180 Dc68
Müsellim TR 185 Ed76
Muşeniţa RO 172 Eb54
Muşeteşti RO 175 Cd63
Musetrene N 85 Dc36
Musina BG 180 Dd70
Musken N 66 Ga15
Muskö S 96 Gd44
Muslu TR 187 Hb76
Musninkai LT 114 Kd57
Musorka RUS 203 Ga10
Mušovića Rijeka MNE 159 Jb68
Musqetë AL 182 Ac75
Mussalo FIN 90 La38
Musselburgh GB 11 Eb13
Musselkanaal NL 117 Ca34
Mussidan F 32 Fd49
Mussomeli I 166 Ed85
Mussy-sur-Seine F 30 Ja39
Mustadfors S 94 Ec45
Mustafakemalpaşa TR 192 Fb81
Müstair CH 142 Db56
Mustajärvi FIN 89 Jb33
Mustajärvi FIN 89 Jd34
Mustajoki FIN 89 Jb35
Mustalahti FIN 90 Ka34
Mustalammi FIN 89 Jb33
Mustamaa FIN 81 Jd29
Mustamaa FIN 82 Kb25
Mustansalo FIN 82 La31
Mustasaari FIN 81 Ja30
Mustaskulma FIN 90 Ka35
Mustavaara FIN 75 La22
Mustavaara FIN 75 Kc20
Musteața MD 173 Fa56
Mustecep TR 185 Ec78
Mustikkaperä FIN 82 Ka30
Mustila FIN 90 Kd37
Mustinlahti FIN 83 Lb30
Mustinmäki FIN 82 La31
Mustinsalo FIN 91 Lb32
Mustio FIN 98 Ka40
Mustjala EST 105 Jc46
Mustla EST 106 La46
Mustola FIN 69 Kb11
Mustolanmäki FIN 82 Kd31
Mustolanmäki FIN 82 La28
Mustvee EST 99 Lb43
Musulcali TR 191 Ed85
Musut SRB 179 Ca71
Mušutište KSV 178 Ba72
Muszaki PL 122 Ja33
Muszyna PL 138 Jc46
Muta SLO 144 Fd56
Mutala FIN 89 Jd35
Mutalahti FIN 83 Mb30
Mutapohja FIN 82 Kb31
Mutěnice CZ 137 Gc48
Muthill GB 7 Ea12
Mutka FIN 74 Jd20
Mutlangen D 134 Da48
Mutlu TR 191 Eb83
Mutluca TR 197 Ed90
Muttalip TR 193 Gc81
Mutterberg-Alm A 142 Dc54
Mutters A 143 Dd54
Mutterstadt D 133 Cb46
Mutxamel E 55 Fb71
Mutzig F 25 Kb37
Mützlitz D 127 Ec36
Mutzschen D 127 Ec40
Muurame FIN 90 Kb33
Muurasjärvi FIN 82 Ka28
Muurikkala FIN 91 Lb37
Muurla FIN 97 Jd39
Muurola FIN 74 Jd19
Muurola FIN 91 Lb37
Muuruvesi FIN 82 La29
Muuskonkangas FIN 74 Kb18
Müüsleri EST 98 Kd43
Muvga EST 98 Kb42
Muxia E 36 Ac54
Muzga BG 180 Dc71
Muzillac F 27 Eb41
Muzinë AL 182 Ac79
Mužla SK 146 Hc52
Mužlja SRB 153 Jc60
Mužlja SRB 174 Bb62
Muzzana del Turgnano I 150 Ec58
Mybster GB 5 Eb04
Mychajlivka UA 205 Fa16
Mycielin PL 129 Ha38
Myckelgensjö S 80 Gc29
Myckle S 80 Hc25
Myckleby S 102 Eb47
Myckling S 80 Gd30
Myczków PL 139 Kb46
Myddfai GB 15 Dd26
Mydland N 92 Cb45
Mydroilyn GB 15 Dd25
Myggenäs S 102 Eb48
Myhinpää FIN 82 Kd31
Myjava SK 137 Gd49
Mykanów PL 130 Hc41
Myking N 84 Ca38
Mykland N 93 Da45
Myklebostad N 66 Ga13
Myklebostad N 66 Fc16
Myklebostad N 92 Cd45
Myklebust N 84 Ca35
Myklenes N 67 Gb11
Myklestøyl N 92 Cd44
Mykolajiv UA 204 Dd15
Mykolajiv UA 204 Ed16
Mykolajivka UA 205 Fa17
Mylau D 135 Eb43
Myllperä FIN 90 Ka33
Myllyaho FIN 82 Ka29
Mylly-Karttu FIN 89 Jc34
Myllykoski FIN 81 Jb31
Myllykoski FIN 90 La37
Myllykoski FIN 90 Kb36
Myllykylä FIN 89 Jb32
Myllykylä FIN 89 Jd38
Myllykylä FIN 90 Ka35
Myllykylä FIN 98 Ka39
Myllylahti FIN 75 Lb23
Myllymaa FIN 89 Jc36
Myllymäki FIN 89 Jd32
Myllypohja FIN 90 Kc37
Mylopótamos GR 195 Bd92
Mylund DK 100 Dc20
Mynamäki FIN 89 Jb38
Mynterlä FIN 98 Ka39
Myntttilä FIN 90 Kd35
Myon F 31 Jd42
Myöntäjä FIN 89 Jb35
Myr N 66 Fd16
Myra S 87 Gb35
Myran N 78 Ea29
Myrane N 92 Ca45
Myrås S 72 Gc22
Myrbacka S 72 Gd21
Myrbakken N 64 Ka06
Myre N 66 Fd11
Myre N 66 Fc12
Myreng N 85 Dc36
Myresjö S 103 Fc50
Myrhaug N 67 Gd11
Myrheden S 73 Hb21
Myrheden S 73 Hb23
Myrholen S 95 Fc40
Myrhorod UA 202 Ed14
Myrkdalen N 84 Cc38
Myrkky FIN 89 Jb33
Myrland N 66 Fd12
Myrland N 66 Fa14
Myrlandshaugen N 67 Gb12
Myrmoen N 86 Ec32
Myrnes N 63 Hc07
Myronivka UA 204 Ec15
Myrorna S 80 Hc28
Myrset N 64 Jb06
Myrset N 78 Ed27
Myrskylä FIN 90 Kc38
Myrtou CY 206 Ja96
Myrvika N 78 Ec26
Myrviken S 79 Fb31
Mysen N 94 Eb43
Myshall IRL 13 Cc23
Myślachowice PL 138 Hd44
Myślenice PL 138 Ja45
Myślibórz PL 120 Fc35
Myślibórz PL 128 Ga41
Myślice PL 122 Hc31
Myślina PL 129 Hb42
Mysłowice PL 138 Hc44
Mysovka RUS 113 Jb57
Myssjö S 79 Fb31
Mystki PL 120 Fc35
Myszków PL 130 Hd42
Myszyniec PL 122 Jc33
Mytišči RUS 202 Ed10
Mýtna SK 138 Hd49
Mýto CZ 136 Fa45
Mýto pod Ďumbierom SK 138 Ja48
Mzurki PL 130 Hd40

N

Naakenavuoma FIN 68 Jc15
Naaldwijk NL 116 Ac36
Naamanka FIN 75 Kc21
Naamijoki FIN 74 Jb18
Naantali FIN 97 Jb39
Naappila FIN 90 Ka35
Naapurinvaara FIN 82 La26
Naarajärvi FIN 83 Ld28
Naarajärvi FIN 90 Kd32
Naarajoki FIN 81 Ja31
Naaranlahti FIN 91 Ld33
Naarden NL 116 Ba36
Näärinki FIN 90 La33
Naarminkylä FIN 89 Jc33
Naartijärvi S 73 Jb21
Naarva FIN 83 Ma28
Naas IRL 13 Cc22
Näätämö FIN 65 Kc08
Näätänmaa FIN 83 Lb31
Näätävaara FIN 75 Lb23
Naatule FIN 89 Jc37
Nabbelund S 104 Gc50
Nabburg D 135 Eb46
Naberežny Čelny RUS 203 Ga08
Naburn GB 16 Fb20
Nabuvoll N 86 Eb33
Nacak TR 185 Ec76
Na Cealla Beaga IRL 8 Ca16
Načeradec CZ 136 Fc46
Nachamps F 32 Fb46
Náchod CZ 137 Gb43
Nachrodt-Wiblingwerde D 125 Ca39
Nacimiento E 61 Ea75
Nacina Ves SK 139 Ka48
Näckådalen S 87 Fb37
Nackenheim D 133 Cb44
Naclaw PL 121 Gb31
Na Clocha Liatha IRL 13 Da22
Nacpolsk PL 130 Ja36
Nad IRL 12 Bc25
Nadalj SRB 153 Jb59
Nadarevo BG 181 Ec70
Nadarzyce PL 121 Gb33
Nadarzyn PL 130 Jb37
Nădaş RO 170 Ca59
Nádasd H 145 Gc55
Nádasdladány H 145 Hb54
Nadbory PL 123 Ka33
Naddvik N 85 Da37
Nådendal = Naantali FIN 97 Jb39
Nadeş RO 175 Dc60
Nadezdino RUS 122 Ja30
Nădlac RO 170 Bc59
Nădrag RO 174 Ca61
Nadrljan SRB 153 Jb58
Nádudvar H 147 Jd53
Năduşita MD 173 Fb54
Nadvirna UA 204 Ea16
Năeni RO 176 Ec64
Nærbø N 92 Ca45
Nærestad N 93 Db45
Nærøy N 78 Eb25
Nærøy N 84 Cc37
Nærsnes N 93 Dd42
Næs DK 109 Eb28
Næsbjerg DK 108 Da25
Næstved DK 109 Eb27
Näfels CH 142 Cc54
Nafızpaşa TR 192 Ga81
Náfpaktos GR 188 Bb85
Náfplio GR 195 Bd88
Nafria de Llana E 47 Ea60
Nag N 92 Ca43
Nagajbakovo RUS 203 Ga08
Nagele NL 116 Bb35
Naggen S 87 Ga34
Naglarby S 95 Fd40
Naglestad N 92 Cc46
Nagļi LV 107 Lb52
Nagļi LV 107 Lc51
Nagłowice PL 130 Ja42
Nagold D 134 Cc49
Nagore E 39 Ed57
Nagor'e RUS 202 Ed09
Nagórki PL 130 Hc37
Nagoszewo PL 123 Jd35
Nago-Torbole I 149 Dc58
Nagu FIN 97 Jb40
Nagyalásony H 145 Gd54
Nagyatád H 152 Gd57
Nagybajom H 152 Ha57
Nagybaracska H 153 Hd58
Nagyberki H 152 Hb57
Nagybörzsöny H 146 Hc51
Nagycenk H 145 Gc53
Nagydobos H 147 Kb50
Nagydorog H 146 Hc56
Nagyecsed H 147 Kb51
Nagyfüged H 146 Jb52
Nagyhalász H 147 Ka50
Nagyharsany H 153 Hc58
Nagyigmánd H 145 Hb52
Nagyiván H 146 Jc52
Nagykálló H 147 Ka51
Nagykamarás H 147 Jd56
Nagykanizsa H 145 Gc56
Nagykáta H 146 Ja53
Nagykereki H 147 Ka53
Nagykónyi H 145 Hb56
Nagykőrös H 146 Ja54
Nagylak H 153 Jc57
Nagylengyel H 145 Gc55
Nagylóc H 146 Ja51
Nagymágocs H 146 Jc56
Nagymányok H 153 Hc57
Nagymaros H 146 Hc52
Nagynyárád H 153 Hc58
Nagyoroszi H 146 Hd51
Nagypeterd H 152 Ha58
Nagyrábé H 147 Jd53
Nagyrécse H 145 Gd56
Nagyszékely H 146 Hc56
Nagyszénás H 146 Jc55
Nagyvázsony H 145 Ha55
Nagyvenyim H 146 Hc55
Naha EST 99 Lc45
Naharros E 53 Ea66
Nahe D 118 Dc32
Nahimovo RUS 113 Jb58
Nahkela FIN 98 Kb39
Nahkiaisoja FIN 74 Jc20
Nahrendorf D 119 Dd34
Nahwinden D 127 Dd42
Naidaş RO 174 Bd64
Naila D 135 Ea43
Nailloux F 40 Gc55
Nailly F 30 Hb39
Nailsea GB 19 Eb28
Nailstone GB 16 Fa24
Nailsworth GB 19 Ec27
Naılköy TR 185 Ed78
Nairn GB 5 Ea07
Naisjärv S 73 Hd19
Naitisuanto S 67 Hb16
Naiviai LT 114 Kd54
Naizin F 27 Eb39
Najac F 41 Gd52
Najdenovo BG 180 Dc73
Nájera E 38 Ea58
Nakielno PL 121 Gb34
Näkkälä FIN 68 Ja12
Nakkaş TR 186 Fc77
Nakkeri FIN 90 Kb34
Nakkeslett N 62 Gd07
Nakkila FIN 89 Jb36
Nakło PL 139 Kb43
Nakło PL 130 Hd42
Nakło PL 137 Ha43
Nakło SLO 151 Fb57
Nakło nad Notecią PL 121 Gd34
Nakolec MK 182 Ba76
Nakomiady PL 122 Jc31
Nakovo SRB 153 Jc58
Nakovo SRB 174 Bb60
Nakskov DK 109 Ea28
Nalbant RO 177 Fc64
Nalbantlar TR 197 Ed88
Nal'čik RUS 205 Ga17
Nalda E 39 Eb58
Nälden S 79 Fb30
Naldöken TR 191 Ec86
Nałęczów PL 131 Ka40
Naleda E 36 Bc55
Nalepkovo SK 138 Jc48
Nalınlar TR 192 Fc81
Näljänka FIN 75 Kd22
Nalkki FIN 75 Kd24
Nalliers F 32 Fa45
Nallıhan TR 187 Ha80
Nalzen F 40 Gc56
Nalžovské Hory CZ 135 Ed47
Námata GR 189 Bd81
Namazgâh TR 191 Ec81
Nambroca E 52 Db66
Namdalseid N 78 Eb27
Nämdö S 96 Ha44
Namen = Namur B 124 Ad42
Náměšť nad Oslavou CZ 137 Gb47
Náměšť na Hané CZ 137 Gc46
Námestovo SK 138 Hd46
Namiķi LV 105 Jd52
Namna N 94 Ec39
Nämoloasa RO 177 Fa63
Nampcel F 24 Hb34
Nämpnäs FIN 89 Hd32
Nampont F 23 Gc32
Namsos N 78 Ec26
Namsskogan N 78 Fa25
Namsvatn N 79 Fb25
Namur B 124 Ad42
Namysłów PL 129 Gd41
Nana RO 181 Ec67
Nançay F 29 Gd42
Nanclares de la Oca E 38 Ea56
Nancras F 32 Fb47
Nancray F 31 Jd41
Nancy F 25 Jd37
Nandlstadt D 135 Ea49
Năneşti RO 177 Fa63
Nangis F 30 Hb38
Nannerch GB 15 Eb22
Nanov RO 180 Dd67
Nans-les-Pins F 42 Jd54
Nans-sous-Sainte-Anne F 31 Jd42
Nant F 41 Hc53
Nant-ddu GB 19 Ea27
Nanterre F 23 Gd37
Nantes F 28 Ed42
Nantes P 44 Bb59
Nanteuil-en-Vallée F 32 Fd46
Nanteuil-la-Forêt F 24 Hc36
Nanteuil-le-Haudouin F 23 Ha36
Nantgaredig GB 15 Dd26
Nantiat F 33 Gb46
Nanton F 30 Jb44
Nantua F 35 Jc45
Nantwich GB 15 Ec23
Nantyffyllon GB 19 Ea27
Nantyglo GB 19 Eb27
Nant-y-moel GB 19 Ea27
Naours F 23 Gd33
Náousa GR 196 Db90
Náoussa GR 183 Bc77
Năpădeni MD 173 Fb56
Năpadova MD 173 Fc54
Nāpågard N 93 Db41
Napajedla CZ 137 Gd47
Napierki PL 122 Ja33
Napiwoda PL 122 Ja33
Napkor H 147 Ka51
Napoli I 161 Fb75
Năpradea RO 171 Cd56
Napton GB 20 Fa25
Náquera E 54 Fb67
När S 104 Ha50
Narač BY 202 Ea12
Ňarad SK 145 Ha52
Nárai H 145 Gc54
Narberth GB 18 Dc27
Narbolia I 169 Bd77
Narbonne F 41 Hb55
Narbonne-Plage F 41 Hb55
Narcao I 169 Bd80
Narcy F 30 Hb42
Nard HR 153 Hc59
Nardevitz D 120 Fa29
Nardò I 162 Hb77
Narečenski bani BG 184 Db74
Narew PL 123 Kc34
Narewka PL 123 Kc34
Närhilä FIN 82 Kc31
Narila FIN 90 La33
Narinceli TR 192 Fc86
Nariņciems LV 105 Jd50
Narjoki FIN 89 Ja37
Narjordet N 86 Eb33
Narkaus FIN 74 Ka19
Narken S 73 Ja18
Narlı TR 185 Ed79
Narlı TR 193 Hb81
Narman TR 205 Ga19
Narni I 156 Eb69
Naro I 166 Ed86
Narodowy PL 137 Gb43
Naro-Fominsk RUS 202 Ed10
Narol PL 131 Kc42
Narón E 36 Bb56
Narost PL 120 Fb35
Narovlja BY 202 Eb13
Närpes FIN 89 Hd33
Närpiö FIN 89 Hd33
Narros del Castillo E 46 Cd63
Närsäkkälä FIN 91 Ma32
Narsdorf D 127 Ec41
Närsen S 95 Fb40
Narta AL 182 Aa77
Narta HR 152 Gc58
Nartkala RUS 205 Ga17
Närtuna S 96 Gd42
Narty PL 122 Jb32
Năruja RO 176 Ec62
Nårunga S 102 Ed48
Naruska FIN 69 Kd16
Naruszewo PL 130 Ja36
Narva EST 99 Lc41
Narva FIN 89 Jd36
Närvä FIN 90 Kb35
Narva-Jõesuu EST 99 Lc41
Närvijoki FIN 89 Ja32
Narvik N 67 Gb13
Naryškino RUS 202 Ed12
Narzole I 148 Bd62
Nås N 93 Db44
Nås S 79 Fc31
Nås S 95 Fc40
Nås S 102 Ec48
Nås S 104 Gd51
Naşa TR 192 Fc84
Nåsåker S 79 Gb30
Năsăud RO 171 Dc56
Nasavrky CZ 136 Ga45
Nasbinals F 34 Hb50
Nås bruk S 95 Ga41
Na Sceirí IRL 9 Da20
Naseby GB 20 Fb25
Našec KSV 178 Ba72
Näset FIN 81 Hd31
Näset S 79 Fd26
Näset S 87 Fc37
Näset S 87 Fd33
Näset S 87 Ga33
Näshult S 103 Fd50
Näshulta S 95 Ga44
Našice HR 152 Hb59
Nasiedle PL 137 Ha44
Nasielsk PL 130 Jb36
Näsinge S 94 Eb44
Näske S 80 Gd31
Näskott S 79 Fb30
Näsland S 80 Ha28
Näsliden S 72 Ha24
Naso I 167 Fc84
Nasrettinhoca TR 193 Hb83
Nassau D 133 Ca43
Nassenfels D 135 Dd48
Nassenheide D 119 Ed35
Nassereith A 142 Dc53
Nässja S 103 Fc46
Nässjö S 79 Ga29
Nässjö S 103 Fc49
Nässuma EST 105 Jd46
Nässvallen S 87 Fb33
Nästansjö S 79 Ga25
Nastätten D 133 Cb43
Nastazin PL 120 Fd33
Nästebacka S 94 Ec43
Nästi FIN 89 Ja38
Nastola FIN 90 Kc37
Nästurelu RO 180 Dd68
Näsum S 111 Fb54
Nasutów PL 131 Ka39
Nasuty PL 123 Jd30
Nasva EST 105 Jc47
Näsviken S 79 Fd28
Näsviken S 87 Gb35
Nata CY 206 Hd98
Natalinci SRB 174 Bb65
Natile Nuovo I 164 Gb83
Natkiškiai LT 113 Jc57
Natoye B 124 Ad42
Nattavaara S 73 Hc19
Nattavaara by S 73 Hc18
Natternbach A 144 Fa50
Nattheim D 134 Db49
Nättraby S 111 Fd54
Nattvatn N 64 Jc09
Naturno I 142 Dc55
Naturns I 142 Dc55
Naucelle F 41 Ha52
Naudaskalns LV 107 Lc49
Nauders A 142 Db55
Naudite LV 106 Ka52
Nauen D 127 Ec36
Nauendorf D 127 Eb39
Nauheim D 134 Cc44
Naujadvaris LT 114 La59
Naujakiemis LT 114 La58
Naujamiestis LT 114 Kc55
Naujasėdžiai LT 114 La59
Naujasis Obelynas LT 113 Jd56
Naujasodė LT 114 La53
Naujasodis LT 123 Kc30
Naujas Strūnaitis LT 115 Lb56
Naujene LV 115 Lc53
Naujieji Verkiai LT 114 La57
Naujoji Akmenė LT 113 Jd53
Naujoji Ūta LT 114 Kc58
Naujoji Vilnia LT 114 La58
Naukšēni LV 106 Kd47
Naul IRL 9 Cd20
Naulaperä FIN 75 Kd23
Naum S 102 Ed47
Naumburg D 126 Cd40
Naumburg D 127 Ea41
Naumovskij RUS 205 Fd15
Naundorf D 127 Ec40
Naundorf D 127 Ed40
Naunhof D 127 Ec40
Naurisvaara FIN 83 Mb29
Naurstad N 66 Fc17
Naustbukt N 62 Gc09
Naustdal N 84 Cb35
Naustvika N 77 Db33
Nautijaur S 72 Gd18
Nautsund N 84 Ca36
Nauviale F 33 Ha51
Nauvo FIN 97 Jb40
Nava E 37 Cc54
Näva S 94 Ec42
Navacepeda de Tormes E 45 Cc64
Navacepedilla de Corneja E 45 Cc64
Navacerrada E 46 Db63
Navacerrada E 52 Da69
Navaconcejo E 45 Cb65
Nava de Abajo E 53 Ec70
Nava de Arévalo E 46 Cd62
Nava de Campana E 53 Ec71
Nava de la Asunción E 46 Da62
Nava del Rey E 46 Cd61
Nava de Roa E 46 Db60
Navahermosa E 52 Da67
Navahrudak BY 202 Ea13
Naval E 48 Fd59
Navalacuz E 46 Cd64
Navalagamella E 46 Db64
Navalcaballo E 47 Eb60
Navalcán E 45 Cc65
Navalcarnero E 46 Db65
Navalcuervo E 51 Cb71
Navaleno E 47 Ea60
Navalguijo E 45 Cb64
Navalilla E 46 Db61
Navalmanzano E 46 Db62
Navalmoral E 46 Cd64
Navalmoral de la Mata E 51 Cb66
Navalón de Arriba E 54 Fa69
Navalonguilla E 45 Cb64
Navalperal de Pinares E 46 Da64
Navaluenga E 46 Cd64
Navalvillar de Pela E 51 Cb68
Navamorcuende E 46 Cd65
Navan IRL 9 Cd20
Navapolack BY 202 Eb11
Navarcles E 49 Gd60
Navardún E 39 Fa58
Navarrenx F 39 Fb55
Navarrés E 54 Fb69
Navarrete E 39 Eb58
Navarrete del Río E 47 Fa63
Navarrevisca E 46 Cd64
Navàs E 49 Gd60
Navascués E 39 Fa57
Navas de Estena E 52 Da67
Navas de Jorquera E 53 Ec68
Navas del Madroño E 51 Bd66
Navas del Rey E 46 Da64
Navas de Oro E 46 Da62
Navas de San Antonio E 46 Da63
Navas de San Juan E 52 Dc72
Navasëlki BY 202 Eb13
Navašino RUS 203 Fb10
Navata E 41 Hb58
Navatalgordo E 46 Cd64
Navatrasierra E 52 Cc67
Nave I 149 Da59
Näevekvarn S 103 Gb46
Navelgas E 37 Ca54
Navelli I 156 Ed70
Navelsaker N 84 Cc34
Nävelsjö S 103 Fc50
Navenby GB 17 Fc23
Näveråsen FIN 89 Hd32
Nave Redonda P 58 Ab73
Näverkärret S 95 Fd42
Naveros E 59 Bd77
Näversjöberg S 79 Fc30
Naverstad S 94 Eb45
Navès E 49 Gc59
Navia E 37 Ca53
Navia de Suarna E 37 Bd55
Navilly F 30 Jb43
Năvîrneț MD 173 Fa56
Navit N 63 Hc09
Nävlinge S 110 Fa54
Navlja RUS 202 Ed12
Navlus N 78 Ed27
Nãvodari RO 180 Dc68
Năvodari RO 181 Fc67
Navolok RUS 107 Ma49
Navoloki RUS 203 Fa09
Năvragöl S 111 Fd53
Návsí CZ 138 Hc46
Nawcz PL 121 Gd29
Nawiady PL 122 Jc32
Nawojowa PL 138 Jc46
Na Xamena E 56 Gc69
Náxos GR 196 Db90
Nay F 40 Fc56
Nayland GB 21 Ga26
Nažadovo RUS 99 Mb44
Nazaré P 50 Ab66
Nazilli TR 198 Fb88
Ndermenas AL 182 Aa76
Ndreja AL 159 Jb70
Ndroq AL 182 Ab74
Néa Aghíalos GR 189 Ca82
Néa Alikarnassós GR 200 Da95
Néa Apolonía GR 184 Cc78
Néa Artáki GR 189 Cb85
Nea Dimmata CY 206 Hd97
Néa Éfessos GR 183 Bd79
Néa Epidavros GR 195 Ca87
Néa Filadélfia GR 183 Ca77
Néa Filadélfia GR 189 Cc86
Néa Fókea GR 183 Cb79
Néa Hilí GR 185 Dd78
Neahtšil FIN 68 Ja12
Néa Ionía GR 189 Ca82
Néa Iraklitsa GR 184 Da77
Néa Kalikrátia GR 183 Cb79
Néa Karváli GR 184 Da77
Néa Kerasoús GR 188 Ad82
Néa Kerdília GR 184 Cc77
Néa Kíos GR 195 Bd87
Nealstown IRL 13 Cb22
Néa Mákri GR 189 Cc86
Néa Mesimvría GR 183 Ca77
Néa Messángala GR 183 Ca80
Néa Mihanióna GR 183 Ca78
Néa Moudania GR 183 Cb79
Néa Nikópolis GR 183 Bb78
Neap GB 5 Fa04
Néa Péla GR 183 Bd77
Neapel = Napoli I 161 Fb75
Néa Péramos GR 184 Da77
Néa Péramos GR 189 Cb86
Néa Pétra GR 184 Cc77
Néa Plágia GR 183 Cb79
Neápoli GR 183 Bb78
Neápoli GR 195 Bd91
Neápoli GR 201 Db96
Néa Potídea GR 183 Cb79
Néa Róda GR 184 Cd79
Néa Sánda GR 185 Dd77
Néa Silata GR 183 Cb79
Néa Stíra GR 190 Cd86
Néa Ténedos GR 183 Cb79
Neath GB 19 Dd27
Néa Tírintha GR 195 Bd87
Néa Triglia GR 183 Cb79
Neaua RO 171 Dc59
Néa Víssa GR 185 Eb75
Néa Zíhni GR 184 Cd77
Néa Zoí GR 183 Bc77
Nebel D 108 Cd29
Nebenstedt D 119 Dd34
Nebiler TR 191 Eb83
Nebiler TR 199 Gb91
Nebiler TR 199 Gd91
Nebljusi HR 151 Ga62
Nebolči RUS 202 Ec08
Nebra D 127 Ea40
Nebreda E 46 Dc59
Nečemice CZ 136 Fa44
Nechanice CZ 136 Ga44
Necipköy TR 192 Fa81
Neckarbischofsheim D 134 Cc46
Neckargemünd D 134 Cc46
Neckargerach D 134 Cd46
Neckarsteinach D 134 Cc46
Neckarsulm D 134 Cd47
Neckartailfingen D 134 Cd49
Neckarzimmern D 134 Cd46
Neckenmarkt A 145 Gb53
Necmiyeköy TR 186 Ga80
Necşeşti RO 175 Dc66
Nečtiny CZ 135 Ed45
Nécy F 22 Fc37
Neda E 36 Ba53
Néda GR 194 Bb88
Nedansjö S 87 Gb33
Neded SK 145 Ha51
Nedelino BG 184 Dc76
Nedelišće HR 152 Gb57
Nederby DK 100 Db21
Neder Hvam DK 100 Db23
Nedervetil FIN 81 Jc28
Neder Vindinge DK 109 Eb28
Nederweert NL 125 Bb39
Nedingė LT 114 Kd59
Nedjalsko BG 181 Ec73
Nedlitz D 127 Eb38
Nedrabø N 92 Ca45
Nedre Bäck S 81 Hd26
Nedreberg N 86 Eb38
Nedre Flåsjön S 73 Hd21
Nedre Gärdsjö S 87 Fd38
Nedre Jervan N 77 Ea30
Nedre Kuouka S 73 Hb19
Nedre Maudal N 92 Cb44
Nedrenes N 64 Jc09
Nedre Parakka S 68 Hc16
Nedre Saxnäs S 72 Gb23
Nedre Soppero S 68 Hc14
Nedre Tväråsel S 73 Hc22
Nedre Vojakkala S 74 Jc21
Neðribær IS 2 Ac02
Nedryhajliv UA 202 Ed14
Nedstrand N 92 Ca42
Nedvědice CZ 137 Gb46
Nędza PL 137 Hb44
Neede NL 125 Bd37
Needham Market GB 21 Ga26
Neëlovo RUS 107 Ld47
Neerijnen NL 124 Ba37
Neeroeteren B 125 Bb40
Neerpelt B 124 Ba39
Nées Kariés GR 189 Bd81
Neftenbach CH 141 Cb52
Nefyn GB 14 Dc23
Negádes GR 182 Ad79
Negoi RO 179 Cc67
Negomir RO 175 Cc64
Negorci MK 183 Bd76
Negotin SRB 174 Cb66
Negotino MK 183 Bd75
Negovanovci BG 174 Cb66
Negraşi RO 175 Dc65
Negrea MD 173 Fc58
Negreira E 36 Ad55
Nègrepelisse F 40 Gc53
Negreşti RO 173 Fa58
Negreşti RO 181 Fb68
Negreşti-Oaş RO 171 Da54
Negri RO 172 Ed59
Négrondes F 33 Ga48
Negru Vodă RO 181 Fb68
Negureni MD 173 Fc56
Nehaevskij RUS 203 Fc13
Neheim D 125 Cb39
Nehoiu RO 176 Eb63
Nehringen D 119 Ed31
Nehrybka PL 139 Kb45
Nehvonniemi FIN 83 Mb30
Neiden N 65 Kc08
Neikovo BG 180 Eb71
Neikšāni LV 107 Ma52
Neila E 47 Ea59
Neißeaue D 128 Fc40
Neistenkangas S 74 Jb18
Neitaskaite S 73 Hd19
Neittävä FIN 82 Kc25
Neja RUS 203 Fb08
Nejdek CZ 135 Ec43

Nekla - Niva

Nekla PL 129 Gd37
Nekrasovo RUS 113 Ja58
Nekrasovskoe RUS 203 Fa09
Nelas P 44 Ba63
Nelaug N 93 Da45
Nelidovo RUS 202 Ec10
Nellimö FIN 69 Kb11
Nellingen D 134 Da49
Nelson GB 16 Ed20
Nelson GB 19 Ea27
Nemajūnai LT 114 Kc58
Nemakščiai LT 114 Ka56
Neman RUS 113 Jc57
Nemanjica MK 178 Bd73
Nemanskoe RUS 113 Jd57
Nembro E 37 Cc54
Nembro I 149 Cd58
Němčice nad Hanou CZ 137 Gd47
Neméa GR 195 Bd87
Nemecká SK 138 Hd48
Nemenčinė LT 114 La57
Nemescsó H 145 Gc53
Nemesgulács H 145 Gd55
Nemesnádudvar H 153 Hd57
Nemesvámos H 145 Ha54
Németkér H 146 Hc55
Nemežis LT 114 La58
Nemi I 160 Eb72
Nemojevo RUS 107 Ma48
Nemours F 29 Ha39
Nemška Loka SLO 151 Fc59
Nemšová SK 137 Ha48
Nemţeni MD 173 Fb58
Nemti H 146 Ja51
Nemunaitis LT 114 Kc59
Nemunėlio Radviliškis LT 106 Kd52
Nemyriv UA 204 Dd15
Nemyriv UA 204 Eb15
Nenagh IRL 13 Ca22
Nendeln FL 142 Cd54
Nenince SK 146 Hd50
Nénita GR 191 Dd86
Nennhausen D 127 Ec36
Nennslingen D 135 Dd48
Nenovo BG 181 Ed70
Nenset N 93 Dc44
Nentershausen D 125 Cb42
Nentershausen D 126 Db41
Nenthead GB 11 Ec17
Nenzing A 142 Cd54
Nenzingen D 142 Cc51
Neo Chorio CY 206 Hd97
Neo Chorio CY 206 Jc96
Néo Erásmio GR 184 Db77
Neohoráki GR 189 Cb85
Neohóri GR 182 Ac80
Neohóri GR 184 Cc78
Neohóri GR 185 Eb76
Neohóri GR 188 Ab81
Neohóri GR 188 Ad82
Neohóri GR 188 Ba84
Neohóri GR 189 Cb82
Neohóri GR 189 Cc85
Neohóri GR 194 Bb89
Néo Horió GR 200 Cc95
Néo Monastíri GR 189 Bc82
Neoneli I 169 Ca77
Néo Petrítsi GR 183 Cb76
Neorić HR 158 Gc66
Néo Ríssio GR 183 Ca78
Néo Sidirohóri GR 184 Dc77
Néos Marmarás GR 184 Cc80
Néo Soúli GR 184 Cc76
Néos Pagóntas GR 189 Cb84
Néos Skopós GR 184 Cc77
Nepi I 156 Ea70
Nepolje KSV 178 Ba71
Nepomuk CZ 136 Fa46
Neppermin D 120 Fb32
Neptun RO 181 Fc68
Nérac F 40 Fd52
Neratovice CZ 136 Fb44
Nerchau D 127 Ec40
Nerdal N 66 Ga14
Nerdvika N 77 Db30
Néré F 32 Fc46
Nerehta RUS 203 Fa09
Nereju RO 176 Ec62
Neresheim D 134 Db48
Neresnica SRB 174 Bd65
Nereta LV 114 Kd53
Neretaslauki LV 114 Kd53
Nereto I 157 Fa68
Nerezine HR 151 Fb62
Nerežišće HR 158 Gc67
Nerimdaičiai LT 113 Jd54
Neringa-Juodkrantė LT 113 Jb56
Neringa-Nida LT 113 Jb56
Neringa-Pervalka LT 113 Jb56
Neringa-Preila LT 113 Jb56
Néris-les-Bains F 33 Ha45
Nerja E 60 Db76
Nerkoo FIN 82 Kd28
Nerkoo FIN 89 Jc33
Nerkoonniemi FIN 82 Kd28
Nerl' RUS 202 Ed09
Nerokoúros GR 200 Cb95
Nerola I 156 Eb70
Nérondes F 29 Ha43
Nerotriviá GR 189 Cb84
Nerpio E 61 Eb72
Nersac F 32 Fd47
Nersingen D 134 Db49
Nerskogen N 77 Dd32
Nerva E 59 Bc72
Nervei N 64 Ka05
Nervesa della Battaglia I 150 Ea58
Nervi I 148 Cb63
Nerviano I 148 Cb59
Nes N 66 Fd14
Nes N 78 Ed26
Nes N 78 Eb29
Nes N 84 Cb35
Nes N 84 Cd36
Nes N 85 Dd39
Nes N 92 Cb43
Nes N 92 Cb46
Nes N 93 Db43
Nes NL 117 Bc32
Nesan N 78 Fa25
Nesberg N 66 Fd15
Nesbø N 84 Ca34
Nesbyen N 85 Dc39
Neschwitz D 128 Fb40
Nesebăr BG 181 Fa72
Neset N 63 Hb07
Neset N 78 Fa26
Neset N 92 Cd45
Nesflaten N 92 Cc42
Nesheim N 65 Kc09
Nesheim N 84 Cb38
Nesheim N 92 Ca43
Nesjahverfi IS 3 Bb06
Nes Jernverk N 93 Db45
Neskaupstaður IS 3 Bc05
Neslandsvatn N 93 Db44
Nesle F 23 Ha34
Nesna N 70 Fa21
Nesodden N 93 Ea42
Nesoddtangen N 93 Ea41
Nesovice CZ 137 Gc47
Nesscliff GB 15 Eb24
Nesse D 117 Cb32
Nesselwang D 142 Db52
Nessental CH 141 Ca55
Neßmersiel D 117 Cb32
Nestáni GR 194 Bc87
Nestavoll N 77 Dd33
Nesteri LV 107 Ld50
Nesterov RUS 113 Jd58
Nesterov RUS 202 Dd12
Nestiary RUS 203 Fc09
Neštin SRB 153 Ja60
Neston GB 15 Eb22
Nestório GR 182 Ba78
Nesttun N 84 Ca39
Nesvady SK 145 Hb51
Nesvik N 92 Cb43
Nésza H 146 Hd52
Netherfield GB 20 Fd30
Nether Langwith GB 16 Fa22
Netherley GB 7 Ed09
Netherton GB 11 Ed15
Netherwitten GB 11 Ed15
Netičkampis LV 114 Kb59
Netlandsnes N 92 Cc45
Netolice CZ 136 Fb48
Netphen D 125 Cb41
Netretic HR 151 Fd60
Nettaa FIN 98 Kb39
Netta II PL 123 Ka31
Nettancourt F 24 Ja36
Nettersheim D 125 Bc42
Nettetal D 125 Bc39
Nettlebed GB 20 Fb28
Nettleton GB 17 Fc21
Nettuno I 160 Eb73
Netunice CZ 135 Ed46
Netvořice CZ 136 Fb45
Neualbenreuth D 135 Eb45
Neuanspach D 134 Cc43
Neuberg an der Mürz A 144 Fd52
Neubeuern D 143 Eb52
Neubörger D 117 Cb34
Neubrandenburg D 119 Ed33
Neubruck A 144 Fd51
Neubrunn D 134 Da45
Neubukow D 119 Ea31
Neuburg D 143 Ed50
Neuburg an der Donau D 135 Dd49
Neuburg-Steinhausen D 119 Ea31
Neuchâtel CH 141 Bc54
Neuchâtel-Hardelot F 23 Gc31
Neuching D 143 Ea50
Neu Darchau D 119 Dd34
Neudau A 145 Gb54
Neudenau D 134 Cd46
Neudietendorf D 127 Dd41
Neudorf A 142 Dc54
Neudorf D 135 Ec43
Neudorf, Graben- D 133 Cb47
Neudrossenfeld D 135 Ea44
Neu-Eichenberg D 126 Db40
Neuenbürg D 134 Cc48
Neuenburg D 141 Bd51
Neuendettelsau D 134 Dc47
Neuendorf D 118 Cc33
Neuendorf D 128 Fa36
Neuenhagen D 120 Fb35
Neuenhagen D 128 Fa36
Neuenhaus D 117 Ca35
Neuenkirch CH 141 Ca54
Neuenkirchen D 117 Ca36
Neuenkirchen D 117 Cb36
Neuenkirchen D 118 Cd32
Neuenkirchen D 118 Db34
Neuenkirchen D 119 Ed31
Neuenkirchen-Vöhrden D 117 Cc36
Neuenrade D 125 Cb40
Neuenstadt D 134 Cd47
Neuenstein D 126 Da41
Neuenstein D 134 Da47
Neuenweg D 141 Ca51
Neuerburg D 133 Bb43
Neufahrn D 135 Eb49
Neufahrn D 143 Ea50
Neuf-Brisach F 141 Bd50
Neufchâteau B 132 Ba44
Neufchâteau F 31 Jc38
Neufchâtel-en-Bray F 23 Gb34
Neufchâtel-en-Saosnois F 28 Fd38
Neufchâtel-sur-Aisne F 24 Hc35
Neuffen D 134 Cd49
Neuf-Marché F 23 Gc35
Neufra D 142 Cd50
Neugattersleben D 127 Ea38
Neugersdorf D 128 Fc41
Neuhardenberg D 128 Fb36
Neuharlingersiel D 117 Cb32
Neuhaus A 144 Fd52
Neuhaus D 118 Da32
Neuhaus D 119 Dd33
Neuhaus D 135 Ea46
Neuhaus D 143 Ed50
Neuhaus am Rennweg D 135 Dd43
Neuhausen CH 141 Cb52
Neuhausen D 127 Ed42
Neuhausen D 128 Fb39
Neuhausen D 134 Cc48
Neuhausen ob Eck D 142 Cc51
Neuhaus-Schierschnitz D 135 Dd43
Neuhof D 134 Da43
Neuhof D 134 Dc46
Neuhofen an der Krems A 144 Fb51
Neuillay-les-Bois F 29 Gc44
Neuillé-Pont-Pierre F 29 Ga41
Neuilly-en-Donjon F 34 Hd45
Neuilly-en-Thelle F 23 Gd35
Neuilly-le-Réal F 30 Hc44
Neuilly-Saint-Front F 24 Hb36
Neuilly-sur-Eure F 29 Ga38
Neu-Isenburg D 134 Cc44
Neukalen D 119 Ec32
Neu Kaliß D 119 Ea34
Neukamperfehn D 117 Cb33
Neukieritzsch D 127 Eb41
Neukirch CH 142 Cc55
Neukirch D 128 Fa40
Neukirch D 128 Fb41
Neukirch D 142 Da52
Neukirchen A 143 Eb54
Neukirchen A 143 Ec51
Neukirchen D 108 Cd28
Neukirchen D 119 Dd30
Neukirchen D 126 Da41
Neukirchen D 127 Ec42
Neukirchen D 135 Ea46
Neukirchen D 135 Ec47
Neukirchen D 135 Ec48
Neukirchen am Walde A 144 Fa50
Neukirchen-Balbini D 135 Eb47
Neukirchen-Vluyn D 125 Bc39
Neukirchen-Wyhra D 127 Ec41
Neukloster D 119 Ea32
Neu Kosenow D 120 Fa32
Neulengbach A 144 Ga51
Neuler D 134 Db48
Neulikko FIN 75 Kd23
Neulingen D 134 Cc47
Neulise F 34 Hd46
Neulliac F 27 Ea39
Neu Lübbenau D 128 Fa38
Neum BIH 158 Ha68
Neumagen-Dhron D 133 Bd44
Neumark D 127 Eb42
Neumarkt A 144 Fa50
Neumarkt D 135 Dd47
Neumarkt I 150 Dd57
Neumarkt I 150 Dd58
Neumarkt am Wallersee A 143 Ed51
Neumarkt an der Ybbs A 144 Fc51
Neumarkt im Mühlkreis A 144 Fb50
Neumarkt in Steiermark A 144 Fb54
Neumarkt-Sankt Veit D 143 Eb50
Neumünster D 118 Db31
Neunburg vorm Wald D 135 Eb47
Neundorf D 127 Ea38
Neung-sur-Beuvron F 29 Gc41
Neunkirch CH 141 Cb52
Neunkirchen A 145 Gb52
Neunkirchen D 125 Cb41
Neunkirchen D 133 Bd46
Neunkirchen D 135 Dd46
Neunkirchen-Seelscheid D 125 Ca41
Neuötting D 143 Ec50
Neupetershain D 128 Fb39
Neupölla A 136 Fd49
Neupré B 124 Ba42
Neuranft D 120 Fb35
Neurázy CZ 135 Ed47
Neureichenau D 136 Fa49
Neurenberg = Nürnberg D 135 Dd46
Neuried D 133 Ca49
Neuruppin D 119 Ec35
Neusach A 143 Ed55
Neusalza-Spremberg D 128 Fb41
Neu Sankt Johann CH 142 Cc53
Neusäß D 142 Dc50
Neuschönau D 135 Ed48
Neuschoo D 117 Cb32
Neusiedl am See A 145 Gc51
Neusitz D 134 Db46
Neusorg D 135 Ea45
Neuss D 125 Bd40
Neussargues-Moissac F 34 Hb49
Neustadt D 119 Dd31
Neustadt D 119 Ec35
Neustadt D 126 Da36
Neustadt D 126 Dc39
Neustadt D 127 Dd42
Neustadt D 128 Fb41
Neustadt, Titisee- D 141 Ca51
Neustadt/ Donau D 135 Ea48
Neustadt am Kulm D 135 Ea45
Neustadt am Main D 134 Da44
Neustadt an der Aisch D 134 Dc46
Neustadt an der Orla D 127 Ea42
Neustadt an der Waldnaab D 135 Eb45
Neustadt an der Weinstraße D 133 Cb46
Neustadt bei Coburg D 135 Dd43
Neustadt-Glewe D 119 Ea33
Neustadt (Hessen) D 126 Cd41
Neustadt (Wied) D 125 Ca42
Neustift A 144 Fa50
Neustift im Stubaital A 143 Dd54
Neustrelitz D 119 Ed33
Neutraubling D 135 Eb48
Neutrebbin D 128 Fb36
Neu-Ulm D 142 Da50
Neuves-Maisons F 25 Jd37
Neuvic F 32 Fd49
Neuvic F 33 Gd48
Neuvic-Entier F 33 Gc47
Neuville F 33 Gc49
Neuville-aux-Bois F 29 Gd39
Neuville-de-Poitou F 28 Fd44
Neuville-les-Dames F 34 Jb45
Neuville-les-Decize F 30 Hb43
Neuville-sur-Saône F 34 Jb46
Neuvilly-en-Argonne F 24 Ja35
Neuvola FIN 90 Kd32
Neuvosenniemi FIN 82 Kd25
Neuvy-Bouin F 28 Fb44
Neuvy-le-Roi F 29 Ga41
Neuvy-Pailloux F 29 Gc43
Neuvy-Saint-Sépulcre F 29 Gc44
Neuvy-Sautour F 30 Hc39
Neuvy-sur-Barangeon F 29 Gd42
Neuvy-sur-Loire F 29 Ha41
Neuwied D 125 Ca42
Neuwiller-lès-Saverne F 25 Kb36
Neu Wulmstorf D 118 Db33
Neuzelle D 128 Fc38
Neuzina SRB 174 Bb62
Neu Zittau, Gosen- D 128 Fa37
Neva S 95 Fb41
Névache F 35 Kb49
Nevalan vaara FIN 75 Lb19
Nevarėnai LT 113 Jd55
Neveja LV 105 Jc49
Neveklov CZ 136 Fb45
Nevel' RUS 202 Eb11
Neverėnai LT 113 Jc54
Neverėnai LT 115 Lc55
Neverfjord N 63 Ja06
Nevernes N 70 Ed23
Nevernes N 71 Fc20
Nevers F 30 Hb43
Nevesinje BIH 158 Hb67
Nevest HR 158 Gb65
Nevestino BG 179 Cb72
Neviano I 163 Hc77
Nevinnomyssk RUS 205 Fd16
Nevlunghavn N 93 Dc44
Nevrin TR 187 Gc77
Nevša BG 181 Ed70
New Abbey GB 10 Ea16
New Aberdour GB 5 Ed07
New Alresford GB 20 Fa29
Newark-on-Trent GB 16 Fb23
Newbald GB 16 Fb20
Newbiggin GB 11 Ed17
Newbiggin-by-the-Sea GB 11 Fa16
Newbliss IRL 9 Cc18
Newborough GB 15 Dd22
Newbridge IRL 8 Bd20
Newbridge IRL 13 Cc22
Newbridge-on-Wye GB 15 Ea25
New Buckenham GB 21 Ga25
Newburgh GB 5 Ed08
Newburgh GB 7 Eb12
Newburn GB 11 Ed16
Newbury GB 20 Fa28
Newby Bridge GB 11 Eb19
Newcastle GB 9 Da18
Newcastle GB 15 Eb25
Newcastle IRL 13 Ca24
Newcastle IRL 13 Cd21
Newcastle IRL 13 Da22
Newcastle Emlyn GB 14 Dc26
New Castleton GB 11 Ec15
Newcastle-under-Lyme GB 15 Ec23
Newcastle upon Tyne GB 11 Fa16
Newcastle West IRL 12 Bc24
Newchurch GB 14 Dc26
New Cumnock GB 10 Dd15
New Deer GB 5 Ed08
Newent GB 15 Ec26
Newgale GB 14 Db26
New Galloway GB 10 Dd16
New Grimsby GB 18 Cc32
Newham GB 11 Fa14
Newhaven GB 20 Fd30
New Holland GB 17 Fc21
Newick GB 20 Fd30
New Inn IRL 9 Cc19
Newinn IRL 13 Ca24
New Luce GB 10 Dc16
Newmachar GB 7 Ed09
Newmains GB 10 Ea13
New Malden GB 20 Fc28
Newmarket GB 4 Da05
Newmarket GB 20 Fd25
Newmarket IRL 12 Bc24
Newmarket on Fergus IRL 12 Bc23
New Mills GB 15 Ea24
New Mills GB 16 Ed22
New Milton GB 20 Ed30
Newnham Bridge GB 15 Ec25
New Pitsligo GB 5 Ed07
Newport GB 14 Dc26
Newport GB 15 Ec24
Newport GB 19 Eb28
Newport GB 20 Fa31
Newport IRL 8 Bc19
Newport IRL 12 Bd23
Newport Pagnell GB 20 Fb26
Newport Trench GB 9 Cd17
New Quay GB 14 Dc25
Newquay GB 18 Db31
New Romney GB 21 Ga30
New Ross IRL 13 Cc24
New Rossington GB 16 Fb21
Newry GB 9 Cd18
Newton Abbot GB 19 Ea31
Newton-Aycliffe GB 11 Fa17
Newtonhill GB 7 Ed09
Newton-le-Willows GB 15 Ec21
Newtonmore GB 7 Ea09
Newton-on-Trent GB 16 Fb22
Newton Poppleford GB 19 Ea30
Newton Stewart GB 10 Dd16
Newtown GB 15 Ea24
Newtown GB 15 Ec26
Newtown IRL 12 Bc22
Newtown IRL 12 Bd24
Newtown IRL 12 Bd24
Newtown IRL 13 Ca21
Newtown IRL 13 Ca22
Newtown IRL 13 Cc23
Newtownabbey GB 9 Da17
Newtownards GB 10 Db17
Newtownbreda GB 9 Da17
Newtownbutler GB 9 Cc18
Newtown Cunningham IRL 9 Cc15
Newtown Forbes IRL 9 Cb19
Newtownhamilton GB 9 Cd18
Newtown Saint Boswells GB 11 Ec14
Newtown Sandes IRL 12 Bb23
Newtownshandrum IRL 12 Bc24
Newtownstewart GB 9 Cc16
New Tredegar GB 19 Eb27
New Twopothouse IRL 12 Bd25
Nexø DK 111 Fd58
Nexon F 33 Gb47
Nežilovo MK 183 Bb74
Nežnovo RUS 99 Ld40
Nezvěstice CZ 135 Ed46
Nianfors S 87 Gb36
Niáta GR 195 Bd90
Nibbiano I 149 Cc61
Nibe DK 100 Dc21
Nica LV 113 Ja53
Nicaj-Shalë AL 159 Jb70
Nicastro I 164 Gc81
Niccone I 156 Ea67
Nice F 43 Kd53
Nicey F 30 Hd40
Nicgale LV 115 Lb53
Nickby FIN 98 Kc39
Nickelsdorf A 145 Gd51
Nicknoret S 72 Ha24
Nicolae Bălcescu RO 172 Ed59
Nicolae Bălcescu RO 176 Ec66
Nicolae Bălcescu RO 177 Fc66
Nicolinț RO 174 Bd63
Nicolosi I 167 Fc85
Nicoreni MD 173 Fb55
Nicorești RO 176 Ed61
Nicosia I 167 Fb85
Nicotera I 164 Gb82
Ničpur MK 178 Ba73
Nicșeni RO 172 Ec55
Niculițel RO 177 Fc64
Nida LT 113 Jb56
Nida LV 113 Ja54
Nidda D 134 Cd43
Niddatal D 134 Cc43
Nidderau D 134 Cc43
Nideggen D 125 Bc41
Nidri GR 188 Ac83
Nidzica PL 122 Ja33
Niebieszczany PL 139 Ka45
Niebla E 59 Bc73
Nieblum D 108 Cd28
Nieborow PL 130 Ja37
Niebüll D 108 Da28
Niechanowo PL 129 Gd36
Niechcice PL 130 Hd40
Niechłonin PL 122 Hd34
Niechlów PL 129 Gb39
Niechobórz PL 139 Ka44
Niechorze PL 120 Fc31
Niedalino PL 120 Ga31
Niederaichbach D 135 Eb49
Niederalp A 144 Fd52
Niederalteich D 135 Ec49
Niederau D 128 Fa41
Niederaula D 126 Da42
Niederbronn-les-Bains F 25 Kc35
Niederdorf I 143 Ea55
Niedereschach D 141 Cb50
Niederfischbach D 125 Cb41
Niederfüllbach D 135 Dd44
Niedergörsdorf D 127 Ed38
Niederkirchen D 133 Ca45
Niederkrüchten D 125 Bc40
Niederlangen D 117 Ca34
Niederleger A 143 Dd53
Niederlehme D 128 Fa37
Niedermurach D 135 Eb46
Niederndodeleben D 127 Ea37
Niedernhall D 134 Da47
Niedernwöhren D 126 Da36
Niederöblarn A 144 Fa53
Niederoderwitz D 128 Fc41
Nieder-Olm D 133 Cb44
Niederorschel D 126 Dc40
Niederrossbach D 125 Cb42
Niedersachswerfen D 126 Dc39
Nieder-Seifersdorf D 128 Fc41
Niederstetten D 134 Da46
Niederstotzingen D 134 Db49
Niedersulz A 145 Gc50
Niederurnen CH 142 Cc54
Niederviehbach D 135 Eb49
Nieder-Waroldern D 126 Cd40
Niederwerrn D 134 Db44
Niederwiesa D 127 Ed42
Niederwinkling D 135 Ec48
Niederwölz A 144 Fb54
Niederzier D 125 Bc41
Niedęwiednik PL 137 Gc43
Niedoradz PL 128 Ga38
Niedorp NL 116 Ba34
Niedrzew PL 130 Hc37
Niedrzwica Duża PL 131 Ka40
Niedzbórz PL 122 Ja34
Niedzica PL 138 Jb46
Niedźwiada PL 123 Jd32
Niedźwiada PL 131 Kb39
Niedźwiedź PL 122 Hc34
Niedźwiedź PL 128 Fd37
Niedźwiedź PL 138 Ja46
Niegosławice PL 128 Ga39
Niegosławice PL 130 Jb42
Niegowa PL 130 Hd42
Niegowonice PL 138 Hd43
Niegripp D 127 Ea37
Nieheim D 126 Cd38
Niekursko PL 121 Gb34
Nieledew PL 131 Kd41
Nielisz PL 131 Kc41
Nielstrup DK 101 Dd19
Niemberg D 127 Eb39
Niemce PL 131 Kb39
Niemcza PL 129 Gc42
Niemczyn PL 121 Gd35
Niemegk D 127 Ec38
Niemelä FIN 64 Ka07
Niemelä FIN 74 Kd18
Niemelänkylä FIN 81 Jd27
Niemenhylä FIN 90 Kc37
Niemenkylä FIN 82 Ka28
Niemenkylä FIN 89 Jb35
Niemenkylä FIN 89 Ja32
Niemenkylä FIN 89 Ja36
Niemenkylä FIN 90 La32
Niemetal D 126 Da39
Niemica PL 120 Fc32
Niemica PL 121 Gb30
Niemijärvi FIN 83 Mb29
Niemikylä FIN 83 Lb29
Nieminen FIN 82 Kd27
Niemirów PL 131 Kb36
Niemis S 73 Jb20
Niemisel S 73 Hd21
Niemisjärvi FIN 82 Kd30
Niemisjärvi FIN 90 Kc32
Niemiskylä FIN 82 Kc28
Niemiskylä FIN 89 Jd32
Niemodlin PL 129 Gd42
Niemojki PL 131 Ka36
Nienadowa PL 139 Kb44
Nienburg D 118 Da35
Nienburg D 127 Ea38
Nienhagen D 126 Db36
Nienstädt D 126 Da37
Niepars D 119 Ed30
Niepołomice PL 138 Ja44
Nieporęt PL 130 Jb36
Nierstein D 133 Cb44
Niesi FIN 69 Jd17
Niesky D 128 Fc40
Niestetal D 126 Da40
Niestronno PL 121 Ha35
Nieszawa PL 121 Hb35
Nietkowice PL 128 Fd38
Nieuil F 33 Gb46
Nieuil-l'Espoir F 32 Fd45
Nieul-le-Dolent F 28 Ed44
Nieuw-Amsterdam NL 117 Ca35
Nieuwegein NL 116 Ba36
Nieuwekerk aan de IJssel NL 124 Ad37
Nieuwendijk NL 124 Ba37
Nieuwe Pekela NL 117 Ca34
Nieuwerkerken B 124 Ba40
Nieuweschans NL 117 Ca33
Nieuwkerke B 21 Ha30
Nieuwkoop NL 116 Ba36
Nieuwleusen NL 117 Bc35
Nieuw Milligen NL 116 Bb36
Nieuwolda NL 117 Ca33
Nieuwpoort B 21 Ha29
Nieuwpoort-Bad B 21 Ha29
Nieves (Capela) E 36 Bb53
Niewęgłosz PL 131 Kb38
Niewierz PL 122 Hc34
Niewiesze PL 137 Hb43
Niezabyszewo PL 121 Gd31
Niezgoda PL 129 Gc40
Nigrán E 36 Ac58
Nigrande LV 105 Jc52
Nigríta GR 184 Cc77
Nigula EST 98 Ka44
Niharra E 46 Cd64
Nihattula FIN 90 Ka37
Niilivaara FIN 68 Jc15
Niinikumpu FIN 91 Ld32
Niinilahti FIN 82 Kb30
Niinilahti FIN 83 Lc28
Niinimaa FIN 89 Jc32
Niinimäki FIN 82 Kb28
Niinimäki FIN 83 Lb31
Niinikoski FIN 90 Kc37
Niinisalo FIN 89 Jb34
Niinivedenpää FIN 82 Kc30
Niinivesi FIN 82 Kc30
Niirala FIN 83 Ma31
Niittumaa FIN 89 Ja36
Nijar E 61 Eb76
Nij Beets NL 117 Bc33
Nijemci HR 153 Hd60
Nijkerk NL 116 Bb36
Nijmegen NL 125 Bb37
Nijverdal NL 117 Bd36
Nikaranperä FIN 90 Ka32
Níkea GR 189 Bd81
Níkea GR 189 Cb86
Niki GR 183 Bb76
Niki GR 189 Bd81
Nikifóros GR 184 Da76
Nikinci SRB 153 Jb61
Nikíssiani GR 184 Cd77
Nikitari CY 206 Ja97
Nikítas GR 184 Cc79
Nikitsch A 145 Gc53
Nikjup BG 180 Dd70
Nikkala S 74 Jc21
Nikkaluokta S 67 Gd15
Nikkaroinen FIN 90 Kc35
Nikkeby N 63 Hb08
Nikkilä FIN 98 Kc39
Nikodim MK 183 Bc75
Nikokleia CY 206 Hd98
Nikolaeskoe RUS 99 Ma43
Nikolaevka BG 181 Fa70
Nikolaevka RUS 203 Fd10
Nikolaevo BG 180 Db70
Nikolaevo BG 180 Dd72
Nikolaevo BG 180 Eb72
Nikolaevo RUS 99 Mb45
Nikolaevsk RUS 203 Fd13
Nikola Kozlevo BG 181 Ed69
Nikolinac SRB 179 Ca67
Nikolinci SRB 174 Bc63
Nikolovo BG 180 Ea68
Nikol'sk RUS 203 Fd10
Nikol'skoe RUS 99 Mb40
Nikopol BG 180 Dc68
Nikopol' UA 205 Fa16
Nikópoli GR 183 Cb77
Nikópoli GR 188 Ad82
Nikosia = Lefkosia CY 206 Jb96
Nikrace LV 105 Jc52
Niksar TR 205 Fc20
Nikšić MNE 159 Hd68
Nikulanneră FIN 69 Ka11
Nilivaara S 68 Hc17
Nilsebu N 92 Cb43
Nilsiä FIN 82 La29
Nilüfer TR 186 Fc80
Nim DK 108 Db25
Nimereuca MD 173 Fc54
Nimes F 42 Ja53
Nimfasia GR 194 Bb87
Nimféo GR 183 Bb77
Nimfes GR 182 Ab79
Nimigea RO 171 Db56
Nimis I 150 Ed57
Nimisjärvi FIN 82 Kc25
Nimtofte DK 101 Dd23
Nin HR 157 Fd64
Nina EST 99 Lb44
Ninebanks GB 11 Ec17
Ninfield GB 20 Fd30
Ninivaara FIN 83 Lb29
Ninove B 124 Ab40
Niorcani MD 173 Fb53
Niort F 32 Fb45
Nipen N 66 Ga13
Nipuli FIN 90 Kd35
Nirza LV 107 Ma51
Niš SRB 178 Bd69
Nisa P 50 Ba66
Nișcani MD 173 Fc57
Niscemi I 167 Fb87
Niševac SRB 178 Bd68
Nisi GR 188 Ba86
Niška Banja SRB 178 Bd69
Niskala FIN 75 Kc20
Niskanperä FIN 74 Jd19
Niskanperä FIN 74 Jd20
Nisko PL 131 Ka42
Niskos FIN 89 Jc33
Nisou CY 206 Jb97
Nisovo BG 180 Eb69
Nispen NL 124 Ad38
Nisporeni MD 173 Fb58
Nissafors S 102 Fa50
Nissaki GR 182 Ab79
Nissan-lez-Enserune F 41 Hb55
Nissedal N 93 Da44
Nissi EST 98 Kb43
Nissi GR 183 Bc77
Nissi GR 183 Bd77
Nissilä FIN 82 Kc27
Nissumby DK 100 Cd22
Nissum Seminarieby DK 100 Cd22
Nistelrode NL 125 Bb38
Nisula FIN 90 Kc33
Nisus FIN 90 Kd36
Nitaure LV 106 Kd50
Nitchidorf RO 174 Bd61
Nithavris GR 200 Cd96
Niton GB 20 Fa31
Nitra SK 145 Hb50
Nitrianske Pravno SK 138 Hc48
Nitrianske Rudno SK 137 Hb48
Nitry F 30 Hc40
Nittedal N 93 Ea41
Nittel D 133 Bc45
Nittenau D 135 Eb47
Nittendorf D 135 Ea48
Nittorp S 102 Fa49
Niukkala FIN 91 Ld33
Niuraičiai LT 114 Kb53
Niūronys LT 114 Kd55
Nivå DK 109 Ec25
Niva FIN 83 Lb25

Nuh – Ollikkala

Nuh TR 193 Gc85
Nuhören TR 193 Gb84
Nuiasodis LT 115 Lb54
Nuijamaa FIN 91 Lc36
Nuin E 39 Ed56
Nuisement-sur-Coole F 24 Hd36
Nuits F 30 Hd40
Nuits-Saint-Georges F 30 Jb42
Nukari FIN 90 Kb38
Nukkumajoki FIN 69 Ka11
Ņukši LV 107 Ld51
Nuksujärvi S 68 Hd16
Nuksujärvi S 73 Ja18
Nuland N 92 Cb46
Nule I 168 Cb75
Nules E 54 Fc66
Nulvi I 168 Ca74
Numana I 156 Ed66
Numanoluk TR 193 Gc83
Numansdorp NL 124 Ad37
Nümbrecht D 125 Ca41
Numerne LV 107 Ld50
Numijoki FIN 81 Jd30
Nummela FIN 89 Jd38
Nummela FIN 98 Ka39
Nummenkylä FIN 90 Ka37
Nummenpää FIN 98 Kb39
Nummi FIN 97 Jb39
Nummi FIN 98 Ka39
Nummijärvi FIN 89 Jb33
Nummikoski FIN 89 Jb33
Nummilahti FIN 89 Jb33
Numminen FIN 90 Kc38
Nünchritz D 127 Ed40
Nuneaton GB 16 Fa24
Nunnanen FIN 68 Jb13
Nunnanlahti FIN 83 Lc28
Nunney GB 19 Ec29
Nunspeet NL 116 Bb36
Nunton GB 20 Ed29
Nuojua FIN 82 Kc25
Nuolijärvi FIN 83 Lb27
Nuominiinkai LT 113 Jd55
Nuoramoinen FIN 90 Kc35
Nuorgam FIN 64 Ka07
Nuoritta FIN 74 Kb23
Nuoro I 169 Cb76
Nuorpinniemi FIN 64 Jc08
Nuortikon S 73 Hb18
Nuorunka FIN 75 Kc21
Nuottikylä FIN 75 La24
Nuottiranta FIN 83 Lc29
Núpsstaður IS 2 Ba06
Nur PL 123 Ka35
Nurachi I 169 Bd77
Nuragus I 169 Ca78
Nurallao I 169 Ca78
Nuraminis I 169 Ca79
Nureci I 169 Ca78
Nuribey TR 193 Gc85
Nuriye TR 191 Ed85
Nurlat RUS 203 Ga09
Nurmaa FIN 90 Kd35
Nurme EST 98 Kb45
Nurmes FIN 83 Lb27
Nurmeslahti FIN 82 La28
Nurmesperä FIN 82 Kb27
Nurmi FIN 89 Jd36
Nurmi LV 106 Kd47
Nurmijärvi FIN 83 Lc27
Nurmijärvi FIN 98 Kb39
Nurmo FIN 81 Jb31
Nurmsi EST 98 Kd44
Nurmuiža LV 105 Jd50
Nürnberg D 135 Dd46
Nurney IRL 13 Cc22
Nurrasuanto S 68 Hd16
Nurri I 169 Cb78
Nürtingen D 134 Cd49
Nurzec PL 123 Kb35
Nurzec-Stacja PL 131 Kb36
Nus I 148 Bc58
Nusco I 161 Fd75
Nuşeni RO 171 Db57
Nuşfalau RO 171 Cc56
Nusfjord N 66 Fa15
Nüshetiye TR 186 Ga80
Nusnäs S 87 Fc38
Nusplingen D 142 Cc50
Nusratlı TR 185 Ed78
Nusret TR 192 Fa82
Nussdorf A 143 Ed52
Nußdorf D 143 Eb52
Nußloch D 134 Cc46
Nuthetal D 127 Ed37
Nutley GB 20 Fd29
Nuttuperä FIN 82 Kb27
Nuulanki S 68 Hd14
Nuupas FIN 74 Ka20
Nuutajärvi FIN 89 Jd37
Nuutila FIN 82 Kb25
Nuutilanmäki FIN 90 La33
Nuuttila FIN 89 Jd33
Nuvvos FIN 64 Jc08
Nuvvus FIN 64 Jc08
Ny S 94 Ec42
Nyåker S 80 Ha28
Nyåker S 80 Gc29
Nyárlőrinc H 146 Ja55
Nya Storbäcken S 80 Hc27
Nyberg S 80 Ha25
Nybergsund N 86 Ec37
Nyborg DK 109 Dd27
Nyborg N 65 Kb06
Nyborg N 79 Fb28
Nyborg S 73 Jb21
Nybro S 103 Ga52
Nybrostrand S 113 Fa57
Nybrott N 63 Hd08
Nyby FIN 81 Hd31
Nyby N 64 Jb07
Nyby S 79 Fd30
Nybyn S 73 Hc23
Nybyn S 73 Ja20
Nydala S 103 Fb50
Nyékládháza H 146 Jc51
Nyergesujfalu H 146 Hc52
Nygård N 67 Gc11
Nygård N 67 Gb13
Nygarden N 85 Ea35
Nyhammar S 95 Fc40
Nyhamnsläge S 110 Ec54
Nyheim N 65 Kd08
Nyhem S 87 Fd32
Ny Højen DK 108 Db25
Nyhyttan S 95 Fc42
Nýidalur IS 2 Ba05
Nyikarász H 147 Kb50
Nyírábrány H 147 Kb52
Nyíracsád H 147 Kb52
Nyírád H 145 Gd54
Nyíradony H 147 Ka52
Nyírbátor H 147 Kb51
Nyírbéltek H 147 Kb52
Nyírbogát H 147 Kb51
Nyíregyháza H 147 Ka51
Nyírgyulaj H 147 Kb51
Nyírkáta H 147 Kb51
Nyírlugos H 147 Kb52
Nyírmada H 147 Kb50
Nyírmeggyes H 147 Kb51
Nyírtelek H 147 Ka51
Nyírtura H 147 Ka51
Nykälä FIN 90 Kd33
Nykarleby FIN 81 Ja29
Nyker DK 111 Fc57
Nykil S 103 Fd47
Nykirke N 85 Dd38
Nykirke N 93 Dd41
Nykirke N 93 Dd43
Nykøbing Falster DK 109 Eb29
Nykøbing M DK 100 Da21
Nykøbing S DK 109 Eb25
Nykøbing Strandhuse DK 109 Eb29
Nyköping S 95 Gb45
Nykroppa S 95 Fb42
Nyksund N 66 Fc12
Nykvarn S 96 Gc44
Nykyrka S 102 Fa48
Nyland S 79 Gb26
Nyland S 79 Fc30
Nyland S 80 Gc31
Nyland S 80 Ha29
Nyland S 80 Hb29
Nyland S 87 Gb33
Nylars DK 111 Fc58
Nyliden S 72 Gc22
Nyliden S 80 Gd29
Nyliden S 80 Ha27
Nyluspen S 79 Gb25
Nymburk CZ 136 Fc44
Nymindegab DK 108 Cd25
Nymo N 62 Ha08
Nymoen N 62 Gb10
Nynäshamn S 96 Gd45
Nyneset N 78 Ed26
Ny Nørup DK 108 Db25
Nyon CH 140 Ba55
Nyons F 42 Jc51
Nyord DK 109 Eb28
Nýřany CZ 135 Ed46
Nyröla FIN 90 Kb32
Nýrsko CZ 135 Ed47
Nyrud N 65 Kc09
Nysa PL 137 Gd43
Nysäter S 94 Ed44
Nysätern S 86 Fa33
Nysätra S 96 Gc42
Nysele S 80 Ha27
Nyseter N 85 Db34
Nyskoga S 94 Ed40
Nystadt = Uusikaupunki FIN 89 Ja38
Nysted DK 109 Eb29
Nystrand S 73 Hc22
Nystu Trønnes N 86 Eb36
Nysund S 95 Fb44
Nytjärn S 80 Gc28
Nytorp S 68 Hd17
Nyträsk S 73 Hb24
Nytrøa N 77 Ea33
Nyúl H 145 Ha53
Nyvall S 72 Ha23
Nyvoll N 63 Hd07
Nyvollen N 78 Ec29
Nyystölä FIN 90 Kb36
Nyžni Sirohozy UA 205 Fa16
Nyžni Torhaji UA 205 Fa16
Nyžn'ohirs'kyj UA 205 Fa17

O

Oaivos N 68 Hd11
Oakford GB 19 Ea30
Oakham GB 16 Fb24
Oakington GB 20 Fd25
Oakley GB 20 Fa29
Oakley GB 20 Fb27
Oalahti FIN 83 Lc31
Oancea RO 177 Fb61
Oanes N 92 Ca44
Oarda RO 175 Da60
Oarja RO 175 Dc65
Oarța de Jos RO 171 Cd55
Oassi GR 189 Bc86
Obalj BIH 159 Hc66
Oban GB 6 Db11
O Barco E 37 Bd57
Obârşia RO 179 Da67
Obârşia-Cloşani RO 174 Cb63
Obbekær DK 108 Da26
Obbnäs FIN 98 Ka40
Obbola S 80 Hb29
Obdach A 144 Fc54
Obecnice CZ 136 Fa46
Obedinenie BG 180 Dd69
Obejo E 60 Cd72
Obeliai LT 114 La53
Oberammergau D 142 Dc52
Oberasbach D 134 Dc46
Oberau A 143 Ea53
Oberau D 142 Dc53
Oberaudorf D 143 Eb52
Oberaula D 126 Da41
Oberaurach D 134 Dc45
Oberbeisheim D 126 Da41
Oberbergkirchen D 143 Eb50
Obercunnersdorf D 128 Fc41
Oberdachstetten D 134 Db46
Oberderdingen D 134 Cc47
Oberding D 143 Ea50
Oberdorla D 126 Dc40
Oberdrauburg A 143 Ec55
Oberei CH 141 Bd54
Obereisesheim D 134 Cd47
Oberelsbach D 134 Db43
Obergrafendorf A 144 Fd51
Obergünzburg D 142 Db51
Obergurgl A 142 Dc55
Oberhaching D 143 Dd51
Oberhaid D 134 Dc45
Oberharmersbach D 133 Cb49
Oberhausen D 125 Bd39
Oberheldrungen D 127 Dd40
Oberhof D 126 Dc42
Oberhofen CH 141 Bd55
Oberhoffen F 25 Kc36
Oberkail D 133 Bc43
Oberkappel A 136 Fa49
Oberkirch D 133 Ca49
Oberkirchen D 126 Cc40
Oberkochen D 134 Db48
Oberkotzau D 135 Ea44
Oberlödla D 127 Eb41
Oberlungwitz D 127 Ec42
Obermaßfeld-Grimmenthal D 134 Dc43
Obermehler D 126 Dc40
Ober-Mörlen D 134 Cc43
Obermoschel D 133 Ca45
Obernai F 25 Kb37
Obernberg A 143 Ed50
Obernberg am Brenner A 143 Dd54
Obernbreit D 134 Db45
Obernburg D 134 Cd45
Oberndorf D 118 Da32
Oberndorf am Neckar D 141 Cb50
Oberndorf an der Melk A 144 Fd51
Oberndorf bei Salzburg A 143 Ec51
Obernheim D 142 Cc50
Obernholz D 118 Dc35
Obernkirchen D 126 Da37
Obernzell D 136 Fa49
Obernzenn D 134 Db46
Oberostendorf D 142 Dc51
Oberpframmern D 143 Ea51
Oberpleis D 125 Ca41
Oberpullendorf A 145 Gb53
Ober-Ramstadt D 134 Cc45
Oberreute D 142 Da52
Oberrickenbach CH 141 Cb54
Oberried CH 141 Ca55
Oberried D 141 Ca51
Oberriet CH 142 Cd53
Oberröblingen D 127 Dd40
Oberrot D 134 Da47
Oberscheinfeld D 134 Db45
Oberschleißheim D 143 Dd50
Oberschöna D 127 Ed42
Oberschwarzach D 134 Db45
Obersiggenthal CH 141 Cb52
Obersontheim D 134 Da47
Oberstadion D 142 Da50
Oberstadtfeld D 133 Bc43
Oberstaufen D 142 Da52
Oberstdorf D 142 Db53
Obersteigen F 25 Kb37
Obersteinbach F 25 Kc35
Oberstenfeld D 134 Cd47
Oberstreu D 134 Db43
Obersulm D 134 Cd47
Obertauern A 143 Ed54
Obertaufkirchen D 143 Eb50
Oberthal D 133 Bd45
Oberthulba D 134 Db44
Obertiefenbach D 125 Cb42
Obertilliach A 143 Eb55
Obertraubling D 135 Eb48
Obertraun A 144 Fa53
Oberturm am See A 143 Ec51
Oberursel D 134 Cc43
Obervellach A 143 Ed55
Oberviechtach D 135 Eb46
Oberwald CH 141 Ca55
Oberwart A 145 Gb54
Oberweis D 133 Bc44
Oberweissbach A 143 Ec53
Oberweißbach D 127 Dd42
Oberwesel D 133 Ca43
Oberweser D 126 Da39
Oberwiesenthal D 135 Ec43
Oberwölz A 144 Fb54
Oberzeiring A 144 Fb54
Obhausen D 127 Ea40
Óbidos P 50 Ab67
Obiedzino PL 123 Jd33
Obileni MD 173 Fb58
Obilić KSV 178 Bb70
Obing D 143 Eb51
Obinitsa EST 107 Lc47
Obiža RUS 107 Ld46
Objat F 33 Gb49
Objazda PL 121 Gc29
Objezierze PL 129 Gc36
Öblarn A 144 Fa53
Obljaj HR 152 Gb60
Obninsk RUS 202 Ed11
Obnova BG 180 Dc69
Öbög H 146 Jb54
Oboga RO 175 Da66
Obojan' RUS 203 Fa13
Obolon' UA 204 Ed15
Obón E 48 Fb63
Oborci BIH 158 Ha64
Oborin SK 139 Ka49
Oborište BG 179 Db72
Oborište BG 181 Fa69
Oborniki PL 129 Gc36
Oborniki Śląskie PL 129 Gc40
Obornjača SRB 153 Jb58
Oborowo PL 121 Hb35
Obory CZ 136 Fb46
Oborzany PL 120 Fc35
Obra PL 128 Ga38
Obreja RO 174 Cb62
Obrenovac SRB 153 Jc62
Obretenik BG 180 Ea69
Obrez HR 151 Ga59
Obrež SRB 153 Jb62
Obrigheim D 134 Cd46
Obrnice CZ 136 Fa43
Obročište BG 181 Fb70
Obrov SLO 151 Fa59
Obrovac HR 157 Ga64
Obrovac SRB 153 Ja60
Obrovac Sinjski HR 158 Gc65
Obršani MK 183 Bb75
Obrtići BIH 159 Hd65
Obryte PL 122 Jc35
Obrytki PL 123 Jd33
Obrzycko PL 129 Gb36
Obšistvi CZ 136 Fb44
Obsza PL 139 Kc43
Obudovac BIH 153 Hc61
Øby DK 100 Cd23
Obzor BG 181 Fa72
Očakiv UA 204 Ed17
Ocaklar TR 186 Fa79
Ocaklı TR 185 Eb79
Ocaña E 52 Dc66
Ocana F 154 Ca71
O Canizo E 36 Bc58
Occhiobello I 150 Dd61
Occold GB 21 Gb25
Ocentejo E 47 Eb63
Očeretuvate UA 205 Fa16
Očevlja BIH 159 Hc64
Ocharán E 38 Dd55
Ochiltree GB 10 Dd14
Ochiul Alb MD 173 Fb54
Ochiul Roş MD 173 Fd59
Ochla PL 128 Fd38
Ochojec PL 137 Hb44
Ochsenfurt D 134 Db45
Ochsenhausen D 142 Da51
Ochtendung D 133 Ca43
Ochtrup D 117 Ca36
Ochtyrka UA 202 Ed14
Ocieka PL 139 Jd43
Ocieseki PL 130 Jc42
Ockelbo S 87 Gb38
Ockholm D 108 Da29
Ockle GB 6 Db10
Ockley GB 20 Fc29
Ocksjön S 87 Fc32
Ocland RO 176 Dd60
Ocna de Fier RO 174 Ca62
Ocna Dejului RO 171 Da57
Ocna Mureş RO 171 Da59
Ocna Sibiului RO 175 Db61
Ocna Şugatag RO 171 Db55
Ocnele Mari RO 175 Db64
Ocniţa MD 173 Fa53
Ocniţa MD 173 Fc54
Ocniţa RO 176 Dd64
Ocoale RO 171 Cc58
Ocolina MD 173 Fc54
Ocoliş RO 171 Cd59
Ocón E 39 Ed58
Očová SK 138 Hd49
Ocrkavlje BIH 159 Hc66
Öcsa H 146 Hd53
Öcsárd H 152 Hb58
Öcsény H 153 Hc57
Öcsöd H 146 Jc54
Octeville, Cherbourg F 22 Ed34
Octeville-sur-Mer F 22 Fd34
Octon F 41 Hc54
Ocypel PL 121 Ha32
Öd S 79 Fc31
Od S 102 Ed48
Odăile RO 176 Ec63
Ödåkra S 110 Ed54
Odals verk N 94 Ec40
Ödängla S 103 Gb51
Odărne BG 180 Dc69
Odby DK 100 Da22
Odda N 84 Cc40
Odde DK 101 Dd22
Odden N 62 Ha09
Odden N 70 Ed23
Odden N 86 Eb36
Odden Færgehavn DK 109 Ea25
Oddense DK 100 Da22
Odder DK 108 Dc24
Oddernes N 92 Cd47
Oddesund Nord DK 100 Da22
Oddesund Syd DK 100 Da22
Ödeborg S 102 Ec46
Ödeby S 95 Fd43
Odeceixe P 58 Ab73
Odelzhausen D 143 Dd50
Odemira P 58 Ab72
Ödemiş TR 192 Fa86
Odèn E 49 Gc59
Ódena E 49 Gc61
Ödenäs S 102 Ec48
Ödensåker S 103 Fb46
Odensala S 96 Gd42
Odensbacken S 95 Fd44
Odense DK 108 Dc26
Odensjö S 102 Fa52
Odensjö S 103 Fb49
Odensvi S 95 Ga43
Odensvi S 103 Ga48
Oderberg D 120 Fb35
Oderljunga S 110 Fa54
Oderwitz D 128 Fc42
Oderzo I 150 Eb59
Odesa UA 204 Ec17
Ödeshög S 103 Fc47
Ödestugu S 103 Fb49
Odiáxere P 58 Ab74
Odiham GB 20 Fb29
Odincovo RUS 202 Ed10
Ødis DK 108 Db26
Odivelas P 50 Ac71
Ödkarby FIN 96 Hc40
Odnes N 85 Dd38
Odobasca RO 176 Ed62
Odobeşti RO 176 Dd65
Odobeşti RO 176 Ed62
Odolanów PL 129 Gd39
Odolena Voda CZ 136 Fb44
Odón E 47 Ed63
Odoorn NL 117 Ca34
Odoreu RO 171 Cd54
Odorheiu Secuiesc RO 176 Dd60
Odos F 40 Fd55
Odou CY 206 Jb97
Odrinci BG 181 Fa69
Odrowąż PL 130 Jb40
Odry CZ 137 Ha46
Odry PL 121 Ha31
Odrzykoń PL 139 Jd45
Odrzywół PL 130 Jb39
Ödsköld S 94 Ec45
Ödsmål S 102 Eb46
Ödsmål S 102 Eb47
Ødsted DK 108 Db25
Ødum DK 100 Dc23
Odžaci SRB 153 Hd59
Odžak BIH 152 Hb61
Odžak BIH 158 Hb67
Odžak MNE 159 Ja67
Odziena LV 106 La51
Oebisfelde D 127 Dd36
Oed A 144 Fc51
Oederan D 127 Ed42
Oederquart D 118 Da32
Oeffelt NL 125 Bb38
Oegstgeest NL 116 Ad36
Oehna D 127 Ed38
Oeiras P 50 Aa69
Öekény H 146 Hd54
Oelde D 126 Cc38
Oelsig D 127 Ed39
Oelsnitz D 127 Ec42
Oelsnitz D 135 Eb43
Oencia E 37 Bd57
Oensingen CH 141 Bd53
Oerel D 118 Da33
Oerlenbach D 134 Db44
Oerlinghausen D 126 Cd38
Oestrich-Winkel D 133 Cb44
Oettingen D 134 Dc48
Oetz A 142 Dc54
Oetzen D 119 Dd34
Œuf-en-Ternois F 23 Gd32
Oeversee D 108 Db29
Ofatinţi MD 173 Fd56
Ofena I 157 Fa70
Offenau D 134 Cd47
Offenbach D 134 Cc44
Offenbach an der Queich D 133 Cb47
Offenbach-Hundheim D 133 Ca45
Offenberg D 135 Ec48
Offenburg D 133 Ca49
Offenhausen D 135 Dd46
Offerdal S 79 Fb30
Offersøya N 66 Fd14
Offida I 156 Ed68
Offingen D 134 Db49
Offne S 79 Fb30
Offranville F 23 Ga33
Oftedal N 92 Cb45
Ofterdingen D 134 Cc49
Oftringen CH 141 Ca53
Ogardy PL 120 Fd35
Ogbourne Saint George GB 20 Ed28
Øgelund DK 108 Da25
Ogéviller F 25 Ka37
Öggestorp S 103 Fb49
Oggevatn N 92 Cd46
Oggiono I 149 Cc58
Oglaine LV 106 Kb52
Oğlananası TR 191 Ec86
Ogliastro Cilento I 161 Fc76
Ogliastro Marina I 161 Fc77
Öglunda S 102 Fa46
Öğmen TR 191 Ec81
Ogmore-by-Sea GB 19 Ea28
Ogna N 92 Ca45
Ognina I 167 Fd87
Ognjanovo BG 181 Fa68
Ognjanovo BG 184 Cd75
Ogoja BG 179 Cc70
Ogonki PL 122 Jc30
Ogonnelloe IRL 12 Bd22
Ogošte KSV 178 Bc71
Ogra CY 206 Ja96
Ogra RO 171 Db59
Ogre LV 106 Kc51
Ogreskalns LV 106 Kd50
Ogrezeni RO 176 Ea66
Ogródek PL 123 Jd31
Ogrodniczki PL 123 Kb33
Ogrodniki PL 123 Jd35
Ogrodniki PL 123 Kb30
Ogrodzieniec PL 138 Hd43
Ogrosen D 128 Fa39
O Grove E 36 Ac56
Ogulin HR 151 Fd60
Oğulpaşa TR 187 Gb79
Ohaba RO 175 Da60
Ohaba Lungă RO 174 Ca60
Ohanes E 61 Ea75
Ohenmäki FIN 82 Kd28
Ohey B 124 Ad42
Ohiró GR 184 Cd76
Ohkola FIN 90 Kb38
Ohlstadt D 143 Dd52
Öhningen D 142 Cc52
Ohotnoe RUS 113 Jc58
Ohrdruf D 126 Dc42
Ohrid MK 182 Ba75
Ohrikylä FIN 89 Ja33
Öhringen D 134 Cd47
Ohtaanniemi FIN 83 Lb30
Ohtanajärvi S 73 Ja18
Ohtinen FIN 89 Jd37
Ohtola FIN 89 Jd33
Ohtsejohka FIN 64 Jd07
Oiã P 44 Ac63
Oidrema EST 98 Ka45
Oijärvi FIN 74 Ka21
Oijusluoma FIN 75 La20
Oikarainen FIN 74 Ka19
Oileán Ciarrai IRL 12 Bb24
Oilgate IRL 13 Cc24
Oilgate IRL 13 Cd24
Oimbra E 44 Bb59
Oinaala FIN 90 Ka37
Oinacu RO 180 Ea68
Oinas FIN 69 Kb17
Oinasjärvi FIN 82 Kd27
Oinasjärvi FIN 97 Jd39
Oingt F 34 Ja46
Oinoskylä FIN 82 Ka30
Oinville F 23 Gc36
Oion E 39 Eb58
Oiron F 28 Fd43
Oirschot NL 124 Ba38
Ois E 36 Ba54
Øisang N 93 Db45
Oiselay-et-Grachaux F 31 Jd41
Oisemont F 23 Gc33
Oissel F 23 Gb35
Oisterwijk NL 124 Ba38
Oisu EST 98 Kd44
Öisu EST 106 Kd46
Oitti FIN 90 Kb37
Oittila FIN 90 Kc33
Oituz RO 176 Ec60
Oiu EST 98 La45
Oivu FIN 81 Jb28
Oix E 41 Hb58
Öja FIN 81 Jb28
Öja S 95 Ga44
Öja S 103 Fc52
Öja S 104 Gd51
Öjaby S 103 Fc52
Ojakkala FIN 98 Ka39
Ojakylä FIN 74 Jd24
Ojakylä FIN 74 Ka23
Ojakylä FIN 81 Jd27
Ojakylä FIN 82 Ka26
Ojakylä FIN 82 Ka27
Ojala FIN 81 Jc30
Ojalehto FIN 82 Ka27
Ojanperä FIN 82 Ka27
Ojanperä FIN 82 Kc26
Öjarn S 79 Fc28
Ojasoo EST 98 Kc43
Ojców PL 138 Ja44
Ojdula RO 176 Eb61
Öje S 88 Gc33
Öje S 95 Fb39
Öjebyn S 73 Hc23
Ojedo E 38 Da55
Ojén E 60 Cc77
Öjenäs S 94 Fa41
Ojineşti MD 173 Fc57
Ojos Negros E 47 Ed63
Ojrzeń PL 122 Ja35
Ojuelos Altos E 51 Cb71
Öjvasseln S 86 Fa35
Okainiai LT 114 Kc56
Okalewko PL 122 Hd34
Okalewo PL 122 Hd34
Okány H 147 Jd54
Okartowo PL 122 Jc31
Okçu TR 193 Ha82
Okcyn PL 131 Kc37
Økdal N 78 Ea31
Okehampton GB 19 Dd30
Okeroinen FIN 90 Kc37
Okkelberg N 78 Eb29
Okkenhaug N 78 Ec29
Oklaj HR 158 Gb65
Okletac SRB 159 Ja64
Oključina HR 158 Gb68
Oklubalı TR 193 Gb82
Ökna S 103 Fd50
Okoč SK 145 Ha51
Okół PL 131 Jd41
Okoli HR 152 Gc59
Okome S 102 Ed51
Okonek PL 121 Gc33
Okonin PL 121 Hb33
Okop BG 180 Eb73
Okopy PL 131 Kd40
Okorág H 152 Ha58
Okorš BG 181 Ec68
Okovcy RUS 202 Ec10
Okříšky CZ 136 Ga47
Okrouhlice CZ 136 Fd46
Okruglica HR 151 Fd60
Okrúhle SK 139 Jd47
Okrzeja PL 131 Ka38
Oksa PL 130 Ja42
Oksajärvi S 68 Hd15
Oksakoski FIN 81 Jd29
Oksava FIN 82 Ka27
Oksbøl DK 108 Cd25
Oksby DK 108 Cd25
Økseidet N 68 Hd11
Øksendalen N 70 Fa22
Øksendalsøra N 77 Db32
Øksendalssetra N 85 Ea36
Øksfjord N 63 Hc07
Øksfjordbotn N 63 Hc08
Okskulma FIN 90 Kb34
Øksna N 86 Eb38
Øksnes N 78 Ec27
Øksneshavn N 66 Fd14
Øksninga N 78 Ec25
Okstad N 78 Eb30
Okstveit N 92 Cb41
Oksvoll N 77 Dd28
Okt'abr'skoje RUS 113 Jb59
Oktjabr'sk RUS 203 Ga10
Oktjabr'skij RUS 203 Fd14
Oktoniá GR 190 Cd85
Okučani HR 152 Gd60
Okuklje HR 158 Ha69
Okulice PL 138 Jb44
Okulovka RUS 202 Ec09
Okuniew PL 130 Jc36
Okuninka PL 131 Kc39
Okurçalar TR 199 Hb92
Öküzler TR 198 Fc90
Ólafsfjörður IS 2 Ba03
Ólafsvík IS 2 Ab03
Olagüe E 39 Ed56
Olaine LV 106 Kb51
Olalla E 47 Fa63
Oland N 93 Da45
Oland N 93 Da45
Olanes N 63 Hd07
Olang I 143 Ea55
Olanu RO 175 Db64
Olargues F 41 Hb54
Olari FIN 98 Kb40
Olari RO 170 Bd59
Oława PL 129 Gd41
Olazagutia E 39 Eb56
Olba E 54 Fb65
Olbernhau D 127 Ed42
Olbia I 168 Cb74
Olbięcin PL 131 Ka41
Olbramovice CZ 136 Fc46
Olbramovice CZ 137 Gb48
Olcea RO 170 Ca58
Olching D 143 Dd50
Ol'chovka RUS 113 Jb58
Old GB 20 Fb25
Oldcastle IRL 9 Cc20
Old Castleton GB 11 Ec15
Old Deer GB 5 Ed08
Olde DK 108 Dc28
Oldeberkoop NL 117 Bc34
Oldeboorn NL 117 Bc33
Oldebroek NL 117 Bc35
Oldeide N 84 Ca34
Oldekerk NL 117 Bd33
Oldemarkt NL 117 Bc34
Olden N 84 Cd34
Olden S 78 Fa29
Oldenburg D 117 Cc34
Oldenburg in Holstein D 119 Dd30
Oldendorf D 118 Da32
Oldenswort D 118 Da30
Oldenzaal NL 117 Bd36
Oldenzaal NL 117 Ca36
Olderdalen N 62 Ha09
Olderfjord N 64 Jb06
Oldernes N 63 Ja06
Olderneset N 64 Ka07
Oldervik N 62 Gd09
Oldervik N 64 Jd06
Oldervika N 70 Fa20
Oldham GB 16 Ed21
Oldhamstocks GB 11 Ec13
Old Head IRL 12 Bd26
Oldisleben D 127 Dd40
Old Lake GB 17 Fd23
Oldmeldrum GB 5 Ed08
Old Radnor GB 15 Eb25
Oldřichovice CZ 137 Hb46
Oldrões P 44 Ad61
Old Sodbury GB 19 Ec28
Old Somerby GB 16 Fb23
Old Warden GB 20 Fc26
Oldways End GB 19 Ea29
Olea E 38 Db56
Oleby S 94 Ed41
Olecko PL 123 Ka30
Olędy PL 123 Ka35
Oleggio I 148 Cb59
Oleiros E 36 Ac56
Oleiros P 44 Ba65
Oleksandrija UA 204 Ed15
Oleksandrivka UA 204 Ed15
Oleksandrivka UA 204 Ed15
Oleksandrivka UA 204 Ed17
Oleksandrivka UA 205 Fb15
Olelas E 36 Ba58
Olen B 124 Ad39
Ølen N 92 Ca42
Olenino RUS 202 Ec10
Olenivka UA 204 Ed17
Oleri LV 106 Kd47
Olesa de Montserrat E 49 Gd61
Olešná CZ 136 Fa45
Oleśnica PL 129 Gd40
Oleśnica PL 138 Jc43
Olešnice CZ 137 Gb46
Oleśniczka PL 129 Gd41
Olesno PL 129 Hb41
Olesno PL 138 Jc43
Oleszno PL 130 Ja41
Oleszyce PL 139 Kc43
Oletta F 154 Cc69
Olette F 41 Ha57
Olevs'k UA 202 Eb14
Olfen D 125 Ca38
Olgiate Comasco I 149 Cc58
Ol'gino RUS 99 Mb39
Ølgod DK 108 Da25
Olhalvo P 50 Ab67
Ølhammaren N 78 Ec26
Olhão P 58 Ad74
Olhava FIN 74 Jd22
Ol'hi RUS 203 Fb11
Ølholm DK 108 Db25
Ol'hovatka RUS 113 Jd59
Ol'hovatka RUS 203 Fb13
Ol'hovka RUS 203 Fd13
Oliana E 48 Gb59
Olib HR 151 Fc63
Oliena I 169 Cb76
Oliete E 48 Fb63
Olímbi GR 191 Dd86
Olímbia GR 194 Ba87
Ólimbos GR 197 Eb94
Olimp RO 181 Fc68
Olimpiáda GR 184 Cc78
Oliņas LV 106 La48
Olingdal S 87 Fb35
Olişcani MD 173 Fd55
Olite E 39 Ed58
Oliva E 54 Fc69
Oliva de la Frontera E 51 Bc71
Oliva de Mérida E 51 Ca69
Oliva de Plasencia E 45 Ca65
Olivadi I 164 Gc82
Olivares E 59 Bd73
Olivares de Júcar E 53 Eb67
Oliveira de Azeméis P 44 Ad62
Oliveira de Barreiros P 44 Ba63
Oliveira do Bairro P 44 Ad63
Oliveira do Douro P 44 Ba61
Oliveira do Hospital P 44 Ba64
Olivenza E 51 Bb69
Olivet F 29 Gc40
Olivione CH 142 Cc56
Öljehult S 111 Fc53
Ol'ka SK 139 Ka47
Olkamangi S 74 Jb18
Olkijoki FIN 81 Jd25
Olkiluoto FIN 89 Ja37
Olkkajärvi FIN 74 Ka18
Olkkala FIN 98 Ka39
Olkkola FIN 82 Ka27
Olkusz PL 138 Hd43
Ollaberry GB 5 Fa04
Ollala FIN 82 Ka26
Ollebacken S 79 Fc29
Ollerías E 38 Ea56
Olleros de Pisuerga E 38 Db57
Ollerton GB 16 Fb22
Ollerup DK 109 Dd27
Olleta E 39 Ed57
Olliergues F 34 Hc47
Ollikkala FIN 90 La35

Ollikkala - Ostende

Ollikkala FIN 91 Lb33
Ollila FIN 89 Jc38
Ollilanvaara FIN 74 Jd18
Ollioules F 42 Jd55
Öllölä FIN 83 Ma31
Ollomont I 148 Bc57
Ollon CH 141 Bc56
Olloniego E 37 Cc55
Ölmbratorp S 95 Fd43
Ölme S 95 Fb43
Olmeda de la Cuesta E 47 Eb65
Olmeda del Rey E 53 Ec66
Olmedilla de Alarcón E 53 Eb67
Olmedillo de Roa E 46 Db60
Olmedo E 46 Da61
Olmedo I 168 Bd75
Olmeto F 154 Ca71
Ölmevalla S 102 Ec50
Ölmhult S 95 Fb43
Olmi-Capella F 154 Cb69
Olmillos de Castro E 45 Cb60
Olmillos de Sasamón E 38 Db58
Olmo al Brembo I 149 Cd58
Olmos P 45 Bd60
Olmos de la Picaza E 38 Db58
Olmos de Ojeda E 38 Da57
Olmos de Pisuerga E 38 Db57
Ölmstad S 103 Fb48
Olmütz = Olomouc CZ 137 Gd46
Olney GB 20 Fb26
Ołobok PL 129 Ha39
Olocau E 54 Fb67
Olocau del Rey E 48 Fc64
Olofsfors S 80 Hb29
Olofstorp S 102 Ec48
Olofström S 111 Fc54
Olombrada E 46 Db61
Olomouc CZ 137 Gd46
Olonne-sur-Mer F 28 Ed44
Olonzac F 41 Ha55
Oloron-Sainte-Marie F 39 Fb55
Olosig RO 170 Cb56
Olost E 49 Gd59
Olot E 49 Ha59
Olovi CZ 135 Ec44
Olovo BIH 159 Hc64
Olpe D 125 Cb39
Olpe D 125 Cb40
Ol'ša RUS 202 Ec11
Olsberg D 126 Cc40
Olsbrücken D 133 Ca45
Olsbu N 93 Da45
Olseröd S 111 Fb55
Ölserud S 94 Ed44
Olsewo Węrorzewskie PL 122 Jc30
Olshammar S 95 Fc45
Olší CZ 137 Gb46
Olsker DK 111 Fc57
Olsøy N 78 Ea29
Ölsremma S 102 Fa49
Olst NL 117 Bc36
Ølsted DK 108 Dc25
Ølsted DK 109 Eb25
Ølstrup DK 108 Cd24
Ølstykke DK 109 Eb25
Olsvika N 70 Ed24
Olszamy PL 130 Jb38
Olszanica PL 139 Kb46
Olszanka PL 123 Ka30
Olszanka PL 129 Gd42
Olszanka PL 131 Ka37
Olszany PL 139 Kb45
Olszewka PL 122 Jb33
Olszewnica PL 131 Ka37
Olszewo-Borki PL 122 Jc34
Olsztyn PL 122 Ja32
Olsztyn PL 130 Hc42
Olsztynek PL 122 Ja32
Olszyn PL 131 Kc37
Olszyna PL 128 Fc39
Olszyna PL 128 Fd41
Olszyny PL 122 Jb32
Oltedal N 92 Ca44
Olten CH 141 Ca53
Oltenești RO 173 Fb59
Olteni RO 180 Dd67
Oltenița RO 181 Ec67
Oltesvig N 92 Cb44
Oltina RO 181 Fa67
Oltre il Colle I 149 Cd58
Oltu TR 205 Ga19
Olukbaşı TR 198 Fb89
Olukbaşı TR 198 Fd90
Oluku TR 193 Gb81
Olula del Río E 61 Eb74
Olur TR 205 Ga19
Olustvere EST 98 Kd45
Olvan E 49 Gd59
Olvasjärvi FIN 75 Kc23
Ølve N 84 Ca40
Olveda E 36 Bb56
Ólvega E 47 Ec60
Olveiroa E 36 Ac55
Olvera E 59 Cb75
Ólvio GR 184 Db77
Ólynthos GR 183 Cb79
Olzai I 169 Ca76
Olzheim D 133 Bc43
Omagh GB 9 Cc17
Omalí GR 182 Ba78
Omaló GR 183 Bd77
Oman BG 181 Ec73
Omarčevo BG 180 Ea72
Omarska BIH 152 Gc62
Ómassa H 146 Jb50
Omblèze F 35 Jc49
Ömböly H 147 Kb51
Omeath IRL 9 Cd19
Omedu EST 99 Lb44
Omegna I 148 Ca58
Ömen TR 186 Fc77
Omeñaca E 47 Eb60
Ömerköy TR 192 Fa81
Ömerler TR 192 Ga82
Ömerler TR 193 Hb82
Ömerler Bölüğü TR 197 Fa89
Ömeroba TR 185 Ec74
Omiš HR 158 Gc66
Omišalj HR 151 Fb61
Ommen NL 117 Bd35
Ommunddalen N 78 Ea28
Omø DK 109 Ea27
Omodos CY 206 Ja97
Omoljica SRB 174 Bb64
Omont F 24 Ja34
Omonville-la-Rogue F 22 Ed34
Omor RO 174 Bd62
Omorani MK 183 Bc74
Omorfohóri GR 189 Bd81
Ömossa FIN 89 Ja34
Omsjö S 79 Gb29
Omurlar TR 192 Fc84
Omurtag BG 180 Eb70
Omvriakí GR 189 Bc82
Øn N 84 Ca36
Ön S 73 Hc23
Ön S 79 Gb30
On S 79 Fd28
Oña E 38 Dd57
Ona N 76 Cd31
Onaç TR 199 Gc88
Onali FIN 90 Kc36
Onarheim N 84 Ca40
Oñati E 39 Eb56
Oncești RO 172 Ed59
Onda E 54 Fc66
Ondara E 55 Fc70
Ondarroa E 39 Eb55
Ondić HR 151 Ga63
Ondres F 39 Ed54
Ondrovo RUS 99 Mb40
Önerler TR 186 Fa77
Onesse-et-Laharie F 39 Fa53
Onești MD 173 Fc57
Onești MD 173 Fc58
Onești RO 176 Ec60
Onet-le-Château F 33 Ha51
Oniceni RO 172 Ed58
Onich GB 6 Dc10
Onifai I 168 Cc76
Oniferi I 169 Cb76
Onil E 55 Fb70
Onițcani MD 173 Fd57
Onkamaa FIN 91 Lb37
Onkamo FIN 69 Kd17
Onkamo FIN 74 Ka23
Onkamo FIN 83 Ld31
Onkemäki FIN 89 Jd36
Onkijoki FIN 89 Jc37
Onkiniemi FIN 90 Kc35
Onnaing F 24 Hb32
Önneköp S 110 Fa55
Önnestad S 111 Fb54
Önningeby FIN 96 Hc41
Onno I 149 Cc58
Onoz F 31 Jc44
Onsares E 53 Ea71
Onsbjerg DK 109 Dd25
Onsevig DK 109 Ea28
Onsey N 93 Ea44
Onslunda S 111 Fb56
Onstwedde NL 117 Ca34
Ontika EST 99 Lb41
Ontinar del Salz E 48 Fb59
Ontiñena E 48 Fd60
Ontinyent E 55 Fb70
Ontojoki FIN 83 Lb26
Ontón E 38 Dd55
Onttola FIN 83 Ld30
Ontur E 55 Ed70
Onum S 102 Ed47
Onuškis LT 114 Kd58
Onuškis LT 114 La53
Onville F 25 Jc36
Onzain F 29 Gb41
Onzonilla E 37 Cc57
Oola IRL 12 Bd23
Oonga EST 98 Ka44
Oonurme EST 99 Lb43
Oostburg NL 124 Ab38
Oost-Cappel F 21 Gd30
Oostduinkerke-Bad B 21 Ha29
Oostende B 21 Ha29
Oosterend NL 116 Ba33
Oosterend NL 116 Bb32
Oosterhesselen NL 117 Bd35
Oosterhout NL 124 Ad38
Oosterwolde NL 117 Bd34
Oosterzee NL 117 Bc34
Oosthuizen NL 116 Ba35
Oostkapelle NL 124 Ab38
Oostmalle B 124 Ad39
Oost-Souburg NL 124 Ab38
Oostvleteren B 21 Ha30
Oost-Vlieland NL 116 Bb32
Oostvoorne NL 124 Ac37
Ootmarsum NL 117 Bd36
Opaci MD 173 Ga59
Opaka BG 180 Ea69
Opalenica PL 129 Gb37
Opalenie PL 121 Hb32
Opaleniec PL 122 Jb33
Opaljenik SRB 178 Ad67
Opan BG 180 Dd73
Opařany CZ 136 Fb47
Oparić SRB 178 Bb67
Opatinec HR 152 Gb59
Opatija HR 151 Fb60
Opatov CZ 137 Gb45
Opatovac HR 153 Hd60
Opatovice nad Labem CZ 136 Ga44
Opatów PL 129 Ha40
Opatów PL 130 Hc41
Opatów PL 131 Jd41
Opatówek PL 129 Ha39
Opatowiec PL 138 Jb43
Opava CZ 137 Ha45
Opawica PL 137 Gd44
Ope S 79 Fc31
O Pedrouzo (O Pino) E 36 Ba55
Opglabeek B 125 Bb40
Ophemert NL 125 Bb37
Opi I 161 Fa72
Opinan GB 4 Dc06
O Pindo E 36 Ac55
Opinogóra PL 122 Jb34
Opišnja UA 202 Ed14
Opitter B 125 Bb40
Oploo NL 125 Bb38
Oplotnica SLO 151 Fd57
Opocka RUS 107 Mb50
Opočka RUS 202 Ea10
Opočno CZ 137 Gb44
Opoczno PL 130 Ja40
Opole PL 129 Ha42
Opol'e RUS 99 Ld41
Opole Lubelskie PL 131 Jd40
Opolno-Zdrój PL 128 Fc42
Oporelu RO 175 Db65
Oporów PL 130 Hd37
Opovo SRB 153 Jc61
Opovo SRB 174 Bb63
Oppach D 128 Fb41
Oppala S 95 Gb39
Oppdal N 77 Dd32
Oppdal N 78 Ec26
Oppdalen N 85 Ea40
Oppdøl N 77 Db32
Oppeano I 149 Dc60
Oppeby S 103 Ga48
Oppède-le-Vieux F 42 Jc53
Oppegård N 93 Ea42
Oppegard N 94 Eb39
Oppenau D 133 Cb48
Oppenberg A 144 Fb53
Oppenheim D 133 Cb45
Oppenwehe D 117 Cc36
Oppenweiler D 134 Cd48
Opphaug N 77 Dd29
Oppheim N 84 Cc38
Opphus N 86 Eb37
Oppido Lucano I 162 Gb75
Oppido Mamertina I 164 Gb83
Oppmanna S 111 Fb54
Opponitz A 144 Fc52
Oppsal N 92 Ca44
Oppstryn N 84 Cd34
Oppurg D 127 Ea42
Oprișor RO 175 Cc66
Oprtalj Pórtole HR 151 Fa60
Opshaugvik N 76 Cd33
Optași-Măgura RO 175 Db65
Optedal N 92 Cc47
Ópusztaszer H 146 Jb56
Opuzen HR 158 Ha68
Oquillas E 46 Dc60
Ör S 102 Ec46
Ör S 103 Fc51
Ör H 147 Kb51
Ora CY 206 Jb97
Ora I 150 Dd57
Øra N 63 Hb07
Ora S 102 Fa48
Orac MD 173 Fc59
Orada P 50 Ba71
Orada P 50 Ba68
Oradea RO 170 Cb56
Oradour-Saint-Genest F 33 Gb45
Oradour-sur-Glane F 33 Gb46
Orah BIH 159 Hc68
Orahova BIH 152 Gd61
Orahovac KSV 178 Ba71
Orahovac MNE 159 Hd69
Orahov Do BIH 158 Hb68
Orahovica BIH 153 Hc62
Orahovica BIH 153 Hc63
Orahovica HR 152 Ha59
Orahovičko Polje BIH 152 Ha63
Orahovlje BIH 158 Ha67
Oraison F 42 Ka52
Orajärvi FIN 74 Jb18
Orakylä FIN 69 Ka16
Orange F 42 Jb52
Orani I 169 Cb76
Oranienbaum D 127 Eb39
Oranienburg D 119 Ed35
Oranmore IRL 12 Bc21
Orašac HR 158 Hb69
Orašac SRB 174 Bb65
Orašac SRB 178 Bd70
Orasi MNE 159 Hd69
Orašje BIH 153 Hc61
Orăștie RO 175 Cd61
Orăștioara de Sus RO 175 Cd61
Orașu Nou RO 171 Da54
Orava EST 107 Lc46
Orava FIN 81 Jc30
Oravainen FIN 81 Ja30
Oravais FIN 81 Ja30
Oravala FIN 90 Kd36
Öravan S 80 Gc26
Oravasaari FIN 90 Kc33
Oravi FIN 91 Lb32
Oravica SRB 178 Bd70
Oravice SK 138 Ja47
Oravijoki FIN 82 Kd27
Oravikoski FIN 82 La31
Oravisalo FIN 83 Ld31
Oravița RO 174 Bd63
Oravivaara FIN 75 La24
Oravská Lesná SK 138 Hd46
Oravská Polhora SK 138 Hd46
Oravské Veselé SK 138 Hd46
Oravský Podzámok SK 138 Hd47
Orba E 55 Fc70
Orbacém E 44 Ac59
Ørbæk DK 109 Dd27
Orbais-l'Abbaye F 24 Hc36
Orbassano I 148 Bc60
Orbe CH 141 Bb54
Orbeasca RO 180 Dd67
Orbec F 22 Fd36
Orbeni RO 176 Ed60
Örberga S 103 Fc46
Orbetello I 155 Dc69
Orbigny F 29 Gb42
Ørby DK 108 Db27
Ørby DK 109 Dd24
Örby S 102 Ed50
Örbyhus S 96 Gc40
Orca P 44 Bb65
Orcau E 48 Gb59
Orce E 61 Ea73
Orcera E 53 Ea71
Orchamps F 31 Jc42
Orchies F 24 Hb31
Orchowo PL 129 Ha36
Orcières F 35 Ka50
Orcival F 34 Hb47
Ordaca TR 185 Eb80
Ordan-Larroque F 40 Fd54
Ordășei MD 173 Fc56
Ordejón de Arriba E 38 Db57
Ordes E 36 Ba55
Ørding DK 100 Da22
Ordizia E 39 Ec56
Ordona I 161 Ga73
Ordu TR 205 Fc19
Orduña E 38 Ea56
Ordžonikidze UA 205 Fa16
Ordžonikidzevskij RUS 205 Ga17
Øre N 77 Da31
Öre S 80 Hb29
Ore S 87 Fd37
Orea E 47 Ec64
Orebić HR 158 Gd68
Örebro S 95 Fd44
Oredež RUS 202 Eb09
Öregcsertő H 146 Hd56
Öregrund S 96 Gd40
Orehova RUS 107 Ma47
Orehovec HR 152 Gb58
Orehovec MK 183 Bc75
Orehoved DK 109 Eb28
Orehovica BG 180 Db68
Orehoviči RUS 107 Ma47
Orehovno RUS 99 Ma44
Orehovo BG 184 Db74
Orehovo-Zuevo RUS 203 Fa10
Orei GR 189 Ca83
Orel RUS 99 Lc43
Orel RUS 202 Ed12
Orellana de la Sierra E 51 Cb68
Orellana la Vieja E 51 Cb68
Ören TR 191 Ec82
Ören TR 192 Ga82
Ören TR 192 Ga84
Ören TR 197 Fa90
Ören TR 198 Fd90
Ören TR 198 Fd90
Ören TR 198 Fd91
Oreña E 38 Db54
Örencik TR 186 Fb76
Örencik TR 187 Gc79
Örencik TR 187 Hb76
Örencik TR 191 Ec81
Örencik TR 192 Ga83
Örenkaya TR 193 Gb86
Örenköy TR 192 Fc82
Örenköy TR 193 Ha87
Örenköy TR 193 Hb85
Orense E 36 Bb57
Oréo GR 184 Db76
Oreókastro GR 183 Ca77
Öreryd S 102 Fa50
Oreš BG 180 Dc69
Orešak BG 180 Db71
Orešak BG 181 Fa70
Orešan BG 185 Dd75
Orešec BG 185 Ea75
Orestiáda GR 185 Eb76
Öreström S 80 Ha28
Oresvika N 70 Fa20
Oreye B 124 Ba41
Öreyköy TR 185 Ec77
Orezu RO 176 Ec66
Orford GB 21 Gb26
Orfű H 152 Hb57
Orgáni GR 185 Dd76
Organyà E 48 Gb59
Orgaz E 52 Db67
Orgelet F 31 Jc44
Orgères-en-Beauce F 29 Gc39
Órgiva E 60 Dc76
Orglandes F 22 Fa35
Orgnac-l'Aven F 34 Ja51
Orgnac-sur-Vézère F 33 Gc48
Orgon F 42 Jb53
Orgosolo I 169 Cb76
Orgovány H 146 Ja55
Orhaneli TR 192 Fc81
Orhangazi TR 186 Fd79
Orhaniye TR 185 Eb78
Orhaniye TR 186 Fd80
Orhaniye TR 186 Ga79
Orhaniye TR 187 Gb78
Orhaniye TR 193 Ha82
Orhanlar TR 191 Ed81
Orhanlı TR 186 Fd78
Orhanlı TR 198 Ga89
Orhei MD 173 Fd57
Orhomenós GR 189 Ca85
Oria E 61 Eb74
Oria I 162 Hb76
Orichiv UA 205 Fa16
Origny-en-Thiérache F 24 Hc33
Origny-Sainte-Benoite F 24 Hb33
Orihuela E 55 Fa72
Orihuela del Tremedal E 47 Ed64
Orijahovo BG 179 Da68
Orikon AL 182 Aa77
Orillena E 48 Fc60
Orimattila FIN 90 Kc37
Oriniemi FIN 83 Lc29
Oriniemi FIN 89 Jc37
Oriní Meligoú GR 195 Bd88
Oriñón E 38 Dd55
Orio E 39 Ec55
Ório GR 189 Cc85
Oriola P 50 Ad70
Oriolo I 162 Gc77
Oripää FIN 89 Jc38
Orisberg FIN 81 Jb31
Orismala FIN 81 Ja31
Orisoain E 39 Ed57
Orissaare EST 97 Jd45
Oristano I 169 Bd77
Orisuo FIN 89 Jc37
Öriszentpéter H 145 Gb55
Oriveden asema FIN 90 Ka35
Orivesi FIN 90 Ka35
Orizare BG 181 Fa72
Orizovo BG 180 Dc73
Orjahovec BG 184 Db75
Orjaku EST 97 Jc45
Orjal E 36 Ba55
Orjanovo BG 185 Ea74
Ørje N 94 Eb43
Orkanger N 77 Dd30
Örkelljunga S 110 Ed54
Orkesta S 96 Gd42
Orkland N 77 Dd30
Orla PL 123 Kb35
Orlamünde D 127 Ea42
Orlane KSV 178 Bc70
Orlat RO 175 Da61
Orlea RO 180 Db68
Orléans F 29 Gc40
Orlești RO 175 Db64
Orljak BG 181 Ed69
Orljane BG 180 Db70
Orljevo SRB 174 Bc65
Orlová CZ 137 Hb45
Orlova Mogila BG 181 Fa69
Orlovat SRB 153 Jc60
Orlovat SRB 174 Bb62
Orlov dol BG 185 Ea74
Orlovec BG 180 Ea69
Orlov Gaj RUS 203 Ga12
Orlovskij RUS 205 Fd15
Orłowo PL 123 Jd30
Orłowo PL 123 Jd32
Orly F 23 Gd37
Orly RUS 99 Lc41
Órma GR 183 Bc76
Ormaiztegi E 39 Eb56
Ormanköy TR 191 Ed86
Ormanlı TR 186 Fb76
Ormanlı TR 187 Hb77
Ormaryd S 103 Fc49
Ormea I 148 Bd63
Ormelet N 93 Dd44
Ormelle I 150 Eb59
Ormemyr N 93 Db42
Orméni GR 185 Ea75
Ormeniș RO 176 Ea61
Örménykút H 146 Jc55
Ormepınar TR 198 Fb89
Ormesberga S 103 Fc51
Ormesby Saint Margaret GB 17 Gc24
Ormideia CY 206 Jc97
Ormília GR 184 Cc79
Ormont D 125 Bc42
Órmos GR 183 Ca78
Órmos Korthíou GR 190 Da87
Órmos Panagías GR 184 Cc79
Órmos Panórmou GR 196 Db88
Órmos Prínou GR 184 Da78
Ormož SLO 152 Gb57
Ormskirk GB 15 Eb21
Ormstad N 94 Eb41
Ornans F 31 Jd42
Ornäs S 95 Fd40
Örnäsudden S 72 Gb23
Ornavasso I 148 Ca57
Ornbau D 134 Dc47
Örnberg FIN 81 Ja30
Ørnes N 71 Fb18
Orneta PL 122 Hd31
Ørnhøj DK 100 Da23
Ornö S 96 Ha44
Örnsköldsvik S 80 Gd30
Ørnvika N 70 Fa20
Orodel RO 175 Cc66
Oroftiana RO 172 Ec54
Orolik HR 153 Hd60
Oron-la-Ville CH 141 Bb55
Orońsko PL 130 Jc40
Oropa I 148 Bd58
Oropesa E 52 Cc66
Oropós GR 189 Cc85
Ororbia E 39 Ec57
Oros H 147 Ka51
Orosei I 169 Cc76
Orosháza H 146 Jc56
Oroszlány H 145 Hb53
Oroszló H 152 Hb57
Orotelli I 169 Ca76
Orozko E 38 Ea56
Orpesa E 54 Fd66
Orphir GB 5 Ec03
Orpierre F 42 Jd51
Orp-Jauche B 124 Ad41
Orrbyn S 73 Hd21
Orre N 92 Ca44
Orrefors S 103 Ga52
Orrestad N 92 Cb46
Orrfors S 73 Ja19
Orria I 161 Fd77
Orriols E 49 Hb59
Orrliden S 86 Ed37
Orrmo S 87 Fb35
Orroli I 169 Cb78
Orrträsk S 73 Ja21
Orrviken S 79 Fb31
Orša BY 202 Eb12
Orsa S 87 Fc37
Orsala S 95 Fb40
Orsan F 29 Gd44
Orsans F 31 Ka41
Orsara di Puglia I 161 Fd73
Örsås S 102 Ed50
Örsåsen S 95 Fb39
Orsay F 23 Gd37
Örsbäck S 80 Hb29
Orscholz D 133 Bc45
Örserum S 103 Fc48
Orsingen D 142 Cc51
Örsjö S 103 Ga52
Ørslev DK 109 Ea26
Ørslev DK 109 Eb28
Örslösa S 102 Ed46
Orsmaal B 124 Ad41
Ørsnes N 76 Cd32
Orsoia BG 179 Cc68
Orsomarso I 164 Gb78
Orșova RO 174 Cb64
Orsoy D 125 Bd39
Ørsta N 76 Cc33
Ørsted DK 101 Dd23
Ørsted DK 108 Dc27
Örsundsbro S 96 Gc42
Orsy PL 122 Ja30
Ort A 143 Ed50
Orta TR 198 Fd91
Ortaburun TR 187 Gb78
Ortaca TR 192 Ga81
Ortaca TR 193 Gc81
Ortaca TR 198 Fc91
Ortacı TR 192 Fc83
Ortakarabağ TR 193 Ha85
Ortakent TR 197 Ec90
Ortaklar TR 193 Hb82
Ortaklar TR 197 Ed88
Ortaköy TR 185 Ec79
Ortaköy TR 187 Gd78
Ortaköy TR 187 Gd79
Ortaköy TR 187 Gd79
Ortaköy TR 191 Ec87
Ortaköy TR 192 Fb85
Ortaköy TR 192 Fd87
Ortaköy TR 192 Ga85
Ortaköy TR 193 Ha83
Ortaköy TR 193 Ha86
Ortaköy TR 197 Ed89
Ortaköy TR 198 Fb90
Ortaköy TR 198 Fc89
Ortaköy TR 205 Ga19
Ortamandıra TR 192 Fa82
Orta Nova I 161 Ga73
Ortaoba TR 191 Ed81
Orta San Giulio I 148 Ca58
Ortasarıbey TR 186 Fb80
Ortayazı TR 193 Gc87
Orte I 156 Ea69
Orten N 76 Cd31
Ortenberg D 133 Ca49
Ortenberg D 134 Cd43
Ortenburg D 135 Ed49
Orth an der Donau A 145 Gc51
Orthez F 39 Fb54
Orthovoúni GR 183 Bb80
Ortigosa E 47 Ea59
Ortigosa P 44 Ac65
Ortigosa de Rioalmar E 46 Cd63
Ortigueira E 36 Bb53
Ortiguera E 37 Bd53
Ortihovo RUS 107 Ld48
Ørting DK 108 Dc25
Ortisei I 143 Dd56
Orțișoara RO 174 Bd60
Ortnevik N 84 Cb37
Orto F 154 Ca70
Örtomta S 103 Ga46
Orton GB 11 Ec18
Ortona I 157 Fb70
Ortrand D 128 Fa40
Örträsk S 80 Ha27
Ortschwaben CH 141 Bd54
Ortucchio I 160 Ed71
Ortueri I 169 Ca77
Örtülü TR 191 Ec84
Örtülü TR 198 Fb89
Örtülüce TR 185 Ec79
Ortved DK 109 Eb26
Ortwig D 128 Fb36
Oru EST 99 Lc41
Õru EST 106 La47
Orubica HR 152 Ha61
Oruçoğlu TR 186 Ga77
Örüculer TR 192 Fb84
Ørum DK 100 Db23
Ørum DK 101 Dd23
Orune I 168 Cb76
Orusco E 46 Dd65
Orval F 29 Ha44
Orvault F 28 Ed42
Ørvella N 93 Db42
Orvelte NL 117 Bd34
Orvieto I 156 Ea69
Örviken S 80 Hc25
Orville F 30 Jb41
Orvilliers-Saint-Julien F 30 Hc38
Orvinio I 160 Ec71
Orwell GB 20 Fc26
Orzechowo PL 121 Hb34
Orzechowo PL 122 Ja31
Orzechowo PL 129 Gd37
Orzesze PL 138 Hc44
Orzinuovi I 149 Cd59
Orživ UA 202 Ea14
Oržycja UA 204 Ed15
Orzyny PL 122 Jb32
Orzysz PL 123 Jd31
Os N 66 Fc16
Os N 84 Ca40
Os N 86 Eb33
Os N 94 Eb43
Os S 103 Fb51
Ósa GR 183 Cb77
Osa N 84 Cd39
Osa de la Vega E 53 Ea67
Osamaniye TR 193 Gd83
Osani F 154 Ca69
Osbakk N 71 Fc18
Øsby DK 108 Db27
Osby S 111 Fb53
Oščadnica SK 138 Hc46
Oscaig GB 4 Db08
Oschatz D 127 Ed40
Oschersleben D 127 Dd38
Oschiri I 168 Cb75
Osdorf D 118 Dc30
Øse DK 108 Da25
Øse N 67 Gb13
Øse N 92 Cd44
Osečina SRB 153 Ja63
Osečišče RUS 107 Mb46
Osečná CZ 128 Fc42
Oseid N 93 Db44
O Seixo (Tomiño) E 36 Ac58
Oseja de Sajambre E 37 Cd55
Osek CZ 136 Fa43
Osekovo HR 152 Gc59
Osen N 77 Db32
Osen N 78 Ea27
Osen N 84 Cb36
Osenec BG 180 Eb69
Osenovlag BG 179 Cc70
Oșești RO 173 Fa59
Oset E 54 Fb66
Oset N 86 Eb38
Osetno PL 129 Gb39
Ösi H 145 Hb54
Osica de Sus RO 175 Db66
Osidda I 168 Cb75
Osie PL 121 Ha32
Osiec PL 129 Hb42
Osięciny PL 129 Hb36
Osieck PL 130 Jc37
Osieczna PL 121 Ha32
Osieczna PL 129 Gb38
Osiecznica PL 128 Fc38
Osieczno PL 120 Ga35
Osiek PL 121 Ha32
Osiek PL 121 Hb35
Osiek PL 122 Hc34
Osiek PL 122 Hd31
Osiek PL 131 Jd42
Osiek PL 138 Hd44
Osiek Drawski PL 120 Ga33
Osieki PL 120 Ga30
Osiek Jasielski PL 139 Jd45
Osiek nad Notecią PL 121 Gc34
Osielsko PL 121 Ha34
Osiglia I 148 Bd63
Osijek HR 153 Hc59
Osikovica BG 179 Da70
Osilnica SLO 151 Fc59
Osilo I 168 Ca74
Osimo I 156 Ed66
Osinja BIH 152 Hb62
Osinki PL 123 Ka30
Osinkino RUS 107 Mb48
Osinoviči RUS 107 Ma47
Osinovka RUS 113 Jb58
Osinów PL 120 Fb35
Osiny PL 130 Jc40
Osiny PL 131 Jd38
Osipaonica SRB 174 Bc64
Osišće RUS 99 Ld42
Osivica BIH 152 Ha62
Osjaków PL 130 Hc40
Osječenica MNE 159 Hd69
Oskal N 68 Ja12
Oskar S 111 Ga53
Oskarshamn S 103 Gb50
Oskarström S 102 Ed52
Os'kino RUS 203 Fb13
Oskola FIN 83 Ma31
Oskowo PL 121 Gd30
Öskü H 145 Hb54
Osľany SK 137 Hb49
Ošlejas LV 106 Ka51
Osli H 145 Gd52
Ošlje HR 158 Ha68
Oslo N 93 Ea41
Oslon F 30 Jb43
Øsløs DK 100 Db21
Osloß D 126 Dc36
Osma E 46 Dd61
Osma FIN 64 Jd07
Osma N 77 Db30
Osman TR 193 Gd81
Osmancalı TR 191 Ec85
Osmancık TR 185 Ed76
Osmancık TR 205 Fb20
Osmaneli TR 187 Gb80
Osmangazi TR 186 Fd80
Osmaniye TR 186 Ga80
Osmaniye TR 191 Ed86
Osmaniye TR 192 Fa82
Osmaniye TR 192 Fb86
Osmaniye TR 192 Fc81
Osmaniye TR 192 Fc83
Osmaniye TR 193 Gb82
Osmaniye TR 193 Gd81
Osmaniye TR 197 Fa91
Osmaniye TR 198 Fb91
Osmankalfalar TR 198 Ga90
Osmanlar TR 192 Fb83
Osmanlı TR 185 Ec75
Osmanville F 22 Fa35
Osmaslar TR 191 Ed82
Osmery F 29 Ha43
Osmington GB 19 Ec31
Os'mino RUS 99 Ma42
Os'mino RUS 202 Ea09
Ösmo S 96 Gd44
Osmotherley GB 11 Fa18
Osnabrück D 117 Cc36
Osne-le-Val F 24 Jb37
Ośno PL 122 Hc32
Ośno Lubuskie PL 128 Fc36
Osny F 23 Gc36
Osoblaha CZ 137 Ha44
Osogna CH 142 Cc56
Osoppo I 150 Ec57
Osor E 49 Ha59
Osor HR 151 Fb62
Osorhei RO 170 Cb56
Osorno la Mayor E 38 Db58
Osowa PL 123 Ka30
Osøyro N 84 Ca40
Osøyvollen N 86 Ea32
Os Peares E 36 Bb57
Ospedaletti I 43 La52
Ospedaletto I 156 Ea68
Ospitale di Cadore I 150 Eb57
Ospitaletto I 149 Da59
Oss NL 125 Bb38
Ossa de Montiel E 53 Ea69
Össeby-Garn S 96 Gd43
Osses F 39 Fa55
Ossett GB 16 Fa21
Ossi I 168 Bd75
Ossiach A 144 Fa56
Össjö S 110 Ed54
Oßling D 128 Fb40
Oßmannstedt D 127 Ea41
Osso E 48 Fd60
Östa S 95 Gb41
Ostabat F 39 Fa55
Östanå S 111 Fb54
Östanbäck S 80 Hc25
Östanberg FIN 97 Jc41
Östanbo S 87 Gb37
Östanfjärden S 73 Ja21
Östansjö S 72 Gd21
Östansjö S 87 Fb35
Östansjö S 95 Fc44
Östanskär S 87 Gb33
Oštarije HR 151 Fd60
Ostaškov RUS 202 Ec10
Ostaszewo PL 121 Hb30
Ostatija SRB 178 Ba68
Östavall S 87 Fd33
Östavik S 87 Fd37
Ostbevern D 125 Cb37
Østbirk DK 108 Db24
Östbjörka S 87 Fc38
Østby N 78 Ec31
Østby N 86 Ed37
Osted DK 109 Eb26
Osteel D 117 Cb32
Ostellato I 150 Ea62
Osten D 118 Da32
Ostende = Oostende B 21 Ha29

Ostenfeld - Paljakka

Ostenfeld D 108 Da29
Østengård DK 108 Db25
Österåker S 95 Ga44
Österåker S 96 Gd43
Øster Assels DK 100 Da22
Østerbø N 84 Cd38
Osterburg D 119 Ea35
Osterburken D 134 Cd46
Østerby DK 100 Dc21
Østerby DK 109 Ea28
Österbybruk S 96 Gd40
Østerby Havn DK 101 Ea20
Österbymo S 103 Fd49
Ostercappeln D 117 Cc36
Øster Doense DK 100 Dc22
Österfärnebo S 95 Gb40
Osterfeld D 127 Ea41
Österforse S 79 Gb31
Österhaninge S 96 Gd44
Österhankmo FIN 81 Ja30
Øster Hjermitslev DK 100 Dc20
Osterhofen D 135 Ec49
Øster Højst DK 108 Da27
Østerholt N 93 Db45
Osterholz-Scharmbeck D 118 Cd33
Osterhorn D 118 Db31
Øster Hornum DK 100 Dc21
Øster Hurup DK 101 Dd22
Osteria Nuova I 160 Ea71
Østerild DK 100 Da21
Øster Jølby DK 100 Da21
Österjörn S 73 Hb24
Østerkløft N 66 Fd17
Österkorsberga S 103 Fd50
Østerlars DK 111 Fc57
Øster Lindet DK 108 Da27
Øster Løgum DK 108 Db27
Österlövsta S 96 Gc40
Øster Lyby DK 100 Da22
Østermarie DK 111 Fc57
Östermark FIN 97 Jc40
Ostermiething A 143 Ec51
Osternienburg D 127 Eb38
Östernoret S 79 Gb28
Österö FIN 81 Ja29
Osterode D 126 Db39
Österplana S 102 Fa46
Osterrönfeld D 118 Db30
Ostersiel D 108 Cd29
Øster Skørringe DK 109 Ea29
Österslöv S 111 Fb54
Östersund S 79 Fc31
Östersundom FIN 98 Kb39
Øster Ulslev DK 109 Ea29
Österunda S 95 Gb42
Östervåla S 96 Gc41
Östervallskog S 94 Ec42
Östervallskog S 102 Eb49
Øster Vedsted DK 108 Da26
Øster Vrå DK 101 Dd20
Øster Vrøgum DK 108 Cd25
Osterwald D 117 Ca35
Osterwick D 125 Ca37
Osterwieck D 126 Dc38
Ostfildern D 134 Cd48
Östfora S 96 Gc41
Östhammar S 96 Gd40
Ostheim vor der Rhön D 134 Db43
Osthofen D 133 Cb45
Ostiano I 149 Da60
Östibyn S 79 Ga27
Ostiglia I 149 Dc61
Ostiz E 39 Ed56
Östloning S 87 Gb32
Östmark S 94 Ed40
Östmarkum S 80 Gd31
Östnäs S 80 Hc28
Østofte DK 109 Ea28
Ostojićevo SRB 153 Jb58
Östomsjön S 86 Fa36
Ostoróg PL 129 Gb36
Ostra I 156 Ec66
Ostra RO 172 Ea56
Östra Ämtervik S 94 Fa42
Östra Ansvar S 73 Ja19
Östraby S 110 Fa55
Ostrach D 142 Cd51
Östra Ed S 103 Gb48
Östra Fågelvik S 94 Fa43
Östra Flakaträsk S 73 Ja20
Östra Frölunda S 102 Ed50
Östra Góra PL 123 Kb32
Östra Granberg S 73 Hb22
Östra Grevie S 110 Ed56
Östra Harg S 103 Fd46
ÖstraHoby S 111 Fb56
Östra Högkulla S 72 Ha24
Östra Husby S 103 Gb46
Östra Karup S 110 Ed53
Östra Lagnö S 96 Ha43
Östra Lainio S 68 Hd15
Östra Ljungby S 110 Ed54
Östra Merasjärvi S 68 Ja14
Östra Näsberg S 94 Fa40
Östra Ny S 103 Gb46
Östra Ormsjö S 79 Ga27
Östra Rönnäs S 95 Fc39
Östra Ryd S 103 Ga47
Östra Sandsjö S 72 Gc24
Östra Sjulsmark S 80 Hc27
Östra Skrukeby S 103 Ga46
Östra Sönnarslöv S 111 Fb55
Östra Stenby S 103 Gb46
Östra Tollstad S 103 Fd47
Östra Tunhem S 102 Fa47
Östra Tväråsel S 73 Hc22
Ostrau D 127 Eb39
Ostrau D 127 Ed41
Ostrau = Ostrava CZ 137 Hb45
Ostrava CZ 137 Hb45
Ostravice CZ 137 Hb46
Østre Æra N 86 Eb37
Ostředek CZ 136 Fc45
Østre Gausdal N 85 Dd37
Østre Kile N 92 Cd44
Ostren i madhë AL 182 Ad74
Østre Vallesverd N 93 Da47
Ostrhauderfehn D 117 Cb33
Ostrica BG 180 Ea69
Östringen D 134 Cc47
Ostritz D 128 Fc41
Ostróda PL 122 Hd32
Ostrogožsk RUS 203 Fb13
Ostroh UA 204 Ea15
Ostrołęka PL 122 Jc34
Ostroměř CZ 136 Fd43
Ostropole PL 121 Gb32
Ostrov BG 179 Da68
Ostrov CZ 135 Ec44
Ostrov CZ 137 Gb45
Ostrov RO 177 Fb65
Ostrov RO 181 Ed67
Ostrov RUS 99 Lc40
Ostrov RUS 99 Ma44
Ostrov RUS 99 Mb41
Ostrov RUS 107 Ma48
Ostrov RUS 202 Ea10
Ostrovcy RUS 99 Lc45
Ostroveni RO 179 Da68
Ostrov nad Oslavou CZ 136 Ga46
Ostrovno RUS 99 Mb43
Ostrovo BG 181 Ec69
Ostrów PL 139 Jd44
Ostrowce PL 138 Jc43
Ostrówek PL 129 Hb40
Ostrówek PL 131 Kb38
Ostrowice PL 120 Ga32
Ostrowiec PL 121 Gb30
Ostrowiec PL 121 Gb34
Ostrowiec Świętokrzyski PL 130 Jc41
Ostrowieczno PL 129 Gc38
Ostrowite PL 121 Ha33
Ostrowite PL 122 Hc34
Ostrowite PL 129 Ha37
Ostrów Kaliski PL 129 Ha39
Ostrów Lubelski PL 131 Kb39
Ostrów Mazowiecka PL 123 Jd35
Ostrów Wielkopolski PL 129 Ha39
Ostrowy PL 130 Hc41
Ostrowy Tuszowskie PL 139 Jd43
Ostrožac BIH 151 Ga62
Ostrožac BIH 158 Hb65
Ostrożany PL 123 Ka35
Ostrożne PL 123 Jd34
Ostrożnica PL 137 Ha44
Ostrozub KSV 178 Ba71
Østrup DK 100 Db22
Ostrzeszów PL 129 Ha40
Østsinni N 85 Dd38
Oststeinbek D 118 Dc33
Östuna S 96 Gd42
Ostuni I 162 Ha75
Osturňa SK 138 Jb46
Ostvik S 80 Hc25
Osuchów PL 130 Jb39
Osuchy PL 131 Kc42
Osula EST 107 Lb47
Osuna E 60 Cc74
Ošupe LV 107 Lc50
Osvětimany CZ 137 Gd48
Oswestry GB 15 Eb23
Oświęcim PL 138 Hd44
Osypenko UA 205 Fb16
Osztopán H 145 Ha56
Otaci MD 173 Fb53
Otalampi FIN 98 Ka39
Otamo FIN 89 Ja35
Otamo FIN 90 Kc35
Otañes E 38 Dd55
Otaņķi LV 113 Ja53
Otanmäki FIN 82 Kc26
Otava FIN 90 La34
Otavice HR 158 Gb65
Oteiza E 39 Ec57
Öteköy TR 187 Gb77
Otelec RO 174 Bc61
Oţeleni RO 172 Ed57
Oţelu Roşu RO 174 Cb62
Oteo E 38 Dd56
Otepää EST 107 Lb46
Oteren N 67 Ha11
Oterma FIN 75 Kc24
Otero de Herreros E 46 Db63
Otero de las Dueñas E 37 Cb56
Oteševo MK 182 Ba76
Oteştii de Jos RO 175 Db65
Otfinów PL 138 Jc43
Otford GB 20 Fd29
Othem S 104 Ha49
Othery GB 19 Eb29
Othmarsingen CH 141 Ca53
Othoni GR 182 Aa79
Otley GB 21 Gb26
Otłoczyn PL 121 Hb35
Otłowiec PL 121 Hb32
Otmarlar TR 198 Fc90
Otmuchów PL 137 Gc43
Otnes N 86 Eb35
Otočac HR 151 Fd62
Otočec SLO 151 Fd58
Otok HR 153 Hd60
Otok HR 158 Gc66
Otoka BIH 152 Gb61
Otopeni RO 176 Eb66
Otorowo PL 129 Gb36
Otovica MK 183 Bc74
Otradnaja RUS 205 Fd17
Otradnoe RUS 99 Lc42
Otradnoje RUS 113 Jc59
Otradnyj RUS 203 Ga10
Otranto I 163 Hd77
Otricoli I 156 Eb70
Otrokovice CZ 137 Gd47
Otste EST 97 Jc44
Otta N 85 Dd35
Ottana I 169 Ca76
Ottaviano I 161 Fb75
Ottenberg D 133 Ca46
Ottenby S 111 Gb54
Ottendorf D 127 Ec41
Ottendorf-Okrilla D 128 Fa41
Ottenhof D 135 Dd45
Ottenhöfen D 133 Cb49
Ottenschlag A 144 Fd50
Ottensheim A 144 Fb50
Ottenstein D 125 Bd37
Ottenstein D 126 Da38
Otterbäcken S 95 Fb45
Otter Ferry GB 6 Dc12
Otterfing D 143 Ea51
Otterlo NL 116 Bb36
Otterndorf D 118 Cd31
Ottersberg D 118 Da34
Ottersøya N 78 Ec25
Otterstad S 102 Ed46
Otterstein N 84 Ca36
Ottersweier D 133 Cb48
Otterswick GB 5 Fa04
Otterup DK 109 Dd26
Otterwisch D 127 Ec41
Ottery Saint Mary GB 19 Ea30
Ottiglio I 148 Ca60
Ottnang A 144 Fa51
Ottobeuren D 142 Db51
Ottobrunn D 143 Ea51
Ottone I 149 Cc62
Ottonträsk S 80 Ha27
Ottrau D 126 Da41
Ottsjö S 78 Fa30
Ottsjön S 79 Fc29
Öttum S 102 Ed47
Ottweiler D 133 Bd46
Otur E 37 Ca54
Otvice CZ 135 Ed43
Ötvöskónyi H 152 Gd57
Otwock PL 130 Jc37
Otxandio E 39 Eb56
Otyń PL 128 Ga38
Otziás GR 195 Cd88
Otzing D 135 Ec49
Ouanne F 30 Hb40
Ouarville F 29 Gc38
Ouatre-Champs F 24 Ja34
Oucques F 29 Gb40
Oud-Beijerland NL 124 Ad37
Ouddorp NL 124 Ac37
Oude Pekela NL 117 Ca33
Oudemirdum NL 116 Bb34
Oudenaarde B 124 Ab40
Oudenbosch NL 124 Ad38
Oudeschoot NL 117 Bc34
Oude-Tonge NL 124 Ac37
Oudewater NL 116 Ba36
Oud Gastel NL 124 Ad38
Oudleusen NL 117 Bc35
Ouffet B 124 Ba42
Oughterard IRL 8 Bc20
Ougney F 31 Jc42
Ouguela P 51 Bb68
Ouistreham F 22 Fc35
Oulainen FIN 81 Jd26
Oulanka FIN 74 Kd18
Oulart IRL 13 Cd24
Oulches F 29 Gb44
Oulins F 23 Gb37
Oulmes F 32 Fb45
Oulu FIN 74 Ka23
Oulunsalo FIN 74 Ka24
Oulx I 148 Bb60
Ounas FIN 82 Kd26
Oural E 36 Bc56
Ouranoúpoli GR 184 Cd79
Ourém P 50 Ac66
Ourense E 36 Bb57
Ourique P 58 Ac72
Ourol E 36 Bb53
Ouroüer F 30 Hb42
Ouroux-en-Morvan F 30 Hd42
Ouroux-sur-Saône F 30 Jb43
Ourville-en-Caux F 23 Ga34
Oust F 40 Gb56
Outakoski FIN 64 Jc09
Outão P 50 Ab69
Outarville F 29 Gd39
Outeiro P 45 Bd60
Outeiro da Cabeça P 50 Aa67
Outeiro de Rei E 36 Bb55
Outines F 24 Ja37
Outokumpu FIN 83 Lc30
Outomuro (Cartelle) E 36 Ba57
Outovaara FIN 74 Ka18
Outrup DK 108 Cd25
Outwell GB 17 Fd24
Ouveillan F 41 Hb55
Ouviaño E 37 Bd55
Ouzouer-le-Marché F 29 Gc40
Ouzouer-sur-Loire F 29 Ha40
Ova S 102 Fa46
Ovacık TR 186 Ga78
Ovacık TR 191 Ea86
Ovacık TR 191 Ec84
Ovacık TR 192 Fa82
Ovacık TR 192 Fb86
Ovacık TR 192 Fb87
Ovacık TR 197 Fa89
Ovacık TR 199 Gb91
Ovacık TR 199 Gc92
Ovacık TR 205 Ga19
Ovada I 148 Ca62
Ovågen N 84 Bd38
O Vaja H 147 Kb51
Ovakent TR 192 Fa87
Ovakışlacık TR 197 Ed89
Ovaköy TR 192 Fa82
Ovakoy TR 198 Fd93
Ovanåker S 87 Ga37
Ovanmo S 79 Ga29
Ovansjö S 87 Fd33
Ovar P 44 Ac62
Ovayenice TR 186 Fb77
Ovča SRB 153 Jc61
Ovčar Banja SRB 159 Jc64
Ovčepolci BG 179 Da73
Ove DK 100 Dc22
Oveçli TR 191 Ed83
Ovelgönne D 118 Cd33
Ovens IRL 12 Bc26
Överammer S 79 Ga31
Överammer S 79 Ga30
Överäng S 78 Fa29
Øverås N 66 Fd15
Överåsberget N 94 Ec40
Overath D 125 Ca41
Överberg S 87 Fb34
Överbo S 87 Fd36
Överböda S 80 Hb28
Överborg S 95 Fb40
Overby DK 108 Dc25
Överby S 96 Ha43
Øverbygd N 67 Gd11
Øverdalen N 77 Db33
Överenhörna S 96 Gc43
Øvergård N 63 Hb09
Øvergård N 67 Ha11
Øvergård N 67 Gd11
Övergran S 96 Gc42
Överhogdal S 87 Fc34
Överhörnäs S 80 Gd30
Överjeppo FIN 81 Jb29
OverJerstal DK 108 Db27
Överkalix S 73 Ja20
Överklinten S 80 Hc27
Overlade DK 100 Db21
Överlännäs S 80 Gc31
Överlida S 102 Ed50
Overloon NL 125 Bb38
Övermalax FIN 81 Hd31
Övermark FIN 81 Jc30
Övermark FIN 89 Hd32
Övermorjärv S 73 Ja20
Överö FIN 97 Hd41
Overøye N 76 Cd33
Overpelt B 124 Ba39
Överrissjö S 80 Gc28
Överröda S 80 Hb27
Over Romalt DK 100 Dc23
Överselö S 96 Gc43
Överstbyn S 73 Hd21
Overstrand GB 17 Gb23
Övertänger S 87 Fd38
Overton GB 15 Eb23
Overton GB 20 Fa29
Övertorneå S 73 Jb19
Överturingen S 87 Fc33
Överum S 103 Ga48
Ovezande NL 124 Ab38
Ovidiopol' UA 204 Ec17
Ovidiu RO 181 Fc67
Oviedo E 37 Cb54
Oviglio I 148 Ca61
Oviken S 79 Fb31
Ovindoli I 160 Ed71
Oviši LV 105 Jb49
Övitsböle FIN 90 Kc38
Ovodda I 169 Cb77
Övra S 79 Gb28
Övrarp S 102 Ed51
Ovražnaja Novaja RUS 113 Jc58
Øvre Årdal N 85 Da36
Övre Bäck S 81 Hd26
Øvrebø N 92 Cd46
Övrebodarna S 73 Hd22
Øvrebygd N 92 Ca45
Øvre Dåsvatn N 92 Cd45
Øvre Espedal N 92 Cb44
Øvre Haukali N 92 Cb44
Øvre Jervan N 77 Ea30
Övre Långträsk S 72 Gd22
Övre Lomfors S 72 Gc24
Övre Malgonäs S 79 Ga26
Øvrenes N 64 Jb07
Övre Nyland S 80 Gd28
Øvre Øydna N 92 Cc46
Øvre Ramse N 93 Da45
Øvre Rendal N 86 Eb35
Øvre Rindal N 77 Dd31
Övre Sandsele S 71 Ga22
Övre Saxnäs S 72 Gb23
Øvre Sirdal N 92 Cb44
Øvre Snertingdal N 85 Dd38
Övre Soppero S 68 Hc14
Øvre Stilla N 63 Ja08
Øvre Tollådalen N 71 Fc18
Øvre Vang N 86 Eb38
Övre Vojakkala S 74 Jc21
Ovriá GR 188 Bb85
Ovronnaz CH 141 Bc56
Ovruč UA 202 Eb14
Øvstebø N 92 Cb44
Øvstedal N 76 Cd32
Owczary PL 138 Jc45
Owen D 134 Cd49
Owenmore Bridge IRL 8 Bb19
Owieczki PL 123 Ka32
Owingen D 142 Cc51
Owińska PL 129 Gc36
Owning IRL 13 Cb24
Owschlag D 118 Db30
Owston GB 16 Fa21
Owston Ferry GB 16 Fb21
Öxabäck S 102 Ed50
Oxelösund S 104 Gc46
Oxenhope GB 16 Ed20
Oxentea MD 173 Fd57
Oxford GB 20 Fa27
Oxhalsö S 96 Ha42
Oxham GB 11 Ec15
Oxhill GB 20 Fa26
Oxie S 110 Ed56
Oxílothos GR 189 Cc85
Öxnered S 102 Ec47
Öxnevalla S 102 Ec50
Oxsätra S 96 Gc41
Oxsjön S 87 Ga33
Oxted GB 20 Fd29
Oxton GB 11 Ec14
Oxton GB 16 Fb23
Oxvattnet S 80 Gc28
Oxwich GB 19 Dd27
Øya N 70 Fa19
Oyace I 148 Bc57
Øyan N 78 Ec20
Øyangen N 77 Dd29
Øybest N 84 Cb35
Oybin D 128 Fc42
Øye N 76 Cd33
Øye N 85 Db37
Oye-et-Pallet F 31 Ka43
Oye-Plage F 21 Gc30
Øyestad N 93 Da46
Øyfjell N 93 Da42
Øygardslia N 93 Db45
Øyjorda N 66 Fc16
Øyjordnes N 67 Gc11
Øymark N 94 Eb43
Oy-Mittelberg D 142 Db52
Øymo N 67 Gc12
Øynes N 66 Fd17
Oyón E 39 Eb58
Oyonnax F 35 Jc45
Oyrières F 31 Jc41
Øyslebø N 92 Cd47
Øysletta N 78 Ec26
Øystad N 64 Jb08
Oysterhaven IRL 12 Bd26
Øystese N 84 Cb39
Øystrebø N 84 Cb37
Oysu TR 193 Gb84
Oyten D 118 Da34
Oza dos Rios E 36 Ba54
Ozaeta E 39 Eb56
Ožajčiai LV 114 Kb55
Ozalj HR 151 Fd59
Ożarów PL 129 Hb41
Ożarów PL 131 Jd41
Ożarów Mazowiecki PL 130 Jb37
Ožbalt SLO 144 Fd56
Özbaşı TR 197 Ec88
Özbek TR 191 Eb86
Özburun TR 193 Gd85
Özd H 146 Jb50
Ožd'any SK 146 Ja50
Özdemirci TR 192 Ga87
Özdenek TR 193 Gd81
Özdere TR 191 Ec87
Ożenna PL 139 Jd46
Ožerel'e RUS 203 Fa11
Ozerki RUS 113 Jb59
Ozerki RUS 203 Fc09
Ozerki RUS 203 Fd10
Ozerki RUS 203 Fd11
Ozery RUS 203 Fa11
Özgüney TR 193 Ha87
Ozierany PL 123 Kc33
Ozieri I 168 Ca75
Oziersk RUS 113 Jd59
Ozimek PL 129 Ha42
Ozimica BIH 152 Hb63
Özlüce TR 198 Fb90
Özlüce TR 198 Fc89
Ozoir-la-Ferrière F 23 Ha37
Ozoli LV 105 Jc50
Ozoļi LV 106 Kc48
Ozora H 145 Hb55
Ozorków PL 130 Hc38
Ozun RO 176 Ea61
Ozzano Monferrato I 148 Ca60

P

Pääaho FIN 75 Kd22
Paadrema EST 98 Ka45
Paajakka FIN 82 Kc28
Paajala FIN 82 Ka31
Paajalankylä FIN 90 La34
Pääjärvenmäki FIN 82 Ka31
Pääjärvi FIN 82 Ka31
Paakinmäki FIN 82 La25
Paakkila FIN 83 Lb30
Paakkola FIN 74 Jc20
Paal B 124 Ba40
Paalasmaa FIN 83 Lc28
Paalijärvi FIN 81 Jd30
Paalsys LT 114 Ka56
Paanala FIN 90 Kc32
Pääpohja FIN 82 Ka30
Päärtih FIN 65 Kb10
Pääsinniemi FIN 90 Kc35
Paaslahti FIN 82 Kc28
Paaso FIN 90 Kd35
Paatela FIN 91 Lb33
Paattinen FIN 97 Jb39
Paatus FIN 64 Jd08
Päätye FIN 91 Ma32
Paavola FIN 82 Ka25
Pabaiskas LT 114 Kd56
Pabaži LV 106 Kc49
Paberžė LT 114 La57
Pabianice PL 130 Hc39
Pabiržė LT 114 Kc53
Pabradė LT 115 Lb56
Pabuçlu TR 192 Fc85
Pabutkalnis LT 113 Jd55
Pacanów PL 138 Jc43
Pacé F 28 Ed39
Pāce LV 105 Jc49
Paceco I 166 Ea84
Pačelma RUS 203 Fc11
Pacentro I 161 Fa71
Pačetin HR 153 Hd60
Pachino I 167 Fd88
Pachna CY 206 Ja98
Pachyammos CY 206 Hd96
Paciano I 156 Ea68
Pacios (Paradela) E 36 Bb56
Pačir SRB 153 Ja58
Pack A 144 Fc55
Paço P 44 Bb61
Paços de Ferreira P 44 Ad60
Pacov CZ 136 Fc46
Pacsa H 145 Gd55
Păcureți RO 176 Eb64
Pacyna PL 130 Hd37
Pacy-sur-Eure F 23 Gb36
Paczków PL 137 Gc43
Padankoski FIN 90 Kb36
Pădarevo BG 180 Eb72
Pădarsko BG 180 Db73
Padasjoki FIN 90 Kb36
Pädaste EST 97 Jd45
Padauguva LV 114 Kb57
Padberg D 126 Cd39
Padborg DK 108 Db28
Paddeby N 65 Kc06
Paddesø DK 108 Dc26
Paddockhole GB 11 Eb16
Paddock Wood GB 20 Fd29
Padeiro P 50 Ac68
Padej SRB 153 Jb58
Pađene HR 158 Gb64
Paderborn D 126 Cd38
Padern F 41 Ha56
Paderne P 58 Ac74
Paderne de Allariz E 36 Bb57
Padeş BG 179 Cb73
Padeş RO 175 Cc63
Padew Narodowa PL 139 Jd43
Padežine BIH 158 Hb66
Padiernos E 46 Cd63
Padina BG 181 Ec68
Padina RO 175 Cc65
Padina RO 176 Ed65
Padina SRB 174 Bb62
Padirac F 33 Gc50
Padise EST 98 Ka43
Padjerim S 73 Hb20
Padone LV 105 Jb52
Padornelo E 37 Bd58
Padoš FIN 64 Jd08
Padova I 150 Ea60
Padovinys LV 114 Kb59
Padragkút H 145 Ha54
Padria I 168 Bd76
Padrón E 36 Ad56
Padru I 168 Cb75
Padstow GB 18 Db31
Padua = Padova I 150 Ea60
Padubigė LT 115 Lb56
Padubysys LT 114 Ka54
Padubysys LT 114 Ka55
Padul E 60 Db75
Padula I 161 Ga76
Paduli I 161 Fc74
Padulone F 154 Cc70
Padure LV 105 Jc51
Pădureni RO 173 Fb59
Padury GB 20 Fb26
Padworth GB 20 Fa28
Paesana I 148 Bc61
Paese I 150 Ea59
Pįevėnai LT 113 Jd53
Paežeriai LV 114 Kb58
Pafos CY 206 Hd98
Pag HR 151 Fc63
Pagani I 161 Fb75
Paganica I 156 Ed70
Paganico I 155 Dc68
Pagasi EST 98 Ka44
Pagėgiai LT 113 Jc57
Pagelažiai LT 114 Kd56
Pagenaičiai LT 113 Jd57
Pági GR 182 Aa79
Pagirgždūtis LT 113 Jd55
Pagiriai LT 114 Kc56
Pagny-sur-Meuse F 25 Jc37
Pagny-sur-Moselle F 25 Jc36
Pago E 60 Dc76
Pagramantis LT 113 Jd56
Pagraužiai LT 114 Ka59
Pagrndai LV 114 Kb59
Paguera E 56 Ha67
Pagynė LT 114 Kc57
Pahaluoma FIN 81 Ja31
Paharova S 73 Hd18
Páhi GR 189 Ca86
Páhi H 146 Hd55
Pahiá Ámmos GR 201 Dc96
Pahila EST 97 Jd45
Pahkakangas FIN 81 Jc30
Pahkakoski FIN 74 Ka22
Pahkakumpu FIN 69 Kc17
Pahkakumpu FIN 75 Kd20
Pahkala FIN 81 Jc27
Pahkamäki FIN 82 Kc29
Pahkla EST 98 Kb43
Pahlen D 118 Da30
Păhna RO 173 Fb59
Pahomovo RUS 107 Ld47
Pahranične BY 202 Dd13
Pahtakuusikko FIN 69 Jd14
Pahtonen FIN 68 Ja14
Paide EST 98 Kd44
Paignton GB 19 Ea31
Paihola FIN 83 Ld30
Päijälä FIN 90 Ka35
Paijärvi FIN 90 La37
Paikuse EST 106 Kb46
Pailhès F 40 Gc56
Pailton GB 20 Fa25
Paimbœuf F 27 Ec42
Paimela FIN 90 Kc36
Paimio FIN 97 Jc39
Paimpol F 26 Ea37
Paimpont F 27 Ec39
Paincastle GB 15 Eb26
Painswick GB 19 Ec27
Painten D 135 Ea48
Päinurme EST 98 Kd44
Paipis FIN 98 Kc39
Paippinen FIN 98 Kc39
Paipusti LV 106 Kd47
Paisiievo BG 181 Ec68
Paisley GB 10 Dd13
Paistjärvi FIN 90 Kd35
Paistu EST 106 Kd46
Paisua FIN 82 Kd28
Paittasjärvi S 68 Hd13
Păiuşeni RO 170 Cb59
Päiväjoki FIN 74 Kb19
Päiväkunta FIN 90 Kc33
Pajala S 68 Ja17
Pajares de la Lampreana E 45 Cb60
Pajarón E 53 Ec66
Pajęczno PL 130 Hc41
Pajovë AL 182 Ab75
Pajujärvi FIN 82 Kd29
Pajukoski FIN 83 Lb27
Pajukoste FIN 64 Ka07
Pajula FIN 89 Jd38
Pajula FIN 90 Ka35
Pajulahti FIN 90 Kb36
Pajumäki FIN 83 Lb30
Pajuniemi FIN 74 Ka24
Pajupuro FIN 82 Ka31
Pajūralis LT 113 Jc56
Pajūris LT 113 Jc56
Pajuskylä FIN 82 Kc29
Pajusti EST 98 La42
Pajuvaara FIN 75 Lb21
Pajuvaara FIN 83 Lb26
Pajzoš Bapska HR 153 Hd60
Páka H 145 Gc56
Pakaa FIN 90 Kc37
Pakajärvi FIN 68 Jb15
Pakalnė LT 113 Jb56
Pakalniai LT 114 La55
Pakalniškiai LT 114 Kb54
Pakapė LT 114 Ka54
Pakėvis LT 114 Ka55
Pakila FIN 90 Kc38
Pakinainen FIN 97 Ja40
Pakinmaa FIN 91 Lb33
Pakkala FIN 90 Ka35
Pakość PL 121 Ha35
Pakosław PL 129 Gc39
Pakosławice PL 137 Gd43
Pakosze PL 122 Hd30
Pakozd H 146 Hc54
Pakrac HR 152 Gd60
Pakroujis LT 114 Kb54
Paks H 146 Hc56
Paksuniemi S 67 Hb15
Pakuonis LT 114 Kc58
Pala EST 99 Lb44
Palacios de Goda E 46 Cd62
Palacios del Arzobispo E 45 Cb61
Palacios de la Valduerna E 37 Cb58
Palacios del Sil E 37 Ca56
Palacios de Sanabria E 37 Ca58
Palaciosrubios E 45 Cc62
Paládio GR 184 Dc77
Palafrugell E 49 Hc59
Palagianello I 162 Gd76
Palagiano I 162 Gd76
Palagonia I 167 Fc86
Palaia I 155 Db66
Palaichori CY 206 Ja97
Palaikythro CY 206 Jc96
Palaiseau F 23 Gd37
Palamás GR 189 Bc81
Palamós E 49 Hc60
Palamuse EST 98 La44
Palamut TR 185 Ec78
Palamut TR 191 Ed84
Palamut TR 198 Fd92
Palamutbükü TR 197 Ec91
Palanca MD 173 Fb54
Palanca RO 172 Eb59
Påläng S 73 Ja21
Palanga LT 113 Jb54
Palanka HR 158 Gb64
Palanzano I 149 Da63
Palárikovo SK 145 Hb51
Palas de Rei E 36 Bb55
Pălatca RO 171 Db58
Palatitsia GR 183 Bd78
Palatna KSV 178 Bb69
Palau I 168 Cb73
Palavas-les-Flots F 41 Hd54
Palazuelos E 47 Ea62
Palazuelos de la Sierra E 38 Dd58
Palazzo Adriano I 166 Ec85
Palazzo del Pero I 156 Ea66
Palazzolo Acreide I 167 Fc87
Palazzolo sull ,Oglio I 149 Cd59
Palazzo San Gervasio I 162 Gb75
Palazzuolo sul Senio I 156 Dd64
Pålberget S 73 Hc23
Palčje SLO 151 Fb59
Paldiski EST 98 Ka42
Pale BIH 159 Hc65
Päle LV 106 Kc48
Paleá Epídavros GR 195 Ca87
Paleá Fókea GR 195 Cc87
Paleá Kavála GR 184 Da77
Paleh RUS 203 Fb09
Paleira E 36 Bb54
Palékastro GR 201 Dd96
Palemonas LT 114 Kc57
Palena I 161 Fa71
Palencia E 46 Da59
Palenciana E 60 Cd74
Palenzuela E 46 Db59
Paleó Fáliro GR 195 Cb87
Paléo Ginekókastro GR 183 Ca77
Paleohóra GR 184 Cc78
Paleohóra GR 200 Ca95
Paleohóri GR 182 Ba80
Paleohóri GR 183 Bb79
Paleohóri GR 184 Cd77
Paleohóri GR 188 Bb82
Paleohóri GR 188 Bd84
Paleohóri GR 195 Bd89
Paleohóri GR 195 Cd91
Paleokastrítsa GR 182 Aa80
Paleókastro GR 183 Bb79
Paleókastro GR 184 Cc76
Paleokómi GR 184 Cd77
Paleópirgos GR 183 Ca80
Paleópirgos GR 188 Bb84
Paleópoli GR 184 Dc79
Paleópoli GR 190 Da87
Palermiti I 164 Gc82
Palermo I 166 Ec84
Páleros GR 188 Ad83
Palese I 162 Gc74
Palešnik HR 152 Gd59
Palestrina I 160 Eb72
Palež BIH 159 Ja64
Palhaça P 44 Ac63
Pálháza H 139 Jd49
Palheiros P 44 Ad63
Páli GR 197 Ec92
Paliámbela GR 188 Ad83
Paliano I 160 Ec72
Palić SRB 153 Ja57
Paliepiai LT 114 Ka56
Paliepiai LV 114 Kb56
Paligrad MK 178 Bb73
Palin H 145 Gd56
Palín SK 139 Ka48
Palinges F 30 Hc44
Palíni GR 189 Cc86
Palinuro I 161 Fd77
Palioúri GR 184 Cc80
Palioúri GR 189 Bc82
Paliouriá GR 183 Bb79
Páliros GR 194 Bc91
Pâlis F 30 Hc38
Paliseul B 132 Ad43
Paliūniškis LT 114 Kc54
Palivere EST 98 Ka44
Paljakka FIN 75 Kd22
Paljakka FIN 75 Kd24
Paljakka FIN 90 Kd36

Paljasmaa – Pembroke

Paljasmaa EST 98 Kb44
Paljevo SRB 178 Ba69
Pälkäene FIN 90 Ka36
Pålkem S 73 Hc20
Palkino RUS 107 Ld47
Palkisoja FIN 69 Kb12
Pallanza I 148 Cb58
Pallaruelo de Monegros E 48 Fc60
Pallasgreen (New) IRL 12 Bd23
Pallegney F 31 Jd38
Pallerols dell Cantó E 40 Gb58
Palling D 143 Ec51
Pallosenvaara FIN 83 Ma28
Palma P 50 Ac69
Palma Campania I 161 Fb75
Pálmaces de Jadraque E 47 Ea62
Palma del Río E 59 Cb73
Palma de Mallorca E 57 Hb67
Palma di Montechiaro I 166 Ed87
Palmadula I 168 Bc74
Palmanova I 150 Ed58
Palmanyola E 57 Hb67
Palme P 44 Ac59
Palmeira E 36 Ac56
Palmeira P 44 Ad59
Palmela P 50 Ab69
Palmi I 164 Ga83
Palmiano I 156 Ed68
Palmiry PL 130 Jb36
Palmižana HR 158 Gb67
Palmones E 59 Cb78
Pálmonostora H 146 Jb55
Palmschoss I 143 Ea56
Palmse EST 98 Kd41
Palo FIN 68 Jb16
Palo FIN 83 Ma30
Palo I 148 Ca62
Palodeia CY 206 Ja98
Palo del Colle I 162 Gc74
Palohuornas S 73 Hc18
Palojärvi FIN 68 Ja12
Palojärvi FIN 74 Jd18
Palojärvi FIN 74 Kb18
Palojoensuu FIN 68 Ja13
Palojoki FIN 98 Kb39
Palokastër AL 182 Ac78
Palokki FIN 83 Lb31
Palomaa FIN 64 Ka09
Palomaa FIN 90 Kb37
Palomar de Arroyos E 48 Fb63
Palomares E 61 Ec75
Palomares del Campo E 53 Ea66
Palomas E 51 Ca69
Palombara Sabina I 160 Eb71
Palomenė LT 114 Kd57
Palomera E 53 Ec66
Palonai LV 114 Kb55
Palonen FIN 75 La19
Palonkylä FIN 81 Jd25
Palonurmi FIN 82 La28
Paloperä FIN 74 Kc18
Palopuro FIN 90 Kb38
Palos de la Frontera E 59 Bb74
Palosenjärvi FIN 82 Kd27
Paloskylä FIN 90 Kc33
Palota SK 139 Ka46
Palovaara FIN 74 Ka20
Palovaara FIN 75 Lb23
Palovaara FIN 83 Ma29
Paloviita FIN 82 Kc28
Pals E 49 Hc59
Palsankylä FIN 90 Kb32
Pålsboda S 95 Fd44
Palsina FIN 90 Ka34
Palsmane LV 106 La48
Pålsträsk S 73 Hc22
Paltamo FIN 82 Kd25
Paltanen FIN 90 Kd32
Paltaniemi FIN 82 Kd25
Paltin RO 176 Ec62
Păltiniş RO 172 Ec54
Păltiniş RO 174 Ca62
Păltiniş RO 175 Da62
Păltinoasa RO 172 Eb56
Pałubice PL 121 Gd30
Paludi I 164 Gc79
Pałuki PL 122 Jb35
Paluknys LT 114 La58
Palukūla EST 97 Jc44
Paluobiai LV 114 Kb57
Palupera EST 106 La46
Palupõhja EST 98 La45
Palus FIN 89 Ja36
Palūšė LT 115 Lb55
Paluzza I 143 Ec56
Palviainen FIN 90 La32
Palvis FIN 81 Ja30
Palzem D 133 Bc45
Pamati LV 107 Lb51
Pameče SLO 144 Fd56
Pámfilla GR 191 Ea83
Pamhagen A 145 Gc52
Pamiątkowo PL 129 Gb36
Pamiers F 40 Gc56
Pamiętowo PL 121 Gd33
Pamma EST 105 Jc46
Pammana EST 97 Jc45
Pampāļi LV 105 Jc52
Pamparato I 148 Bd63
Pampelone F 41 Gd52
Pampilhosa da Serra P 44 Ba65
Pampliega E 38 Db58
Pamplona E 39 Ed57
Pamporovo = V. Kolaro BG 184 Db75
Pampow D 120 Fb33
Pamucak TR 191 Ec87
Pamucak TR 192 Fb87
Pamukčii BG 181 Ed70
Pamukçu TR 192 Fa82
Pamukkale TR 198 Fd88
Pamukören TR 198 Fb88
Pamukova TR 187 Gb79
Pamukyazi TR 191 Ec87
Pamusiai LT 114 Kd59
Pamūšis LT 114 Kb53
Panaci RO 172 Ea57
Panagia CY 206 Jb97
Panagia GR 182 Ba80
Panagia GR 183 Bb79
Panagia GR 184 Db78
Panagia GR 195 Cd89
Panagia GR 201 Db96
Panagitsa GR 183 Bc77
Panagitsa GR 194 Bc87
Panagjurište BG 179 Da72
Panagra CY 206 Jb96
Panaja AL 182 Aa77
Pánakto GR 189 Cb86
Panamune LV 106 Kc52
Pănăseşti MD 173 Fc57
Panasqueira P 50 Ac71
Panassac F 40 Ga55
Pănătău RO 176 Eb63
Panazol F 33 Gb47
Pančarevo BG 179 Cc71
Pancarköy TR 191 Ec87
Pănceşti RO 176 Ed60
Pančevo SRB 174 Bb63
Pancey F 30 Jb38
Panchia I 150 Dd57
Panciu RO 176 Ed61
Pancorbo E 38 Dd57
Pâncota RO 170 Ca59
Pancrudo E 47 Fa63
Pandánassa GR 195 Bd91
Pandelejmon AL 182 Ab79
Pandėlys LT 114 Kd53
Pandino I 149 Cd59
Pandivere EST 98 La43
Pándrossos GR 184 Dc77
Pandrup DK 100 Dc20
Pandy GB 15 Ea24
Panelia FIN 89 Ja37
Panemunė LT 113 Jc57
Panemunėlis LT 114 La54
Panes E 38 Da55
Panetólio GR 188 Ba84
Panevėžys LT 114 Kc54
Panfilovo RUS 113 Jc59
Panga EST 97 Jc45
Pângăraţi RO 172 Eb58
Pângăreşti RO 176 Ec60
Pangbourne GB 20 Fa28
Panicale I 156 Ea68
Panicarola I 156 Ea67
Paničište BG 179 Cc73
Paničkovo BG 184 Dc74
Panicovo BG 181 Fa71
Panike FIN 81 Hd30
Panikoviči RUS 107 Lc47
Panissières F 34 Ja47
Panix CH 142 Cc55
Paniza E 47 Fa62
Panjas F 40 Fc53
Panjevac SRB 174 Bc66
Panjik BIH 153 Hc62
Panka FIN 82 Kd29
Pankajärvi FIN 83 Ld28
Pankakoski FIN 83 Ld28
Pankasz H 145 Gb55
Panker D 119 Dd30
Panki PL 129 Hb41
Pannonhalma H 145 Ha53
Pano Archimandrita CY 206 Ja98
Pano Kivides CY 206 Ja98
Pano Lakatameia CY 206 Jb97
Pano Lefkara CY 206 Jb97
Pano Panagia CY 206 Hd97
Pano Platres CY 206 Ja97
Pano Pyrgos CY 206 Ja96
Panórama GR 183 Cb78
Panórama GR 184 Cd76
Panormítis GR 197 Ed92
Pánormos GR 196 Db88
Pánormos GR 197 Eb90
Pánormos GR 200 Cd95
Panoteriai LT 114 Kd56
Panoviai LT 114 Ka57
Panschwitz-Kuckau D 128 Fb41
Pantalowice PL 139 Kb44
Pantäne FIN 89 Ja33
Pantano del Chorro E 60 Cc75
Pantano del Guadelén E 52 Dc72
Pantano de Puentes E 61 Ec73
Pantelej MK 178 Bd73
Pantelimon RO 176 Eb66
Pantelimon RO 177 Fb66
Pantelleria I 166 Dd88
Panticeu RO 171 Da57
Panticosa E 40 Fc57
Pant Mawr GB 15 Ea25
Pantoja E 46 Db65
Panttila FIN 89 Jb32
Pantymenyn GB 14 Dc26
Panxón E 36 Ac57
Panyola H 147 Kb50
Paola I 164 Gb80
Pápa H 145 Gd53
Papadátes GR 188 Ba84
Papádes GR 189 Cb83
Papadiánika GR 195 Bd90
Pápakovácsi H 145 Gd54
Paparčiai LT 114 Kd57
Páparis GR 194 Bc88
Papartėliai LT 114 Kd57
Papasidero I 164 Gb78
Pápateszér H 145 Ha53
Papatrigo E 46 Cd63
Păpăuţi MD 173 Fd55
Pape LV 113 Ja54
Papelkiai LT 114 Ka54
Papenburg D 117 Cb34
Pápigo GR 182 Ad79
Papilė LT 113 Jd53
Papilys LT 114 Kd53
Papin SK 139 Ka47
Papinniemi FIN 91 Ld32
Papiu Ilarian RO 171 Db59
Paplin PL 131 Jd36
Pápoc H 145 Gd53
Papowo Biskupie PL 121 Hb34
Pappenheim D 134 Dc48
Pappinen FIN 89 Jc38
Pappinen FIN 90 Kc34
Papradnik MK 182 Ad74
Papradno SK 137 Hb47
Papratna HR 158 Ha68
Paprotnia PL 130 Ja37
Paprotnia PL 131 Ka36
Paprūdžiai LT 114 Ka55
Papušynys LT 114 Ka55
Papworth Everard GB 20 Fc25
Papyvesiai LT 114 Kc53
Par GB 18 Db31
Parabiago I 148 Cb59
Parabita I 163 Hc77
Paraćin SRB 178 Bc67
Paracuellos E 53 Ec67
Paracuellos de Jiloca E 47 Ed62
Parád H 146 Jb51
Parada de Ester P 44 Ba62
Parada do Sil E 36 Bb57
Paradas E 59 Cb74
Paradavella E 36 Bc55
Paradela E 36 Bb55
Paradela E 36 Ba54
Paradela P 44 Ad62
Paradela P 44 Ba59
Paradinas de San Juan E 45 Cc62
Paradisgård S 95 Fb42
Paradísi GR 190 Cd86
Paradísi GR 197 Fa92
Paradisia GR 194 Bb88
Paradiso I 164 Ga83
Paradiso I 164 Gb83
Paradiso di Cevedale I 142 Db56
Parádissos GR 184 Db77
Paradyż PL 130 Ja40
Parage SRB 153 Ja60
Parainen FIN 97 Jb40
Parajes E 36 Bc54
Parakálamos GR 182 Ac79
Parakka S 68 Hc16
Paralı TR 187 Gd78
Paralía GR 183 Bd79
Paralía GR 188 Bb85
Paralía GR 189 Bd86
Paralia Agíou Andréa GR 195 Bd88
Paralía Akrátas GR 189 Bc85
Paralía Kimis GR 190 Cd84
Paralía Platánou GR 189 Bc85
Paralía Thermís GR 191 Ea83
Paralía Tiroú GR 195 Bd89
Paralimni CY 206 Jd97
Parálio Ástros GR 195 Bd88
Parálio Irion GR 195 Bd88
Paramithiá GR 188 Ac81
Páramo E 37 Cb55
Páramo del Sil E 37 Ca56
Paramos E 36 Ad55
Paranésti GR 184 Da76
Parapalu EST 99 Lc45
Parapótamos GR 182 Ac80
Páras FIN 81 Jb28
Paras N 67 Ha11
Paraspuari AL 182 Ac77
Parasznya H 146 Jc50
Paratala FIN 82 Kb31
Părău RO 176 Dd61
Paray-le-Monial F 30 Hd44
Parbayón E 38 Dc55
Parcani MD 173 Fc54
Parcani SRB 153 Jc62
Parceiros de São João P 50 Ac66
Parcé-sur-Sarthe F 28 Fc40
Parcey F 31 Jc42
Parchen D 127 Eb37
Parcheş RO 177 Fc64
Parchim D 119 Eb33
Parchów PL 128 Ga40
Parchowo PL 121 Gd30
Parciaki PL 122 Jb33
Parcova MD 173 Fa54
Parczew PL 131 Kb38
Pardalitsa GR 182 Ac80
Pardavé E 37 Cc56
Pardesivil E 37 Cc56
Pardilla E 46 Dc61
Pardina RO 177 Fd63
Pardines E 41 Ha58
Pardoşi RO 176 Ec63
Pardubice CZ 136 Ga45
Parečėnai LT 114 Kc59
Paredea de Buitrago E 46 Dc62
Paredes E 36 Ad57
Paredes P 44 Ad61
Paredes de Coura P 36 Ad58
Paredes de Nava E 38 Da58
Paredes de Sigüenza E 47 Ea62
Parekklisia CY 206 Jb98
Påreks sameviste S 72 Gc18
Parennes F 28 Fc39
Parentis-en-Born F 39 Fa52
Parets del Vallès E 49 Ha61
Parey D 127 Eb37
Parfondeval F 24 Hd33
Parga E 36 Bb55
Párga GR 188 Ac81
Pargas FIN 97 Jb40
Pargas FIN 97 Jd40
Pargny F 24 Ja37
Pargues F 30 Hd39
Parhalahti FIN 81 Jd25
Pári H 145 Hb56
Parigné-l'Evêque F 28 Fd40
Parikiá GR 196 Db90
Parikkala FIN 91 Ld34
Parincea RO 172 Ed59
Paris F 23 Gd37
Parisot F 41 Gd52
Pärispea EST 98 Kd41
Pärjänsou FIN 75 Kc21
Pârjoi RO 172 Ec59
Park GB 9 Cc16
Parkajoki S 68 Ja15
Parkalompolo S 68 Hd15
Parkano FIN 89 Jc34
Parka sameviste S 72 Gb19
Parkgate GB 10 Ea15
Parkham GB 18 Dc29
Parkkila FIN 75 Kd23
Parkkila FIN 82 Ka27
Parkkila FIN 90 La34
Parkkima FIN 82 Kb28
Parkstein D 135 Eb45
Parkstetten D 135 Ec48
Parkua FIN 82 Kd26
Parkumäki FIN 91 Lb33
Parkuu FIN 89 Jd34
Parla E 46 Dc65
Parlak TR 191 Ea85
Parlament D 108 Cd29
Parlavà E 49 Hb59
Parłówko PL 120 Fc32
Parma I 149 Da62
Parmakören TR 193 Gb83
Parmen D 120 Fa33
Pärnämäki FIN 90 Kd34
Pärnämäki FIN 90 Kd35
Parndorf A 145 Gc51
Párnica SK 138 Hd47
Pärnjõe EST 98 Kc45
Pärnu EST 106 Kb46
Pärnu-Jaagupi EST 98 Kb45
Parois F 24 Jb35
Parola FIN 90 La34
Parola FIN 90 Ka37
Parolise I 161 Fc75
Parona di Valpolicella I 149 Dc59
Parowa PL 128 Fd40
Parpan CH 142 Cd55
Parrillas E 45 Cc65
Parroy F 25 Ka37
Parsac F 33 Gd45
Parsau D 127 Dd36
Parsberg D 135 Ea47
Pârşcoveni RO 175 Da66
Parsęcko PL 121 Gb32
Pars-lès-Romilly F 30 Hc38
Parsów PL 120 Fc34
Pärsti EST 98 Kd45
Parszów PL 130 Jc41
Partaharju FIN 90 Kd32
Partakko FIN 65 Kb10
Partakoski FIN 91 Lb35
Partanna I 166 Eb85
Partanna-Mondello I 166 Ec83
Parteen IRL 12 Bd23
Partenkirchen, Garmisch-D 142 Dc53
Parteştii de Jos RO 172 Eb55
Parthenay F 28 Fc44
Parthéni GR 197 Eb90
Parthenónas GR 184 Cc80
Parthenstein D 127 Ec40
Partille S 102 Ec49
Partinico I 166 Ec84
Partizani BG 181 Ed71
Partizani SRB 153 Jc63
Partizanin BG 180 Dc73
Partizánske SK 137 Hb49
Partizanske Vode SRB 159 Jb65
Partizanskoe RUS 113 Ja59
Partney GB 17 Fd22
Parton GB 10 Ea16
Partoş RO 174 Bc62
Partry IRL 8 Bc19
Partsi EST 107 Lc46
Parudaminys LT 114 La58
Pårup DK 108 Db24
Parva RO 171 Dc56
Părvenec BG 180 Db73
Părvomaj BG 180 Dc73
Părvomaj BG 183 Cb75
Parwich GB 16 Ed23
Paryčy BY 202 Eb13
Påryd S 111 Ga53
Parysów PL 131 Jd37
Parzán E 40 Fd57
Parzew PL 129 Gd38
Parznice PL 130 Jc40
Paša RUS 202 Eb08
Paşaçayır TR 185 Ec80
Paşaçiftliği TR 186 Fa80
Paşacık TR 193 Gb85
Pasai San Pedro E 39 Ec55
Paşaköy TR 185 Ea78
Paşaköy TR 191 Ea82
Paşaköy TR 191 Ed85
Paşaköy TR 192 Fa82
Paşaköy = Askeia CY 206 Jc96
Pasala FIN 82 Kb29
Pasalankylä FIN 82 La29
Paşalar TR 192 Fb81
Paşalimanı TR 185 Ed79
Pašaltuonys LT 113 Jd56
Pašaminė LT 115 Lb56
Pasarel BG 179 Cc72
Păsăreni RO 171 Dc59
Pasarón de la Vera E 45 Cb65
Paşayiğit TR 185 Eb77
Paşcani MD 173 Fc58
Paşcani MD 173 Fd57
Paşcani RO 172 Ec57
Paschero I 148 Bb62
Pâscoy RO 176 Ec63
Pas-de-Jeu F 28 Fc43
Pas-en-Artois F 23 Gd32
Paserninkai LT 123 Kc30
Pasewalk D 120 Fa33
Pashalítsa GR 189 Bc82
Pasi FIN 90 La36
Pasian di Prato I 150 Ec58
Pašiausė LT 114 Ka55
Pasiecznik PL 128 Fd41
Pasiene LV 107 Ma51
Pasikovci HR 152 Ha60
Pašilė LT 113 Jc53
Pašilė LT 113 Jd55
Pašiliai LT 114 Kc55
Pašina Voda MNE 159 Ja67
Pasinler TR 205 Ga19
Paskalevec BG 180 Dd70
Paskalevo BG 181 Fa69
Påskallavik S 103 Gb51
Paški RUS 107 Mb49
Paskov CZ 137 Hb45
Paškovskij RUS 205 Fc17
Pasłek PL 122 Hd31
Pasmajärvi FIN 68 Jc17
Pašman HR 157 Fd65
Påsmark FIN 89 Hd33
Passage East IRL 13 Cc25
Passail A 144 Fd54
Passais F 28 Fb38
Passariano I 150 Ec58
Passau D 135 Ed49
Passekårsa S 67 Ha15
Passignano sul Trasimeno I 156 Ea67
Passopisciaro I 167 Fc85
Passow D 119 Eb33
Passow D 120 Fb34
Pastavy BY 202 Ea12
Pastena I 161 Fb73
Pastende LV 105 Jd50
Pastetten D 143 Ea50
Paštiky CZ 136 Fa46
Pasto FIN 89 Jc32
Pastor E 36 Ba55
Pastorello I 149 Da62
Pastoriza E 36 Ba54
Pastovce SK 146 Hc51
Pastra BG 179 Cc73
Pástra GR 188 Ac85
Pastrana E 47 Ea64
Păstrăveni RO 172 Ec57
Păstren BG 180 Dd73
Pastrėvys LT 114 Kd58
Păstrovo BG 180 Dc72
Pastwa PL 121 Hb32
Pastwiska PL 130 Jc40
Pašuliene LV 115 Lb53
Pašušvys LV 114 Kb55
Pasvalys LT 114 Kc53
Pašvitinys LT 114 Kb53
Pasym PL 122 Jb32
Pasynki PL 123 Kb34
Pašyšiai LT 113 Jc56
Pásztó H 146 Ja51
Pat H 145 Gd56
Pataholm S 103 Gb52
Pataias P 50 Ab66
Patajoki FIN 90 Kb34
Patalenica BG 179 Da73
Patana FIN 81 Jc29
Pătârlagele RO 176 Eb63
Patašiai LV 114 Kb57
Patavesi FIN 90 Kb35
Patay F 29 Gc39
Patčino RUS 99 Mb44
Pateley Bridge GB 11 Ed19
Pateniemi FIN 74 Ka23
Paterek PL 121 Gd34
Paterna E 54 Fb67
Paterna del Campo E 59 Bd73
Paterna del Rio E 61 Dd75
Paterna de Madera E 53 Eb70
Paterna de Rivera E 59 Ca76
Paternieki LV 115 Ld53
Paternion A 143 Ed55
Paternò I 167 Fc85
Paternopoli I 161 Fc74
Patersdorf D 135 Ec48
Paterswolde NL 117 Bd33
Påterud S 94 Ec42
Pätiälä FIN 90 Kb36
Patika EST 98 Kc42
Patilčiai LT 114 Ka59
Patin AL 182 Ac74
Patiópoula GR 188 Ba82
Patiška MK 178 Bb73
Patitiri GR 189 Cc83
Patküla EST 106 La47
Patlangıç TR 198 Ga91
Pátmos GR 197 Ea89
Patna GB 10 Dd15
Pątnów PL 129 Hb41
Pato FIN 89 Ja37
Patokoski FIN 69 Jd17
Patolahti FIN 91 Lb37
Patolankylä FIN 89 Jb34
Patones E 46 Dc63
Patoniemi FIN 75 Kd19
Patoniva FIN 64 Jd08
Patosfa H 152 Ha57
Pátra GR 188 Bb85
Patras = Pátra GR 188 Bb85
Pătrăuţi RO 172 Eb55
Patreksfjörður IS 2 Ac02
Patriarh-Evtimievo BG 184 Dc74
Patrickswell IRL 12 Bd23
Patriki CY 206 Jd96
Patrikka FIN 83 Mb30
Patrington GB 17 Fc21
Patsola FIN 83 Ma31
Pattada I 168 Cb75
Pattensen D 126 Db37
Patti I 167 Fc84
Pattijoki FIN 81 Jd25
Pattishall GB 20 Fb26
Patù I 165 Hc78
Pătulele RO 174 Cb66
Pau F 40 Fc55
Păuca RO 175 Da60
Pauillac F 32 Fb49
Paukarlahti FIN 82 La31
Paukkaja FIN 83 Ld29
Paularo I 143 Ec56
Păuleni-Ciuc RO 176 Ea60
Paulerspury GB 20 Fb26
Păuleşti RO 171 Cd54
Păuleşti RO 176 Ea64
Paulhac-en-Margeride F 34 Hc50
Paulhaguet F 34 Hc49
Paulhan F 41 Hc54
Pauliai LT 114 Ka57
Pauliani GR 189 Bc84
Paulilatino I 169 Ca77
Paulinenaue D 127 Ec36
Păuliş RO 170 Bd59
Paullo I 149 Cc59
Paüls E 48 Fd63
Paulx F 28 Ed43
Păuneşti RO 176 Ed61
Paunküla EST 98 Kc43
Paupys LT 114 Ka56
Pauri LV 107 Lb52
Pausa D 135 Eb43
Pausele S 80 Gc25
Păuşeşti RO 175 Da64
Păuşeşti-Măglaşi RO 175 Db63
Pauträsk S 80 Gc25
Pavabdenš LT 113 Jd55
Påvalsby FIN 97 Jc40
Pavasari LV 106 Ka51
Pavel BG 180 Dd69
Pavel Banja BG 180 Dc72
Pavezin F 34 Ja48
Pavia I 149 Cc60
Pavia P 50 Ad68
Pavias E 54 Fb66
Pavilly F 23 Ga34
Pāvilosta LV 105 Ja51
Pavino Polje MNE 159 Jb67
Pavištytis LT 114 Ka59
Pavlica SRB 178 Ba68
Pavlikeni BG 180 Dc70
Pavlohrad UA 205 Fa15
Pavlos GR 189 Ca84
Pavlov CZ 136 Fd47
Pavlovac HR 152 Gd59
Pavlovce SK 146 Jb50
Pavlovce nad Uhom SK 139 Ka48
Pavlovka RUS 203 Fd11
Pavlovo RUS 203 Fb09
Pavlovsk RUS 203 Fb13
Pavlovskaja RUS 205 Fc16
Pavlovskij Posad RUS 203 Fa10
Pavlovskoe RUS 203 Fb09
Pavlyš UA 204 Ed15
Pavoverė LT 115 Lb57
Pavullo nel Frignano I 149 Db63
Pavy RUS 99 Mb45
Pawełki PL 129 Hb42
Päwesein D 127 Ec36
Pawlett GB 19 Eb29
Pawlikowice PL 130 Hc39
Pawłosiów PL 139 Kb44
Pawłów PL 130 Jc41
Pawłów PL 131 Kc40
Pawłow PL 137 Ha44
Pawłówek PL 121 Gd34
Pawłowice PL 129 Gc39
Pawłowice PL 131 Jd39
Pawłowice PL 137 Hb45
Pawłowo PL 122 Jc30
Pawły PL 122 Ja30
Pawonków PL 129 Hb42
Pawtowiczki PL 137 Ha44
Payallar TR 199 Hb92
Payerne CH 141 Bc54
Paymogo E 58 Ba72
Payrac F 33 Gc50
Payzac F 33 Gb48
Paz HR 151 Fa60
Pazar TR 205 Ga19
Pazardžik BG 179 Da73
Pazarić BIH 158 Hb65
Pazarkaya TR 193 Hb86
Pazarköy TR 187 Gc79
Pazarköy TR 191 Ea81
Pazarköy TR 191 Ed81
Pazarköy TR 192 Fa85
Pazarlar TR 192 Fd84
Pazarlı TR 186 Fa75
Pazaryeri TR 193 Gb81
Pažėrai LV 114 Kb58
Pazin HR 151 Fa60
Paznauntal A 142 Da54
Pazos de Borbén E 36 Ad57
Pazuengos E 38 Ea58
Pčela BG 180 Eb73
Pčelarovo BG 181 Fa69
Pčelić HR 152 Ha59
Pčelin BG 179 Cd72
Pčelinovo BG 180 Dd72
Pčelnik BG 181 Fa71
Pchery CZ 136 Fb44
Pcim PL 138 Ja45
Pčinja MK 178 Bc73
Pčrvenec BG 181 Ec73
Peädsek FIN 64 Ka09
Peal de Becerro E 61 Dd72
Peanía GR 195 Cc87
Peasedown Saint John GB 19 Ec28
Peasemore GB 20 Fa28
Peasenhall GB 21 Gb25
Péaule F 27 Ec41
Pebworth GB 20 Ed26
Peć KSV 178 Ad70
Peć SRB 159 Jc68
Peccia CH 141 Cb56
Peccioli I 155 Db66
Pécel H 146 Hd53
Pećence SRB 178 Bc70
Peceneaga RO 177 Fb64
Pečenjevce SRB 178 Bb69
Pechea RO 177 Fa62
Pechina E 61 Ea76
Peći BIH 158 Gb64
Pecica RO 170 Bc59
Pećigrad BIH 151 Ga61
Pećinci SRB 153 Jb61
Pecineaga RO 181 Fc68
Peciu Nou RO 174 Bc61
Pecka SRB 153 Ja63
Peckelsheim D 126 Cd39
Pečki RUS 107 Ld46
Pecorini I 167 Fb82
Pečory RUS 107 Lc47
Pečory RUS 202 Ea10
Pec pod Sněžkou CZ 128 Ga42
Pécs H 152 Hb57
Pécsely H 145 Ha55
Pécsvárad H 153 Hc57
Pečurice MNE 163 Ja71
Pęczniew PL 129 Hb38
Pedagaggi I 167 Fc87
Pedaso I 157 Fa67
Pedaspea EST 98 Kc41
Peddenberg D 125 Bd38
Pedele LV 106 La47
Pederobba I 150 Ea58
Pedersker DK 111 Fc58
Pedersöre FIN 81 Jb29
Pedersören kunta FIN 81 Jb29
Pedescala I 150 Dd58
Pédi GR 197 Ed92
Pediní GR 182 Ad80
Pedinó GR 183 Ca77
Pedivigliano I 164 Gb80
Pedoulas CY 206 Ja97
Pedrafita Camporredondo E 36 Bc55
Pedrafita do Cebreiro E 37 Bd56
Pedrajas de San Esteban E 46 Da61
Pedralba E 54 Fb67
Pedras Salgadas P 44 Bb60
Pedraza E 36 Bb56
Pedraza E 46 Dc62
Pedre E 36 Ad56
Pedreguer E 55 Fc70
Pedreña E 38 Dc54
Pedrera E 60 Cc74
Pedro Abad E 60 Cc72
Pedro Bernardo E 46 Cd65
Pedrógão P 44 Ab65
Pedrógão P 44 Bb65
Pedrógão Grande P 44 Ad65
Pedrógão Pequeno P 44 Ad65
Pedrola E 47 Fa60
Pedro Martínez E 60 Dc74
Pedro Muñoz E 53 Dd68
Pedrosa de Duero E 46 Db60
Pedrosa del Principe E 38 Db58
Pedrosa de Tobalina E 38 Dd56
Pėdžiai LT 114 Kc56
Peebles GB 11 Eb14
Peel GB 10 Dc19
Peenemünde D 120 Fa31
Peeni MD 173 Fc56
Peer B 124 Ba40
Peffingen D 133 Bc44
Péfka GR 197 Fa93
Pefkohóri GR 184 Cc80
Péfkos GR 182 Ba78
Péfkos GR 201 Db96
Pega P 45 Bc63
Pegalajar E 60 Db73
Pegau D 127 Eb41
Pegeia CY 206 Hd97
Peggau A 144 Fd54
Pegli I 148 Cb62
Pegnitz D 135 Ea45
Pego E 55 Fc70
Pegognaga I 149 Db61
Peguerinos E 46 Dc63
Pehčevo MK 183 Cb74
Pehlivanköy TR 185 Ec76
Peille F 43 Kd53
Peillon F 43 Kd53
Peinchorran GB 4 Db08
Peine D 126 Dc37
Peipin F 42 Jd52
Peipohja FIN 89 Jb36
Peippu FIN 89 Ja35
Peisey-Nancroix F 35 Kb47
Peißen D 127 Ea39
Peißen D 127 Eb39
Peißenberg D 142 Dc52
Peiting D 142 Dc52
Peitz D 128 Fb38
Peize NL 117 Bd33
Pejkovac SRB 178 Bd69
Pejo Terme I 142 Db56
Pekankylä FIN 75 Lb24
Pekanpää FIN 73 Jb20
Pekisht AL 182 Ab75
Pekkala FIN 65 Kb09
Pekkala FIN 74 Kb19
Pekkaperä FIN 82 Ka28
Pektubaevo RUS 203 Fc08
Péla GR 183 Bd77
Pelacoy F 33 Gc51
Pelagićevo BIH 153 Hc61
Pelago I 156 Dd65
Pelahustán E 46 Da65
Pelaičiai LT 113 Jc55
Pelarne S 103 Fd49
Pelasgía GR 189 Ca83
Pelči LV 105 Jc51
Pełczyce PL 120 Fd34
Pełczyn PL 129 Gb40
Peleagonzalo E 45 Cc61
Peleči LV 107 Lc52
Pelejaneta E 54 Fc65
Peleši RUS 99 Lc42
Peletá GR 195 Bd89
Pelev Prijeg MNE 159 Ja69
Pelhřimov CZ 136 Fd47
Pelinci MK 178 Bc72
Pelinei MD 177 Fc62
Pelinia MD 173 Fb55
Pelisalmi FIN 90 Ka35
Pelitköy TR 191 Eb82
Pelitozu TR 187 Gb80
Pelitözü TR 187 Ha79
Pelivan MD 173 Fd57
Pelkkikangos FIN 81 Jc30
Pelkoperä FIN 82 Ka25
Pelkoseniemi FIN 69 Kb16
Pellafol F 35 Jd50
Pellaro I 164 Ga84
Pellegrino Parmense I 149 Cd62
Pellegrue F 32 Fd50
Pellérd H 152 Hb58
Pellesmäki FIN 82 La30
Pellestrina I 150 Eb60
Pellevoisin F 29 Gb43
Pellinge FIN 98 Kd39
Pellingen D 133 Bc45
Pellini GR 189 Bc86
Pellinki FIN 98 Kd39
Pello FIN 74 Jb18
Pello S 74 Jb18
Pellonpää FIN 75 Kc23
Pellosniemi FIN 90 La35
Pellossalo FIN 91 Lc33
Pelnik PL 122 Hd32
Peloche E 52 Cc68
Pelovo BG 179 Da69
Pelplin PL 121 Hb31
Pelsin D 120 Fa32
Pelso FIN 82 Kb25
Peltokangas FIN 81 Jd30
Peltokorpi FIN 81 Jc28
Peltola FIN 97 Jd39
Peltomaa FIN 81 Ja31
Peltosalmi FIN 82 Kb28
Peltovuoma FIN 68 Jb13
Pełty PL 122 Hd30
Pełty PL 122 Ja30
Pelučiai LV 114 Kb57
Pélussin F 34 Ja48
Pély H 146 Jb53
Pembeli TR 199 Gc88
Pembroke GB 18 Db27

Pembroke Dock - Pilchów

Pembroke Dock GB 18 Db27
Pembury GB 20 Fd29
Pemfling D 135 Ec47
Pempelijärvi S 73 Hd18
Peñacerrada-Urizaharra E 38 Ea57
Penacova P 44 Ad64
Peña del Águila E 59 Bc76
Peñadiz E 36 Bb58
Peñafiel E 46 Db60
Penafiel P 44 Ad61
Peñaflor E 48 Fb60
Peñaflor E 59 Cb73
Peñafuente E 37 Bd55
Peñalba E 48 Fc61
Peñalba de Santiago E 37 Ca57
Peñalén E 47 Ec64
Peñalsordo E 52 Cc69
Penalva do Castelo P 44 Ba63
Peñalver E 47 Ea64
Penamacor P 45 Bc64
Penämö FIN 75 Kc20
Peñaranda de Bracamonte E 45 Cc62
Peñaranda de Duero E 46 Dc60
Peñarroya de Tastavins E 48 Fd63
Peñarroya-Pueblonuevo E 52 Cc71
Penarth GB 19 Eb28
Peñascosa E 53 Eb70
Peñas de San Pedro E 53 Ec70
Peñaullán E 37 Cb54
Peñausende E 45 Cb61
Penc H 146 Hd52
Pencaitland GB 11 Ec13
Pendálofos GR 185 Ea75
Penderyn GB 19 Ea27
Pendilla E 37 Cc55
Pendine GB 18 Dc27
Pendones E 37 Cd55
Pendueles E 38 Da54
Penedono P 44 Bb62
Penela P 44 Ad65
Pénestin F 27 Eb41
Penészlek H 147 Kb52
Penge GB 20 Fc28
Pengfors S 80 Hb28
Pengsjö S 80 Hb28
Penha Garcia P 45 Bc65
Penhas da Saúde P 44 Bb64
Penhas Juntas P 45 Bc59
Penhors F 27 Db39
Peniche P 50 Aa66
Penicuik GB 11 Eb13
Penig D 127 Ec41
Penikkajärvi FIN 75 Lb20
Penilhos P 58 Ad72
Peninki FIN 82 Kb29
Peñíscola E 54 Fd65
Penk A 143 Ed55
Penkridge GB 16 Ed24
Penkule LV 106 Ka52
Penkun D 120 Fb34
Penmachno GB 15 Ea23
Penmaenmawr GB 15 Dd22
Penmarc'h F 27 Dc40
Pennabilli I 156 Ea65
Pennainen FIN 97 Jc39
Pennala FIN 90 Kc37
Pennant GB 15 Ea24
Pennapiedimonte I 161 Fa71
Penne F 40 Gc53
Penne I 157 Fa70
Penne-d'Agenais F 40 Ga52
Pennerley GB 15 Eb24
Pennigsehl D 118 Cd35
Pennyghael GB 6 Da11
Peno RUS 202 Ec10
Penol F 34 Jb48
Penrhyn Bay GB 15 Ea22
Penrith GB 11 Ec17
Penruddock GB 11 Eb17
Penryn GB 18 Db32
Pensala FIN 81 Jb30
Pensilva GB 18 Dc31
Penta di Casinca F 154 Cc69
Pentageia CY 206 Ja96
Pentalia CY 206 Hd97
Pentálofos GR 182 Ba78
Pentápoli GR 184 Cc76
Pentávrisso GR 182 Ba78
Penteória GR 189 Bc85
Pentinkylä FIN 91 Lb37
Pentling D 135 Ea48
Pentraeth GB 15 Dd22
Pentrefoelas GB 15 Ea23
Penttäjä S 74 Jb18
Penttilänkylä FIN 89 Jd34
Pentyrch GB 19 Ea28
Penuja EST 106 Kd46
Penvins F 27 Eb41
Penybont GB 15 Ea25
Penygroes GB 15 Dd22
Penysarn GB 15 Dd21
Penza RUS 203 Fc11
Penzance GB 18 Da32
Penzberg D 143 Dd52
Penzing D 142 Dc51
Penzlin D 119 Ed33
Péone F 43 Kc52
Pepellash AL 182 Ad77
Pepinster B 125 Bb42
Péplos GR 185 Ea77
Peponiá GR 184 Cc77
Pępowo PL 129 Gc39
Peqin AL 182 Ab75
Peque E 37 Ca58
Pér H 145 Ha52
Pera CY 206 Jb97
Peraboa P 44 Bb64
Përa-Cava F 43 Kd52
Perach D 143 Ec50
Perafita P 44 Ac60
Perahóra GR 189 Ca86
Perahóri GR 188 Ac84
Perä-Hyyppä FIN 89 Jb34
Peräjävaara S 68 Ja17
Perakende TR 199 Ha91
Peräkylä FIN 81 Jb30
Peräkylä FIN 89 Ja32
Peräkylä FIN 91 Lb36
Perälä FIN 75 Kc19
Perälä FIN 89 Ja33
Peralada E 41 Hb58
Peraleda de la Mata E 51 Cb66
Peraleda del Zaucejo E 51 Cb70
Peralejos de las Truchas E 47 Ec64
Perales E 38 Da58
Perales del Alfambra E 47 Fa64
Perales de Tajuña E 46 Dc65
Peralta E 39 Ec58
Peralta E 53 Eb71
Peralta de Alcofea E 48 Fc60
Peralta de la Sal E 48 Fd59
Peraltilla E 48 Fc59
Peralveche E 47 Eb64
Pérama GR 182 Ad80
Pérama GR 189 Cb86
Pérama GR 191 Ea84
Pérama GR 200 Cd95
Péra Mélana GR 195 Bd89
Peranka FIN 75 La21
Peränkylä FIN 89 Ja36
Peränne FIN 89 Jd32
Peranzanes E 37 Ca56
Perä-Posio FIN 75 Kc19
Perarolo di Cadore I 150 Eb57
Perarrúa E 40 Fd58
Perasdorf D 135 Ec48
Peräseinäjoki FIN 89 Jc32
Pérasma GR 183 Bb77
Perast MNE 159 Hd69
Perat AL 182 Ad79
Peratáta GR 188 Ac85
Perävaara S 73 Jb19
Perbal H 146 Hc52
Pērbone LV 105 Jc52
Perchtoldsdorf A 145 Gb51
Percosova RO 174 Bd62
Perdasdefogu I 169 Cb78
Perdaxius I 169 Bd80
Perdigão P 50 Ba66
Perdiguera E 48 Fb60
Pérdika GR 188 Ac81
Pérdika GR 188 Ad81
Pérdika GR 195 Cb87
Perdikáki GR 188 Ba82
Perdíkas GR 183 Bb77
Perdiki GR 197 Ea88
Perdoche E 52 Cd71
Perduhovo Selo BIH 158 Gc64
Peréa GR 183 Bc77
Peréa GR 183 Ca78
Perečyn UA 204 Dd16
Pereda de Ancares E 37 Bd56
Peredkino RUS 99 Ma43
Peredo P 45 Bd60
Peregu Mare RO 170 Bc59
Perehins'ke UA 204 Ea16
Pereira E 36 Ad55
Pereiriña E 36 Ac55
Pereiro P 44 Ac65
Pereiro P 58 Ba73
Perejaslav-Chmel'nyc'kyj UA 202 Ec14
Perekopka RUS 203 Fd13
Pereles'e RUS 99 Ld40
Perelešinskij RUS 203 Fb12
Perelesnoje RUS 113 Jc58
Perelhal P 44 Ac59
Pereni MD 173 Fd56
Perenta MD 172 Ed54
Pereruela E 45 Cb61
Pereščepyne UA 205 Fa15
Peresecina MD 173 Fd57
Pereslavl'-Zalesskij RUS 203 Fa09
Pereslavskoje RUS 113 Hd58
Peressaare EST 98 La43
Peresznye H 145 Gc53
Péret F 41 Hc54
Peretu RO 180 Dc67
Perevalovo RUS 113 Jc59
Perevolok RUS 99 Lc42
Perevoz RUS 203 Fc09
Perfugas I 168 Ca74
Perg A 144 Fc50
Pergamos CY 206 Jc97
Pergine Valsugana I 149 Dc57
Pergola I 156 Ec66
Pergusa I 167 Fb86
Perheniemi FIN 90 Kd37
Perho FIN 81 Jd30
Peri I 149 Dc59
Periam RO 170 Bc59
Periana E 60 Da75
Perieni RO 177 Fa60
Périers F 22 Fa36
Perieţi RO 175 Db66
Perieţi RO 176 Ed66
Perigiáli GR 189 Bd86
Pérignac F 32 Fb47
Périgné F 32 Fc46
Périgueux F 33 Ga49
Perila EST 98 Kc42
Perino I 149 Cc61
Periprava RO 177 Ga63
Periş RO 176 Ea65
Perişani RO 175 Db63
Perişor RO 175 Cd66
Perişoru RO 177 Fa66
Périssa GR 196 Db92
Perísta GR 188 Bb84
Peristerá GR 183 Cb78
Peristéri GR 188 Ba86
Peristéri GR 189 Cb86
Peristerona CY 206 Jb97
Peristerónas GR 183 Cb78
Perithóri GR 188 Ba84
Perívlepto GR 189 Bd82
Perivóli GR 188 Ab81
Perivóli GR 189 Bc83
Perivolia CY 206 Jc97
Perivólia GR 194 Bc89
Perjasica HR 151 Fd60
Perkaliai LT 114 La55
Perkam D 135 Eb48
Perkáta H 146 Hc54
Pērkone LV 113 Ja53
Perković HR 158 Gb66
Perl A 144 Fc55
Perl D 133 Bb45
Perlé L 132 Ba44
Perleberg D 119 Eb34
Perlejewo PL 123 Ka35
Perlesreut D 135 Ed49
Perlez SRB 153 Jc60
Pērlis LV 106 La49
Perloja LT 114 Kd59
Perly PL 122 Jc30
Përmet AL 182 Ac78
Permisküla EST 99 Lc42
Pernå FIN 90 Kd38
Pernaa FIN 81 Jb30
Pernaja FIN 90 Kd38
Pernarava LV 114 Kb56
Pernarec CZ 135 Ed45
Pernat HR 151 Fb61
Pernay F 28 Fd41
Pernegg an der Mur A 144 Fd53
Pernek SK 145 Gd50
Pernera CY 206 Jd97
Pernes P 50 Ac67
Pernes-les-Fontaines F 42 Jc52
Pernica SLO 144 Ga56
Pernik BG 179 Cb71
Pernink CZ 135 Ec43
Perniö FIN 97 Jc39
Perniön asema FIN 97 Jc40
Pernitz A 144 Ga52
Perno FIN 90 La38
Pernu FIN 75 Kc19
Peroguarda P 50 Ad71
Péronnas F 34 Jb45
Péronne F 23 Ha33
Pêro Pinheiro P 50 Aa68
Perorrubio E 46 Dc62
Perosa Argentina I 148 Bb60
Pérouges F 34 Jb46
Perpezac-le-Noir F 33 Gc48
Perpignan F 41 Hb57
Perranporth GB 18 Db31
Perrecy-les-Forges F 30 Hd44
Perrero I 148 Bb60
Perrone I 162 Gd76
Perros-Guirec F 26 Ea37
Persac F 33 Ga45
Persan F 23 Gd36
Persano I 161 Fc76
Persberg S 95 Fb42
Persbo S 95 Fd41
Perserud S 94 Ed42
Pershagen S 96 Gc44
Pershyttan S 95 Fc43
Perskogen N 67 Hb11
Persnäs S 103 Gb51
Persomajärvi S 73 Jb20
Persön S 73 Hd22
Perstorp S 110 Fa54
Pertala FIN 90 Kb34
Perth GB 7 Eb11
Perthes F 24 Hd34
Perthes F 29 Ha38
Pertisau A 143 Ea53
Pertoča SLO 145 Gb55
Pertoúli GR 188 Ba81
Pertrovskoe RUS 99 Ma39
Perttaus FIN 69 Jd17
Pertteli FIN 97 Jd39
Perttula FIN 98 Kb39
Pertuis F 42 Jd53
Pertunmaa FIN 90 Kd35
Pertusa E 48 Fc59
Peruc CZ 136 Fa43
Perućac SRB 159 Ja64
Perugia I 156 Ea67
Perukka FIN 81 Jd25
Perunika BG 185 Dd76
Perunkajärvi FIN 74 Ka18
Perušić HR 151 Fd62
Peruštica BG 180 Db73
Pervalka LT 113 Jb56
Pervijze B 21 Ha29
Pervomaisc MD 173 Fd59
Pervomajsk RUS 203 Fc10
Pervomajs'k UA 204 Ec16
Pervomajskaja RUS 99 Ld44
Pervomajskij RUS 203 Fb11
Pervomajskoe RUS 202 Ea08
Pervomajskoe RUS 203 Ga11
Pervomajs'kyj UA 203 Fa14
Perwez B 124 Ad41
Perzów PL 129 Ha40
Pesac RO 174 Bc60
Pesadas de Burgos E 38 Dc57
Pesaguero E 38 Da55
Pesaro I 156 Ec65
Pesčanokopskoe RUS 205 Fd16
Pescara I 157 Fb70
Pescasseroli I 161 Fa72
Pesceana RO 175 Da64
Peschici I 162 Gb71
Peschiera Borromeo I 149 Cc59
Peschiera del Garda I 149 Db59
Pescia I 155 Db65
Pescia Fiorentina I 155 Dc69
Pescina I 160 Ed71
Pescocostanzo I 161 Fa71
Pescolanciano I 161 Fb72
Pescopagano I 161 Fd75
Pesco Sannita I 161 Fc74
Pescueza E 45 Bd65
Peshkopi AL 178 Ad73
Pesinki FIN 91 Ld33
Pesiökylä FIN 75 La23
Pesiöranta FIN 75 La23
Peski RUS 107 Ld46
Pesmes F 31 Jc41
Pesnica SLO 144 Ga56
Peso P 45 Bd60
Peso P 50 Ba71
Pesočani MK 182 Ba75
Peso da Régua P 44 Ba61
Pesoz E 37 Bd54
Pesqueira E 36 Ac56
Pesquera de Duero E 46 Db60
Pessac F 32 Fb50
Pessáda GR 188 Ac85
Pessalompolo FIN 74 Jc19
Peštani MK 182 Ba76
Peštera BG 179 Cb72
Peštera BG 179 Da73
Peştera RO 181 Fb67
Pesterwitz D 128 Fa41
Peştişani RO 175 Cc63
Peştişu Mic RO 175 Cc61
Pestovo KSV 178 Bb70
Pestovo RUS 202 Ea09
Pestravka RUS 203 Ga10
Pešurići BIH 159 Hd65
Petääjärvi FIN 90 Ka34
Petacciato I 161 Fc71
Petacciato Marina I 161 Fc71
Petäiskylä FIN 83 Lb27
Petäjäjärvi FIN 74 Kb21
Petäjäkangas FIN 74 Kb22
Petäjäkylä FIN 83 Kb29
Petäjälahti FIN 82 Kc25
Petäjämäki FIN 82 Ka25
Petäjämäki FIN 82 La31
Petäjäniemi FIN 82 La25
Petäjäs koski FIN 74 Jd19
Petäjäskoski FIN 81 Jd26
Petäjävesi FIN 90 Kb33
Petalax FIN 81 Hd31
Petalidi GR 194 Bb89
Pétange L 132 Ba45
Petărč BG 179 Cc71
Pétas GR 188 Ad82
Petäys FIN 82 La28
Petäys FIN 89 Jb32
Petelea RO 171 Dc58
Petelevo BG 184 Dc74
Peteranec HR 152 Gc57
Peterborough GB 17 Fc24
Peterchurch GB 15 Eb26
Peterculter GB 7 Ed09
Petergof RUS 99 Mb39
Peterhead GB 5 Fa08
Peterlee GB 11 Fa17
Petersaurach D 134 Dc47
Petersberg D 126 Da42
Petersdorf D 134 Dd49
Petersfield GB 20 Fb30
Petershagen D 126 Cd36
Petershagen-Vogelsdorf D 128 Fa36
Petershausen D 143 Dd50
Peterstone Wentlooge GB 19 Eb28
Peterstow GB 15 Ec26
Peterswell IRL 12 Bd21
Pétervására H 146 Jb51
Pétfürdő H 145 Hb54
Pethelinos GR 184 Cc77
Peti RUS 107 Mb47
Petid RO 170 Cb58
Petiknäs S 80 Hb25
Petikträsk S 72 Ha24
Petilia Policastro I 165 Gd80
Petilla de Aragón E 39 Fa58
Petin E 36 Bc57
Pětipsy CZ 135 Ed44
Petisträsk S 80 Ha26
Petit-Palais-et-Cornemps F 32 Fc50
Petkovac BIH 152 Gc61
Petkovica SRB 153 Ja62
Petkula FIN 69 Ka15
Petkus D 127 Ed38
Petlovac HR 153 Hc58
Petlovača SRB 153 Ja62
Pet Mogili BG 180 Ea73
Petokladenci BG 180 Dc69
Petolahti FIN 81 Hd31
Petra CY 206 Ja97
Petra E 57 Hc67
Pétra GR 183 Bd79
Pétra GR 189 Ca85
Petra GR 191 Ea83
Petrăchioaia RO 176 Eb66
Petrádes GR 185 Eb76
Petralia Soprana I 167 Fa85
Petralia Sottana I 167 Fa85
Petrálona GR 183 Cb79
Petran AL 182 Ac78
Petraná GR 183 Bc78
Petrašiūnai LT 114 Kb54
Petrčane HR 157 Fd64
Petrelë AL 182 Ab75
Petrella Tifernina I 161 Fc72
Petreni MD 173 Fb55
Petrer E 55 Fb71
Pétres GR 183 Bb77
Petreşti MD 173 Fb57
Petreşti RO 171 Cc55
Petreşti RO 175 Cd61
Petreşti RO 176 Dd65
Petreşti de Jos RO 171 Da58
Petreto-Bicchisano F 154 Ca71
Petrič BG 179 Cd72
Petrič BG 183 Cb75
Petricani RO 172 Ec57
Petričko selo HR 151 Fd59
Petrijanec HR 152 Gb57
Petrijevci HR 153 Hc59
Petrila RO 175 Cd62
Petrinja HR 152 Gb60
Petriş RO 174 Cb60
Petritsi GR 194 Ba89
Petrivka UA 202 Ec14
Petrofani CY 206 Jc97
Pétrola E 55 Ed70
Petromäki FIN 82 La31
Petroman RO 174 Bc61
Petronell A 145 Gc51
Petropavlivka UA 205 Fa15
Petropavlovka RUS 203 Fc13
Petroşani RO 175 Cd62
Petrosino I 166 Ea85
Petrotá GR 185 Ea75
Petrova RO 171 Db54
Petrovaara FIN 83 Ld31
Petrovac MNE 159 Hd70
Petrovac SRB 174 Bc65
Petrovaradin SRB 153 Jb60
Petrova Ves SK 137 Gd49
Petrovce SK 146 Ja50
Petrovci HR 153 Hd60
Petrovec MK 178 Bc73
Petrovice CZ 128 Fa42
Petrovice CZ 136 Fb46
Petroviči BIH 159 Hd64
Petrovići MNE 159 Hc68
Petrovičky CZ 135 Ed47
Petrovo BG 184 Cc75
Petrovo RUS 113 Ja58
Petrovo RUS 202 Ec09
Petrovo Selo SRB 174 Cb65
Petrovsk RUS 203 Fd11
Petrovskoe RUS 203 Fa09
Petrovskoe RUS 203 Fb12
Petruma FIN 83 Lc31
Petrunea MD 173 Fa55
Petru Rareş RO 171 Db57
Petruşeni MD 173 Fa55
Petřvald CZ 137 Hb45
Petrykav BY 202 Eb13
Petrykozy PL 130 Ja40
Petsikko FIN 64 Ka09
Petsmo FIN 81 Ja30
Pettaugh GB 21 Gb26
Pettenbach A 144 Fa51
Pettendorf D 135 Ea48
Pettigoe GB 9 Cb17
Petting D 143 Ec52
Pettorano sul Gizio I 161 Fa71
Pettstadt D 134 Dc45
Petuški RUS 203 Fa10
Petworth GB 20 Fb30
Peuerbach A 144 Fa50
Peurajärvi FIN 74 Ka20
Peurajärvi FIN 83 Lb26
Peurajärvi FIN 83 Lb27
Peuralinna FIN 81 Jd30
Peurasuvanto FIN 69 Ka14
Peuravaara FIN 75 Kd24
Peure FIN 74 Jd20
Peuton F 28 Fb40
Pevensey GB 20 Fd30
Peveragno I 148 Bc63
Pewsey GB 20 Ed28
Peynirkuysusu TR 192 Fa81
Peypin F 42 Jd54
Peyrat-de-Bellac F 33 Gb46
Peyrat-la-Nonière F 33 Gd46
Peyrat-le-Château F 33 Gc47
Peyrefitte-du-Razès F 41 Gd56
Peyrehorade F 39 Fa54
Peyriac-Minervois F 41 Ha55
Peyrieu F 35 Jd47
Peyrolles-en-Provence F 42 Jd53
Peyruis F 42 Jd52
Peyrus F 34 Jb49
Peyrusse-le-Roc F 33 Gd51
Pėžaičiai LT 113 Jb55
Pézenas F 41 Hc54
Pezens F 41 Gd55
Pézilla-la-Rivière F 41 Hb57
Pezinok SK 145 Gd50
Pezou F 29 Gb40
Pezoúla GR 188 Bb82
Pezovo MK 178 Bd73
Pezuela de las Torres E 46 Dd64
Pézy F 29 Gc38
Pfaffenhausen D 142 Db51
Pfaffenhofen D 142 Db50
Pfaffenhofen an der Ilm D 135 Dd49
Pfaffenhoffen F 25 Kc36
Pfäffikon CH 142 Cc53
Pfäffikon CH 142 Cc53
Pfaffing D 143 Ea51
Pfaffroda D 127 Ed42
Pfakofen D 135 Eb48
Pfalzgrafenweiler D 133 Cb49
Pfarrkirchen D 143 Ec50
Pfarrweisach D 134 Dc44
Pfatter D 135 Eb48
Pfedelbach D 134 Cd47
Pfeffenhausen D 135 Ea49
Pfinztal D 134 Cc47
Pflach A 142 Dc53
Pflersch I 143 Dd55
Pfofeld D 134 Dc47
Pförring D 135 Ea48
Pforzen D 142 Db51
Pforzheim D 134 Cc48
Pfreimd D 135 Eb46
Pfronten D 142 Db52
Pfullendorf D 142 Cd51
Pfullingen D 134 Cd49
Pfunders I 143 Ea55
Pfunds A 142 Db54
Pfungstadt D 134 Cc45
Phalsbourg F 25 Kb36
Philippsburg D 133 Cb47
Philippsthal D 126 Db41
Piaam NL 116 Bb33
Piacenza I 149 Cd61
Piacenza d'Adige I 150 Dd61
Piadena I 149 Da60
Piaggio di Valmara I 148 Cb57
Piália GR 188 Bb81
Piamprato I 148 Bc58
Piana F 154 Ca70
Piána GR 194 Bc87
Piana Crixia I 148 Ca62
Piana degli Albanesi I 166 Ec84
Piancastagnaio I 156 Dd68
Piancavallo I 150 Eb57
Pianche I 148 Bb62
Piandelagotti I 149 Da63
Pianella I 155 Dc66
Pianella I 157 Fa70
Pianello Val Tidone I 149 Cc61
Piani Resinelli I 149 Cc58
Pian Munè I 148 Bb61
Pianoconte I 167 Fc83
Piano d'Arci I 167 Fc86
Pianoro I 149 Dc63
Pianosa I 155 Cd69
Pianottoli-Caldarello F 154 Cb72
Piansano I 156 Dd69
Pianu RO 175 Cd61
Pias P 50 Ba71
Pías E 36 Bc58
Piasecznik PL 120 Fd34
Piaseczno PL 120 Fc34
Piaseczno PL 120 Fc35
Piaseczno PL 120 Ga33
Piaseczno PL 121 Hb32
Piaseczno PL 130 Jb37
Piasek PL 120 Fb35
Piasek PL 122 Ja30
Piasek PL 130 Hc42
Piaski PL 121 Gb32
Piaski PL 122 Hc30
Piaski PL 128 Fd38
Piaski PL 129 Gc38
Piaski PL 131 Kb40
Piastów PL 130 Jb37
Piastowo PL 122 Hc30
Piaszczyna PL 121 Gc31
Piątek PL 130 Hd37
Piatra MD 173 Fd57
Piatra RO 177 Fc66
Piatra RO 180 Dc68
Piatra-Neamţ RO 172 Ec58
Piatra-Olt RO 175 Da66
Piatra Şoimului RO 172 Ec58
Piau-Engaly F 40 Fd57
Piazza al Serchio I 155 Da64
Piazza Armerina I 167 Fb86
Piazza Brembana I 149 Cd58
Piazzatorre I 149 Cd57
Piazze I 156 Dd68
Piazzola sul Brenta I 150 Dd59
Pičaevo RUS 203 Fb11
Picamoixons E 48 Gb62
Pićan HR 151 Fa61
Picarreau F 31 Jc43
Picarrel P 50 Ba69
Picassent E 54 Fb68
Piccione I 156 Eb67
Piccovagia F 154 Cb72
Picerno I 161 Ga75
Pichl A 143 Ed53
Pickering GB 16 Fb19
Pickwillow GB 20 Fd25
Pico I 160 Ed73
Picón E 52 Db69
Picoto P 44 Ad61
Picquigny F 23 Gd33
Pidole LV 105 Jd50
Pidula EST 105 Jc46
Piece PL 121 Ha32
Piechcin PL 121 Ha35
Piechowice PL 128 Fd42
Piecki PL 122 Jc32
Piecki PL 123 Ka30
Piecnik PL 121 Gb33
Pieczonki PL 123 Jd30
Piedicavallo I 148 Bd58
Piediluco I 156 Eb69
Piedimonte Etnea I 167 Fd85
Piedimonte Matese I 161 Fb73
Piedimulera I 148 Ca57
Piedipaterno I 156 Ec68
Piedrabuena E 52 Da69
Piedrafita E 37 Cc55
Piedrafita de Babia E 37 Cb56
Piedrahita E 45 Cc64
Piedrahita de Castro E 45 Cb60
Piedralaves E 46 Cd64
Piedras Albas E 51 Bc66
Piedras Blancas E 37 Cb54
Piedrasluengas E 38 Da56
Piedratajada E 48 Fb59
Piedricroce F 154 Cb69
Piedroşani RO 175 Dc63
Piedruja LV 115 Ld53
Piehinki FIN 81 Jd25
Piekary Śląskie PL 138 Hc43
Piekielnik PL 138 Ja46
Piekoszów PL 130 Jb41
Pieksämäki FIN 90 Kd32
Pielavesi FIN 82 Kc29
Pielenhofen D 135 Ea48
Pieleşti RO 175 Da66
Pielgrzymka PL 128 Ga41
Pielrari RO 175 Da63
Pienava LV 106 Ka51
Pieneņi LV 107 Lc52
Pieniężno PL 122 Hd30
Pieńsk PL 128 Fc40
Pienza I 156 Dd67
Piera E 49 Gc61
Pieranie PL 121 Hb35
Pierkunowo PL 122 Jc30
Pierlas F 43 Kc52
Piérnigas E 38 Dd57
Pieros E 37 Bd57
Pierowall GB 5 Ec02
Pierre-Buffière F 33 Gb47
Pierre-de-Bresse F 30 Jb43
Pierrefeu-du-Var F 42 Ka55
Pierrefiche F 34 Hd50
Pierrefitte-Nestalas F 40 Fc56
Pierrefitte-sur-Aire F 24 Jb36
Pierrefitte-sur-Sauldre F 29 Gd41
Pierrefonds F 23 Ha35
Pierrefontaine-les-Blamont F 31 Kb41
Pierrefontaine-les-Varans F 31 Ka41
Pierrefontaines F 30 Jb40
Pierrefort F 34 Hb50
Pierrelatte F 42 Jb51
Pierremont F 23 Gd32
Pierremont-sur-Amance F 31 Jc40
Pierre-Perthuis F 30 Hc41
Pierrepont F 24 Hc34
Pierrepont F 25 Jc34
Pierrepont-sur-Avre F 23 Gd34
Pierroton F 32 Fb50
Piertinjaure S 72 Gd19
Pierzchnica PL 130 Jb42
Piesalankylä FIN 90 Kb33
Piesendorf A 143 Ec54
Piesjoki FIN 64 Jc09
Pieski PL 128 Fd37
Pieskowo PL 122 Ja30
Piesport D 133 Bd44
Piešťany SK 137 Ha49
Pieszyce PL 129 Gb42
Pietarsaari FIN 81 Jb28
Pieterburen NL 117 Bd32
Pietkowo PL 123 Kb34
Pietolansaari FIN 91 Lc34
Pietrabbondante I 161 Fb72
Pietracamela I 156 Ed69
Pietragalla I 161 Ga75
Pietraia I 156 Ea68
Pietralba F 154 Cb69
Pietra Ligure I 148 Ca63
Pietralunga I 156 Eb66
Pietramelara I 161 Fa73
Pietramontecorvino I 161 Fd73
Pietrapertosa I 162 Gb76
Pietraperzia I 167 Fa86
Pietraporzio I 148 Bb62
Pietraroja I 161 Fb73
Pietrasanta I 155 Da64
Pietrasecca I 160 Ec71
Pietraserena F 154 Cb70
Pietrastornina I 161 Fc74
Pietrelcina I 161 Fc74
Pietroasa RO 171 Cc58
Pietroasa RO 174 Cb61
Pietrosaele RO 176 Ec64
Pietroşani RO 180 Dd68
Pietroşiţa RO 176 Dd63
Pietrosu MD 173 Fb56
Pietrowice PL 137 Ha44
Pietrowice Wielkopolski PL 137 Ha44
Pietrzwałd PL 122 Hd32
Pietrzyk PL 122 Hd34
Pietrzykowo PL 121 Gc31
Pieve del Cairo I 148 Cb60
Pieve di Cadore I 143 Eb56
Pieve di Cento I 149 Dc62
Pieve di Ledro I 149 Db58
Pieve di Soligo I 150 Ea58
Pieve di Teco I 43 La52
Pieve d. Livinallongo I 143 Ea56
Pievepelago I 155 Db64
Pieve San Stefano I 156 Ea65
Pieve Torina I 156 Ec68
Piffonds F 30 Hb39
Pigádi GR 195 Bd89
Pigés GR 184 Da77
Pigés GR 188 Ba81
Pigi CY 206 Jc96
Pigí GR 188 Bb81
Pigí GR 201 Db96
Pigna I 43 Kd52
Pignataro Maggiore I 161 Fa74
Pigniu CH 142 Cc55
Pignola I 161 Ga76
Pihkainmäki FIN 82 Kd30
Pihkalanranta FIN 82 Kb26
Pihlaisto FIN 90 Ka34
Pihlajakoski FIN 90 Kb34
Pihlajalahti FIN 89 Jd34
Pihlajalahti FIN 91 Lb33
Pihlajamäki FIN 82 Kc27
Pihlajaniemi FIN 91 Ld32
Pihlajavaara FIN 75 La24
Pihlajavaara FIN 83 Ma28
Pihlajaveden asema FIN 90 Ka32
Pihlajavesi FIN 89 Jd33
Pihlava FIN 89 Jc38
Pihtipudas FIN 82 Kb29
Pihtisulku FIN 89 Jb32
Pihtla EST 105 Jd46
Piikiö FIN 97 Jc39
Piikkilänkylä FIN 89 Ja34
Piilijärvi S 68 Hc16
Piilijoki FIN 89 Jb36
Piilo FIN 83 Ma28
Piilonperä FIN 90 Ka32
Piippaharju FIN 90 Kc32
Piippola FIN 82 Kb26
Piipsjärvi FIN 81 Jd26
Piiri EST 99 Lc45
Piirsalu EST 98 Ka43
Piispajärvi FIN 75 La22
Piispala FIN 82 Ka30
Piittisjärvi FIN 74 Kb19
Pijnacker NL 116 Ad36
Pikalevo RUS 202 Ec08
Pikasilla EST 106 La46
Pikävere EST 98 Kd43
Pike IRL 13 Ca22
Pikeliai LT 113 Jc53
Pikeliškes LT 114 La57
Pike of Rush Hall IRL 13 Cb22
Pikkalanlahti FIN 98 Ka40
Pikkalaviken FIN 98 Ka40
Pikkarala FIN 74 Ka24
Pikknurme EST 98 La44
Pikku-Joensuu FIN 89 Jd38
Pikku-Kulus FIN 74 Ka19
Pikkukylä FIN 82 La26
Pikšäri LV 106 Kd47
Piktupėnai LT 113 Jc57
Pikva EST 98 Kc42
Pila I 148 Bc58
Pila I 150 Eb61
Piła PL 121 Gb34
Pila SK 138 Hc49
Pilajamäki FIN 82 Kc28
Pilar de la Mola, el E 56 Gc70
Pilas E 59 Bd74
Pilaševo BG 184 Dc74
Pilastri I 149 Dc61
Pilat-Plage F 32 Fa51
Piława PL 130 Jc37
Piława Górna PL 129 Gd42
Piławki PL 122 Hd32
Pilchów PL 131 Ka42

Pilchowice – Pojatno

Pilchowice PL 128 Ga41
Pilchowice PL 137 Hb44
Pilchowo PL 120 Fb33
Pile PL 121 Gb33
Piléa GR 185 Ea77
Pilés GR 201 Eb95
Pilgersdorf A 145 Gb53
Pilgrims Hatch GB 20 Fd27
Pilgrimstad S 79 Fc31
Pili GR 189 Cb86
Pili GR 197 Ec91
Pilica PL 138 Hd43
Pilica SRB 159 Ja64
Pilio GR 189 Cb84
Pilis H 146 Ja53
Pilis LT 114 Ka57
Pilistvere EST 98 Kd44
Pilisvörösvár H 146 Hc52
Piliuona LT 114 Kc58
Pilka EST 99 Lb45
Piłka PL 120 Ga35
Pillapalu EST 98 Kc42
Piller A 142 Db54
Pillerton Priors GB 20 Fa26
Pillon F 24 Jb34
Pillon F 24 Jb35
Pilníkov CZ 136 Ga43
Pilning GB 19 Ec28
Pilona PL 122 Hc31
Pilos GR 194 Ba89
Pilpala FIN 90 Ka38
Pilsach D 135 Dd47
Pilsblīdene LV 105 Jd52
Pilsen = Plzeň CZ 135 Ed45
Pilskalne LV 114 Kd53
Pilskalne LV 115 Lb53
Pilskalns LV 107 Lb49
Pilštanj SLO 151 Fd58
Pilsting D 135 Ec49
Pilszcz PL 137 Ha44
Piltene LV 105 Jb50
Pilträsk S 73 Hb22
Pilu RO 170 Bd58
Pilvingiai LT 114 Kd59
Pilvškiai LV 114 Kb58
Pilzno PL 139 Jd44
Pimelles F 30 Hd40
Pimenikó GR 185 Eb76
Piña de Campos E 38 Da58
Pina de Ebro E 48 Fb61
Piñar E 60 Dc74
Pınarbaşı TR 185 Ed76
Pınarbaşı TR 191 Ea81
Pınarbaşı TR 191 Eb81
Pınarbaşı TR 199 Gb89
Pınarca TR 186 Fa76
Pınarcık TR 192 Fd81
Pınarcık TR 197 Ed89
Pinar de los Franceses E 59 Bd77
Pinarejo E 53 Eb67
Pinarejos E 46 Da61
Pinarella I 156 Eb64
Pinarello F 154 Cb72
Pınargözü TR 199 Gd90
Pinar Hermoso E 61 Ec72
Pınarhisar TR 185 Ed75
Pınarlar TR 198 Fd89
Pınarlı TR 187 Gb77
Pınarlı TR 191 Ec87
Pınarlıbelen TR 197 Ed90
Pınarlık TR 198 Fd88
Pincehely H 145 Hb55
Pinchbeck GB 17 Fc24
Pinczów PL 130 Jb42
Pindari LV 105 Jd49
Pindères F 40 Fd52
Pindstrup DK 101 Dd23
Pineda de Gigüela E 47 Ea65
Pineda de la Sierra E 38 Dd58
Pineda de Mar E 49 Hb60
Pinedo E 54 Fc68
Piñeira E 36 Bb57
Piñeiro E 36 Ad57
Pinela P 45 Bd60
Pinelo P 45 Bd60
Pinerolo I 148 Bc61
Pineto I 157 Fa69
Piney F 30 Hd38
Þingeyri IS 2 Ac02
Pinhal Novo P 50 Ab69
Pinhão P 44 Bb61
Pinheiro P 44 Ad61
Pinheiro P 44 Ad59
Pinheiro P 50 Ab69
Pinhel P 45 Bc62
Piniava LT 114 Kc54
Pinilla E 53 Ea70
Pinilla E 55 Ed70
Pinilla de Toro E 45 Cc60
Pinilla-Trasmonte E 46 Dc60
Pinipaju FIN 97 Ja39
Pinjainen FIN 97 Jd40
Pinkafeld A 145 Gb53
Pinkamindszent H 145 Gb54
Pinmore Mains GB 10 Dc15
Pinneberg D 118 Db32
Pinnow D 128 Fb38
Pino E 38 Dd57
Pino F 154 Cc68
Pino del Río E 38 Da57
Pino do Val E 36 Ac55
Pino Lago Maggiore I 148 Cb57
Pinols F 34 Hc49
Piñor E 36 Ba57
Pinoso E 55 Fa71
Pinos-Puente E 60 Db74
Pino Torinese I 148 Bd60
Pinseque E 47 Fa60
Pinsiö FIN 89 Jc35
Pinsk BY 202 Ea14
Pinsoro E 47 Ed59
Pinsot F 35 Jd48
Pintado P 50 Ac66
Pintamo FIN 75 Kc22
Pintic RO 171 Da57
Pinto E 46 Dc65
Pinwherry GB 10 Dc15
Pinzano al Tagliamento I 150 Ec57
Pînzareni MD 173 Fa56
Pinzolo I 149 Db57
Pinzón E 59 Bd74
Piobbico I 156 Eb66
Piolenc F 42 Jb52
Pioltello I 149 Cc59
Piombino I 155 Da68
Pionerskij RUS 113 Hd58
Pionki PL 130 Jc39
Pionsat F 33 Ha46
Pioppi I 161 Fd77
Pioppo I 166 Ec84
Pioraco I 156 Ec67
Piorna E 45 Cb65
Piors Hardwick GB 20 Fa26
Piorunkowice PL 137 Gd43
Piossasco I 148 Bc60
Piotrkosice PL 129 Gc39
Piotrków PL 131 Kb40
Piotrkowice PL 130 Jb42
Piotrków Kujawski PL 129 Hb36
Piotrków Trybunalski PL 130 Hd40
Piotrowice PL 130 Jc37
Piotrowiec PL 122 Hd30
Piotrowo PL 121 Gb35
Piotta CH 141 Cb56
Piove di Sacco I 150 Ea60
Piovene I 150 Dd59
Piovera I 148 Cb61
Pipaón E 38 Ea57
Pipirig RO 172 Eb57
Pipriac F 27 Ec40
Piqerasi AL 182 Ab79
Pir RO 171 Cc55
Pirá GR 189 Bc84
Piragi RUS 107 Ld49
Piran SLO 150 Ed59
Pirane KSV 178 Ba72
Piras I 168 Cb75
Piräus = Pireás GR 195 Cb87
Pirčiupiai LT 114 La59
Pirdop BG 179 Da71
Pireás GR 195 Cb87
Pireveliler TR 191 Ec83
Pirgadíkia GR 184 Cc79
Pirgí GR 182 Ab80
Pirgí GR 183 Bc77
Pirgí GR 184 Cd76
Pirgí GR 191 Dd86
Pírgos GR 182 Ad78
Pírgos GR 189 Ca84
Pírgos GR 194 Ba87
Pírgos GR 194 Ba89
Pírgos GR 194 Bb90
Pírgos GR 197 Eb88
Pírgos GR 200 Da96
Pírgos Diroú GR 194 Bb90
Pirgovo BG 180 Ea68
Piriac-sur-Mer F 27 Eb42
Piricse H 147 Kb51
Pirilä FIN 91 Lb33
Pirin BG 184 Cc75
Pirinççi TR 186 Fc77
Piringsdorf A 145 Gb53
Pîrîta MD 173 Fb58
Pîrjolteni MD 173 Fc57
Pîrjota MD 173 Fa55
Pirk D 135 Eb46
Pirki BY 202 Ec14
Pirkkala FIN 89 Jd36
Pirlibey TR 198 Fb88
Pîrlița MD 173 Fb55
Pîrlița MD 173 Fb57
Pîrlița MD 173 Fc54
Pirmasens D 133 Ca46
Pirna D 128 Fa41
Pirnar (Varinçe) TR 185 Eb78
Pirnesperä FIN 82 Ka26
Pirnmill GB 10 Db14
Pirok MK 178 Ba73
Pirot SRB 179 Ca69
Pirou F 22 Ed36
Pirovac HR 157 Ga65
Pirsógiani GR 182 Ad78
Pirsu EST 98 Kd42
Pirtó H 146 Ja56
Pirttijärvi FIN 89 Ja35
Pirttikoski FIN 74 Kb19
Pirttikoski FIN 81 Jd26
Pirttikoski FIN 89 Jd37
Pirttikylä FIN 89 Hd32
Pirttikylä FIN 89 Jc33
Pirttimäki FIN 82 La26
Pirttimäki FIN 82 Kc27
Pirttimäki FIN 82 Kd30
Pirttimäki FIN 82 Kc31
Pirttimäki FIN 83 Lb28
Pirttivaara FIN 75 Lb22
Pirttivuopio S 67 Gd15
Pišť CZ 137 Hb45
Pisa FIN 74 Jd19
Pisa I 155 Da65
Pisanec BG 180 Eb69
Pisanica PL 123 Ka31
Pisankoski FIN 83 Lb29
Pisany F 32 Fb47
Pisarovina HR 151 Ga59
Pisarovo BG 179 Da69
Pisarzowa PL 138 Jb45
Pisarzowice PL 128 Fd41
Piscărești MD 173 Fd55
Pischeldorf A 144 Fb56
Pischelsdorf A 143 Ec51
Pischelsdorf in der Steiermark A 144 Ga54
Pişchia RO 174 Bd60
Pisciotta I 161 Fd77
Pişcolt RO 170 Cb55
Piscu RO 177 Fa63
Pisculeț RO 179 Cc67
Piscu Mare RO 175 Db63
Piscu Vechi RO 179 Cc67
Písečné CZ 136 Fd48
Písek CZ 136 Fb47
Pishill GB 20 Fb28
Piski PL 123 Jd34
Piskokéfalo GR 201 Dd96
Piskorowice PL 139 Kb43
Piskorzyna PL 129 Gb40
Piskupat AL 182 Ad76
Pisogne I 149 Da58
Píso Livádi GR 196 Db90
Pisseloup F 31 Jc40
Píssia GR 189 Ca86
Pissignano I 156 Eb68
Pissiniemi S 68 Ja15
Pissodéri GR 182 Ba77
Pissónas GR 189 Cc85
Pissos F 39 Fb52
Pissouri CY 206 Ja98
Pisticci I 162 Gc76
Pisto FIN 75 La21
Pistoia I 155 Db64
Pistruieni MD 173 Fc56
Pisz PL 122 Jc32
Piszczac PL 131 Kc37
Pitäjänmäki FIN 82 Kb28
Pitälvbron S 72 Ha21
Pitämävaara FIN 83 Lc25
Pitcape GB 7 Ec08
Piteå S 73 Hd23
Piteå havsbad S 73 Hd23
Pitelino RUS 203 Fb10
Pitești RO 175 Dc64
Pithagório GR 197 Eb88
Píthio GR 183 Bc79
Píthio GR 185 Eb76
Pithiviers F 29 Gd39
Pitigliano I 156 Dd69
Pitillas E 39 Ed58
Pitítsa GR 188 Bb85
Pitiús GR 191 Dd85
Pitkäjärvi FIN 89 Jd38
Pitkäjärvi FIN 90 Ka35
Pitkäkoski FIN 82 Kd28
Pitkäkoski FIN 91 Lb37
Pitkälä FIN 91 Lc33
Pitkälahti FIN 90 La34
Pitkäluoto FIN 89 Ja38
Pitkämäki FIN 82 Kc27
Pitkäsenkylä FIN 81 Jc26
Pitlochry GB 7 Ea10
Pitmedden GB 5 Ed08
Pitomača HR 152 Gd58
Pitrags LV 105 Jc48
Pitres E 60 Dc76
Pitscottie GB 7 Ec12
Pittentrail GB 5 Ea06
Pitvaros H 146 Jc56
Piúgos E 36 Bc55
Pivašiūnai LT 114 Kd59
Pivka SLO 151 Fb59
Pivnice SRB 153 Ja59
Pivniceni MD 173 Fa54
Piwniczna-Zdrój PL 138 Jc46
Piyade TR 192 Fb82
Pizarra E 60 Cd76
Pižma RUS 203 Fc08
Pizzighettone I 149 Cd60
Pizzo I 164 Gb82
Pizzoferrato I 161 Fb71
Pizzolato I 166 Ea85
Pizzoli I 156 Ec70
Pizzolungo I 166 Ea84
Pjantbo S 95 Fd41
Pjasăčevo BG 185 Dd74
Pjasăčevo BG 185 Ea74
Pjatčino RUS 99 Ld40
Pjatidorožnoje RUS 113 Hd59
Pjatigorsk RUS 205 Ga17
Pjätteryd S 103 Fb52
P'jatychatky UA 204 Ed15
Pjelax FIN 89 Hd33
Pjenovac BIH 159 Hd64
Pjesker S 72 Ha23
Pjezgë AL 182 Ab74
Plaani EST 107 Lc47
Plabennec F 26 Dc38
Placios de la Sierra E 46 Dd59
Plačkovci BG 180 Dd71
Plaffeien CH 141 Bc55
Plage de Tahiti F 43 Kb55
Plagiá GR 183 Ca76
Plagiá GR 189 Ca81
Plaidt D 125 Ca42
Plăieștii de Jos RO 176 Eb60
Plăieștii de Sus RO 176 Eb60
Plaigne F 40 Gc55
Plaimpied-Givaudins F 29 Ha43
Plaisance F 33 Ga45
Plaisance F 40 Fd54
Plaisance F 41 Ha53
Plaisance-du-Toulouse F 40 Gb54
Plaisians F 42 Jc52
Plaissan F 41 Hc54
Pláka GR 184 Dc80
Pláka GR 195 Bd89
Pláka GR 195 Cd91
Plakanciems LV 106 Kb51
Plake MK 182 Ba75
Plakiás GR 200 Cc96
Plakotí GR 182 Ac80
Plakovo BG 180 Dd71
Plan E 40 Fd57
Plana BIH 159 Hc68
Planá CZ 135 Ec45
Plána GR 184 Cc79
Planá nad Lužnicí CZ 136 Fc47
Plancher-les-Mines F 31 Ka40
Planchez F 30 Hd42
Plancios I 143 Ea56
Plancoët F 26 Ec38
Plancy-l'Abbaye F 24 Hc37
Plan-d'Aups-Sainte-Baume F 42 Jd54
Plan-de-Baix F 35 Jc50
Plan-de-la-Tour F 43 Kb54
Plandište SRB 174 Bc62
Plan-du-Var F 43 Kc52
Planegg D 143 Dd51
Planeja KSV 178 Ba72
Plāņi LV 106 La48
Plánice CZ 135 Ed47
Planina SLO 144 Fa56
Planina SLO 151 Fb58
Planina SLO 151 Fc57
Planina pri Sevnici SLO 151 Fd58
Planinica SRB 179 Ca67
Planitéro GR 188 Bb86
Planjane HR 158 Gb65
Plankenfels D 135 Dd45
Plankstadt D 134 Cc46
Planoles E 41 Gd58
Planty F 30 Hc38
Plasencia E 45 Ca65
Plasenzuela E 51 Ca67
Plaški HR 151 Fd61
Plaškiai LT 113 Jc57
Plašnica MK 182 Ba74
Plášťovce SK 146 Hc50
Plassac F 32 Fb48
Plassen N 86 Ed37
Plăstina BG 180 Eb71
Plasy CZ 135 Ed45
Plat HR 159 Hc69
Plataci I 164 Gc78
Platamona Lido I 168 Bd74
Platamónas GR 183 Bd80
Platamónas GR 184 Da77
Platána GR 194 Bc88
Platanákia GR 183 Cb76
Plataniá GR 189 Cb83
Plataniá GR 194 Ba88
Platania I 164 Gb81
Platanias GR 200 Cb94
Platanias GR 200 Cd95
Platanissos CY 206 Jd95
Platanistós GR 195 Cd87
Plátanos GR 188 Bb83
Plátanos GR 189 Bd82
Plátanos GR 194 Ba87
Plátanos GR 194 Bc90
Plátanos GR 200 Ca94
Plătărești RO 176 Eb66
Plataria GR 182 Ac80
Plate D 119 Ea33
Plateau-d'Assy F 35 Kb46
Plateés GR 189 Ca86
Plateliai LT 113 Jc54
Platerów PL 131 Kb36
Platerówka PL 128 Fd41
Platí GR 182 Ba76
Platí GR 183 Bd77
Platí GR 185 Ea75
Platí GR 190 Db81
Platí GR 194 Ba88
Plati I 164 Gb83
Platiána GR 194 Ba87
Platičevo SRB 153 Jb61
Platíkambos GR 189 Bd81
Platischis I 150 Ed57
Platís Gialós GR 196 Da90
Platís Gialós GR 196 Db89
Platišino RUS 107 Ma49
Platja d'Aro E 49 Hc60
Platja d'en Bossa E 56 Gc69
Platja de Nules E 54 Fc66
Platone LV 106 Kb52
Plátsa GR 194 Bb90
Plattling D 135 Ec49
Plau D 119 Eb33
Plaudren F 27 Eb40
Plaue D 126 Dc42
Plauen D 135 Eb43
Plāupe LV 106 Kc50
Plauru RO 177 Fd63
Plav MNE 159 Jc69
Plava KSV 178 Ba72
Plavča HR 151 Fd61
Plave SLO 150 Ed58
Plaveč SK 138 Jc47
Plavecký Mikuláš SK 137 Gd49
Plavējai LT 115 Lb54
Pļaviņas LV 106 La51
Plavna SRB 153 Hd60
Plavna SRB 174 Ca66
Plavnica MNE 159 Ja70
Plavnica SK 138 Jc47
Plavno HR 158 Gb64
Plavno RUS 113 Jd59
Plavsk RUS 203 Fa11
Playa Bella E 60 Cc77
Playa Serena E 61 Ea76
Playing Place GB 18 Db32
Plažane SRB 174 Bc66
Płazów PL 139 Kc43
Płazowo PL 121 Ha33
Pleaux F 33 Gd49
Plech D 135 Dd46
Plédéliac F 26 Ec38
Pleine-Fougères F 28 Ed38
Pleinfeld D 134 Dc47
Pleiskirchen D 143 Eb50
Plélan-le-Grand F 27 Ec39
Plélan-le-Petit F 26 Ec38
Plémet F 27 Eb39
Plénée-Jugon F 26 Ec38
Pléneuf-Val-André F 26 Eb38
Plenița RO 175 Cc66
Plenoy F 31 Jc39
Plentzia E 38 Ea55
Plérin F 26 Eb38
Pleš SK 146 Ja50
Pleščanicy BY 202 Ea12
Pleşcuța RO 170 Cb59
Pleșeni MD 177 Fc60
Plešin SRB 178 Ba68
Plešivec SK 138 Jb49
Pleslin-Trigavou F 26 Ec38
Plesná CZ 135 Eb44
Pleśna PL 138 Jc44
Plessa D 128 Fa40
Plessala F 27 Eb39
Plessé F 28 Ed41
Plessío GR 182 Ac80
Plestin-les-Grèves F 26 Dd37
Pleszew PL 129 Ha38
Pleternica HR 152 Ha60
Plettenberg D 125 Cb40
Pleumartin F 29 Ga44
Pleurs F 24 Hc37
Pleven BG 180 Db69
Pleyben F 27 Dc39
Pleyber-Christ F 26 Dd38
Pleystein D 135 Eb46
Pliego E 55 Ed72
Plienciems LV 106 Ka50
Pliešovce SK 146 Hd50
Pliezhausen D 134 Cd49
Plikáti GR 182 Ad78
Plikiai LT 113 Jb55
Plikiai LV 114 Kb56
Plintini LV 105 Jc49
Pliska BG 181 Ed70
Plitra GR 195 Bd90
Plittersdorf D 133 Cb48
Plitvice HR 151 Ga62
Plitvička Jezera HR 151 Ga62
Plitvički Ljeskovac HR 151 Ga62
Pljevlja MNE 159 Ja66
Pljussa RUS 99 Mb44
Pljussa RUS 202 Ea09
Planë AL 163 Jb72
Ploaghe I 168 Ca75
Ploçë AL 182 Ab77
Ploče HR 158 Ha68
Plochingen D 134 Cd48
Pločica SRB 174 Bb64
Płocicz PL 121 Gd33
Płociczno PL 123 Ka30
Płock PL 130 Hd36
Ploemeur F 27 Dd40
Ploërdut F 27 Ea39
Ploërmel F 27 Ec40
Plœuc-sur-Lié F 26 Eb38
Ploiești RO 176 Ea64
Plokščiai LT 114 Ka57
Plomári GR 191 Ea84
Plombières-les-Bains F 31 Ka39
Plomeur F 27 Dc40
Plomin HR 151 Fb61
Plomion F 24 Hc33
Plomodiern F 27 Dc39
Plön D 118 Dc31
Plonéour-Lanvern F 27 Dc40
Plonévez-Porzay F 27 Dc39
Płoniawy-Bramura PL 122 Jb34
Płońsk PL 122 Ja35
Płońsko PL 120 Fd34
Plop MD 173 Fb54
Plop MD 173 Ga59
Plopana RO 172 Ed59
Plopeni RO 176 Ea64
Plopeni RO 181 Fb68
Plopi MD 173 Fd55
Plopi MD 177 Fb60
Plopi RO 175 Cc65
Plopii-Slăvitești RO 180 Db67
Plopiș RO 171 Cc56
Plopșoru RO 175 Cd64
Plopu RO 176 Eb64
Plosca RO 180 Dc67
Ploscoș RO 171 Da58
Ploski PL 123 Kb34
Płoskinia PL 122 Hd30
Ploskos' RUS 202 Eb10
Płośnica PL 122 Hd33
Plößberg D 135 Eb45
Ploștina RO 175 Cc64
Plothen D 127 Ea42
Plotitz D 127 Ed40
Płotno PL 120 Fd34
Płoty PL 120 Fd32
Plötzkau D 127 Ea39
Plouaret F 26 Dd37
Plouarzel F 26 Db38
Plouay F 27 Ea40
Ploubalay F 26 Ec38
Ploudalmézeau F 26 Db37
Plouégat-Moysan F 26 Dd37
Plouescat F 26 Dc37
Plouezoch F 26 Dd37
Plougasnou F 26 Dd37
Plougastel-Daoulas F 26 Dc38
Plougonvelin F 26 Db38
Plougonven F 26 Dd38
Plougonver F 26 Ea38
Plougrescant F 26 Ea37
Plouguenast F 27 Eb39
Plouguerneau F 26 Db37
Plouguernevel F 27 Ea39
Plouha F 26 Eb37
Plouharnel F 27 Ea41
Ploumanach F 26 Dd37
Plounéour-Menez F 26 Dd38
Plounéventer F 26 Dc38
Plounévez-du-Faou F 27 Dd39
Plounévez-Quintin F 26 Ea38
Plourac'h F 26 Dd38
Plouray F 27 Ea39
Plouvorn F 26 Dc37
Plouzané F 26 Db38
Plovdiv BG 180 Db73
Płowce PL 129 Hb36
Płowęż PL 122 Hc33
Plozévet F 27 Db39
Plūči LV 105 Jc51
Plugari RO 172 Ed56
Plugawice PL 129 Ha40
Plumbridge GB 9 Cc16
Plumelec F 27 Eb40
Pluméliau F 27 Ea40
Plumieux F 27 Eb39
Plumlov CZ 137 Gc46
Plumpton GB 11 Ec17
Plungė LT 113 Jc54
Pluszkiejmy PL 123 Jd30
Plutiškės LV 114 Kb58
Pluty PL 122 Ja30
Pluty PL 123 Ka33
Plutycze PL 123 Kb34
Pluviers F 33 Ga47
Pluvigner F 27 Ea40
Plužine BIH 159 Hc67
Plužine MNE 159 Hd67
Płużnica PL 121 Hb33
Plymouth GB 18 Dc31
Plympton GB 19 Dd31
Płytnica PL 121 Gc34
Plzeň CZ 135 Ed45
Pnevo RUS 99 Lc45
Pniewo PL 120 Fb34
Pniewo PL 120 Fd32
Pniewo PL 122 Jc35
Pniewo-Czeruchy PL 122 Ja34
Pniewy PL 129 Gb36
Pniewy PL 130 Jb38
Poarta Albă RO 181 Fc67
Pobeda BG 180 Db69
Pobeda BG 181 Fa69
Pobedino RUS 114 Ka58
Poberežje RUS 113 Ja59
Pobes E 38 Ea57
Poběžovice CZ 135 Ec46
Pobiedziska PL 129 Gc36
Pobierowo PL 120 Fc31
Pobikry PL 123 Ka35
Pobit Kamăk BG 180 Eb69
Población de Cerrato E 46 Da60
Pobladura de la Sierra E 37 Ca57
Pobladura del Valle E 37 Cb58
Pobladura de Pelayo García E 37 Cc58
Poblete E 52 Db69
Poboleda E 48 Ga62
Pobórka PL 121 Gc34
Poboru RO 175 Db65
Počátky CZ 136 Fd47
Poceirão P 50 Ab69
Počep RUS 202 Ed12
Pöchlarn A 144 Fd51
Pociems LV 106 Kc48
Pocinho P 45 Bc61
Počinok RUS 202 Ec12
Pocinovice CZ 135 Ed47
Počitelj BIH 158 Ha67
Pociumbeni MD 173 Fa55
Pociūnėliai LT 114 Kb55
Pockar FIN 90 Kd38
Pockau D 127 Ed42
Pöcking D 143 Dd51
Pocking D 143 Ed50
Pocklington GB 16 Fb20
Pöckstein Zwischenwässern A 144 Fb55
Poćkuny PL 123 Kb30
Pocol I 143 Ea56
Pocola RO 170 Cb58
Poços P 58 Ad72
Pocrovca MD 173 Fb53
Pocsaj H 147 Ka53
Počuta SRB 153 Jb63
Poczesna PL 130 Hc42
Podajva BG 181 Ec69
Podanin PL 121 Gc35
Podareš MK 183 Ca74
Podari RO 175 Cd66
Podbanské SK 138 Ja47
Podberez'e RUS 202 Eb09
Podberez'e RUS 202 Eb10
Podberezje RUS 107 Ma48
Podbořanský Rohozec CZ 135 Ed44
Podbořany CZ 135 Ed44
Podborov'e RUS 99 Lc45
Podborov'e RUS 107 Ma46
Podborov'e RUS 202 Ea10
Podborski Batinjani HR 152 Gd59
Podbožur MNE 159 Hd68
Podbrdo SLO 151 Fa57
Podbrezová SK 138 Hd48
Podčetrtek SLO 151 Ga57
Poddębice PL 130 Hc38
Poddor'e RUS 202 Eb10
Poddubje RUS 107 Ma46
Poděbrady CZ 136 Fd44
Podedwórze PL 131 Kc38
Podelzig D 128 Fb36
Podem BG 180 Db69
Podenii Noi RO 176 Eb64
Podersdorf am See A 145 Gb52
Podes E 37 Cb53
Podgajci Posavski HR 153 Hd61
Podgaje PL 121 Gc33
Podgora HR 158 Gd67
Podgora SLO 144 Fc56
Podgorač HR 152 Hb60
Podgorac SRB 178 Bd67
Podgoreni MD 173 Fd56
Podgorenskij RUS 203 Fb13
Podgori AL 182 Ad76
Podgorica MNE 159 Ja69
Podgorica SLO 151 Fb58
Podgorje SLO 144 Fc56
Podgórze PL 123 Jd34
Podgrab BIH 159 Hc65
Podgrad SLO 151 Fa60
Podgrade BIH 158 Ha65
Podgraj SLO 151 Fa58
Podhorod' SK 139 Kb48
Podhum BIH 158 Gd65
Podhum BIH 158 Hb65
Podhum MNE 159 Ja70
Podil UA 202 Ed14
Podivín CZ 137 Gc48
Podklasztorze PL 130 Ja40
Podkoren SLO 144 Fa56
Podkova BG 184 Dc76
Podkowa Leśna PL 130 Jb37
Podkrajewo PL 122 Ja34
Podkrepa BG 185 Dd74
Podkum SLO 151 Fc58
Podlapača HR 151 Ga63
Podlesnoje RUS 203 Fd11
Podłęż PL 130 Jc38
Podlipje RUS 107 Mb50
Podlipovo RUS 113 Jc59
Podljubelj SLO 151 Fb57
Podlože RUS 99 Mb45
Podmilačje BIH 152 Gd63
Podmogilje RUS 107 Ma47
Podmol MK 183 Bb75
Podmolje MK 182 Ba75
Podnanos SLO 151 Fa59
Podnovlje BIH 152 Hb61
Podoima MD 173 Fd55
Podoleš'e RUS 99 Lc43
Podoleš'e RUS 99 Ld43
Podolinec SK 138 Jb47
Podol Mali HR 151 Fb62
Podol'sk RUS 202 Ed10
Podoubowek PL 123 Ka30
Podpeč SLO 151 Fb58
Podplat SLO 151 Ga57
Podpreska SLO 151 Fc59
Podrašnica BIH 152 Gd63
Podravska Slatina HR 152 Ha59
Podromanija BIH 159 Hd65
Podróżna PL 121 Gc34
Podruse EST 98 La42
Podrute HR 152 Gb57
Podsevy RUS 107 Mb46
Podsnežnoe RUS 203 Fd11
Podsreda SLO 151 Ga58
Podstráni CZ 135 Ec44
Podsuchi RUS 107 Mb47
Podsused HR 151 Ga58
Podturen HR 145 Gc56
Podturn SLO 151 Fc59
Podu Iloaiei RO 173 Fa57
Podujevo KSV 178 Bb70
Poduri RO 172 Ec59
Podu Turcului RO 177 Fa60
Podvelež BIH 158 Hb67
Podvinje HR 152 Hb60
Podvis BG 181 Ec71
Podwilcze PL 120 Ga32
Poelkapelle B 21 Ha30
Poeni RO 176 Dd66
Poenița MD 173 Fb53
Poffabro I 150 Ec57
Pogăceaua RO 171 Db58
Pogana RO 177 Fa60
Pogănești MD 173 Fb59
Poganovci HR 153 Hc59
Pogányszentpéter H 152 Gd57
Pogar BIH 159 Hc64
Pogar RUS 202 Ed13
Poggendorf D 119 Ed31
Poggiardo I 163 Hc77
Poggibonsi I 155 Dc66
Poggio a Caiano I 155 Dc65
Poggio Imperiale I 161 Fd72
Poggio Mirteto I 156 Eb70
Poggio Moiano I 156 Eb70
Poggio Renatico I 150 Dd62
Poggio Rusco I 149 Dc61
Pöggstal A 144 Fd50
Pogno I 148 Ca58
Pogny F 24 Hd36
Pogoanele RO 176 Ed65
Pogódki PL 121 Ha31
Pogoniani GR 182 Ac79
Pogorzel PL 123 Jd30
Pogorzela PL 129 Gc38
Pogorzelice PL 121 Gd30
Pogradec AL 182 Ad76
Pograničnoje RUS 113 Hd59
Pograničnoje RUS 122 Jc30
Pogrodzie PL 122 Hc30
Pogubie-Średnie PL 122 Jc32
Pohja FIN 82 Kb29
Pohja FIN 90 Ka35
Pohja FIN 97 Jd40
Pohjajoki FIN 82 Kd25
Pohjajoki FIN 89 Ja35
Põhjaküla EST 98 Kb42
Pohja-Lankila FIN 91 Lc34
Pohjansaha FIN 89 Ja35
Pohjaranta FIN 89 Hd34
Pohjaslahti FIN 74 Kb19
Pohjaslahti FIN 89 Jd33
Pohjavaara FIN 82 La25
Pohjois-Haatala FIN 82 Kd29
Pohjois-Ii FIN 74 Ka22
Pohjoiskylä FIN 89 Ja32
Pohjoiskylä FIN 91 Lb32
Pohjoislahti FIN 89 Jc32
Pohjola FIN 90 Kc35
Pohjosjärvi FIN 90 Ka33
Pöhl D 135 Eb43
Pohlheim D 126 Cc42
Pohoarna MD 173 Fc55
Pohodli CZ 137 Gb45
Pohorela SK 138 Ja48
Pohořelice CZ 137 Gb48
Pohoří na Šumavě CZ 136 Fc49
Pohorniceni MD 173 Fd57
Pohorská Ves CZ 136 Fc49
Pohoskylä FIN 90 Kd33
Pohrebyšče UA 204 Eb15
Pohtola FIN 89 Jd35
Poian RO 176 Eb61
Poiana MD 173 Fd55
Poiana RO 171 Da59
Poiana RO 176 Ea65
Poiana Blenchii RO 171 Da56
Poiana Câmpina RO 176 Ea64
Poiana Cristei RO 176 Ed62
Poiana Lacului RO 175 Dc65
Poiana Largului RO 172 Eb57
Poiana Mare RO 179 Cc67
Poiana Mărului RO 174 Cb62
Poiana Mărului RO 176 Dd62
Poiana Sărată RO 176 Ec60
Poiana Sibiului RO 175 Da61
Poiana Stampei RO 172 Dd56
Poiana Teiului RO 172 Eb57
Poiana Vadului RO 171 Cc59
Poibrene BG 179 Cd72
Põide EST 97 Jd45
Poienari RO 172 Ed58
Poienarii Burchil RO 176 Ea65
Poienarii de Argeș RO 175 Db64
Poienarii de Muscel RO 175 Dc63
Poienești RO 173 Fa59
Poieni RO 171 Cc57
Poienile de Sub Munte RO 171 Dc55
Poienile Izei RO 171 Db55
Poigny-la-Forêt F 23 Gc37
Poijula FIN 75 Kc22
Poikajärvi FIN 74 Jd18
Poikelus FIN 89 Jd34
Poikkijärvi S 67 Hb15
Poikko FIN 97 Jb39
Poikmetsä FIN 90 Kb37
Põikva EST 98 Kc44
Poillé-sur-Vègre F 28 Fc40
Poilley F 28 Fa38
Poirino I 148 Bd61
Poisieux F 29 Gd43
Poisson F 34 Hd45
Poissons F 30 Jb38
Poissy F 23 Gd36
Poisvilliers F 29 Gb38
Poitiers F 28 Fd44
Poitschach A 144 Fa55
Poix-de-Picardie F 23 Gc34
Poix-Terron F 24 Ja34
Pojan AL 182 Aa76
Pojan AL 182 Ad77
Pojanluoma FIN 89 Jb32
Pojăreni MD 173 Fc58
Pojatno HR 151 Ga58

Poyaz - Putlitz

Poyaz TR 186 Fd77
Pöylä FIN 97 Jc39
Poynton GB 16 Ed22
Poyntz Pass GB 9 Cd18
Poyols F 35 Jc50
Poyra TR 193 Gb81
Poyralı TR 185 Ed75
Poyraz TR 192 Fa85
Poyrazcık TR 191 Ec84
Poyrazdamları TR 192 Fa85
Poyrazlı TR 185 Ed79
Pöyry FIN 90 Kd34
Poysdorf A 137 Gc49
Pöytiö FIN 97 Jd39
Pöytyä FIN 89 Jc38
Poza de la Sal E 38 Dd57
Pozal de Gallinas E 46 Cd61
Požarevac SRB 174 Bc64
Požarnica BIH 153 Hd63
Pozdeň CZ 136 Fa44
Pozdišovce SK 139 Ka48
Pozedrze PL 122 Jc30
Požega HR 152 Ha60
Požega SRB 159 Jb65
Požeranje KSV 178 Bb72
Požerė LT 113 Jd55
Pozières F 23 Ha33
Poznań PL 129 Gc37
Pozo Alcón E 61 Dd73
Pozoantiguo E 45 Cc60
Pozoblanco E 52 Cd71
Pozo-Cañada E 53 Ec70
Pozo de Guadalajara E 46 Dd64
Pozo de la Serna E 53 Dd70
Pozohondo E 53 Ec70
Pozo-Lorente E 54 Ed69
Pozondón E 47 Ed64
Pozořice CZ 137 Gc47
Pozorrubio E 53 Dd66
Poźrzadło Wielkie PL 120 Ga33
Pozuelo E 53 Eb70
Pozuelo de Alarcón E 46 Db64
Pozuelo de Aragón E 47 Ed60
Pozuelo de Calatrava E 52 Db69
Pozuelo del Páramo E 37 Cb58
Pozuelo de Zarzón E 45 Bd65
Pozza I 149 Db62
Pozza di Fassa I 143 Dd56
Pozzallo I 167 Fc88
Pozzillo I 167 Fd85
Pozzomaggiore I 168 Bd76
Pozzo San Nicola I 168 Bd74
Pozzuoli I 161 Fa75
Pozzuolo I 156 Dd67
Praag = Praha CZ 136 Fb44
Praaga EST 99 Lc45
Prabuty PL 122 Hc32
Prača BIH 159 Hd65
Prachatice CZ 136 Fa48
Prackenbach D 135 Ec48
Pračno HR 152 Gb60
Prada E 37 Bd57
Prádanos de Ojeda E 38 Db57
Pradelles F 34 Hd50
Pradelles-Cabardès F 41 Ha55
Prádena E 46 Dc62
Prades E 48 Gb62
Prades F 41 Ha57
Pradła PL 130 Hd42
Pradleves I 148 Bb62
Prado E 36 Ba56
Prado E 36 Ad57
Prado E 37 Cd54
Prado E 45 Cc59
Prado P 44 Ad59
Prado del Rey E 59 Ca76
Pradoluengo E 38 Dd58
Prads F 43 Kb51
Præstbro DK 101 Dd20
Præsteskov DK 109 Ec27
Præstø DK 109 Eb27
Prag = Praha CZ 136 Fb44
Pragelato I 148 Bb60
Prags I 143 Ea55
Praha CZ 136 Fb44
Prahecq F 32 Fc45
Prahovo SRB 174 Cb66
Praia a Mare I 164 Ga78
Praia da Areia Branca P 50 Aa67
Praia da Barra P 44 Ac62
Praia da Rocha P 58 Ab74
Praia das Maçãs P 50 Aa68
Praia da Tocha P 44 Ac63
Praia da Vagueira P 44 Ac63
Praia da Vieira P 44 Ab65
Praia de Esmoriz P 44 Ac61
Praia de Mira P 44 Ac63
Praia de Ofir P 44 Ac60
Praia de Quiaios P 44 Ab64
Praia de Santa Cruz P 50 Aa67
Praiano I 161 Fb76
Praid RO 172 Dd59
Prăjeni RO 172 Ed56
Prakovce SK 138 Jc48
Pralea RO 176 Ec61
Pralognan F 35 Kb47
Pralormo I 148 Bd61
Pra-Loup F 43 Kb51
Pram A 144 Fa50
Prámanda GR 188 Ba81
Prameny CZ 135 Ec44
Pramet A 143 Ed51
Pramort D 119 Ed30
Pramouton F 35 Kb50
Praniūnai LT 114 Kc59
Pranjani SRB 159 Jc64
Prapatnica HR 158 Gb66
Prapymas LT 113 Jc55
Prasés GR 200 Cb95
Prašice SK 137 Hb49
Prasiés GR 200 Cd95
Praslay F 30 Jb40
Praslovo RUS 122 Jc30
Prässebo S 102 Ec47
Prássino GR 194 Bb87
Prastavoniai LV 114 Kb55
Prastio CY 206 Ja98
Prastio CY 206 Jc96
Prästkulla FIN 97 Jd40
Prästö FIN 96 Hc40
Praszka PL 129 Hb41
Prat F 40 Gb56
Prata Sannita I 161 Fa73
Pratau D 127 Ec38
Prat-de-Chest F 41 Hb55
Prat de Comte E 48 Fd63
Pratella I 161 Fa73
Prati di Tivo I 156 Ed69
Prato CH 141 Cb56
Prato I 155 Dc65
Prato all'Isarco I 143 Dd56
Prato di Resia I 150 Ed57
Pratola Peligna I 161 Fa71
Pratola Serra I 161 Fc74
Prato Nevoso I 148 Bd63
Pratorotondo I 148 Bb62
Prats de Lluçanès E 49 Gd59
Prats-de-Mollo-la-Preste F 41 Ha58
Prats-du-Périgord F 33 Gb51
Pratteln CH 141 Bd52
Prauliena LV 107 Lb50
Pravda BG 181 Ec68
Pravdino RUS 113 Jd58
Pravdinsk RUS 113 Jb59
Pravec BG 179 Cd71
Praves E 38 Dc54
Pravia E 37 Cb54
Pravieniškės LT 114 Kc57
Praviņi LV 106 Ka51
Pravište BG 180 Db73
Prayssac F 33 Gb51
Prayssas F 40 Ga52
Praz I 148 Bc58
Praze-an-Beeble GB 18 Da32
Praznice HR 158 Gc67
Prazzo I 148 Bb62
Prčanj MNE 159 Hd69
Préaux F 23 Gb35
Prebitz D 135 Ea45
Prebold SLO 151 Fd57
Přebuz CZ 135 Ec43
Prečec HR 152 Gb59
Préchac F 40 Fc52
Preci I 156 Ec68
Précigné F 28 Fc40
Prečistoe RUS 202 Ec11
Prečistoe RUS 203 Fa08
Précy-sous-Thil F 30 Hd41
Précy-sur-Oise F 23 Gd35
Predajane SRB 178 Bd70
Predappio I 156 Ea64
Predazzo I 150 Dd57
Predeal RO 176 Ea62
Predeal-Sărari RO 176 Eb64
Predești RO 175 Cd66
Predești RO 175 Db64
Preding A 144 Fd55
Predjama SLO 151 Fa59
Predlitz A 144 Fa54
Predmeja SLO 151 Fa58
Predosa I 148 Cb61
Predošćica HR 151 Fb61
Pré-en-Pail F 28 Fc38
Prees GB 15 Ec23
Preetz D 118 Dc30
Préfailles F 27 Ec42
Prefontaines F 29 Ha39
Pregarten A 144 Fb50
Pregrada HR 151 Ga57
Preiļi LV 107 Lc52
Preitenegg A 144 Fc55
Preiviiki FIN 89 Ja36
Préjano E 47 Eb59
Prejłowo PL 122 Ja32
Prejmer RO 176 Ea62
Prekaja BIH 158 Gc64
Preko HR 157 Fd64
Prekopčelica SRB 178 Bc70
Prélenfrey F 35 Jd49
Preljina SRB 159 Jc64
Prelog HR 152 Gc57
Prelošćica HR 152 Gb60
Přelouč CZ 136 Fd45
Prem SLO 151 Fb59
Premana I 149 Cd57
Premantura HR 151 Fa62
Premeno I 148 Cb57
Prémery F 30 Hb42
Premià de Mar E 49 Ha61
Premilcuore I 156 Dd64
Premnitz D 127 Eb36
Prémont F 24 Hb33
Premuda HR 151 Fb63
Prenčov SK 146 Hc50
Prendeignes F 33 Gd50
Prendwick GB 11 Ed15
Prenika MK 182 Ba74
Prénouvellon F 29 Gc40
Prenzlau D 120 Fa34
Prepelița MD 173 Fc56
Přerov CZ 137 Gd46
Prerow D 119 Ec30
Pré-Saint-Didier I 148 Bb58
Prescot GB 15 Eb21
Presedo E 36 Ba54
Preseľany SK 145 Hb50
Preselec BG 180 Eb70
Preselenci BG 181 Fb69
Presencio E 38 Dc58
Preševo KSV 178 Bc72
Preshkëp AL 182 Aa77
Presicce I 165 Hc78
Presjaka MNE 159 Hd68
Presly F 29 Gd42
Prešov SK 139 Jd47
Pressac F 33 Ga46
Pressath D 135 Ea45
Pressbaum A 144 Ga51
Preßburg = Bratislava SK 145 Gd51
Presseck D 135 Ea44
Pressgutz A 144 Ga54
Pressig D 135 Dd43
Prestatyn GB 15 Ea22
Prestbakken N 67 Gc12
Presteid N 66 Fd15
Presteigne GB 15 Eb25
Prestelvbakken N 64 Jd06
Prestesætra N 78 Ed27
Prestfoss N 93 Dc41
Přeštice CZ 135 Ed46
Preston GB 15 Ec20
Preston GB 19 Ec31
Preston GB 21 Gb29
Preston Capes GB 20 Fa26
Prestranek SLO 151 Fb59
Prestwick GB 10 Dd14
Prestwood GB 20 Fb27
Pretoro I 157 Fa70
Prettin D 127 Ec39
Pretzfeld D 135 Dd45
Pretzsch D 127 Ec39
Preuilly-sur-Claise F 29 Ga43
Preußisch Oldendorf D 117 Cc36
Preutești RO 172 Ec56
Prevala BG 179 Cb68
Prevalje SLO 144 Fc56
Prevediños E 36 Ba55
Prévenchères F 34 Hd51
Préveranges F 33 Gd45
Préveza GR 188 Ac82
Prey F 23 Gb36
Prezë AL 182 Ab74
Prezëe Madhe AL 182 Ab75
Prez-v.-N. CH 141 Bc54
Prhovo SRB 153 Jb61
Priaranza del Bierzo E 37 Bd57
Priatu I 168 Cb74
Pribelja BIH 158 Gd64
Pribeta SK 145 Hb51
Pribinić BIH 152 Ha62
Priboieni RO 175 Dc64
Priboj BIH 153 Hd62
Priboj SRB 178 Bd71
Pribojska Goleša SRB 159 Ja66
Příbor CZ 137 Ha46
Pribovce SK 138 Hc48
Příbram CZ 136 Fa46
Pribrežnoje RUS 113 Ja59
Pribude HR 158 Gd65
Pribylina SK 138 Ja47
Přibyslav CZ 136 Ga46
Pričaly RUS 113 Jb57
Priceaca RO 175 Db65
Pri Cerkvi Strugah SLO 151 Fc59
Pričević SRB 153 Jb63
Prichsenstadt D 134 Db45
Pridnieki LV 105 Jc50
Pridvorci BIH 158 Hb67
Pridvorica SRB 174 Bb65
Pridvorje HR 159 Hc69
Priedaļne LV 106 Kb50
Priego E 47 Eb64
Priego de Córdoba E 60 Da74
Priekulė LT 113 Jb56
Priekule LV 113 Jb53
Priekuļi LV 106 Kd49
Prien D 143 Eb52
Prienai LT 114 Kc58
Priescas E 37 Cd55
Priesendorf D 134 Dc45
Prievidza SK 138 Hc48
Prignano Cilento I 161 Fd76
Prigor RO 174 Ca64
Prigoria RO 175 Da63
Prigorica SLO 151 Fc59
Prigradica HR 158 Gc68
Priipalu EST 106 La46
Prijeboj HR 151 Ga62
Prijedor BIH 152 Gc61
Prijepolje SRB 159 Jb66
Prijutnoe RUS 205 Ga15
Prikra SK 139 Ka46
Prikraj HR 152 Gb58
Prikula BIH 158 Gd65
Prikuļi LV 107 Lc52
Prilep BG 181 Ec71
Prilep MK 183 Bb75
Prilike SRB 178 Ad67
Prima Porta I 160 Eb71
Přimda CZ 135 Ec46
Primel-Trégastel F 26 Dd37
Primolano I 150 Dd58
Primorje RUS 113 Hd58
Primorsk RUS 113 Hd58
Primorsk RUS 202 Ea08
Primorsk RUS 203 Fd13
Primorsko BG 181 Fa73
Primorsko- Ahtarsk RUS 205 Fc16
Primorskoje Novoje RUS 113 Hd59
Primošten HR 157 Ga66
Primstal D 133 Bd45
Princetown GB 19 Dd31
Principina a Mare I 155 Db69
Prinos GR 184 Da78
Prinos GR 188 Bb81
Priodrožnoje RUS 113 Jc58
Prioiro E 36 Ba53
Priólithos GR 188 Bb86
Priolo I 167 Fb87
Priolo Gargallo I 167 Fd87
Prioro E 37 Cd56
Priozer'e RUS 113 Jc57
Pripiceni-Răzeși MD 173 Fd56
Priponești RO 177 Fa61
Prisad BG 181 Ed73
Prisad MK 183 Bc75
Prisches F 24 Hc32
Prisdorf D 118 Db32
Priselci BG 181 Fa71
Prisjan SRB 179 Ca70
Prisoja MNE 159 Jb68
Prisoje BIH 158 Gd65
Prissac F 29 Gb44
Pristeg HR 157 Ga65
Priština KSV 178 Bb71
Pristoe BG 181 Ed69
Prittitz D 127 Ea41
Prittriching D 142 Dc50
Pritzerbe D 127 Ec36
Pritzier D 119 Dd33
Pritzwalk D 119 Eb34
Privas F 34 Ja50
Priverno I 160 Ec73
Privlaka HR 153 Hd60
Privlaka HR 157 Fd64
Privol'noe RUS 113 Jc58
Privolžsk RUS 203 Fa09
Privuž RUS 99 Ld44
Prižba HR 158 Gc68
Priziac F 27 Ea39
Prizna HR 151 Fc63
Prizren KSV 178 Ba72
Prizzi I 166 Ec85
Prjamicyno RUS 203 Fa13
Prkosi BIH 152 Gb63
Prnjavor BIH 152 Ha62
Prnjavor SRB 153 Ja62
Proaza E 37 Cb55
Probota RO 172 Ec56
Probota RO 173 Fa57
Probsteierhagen D 118 Dc30
Probstzella D 135 Dd43
Probuda BG 181 Ec70
Probus GB 18 Db32
Procchio I 155 Da68
Prochnowo PL 121 Gc35
Prochod BG 181 Ec73
Prochowice PL 129 Gb40
Procida I 161 Fa75
Prodan AL 182 Ad78
Prodănești MD 173 Fc55
Prodo I 156 Ea68
Prodromi CY 206 Hd97
Prodromos CY 206 Ja97
Pródromos GR 188 Ad84
Pródromos GR 189 Ca85
Produlești RO 176 Dd65
Proença-a-Nova P 44 Ba65
Proença-a-Velha P 44 Bb65
Profesor Išírkovo BG 181 Ed68
Profítis GR 183 Cb78
Profítis Ilías GR 200 Da96
Progër AL 182 Ba77
Progresu RO 176 Eb66
Prohladnoe RUS 113 Jb57
Prohn D 119 Ed30
Próhoma GR 183 Ca77
Prohor Pćinski SRB 178 Bd72
Prokópi GR 189 Cb84
Prokuplje SRB 178 Bc69
Prolaz BG 180 Eb70
Proletarij RUS 202 Eb09
Proletarsk RUS 205 Fd15
Prolog HR 158 Ha67
Prolom SRB 178 Bc69
Prómahi GR 183 Bc76
Promahónas GR 184 Cc75
Promiri GR 189 Cb82
Promna PL 130 Jb38
Promnik PL 130 Jb41
Proniewicze PL 123 Kb34
Pronin RUS 203 Fc14
Pronsfeld D 133 Bc43
Pronstorf D 118 Dc31
Propriano F 154 Ca71
Proseč CZ 137 Gb45
Prosek AL 163 Jc71
Prösen D 128 Fa40
Prosenik BG 181 Ed72
Prosenjakovci SLO 145 Gb55
Prosienica PL 123 Jd34
Prosiměřice CZ 137 Gb48
Prosjek BIH 159 Ja65
Prosperous IRL 13 Cc21
Prossedi I 160 Ec73
Prosselsheim D 134 Db45
Prossotsáni GR 184 Cd76
Prostějov CZ 137 Gc46
Prostki PL 123 Ka32
Prostorno BG 180 Eb69
Prószków PL 137 Ha43
Proszowice PL 138 Jb44
Proszówki PL 138 Jb44
Próti GR 184 Cd77
Protići BIH 152 Gd63
Protivanov CZ 137 Gc46
Protivín CZ 136 Fb47
Protokklísi GR 185 Ea76
Prottes A 145 Gc50
Prötzel D 128 Fa36
Proussós GR 188 Bb83
Provadija BG 181 Ed70
Provadura E 36 Bb56
Provåker S 80 Ha28
Provatás GR 184 Cc76
Provató GR 185 Ea77
Provenchères F 31 Kb38
Provins F 30 Hb38
Proviştip MK 178 Bd73
Provița de Sus RO 176 Ea64
Provo SRB 153 Jb62
Prozor HR 151 Fd62
Prozor = Rama BIH 158 Ha65
Prožura HR 158 Ha69
Prrenjas AL 182 Ad76
Pruchnik PL 139 Kb44
Prudentov RUS 203 Ga13
Prudhoe GB 11 Ed16
Prudnik PL 137 Gd43
Prudy RUS 113 Ja58
Prudziszki PL 123 Ka30
Prügy H 147 Jd50
Prüm D 133 Bc43
Pruna E 59 Cb75
Prundeni RO 175 Db65
Prundu RO 180 Eb67
Prundu Bârgăului RO 171 Dc57
Prunelli di Fiumorbo F 154 Cb70
Prunete F 154 Cc70
Prunetta I 155 Db64
Pruniers-en-Sologne F 29 Gc42
Prunișor RO 175 Cc65
Prunkila FIN 97 Jc39
Prusac BIH 158 Ha64
Prusak PL 129 Hb40
Pruśce PL 121 Gc35
Prūseliai LT 114 Kd54
Prusice PL 129 Gc40
Prūšīši LV 107 Lb50
Pruské SK 137 Hb48
Pruszcz PL 121 Gd33
Pruszcz PL 121 Ha33
Pruszcz Gdański PL 121 Hb30
Pruszków PL 130 Jb37
Pruszyn PL 131 Ka37
Pruteni MD 173 Fa56
Pružany BY 202 Dd13
Pružicy RUS 99 Ma41
Pružina SK 137 Hb48
Pryazovs'ke UA 205 Fa16
Pryłęk PL 139 Jd43
Pryluky UA 202 Ed14
Prymors'k UA 205 Fb16
Przasnysz PL 122 Jb34
Przebród PL 123 Ka30
Przechlewo PL 121 Gc32
Przechów PL 137 Gd43
Przeciszów PL 138 Hd44
Przecław PL 120 Fb33
Przecław PL 139 Jd43
Przecławice PL 129 Gc41
Przeczów PL 129 Gd41
Przedbórz PL 130 Ja41
Przedbórz PL 139 Jd43
Przedecz PL 130 Hc37
Przedświt PL 122 Jc35
Przegędza PL 137 Hb44
Przekolno PL 120 Fd34
Przełęk PL 137 Gd43
Przelewice PL 120 Fc34
Przemęt PL 129 Gb38
Przemiarowo PL 122 Jb35
Przemków PL 128 Ga40
Przemocze PL 120 Fc33
Przemyśl PL 139 Kb44
Przerośl PL 123 Ka30
Przerzeczyn-Zdrój PL 129 Gc42
Przesmyki PL 131 Ka36
Przewłoka PL 121 Gc29
Przewłoka PL 131 Kb38
Przeworno PL 129 Gc42
Przeworsk PL 139 Kb44
Przewóz PL 128 Fc40
Przewóz PL 129 Hb36
Przewrotne PL 139 Ka43
Przezmark PL 122 Hc31
Przine Zdralovac BIH 158 Gc64
Przodkowo PL 121 Ha30
Przybiernów PL 120 Fc32
Przyborowice PL 130 Ja36
Przybychowo PL 121 Gb35
Przybysławice PL 131 Ka39
Przydonica PL 138 Jc45
Przygodzice PL 129 Ha39
Przyjezierze PL 129 Ha36
Przykona PL 129 Hb38
Przyłęg PL 120 Fd35
Przyłęki PL 121 Ha34
Przylep PL 128 Fd38
Przyłubie PL 121 Ha34
Przyrów PL 130 Hd42
Przystajń PL 129 Hb41
Przystawka PL 123 Kb32
Przystawy PL 121 Gb30
Przysucha PL 130 Jb40
Przyszów PL 131 Ka42
Przytoczna PL 128 Ga36
Przytoczno PL 131 Ka38
Przytyk PL 130 Jb39
Przywidz PL 121 Ha30
Przywory PL 137 Ha43
Przywóz PL 129 Hb41
Psača MK 178 Bd73
Psahná GR 189 Cb84
Psará GR 190 Dc85
Psarádes GR 182 Ba76
Psári GR 189 Bc86
Psary PL 130 Hc42
Psáthi GR 195 Cd90
Psáthi GR 196 Db91
Psebaj RUS 205 Fd17
Psérimos GR 197 Ec91
Psihikó GR 184 Cc77
Psinthos GR 197 Fa93
Pskov RUS 107 Ma46
Pskov RUS 202 Ea10
Pskovskoje RUS 113 Jd59
Pšovlky CZ 136 Fa44
Pstrągowa PL 139 Jd44
Pszczew PL 128 Ga36
Pszczółki PL 121 Hb31
Pszczyna PL 138 Hc44
Pszów PL 137 Hb44
Pteléa GR 184 Da76
Pteleós GR 189 Ca83
Pteriá GR 182 Ba77
Ptolemaída GR 183 Bb78
Ptuj SLO 151 Ga57
Ptujska Gora SLO 151 Ga57
Pūces LV 105 Jd51
Pučež RUS 203 Fb09
Puchaczów PL 131 Kb39
Puchały Stare PL 123 Kb35
Püchau D 127 Ec40
Puchberg am Schneeberg A 144 Ga52
Pucheni RO 176 Dd63
Pucherii Mari RO 176 Eb65
Püchersreuth D 135 Eb45
Puchheim A 144 Fa51
Puchheim D 143 Dd51
Púchov SK 137 Hb47
Pucioasa RO 176 Dd64
Pučišća HR 158 Gc67
Puck PL 121 Ha29
Puckakaun IRL 13 Ca22
Puçol E 54 Fc67
Puczniew PL 130 Hc38
Pudas FIN 69 Ka14
Pudas S 73 Jb19
Pudasjärvi FIN 75 Kc22
Puddletown GB 19 Ec30
Puderbach D 125 Ca42
Pudinava LV 107 Lc50
Pudob SLO 151 Fb59
Pudost' RUS 99 Mb40
Puebla de Albortón E 47 Fa61
Puebla de Alcocer E 52 Cc69
Puebla de Alfindén E 48 Fb61
Puebla de Almenara E 53 Ea66
Puebla de Brollón E 36 Bc57
Puebla de Don Fadrique E 61 Ea72
Puebla de Don Rodrigo E 52 Cd68
Puebla de Guzmán E 59 Bb73
Puebla de la Calzada E 51 Bc69
Puebla de la Reina E 51 Ca69
Puebla de la Sierra E 46 Dc62
Puebla de Lillo E 37 Cd56
Puebla del Maestre E 51 Ca71
Puebla del Príncipe E 53 Dd70
Puebla del Prior E 51 Bd70
Puebla del Salvador E 53 Ec67
Puebla de Obando E 51 Bc68
Puebla de Sanabria E 37 Bd58
Puebla de Sancho Pérez E 51 Bd70
Puebla de San Julián (Láncara) E 36 Bc56
Puebla de San Miguel E 54 Fa66
Puebla de Trives E 36 Bc57
Puebla de Vallés E 46 Dd63
Puente Almuhey E 37 Cd56
Puente Arce E 38 Dc54
Puente de Domingo Flórez E 37 Bd57
Puente de Génave E 53 Ea71
Puente de los Fierros E 37 Cc55
Puente de Montañana E 48 Ga59
Puente de Sanabria E 37 Bd58
Puente de San Martín E 37 Cb54
Puente de Vadillos E 47 Eb64
Puentedey E 38 Dc56
Puentedura E 46 Dc59
Puente-Genil E 60 Cd74
Puente la Reina E 39 Ec57
Puente la Reina de Jaca E 39 Fb58
Puentelarrá E 38 Ea57
Puentenansa (Rionansa) E 38 Db55
Puente Pumar E 38 Db55
Puente Viesgo E 38 Dc55
Puertas E 45 Ca62
Puerto de Conil E 59 Bd77
Puerto de Mazarrón E 55 Ed74
Puerto de Santa Cruz E 51 Ca67
Puerto de San Vicente E 52 Cc67
Puerto de Vega E 37 Ca53
Puerto Hurraco E 51 Cb70
Puerto-Lápice E 52 Dc68
Puertollano E 52 Da70
Puerto Lumbreras E 61 Ec74
Puertomingalvo E 54 Fb65
Puerto Real E 59 Bd76
Puerto Rey E 52 Cc67
Puerto Seguro E 45 Bd62
Puerto Serrano E 59 Cb75
Pueyo de Fañanás E 48 Fc59
Pufești RO 176 Ed61
Pugačev RUS 203 Ga11
Pugačevo RUS 113 Jd59
Puget-Théniers F 43 Kc52
Puget-Ville F 42 Ka54
Pugieu F 35 Jc46
Pugnac F 32 Fb49
Pugnochiuso I 162 Gb72
Puhăceni MD 173 Ga56
Puhar-Onkimaa FIN 90 Kc38
Puhja EST 98 La45
Puhoi MD 173 Fd58
Puhos FIN 75 Kd22
Puhos FIN 91 Ld32
Puhovac BIH 158 Hb64
Puhtaleiva EST 99 Lb45
Pui RO 175 Cc62
Puianello I 149 Db62
Puiatu EST 98 Kd45
Puicheric F 41 Ha55
Puiești RO 176 Ed63
Puiești RO 177 Fa60
Puig E 54 Fc67
Puigcerdà E 41 Gd58
Puigpunyent E 57 Hb67
Puig-reig E 49 Gd59
Puijas LV 105 Jd52
Puikule LV 106 Kc48
Puise EST 98 Ka44
Puiseaux F 29 Gd39
Puissalicon F 41 Hc54
Puisserguier F 41 Hb55
Puivert F 41 Gd56
Puka EST 106 La46
Pukalaidun FIN 89 Jc37
Pukanec SK 146 Hc50
Pukara FIN 89 Jc34
Pukara FIN 89 Jc35
Pukaro FIN 90 Kd38
Pukavik S 111 Fc54
Pukë AL 163 Jb71
Pukiš BIH 153 Hd62
Pukkila FIN 90 Kc38
Pula HR 151 Fa62
Pula I 169 Ca80
Pulaj AL 163 Ja71
Puławy PL 131 Jd39
Pulborough GB 20 Fc30
Pulfero I 150 Ed57
Pulgar E 52 Da67
Pulham Market GB 21 Gb25
Pulheim D 125 Bd40
Puliciano I 156 Dd66
Pulju FIN 68 Jc13
Pulkarne LV 106 Kb51
Pulkau A 136 Ga49
Pulkkala FIN 97 Jd40
Pulkkavita FIN 69 Kd16
Pulkkila FIN 82 Kb26
Pulkkila FIN 90 Kc36
Pulkkinen FIN 81 Jc29
Pulkonkoski FIN 82 Kd29
Pulkovo RUS 99 Mb39
Pullach D 143 Dd51
Pullar TR 192 Ga83
Pullenreuth D 135 Eb45
Pullenried D 135 Eb46
Pulpí E 61 Ec74
Pulsa FIN 91 Lb36
Pulsano I 162 Ha76
Pulsen D 127 Ed40
Pulsnitz D 128 Fa41
Pulsujärvi S 67 Hb13
Pułtusk PL 122 Jb35
Pülümür TR 205 Ga20
Pulversheim F 31 Kb39
Pumpėnai LT 114 Kc54
Pumpula FIN 91 Lb36
Pumsaint GB 15 Dd26
Puņas LV 105 Jc49
Punat HR 151 Fc61
Puncești RO 173 Fa59
Pundrovka RUS 107 Mb49
Pundsvika N 66 Ga13
Punduri RUS 107 Ld49
Punghina RO 175 Cc66
Pungsetrene N 85 Dd35
Punia LT 114 Kc59
Punkaharju FIN 91 Ld33
Punsk PL 123 Kb30
Punta Ala I 155 Db68
Punta di San Vigilio I 149 Db59
Punta Križa HR 151 Fb62
Punta Marina I 150 Ea63
Punta Prima E 57 Jb66
Puntari FIN 90 Ka35
Punta Sabbioni I 150 Eb60
Punta Secca I 167 Fb88
Punta skala HR 157 Fd64
Punta Umbría E 59 Bb74
Puoddopohki FIN 64 Jd08
Puokio FIN 75 Kc24
Puolakkavaara FIN 69 Ka15
Puolanka FIN 75 Kd23
Puoltikasvaara S 68 Hc16
Puoltsa S 67 Ha15
Puottaure S 73 Hb20
Pupāji LV 107 Lc52
Pupnat HR 158 Gd68
Purači BIH 152 Ha61
Puračić BIH 153 Hc63
Puralankylä FIN 82 Ka30
Purani RO 180 Dd67
Puraperä FIN 82 Ka28
Puras FIN 75 Lb23
Purchena E 61 Eb74
Purda PL 122 Ja32
Purdoški RUS 203 Fc10
Pūre LV 105 Jd50
Purgatorio I 166 Eb84
Purila EST 98 Kb43
Purini LV 106 Kb52
Puriton GB 19 Eb29
Purkersdorf A 145 Gb51
Purkjaur S 72 Ha19
Pürksi EST 98 Ka44
Purmerend NL 116 Ba35
Purmo FIN 81 Jb29
Purmojärvi FIN 81 Jc30
Purmsati LV 113 Jb53
Purnu S 73 Hc18
Purnumukka FIN 69 Ka13
Purnuvaara FIN 75 Kd20
Purnuvaara S 68 Hc17
Purola Svartbäck FIN 90 La38
Puromäki FIN 83 Lc31
Puronkylä FIN 82 Kc30
Purontaka FIN 81 Jd28
Puroranta FIN 82 Kc25
Pürsünler TR 192 Fb83
Purtovaara FIN 83 Ma31
Purtse EST 99 Lb42
Purunpää FIN 97 Jb41
Purvėnai LT 114 La59
Purveniai LT 113 Jd53
Purviniškė LV 114 Kb58
Puryševo RUS 107 Mb50
Puša LV 107 Ld52
Pusaankylä FIN 89 Jd32
Pušalotas LT 114 Kc54
Puškarevo RUS 113 Jb59
Puski EST 97 Jc44
Puškino RUS 203 Ga12
Puškinskie Gory RUS 107 Mb49
Puškinskie Gory RUS 202 Ea10
Pušmucova LV 107 Ld50
Pusnė LT 114 La56
Püspökladány H 147 Jd53
Pussay F 29 Gc38
Püssi EST 99 Lb42
Pustec AL 182 Ba76
Pustelnik PL 130 Jc36
Pusterwald A 144 Fd54
Pustevny CZ 137 Hb46
Pustoe Voskresen'e RUS 107 Ma49
Pustoška RUS 99 Ma42
Pustoška RUS 202 Eb11
Pustoški RUS 107 Ma49
Pustritz A 144 Fc55
Pustynia PL 139 Jd44
Pustynki RUS 107 Mb47
Pusula FIN 98 Ka39
Puszcza Mariańska PL 130 Ja38
Puszczykowo PL 129 Gc37
Pusztacsalád H 145 Gc53
Pusztakovácsi H 145 Ha56
Pusztamiske H 145 Gd54
Pusztaszabolcs H 146 Hc54
Pusztaszentlászló H 145 Gc56
Pusztavám H 145 Hb53
Putaja FIN 89 Jb36
Putanges F 22 Fc37
Putbus D 120 Fa30
Putgarten D 120 Fa29
Putignano I 162 Gd75
Putikko FIN 91 Ld33
Putinci SRB 153 Jb61
Putineiu RO 180 Dc68
Putineiu RO 180 Ea68
Putkela FIN 83 Ma30
Putkilahti FIN 90 Kc34
Putkivaara FIN 74 Kb19
Putla EST 105 Jc46
Putlitz D 119 Eb34

Putna – Rathen

Putna RO 172 Ea55
Putnok H 146 Jb50
Putte NL 124 Ac38
Puttelange-aux-Lacs F 25 Ka35
Putten NL 116 Bb36
Puttenham GB 20 Fb29
Puttgarden D 119 Ea29
Püttlingen D 133 Bc46
Putula FIN 90 Kb36
Putyvl' UA 202 Ed13
Putzu'Idu I 169 Bd77
Puujaa FIN 90 Kb37
Puukari FIN 83 Lb27
Puukkoinen FIN 90 Kb34
Puukkokumpu FIN 74 Jd21
Puukonsaari FIN 90 Kd34
Puulansalmi FIN 90 Kd34
Puumala FIN 91 Lb34
Puuppola FIN 90 Kb32
Puurmani EST 98 La44
Puurtila FIN 90 La32
Puurtturinjärvi FIN 74 Kb24
Puutikkala FIN 90 Ka36
Puutossalmi FIN 82 La30
Puutteenperä FIN 74 Jd21
Puycasquier F 40 Ga54
Puydrouard F 32 Fb46
Puy-Guillaume F 34 Hc46
Puylagarde F 40 Gc52
Puylaroque F 40 Gc52
Puylaurens F 41 Gd54
Puy-l'Evêque F 33 Gb51
Puymiclan F 32 Fd51
Puymirol F 40 Ga52
Puyôo F 39 Fa54
Puy-Saint-Martin F 34 Jb50
Puy-Saint-Vincent F 35 Ka49
Puzači RUS 203 Fa13
Puzenieki LV 105 Jc50
Pwllheli GB 14 Dc23
Pyecombe GB 20 Fc30
Pyhäjärvi FIN 69 Jd11
Pyhäjärvi FIN 69 Kb16
Pyhäjärvi FIN 82 Kb28
Pyhäjoki FIN 81 Jc26
Pyhäjoki FIN 89 Jb37
Pyhäkoski FIN 90 Kd35
Pyhäkylä FIN 75 La22
Pyhälahti FIN 82 Kc31
Pyhältö FIN 90 La37
Pyhämaa FIN 89 Ja38
Pyhänkoski FIN 81 Jd26
Pyhänsivu FIN 74 Kb24
Pyhäntä FIN 82 Kb26
Pyhäntaka FIN 90 Kc36
Pyhäranta FIN 89 Ja38
Pyhäsalmi FIN 82 Kb28
Pyhäselkä FIN 83 Ld31
Pyhe FIN 97 Ja39
Pyhtää FIN 90 Kd38
Pykkvibær IS 2 Ac05
Pyla CY 206 Jc97
Pyla-sur-Mer F 32 Fa51
Pyle GB 19 Ea28
Pyli GR 188 Bb81
Pylkönmäki FIN 82 Ka31
Pylvänälä FIN 90 Kd33
Pylväsperä FIN 81 Jd27
Pyntäinen FIN 89 Ja34
Pyöli FIN 89 Jd38
Pyöree FIN 82 Kd27
Pyöreinen FIN 82 La29
Pyörni FIN 89 Ja32
Pyrbaum D 135 Dd47
Pyrénées 2000 F 41 Gd58
Pyrga CY 206 Jb97
Pyrga CY 206 Jc96
Pyrill IS 2 Ac04
Pyrjatyn UA 202 Ed14
Pyrzowice PL 138 Hc43
Pyrzyce PL 120 Fc34
Pyskowice PL 137 Hb43
Pyssykangas FIN 89 Ja36
Pyssyperä FIN 75 Kd23
Pystyoja FIN 64 Jc10
Pysznica PL 131 Ka42
Pytalovo RUS 107 Ld49
Pytalovo (Abrene) RUS 202 Ea10
Pytkynharju FIN 75 Kc21
Pytten N 92 Cc44
Pyttis FIN 90 Kd38
Pyydyskylä FIN 82 Kc31
Pyydysmäki FIN 89 Jd34
Pyykkölänvaara FIN 75 La24
Pyyli FIN 91 Lc32
Pyyrinlahti FIN 82 Kb31
Pyzdry PL 129 Gd37

Q

Qafë-Murrë AL 163 Jc72
Qafëzez AL 182 Ad77
Qarrishtë AL 182 Ad75
Qinam AL 182 Ab74
Qormi M 166 Eb88
Quafmollë AL 182 Ac74
Quaglietta I 161 Fd75
Quainton GB 20 Fb27
Quakenbrück D 117 Cc35
Qualiano I 161 Fa75
Quarff GB 5 Fa05
Quarnbek D 118 Dc30
Quarona I 148 Ca58
Quarré-les-Tombes F 30 Hd41
Quarteira P 58 Ac74
Quarto d'Altino I 150 Eb59
Quartu San Elena I 169 Ca79
Quasano I 162 Gc74
Quattro Venti, i I 161 Fb73
Quebradas P 50 Ab67
Quecedo E 38 Dd56
Quédillac F 27 Ec39
Quedlinburg D 127 Dd38
Queidersbach D 133 Ca46
Queiruga E 36 Ac56
Quelaines F 28 Fb40
Quellendorf D 127 Eb39
Quemada E 46 Dc60
Quemigny-Poisot F 30 Ja42
Quend F 23 Gc32
Quenstedt D 127 Ea39
Queralbs E 41 Gd58
Querceta I 155 Da64
Quercianella I 155 Da66
Querenhorst D 127 Dd37
Querfurt D 127 Ea40
Quero E 53 Dd67
Querol E 49 Gc61
Querrin IRL 12 Bb23
Quers F 31 Ka40
Quesada E 61 Dd73
Quessoy F 26 Eb38
Questembert F 27 Eb41
Quettehou F 22 Fa34
Quettetot F 22 Ed35
Queudes F 24 Hc37
Quevauvillers F 23 Gd33
Quevert F 26 Ec38
Quiaios P 44 Ac64
Quiberon F 27 Ea41
Quickborn D 118 Db32
Quiddelbach D 133 Bd43
Quigley's Point IRL 9 Cc15
Quillan F 41 Gd56
Quilly F 27 Ec41
Quilty IRL 12 Bb22
Quimper F 27 Dc39
Quimperlé F 27 Dd40
Quin IRL 12 Bc22
Quincoces de Yuso E 38 Dd56
Quindós E 37 Bd56
Quinéville F 22 Fa35
Quingey F 31 Jd42
Quiñonería E 47 Ec61
Quinsac F 32 Fb50
Quinson F 42 Ka53
Quinta do Lago P 58 Ac74
Quintana E 37 Ca55
Quintana E 37 Cc54
Quintana de Castillo E 37 Cb57
Quintana de la Serena E 51 Cb69
Quintana del Marco E 37 Cb58
Quintana del Puente E 46 Db59
Quintanadueñas E 38 Dc58
Quintanaélez E 38 Dd57
Quintana-Martín Galíndez E 38 Dd57
Quintanapalla E 38 Dc58
Quintanar de la Orden E 53 Dd67
Quintanar de la Sierra E 46 Dd59
Quintanar del Rey E 53 Ec68
Quintana Redonda E 47 Ea60
Quintanilla de Arriba E 46 Db60
Quintanilla de Flórez E 37 Cb58
Quintanilla del Agua E 46 Dc59
Quintanilla de la Mata E 46 Dc59
Quintanilla del Coco E 46 Dc59
Quintanilla del Molar E 45 Cc59
Quintanilla de Losada E 37 Ca58
Quintanilla de los Oteros E 37 Cc58
Quintanilla de Onésimo E 46 Da60
Quintanilla de Pienza E 38 Dd56
Quintanilla de Trigueros E 46 Da59
Quintanilla-Pedro Abarca E 38 Dc57
Quintanilla San García E 38 Dd57
Quintanilla-Sobresierra E 38 Dc57
Quintela E 37 Bd56
Quintela de Leirado E 36 Ba58
Quintes E 37 Cc54
Quint-Fonsegrives F 40 Gc54
Quintin F 26 Eb38
Quintinilla Rucandio E 38 Dc56
Quinto E 48 Fb61
Quintos P 50 Ad71
Quinto Vercellese I 148 Ca59
Quinzano d'Oglio I 149 Da60
Quiroga E 36 Bc57
Quirra I 169 Cb79
Quismondo E 46 Da65
Quissac F 41 Hd53
Quistello I 149 Dc61
Quistinic F 27 Ea40
Quittebeuf F 23 Ga36
Quitzdorf am See D 128 Fc40
Qukës AL 182 Ad75
Qundle GB 20 Fc25

R

Rå S 79 Gb30
Råå S 110 Ed55
Raab A 144 Fa50
Raabs an der Thaya A 136 Fd48
Raahe FIN 81 Jd25
Raajärvi FIN 74 Kb18
Raakku FIN 74 Kc18
Rääkkylä FIN 83 Ld31
Raalte NL 117 Bc36
Raanujärvi FIN 74 Jc18
Raappananmäki FIN 82 Kd25
Raappanansuo FIN 75 Kd21
Raasdorf A 145 Gb50
Raasiku EST 98 Kc42
Raasinkorpi FIN 89 Jb38
Raatala FIN 97 Jc39
Raate FIN 75 Lb23
Raatevaara FIN 83 Ma31
Raattama FIN 68 Jb14
Raatti FIN 82 La29
Rab HR 151 Fc62
Rabac HR 151 Fb61
Rabaçal P 44 Bb62
Rábade E 36 Bb55
Rábafüzes H 145 Gb55
Răbăgani RO 170 Cb58
Rábahidvég H 145 Gc54
Rabal E 36 Bc57
Rabanal de Camino E 37 Ca57
Rábano E 46 Db61
Rábano de Sanabria E 37 Bd58
Rábasömjen H 145 Gc54
Rabastens F 40 Gc53
Rabat M 166 Eb88
Rabatamasi H 145 Gd53
Raba Wyżna PL 138 Ja46
Rabenau D 126 Cd42
Rabenau D 128 Fa41
Rabensberg A 137 Gc49
Rabenstein A 144 Fd51
Råberg S 80 Gc26
Rabí CZ 136 Fa47
Rąbino PL 120 Ga32
Rabiša BG 179 Cb68
Rabka-Zdroj PL 138 Ja46
Rabouillet F 41 Ha57
Rabrovo BG 179 Cb67
Rabrovo SRB 174 Bd64
Rabštejn nad St. CZ 135 Ed44
Rabsztyn PL 138 Hd43
Råby-Rekarne S 95 Ga43
Råby-Rönö S 95 Gb45
Rača SK 145 Gd51
Rača SRB 174 Bb65
Rača SRB 178 Bc70
Răcăciuni RO 176 Ed60
Racale I 165 Hc78
Rácalmás H 146 Hc54
Racalmuto I 166 Ed86
Răcari RO 176 Ea65
Răcăria MD 173 Fa55
Răcășdia RO 174 Bd63
Racconigi I 148 Bc61
Raccuia I 167 Fc84
Rače SLO 144 Ga56
Rachanie PL 131 Kd42
Rachecourt-sur-Marne F 24 Jb37
Răchitoasa RO 177 Fa60
Răchitova RO 175 Cc61
Rachiv UA 204 Ea16
Raciąż PL 121 Gd32
Raciąż PL 122 Ja35
Raciążek PL 121 Hb35
Raciborsko PL 138 Ja44
Racibórz PL 137 Hb44
Raciechowice PL 138 Ja45
Račinovci HR 153 Hd61
Račišće HR 158 Gd68
Răciu RO 171 Db58
Răciula MD 173 Fc57
Račja Vas HR 151 Fa60
Rackeby S 102 Ed46
Ráckeve H 146 Hc54
Racków PL 129 Gb41
Racksund S 72 Gc21
Rackwitz D 127 Eb40
Racławice PL 138 Ja43
Racławice Śląskie PL 137 Ha43
Răcoasa RO 176 Ed61
Racoș RO 176 Dd61
Racot PL 129 Gb38
Racova RO 172 Ec59
Racovăț MD 173 Fc54
Racovița RO 175 Cd62
Racovița RO 175 Db62
Racovița RO 177 Fa63
Racovițeni RO 176 Ec63
Răculești MD 173 Fd57
Rączki PL 122 Ja33
Råda S 94 Fa41
Råda S 102 Ed46
Radakowice PL 129 Gc41
Radalj SRB 153 Hd63
Rådanefors S 102 Ec46
Radanje MK 183 Bd74
Radanovo BG 180 Dd70
Radapole LV 107 Lc51
Rădășeni RO 172 Eb56
Radaškovičy BY 202 Ea12
Rădăuți RO 172 Eb55
Rădăuți-Prut RO 172 Ed54
Radawie PL 129 Hb42
Radawnica PL 121 Gc33
Radbruch D 118 Dc33
Radbyn S 102 Fa46
Radcliffe GB 15 Ec21
Radda in Chianti I 155 Dc66
Raddestorf D 126 Cd36
Raddon F 31 Ka39
Raddusa I 167 Fb86
Råde N 93 Ea43
Radeberg D 128 Fa41
Radebeul D 128 Fa41
Radeburg D 128 Fa40
Radeburg D 128 Fa41
Radeče SLO 151 Fd58
Radechiv UA 204 Ea15
Radęcin PL 120 Ga34
Radecki BG 180 Ea73
Radecznica PL 131 Kb41
Radefeld D 127 Eb40
Radegast D 119 Eb31
Radegast D 127 Eb39
Radenci SLO 145 Gb56
Rădeni MD 173 Fc57
Rădenii Vechi MD 173 Fb57
Radenthein A 144 Fa55
Rădești RO 171 Da59
Radevo BG 180 Ea73
Radevo KSV 178 Bb71
Radevormwald D 125 Ca40
Radgoszcz PL 138 Jc43
Radhimë AL 182 Aa77
Radibor D 128 Fb41
Radičevicevo SRB 153 Jb59
Radići BIH 152 Gd63
Radicofani I 156 Dd68
Radicondoli I 155 Db67
Radievo BG 185 Dd74
Radijovce MK 178 Ba73
Radilovo BG 179 Da73
Radis D 127 Ec39
Radizel SLO 144 Ga56
Radków PL 130 Ja42
Radków PL 137 Gb43
Radkowice PL 130 Jc41
Radlett GB 20 Fc27
Radlin PL 129 Gd38
Radlje ob Dravi SLO 144 Fd56
Radljevo SRB 153 Jc63
Radłów PL 129 Hb41
Radłów PL 138 Jc44
Radmansö S 96 Ha42
Radmer an der Hasel A 144 Fc53
Radmirje SLO 151 Fc57
Radnejaur S 72 Gc21
Radnevo BG 180 Ea73
Radnica PL 128 Fd38
Radnice CZ 136 Fa45
Rădoaia MD 173 Fb55
Radohova BIH 152 Ha63
Rădoiești RO 180 Dc67
Radojevo SRB 174 Bc60
Radojewice PL 121 Hb35
Radolfzell D 142 Cc52
Radom PL 130 Jc39
Rådom S 94 Ed41
Radomice PL 122 Hc35
Radomicko PL 128 Fc38
Radomicko PL 129 Gb38
Radomierzyce PL 128 Fc41
Radomin PL 122 Hc34
Radomir BG 179 Cb71
Radomirci BG 179 Da69
Radomirești RO 180 Db67
Radomno PL 122 Hc33
Radomsko PL 130 Hd41
Radomyšl CZ 136 Fa47
Radomyšl' UA 202 Eb14
Radomyśl n. Sanem PL 131 Ka42
Radomyśl Wielki PL 138 Jc43
Radonice CZ 135 Ed44
Radošice CZ 136 Fa46
Radošina SK 137 Ha49
Radošovce SK 137 Gd49
Radostowo PL 122 Ja31
Radoszewice PL 130 Hc40
Radoszki PL 122 Hd33
Radoszyce PL 130 Ja41
Radoszyn PL 128 Fd37
Radovac KSV 178 Ad70
Radovac SRB 159 Jc68
Radovan RO 175 Cd66
Radovanu RO 180 Eb67
Radovče MNE 159 Ja69
Radovec BG 185 Eb74
Radovel' RUS 99 Lc42
Radovesice CZ 136 Fb43
Radovići MNE 159 Hd70
Radoviš MK 183 Ca74
Radovljica SLO 151 Fb57
Radowo Wielkie PL 120 Fd32
Radozda MK 182 Ad75
Radstadt A 143 Ed53
Radsted DK 109 Eb29
Răducăneni RO 173 Fb58
Radučić HR 158 Gb64
Raduil BG 179 Cd72
Radujevac SRB 174 Cb66
Rădulenii Vechi MD 173 Fc55
Raduń PL 120 Fd34
Radunci BG 180 Dd72
Radu Negru RO 181 Ed67
Raduša MK 178 Bb72
Raduszec PL 128 Fd38
Radvaň nad Laborcom SK 139 Ka47
Radviliškis LT 114 Kb54
Radwanice PL 128 Ga39
Radwanów PL 128 Fd39
Radymno PL 139 Kb44
Radzanów PL 122 Ja34
Radzanów PL 130 Jb39
Radzanowo PL 130 Hd36
Radzewice PL 129 Gc37
Radzice Duże PL 130 Ja39
Radzieje PL 122 Jc30
Radziejów PL 129 Hb36
Radziejowice PL 130 Jb37
Radziemice PL 138 Ja43
Radziki Duże PL 122 Hc34
Radzików PL 128 Fc37
Radzików Wielki PL 131 Ka37
Radziłów PL 123 Ka33
Radzinciems LV 106 Ka50
Radzionków PL 138 Hc43
Radziszewo PL 120 Fb34
Radziwie PL 130 Hd36
Radziwiłłówka PL 131 Kb36
Radzymin PL 130 Jc36
Radzyń Chełmiński PL 121 Hb33
Radzyń Podlaski PL 131 Ka38
Raec MK 183 Bc75
Ræhr DK 100 Da20
Rækker Mølle DK 108 Da24
Raelingen N 93 Ea41
Rae na nDoirí IRL 12 Bb25
Raeren B 125 Bb41
Raesfeld D 125 Bd38
Rafelbuñol E 54 Fc67
Rafelbunyol E 54 Fc67
Raffadali I 166 Ed86
Rafina GR 189 Cc86
Răfov RO 176 Eb65
Rafsbotn N 63 Hd08
Raftópoulo GR 188 Ba82
Raftsjöhöjden S 79 Fc29
Ragaciems LV 106 Ka50
Ragály H 138 Jb49
Ragana LV 106 Kc49
Rågeleje DK 109 Ec24
Rägelin D 119 Ec35
Råggård S 94 Ec45
Raghly IRL 8 Bd17
Råglanda S 94 Ed44
Ragnabo S 111 Ga53
Ragnitz A 144 Ga55
Ragösen D 127 Ec37
Ragow D 128 Fb37
Ragozino RUS 107 Ma48
Raguhn D 127 Eb39
Ragunda S 79 Ga31
Ragusa I 167 Fc87
Raguva LT 114 Kd55
Raguvėlė LT 114 Kd55
Raguviškiai LT 113 Jb55
Ragvaldsnäs S 88 Gc34
Rahačov BY 202 Eb13
Rahan IRL 13 Cb21
Raharney IRL 9 Cc20
Rahden D 126 Cd36
Ráhes GR 189 Bd83
Ráhes GR 194 Bb87
Raheste EST 106 Ka46
Rahikka FIN 89 Ja33
Rahja FIN 81 Jc27
Rahkee FIN 83 Ld29
Rahkio FIN 89 Jc38
Rahkla EST 98 La43
Rahkmala FIN 89 Ja38
Rahkonen FIN 81 Jd28
Rahman RO 177 Fb65
Rahmanca TR 185 Eb76
Rahmanlar TR 192 Fc85
Raholanvaara FIN 83 Lb29
Råholt N 94 Eb40
Rahoúla GR 188 Bb82
Rahoúla GR 189 Bc81
Rahula FIN 90 La34
Rahumäe EST 107 Lc46
Raiano I 161 Fa71
Raič HR 152 Gc58
Raijala FIN 89 Jb37
Raikküla EST 98 Kb44
Raikuu FIN 91 Ld32
Räimä FIN 82 La30
Raimonda P 44 Ad60
Rain D 134 Dc49
Rain D 134 Dd47
Rainbach im Mühlkreis A 136 Fb49
Rain in Taufers I 143 Ea55
Raipole LV 107 Ma51
Raippaluoto FIN 81 Hd30
Raippo FIN 91 Lb36
Raisälä FIN 74 Kc18
Raisälänmäki FIN 82 Ka28
Raisdorf D 118 Dc30
Raisio FIN 97 Jb39
Raiskio FIN 74 Ka20
Raiskio FIN 83 Lb26
Raiskums LV 106 Kd49
Raistakka FIN 75 Kc19
Raisting D 142 Dc51
Raitaperä FIN 81 Jd31
Raitenbuch D 135 Dd48
Raitenhaslach D 143 Ec51
Raitoo FIN 89 Jd37
Raivala FIN 89 Jb34
Rajac SRB 178 Ba67
Raja-Jooseppi FIN 69 Kb12
Rajala FIN 69 Jd15
Rajamäenkylä FIN 89 Ja33
Rajamäki FIN 90 Kb38
Rajaniemi FIN 90 Kd34
Rajanovci BG 179 Ca68
Rajastrand S 79 Fd26
Rajavaara FIN 91 Ld33
Rajcë AL 182 Ad75
Rajčinovica Banja SRB 178 Ba69
Rajcza PL 138 Hc46
Rajec SK 138 Hc47
Rájec-Jestřebí CZ 137 Gc47
Rajecké Teplice SK 138 Hc47
Rajec Poduchowny PL 130 Jc39
Rajgród PL 123 Ka31
Rajhrad CZ 137 Gc48
Rajince KSV 178 Bc72
Rajka H 145 Gd51
Rajkova moglia BG 185 Eb75
Rajković SRB 153 Jb63
Rajkovo BG 184 Db75
Rajkowy PL 121 Hb31
Rajnino BG 181 Ec68
Raka SLO 151 Fd58
Rakaca H 138 Jc49
Rakalj HR 151 Fa61
Rakamaz H 147 Jd50
Rakek SLO 151 Fb59
Rakeluft N 63 Hd07
Rakić BIH 153 Ja62
Rakita BG 179 Da69
Rakitna SLO 151 Fb58
Rakitnica BG 180 Dd73
Rakitnica BIH 159 Hc65
Rakitnica HR 152 Gc58
Rakitovica HR 152 Hb59
Rakitovo BG 184 Cd74
Rakke EST 98 La43
Rakkestad N 94 Eb43
Raklinovo BG 181 Ec72
Rákóczifalva H 146 Jb54
Rakoniewice PL 129 Gb37
Rákos H 146 Jc56
Rakoš KSV 178 Ba70
Rakoszyce PL 129 Gb41
Rakova Bara SRB 174 Bd65
Rakovica BG 179 Ca67
Rakovica HR 151 Ga61
Rakovník CZ 136 Fa44
Rakovo BG 180 Eb71
Rakovski BG 180 Dc73
Rakow D 119 Ed31
Raków PL 130 Jc42
Rakowo Piskie PL 123 Jd32
Rāksala LV 107 Lb51
Ráksi H 145 Ha56
Råkvågen N 78 Ea28
Rakvere EST 98 La42
Ralewice PL 129 Hb39
Ralingen D 133 Bc44
Ralja SRB 174 Bb64
Ralja SRB 174 Bb64
Raljin SRB 179 Ca70
Raljovo BG 180 Db69
Rälla S 103 Gb52
Ram SRB 174 Bc64
Rama BIH 158 Ha65
Ramacastañas E 46 Cd65
Ramacca I 167 Fc86
Rämälä FIN 89 Jd32
Rämälä FIN 90 La34
Ramales de la Victoria E 38 Dd55
Ramallosa (Teo) E 36 Ad55
Ramasaig GB 4 Da08
Ramatuelle F 43 Kb55
Ramăzan MD 173 Fa55
Ramberg N 66 Fa14
Rambervillers F 31 Ka38
Rambin D 119 Ed30
Rambjørgheia N 92 Cb45
Rambo S 80 Ha27
Rambouillet F 23 Gc37
Ramdala S 111 Ga54
Rameški RUS 202 Ed09
Râmeț RO 171 Da59
Ramfjordnes N 62 Gd10
Rámia GR 188 Ba81
Ramingstein A 144 Fa54
Ramirás E 36 Ba58
Ramji LV 106 Kd48
Ramkvilla S 103 Fc51
Ramljane HR 158 Gb65
Ramløse DK 109 Eb24
Ramma EST 98 Kd43
Ramme DK 100 Cd22
Rämmen S 95 Fb41
Ramna RO 174 Bd62
Ramnäs S 95 Ga42
Rämne S 94 Eb45
Ramnes N 93 Dd43
Râmnicelu RO 176 Ed63
Râmnicelu RO 177 Fa63
Râmnicu de Sus RO 177 Fc66
Râmnicu Sărat RO 176 Ed63
Râmnicu Vâlcea RO 175 Db63
Ramonai LT 114 Kd54
Ramosch CH 142 Db55
Ramså N 66 Ga11
Ramsau D 143 Ec53
Ramsau am Dachstein A 144 Fa53
Ramsbeck D 126 Cc40
Ramsbottom GB 15 Ec21
Ramsbury GB 20 Ed28
Ramsdorf D 125 Bd37
Ramsei CH 141 Bd54
Ramsele S 79 Ga29
Ramsele S 80 Ha28
Ramsey GB 10 Dd18
Ramsey GB 20 Fc25
Ramsey GB 21 Gb26
Ramsey Saint Mary's GB 20 Fc25
Ramsgate GB 21 Gb28
Rämshyttan S 95 Fd40
Ramsi EST 106 Kd46
Ramsjö S 87 Fd34
Ramsli N 92 Cb45
Rämsöö FIN 89 Jc36
Ramsta S 96 Gc42
Ramstad N 78 Eb25
Ramstein-Miesenbach D 133 Ca46
Ramsthal D 134 Db44
Ramsund N 66 Ga13
Ramsvika N 78 Ec26
Ramten DK 101 Dd23
Rāmuļi LV 106 Kd49
Ramundberget S 86 Ed32
Ramundeboda S 95 Fc45
Ramvik S 88 Gc32
Ramygala LT 114 Kc55
Raná CZ 136 Fa43
Ranalt A 142 Dc54
Rånäsudden S 73 Ja21
Rancon F 33 Gb46
Randaberg N 92 Ca43
Randalstown GB 9 Da16
Randan F 34 Hc46
Randanne F 34 Hb47
Randaträsk S 73 Hc20
Randazzo I 167 Fc84
Randbøldal DK 108 Db25
Rånddalen S 86 Fa34
Randebygd N 84 Cc34
Randegg A 144 Fc51
Randen N 85 Dc35
Randers DK 100 Dc23
Randersacker D 134 Db45
Randerup DK 108 Da27
Randesund N 92 Cd47
Randijaur S 72 Ha19
Randonnai F 23 Ga37
Randsverk N 85 Dc35
Randvere EST 98 Kb42
Rånea S 73 Hd21
Ranemsletta N 78 Ec26
Rânes F 22 Fc37
Rang-du-Fliers F 23 Gc32
Rångedala S 102 Ed49
Rangendingen D 134 Cc49
Rangersdorf A 143 Ec55
Rangsby FIN 89 Hd32
Rangsdorf D 127 Ed37
Rangstrup DK 108 Da27
Ranhados P 44 Bb62
Ranheim N 77 Ea30
Rani list BG 184 Dc75
Ranis D 127 Ea42
Ranizów PL 139 Ka43
Ranka LV 106 La49
Rankinen FIN 82 Ka25
Rankweil A 142 Cd53
Ranna EST 99 Lb44
Rannametsa EST 106 Kb46
Rannamõisa EST 98 Kb42
Rannankulma FIN 89 Jb37
Rannankylä FIN 81 Jd31
Rannankylä FIN 82 Kb27
Rannanmäki FIN 89 Jb38
Rannanpohjukka FIN 91 Ma32
Rånnaväg S 102 Fa49
Rännelanda S 102 Ec46
Ränneslöv S 110 Ed53
Rännö S 87 Gb33
Rannoch Station GB 7 Dd10
Rannsundet S 86 Fa33
Rannu EST 106 La46
Rannungen D 134 Db44
Rånön S 73 Ja22
Ranovac SRB 174 Bc65
Ranrupt F 31 Kb38
Ransäter S 94 Fa42
Ransbach-Baumbach D 125 Ca42
Ransby S 94 Ed39
Ransbysätter S 94 Fa41
Ransjö S 87 Fb34
Rańsk PL 122 Jb32
Ranskill GB 16 Fb22
Ransta S 95 Gb42
Ranstadt D 134 Cd43
Rantajärvi S 74 Jb18
Rantakunta FIN 89 Jc33
Rantakylä FIN 82 Ka31
Rantakylä FIN 83 Lc29
Rantakylä FIN 90 La34
Rantala FIN 81 Jd31
Rantasalmen asema FIN 91 Lb33
Rantasalmi FIN 91 Lb32
Ranta-Töysä FIN 89 Jc32
Rante E 36 Bb57
Rantrum D 108 Da29
Rantsila FIN 82 Ka25
Ranttila FIN 64 Jc10
Rantum D 108 Cd28
Ranty PL 123 Jd31
Rantzausminde DK 109 Dd28
Ranua FIN 74 Kb20
Ranum DK 100 Db21
Ranzig D 128 Fb38
Rao E 37 Bd55
Raon-l'Etape F 31 Ka38
Raossi I 149 Dc58
Rapa PL 123 Jd30
Râpa RO 170 Cb57
Rapajin Dol HR 151 Fd61
Rapala FIN 90 Kb35
Rapallo I 149 Cc63
Rapattila FIN 91 Lc36
Rapëza AL 182 Ab76
Raphoe IRL 9 Cb16
Rapice PL 128 Fc38
Räpina EST 107 Lc46
Rapla EST 98 Kb43
Rapness GB 5 Ec02
Rapolano Terme I 156 Dd67
Rapolla I 161 Ga74
Rapoltu Mare RO 175 Cc61
Raposa P 50 Ac68
Rapotín CZ 137 Gc45
Rapovce SK 146 Ja50
Rapperswil CH 142 Cc53
Rappin D 119 Ed30
Räpplinge S 103 Gb52
Rappottenstein A 144 Fc50
Rappvika N 63 Hb08
Rapsáni GR 183 Bd80
Rapuli FIN 83 Lb27
Rårup DK 109 Ea28
Ras SRB 178 Ad68
Raša HR 151 Fa61
Rasal E 39 Fb58
Räsälä FIN 82 La30
Räsälänlahti FIN 82 La30
Rasbokil S 96 Gd41
Rașca RO 172 Eb56
Rascafría E 46 Db63
Rașcov MD 173 Fd55
Rasdel BG 185 Eb74
Rasdorf D 126 Db42
Rašeljke BIH 158 Gd66
Raseiniai LT 114 Ka56
Rasharkin GB 9 Cd16
Rashedoge IRL 9 Cb16
Rasi FIN 90 La36
Rašica SLO 151 Fc58
Rasimäki FIN 82 La28
Rasimäki FIN 83 Lb29
Rasimbegov MK 183 Bc75
Rasina EST 99 Lc45
Rășinari RO 175 Da61
Rasines E 38 Dd55
Rasinkylä FIN 75 Kd24
Rasisalo FIN 83 Ld31
Rasivaara FIN 83 Ma30
Rasivaara FIN 83 Ld31
Rasivaara FIN 83 Ld31
Råsjö S 87 Fd33
Raška SRB 178 Ba68
Rask Mølle DK 108 Db25
Raškovo BG 179 Cd70
Raslavice SK 139 Jd47
Răsmirești RO 180 Dd67
Řasná CZ 136 Fd47
Rašnevo RUS 107 Ma47
Râșnov RO 176 Dd62
Rasova RO 181 Fb67
Rasovo BG 179 Cc68
Raspilla E 53 Eb71
Rășpopeni MD 173 Fc55
Rasquera E 48 Ga63
Rassach A 144 Fd55
Rassina I 156 Dd65
Rasskazovo RUS 203 Fc12
Rast RO 179 Cc67
Rastatt D 133 Cb48
Rasteau F 42 Jb52
Råsted DK 100 Dc23
Rastede D 118 Cc33
Rastenberg D 127 Ea41
Rastenfeld A 136 Fd49
Rasteš MK 183 Bb74
Rasti FIN 68 Jc15
Rasti FIN 91 Ld32
Rastina SRB 153 Hd58
Rastinkylä FIN 83 Lc26
Răstolița RO 172 Dd57
Rastovac MNE 159 Hd68
Rastovica MK 183 Bb75
Rastow D 119 Ea33
Råstrand S 72 Gc24
Răsuceni RO 180 Ea67
Rasueros E 46 Cd62
Raszków PL 129 Gd39
Raszówka PL 129 Gb40
Raszujka PL 122 Jb33
Raszyn PL 130 Jb37
Ratan S 80 Hb28
Rätan S 87 Fc33
Ratasjärvi FIN 73 Jb19
Ratby GB 16 Fa24
Ratčino RUS 99 Ma40
Rateče SLO 144 Fa56
Ratekau D 119 Dd31
Ratevo MK 183 Cb74
Rathangan IRL 13 Cc21
Ráth Caola IRL 12 Bc23
Rathcoole IRL 13 Cd21
Rathcormack IRL 12 Bd25
Rathcroghan IRL 8 Ca19
Rathdangan IRL 13 Cd23
Rathdowney IRL 13 Cb23
Ráth Droma IRL 13 Cd23
Rathdrum IRL 13 Cd23
Rathen D 128 Fb41
Rathen GB 5 Ed07

Rathenow – Rijeka Crnojevića

Rathenow D 127 Eb36
Rathfriland GB 9 Da18
Rathfylane IRL 13 Cc24
Rathkeale IRL 12 Bc23
Rathkeevin IRL 13 Ca24
Rathlackan IRL 8 Bc17
Rath Luirc IRL 12 Bd24
Rathmelton IRL 9 Cb15
Rathmolyon IRL 13 Cc21
Rathmore IRL 12 Bb25
Rathmullan IRL 9 Cc15
Rathnew IRL 13 Cd22
Rathowen IRL 9 Cb20
Rathsweiler D 133 Ca45
Rathvilla IRL 13 Cc21
Rathvilly IRL 13 Cc23
Ratibořice CZ 136 Ga43
Ratibořské Hory CZ 136 Fc46
Ratikylä FIN 89 Jc33
Ratina SRB 178 Bb67
Ratingen D 125 Bd39
Ratiperä FIN 82 Ka30
Ratiškovice CZ 137 Gd48
Ratková SK 138 Ja49
Ratkovac KSV 178 Ba71
Ratkovo SRB 153 Ja59
Ratla EST 105 Jd46
Ratne UA 202 Ea14
Ratnieki LV 105 Jc52
Ratoath IRL 13 Cd21
Rattelsdorf D 134 Dc44
Ratten A 144 Ga53
Rattenberg D 135 Ec48
Rattendorf A 143 Ed56
Rattersdorf A 145 Gb53
Rattiszell D 135 Ec48
Rattlesden GB 21 Ga26
Rattosjärvi FIN 74 Jc18
Rattray GB 7 Eb11
Rättsel S 72 Ha22
Rättvik S 87 Fc38
Ratu S 80 Hc28
Ratuș MD 173 Fc56
Ratzeburg D 119 Dd32
Ratzenhofen D 135 Ea49
Rätzlingen D 127 Dd36
Rauantaipale FIN 83 Lb30
Raubach D 125 Ca42
Raubling D 143 Ea52
Răucești RO 172 Ec57
Raucourt-et-Flaba F 24 Ja34
Raudanjoki FIN 69 Ka17
Raudaskylä FIN 81 Jd27
Raudeberg N 84 Ca34
Râu de Mori RO 175 Cc62
Raudėnai LT 113 Jd54
Raudenis LV 114 Kb59
Raudlia N 71 Fc22
Raudondvaris LV 114 Kb57
Raudonė LT 114 Ka57
Raudsandaksla N 71 Fb20
Rauenberg D 134 Cc46
Raufarhöfn IS 3 Bc03
Raufoss N 85 Ea39
Rauha FIN 91 Lc35
Rauhala FIN 68 Jb14
Rauhala FIN 83 Ld28
Rauhamäki FIN 91 Lb32
Rauhaniemi FIN 91 Lb33
Rauhenebrach D 134 Dc45
Raulhac F 33 Ha50
Rauma FIN 89 Ja37
Raumala FIN 97 Jc40
Raumland D 126 Cc41
Raumünzach D 133 Cb48
Rauna LV 106 Kd49
Raundal N 84 Cc38
Raunds GB 20 Fc25
Raunheim D 134 Cc44
Rauris A 143 Ec54
Râu Sadului RO 175 Da62
Rauschenberg D 126 Cd41
Răuseni RO 172 Ed56
Rautajärvi FIN 90 Ka35
Rautakorpi FIN 90 La37
Rautalahti FIN 91 Ld34
Rautalampi FIN 82 Kd31
Rautaniemi FIN 89 Jc36
Rautaperä FIN 65 Kb09
Rautas S 67 Ha15
Rautavaara FIN 82 La28
Răuțel MD 173 Fb55
Rautila FIN 81 Jc27
Rautila FIN 97 Ja39
Rautio FIN 81 Jd27
Rautio FIN 91 Lc35
Rautionkylä FIN 82 Kb25
Rautionmäki FIN 82 Kc31
Rautjärvi FIN 91 Ld34
Rautu FIN 89 Jb36
Rautuskylä FIN 68 Jc14
Rautuvaara FIN 68 Jb16
Rauvanniemi FIN 91 Ld32
Rauwiller F 25 Kb36
Răva LV 105 Jb52
Ravanusa I 167 Fa86
Rava Rus'ka UA 204 Dd15
Ravascletto I 143 Ec56
Ravattila FIN 91 Lc36
Ravča HR 158 Gd67
Raved DK 108 Da28
Ravello I 161 Fb75
Rävemåla S 111 Fd53
Ravenglass GB 10 Ea18
Raveni GR 182 Ac80
Ravenjaur S 72 Ha22
Ravenna I 150 Ea63
Ravensburg D 142 Cd52
Ravenscar GB 17 Fc18
Ravenstein D 134 Da46
Ravenstein NL 125 Bb37
Ravières F 30 Hd40
Ravijoki FIN 91 Lb38
Ravioskorpi FIN 90 Kc35
Rävlanda S 102 Ec49
Ravlunda S 111 Fb56
Rävmarken S 94 Eb44
Ravna Dubrava SRB 179 Ca70
Ravna Gora BG 181 Fa71
Ravna Gora HR 151 Fc60
Ravnaja SRB 153 Ja63
Ravna Reka SRB 174 Bd66
Ravnec BG 181 Ed72
Ravne na Koroškem SLO 144 Fc56
Ravni BIH 158 Hb66
Ravnište SRB 178 Bc68
Ravni Toplovac SRB 153 Jc59
Ravnje SRB 153 Ja61
Ravno BIH 158 Gd65
Ravno BIH 158 Hb68
Ravno HR 151 Fc60
Ravno Bučje SRB 179 Ca69
Ravnogor BG 184 Da74
Ravno Pole BG 179 Cc71
Ravno Selo SRB 153 Ja59
Ravnshøj DK 101 Dd20
Ravnstrup DK 100 Db23
Rävsön S 80 Gd31
Ravsted DK 108 Da27
Rávvetievva sameviste S 67 Gc14
Rawa Mazowiecka PL 130 Ja38
Rawicz PL 129 Gc39
Rawtenstall GB 15 Ec20
Ray IRL 9 Cb15
Rayenstonedale GB 11 Ec18
Rayleigh GB 21 Ga28
Rayol-Canadel-sur-Mer F 43 Kb55
Räyrinki FIN 81 Jc29
Räyskälä FIN 90 Ka38
Ražana SRB 159 Jb64
Ražanac HR 157 Fd64
Ražanj SRB 178 Bc67
Războieni RO 172 Ec57
Razboj BIH 152 Ha61
Razbojna SRB 178 Bb68
Razdaginja SRB 178 Ad68
Razdelna BG 180 Dd73
Razdol BG 183 Cb75
Razdrto SLO 151 Fa59
Răžena BG 180 Dd72
Răzeni MD 173 Fd59
Raževo Konare BG 180 Db73
Razgrad BG 179 Cd68
Razgrad BG 180 Eb69
Răžica BG 181 Ed72
Razimet F 40 Fd52
Razino RUS 113 Jb58
Razkrižje SLO 145 Gb56
Razlog BG 184 Cc74
Razlovci MK 183 Ca74
Razo E 36 Ad54
Răzvad RO 176 Dd64
Razvigorovo BG 181 Ec70
Reaca RO 175 Dc66
Reading GB 20 Fb28
Reaghstown IRL 9 Cd19
Réalcamp F 23 Gc33
Réalmont F 41 Gd53
Realp CH 141 Cb55
Réalville F 40 Gc52
Reananeree IRL 12 Bb25
Rear Cross IRL 13 Ca23
Réaup F 40 Fd52
Reay GB 5 Eb04
Rebais F 24 Hb37
Rebărkovo BG 179 Cd70
Rebastens-de-Bigorre F 40 Fd55
Rebate E 55 Fa72
Rebbenesbotn N 62 Gc08
Rébénacq F 40 Fc56
Rebild DK 100 Dc21
Rebirechioulet F 40 Ga55
Rębków PL 130 Jc38
Rebolado de Traspeña E 38 Db57
Rebollar E 37 Ca56
Rebolledo E 55 Fb71
Rebordelo P 45 Bc59
Reboredo E 36 Ac56
Rebra RO 171 Dc56
Rebricea RO 173 Fa58
Rebrișoara RO 171 Dc56
Reca RO 174 Bd60
Recanati I 156 Ed66
Recas E 46 Db65
Recco I 149 Cc63
Recea MD 173 Fa55
Recea MD 173 Fc57
Recea RO 171 Da55
Recea RO 175 Dc62
Recea-Cristur RO 171 Da57
Recepköy TR 192 Fa82
Recess IRL 8 Bb20
Recey-sur-Ource F 30 Ja40
Rechenberg-Bienenmühle D 127 Ed42
Rechlin D 119 Ec33
Rechnitz A 145 Gb54
Recht B 125 Bb42
Rechtmehring D 143 Eb51
Rechtsupweg D 117 Cb32
Reci RO 176 Ea61
Řečice CZ 136 Fd48
Rečka SRB 174 Cb66
Recke D 117 Cb36
Reckendorf D 134 Dc44
Reckingen CH 141 Ca56
Recklinghausen D 125 Ca38
Recoaro Terme I 149 Dc59
Recogne B 132 Ba44
Recologne F 31 Jc41
Recoules-Prévinquières F 41 Hb52
Recsk H 146 Jb51
Rèčyca BY 202 Ec13
Recz PL 120 Fd34
Ręczno PL 130 Hd40
Reda PL 121 Ha29
Redange-sur-Attert L 133 Bb44
Redbourne GB 17 Fc21
Redcar GB 11 Fb17
Redcross IRL 13 Cd23
Red Dial GB 11 Eb17
Redditch GB 20 Ed25
Redea RO 179 Da67
Redekin D 127 Eb36
Redentin D 119 Ea31
Redessan F 42 Ja53
Redhill GB 19 Eb28
Redhill GB 20 Fc29
Rédics H 145 Gb56
Rediu RO 172 Ec58
Rediu RO 173 Fa57
Rediu RO 177 Fb62
Rediul Mare MD 173 Fa54
Redkino RUS 202 Ed10
Redkowice PL 121 Gd29
Redło PL 120 Ga32
Rednitzhembach D 135 Dd47
Redon F 27 Ec41
Redondela E 36 Ad57
Redondo E 38 Dc56
Redondo P 50 Ba69
Redpoint GB 4 Db07
Redruth GB 18 Da32
Redslared S 102 Ed50
Redsted DK 100 Da22
Redwick GB 19 Eb28
Redwitz D 135 Dd44
Rędzikowo PL 121 Gc30
Rędziny PL 130 Hc41
Reepham GB 17 Ga24
Reersø DK 109 Ea26
Rees D 125 Bc38
Reeßum D 118 Da34
Reeth GB 11 Ed18
Reetz D 127 Eb37
Reevanagh IRL 13 Cc23
Refahiye TR 205 Fd20
Reffannes F 28 Fc44
Reffuveille F 22 Fa37
Refset N 78 Ea31
Refsland N 92 Cb45
Refsvindinge DK 109 Dd27
Reftele S 102 Fa51
Regadas E 36 Ba57
Regalbuto I 167 Fb85
Regéc H 139 Jd49
Regen D 135 Ed48
Regensburg D 135 Eb48
Regenstauf D 135 Eb47
Reggello I 156 Dd65
Reggio di Calabria I 164 Ga84
Reggiolo I 149 Db61
Reggio nell'Emilia I 149 Db62
Reghin RO 171 Dc58
Reghiu RO 176 Ec62
Regínio GR 189 Bd84
Regis-Breitingen D 127 Eb41
Regna S 95 Fd45
Regnitzlosau D 135 Eb43
Regöly H 145 Hb56
Regonkylä FIN 89 Jb32
Reguengos de Monsaraz P 50 Ba70
Réguiny F 27 Eb40
Reguisheim F 31 Kb39
Regumiel de la Sierra E 47 Ea59
Rehau D 135 Eb44
Rehburg-Loccum D 126 Da36
Rehfelde D 128 Fa36
Rehling D 134 Dc49
Rehlingen D 133 Bc46
Rehna D 119 Dd32
Rehula FIN 91 Lb35
Reibiniai LT 114 Ka53
Reichelsheim D 134 Cc45
Reichenau D 142 Cc52
Reichenau an der Rax A 144 Ga52
Reichenau im Mühlkreis A 144 Fb50
Reichenbach CH 141 Bd55
Reichenbach D 127 Eb42
Reichenbach D 128 Fc41
Reichenbach D 135 Dd43
Reichenbach D 135 Eb47
Reichenberg D 128 Fa41
Reichenberg D 128 Fb36
Reichenberg D 134 Da45
Reichenberg = Liberec CZ 128 Fc42
Reichenfels A 144 Fc55
Reichenhausen D 126 Db42
Reichenkirchen D 143 Ea50
Reichenschwand D 135 Dd46
Reichenthal A 136 Fb49
Reichersberg A 143 Ed50
Reichertshausen D 135 Dd49
Reichertshofen D 135 Dd49
Reichling D 142 Dc51
Reichshof D 125 Cb41
Reichshoffen F 25 Kc36
Reiden CH 141 Ca53
Reiersda N 92 Cd46
Reiff GB 4 Dc06
Reifferscheid D 125 Bc42
Reigada E 37 Ca54
Reigate GB 20 Fc29
Reighton GB 17 Fc19
Reigi EST 97 Jc44
Reignac F 32 Fb49
Reignac-sur-Indre F 29 Ga42
Reigoldswil CH 141 Bd53
Reiķi LV 107 Ma51
Reila FIN 89 Ja37
Reillo E 53 Ec66
Reims F 24 Hc35
Reimsbach D 133 Bc45
Rein N 77 Dd29
Reina E 51 Ca71
Reinach CH 141 Bd52
Reinach CH 141 Ca53
Reinbek D 118 Dc33
Reinberg D 119 Ed31
Reinbo N 66 Fa15
Reinfeld D 118 Dc32
Reinfjellet N 71 Fc20
Reinfjord N 63 Hb08
Reinhardshagen D 126 Da39
Reinhardtsgrimma D 128 Fa42
Reinheim D 134 Cc45
Reiņi LV 106 La50
Reinikansaari FIN 74 Kb18
Reinli N 85 Dc38
Reinosa E 38 Db56
Reinøysund N 65 Kd07
Reinsberg D 127 Ed41
Reinsdorf D 127 Ec38
Reinsfeld D 133 Bc45
Reinstedt D 127 Ea39
Reinstorf D 118 Dc34
Reinsvoll N 85 Ea39
Reinthal A 137 Gc49
Reipå N 71 Fb18
Reiret N 71 Fb24
Reis TR 193 Hb87
Reisbach D 135 Ec49
Reischach D 143 Ec50
Reisjärvi FIN 82 Ka28
Reiskirchen D 126 Cd42
Reiss GB 5 Ec04
Reiste D 126 Cc40
Reitan N 77 Db33
Reitan N 78 Eb27
Reitano I 167 Fb84
Reite N 67 Gb12
Reith A 143 Ea53
Reit im Winkl D 143 Eb52
Reitkalli FIN 90 La38
Reittiö FIN 82 La29
Reitwein D 128 Fc36
Reivyčiai LT 113 Jd53
Rejdová SK 138 Jb48
Rejmyre S 95 Ga45
Rejowiec PL 131 Kc40
Rejowiec Fabryczny PL 131 Kc40
Rejsby DK 108 Da27
Rejštejn CZ 135 Ed48
Rejvíz CZ 137 Gd44
Reka HR 152 Gc57
Rekavice BIH 152 Gd62
Reke N 92 Ca44
Rekeland N 92 Cb46
Rekelänvaara FIN 75 Kd23
Reken D 125 Ca38
Rekijoki FIN 97 Jd39
Rekitno PL 130 Hd42
Rekovac SRB 178 Bb67
Rekowo PL 120 Fc32
Rekowo PL 121 Gd31
Reksa N 77 Dc29
Rekusaare EST 98 La45
Rekvik N 62 Gc09
Rėkyva LT 114 Ka54
Rel' RUS 99 Ma42
Relaghbeg IRL 9 Cc19
Relíquias P 58 Ab72
Reljovo BG 179 Cc72
Rellanos E 37 Ca54
Relletti FIN 81 Jd25
Relleu E 55 Fc70
Rellingen D 118 Db32
Remagen D 125 Bd42
Remalard F 29 Ga38
Remauville F 29 Ha39
Remchingen D 134 Cc47
Remda D 127 Dd42
Remda RUS 99 Lc45
Remdalens sameviste S 71 Fc24
Remédios P 50 Aa66
Reméréville F 25 Jd37
Remeskylä FIN 82 Kc27
Remetea RO 170 Cb58
Remetea RO 172 Ea58
Remetea Chioarului RO 171 Da55
Remetea Mare RO 174 Bd60
Remeți RO 171 Da54
Remetské Hámre SK 139 Kb48
Remice PL 120 Fc35
Remich L 133 Bb45
Rémilly F 30 Hc43
Remiremont F 31 Ka39
Remmarbäcken S 80 Gc29
Remmarn S 80 Gd28
Remmen S 87 Fc34
Remmene S 102 Ed48
Remmet S 87 Fb34
Remnes N 70 Fa21
Remniku EST 99 Lc43
Remolinos E 47 Fa60
Remoncourt F 31 Jd38
Remontnoe RUS 205 Ga15
Remouchamps B 124 Ba42
Remoulins F 42 Ja53
Remøy N 76 Cb32
Rempji LV 106 La49
Remplin D 119 Ec32
Rempstone GB 16 Fa24
Remptendorf D 135 Ea43
Remscheid D 125 Ca40
Remseck D 134 Cd48
Remshalden D 134 Cd48
Remte LV 105 Jd51
Remungol F 27 Eb40
Rémuzat F 42 Jc51
Remy F 23 Ha35
Rena E 51 Ca68
Rena N 86 Eb37
Renac F 27 Ec40
Renaison F 34 Hd46
Renålandet S 79 Fd28
Renales E 47 Eb63
Renavas LT 113 Jc53
Renazé F 28 Fa40
Řenče CZ 135 Ed46
Rencēni LV 106 Kd48
Rencēnmuiža LV 106 Kd47
Renchen D 133 Ca49
Renda LV 105 Jc50
Rende I 164 Gb80
Rendína GR 184 Cc78
Rendsburg D 118 Db30
Renedo E 38 Db55
Renedo E 46 Da60
Renedo de Valderaduey E 37 Cd57
Renesse NL 124 Ab37
Renève F 31 Jc41
Renfors S 80 Hb25
Renge LV 113 Jd53
Rengsdorf D 125 Ca42
Rengsjö S 87 Gb37
Renholmen S 73 Hd24
Renieblas E 47 Eb60
Reningelst B 21 Ha30
Renko FIN 90 Ka37
Renkomäki FIN 90 Kc37
Renkum NL 125 Bb37
Rennebu N 77 Dd31
Rennerod D 125 Cb42
Rennertshofen D 134 Dc48
Rennes F 28 Ed39
Renningen D 134 Cc48
Rennweg A 143 Ed55
Renon I 143 Dd56
Renså N 66 Ga13
Rensjön S 67 Ha14
Rensjön S 79 Ga30
Reńska Wieś PL 137 Ha43
Rensvik N 77 Da30
Rentjärn S 72 Gd24
Renträsk S 72 Ha22
Rentweinsdorf D 134 Dc44
Renviken S 72 Gd22
Renvyle IRL 8 Bb20
Renwez F 24 Hd33
Renzendorf D 126 Da42
Reo EST 105 Jc46
Reola EST 99 Lb45
Reolid E 53 Ea70
Repbäcken S 95 Fd40
Repedea RO 171 Dc54
Repel F 31 Jc38
Rep'evka RUS 203 Fb13
Repki PL 131 Ka36
Replot FIN 81 Hd30
Repojoki FIN 69 Jd12
Reponiemi FIN 68 Ja15
Reposaari FIN 89 Ja35
Repparfjord N 63 Ja06
Reppen N 84 Cd36
Reppenstedt D 118 Dc34
Represa E 37 Cc57
Repstad N 93 Da46
Repvåg N 64 Jb05
Requejo E 37 Bd58
Requena E 54 Fa68
Réquista F 41 Ha53
Rerik D 119 Ea31
Reșadiye TR 192 Fa81
Reșadiye TR 192 Ga87
Reșadiye TR 197 Ed91
Reșadiye TR 205 Fc20
Resana I 150 Ea59
Resanovci BIH 158 Gb64
Resarö S 96 Gd43
Resavica SRB 174 Bd66
Reschen I 142 Db55
Resele S 79 Gb30
Reselec BG 179 Da69
Resen BG 180 Dd70
Resen MK 182 Ba76
Resende P 44 Ba61
Resenstad DK 100 Da22
Rešety RUS 107 Ma49
Rešetylivka UA 204 Ed15
Resia I 142 Db55
Reșița RO 174 Ca62
Reškėtėnai LT 113 Jc55
Resko PL 120 Fd32
Reškutėnai LT 115 Lb55
Resmo S 111 Gb53
Resna MNE 159 Hd69
Resnik SRB 153 Jc62
Resö S 94 Ea45
Resolven GB 19 Ea27
Respenda de la Peña E 38 Da56
Resse D 126 Da36
Ressons-sur-Matz F 23 Ha34
Restelica KSV 178 Ba73
Resteröd S 102 Eb47
Resuller TR 187 Gc77
Resuttano I 167 Fa85
Reszel PL 122 Jb31
Retamal de Llerena E 51 Ca70
Retamar E 61 Eb76
Retamoso E 52 Cd66
Retascón E 47 Ed62
Rétaud F 32 Fb47
Rethel F 24 Hd34
Rethem D 118 Da35
Réthimno GR 200 Cc95
Rethondes F 23 Ha35
Retie B 124 Ba39
Retiers F 28 Fa40
Retjun RUS 99 Mb43
Retkovci HR 153 Hc60
Retlahti FIN 98 Ka39
Retorta E 36 Bb55
Retortillo E 45 Ca63
Retournac F 34 Hd49
Rétság H 146 Hd51
Rétszilas H 146 Hc55
Rettenbach D 135 Eb48
Rettenberg D 142 Db52
Rettenegg A 144 Ga53
Retuerta del Bullaque E 52 Da67
Retunen FIN 83 Lb30
Retz A 136 Ga49
Retzstadt D 134 Da45
Reuden D 127 Eb38
Reuden D 127 Eb41
Reugny F 29 Ga41
Reugny F 33 Ha45
Reuilly F 29 Gd43
Reuland B 125 Bb42
Reuland B 133 Bb43
Reunasenmäki FIN 82 La26
Reus E 48 Gb62
Reusel NL 124 Ba39
Reut D 143 Ec50
Reuterstadt Stavenhagen D 119 Ed32
Reuth D 135 Eb43
Reuth D 135 Eb45
Reutlingen D 134 Cd49
Reutova LV 107 Lb52
Reutte A 142 Dc53
Reutuaapa FIN 74 Jd20
Revdal N 62 Ha10
Revel F 41 Gd54
Revello I 148 Bc61
Revenga E 46 Db63
Revenga de Campos E 38 Da58
Revere I 149 Dc61
Revesjö S 102 Ed50
Revest-du-Bion F 42 Jd52
Revetal N 93 Dd43
Revfülöp H 145 Ha55
Revholmen N 93 Ea44
Reviga RO 176 Ed65
Revigny-sur-Ornain F 24 Ja36
Revilla de Collazos E 38 Da57
Revin F 24 Hd33
Revine I 150 Ea58
Reviningeby S 110 Fa56
Révleányvár H 139 Ka49
Řevnice CZ 136 Fb45
Řevničov CZ 136 Fa44
Revo I 142 Dc56
Revonkylä FIN 83 Ma30
Revonlahti FIN 81 Jd25
Revsnes N 66 Ga13
Revsnes N 67 Gb11
Revsnes N 84 Cd37
Revsneshamn N 63 Ja05
Revsudden S 103 Gb52
Revsund S 87 Fc32
Revúca SK 138 Jb49
Rewa PL 121 Ha29
Rexbo S 95 Fd39
Reyðarfjörður IS 3 Bc05
Reykhólar IS 2 Ac03
Reykholt IS 2 Ac05
Reykholt IS 2 Ac04
Reykjadiskur IS 2 Ba03
Reykjahlíð IS 3 Bb04
Reykjanes IS 2 Ac02
Reykjavík IS 2 Ac04
Rēzaka LV 107 Lb48
Rezé F 28 Ed42
Rēzekne LV 107 Ld51
Rezi H 145 Gd55
Rezina MD 173 Fd55
Rezovo BG 186 Fa74
Rezzato I 149 Da59
Rezzo I 43 La52
Rezzoaglio I 149 Cc62
Rgotina SRB 179 Ca67
Rhade D 118 Da33
Rhade D 125 Bd38
Rhandirmwyn GB 15 Dd26
Rhauderfehn D 117 Cb33
Rhaunen D 133 Bd44
Rhayader GB 15 Ea25
Rhäzüns CH 142 Cd55
Rheda-Wiedenbrück D 126 Cc38
Rhede D 125 Bd38
Rhede (Ems) D 117 Ca34
Rheden NL 125 Bc37
Rheinau D 133 Ca48
Rheinbach D 125 Bd42
Rheinberg D 125 Bd38
Rheinböllen D 133 Ca44
Rheinbrohl D 125 Ca42
Rheine D 117 Ca36
Rheinfelden CH 141 Ca52
Rheinfelden D 141 Ca52
Rheinhausen D 141 Ca50
Rheinmünster D 133 Ca48
Rheinsberg D 119 Ed34
Rheinstetten D 133 Cb47
Rheinzabern D 133 Cb47
Rhêmes-Notre-Dame I 148 Bc58
Rhêmes-Saint-Georges I 148 Bc58
Rhenen NL 125 Bb37
Rhens D 133 Ca43
Rheurdt D 125 Bc39
Rhiconich GB 4 Dd04
Rhigos GB 19 Ea27
Rhinau F 31 Kc38
Rhinow D 119 Eb35
Rhiw GB 14 Dc23
Rho I 149 Cc59
Rhode IRL 13 Cc21
Rhondda GB 19 Ea27
Rhoose GB 19 Ea28
Rhos GB 19 Dd27
Rhoscrewther GB 18 Db27
Rhossili GB 18 Dc27
Rhu GB 6 Dc12
Rhubodach GB 6 Dc13
Rhumspringe D 126 Dc39
Rhydcymerau GB 15 Dd26
Rhydlewis GB 14 Dc26
Rhydowen GB 15 Dd26
Rhyl GB 15 Ea22
Rhymney GB 19 Ea27
Rhynie GB 7 Ec08
Riace I 164 Gc83
Riace Marina I 164 Gc83
Riákia GR 183 Bd78
Rial E 36 Ad56
Riala S 96 Ha42
Rialp E 40 Gb58
Rial (Soutomaior) E 36 Ad57
Riaño E 37 Cd56
Riaño E 37 Cc54
Rians F 42 Jd54
Rianxo E 36 Ad56
Riaza E 46 Dc62
Ribačij RUS 113 Ja57
Ribäcken FIN 81 Hd31
Ribadavia E 36 Ba57
Ribadelago E 37 Bd58
Riba de Neira E 36 Bc56
Ribadeo E 37 Bd53
Riba de Saelices E 47 Eb63
Ribadesella E 37 Cd54
Ribadouro P 44 Ba61
Ribadumia E 36 Ad56
Ribaforada E 47 Ed59
Ribafrecha E 39 Eb58
Ribamondego P 44 Bb63
Ribarci SRB 179 Ca72
Ribarica BG 179 Da71
Ribariće SRB 178 Ba69
Riba-roja d'Ebre E 48 Ga62
Riba-roja del Túria E 54 Fb67
Ribarska Banja SRB 178 Bc68
Ribas de Miño E 36 Bb56
Ribatejada E 46 Dc63
Ribba I 148 Bb61
Ribbesbüttel D 126 Dc36
Ribblehead GB 11 Ec19
Ribe DK 108 Da26
Ribeauvillé F 31 Kb38
Ribécourt-Dreslincourt F 23 Ha34
Ribeira E 37 Bd56
Ribemont F 24 Hb33
Ribera I 166 Ec86
Ribérac F 32 Fd49
Ribera del Fresno E 51 Bd70
Ribera de Piquín E 36 Bc55
Ribesalbes E 54 Fc66
Ribes de Freser E 41 Gd58
Ribița RO 175 Cc60
Ribnica BIH 153 Hc63
Ribnica SLO 151 Fb59
Ribnica SLO 151 Fc59
Ribnica SRB 159 Jb65
Ribnica na Pohorju SLO 144 Fd56
Ribnik HR 151 Fd59
Ribnița MD 173 Fd55
Ribnitz-Damgarten D 119 Ec30
Ribnovo BG 184 Cd74
Ribordone I 148 Bc59
Ribota E 38 Dd55
Ricabo E 37 Cb55
Říčany CZ 136 Fc45
Riccall GB 16 Fb20
Riccia I 161 Fc73
Riccio I 156 Ea67
Riccione I 156 Eb64
Richebourg F 23 Gc37
Richebourg F 30 Jb39
Richelieu F 28 Fd43
Richisau CH 142 Cc54
Richmond GB 11 Ed18
Richmond GB 20 Fc28
Richtenberg D 119 Ed31
Richterswil CH 141 Cb53
Richvald SK 139 Jd46
Ričice HR 151 Ga63
Ricieliai LT 123 Kc30
Rickarum S 110 Fa55
Rickeå S 80 Hc27
Ricken CH 142 Cc53
Rickenbach D 141 Ca52
Rickling D 118 Dc31
Rickmansworth GB 20 Fc27
Ricla E 47 Ed61
Ricobayo E 45 Cb60
Ricse H 147 Ka50
Rictûne LV 98 Ka44
Riđane HR 158 Gb65
Ridasjärvi FIN 90 Kb38
Riddarhyttan S 95 Fd42
Ridderkerk NL 124 Ad37
Riddes CH 141 Bc56
Riđica SRB 153 Hd58
Riebnesluspen S 72 Gb20
Riec-sur-Bélon F 27 Dd40
Ried A 142 Db54
Ried D 142 Dc50
Riedau A 144 Fa50
Riedbach D 134 Dc44
Riede D 118 Cd34
Riedeļi LV 106 Ka50
Rieden D 135 Ea47
Riedenburg D 135 Ea48
Ried im Innkreis A 143 Ed51
Riedlingen D 142 Cd50
Riedstadt D 134 Cc44
Riegel D 141 Ca50
Riegersburg A 144 Ga55
Riegersdorf A 144 Fa56
Riegoabajo E 37 Cb53
Riego de Ambros E 37 Ca57
Riego del Camino E 45 Cb59
Riekki FIN 75 Lb19
Riello E 37 Cb56
Rielves E 52 Da66
Rieneck D 134 Da44
Rieni RO 170 Cb58
Riensena E 37 Cd54
Rieponlahti FIN 82 Kd30
Riepsdorf D 119 Dd30
Riera E 37 Ca55
Riesa D 127 Ed40
Riesbürg D 134 Db48
Rieseby D 108 Db29
Riesenbeck D 117 Cb36
Riese Pio X I 150 Ea59
Riesi I 167 Fa86
Riestedt D 127 Dd39
Rietavas LT 113 Jc55
Rietberg D 126 Cc38
Rieti I 156 Eb70
Rietschen D 128 Fc40
Rieumes F 40 Gb55
Rieupeyroux F 41 Gd52
Rieussec F 41 Hb55
Rieux F 27 Ec41
Rieux F 40 Gb55
Riez F 42 Ka53
Riezlern A 142 Da53
Riffenmatt CH 141 Bc54
Riffian I 142 Dc55
Rifiano I 142 Dc55
Rifugio Campitelli I 161 Fa72
Riga LV 106 Kb50
Rigács H 145 Gd54
Rigáni GR 188 Bb84
Riggisberg CH 141 Bd54
Rignac F 33 Gd51
Rignano Flaminio I 156 Eb70
Rignano sull ,Arno I 155 Dc65
Rigney F 31 Jd41
Rigny-Ussé F 28 Fd42
Rigolato I 143 Ec56
Rigolizia I 167 Fc87
Rigside GB 10 Ea14
Riguldi EST 97 Jd43
Rihen AL 159 Jb70
Rihiá GR 195 Bd90
Rihtniemi FIN 89 Ja37
Riihijärvi FIN 91 Ma32
Riihijoki FIN 83 Ma30
Riihikoski FIN 89 Jc38
Riihimäki FIN 82 Kb31
Riihimäki FIN 90 Kb38
Riihiniemi FIN 90 Kc35
Riihivaara FIN 83 Lc26
Riihivaara FIN 83 Ld26
Riihivakama FIN 89 Jd38
Riiho FIN 89 Jb35
Riiho FIN 90 Ka33
Riikola FIN 91 Ma32
Riipi FIN 69 Jd16
Riippa FIN 81 Jc28
Riippi FIN 89 Ja32
Riisikkala FIN 89 Jd37
Riisipere EST 98 Kb43
Riispyy FIN 89 Hd34
Riistavesi FIN 82 La30
Riitiala FIN 89 Jc34
Riječa BIH 159 Hc64
Riječani MNE 159 Hd68
Rijeka BIH 153 Hc63
Rijeka BIH 159 Hd66
Rijeka HR 151 Fa60
Rijeka Crnojevića MNE 159 Ja70

Rijen - Rosoman

Rijen NL 124 Ad38
Rijnwarden NL 125 Bc37
Rijsbergen NL 124 Ad38
Rijsel = Lille F 23 Ha31
Rijssen NL 117 Bd36
Rijswijk NL 116 Ad36
Rikkaranta FIN 83 Lb30
Riksgränsen S 67 Gc13
Rikstad N 77 Dd31
Riksu EST 105 Jc47
Rila BG 179 Cb73
Rilax FIN 97 Jc41
Rilci BG 181 Fa69
Rilievo I 166 Ea84
Rillé F 28 Fd41
Rillo E 47 Fa63
Rilly-la-Montagne F 24 Hc35
Rima San Giuseppe I 148 Bd58
Rimasco I 148 Ca58
Rimaucourt F 30 Jb38
Rimavska Baňa SK 138 Ja49
Rimavska Seč SK 146 Jb50
Rimavská Sobota SK 146 Ja50
Rimbach D 134 Cc45
Rimbach D 135 Ec47
Rimbo S 96 Gd42
Rimella I 148 Ca57
Rimetea RO 171 Da59
Rimforsa S 103 Fd47
Rimicāni LV 107 Lb52
Rimini I 156 Eb64
Rimmi EST 107 Lb47
Rimmi FIN 81 Jb28
Rimmilä FIN 90 Ka37
Rimminjoki FIN 82 Kc30
Rimmu EST 106 Kd46
Rimnieki LV 105 Jc50
Rímnio GR 183 Bc79
Řimov CZ 136 Fb48
Rimpar D 134 Da45
Rimpelä FIN 69 Jd15
Rimpilänniemi FIN 82 Kd26
Rimše LT 115 Lc54
Rimske Toplice SLO 151 Fd58
Rimsting D 143 Eb52
Rinchnach D 135 Ed48
Rincón de la Victoria E 60 Da76
Rinda LV 105 Jb49
Rindal N 77 Dc31
Rindbø N 66 Fd14
Rindby DK 108 Cd26
Rinde N 84 Cc37
Rindsholm DK 100 Db23
Rinella I 167 Fc82
Ringaliai LT 113 Jd56
Ringamåla S 111 Fc53
Ringarum S 103 Gb47
Ringaskiddy IRL 12 Bd26
Ringe D 117 Ca35
Ringe DK 109 Dd27
Ringebu N 85 Dd36
Ringelai D 135 Ed49
Ringgau D 126 Db41
Ringkøbing DK 108 Cd24
Ringleben D 127 Dd40
Ringnäs S 86 Fa37
Ringsend GB 9 Cd15
Ringsta S 79 Fc30
Ringsted DK 109 Eb26
Ringvattnet S 79 Fd27
Ringvoll N 93 Ea43
Ringwood GB 20 Ed30
Rinkaby S 95 Fd44
Rinkaby S 111 Fb55
Rinkabyholm S 103 Ga52
Rinkenæs DK 108 Db28
Rinkilä FIN 91 Lc33
Rinlo E 37 Bd53
Rinn A 143 Dd54
Rinna S 103 Fc47
Rinøya N 66 Fd14
Rinsumageest NL 117 Bc33
Rintala FIN 81 Jb30
Rintatalo FIN 81 Jb29
Rinteln D 126 Cd37
Rinyabesenyő H 152 Ha57
Rinyaszentkirály H 152 Gd57
Río GR 188 Bb85
Riocorvo E 38 Db55
Río de Onor P 45 Bd59
Río de Trueba E 38 Dc55
Riodeva E 47 Fa65
Río Frío P 45 Bd59
Rio Frio P 50 Ab69
Riofrío E 37 Cb57
Riofrío E 46 Cd64
Riofrío de Aliste E 45 Ca59
Riofrío del Llano E 47 Ea62
Riola I 149 Dc63
Riola Sardo I 169 Bd77
Riolobos E 45 Bd65
Riolo Terme I 150 Dd63
Riom F 34 Hb46
Riomaggiore I 155 Cd64
Rio Maior P 50 Ab67
Riomalo de Arriba E 45 Ca64
Rio Marina I 155 Da68
Rio Mau P 44 Ac60
Riom-ès-Montagnes F 33 Ha48
Rion-des-Landes F 39 Fa53
Rionegro del Puente E 45 Ca59
Rionero in Vulture I 161 Ga75
Rionero Sannitico I 161 Fa72
Riópar E 53 Eb71
Rioscuro E 37 Ca56
Rioseco E 47 Ea60
Rioseco de Tapia E 37 Cb56
Rioseco (Sobrescobio) E 37 Cc55
Riotord F 34 Ja48
Rioux F 32 Fb47
Rioveggio I 149 Dc63
Rioxuán E 36 Bc55
Rioz F 31 Jd41
Ripakluokta S 67 Gd17
Ripanj SRB 153 Jc62
Ripanj SRB 174 Bb64
Riparbella I 155 Da66
Ripatransone I 157 Fa68
Ripats S 73 Hb18
Ripatti FIN 90 Kd34
Ripiceni RO 172 Ed55
Ripky UA 202 Ec13
Ripley GB 16 Fa24
Ripoll E 49 Gd59
Ripollet E 49 Gd61
Ripon GB 11 Fa19
Riposto I 167 Fd85
Ripponden GB 16 Ed21
Rips NL 125 Bb38
Ripsa S 95 Gb45
Riquewihr F 31 Kb38
Riš BG 181 Ec71
Risan MNE 159 Hd69
Risåsen S 86 Ed33
Risbäck S 79 Fd26
Risbäck S 80 Gd29
Risberg S 80 Hb25
Risberg S 86 Fa38
Risberget N 94 Ec40
Risböle S 81 Hd26
Risby GB 21 Ga25
Risca GB 19 Eb27
Rișca RO 171 Cd58
Rîșcani MD 173 Fa55
Riscle F 40 Fc54
Risco E 52 Cc69
Rișcova MD 173 Fd57
Risdal N 93 Da45
Risdall N 92 Cc46
Rise N 66 Fc12
Rise N 77 Dd33
Riseberga S 110 Ed54
Risede S 79 Fc27
Riseley GB 20 Fc25
Risholen S 95 Fd39
Risinge S 103 Ga46
Risipeni MD 173 Fa56
Risis FIN 97 Ja40
Riska N 92 Ca44
Risliden S 80 Hb25
Risliden S 80 Ha25
Risnabben S 73 Hb23
Risnes N 92 Cc45
Rišňovce SK 145 Ha50
Risögrund S 73 Jb21
Risør N 93 Db45
Risoul 1850 F 35 Kb50
Risøy N 62 Gc08
Risøyhamn N 66 Fd12
Rissa N 78 Ea29
Rissna S 79 Fd31
Riste FIN 89 Jb36
Ristee FIN 83 Ma31
Risteli FIN 83 Lb26
Risti EST 98 Ka44
Ristiina FIN 90 La35
Ristijärvi FIN 82 La25
Ristijärvi FIN 90 Ka34
Ristiküla EST 106 Kc46
Ristilä FIN 75 Kc19
Ristilä FIN 90 Kc32
Ristilampi FIN 69 Ka17
Ristimäki FIN 90 Kc32
Ristinen FIN 82 Kd29
Ristinge DK 109 Dd28
Ristinkylä FIN 83 Lc31
Ristonmännikkö FIN 69 Ka16
Ristovac KSV 178 Bc71
Risträsk S 79 Gb25
Risudden S 79 Ga28
Risulahti FIN 91 Lb34
Risum-Lindholm D 108 Da28
Risuperä FIN 75 Kd20
Risuperä FIN 82 Ka30
Risvolvollen N 78 Ec29
Ritabulli LV 106 Kb50
Ritamäki FIN 81 Jb31
Rite LV 114 La53
Ritíni GR 183 Bd79
Ritola FIN 81 Jd31
Ritoniemi FIN 82 La30
Ritopek SRB 174 Bb64
Ritsem S 67 Gb16
Ritten I 143 Dd56
Ritterhude D 118 Cd34
Ritupe RUS 107 Ma49
Ritvala FIN 90 Ka36
Ritzleben D 119 Ea35
Riudarenes E 49 Hb60
Riudoms E 48 Gb62
Riumar E 48 Ga63
Riutta FIN 81 Jd28
Riutta FIN 83 Ld29
Riutta FIN 89 Ja35
Riuttala FIN 82 Kd30
Riuttala FIN 89 Jb35
Riuttanen FIN 89 Jc34
Riutula FIN 69 Ka11
Riva E 38 Dd55
Rīva LV 105 Jb51
Riva-Bella F 22 Fc35
Riva dei Tessali I 162 Gd76
Riva del Garda I 149 Db58
Riva di Solto I 149 Da58
Riva di Tures I 143 Ea55
Rivanazzano I 148 Cb61
Rivarbukt N 63 Hd08
Rivarolo Canavese I 148 Bd59
Rivarolo Mantovano I 149 Da61
Rivas E 47 Fa59
Riva SanVitale I 149 Cc58
Rivas de Tereso E 38 Ea57
Rive-de-Gier F 34 Ja47
Rivello I 161 Ga77
Rivergaro I 149 Cd61
Riverstick IRL 12 Bd26
Riverstown IRL 12 Bd25
Riverville IRL 12 Bb24
Rives F 35 Jc48
Rivesaltes F 41 Hb57
Rivignano I 150 Ec58
Rivinperä FIN 82 Kb26
Rívio GR 188 Ba83
Rivisondoli I 161 Fa71
Rivne UA 202 Ea14
Rivne UA 204 Ed16
Rivoli I 148 Bc60
Rivolta d'Adda I 149 Cd59
Rixö S 102 Eb47
Ríza GR 188 Bb85
Rižana SLO 151 Fa59
Rizário GR 183 Bc77
Rize TR 205 Ga19
Rizenbach CH 141 Bc54
Rízes GR 194 Bc88
Rízia GR 185 Eb75
Rizokarpaso CY 206 Ka95
Rizoma GR 183 Bb80
Rizómilos GR 189 Ca81
Rjabinovka RUS 113 Ja59
Rjabovskij RUS 203 Fc13
Rjahovo BG 180 Eb68
Rjånes N 76 Cc33
Rjasino RUS 107 Mb50
Rjazan' RUS 203 Fa11
Rjazanka RUS 203 Fc12
Rjažsk RUS 203 Fb11
Rjukan N 93 Db41
Rø DK 111 Fc57
Rö S 88 Gc32
Rö S 96 Gd42
Roa E 46 Db60
Roa N 85 Ea40
Roade GB 20 Fb26
Roager DK 108 Da27
Roaillan F 32 Fc51
Roald N 76 Cc32
Roan N 78 Ea27
Roana I 150 Dd58
Roanne F 34 Hd46
Roaschia I 148 Bc63
Roasjö S 102 Ed49
Roata de Jos RO 176 Dd66
Roavvegiedde N 64 Jd07
Roavvesávu FIN 64 Jc09
Röbäck S 80 Hb28
Robakowo PL 121 Hb33
Robănești RO 175 Da66
Robbio I 148 Cb60
Robeasca RO 176 Ed64
Robecco d'Oglio I 149 Da60
Röbel D 119 Ec33
Røberg N 78 Ea29
Roberton GB 11 Ec15
Robertsfors S 80 Hc27
Robertsholm S 95 Ga39
Robertville B 125 Bb42
Robeži LV 105 Jb50
Robežnieki LV 115 Ld53
Robič SLO 150 Ed57
Robilante I 148 Bc63
Robin Hood's Bay GB 17 Fc18
Robledillo de Trujillo E 51 Ca68
Robledo E 37 Bd57
Robledo E 53 Ea70
Robledo de Chavela E 46 Da64
Robledo del Buey E 52 Cd67
Robledo del Mazo E 52 Cd67
Robledollano E 51 Cb67
Robles de la Valcueva E 37 Cc56
Röblingen D 127 Ea40
Robliza de Cojos E 45 Cb62
Robregordo E 46 Dc62
Robres E 48 Fb60
Robres del Castillo E 39 Eb58
Robru N 85 Db38
Roc HR 151 Fa60
Rocafort de Queralt E 48 Gb61
Roca Llisa E 56 Gc69
Rocamadour F 33 Gc50
Roca Vecchia I 163 Hc76
Roccabianca I 149 Da61
Roccadaspide I 161 Fd76
Rocca di Cambio I 156 Ed70
Rocca di Mezzo I 156 Ed70
Rocca di Neto I 165 Gd80
Rocca di Papa I 160 Eb72
Roccaforte del Greco I 164 Gb84
Roccagorga I 160 Ec73
Rocca Imperiale I 162 Gc77
Roccalbegna I 155 Dc68
Roccalumera I 167 Fd84
Roccamandolfi I 161 Fb73
Roccamena I 166 Ec85
Roccamonfina I 161 Fa73
Roccanova I 162 Gb77
Roccapalumba I 166 Ed85
Rocca Pietore I 143 Ea56
Rocca Priora I 156 Ed66
Roccaraso I 161 Fa72
Rocca San Casciano I 156 Dd64
Roccasecca I 160 Ed72
Rocca Sinibalda I 156 Ec70
Roccastrada I 155 Dc67
Roccatederighi I 155 Db67
Roccavarano I 148 Ca62
Roccella Jonica I 164 Gc83
Rocchetta San Antonio I 161 Fd74
Rochdale GB 16 Ed21
Roche E 59 Bd77
Roche GB 18 Db31
Rochechouart F 33 Ga47
Rochecolombe F 34 Ja51
Rochefort B 132 Ad43
Rochefort F 32 Fa46
Rochefort-en-Terre F 27 Ec40
Rochefort-Montagne F 33 Ha47
Rochegude F 42 Jb52
Rochehaut B 132 Ad44
Rochemaure F 42 Jb51
Rocheservière F 28 Ed43
Rochester GB 11 Ed15
Rochester GB 20 Fd28
Rochetaillée F 35 Jd49
Rochetaillée-sur-Saône F 34 Jb46
Rochfortbridge IRL 13 Cb21
Rochlitz D 127 Ec41
Rochnia PL 122 Ja34
Rociana del Condado E 59 Bc74
Rociu RO 175 Dc65
Rock GB 18 Db31
Rockanje NL 124 Ac37
Rockchapel IRL 12 Bc24
Rockcorry IRL 9 Cc18
Rockenhausen D 133 Ca45
Rockhammar S 95 Fd43
Rockhill IRL 12 Bd24
Rockneby S 103 Gb52
Röcknitz-Böhlitz D 127 Ec40
Rockolding D 135 Ea49
Ročov CZ 136 Fa44
Rocroi F 24 Hd33
Rodach, Bad D 134 Dc43
Roda de Isábena E 40 Ga58
Roda de Ter E 49 Ha59
Rodaki PL 138 Hd43
Rodalben D 133 Ca46
Rodaljice HR 157 Ga64
Rodalquilar E 61 Eb76
Rodålund S 80 Hb27
Rödånäs S 80 Hb27
Rödåsel S 80 Hb27
Rodavgi GR 188 Ad81
Rødberg N 85 Db40
Rødbergshamn N 62 Gc10
Rödbo S 102 Eb48
Rødby DK 109 Ea29
Rødbyhavn DK 109 Ea29
Rødding DK 100 Da22
Rødding DK 100 Db23
Rødding DK 108 Da26
Røddinge DK 109 Eb28
Rödeberg D 126 Db40
Rödeby S 111 Fd54
Rode Heath GB 15 Ec22
Rodeiro E 36 Ba56
Rødekro DK 108 Db27
Rodel GB 4 Cd06
Roden NL 117 Bd33
Rodenbach D 134 Cd44
Rodenberg D 126 Da36
Rodenkirchen D 118 Cd33
Rödental D 135 Dd43
Rödermark D 134 Cc44
Rödermark D 134 Cd44
Rodersdorf D 135 Eb43
Rodewald D 118 Da35
Rodewisch D 135 Eb43
Rodewitz D 128 Fc41
Rodez F 33 Ha51
Rodgau D 134 Cc44
Rødhus Klit DK 100 Db20
Rodiá GR 182 Ba79
Rodiá GR 183 Bb80
Rodiá GR 189 Bc85
Rodiá GR 194 Ba88
Rodi-Fiesso CH 141 Cb56
Rodi Garganico I 161 Ga71
Roding D 135 Eb47
Rödingersdorf A 136 Ga49
Rödinghausen D 126 Cc37
Rödingträsk S 80 Gd26
Roditsa GR 189 Bd83
Rødkærsbro DK 100 Db23
Rodleben D 127 Eb38
Rodna RO 172 Dd56
Rodniki RUS 203 Fa09
Rodohóri GR 183 Bc77
Rodolívos GR 184 Cd77
Rödön S 79 Fb30
Rodonyà E 49 Gc62
Rodópoli GR 183 Cb76
Rodopós GR 200 Cb94
Ródos GR 197 Fa92
Rodováni GR 200 Cb95
Rødøy N 70 Fa19
Rodrażew PL 129 Gd39
Rodrigas (Riotorto) E 36 Bc54
Rødsand N 67 Gb11
Rødseidet N 78 Ec25
Rødsjøen N 78 Ea28
Rødskov DK 101 Dd23
Rødvig DK 109 Ec27
Rodzone PL 122 Hd33
Roela EST 98 La42
Røen N 77 Dc31
Roermond NL 125 Bb40
Roeselare B 21 Ha30
Roeselare B 124 Aa39
Roești RO 175 Da64
Roetgen D 125 Bb41
Röfors S 95 Fc45
Róg PL 122 Jb33
Rog S 95 Fd39
Rogač HR 158 Gb67
Rogačevka RUS 203 Fb13
Rogačica KSV 178 Bc71
Rogačica SRB 159 Jb64
Rogaieni MD 173 Fc55
Rogajny PL 122 Hd31
Rogale PL 123 Jd30
Rogalice PL 129 Gd41
Rogalin PL 129 Gc37
Rogart GB 5 Ea06
Rogäsen D 127 Eb37
Rogaška Slatina SLO 151 Ga57
Rogatec SLO 151 Ga57
Rogatica BIH 159 Hd65
Rogätz D 127 Ea37
Roggel NL 125 Bb39
Roggenburg D 142 Db50
Roggendorf D 119 Dd32
Roggentin D 119 Ed33
Roggiano Gravina I 164 Gb79
Roghi MD 173 Fd57
Roghudi I 164 Gb84
Rogil P 58 Ab73
Rogliano F 154 Cc67
Rogliano I 164 Gc80
Rognan N 71 Fd18
Rogne N 85 Dc37
Rognes F 42 Jc53
Rognmo N 67 Gc11
Rognskog N 77 Db31
Rogny-les-Sept-Écluses F 29 Ha40
Rogoš BG 180 Db73
Rogovka LV 107 Ld50
Rogovo RUS 107 Ma47
Rogów PL 130 Hd38
Rogowo PL 121 Gd35
Rogowo PL 122 Hc34
Rogóż PL 122 Ja30
Rogoz RO 171 Db56
Rogozče BG 184 Dc76
Rogozina BG 181 Fb69
Rogoznica HR 157 Ga66
Rogoźnica PL 129 Gb41
Rogoźniczka PL 131 Kb37
Rogoźnik PL 129 Gb41
Rogoźno PL 121 Gc35
Rogóźno PL 121 Hb33
Rogoźno PL 130 Hd37
Rogslösa S 103 Fc47
Rogsta S 87 Gb35
Roguszyn PL 131 Jd36
Rohan F 27 Eb39
Rohia RO 171 Db56
Röhlingen D 134 Db48
Rohovládova Bělá CZ 136 Ga44
Rohozná CZ 137 Gb46
Rohožník SK 145 Gd50
Rohr D 126 Dc42
Rohr D 134 Dc47
Rohr D 135 Ea49
Rohrau A 145 Gc51
Rohrbach D 135 Dd49
Rohrbach an der Gölsen A 144 Ga51
Rohrbach an der Lafnitz A 144 Ga53
Rohrbach in Oberösterreich A 136 Fa49
Rohrbach-lès-Bitche F 25 Kb35
Rohrberg D 119 Dd35
Rohr im Gebirge A 144 Ga52
Röhrnbach D 135 Ed49
Röhrsdorf D 127 Ec42
Rohuküla EST 97 Jd44
Rohuneeme EST 98 Kb42
Rois E 36 Ad56
Roisel F 23 Ha33
Roismala FIN 89 Jc36
Roissy F 23 Ha37
Roitegi E 39 Eb57
Roitzsch D 127 Eb39
Roiu EST 99 Lb45
Roizy F 24 Hd34
Roja LV 105 Jd49
Rojales E 55 Fb72
Rojão P 44 Ad63
Röjdåfors S 94 Ed40
Rojewice PL 121 Ha35
Rojewo PL 121 Ha35
Rojiște RO 179 Da67
Röjnoret S 80 Hb25
Röka S 72 Gd24
Rokai LT 114 Kc57
Rokansalo FIN 91 Lb34
Röke S 110 Fa54
Røkenes N 66 Fd12
Røkenes N 67 Gb12
Rokiciny PL 130 Hd39
Rokietnica PL 129 Gc36
Rökiö FIN 81 Ja30
Rokiškis LT 114 La53
Rokitki PL 128 Ga40
Rokitnica PL 139 Kb44
Rokitno PL 131 Kc37
Rokity PL 121 Gd30
Rokkala FIN 91 Ma32
Rokkamäki FIN 90 Kc32
Rokke N 94 Eb44
Røkkum N 77 Db31
Roknäs S 73 Hc23
Rokua FIN 82 Kb25
Rokycany CZ 136 Fa46
Rokytne UA 202 Eb14
Rokytnice nad Jizerou CZ 128 Fd42
Rokytnice v. Orl. horźch CZ 137 Gb44
Rolampont F 30 Jb39
Rölanda S 94 Eb45
Rolandstorp S 79 Fb26
Rold DK 100 Dc22
Røldal N 92 Cc41
Roldán E 55 Fa73
Rolde NL 117 Bd34
Role PL 121 Gc31
Rolfs S 73 Ja21
Rolfstorp S 102 Ec51
Rollag N 93 Dc41
Rollamienta E 47 Eb59
Rollán E 45 Cb62
Röllbach D 134 Cd45
Rolle CH 140 Ba55
Rollshausen D 126 Db39
Rolsberga S 110 Fa55
Rolsted DK 109 Dd27
Rolvenden GB 21 Ga29
Rolvsnes N 92 Ca41
Rom F 32 Fd45
Roma I 160 Eb71
Roma RO 172 Ec55
Romagnano Sesia I 148 Ca58
Romakkajärvi FIN 74 Jc18
Romakloster S 104 Ha49
Roman BG 179 Cd70
Roman RO 172 Ed58
Românași RO 171 Cd57
Romancos E 47 Ea63
Românești RO 173 Fa55
Românești RO 173 Fa57
Români RO 172 Ec58
Români de Sus RO 175 Da63
Romanija BIH 159 Hc65
Romanillos de Medinaceli E 47 Ea62
Romankovka RUS 99 Mb40
Romano di Lombardia I 149 Cd59
Romanów PL 131 Kc38
Romanówka PL 123 Kb32
Romanowo Górne PL 121 Gb35
Romanshorn CH 142 Cd52
Romans-sur-Isère F 34 Jb49
Romanu RO 177 Fa63
Romanyà de la Selva E 49 Hb60
Rombak N 67 Gc13
Rombas F 25 Jd35
Rombiolo I 164 Gb82
Romeán E 36 Bc55
Romelanda S 102 Ec48
Romenay F 30 Jb44
Romeny-sur-Marne F 24 Hb36
Rome = Roma I 160 Eb71
Römerstein D 134 Cd49
Rometta I 167 Fd84
Romeu P 45 Bc60
Romfartuna S 95 Gb42
Romfo N 77 Dc32
Romford GB 20 Fd28
Romhány H 146 Hd51
Römhild D 134 Dc43
Romilly-sur-Seine F 30 Hc38
Romme S 95 Fd40
Rommele S 102 Ec47
Rommerskirchen D 125 Bd40
Romny UA 202 Ed14
Romodan UA 202 Ed14
Romont CH 141 Bb55
Romorantin-Lanthenay F 29 Gc42
Romos RO 175 Cd61
Romoșel RO 175 Cd61
Romppala FIN 83 Ld29
Romrod D 126 Cd42
Romsey GB 20 Fa30
Romsila FIN 97 Jd39
Rømskog N 94 Eb42
Romstad N 78 Ec27
Romuli RO 171 Dc55
Romund N 85 Dc35
Røn N 85 Dc37
Rona de Jos RO 171 Db54
Rona de Sus RO 171 Db54
Rönäs S 71 Fc22
Rønbjerg DK 100 Da22
Roncal E 39 Fa57
Roncegno I 150 Dd58
Ronce-les-Bains F 32 Fa47
Roncesvalles E 39 Ed56
Ronchamp F 31 Ka40
Ronchi di Legionari I 150 Ed58
Ronciglione I 156 Ea70
Roncobello I 149 Cd58
Ronco Canavese I 148 Bc59
Ronco Scrivia I 148 Cb62
Ronda E 59 Cb76
Rondablikk N 85 Dd35
Rønde DK 101 Dd23
Rondissone I 148 Bd60
Rone S 104 Ha50
Ronehamn S 104 Ha50
Rones N 78 Eb28
Rong N 84 Cc39
Rongesund N 84 Bd38
Rõngu EST 106 La46
Ronkaisperä FIN 82 Ka27
Ronkala FIN 91 Lb33
Rönkhausen D 125 Cb40
Rönkönlehto FIN 82 La26
Rönkönvaara FIN 83 Lc31
Rönnäs FIN 98 Kd39
Rönnäs S 79 Ga25
Rönnbäcken S 71 Fd23
Rønne DK 111 Fc58
Ronneburg D 127 Eb42
Ronneburg D 134 Cd43
Ronneby S 111 Fd54
Ronneby hamn S 111 Fd54
Rønnede DK 109 Eb27
Ronnenberg D 126 Da36
Rønnes N 93 Da46
Rönneshytta S 95 Fc45
Rönnfällan S 80 Ha25
Rönnholm FIN 81 Hd31
Rönnholm S 80 Ha29
Rönninge S 96 Gc44
Rønningen N 67 Gc12
Rönnliden S 72 Ha23
Rönnöfors S 79 Fb29
Rönnskär S 80 Hc25
Rönnynkylä FIN 82 Kb29
Rönnynranta FIN 75 Kd19
Rönö S 103 Gb46
Ronquières B 124 Ac41
Ronsberg D 142 Db51
Ronse B 124 Ab40
Ronshausen D 126 Db41
Ronzone I 142 Dc56
Roobaka EST 97 Jd45
Roobe EST 106 La47
Roodeschool NL 117 Ca32
Röölä FIN 97 Jb39
Roonah Quay IRL 8 Bb19
Roosendaal NL 124 Ad38
Roosinpohja FIN 90 Ka33
Roosky IRL 8 Bd19
Roosky IRL 8 Ca17
Roosky IRL 8 Ca19
Rooslepa EST 97 Jd43
Roosna-Alliku EST 98 Kd43
Ropa PL 138 Jc45
Ropaži LV 106 Kc50
Ropczyce PL 139 Jd44
Ropefield IRL 8 Bd18
Ropeid N 92 Cb42
Roperuelos del Páramo E 37 Cb58
Ropinsalmi FIN 68 Hc12
Ropley GB 20 Fa29
Ropotovo MK 183 Bb75
Roppe F 31 Kb40
Ropša RUS 99 Mb40
Ropsley GB 17 Fc23
Ropso RUS 99 Lc41
Roquebillière F 43 Kd52
Roquebrun F 41 Hb54
Roquebrune-sur-Argens F 43 Kb54
Roquecourbe F 41 Gd54
Roquefort F 40 Fc53
Roquefort-sur-Soulzon F 41 Hb53
Roquesteron F 43 Kc52
Roquetas de Mar E 61 Ea76
Roquetes E 48 Ga63
Røra N 78 Eb28
Röra S 102 Eb47
Rörbäck S 73 Ja21
Rörbäcksnäs S 86 Ed37
Rørbæk DK 100 Dc22
Rørby DK 109 Ea26
Rore BIH 158 Gc64
Rørholt DK 101 Dd21
Rørholt N 93 Dc44
Rørnes N 62 Ha09
Rörö S 102 Eb49
Rörön S 87 Fc32
Røros N 86 Eb32
Rørøya N 70 Ed22
Rorschach CH 142 Cd53
Rørstad N 66 Fd16
Rörum S 111 Fb56
Rörvattnet S 79 Fb28
Rørvig DK 109 Eb25
Rørvik N 78 Eb25
Rørvik N 78 Ea29
Rörvik S 103 Fc50
Rørvika N 66 Ga13
Rørvika N 66 Ga14
Ros' BY 202 Dd13
Ros E 38 Dc58
Rösa D 127 Ec39
Rosà I 150 Dd59
Rosal E 36 Ac58
Rošal' RUS 203 Fa10
Rosala FIN 97 Jc41
Rosal de la Frontera E 51 Bb71
Rosalejo E 45 Cc65
Rosans F 42 Jc51
Rosapenna IRL 9 Cb15
Rosapineta I 150 Eb61
Rosário P 51 Bb69
Rosarno I 164 Gb83
Rosbach vor der Höhe D 134 Cc43
Roscales E 38 Da56
Roșcani MD 173 Fc57
Roșcani RO 174 Cb61
Roscanvel F 26 Db38
Rosche D 119 Dd34
Rosciano I 156 Ec65
Roščino RUS 202 Ea08
Rościszewo PL 122 Hd35
Roscoff F 26 Dc37
Ros Comáin IRL 8 Ca20
Roscommon IRL 8 Ca20
Ros Cré IRL 13 Ca22
Roscrea IRL 13 Ca22
Roščyno RUS 113 Jb59
Rosdorf D 126 Db39
Rose I 164 Gb80
Rosebush GB 14 Dc26
Rosedale Abbey GB 11 Fb18
Rosegreen IRL 13 Ca24
Rosehearty GB 5 Ed07
Roseldorf A 136 Ga49
Rosell E 48 Fd64
Roselle I 155 Dc68
Rosen BG 181 Ed73
Rosenberg D 134 Cd46
Rosenberg D 134 Da47
Rosenbergergut D 136 Fa49
Rosendahl D 125 Ca37
Rosendal FIN 97 Jc40
Rosendal N 78 Ed25
Rosendal N 84 Cb40
Rosenfeld D 142 Cc50
Rosenfors S 103 Ga50
Rosengarten D 118 Db33
Rosengarten D 134 Da47
Rosenheim D 143 Eb52
Rosenow D 119 Ed32
Rosenthal D 126 Cd41
Rosenthal D 128 Fb40
Rosentorp S 87 Fc37
Roses E 41 Hc58
Roseți RO 181 Ed67
Roseto Capo Spulico I 164 Gc78
Roseto degli Abruzzi I 157 Fa69
Roseto Valfortore I 161 Fd73
Rosetti, C.A. RO 176 Ed64
Rosetti, C.A. RO 177 Ga64
Rosheim F 25 Kb37
Rosia I 155 Dc67
Roșia RO 170 Cb57
Roșia RO 175 Db61
Roșia de Amaradia RO 175 Da63
Roșia de Secaș RO 175 Da60
Roșia Montană RO 171 Cd59
Roșia Nouă RO 174 Cb60
Rosica BG 181 Fa68
Rosice CZ 137 Gb47
Rosières F 34 Ja51
Rosières-aux-Salines F 25 Jd37
Rosières-en-Blois F 25 Jc37
Rosieres-en-Santerre F 23 Ha33
Roșiești RO 177 Fb60
Rosignano Marittima I 155 Da66
Rosignano Solvay I 155 Da66
Roșiile RO 175 Da64
Roșiori RO 170 Cb56
Roșiori RO 172 Ed59
Roșiori RO 176 Ed65
Roșiori de Vede RO 180 Dc67
Rositz D 127 Eb41
Roskhill GB 4 Da08
Roskilde DK 109 Eb26
Roskovec AL 182 Ab76
Roskow D 127 Ec36
Roslags-Bro S 96 Ha42
Roslags-Kulla S 96 Ha43
Ros Láir IRL 13 Cd25
Roslau D 135 Ea44
Roslavl' RUS 202 Ec12
Roslev DK 100 Da22
Rosli N 85 Dc35
Rosliston GB 16 Ed24
Rosmalen NL 124 Ba38
Rosmaninhal P 51 Bb66
Ros Mhic Thriúin IRL 13 Cc24
Rosmult IRL 13 Ca23
Rosnay F 29 Gb44
Rosnay-l'Hôpital F 30 Ja38
Rosnowo PL 121 Gb31
Rosochate Kościelne PL 123 Ka34
Rosolina I 150 Ea61
Rosolina Mare I 150 Eb61
Rosolini I 167 Fc88
Rosoman MK 183 Bc75

Rosoy F 30 Hb39
Rosporden F 27 Dd39
Rossa CH 142 Cc56
Røssåga N 71 Fb21
Rossano I 164 Gc79
Rossano Stazione I 164 Gc79
Rossau D 127 Ed41
Roßbach D 127 Ea40
Roßbach D 135 Ec49
Rössbyn S 94 Gd41
Rosscahill IRL 8 Bc20
Rosscarbery IRL 12 Bc26
Roßdorf D 126 Db42
Roßdorf D 127 Eb36
Roßdorf D 134 Cc45
Rosseland N 92 Cd45
Rosses Point IRL 8 Bd18
Rossett GB 15 Eb22
Rossevatn N 92 Cd45
Rossfjord N 62 Gc10
Rossgeir IRL 9 Cc16
Rossglass GB 9 Da18
Roßhaupten D 142 Dc52
Rossiglione I 148 Cd62
Rossignol F 33 Ga49
Rossinver IRL 8 Ca17
Rossio ao Sul do Tejo P 50 Ad66
Roßla D 127 Dd40
Røssland N 84 Ca38
Rosslare IRL 13 Cd25
Rosslare Harbour IRL 13 Cd25
Roßlau, Dessau- D 127 Eb38
Roßleben D 127 Ea40
Rossnowlagh IRL 8 Ca17
Rossön S 79 Ga29
Ross-on-Wye GB 15 Ec26
Rossoš' RUS 203 Fb13
Rossosz PL 131 Kb37
Rossoszyca PL 129 Hb39
Roßtal D 134 Dc46
Røssvassbukta N 71 Fb22
Rossvika N 70 Ec24
Rossvoll N 67 Gc11
Roßwein D 127 Ed41
Rostadalen N 67 Ha11
Röstånga S 110 Ed18
Rostock D 119 Eb31
Rostov RUS 203 Fa09
Rostov- na-Donu RUS 205 Fc15
Rostrenen F 27 Ea39
Rostrevor GB 9 Da19
Röström S 79 Ga27
Rostudel F 27 Db39
Rosturk IRL 8 Bb19
Røstvollen N 86 Ec34
Roșu MD 177 Fb61
Rösvattnet S 80 Gc29
Røsvik N 66 Fd17
Rosvik S 73 Hd23
Roszczep PL 121 Gd29
Roszki PL 129 Gd39
Roszki-Wodzki PL 123 Ka34
Rot S 87 Fb37
Rota E 59 Bc76
Rota Greca I 164 Gb79
Rot am See D 134 Db47
Rotari MD 173 Fd54
Rotava CZ 135 Ec44
Rotebro S 96 Gd43
Rotella I 156 Ed68
Rotello I 161 Fc72
Rotenburg an der Fulda D 126 Da41
Rotenburg (Wümme) D 118 Da34
Rotgülden A 143 Ed54
Roth D 135 Dd47
Rotha D 127 Eb41
Roth an der Our D 133 Bb44
Rothemühl D 120 Fa33
Röthenbach D 135 Dd46
Röthenbach D 142 Dc52
Röthenbach im Emmental CH 141 Bd54
Rothenbuch D 134 Cd44
Rothenburg D 127 Ea39
Rothenburg D 128 Fc40
Rothenburg ob der Tauber D 134 Db46
Rothenfels D 134 Da45
Rothenschirmbach D 127 Ea40
Rotherham GB 16 Fa21
Rothes GB 7 Eb08
Rothesay GB 6 Dc13
Rothiesholm GB 5 Ec02
Röthlein D 134 Db44
Rothleiten A 144 Fd54
Rothwell GB 16 Fa20
Rothwell GB 20 Fb23
Rotimlja BIH 158 Hb67
Rotiojoki FIN 82 Kc27
Rotkreuz CH 141 Cb54
Rotonda I 164 Gb78
Rotondella I 162 Gc77
Rótova E 54 Fc69
Rotsjö S 87 Fd32
Rotsund N 62 Ha09
Rotta I 156 Ea36
Rottach-Egern D 143 Ea52
Rott a. Inn D 143 Eb51
Røttelva N 66 Fd15
Röttenbach D 134 Dc45

Röttenbach D 134 Dc47
Rottenbuch D 142 Dc52
Rottenburg D 135 Ea49
Rottenburg am Neckar D 134 Cc49
Rottendorf D 134 Db46
Rottenmann A 144 Fb53
Rotterdam NL 124 Ad37
Rotthalmünster D 143 Ed50
Rottingdean GB 20 Fc30
Röttingen D 134 Da46
Röttle S 103 Fb48
Rottleberode D 127 Dd39
Rottmersleben D 127 Ea37
Rottne S 103 Fc51
Rottneros S 94 Ed42
Rottofreno I 149 Cd61
Rottum NL 117 Bc34
Rottweil D 141 Cb50
Rotunda MD 173 Fa54
Rotvik N 67 Gb12
Rötviken S 79 Fb28
Rotvoll N 78 Ec30
Rötz D 135 Eb47
Rouaine F 43 Kb52
Roubaix F 24 Hd31
Roudnice CZ 136 Fb43
Roudouallec F 27 Dc39
Rouen F 23 Gb35
Rouffach F 31 Kb39
Rouge F 28 Ed40
Rougemont F 31 Jd41
Roughburn GB 7 Dd10
Rouillac F 32 Fc47
Rouillé F 32 Fd45
Roujan F 41 Hc54
Roukala FIN 81 Jc27
Rožeňi LV 106 Kc47
Rožental PL 122 Hd32
Rozgarty PL 121 Hb34
Rozier-Côtes-d'Aurec F 34 Hd48
Róźinowo PL 122 Hc35
Rozivka UA 205 Fb16
Rozkopaczew PL 131 Kb39
Rozkoš S 136 Ga48
Rožmberk nad Vltavou CZ 136 Fb49
Rožmitál pod Tr. CZ 136 Fa46
Rožňava SK 138 Jb49
Rožniatow PL 129 Hb38
Rožnov RO 172 Ec58
Rožňov p° Radhoštěm CZ 137 Hb46
Roznów PL 138 Jb45
Roznowice PL 138 Jc45
Rožnów PL 129 Gc36
Rozogi PL 122 Jc32
Rožok RUS 203 Fb09
Rozovec BG 180 Dc72
Rozoy-sur-Serre F 24 Hd34
Rozprza PL 130 Hd40
Rozsály H 147 Kc51
Roztoki Górne PL 106 Kb47
Roztoky CZ 136 Fb44
Rožula LV 106 Kd49
Róžyński Wielki PL 123 Jd32
Róžyšče UA 202 Ea14
Rrogozhinë AL 182 Ab75
Rsavci SRB 178 Bb67
Rsovci SRB 179 Ca68
Rtyně v Podkrkonoší CZ 136 Fd43
Rua P 44 Bb62
Ruanes E 51 Ca67
Ruba BY 202 Eb11
Ruba LV 113 Jd53
Rubani LV 107 Lc50
Rubbestad N 67 Gb11
Rubbestad N 67 Gb11
Rubbestadneset N 92 Ca41
Rübeland D 127 Dd39
Rubene LV 106 Kd48
Rubeņi LV 115 Lb53
Rubeži MNE 159 Hd68
Rubi E 49 Gd61
Rubiá E 37 Bd56
Rubián E 36 Bc56
Rubiás E 36 Bc55
Rubiás E 36 Bc58
Rubielos Bajos E 53 Ec68
Rubielos de la Cérida E 47 Fa63
Rubielos de Mora E 54 Fb65
Rubiera I 149 Db62
Rubigen CH 141 Bd54
Rubikai LT 113 Jc53
Rubikiai LT 114 La56
Rubkow D 120 Fa31
Rublacedo de Abajo E 38 Dc57
Rublenița MD 173 Fc54
Rubno Wielkopolski PL 122 Hc30
Rucăr RO 176 Dd63
Rucava LV 113 Jb54

Ruchna PL 131 Jd36
Ruciane-Nida PL 122 Jc32
Ruciúnai LT 114 Kc56
Rucji RUS 107 Ma48
Rückersdorf D 135 Dd46
Rucphen NL 124 Ad38
Rud N 93 Dd41
Rud S 94 Fa43
Ruda PL 123 Jd32
Ruda PL 123 Ka32
Ruda PL 131 Jd38
Ruda S 103 Ga51
Rudabánya H 146 Jc50
Ruda-Huta PL 131 Kc39
Rudăičiai LT 113 Jb54
Rudakovo RUS 113 Jc58
Ruda Maleniecka PL 130 Ja40
Rudamina LT 114 La58
Rudamina LV 114 Kb59
Ruda nad Moravou CZ 137 Gc45
Rudanmaa FIN 89 Jb35
Rudare SRB 178 Bc69
Rudăria RO 174 Ca64
Ruda Różaniecka PL 139 Kc43
Ruda Śląska PL 138 Hc44
Rudawka PL 123 Kb31
Rudbårzi LV 105 Jc52
Rüddingshausen D 126 Cd42
Rude HR 151 Ga59
Rude LV 105 Jd49
Rude LV 113 Ja53
Ruden A 144 Fc56
Rudersberg D 134 Cd48
Rüdersdorf D 128 Fa36
Rüdershausen D 126 Db39
Ruderting D 135 Ed49
Rüdesheim D 133 Cb44
Rudgalviai LT 113 Jc55
Rudi MD 173 Fb53
Rudíkov CZ 136 Ga47
Rudiliai LT 114 Kd54
Rudilla E 47 Fa63
Rudina HR 151 Fb61
Rüdingsdorf D 128 Fa38
Rudinka HR 151 Fd62
Rudinovka RUS 107 Ma50
Rüdiškes LT 114 Kd58
Rudiškiai LT 114 Ka53
Rudka PL 122 Jb32
Rudka PL 123 Ka35
Rudka PL 131 Kd39
Rudkøbing DK 109 Dd28
Rudky UA 204 Dd15
Rhuddlan GB 15 Ea22
Rudlaukis LT 113 Jc56
Rudná CZ 136 Fb45
Rudna PL 129 Gb40
Rudn'a RUS 107 Mb51
Rudna S 73 Hb14
Rudna Glava SRB 174 Ca65
Rudňany SK 138 Jc48
Rudna Wielka PL 129 Gb39
Rudnia LT 123 Kd30
Rudnica MNE 159 Hd67
Rudnica PL 128 Fd36
Rudnik BG 181 Ed72
Rudnik BG 181 Fa71
Rudnik CZ 136 Ga43
Rudnik KSV 178 Ba70
Rudnik PL 121 Hb33
Rudnik PL 130 Jc41
Rudnik PL 131 Ka42
Rudnik PL 131 Kb41
Rudnik PL 137 Hb44
Rudnik SRB 163 Jc41
Rudniki PL 129 Hd41
Rudno CZ 136 Ga43
Rudno PL 121 Hb31
Rudno PL 129 Gb40
Rudno PL 131 Kb38
Rudno PL 137 Hb43
Rudno RUS 99 Ld43
Rudno SLO 151 Fb57
Rudo BIH 159 Ja65
Rudolfov CZ 136 Fb48
Rudolstadt D 127 Dd42
Rudopolje Bruvanjsko HR 151 Ga63
Rudovci SRB 153 Jc63
Rudovoe RUS 107 Ld48
Rudozem BG 184 Db75
Rudskoga S 95 Fb44
Ruds Vedby DK 109 Ea26
Rūdupiai LT 113 Jd54
Rudy PL 137 Hd44
Rudziczka PL 137 Gd45
Rudzienice PL 122 Hd32
Rudzienko PL 130 Jc38
Rudziš PL 131 Jd36
Rudziši LV 107 Ld52

Rueda E 46 Cd61
Rueda de Jalón E 47 Fa60
Rueda de Pisuerga E 38 Da56
Ruelle-sur-Touvre F 32 Fd47
Ruen BG 181 Ed72
Ruerrero E 38 Dc56
Ruesta E 39 Fa57
Ruffano I 163 Hc77
Ruffec F 32 Fd46
Ruffieu F 35 Jc46
Ruffieux F 35 Jd46
Rufford GB 15 Eb21
Rufina I 156 Dd65
Rugāji LV 107 Lc49
Rugby GB 20 Fa25
Rugeley GB 16 Ed24
Rugendorf D 135 Dd44
Rügland D 134 Dc46
Rugles F 23 Ga37
Rugsund N 84 Cb34
Rugška RO 172 Ed57
Rúguj RUS 202 Eb08
Ruhala FIN 89 Jd34
Ruhan' RUS 202 Ec12
Rude D 126 Cc41
Ruhland D 128 Fa40
Ruhmannsfelden D 135 Ec48
Ruhnu EST 105 Jd48
Ruhovaara FIN 83 Mb31
Ruhpolding D 143 Eb52
Ruhstorf D 143 Ed50
Ruhwarden D 117 Cc32
Ruidera E 53 Dd69
Ruila EST 98 Kb43
Ruinen NL 117 Bd34
Ruinerwold D 117 Bd34
Ruila EST 98 Kb43
Ruinas I 169 Ca77
Ruiselede B 78 Cd33
Ruivães P 44 Ba60
Rüjiena LV 106 Kd47
Rujište BIH 158 Hb66
Rujno BG 181 Ec68
Ruka FIN 75 La19
Rukainiai LT 115 Lb58
Rukajärvi FIN 75 La19
Rukavac HR 158 Gb68
Rukla LT 114 Kc57
Rukmani LV 107 Ld52
Rukovo RUS 107 Mb52
Ruleva LV 107 Ma52
Rullbo S 87 Fc35
Rülzheim D 133 Cb47
Rum H 145 Gc54
Ruma SRB 153 Jb61
Rumar FIN 97 Ja39
Rumboci BIH 158 Ha65
Rumburk CZ 128 Fb42
Rumelifeneri TR 186 Fc77
Rumenka SRB 153 Jb60
Rumford GB 18 Db31
Rumia PL 121 Ha29
Rumian PL 122 Hd33
Rumigny F 24 Hd33
Rumilly F 35 Jd46
Rumilly-lès-Vaudes F 30 Hd39
Rümlang CH 141 Cb52
Rummey GB 19 Eb28
Rummu EST 98 Ka43
Rummukka FIN 90 La32
Rumo FIN 82 La27
Rumont F 24 Jb36
Rumpani LV 107 Lb48
Rumškiškes LT 114 Kc57
Rumskulla S 103 Fd49
Rumy PL 122 Jc32
Runcorn GB 15 Ec22
Runcu RO 175 Cc63
Runcu RO 175 Db63
Runcu RO 176 Dd63
Rundås N 107 Ma52
Runde N 76 Cb32
Rundflöen N 86 Ed40
Rundhaug N 67 Gd11
Rundhaugen N 71 Fc20
Runding D 135 Ec47
Rundmoen N 71 Fd20
Rundvik S 80 Ha29
Runemo S 87 Ga37
Rungsted DK 109 Ec25
Runhällen S 95 Gb41
Runnabackan IRL 8 Ca20
Runni FIN 82 Kc28
Runovo PL 130 Jb37
Runowo PL 122 Ja30
Runtaleave GB 7 Eb10
Runtuna S 95 Gb45
Ruokojärvi FIN 68 Jc17
Ruokojärvi S 73 Ja19
Ruokokoski FIN 90 Kd32
Ruokola FIN 91 Ld33
Ruokolahti FIN 91 Ld34
Ruokotaipale FIN 91 Lb35
Ruotsi S 67 Gd17
Ruotsalo FIN 81 Jb28
Ruotsinkylä Svenskby FIN 90 Kd38
Ruotsinpyhtää FIN 90 Kd37
Ruottisenharju FIN 75 Kc22
Ruovesi FIN 89 Jd34
Rupa HR 151 Fb60
Rupe HR 157 Ga65
Rupea RO 176 Dd61
Rupersdorf CH 141 Ca53
Rugendorf D 135 Dd44
Ruginești RO 172 Ec58
Ruginești RO 176 Ed61
Ruginoasa RO 172 Ed57
Rügland D 134 Dc46
Rugles F 23 Ga37
Rugsund N 84 Cb34
Rugška RO 172 Ed57
Rúguj RUS 202 Eb08
Ruhala FIN 89 Jd34
Ruhan' RUS 202 Ec12
Rude D 126 Cc41
Ruhland D 128 Fa40
Ruhmannsfelden D 135 Ec48
Ruhnu EST 105 Jd48
Ruhovaara FIN 83 Mb31
Ruhpolding D 143 Eb52
Ruhstorf D 143 Ed50
Ruhwarden D 117 Cc32
Ruidera E 53 Dd69
Ruila EST 98 Kb43
Ruinen NL 117 Bd34

Ruona FIN 89 Ja37
Ruonlahti FIN 97 Jc39
Ruopsa FIN 74 Kb18
Ruorasmäki FIN 90 Kd34
Ruotaanmäki FIN 82 Kc28
Ruoti I 161 Ga75
Ruotinkylä FIN 82 Kb31
Ruotsalo FIN 81 Jb28
Ruovo del Monte I 161 Ga75
Ruvo di Puglia I 162 Gc74
Ruynes-en-Margeride F 34 Hb49
Ruyuela de Río Franco E 46 Db59
Ruza RUS 202 Ed10
Ružany BY 202 Ea13
Ruzgai LT 113 Jc53
Ružić HR 158 Gb65
Ružica BG 181 Ed69
Ružina LV 107 Lc51
Ružinci BG 179 Cb68
Ružomberok SK 138 Hd47
Ruzsa H 153 Ja57
Ry DK 108 Dc24
Rya N 86 Ec35
Ryba RUS 113 Jb57
Rybaki PL 121 Ha30
Rybaki PL 128 Fc38
Rybany SK 137 Hb49
Rybczewice PL 131 Kb40
Rybienko Leśne PL 122 Jc35
Rybinsk RUS 202 Ed09
Rybna PL 138 Hd44
Rybnica Leśna PL 129 Gb42
Rybnik PL 123 Kb33
Rybnik PL 137 Hb44
Rybník CZ 135 Ec46
Rybno PL 122 Jb32
Rybno PL 122 Jc35
Rybno PL 130 Ja39
Rybno PL 130 Hd41
Rybnoe RUS 203 Fa11
Ryboły PL 123 Kb34
Rybotycze PL 139 Kb45
Rychliki PL 122 Hc31
Rychnov CZ 128 Fb43
Rychnov nad Kněžnou CZ 137 Gd44
Rychnowo PL 129 Ha41
Rychnowo PL 121 Gb34
Rychnowy PL 121 Gd31
Rychtal PL 129 Ha41
Rychtářov CZ 137 Gc47
Rychwał PL 129 Ha38
Ryczów PL 138 Hd44
Ryczywoł PL 121 Gc35
Ryczywoł PL 130 Jc38
Ryd S 111 Fd53
Rydaholm S 103 Fb51
Rydal S 102 Ed49
Rydboholm S 102 Ed49
Ryde GB 20 Fa30
Rydet S 102 Eb50
Rydsgård S 110 Fa56
Rydsnäs S 103 Fd49
Rydułtowy PL 137 Hb44
Rydzewo PL 122 Jc35
Rydzewo-Świątki PL 123 Jd32
Rydzyna PL 129 Gb39
Rye F 31 Jc43
Rye GB 21 Ga30
Ryen N 77 Ea30
Ryfoss N 85 Db37
Rygge N 93 Ea43
Ryglice GB 138 Jc44
Ryhälä FIN 91 Lb34
Ryhälänmäki FIN 82 Kd27
Ryhänta FIN 82 La25
Ryjewo PL 121 Hb32
Rykantai LT 114 La58
Rykene N 93 Da46
Ryki PL 131 Jd38
Rylišškiai LT 123 Kc30
Ryl'sk RUS 202 Ed13
Ryman PL 120 Fc33
Rymań PL 120 Fc33
Rymanów PL 139 Ka45
Rymanów-Zdrój PL 139 Ka45
Rymařov CZ 137 Gd45
Rymättylä FIN 97 Jb39
Ryn PL 122 Jc31
Rynarcice PL 129 Gb40
Rynarzewo PL 121 Gd34
Rynie PL 123 Ka30
Rynkänpuoli FIN 74 Kb20
Rynoltice CZ 128 Fc42

Ruusa EST 107 Lc46
Ruuskankylä FIN 82 Ka27
Ruusmäe EST 107 Lc47
Ruutana FIN 82 Kb28
Ruutana FIN 89 Jd35
Ruuvaoja FIN 69 Kc14
Ruvanaho FIN 74 Kd18
Ruvaslahti FIN 83 Lc29
Ruvo del Monte I 161 Ga75
Ruvo di Puglia I 162 Gc74
Ruynes-en-Margeride F 34 Hb49
Ruyuela de Río Franco E 46 Db59
Ruza RUS 202 Ed10
Ružany BY 202 Ea13
Ruzgai LT 113 Jc53
Ružić HR 158 Gb65
Ružica BG 181 Ed69
Ružina LV 107 Lc51
Ružinci BG 179 Cb68
Ružomberok SK 138 Hd47
Ruzsa H 153 Ja57
Ry DK 108 Dc24
Rya N 86 Ec35
Ryba RUS 113 Jb57
Rybaki PL 121 Ha30

Saá E 36 Bc56
Saadet TR 192 Ga81
Sääksjärvi FIN 81 Jd30
Sääksjärvi FIN 90 Jb36
Sääksjärvi FIN 90 Kc38
Sääkskoski FIN 89 Jb36
Sääksmäki FIN 89 Jd36
Saal D 119 Ec30
Saalah N 90 Kb34
Saal an der Donau D 135 Ea48
Saal an der Saale D 134 Db43
Saalbach A 143 Eb53
Saalburg-Ebersdorf D 135 Ea43
Saales F 31 Kb38
Saalfeld D 127 Dd42
Saalfelden am Steinernen Meer A 143 Ec53
Säämälä FIN 91 Lb36
Saanen CH 141 Bc55
Säänjärvi FIN 91 Lb36
Saara D 127 Eb41
Saaramaa FIN 90 La37
Saarbrücken D 133 Bd45
Saarburg D 133 Bc45
Saare EST 99 Lb44
Saare EST 105 Jc48
Saare EST 106 Kd46
Saareküla EST 105 Jd46
Saarela FIN 82 Lc26
Saarela FIN 83 Lc26
Saaren kirkonkylä FIN 91 Ld33
Saarenkylä FIN 74 Ka19
Saarenkylä FIN 82 Ka29
Saarenpää FIN 74 Jd18
Saaresmäki FIN 82 Kc28
Saaresmäki FIN 82 Kc28
Saari FIN 90 Kc38
Saari FIN 91 Ld33
Saariharju FIN 74 Kb20
Saarijärvi FIN 89 Jb36
Saarijärvi FIN 82 Kc31
Saarikko FIN 89 Jd38
Saarikoski FIN 67 Hb12
Saarikoski FIN 82 Ka25
Saarikoski FIN 89 Jd38
Saarikylä FIN 75 La22
Saarikylät FIN 89 Jd36
Saarinen FIN 82 Kd25
Saario FIN 83 Ma31
Saaripudas FIN 68 Jb16
Saariselkä FIN 69 Ka12
Saarivaara FIN 75 Lb24
Saarivaara FIN 83 Lc30
Saarivaara FIN 83 Ma31
Saarlouis D 133 Bc46
Saarwellingen D 133 Bc46
Saas Almagell CH 148 Bd57
Saas Fee CH 148 Bd57
Saas Grund CH 148 Bd57
Sääskijärvi FIN 74 Kb20
Sääskiniemi FIN 82 La28
Saastna EST 98 Ka44
Saatağacı TR 185 Eb77
Sätse LV 107 Ld46
Šabac SRB 153 Ja61
Sabadell E 49 Gd61
Šabani RUS 107 Ma48
Săbăoani RO 172 Ed58
Sabaudia I 160 Ec73

Sabbioneta – Saint-Just-en-Chevalet

Sabbioneta I 149 Db61
Sabero E 37 Cd56
Sab Gregório P 36 Ba58
Sabile LV 105 Jd50
Sabiñánigo E 40 Fc58
Sabinares E 53 Ea69
Sabinov SK 138 Jc47
Sabiote E 52 Dc72
Šabla BG 181 Fc69
Sables-d'Or-les-Pins F 26 Ec37
Sablé-sur-Sarthe F 28 Fc40
Sabnie PL 131 Ka36
Såböle S 78 Fa30
Saborsko HR 151 Fd61
Säbrå S 88 Gc32
Sabres F 39 Fb52
Sabro DK 108 Dc24
Sabrosa P 44 Bb61
Sabugal P 45 Bc64
Sabugeiro P 44 Ba63
Sabuncupınar TR 193 Gb82
Säby S 95 Ga43
Säby S 103 Fc48
Säbyggeby S 87 Gb38
Šaca SK 139 Jd49
sa Cabaneta E 57 Hb67
Săcădat RO 170 Cb57
Săcădate RO 175 Db61
Saçaklı TR 191 Eb81
Săcălaşeni RO 171 Da55
Săcălaz RO 174 Bc60
sa Calobra E 57 Hb66
sa Canal E 56 Gc70
Sacañet E 54 Fb66
Săcăşeni RO 171 Cc55
Sacavém P 50 Aa68
Sacecorbo E 47 Eb63
Saceda E 37 Ca57
Sacedón E 47 Ea64
Săcel RO 171 Dc55
Săcel RO 175 Dc60
Săcele RO 176 Ea62
Săcele RO 177 Fc66
Săcelu RO 175 Cd63
Săceni RO 175 Dc66
Saceruela E 52 Cd69
Sachsen D 134 Dc47
Sachsenbrunn D 135 Dd43
Sachsenburg A 143 Ed55
Sachsenhagen D 126 Da36
Sachsenheim D 134 Cd48
Sacile I 150 Eb58
Šack BY 202 Ea13
Šack RUS 203 Fb11
Šac'k UA 202 Dd14
Saclas F 29 Gd38
Sacos E 36 Ad56
Sacoşu Turcesc RO 174 Bd61
Sacquenay F 30 Jb41
Sacramenia E 46 Db61
Sacu RO 174 Ca61
Săcueni RO 170 Cb56
Săcuieu RO 171 Cc57
Sada E 36 Ba54
Sádaba E 39 Ed58
Sadaclia MD 177 Fd60
Sadala EST 98 La43
Sadali I 169 Cb78
Sadelkow D 120 Fa33
Sadîc MD 177 Fc60
Sădievo BG 180 Ea72
Sadıkhacı TR 199 Hb88
Sadıkkırı TR 193 Gb84
Sadikov Bunar SRB 179 Ca69
Sadina BG 180 Eb69
Sadjem S 73 Hc18
Sadki PL 121 Gd34
Sadkowice PL 130 Jb38
Sadkowice PL 131 Jd40
Sadlinki PL 121 Hb32
Sadłowo PL 122 Hc34
Sadova MD 173 Fc57
Sadova RO 172 Ea56
Sadova RO 179 Da67
Sadovec BG 179 Da69
Sadovo BG 180 Db73
Sadovo BG 181 Fa71
Sadovoe MD 173 Fb55
Sadovoe RUS 113 Jc59
Sadovoe RUS 113 Jd58
Sadovoe RUS 113 Jd59
Sadovoe RUS 203 Ga14
Sądów PL 128 Fc37
Sadów PL 130 Hc42
Sadowne PL 123 Jd35
Sadu RO 175 Db62
Sädvaluspen S 71 Ga20
Sady PL 130 Jb39
Sæbe N 84 Cd37
Sæbø N 76 Cc33
Sæbø N 84 Ca38
Sæbøvik N 92 Ca41
Sæby DK 101 Dd20
Sæby DK 109 Ea26
Sædballe DK 109 Dd28
Săedinenie BG 180 Db73
Săedinenie BG 180 Dc73
Săedinenie BG 181 Ec71
Saelices E 53 Ea66
Saelices de Mayorga E 37 Cd58
Sælvig DK 109 Dd25
Saerbeck D 125 Cb37
Særslev DK 108 Dc26
Sæteråsen N 78 Eb28
Sætervika N 78 Ea26
Sætra N 62 Gb10
Sætran N 78 Ed26
Sætre N 86 Ec38
Sætre N 86 Eb37
Saeul L 133 Bb44
Sævareid N 84 Cb40
Sævråsvåg N 84 Ca38
Safa TR 192 Ga81
Safaalan TR 186 Fb76
Safara P 51 Bb71
Säffle S 94 Ed44
Saffré F 28 Ed41
Saffron Walden GB 20 Fd26
Safien-Platz CH 142 Cc55
Safonovo RUS 202 Ec11
Šafov CZ 136 Ga48
Safranbolu TR 205 Fa20
Säfsnäs S 95 Fb41
Sâg RO 171 Cc57
Şag RO 174 Bc61
Sagadi EST 98 Kd41
Sagaidac MD 173 Fd59
Sagallos E 45 Ca59
Sağancı TR 191 Ec84
Sagard D 120 Fa30
Sagbakken N 86 Ec37
Săgeata RO 176 Ed64
Sageika GR 188 Ba85
Sågen S 95 Fb40
Sagfjorden N 66 Fd16
Saggrenda N 93 Dc42
Sağılar TR 192 Fc81
Sağırlar TR 192 Fb83
Sagmoen N 71 Ga18
Sågmyra S 95 Fd39
Sagna RO 172 Ed58
Sagnity PL 122 Ja30
Sagone F 154 Ca70
Sagra E 55 Fc70
Sagrado I 150 Ed58
Sağrak TR 193 Gd89
Sagres P 58 Aa74
Sağtamtaş TR 185 Ec78
Şagu RO 174 Bd60
Sagunt E 54 Fc67
Sagunto E 54 Fc67
Sagvåg N 92 Ca41
Ságvár H 145 Hb55
Sahagún E 37 Cd58
Sahalahti FIN 90 Ka35
Sahankylä FIN 89 Jb33
Saharna Nouă MD 173 Fd56
Sahăteni RO 176 Ec64
Sahavaara S 68 Ja16
Sahechores E 37 Cd57
Sahilkent TR 199 Gb93
Şahin TR 185 Ec77
Şahin TR 192 Ga83
Şahinli TR 185 Eb80
Şahinyurdu TR 186 Fd79
Sahloinen FIN 90 Kb33
Şahmelek TR 186 Fb80
Şahmelek TR 187 Gb79
Sahrajärvi FIN 90 Ka32
Sahryń PL 131 Kd41
Šahty RUS 205 Fc15
Sahune F 42 Jc51
Šahun'ja RUS 203 Fc08
Šahy SK 146 Hc51
Saignelègiers CH 141 Bc53
Saignes F 33 Ha48
Saignon F 42 Jc53
Saija FIN 69 Kd16
Säijä FIN 89 Jd36
Saijanlahti FIN 83 Lb31
Saikari FIN 82 Kd30
Säikkä FIN 75 Kd20
Säikkola FIN 91 Lb35
Sailer TR 192 Fb87
Saillagouse F 41 Gd58
Saillans F 35 Jc50
Saimaanharju FIN 91 Lb35
Säimen FIN 91 Lc32
Sains-en-Amiénois F 23 Gd33
Sains-Richaumont F 24 Hc33
Saint Abbs GB 11 Ed13
Saint-Affrique F 41 Hb53
Saint-Agil F 29 Ga39
Saint-Agnan F 30 Hd44
Saint Agnes GB 18 Da31
Saint-Agrève F 34 Ja49
Saint-Aignan F 29 Gb42
Saint-Aignan F 40 Gb53
Saint-Aignan-le-Jaillard F 29 Gd40
Saint-Aignan-sur-Roë F 28 Fa40
Saint-Aigulin F 32 Fc49
Saint-Alban F 26 Eb38
Saint Albans GB 20 Fc27
Saint-Alban-sur-Limagnole F 34 Hc50
Saint-Allouestre F 27 Eb40
Saint-Amand-de-Coly F 33 Gb49
Saint-Amand-en-Puisaye F 30 Hb41
Saint-Amandin F 33 Ha48
Saint-Amand-les-Eaux F 24 Hb31
Saint-Amand-Longpré F 29 Gb41
Saint-Amand-Montrond F 29 Ha44
Saint-Amand-sur-Fion F 24 Ja37
Saint-Amans F 34 Hc50
Saint-Amans-de-Mounis F 41 Hb54
Saint-Amans-des-Cots F 33 Ha50
Saint-Amans-Soult F 41 Ha54
Saint-Amant-Roche-Savine F 34 Hc47
Saint-Amant-Tallende F 34 Hb47
Saint-Ambroix F 42 Ja52
Saint-Amé F 31 Ka39
Saint-Amour F 31 Jc44
Saint-Andiol F 42 Jb53
Saint-André-de-Corcy F 34 Jb46
Saint-André-de-Cubzac F 32 Fb50
Saint-André-de-l'Eure F 23 Gb37
Saint-André-de-Sangonis F 41 Hc54
Saint-André-de-Valborgne F 41 Hd52
Saint-André-les-Alpes F 43 Kb52
Saint Andrews GB 7 Ec12
Saint-Angeau F 32 Fd47
Saint-Angel F 33 Gd48
Saint Ann's GB 11 Eb15
Saint-Anne GBA 26 Ec34
Saint-Anthème F 34 Hd47
Saint-Antoine F 154 Cb70
Saint-Antoine l'Abbaye F 35 Jc48
Saint-Antoine-sur-l'Isle F 32 Fd49
Saint-Antonin-Noble-Val F 40 Gc52
Saint-Antonius B 124 Ad39
Saint-Août F 29 Gd44
Saint-Apollinaire F 30 Jb41
Saint-Apollinaire F 35 Ka50
Saint-Arcons-d'Allier F 34 Hc49
Saint-Arnoult-des-Bois F 29 Gb38
Saint Arvans GB 19 Eb27
Saint Asaph GB 15 Ea22
Saint-Astier F 33 Ga49
Saint Athan GB 19 Ea28
Saint-Auban F 42 Ka52
Saint-Auban F 43 Kb52
Saint-Auban-sur-l'Ouvèze F 42 Jc51
Saint Aubin CH 141 Bb54
Saint Aubin CH 141 Bc54
Saint-Aubin F 30 Jb42
Saint-Aubin F 39 Fb54
Saint-Aubin-d'Aubigné F 28 Ed39
Saint-Aubin-des-Châteaux F 28 Ed40
Saint-Aubin-des-Coudrais F 29 Ga39
Saint-Aubin-du-Cormier F 28 Fa39
Saint-Aubin-lès-Elbeuf F 23 Ga35
Saint-Aubin-sur-Aire F 24 Jb37
Saint-Aubin-sur-Loire F 30 Hc44
Saint-Aubin-sur-Mer F 22 Fc35
Saint-Augustin F 33 Gc48
Saint-Augustin-des-Bois F 28 Fb41
Saint-Aulaye F 32 Fd49
Saint Austell GB 18 Db31
Saint-Avit F 33 Ha46
Saint-Avit-de-Tardes F 33 Gd46
Saint-Avold F 25 Ka35
Saint-Aygulf F 43 Kb54
Saint-Barthélemy F 27 Ea40
Saint-Barthélémy-d'Anjou F 28 Fb41
Saint-Barthélemy-le-Plain F 34 Jb49
Saint-Baudille-et-Pipet F 35 Jd50
Saint-Bauzille-de-Montmel F 41 Hd53
Saint-Bauzille-de-Putois F 41 Hd53
Saint-Beat F 40 Ga56
Saint-Beauzély F 41 Hb52
Saint-Beauzire F 34 Hb48
Saint Bees GB 10 Ea18
Saint-Benin-d'Azy F 30 Hb43
Saint-Benoît F 35 Jc47
Saint-Benoît-des-Ondes F 22 Ed37
Saint-Benoît-du-Sault F 33 Gb45
Saint-Benoît-en-Woëvre F 25 Jc36
Saint-Benoît-sur-Loire F 29 Gd40
Saint-Bernard F 35 Jd48
Saint-Berthevin F 28 Fb39
Saint-Bertrand-de-Comminges F 40 Ga56
Saint-Blaise-la-Roche F 25 Kb37
Saint-Blimont F 23 Gc32
Saint-Blin F 30 Jb38
Saint-Bonnet F 35 Ka50
Saint-Bonnet-de-Joux F 30 Ja44
Saint-Bonnet-le-Château F 34 Hd48
Saint-Bonnet-le-Froid F 34 Ja49
Saint Boswells GB 11 Ec14
Saint-Brelade GBJ 26 Ec36
Saint-Brévin-les-Pins F 27 Ec42
Saint Briavels GB 19 Ec27
Saint-Brice-Courcelles F 24 Hc35
Saint-Brice-en-Cógles F 28 Fa38
Saint Brides GB 18 Db27
Saint-Brieuc F 26 Eb38
Saint-Bris-le-Vineux F 30 Hc40
Saint-Brisson F 30 Hd42
Saint Buryan GB 18 Da32
Saint-Calais F 29 Ga40
Saint-Cannat F 42 Jc54
Saint-Caprais F 29 Gd43
Saint-Capraise-de-Lalinde F 33 Ga50
Saint-Cast-le-Guildo F 26 Ec37
Saint Catherines GB 6 Dc12
Saint-Céneri-le-Gérei F 28 Fc38
Saint-Céré F 33 Gd50
Saint Cergue CH 140 Ba55
Saint-Cernin F 33 Ha49
Saint-Cernin-de-l'Herm F 33 Gb51
Saint-Chamant F 33 Gd49
Saint-Chamas F 42 Jc54
Saint-Chamond F 34 Ja48
Saint-Chaptes F 42 Ja53
Saint-Chély-d'Apcher F 34 Hc50
Saint-Chély-d'Aubrac F 34 Hb51
Saint-Chéron F 29 Gd38
Saint-Chinian F 41 Hb55
Saint-Christol F 42 Jd52
Saint-Christol-lès-Alès F 41 Hd52
Saint-Christoly-Médoc F 32 Fb48
Saint-Christophe-de-Double F 32 Fc49
Saint-Christophe-du-Ligneron F 28 Ed43
Saint-Christophe-en-Brionnais F 34 Hd45
Saint-Christophe-en-Oisans F 35 Ka49
Saint-Ciers-Champagne F 32 Fc48
Saint-Ciers-du-Taillon F 32 Fb49
Saint-Cirgues-de-Jordanne F 33 Ha49
Saint-Cirgues-en-Montagne F 34 Hd50
Saint-Cirq-Lapopie F 33 Gc51
Saint-Clair-sur-Epte F 23 Gc36
Saint-Clar F 40 Ga53
Saint-Clar-de-Rivière F 40 Gb55
Saint-Claude F 31 Jd44
Saint-Claud-sur-le-Son F 32 Fd47
Saint Clears GB 18 Dc27
Saint-Clement F 30 Hb39
Saint-Clément F 33 Gc48
Saint-Clément-des-Baleines F 32 Ed45
Saint-Clément-sur-Durance F 35 Kb50
Saint-Clet F 26 Ea37
Saint-Cloud F 29 Gb39
Saint-Colombier F 27 Eb41
Saint Columb Major GB 18 Db31
Saint Combs GB 5 Ed07
Saint-Côme-d'Olt F 34 Hb51
Saint-Cosme-en-Vairais F 28 Fd39
Saint-Crepin F 23 Gd35
Saint-Cyprien F 33 Gb50
Saint-Cyprien F 34 Hd47
Saint-Cyprien F 41 Hb57
Saint-Cyprien-Plage F 41 Hb57
Saint-Cyr-en-Val F 29 Gc40
Saint-Cyr-les-Colons F 30 Hc40
Saint Cyrus GB 7 Ed10
Saint-Dalmas-de-Tende F 43 Kd52
Saint-Dalmas-le-Selvage F 43 Kb51
Saint David's GB 14 Db26
Saint-Denis F 23 Gd36
Saint-Denis-de-Gastines F 28 Fb38
Saint-Denis-de-l'Hotel F 29 Gd40
Saint-Denis-de-Pile F 32 Fc50
Saint-Denis-d'Oléron F 32 Ed46
Saint-Denis-d'Orques F 28 Fc39
Saint Dennis GB 18 Db31
Saint-Denoual F 26 Ec38
Saint-Désiré F 29 Ha44
Saint-Didier-en-Velay F 34 Ja48
Saint-Dié-des-Vosges F 31 Ka38
Saint-Dier-d'Auvergne F 34 Hc47
Saint-Disdier F 35 Jd50
Saint-Dizier F 24 Ja37
Saint-Dizier-Leyrenne F 33 Gc46
Saint-Dolay F 27 Ec41
Saint-Domineuc F 28 Ed38
Saint-Donat-sur-l'Herbasse F 34 Jb48
Saint-Doulchard F 29 Gd42
Saint-Dyé-sur-Loire F 29 Gc41
Sainte-Anne-d'Auray F 27 Ea40
Sainte-Bazeille F 32 Fd51
Sainte-Cécile-d'Andorge F 41 Hd52
Sainte-Cécile-les-Vignes F 42 Jb52
Sainte-Colombe F 23 Ga36
Sainte-Colombe F 30 Hb42
Sainte Croix CH 141 Bb54
Sainte-Croix F 35 Jc50
Sainte-Croix-de-Verdon F 42 Ka53
Sainte-Croix-du-Mont F 32 Fc51
Sainte-Croix-en-Plaine F 31 Kb39
Sainte-Croix-Volvestre F 40 Gb56
Sainte-Engrace F 39 Fb56
Sainte-Enimie F 34 Hc51
Sainte-Eulalie F 34 Hd50
Sainte-Eulalie-d'Olt F 34 Hb51
Sainte-Eulalie-en-Royans F 35 Jc49
Sainte-Féréole F 33 Gc49
Sainte-Feyre F 33 Gd46
Sainte-Fortunade F 33 Gc49
Sainte-Foy de Morlaàs F 40 Fc55
Sainte-Foy-la-Grande F 32 Fd50
Sainte-Foy-l'Argentière F 34 Ja47
Sainte-Foy-Tarentaise F 35 Kb47
Sainte-Gauburge-Sainte-Colombe F 22 Fd37
Sainte-Geneviève des-Bois F 23 Gd37
Sainte-Geneviève-des-Bois F 29 Ha40
Sainte-Geneviève-sur-Argence F 33 Ha50
Saint-Egrève F 35 Jd48
Sainte-Hélène F 32 Fb50
Sainte-Hermine F 28 Fa44
Sainte-Jalle F 42 Jc51
Sainte-Livrade-sur-Lot F 40 Ga52
Saint-Elix-Theux F 40 Fd55
Saint-Eloy-les-Mines F 33 Ha45
Sainte-Lucie-de-Porto-Vecchio F 154 Cb72
Sainte-Lucie-de-Tallano F 154 Cb71
Sainte-Marie F 34 Hb50
Sainte-Marie-aux-Mines F 31 Kb38
Sainte-Marie-de-Campan F 40 Fd56
Sainte-Marie-de-Ré F 32 Fa46
Sainte-Marie-du-Ménez-Hom F 27 Dc39
Sainte-Marie-du-Mont F 22 Fa35
Sainte-Maure-de-Touraine F 29 Ga43
Sainte-Maxime F 43 Kb54
Sainte-Menehould F 24 Ja36
Sainte-Mère F 40 Ga53
Sainte-Mère-Église F 22 Fa35
Saint-Emiland F 30 Ja43
Saint-Émilion F 32 Fc50
Sainte-Montaine F 29 Gd41
Sainteny F 22 Fa35
Sainte-Odile F 25 Kb37
Saint-Epain F 29 Ga42
Sainte-Pazanne F 28 Ed42
Saint-Erme-Outre-et-Ramecourt F 24 Hc34
Saintes F 32 Fb47
Sainte-Sabine F 30 Ja42
Sainte-Savine F 30 Hd38
Sainte-Scolasse-sur-Sarthe F 28 Fd38
Sainte-Sévère-sur-Indre F 29 Gd44
Sainte-Sigolene F 34 Ja48
Saintes-Maries-de-la-Mer F 42 Ja54
Saint-Esteban F 39 Fa55
Saint-Estèphe F 32 Fb49
Saint-Estève F 41 Hb57
Saint-Estève F 42 Jc52
Sainte-Suzanne F 28 Fc39
Sainte-Thorette F 29 Gd42
Saint-Etienne F 34 Ja48
Saint-Etienne-de-Baïgorry F 39 Ed55
Saint-Etienne-de-Cuines F 35 Ka48
Saint-Etienne-de-Fursac F 33 Gc46
Saint-Etienne-de-Montluc F 28 Ed42
Saint-Etienne-de-Saint-Geoirs F 35 Jc48
Saint-Etienne-des-Sorts F 42 Jb52
Saint-Étienne-de-Tinée F 43 Kc51
Saint-Etienne-du-Bois F 35 Jc45
Saint-Étienne-du-Rouvray F 23 Gb35
Saint-Etienne-en-Dévoluy F 35 Jd50
Saint-Etienne-Estréchoux F 41 Hb54
Saint-Etienne-les-Orgues F 42 Jd52
Sainte-Vertu F 30 Hc40
Saint-Evroult-Notre-Dame-du-Bois F 22 Fd37
Saint-Fargeau F 30 Hb41
Saint-Félicien F 34 Ja49
Saint-Félix F 32 Fb46
Saint-Félix-de-Reillac F 33 Ga49
Saint-Félix-de-Sorgues F 41 Hb53
Saint-Félix-de-Villadeix F 33 Ga50
Saint-Félix-Lauragais F 41 Gd55
Saint Fergus GB 5 Fa08
Saint-Ferme F 32 Fd51
Saintfield GB 9 Da18
Saint Fillans GB 7 Ea11
Saint-Firmin F 35 Ka50
Saint-Florent F 154 Cb68
Saint-Florent-des-Bois F 28 Fa44
Saint-Florentin F 30 Hc39
Saint-Florent-le-Vieil F 28 Fa42
Saint-Florent-sur-Cher F 29 Gd43
Saint-Flour F 34 Hb49
Saint-Flovier F 29 Gb43
Saint-Folquin F 21 Gd30
Saint-Fort-sur-Gironde F 32 Fb48
Saint-Fort-sur-le-Né F 32 Fc48
Saint-Fraigne F 32 Fc46
Saint-Fraimbault F 28 Fb38
Saint-Front-sur-Lémance F 33 Gb51
Saint-Fulgent F 28 Fa43
Saint-Galmier F 34 Ja47
Saint-Gatien-des-Bois F 22 Fd35
Saint-Gaudens F 40 Ga56
Saint-Gaultier F 29 Gb44
Saint-Gély-du-Fesc F 41 Hd54
Saint-Genest-Malifaux F 34 Ja48
Saint-Geneviève F 23 Gd35
Saint-Gengoux-le-National F 30 Ja44
Saint-Geniès F 33 Gb49
Saint-Genies-de-Saintonge F 32 Fb48
Saint-Geniès-des-Mourgues F 41 Hd54
Saint-Geniez-d'Olt F 34 Hb51
Saint-Génis-des Fontaines F 41 Hb57
Saint-Genis-Laval F 34 Jb47
Saint-Genis-Pouilly F 35 Jd45
Saint-Genix-sur-Guiers F 35 Jc47
Saint Gennys GB 18 Dc30
Saint George CH 140 Ba55
Saint-George-Motel F 23 Gb37
Saint-Georges-d'Aurac F 34 Hc49
Saint-Georges-de-Commiers F 35 Jd49
Saint-Georges-de-Didonne F 32 Fa47
Saint-Georges-de-Noisne F 32 Fc45
Saint-Georges-d'Oléron F 32 Fa46
Saint-Georges-en-Couzan F 34 Hd47
Saint-Georges-les-Baillargeux F 28 Fd44
Saint-Georges-les-Landes F 33 Gb45
Saint-Georges-s.M. B 124 Ba41
Saint-Georges-sur-la-Prée F 29 Gc42
Saint-Georges-sur-Loire F 28 Fb42
Saint-Gérand F 27 Eb39
Saint-Gérand-le-Puy F 34 Hc45
Saint-Germain F 29 Ga44
Saint-Germain-Chassenay F 30 Hc43
Saint-Germain-de-Calberte F 41 Hd52
Saint-Germain-de-Confolens F 33 Ga46
Saint-Germain-de-Coulamer F 28 Fc39
Saint-Germain-de-la-Coudre F 29 Ga39
Saint-Germain-de-la-Rivière F 32 Fc50
Saint-Germain-des-Fossés F 34 Hc45
Saint-Germain-de-Tallevende F 22 Fb37
Saint-Germain-du-Bois F 30 Jb43
Saint-Germain-du-Plain F 30 Jb43
Saint-Germain-du-Puy F 29 Ha42
Saint-Germain-en-Laye F 23 Gd37
Saint-Germain-Laval F 34 Hd46
Saint-Germain-Lavolps F 33 Gd47
Saint-Germain-Lembron F 34 Hb48
Saint-Germain-les-Arlay F 31 Jc43
Saint-Germain-les-Belles F 33 Gc47
Saint-Germain-l'Herm F 34 Hc48
Saint-Germer-de-Fly F 23 Gc35
Saint-Gervais-d'Auvergne F 33 Ha46
Saint-Gervais-de-Vic F 29 Ga40
Saint-Gervais-la-Forêt F 29 Gb41
Saint-Gervais-les-Bains F 35 Kb46
Saint-Gervais-les-Trois-Clochers F 28 Fd43
Saint-Gervais-sur-Mare F 41 Hb54
Saint-Géry F 32 Fd50
Saint-Géry F 33 Gc51
Saint-Gildas-de-Rhuys F 27 Eb41
Saint-Gildas-des-Bois F 27 Ec41
Saint-Gilles F 22 Fa36
Saint-Gilles F 28 Ed39
Saint-Gilles F 28 Fd42
Saint-Gilles F 42 Ja54
Saint-Gilles-Croix-de-Vie F 27 Ec44
Saint-Gilles-Pligeaux F 26 Ea38
Saint-Gingolph F 31 Kb44
Saint-Girons F 40 Gb56
Saint-Girons-en-Marensin F 39 Fa53
Saint-Girons-Plage F 39 Ed53
Saint-Gobain F 24 Hb34
Saint-Gondon F 29 Ha40
Saint-Gondran F 28 Ed39
Saint-Gonnery F 27 Eb39
Saint-Gravé F 27 Ec40
Saint-Guénolé F 27 Dc40
Saint-Guilhem-le-Désert F 41 Hc53
Saint-Guillaume F 35 Jc49
Saint-Haon-le-Châtel F 34 Hd46
Saint Harmon GB 15 Ea25
Saint Helens GB 15 Ec21
Saint-Helier GBJ 26 Ec36
Saint-Hilaire F 41 Ha56
Saint-Hilaire-Bonneval F 33 Gb47
Saint-Hilaire-de-Riez F 27 Ec44
Saint-Hilaire-des-Loges F 32 Fb45
Saint-Hilaire-de-Villefranche F 32 Fb47
Saint-Hilaire-du-Harcouët F 28 Fa38
Saint-Hilaire-du-Rosier F 35 Jc49
Saint-Hilaire-Foissac F 33 Gd48
Saint-Hilaire-Fontaine F 30 Hc43
Saint-Hilaire-la-Pallud F 32 Fb45
Saint-Hilaire-le-Château F 33 Gc46
Saint-Hilaire-le-Grand F 24 Hd35
Saint-Hilaire-Petitville F 22 Fa35
Saint-Hippolyte F 31 Ka41
Saint-Hippolyte F 31 Kb38
Saint-Hippolyte-du-Fort F 41 Hd53
Saint-Honoré-les-Bains F 30 Hc43
Saint-Hubert B 132 Ba43
Saint-Hubert F 28 Fd40
Saint Imier CH 141 Bc53
Saint-Inglevert F 21 Gc30
Saint-Ismier F 35 Jd48
Saint Ives GB 18 Da32
Saint Ives GB 20 Fc25
Saint-Jacques I 148 Bd58
Saint-Jacut-de-la-Mer F 26 Ec38
Saint-Jacut-du-Mené F 27 Eb39
Saint-James F 28 Fa38
Saint-Jean F 42 Ka51
Saint-Jean-Brévelay F 27 Eb40
Saint-Jean-d'Angely F 32 Fb46
Saint-Jean-d'Angle F 32 Fa47
Saint-Jean-d'Ardières F 34 Ja45
Saint-Jean-d'Avelanne F 35 Jd47
Saint-Jean-de-Barrou F 41 Hb56
Saint-Jean-de-Belleville F 35 Ka47
Saint-Jean-de-Blaignac F 32 Fc50
Saint-Jean-de Bonneval F 30 Hd39
Saint-Jean-de-Bournay F 34 Jb47
Saint-Jean-de-Côle F 33 Ga48
Saint-Jean-de-Daye F 22 Fa35
Saint-Jean-de-Durfort F 42 Jc52
Saint-Jean-de-Gonville F 35 Jd45
Saint-Jean-de-Losne F 30 Jb42
Saint-Jean-de-Luz F 39 Ed55
Saint-Jean-de-Maruéjols F 42 Ja52
Saint-Jean-de-Maurienne F 35 Ka48
Saint-Jean-de-Monts F 27 Ec43
Saint-Jean-de-Niost F 35 Jc46
Saint-Jean-de Sauves F 28 Fd43
Saint-Jean-des-Baisants F 22 Fb36
Saint-Jean-de-Sixt F 35 Ka46
SaintJean-de-Verges F 40 Gc56
Saint-Jean-d'Illac F 32 Fb50
Saint-Jean-du-Bruel F 41 Hc53
Saint-Jean-du-Doigt F 26 Dd37
Saint-Jean-du-Gard F 41 Hd52
Saint-Jean-en-Royans F 35 Jc49
Saint-Jean-la-Rivière F 43 Kc52
Saint-Jean-le-Blanc F 29 Gc40
Saint-Jean-Pied-de-Port F 39 Fa56
Saint-Jean-Poutge F 40 Fd54
Saint-Jean-Saint-Maurice-sur-Loire F 34 Hd46
Saint-Jean-sur-Reyssouze F 30 Jb44
Saint-Jeoire F 35 Ka45
Saint-Jeure-d'Ay F 34 Jb49
Saint-Joachim F 27 Ec42
Saint-John GBJ 26 Ec35
Saint John's Chapel GB 11 Ed17
Saint John's GB 10 Dc19
Saint-Jorès F 22 Fa35
Saint-Jory F 40 Gb54
Saint-Jouin F 22 Fd34
Saint-Jouin-de-Marnes F 28 Fc43
Saint-Juan F 31 Ka41
Saint-Juéry F 41 Gd53
Saint-Julia F 41 Gd54
Saint-Julien F 31 Jc44
Saint-Julien F 35 Ka50
Saint-Julien Beychevelle F 32 Fb49
Saint-Julien-Chapteuil F 34 Hd49
Saint-Julien-de-Jonzy F 34 Hd45
Saint-Julien-de-Vouvantes F 28 Fa41
Saint-Julien-du Sault F 30 Hb39
Saint-Julien-en-Born F 39 Fa53
Saint-Julien-en-Genevois F 35 Jd45
Saint-Julien-en-Quint F 35 Jc50
Saint-Julien-l'Ars F 29 Ga44
Saint-Julien-le-Faucon F 22 Fd36
Saint-Julien-Molins-Molette F 34 Ja48
Saint-Julien-près-Bort F 33 Ha48
Saint-Julien-sur-Cher F 29 Gc42
Saint-Junien F 33 Ga47
Saint-Junien-la-Bregère F 33 Gc46
Saint-Junien-la-Bregère F 33 Gc47
Saint-Just F 29 Ha43
Saint Just GB 18 Cd32
Saint-Just-en-Chaussée F 23 Gd34
Saint-Just-en-Chevalet F 34 Hd46

Sambucheto – San Pietro Vara

Sambucheto I 156 Eb69
Sambuci I 160 Ec71
Sâmbureşti RO 175 Db64
Samedan CH 142 Da56
Samentina CH 149 Cc57
Samer F 23 Gc31
Samerberg D 143 Eb52
Sames E 37 Cd55
Sametali TR 191 Ec81
Sameteli TR 191 Ed81
Sämi EST 98 La42
Sámi GR 188 Ac85
Sămica BG 184 Cd74
Samieira E 36 Ad57
Samin PL 122 Hd33
Sămino BG 181 Fb69
Şamlar TR 199 Hb89
Şamlı TR 192 Fa81
Sammakko S 73 Hc18
Sammakkola FIN 82 La27
Sammakkovaara FIN 83 Lc29
Sammaljoki FIN 89 Jc36
Sammatti FIN 89 Jc33
Sammatti FIN 97 Jd39
Sammi FIN 89 Ja34
Sammichele di Bari I 162 Gd75
Sammonlahti FIN 91 Lb36
Sammuttijärvi FIN 64 Ka09
Samnaun CH 142 Db54
Samo I 164 Gb84
Samobor HR 151 Ga59
Samodraža KSV 178 Ba71
Samodreža KSV 178 Bb70
Samoëns F 35 Kb45
Samofalovka RUS 203 Fd13
Samois-sur-Seine F 29 Ha38
Samokłęski Małe PL 121 Gd34
Samokov BG 179 Cc72
Samokov MK 183 Bb74
Samolubie PL 122 Ja30
Samolva RUS 99 Lc45
Samoniva GR 188 Ac81
Samoranovo BG 179 Cb72
Šamorín SK 145 Gd51
Samos E 36 Bc56
Sámos GR 197 Eb88
Samos SRB 174 Bb62
Samothráki GR 184 Dc79
Samovodene BG 180 Dd70
Samper E 40 Fd58
Samper de Calanda E 48 Fc62
Sampèyre I 148 Bb62
Sampieri I 167 Fc88
Sampława PL 122 Hd33
Samprizón E 36 Ba56
Sampu FIN 89 Jb37
Samrı TR 193 Gc81
Samro RUS 99 Ma43
Samsieczno PL 121 Gd34
Sämskar FIN 81 Jb28
Şamşud RO 171 Cd56
Samsun TR 205 Fc19
Samswegen D 127 Ea37
Samszyce PL 129 Hb36
Samtens D 119 Ed30
Samugheo I 169 Ca77
Samuil BG 181 Ec69
Samujlikovo RUS 99 Ld44
Samylai LT 114 Kc57
Saná GR 183 Cb78
Sanad SRB 153 Jb58
Sanadinovo BG 180 Dc69
San Adrián E 39 Ec58
San Adriano E 36 Bc54
San Agostino I 149 Dc62
Sanaigmore GB 6 Da13
Sanalan TR 186 Fd80
Sânandrei RO 174 Bc60
San Andrés E 47 Eb59
San Andrés de la Regla E 37 Cd57
San Andrés del Rabanedo E 37 Cc57
San Andrés del Rey E 47 Ea64
San Andrés de San Pedro E 47 Eb59
San Antoniño (Barro) E 36 Ad56
San Antonio del Fontanar E 59 Cb74
San Antonio de Requena E 54 Fa67
Sanary-sur-Mer F 42 Jd55
San Asensio E 38 Ea58
Sănătăuca MD 173 Fd55
San Augustín de Guadalix E 46 Dc63
Sanaüja E 48 Gb60
Sanayak TR 192 Fd83
San Bartolomé de las Abiertas E 52 Cd66
San Bartolomé de la Torre E 59 Bb73
San Bartolomé de Pinares E 46 Da64
San Bartolomé de Rueda E 37 Cd56
San Bartolomeo I 149 Cc57
San Bartolomeo in Galdo I 161 Fc73
San Basile I 164 Gb78
San Basilio I 162 Gd75
San Benedetto I 169 Bd79
San Benedetto dei Marsi I 160 Ed71
San Benedetto del Tronto I 157 Fa68
San Benedetto in Alpe I 156 Dd64
San Benedetto Po I 149 Dc61
San Benito E 52 Cd70
San Benito de la Contienda E 51 Bb69
San Bernardino CH 142 Cc56
San Biagio di Callalta I 150 Eb59
San Biagio Platani I 166 Ed86
San Biase I 161 Fd77
San Blas E 47 Fa65
San Bonifacio I 149 Dc60
Sancak TR 205 Ga20
Sancaklı TR 191 Ec85
Sancaklıbozköy TR 191 Ed86
San Calixto E 59 Cb72
San Candido I 143 Eb55
San Carlo CH 141 Cb56
San Carlo I 161 Fa73
San Carlo I 166 Ec85
San Carlos del Valle E 53 Dd69
San Casciano dei Bagni I 156 Dd68
San Casciano in Val di Pesa I 155 Dc65
San Cassiano I 143 Ea56
San Cataldo I 163 Hc76
San Cataldo I 167 Fa86
San Cebrián de Campos E 38 Da58
San Cebrián de Mazote E 46 Cd60
Sâncel RO 175 Da60
Sancergues F 29 Ha42
Sancerre F 29 Ha42
San Cesario di Lecce I 163 Hc76
San Cesario sul Panaro I 149 Dc62
Sancey-le-Grand F 31 Ka41
Sancheville F 29 Gc39
Sanchidrián E 46 Da63
San Chirico Nuovo I 162 Gb75
San Chirico Raparo I 162 Gb77
Sancho Abarca E 47 Fa59
Sanchón de la Ribera E 45 Ca62
Sanchonuño E 46 Db61
Sanchotello E 45 Cb64
San Cibrao E 36 Bc58
San Cipirello I 166 Ec84
San Ciprián E 36 Bc53
San Ciprián E 37 Bd58
San Ciprián de Viñas E 36 Bb57
San Cipriano Picentino I 161 Fc75
San Clemente E 53 Eb68
San Clemente E 61 Ea73
San Clemente I 161 Fa73
Sancoins F 29 Ha43
San Colombano al Lambro I 149 Cc60
San Cono I 167 Fb86
San Cosme (Barreiros) E 36 Bc53
San Costantino Albanese I 162 Gb77
San Costanzo I 156 Ec65
Sâncraieni RO 176 Ea60
Sâncraiu RO 171 Cd57
Sâncranu de Mureş RO 171 Dc59
San Cristóbal de Entreviñas E 45 Cc59
San Cristóbal de la Vega E 46 Da62
San Cristóbal de los Mochuelos E 45 Ca62
San Cristobo E 36 Bc58
Sancti Petri E 59 Bd77
Sancti Spiritus E 52 Cc69
Sancti-Spíritus E 45 Bd63
Sančursk RUS 203 Fc08
San Cusumano I 167 Fd87
Sancy F 23 Ha36
Sand H 145 Gd56
Sand N 92 Cb42
Sand N 94 Eb40
Sanda FIN 97 Hd41
Sanda N 93 Db43
Sandå N 93 Da45
Sanda S 96 Gd41
Sanda S 104 Gd50
Sanda S 111 Fd54
Sandager DK 108 Dc27
Sandal TR 192 Fb85
Sandamarka N 66 Ga13
San Damiano d'Asti I 148 Bd61
Sandane N 84 Cc35
San Daniele di Friuli I 150 Ec57
San Daniele Po I 149 Da61
Sandanski BG 183 Cb75
Sandared S 102 Ed49
Sandarne S 87 Gb37
Sandås S 80 Gc25
Sandata RUS 205 Fd16
Sandau D 119 Eb35
Sandbach GB 15 Ec22
Sandbäckshult S 103 Ga51
Sandbakken N 64 Jc05
Sandberg D 134 Db43
Sandbukt N 63 Hb08
Sandby DK 109 Ea28
Sandby S 96 Gc39
Sande D 117 Cc32
Sande N 76 Cb33
Sande N 84 Cb36
Sande N 93 Dd42
Sande P 44 Ad60
Sandefjord N 93 Dd44
Sandeid N 92 Ca42
Sandem N 94 Eb42
San Demetrio Corone I 164 Gc79
San Demetrio ne' Vestini I 156 Ed70
Sanden N 66 Fc13
Sander N 94 Ec40
Sandersleben D 127 Ea39
Sandesneben D 118 Dc32
Sandfors S 80 Hc25
Sandgarth GB 5 Ec03
Sandgerði IS 2 Ab04
Sandhamn FIN 98 Kb40
Sandhamn S 96 Ha43
Sandhausen D 134 Cc46
Sandhead GB 10 Dc17
Sandhem S 102 Fa48
Sandholmen N 64 Ka04
Sandhult S 102 Ed49
Sandiás E 36 Bb58
Sandiche E 37 Cb54
Sandıklı TR 193 Gb86
Sandillon F 29 Gd40
Sandim P 45 Bc59
Sandín E 45 Ca59
Sand in Taufers I 143 Ea55
Sandkås DK 111 Fc57
Sandl A 136 Fc49
Sandla EST 105 Jd46
Sandland N 63 Hb07
Sandnabba FIN 81 Jb29
Sandnäset S 79 Fb26
Sandnes N 64 Ka06
Sandnes N 66 Fc13
Sandnes N 78 Fa26
Sandnes N 92 Ca44
Sandnes N 92 Cc47
Sandneshamn N 62 Gc09
Sandneskapell N 92 Cd44
Sandness GB 5 Ed04
Sandnessjøen N 70 Ed21
Sando E 45 Ca62
San Domenico I 141 Ca56
Sandoméri GR 188 Ba86
Sandomierz PL 131 Jd42
Sândominic RO 172 Ea59
San Donaci I 162 Hb76
San Donà di Piave I 150 Eb59
San Donato Val di Comino I 161 Fa72
Sandøreng N 71 Fb23
Sándorfalva H 146 Jb56
Sandoval de la Reina E 38 Db57
Sandovo RUS 202 Ed09
Sandown GB 20 Fa31
Sandøy N 76 Cd31
Sandøysund N 93 Dd44
Sandplace GB 18 Dc31
Şandra RO 174 Bc60
Sandrigo I 150 Dd59
Šandrivka UA 205 Fa15
Šandrovac HR 152 Gc58
Sandrovo BG 180 Ea68
Sandsbraten N 93 Dc41
Sandsele S 72 Gc24
Sandset N 66 Fc12
Sandsetra N 78 Eb28
Sandsjö S 80 Gc26
Sandsjön S 95 Fb42
Sandsjönäs S 72 Gc24
Sandslån S 80 Gc31
Sandstad N 77 Dc29
Sandstedt D 118 Cd33
Sandstrand N 66 Ga13
Sandträsk S 73 Hc21
Sânduleni RO 172 Ec59
Săndulești RO 171 Da58
Sandvatn N 92 Cb45
Sandve N 92 Bd43
Sandved DK 109 Ea27
Sandvig DK 111 Fc57
Sandvik N 63 Hd06
Sandvik N 66 Ga12
Sandvik N 67 Gc11
Sandvik N 76 Cb33
Sandvik N 86 Ec37
Sandvik S 102 Ed51
Sandvik S 103 Gb51
Sandvika N 62 Ha10
Sandvika N 66 Fb17
Sandvika N 70 Ed22
Sandvika N 78 Ed29
Sandvika N 78 Fa26
Sandvikdal N 92 Cb46
Sandviken S 78 Fa28
Sandviken S 80 Gc30
Sandviken S 95 Gb39
Sandvikvåg N 84 Ca40
Sandwell GB 20 Ed25
Sandwich GB 21 Gb29
Sandwick GB 5 Fa05
Sandy GB 20 Fc26
Sandygate GB 10 Dd18
Sandyhills GB 10 Ea16
Sanem L 133 Bb45
San Emiliano E 37 Cb56
Såner N 93 Ea43
San Esteban E 37 Cb54
San Esteban de Gorma E 46 Dd61
San Esteban de Litera E 48 Fd60
San Esteban del Molar E 45 Cc59
San Esteban de los Buitres E 37 Bd54
San Esteban de Nogales E 37 Cb58
San Estebán de Valdueza E 37 Ca57
San Fele I 161 Ga75
San Felice Circeo I 160 Ec74
San Felices E 38 Dc57
San Felices de los Gallegos E 45 Bd62
San Felice sul Panaro I 149 Dc62
San Felipe E 36 Ba53
San Féliz de las Lavanderas E 37 Cb57
San Feliz de Torio E 37 Cc57
San Ferdinando I 164 Gb83
San Ferdinando di Puglia I 162 Gb73
San Fernando E 59 Bd77
San Fernando de Henares E 46 Dc64
San Foca I 163 Hc76
San Francisco de Olivenza E 51 Bb69
San Fratello I 167 Fb84
Sanfront I 148 Bc61
Sánga GR 194 Bc87
Sånga S 80 Gc31
Sangalhos P 44 Ad63
Sangarcía E 46 Da62
Sangarrén E 48 Fb59
Sangaste EST 106 La47
Sangatte F 21 Gc30
San Gavino Monreale I 169 Bd78
Sangazi TR 186 Fd78
San Gemini I 156 Eb69
Sangenlahti FIN 91 Ld32
Sângeorgiu de Pădure RO 171 Dc59
Sângeorz-Băi RO 171 Dc56
Sânger RO 171 Db59
Sangerhausen D 127 Dd40
San Germano Vercellese I 148 Ca59
Sângeru RO 176 Eb64
San Giacomo I 143 Dd55
San Giacomo I 148 Bb62
San Giacomo I 148 Bc59
San Giacomo I 148 Bd63
San Giacomo d'Acri I 164 Gc79
San Giacomo Filippo I 142 Cd56
Sangijärvi S 73 Jb21
San Gimignano I 155 Db66
San Ginesio I 156 Ed67
Sanginjoki FIN 74 Kb24
Sanginkylä FIN 74 Kb24
Sanginsuu FIN 74 Ka24
San Giorgio I 161 Fb73
San Giorgio I 162 Gd74
San Giorgio a Cremano I 161 Fb75
San Giorgio della Richinvelda I 150 Ec58
San Giorgio del Sannio I 161 Fc74
San Giorgio di Livenza I 150 Ec59
San Giorgio di Nogaro I 150 Ec58
San Giorgio di Piano I 149 Dc62
San Giorgio Ionico I 162 Ha76
San Giorgio la Molara I 161 Fc73
San Giorgio Lucano I 162 Gc77
San Giorgio Piacentino I 149 Cd61
San Giovanni I 156 Ed69
San Giovanni a Piro I 161 Fd77
San Giovanni Bianco I 149 Cd58
San Giovanni d'Asso I 156 Dd67
San Giovanni di Sinis I 169 Bd77
San Giovanni Gemini I 166 Ed85
San Giovanni Incarico I 160 Ed73
San Giovanni in Croce I 149 Da61
San Giovanni in Fiore I 164 Gc80
San Giovanni in Persiceto I 149 Dc62
San Giovanni Lupatoto I 149 Dc60
San Giovanni Reatino I 156 Eb70
San Giovanni Rotondo I 161 Ga72
San Giovanni Suergiu I 169 Bd80
San Giovanni Valdarno I 156 Dd66
Sangis S 73 Jb21
San Giuliano del Sannio I 161 Fc73
San Giuliano Terme I 155 Da65
San Giuseppe I 161 Fb75
San Giuseppe Jato I 166 Ec84
San Giustino I 156 Ea66
Sangla EST 98 La45
San Godenzo I 156 Dd65
Sangonera La Verde E 55 Ed73
San Gregorio da Sassola I 160 Eb71
San Gregorio Magno I 161 Fd75
San Gregorio Matese I 161 Fb73
Sangrūda LV 114 Kb59
Sangüesa E 39 Fa57
San Guido I 155 Da67
Sanguinet F 32 Fa51
Sanguinetto I 149 Dc60
Sani GR 183 Cb80
Sanica BIH 152 Gc62
Saniki PL 130 Hd41
San Ildefonso o La Granja E 46 Db63
San Ippolito I 156 Ec65
San Isidro E 37 Cc55
San Isidro de Nijar E 61 Eb76
Sanislău RO 171 Cc55
Sanitz D 119 Ec31
San Javier E 55 Fa73
San Jerónimo E 60 Cc72
San José E 61 Eb76
San José de la Rábita E 60 Da74
San José de la Rinconada E 59 Ca73
San José del Valle E 59 Ca76
San Juan de la Encinilla E 46 Cd63
San Juan de la Nava E 46 Cd64
San Juan de los Terreros E 61 Ec74
San Juan del Puerto E 59 Bb74
San Juan de Nieva E 37 Cb54
San Justo de la Vega E 37 Cb57
Sänkimäki FIN 82 La29
Sankola FIN 90 Kb36
Sankt Aegidi A 144 Fa50
Sankt Andrä A 144 Fc55
Sankt Andrä A 144 Fd55
Sankt Andrä bei Frauenkirchen A 145 Gc52
Sankt Andreasberg D 126 Dc39
Sankt Anna A 144 Fc54
Sankt Anna S 103 Gb47
Sankt Anna am Aigen A 144 Ga55
Sankt Anton am Arlberg A 142 Db54
Sankt Antönien CH 142 Da54
Sankt Blasien D 141 Ca51
Sankt Christoph am Arlberg A 142 Da54
Sankt Egidien D 127 Ec42
Sankt Englmar D 135 Ec48
Sankt Florian A 143 Ed50
Sankt Gallen A 144 Fc52
Sankt Gallen CH 142 Cd53
Sankt Gallenkirch A 142 Da54
Sankt Georgen am Längsee A 144 Fb55
Sankt Georgen am Reith A 144 Fc52
Sankt Georgen am Walde A 144 Fc50
Sankt Georgen an der Gusen A 144 Fb50
Sankt Georgen an der Stiefing A 144 Ga55
Sankt Georgen im Attergau A 143 Ed51
Sankt Georgen im Schwarzwald D 141 Cb50
Sankt Georgen ob Judenburg A 144 Fb54
Sankt Georgen ob Murau A 144 Fa54
Sankt Gertraud I 142 Dc56
Sankt Gilgen A 143 Ed52
Sankt Goar D 133 Ca43
Sankt Goarshausen D 133 Ca43
Sankt Herrestad S 110 Fa56
Sankt Ingbert D 133 Bd46
Sankt Jakob I 143 Dd55
Sankt Jakob bei Mixnitz A 144 Fd53
Sankt Jakob im Lesachtal A 143 Ec56
Sankt Jakob in Defereggen A 143 Eb55
Sankt Johann A 143 Eb53
Sankt Johann A 143 Ed51
Sankt Johann A 144 Ga54
Sankt Johann D 134 Cd49
Sankt Johann am Tauern A 144 Fb53
Sankt Johann im Pongau A 143 Ed53
Sankt Johann im Saggautal A 144 Fd56
Sankt Johann im Walde A 143 Eb55
Sankt Kanzian A 144 Fb56
Sankt Kassian I 143 Ea56
Sankt Katharein an der Laming A 144 Fd53
Sankt Lambrecht A 144 Fb54
Sankt Leonhard A 144 Fc55
Sankt Leonhard A 144 Fc56
Sankt Leonhard am Forst A 144 Fd51
Sankt Leonhard im Pitztal A 142 Dc54
Sankt Leonhard in Passeier I 143 Dd55
Sankt Leon-Rot D 134 Cc46
Sankt Lorenzen I 143 Ea55
Sankt Lorenzen im Lesachtal A 143 Ec55
Sankt Lorenzen im Paltental A 144 Fb53
Sankt Magdalena I 143 Eb55
Sankt Marein im Mürztal A 144 Fd53
Sankt Marein Markt A 144 Ga55
Sankt Margareten im Rosental A 144 Fb56
Sankt Margarethen im Burgenland A 145 Gc52
Sankt Margarethen im Lavanttal A 144 Fc55
Sankt Märgen D 141 Ca51
Sankt Margrethen CH 142 Cd53
Sankt Marienkirchen A 143 Ed50
Sankt Martin A 143 Ed50
Sankt Martin CH 142 Cc55
Sankt Martin CH 142 Cd54
Sankt Martin am Grimming A 144 Fa53
Sankt Martin am Tenn A 143 Ed53
Sankt Martin in Passeier I 142 Dc55
Sankt Michael A 144 Fa54
Sankt Michael A 144 Fc53
Sankt Michael A 144 Fc56
Sankt Michael im Burgenland A 145 Gb54
Sankt Michaelisdonn D 118 Da31
Sankt Moritz CH 142 Cd56
Sankt Niklaus CH 141 Bd53
Sankt Niklaus CH 148 Bd57
Sankt Nikolai im Sölktal A 144 Fa54
Sankt Olof S 111 Fb56
Sankt Oswald A 144 Fa55
Sankt Oswald A 144 Fd55
Sankt Oswald ob Eibiswald A 144 Fd56
Sankt Oswald-Riedlhütte D 135 Ed48
Sankt Pankraz A 144 Fb52
Sankt Paul im Lavanttal A 144 Fc56
Sankt Peter A 143 Ec50
Sankt Peter A 144 Fa56
Sankt Peter CH 142 Cd55
Sankt Peter I 143 Ea54
Sankt Peter am Kammersberg A 144 Fb54
Sankt Peter am Wimberg A 144 Fa50
Sankt-Peterburg RUS 202 Eb08
Sankt Peter-Ording D 118 Cd30
Sankt Pölten A 144 Ga51
Sankt Radegund A 144 Fd54
Sankt Roman A 144 Fa50
Sankt Sigfrid S 103 Ga52
Sankt Stefan A 144 Fc55
Sankt Stefan A 144 Fd55
Sankt Stefan an der Gail A 143 Ed56
Sankt Stefan im Rosental A 144 Ga55
Sankt Ulrich I 143 Dd56
Sankt Valentin A 144 Fb51
Sankt Valentin auf der Heide I 142 Db55
Sankt Veit an der Glan A 144 Fb55
Sankt Veit im Defereggen A 143 Eb55
Sankt Veit im Mühlkreis A 144 Fb50
Sankt Vigil I 143 Ea55
Sankt Walburg I 142 Dc56
Sankt Wendel D 133 Bd46
Sankt Willibald A 144 Fa50
Sankt Wolfgang A 144 Fc54
Sankt Wolfgang D 143 Eb50
Sankt Wolfgang im Salzkammergut A 143 Ed52
Sanlar TR 192 Fa84
San Lazzaro di Savena I 149 Dc63
San Leo I 156 Ea65
San Leonardo de Siete Fuentes I 169 Bd76
San Leonardo de Yagüe E 46 Dd60
San Leonardo in Passeier I 143 Dd55
San Leone I 166 Ed86
San Lorenzo I 148 Ca57
San Lorenzo al Lago I 156 Ec68
San Lorenzo al Mare I 43 La52
San Lorenzo a Merse I 155 Dc67
San Lorenzo Bellizzi I 164 Gb78
San Lorenzo de Calatrava E 52 Db71
San Lorenzo de El Escorial E 46 Db64
San Lorenzo de la Parrilla E 53 Eb66
San Lorenzo di San I 143 Ea55
San Lorenzo in Campo I 156 Ec66
San Lorenzo Nuovo I 156 Dd69
San Luca I 164 Gb84
Sanlúcar de Barrameda E 59 Bc75
Sanlúcar de Guadiana E 58 Ba73
Sanlúcar la Mayor E 59 Bd74
San Lucido I 164 Gb80
San Lugano I 150 Dd57
San Luis de Sabinillas E 59 Cb77
San Lupo I 161 Fb73
Sanluri I 169 Ca78
San Mamed E 36 Bb58
San Mamés de Campos E 38 Da58
San Mango d'Aquino I 164 Gb81
San Marcello Pistoiese I 155 Db64
San Marco Argentano I 164 Gb79
San Marco dei Cavoti I 161 Fc73
San Marco di Castellabate I 161 Fc77
San Marco in Lamis I 161 Ga72
San Marino RSM 156 Eb65
Sânmartin RO 170 Bd58
Sânmărtin RO 171 Db57
Sânmartin RO 176 Eb60
San Martín de Boniches E 54 Ed66
San Martín de Castañeda E 37 Bd58
San Martín de Don E 38 Dd57
San Martín de la Vega E 46 Dc65
San Martín del Pimpollar E 45 Cc64
San Martín del Tesorillo E 59 Cb77
San Martín de Luiña E 37 Cb54
San Martín de Montalbán E 52 Da66
San Martín de Oscos E 37 Bd54
San Martín de Pusa E 52 Cd66
San Martín de Unx E 39 Ed58
San Martín de Valdeiglesias E 46 Da64
San Martín deValderaduey E 45 Cc59
San Martino di Campagna I 150 Eb58
San Martino di Castrozza I 150 Ea57
San Martino di Lota F 154 Cc68
San Martino in Colle I 156 Ea68
San Martino in Freddana I 155 Da64
San Martino in Passiria I 142 Dc55
San Martino in Pensilis I 161 Fc71
Sânmartinul-Sârbesc RO 174 Bc61
San Marzano di San Giuseppe I 162 Ha76
San Mateo de Gállego E 48 Fb60
San Mauro a Mare I 156 Eb64
San Mauro Forte I 162 Gb76
San Mauro Marchesato I 165 Gd80
San Michele all'Adige I 149 Dc57
San Michele dei Mucchietti I 149 Db63
San Michele di Ganzaria I 167 Fb86
San Michele in Teverina I 156 Ea69
San Michele Salentino I 162 Ha75
San Miguel E 36 Bc58
San Miguel E 37 Cc55
San Miguel E 38 Dc56
San Miguel de Bernúy E 46 Db61
San Miguel del Arroyo E 46 Da61
San Miguel de las Dueñas E 37 Ca57
San Miguel de Salinas E 55 Fa72
Sânmihaiu Alaşului RO 171 Cd57
Sânmihaiu de Câmpie RO 171 Db58
Sânmihiul-German RO 174 Bc61
San Millán E 38 Dd56
San Millán de la Cogolla E 38 Ea58
San Miniato I 155 Db65
San Muñoz E 45 Ca63
Sänna EST 107 Lb47
Sänna S 95 Fc45
Sannainen FIN 98 Kc39
Sannäs FIN 98 Kc39
Sannäs S 94 Ea45
Sannazzaro de' Burgondi I 148 Cb60
Sanne S 79 Fc31
Sanne S 102 Eb46
Sannerud S 94 Ec44
Sannicandro di Bari I 162 Gd74
San Nicandro Garganico I 161 Ga72
San Nicola I 164 Gb83
San Nicola da Crissa I 164 Gb82
San Nicola di Tremiti I 161 Fd71
San-Nicolao F 154 Cc69
San Nicolás del Puerto E 59 Cb72
Sânnicolau Mare RO 170 Bb59
San Nicola Varano I 161 Ga71
San Nicolò I 150 Dd62
San Nicolò d'Arcidano I 169 Bd78
San Nicolò Gerrei I 169 Cb79
Sannidal N 93 Db45
Sanniki PL 130 Hd37
Sanok PL 139 Ka45
Šanovo BG 180 Dd72
San Pablo de Buceite E 59 Cb77
San Pablo de los Montes E 52 Da67
San Paio E 44 Bb59
San Pancrazio Salentino I 162 Hb76
San Paolo di Civitate I 161 Fd72
San Pataleón de Losa E 38 Dd56
Sânpaul RO 171 Cd57
Sânpaul RO 171 Db59
San Pawl il Bahar M 166 Eb88
San Pedro E 37 Cb54
San Pedro E 38 Dd55
San Pedro E 53 Eb70
San Pedro Cansoles E 37 Cd56
San Pedro de Alcántara E 60 Cc77
San Pedro de Ceque E 45 Cb59
San Pedro del Arroyo E 46 Cd63
San Pedro de Latarce E 45 Cc60
San Pedro del Pinatar E 55 Fb73
San Pedro del Romeral E 38 Dc55
San Pedro del Valle E 45 Cb62
San Pedro de Valderaduey E 37 Cd57
San Pedro Manrique E 47 Eb59
San Pedro Palmiches E 47 Eb64
San Pelaio E 38 Ea54
San Pellegrino I 155 Dc64
San Pellegrino in Alpe I 155 Da64
San Pellegrino Terme I 149 Cd58
Sânpetru RO 176 Ea62
Sânpetru de Câmpie RO 171 Db58
Sânpetru Mare RO 170 Bc59
San Piero a Sieve I 155 Dc64
San Piero in Bagno I 156 Ea65
San Piero Patti I 167 Fc84
San Pietro I 164 Gc81
San Pietro I 167 Fb87
San Pietro I 167 Fd82
San Pietro al Natisone I 150 Ed57
San Pietro in Casale I 150 Dd62
San Pietro Infine I 161 Fa73
San Pietro in Palazzi I 155 Da66
San Pietro Vara I 149 Cc63

Sarliac-sur-l'Isle – Secuieni

Sarliac-sur-l'Isle F 33 Ga49
Šarlote LV 115 Lb53
Sărmaş RO 172 Ea58
Sărmăşag RO 171 Cc56
Sărmaşu RO 171 Db58
Sármellék H 145 Gd55
Sarmingstein A 144 Fc50
Sarmizegetusa RO 175 Cc62
Särna S 86 Fa36
Sarnadas de Ródão P 50 Ba66
Sarnaki PL 131 Kb36
Sarnano I 156 Ed68
Sārnate LV 105 Jb50
Sărnec BG 181 Ed68
Sărnegor BG 180 Db72
Sarnen CH 141 Ca54
Sărnevo BG 180 Dd73
Sărnevo BG 181 Ec73
Sarnıçköy TR 192 Fb82
Sarnıçköy TR 192 Ga81
Sarnıçköy TR 197 Fa88
Sarnıçköy TR 197 Fa90
Sarnico I 149 Da59
Sarn Meyllteyrn GB 14 Dc23
Sarno I 161 Fb75
Sarnowo PL 122 Hd34
Sarnowo PL 122 Ja33
Sarnowy PL 121 Ha31
Sarnthein I 143 Dd56
Sarnthein I 143 Dd56
Sarny PL 129 Hb39
Sarny UA 202 Ea14
Särö S 102 Eb49
Sarón E 38 Dc55
Saronída GR 195 Cb88
Saronída GR 195 Cc87
Saronno I 149 Cc59
Sárosd H 146 Hc54
Sárospatak H 147 Ka50
Šarovce SK 146 Hc51
Sarow D 119 Ed32
Sarpdere TR 185 Eb78
Sarpıncık TR 191 Ea85
Sarpsborg N 93 Ea43
Sarracín E 38 Dc58
Sarral E 48 Gb61
Sarralbe F 25 Ka35
Sarrance F 39 Fb56
Sarras F 34 Jb49
Sarreaus E 36 Bb58
Sarrebourg F 25 Kb36
Sarreguemines F 25 Ka35
Sárrétudvari H 147 Jd53
Sarre-Union F 25 Kb36
Sarrey F 30 Jb39
Sarria E 36 Bc56
Sarrià de Ter E 49 Hb59
Sarrians F 42 Jb52
Sarrikoski FIN 83 Lb25
Sarrión E 47 Fa65
Sarroca de Bellera E 40 Ga58
Sarroca de Lleida E 48 Ga61
Sarroch I 169 Ca80
Sarron F 40 Fc54
Sarry F 30 Hd40
Sarsina I 156 Ea65
Sarstedt D 126 Db37
Sárszentlőrinc H 146 Hc56
Sartaguda E 39 Ec58
Sarteano I 156 Dd68
Sartène F 154 Ca72
Sárti GR 184 Cd80
Sartilly F 22 Fa37
Sartininkai LT 113 Jc56
Sartmahmut TR 192 Fa86
Sarud H 146 Jc52
Şaru Dornei RO 172 Ea57
Saruhanlı TR 191 Ed85
Sarule I 169 Cb76
Sărulești RO 176 Ec63
Sărulești RO 176 Ec66
Sárvár H 145 Gc54
Sarvasåive S 72 Ha22
Sarvela FIN 89 Jb33
Sarves N 63 Hd08
Sarvi EST 106 Kb46
Sarvijoki FIN 81 Ja31
Sarvikas FIN 81 Jc31
Sarvikumpu FIN 83 Lc31
Sarvilahti FIN 90 Kd38
Sarviluoma FIN 89 Ja34
Sarvinki FIN 83 Ld30
Sarvisé E 40 Fc57
Sarvisvaara S 73 Hc18
Sarvivaara FIN 74 Kd18
Sarvlax FIN 90 Kd38
Särvsjön S 86 Fa32
Sarzana I 155 Cd64
Sarzeau F 27 Eb41
Sarzedas P 44 Ba65
Sarzyna PL 139 Ka43
Šaš HR 152 Gc60
Sasa MK 179 Ca73
Sasa del Abadiado E 48 Fc59
Sasamón E 38 Db58
sa Savina E 56 Gc70
Sasbach D 141 Bd50
Sasca Montană RO 174 Bd64
Saschiz RO 176 Dd60
Săsciori RO 175 Da61
Sascut RO 176 Ed60
Sásd H 152 Hb57
Sas de Penelas E 36 Bc57
Săseni MD 173 Fc57
Saševo BG 180 Dd70
Sasi FIN 89 Jc35
Sąsiadka PL 131 Kb41
Sasina BIH 152 Gc62
Sasino PL 121 Gd29
Sasiny PL 123 Kb35
Saşmalıpınar TR 187 Gd79
Sasnava LV 114 Kb58
Sason TR 205 Ga20
Sasovo RUS 203 Fb10
Sassali FIN 69 Jd16
Sassari I 168 Bd74
Sassello I 148 Ca62
Sassen D 119 Ed31
Sassenage F 35 Jd48
Sassenay F 30 Jb43
Sassenberg D 125 Cb37
Sassenburg D 126 Dc36
Sassenheim NL 116 Ad36
Sassetot-le Mauconduit F 22 Fd34
Sassetta I 155 Db67
Sassnitz D 120 Fa30
Sassocorvaro I 156 Eb65
Sassoferrato I 156 Ec66
Sasso Marconi I 149 Dc63
Sassonero I 150 Dd63
Sassuolo I 149 Db62
Sástago E 48 Fc62
Šaštín-Stráže SK 137 Gd49
Sas van Gent NL 124 Ab39
Såtåhaugen N 86 Eb32
Sátão P 44 Ba62
Šateikiai LT 113 Jc54
Såtenäs S 102 Ed46
Säter S 87 Fc33
Säter S 95 Fd40
Säter S 102 Fa46
Sätergården S 94 Fa41
Saterland D 117 Cb34
Sāti LV 105 Jd51
Šatiķi LV 105 Jd51
Sätila S 102 Ec49
Satillieu F 34 Ja49
Sātiņi LV 105 Jc52
Sātiņi LV 105 Jd52
Satkūnai LT 114 Kd53
Sątoczno PL 122 Jb30
Sätofta S 110 Fa55
Satopäänkulma FIN 97 Jc39
Sątopy PL 122 Jb31
Sátoraljaújhely H 139 Ka49
Satosuo FIN 82 Kb31
Satov CZ 136 Ga49
Satovča BG 184 Cd75
Satow D 119 Eb31
Sätra brunn S 95 Ga42
Sátres GR 184 Db76
Satriano di Lucania I 161 Ga76
Satrup D 108 Db29
Sattajärvi FIN 74 Jc20
Sattajärvi S 68 Ja17
Sattanen FIN 69 Ka15
Satteins A 142 Cd53
Sattel CH 141 Cb54
Satteldorf D 134 Db47
Sattendorf A 144 Fa56
Satter S 73 Hd18
Sättersta S 96 Gc45
Sattledt A 144 Fa51
Satul Nou MD 173 Fd59
Satulung RO 171 Da55
Satu Mare RO 171 Cd54
Satu Mare RO 172 Eb55
Satu Nou RO 181 Fa67
Šatura RUS 203 Fa10
Saturn RO 181 Fc68
Saturnia I 155 Dc69
Saturo I 162 Ha76
Saubach D 127 Ea40
Sauca MD 173 Fb53
Saucats F 32 Fb51
Saucelle E 45 Bd62
Săucești RO 172 Ed59
Sauchen GB 7 Ec09
Sauclières F 41 Hc53
Sauda N 92 Cb42
Sauðárkrókur IS 2 Ba03
Saudasjøen N 92 Cb42
Saudersfoot GB 18 Dc27
Saudron F 30 Jb38
Saue EST 98 Kb42
Sauensiek D 118 Db33
Sauerlach D 143 Ea51
Sauga EST 98 Kb45
Saughtree GB 11 Ec15
Sauginiai LT 114 Ka54
Saugos LT 113 Jb56
Saugues F 34 Hc49
Sauherad N 93 Dc43
Saujon F 32 Fa47
Sauka LV 106 La52
Šaukėnai LT 114 Ka54
Saukko FIN 83 Lb26
Saukkojärvi FIN 74 Kb20
Saukkokangas FIN 69 Kd15
Saukkola FIN 90 Kb33
Saukkola FIN 98 Ka39
Saukkomaa FIN 74 Kb21
Saukkoriipi FIN 74 Jb18
Saukonkylä FIN 81 Jc31
Saukonperä FIN 89 Jc34
Saukonsaari FIN 91 Lc34
Šaukotas LV 114 Kb55
Sauland N 93 Db42
Săulești RO 175 Cd64
Saulgau, Bad D 142 Cd51
Saulgrub D 142 Dc52
Saulheim D 133 Cb44
Sauļi LV 106 Kd48
Şăulia RO 171 Db58
Saulieu F 30 Hd42
Saulīte LT 114 Kb53
Saulkrasti LV 106 Kc49
Saulnot F 31 Ka40
Sault F 42 Jc52
Sault-de-Navailles F 39 Fb54
Saulx F 31 Jd40
Saulxerotte F 25 Jc37
Saulxures-sur-Moselotte F 31 Ka39
Saulzais-le-Potier F 29 Ha44
Saulzoir F 24 Hb32
Saumeray F 29 Gb39
Saumos F 32 Fa50
Saumur F 28 Fc42
Saunajärvi FIN 83 Lc26
Saunakylä FIN 82 Ka30
Saunakylä FIN 89 Jb34
Saunalahti FIN 82 La31
Saunavaara FIN 69 Kb16
Saurat F 40 Gc56
Sauris I 143 Ec56
Saus N 70 Ed24
Sausgalviai LT 113 Jb57
Sausnēia LV 106 La50
Sausset-les-Pins F 42 Jc55
Saussy F 30 Jb41
Sausvatn N 70 Ed23
Sauvagnat F 33 Ha47
Sauve F 41 Hd53
Sauvere EST 105 Jc46
Sauveterre-de-Béarn F 39 Fa55
Sauveterre-de-Guyenne F 32 Fc51
Sauveterre-de-Rouergue F 41 Ha52
Sauveterre-la-Lémance F 33 Gb51
Sauveur-Lendelin F 22 Fa36
Sauvo FIN 97 Jc39
Sauvomäki FIN 90 Kd32
Sauxillanges F 34 Hc47
Sauze d'Oulx I 148 Bb60
Sauzet F 33 Gb51
Sauzet F 34 Jb50
Sauzet F 42 Ja53
Sauzé-Vaussais F 32 Fd46
Sauzon F 27 Ea42
Sava I 162 Ha76
Săvădisla RO 171 Cd58
Savalen N 77 Ea33
Savália GR 188 Ad86
Savaloja FIN 82 Ka25
Sävar S 80 Hc28
Săvârșin RO 174 Cb60
Sävast S 73 Hd22
Savaștepe TR 191 Ed83
Sävastnäs S 73 Hd22
Savci SLO 145 Gb56
Sávdijári S 68 Hc16
Säve S 102 Eb48
Sävedalen S 102 Ec49
Saveenkylä FIN 89 Jb32
Savelletri I 162 Ha75
Savelli I 165 Gd80
Savenaho FIN 90 Kc34
Savenay F 27 Ec42
Săveni RO 172 Ed54
Săveni RO 177 Fa66
Saverdun F 40 Gc55
Saverkeit FIN 97 Ja40
Saverna EST 107 Lb46
Saverne F 25 Kb36
Savero FIN 90 La37
Sävi FIN 89 Jb35
Säviä FIN 82 Kc29
Saviaho FIN 82 La26
Săviena LV 107 Lb51
Savigliano I 148 Bc62
Savignac F 41 Gd52
Savignac-les-Eglises F 33 Ga49
Savignano Irpino I 161 Fd74
Savignano sul Rubicone I 156 Eb64
Savigné F 32 Fd46
Savigné-l'Evêque F 28 Fd39
Savigny F 31 Jc40
Savigny-en-Revermont F 31 Jc44
Savigny-lès-Beaune F 30 Ja42
Savigny-sur-Braye F 29 Ga40
Savijärvi FIN 83 Lc27
Savijoki FIN 90 Kc38
Savikoski FIN 89 Jd36
Savikummunsalo FIN 91 Ld33
Savikylä FIN 83 Lb28
Savilahti FIN 91 Lc35
Savimäki FIN 82 Kc27
Saviñao E 36 Bb56
Savines-le-Lac F 35 Ka50
Săvinești RO 172 Ec58
Saviniemi FIN 89 Jd37
Savino Selo SRB 153 Ja59
Savio FIN 90 Kc32
Saviore d'Adamello I 149 Db57
Savipohja FIN 90 Kb33
Saviranta FIN 82 Kd25
Șavirii Vechi MD 173 Fb54
Saviselkä FIN 82 Kb27
Savitaipale FIN 91 Lb35
Sävja S 96 Gc42
Savköy TR 199 Gc88
Šavnik MNE 159 Hd68
Savoca I 167 Fd84
Savognin CH 142 Cd55
Savolanniemi FIN 82 Ka28
Savolanvaara FIN 83 Lc27
Sávoly H 145 Gd56
Savona I 148 Ca63
Savonkylä FIN 81 Jc30
Savonlinna FIN 91 Lc33
Savonranta FIN 91 Lc32
Savournon F 42 Jd51
Sävsjö S 103 Fc50
Sävsjön S 80 Ha26
Sävsjön S 95 Fc41
Sävsjöström S 103 Fd51
Savudrija HR 150 Ed60
Savukoski FIN 69 Kc15
Savulahti FIN 82 La30
Sawbridgeworth GB 20 Fd27
Sawin PL 131 Kc39
Sawley GB 15 Ec20
Sawrey GB 11 Eb18
Sawston GB 20 Fd26
Sax CH 142 Cd53
Sax E 55 Fa71
Saxdalen S 95 Fc41
Saxen A 144 Fc51
Saxhyttan S 95 Fb42
Saxilby GB 16 Fb22
Saxlingham Nethergate GB 17 Gb24
Saxnäs S 79 Fd25
Saxon CH 141 Bc56
Saxton GB 17 Fc19
Saxtorp S 110 Ed55
Saxtorpsskogen S 110 Ed55
Saxvallen S 78 Ed29
Sayatón E 47 Ea64
Sayda D 127 Ed42
Sayık TR 192 Fb84
Säynäjä FIN 75 La19
Säynätsalo FIN 90 Kc33
Säyneinen FIN 83 Lb29
Säynelahti FIN 91 Lb32
Sazak TR 191 Ec81
Sazak TR 198 Fd91
Sazak TR 198 Ga89
Sázava CZ 136 Fc45
Sazılar TR 193 Hb82
Sazköy TR 192 Fa85
Sazköy TR 198 Ga88
Sazlı TR 191 Ea82
Sazlı TR 197 Ed88
Sazlıbosna TR 186 Fc77
Sazoba TR 185 Ed80
Sazoba TR 191 Ed85
Scaër F 27 Dd39
Scăești RO 175 Cd65
Scafa I 157 Fa70
Scăieni MD 173 Fa54
Scalasaig GB 6 Da12
Scalea I 164 Ga78
Scaletta Zanclea I 167 Fd84
Scalloway GB 5 Fa05
Scamblesby GB 17 Fc22
Scandiano I 149 Db62
Scandicci I 155 Dc65
Scanno I 161 Fa71
Scansano I 155 Dc69
Scânteia RO 173 Fa58
Scânteia RO 177 Fa65
Scânteiești RO 177 Fb62
Scanzano Jonico I 162 Gc77
Scarborough GB 17 Fc19
Scardovari I 150 Eb61
Scardroy GB 4 Dc07
Scarinish GB 9 Da14
Scario I 161 Fd77
Scărișoara RO 171 Cc59
Scarnagh IRL 13 Cd23
Scarperia I 155 Dc64
Scarriff IRL 12 Bd22
Scartaglin IRL 12 Bb24
Scauri I 160 Ed73
Scauri I 166 Dd88
Sceaux F 23 Gd37
Sceaux-sur-Huisne F 29 Ga39
Ščegly RUS 113 Jd58
Ščekino RUS 203 Fa11
Šćenica- Bobani BIH 158 Hb68
Šćepan Polje BIH 159 Hd66
Scerni I 161 Fb71
Scey-sur-Saône-et-Saint-Albin F 31 Jd40
Schaafheim D 134 Cd44
Schaan FL 142 Cd54
Schabs I 143 Dd55
Schacht-Audorf D 118 Db30
Schaffhausen CH 141 Cb52
Schafflund D 108 Da28
Schafstädt D 127 Ea40
Schafstedt D 118 Da31
Schäftlarn D 143 Dd51
Schagen NL 116 Ba34
Schagenbrug NL 116 Ba34
Schaijk NL 125 Bb38
Schalchen A 143 Ed51
Schale D 117 Cb36
Schalkau D 135 Dd43
Schalkenmehren D 133 Bd43
Schalkham D 143 Eb50
Schalksmühle D 125 Ca40
Schangau CH 141 Bd54
Schangau CH 141 Ca54
Schänis CH 142 Cc54
Schapbach, Bad Rippoldsau- D 133 Cb49
Schapen D 117 Cb36
Scharans CH 142 Cd55
Scharbeutz D 119 Dd31
Schärding A 143 Ed50
Scharendijke NL 124 Ac37
Scharfenberg D 127 Ed41
Scharfenstein D 127 Ed42
Scharfling A 143 Ed52
S-charl CH 142 Db55
Scharnebeck D 118 Dc33
Scharnitz A 143 Dd53
Scharnstein A 144 Fa52
Scharrel D 117 Cb34
Schauenburg D 126 Da40
Schauenstein D 135 Ea44
Schaufling D 135 Ec48
Schechen D 143 Eb51
Schechingen D 134 Da48
Scheden D 126 Da39
Scheemda NL 117 Ca33
Scheer D 142 Cd51
Scheeßel D 118 Da34
Schefflenz D 134 Cd46
Scheggia I 156 Eb66
Șcheia RO 172 Eb55
Șcheia RO 173 Fa58
Scheibbs A 144 Fd51
Scheidegg D 142 Da52
Scheifling A 144 Fb54
Scheinfeld D 134 Db45
Schela RO 175 Cd63
Schela RO 177 Fa63
Schelklingen D 142 Da50
Schellerten D 126 Db37
Schellinghout NL 116 Ba35
Schemmerhofen D 142 Da50
Schenefeld D 118 Db31
Schenefeld D 118 Db32
Schengen L 133 Bb45
Schenkenzell D 141 Cb50
Schenklengsfeld D 126 Db42
Schermbeck D 125 Bd38
Schernberg D 126 Dc40
Schernfeld D 135 Dd48
Scherpenheuvel B 124 Ad40
Scherpenisse NL 124 Ac38
Scherpenzeel NL 116 Bb36
Scheßlitz D 135 Dd44
Scheveningen NL 116 Ad36
Scheyern D 135 Dd49
Schia I 149 Da63
Schiavi di Abruzzo I 161 Fb72
Schiedam NL 124 Ad37
Schieder-Schwalenberg D 126 Cd38
Schierke D 126 Dc38
Schierling D 135 Eb48
Schiermonnikoog NL 117 Bd32
Schiers CH 142 Cd54
Schiffdorf D 118 Cd32
Schifferstadt D 133 Cb46
Schiffweiler D 133 Bd46
Schijndel NL 124 Ba38
Schildau, Gneisenaustadt D 127 Ec40
Schillerslage D 126 Db36
Schillig D 117 Cc32
Schillingsfürst D 134 Db47
Schilpario I 149 Da58
Schiltach D 141 Cb50
Schiltberg D 135 Dd49
Schineni MD 173 Fb54
Schinoúsa GR 196 Db90
Schio I 150 Dd59
Schipkau D 128 Fa40
Schirgiswalde D 128 Fb41
Schirmeck F 25 Kb37
Schirmitz D 135 Eb46
Schirnding D 135 Eb44
Schisò I 167 Fd85
Schitu RO 175 Db66
Schitu RO 180 Ea67
Schitu Duca RO 173 Fb58
Schitu Golești RO 175 Dc63
Schkeuditz D 127 Eb40
Schkölen D 127 Ea41
Schkopau D 127 Eb40
Schlächtenhaus D 141 Bd52
Schladen D 126 Dc38
Schladming A 144 Fa53
Schlägl A 136 Fa49
Schlalach D 127 Ec37
Schlanders I 142 Dc56
Schlangen D 126 Cd38
Schlanstedt D 127 Dd38
Schlarigna CH 142 Da56
Schleching D 143 Eb52
Schlegel D 128 Fc41
Schlehdorf D 143 Dd52
Schleiden D 125 Bc42
Schleitheim D 141 Cb51
Schleiz D 135 Ea43
Schlema D 127 Ec42
Schleswig D 108 Db29
Schlettau D 135 Ec43
Schleusingen D 134 Dc43
Schlieben D 127 Ed39
Schlierbach A 144 Fb51
Schliersee D 143 Ea52
Schlitz D 126 Da42
Schlögen A 144 Fa50
Schloßberg A 144 Fd56
Schloß Holte-Stukenbrock D 126 Cc38
Schlotheim D 126 Dc40
Schluchsee D 141 Ca51
Schlüchtern D 134 Da43
Schluderbach I 143 Ea56
Schluderns I 142 Db55
Schlüsselfeld D 134 Dc45
Schmalfeld D 118 Db31
Schmalkalden D 126 Dc42
Schmallenberg D 126 Cc40
Schmelz D 133 Bc46
Schmerzke D 127 Ec37
Schmidgaden D 135 Eb46
Schmidmühlen D 135 Ea47
Schmidtheim D 125 Bc42
Schmiedeberg D 128 Fa42
Schmiedefeld D 135 Dd43
Schmiedefeld am Rennsteig D 126 Dc42
Schmitten D 134 Cc43
Schmölln D 120 Fb34
Schmölln D 127 Eb42
Schmölln-Putzkau D 128 Fb41
Schmon D 127 Ea40
Schnackenburg D 119 Ea34
Schnaitsee D 143 Eb51
Schnaittach D 135 Dd46
Schnaittenbach D 135 Ea46
Schnarup-Thumby D 108 Db29
Schneeberg D 134 Cd45
Schneeberg D 135 Ec43
Schnega D 119 Dd35
Schneidlingen D 127 Ea38
Schnelldorf D 134 Db47
Schneverdingen D 118 Db34
Schobüll D 108 Da29
Schöder A 144 Fa54
Schoenberg B 133 Bc43
Schöftland CH 141 Ca53
Schollene D 127 Eb36
Schöllkrippen D 134 Cd44
Schöllnach D 135 Ed49
Schömberg D 134 Cc48
Schömberg D 142 Cc50
Schonach D 141 Cb50
Schönau D 128 Fb40
Schönau D 141 Ca51
Schönau D 143 Ec50
Schönau a.Königssee D 143 Ec53
Schönau-Berzdorf D 128 Fc41
Schönau (Brend) D 134 Db43
Schönbach A 144 Fc50
Schönbeck D 120 Fa33
Schönberg D 119 Dd32
Schönberg D 135 Ed48
Schönbergerstrand D 118 Dc30
Schönberg (Holstein) D 118 Dc30
Schönborn D 127 Ed39
Schönbrunn D 134 Cc46
Schönbrunn D 134 Dc43
Schönbrunn D 134 Dc45
Schondorf D 142 Dc51
Schondra D 134 Da43
Schönebeck D 118 Cd34
Schönebeck D 127 Ea38
Schönecken D 133 Bc43
Schönefeld D 128 Fa37
Schönermark D 120 Fa33
Schönewalde D 127 Ed39
Schönewerda D 127 Dd40
Schönfeld D 128 Fa40
Schönfelde D 128 Fb36
Schönfeld-Weißig D 128 Fa41
Schongau D 142 Dc52
Schöngrabern A 136 Ga49
Schönhausen D 127 Eb36
Schönheide D 135 Ec43
Schöningen D 127 Dd37
Schönkirchen D 118 Dc30
Schönow D 128 Fa36
Schönsee D 135 Ec46
Schonstett D 143 Eb51
Schönthal D 135 Ec47
Schonungen D 134 Db44
Schönwald D 135 Eb44
Schönwald D 141 Cb50
Schönwalde D 119 Dd30
Schönwalde D 127 Ed36
Schoondijke NL 124 Ab38
Schoonebeek NL 117 Ca35
Schoonhoven NL 124 Ba37
Schoonloo NL 117 Bd34
Schoonoord NL 117 Bd34
Schoorl NL 116 Ba34
Schopfheim D 141 Ca52
Schopfloch D 133 Cb49
Schopfloch D 134 Db47
Schöppenstedt D 127 Dd37
Schoppernau A 142 Da53
Schöppingen D 125 Ca37
Schöpstal D 128 Fc41
Schorndorf D 134 Cd48
Schorstedt D 119 Ea35
Schortens D 117 Cc32
Schotten D 126 Cd42
Schotten D 134 Cd43
Schramberg D 141 Cb50
Schraplau D 127 Ea40
Schrecksbach D 126 Cd41
Schrems A 136 Fc49
Schriesheim D 134 Cc46
Schrobenhausen D 135 Dd49
Schröcken A 142 Da53
Schrozberg D 134 Da46
Schruns A 142 Da54
Schuddebeurs NL 124 Ac37
Schuld D 125 Bd42
Schull = Skull IRL 12 Bb27
Schuls CH 142 Db55
Schulzendorf D 128 Fa37
Schüpfheim CH 141 Ca54
Schussenried, Bad D 142 Cd51
Schuttertal D 141 Ca50
Schüttorf D 117 Ca36
Schwaan D 119 Eb31
Schwabach D 134 Dc47
Schwabhausen D 143 Dd50
Schwäbisch Gmünd D 134 Da48
Schwäbisch Hall D 134 Da47
Schwabmünchen D 142 Dc50
Schwabstedt D 118 Da30
Schwadorf A 145 Gb51
Schwaförden D 118 Cd35
Schwaigern D 134 Cd47
Schwaikheim D 134 Cd48
Schwalbach D 133 Bc46
Schwalenberg, Schieder- D 126 Da38
Schwalmstadt D 126 Cd41
Schwalmtal D 125 Bc39
Schwalmtal D 126 Cd42
Schwanau D 133 Ca49
Schwanbeck D 120 Fa32
Schwanberg A 144 Fd55
Schwanden CH 142 Cc54
Schwandorf D 135 Eb47
Schwanebeck D 127 Dd38
Schwanebeck D 128 Fa36
Schwanenstadt A 144 Fa51
Schwanewede D 118 Cd33
Schwangau D 142 Dc52
Schwanstetten D 135 Dd47
Schwante D 119 Ed35
Schwarme D 118 Cd34
Schwarmstedt D 118 Db35
Schwarz D 119 Ec34
Schwarzach D 134 Cc46
Schwarzach D 135 Ec48
Schwarzach am Main D 134 Db45
Schwarzach im Pongau A 143 Ec53
Schwarzbach D 128 Fa40
Schwarzbach bei Rochlitz D 127 Ec41
Schwarzenau A 136 Fd49
Schwarzenau im Gebirge A 144 Ga52
Schwarzenbach am Wald D 135 Ea43
Schwarzenbach an der Saale D 135 Ea44
Schwarzenbek D 118 Dc33
Schwarzenberg A 136 Fa49
Schwarzenberg D 135 Ec43
Schwarzenborn D 126 Da41
Schwarzenbruck D 135 Dd47
Schwarzenburg CH 141 Bc54
Schwarzenfeld D 135 Eb47
Schwarzenseealm A 144 Fa54
Schwarze Pumpe D 128 Fb40
Schwarzheide D 128 Fa40
Schwarzhofen D 135 Eb47
Schwarzwaldalp CH 141 Ca55
Schwaz A 143 Ea53
Schwechat A 145 Gb51
Schwedt D 120 Fb34
Schwefelbergbad CH 141 Bd55
Schwei D 118 Cc33
Schweich D 133 Bc44
Schweigen-Rechtenbach D 133 Ca47
Schweighausen D 141 Ca50
Schweighof A 143 Ed53
Schweinfurt D 134 Db44
Schweinitz D 127 Eb37
Schweinitz D 127 Ed39
Schweitenkirchen D 135 Ea49
Schwelm D 125 Ca40
Schwendi D 142 Da50
Schwenningen, Villingen- D 141 Cb50
Schwepnitz D 128 Fa40
Schwerfen D 125 Bc41
Schwerin D 119 Ea32
Schwerte D 125 Ca39
Schwetzingen D 134 Cc46
Schwichtenberg D 120 Fa32
Schwieberdingen D 134 Cc48
Schwielochsee D 128 Fb38
Schwiesau D 127 Dd36
Schwindegg D 143 Eb50
Schwörstadt D 141 Ca52
Schwülper D 126 Dc36
Schwyz CH 141 Cb54
Sciacca I 166 Ec86
Sciaves I 143 Dd55
Scicli I 167 Fc88
Sciez F 31 Ka44
Ščigry RUS 203 Fa13
Scilla I 164 Ga83
Scillato I 167 Fa85
Ścinawa PL 129 Gb40
Ścinawa PL 137 Gd43
Ścinawka Średnia PL 137 Gb43
Scioașetea RO 180 Dc67
Scionzier F 35 Ka45
Ščir RUS 99 Ma44
Šćit BIH 158 Ha65
Scmapton GB 16 Fb22
Scoarța RO 175 Cd64
Scobinți RO 172 Ed56
Scoglitti I 167 Fb88
Sconser GB 4 Db08
Scopello I 148 Ca58
Scopello I 166 Eb84
Scopwick GB 17 Fc23
Scordia I 167 Fc86
Scoreni MD 173 Fc58
Scornicești RO 175 Db65
Ščors UA 202 Ec13
Scorțaru Nou RO 177 Fa63
Scorțeni MD 173 Fc56
Scorțoasa RO 176 Ec63
Scorzè I 150 Ea59
Scorzo I 161 Fd76
Scotch Corner GB 11 Fa18
Scotch Town GB 9 Cc16
Scoțeni RO 172 Ec59
Scotter GB 16 Fb21
Scottow GB 17 Gb24
Scourie GB 4 Dc05
Scoury F 29 Gb44
Scousburgh GB 5 Fa06
Scrabster GB 5 Eb04
Scramoge IRL 8 Ca19
Scraptoft GB 16 Fb24
Scredington GB 17 Fc23
Scribbagh GB 8 Ca17
Ščučja Gora RUS 107 Mb46
Ščučyn BY 202 Dd13
Sculeni MD 173 Fa57
Scumpia MD 173 Fb56
Scunthorpe GB 16 Fb21
Scuol CH 142 Db55
Scurcola Marsicana I 160 Ed71
Scurtu Mare RO 176 Dd66
Scutaru RO 176 Ec61
Scutelnici RO 176 Ec65
Sczeglino PL 121 Gb31
Seaca RO 180 Dc67
Seaca RO 180 Dc68
Seaca de Câmp RO 179 Cc67
Seaca de Pădure RO 175 Cc66
Seaford GB 20 Fd30
Seahouses GB 11 Fa14
Seamer GB 17 Fc19
Sea Palling GB 17 Gb24
Seascale GB 10 Ea18
Seaton GB 19 Eb30
Seaton Delaval GB 11 Fa16
Seave Green GB 11 Fb18
Sébazac-Concurès F 33 Ha51
Sebbersund DK 100 Db21
Sebečevo SRB 178 Ba69
Šebekino RUS 203 Fa14
Seben TR 187 Hb80
Sebenardı TR 187 Ha79
Sebepti TR 191 Ed81
Sebersdorf A 144 Ga54
Sebeș RO 175 Cd60
Šebetov CZ 137 Gc46
Sebež RUS 107 Mb51
Sebež RUS 202 Ea11
Sebiller TR 193 Hb87
Şebinkarahisar TR 205 Fd20
Sebiș RO 170 Cb59
Sebnitz D 128 Fb41
Seboncourt F 24 Hb33
Sebuzin CZ 136 Fb43
Seč CZ 136 Ga45
Sečan SRB 174 Bb62
Secăria RO 176 Ea63
Secaș RO 174 Ca60
Seccagrande I 166 Ec86
Sece LV 106 Kd51
Secemin PL 130 Ja42
Sečenovo RUS 203 Fc09
Séchault F 24 Ja35
Séchilienne F 35 Jd49
Seckach D 134 Cd46
Seçköy TR 186 Fd80
Seclin F 23 Ha31
Secondigny F 28 Fb44
Sečovce SK 139 Ka48
Sečovská Polianka SK 139 Ka48
Secu RO 172 Ea57
Secu RO 175 Cc65
Secuieni RO 172 Ed58
Secuieni RO 172 Ed59

Siemczyno – Skødstrup

Siemczyno PL 120 Ga33
Siemianowice Śląskie PL 138 Hc43
Siemianówka PL 123 Kc34
Siemiany PL 122 Hc32
Siemiatycze PL 131 Kb36
Siemień PL 131 Kb38
Siemkowice PL 130 Hc40
Siemyśl PL 120 Fd31
Sien D 133 Ca45
Siena I 155 Dc67
Siene S 102 Ed48
Sieniawa PL 139 Kb43
Sienica PL 120 Ga33
Sienlaukis LT 114 Ka56
Siennica PL 131 Jd37
Siennica Różana PL 131 Kc40
Sienno PL 131 Jd40
Sieppijärvi FIN 68 Jb17
Sieradz PL 129 Hb39
Sieraków PL 128 Ga36
Sieraków PL 129 Hb42
Sierakowice PL 121 Gd30
Sierakowice PL 137 Hb44
Sierck-les-Bains F 25 Jd34
Siercz PL 128 Ga37
Sierentz F 31 Kc40
Sierksdorf D 119 Dd31
Sierndorf A 145 Gb50
Sierniki PL 121 Gc35
Sierning A 144 Fb51
Siero de la Reina E 37 Cd56
Sieroszewice PL 129 Ha39
Sierpc PL 122 Hd35
Sierra de Luna E 47 Fa59
Sierra de Yeguas E 60 Cc75
Sierre CH 141 Bd56
Sierre S 73 Hb19
Sierro E 61 Ea74
Siershahn D 125 Ca42
Siersleben D 127 Ea39
Siesikai LT 114 Kd56
Siestrzeń PL 130 Jb37
Siete Aguas E 54 Fa68
Siete Iglesias E 45 Cc61
Șieu RO 171 Dc57
Șieu-Măgheruș RO 171 Dc57
Șieu-Odorhei RO 171 Db57
Șieuț RO 171 Dc57
Sieverstedt D 108 Db29
Sievi FIN 81 Jd27
Siewierz PL 138 Hc43
Sifferbo S 95 Fd39
Sig DK 108 Cd25
Sığacık TR 191 Eb86
Sigdal N 93 Dc41
Sigean F 41 Hb56
Sigerfjord N 66 Fd13
Sigetec HR 152 Gc57
Siggavuono FIN 64 Ka10
Siggelkow D 119 Eb33
Siggerud N 93 Ea42
Sighetu Marmației RO 171 Db54
Sighișoara RO 175 Dc60
Sığırcık TR 193 Ha84
Sığırlık TR 199 Gd89
Sigloy F 29 Gd40
Siglufjörður IS 2 Ba03
Sigmaringen D 142 Cd50
Sigmaringendorf D 142 Cd51
Sigmarszell D 142 Da52
Sigmen BG 181 Ec72
Sigmir RO 171 Dc57
Sigmundsherberg A 136 Ga49
Signa I 155 Dc65
Signalnes N 67 Ha11
Signes F 42 Jd55
Signy-l'Abbaye F 24 Hd34
Signy-le-Petit F 24 Hd33
Sigogne F 32 Fc47
Sigonce F 42 Jd52
Sigony RUS 203 Ga10
Sigrás E 36 Ba54
Sigri GR 191 Dd83
Sigtuna S 96 Gc42
Sigüeiro E 36 Ba55
Sigüenza E 47 Ea62
Sigüés E 39 Fa57
Sigüeya E 37 Bd57
Sigulda LV 106 Kc50
Sihany RUS 203 Fd11
Sihlea RO 176 Ed63
Sihtuuna FIN 74 Jc20
Sihva EST 106 La46
Siikainen FIN 89 Ja34
Siikajärvi FIN 98 Ka39
Siikajoki FIN 74 Jd24
Siika-Kämä FIN 74 Kb19
Siikakoski FIN 90 La34
Siikakoski FIN 91 Lb34
Siikala FIN 90 Ka38
Siikamäki FIN 82 La28
Siikamäki FIN 90 La32
Siikaselkä FIN 90 Kc33
Siikava FIN 90 Kd36
Siikavaara FIN 91 Ld32
Siiksaare EST 105 Jd46
Siilinjärvi FIN 82 La29
Siimika EST 98 Ka43
Siimusti EST 98 La44
Siipyy FIN 89 Hd34
Siironen FIN 81 Jc26
Siitama FIN 90 Ka35
Siivikko FIN 75 Kc22
Sijarinska Banja SRB 178 Bc70
Sijekovac BIH 152 Hb61
Sikakylä FIN 89 Jb32
Sikaminiá GR 183 Bd80
Sikaminia GR 191 Ea83
Sikås S 79 Fd29
Sikéa GR 195 Bd90
Sikeå S 80 Hc27
Sikeå hamn S 80 Hc27
Sikés GR 194 Bb87
Sikfőkút H 146 Jb51
Sikfors S 73 Hc22
Sikiá GR 183 Bc80
Sikiá GR 184 Cd80
Sikiés GR 189 Bc81
Sikinos GR 196 Da91
Sikióna GR 189 Bd86
Siklesciems LV 113 Ja53
Siklós H 152 Hb58
Siknäs S 73 Ja21
Sikorráhi GR 185 Dd77
Sikórz PL 130 Hd36
Sikourió GR 183 Bd80
Sikovaara FIN 83 Ld28
Sikovicy RUS 99 Ma44
Sikovuono FIN 64 Ka10
Sikrags LV 105 Jc48
Siksele S 80 Ha25
Siksjö S 79 Gb26
Siksjö S 80 Gc27
Siksjönäs S 79 Ga25
Sikšņi LV 113 Jb53
Šikšniai LT 114 Ka58
Sikvaland N 92 Ca45
Sil S 79 Ga29
Sila N 70 Fa20
Šilagaliai LT 114 La54
Silagals LV 107 Lb51
Silagalys LT 114 Kc55
Šilai LT 114 Kd55
Šilainiai LV 114 Kb56
Silajāņi LV 107 Lc52
Šilalė LT 113 Jd56
Silandro I 142 Dc56
Silanus I 169 Ca76
Šilavoas LT 114 Kc58
Silba HR 151 Fc63
Silbaš SRB 153 Ja60
Silbertal A 142 Da54
Silbodal S 94 Ec43
Silchester GB 20 Fa28
Sildhopen N 66 Fd16
Şile TR 186 Ga77
Sileby GB 16 Fa24
Silec PL 122 Jc30
Silen BG 185 Dd75
Šilėnai LT 114 Kb54
Šilėnai LT 114 La58
Silene LV 115 Lc54
Silenieki LV 106 Kb51
Siles E 53 Ea71
Silfiac F 27 Ea39
Siligo I 168 Ca75
Şilindia RO 170 Ca59
Siliqua I 169 Bd79
Siliștea RO 176 Dd66
Siliștea RO 177 Fa63
Siliștea RO 177 Fb66
Siliștea Crucii RO 179 Cd67
Siliștea Guimești RO 175 Dc66
Silistra BG 181 Ed67
Silius I 169 Cb79
Silivașu de Câmpie RO 171 Db58
Silivri TR 186 Fb77
Silixen D 126 Cd37
Siljan N 93 Dc43
Siljansnäs S 95 Fc39
Siljeåsen S 79 Fd27
Silkeborg DK 108 Db24
Silla E 54 Fb68
Silla EST 98 Ka44
Silla I 155 Db64
Sillamäe EST 99 Lc41
Sillano I 149 Da63
Sillanpää FIN 81 Jc29
Sillans-la-Cascade F 42 Ka54
Silleda E 36 Ba56
Sillé-le-Guillaume F 28 Fc39
Sillenstede D 117 Cc32
Sillerud S 94 Ec43
Sillery F 24 Hd35
Silli GR 184 Da76
Sillian A 143 Eb55
Sillingebyn S 94 Ed44
s'Illot E 57 Hd67
Sillre S 87 Ga33
Sillre S 87 Gb32
Silmala LV 107 Lc51
Silnica PL 130 Hd41
Silno PL 121 Gd32
Silo HR 151 Fc61
Šilovo RUS 203 Fa12
Silovo RUS 203 Fb11
Sils CH 142 Cd56
Sils E 49 Hb60
Silsand N 67 Gc11
Silsden GB 16 Ed20
Silsjönäs S 79 Ga29
Silstrup DK 100 Da21
Siltaharju FIN 69 Ka14
Siltakylä Broby FIN 90 La38
Siltala FIN 82 Kc25
Siltala FIN 89 Jc32
Siltalanperä FIN 82 Kd26
Siltavaara FIN 83 Lc27
Silte S 104 Gd50
Siltene LV 107 Lc50
Šiļukains LV 107 Lc51
Šilutė LT 113 Jb56
Šiluva LT 114 Ka55
Silva E 36 Ad54
Silván E 37 Bd57
Silvana Mansio I 164 Gc80
Silvaplana CH 142 Cd56
Silvares P 44 Ba64
Silvberg S 95 Fd40
Silveiros P 44 Ad60
Šilvėnai LT 114 Ka57
Silver Bridge GB 9 Cd19
Silverdalen S 103 Fd49
Silverdalen S 103 Ga49
Silvergruvan S 95 Fb42
Silverstone GB 20 Fb26
Silves P 58 Ab74
Silvi Marina I 157 Fa69
Silvola FIN 91 Lc33
Šima RUS 99 Ld43
Simakivka UA 202 Eb14
Simala I 169 Ca78
Simalan Metsäkulm FIN 97 Jc39
Simanala FIN 91 Lc32
Simancas E 46 Cd60
Şimand RO 170 Bd58
Simanda GR 183 Cb79
Simandre F 30 Jb44
Simanes N 63 Hd08
Šimanovci SRB 153 Jb61
Simat de la Valldigna E 54 Fc69
Simav TR 192 Fc84
Simaxis I 169 Bd77
Simbach D 135 Ec49
Simbach am Inn D 143 Ec50
Simbario I 164 Gc82
Simbirsk RUS 203 Fd09
Simeonovograd BG 185 Dd74
Simeria RO 175 Cc61
Simested DK 100 Db22
Simferopol' UA 205 Fa17
Simi GR 197 Ed92
Şimian RO 170 Cb55
Simian RO 174 Cb65
Simiane-la-Rotonde F 42 Jd52
Simići BIH 153 Hd63
Siminicea RO 172 Ec55
Simiö FIN 90 Ka33
Simitli BG 183 Cb74
Šimkai LT 113 Jb55
Šimkaičiai LT 114 Ka56
Simlångsdalen S 102 Ed52
Simleu Silvaniei RO 171 Cc56
Simmelkær DK 100 Da23
Simmerath D 125 Bc42
Simmerberg D 142 Da52
Simmern D 133 Ca44
Simmersfeld D 133 Cb49
Simmershofen D 134 Db46
Simmertal D 133 Ca44
Simnas LV 114 Kb59
Simniča MK 182 Ba74
Simo FIN 74 Jd21
Simola FIN 91 Lc36
Simonburn GB 11 Ed16
Simonby FIN 97 Jb40
Şimonești RO 176 Dd60
Simoniemi FIN 74 Jd22
Simonkylä FIN 74 Jd22
Simonsbath GB 19 Dd29
Simonsberg D 108 Da29
Simonstad N 93 Da45
Simonstorp S 95 Ga45
Simonswald D 141 Ca50
Simontornya H 146 Hc55
Šimonys LT 114 Kd54
Simorre F 40 Ga55
Simos GR 188 Bb84
Simou CY 206 Hd97
Simpelveld NL 125 Bb41
Simpiänniemi FIN 90 Kd34
Simplon CH 148 Ca57
Simpnäs S 96 Ha41
Simremarken S 110 Ed57
Simrishamn S 111 Fb56
Simsk RUS 202 Eb09
Simskälä FIN 96 Hc40
Simskardet N 70 Fa24
Simuna EST 98 La43
Simuna FIN 90 Kc32
Sinac HR 151 Fd62
Sinaia RO 176 Ea63
Sinalunga I 156 Dd67
Sinanaj AL 182 Ab77
Sinandele TR 192 Fa83
Sinanlı TR 186 Fa76
Sinanlıballi TR 187 Gb78
Sinanoğlu TR 187 Gc78
Sinarádes GR 182 Ab80
Sinarcas E 54 Ed67
Sin'avino RUS 113 Jd59
Şinca RO 176 Dd61
Sincan TR 205 Fd20
Sincanlı TR 193 Gb85
Şinca Nouă RO 176 Dd62
Sincansarnıç TR 192 Fc81
Sindal DK 101 Dd19
Sindel BG 181 Fa71
Sindelfingen D 134 Cc48
Sindendro GR 182 Ba79
Sindi EST 98 Kb45
Sindia I 169 Bd76
Sındırgı TR 192 Fa83
Síndos GR 183 Ca78
Sinekçi TR 185 Ed80
Sinekli TR 186 Fb77
Sinemorec BG 186 Fa74
Sinersig RO 174 Ca61
Sines P 50 Ab71
Sinești RO 172 Ed57
Sinești RO 175 Da64
Sinești RO 176 Eb66
Sinettä FIN 74 Jd18
Sineu E 57 Hc67
Singen D 142 Cc51
Singera MD 173 Fd58
Singerei MD 173 Fb56
Singereii Noi MD 173 Fb55
Singilej RUS 203 Fd10
Singleton GB 20 Fb30
Singö S 96 Ha40
Singsby FIN 81 Hd30
Singsjön S 79 Fc31
Singureni MD 173 Fb55
Singureni RO 180 Ea67
Singusdal N 93 Db43
Sinie Lipjagi RUS 203 Fb13
Sinij Nikola RUS 107 Ma49
Sinirli TR 191 Ed85
Siniscola I 168 Cc75
Siniselkä FIN 82 Ka25
Sini Vir BG 181 Ec69
Sinj HR 158 Gc65
Sinjac MNE 159 Hd67
Sinjavka BY 202 Ea13
Sinjo Bărdo BG 179 Cd70
Sinksundet S 73 Hd22
Sin-le-Noble F 23 Ha32
Sinn D 126 Cc42
Sinnai I 169 Ca79
Sinnes N 92 Cc44
Sinntal D 134 Da43
Sinodskoe RUS 203 Fd11
Sinogóra PL 122 Hd34
Sinoie RO 177 Fc66
Sinole LV 107 Lb49
Sinop TR 205 Fb19
Sinopoli I 164 Ga83
Sins CH 141 Cb53
Sinsheim D 134 Cc47
Sinspelt D 133 Bb44
Sint Annaparochie NL 117 Bc33
Sintautai LT 114 Ka58
Sintea Mare RO 170 Ca58
Șintereag RO 171 Db57
Șinteu RO 171 Cc56
Sint Jacobiparochie NL 117 Bc33
Sint Martensbrug NL 116 Ba34
Sint Michielsgestel NL 124 Ba38
Sint Nicolaasga NL 117 Bc34
Sint-Niklaas B 124 Ac39
Sint Oedenrode NL 125 Bb38
Sint Philipsland NL 124 Ac38
Sintra P 50 Aa68
Sintsi FIN 83 Ld31
Sint-Truiden B 124 Ba41
Sinués E 39 Fb57
Sinzheim D 133 Cb48
Sinzig D 125 Bd42
Sinzing D 135 Ea48
Siófok H 145 Hb55
Sion CH 141 Bc56
Sion F 31 Jd38
Sion-les-Mines F 28 Ed40
Sion Mills GB 9 Cc16
Siorac-en-Périgord F 33 Gb50
Sipa EST 98 Kb44
Sipahi TR 185 Ec77
Sipahiler TR 199 Gd88
Šipanska Luka HR 158 Hb69
Șipca MD 173 Ga57
Sipilä FIN 82 Kb30
Sipilä FIN 90 Ka32
Sipinen FIN 82 La25
Šipka BG 180 Dc71
Šipkovica MK 183 Ca74
Šipkovo BG 180 Db71
Sipola FIN 74 Ka24
Sipola FIN 82 Kb25
Siponys LT 114 Kc58
Sipoo FIN 98 Kc39
Șipote RO 172 Ed56
Șipotele RO 181 Fb68
Șipoteni MD 173 Fc58
Šipovo BIH 158 Gd64
Sippola FIN 90 La37
Sira N 92 Cb46
Sirač HR 152 Gd59
Siracusa I 167 Fd87
Šir'ajevo RUS 107 Mb48
Siráko GR 182 Ba80
Sirakovo BG 184 Dc74
Şiran TR 205 Fd20
Șirăuți MD 172 Ed54
Sircova MD 173 Fd55
Siret RO 172 Eb54
Sireţel RO 172 Ec56
Sireți MD 173 Fd57
Sirevåg N 92 Ca45
Sirgala EST 99 Lc42
Şiria RO 170 Ca59
Sirig SRB 153 Jb59
Şirince TR 191 Ec87
Şirinçavuş TR 185 Ed80
Sirineasa RO 175 Db64
Şirinköy TR 198 Fc88
Širitovci HR 158 Gb65
Siriu RO 176 Eb63
Sirk SK 138 Jb49
Sirkka FIN 68 Jc15
Sirkkakoski FIN 74 Jc18
Sirkkamäki FIN 82 Kc31
Sirkön S 111 Fc53
Sirma MD 173 Fb59
Sirma N 64 Ka07
Sirmione I 149 Db59
Șirna RO 176 Ea65
Sirnach CH 142 Cc53
Sirniö FIN 75 Kd20
Sirogojno SRB 178 Ad67
Sirok H 146 Jb51
Široka lăka BG 184 Da75
Široka Niva CZ 137 Gd44
Široké SK 138 Jc47
Široki Brijeg BIH 158 Ha66
Široko Polje HR 153 Hc60
Širokovo BG 180 Ea69
Sirolo I 156 Ed66
Sırpsındığı TR 185 Eb75
Siruela E 52 Cc69
Sirvaste EST 107 Lb46
Širvintos LT 114 Kd57
Sisak HR 152 Gb60
Šišan HR 151 Fa62
Sisante E 53 Eb68
Sisättö FIN 89 Jc34
Sisbacka FIN 81 Jb29
Şişcani MD 173 Fb58
Sisco F 154 Cc68
Şişeler TR 199 Ha91
Šišenci BG 179 Ca67
Sises GR 200 Da95
Şişeşti RO 171 Da55
Şişeşti RO 175 Cc64
Sislioba TR 186 Fa74
Šišljavic HR 151 Ga59
Šišmanci BG 180 Dc73
Sissach CH 141 Ca52
Sissinghurst GB 21 Ga29
Sissonne F 24 Hc34
Sista Palkino RUS 99 Ld40
Şiştărovaț RO 174 Ca60
Sistelo P 36 Ad58
Sisteron F 42 Jd52
Sistiana I 150 Ed59
Sistin E 36 Bb57
Sisto E 36 Bb53
Sistranda N 77 Dc28
Sita Buzăului RO 176 Eb62
Sitagri GR 184 Cd76
Šit'ane RUS 107 Ma48
Sitaniec PL 131 Kc41
Sitariá GR 183 Bb77
Sitarla FIN 98 Kd39
Sitasjaurestugorna S 67 Gb15
Šitbořice CZ 137 Gc48
Sitena GR 194 Bc88
Sitges E 49 Gd62
Sitía GR 201 Dd96
Sitikala FIN 90 Kd37
Sitkowo PL 123 Kb32
Sitkunai LV 114 Kb57
Sitnica BIH 152 Gd63
Sitno PL 121 Gb32
Sitno PL 122 Hc34
Sitohóri GR 184 Cc77
Sitómena GR 188 Ba83
Sitovo BG 181 Ec68
Sitovo BG 184 Db74
Sittard NL 125 Bb40
Sittensen D 118 Da33
Sitter N 78 Eb26
Sittersdorf A 144 Fc56
Sittingbourne GB 21 Ga28
Sitzendorf an der Schmida A 136 Ga49
Siuntio FIN 98 Ka40
Siuntion kirkonkylä FIN 98 Ka40
Šiupyliai LT 114 Ka53
Siuro FIN 89 Jc36
Siurua FIN 74 Kb22
Siurunmaa FIN 69 Ka15
Siusi I 143 Dd56
Sivac SRB 153 Ja59
Šivačevo BG 180 Eb72
Sivakka FIN 83 Lb27
Sivakka FIN 83 Lc26
Sivakkajoki FIN 83 Lb27
Sivakkavaara FIN 83 Lb29
Siva reka BG 185 Ea75
Sivas TR 205 Fc20
Sivaslı TR 192 Ga86
Siverić HR 158 Gb65
Sivers LV 115 Ld53
Siverskij RUS 99 Mb41
Siverskij RUS 202 Eb09
Sivertbukt N 65 Kb07
Siviken S 102 Ec46
Sivle N 84 Cc38
Sivota GR 188 Ac81
Sivrihisar TR 193 Hb83
Sivriler TR 186 Fa75
Sivros GR 188 Ac83
Six Crosses IRL 12 Bb24
Six-Fours-les-Plages F 42 Jd55
Sixmilebrige IRL 12 Bd23
Sixmilecross GB 9 Cc17
Six Road Ends GB 10 Db17
Sixt F 35 Kb45
Sixt-sur-Aff F 27 Ec40
Siziano I 149 Cc60
Sizun F 26 Dc38
Sjabero RUS 99 Ma43
Själlarim S 73 Hb19
Sjanno BY 202 Eb12
Sjanovo BG 180 Eb68
Sjas'stroj RUS 202 Eb08
Sjåstad N 93 Dd41
Sjava RUS 203 Fc08
Sjelle DK 108 Dc24
Sjenica SRB 178 Ad68
Sjeničak Lasinjski HR 151 Ga60
Sjerogošte MNE 159 Jb68
Sjetlina BIH 159 Hc65
Sjetnemarka N 77 Ea30
Sjeverodonec'k UA 203 Fb14
Sjisjka S 67 Ha16
Sjøåsen N 78 Eb27
Sjöberg S 71 Ga23
Sjöberg S 79 Ga25
Sjöbo S 110 Fa56
Sjöbotten S 80 Hc26
Sjöbrånet S 80 Hb26
Sjödiken S 110 Ed56
Sjogerstad S 102 Fa47
Sjögestad S 103 Fd47
Sjøholt N 76 Cd32
Sjøli N 86 Eb36
Sjöliden S 80 Gc25
Sjølund DK 108 Db26
Sjömarken S 102 Ed49
Sjona N 70 Fa20
Sjonbotn N 71 Fb20
Sjonhem S 104 Ha49
Sjørring DK 100 Da21
Sjörröd S 110 Fa54
Sjørslev DK 100 Db23
Sjørup DK 100 Da23
Sjösa S 96 Gc45
Sjötofta S 102 Ed50
Sjötorp S 95 Fb45
Sjøtun N 62 Gc10
Sjoutnäset S 79 Fc26
Sjøvegan N 67 Gc12
Sjövik S 102 Ec48
Sjugare S 95 Fc39
Sjulnäs S 73 Hc23
Sjulsmark S 73 Hd22
Sjunberget S 68 Hc17
Sjundeå FIN 98 Ka40
Sjundeå kby FIN 98 Ka40
Sjuntorp S 102 Ec47
Sjursvik N 66 Ga11
Sjusjøen N 85 Ea37
Skabland N 85 Ea40
Skaborai LT 113 Jc55
Skadovs'k UA 204 Ed17
Skælskør DK 109 Ea27
Skærbæk DK 108 Da27
Skærbæk DK 108 Db26
Skærum DK 101 Dd20
Skærup DK 108 Db25
Skævinge DK 109 Ec25
Skafidiá GR 194 Ad87
Skafså N 93 Da43
Skäfthammar S 96 Gd41
Skaftung FIN 89 Hd34
Skagaströnd IS 2 Ad03
Skage N 78 Ec26
Skagen DK 101 Dd19
Skagen N 70 Fa19
Skaiå N 92 Cd46
Skáidi N 63 Ja06
Skaill GB 5 Ec03
Skaistgiriai LT 114 Kc54
Skaistgirys LT 114 Ka53
Skaistkalne LV 106 Kc52
Skaitekojan S 73 Hb19
Skakdupiai LT 114 Ka59
Skála GR 182 Ab80
Skála GR 184 Db77
Skála GR 188 Ac85
Skála GR 189 Ca84
Skála GR 191 Ea83
Skála GR 194 Bc90
Skála GR 197 Ea89
Skała PL 138 Ja44
Skála Eressú GR 191 Dd83
Skála Foúrka GR 183 Cb80
Skałągi PL 129 Ha41
Skála Marión GR 184 Da78
Skaland N 62 Gb10
Skåland N 92 Cb46
Skála Oropoú GR 189 Cc85
Skala-Podil's'ka UA 204 Ea16
Skála Sikaminiás GR 191 Ea83
Skála Sotíros GR 184 Da78
Skalavik DK 3 Ca07
Skalbmierz PL 138 Jb43
Skålbygget S 87 Fc37
Skälderviken S 110 Ed54
Skåldö FIN 97 Jd41
Skålen S 87 Fb32
Skålevik N 84 Ca39
Skalhamn S 102 Eb47
Skalica BG 180 Ea73
Skalica SK 137 Gd48
Skalité SK 138 Hc46
Skallebølle DK 108 Dc26
Skallelv N 65 Kd06
Skällerud S 94 Ea45
Skållerud S 94 Ec45
Skallerup Klit DK 100 Dc19
Skällinge S 102 Ec51
Skallmeja S 102 Ed47
Skalltivaara FIN 64 Jd08
Skällvik S 103 Gb46
Skalmodal S 71 Fc23
Skalmsjö S 80 Gc29
Skalná CZ 135 Eb44
Skålö S 95 Fb39
Skalohóri GR 182 Ba78
Skalohóri GR 191 Dd83
Skalotí GR 184 Da76
Skalotí GR 200 Cc96
Skals DK 100 Db22
Skalsko BG 180 Dd71
Skalsvika N 71 Fc18
Skalunda S 102 Ed46
Skälvum S 102 Fa46
Skam'ja RUS 99 Lc43
Skamsdalssetra N 77 Dc33
Skandáli GR 190 Dc81
Skandawa PL 122 Jb30
Skanderborg DK 108 Dc24
Skånela S 96 Gd43
Skånes-Fagerhult S 110 Fa53
Skåne-Tranås S 111 Fb56
Skånevik N 92 Cb41
Skangali RUS 107 Ld50
Skåningbukt N 62 Ha08
Skånings-Åsaka S 102 Fa46
Skänknäsberget S 79 Ga27
Skänninge S 103 Fc47
Skanör S 110 Ed57
Skansbacken S 95 Fb40
Skansholm S 79 Ga26
Skansnäs S 71 Ga24
Skansnäs S 72 Gb22
Skansnäset S 79 Fd27
Skåpafors S 94 Ec44
Skąpe PL 128 Fd37
Skapiškis LT 114 Kd54
Skara S 102 Fa47
Skarberget N 66 Ga14
Skärblacka S 103 Ga46
Skard N 71 Fd18
Skarda S 80 Gd27
Skardet N 71 Fc20
Skardsgard N 85 Db38
Skare N 92 Cc41
Skåre S 94 Fa43
Skares GB 10 Dd15
Skares LV 105 Jd52
Skåret N 86 Ed36
Skärgårdsstad S 96 Gd43
Skärhamn S 102 Eb48
Skärkind S 103 Ga46
Skärlöv S 111 Gb53
Skarmunken N 62 Gd09
Skarness N 94 Eb40
Skarø By DK 109 Dd28
Skarpengland N 92 Cd46
Skärplinge S 96 Gc40
Skarpnåtö FIN 96 Hb40
Skarp Salling DK 100 Db21
Skarrild DK 108 Da24
Skärså S 87 Gb37
Skarset N 76 Cd31
Skarsfjord N 62 Gc08
Skärsjövålen S 86 Fa34
Skarstad N 66 Ga14
Skärstad S 102 Ed47
Skärstad S 103 Fb48
Skarstein N 66 Ga11
Skarsvåg N 64 Jb04
Skarszewy PL 121 Ha31
Skarszyn PL 129 Gc40
Skårup DK 109 Dd27
Skärv S 102 Fa47
Skärvången S 79 Fb29
Skarvfjordhamn N 63 Hd05
Skårvik N 67 Gc12
Skarvsjöby S 79 Gb25
Skaryszew PL 130 Jc40
Skarżyn PL 123 Jd32
Skarżysko-Kamienna PL 130 Jb40
Skasenden N 94 Ec40
Skästra S 87 Ga35
Skatelöv S 103 Fc52
Skåtøy N 93 Dc45
Skattkärr S 94 Fa43
Skattungbyn S 87 Fc37
Skatval N 78 Eb29
Skatvik N 67 Gb11
Skaudvilė LT 113 Jd56
Skaulo S 68 Hc16
Skaune LV 107 Ma52
Skauvoll N 71 Fb18
Skavaricy RUS 99 Mb40
Skave DK 100 Da23
Skavik N 63 Ja05
Skavnakk N 63 Hb07
Skawina PL 138 Ja44
Skeagh IRL 9 Cb20
Skebobruk S 96 Ha41
Skebokvarn S 95 Gb44
Skeby S 102 Fa46
Skeda S 103 Fd47
Skede LV 105 Jc51
Skede S 103 Fd50
Skedevi S 95 Ga45
Skedshult S 103 Gb48
Skedsmokorset N 93 Ea41
Skee S 94 Eb45
Skegness GB 17 Fd22
Skegrie S 110 Ed57
Skehanagh IRL 8 Bc21
Skehanagh IRL 12 Bd21
Skei N 70 Ec24
Skei N 77 Dc31
Skei N 78 Ec28
Skei N 84 Cc35
Skejby DK 108 Dc24
Skela SRB 153 Jb62
Skelby DK 109 Eb27
Skelby DK 109 Eb29
Skelde DK 108 Db28
Skelhøje DK 100 Db23
Skellefteå S 80 Hc25
Skelleftehamn S 80 Hc25
Skellingsted DK 109 Ea26
Skelmanthorpe GB 16 Fa21
Skelmersdale GB 15 Ec21
Skelmorlie GB 6 Dc13
Šķelteni LV 115 Lc53
Skelton GB 11 Fb18
Skėmiai LV 114 Kb55
Skender Vakuf BIH 152 Gd63
Skene S 102 Ec50
Skenfrith GB 19 Ec27
Skenshyttan S 95 Fd40
Skepastí GR 200 Cd95
Skepastó GR 184 Cc77
Skepastó GR 188 Ac81
Skępe PL 122 Hc35
Skephult S 102 Ed49
Skepperstad S 103 Fc50
Skepplanda S 102 Ec48
Skeppshult S 102 Fa51
Skeppsvik S 80 Hc28
Skepptuna S 96 Gd42
Skerike S 95 Gb42
Skerping DK 100 Db21
Skerries IRL 9 Da20
Ski N 93 Ea42
Skiadás GR 188 Ba86
Skiathos GR 189 Cb83
Skibbereen IRL 12 Bb26
Skibbild DK 108 Da24
Skibby DK 109 Eb25
Šķibe LV 106 Ka52
Skibet DK 108 Db25
Skibice PL 128 Fd39
Skibotn N 62 Ha10
Skidal' BY 202 Dd13
Skidby GB 17 Fc20
Skidby GB 17 Fc21
Skídra GR 183 Bd77
Skieblewo PL 123 Kb31
Skiemonys LT 114 La55
Skien N 93 Dc44
Skierbieszów PL 131 Kc41
Skierniewice PL 130 Ja38
Skiftenes N 93 Da46
Skiippagurra N 64 Ka06
Šķilbēni LV 107 Ld49
Skilingmark S 94 Ec42
Skille N 70 Ed23
Skillefjord N 63 Hd07
Skillerhult S 103 Ga52
Skillingaryd S 103 Fb50
Skillinge S 111 Fb56
Skimtefiaten N 85 Ea40
Skinburness GB 11 Eb16
Skiniás GR 201 Db96
Skinnerup DK 100 Da21
Skinnskatteberg S 95 Fd42
Skipavig N 92 Cb43
Skipnes N 77 Dc30
Skipsea GB 17 Fc20
Skipton GB 16 Ed20
Skipton-on-Swale GB 11 Fa19
Skiptvet N 93 Ea43
Skirmantiškė LV 114 Kb56
Skirö S 103 Fd50
Skíros GR 190 Da84
Skirsnemunė LT 114 Ka57
Skirva N 93 Db41
Skiti GR 189 Ca81
Skitte N 67 Gb12
Skittenelv N 62 Gd09
Skivarp S 110 Fa57
Skive DK 100 Da22
Skivika N 70 Fa20
Skivjane KSV 178 Ad71
Skivsjön S 80 Ha27
Skjæragenta N 63 Hd08
Skjærholla N 86 Ed37
Skjærli N 84 Ca35
Skjærnes N 64 Ka06
Skjåmoen N 70 Fa22
Skjånes N 64 Jd05
Skjånes N 64 Ka04
Skjåvika N 71 Fb22
Skjeberg N 93 Ea44
Skjee N 93 Dd44
Skjeggedal N 84 Cc40
Skjeggedal N 93 Da45
Skjeggestad N 92 Cb45
Skjelbreid N 78 Fa26
Skjellelv N 67 Gb12
Skjelmoen N 71 Fc22
Skjelnes N 62 Ha10
Skjelstad N 78 Eb28
Skjelstad N 78 Ec28
Skjelten N 76 Cc32
Skjelvareid N 66 Fd15
Skjelvika N 71 Fd18
Skjern DK 108 Cd24
Skjerstad N 66 Fc17
Skjervøy N 63 Hb08
Skjevlo N 78 Ec27
Skjød DK 100 Dc23
Skjold N 92 Ca42
Skjoldastraumen N 92 Ca42
Skjoldehamn N 66 Fd12
Skjolden N 85 Da36
Skjombotn N 67 Gb14
Skjønhaug N 94 Eb42
Skjønne N 85 Db40
Sklené SK 138 Hc48
Sklithro GR 189 Ca81
Šklov BY 202 Eb12
Skoby S 96 Gd41
Skočivir MK 183 Bb76
Škocjan SLO 151 Fd58
Skocze PL 123 Jd30
Skoczów PL 138 Hc45
Skodborg DK 108 Da26
Skodje N 76 Cd32
Skødstrup DK 108 Dc24

Škofja Loka SLO 151 Fb57
Škofljica SLO 151 Fb58
Skofteland N 92 Cc47
Skog N 70 Fa20
Skog S 79 Ga26
Skog S 80 Gc31
Skog S 87 Gb37
Skoga S 94 Ec44
Skoganvarre N 64 Jb08
Skógar IS 2 Ac06
Skogboda FIN 97 Hd41
Skogen S 94 Ec44
Skogen S 102 Gc47
Skoger N 93 Dd42
Skoghall S 94 Fa43
Skogly N 65 Kc09
Skogmo N 78 Ec26
Skogn N 78 Eb29
Skognes N 62 Gd10
Skognes N 62 Gc10
Skogrand N 94 Eb40
Skogså S 73 Hd21
Skogsby S 103 Gb52
Skogshamn N 67 Gb11
Skogs-Tibble S 96 Gc42
Skogstorp S 95 Gb43
Skogstorp S 102 Gc51
Skogstue N 63 Hd08
Skogum N 65 Kc09
Skogvatnet N 67 Gc13
Skoki PL 129 Gc36
Sköldinge S 95 Gb44
Sköldvik FIN 98 Kc39
Skole UA 204 Dd16
Skolebukt N 68 Ja11
Skolin PL 139 Kc44
Skollenborg N 93 Dc42
Sköllersta S 95 Fd44
Skolteplassen N 65 Kc08
Skölvene S 102 Ed48
Skołyszyn PL 139 Jd45
Skomatai LT 113 Jd56
Skomlin PL 129 Hb41
Skönberga S 103 Ga48
Skonseng N 71 Fc20
Skópelos GR 189 Cc83
Skópelos GR 191 Ea84
Skopí GR 201 Dc96
Skopiá GR 189 Bd82
Skopin RUS 203 Fa11
Skopje MK 178 Bb73
Skopós GR 183 Bb76
Skoppum N 93 Dd43
Skopun DK 3 Ca07
Skórcz PL 121 Hb32
Skordokefalos CY 206 Jb97
Skøre N 92 Cc44
Skórka PL 121 Gc34
Skorków PL 130 Ja41
Skorodnoe RUS 203 Fa13
Skorogoszcz PL 129 Gd42
Skoroszów PL 129 Gc40
Skoroszyce PL 137 Gd43
Skorovatn N 78 Fa24
Skorovot AL 182 Ad78
Skorped S 80 Gc30
Skørping DK 100 Dc22
Škorpolovci BG 181 Fa71
Skorstad N 78 Eb26
Skörstorp S 102 Fa47
Skortsinós GR 194 Bc88
Skórzec PL 131 Jd37
Skórzyn PL 128 Fc38
Skosberg S 94 Fa41
Skotfoss N 93 Dc44
Skotina GR 183 Bd79
Skotini GR 194 Bc87
Skotnes N 70 Ed24
Skotniki PL 129 Gd37
Skotniki PL 130 Ja40
Skotoússa GR 184 Cc76
Skotoússa GR 189 Bd82
Skoträsk S 72 Gc24
Skotsætet N 62 Gd09
Skotterud N 94 Ec41
Skottevik N 93 Da47
Skottnes N 70 Ec24
Skottorp S 110 Ed53
Skottsund S 88 Gc34
Skoulikariá GR 188 Ba82
Skoútari GR 24 Bc73
Skoutari GR 194 Bc90
Skovby DK 108 Dc28
Skovby DK 108 Dc24
Skovby DK 108 Dc26
Skövde S 102 Fa47
Skovlund DK 108 Da25
Skovorodka RUS 99 Ma44
Skovsgård DK 100 Db21
Skovs Højrup DK 108 Dc26
Skrå GR 183 Bd76
Skrad HR 151 Fc60
Skradin HR 157 Ga65
Skraičionys LT 114 Kc59
Skramstadsetra N 86 Ea38
Škråt BG 183 Cb75
Skrautval N 85 Dc37
Skravena BG 179 Cd70
Skraverup DK 109 Eb27
Škrdlovice CZ 136 Ga46
Skrea S 102 Ec52
Skrean N 62 Gd10
Skrebatno BG 184 Cd75
Skredå N 92 Cb44
Skrede N 84 Cc34
Skredeli N 92 Cb47
Skredsvik S 102 Eb47
Skreia N 85 Ea39

Skreland N 92 Cd44
Skriadžiai LV 114 Kb58
Skrivena Luka HR 158 Gd69
Skriveri LV 106 Kd51
Skrolsvika N 66 Ga11
Skroniów PL 130 Ja42
Skrova N 66 Fc14
Skröven S 73 Hd18
Skrøyvstad N 78 Ec25
Skrudaliena LV 115 Lc53
Skrunda LV 105 Jc52
Skruv S 103 Fd52
Skrwilno PL 122 Hd34
Skrydstrup DK 108 Da27
Skryje CZ 136 Fa45
Skrzatusz PL 121 Gb34
Skrzeszew PL 131 Ka36
Skrzydlów PL 130 Hd41
Skrzynno PL 130 Jd40
Skrzypnik PL 129 Gd42
Skucani BIH 158 Gc65
Skudeneshavn N 92 Bd43
Skudutiškis LT 114 La55
Skujene LV 106 Kd50
Skuķi LV 115 Ld53
Skulerud N 94 Eb42
Skulgam N 62 Gd09
Skull IRL 12 Bb27
Skulsfjord N 62 Gc09
Skulsk PL 129 Ha36
Skulte LV 106 Kc49
Skultorp S 102 Fa47
Skultuna S 95 Ga42
Skuodas LT 113 Jb53
Skuratovo RUS 107 Mb48
Skurträsk S 80 Ha27
Skurup S 110 Fa56
Skute N 85 Dd39
Skuteč CZ 136 Ga45
Skutskär S 96 Gc41
Skutvika N 66 Fd15
Skverbai LT 114 Kd54
Škvorec CZ 136 Fc44
Skvyra UA 204 Ec15
Skwierzyna PL 128 Fd36
Skwarki PL 131 Kc42
Skýcov SK 137 Hb49
Skydebjerg DK 108 Dc26
Skyllberg S 95 Fc45
Skylloura CY 206 Jb96
Skymnäs S 94 Fa42
Skyttorp S 96 Gc41
Slabadai LT 114 Ka58
Slabce CZ 136 Fa45
Slabinja HR 152 Gc60
Słaboszów PL 138 Ja43
Slade IRL 13 Cc25
Sladeburn GB 15 Ec20
Sládkovičovo SK 145 Ha51
Sladojevci HR 152 Ha59
Sladun BG 185 Eb75
Slagelse DK 109 Ea26
Slagharen NL 117 Bd35
Slagnäs S 72 Gc23
Slagstad N 66 Ga12
Slagune LV 106 Ka52
Slaka S 103 Fd47
Slaley GB 11 Ed16
Slamannan GB 10 Ea13
Slampe LV 106 Ka51
Slănčev Brjag BG 181 Fa72
Slancy RUS 99 Lc42
Slancy RUS 202 Ea09
Slane IRL 9 Cd20
Slangerup DK 109 Ec25
Slănic RO 176 Ea63
Slănic-Moldova RO 176 Ec60
Slanje HR 152 Gc57
Slano HR 158 Hb68
Stanowice PL 120 Ga32
Slantra BIH 153 Hc61
Slaný CZ 136 Fb44
Slap HR 159 Jd49
Ślapaberžė LT 114 Kc55
Ślapgiré LT 113 Jd55
Slap ob Idrijci SLO 151 Fa57
Släpträsk S 72 Gd24
Slåstad N 94 Eb40
Slate LV 107 Lb52
Slatina BIH 152 Gd60
Slatina BIH 152 Ha63
Slatina BIH 158 Ha65
Slatina BIH 159 Hd66
Slatina HR 152 Ha59
Slatina KSV 178 Bb72
Slatina RO 175 Db66
Slatina RO 175 Db66
Slatine CZ 137 Gc46
Slatino BG 179 Cb73
Slatino MK 183 Bc74
Slatinské Lazy SK 138 Hd49
Slatinski Orenovac HR 152 Ha59
Slătioara RO 172 Eb56

Slătioara RO 175 Da63
Slătioara RO 175 Db66
Slato BIH 159 Hd67
Slättåkra S 102 Ed52
Slättberg S 73 Hc19
Slättberg S 87 Fc37
Slåttevik N 92 Ca42
Slattum N 93 Ea41
Slåttvik N 66 Fd16
Slåttvik N 79 Fb25
Slava Cerchezà RO 177 Fc65
Slava Rusă RO 177 Fc65
Slaveevo BG 181 Fa69
Slavětín CZ 137 Gc46
Slaviansk RO 176 Eb63
Slavičín CZ 137 Ha48
Slavikai LT 114 Ka57
Slavinja SRB 179 Cb70
Slavinsk RUS 113 Jb58
Slavjanovo BG 180 Dc69
Slavjanovo BG 180 Ea70
Slavjanovo BG 185 Dd75
Slavjansk-na-Kubani RUS 205 Fc17
Slavjansko RUS 113 Jb58
Slavkoci RUS 107 Mb47
Slavkovica SRB 153 Jc63
Slavkovići RUS 202 La10
Slavkov u Brna CZ 137 Gc47
Slavonice CZ 136 Fd48
Slavonski Brod HR 152 Hb61
Slavošovce SK 138 Jb48
Slavotin BG 179 Cc68
Slavovica BG 179 Cd72
Slavovica BG 180 Db68
Slavsk RUS 113 Jc57
Slavskoe RUS 113 Ja59
Slavsko Polje HR 151 Ga60
Slavuta UA 204 Eb15
Slavutina RUS 203 Fb08
Slavkine PL 131 Kc38
Slawa PL 120 Ga32
Slawa PL 128 Ga38
Slawatycze PL 131 Kc38
Sławęcin PL 121 Gd33
Sławęcin PL 122 Hd34
Sławięcice PL 137 Hb43
Sławków PL 138 Hd43
Sławkowo PL 122 Jc34
Słowniowice PL 137 Gd43
Stawno PL 121 Gb30
Stawno PL 130 Ja40
Slawoborze PL 120 Ga32
Sławsk PL 129 Ha37
Sleaford GB 17 Fc23
Słębowo PL 121 Gd35
Sledmere GB 16 Fb19
Sleen NL 117 Bd34
Sleme SLO 144 Fc56
Ślemie PL 138 Hd45
Slemmenge DK 109 Ea29
Sleneset N 70 Ed20
Slepač most MNE 159 Jb67
Slepce MK 182 Ba75
Slepčević SRB 153 Ja62
Šlesin PL 121 Gd35
Šlesin PL 129 Ha37
Sletta N 63 Hc07
Sletta N 67 Gb12
Sletta N 77 Dd29
Slette N 85 Da34
Slettebo N 92 Ca45
Slettestrand DK 100 Db20
Slettmo N 62 Gd10
Slezské Rudoltice CZ 137 Ha44
Slickly GB 5 Eb04
Sliedrecht NL 124 Ad37
Sliema M 166 Eb88
Ślienava LT 114 Kc59
Sligachan GB 4 Da08
Sligeach IRL 8 Ca18
Sligo IRL 8 Ca18
Sligglesthorne GB 17 Fc20
Slimbridge GB 19 Ec27
Slimnic RO 175 Db61
Slingsby GB 16 Fb19
Sliper N 78 Eb29
Slipstensjön S 80 Ha26
Slišane SRB 178 Bc70
Śliwa PL 122 Hd32
Śliwice PL 121 Ha32
Śliwice PL 122 Hc31
Sllatinë AL 178 Ad73
Slobity PL 122 Hd30
Sloboda LV 107 Ld52
Sloboda RUS 107 Mb47
Sloboda RUS 113 Jc59
Slobozia RO 176 Ed66
Slobozia RO 180 Ea68
Slobozia Ciorăşti RO 176 Ed62

Slobozia-Cremene MD 173 Fc54
Slobozia Doamnei MD 173 Fd57
Slobozia-Duşca MD 173 Fd57
Slobozia Mândra RO 180 Db67
Slobozia Mare MD 177 Fb63
Slobozia-Raşcov MD 173 Fd55
Slobozia Conachi RO 177 Fa62
Slochteren NL 117 Ca33
Slodków PL 131 Ka41
Słoka LV 106 Ka51
Słomniki PL 138 Ja43
Slon RO 176 Eb63
Stonecznik PL 122 Hd31
Slonim BY 202 Ea13
Stonin PL 129 Gc38
Stonów PL 120 Ga35
Słońsk PL 128 Fc36
Slöta S 102 Fa47
Slotsbron S 94 Fa43
Slottskogen S 96 Gc42
Slough GB 20 Fb28
Slovac SRB 153 Jb63
Slovenj Gradec SLO 144 Fd56
Slovenska Bistrica SLO 151 Ga57
Slovenská L'upča SK 138 Hd48
Slovenská Ves SK 138 Jb47
Slovenske Konjice SLO 151 Fd57
Slovinci HR 152 Gc60
Slovinka RUS 203 Fb08
Slovinky SK 138 Jc48
Slov'jans'k UA 205 Fb15
Stubice PL 128 Fc37
Stubice PL 130 Hd36
Sluck BY 202 Ea13
Sluderno I 142 Db55
Sluis NL 124 Aa38
Sluiskil NL 124 Ab39
Šluknov CZ 128 Fc41
Slunj HR 151 Ga61
Slup PL 122 Hd33
Stupca PL 129 Ha37
Stupia PL 122 Hd35
Stupia PL 130 Ja38
Stupia PL 130 Ja42
Stupia PL 138 Jc43
Stupiec PL 137 Gb43
Stupno PL 130 Hd36
Słupsk PL 121 Gc30
Słupsk PL 122 Ja34
Slušovice CZ 137 Ha47
Slussfors S 71 Ga23
Stuszków PL 129 Ha38
Slutarp S 102 Fa48
Sluzewo PL 121 Hb34
Smålönders FIN 81 Jc29
Småbönders FIN 81 Jc29
Smalininkai LT 113 Jd57
Smaljavičy BY 202 Eb12
Smalley GB 16 Fa23
Smalnyčėnai LT 114 Ka59
Smalvos LT 115 Lc54
Smârdan RO 177 Fb63
Smârdan RO 177 Fb63
Smârde LV 106 Ka51
Smârdioasa RO 180 Dd68
Smarhon' BY 202 Ea12
Šmarje SLO 151 Fa60
Šmarje pri Jelšah SLO 151 Fd57
Šmarjeta SLO 151 Fd58
Smarliūnai LT 123 Kc30
Šmartno na Pohorju SLO 144 Fd56
Šmartno pri Litiji SLO 151 Fc58
Šmartno pri Slovenj Gradec SLO 144 Fd56
Šmartno v Tuhinju SLO 151 Fc57
Smaszew PL 129 Ha38
Smečno CZ 136 Fa44
Smedås N 86 Eb33
Smedby S 103 Ga52
Smedby S 111 Gb53
Smědeč CZ 136 Fb48
Smedjebacken S 95 Fd41
Smedjeviken S 78 Fa29
Smedmoen N 86 Ea38
Smedsbyn S 73 Hd21
Smedstorp S 111 Fb56
Smeeni RO 176 Ec64
Smeland N 92 Cd45
Smeland N 93 Da44
Smelynė LT 115 Lc54
Smerdi RUS 99 Mb43
Smerekowiec PL 139 Jd46
Smérna BG 194 Bd87
Smértos GR 182 Ac80
Smeržaha RUS 99 Ld45

Smętowo PL 121 Hb32
Smidary CZ 136 Fd44
Śmielin PL 121 Gd34
Śmierdnica PL 120 Fc33
Śmigiel PL 129 Gb38
Śmiklavž SLO 144 Fd56
Śmiklavž SLO 151 Fc57
Smila UA 204 Ed15
Smilčić HR 157 Fd64
Smilde NL 117 Bd34
Smilec BG 179 Da72
Smilec BG 181 Ed68
Smilevo MK 182 Ba75
Smobradelo E 37 Bd65
Smobradillo E 45 Bd62
Smobrado E 36 Bc55
Smobrado dos Monxes E 36 Ba55
Smilgiai LT 114 Ka54
Smilgiai LT 114 Kc54
Smilgiai LT 114 Ka57
Smiljan BG 184 Db75
Smiljan HR 151 Fd62
Smilovci SRB 179 Cb70
Smilten LV 106 La48
Smines N 66 Fc12
Smineset N 78 Ec25
Smiřice CZ 136 Ga44
Smirnenski BG 179 Cc68
Smirnenski BG 180 Eb68
Smithborough IRL 9 Cc18
Smithfield GB 11 Ec16
Smjadovo BG 181 Ec71
Smočevo BG 179 Cc72
Smögen S 102 Ea47
Smogorzów PL 121 Gd34
Smogulec PL 121 Gd34
Šmojlovo RUS 107 Mb47
Smojmirovo MK 183 Ca76
Smokkvica MK 183 Ca76
Smokovljani HR 158 Hb68
Smolarnia PL 137 Ha43
Smoldzino PL 121 Gc29
Smołdziński Las PL 121 Gc29
Smole PL 138 Hd43
Smolenice SK 145 Gd50
Smolensk RUS 202 Ec11
Smolino PL 122 Hd35
Smoljan BG 184 Db75
Smolmark S 94 Ec43
Smolnik PL 120 Fc35
Smolnik RUS 113 Kb46
Smolník SK 138 Jc48
Smolov CZ 135 Ec46
Smolsko BG 179 Cd71
Smørda N 84 Cb34
Smørfjord N 64 Jb06
Smørholet N 94 Eb39
Smørumnedre DK 109 Ec25
Smrečje SLO 151 Fb58
Smuka SLO 151 Fc59
Smulţi RO 177 Fa61
Smuniew PL 131 Ka36
Smygehamn S 110 Fa57
Smykowo PL 122 Hd34
Smyšljaevsk RUS 203 Ga10
Snäckgärdsbaden S 104 Gd49
Snagli N 67 Gc12
Snagov RO 176 Eb65
Snainton GB 16 Fb19
Snålroa N 94 Ec39
Snappertuna FIN 97 Jd40
Snaptun DK 108 Dc25
Snåre FIN 81 Jc28
Snarum N 93 Dd41
Snarup DK 108 Dc27
Snåsa N 78 Ec27
Snaukštiai LT 113 Jb55
Snausen N 77 Dd30
Snave IRL 12 Bb26
Snavlunda S 95 Fc45
Snedsted DK 100 Da21
Sneek NL 117 Bc33
Sneem IRL 12 Ba25
Snefjord N 63 Ja05
Snejbjerg DK 108 Da24
Snekkersten DK 109 Ec25
Snępele LV 105 Jc51
Snerta N 86 Ec35
Snertinge DK 109 Ea25
Snesere DK 109 Eb27
Snesudden S 73 Hb21
Sneznica BG 181 Ed70
Snežina BG 181 Ed70
Snežné CZ 136 Ga46
Śniadowo PL 123 Jd34
Snihurivka UA 204 Ed16
Snilldal N 77 Dd30
Snina SK 139 Ka47
Snitterfield GB 20 Ed25
Snjatyn UA 204 Ea16
Šnjegotina V. BIH 152 Ha62
Snøde DK 109 Dd27
Snogebæk DK 111 Fd58
Snoghøj DK 108 Db26
Snowshill GB 20 Ed26
Soalheira P 44 Bb65
Soars RO 175 Dc61
Soave I 149 Dc60
Soazza CH 142 Cc56
Soběšice CZ 136 Fa47
Sobeze SLV 136 Fa47
Sofia MD 173 Fc58
Sofia BG 179 Cc71
Sofijivka UA 204 Ed15
Sofikó GR 195 Ca87
Sofino RUS 107 Ma49
Sofikó GR 130 Hd40
Sobków PL 130 Jb42
Soblówka PL 138 Hc46
Sobolevo RUS 203 Fb11
Sobolew PL 131 Jd38
Sobolica PL 128 Fc40
Sofuhalil TR 185 Ec76

Søborg DK 109 Ec24
Soborzyce PL 130 Hd41
Sobota PL 130 Hd37
Soboth Ort A 144 Fc56
Sobotin CZ 137 Gc44
Sobotište SK 137 Gd49
Sobótka CZ 136 Fd43
Sobótka PL 129 Gc42
Sobótka PL 129 Ha39
Sobótka PL 131 Jd41
Sobowidz PL 121 Hb31
Sobra HR 158 Ha69
Sobradelo E 37 Bd65
Sobradillo E 45 Bd62
Sobrado E 36 Bc55
Sobrado dos Monxes E 36 Ba55
Sobral da Adiça P 51 Bb71
Sobral de Monte Agraço P 50 Aa68
Sobran TR 192 Fb86
Sobran TR 193 Gb82
Sobrance SK 139 Kb48
Sobreira P 44 Ad61
Sobreira Formosa P 50 Ba66
Sobreiro de Cima P 45 Bc59
Sobrón E 38 Dd57
Søby DK 108 Dc28
Soča SLO 151 Fa57
Sočanica KSV 178 Ba69
Sočerga SLO 151 Fa60
Sochaczew PL 130 Ja37
Sochaux F 31 Ka40
Sochocin PL 122 Ja35
Soči RUS 205 Fd17
Sočkovac BIH 152 Hd62
Socodor RO 170 Bd58
Socol RO 174 Bd64
Socond RO 171 Cd55
Socovos E 53 Ec71
Socuéllamos E 53 Ea68
Soczewka PL 130 Hd36
Sodankylä FIN 69 Ka15
Sodeliai LT 114 La53
Sodelišķiai LT 114 Kc54
Søderåkra S 111 Ga53
Söderås S 87 Fc38
Söderbärke S 95 Fd41
Söderboda N 96 Gd40
Söderby EST 97 Jd44
Söderby FIN 97 Jd40
Söderby S 96 Ha44
Söderby-Karl S 96 Ha42
Söderfors S 96 Gc40
Söderhamn S 87 Gb37
Söderhögen S 87 Fb33
Söderköping S 103 Ga46
Söderkulla FIN 98 Kc39
Söderra S 87 Gb35
Soderstorf D 126 Dc34
Södersunda FIN 96 Hc40
Södervik FIN 81 Hd30
Södervik S 96 Ha42
Sødorp N 85 Dd36
Södra Åbyn S 80 Hc26
Södra Ås S 94 Fa42
Södra Åsarp S 102 Fa49
Södra Björke S 102 Ed48
Södra Borgebo S 94 Fa42
Södra Brännträsk S 73 Hb22
Södra Bredåker S 73 Hc21
Södra Fågelås S 103 Fb47
Södra Finnskoga S 94 Ed39
Södra Harads S 73 Hc21
Södra Härene S 102 Ed48
Södra Insjö S 80 Gc27
Södra Kedum S 102 Ed47
Södra Klagshamn S 110 Ed56
Södra Ljunga S 103 Fb52
Södra Löten S 86 Ed38
Södra Lundby S 102 Ed47
Södra Möckleby S 111 Gb53
Södra Ny S 94 Ed44
Södra Råda S 95 Fb45
Södra Rörum S 110 Fa55
Södra Sandby S 110 Fa56
Södra Sunderbyn S 73 Hd22
Södra Tansbodarna S 95 Fc40
Södra Tresund S 79 Ga25
Södra Vallgrund FIN 81 Hd30
Södra Vi S 103 Ga49
Södra Ving S 102 Fa48
Sodražica SLO 151 Fc59
Sodupe E 38 Ea55
Soespmarke DK 109 Eb28
Soest D 125 Cb39
Soest NL 116 Bb36
Sofádes GR 189 Bc82
Sofia MD 173 Fc58
Sofia BG 179 Cc71
Sofijivka UA 204 Ed15
Sofikó GR 195 Ca87
Sofino RUS 107 Ma49
Sofronea RO 170 Bd58
Sofular TR 185 Ec76

Sofular TR 187 Hb76
Sofular TR 191 Ec81
Sofular TR 198 Fc89
Sofular TR 199 Gd88
Söğanlı TR 199 Gb89
Sögel D 117 Cb34
Sogliano al Rubicone I 156 Ea64
Soglio CH 142 Cd56
Sogndal N 84 Cd36
Sogndalstrand N 92 Cb46
Søgne N 92 Cd47
Sogn-Gions CH 141 Cb55
Sograndio E 37 Cb54
Soğucak TR 191 Ed81
Soğucak TR 192 Fb81
Soğucak TR 193 Gc86
Soğucakpınar TR 187 Gb80
Soğuksu TR 186 Ga79
Soğuksu TR 192 Fd81
Söğüt TR 192 Fd84
Söğüt TR 193 Gb81
Söğüt TR 193 Gb83
Söğüt TR 198 Ga88
Söğüt TR 198 Ga91
Söğüt TR 198 Ga92
Söğüt TR 199 Gb90
Söğütalan TR 192 Fb81
Söğütalanı TR 191 Ec81
Söğütköy TR 197 Fa92
Söğütlü TR 187 Gc78
Söğütlü TR 205 Ga20
Söğütlüdere TR 198 Fd91
Söğütyaylası TR 193 Gc83
Söğütlüören TR 198 Ga92
Soham GB 20 Fd25
Sohatu RO 176 Eb66
Sohland D 128 Fc41
Söhlde D 126 Dc37
Sohodol RO 171 Cc59
Sohós GR 183 Cb77
Solihull GB 20 Ed25
Solin HR 158 Gc66
Solina PL 139 Kb46
Solina D 125 Bd40
Soliny PL 123 Ka29
Solivella E 48 Gb61
Sölje S 94 Ed43
Solkan SLO 150 Ed58
Solkovo RUS 99 Ma40
Söll A 143 Eb54
Sollacaro F 154 Ca71
Sollana E 54 Fc68
Sollebrunn S 102 Ec47
Sollefteå S 79 Gb31
Sollentuna S 96 Gd43
Søller E 57 Hb66
Søllerød DK 109 Ec25
Sollerön S 87 Fc38
Søllested DK 109 Ea28
Sollia N 85 Ea35
Sóllichau D 127 Ec39
Solliès-Pont F 42 Ka53
Sollihøgda N 93 Dd41
Sollstedt D 126 Dc40
Solmaz TR 198 Fc89
Solms D 126 Cc42
Solmyra S 95 Ga42
Solnce RUS 203 Fa13
Solnečnogorsk RUS 202 Ed10
Solnes N 65 Kc06
Solnhofen D 134 Dc48
Solnica PL 122 Hc30
Solnice CZ 137 Gb44
Solnik BG 181 Fa71
Solniki Wielkie PL 129 Gd41
Šolochovo RUS 113 Jb58
Solofra I 161 Fc75
Šolohovskij RUS 203 Fc14
Solojärvi FIN 69 Ka11
Solołarci MK 178 Bd73
Solomiac F 40 Ga53
Solonceni MD 173 Fd55
Solone UA 205 Fa15
Soloneţ RO 172 Ec59
Solopaca I 161 Fb74
Solórzano E 38 Dc55
Solosancho E 46 Cd64
Solothurn CH 141 Bd53
Solovăstru RO 171 Dc58
Solov'i RUS 107 Ma47
Sölöz TR 186 Ga80
Solre-le-Château F 24 Hc32
Solrød Strand DK 109 Ec26
Solsnes N 77 Da32
Solsona E 49 Gc59
Solstad N 67 Gc11
Sølsted DK 108 Da27
Solsvik N 84 Bd39
Solt H 146 Hd55
Soltáneşti MD 173 Fb55
Soltau D 118 Db34
Soltendieck D 119 Dd35
Soltvadkert H 146 Hd56
Solum N 93 Dc44
Solumsmoen N 93 Dc41
Solsré-Pouilly F 34 Ja45
Solva GB 14 Db26
Solvang N 85 Dd34
Solvik S 94 Eb41
Solvorn N 84 Cd36
Solymár H 146 Hc52
Solynieve E 60 Dc75
Soma TR 191 Ed83
Somådalen N 86 Ec34
Somaén E 47 Eb62
Somain F 23 Ha31
Somak TR 191 Ed87
Sømåseter N 86 Ec35

Somberek – Stănița

Somberek H 153 Hc57
Sombernon F 30 Ja42
Sombor SRB 153 Hd58
Şomcuta Mare RO 171 Da55
Someo CH 141 Cb56
Sömera EST 105 Jc46
Somere FIN 75 Kd24
Someren NL 125 Bb39
Somerniemi FIN 89 Jd38
Somero FIN 89 Jd38
Someronkylä FIN 81 Jd26
Somerovaara FIN 74 Ka23
Sõmerpalu EST 107 Lb47
Somersham GB 20 Fd25
Somersham GB 21 Ga26
Somerton GB 19 Eb29
Someş-Oderhei RO 171 Cd56
Sominy PL 121 Gd31
Somlóvásárhely H 145 Gd54
Sommacampagna I 149 Db60
Somma Lombardo I 148 Cb58
Sommanelm N 92 Cd45
Sommariva del Bosco I 148 Bd61
Sommarøy N 62 Gc09
Sommarset N 66 Fd16
Sommatino I 167 Fa86
Sommauthe F 24 Ja34
Sommecaise F 30 Hb40
Somme-Leuze B 124 Ba42
Sommen S 103 Fc47
Sommepy-Tahure F 24 Hd35
Sömmerda D 127 Dd41
Sommerfeld D 119 Ed35
Sommerhausen D 134 Db45
Sommersete N 65 Kc05
Sommersted DK 108 Db26
Sommery F 23 Gb34
Sommesous F 24 Hd37
Somme-Tourbe F 24 Ja35
Sommevoire F 30 Ja38
Sommières F 41 Hd53
Sommières-du-Clain F 32 Fd45
Somo E 38 Dc54
Somogyapáti H 152 Ha57
Somogyaszalo H 145 Ha56
Somogycsicsó H 152 Gd57
Somogyfajsz H 145 Ha56
Somogyhárságy H 152 Ha57
Somogyjád H 145 Ha56
Somogysárd H 145 Ha56
Somogysimony H 145 Gd56
Somogytúr H 145 Ha55
Somogyudvarhely H 152 Gd57
Somogyvár H 145 Ha56
Somogyzsitfa H 145 Gd56
Somolinos E 46 Dd62
Somonino PL 121 Ha30
Somoskőújfalu H 146 Ja50
Somotor SK 139 Ka49
Somova RO 177 Fc64
Somovit BG 180 Db68
Sompa EST 99 Lb42
Sompolno PL 129 Hb36
Sompuis F 24 Hd37
Sompujärvi FIN 74 Jd21
Somsois F 24 Hd37
Somvix CH 142 Cc55
Son N 93 Ea43
Şona RO 175 Db60
Son Bou E 57 Ja66
Sonceboz CH 141 Bc53
Sonchamp F 29 Gc38
Soncillo E 38 Dc56
Soncino I 149 Cd60
Sonda EST 98 La42
Sondalo I 142 Da56
Sondby FIN 98 Kc39
Søndeled N 93 Db45
Sønder Bindslev DK 101 Dd19
Sønder Bjert DK 108 Db26
Sønderborg DK 108 Db28
Sønder Bork DK 108 Cd25
Sønderby DK 100 Da22
Sønderby DK 108 Db28
Sønder Dråby DK 100 Da21
Sønder Felding DK 108 Da24
Sønderho DK 108 Cd26
Sønderholm DK 100 Dc21
Sønder Hostrup DK 108 Db28
Sønder Hygum DK 108 Da26
Sønder Kirkeby DK 109 Eb29
Sønder Nissum DK 100 Cd23
Sønder Omme DK 108 Da25
Sønder Onsild DK 100 Dc22
Sønder Ørslev DK 109 Eb29
Sønder Rind DK 100 Db23
Sønder Rubjerg DK 100 Dc20
Sondershausen D 127 Dd40
Søndersø DK 108 Dc26
Sønder Solbjerg DK 100 Da21
Sønder Stenderup DK 108 Db26
Sønderup DK 100 Dc22
Søndervig DK 108 Cd24
Sønder Vilstrup DK 108 Db27
Sønder Vissing DK 108 Db24
Sondheim D 134 Db43
Søndre Osen N 86 Ec37
Sondrio I 149 Cd57
Söndrum S 102 Ed52
Söne S 102 Ed46
Soneja E 54 Fb66
Son en Breugel NL 125 Bb38
Songe N 93 Db45
Songeons F 23 Gc34
Songesand N 92 Cb44
Songy F 24 Hd37
Sonico I 149 Db57
Sonka FIN 74 Jd18
Sonkaja FIN 83 Ma30
Sonkajärvi FIN 82 Kd27
Sonkakoski FIN 82 Kd27
Sonkamuotka FIN 68 Ja14
Sonkari FIN 82 Kc30
Sonkovo RUS 202 Ed09
Son Macià E 57 Hc67
Son Marroig E 57 Hb67
Sonnboda FIN 97 Hd41
Sonneberg D 135 Dd43
Sonnefeld D 135 Dd44
Sonnewalde D 128 Fa39
Sonnino I 160 Ec73
Sonntag A 142 Da53
Sonogno CH 141 Cb56
Sonsbeck D 125 Bc38
Sons-de-Bretagne F 28 Ed38
Sonseca E 52 Db67
Son Servera E 57 Hc67
Sońsk PL 122 Jb35
Sonstorp S 95 Fd45
Sonta SRB 153 Hd59
Sontheim D 142 Db51
Sontheim a.d. Brenz D 134 Db49
Sonthofen D 142 Db53
Sontra D 126 Db41
Soodla EST 98 Kc42
Soomevere EST 98 Kd44
Söörmarkku FIN 89 Ja35
Sööru EST 99 Lb44
Sopeke FIN 91 Ma32
Sopelana E 38 Ea55
Sopište MK 178 Bb73
Sopje HR 152 Ha58
Sopkino RUS 122 Jb30
Soponya H 145 Hb54
Sopot AL 182 Ac75
Sopot BG 179 Da70
Sopot BG 180 Db72
Sopot PL 121 Hb30
Sopot RO 175 Cd66
Sopot SRB 153 Jc62
Sopot SRB 174 Bb64
Sopotnica MK 182 Ba75
Şopotu Nou RO 174 Bd64
Sopparjok N 64 Jc08
Soppela FIN 74 Kc18
Sopron H 145 Gc52
Sopronhorpács H 145 Gc53
Sopronkövesd H 145 Gc53
Sopsko Rudare MK 178 Bd73
Šor SRB 153 Ja62
Sora I 160 Ed72
Soragna I 149 Da61
Söråker S 88 Gc33
Sorano I 156 Dd69
Sørarnøy N 71 Fb18
Sør-Åvika N 70 Ed21
Sorbara I 149 Dc62
Sorbas E 61 Eb75
Sorbiers F 42 Jd51
Sørbø N 92 Ca43
Sörbo S 102 Eb46
Sorbolo I 149 Da61
Sörby S 94 Fa41
Sörby S 102 Fa47
Sörbygden S 87 Ga32
Sørbymagle DK 109 Ea27
Sörbyn S 73 Hd21
Sörbyn S 80 Hb26
Sord IRL 13 Cd21
Sordal N 92 Cd44
Sore F 39 Fb52
Söred H 145 Hb53
Sorede F 41 Hb57
Søreidet N 62 Gd08
Søre Moen N 78 Ed29
Sørenget N 78 Ec26
Soresina I 149 Cd60
Sørfinnset N 71 Fb18
Sörfjärden S 88 Gc34
Sørfjord N 63 Hc09
Sørfjord N 67 Gb12
Sørfjorden N 66 Fd13
Sörflärke S 80 Gc30
Sörfors S 80 Hb28
Sörforsa S 87 Gb35
Sørfossbogen N 67 Gc11
Sørgård N 71 Fb23
Sorges F 33 Ga48
Sorgono I 169 Ca77
Sør-Grunnfjord N 62 Gd08
Sorgues-l'Ouvèze F 42 Jb52
Sør-Gutvika N 70 Ec24
Sørheim N 84 Cd36
Sørhorsfjord N 70 Ec24
Sori I 148 Cb63
Soria E 47 Eb60
Soriano nel Cimino I 156 Ea70
Sorica SLO 151 Fa57
Sorico I 149 Cc57
Sorigny F 29 Ga42
Sorihuela E 45 Cb64
Sorihuela del Guadalimar E 53 Dd71
Sorila FIN 89 Jd35
Sorisdale GB 6 Da10
Sorita E 48 Fc63
Sörjön S 86 Fa36
Sørkedalen N 93 Ea41
Sorken N 86 Ec35
Sørkjos N 63 Hc08
Sørkjosen N 63 Hb09
Sørkjosen N 63 Ja05
Sorkkala FIN 89 Jd36
Sorknes N 86 Eb37
Sorkun TR 193 Gb86
Sorkuncak TR 199 Gd88
Sorkwity PL 122 Jb31
Sørland N 66 Fa16
Sør-Lenangen N 62 Ha09
Sørli N 79 Fb27
Sørlia N 78 Ec28
Sörmark S 94 Ed40
Sörmjöle S 80 Hb29
Sørmo N 67 Gc13
Sormula FIN 82 Kd26
Sorn GB 10 Dd14
Sornac F 33 Gd47
Sørnesøya N 70 Ed19
Sorno D 128 Fa39
Sörnoret S 79 Gb27
Sorø DK 109 Ea26
Soroca MD 173 Fc54
Soroč'i Gory RUS 203 Fd09
Soročkino RUS 99 Mb42
Sorokpolány H 145 Gc54
Soroní GR 197 Fa93
Sorpe E 40 Gb57
Sørreisa N 67 Gc11
Sörrenberg CH 141 Ca54
Sorrento I 161 Fb76
Sorribes E 49 Gc59
Sorring DK 108 Dc24
Sørrollnes N 66 Ga12
Sorsa FIN 82 Kc26
Sorsakoski FIN 82 La31
Sorsele S 72 Gc23
Sörskog S 87 Fd38
Sorso I 168 Bd74
Sörstafors S 95 Ga43
Sørstrand N 77 Da31
Sørstraumen N 63 Hc08
Sort E 40 Gb58
Sortino I 167 Fc87
Sortland N 66 Fd13
Sør-Tverrfjord N 63 Hb07
Sõru EST 97 Jc45
Sørum N 85 Dd39
Sørumsand N 94 Eb41
Sorunda S 96 Gd44
Sörup D 108 Db29
Sørup DK 100 Dc21
Sørvad DK 100 Da23
Sørvær N 63 Hc06
Sørvågen N 66 Fa15
Sørvágur DK 3 Ca06
Sørvik N 67 Gb12
Sørvik N 77 Dd28
Sörvik S 95 Fc41
Sørvika N 66 Ga13
Sørvika N 86 Ec33
Sörviken S 79 Ga29
Sörviken S 86 Fa33
Sørvollen N 86 Eb34
Sos F 40 Fd53
Sosa D 135 Ec43
Sösdala S 110 Fa54
Sos del Rey Católico E 39 Fa58
Sosedka RUS 203 Fc11
Sosedno RUS 99 Ma45
Soses E 48 Ga61
Sošichino RUS 107 Mb48
Sosnenskij RUS 202 Ed11
Sośnica PL 120 Ga33
Sośnica PL 139 Kc44
Sośnicowice PL 137 Hb44
Sosnicy RUS 99 Mb41
Sośnie PL 129 Gd40
Sósno PL 121 Gd33
Sosno RUS 99 Lc44
Sosnova RUS 107 Mb47
Sosnove UA 202 Ea14
Sosnovka RUS 113 Ja58
Sosnovka RUS 113 Jb58
Sosnovka RUS 203 Fb11
Sosnovka RUS 203 Fd08
Sosnovo RUS 99 Mb41
Sosnovo RUS 107 Ma46
Sosnovyj Bor RUS 99 Ld39
Sosnovyj Bor RUS 202 Ea08
Sosnowica PL 131 Kb39
Sosnowiec PL 138 Hc43
Sosnówka PL 131 Kc38
Soso FIN 74 Ka24
Sospel F 43 Kd52
Sossano I 150 Dd60
Šossejnoe RUS 113 Ja59
Sossonniemi FIN 75 La20
Sost F 40 Ga56
Šoštanj SLO 151 Fc57
Sóstis GR 184 Dc77
Šostka UA 202 Ed13
Sóstógyógyfürdő H 147 Ka51
Sosynje RUS 107 Mb46
Sot SRB 153 Ja60
Şotânga RO 176 Dd64
Sotaseter N 85 Da35
Soteska SLO 151 Fa57
Soteska SLO 151 Fc59
Sotiel Coronada E 59 Bb73
Sotiello E 37 Cc54
Sotillo E 52 Db68
Sotillo de la Adrada E 46 Da65
Sotillo de la Ribera E 46 Dc60
Sotillo de las Palomas E 46 Cd65
Sotillo del Rincón E 47 Ea59
Sotillos E 37 Cd56
Sotin HR 153 Hd60
Sotira CY 206 Jd97
Sotira GR 183 Bc77
Sotkamo FIN 82 La26
Sotkaniemi FIN 69 Jd11
Sotkanniemi FIN 82 La31
Sotkuma FIN 83 Lc30
Sotobañado y Priorato E 38 Da57
Soto de Campóo E 38 Db56
Soto de Dueñas E 37 Cd54
Soto de la Marina E 38 Dc54
Soto de la Vega E 37 Cb58
Soto del Barco E 37 Cb54
Soto de los Infantes E 37 Ca54
Soto del Real E 46 Dc63
Soto de Ribera E 37 Cb54
Soto en Cameros E 39 Eb58
Sotogrande E 59 Cb77
Sótony H 145 Gc54
Sotosalbos E 46 Db62
Sotoserrano E 45 Ca64
Sotres E 38 Da55
Sotresgudo E 38 Db57
Sotrondio E 37 Cc55
Sotta F 154 Cb72
Sotteville-lès-Rouen F 23 Gb35
Sottomarina I 150 Eb60
Sottrum D 118 Da34
Sottrupskov DK 108 Db28
Sottunga FIN 97 Hd40
Sotuélamos E 53 Ea69
Soual F 41 Gd54
Souancé-au-Perche F 29 Ga39
Soubise F 32 Fa46
Soucy F 30 Hb39
Soúda GR 200 Cc95
Soudan F 28 Fa40
Soudan F 32 Fc45
Soudé F 24 Hd37
Soudes P 58 Ba73
Soues F 40 Fd55
Souesmes F 29 Gd41
Soufflenheim F 25 Kc36
Souflí GR 185 Ea77
Soúgia GR 200 Cb95
Sougy F 29 Gc39
Souillac F 33 Gc50
Souilly F 24 Jb36
Soukainen FIN 89 Ja38
Soukka FIN 98 Kb40
Soukkio FIN 90 Kb38
Soukolojärvi S 73 Jb19
Soulac-sur-Mer F 32 Fa48
Soulaines-Dhuys F 30 Ja38
Soulgé-sur-Ouette F 28 Fb39
Soúli GR 189 Bd86
Soulignonne F 32 Fb47
Soullans F 27 Ec43
Soulle F 32 Fa46
Soulópoulo GR 182 Ad80
Soultz-Haut-Rhin F 31 Kb39
Soultz-sous-Forêts F 25 Kc36
Soumoulou F 40 Fc55
Souni CY 206 Ja98
Soúnio GR 184 Db77
Souppes-sur-Loing F 29 Ha39
Souprosse F 39 Fb54
Sourdeval F 22 Fb37
Sourdon F 23 Gd34
Soure P 44 Ac64
Sourhope GB 11 Ed15
Sourla F 41 Ha57
Sourpi GR 189 Cc83
Sours F 29 Gc38
Soursac F 33 Gd48
Souru FIN 82 Kd30
Souru FIN 91 Lb33
Sousceyrac F 33 Gd50
Sousel P 50 Ba68
Sous-Parsat F 33 Gd46
Soussac F 32 Fc50
Soustons F 39 Ed54
Soutelo P 45 Bd61
Southall GB 20 Fc28
Southam GB 20 Ed26
Southampton GB 20 Fa30
South Benfleet GB 21 Ga28
Southborough GB 20 Fd29
South Cave GB 16 Fb20
South Cave GB 16 Fb21
Southend GB 10 Db15
Southend-on-Sea GB 21 Ga28
Southery GB 17 Fd24
South Ferriby GB 17 Fc21
Southgate GB 20 Fc27
South Harting GB 20 Fb30
South Hayling GB 20 Fb30
South Hole GB 18 Dc29
South Kyme GB 17 Fc23
Southminster GB 21 Ga27
South Molton GB 19 Dd29
South Moreton GB 20 Fa28
South Ockendon GB 20 Fd28
South Perrott GB 19 Eb30
South Petherton GB 19 Eb30
Southport GB 15 Eb21
Southrope GB 20 Fb29
Southsea GB 20 Fa30
South Shields GB 11 Fa16
South Skirlaugh GB 17 Fc20
Southwater GB 20 Fc29
Southwell GB 16 Fb23
South Witham GB 16 Fb24
Southwold GB 21 Gc25
Soutochao E 45 Bc59
Souvála GR 195 Cb87
Souvigné F 28 Fd41
Souvigny F 30 Hb44
Sovana I 156 Dd69
Søvang DK 108 Da28
Søvang DK 109 Ec26
Søvassli N 77 Dd30
Sovata RO 172 Dd59
Söve TR 192 Fa81
Soveja RO 176 Ec61
Sover I 150 Dd57
Soverato I 164 Gc82
Sovereto I 162 Gc74
Soveria F 154 Cb69
Soveria Mannelli I 164 Gc81
Sövestad S 110 Fa56
Sovetsk RUS 113 Jc57
Sovetskaja RUS 203 Fc14
Sovetskaja RUS 205 Fd17
Sovetskij RUS 113 Ja59
Sovetskij RUS 203 Fd08
Sovetskoe RUS 205 Ga17
Sovietscoe MD 173 Fd55
Søvik N 76 Cc32
Søvika N 70 Ed22
Søvind DK 108 Dc25
Sovlje HR 157 Ga65
Sovoljano BG 179 Ca72
Sowczyce PL 129 Hb42
Sowia Góra PL 128 Ga36
Sowno PL 120 Fc33
Soye F 31 Ka41
Soyen D 143 Eb51
Soyhières CH 141 Bd52
Søyland N 92 Ca44
Søyland N 92 Ca45
Soylu TR 185 Ec77
Sozopol BG 181 Fa73
Spa B 125 Bb42
Spabrücken D 133 Ca44
Spadafora I 167 Fd83
Spahievo BG 184 Dc74
Spahnharrenstätte D 117 Cb34
Spaichingen D 142 Cc50
Spała PL 130 Ja39
Spalding GB 17 Fc24
Spálené Poříčí CZ 136 Fa46
Spálov CZ 137 Ha45
Spalt D 134 Dc47
Spalviškiai LT 106 Kd52
Spanbroek NL 116 Ba34
Spančevci BG 179 Cc69
Spandowerhagen D 120 Fa31
Spangenberg D 126 Da40
Spangereid N 92 Cc47
Spannarp S 102 Ec51
Spantekow D 120 Fa32
Spanţov RO 181 Ec67
Sparagovići HR 158 Ha68
Sparanise I 161 Fa74
Sparbu N 78 Ec28
Spāre LV 105 Jc50
Spāre LV 106 Kd49
Sparkær DK 100 Db23
Sparkford GB 19 Ec29
Sparlösa S 102 Ed47
Sparneck D 135 Ea44
Sparreholm S 95 Gb44
Sparrsätra S 95 Gb42
Sparsås N 93 Da45
Sparta I 164 Ga83
Spárti GR 194 Bc89
Spartiás GR 188 Ba84
Spárto GR 188 Ad83
Spartohóri GR 188 Ac83
Spas-Klepiki RUS 203 Fa10
Spas-Kotorsk RUS 99 Ma43
Spasovo BG 180 Dc73
Spasovo BG 181 Fb69
Spassk- Rjazanskij RUS 203 Fb11
Spáta GR 195 Cc87
Spatharéi GR 197 Eb88
Spathovúni GR 195 Bd87
Spavča HR 153 Hd61
Spean Bridge GB 6 Dc10
Specchia I 165 Hc78
Specchiarica I 162 Hb76
Specke S 94 Ed42
Speia MD 173 Ga58
Speia MD 173 Ga58
Speicher D 133 Bc44
Speichersdorf D 135 Ea45
Spekedalssetra N 86 Eb34
Spekeröd S 102 Eb48
Spelle D 117 Cb36
Spello I 156 Eb68
Spenge D 126 Cc37
Spennymoor GB 11 Fa17
Spentrup DK 100 Dc23
Sperenberg D 127 Ed37
Spergau D 127 Eb40
Sperhiáda GR 189 Bc83
Sperlinga I 167 Fb85
Sperlonga I 160 Ed73
Spermezeu RO 171 Db56
Sperone I 166 Eb84
Spessa I 150 Ed58
Spetisbury GB 19 Ec30
Spétses GR 195 Ca89
Speuld NL 116 Bb36
Spey Bay GB 5 Ec07
Speyer D 133 Cb46
Spezzano Albanese I 164 Gb79
Spezzano della Sila I 164 Gc80
Spiazzi I 149 Da58
Spicino RUS 99 Lc44
Spiddal IRL 12 Bc21
Spiegelau D 135 Ed48
Spiegelberg D 134 Cd47
Spiekeroog D 117 Cb31
Spielfeld A 144 Ga56
Spiez CH 141 Bd55
Spigno Monferrato I 148 Ca62
Spijkenisse NL 124 Ac37
Spilamberto I 149 Dc63
Spildra N 62 Gc10
Spili GR 200 Cd96
Spiliá GR 183 Bd80
Spiliá GR 200 Cb94
Spilimbergo I 150 Ec57
Spiljani SRB 159 Jc68
Spiljani SRB 178 Ad69
Spille AL 182 Ab75
Spillum N 78 Ec26
Spilsby GB 17 Fd22
Spinazzola I 162 Gb74
Spincourt F 25 Jc35
Spind N 92 Cb47
Špindlerův Mlýn CZ 128 Fd42
Spineni RO 175 Db65
Spineta Nuova I 161 Fc76
Spinetta I 148 Cb61
Spink IRL 13 Cb22
Spiņņi LV 105 Jb49
Spino d'Adda I 149 Cd59
Spinoso I 162 Gb77
Spinuş RO 170 Cb56
Špionica BIH 153 Hc62
Spirgus LV 106 Ka51
Spiringen CH 141 Cb54
Spirovo RUS 202 Ec09
Špišić-Bukovica HR 152 Gd58
Spiss A 142 Db54
Spišská Belá SK 138 Jb47
Spišská Nová Ves SK 138 Jb48
Spišská Stará Ves SK 138 Jb46
Spišské Bystré SK 138 Jb48
Spišské Podhradie SK 138 Jc47
Spišské Vlachy SK 138 Jc48
Spišský Štvrtok SK 138 Jb47
Spital am Phyrn A 144 Fb52
Spital am Semmering A 144 Ga53
Spithami EST 97 Jd43
Spittal an der Drau A 143 Ed55
Spitz A 144 Fd50
Spjærøy N 93 Ea44
Spjald DK 108 Cd24
Spjelkavik N 76 Cc32
Spjutsbygd S 111 Fd54
Spjutsund FIN 98 Kc39
Spliding N 92 Cc47
Split HR 158 Gb66
Splügen CH 142 Cc56
Spóa GR 201 Eb95
Spodnja Kokra SLO 151 Fb57
Spodnja Pohanca SLO 151 Ga58
Spodnje Fužine SLO 151 Fb57
Spodnje Hoče SLO 144 Ga56
Spodnje Škofije SLO 151 Fa59
Spodnji Ivanjci SLO 144 Ga56
Spodnji Log SLO 151 Fc58
Spodsbjerg DK 109 Dd28
Spofforth GB 16 Fa20
Špogi LV 115 Lc53
Spohle D 118 Cc33
Špola UA 204 Ec15
Spoleto I 156 Eb69
Spondigna I 142 Db55
Spondinig I 142 Db55
Spontin B 124 Ad42
Spontour F 33 Gd49
Spora D 127 Eb41
Spore PL 121 Gb32
Spornitz D 119 Ea33
Sportgastein A 143 Ec54
Sporysz PL 121 Gc32
Spotorno I 148 Ca63
Spott GB 11 Ec13
Spraitbach D 134 Da48
Sprakensehl D 118 Dc35
Sprâncenata RO 180 Db67
Sprang-Capelle NL 124 Ba38
Sprängsviken S 88 Gc32
Spraudis LT 113 Jc55
Spreenhagen D 128 Fa37
Spremberg D 128 Fb39
Spresiano I 150 Ea59
Spridlington GB 17 Fc22
Sprimont B 132 Ba43
Şpring RO 175 Da60
Springe D 126 Da37
Springfield GB 9 Cb18
Sproatley GB 17 Fc20
Sprockhövel D 125 Ca39
Sproge S 104 Gd50
Sprogi LV 107 Lb49
Sproughton GB 21 Ga26
Spuz MNE 159 Ja69
Spychowo PL 122 Jc32
Spydeberg N 93 Ea42
Spytkowice PL 138 Hd44
Spytkowice PL 138 Ja46
Spytkowo PL 122 Jc30
Squillace I 164 Gc81
Squinzano I 162 Hb76
Sračinec HR 152 Gb57
Sraghmore IRL 13 Cd22
Srahmore IRL 8 Bc18
Sráid na Cathrach IRL 12 Bb22
Sraith Salach IRL 8 Bb20
Sramora Română RO 174 Bd61
Srbac BIH 152 Ha61
Srbica KSV 178 Ba70
Srbica MK 182 Ba74
Srbinovo MK 182 Ba74
Srbobran SRB 153 Jb59
Srbovac KSV 178 Ba69
Srđevići BIH 158 Gd65
Srdiečko SK 138 Hd48
Srebărna BG 181 Ed67
Srebrenica BIH 159 Ja64
Srebrna PL 123 Jd34
Srebrna Góra PL 137 Gb43
Sredec BG 180 Dd73
Sredec BG 181 Ed73
Središče ob Dravi SLO 152 Gb57
Središte BG 181 Ed68
Sredni Kolibi BG 180 Dd71
Srednja Besnica SLO 151 Fc58
Srednje BIH 159 Hc64
Srednjevo SRB 174 Bd64
Srednogorci BG 184 Db75
Srednogorovo BG 180 Dc72
Sredno Gradište BG 180 Dc73
Sredno Selo BG 180 Ea71
Srel'na RUS 99 Mb39
Śrem PL 129 Gc38
Sremska Kamenica SRB 153 Jb60
Sremska Mitrovica SRB 153 Ja61
Sremski Karlovci SRB 153 Jb60
Srezojevci SRB 159 Jc64
Sribne UA 202 Ed14
Srmska Rača SRB 153 Ja61
Srnetica BIH 152 Gc63
Srní CZ 135 Ed48
Srnice BIH 153 Hc62
Środa Śląska PL 129 Gb41
Środa Wielkopolska PL 129 Gd37
Srokowo PL 122 Jc30
Srpci MK 183 Bb75
Srpska Crnja SRB 174 Bb60
Srpski Hebej SRB 174 Bb61
Srpski Miletic SRB 153 Hd59
Stå S 78 Ed30
Staatz A 137 Gb49
Stabbfors S 71 Fc22
Stabbursnes N 64 Jb07
Stabulnieki LV 107 Lc51
Staburnäs S 79 Ga25
Staby DK 100 Cd23
Stachanov UA 205 Fb15
Stachy CZ 136 Fa48
Stachy PL 122 Jb33
Stačiūnai LT 114 Kb54
Staðarskáli IS 2 Ad04
Stade D 118 Da32
Stadecken-Elsheim D 133 Cb44
Stadel CH 141 Cb52
Stadelhofen D 135 Dd44
Staden B 21 Ha30
Stadensen D 118 Dc35
Stadhampton GB 20 Fa27
Stadil Kirkeby DK 100 Cd23
Stádio GR 194 Bc88
Stadland D 118 Cc33
Stadl an der Mur A 144 Fa54
Stadl Paura A 144 Fa51
Stadra S 95 Fc43
Stadskanaal NL 117 Ca34
Stadtallendorf D 126 Cd41
Stadtbergen D 142 Dc50
Stadthagen D 126 Da36
Stadtilm D 127 Dd42
Stadtkyll D 125 Bc42
Stadtlauringen D 134 Db44
Stadtlengsfeld D 126 Db42
Stadtlohn D 125 Bd37
Stadtoldendorf D 126 Da38
Stadtprozelten D 134 Cd45
Stadtroda D 127 Ea42
Stadtsteinach D 135 Ea44
Stadum D 108 Da28
Stae DK 100 Dc21
Stăeşti RO 180 Ea68
Stäfa CH 141 Cb53
Staffans S 73 Jb21
Staffanstorp S 110 Ed56
Staffarda I 148 Bc61
Staffolo I 156 Ec66
Stafford GB 16 Ed23
Staggia I 155 Dc66
Staggträsk S 72 Gc23
Stágira GR 184 Cc78
Stahnsdorf D 127 Ed37
Stahovica SLO 151 Fc57
Staicele LV 106 Kc47
Stainach A 144 Fa53
Stainforth GB 11 Ec19
Stainville F 24 Jb37
Stainz A 144 Fd55
Staithes GB 11 Fb18
Staiti I 164 Gb84
Stajčovci BG 179 Ca71
Stajićevo SRB 174 Bb62
Stajnica HR 151 Fd61
Stakčín SK 139 Kb47
Stake Pool GB 15 Eb20
Stakevci BG 179 Cb68
Stāķi LV 107 Lb49
Stakiai LT 114 Ka57
Stakkvik N 62 Gd08
Stakliškės LT 114 Kd58
Stakroge DK 108 Da25
Stalać SRB 178 Bc67
Stalbe LV 106 Kd49
Stalbridge GB 19 Ec30
Stalden CH 141 Bd56
Staldzene LV 105 Jb49
Stale PL 131 Jd42
Stalgėnai LT 113 Jc55
Stalgene LV 106 Kb52
Stalijska Mahala BG 179 Cc68
Stall A 143 Ec55
Stallarholmen S 96 Gc43
Ställberg S 95 Fc41
Ställdalen S 95 Fc41
Stalling Busk GB 11 Ed19
Stallwang D 135 Ec48
Staloluokta sameviste S 66 Ga17
Stalon S 79 Fc25
Stalowa Wola PL 131 Ka42
Stâlpeni RO 175 Dc64
Stâlpu RO 176 Ec64
Stalti LV 115 Ld53
Stalybridge GB 16 Ed21
Stambolijski BG 179 Da73
Stambulčić BIH 159 Hc65
Stamford GB 17 Fc24
Stamford Bridge GB 16 Fb20
Stamfordham GB 11 Ed16
Stammbach D 135 Ea44
Stammham D 135 Dd48
Stamnes N 66 Fd12
Stamnes N 84 Cb38
Stamora Germană RO 174 Bc62
Stams A 142 Dc54
Stamsele S 79 Fd29
Stamsried D 135 Eb47
Stamsund N 66 Fb14
Stamullin IRL 9 Cd20
Stânceni RO 172 Dd58
Stâncuţa RO 177 Fa65
Standlake GB 20 Fa27
Stăneşti RO 175 Cd63
Stăneşti RO 175 Da64
Stanevo BG 179 Cd67
Stanford-le-Hope GB 20 Fd28
Stånga S 104 Ha50
Stangaland N 92 Bd42
Stange N 94 Eb39
Stangerum DK 100 Dc22
Stanghede DK 100 Db23
Stanghella I 150 Dd61
Stanghelle N 84 Cb38
Stangnes N 67 Gb11
Stangnes N 94 Ec41
Stangvik N 77 Db31
Stanhope GB 11 Ed17
Stanica Bagaevskaja RUS 205 Fc15
Staniewice PL 121 Gb30
Stănileşti RO 173 Fb59
Stanin PL 131 Ka38
Staninci BG 179 Cb70
Stanišić SRB 153 Hd58
Stanisławów PL 130 Jc36
Stanišovi HR 151 Fa61
Stănița RO 172 Ed58

Strangford - Svartkog

Strangford GB 10 Db18
Strängnäs S 95 Gb43
Strängsered S 102 Fa49
Strångsjö S 95 Ga45
Stráni CZ 137 Ha48
Stranice SLO 151 Fd57
Stranraer GB 10 Dc16
Stransko BG 180 Dd73
Străoane RO 176 Ed61
Strasatti I 166 Ea85
Strasbourg F 25 Kc37
Strasburg D 120 Fa33
Străşeni MD 173 Fc57
Strašice CZ 136 Fa45
Strašín CZ 136 Fa47
Stråsjö S 87 Ga35
Stråskogen N 64 Jb07
Straškov Vodochody CZ 136 Fb43
Stråssa S 95 Fd42
Straßberg D 127 Dd39
Straßburg A 144 Fb55
Straßburg = Strasbourg F 25 Kc37
Straßgräbchen D 128 Fb40
Straßkirchen D 135 Ec48
Straßwalchen A 143 Ed51
Straszewo PL 121 Hb35
Straszów PL 128 Fc40
Straszyn PL 121 Hb30
Stratford-upon-Avon GB 20 Ed26
Strathan GB 6 Dc09
Strathaven GB 10 Ea14
Strathblane GB 10 Dd13
Strathcarron GB 6 Dc08
Strathconon GB 4 Dd07
Strathpeffer GB 4 Dd07
Strathyre GB 7 Dd12
Stratínista GR 182 Ac79
Stratinska BIH 152 Gc62
Stratóni GR 184 Cc78
Stratoníki GR 184 Cc78
Strátos GR 188 Ba83
Stratton GB 18 Dc30
Stratton Audley GB 20 Fa26
Straubing D 135 Eb48
Straulas I 168 Cc75
Straum N 70 Fa22
Straum N 77 Dc29
Straumen N 62 Gc10
Straumen N 66 Fd17
Straumen N 66 Ga12
Straumen N 66 Fc17
Straumen N 77 Db30
Straumen N 78 Eb28
Straumen N 78 Ec25
Straumfjord N 66 Fc13
Straumfjorden N 66 Fd15
Straumfjordnes N 63 Hb08
Straumnes N 66 Fc14
Straumnes N 67 Gb13
Straumsjøen N 66 Fc13
Straumsli N 67 Gd11
Straumsnes N 63 Hd06
Straumsnes N 65 Kd08
Straumsnes N 66 Fc13
Straumsnes N 66 Fd17
Straumsnes N 77 Db31
Straumsvika N 70 Fa19
Striūpai LT 114 Ka57
Straupe LV 106 Kc49
Straupitz D 128 Fb38
Strausberg D 128 Fa36
Straußfurt D 127 Dd41
Stravaj AL 182 Ad76
Stråvalla S 102 Ec50
Strawczyn PL 130 Jb41
Stráž CZ 135 Ec46
Straż PL 123 Kb33
Straža BG 180 Eb70
Straža SRB 174 Bc63
Strazdiņi LV 107 Lc49
Stražica BG 180 Ea70
Stražica SLO 151 Fd57
Strážnice CZ 137 Gd48
Strážný CZ 136 Fa48
Strážov CZ 135 Ed47
Stráž pod Ralskem CZ 128 Fc42
Strážske SK 139 Ka48
Štrba SK 138 Ja47
Štrbské Pleso SK 138 Ja47
Streatham GB 20 Fc28
Streatley GB 20 Fa28
Strečno SK 138 Hc47
Streda nad Bodrogom SK 139 Ka49
Street GB 19 Eb29
Streetly GB 16 Ed24
Stręgiel PL 122 Jc30
Strehaia RO 175 Cc65
Strehla D 127 Ed40
Streisângeorgiu RO 175 Cc61
Strejeşti RO 175 Db65
Strekov SK 145 Hb51
Strękowa Góra PL 123 Ka33
Strelča BG 179 Da72
Strelci BG 180 Db72
Strelci BG 180 Eb71
Strelec BG 180 Ea70
Střelice CZ 137 Gc45
Streliškiai LT 113 Jc53
Strelkino RUS 107 Mb48
Strelníky SK 138 Hd49
Stremţ RO 175 Da60
Stremutka RUS 107 Ma47
Strenči LV 106 Kd48
Strendene N 70 Fa23
Strengberg A 144 Fc51
Strengelbach CH 141 Ca53
Strengelvåg N 66 Fd12
Strengereid N 93 Db46
Stresa I 148 Cb58
Stretsbol S 94 Ed43
Stretton GB 20 Fa25
Streufdorf D 134 Dc43
Streva LT 114 Kd58
Strezimirovci SRB 179 Ca71
Strezovce KSV 178 Bc71
Strib DK 108 Db26
Striberg S 95 Fc43
Stříbrná Skalice CZ 136 Fc45
Stříbro CZ 135 Ec45
Strichen GB 5 Ed07
Striegistal D 127 Ed41
Strielčiai LT 114 Kc58
Strigno I 150 Dd58
Štrigova HR 145 Gb56
Strihovce SK 139 Kb47
Strijen NL 124 Ad37
Strikçan AL 182 Ad74
Striķi LV 105 Jd52
Střílky CZ 137 Gd47
Strimasund S 71 Fc21
Strimonikó GR 183 Cb76
Strittjomvare S 72 Gd22
Strizivojna HR 153 Hc60
Strjama BG 180 Db73
Strlniceni-Prăjescu RO 172 Ec57
Strmac HR 152 Gd60
Strmica HR 158 Gb64
Strmilov CZ 136 Fd47
Strö S 102 Ed46
Strobin PL 129 Hb40
Strobl A 143 Ed52
Strøby DK 109 Ec27
Strøby Egede DK 109 Ec27
Strodi LV 107 Ld52
Stroeşti RO 175 Da63
Strofiliá GR 189 Cb84
Ströhen D 126 Cd36
Stroieşti MD 173 Fd55
Stroieşti RO 172 Eb56
Strojice BIH 158 Gd64
Strojkovce SRB 178 Bd70
Strokestown IRL 8 Ca19
Ström S 71 Fc22
Ström S 94 Ec43
Strömback S 80 Hb29
Strömbacka S 87 Gb35
Stromberg D 126 Cc38
Stromberg D 133 Ca44
Stromemore GB 4 Db08
Strömfors FIN 90 Kd38
Strömfors S 73 Hb23
Strömholm S 72 Gc22
Stromiec PL 130 Jc39
Strömma FIN 96 Hb40
Strömma FIN 97 Jc40
Strömma S 96 Ha43
Strømmen N 93 Ea41
Strömnäs S 73 Hb23
Stromnäs S 79 Ga25
Stromness GB 5 Eb03
Strömsberg S 96 Gc40
Strömsbruk S 88 Gc35
Strömsfors S 103 Ga46
Strömsholm S 95 Ga43
Strömsillret S 86 Ed35
Strömsjönäs S 80 Ha27
Strømsli N 67 Gc12
Strömsnäs S 79 Fd31
Strömsnäsbruk S 110 Fa53
Strömstad S 94 Ea45
Strömsund S 71 Ga23
Strömsund S 73 Ja21
Strömsund S 79 Fd28
Strömtorp S 95 Fb44
Stronachlachar GB 7 Dd12
Strond N 93 Da44
Strongili GR 182 Ab80
Strongilovoúni GR 188 Ad84
Strongoli I 165 Gd80
Stronie Śląskie PL 137 Gc44
Stronsdorf A 137 Gb49
Strontian GB 6 Db10
Stroove IRL 9 Cd15
Strop LV 115 Lc53
Stropicy RUS 99 Lc44
Stropkov SK 139 Jd47
Stroppiana I 148 Ca60
Strošinci SRB 153 Hd61
Stroud GB 19 Ec27
Stroud GB 20 Fb30
Stroumpi CY 206 Hd97
Strövelstorp S 110 Ed54
Strovja MK 183 Bb74
Strovlés GR 200 Ca95
Stróża PL 138 Ja45
Stróże PL 138 Jc45
Strücklingen D 117 Cb34
Struer DK 100 Da22
Struga MK 182 Ad75
Strugari RO 172 Ec59
Strugi-Krasnye RUS 99 Mb45
Strugovo MK 182 Ba75
Struhařov CZ 136 Fc45
Štrukovec HR 145 Gb56
Strullendorf D 134 Dc45
Strumica MK 183 Ca75
Strumień PL 138 Hc45
Strumjani BG 183 Cb75
Strunga RO 172 Ed57
Strungari RO 175 Cd61
Strupina PL 129 Gc40
Struppen D 128 Fa42
Strusshamn N 84 Ca39
Struth D 126 Db40
Struy GB 7 Dd08
Stružec HR 152 Gc59
Stružna CZ 135 Ec44
Strycksele S 80 Ha26
Strycktjärn S 73 Hc22
Stryj UA 204 Dd16
Stryjno PL 131 Kb40
Stryjów PL 131 Kc41
Stryków PL 130 Hd38
Stryn N 84 Cd34
Strynø By DK 109 Dd28
Stryszawa PL 138 Hd45
Strzakły PL 131 Ka37
Strzałkowo PL 129 Ha37
Strzebin PL 130 Hc42
Strzeczona PL 121 Gc33
Strzegocin PL 122 Jb35
Strzegocin PL 130 Hc37
Strzegom PL 129 Gb41
Strzegów PL 129 Gd42
Strzegowo-Osada PL 122 Ja35
Strzelce PL 129 Gb42
Strzelce PL 129 Ha36
Strzelce PL 130 Hc37
Strzelce Krajeńskie PL 120 Fd35
Strzelce Opolskie PL 137 Hb43
Strzeleczki PL 137 Ha43
Strzelin PL 129 Gc42
Strzelniki PL 129 Gd42
Strzelno PL 112 Ha58
Strzelno PL 129 Ha36
Strzmiele PL 120 Fd32
Strzybnica PL 138 Hc43
Strzygi PL 122 Hc34
Strzyżów PL 131 Kd41
Strzyżów PL 139 Ka44
Strzyżowska PL 139 Jd45
Šttist RUS 99 Lc39
Stubal SRB 178 Bb67
Stubbæk DK 108 Db28
Stubbekøbing DK 109 Eb28
Stubben D 118 Cd33
Stubbsand S 80 Ha30
Stuben A 142 Da54
Stubenberg A 144 Ga54
Stubenberg D 143 Ec50
Stubičke toplice HR 151 Ga58
Štubik SRB 174 Ca66
Stubline SRB 153 Jb62
Stubno PL 139 Kc44
Studena BG 179 Cb72
Studená CZ 136 Fd47
Studenci HR 158 Gd66
Studenec BG 180 Eb69
Studenec CZ 136 Fc43
Studenec SLO 151 Fd58
Studénka CZ 137 Ha45
Studenzen A 144 Ga55
Studienka SK 137 Gd49
Studina RO 180 Db67
Studley GB 20 Ed25
Studley GB 20 Ed28
Studna BG 185 Eb74
Studnica PL 128 Ga41
Studsgård DK 108 Da24
Studsviken S 80 Gd29
Studzianki PL 123 Kb33
Studzianki-Pancerne PL 130 Jc38
Studzienice PL 121 Gd31
Studzieniczna PL 123 Kb31
Studzieniec PL 129 Gc36
Stügliai LT 115 Lb55
Stugsund S 87 Gb37
Stugufläten N 77 Db33
Stugun S 79 Fd31
Stuguvollmoen N 78 Ec31
Stuhr D 118 Cd34
Stukenbrock, Schloß Holte- D 126 Cc38
Stulgiai LT 113 Jd56
Stulln D 135 Eb46
Stülpe D 127 Ed38
Stulpicani RO 172 Ea56
Stungiai LT 114 Ka53
Stunts Green GB 20 Fd30
Stuomenai LV 114 Kb58
Stuorajavrre N 68 Hd11
Stuoranjargga N 63 Ja10
Stupari BIH 153 Hc63
Stupava SK 145 Gc50
Stupino RUS 203 Fa11
Stupnik HR 151 Ga59
Stuppach D 134 Da46
Stupurai LT 114 Kb53
Stūri LV 105 Jd52
Stūri LV 106 Kc51
Sturkö S 111 Fd54
Sturla I 148 Cb63
Šturlić BIH 151 Ga61
Sturminster Newton GB 19 Ec30
Sturno I 161 Fd74
Štúrovo SK 146 Hc52
Sturry GB 21 Gb29
Sturton by Stow GB 16 Fb22
Sturzelbronn F 25 Kb35
Şturzeni MD 173 Fa55
Sturzeşti MD 173 Fb55
Stutensee D 133 Cb47
Stuttgart D 134 Cd48
Stützerbach D 126 Dc42
Stuve N 86 Ea38
Stuvestøyl N 92 Cd44
Stybbersmark S 80 Ha30
Stykkishólmur IS 2 Ac03
Stylloi CY 206 Jc96
Stypułów PL 128 Fd39
Styri N 94 Eb40
Styrmannstø N 62 Ha09
Styrnäs S 80 Gc31
Styrsö S 102 Eb49
Styrvoll N 93 Dc43
Su E 49 Gc60
Suadiye TR 187 Gb79
Suances E 38 Db54
Suaningi S 73 Ja18
Suare F 154 Ca69
Suatu RO 171 Db58
Subačius LT 114 Kd54
Subaşı TR 186 Fb77
Subaşı TR 186 Fb80
Subaşı TR 187 Ha80
Subate LV 115 Lb53
Subbiano I 156 Dd66
Subcetate RO 172 Ea58
Subcetate RO 175 Cc61
Suben A 143 Ed50
Sübeylidere TR 191 Ec83
Subiaco I 160 Ec71
Subkowy PL 121 Hb31
Sublaines F 29 Gb42
Subotica HR 152 Gc57
Subotica SRB 153 Ja57
Subotište SRB 153 Jb61
Sučany SK 138 Hc47
Sucaveni RO 177 Fb61
Suceava RO 172 Ec55
Sucé-sur-Erdre F 28 Ed42
Sučevići (Otric') HR 158 Gb64
Suceviţa RO 172 Eb55
Sucha PL 129 Gd38
Sucha PL 130 Jc39
Sucha PL 137 Hb43
Sucha Beskidzka PL 138 Hd45
Suchacz PL 122 Hc30
Suchá Hora SK 138 Ja46
Sucha Koszalińska PL 121 Gb30
Suchań PL 120 Fd34
Suchdol nad Lužnicí CZ 136 Fc48
Suchedniów PL 130 Jb41
Suchodolina PL 123 Kb32
Suchorze PL 121 Gc30
Suchowola PL 123 Kb33
Suchożebry PL 131 Ka36
Suchy Dąb PL 121 Hb30
Suchy Las PL 129 Gc36
Sucina E 55 Fa73
Suciu de Sus RO 171 Db56
Sucleia MD 173 Ga59
Sucuiu RO 176 Ec62
Sücüllü TR 193 Ha86
Sucumin PL 121 Ha31
Sućuraj HR 158 Gd67
Sucy-en-Brie F 23 Ha37
Sudak UA 205 Fa17
Sudarca MD 173 Fb53
Sudargas LT 113 Jd57
Sūdava LT 114 Ka58
Súðavík IS 2 Ac02
Südbrookmerland D 117 Cb32
Sudbury GB 16 Ed23
Sudbury GB 21 Ga26
Suddesjaur S 72 Gd21
Sudeck D 126 Cd40
Sudeikiai LT 114 La55
Süderbrarup D 108 Db29
Süderburg D 118 Dc35
Süderlügum D 108 Da28
Sudervė LT 114 La57
Sudice CZ 137 Ha44
Sudik MK 178 Bd73
Sudislavl' RUS 203 Fa08
Sudiţi RO 177 Fa66
Südlohn D 125 Bd37
Sudogda RUS 203 Fa10
Sudok S 73 Hb20
Sudoměřice CZ 136 Fb47
Sudova Vyšnja UA 204 Dd15
Sudovec HR 152 Gb58
Suðureyri IS 2 Ac02
Sudwalde D 118 Cd35
Sudža RUS 202 Ed13
Sueca E 54 Fc68
Suelli I 169 Ca78
Sueros de Cepeda E 37 Cb57
Suevos E 36 Ac55
Suevos E 36 Ba54
Suèvres F 29 Gb41
Sufers CH 142 Cd55
Şugag RO 175 Da61
Sugenheim D 134 Db46
Sugères F 34 Hc47
Suginčiai LT 113 Jd53
Suginčiai LT 114 La55
Suha BIH 152 Hb63
Suha BIH 159 Hc67
Suhadoll AL 178 Ad73
Suhaia RO 180 Dd68
Suharău RO 172 Ec54
Suhindol BG 180 Dc70
Suhiniči RUS 202 Ed11
Suhl D 126 Dc42
Suhlendorf D 119 Dd35
Suhmura FIN 83 Ld31
Suhodol BG 181 Ec73
Suhodol RUS 203 Ga09
Suho Polje BIH 153 Hd62
Suhopolje HR 152 Ha58
Suhostrel BG 183 Cb74
Suhr CH 141 Ca53
Suhuluceni MD 173 Fc56
Şuhut TR 193 Gc86
Šuica BIH 158 Gd65
Şuici RO 175 Db63
Suigu EST 98 Kb45
Suijavaara S 68 Hd14
Suinula FIN 89 Jd35
Suinula FIN 90 Ka34
Suippes F 24 Hd35
Suislepa EST 106 La46
Šuja RUS 203 Fa09
Šukaičiai LT 113 Jc55
Sukë AL 182 Ac78
Sukeva FIN 82 Kd27
Šukioniai LT 114 Kb54
Sukobin MNE 163 Ja71
Sukoró H 146 Hc54
Sukošan HR 157 Fd64
Sükösd H 153 Hd57
Sukovo SRB 179 Cb70
Şükranlı TR 193 Gc83
Şükrüpaşa TR 185 Ed74
Sukth AL 182 Ab74
Sul N 78 Ec29
Šula MNE 159 Hd66
Sulåmo N 78 Ec29
Suldal N 92 Cb42
Sulden I 142 Db56
Suldrup DK 100 Dc21
Sulechów PL 128 Fd38
Sulęcin PL 128 Fc36
Sulęczyno PL 121 Gd30
Sulejów PL 130 Hd40
Sulejówek PL 130 Jc37
Suleskar N 92 Cc44
Sulesund N 76 Cc32
Şuletea RO 177 Fb60
Süleymaniye TR 185 Eb77
Süleymaniye TR 186 Ga80
Sülfeld D 118 Dc32
Sulgen D 142 Cc52
Sulhamstead GB 20 Fa28
Sulheim N 85 Db35
Suli LV 107 Lc51
Sulibórz PL 120 Fd34
Sulików PL 128 Fc41
Sulikowo PL 121 Gb32
Sulina RO 177 Ga64
Sulingen D 118 Cd35
Sulisławice PL 131 Jd42
Suliszewo PL 120 Fd34
Suliţa RO 172 Ed56
Sulitjelma N 71 Ga18
Sulkava FIN 89 Jc32
Sulkava FIN 91 Lb33
Sulkavanjärvi FIN 82 Kc28
Sulkavanjärvi FIN 82 Kd29
Sulkavankylä FIN 89 Jc32
Sulkavanperä FIN 82 Ka28
Sułkowice PL 138 Ja45
Süller TR 192 Fa83
Sullom GB 5 Fa04
Sully F 30 Ja43
Sully-la-Chapelle F 29 Gd40
Sully-sur-Loire F 29 Gd40
Sulmierzyce PL 129 Gd39
Sulmierzyce PL 130 Hc40
Sulmona I 161 Fa71
Süloğlu TR 185 Ec75
Sułoszowa PL 138 Hd43
Sułów PL 129 Gc40
Sułów PL 131 Kb41
Sulsted DK 100 Dc20
Sultançayırı TR 192 Fa81
Sultandağı TR 193 Ha86
Sultandere TR 193 Gc82
Sultanhisar TR 197 Fa88
Sultanıça TR 185 Ea78
Sultaniye TR 186 Fb80
Sultaniye TR 187 Gb79
Sultanköy TR 185 Eb77
Sultanköy TR 186 Fa77
Sultanköy TR 187 Hb79
Sultsi EST 106 Kd46
Suluca TR 185 Eb80
Suludere TR 199 Gb89
Sülüklü TR 186 Fd80
Suluköy TR 192 Ga82
Sülümenli TR 192 Fd86
Sülümenli TR 193 Gd85
Sulusaray TR 205 Fc20
Sulustvere EST 98 La44
Sulva FIN 81 Hd31
Sulviken S 78 Fa29
Sülysáp H 146 Ja53
Sulz A 142 Cd53
Sulz D 134 Cc49
Sulzbach A 144 Ga55
Sulzbach D 133 Bd46
Sulzbach am Main D 134 Cd44
Sulzbach-Laufen D 134 Da48
Sulzbach (Murr) D 134 Cd47
Sulzbach-Rosenberg D 135 Ea46
Sulzberg A 142 Da52
Sulzberg D 142 Db52
Sulzburg D 141 Bd51
Sulzdorf D 119 Dd30
Sulzdorf D 134 Dc44
Sulzemoos D 143 Dd50
Sulzfeld D 134 Cc47
Sulzfeld D 134 Db43
Sulzfeld am Main D 134 Db45
Sülzhayn D 126 Dc39
Sulzheim D 134 Db44
Sumacàcer E 54 Fb69
Sumartin HR 158 Gc67
Sumburgh GB 5 Fa06
Sümeg H 145 Gd55
Šumen BG 181 Ec70
Šumenci BG 181 Ec68
Sumer BG 179 Cc69
Šumerlja RUS 203 Fc09
Sumiainen FIN 82 Kc31
Sumiak PL 120 Fc35
Sumin PL 122 Hc33
Sumiswald CH 141 Bd54
Summa FIN 90 La38
Summalankylä FIN 91 Lb35
Summer Bridge GB 11 Ed19
Šumna MD 173 Fa55
Šumperk CZ 137 Gc45
Sumsa FIN 83 Lc25
Šumskas LT 115 Lb58
Sumstad N 78 Ea27
Sumy UA 202 Ed14
Sunākste LV 106 La52
Sunbury GB 20 Fc28
Sünching D 135 Eb48
Şuncuiuş RO 171 Cc57
Sund FIN 96 Hc40
Sund N 71 Fb18
Sund N 78 Ec29
Sund S 87 Fd34
Sund S 94 Ec44
Sund S 96 Gd40
Sund S 96 Gc45
Sund S 103 Fd48
Sundals-Ryr S 102 Ec46
Sundan N 70 Fa21
Sundborn S 95 Fd39
Sundby DK 100 Da21
Sundby DK 109 Eb29
Sundby FIN 81 Jb29
Sundbyfoss N 93 Dd43
Sunde N 65 Kd08
Sunde N 84 Cc35
Sunde N 92 Ca41
Sunde bru N 93 Db45
Sunderland GB 11 Fa17
Sundern D 125 Cb40
Sundet S 78 Ed29
Sundginge S 94 Ec44
Sundhausen D 126 Dc39
Sundhouse F 31 Kc38
Sundhultsbrunn S 103 Fc48
Sundklakk N 66 Fb14
Sundli N 77 Dd30
Sundnäs S 72 Gc20
Sundö S 103 Gb47
Sundom FIN 81 Hd31
Sundom S 73 Hd22
Sundre S 104 Gd51
Sunds DK 108 Da24
Sundsbø N 76 Cd31
Sundsbruk S 88 Gc33
Sundsby S 103 Eb48
Sundsjö S 79 Fc31
Sundsjö S 79 Fd31
Sundsli N 93 Da44
Sundsnäs S 72 Ha23
Sundsøre DK 100 Db22
Sundstrup DK 100 Db22
Sundsvall S 87 Gb33
Sundsvoll N 70 Ec22
Sundvik N 79 Fb27
Sundvollen N 93 Dd41
Sungailiškiai LT 113 Jd56
Sungurlare BG 181 Ec72
Sungurlu TR 187 Gb77
Sungurlu TR 205 Fb20
Süngüt TR 187 Gd78
Suni I 169 Bd76
Sunja HR 152 Gc60
Šunlja Stijena = Šula MNE 159 Hd66
Sünlük TR 192 Fb81
Sunnan N 78 Ec28
Sunnanå S 87 Fb35
Sunnansjö S 80 Ha29
Sunnansjö S 80 Gd30
Sunnansjö S 87 Ga32
Sunnansjö S 95 Fc40
Sunnaryd S 102 Fa51
Sunndal N 84 Cb40
Sunndalsøra N 77 Db32
Sunne S 79 Fb31
Sunne S 94 Ed42
Sunnemo S 94 Fa42
Sunnersberg S 102 Ed46
Sunnet S 87 Fb36
Šunskai LT 114 Kb58
Suo-Anttila FIN 91 Ld37
Suodenniemi FIN 89 Jc35
Suojala FIN 83 Lc26
Suojanperä FIN 65 Kb09
Suojoki FIN 89 Ja34
Suojoki FIN 97 Jd39
Suokonmäki FIN 81 Jd31
Suokumaa FIN 91 Lc36
Suokylä FIN 74 Kb24
Suolahti FIN 82 Kb31
Suolgajåknjalbmi N 64 Jb10
Suolijärvi FIN 75 Kd22
Suomasema FIN 90 Ka35
Suomela FIN 98 Ka39
Suomenkylä FIN 90 La35
Suomenniemi FIN 90 La35
Suomijärvi FIN 89 Jb34
Suomu FIN 83 Ma28
Suomusjärvi FIN 97 Jd39
Suomussalmi FIN 75 La23
Suonenjoki FIN 82 Kd31
Suoniemi FIN 89 Jc36
Suonnankylä FIN 75 Kd19
Suonpää FIN 91 Ma32
Suonsalmi FIN 90 Kd34
Suontaka FIN 89 Ja38
Suontee FIN 82 Kd31
Suonttajärvi FIN 68 Ja13
Suopajärvi FIN 69 Jd17
Suopelto FIN 90 Kc35
Suora järvi FIN 75 La19
Suorsa FIN 74 Kb19
Suorva S 67 Gc16
Suotuperä FIN 82 Ka27
Suovaara FIN 82 La25
Suovanlahti FIN 82 Kc30
Super-Besse F 34 Hb48
Superdévoluy F 35 Jd50
Supersano I 163 Hc77
Super-Sauze F 43 Kb51
Supetar HR 158 Gc67
Supetarska Draga HR 151 Fc62
Supino I 160 Ec72
Suplac RO 171 Dc59
Suplacu de Barcău RO 171 Cc56
Süplingen D 127 Ea37
Supovac SRB 178 Bd68
Süpplingen D 127 Dd37
Supraśl PL 123 Kb33
Supru FIN 65 Kb09
Süpüren TR 193 Gc82
Supuru de Jos RO 171 Cc55
Supuru de Sus RO 171 Cc55
Súr H 145 Hb53
Sura S 95 Ga42
Surahammar S 95 Ga42
Suraja RO 176 Ed62
Şura Mare RO 175 Db61
Şura Mică RO 175 Da61
Šurany SK 145 Hb51
Suraż PL 123 Kb34
Suraž RUS 202 Ec12
Surberg D 143 Ec52
Surd H 152 Gc57
Surdegis LT 114 Kd54
Surdila-Găiseanca RO 176 Ed64
Surdila-Greci RO 176 Ed64
Surdoux F 33 Gc47
Surduc RO 171 Da56
Surduk SRB 153 Jc61
Surdulica SRB 178 Bd71
Surfonds F 28 Fd40
Surgères F 32 Fb46
Surheim D 143 Ec52
Surhów PL 131 Kc41
Surhuisterveen NL 117 Bc33
Şuri MD 173 Fb54
Súria E 49 Gd60
Suric MD 173 Fd59
Surier I 148 Bb58
Surin F 32 Fd46
Surju EST 106 Kc46
Šurlane KSV 178 Bc72
Surlingham GB 17 Gb24
Surma RUS 203 Fd08
Sürmeli TR 187 Ha79
Surovikino RUS 203 Fd14
Surowe PL 122 Jb33
Sursee CH 141 Ca53
Surskoe RUS 203 Fd10
Surtainville F 22 Ed35
Surte S 102 Ec48
Suruceni MD 173 Fc58
Surviliškis LT 114 Kc55
Surwold D 117 Cb34
Sury-ès-Bois F 29 Ha41
Sury-le-Comtal F 34 Hd47
Surzur F 27 Eb41
Susa I 148 Bb60
Susana E 36 Ad55
Şuşani RO 175 Da65
Sušara SRB 174 Bc63
Sušary RUS 99 Mb39
Susch CH 142 Da55
Susegana I 150 Ea58
Suşehri TR 205 Fd20
Susēja LV 106 Kd52
Susēja LV 114 La53
Susek SRB 153 Ja60
Süsel D 119 Dd31
Suseni RO 171 Dc58
Suseni RO 172 Ea59
Suseni RO 175 Cc62
Suseni RO 175 Dc65
Suševo BG 181 Ec68
Sušica BG 180 Ea70
Sušice CZ 135 Ed47
Susikas FIN 89 Jd37
Suškova LV 107 Ma52
Suskowola PL 130 Jc39
Susleni MD 173 Fc56
Suslonger RUS 203 Fd08
Šušnjevica Valdarsa HR 151 Fb60
Suspiro del Moro E 60 Db75
Süßen D 134 Da49
Süssenborn D 127 Dd41
Süstedt D 118 Cd35
Susten CH 141 Bd56
Susteren NL 125 Bb40
Sustinente I 149 Dc61
Sustrum D 117 Ca34
Susurluk TR 192 Fb81
Susuz TR 187 Hb80
Susuz TR 192 Ga85
Susuz TR 193 Gc85
Susuzkaya TR 192 Ga83
Susuzmüsellim TR 185 Ec77
Susuzören TR 192 Fd86
Susuzşahap TR 199 Hb90
Susz PL 122 Hc32
Suszewo PL 122 Hc35
Sutanži LV 106 Kd50
Sütçüler TR 199 Gd89
Şuteşti RO 177 Fa64
Suthfeld D 126 Da36
Sutina BIH 158 Ha66
Sutivan HR 158 Gc67
Sutjeska SRB 174 Bb62
Sütlâç TR 193 Gb87
Sütlegen TR 198 Ga92
Sutlepa EST 98 Ka44
Sütlüce TR 185 Ed76
Sutomore MNE 159 Ja70
Sutri I 156 Ea70
Sutri LV 107 Lb52
Suttertjärn S 95 Fb43
Süttő H 145 Hb52
Sutton GB 20 Fc28
Sutton Coldfield GB 16 Ed24
Sutton Courtenay GB 20 Fa27
Sutton in Ashfield GB 16 Fa22
Sutton on See GB 17 Fd22
Sutton-on-the-Forest GB 16 Fb19
Sutton Saint Edmund GB 17 Fc24
Sutton Saint James GB 17 Fd24
Sutton Scotney GB 20 Fa29
Sutton-under-Whitestonecliffe GB 11 Fa19
Sutton Valence GB 21 Ga29
Sutyli RUS 99 Ma44
Suure-Jaani EST 98 Kd45
Suurejõe EST 98 Kc45
Suuremõisa EST 97 Jd44
Suurikylä FIN 91 Lc33
Suurikylä FIN 91 Ld33
Suurimäki FIN 82 La29
Suurisuo FIN 82 Kd28
Suurkylä FIN 91 Lc35
Suurlahti FIN 91 Lb35
Suurmäki FIN 83 Lc31
Suur-Miehikkälä FIN 91 Lb37
Suurtuvaara FIN 83 Ma28
Suutarinkylä FIN 82 Ka25
Suutarla FIN 89 Jc38
Suvainiškis LT 114 Kd53
Šuvalovo RUS 113 Jc59
Suvanto FIN 69 Kb16
Suva Reka KSV 178 Ba71
Suvereto I 155 Db67
Suvermez TR 193 Ha84
Suviekas LT 115 Lb54
Suvodol MK 183 Bb76
Suvorov RUS 113 Jb59
Suvorov RUS 202 Ed11
Suvorovo BG 181 Fa70
Suvorovskaja RUS 205 Ga17
Suwałki PL 123 Ka30
Süzbeyli TR 191 Eb85
Suzdal' RUS 203 Fa09
Suze-la-Rousse F 42 Jb51
Suzette F 42 Jc52
Suzzara I 149 Db61
Svabensverk S 87 Fd38
Svaipavalle sameviste S 71 Ga20
Svalbarðseyri IS 2 Ba04
Svalehult S 102 Ec47
Svalenik BG 180 Ea69
Svålestad N 92 Ca45
Svaljava UA 204 Dd16
Svallerup DK 109 Ea26
Svalöv S 110 Ed55
Svalsta S 95 Gb45
Svanabyn S 79 Gb28
Svanamyran S 80 Gc26
Svanberga S 96 Ha42
Svandal S 94 Eb45
Svaneke DK 111 Fd57
Svanelvmo N 67 Gb11
Svanesund S 102 Eb47
Svanfors S 80 Hb25
Svängsta S 111 Fc54
Švanibachovo RUS 107 Ma47
Svaningen S 79 Fc27
Svannäs S 72 Gd21
Svannäs S 79 Ga26
Svanøybukt N 84 Ca35
Svansele S 73 Hb24
Svansele S 79 Fd26
Svanshals S 103 Fc47
Svanskog S 94 Ec44
Svanstein S 74 Jb18
Svanström S 80 Hb25
Svanträsk S 72 Ha23
Svanvik N 65 Kd08
Svanvik S 102 Eb47
Svappavaara S 67 Hb16
Svarar FIN 81 Ja31
Svardal N 84 Cb35
Svärdsjö S 95 Ga39
Svarinci LV 107 Ma52
Svarstad N 93 Dd43
Svartå FIN 98 Ka40
Svartå S 95 Fc44
Svärta S 95 Gb45
Svartana S 94 Ed42
Svartbäcken S 73 Hd21
Svartberget S 73 Ja20
Svartbyn S 73 Ja20
Svarte S 110 Fa57
Svarteborg S 102 Eb46
Svartehallen S 102 Eb47
Svartemyr N 84 Cb37
Svarte-nut N 92 Cc43
Svärtinge S 103 Ga46
Svartkog N 93 Ea42

Svartlå – Tarján

Svartlå S 73 Hc21
Svartnäs S 80 Hb25
Svartnäs S 87 Ga38
Svartnes N 71 Fc18
Svartö S 103 Gb51
Svartöstaden S 73 Hd22
Svartrå S 102 Ec51
Svarttjärn S 72 Gb22
Svarttorp S 103 Fb49
Svartträsk S 72 Gb24
Svartvik S 88 Gc33
Švary RUS 107 Mb52
Svatá Kateřina CZ 135 Ed47
Svatobořice-Mistřín CZ 137 Gc48
Svatove UA 203 Fb14
Svatsum N 85 Dd37
Svätý Jur SK 145 Gd50
Sveastrand N 86 Ea38
Švebdruoė LT 123 Kc30
Svebølle DK 109 Ea26
Svedala S 110 Ed56
Svėdasai LT 114 La54
Svedja S 87 Gb35
Svedjan S 80 Gc28
Svedje S 79 Fd27
Svedje S 80 Gd29
Sveg S 87 Fb34
Sveggesundet N 77 Da30
Sveindal N 92 Cd46
Sveio N 92 Ca42
Svėkšna LT 113 Jc56
Svelgen N 84 Cb34
Svelvik N 93 Dd42
Svenarum S 103 Fb50
Švenčionėliai LT 115 Lb56
Švenčionys LT 115 Lb56
Svendborg DK 109 Dd27
Svene N 93 Dc42
Sveneby S 103 Fb46
Svenes N 85 Dc38
Svenes N 93 Da45
Svengestøl N 92 Cd46
Svenkerud N 85 Dc39
Svenljunga S 102 Ed50
Svenneby S 102 Eb46
Svennevad S 95 Fd44
Svenningsneset N 78 Ea27
Svensby N 62 Ha09
Svensbyn S 73 Hc23
Svenshögen S 102 Eb47
Svenskby FIN 97 Jd40
Svensköp S 110 Fa55
Svenstavik S 87 Fb32
Svenstrup DK 100 Dc21
Svenstrup DK 100 Dc23
Svenstrup DK 108 Db28
Svenstrup DK 109 Ea27
Svente LV 115 Lb53
Šventežeris LV 123 Kb30
Šventininkai LT 114 La58
Šventoj LT 113 Jb54
Šventragis LV 114 Kb59
Sveom N 85 Dc35
Sverdlove UA 204 Ed17
Sverdlovs'k UA 205 Fc15
Svetajevka RUS 113 Jb59
Sveta Petka BG 179 Cd73
Svētciems LV 106 Kb48
Svēte LV 106 Kb52
Sveti Ana Tenja HR 153 Hc59
Sveti Filip i Jakov HR 157 Fd65
Sveti Ivan HR 150 Ed60
Sveti Ivan Žabno HR 152 Gc58
Sveti Ivan Zelina HR 152 Gb58
Sveti Juraj HR 151 Fc61
Sveti Marina HR 151 Fb61
Sveti Nedelja HR 151 Ga59
Sveti Nikola BG 181 Fc70
Sveti Nikola MNE 163 Ja71
Sveti Nikole MK 178 Bd73
Sveti Petar na moru HR 157 Fd64
Sveti rok HR 151 Ga63
Sveti Stefan MNE 159 Hd70
Sveti Sveti Konstantin i Elena BG 181 Fb70
Sveti Vlas BG 181 Fa72
Světlá Hora CZ 137 Gd44
Svetlahorsk BY 202 Eb13
Světlá nad Sázavou CZ 136 Fd46
Svetlen BG 180 Eb70
Svetlice SK 139 Ka47
Svetlii MD 177 Fc61
Světlík CZ 136 Fb49
Svetlina BG 180 Ea73
Svetloe RUS 113 Ja59
Svetlogorsk RUS 113 Hd58
Svetlograd RUS 205 Ga16
Svetlyi Jar RUS 203 Ga14
Svetlyj RUS 113 Hd59
Svetozar Miletić SRB 153 Hd58
Svetvinčenat HR 151 Fa61
Svežen BG 180 Dc72
Sviby EST 97 Jd44
Švica HR 151 Fd62
Svidník SK 139 Jd46
Švihov CZ 135 Ed46
Svilajnac SRB 174 Bc65
Sviland N 92 Ca44
Svilengrad BG 185 Ea75
Sviliai LT 114 Kd53
Svindalen N 66 Fd12
Svineng N 64 Jc09
Svinesund N 94 Eb44
Svinhult S 103 Fd49
Svinia SK 138 Jc47
Svinica HR 152 Gc60
Sviniţa RO 174 Ca65
Svinná SK 137 Hb49
Svinndal N 93 Ea43
Svinnegarn S 95 Gb43
Svinninge DK 109 Ea25
Svinninge S 96 Gd43
Svinvik N 77 Db30
Sviraći BG 185 Ea76
Svirkos LT 115 Lc56
Svirkovo BG 185 Ea74
Sviščaki SLO 151 Fb59
Svislač BY 202 Dd13
Svislač BY 202 Eb12
Svištov BG 180 Dd69
Svit SK 138 Jb47
Svitava BIH 158 Hb68
Svitávka CZ 137 Gb46
Svitavy CZ 137 Gb45
Svitlovods'k UA 204 Ed15
Svoboda BG 181 Fa69
Svoboda RUS 113 Jc59
Svoboda nad Úpou CZ 136 Ga43
Svobodinovo BG 184 Dc75
Svobody RUS 205 Ga17
Svode BG 179 Cd70
Svodin SK 145 Hb51
Svodje SRB 179 Ca70
Svoge BG 179 Cc70
Svojetin CZ 136 Fa44
Svojšín CZ 135 Ec45
Svolvær N 66 Fc14
Svorkmo N 77 Dd30
Svratka CZ 136 Ga46
Svrčinovec SK 138 Hc46
Svrljig SRB 178 Bd68
Svržno CZ 135 Ec46
Svullrya N 94 Ec40
Svylionys LT 115 Lc56
Swadlincote GB 16 Fa24
Swaffham GB 17 Ga24
Swallowcliffe GB 20 Ed29
Swalmen NL 125 Bb39
Swanage GB 20 Ed31
Swanbridge GB 19 Ea28
Swanley GB 20 Fd28
Swanlinbar IRL 9 Cb18
Swansea GB 19 Dd27
Swarland GB 11 Fa15
Swarożyn PL 121 Hb31
Swarzędz PL 129 Gc37
Swatragh GB 9 Cd16
Świadki Iławeckie PL 122 Ja30
Świątki PL 122 Ja31
Świątkowa PL 139 Jd46
Świątniki PL 131 Jd42
Świątniki Górne PL 138 Ja44
Świba PL 129 Ha40
Świbno PL 121 Hb30
Świdnica PL 128 Fd38
Świdnica PL 129 Gb42
Świdnik PL 131 Kb40
Świdnik PL 138 Jb45
Świdry PL 123 Jd32
Świdwin PL 120 Ga32
Świebodzice PL 129 Gb42
Świebodzin PL 128 Fd37
Święcany PL 139 Jd45
Świecie PL 121 Hb33
Świeciechowa PL 129 Gb38
Świeciechów Duży PL 131 Jd41
Świecie nad Osą PL 122 Hc33
Świecko PL 128 Fc37
Świedziebnia PL 122 Hd34
Świekatowo PL 121 Ha33
Świeradów-Zdrój PL 128 Fd42
Świercze PL 122 Jb35
Świerczów PL 129 Ha41
Świerczyna PL 121 Gb33
Świerczyna PL 131 Jb43
Świerklany Górne PL 137 Hb44
Świerkowo PL 122 Jb35
Świerzawa PL 128 Ga41
Świerzenko PL 121 Gc31
Świerzno PL 120 Fc31
Świeszyno PL 120 Ga31
Święta PL 120 Fc33
Święta Anna PL 130 Hd42
Świętajno PL 122 Jb32
Święta Katarzyna PL 130 Jb41
Święta Lipka PL 122 Jb31
Świętno PL 128 Ga38
Świętochłowice PL 138 Hd43
Świętoszów PL 128 Fd40
Swifterbant NL 116 Bb35
Świgtajno PL 123 Jd31
Swilcza PL 139 Ka44
Swindon GB 20 Ed28
Swinefleet GB 16 Fb21
Swinemünde = Świnoujście PL 120 Fb32
Swinford IRL 8 Bd19
Świniary PL 122 Jb34
Świnna PL 138 Hd45
Świnoujście PL 120 Fb32
Swinton GB 11 Ed14
Świny PL 128 Ga41
Swisttal D 125 Bd41
Swobnica PL 120 Fc34
Swords IRL 13 Cd21
Swornegacie PL 121 Gd32
Swory PL 131 Kb37
Swyre GB 19 Eb30
Sya S 103 Fd47
Syam F 31 Jd43
Syčevka RUS 202 Ec10
Sycewice PL 121 Gc30
Syców PL 129 Gd40
Sycowice PL 128 Fd38
Sydänmaa FIN 89 Jb34
Sydänmaa FIN 89 Ja37
Sydänmaankylä FIN 82 Kb27
Sydmo FIN 97 Jb40
Sygkrasi CY 206 Jd96
Sykäräinen FIN 81 Jd28
Syke D 118 Cd34
Sykkylven N 76 Cc33
Sykoúnda GR 191 Ea83
Sylda D 127 Ea39
Šyliai LT 113 Jc56
Sylling N 93 Dd41
Syltanovo RUS 107 Ma51
Sylte N 77 Da31
Syltevikmyra N 65 Kc05
Sylt-Ost D 108 Cd28
Sylväjä FIN 83 Lb25
Sylvänä FIN 89 Jd38
Sylvanès F 41 Hb53
Sylvéréal F 42 Ja54
Symbister GB 5 Fa04
Symonds Yat GB 19 Ec27
Synanohori CY 206 Ja96
Synel'nykove UA 205 Fa15
Synnerby S 102 Fa47
Synnes N 78 Ec25
Synod Inn GB 14 Dc25
Synsiö FIN 90 Kd33
Syötekylä FIN 75 Kc21
Sypniewo PL 121 Gb33
Sypniewo PL 121 Gc33
Sypniewo PL 122 Jc34
Syrau D 135 Eb43
Syre GB 5 Ea05
Syre N 92 Bd43
Syri FIN 81 Jd28
Syrjä FIN 83 Lb31
Syrjajeve UA 204 Ec16
Syrjäkoski FIN 90 Kc35
Syrjäntaka FIN 90 Kb36
Syrkesnes N 66 Fd16
Syrkovicy RUS 99 Ma41
Syroke UA 204 Ed16
Syrokoje RUS 122 Jb30
Syrynia PL 137 Hb44
Šyščycy BY 202 Ea13
Syškrantė LT 113 Jb56
Sysmä FIN 90 Kc35
Sysslebäck S 94 Ed39
Syväjärvi FIN 69 Jd16
Syväjoki FIN 82 Kd26
Syvänniemi FIN 82 Kd30
Syvänojankylä FIN 89 Jb32
Syvärinpää FIN 82 La28
Syvävaara FIN 83 Lc27
Syvde N 76 Cb33
Syvdsnes N 76 Cb33
Syvsten DK 101 Dd20
Sywell GB 20 Fb25
Syyspohja FIN 91 Lc35
Syzran' RUS 203 Ga10
Szabadbattyán H 145 Hb54
Szabadegyháza H 146 Hc54
Szabadszállás H 146 Hd55
Sząbruk PL 122 Ja32
Szadek PL 130 Hc39
Szadłowice PL 121 Ha35
Szaflary PL 138 Ja46
Szajol H 146 Jb54
Szakály H 145 Hb56
Szakcs H 145 Hb56
Szakmár H 146 Hd56
Szalánta H 152 Hb58
Szalapa H 145 Gd55
Szalejów PL 137 Gb43
Szalkszentmárton H 146 Hd54
Szalonna H 138 Jc49
Szamocin PL 121 Gd34
Szamotuły PL 129 Gb36
Szandaszőlős H 146 Jb54
Szank H 146 Ja56
Szany H 145 Gd53
Szarvas H 146 Jc55
Szarvaskő H 146 Jb51
Szászvár H 152 Hb57
Szatarpy PL 121 Ha31
Szatmárcseke H 147 Kc50
Szatymaz H 146 Jb56
Százhalombatta H 146 Hc53
Szczaniek PL 128 Ga37
Szczawa PL 138 Jb46
Szczawin Borowy PL 130 Hd36
Szczawin Kościelny PL 130 Hd36
Szczawne PL 139 Ka46
Szczawnica PL 138 Jb46
Szczawno-Zdrój PL 129 Gb42
Szczebrzeszyn PL 131 Kc41
Szczecin PL 120 Fc33
Szczecinek PL 121 Gb32
Szczeinki PL 123 Ka30
Szczejkowice PL 137 Hb44
Szczekociny PL 130 Ja42
Szczepańcowa PL 139 Jd45
Szczepankowo PL 123 Jd34
Szczepanów PL 129 Gb41
Szczepkowo Borow PL 122 Ja33
Szczerców PL 130 Hc40
Szczpiorno PL 129 Ha39
Szczucin PL 138 Jc43
Szczuczarz PL 120 Ga34
Szczuczyn PL 123 Jd32
Szczuka PL 122 Hc34
Szczurowa PL 138 Jb44
Szczyrk PL 138 Hc45
Szczyrzyc PL 138 Ja45
Szczytna PL 137 Gb43
Szczytniki PL 120 Fc32
Szczytniki PL 129 Ha39
Szczytno PL 122 Jb32
Szczyty PL 137 Ha44
Szécsény H 146 Hd51
Szederkény H 153 Hc58
Szedres H 146 Hc56
Szeged H 153 Jb57
Szeghalom H 147 Jd54
Szegvár H 146 Jb56
Székely H 147 Ka50
Székesfehérvár H 145 Hb54
Székkutas H 146 Jc56
Szekszárd H 153 Hc57
Szeleste H 145 Gc54
Szelevény H 146 Jb55
Szellő H 153 Hc57
Szembruk PL 122 Hc32
Szemere H 139 Jd49
Szemud PL 121 Ha30
Szendrő H 138 Jc49
Szenenyecsörnye H 145 Gc56
Szenna H 152 Ha57
Szentbalázs H 152 Ha57
Szentendre H 146 Hd52
Szentes H 146 Jb55
Szentgál H 145 Ha54
Szentgotthárd H 145 Gb55
Szentlászló H 152 Ha57
Szentliszló H 145 Gc56
Szentlőrinc H 152 Hb58
Szentmártonkáta H 146 Ja53
Szenttamáspuszta H 152 Ha57
Szenyér H 145 Gd56
Széphalom H 139 Ka49
Szepietowo PL 123 Ka34
Szerencs H 147 Jd50
Szerokopas PL 121 Hb34
Szerzyny PL 138 Jc45
Szestno PL 122 Jb31
Szewna PL 130 Jc41
Szigethalom H 146 Hd53
Szigetszentmiklós H 146 Hd53
Szigetvár H 152 Ha58
Szigliget H 145 Gd55
Szikáncs H 146 Jc56
Szikszó H 146 Jc50
Szilvásvárad H 146 Jb51
Szin H 138 Jc49
Szirak H 146 Ja52
Szklarska Poręba PL 128 Fd42
Szklary Górne PL 128 Ga40
Szkody PL 123 Jd32
Szkotowo PL 122 Ja33
Szlichtyngowa PL 129 Gb39
Szob H 146 Hc52
Szokolya H 146 Hc51
Szolnok H 146 Jb54
Szombathely H 145 Gc54
Szomor H 146 Hc52
Szőny H 145 Hb52
Szorce PL 123 Ka33
Szóstka PL 131 Kb37
Szówsko PL 139 Kb44
Szozurkowo PL 122 Jb30
Szprotowa PL 128 Fd39
Szreńsk PL 122 Ja34
Sztabin PL 123 Kb31
Szteklin PL 121 Hb31
Sztumska Wieś PL 121 Hb31
Sztutowo PL 122 Hc30
Sztynort PL 122 Jc30
Szubin PL 121 Gd34
Szűcs H 146 Jb51
Szűcsi H 146 Ja52
Szudziałowo PL 123 Kc33
Szulborze Wielkie PL 123 Jd35
Szulmierz PL 122 Ja34
Szulok H 152 Ha58
Szumowo PL 123 Jd34
Szumowo PL 129 Gc39
Szwecja PL 121 Gb33
Szydlak PL 122 Hd32
Szydłów PL 130 Jc42
Szydłowiec PL 130 Jb40
Szydłowo PL 121 Gb34
Szydłowo PL 122 Ja34
Szymany PL 122 Jb33
Szymbark PL 122 Hc32
Szymbark PL 138 Jc45
Szymki PL 123 Kc34
Szymonka PL 122 Jc31
Szyndziel PL 123 Kb32
Szynwałd PL 138 Jc44
Szynych PL 121 Hb33
Szypliszki PL 123 Kb30
Szyszki Włościańskie PL 122 Jb35

T

Taagepera EST 106 Kd47
Tääksi EST 98 Kd45
Taaliku EST 97 Jd45
Taalintehdas FIN 97 Jc41
Taapajärvi FIN 68 Jc17
Taasia FIN 90 Kd37
Taastrup DK 109 Ec26
Taattola FIN 82 La26
Tab H 145 Hb55
Tabágon E 36 Ac58
Tabajd H 146 Hc53
Tabanera de Cerrato E 46 Db59
Tabanera la Luenga E 46 Db62
Tabani MD 172 Ed53
Tabanköy TR 185 Ed80
Tabanlar TR 191 Ed83
Tabanovce MK 178 Bc72
Tabaqueros E 54 Ed68
Tábara E 45 Cb59
Tabariškės LT 115 Lb58
Tabarz D 126 Dc41
Tabasalu EST 98 Kb42
Tabaza E 37 Cc54
Tabeirós E 36 Ad56
Taberg S 103 Fb49
Tabernas E 61 Ea75
Taberna Seca P 44 Ba65
Taberno E 61 Eb74
Tabiano Bagni I 149 Da61
Tabina EST 107 Lc47
Tabivere EST 98 La44
Tablate E 60 Dc76
Taboada E 36 Bb56
Taboada E 36 Ba54
Tabód H 146 Hc56
Tábor CZ 136 Fc47
Tabórz PL 122 Hd32
Tábua P 44 Ba63
Tabuaço P 44 Bb61
Tabuenca E 47 Ed60
Tabuyo de Monte E 37 Ca58
Täby S 95 Fc44
Täby S 96 Gd43
Tåby S 103 Ga46
Tăcău RO 177 Fb65
Taceno I 149 Cc57
Tacettin TR 193 Hb81
Tacherting D 143 Eb51
Taching D 143 Ec51
Tachov CZ 135 Ec45
Tacinskij RUS 203 Fc14
Tacir TR 186 Ga79
Tackåsen S 87 Fc36
Tăcuta RO 173 Fa58
Tadaiķi LV 105 Jb52
Tadcaster GB 16 Fa20
Tadmarton GB 20 Fa26
Taebla EST 98 Ka44
Taevaskoja EST 107 Lb46
Tafalla E 39 Ed58
Tafjord N 77 Da33
Taft A 144 Ga52
Täfteå S 80 Hc28
Täfteå S 80 Ha30
Ţaga RO 171 Db57
Tagaj RUS 203 Fd10
Taganrog RUS 205 Fc15
Tagaranna EST 97 Jc45
Tågarp S 110 Ed55
Tagelvdal N 67 Gd11
Tägerwilen CH 142 Cc52
Taggia I 43 La52
Taghmon IRL 13 Cc25
Tagliacozzo I 160 Ec71
Taglio di Po I 150 Ea61
Tagmersheim D 134 Dc48
Tagnon F 24 Hd34
Tagoat IRL 13 Cd25
Tagsdorf F 31 Kb40
Tagula EST 106 La47
Tahal E 61 Eb75
Tahal TR 185 Ec76
Tähemaa EST 99 Lb45
Taheva EST 106 La48
Tahilla IRL 12 Ba25
Tahivilla E 59 Ca78
Tahkolanranta FIN 75 La19
Tahkuna EST 97 Jc44
Tahta RUS 205 Fd16
Tahtacı TR 191 Ec83
Tahtacı TR 192 Fc85
Tahtacı TR 198 Fc88
Tahtaköprü TR 192 Ga81
Tahtakuşlar TR 191 Eb82
Tähtelä FIN 69 Ka16
Tähtelä FIN 98 Ka40
Taian RO 180 Dc68
Taicy RUS 99 Mb40
Taillebois F 22 Fc37
Tailovo RUS 107 Lc47
Taimoniemi FIN 82 Kb30
Tain GB 5 Ea07
Taingy F 30 Hb41
Tainiemi FIN 74 Ka21
Tainijoki FIN 74 Ka20
Tain-l'Hermitage F 34 Jb49
Tainuskylä FIN 89 Ja32
Taipale FIN 74 Jd22
Taipale FIN 82 Kc29
Taipale FIN 82 Ka31
Taipale FIN 82 Kd28
Taipale FIN 89 Jb35
Taipale FIN 89 Jd37
Taipale FIN 90 Kd33
Taipale FIN 90 Kc35
Taipaleenharju FIN 74 Kb22
Taipalsaari FIN 91 Lb35
Taipalus FIN 89 Jc32
Taiskirchen im Innkreis A 143 Ed50
Taivalkoski FIN 75 Kd21
Taivalkunta FIN 89 Jc36
Taivalmaa FIN 89 Jb32
Taivassalo FIN 97 Ja39
Taizé F 28 Fc43
Taizé F 30 Ja44
Taizon F 28 Fc43
Taja E 37 Cb55
Tajmište MK 182 Ba74
Tajno Podjeziorne PL 123 Ka31
Tăkač BG 181 Ec69
Takamaa FIN 89 Jd35
Takamaa FIN 90 Kd37
Takeley GB 20 Fd27
Takene S 94 Fa44
Takhuranna EST 106 Kb46
Takkula FIN 82 La26
Takkulankulma FIN 89 Jb38
Taklax FIN 89 Hd32
Takniškiai LT 114 Kc59
Takovo SRB 153 Jb62
Takovo SRB 159 Jc64
Takserås N 93 Db45
Taktaharkány H 147 Jd50
Täkter FIN 98 Ka40
Taktikoúpoli GR 195 Ca88
Taktkom FIN 97 Jd41
Tal E 36 Ac55
Talačyn BY 202 Eb12
Talairan F 41 Ha56
Talais F 32 Fa48
Talamanca E 49 Gd60
Talamantes E 47 Ed60
Talamillo del Tozo E 38 Db57
Talamone I 155 Dc69
Talana I 169 Cb77
Talarn E 48 Ga59
Talarrubias E 52 Cc68
Talasani F 154 Cc69
Talasjoki FIN 82 Kd27
Talaván E 51 Bd66
Talavera de la Reina E 52 Cd66
Talavera la Real E 51 Bc69
Talayuela E 45 Cb65
Talayuelas E 54 Ed66
Talcy F 29 Gb40
Taldom RUS 202 Ed10
Talea RO 176 Ea63
Talefe P 50 Aa67
Taleggio I 149 Cd58
Tales E 54 Fc66
Talgarreg GB 15 Dd26
Talgarth GB 15 Ea26
Talgje N 92 Ca43
Tali EST 106 Kc47
Táliga E 51 Bb70
Talinen S 68 Hd17
Talisker GB 4 Da08
Talkowszczyzna PL 123 Kc33
Talladale GB 4 Dc07
Tallaght IRL 13 Cd21
Tállara E 36 Ac56
Tallard F 42 Ka51
Tallåsen S 87 Ga35
Tallberg S 73 Hd20
Tallberg S 80 Ha28
Tallberg S 80 Hb28
Tällberg S 87 Fc38
Taller F 39 Fa53
Talley GB 15 Dd26
Tallhed S 87 Fc37
Tallinn EST 98 Kb42
Talljärv S 73 Hd20
Talloires F 35 Ka46
Tallowbridge IRL 13 Ca25
Tallsjö S 80 Gc27
Tällträsk S 73 Hc23
Tallträsk S 80 Gc26
Tallträsk S 80 Hb26
Talluskylä FIN 82 Kd30
Tallvik S 73 Ja20
Tállya H 147 Jd50
Tălmaciu RO 175 Db62
Talmas F 23 Gd33
Talmay F 31 Jc41
Talmaz MD 173 Ga59
Talmine GB 5 Ea04
Talmontiers F 23 Gc35
Talmont-Saint-Hilaire F 32 Ed45
Talmont-sur-Gironde F 32 Fb48
Tal'ne UA 204 Ec15
Talovaja RUS 203 Fb13
Talpa RO 176 Dd66
Talpaki RUS 113 Jb59
Talsano I 162 Ha76
Talsarnau GB 15 Dd23
Talsi LV 105 Jd50
Taluskylä FIN 81 Jd26
Talviainen FIN 90 Ka34
Talvik N 63 Hd08
Talvisilta FIN 89 Jd38
Tal-y-bont GB 15 Dd24
Tal-y-cafn GB 15 Ea22
Tămădău Mare RO 176 Ec66
Tamajón E 46 Dd62
Tamala RUS 203 Fc11
Tamallancos E 36 Bb57
Tamame E 45 Cb61
Tamames E 45 Ca63
Tamanhos P 44 Bb62
Tamarë AL 159 Jb69
Tamarino BG 181 Ec73
Tamarit E 49 Gc62
Tamarite de Litera E 48 Fd60
Tamariz de Campos E 46 Cd59
Tămăşeni RO 172 Ed58
Tamási H 145 Hb56
Tamaşi RO 172 Ed58
Tambach-Dietharz D 126 Dc42
Tâmboeşti RO 176 Ed63
Tambohuse DK 100 Da22
Tambov RUS 203 Fb12
Ţambula MD 173 Fb55
Tåme S 73 Hc24
Tamengont RUS 99 Ma39
Tämeträsk S 73 Hc24
Tamins CH 142 Cd55
Tamış TR 191 Ea82
Tamlaght GB 9 Cb18
Tammela FIN 75 Lb20
Tammela FIN 89 Jd38
Tammenlahti FIN 91 Lc33
Tammeråsen S 87 Fc38
Tammijärvi FIN 90 Kc34
Tammikkoski FIN 90 Kc34
Tammiku EST 98 La43
Tammiku EST 98 La44
Tammilahti FIN 90 Ka33
Tammilahti FIN 90 Kc34
Tammisaari FIN 97 Jd40
Tammispää EST 99 Lb43
Tammistu EST 99 Lb45
Tamm-neeme EST 98 Kb42
Tammuna EST 105 Jb47
Tâmna RO 175 Cc65
Tamnay-en-Bazois F 30 Hc42
Tamnes N 86 Ec32
Tamnič SRB 174 Cb66
Tamniès F 33 Gb50
Támoga E 36 Bb54
Tampere FIN 89 Jd35
Tamsalu EST 98 Kd43
Tamsweg A 144 Fa54
Tämta S 102 Ed48
Tamurejo E 52 Cc69
Tamworth GB 16 Ed24
Tån S 102 Ec46
Tana bru N 64 Ka06
Tanacu RO 173 Fb59
Tanágra GR 189 Cb85
Tanakajd H 145 Gc54
Tananger N 92 Ca44
Tănăsoaia RO 177 Fa61
Tănătari MD 173 Ga59
Tănătarii Noi MD 173 Ga59
Tanaunella I 168 Cc75
Tanda SRB 174 Ca66
Ţăndărei RO 177 Fa66
Tandern D 143 Dd50
Tandır TR 193 Gd81
Tandö S 86 Fa38
Tandragee GB 9 Cd18
Tandsbyn S 79 Fc31
Tandsjöborg S 87 Fc36
Tanem N 77 Ea30
Tang IRL 9 Cb20
Tångaberg S 102 Ec51
Tanganheira P 50 Ab71
Tangaveane IRL 8 Ca16
Tångböle S 78 Ed30
Tangen N 76 Cd31
Tangen N 79 Fb27
Tangen N 93 Ea44
Tangen N 94 Eb39
Tångeråsa S 95 Fc44
Tangerhütte D 127 Ea36
Tangermünde D 127 Eb36
Tangnesland N 63 Hc09
Tängsta S 79 Gb30
Tangstedt D 118 Db32
Tangstedt D 118 Dc32
Tängvattnet S 71 Fc22
Tanhua FIN 69 Kb15
Tani FIN 91 Lb36
Taninges F 35 Ka45
Tankavaara FIN 69 Ka13
Tankolampi FIN 82 Kc31
Tănkovo BG 181 Fa72
Tănkovo BG 185 Dd75
Tanlay F 30 Hd40
Tann D 143 Ec50
Tanna D 135 Ea43
Tanna D 135 Ea43
Tannadice GB 7 Ec10
Tannåker S 102 Fa51
Tännäs S 86 Ed33
Tannay F 24 Ja34
Tannay F 30 Hc41
Tänndalen S 86 Ed33
Tanne D 126 Dc39
Tännesberg D 135 Eb46
Tannhausen D 134 Db48
Tannheim A 142 Db53
Tannheim D 142 Da51
Tannila FIN 74 Ka22
Tannisby DK 101 Dd19
Tännö S 103 Fb51
Tann (Rhön) D 126 Db42
Tannroda D 127 Dd42
Tannsjön S 79 Fd29
Tanoiro E 36 Ad57
Tanowo PL 120 Fb33
Tansa RO 172 Ed58
Ţânţareni RO 175 Cd65
Tantonville F 25 Jd37
Tantow D 120 Fb34
Tanttala FIN 90 Kb37
Tanttila FIN 90 Kb37
Tånum DK 100 Dc23
Tanum N 93 Dd41
Tanum N 93 Dc44
Tanum S 94 Eb45
Tanumshede S 94 Eb45
Tanus F 41 Ha52
Tanvald CZ 128 Fd42
Tan-y-llyn GB 15 Dd24
Tan-y-pistyll GB 15 Ea23
Taormina I 167 Fd85
Táp H 145 Ha53
Tapa EST 98 Kd42
Tapala FIN 89 Jc38
Tapani vaara FIN 75 Lb24
Tapdrup DK 100 Db23
Tapfheim D 134 Dc49
Tapia de Casariego E 37 Bd53
Tapiku EST 98 La44
Tápióbicske H 146 Ja53
Tápiógyörgye H 146 Ja53
Tapiola FIN 98 Kb39
Tapionkylä FIN 74 Jd18
Tapionniemi FIN 69 Kb17
Tápiószele H 146 Ja53
Tápiószentmárton H 146 Ja53
Tápiószőlős H 146 Ja53
Tapojärvi FIN 68 Ja16
Tapolca H 145 Gd55
Tappeluft N 63 Hc08
Tappen N 63 Ja06
Tappernøje DK 109 Eb27
Taps DK 108 Db26
Tapsony H 145 Gd56
Tar HR 150 Ed60
Tarabo S 102 Ed48
Taraclia MD 173 Fd59
Taraclia MD 177 Fd61
Taraclica de Salcie MD 177 Fc61
Tarácsi H 145 Gd53
Taradell E 49 Ha60
Taragona E 36 Ad56
Taraguilla E 59 Cb78
Taraklı TR 187 Gc80
Tărăn BG 184 Db75
Tarancón E 53 Dd66
Taranto I 162 Ha76
Tárány H 145 Ha53
Tarany H 152 Gd57
Tarare F 34 Ja46
Taraš SRB 153 Jb59
Tarašča UA 204 Ec15
Taraşcı TR 199 Hb89
Tarascon F 42 Jb53
Tarascon-sur-Ariège F 40 Gc57
Tarasova MD 173 Fd55
Tarasovka RUS 113 Jb58
Tarasp Fontana CH 142 Da55
Tarassac F 41 Hb54
Taravilla E 47 Ec64
Tarazona E 47 Ec60
Tarazona de Guareña E 45 Cc62
Tarazona de la Mancha E 53 Ec68
Tårbæk DK 109 Ec25
Tarbert GB 4 Da06
Tarbert GB 6 Db13
Tarbert IRL 12 Bb23
Tarbes F 40 Fd55
Tarbolton GB 10 Dd14
Tärby S 102 Ed48
Tărcaia RO 170 Cb58
Tarcal H 147 Jd50
Tarcău RO 172 Eb58
Tarcea RO 170 Cb55
Tarcenay F 31 Jd42
Tarcento I 150 Ed57
Tarćin BIH 158 Hb65
Tarczyn PL 130 Jb38
Tard H 146 Jc51
Tardajos E 38 Dc58
Tardelcuende E 47 Ea61
Tardets-Sorholus F 39 Fa56
Tardienta E 48 Fb59
Tärendö S 68 Hd17
Tarente = Taranto I 162 Ha76
Tarent = Taranto I 162 Ha76
Ţareuca MD 173 Fd55
Targale LV 105 Jb50
Targon F 32 Fc50
Tărgovište BG 180 Eb70
Târgovişte RO 176 Dd64
Targowo PL 122 Jb32
Târgşoru Vechi RO 176 Ea64
Târgu Bujor RO 177 Fb62
Târgu Cărbuneşti RO 175 Cd64
Târgu Frumos RO 172 Ed57
Târgu Gânguleşti RO 175 Da64
Târgu Jiu RO 175 Cd63
Târgu Lăpuş RO 171 Db56
Târgu Mureş RO 171 Dc59
Târgu-Neamţ RO 172 Ec57
Târgu Ocna RO 176 Ec60
Târgu Secuiesc RO 176 Eb61
Târguşor RO 177 Fc66
Târgu Trotuş RO 176 Ec60
Tarhapää FIN 90 Ka32
Tarhos H 147 Jd55
Tărian RO 170 Ca56
Tarifa E 59 Ca78
Ţarigrad MD 173 Fb54
Tarinmaa FIN 90 Ka37
Tariquejo E 59 Bb73
Tarján H 145 Hb52

Tigy – Torvoila

Tigy F 29 Gd40
Tiha Bârgăului RO 171 Dc57
Tihany H 145 Ha55
Tihemetsa EST 106 Kc46
Tiheró GR 185 Ea77
Tihilä FIN 82 Kc27
Tihio GR 183 Bb77
Tihkovicy RUS 99 Mb41
Tihoreck RUS 205 Fc16
Tihusniemi FIN 90 La32
Tihvin RUS 202 Eb08
Tihvinka RUS 99 Ld42
Tiilää FIN 90 Kc38
Tiimola FIN 91 Lb34
Tiirimetsa EST 105 Jc47
Tiironkylä FIN 82 Ka30
Tiistenjoki FIN 81 Jc31
Tijesno HR 157 Ga65
Tíjola E 61 Ea74
Tijovac SRB 179 Ca68
Tikinmaa FIN 89 Jd36
Tikkakoski FIN 90 Kb32
Tikkala FIN 83 Ld31
Tikkala FIN 90 Kb33
Tikkurila FIN 98 Kb39
Tikøb DK 109 Ec24
Tilaj H 145 Gd55
Tilburg NL 124 Ba38
Tilbury GB 20 Fd28
Til-Châtel F 30 Jb41
Tileagd RO 170 Cb56
Tilisca RO 175 Da61
Tílisos GR 200 Da95
Tillac F 40 Fd55
Tillay-le-Péneux F 29 Gc39
Tillberga S 95 Gb42
Tilleda D 127 Dd40
Tillicoultry GB 7 Ea12
Tillières-sur-Avre F 23 Gb37
Tillinge S 95 Gb42
Tilly F 33 Gb45
Tilly-sur-Seulles F 22 Fb36
Tilsaperä FIN 90 Kb33
Tilshead GB 20 Ed29
Tilst DK 108 Dc24
Tilstock GB 15 Ec23
Tiltai LT 114 Kd59
Tiltiņi LV 106 Kb51
Tiltrem N 78 Ea28
Tilža LV 107 Ld50
Tilže LT 115 Lc54
Tim DK 100 Cd23
Tim RUS 203 Fa13
Timahoe IRL 13 Cb22
Timár H 147 Jd50
Timaševsk RUS 205 Fc16
Timau I 143 Ec56
Timbáki GR 200 Cd96
Timberscombe GB 19 Ea29
Time N 92 Ca44
Timfristós GR 188 Bb83
Timi CY 206 Hd98
Timirjazevo RUS 113 Jc57
Ţimişeşti RO 172 Ec57
Timişoara RO 174 Bd60
Timişu de Sus RO 176 Ea62
Timmele S 102 Fa48
Timmendorfer Strand D 119 Dd31
Timmenrode D 127 Dd38
Timmernabben S 103 Gb51
Timmersdala S 102 Fa46
Timmervik S 102 Ec46
Timofeevo RUS 113 Jd57
Timohino RUS 202 Ec08
Timola FIN 90 La32
Timoleague IRL 12 Bc26
Timoniemi FIN 83 Lb25
Timošino RUS 203 Fb08
Timovaara FIN 83 Lc29
Timpinvaara FIN 75 Lb21
Timrå S 88 Gc33
Timring DK 108 Da24
Timsbury GB 20 Fa29
Timsfors S 110 Fa53
Tinahely IRL 13 Cd23
Tinajas E 47 Ea65
Tinalhas P 44 Bb65
Tınaztepe TR 193 Gc85
Tinca RO 170 Ca57
Tinchebray F 22 Fb37
Tinchi I 162 Gc76
Tinden N 77 Dd29
Tineo E 37 Ca54
Tingere LV 105 Jd49
Tinglev DK 108 Da28
Tingsbekk N 93 Da46
Tingsryd S 111 Fc53
Tingstad S 103 Ga46
Tingstäde S 104 Ha49
Tingsted DK 109 Eb28
Tingvoll N 77 Db31
Tinieblas E 46 Dd59
Tinja BIH 153 Hc62
Tinjan HR 151 Fa60
Tinlot B 124 Ba42
Tinnura I 169 Bd76
Tínos GR 196 Db88
Tiñosillos E 46 Cd62
Tinosu RO 176 Ea65
Tinqueux F 24 Hc35
Tintagel GB 18 Db30
Tinţareni MD 173 Fc56
Ţinţăreni MD 173 Fd58
Tinténiac F 28 Ed38
Tintern Parva GB 19 Eb27
Ţinteşti RO 176 Ec64
Tintigny B 132 Ba44
Tinūži LV 106 Kc51
Tiobraid Árann IRL 13 Ca24
Tione di Trento I 149 Db58
Ţipala MD 173 Fd58
Tipasoja FIN 83 Lb26
Tipčenica BG 179 Cd70
Tipperary IRL 13 Ca24
Tiptree GB 21 Ga27
Tipu EST 98 Kc45
Tiranë AL 182 Ab74
Tiranges F 34 Hd48
Tirano I 149 Da57
Tiraspol MD 173 Ga58
Tırazli TR 191 Ec86
Tire TR 191 Ed87
Tiream RO 171 Cc55
Tirebolu TR 205 Fd19
Tireļi LV 106 Ka51
Tirgul Vertiujeni MD 173 Fc54
Tiriez E 53 Eb69
Tirig E 48 Fd64
Tiriolo I 164 Gc81
Tirivolo I 164 Gc80
Tirkiliškiai LT 114 Kc57
Tirkšliai LT 113 Jd53
Tirley GB 15 Ec26
Tirmo FIN 98 Kd39
Tirmonperä FIN 75 Kc22
Tirnaneill IRL 9 Cc18
Tirnauca MD 173 Ga59
Tirnava TR 192 Fb81
Tirnavos GR 183 Bd80
Tirnova MD 173 Fa54
Tirnova MD 173 Fb54
Tirol I 142 Dc55
Tirolo I 142 Dc55
Tirós GR 195 Bd89
Tirrenia I 155 Da65
Tirro FIN 69 Jd11
Tirschenreuth D 135 Eb45
Tirşiţei MD 173 Fc56
Tirstrup DK 101 Dd23
Tirumbaltgalvji LV 106 La51
Tirza LV 107 Lb49
Tisău RO 176 Ec64
Tiscar Don Pedro E 61 Dd73
Tiset DK 108 Da27
Tiševica BG 179 Cd69
Tišino RUS 107 Ma48
Tišino RUS 113 Ja59
Tiskādi LV 107 Lc51
Tiskolovo RUS 99 Lc40
Tismana RO 175 Cc63
Tišnov CZ 137 Gb47
Tisovac BIH 158 Hb64
Tisovec SK 138 Ja49
Tisselskog S 94 Ec45
Tistedal N 94 Eb44
Tistrup DK 108 Da25
Tisvilde DK 109 Eb24
Tisvildeleje DK 109 Eb24
Tiszaadony H 147 Kb50
Tiszaalpár H 146 Jb55
Tiszabecs H 147 Kc50
Tiszabura H 146 Jc53
Tiszacsege H 147 Jd52
Tiszacsermely H 147 Ka50
Tiszadada H 147 Jd51
Tiszadob H 147 Jd51
Tiszadorogma H 146 Jc52
Tiszaeszlár H 147 Jd51
Tiszaföldvár H 146 Jb54
Tiszafüred H 146 Jc52
Tiszajenő H 146 Jb54
Tiszakécske H 146 Jb54
Tiszakeszi H 147 Jd51
Tiszakürt H 146 Jb55
Tiszalök H 147 Jd51
Tiszalúc H 147 Jd51
Tiszanána H 146 Jc52
Tiszaörs H 146 Jc52
Tiszaroff H 146 Jb53
Tiszaszőlős H 146 Jc52
Tiszatelek H 147 Ka50
Tiszaújváros H 147 Jd51
Tiszavasvári H 147 Jd51
Titaguas E 54 Fa66
Titáni GR 189 Bd86
Titeikiai LT 114 Kd55
Titel SRB 153 Jc60
Ţiţeşti RO 175 Dc64
Tithoréa GR 189 Bd84
Tithróni GR 189 Bd84
Titioniai LT 114 Kb53
Titisee-Neustadt D 141 Ca51
Titkoniai LT 114 Kc53
Tito I 161 Ga76
Titran N 77 Db29
Titreyengöl TR 199 Ha91
Titting D 135 Dd48
Tittling D 135 Ed49
Tittmoning D 143 Ec51
Titu RO 176 Dd65
Titulcia E 46 Dc65
Titz D 125 Bc40
Tiuccia F 154 Ca70
Tiukka FIN 89 Hd33
Tiukurova FIN 69 Kc17
Tiurajärvi FIN 68 Jb15
Tivat MNE 159 Hd69
Tived S 95 Fc45
Tivenys E 48 Ga63
Tiverton GB 19 Ea30
Tivissa E 48 Ga62
Tivoli I 160 Eb71
Tizzano F 154 Ca72
Tizzano Val Parma I 149 Da62
Tjaćiv UA 204 Dd16
Tjæreborg DK 108 Cd26
Tjällmo S 103 Fd46
Tjämotis S 72 Gd18
Tjamšča RUS 107 Ld47
Tjappsåive S 72 Ha22
Tjärn S 80 Gc28
Tjärnberg S 72 Gd23
Tjärnmyrberget S 79 Fd26
Tjärnö S 94 Ea45
Tjärstad S 103 Fd47
Tjäruträsk S 73 Ja20
Tjåure S 78 Fa28
Tjåurek S 67 Ha16
Tjautjas S 67 Hb17
Tjeldnes N 66 Ga13
Tjeldstø N 84 Bd38
Tjeldsundbrua N 66 Ga13
Tjelle N 77 Da32
Tjenndalen N 93 Db44
Tjentište BIH 159 Hc66
Tjernagel N 92 Ca41
Tjöck FIN 89 Hd33
Tjøme N 93 Dd44
Tjong N 70 Fa19
Tjønnefoss N 93 Da44
Tjønnvik N 78 Fa25
Tjørhom N 92 Cc44
Tjörnarp S 110 Fa55
Tjörnekalv S 102 Eb48
Tjøtta N 70 Ed22
Tjuda FIN 97 Jc40
Tjulenovo BG 181 Fc69
Tjulträsk S 71 Ga21
Tjuonajåkk S 67 Gd16
Tjurkö S 111 Fd54
Tjusk PL 122 Hc30
Tjuvkil S 102 Eb48
Tjuvö FIN 98 Kd39
Tjuvskjær N 67 Gb12
Tkon HR 157 Fd65
Tlačene BG 179 Cd69
Tleń PL 121 Ha32
Tlmače SK 145 Hb50
Tłuchowo PL 122 Hc35
Tlučná CZ 135 Ed45
Tlumačov CZ 137 Gd47
Tłuściec PL 131 Kb37
Tłuszcz PL 130 Jc36
Toano I 149 Db63
Toba SRB 174 Bb60
Toba de Valdivieso E 38 Dc56
Tobar E 38 Dc58
Tobar an Choire IRL 8 Bd18
Tobarra E 53 Ec70
Tobercurry IRL 8 Bd18
Toberdoney GB 9 Cd15
Tobermore GB 9 Cd16
Tobermory GB 6 Da10
Toberonochy GB 6 Db12
Toberscanavan IRL 8 Ca18
Toblach I 143 Eb55
Tobo S 96 Gc40
Tobolac SRB 178 Bb68
Tobru N 86 Ea38
Tobson GB 4 Da05
Toby FIN 81 Ja31
Tobyn S 94 Ed42
Tocane-Saint-Apre F 33 Ga49
Toceni MD 177 Fb60
Tocha P 44 Ac63
Tocina E 59 Ca73
Töcksfors S 94 Eb43
Töcksmark S 94 Eb43
Tocón E 60 Db74
Tocuz MD 173 Ga59
Todal N 77 Dc30
Todalsøra N 77 Dc32
Toddington GB 20 Fb26
Todendorf D 118 Dc30
Todendorf D 119 Dd30
Todenham GB 20 Ed26
Todi I 156 Ea68
Todireni RO 172 Ed56
Todireşti MD 173 Fb57
Todireşti RO 172 Eb55
Todireşti RO 172 Ed57
Todireşti RO 173 Fa58
Todmorden GB 16 Ed20
Todolella E 48 Fc62
Todoričene BG 179 Da70
Todor Ikonomovo BG 181 Ed69
Todorovo BG 181 Ec68
Tødsø DK 100 Da21
Todtmoos D 141 Ca51
Todtnau D 141 Ca51
Tödva EST 98 Kb43
Todzia PL 122 Jc33
Toft GB 5 Fa04
Tofta S 102 Ec51
Tofta S 104 Gd49
Toftbyn S 95 Fd39
Tofte N 70 Ed23
Tofte N 85 Dc34
Tofte N 93 Ea43
Töftedal S 94 Eb45
Tofterup DK 108 Da25
Tofteryd S 103 Fb50
Tofteseter N 85 Dd36
Toftesetra N 85 Dc34
Toftevåg N 84 Bd39
Toftir DK 3 Ca06
Toftlund DK 108 Da27
Töfű H 152 Hb57
Togher IRL 9 Cd20
Togher IRL 12 Bb26
Töging D 143 Eb50
Tohanu Nou RO 176 Dd62
Tohatin MD 173 Fd58
Tohmajärvi FIN 83 Ma31
Tohmo FIN 69 Kb17
Tohni FIN 81 Jc31
Toholampi FIN 81 Jd28
Tohvri EST 98 Kd45
Toiano I 155 Db66
Toija FIN 97 Jd40
Toijala FIN 89 Jd36
Toikkala FIN 90 La36
Toikkala FIN 91 Lb36
Toila EST 99 Lb41
Toirano I 148 Bd63
Toivakka FIN 90 Kc33
Toivala FIN 82 La30
Toiviaiskylä FIN 82 Kc28
Toivola FIN 83 Lb26
Toivola FIN 90 Kd35
Töjby FIN 89 Hd32
Tokačka BG 185 Dd76
Tokaj H 147 Jd50
Tokarevka RUS 203 Fb12
Tokarnia PL 130 Jb42
Tokarnia PL 138 Ja45
Tokary PL 131 Kb36
Tokat TR 192 Fd83
Tokat TR 205 Fc20
Tokatbaşı TR 191 Ed87
Toklucak TR 193 Ha84
Tokmacık TR 193 Gd87
Tokmak UA 205 Fa16
Tokmaklı TR 192 Fb85
Tokod H 146 Hc52
Tököl H 146 Hc53
Tokrajärvi FIN 83 Ma29
Tokuşlar TR 193 Gb85
Tolbaños E 46 Da63
Tölby FIN 81 Ja31
Tolca TR 199 Ha88
Tolcsva H 147 Jd50
Toldaos E 36 Bc56
Toledo E 52 Db66
Tolentino I 156 Ec67
Tolfa I 156 Dd70
Tolfta S 96 Gc40
Tolg S 103 Fc51
Tolga N 86 Eb33
Tolinas E 37 Cb55
Toliočiai LT 114 Ka54
Tolivia E 37 Cc55
Tolja FIN 74 Kb20
Tol'jatti RUS 203 Ga10
Tolk D 108 Db29
Tolkee FIN 83 Lc27
Tolkiny PL 122 Jb30
Tolkis FIN 98 Kc39
Tolkkinen FIN 98 Kc39
Tolkmicko PL 122 Hc30
Tolko PL 122 Ja30
Tolköyü TR 199 Hb89
Tollarp S 111 Fb55
Tolle I 150 Eb61
Tollesbury GB 21 Ga27
Tollikko FIN 81 Jb29
Töllinperä FIN 82 Ka27
Tollo I 157 Fb70
Tølløse DK 109 Eb26
Töllsjö S 102 Ed49
Tolmačevo RUS 99 Mb42
Tolmezzo I 143 Ec56
Tolmin SLO 151 Fa57
Tolna H 146 Hc56
Tolnanémedi H 146 Hc55
Tolne DK 101 Dd19
Toló GR 195 Bd88
Tolonen FIN 69 Ka12
Tolonen FIN 69 Jd17
Tolosa E 39 Ec55
Tolosa P 50 Ba67
Tolosenjoki FIN 75 Kd24
Tolosenmäki FIN 91 Ld32
Tolox E 60 Cc76
Tolsa FIN 98 Kb40
Tolsta GB 4 Db05
Tolva E 48 Ga59
Tolva FIN 75 Kd19
Tölvä FIN 82 Kd29
Tolvădia RO 174 Bc62
Tolve I 162 Gb75
Tomai MD 173 Fc59
Tomai MD 177 Fd61
Tomaiul Nou MD 173 Fc59
Tomakivka UA 205 Fa16
Tomäperä FIN 81 Jd26
Tomar P 50 Ac66
Tomarovka RUS 203 Fa14
Tomaševac SRB 153 Jc60
Tomaševac SRB 174 Bb62
Tomaševo MNE 159 Jb67
Tomašica BIH 152 Gc62
Tomašica HR 152 Gd59
Tomašići HR 151 Fd60
Tomášilovo SK 145 Ha51
Tomášovce SK 146 Ja50
Tomašpil' UA 204 Eb16
Tomaszowice PL 131 Ka40
Tomaszów Lubelski PL 131 Kc42
Tomaszów Mazowiecki PL 130 Ja39
Tomatin GB 7 Ea08
Tombebœuf F 32 Fd51
Tomcrasky GB 7 Dd09
Tome LV 106 Kc51
Tomelilla S 111 Fb56
Tomellosa E 47 Ea64
Tomelloso E 53 Dd68
Tomeşti RO 171 Cc59
Tomeşti RO 173 Fa57
Tomeşti RO 174 Cb61
Tometino SRB 159 Jb64
Tomice PL 129 Gd38
Tomich GB 7 Dd08
Tomintoul GB 7 Eb08
Tomislavgrad BIH 158 Gd65
Tomiszowice PL 130 Hd42
Tomma N 70 Fa20
Tommarp S 111 Fb56
Tømmerbakk N 84 Cb36
Tømmerneset N 66 Fd15
Tommerup DK 108 Dc27
Tommerup Stationsby DK 108 Dc27
Tømmervåg N 77 Db30
Tommola FIN 90 La35
Tompa H 153 Ja57
Tomperi FIN 82 Kc26
Tompter N 93 Ea42
Tømra N 78 Eb30
Tomrefjord N 76 Cd32
Tomşani RO 175 Da63
Tomşani RO 176 Eb64
Tomsino RUS 107 Mb51
Tôň SK 145 Ha52
Tona E 49 Ha60
Tonara I 169 Cb77
Tonbridge GB 20 Fd29
Tondela P 44 Ad63
Tønder DK 108 Da28
Tondorf D 125 Bc42
Tondu GB 19 Ea28
Toneby S 94 Ed42
Tonezza I 150 Dd58
Tongeren B 124 Ba41
Tongue GB 5 Ea04
Toninek PL 121 Gd33
Tönisvorst D 125 Bc39
Tønjum N 84 Cd37
Tonkino RUS 203 Fc08
Tonna GB 19 Dd27
Tonnay-Boutonne F 32 Fb46
Tonnay-Charente F 32 Fb46
Tonneins F 40 Fd52
Tonnerre F 30 Hd40
Tönnersjö S 102 Ed52
Tonnes N 70 Fa20
Tønnesland N 92 Cd46
Tönning D 118 Da30
Tönnö FIN 90 Kc37
Tono I 167 Fd83
Tonšaevo RUS 203 Fc08
Tønsberg N 93 Dd44
Tønsnes N 62 Gd09
Tonstad N 92 Cb45
Tõnumaa EST 98 Kb44
Tonya TR 205 Fd19
Toome GB 9 Cd16
Toomyvara IRL 13 Ca22
Tootsi EST 98 Kc45
Topağaç TR 185 Ed79
Topala MD 177 Fc60
Topalak TR 192 Fb83
Topalar TR 198 Fb91
Topallı TR 199 Gd91
Topalu RO 177 Fb66
Topana RO 175 Db64
Topârcea RO 175 Da61
Topas E 45 Cb61
Topçam TR 197 Fa89
Topčić-Polje BIH 152 Hb63
Topčii BG 180 Eb69
Topcliffe GB 11 Fa19
Topçukoy TR 186 Fa76
Topçular TR 186 Ga79
Topczewo PL 123 Kb34
Töpen D 135 Ea43
Topeno FIN 90 Ka38
Tophisar TR 186 Fb80
Topla RO 174 Ca60
Topla SLO 144 Fc56
Toplet RO 174 Cb64
Topli Do SRB 179 Cb69
Toplița RO 172 Ea58
Toplița RO 175 Cc61
Topola SRB 174 Bb65
Topolany PL 123 Kc34
Topolcafő H 145 Ha54
Topolčane BG 180 Eb72
Topolčani MK 183 Bb75
Topoľčany SK 137 Hb49
Topoľčianky SK 145 Hb50
Topólia GR 200 Ca95
Topólka PL 129 Hb36
Topolnica SRB 174 Ca65
Topólno PL 130 Hd36
Topolog RO 177 Fc65
Topolovățu Mare RO 174 Bd61
Topoloveni RO 175 Dc65
Topolovgrad BG 185 Eb74
Topolovnik SRB 174 Bc64
Topolovo BG 184 Dc74
Topolšica SLO 151 Fc57
Toponár H 145 Ha56
Toponica SRB 174 Bb66
Toponica SRB 178 Bd69
Toporów PL 128 Fd37
Toporu RO 180 Dd67
Toppenstedt D 118 Dc33
Topraisar RO 181 Fc68
Topuk TR 192 Fc81
Topusko HR 151 Ga60
Topyaka TR 193 Gd82
Torà E 49 Gc60
Torajärvi FIN 89 Jd37
Toral E 37 Cb58
Toral de los Guzmanes E 37 Cc58
Tõramaa EST 98 Kc45
Toranj HR 151 Fa61
Torás E 54 Fb66
Torasjärvi S 73 Hd18
Torasperä FIN 81 Jd31
Toras-Sieppi FIN 68 Jb14
Töravere EST 98 La45
Torba TR 197 Ec90
Torbalı TR 191 Ec87
Torbay GB 19 Ea31
Törbel CH 141 Bd56
Tørberget N 86 Ec37
Torbjörntorp S 102 Fa47
Torcé-en Vallée F 28 Fd39
Torcello I 150 Eb59
Torcross GB 19 Dd32
Torcy F 23 Ha37
Torcy F 30 Ja43
Torcy-le-Grand F 23 Gb34
Torda SRB 153 Jc59
Torda SRB 174 Bb61
Tørdal N 93 Db44
Tordehumos E 46 Cd59
Tordera E 49 Hb60
Tordesillas E 46 Cd61
Tordesilos E 47 Ed64
Tordillos E 45 Cc63
Tordómar E 46 Dc59
Tore GB 5 Ea07
Töre S 73 Ja21
Töreboda S 103 Fb46
Toreby DK 109 Ea29
Toreby DK 109 Eb29
Torekov S 110 Ec53
Torella dei Lombardi I 161 Fd75
Torella del Sannio I 161 Fb72
Torelló E 49 Ha59
Toreno E 37 Ca56
Torestorp S 102 Ed50
Toresund S 96 Gc43
Torete E 47 Ec63
Torfou F 28 Fa43
Torgåsmon S 86 Fa38
Torgau D 127 Ed39
Torgelow D 120 Fb33
Torgu EST 105 Jc47
Torhamn S 111 Ga54
Torheim N 84 Cb34
Torhout B 21 Ha29
Torhult S 102 Fa49
Tori EST 98 Kc45
Torigni-sur-Vire F 22 Fb36
Torija E 46 Dd63
Torikka FIN 97 Jc40
Toril E 47 Ed65
Torino I 148 Bc60
Torino di Sangro Marina I 157 Fb70
Törise EST 105 Jc46
Toritto I 162 Gc74
Torjulvågen N 77 Db31
Törma EST 98 La42
Torma EST 99 Lb44
Törmä FIN 83 Lb26
Tormac RO 174 Bd61
Törmäkylä FIN 82 Kc25
Tormaleo E 37 Bd55
Törmänen FIN 69 Ka11
Törmänki FIN 74 Jc18
Törmänmäki FIN 75 Kd24
Tormantos E 38 Dd58
Tormás H 152 Hb57
Törmäsenvaara FIN 75 La20
Törmäsjärvi FIN 74 Jc19
Tormestorp S 110 Fa54
Törmörkény H 146 Jb55
Tornal'a SK 138 Jb49
Tornanádska H 138 Jc49
Tornävä FIN 81 Jb31
Tornavacas E 45 Cb64
Tornby DK 100 Dc19
Torndrup Strand DK 101 Dd21
Tornefors S 68 Hd16
Tornehamn S 67 Gc13
Tornes N 76 Cd31
Tørnes N 93 Db44
Tornesch D 118 Db32
Torneträsk S 67 Ha14
Tornimäe EST 97 Jd45
Tornin E 37 Cd55
Tornio FIN 74 Jc21
Tornio FIN 90 Kc36
Tornioniemi FIN 91 Lb32
Tornjoš SRB 153 Jb58
Torno I 149 Cc58
Tornos E 47 Ed63
Törnsfall S 103 Gb49
Tornyosnémeti H 139 Jd49
Toro E 45 Cc60
Torö S 96 Gd45
Törökbálint H 146 Hc53
Törökkoppány H 145 Hb56
Törökszentmiklós H 146 Jc54
Toróni GR 184 Cc80
Torony H 145 Gb54
Toropec RUS 202 Eb10
Torošino RUS 107 Ma46
Torp FIN 96 Hb40
Torp S 102 Eb46
Torp S 102 Eb47
Torpa S 95 Ga43
Torpa S 102 Fa52
Torpa S 103 Fd48
Torpao N 85 Dd38
Torpè I 168 Cc75
Torphins GB 7 Ec09
Torpo N 85 Db39
Torpoint GB 18 Dc31
Torpsbruk S 103 Fc51
Torpshammar S 87 Ga33
Torquay GB 19 Ea31
Torquemada E 46 Db59
Torraca I 161 Ga77
Torralba E 47 Eb65
Torralba de Aragón E 48 Fb60
Torralba de Calatrava E 52 Db69
Torralba del Moral E 47 Eb62
Torralba de los Frailes E 47 Ed62
Torralba del Río E 39 Eb57
Torralba de Oropesa E 52 Cc66
Torrão P 50 Ac70
Torrão do Lameiro P 44 Ac62
Torrböle S 80 Hb29
Torre E 59 Cb77
Torre F 154 Cb72
Torre P 44 Ac59
Torre P 50 Ab70
Torre-Alháquime E 59 Cb75
Torre a Mare I 162 Gd74
Torre Annunziata I 161 Fb75
Torrebaja E 54 Ed66
Torrebarrio E 37 Cb55
Torrebeleña E 46 Dd63
Torre Beretti I 148 Cb60
Torreblacos E 47 Ea60
Torreblanca E 54 Fd65
Torreblanca de los Caños E 59 Ca74
Torreblascopedro E 60 Db72
Torrebruna I 161 Fb71
Torrebueit E 53 Ea66
Torrecaballeros E 46 Db62
Torrecampo E 52 Cd70
Torre Canne I 162 Ha75
Torre Cardela E 60 Dc74
Torrechiara I 149 Da62
Torrecilla E 47 Eb65
Torrecilla E 52 Da72
Torrecilla de Alcañiz E 48 Fc63
Torrecilla de la Jara E 52 Cd66
Torrecilla del Pinar E 46 Db61
Torrecilla de Valmadrid E 47 Fa61
Torrecilla en Cameros E 38 Ea58
Torrecillas de la Tiesa E 51 Cb67
Torre das Vargens P 50 Ad67
Torre de Dom Chama P 45 Bc60
Torre de Juan Abad E 53 Dd70
Torre de la Higuera E 59 Bc75
Torre del Bierzo E 37 Ca57
Torre del Campo E 60 Db73
Torre del Greco I 161 Fb75
Torre del Lago Puccini I 155 Da65
Torre dell'Impiso I 166 Eb84
Torre dell'Orso I 163 Hc77
Torre del Mar E 60 Da76
Torre del Peñón E 61 Ec75
Torredembarra E 49 Gc62
Torre de Miguel Sesmero E 51 Bc69
Torre de Moncorvo P 45 Bc61
Torre d'en Doménec E 54 Fd65
Torre de'Passeri I 157 Fa70
Torre di Porticello I 162 Gb71
Torre d'Isola I 149 Cc60
Torredonjimeno E 60 Db73
Torre Faro I 164 Ga83
Torrefarrera E 48 Ga60
Torregrossa E 48 Ga61
Torreira P 44 Ac62
Torrejoncillo E 45 Bd65
Torrejoncillo del Rey E 53 Ea66
Torrejón de Ardoz E 46 Dc64
Torrejón del Rey E 46 Dd64
Torrejón el Rubio E 51 Ca66
Torrelabatón E 46 Cd60
Torrelacárcel E 47 Ed64
Torrelaguna E 46 Dc63
Torrelapaja E 47 Ec61
Torre Lapillo I 162 Hb77
Torrelavega E 38 Db55
Torrellano Alto E 55 Fb71
Torrelodones E 46 Db64
Torremaggiore I 161 Fd72
Torremayor E 51 Bd69
Torremazanas E 55 Fb70
Torremegía E 51 Bd69
Torre Melissa I 165 Gd80
Torremendo E 55 Fa72
Torre Mileto I 161 Ga71
Torremocha E 51 Ca67
Torremolinos E 60 Cd76
Torremormojón E 46 Da59
Torremuelle E 60 Cd77
Torrenieri I 156 Dd67
Torrenostra E 54 Fd65
Torrent E 54 Fb68
Torrente de Cinca E 48 Fd61
Torrenueva E 60 Dc76
Torreorgaz E 51 Bd67
Torre Orsaia I 161 Fd77
Torre-Pacheco E 55 Fa73
Torre Pedrera I 156 Eb64
Torre Pellice I 148 Bc61
Torreperogil E 52 Dc72
Torrequebradilla E 60 Db72
Torrequemada E 51 Ca67
Torre Rinalda I 163 Hc76
Torre Ruffa I 164 Ga82
Torres E 60 Dc73
Torresandino E 46 Db60
Torre San Gennaro I 163 Hc76
Torre San Giovanni I 165 Hc78
Torre Santa Susanna I 162 Hb76
Torres de Albánchez E 53 Ea71
Torres de Berrellén E 47 Fa60
Torres de la Alameda E 46 Dd64
Torres del Carrizal E 45 Cb60
Torres del Obispo E 48 Fd59
Torres de Montes E 48 Fc59
Torres de Segre E 48 Ga61
Torres Novas P 50 Ac66
Torrestio E 37 Cb55
Torres-Torres E 54 Fc67
Torres Vedras P 50 Aa67
Torretta I 149 Dc61
Torretta I 155 Da66
Torrette I 156 Ed66
Torrette di Fano I 156 Ec65
Torre Vado I 165 Hc78
Torrevelilla E 48 Fc63
Torrevicente E 47 Ea61
Torrevieja E 55 Fb72
Torricela I 162 Ha76
Torricella Peligna I 161 Fb71
Torrico E 52 Cc66
Torri del Benaco I 149 Db59
Torridon GB 4 Dc07
Torriglia I 149 Cc62
Torrijas E 54 Fa66
Torrijo del Campo E 47 Ed63
Torrijos E 52 Da66
Torrild DK 108 Dc24
Torrin GB 4 Db08
Tørring DK 108 Db25
Torring N 78 Eb27
Torrita di Siena I 156 Dd67
Torrivaara S 73 Hd19
Torro FIN 89 Jd38
Torroal P 50 Ab70
Torroella de Fluvià E 49 Hb59
Torroella de Montgrí E 49 Hc59
Torrox E 60 Da76
Torrox Costa E 60 Da76
Torrskog S 94 Ec44
Torrubia del Campo E 53 Dd66
Torsåker S 80 Gc31
Torsåker S 95 Ga40
Torsåker S 96 Gc45
Torsång S 95 Fd40
Torsansalo FIN 91 Ld34
Torsås S 111 Ga53
Torsbo S 102 Fa49
Torsborg S 86 Fa32
Torsby S 94 Ed41
Torsby S 94 Fa42
Torsdalsdammen N 92 Cd43
Torsebro S 111 Fb54
Torsetnes N 77 Dc30
Torsfjärden S 79 Fc27
Torshälla S 95 Gb43
Tórshavn DK 3 Ca07
Torsholma FIN 97 Hd40
Torsjöåsen S 86 Fa38
Torskefjord N 64 Jd05
Torsken N 62 Gb10
Torskinge S 102 Fa51
Torskors S 111 Fd54
Torslanda S 102 Eb49
Torslunde DK 109 Ea28
Torsnes N 93 Ea44
Torsö S 94 Fa45
Torstuna S 95 Gb42
Torsvi S 96 Gc43
Törtel H 146 Jb54
Torthorwald GB 10 Ea16
Tortinmäki FIN 89 Jb38
Tórtola E 53 Eb66
Tórtola de Heneras E 46 Dd63
Tórtoles de Esgueva E 46 Db60
Tortolì I 169 Cc77
Tortoman RO 181 Fb67
Tortona I 148 Cb61
Tortora I 164 Ga78
Tortora Marina I 164 Ga78
Tortorella I 161 Ga77
Tortoreto Lido I 157 Fa68
Tortorici I 167 Fc84
Tortosa E 48 Ga63
Tortosendo P 44 Bb64
Tortuera E 47 Ec63
Tortuna S 95 Gb42
Torul TR 205 Fd19
Toruń PL 121 Hb34
Torup S 102 Ed51
Tõrva EST 106 La46
Tor Vaianica I 160 Ea72
Torvastad N 92 Bd42
Torvela FIN 82 Kd25
Torvenkylä FIN 81 Jc27
Torver GB 11 Eb18
Tørvik N 77 Dd28
Torvik N 77 Db31
Tørvikbukt N 77 Da31
Tørvikbygd N 84 Cb39
Torvinen FIN 69 Ka16
Torvizcón E 60 Dc76
Torvoila FIN 90 Ka36

Torvsjö – Turany

Torvsjö S 79 Gb27
Torysa SK 138 Jc47
Torysky SK 138 Jc47
Toržok RUS 202 Ec10
Torzym PL 128 Fc37
Tosåsen S 87 Fb32
Tosaunet N 70 Ed24
Tosbotn N 70 Fa23
Toscaig GB 4 Db08
Toscolano-Maderno I 149 Db59
Tösens A 142 Db54
Tosno RUS 202 Eb08
Tossa S 73 Jb20
Tossa de Mar E 49 Hb60
Tossåsen S 87 Fb32
Tossavanlahti FIN 82 Kc29
Tosse F 39 Ed54
Tösse S 94 Ed45
Tosseberg S 94 Ed41
Tossene S 102 Eb46
Töstamaa EST 106 Ka46
Tostared S 102 Ec50
Tostedt D 118 Db33
Tosunlar TR 192 Fc87
Tosya TR 205 Fb20
Tószeg H 146 Jb54
Toszek PL 137 Hb43
Totana E 55 Ed73
Totebo S 103 Ga49
Totenviken N 85 Ea39
Tôtes F 23 Gb34
Totești RO 175 Cc62
Tótkomlós H 146 Jc56
Totland GB 20 Fa31
Tøtlandsvik N 92 Cb43
Totleben BG 180 Dc69
Totnes GB 19 Dd31
Totsås N 78 Fa26
Tötszerdahely H 152 Gc57
Tøttdal N 78 Eb26
Tottenham GB 20 Fc28
Tottijärvi FIN 89 Jc36
Totton GB 20 Fa30
Tótvázsony H 145 Ha54
Touça P 45 Bc62
Toucy F 30 Hb40
Toudon F 43 Kc52
Touët-sur-Var F 43 Kc52
Touillon F 30 Ja40
Toul F 25 Jc37
Toulat FIN 82 Kc30
Toulon F 42 Ka55
Toulon-sur-Arroux F 30 Hd44
Toulouse F 40 Gc54
Toulx Sainte-Croix F 33 Gd45
Toúmba GR 183 Ca77
Tourcoing F 21 Ha30
Tourigo P 44 Ad63
Touriñán E 36 Ac54
Tourlaville F 22 Ed34
Tourlída GR 188 Ba85
Tourmakeady IRL 8 Bc19
Tournai B 124 Aa41
Tournan-en-Brie F 23 Ha37
Tournay F 40 Fd56
Tournecoupe F 40 Ga53
Tournefeuille F 40 Gb54
Tournefort F 43 Kc52
Tournehem-sur-la-Hem F 21 Gc30
Tournon-d'Agenais F 33 Gb51
Tournon-Saint-Martin F 29 Ga44
Tournon-sur-Rhône F 34 Jb49
Tournus F 30 Jb44
Tourny F 23 Gc36
Tourouvre F 29 Ga38
Tours F 29 Ga42
Tours-en-Vimeu F 23 Gc33
Tourteron F 24 Ja34
Tourtoirac F 33 Gb49
Tourtour F 42 Ka53
Tourula FIN 89 Jb37
Tourves F 42 Ka54
Tourville-sur-Sienne F 22 Ed36
Toury F 29 Gc39
Toutencourt F 23 Gd33
Touvois F 28 Ed43
Touzac F 33 Gb51
Toužim CZ 135 Ec44
Tovačov CZ 137 Gd46
Tovariševo SRB 153 Ja60
Tovarkovskij RUS 203 Fa11
Tovarník HR 153 Hd60
Tovdal N 93 Da45
Tøvelde DK 109 Ec28
Toven N 70 Fa21
Tovrljane SRB 178 Bc69
Tovsli N 92 Cd44
Towcester GB 20 Fb26
Tow Law GB 11 Ed17
Town Yetholm GB 11 Ed14
Toxotes GR 184 Db77
Toya E 61 Dd73
Toybelen TR 192 Fa81
Tøymskardlia N 70 Fa23
Töysä FIN 89 Jd32
Töysänperä FIN 90 Ka32
Tozaklı TR 185 Ed76
Tozalmoro E 47 Eb60
Trabada E 36 Bc54
Trabadelo E 37 Bd56
Trabanca E 45 Ca61
Trabazos E 45 Ca59
Traben-Trarbach D 133 Bd44
Trabia I 166 Ed84
Trabitz D 135 Ea45
Traboch A 144 Fc53
Trabotivište MK 183 Ca74
Trabzon TR 205 Fd19
Trachslau CH 141 Cb54
Tracino I 166 Dd88
Tradate I 148 Cb58
Træna N 70 Ed20
Trættlia N 78 Eb29
Trafask IRL 12 Ba26
Trafoi I 142 Db56
Tragacete E 47 Ec65
Traganó GR 188 Ad86
Traghetto I 150 Dd62
Tragöss-Oberort A 144 Fc53
Tragwein A 144 Fc50
Trahiá GR 195 Ca88
Trahila GR 194 Bb90
Trahíli GR 189 Cc85
Trahütten A 144 Fd55
Traian RO 172 Ed59
Traian RO 177 Fa64
Traian RO 177 Fb64
Traian RO 177 Fc66
Traian RO 180 Db67
Traian Vuia RO 174 Ca61
Traiguera E 48 Fd64
Trainel F 30 Hb38
Trainou F 29 Gd40
Traisen A 144 Ga51
Traiskirchen A 145 Gb51
Traismauer A 144 Ga50
Trăisteni RO 176 Ea63
Traitsching D 135 Ec47
Trakai LT 114 Kd58
Trakai LT 114 La58
Trakija BG 180 Dd73
Trakiszki PL 123 Kb30
Trakošćan HR 151 Ga57
Traksėdžiai LT 113 Jb56
Träkumla S 104 Gd49
Tralee IRL 12 Bb24
Trá Lí IRL 12 Bb24
Tramacastilla E 47 Ed64
Tramariglio I 168 Bc75
Tramatza I 169 Bd77
Tramayes F 34 Ja45
Tramelan CH 141 Bc53
Trá Mhór IRL 13 Cb25
Tramm D 119 Ea33
Tramonti di Sopra I 150 Ec57
Tramore IRL 13 Cb25
Trampot F 30 Jb38
Tramutola I 161 Ga77
Trăn BG 179 Ca70
Trana I 148 Bc60
Tranås S 103 Fc48
Tranbjerg DK 108 Dc24
Tranby N 93 Dd42
Trancault F 30 Hc38
Tranco E 61 Ea72
Trancoso P 44 Bb62
Trandal N 76 Cc33
Tranebjerg DK 109 Dd25
Tranekær DK 109 Dd28
Tranemo S 102 Fa50
Tranent GB 11 Ec13
Tranestederne DK 101 Dd19
Trångmon S 79 Fc26
Trängslet S 86 Fa37
Trångsviken S 79 Fb30
Trani I 162 Gc73
Trănica BG 181 Ed69
Traniș RO 171 Cd56
Trankil S 94 Ec44
Trănkovo BG 180 Dd73
Trannes F 30 Ja38
Tranóvalto GR 183 Bc79
Tranøya N 66 Fd14
Trans F 28 Ed38
Transinne B 132 Ad43
Transtrand S 86 Fa38
Tranum DK 100 Db20
Tranum S 102 Ed46
Tranum Enge DK 100 Db20
Tranvik S 96 Ha43
Tranvikan N 77 Dc29
Trapani I 166 Ea84
Trapene LV 107 Lb48
Trapoklovo BG 180 Eb72
Trapp GB 19 Dd27
Trappenkamp D 118 Dc31
Trappes F 23 Gc37
Trappeto I 166 Eb84
Trappstadt D 134 Dc43
Traryd S 110 Fa53
Trasacco I 160 Ed71
Trasadingen CH 141 Cb52
Trasanquelos E 36 Ba54
Trascastro E 36 Ba56
Trasdorf A 144 Ga50
Trashan AL 163 Jb71
Trasierra E 51 Ca71
Träskholm S 73 Hb24
Träskvik FIN 89 Ja33
Träslövsläge S 102 Ec51
Trasmonte E 36 Bb55
Traspinedo E 46 Da60
Trässberg S 102 Ed46
Trassem D 133 Bc45
Trästena S 103 Fb46
Trăstenik BG 180 Db69
Trăstenik BG 180 Ea69
Trăstikovo BG 181 Ed73
Tratnach A 144 Fa51
Traun A 144 Fb51
Traunkirchen A 144 Fa52
Traunreut D 143 Eb51
Traunstein D 143 Eb52
Traupis LT 114 Kd55
Trausnitz D 135 Eb46
Trauten N 94 Eb40
Trautskirchen D 134 Dc46
Tråvad S 102 Ed47
Travassós P 44 Ba60
Trävattna S 102 Fa47
Travemünde D 119 Dd31
Travers CH 141 Bb54
Traversella I 148 Bd59
Traversetolo I 149 Da62
Traves F 31 Jd40
Traviesas E 36 Ba54
Travnik BIH 158 Ha64
Travnik SLO 151 Fb59
Travo F 154 Cb71
Trawniki PL 131 Kb40
Trawsfynydd GB 15 Dd23
Trazo E 36 Ad55
Trbovlje SLO 151 Fc57
Trbuk BIH 152 Hb62
Trbušani SRB 159 Jc64
Trbušnica SRB 153 Jc63
Trdevac KSV 178 Ba71
Trean IRL 8 Bc20
Trearddur Bay GB 14 Dc22
Trébago E 47 Ec60
Tréban F 34 Hb45
Třebařov CZ 137 Gc45
Trebbin D 127 Ed37
Trebbus D 128 Fa39
Třebechovice pod Orebem CZ 136 Ga44
Trebel D 119 Ea34
Třeben CZ 135 Eb44
Treben D 127 Eb41
Trebeništе MK 182 Ba75
Trebenow D 120 Fa33
Trèbes F 41 Ha55
Trébeurden F 26 Dd37
Trebgast D 135 Ea44
Třebíč CZ 136 Ga47
Trebinjë AL 182 Ad76
Trebinje BIH 159 Hc69
Trebisacce I 164 Gb78
Trebisăuți MD 173 Fa53
Trebisht AL 182 Ad74
Trebišov SK 139 Ka48
Trebitz D 127 Ec39
Treblinka PL 123 Jd35
Trebnje SLO 151 Fc58
Třebohostice CZ 136 Fa47
Třeboň CZ 136 Fc48
Tréboul F 27 Dc39
Třebovice CZ 137 Gb45
Trebsen D 127 Ec40
Trebujena E 59 Bd75
Trebujeni MD 173 Fd57
Trebur D 134 Cc44
Treburley GB 18 Dc31
Trecastagni I 167 Fd85
Trecastle GB 15 Ea26
Trecate I 148 Cb59
Trecchina I 161 Ga77
Trecenta I 150 Dd61
Trechtlingshausen D 133 Ca44
Trecwn GB 14 Db26
Tredegar GB 19 Ea27
Trédion F 27 Eb40
Tredòs E 40 Ga57
Tredozio I 156 Dd64
Treehoo IRL 9 Cc19
Treen GB 18 Da32
Trefeglwys GB 15 Ea24
Tréfeuntec F 27 Dc39
Treffelstein D 135 Ec46
Treffen A 144 Fa56
Treffieux F 28 Ed41
Treffort-Cuisat F 35 Jc45
Treffurt D 126 Db41
Trefnant GB 15 Ea22
Tre Fontane I 166 Eb85
Trefor GB 15 Dd22
Trefriw GB 15 Ea22
Tregaron GB 15 Dd25
Trégastel-Plage F 26 Dd37
Treglio I 157 Fb70
Tregnago I 149 Dc59
Trégomeur F 26 Eb38
Tregony GB 18 Db32
Trégourez F 27 Dd39
Tréguier F 26 Ea37
Trégunc F 27 Dd40
Trehörna S 103 Fc47
Trehörningsjö S 80 Ha29
Treia D 108 Da29
Treia I 156 Ed67
Treignac F 33 Gc48
Treignat F 33 Gd45
Treignes B 132 Ac43
Treillières F 28 Ed42
Treimani EST 106 Kb47
Treis-Karden D 133 Bd43
Trekanten S 103 Ga52
Treklien S 79 Fc30
Trekljano BG 179 Ca71
Trelawnyd GB 15 Ea22
Trélazé F 28 Fc41
Trélaze F 28 Fc41
Trelde DK 108 Db26
Trelech GB 14 Dc26
Treleth GB 11 Eb19
Trélissac F 33 Ga49
Trelkowo PL 122 Jb32
Trelleborg S 110 Ed57
Trelleck GB 19 Eb27
Trélon F 24 Hc32
Treluminjt AL 182 Ad77
Tremblay F 28 Ed38
Tremblois-lès-Rocroi F 24 Hd33
Tremedal E 45 Cb64
Tremedal de Tormes E 45 Ca62
Tremelo B 124 Ad40
Trémentines F 28 Fb42
Tremês P 50 Ab67
Třemešná CZ 137 Gd44
Tremezzo I 149 Cc57
Tréminis F 35 Jd50
Tremoli I 164 Ga78
Tremor de Arriba E 37 Ca56
Tremosine I 149 Db58
Třemošná CZ 135 Ed45
Třemošnice CZ 136 Fd45
Tremp E 48 Ga59
Trenance GB 18 Db31
Trēnči LV 106 Kb51
Trenčianska Turná SK 137 Ha48
Trenčianske Stankovce SK 137 Ha48
Trenčianske Teplice SK 137 Hb48
Trenčín SK 137 Ha48
Trend DK 100 Db21
Trendelburg D 126 Da39
Trengereiddal N 84 Ca39
Trensacq F 39 Fb52
Trent D 119 Ed30
Trenta SLO 151 Fa57
Trento I 149 Dc58
Trentola I 161 Fa74
Tréogan F 27 Dd39
Tréon F 23 Gb37
Treorchy GB 19 Ea27
Trepča HR 151 Ga60
Trepča KSV 178 Bb70
Trepča Atomska SRB 159 Jc64
Treppeln D 128 Fb38
Trept F 35 Jc47
Trepuzzi I 163 Hc76
Trerulefoot GB 18 Dc31
Třešť CZ 136 Fd47
Trescares E 38 Da55
Trescore Balneario I 149 Cd59
Trescore Cremasco I 149 Cd59
Tresfjord N 76 Cd32
Tresigallo I 150 Ea62
Tresjuncos E 53 Ea67
Treskë AL 182 Ad77
Treski EST 107 Lc46
Treskog S 94 Ed42
Trešnja SRB 153 Jc62
Trešnja SRB 174 Bb64
Trešnjevica SRB 178 Ad67
Trešnjevo MNE 159 Hd69
Tresnuraghes I 169 Bd76
Tresonče MK 182 Ba74
Trespaderne E 38 Dd56
Tressait GB 7 Ea10
Tresson F 29 Ga40
Treteau F 34 Hc45
Tretjakovo RUS 114 Ka58
Trets F 42 Jd54
Tretten N 63 Hb09
Tretten N 85 Dd37
Treuchtlingen D 134 Dc48
Treuen D 135 Eb43
Treuenbrietzen D 127 Ec38
Treungen N 93 Da44
Trevalampi FIN 98 Ka39
Trevélez E 60 Dc75
Tréveray F 24 Jb37
Trevi I 156 Eb68
Treviana E 38 Ea57
Trévières F 22 Fb35
Treviglio I 149 Cd59
Trevignano Romano I 156 Ea70
Trévignon F 27 Dd40
Treviño E 38 Ea57
Treviso I 150 Ea59
Trevor GB 14 Dc23
Trewithian GB 18 Db32
Trézelles F 34 Hc45
Trezzano sul Naviglio I 149 Cc59
Trezzo sull' Adda I 149 Cd59
Trgovište SRB 178 Bd72
Trhanov CZ 135 Ec47
Trhová Kamenice CZ 136 Ga45
Trhovište SK 139 Ka48
Triacastela E 36 Bc56
Triaize F 32 Fa45
Triana I 156 Dd68
Triánda GR 197 Fa92
Triangelen N 65 Kc09
Triantafiliá GR 183 Bb77
Triaucourt-en-Argonne F 24 Ja36
Triberg D 141 Cb50
Tribsees D 119 Ec31
Tribunj HR 157 Ga65
Tricarico I 162 Gb76
Tricase I 165 Hc78
Tricase Porto I 165 Hc78
Tricesimo I 150 Ed57
Tricot F 23 Ha34
Triebel D 135 Eb43
Trieben A 144 Fb53
Triebes D 127 Eb42
Trie-Château F 23 Gc35
Triefenstein D 134 Da45
Triei I 169 Cc77
Triengen CH 141 Ca53
Trier D 133 Bc44
Trierweiler D 133 Bc44
Trieste I 151 Fa59
Triest = Trieste I 151 Fa59
Trie-sur-Baïse F 40 Fd55
Trifănești MD 173 Fb55
Trifești MD 173 Fd56
Trifești RO 172 Ed58
Trifești RO 173 Fa56
Triftern D 143 Ec50
Trigance F 43 Kb53
Triglitz D 119 Eb34
Trignac F 27 Ec42
Trigóna GR 182 Ba80
Trigono GR 182 Ba77
Trigrad BG 184 Da75
Triguères F 30 Hb40
Trigueros E 59 Bb73
Trigueros del Valle E 46 Da60
Trijebine SRB 159 Jb67
Trijebine SRB 178 Ad68
Trijueque E 46 Dd63
Trikala GR 183 Bd78
Trikala GR 188 Bb81
Trikāta LV 106 La48
Trikéri GR 189 Ca83
Tri Kladenci BG 179 Cd69
Trikokiá GR 183 Bb80
Trikomo CY 206 Jd96
Trikorfo GR 182 Ba79
Trilj HR 158 Gc66
Trillevallen S 78 Fa30
Trillo E 47 Ea63
Trilofos GR 183 Bd78
Trim IRL 9 Cc20
Trimbach CH 141 Ca53
Trimiklini CY 206 Ja97
Trimsaran GB 19 Dd27
Trin CH 142 Cd55
Trinay F 29 Gc39
Trinca MD 172 Ed54
Trindade P 45 Bc60
Trindade P 58 Ad72
Třinec CZ 137 Hb45
Tring GB 20 Fb27
Trinità I 148 Bc63
Trinità I 148 Bd62
Trinità d'Agultu I 168 Ca74
Trinitapoli I 162 Gb73
Trinity GBJ 26 Ec35
Trino I 148 Ca60
Trinta P 44 Bb63
Triodos GR 194 Bb89
Triogo E 37 Cd54
Triollo E 38 Da56
Triora I 43 Kc52
Tripes GR 194 Bb87
Tripiti GR 184 Cd79
Tripiti GR 194 Ba87
Trípoli GR 194 Bc88
Triponzo I 156 Ec68
Tripótama GR 188 Bb86
Tripótamo GR 188 Ba83
Tripótamos GR 183 Bd78
Triptis D 127 Ea42
Trispen GB 18 Db31
Tři Studně CZ 136 Ga46
Tritenii de Jos RO 171 Db58
Trittau D 118 Dc32
Trittenheim D 133 Bd44
Trivalea-Moșteni RO 176 Dd66
Trivento I 161 Fb72
Trivero I 148 Ca58
Trivignano Udinese I 150 Ed58
Trivigno I 162 Gb76
Trizac F 33 Ha48
Trizeļnieki LV 107 Lb51
Trizina GR 195 Ca88
Trjavna BG 180 Dd71
Trnakovac HR 152 Gd60
Trnava SK 145 Ha50
Trnava SRB 159 Jb64
Trnavce KSV 178 Ba70
Trnjane SRB 178 Bc68
Trnjani BIH 152 Gc61
Trnjani HR 152 Hb60
Trnovac SRB 179 Ca68
Trnovec HR 152 Gb57
Trnovec nad Váhom SK 145 Ha51
Trnovica BIH 159 Hc66
Trnovica HR 158 Hb68
Trnovo BIH 159 Hc65
Trnovska vas SLO 144 Ga56
Troarn F 22 Fc36
Tröbitz D 127 Ed39
Trobo E 36 Bb54
Tročany SK 139 Jd47
Trochry GB 7 Ea11
Trochtelfingen D 142 Cd50
Trödje S 88 Gc38
Troedyrhiw GB 19 Ea27
Troekurovo RUS 203 Fb11
Troense DK 109 Dd28
Trofa P 44 Ad60
Trofa P 44 Ad60
Trofaiach A 144 Fc53
Trofors N 70 Fa23
Trogen CH 142 Cd53
Trogir HR 158 Gb66
Troglan Bara SRB 178 Bd67
Tröglitz D 127 Eb41
Troia I 161 Fd73
Tróia P 50 Ab69
Troianul RO 180 Dc67
Troickaja RUS 205 Fc17
Troina I 167 Fb85
Troisdorf D 125 Bd41
Trois Ponts B 125 Bb42
Troistorrents CH 141 Bb56
Troisvierges L 133 Bb43
Troița Nouă MD 173 Ga59
Troițcoe MD 173 Fd59
Trojaci MK 183 Bc75
Trojan BG 180 Db71
Trojane SLO 151 Fc57
Trojanovo BG 181 Ec72
Trojanów PL 131 Jd38
Trójca PL 128 Fc41
Trökorna S 102 Ed47
Troldhede DK 108 Da24
Trolla N 78 Ea29
Trollfjord N 63 Ja04
Trollhättan S 102 Ec47
Trøllknuten N 93 Db43
Trollshovda FIN 97 Jc40
Trollvik N 63 Hb10
Trømborg N 94 Eb43
Tromello I 148 Cb60
Tromøy N 93 Db46
Tromsdal N 78 Ec29
Tromsdalen N 62 Gd09
Tromsø N 62 Gd09
Tromvik N 62 Gc09
Trönbyn S 87 Gb37
Troncedo E 40 Fd58
Tronco P 45 Bc59
Trondheim N 77 Ea30
Trondstad N 92 Cd47
Trones N 71 Fc18
Trones N 78 Fa25
Trönninge S 102 Ec51
Trönninge S 102 Ed52
Trönö S 87 Gb36
Trontveit N 93 Da44
Tronvik N 78 Eb29
Tronvik N 84 Cb36
Trôo F 29 Ga40
Troodos CY 206 Ja97
Troon GB 10 Dd14
Troøyen N 78 Ea31
Trooz B 124 Ba41
Trópea GR 194 Bb87
Tropea I 164 Ga82
Tropojë AL 159 Jc69
Tropojë AL 178 Ad71
Tröpolach A 143 Ed56
Tropy Sztumskie PL 122 Hc31
Trory GB 9 Cb17
Trosa S 96 Gc45
Trosby N 93 Dc44
Troškas LV 107 Lb51
Troškūnai LT 114 Kd55
Trošmarija HR 151 Fd60
Trosna RUS 202 Ed12
Trossin D 127 Ec39
Trossingen D 141 Cb50
Trostan' RUS 202 Ec13
Tröstau D 135 Ea44
Trostberg D 143 Eb51
Trostjanec' UA 202 Ed14
Trostjanskij RUS 203 Fc13
Troszczyno PL 120 Fd32
Troszyn PL 122 Jc34
Trotby FIN 97 Jc40
Trouans F 24 Hd37
Troubelice CZ 137 Gc45
Troubky CZ 137 Gd46
Troulloi CY 206 Jc97
Troutbeck GB 11 Eb18
Trouville-sur-Mer F 22 Fd35
Troviscal P 44 Ad65
Trowbridge GB 19 Ec28
Troyes F 30 Hd38
Trpanj HR 158 Gd68
Trpezi MNE 159 Jc68
Trpezi MNE 178 Ad69
Trpezjca MK 182 Ad76
Trpinja HR 153 Hd60
Trsa MNE 159 Hd67
Tršće HR 151 Fc59
Tršic SRB 153 Ja63
Trstená SK 138 Hd46
Trstenik HR 158 Ha68
Trstenik SRB 178 Bb67
Trsteno HR 158 Hb69
Trstice SK 145 Ha51
Trübbach CH 142 Cd54
Trubčevsk RUS 202 Ed13
Trubetčino RUS 203 Fb12
Trubia E 37 Cb54
Trubjela MNE 159 Hd68
Trubschachen CH 141 Bd54
Trucco I 43 Kd52
Truchas E 37 Ca58
Trud BG 180 Db73
Trudovec BG 179 Cd70
Trujillanos E 51 Bd69
Trujillo E 51 Ca67
Trulben D 133 Ca47
Trumieje PL 122 Hc32
Trumiejki PL 122 Hc32
Trumpji LV 105 Jc49
Trun CH 142 Cc55
Trun F 22 Fd37
Trundön S 73 Hd23
Trupel PL 122 Hc32
Truro GB 18 Db32
Trușeni MD 173 Fd58
Trușești RO 172 Ed55
Trusetal D 126 Dc42
Truskava LT 114 Kc55
Truskolasy PL 130 Hc42
Truskolasy-Lachy PL 123 Ka34
Trustrup DK 101 Dd23
Trutnov CZ 136 Ga43
Trutnowy PL 121 Hb30
Try N 92 Cd47
Tryczówka PL 123 Kb34
Trydal N 92 Cd43
Tryde S 111 Fb56
Tryggelev DK 109 Dd28
Tryggestad N 84 Cd34
Trygort PL 122 Jc30
Tryland N 92 Cc46
Tryńcza PL 139 Kb43
Trypimeni CY 206 Jc96
Tryserum S 103 Gb47
Trysil N 86 Ec37
Tryškiai LT 113 Jd54
Trysnes N 92 Cd47
Tryszczyn PL 121 Ha34
Tržac BIH 151 Ga61
Trzciana PL 139 Ka44
Trzcianka PL 121 Gb34
Trzcianka PL 122 Jc35
Trzcianka PL 123 Kb32
Trzcianne PL 123 Ka33
Trzciel PL 128 Ga37
Trzcinica PL 129 Ha41
Trzcinna PL 120 Fc35
Trzcinno PL 121 Gc31
Trzcińsk PL 121 Hb31
Trzcińsko-Zdrój PL 120 Fc35
Trzebce PL 130 Hd41
Trzebiatów PL 120 Fd31
Trzebicz PL 120 Ga35
Trzebiel PL 128 Fc39
Trzebielino PL 121 Gc31
Trzebień PL 128 Fd40
Trzebieszów PL 131 Ka37
Trzebieszowice PL 137 Gc43
Trzebież PL 120 Fb32
Trzebin PL 120 Ga34
Trzebinia PL 138 Hd44
Trzebnica PL 129 Gc40
Trzebnice PL 128 Ga40
Trzebów PL 128 Fc36
Trzeciewiec PL 121 Ha34
Trzemeszno PL 129 Gd36
Trzemżal PL 129 Ha36
Trzepnica PL 130 Hd40
Trześcianka PL 123 Kc34
Trześń PL 131 Jd42
Trześniów PL 139 Ka45
Trzęsów PL 129 Gb39
Trzeszczany PL 131 Kd41
Tržič SLO 151 Fb57
Trzin SLO 151 Fb57
Tržišče SLO 151 Fd58
Trzydnik Duży PL 131 Ka41
Tsada CY 206 Hd97
Tsangaráda GR 189 Cb82
Tsaritsáni GR 183 Bc80
Tschenstochau = Częstochowa PL 130 Hc42
Tschernitz D 128 Fc39
Tschiertschen CH 142 Cd55
Tschierv CH 142 Db56
Tschlin I 142 Db55
Tsepélovo GR 182 Ad79
Tseri CY 206 Jb97
Tséria GR 194 Bb89
Tševetjävri FIN 65 Kb08
Tsikalariá GR 200 Cb95
Tsilivi GR 188 Ac86
Tsirguliina EST 106 La47
Tsirgumäe EST 107 Lb48
Tsitália GR 195 Bd89
Tsjernobyl UA 202 Ec14
Tsooru EST 107 Lb47
Tsotili GR 182 Ba78
Tsoúka GR 189 Bc83
Tsoukalàdes GR 188 Ac83
Tsoútsouros GR 200 Da96
Tsz-lakótelep H 146 Hd55
Tua N 78 Eb28
Tua P 44 Bb61
Tuaim IRL 8 Bd20
Tuam IRL 8 Bd20
Tuapse RUS 205 Fc17
Tuar Mhic Éadaigh IRL 8 Bc19
Tūbausiai LT 113 Jb54
Tubbergen NL 117 Bd36
Tubilla de Agua E 38 Dc57
Tubilleja E 38 Dc56
Tūbinės LT 113 Jd56
Tübingen D 134 Cc49
Tučapy CZ 136 Fc47
Tučepi HR 158 Gd67
Tuchan F 41 Ha56
Tüchen D 119 Eb34
Tuchheim D 127 Eb37
Tuchlino PL 121 Gd30
Tuchola PL 121 Gd33
Tuchomie PL 121 Gc31
Tuchów PL 139 Jc44
Tuckur FIN 81 Ja30
Tučovo RUS 202 Ed10
Tuczki PL 122 Hd33
Tuczna PL 131 Kc37
Tuczno PL 120 Fd35
Tuczno PL 120 Ga34
Tudanca E 38 Db55
Tuddal N 93 Db41
Tuddenham GB 20 Fd25
Tudeils F 33 Gc49
Tudela E 47 Ed59
Tudela de Duero E 46 Da60
Tudela Veguín E 37 Cc54
Tudora RO 172 Ec56
Tudor Vladimirescu RO 177 Fa64
Tudor Vladimirescu RO 177 Fa62
Tudu EST 98 La42
Tudulinna EST 99 Lb43
Tudweiliog GB 14 Dc23
Tuéjar E 54 Fa67
Tuen DK 100 Dd19
Tuenno I 149 Dc57
Tufeni RO 175 Dc66
Tufești RO 177 Fa64
Tuffé F 29 Ga39
Tufjord N 63 Ja05
Tufjord N 64 Jb04
Tugford GB 15 Ec25
Tuggensele S 80 Gd26
Țuglui RO 175 Cd66
Tugotino RUS 107 Mb46
Tuhala EST 98 Kc43
Tuhalaane EST 106 Kd46
Tuhaň CZ 136 Fb43
Tuhkakylä FIN 82 La26
Tui E 36 Ad58
Tuin MK 182 Ba74
Tuiskula FIN 89 Jb32
Tuixén E 49 Gc59
Tuiza E 37 Cb55
Tūja LV 106 Kb49
Tuk Mrkopaljski HR 151 Fc60
Tukovicy RUS 99 Ma45
Tukovo RUS 107 Ld48
Tukums LV 106 Ka51
Tula I 168 Ca75
Tula RUS 203 Fa11
Tulach Mhór IRL 13 Cb21
Tulare SRB 178 Bc70
Tülau D 127 Dd36
Tuławki PL 122 Ja31
Tulca RO 170 Ca57
Tulcea RO 177 Fc64
Tul'cevo RUS 107 Ld48
Tulčik SK 139 Jd47
Tul'čyn UA 204 Eb16
Tulette F 42 Jb51
Tulgheș RO 172 Ea58
Tuliharju FIN 82 Kd25
Tuliszków PL 129 Ha38
Tulje BIH 158 Hb68
Tulla IRL 12 Bc22
Tullaghanstown IRL 9 Cc20
Tullamore IRL 13 Cb21
Tulle F 33 Gc49
Tullebølle DK 109 Dd28
Tulleråsen S 79 Fb30
Tullins F 35 Jc48
Tulln A 144 Ga50
Tullow IRL 13 Cc23
Tully GB 9 Cb17
Tullyamalra IRL 9 Cc19
Tulnici RO 176 Ec61
Tulovo BG 180 Dd72
Tułowice PL 130 Ja36
Tułowice PL 137 Gd43
Tulppio FIN 69 Kd14
Tulsk IRL 8 Ca19
Tulstrup DK 108 Db24
Tulstrup DK 109 Ec25
Tulucești RO 177 Fb63
Tum PL 130 Hc38
Tuma RUS 203 Fb10
Tumba S 96 Gd44
Tumbo E 36 Bc54
Tumbo S 95 Ga43
Tume LV 106 Ka51
Tumleberg S 102 Ed47
Tummel Bridge GB 7 Ea10
Tun S 102 Ed46
Tuna S 87 Gb33
Tuna S 96 Gd41
Tuna S 103 Ga49
Tunaberg S 103 Gb46
Tunadal S 88 Gc33
Tuna-Hästberg S 95 Fd40
Tunari RO 176 Eb66
Tunby S 87 Gb33
Tunçbilek TR 192 Ga82
Tunceli TR 205 Fd20
Tune DK 109 Eb26
Tune N 93 Ea43
Tungaseter N 77 Da33
Tunge S 102 Ec48
Tungelsta S 96 Gd44
Tunhovd N 85 Db39
Tuningen D 141 Cb51
Tunjë AL 182 Ac76
Tunkkari FIN 81 Jc29
Tunneberga S 110 Ec54
Tunnerstad S 103 Fb48
Tunnsjørørvika N 78 Fa25
Tunnstad N 66 Fc12
Tunø By DK 109 Dd25
Tunstall GB 11 Ec19
Tunstall GB 17 Fc21
Tunstall GB 21 Gb26
Tuntenhausen D 143 Ea51
Tunturikeskus Kiilopää FIN 69 Kb12
Tunvågen S 87 Fc32
Tuohikotti FIN 90 La36
Tuohikylä FIN 69 Kd16
Tuohisaari FIN 91 Lc33
Tuohittu FIN 97 Jd40
Tuolluvaara S 67 Hb15
Tuolpukka S 68 Hc15
Tuomela FIN 74 Ka18
Tuomikylä FIN 81 Jb31
Tuomioja FIN 81 Jd25
Tuomiperä FIN 81 Jd27
Tuomiperä FIN 82 Ka28
Tuopanjoki FIN 83 Lc29
Tuorila FIN 89 Ja35
Tuoro sul Trasimeno I 156 Ea67
Tuovila FIN 81 Ja31
Tuovilanlahti FIN 82 Kd29
Tupicino RUS 99 Ld44
Tupilați RO 172 Ec57
Tupilați RO 177 Fb60
Tuplice PL 128 Fc39
Tupos FIN 74 Ka24
Tuppu FIN 74 Kb24
Tuppurinmäki FIN 82 La31
Tur PL 121 Gd34
Tur PL 130 Hc38
Tura H 146 Ja52
Turaida LV 106 Kc49
Turajärvi FIN 89 Jb37
Turanj HR 157 Fd65
Turanköy TR 186 Fd80
Turanlar TR 197 Ed88
Turany SK 138 Hc47

Türas – Usson-en-Forez

Türas TR 187 Gb78
Turba EST 98 Kb43
Turbe BIH 158 Ha64
Turbenthal CH 142 Cc53
Turbia PL 131 Ka42
Turbigo I 148 Cb59
Turburea RO 175 Cd64
Turceni RO 175 Cd65
Turčianske Teplice SK 138 Hc48
Turcifal P 50 Aa68
Turčinai LT 114 Ka58
Turcinești RO 175 Cd63
Turckheim F 31 Kb39
Turcoaia RO 177 Fb64
Turda RO 171 Da59
Turdaș RO 175 Cd61
Turégano E 46 Db62
Turek PL 129 Hb38
Tureni RO 171 Da58
Turenki FIN 90 Ka37
Turenne F 33 Gc49
Turgany RUS 99 Ld42
Turgeliai LT 115 Lb58
Turgut TR 193 Hb85
Turgut TR 197 Fa89
Turgut TR 197 Fb90
Turgutalp TR 191 Ed83
Turgutbey TR 185 Ed76
Turgutköy TR 197 Fa91
Turgutlar TR 193 Gb82
Turgutlar TR 193 Gc82
Turgutlu TR 191 Ed86
Turgutreis TR 197 Ec90
Turhal TR 205 Fc20
Turhala FIN 82 Kc27
Turi I 162 Gd75
Türi EST 98 Kd44
Turia RO 176 Eb61
Turija BG 180 Dc72
Turija BIH 153 Hc63
Turija SRB 153 Jb59
Turija SRB 174 Bd65
Turijs'k UA 202 Ea14
Turinge S 96 Gc44
Turin = Torino I 148 Bc60
Turís E 54 Fb68
Turiščevo RUS 202 Ed12
Turjaci HR 158 Gc66
Turjak SLO 151 Fc58
Türje H 145 Gd55
Turka UA 204 Dd16
Turkalne LV 106 Kc51
Türkbükü TR 197 Ec90
Türkeli TR 185 Ed79
Túrkeve H 146 Jc54
Türkevleri TR 197 Ed90
Türkgücü TR 186 Fa77
Turkhauta FIN 90 Kb37
Türkheim D 142 Dc51
Turki LV 107 Lb52
Turkkale FIN 89 Jc38
Türkler TR 199 Hb92
Türkmen TR 193 Ha84
Türkmenli TR 191 Eb81
Türkmentokat TR 193 Gd82
Türkobası TR 185 Eb77
Turkovići BIH 158 Hb68
Turksad RUS 205 Ga16
Turku FIN 97 Jb39
Tur Langton GB 16 Fb24
Turlava LV 105 Jb51
Turleque E 52 Dc67
Turloughmore IRL 12 Bd21
Türlübey TR 192 Fc87
Turmenti BIH 159 Hc69
Turmiel E 47 Ec63
Turna LV 106 La47
Turnacık TR 192 Fc83
Turnalı TR 187 Gc77
Turňa nad Bodvou SK 138 Jc49
Turnau A 144 Fd53
Turnberry GB 10 Dc15
Turnditch GB 16 Fa23
Turnhout B 124 Ad39
Türnitz A 144 Fd52
Turnov CZ 136 Fd43
Turnu RO 170 Bd59
Turnu Măgurele RO 180 Dc68
Turnu Roșu RO 175 Db62
Turnu Ruieni RO 174 Cb62
Turobin PL 131 Kb41
Turoś PL 122 Jc32
Turośl PL 122 Jc33
Turośń Kościelna PL 123 Kb34
Turoszów PL 128 Fc42
Turów PL 131 Kb38
Turowo PL 121 Gb32
Turplu TR 185 Ed80
Turquel P 50 Ab66
Turrach A 144 Fa55
Turre E 61 Ec75
Turri I 169 Ca78
Turriff GB 5 Ed08
Tursa FIN 89 Jc37
Tursi I 162 Gc77
Turț RO 171 Cd54
Turtagrø N 85 Da36
Turtel MK 183 Ca74
Turtola FIN 74 Jb18
Turulung RO 171 Cd54
Turunç TR 197 Fa91
Turunçova TR 199 Gb93
Turuneeme EST 98 Kd41
Turup DK 108 Dc27
Turza PL 122 Ja34
Turza Mała PL 122 Hd33
Turza Wielka PL 122 Hd33
Turzno PL 121 Hb34
Turzovka SK 137 Hb46
Tus E 53 Ea71
Tusa I 167 Fa84
Tusa RO 171 Cc57
Tuscania I 156 Dd70
Tuse DK 109 Eb25
Tushielaw GB 11 Eb15
Tušilović HR 151 Ga60
Tušino RUS 113 Jd57
Tuskas FIN 90 Kd38
Tușnad RO 176 Eb60
Tussenhausen D 142 Db51
Tussøy N 62 Gc09
Tustervatnet N 71 Fb22
Tustna N 77 Db30
Tuszów Narodowy PL 139 Jd43
Tuszyn PL 130 Hd39
Tutaev RUS 203 Fa09
Tutaryd S 103 Fb52
Tutbury GB 16 Ed23
Tutin SRB 178 Ad69
Tutjunniemi FIN 83 Ld31
Țuțora RO 173 Fb57
Tutova RO 177 Fa61
Tutow D 119 Ed32
Tutrakan BG 181 Ec67
Tuttlingen D 142 Cc51
Tuțulești RO 175 Db62
Tütüncü TR 185 Ed80
Tutzing D 143 Dd52
Tuudi EST 98 Ka45
Tuukkala FIN 90 La34
Tuukkala FIN 90 Kd34
Tuukkala FIN 90 La34
Tuulenkylä FIN 89 Jb34
Tuuliharju FIN 68 Jc16
Tuuliku EST 106 Kc47
Tuulimäki FIN 82 La25
Tuulos FIN 90 Kb36
Tuunajärvi FIN 89 Jb35
Tuupovaara FIN 83 Ma30
Tuurala FIN 81 Ja31
Tuuri FIN 89 Jc32
Tuuruniemi FIN 64 Ka10
Tuusjärvi FIN 83 Lb30
Tuuski FIN 90 Kd38
Tuusniemi FIN 83 Lb30
Tuusula FIN 98 Kb39
Tuvattnet S 79 Fc28
Tuve S 102 Eb49
Tuven N 71 Fb22
Tuvneset N 77 Dc28
Tuvträsk S 80 Gd26
Tuxford GB 16 Fb22
Tuža RUS 203 Fc08
Tuzaklı TR 193 Gb81
Tuzara MD 173 Fc57
Tuzburgazı TR 197 Ec88
Tuzculu TR 191 Eb85
Tuzi MNE 159 Ja70
Tuzla BIH 153 Hc62
Tuzla RO 181 Fc68
Tuzla TR 185 Ed79
Tuzla TR 191 Ea82
Tuzlata BG 181 Fb70
Tuzlukçu TR 193 Hb86
Tuzly UA 204 Ec17
Tužno HR 152 Gb57
Tvååker S 102 Ec51
Tväråbäck S 80 Hb28
Tvärålund S 80 Hb27
Tväråmark S 80 Hc28
Tvärån S 73 Hc22
Tvärån S 73 Ja19
Tväråträsk S 72 Gc24
Tvărdica BG 180 Ea72
Tvărdica BG 181 Fc69
Tvardița MD 177 Fd61
Tvärminne FIN 97 Jd41
Tvärred S 102 Fa49
Tvärskog S 111 Ga53
Tvarud S 94 Ed42
Tvede DK 100 Dc23
Tvedestrand N 93 Db45
Tveit N 92 Cd46
Tveitan N 93 Dd44
Tveite N 93 Db45
Tveiten N 93 Da42
Tveitsund N 93 Da44
Tver' RUS 202 Ed10
Tveral LT 113 Jc55
Tverdiat' RUS 99 Ma42
Tverečius LT 115 Lc55
Tverfjord N 63 Hc07
Tverrå N 92 Cb44
Tverråga N 71 Fb21
Tverråmoen N 66 Fd17
Tverrberg N 76 Cb33
Tverrdal N 67 Ha11
Tverrelv N 67 Gb11
Tverrelvmo N 67 Ha11
Tverrvika N 71 Fc18
Tversted DK 101 Dd19
Tveta S 94 Ed44
Tveta S 103 Ga50
Tvinde N 84 Cc38
Tvindehaugen N 85 Db36
Tving S 111 Fb54
Tvirai LT 114 Kd54
Tvis DK 100 Da23
Tvrdići SRB 159 Jb65
Tvrdojevac SRB 153 Jb63
Tvrdošin SK 138 Hd47
Tvrdošovce SK 145 Hb51
Twann CH 141 Bc53
Twarda PL 130 Ja39
Twardogóra PL 129 Gd40
Twatt GB 5 Eb02
Tweedsmuir GB 11 Eb14
Twello NL 117 Bc36
Tweng A 143 Ed54
Twist D 117 Ca35
Twistetal D 126 Cd40
Twistringen D 118 Cd35
Two Bridges GB 19 Dd31
Twomileborris IRL 13 Ca23
Tworków PL 137 Hb44
Tworóg PL 137 Hb43
Twycross GB 16 Fa24
Twyford GB 16 Fb24
Twyford GB 20 Fa30
Twyford GB 20 Fb28
Twynholm GB 10 Dd16
Twynllanan GB 15 Dd26
Tychówko PL 120 Ga32
Tychowo PL 121 Gb30
Tychowo PL 121 Gb32
Tychy PL 138 Hc44
Tyczyń PL 139 Ka44
Tyfors S 95 Fb41
Tyft S 94 Eb45
Tygelsjö S 110 Ed56
Tyinosen N 85 Da36
Tykocin PL 123 Ka33
Tykolä FIN 90 Ka36
Tylawa PL 139 Jd46
Tylicz PL 138 Jc46
Tylkowo PL 122 Jb32
Tylldalen N 85 Ea34
Tylösand S 102 Ed52
Tylstrup DK 100 Dc20
Tymbark PL 138 Jb45
Tymvou CY 206 Jc96
Tynderö S 88 Gc33
Tyndrum GB 7 Dd11
Týnec nad Labem CZ 136 Fd44
Tynemouth GB 11 Fa16
Tyngáki GR 197 Ec91
Tyngsjö S 95 Fb40
Tyniec PL 138 Ja44
Tyniewicze-Wielkie PL 123 Kc34
Týniště nad Orlicí CZ 136 Ga44
Tynkä FIN 81 Jc26
Týn nad Vltavou CZ 136 Fb47
Tynset N 77 Ea33
Typpö FIN 81 Jc27
Tyrämäki FIN 75 La21
Tyrävaara FIN 75 La21
Tyrawa Wołoska PL 139 Kb45
Tyresö S 96 Gd44
Tyresta S 96 Gd44
Tyriä FIN 91 Ld34
Tyringe S 110 Fa54
Tyristrand N 93 Dd41
Tyrjänsaari FIN 83 Ma29
Tyrnävä FIN 74 Ka24
Tyrnień PL 120 Ga31
Tyrnyauz RUS 205 Ga17
Tyrrellspass IRL 13 Cb21
Tyruliai LT 114 Ka54
Tyrväntö FIN 90 Ka36
Tyry FIN 90 Kb34
Tysken N 94 Ec39
Tyškivka UA 204 Ec16
Tyśmienica PL 131 Kb39
Tysnes N 84 Ca40
Tysse N 84 Cb39
Tyssebotn N 84 Ca38
Tyssedal N 84 Cc40
Tysslinge S 95 Fc44
Tystberga S 96 Gc45
Tysvær N 92 Ca42
Tyszki-Nadbory PL 123 Jd34
Tyszowce PL 131 Kd41
Tytuvėnai LT 114 Ka55
Tyukod H 147 Kc51
Tyve DK 108 Da27
Tywyn GB 15 Dd24
Tyyrinmäki FIN 82 Kd31
Tzanáta GR 188 Ac85
t Zandt NL 117 Ca33
Tzasténi GR 189 Ca83
Tzermiádo GR 201 Db96
Tzummarum NL 116 Bb33

U

Uachtar Ard IRL 8 Bc20
Ualand N 92 Cb45
Ub SRB 153 Jb63
Übach-Palenberg D 125 Bb40
Ubbergen NL 125 Bb37
Ubby DK 109 Ea26
Úbeda E 52 Dc72
Übelbach-Markt A 144 Fd54
Ubergsmoen N 93 Db45
Überherrn D 133 Bc46
Überkingen, Bad D 134 Da49
Überlingen D 142 Cc52
Übersee D 143 Eb52
Ubierna E 38 Dc58
Ubieszyn PL 139 Kb43
Ubja EST 98 La42
Ubl'a SK 139 Kb47
Uble HR 158 Gc69
Ubli MNE 159 Hd69
Ubrique E 59 Cb76
Ubstadt-Weiher D 134 Cc47
Üçbaş TR 192 Fd84
Ucea RO 175 Dc61
Uceda E 46 Dc63
Uceira E 36 Bb53
Ucero E 46 Dd60
Uchacq-et-Parentis F 39 Fb53
Uchanie PL 131 Kd40
Uchizy F 30 Jb44
Uchorowo PL 129 Gc36
Uchte D 126 Cd36
Üchtelhausen D 134 Db44
Uchtspringe D 127 Ea36
Ucieda E 38 Db55
Uckange F 25 Jd35
Ückeritz D 120 Fb31
Uckfield GB 20 Fd30
Ucklum S 102 Eb48
Uckro D 128 Fa38
Uçkuyu TR 193 Ha85
Üçlerkayası TR 193 Gc84
Uclés E 53 Ea66
Uçmakdere TR 185 Ed78
Üçpınar TR 191 Ec85
Ucrainca MD 177 Ga60
Ucria I 167 Fc84
Üçsaray TR 193 Gc83
Uda RO 175 Db64
Udačnoe RUS 203 Ga14
Udalla E 38 Dd55
Udavské SK 139 Ka47
Udbina HR 151 Ga63
Udby DK 109 Eb28
Udbyhøj DK 101 Dd22
Udbyhøj Vasehuse DK 101 Dd22
Uddebo S 102 Ed50
Uddeholm S 94 Fa41
Udden S 102 Ec46
Uddevalla S 102 Ec47
Uddheden S 94 Ed41
Üdekai LT 114 Kb53
Uden NL 125 Bb38
Udenhout NL 124 Ba38
Uder D 126 Db40
Udești RO 172 Ec56
Udine I 150 Ed58
Udomlja RUS 202 Ec09
Udosolovo RUS 99 Ld40
Udovo MK 183 Ca75
Udria EST 99 Lc41
Udricani RO 175 Cc62
Üdrija LT 114 Kc59
Udriku EST 98 Kd42
Üdrupji LV 106 La49
Udrycze PL 131 Kc41
Udtja S 72 Gd20
Udvar H 153 Hc58
Udžaci BIH 158 Hb66
Uebigau D 127 Ed39
Ueckermünde D 120 Fb32
Uedem D 125 Bb38
Uehlfeld D 134 Dc45
Uelsen D 117 Ca35
Uelzen D 118 Dc34
Uetersen D 118 Db32
Uettingen D 134 Da45
Uetze D 126 Dc36
Uffenheim D 134 Db46
Uffing D 142 Dc52
Uffington GB 20 Fa28
Ufsvatn N 93 Da45
Uftrungen D 127 Dd39
Ugāle LV 105 Jc50
Uğan TR 198 Fd89
Ugao SRB 178 Ad69
Ugaran E 39 Eb55
Ugarana E 38 Ea55
Ugărčin BG 179 Da70
Uge DK 108 Da28
Ugento I 165 Hc78
Ugerløse DK 109 Eb26
Uggdal N 84 Ca40
Uggelhuse DK 100 Dc23
Uggerby DK 100 Dc19
Uggerhalne DK 100 Dc21
Uggerslev DK 108 Dc26
Ugglarp S 102 Ec52
Uggleheden S 86 Ec38
Ugglum S 102 Fa47
Ugijar E 61 Dd76
Ugine F 35 Ka46
Uglev DK 100 Da22
Uglič RUS 202 Ed09
Ugljan HR 157 Fd64
Ugljane HR 158 Gc66
Ugljevik BIH 153 Hd62
Ugly RUS 107 Ma46
Ugra RUS 202 Ed11
Ugrinovci SRB 153 Jc61
Ugrinovci SRB 153 Jc63
Ugr'umovo-Novole RUS 113 Jc59
Uguņi LV 105 Jd49
Uğurlu TR 199 Hb89
Uğurlualan TR 187 Ha80
Uğurluca TR 192 Ga84
Uğurlutepe TR 185 Dd80
Uherce Mineralne PL 139 Kb46
Uherské Hradiště CZ 137 Gd48
Uherský Brod CZ 137 Ha48
Uherský Ostroh CZ 137 Gd48
Uhingen D 134 Cd49
Uhldingen D 142 Cd52
Uhlířské Janovice CZ 136 Fc45
Uhlstädt-Kirchhasel D 127 Ea42
Uhniv UA 204 Dd15
Uhorské SK 138 Ja49
Ührde D 126 Dc37
Uhrovec SK 137 Hb49
Uhrsleben D 127 Dd37
Uhtna EST 98 La42
Uhyst D 128 Fb40
Uig GB 4 Da07
Uileacu de Beiuș RO 170 Cb58
Uimaharju FIN 83 Ld29
Uimaniemi FIN 69 Jd16
Uimaniemi FIN 90 Kd34
Uimila FIN 90 Kd36
Uitgeest NL 116 Ba35
Uithoorn NL 116 Ba36
Uithuizen NL 117 Bd32
Uitonniemi FIN 91 Lc34
Uivar RO 174 Bc61
Ujazd PL 129 Gb41
Ujazd PL 130 Ja39
Ujazd PL 130 Jc42
Ujazd PL 137 Hb43
Újezd u Brna CZ 137 Gc48
Ujeździec Mały PL 129 Gc40
Újfehértó H 147 Ka51
Újkígyós H 147 Jd55
Ujma PL 121 Hb35
Ujor E 37 Cb55
Újpetre H 152 Hb58
Ujście PL 121 Gb34
Ujście Solne PL 138 Jb44
Ujsoły PL 138 Hc46
Újszász H 146 Jb53
Újszentmargita H 147 Jd52
Újszőlőskert H 147 Ka51
Ujué E 39 Ed58
Ukiernica PL 120 Fc34
Ukk H 145 Gd54
Ukkola FIN 83 Ld29
Ukmergė LT 114 Kd56
Ukna S 103 Ga48
Ukonjärvi FIN 69 Ka11
Ukonlahti FIN 83 Lb31
Ukonvaara FIN 83 Lb29
Ukri LV 114 Ka53
Ukrinai LT 113 Jc53
Ukta PL 122 Jc32
Ula N 93 Dd44
Ula TR 198 Fb90
Ulan Ėrge RUS 205 Ga15
Ulan Majorat PL 131 Ka38
Ulanów PL 131 Ka42
Ulaşlı TR 186 Ga79
Ulassai I 169 Cb78
Ula Tirso I 169 Ca77
Ulbjerg DK 100 Db22
Ulbroka LV 106 Kc50
Ulbster GB 5 Ec05
Ulceby GB 17 Fd22
Ulcinj MNE 163 Ja71
Uldum DK 108 Db25
Ulea E 55 Ed72
Uleberg N 92 Cd45
Ulebergshamn S 102 Ea46
Ulefoss N 93 Db43
Uleila del Campo E 61 Eb75
Ülenurme EST 99 Lb45
Ules LV 105 Jb50
Uleviken S 94 Ec45
Ulfborg DK 100 Cd23
Ulft NL 125 Bc37
Ulgardereköyü TR 185 Eb80
Ulgjell N 92 Cb47
Ulhówek PL 131 Kd42
Úlibice CZ 136 Fd43
Ulič SK 139 Kb47
Ulica MNE 159 Jb68
Ulieș RO 176 Dd60
Uliești RO 176 Dd65
Ulila EST 98 La45
Uljanik HR 152 Gd59
Ul'janovka UA 204 Ec16
Uljanovo RUS 113 Jd58
Uljanovsk RUS 203 Fd09
Uljma SRB 174 Bc63
Ulkula FIN 74 Ka19
Ullånger S 80 Gd31
Ullapool GB 4 Dc06
Ullared S 102 Ed51
Ullastret E 49 Hb59
Ullatti S 73 Hd18
Ullava FIN 81 Jc28
Ullbergsträsk S 73 Hb24
Ulldecona E 48 Fd64
Ulldemolins E 48 Ga62
Ullene S 102 Fa47
Ullerngrenda N 93 Db41
Ullerøy N 93 Ea44
Ullerslev DK 109 Dd27
Ullervad S 102 Fa46
Üllés H 146 Jb56
Ulleskelf GB 16 Fa20
Ullestad N 92 Cb43
Ullingswick GB 15 Ec26
Ullisjaur S 71 Ga24
Ullits DK 100 Db22
Üllő H 146 Hd53
Ullsfjord N 62 Gd10
Ulm D 142 Da50
Ulma RO 172 Ea54
Ulmale LV 105 Jb51
Ulme P 50 Ac67
Ulmen D 133 Bd43
Ulmeni RO 171 Cd55
Ulmeni RO 176 Ec64
Ulmeni RO 181 Ec67
Ulmi RO 176 Dd64
Ulmi RO 176 Ea66
Ulmu MD 173 Fc58
Ulmu MD 173 Fd55
Ulmu RO 176 Ed64
Ulmu RO 181 Ec67
Ulnes N 85 Dc37
Ulog BIH 159 Hc66
Uløybukt N 62 Ha09
Ulricehamn S 102 Fa49
Ulrichen CH 141 Ca56
Ulrichsberg A 136 Fa49
Ulrichstein D 126 Cd42
Ulrika S 103 Fd47
Ulriksfors S 79 Fd28
Ulrum NL 117 Bc32
Ulsberg N 77 Dd32
Ulsrud N 94 Eb42
Ulsta GB 5 Fa04
Ulsted DK 101 Dd21
Ulsteinvik N 76 Cb33
Ulstrup DK 100 Dc23
Ulstrup DK 109 Dd25
Ulsvåg N 66 Fd14
Ulubey TR 192 Fd86
Ulubeyler TR 191 Eb83
Uluborlu TR 193 Gc87
Ulucak TR 191 Ec85
Ulucak TR 192 Fc85
Uluçam TR 192 Fd82
Uluçay TR 193 Ha87
Uludere TR 193 Gc81
Uluderebent TR 192 Fb87
Uluğbey TR 193 Gc87
Ulugüney TR 199 Hb92
Ulukent TR 198 Fc89
Ulukonak TR 185 Ec75
Ulukonak TR 197 Ed88
Uluköy TR 187 Hb80
Uluköy TR 191 Ea81
Uluköy TR 193 Gb83
Uluköy TR 193 Gb85
Ulupınar TR 199 Gc92
Ülupji LV 106 Kc50
Ulvåg N 66 Fc14
Ulvåker S 103 Fb46
Ulvan N 77 Dc29
Ulvenes N 93 Db43
Ulvenhout NL 124 Ad38
Ulverston GB 11 Eb19
Ulvi EST 99 Lb43
Ulvik N 84 Cc39
Ulvika N 66 Ga13
Ulvika N 66 Ga14
Ulvila FIN 89 Ja36
Ulvö S 111 Fc53
Ulvoberg S 79 Gb25
Ulvsnes N 77 Dc30
Ulvvik S 88 Gc32
Ulzurrum E 39 Ec57
Umag HR 150 Ed60
Uman' UA 204 Ec15
Umasjö S 71 Fc21
Umberleigh GB 19 Dd29
Umbertide I 156 Ea67
Umbralejo E 46 Dd62
Umbrărești RO 177 Fa62
Umbriatico I 165 Gd80
Umbukta N 71 Fc21
Umčari SRB 174 Bb64
Umeå S 80 Hb28
Umfors S 71 Fc21
Umgransele S 80 Gd25
Umin Dol MK 178 Bc73
Umka SRB 153 Jc62
Umljanović HR 158 Gb65
Ummanz D 119 Ed30
Ummeljoki FIN 90 La37
Ummendorf D 142 Da51
Ummerstadt D 134 Dc43
Umnäs S 71 Ga23
Umpferstedt D 127 Dd41
Ümraniye TR 193 Ha84
Umurbey TR 185 Eb80
Umurcu TR 185 Ec77
Umurga LV 106 Kc48
Umurlar TR 192 Fb83
Umurlu TR 192 Fb87
Umurlu TR 197 Fa88
Umurlu TR 197 Fa88
Umutlu TR 192 Fd83
Uña E 47 Ec65
Unac F 40 Gc57
Unaja FIN 89 Ja37
Unapool GB 4 Dd05
Unari FIN 69 Jd17
Unbyn S 73 Hd22
Uncastillo E 39 Fa58
Undeloh D 118 Db34
Undenäs S 103 Fb46
Undenheim D 133 Cb44
Undersåker S 78 Fa30
Undersvik S 87 Ga36
Undervelier CH 141 Bc53
Undevåsen N 92 Cd47
Undheim N 92 Ca45
Undløse DK 109 Eb26
Undredal N 84 Cd37
Undva EST 105 Jb46
Uneča RUS 202 Ec13
Úněšov CZ 135 Ed45
Ungenach A 144 Fa51
Ungēni LV 106 Kb48
Ungheni MD 173 Fb57
Ungheni RO 171 Dc59
Ungheni RO 173 Fb57
Ungheni RO 175 Dc66
Ungra RO 176 Dd61
Unguraș RO 171 Db57
Ungureni RO 172 Ed55
Ungureni RO 172 Ed59
Unguri MD 173 Fb53
Unguriņi LV 106 Kd47
Ungurmuiža LV 107 Lb51
Unhais da Serra P 44 Ba64
Unhošť CZ 136 Fb44
Unichowo PL 121 Gd30
Uničov CZ 137 Gd45
Uniejów PL 129 Hb38
Unieście PL 120 Ga30
Unikiai LT 114 Ka56
Unikonsalmi FIN 82 Ka31
Uniküla EST 99 Lb42
Uniküla EST 99 Lb45
Unin PL 120 Fc32
Unirea RO 171 Da59
Unirea RO 175 Cc61
Unirea RO 175 Cc66
Unirea RO 177 Fa64
Unirea RO 181 Fa67
Unisław PL 121 Ha34
Uništa BIH 158 Gc64
Unkel D 125 Bd42
Unken A 143 Ec52
Unlingen D 142 Cd50
Unna D 125 Cb39
Unnaryd S 102 Fa51
Unnau D 125 Cb42
Unnstad N 66 Fb14
Unntorp S 87 Fb37
Unquera E 38 Da55
Unseburg D 127 Ea38
Unser Frau in Schnals I 142 Dc55
Unset N 86 Eb35
Unsholtet N 86 Eb32
Unsleben D 134 Db43
Untamala FIN 81 Jb30
Untamala FIN 89 Ja38
Unțeni RO 172 Ed55
Unterach A 143 Ed52
Unterägeri CH 141 Cb54
Unterammergau D 142 Dc52
Unterbäch CH 141 Bd56
Unteregg D 142 Db51
Untergriesbach D 136 Fa49
Untergruppenbach D 134 Cd47
Untergurgl A 142 Dc55
Unterhaching D 143 Dd51
Unterkirnach D 141 Cb50
Unterkulm CH 141 Ca53
Unterlaussa A 144 Fb52
Unterleinleiter D 135 Dd45
Unterloibl A 144 Fb56
Unterlüß D 118 Dc35
Untermaßfeld D 134 Db43
Untermeitingen D 142 Db50
Untermerzbach D 134 Dc44
Untermünkheim D 134 Da47
Unterneukirchen D 143 Eb51
Unternussdorf A 143 Ec55
Unterpleichfeld D 134 Db45
Unterpurkla A 144 Ga55
Unterreichenbach D 134 Cc48
Unterreit D 143 Eb51
Unterschleißheim D 143 Dd50
Unterschneidheim D 134 Db48
Untersiemau D 135 Dd44
Untersiggenthal CH 141 Ca52
Unterstedt D 118 Da34
Untersteinach D 135 Ea44
Unterstinkenbrunn A 137 Gb49
Untertauern A 143 Ed54
Unterthingau D 142 Db52
Untertilliach A 143 Eb55
Unterweißbach D 127 Dd42
Unterweissenbach A 144 Fc50
Unterwössen D 143 Eb52
Unterzeitlarn D 143 Ec50
Unțești MD 173 Fb57
Ununge S 96 Ha41
Ünye TR 205 Fc19
Unzmarkt A 144 Fb54
Uoginiai LT 114 Kd54
Uopyna LT 113 Jd54
Upa EST 105 Jc46
Upainiai LT 114 Ka55
Upavon GB 20 Ed29
Upchurch GB 21 Ga28
Upega I 148 Bc63
Upenieki LV 105 Jd52
Upesgriva LV 105 Jd49
Upesmuiža LV 105 Jd52
Upgant-Schott D 117 Cb32
Úpice CZ 136 Ga43
Upiłka PL 121 Gc31
Upinniemi FIN 98 Ka40
Uplengen D 117 Cb33
Upmala LV 107 Lb52
Upminster GB 20 Fd28
Upninkai LT 114 Kd56
Upper Ballinderry GB 9 Da17
Upper-Chapel GB 15 Ea26
Upper Hindhope GB 11 Ec15
Upper Quinton GB 20 Ed26
Upper Tean GB 16 Ed23
Upperud S 94 Ec45
Upphärad S 102 Ec47
Uppingham GB 16 Fb24
Upplanda S 96 Gc40
Upplands-Väsby S 96 Gd43
Uppsala S 96 Gc42
Uppsälje S 95 Fb40
Upschört D 117 Cb32
Upton GB 19 Ea29
Upyna LT 113 Jd56
Upytė LT 114 Kc55
Ur F 41 Gd58
Urabain Ibarguren E 39 Eb56
Urad PL 128 Fc37
Urajärvi FIN 90 Kc36
Uramo FIN 83 Ld28
Uras I 169 Bd78
Uråsa S 103 Fc52
Ura-Vajgurore AL 182 Ab76
Uraz PL 129 Gc40
Urbania I 156 Eb65
Urbeis F 31 Kb38
Urbies E 37 Cc55
Urbino I 156 Eb65
Urbise F 34 Hd45
Urcal E 61 Ec74
Urcay F 29 Ha44
Urcel F 24 Hb34
Urda E 52 Dc68
Urda N 70 Ed21
Urdari RO 175 Cd64
Urdilde E 36 Ad55
Urdos F 39 Fb56
Urecheni RO 172 Ec57
Urechești RO 176 Ed61
Urechești RO 176 Ed62
Üreğil TR 186 Ga79
Uren RUS 203 Fc08
Urga LV 106 Kc48
Urge EST 98 Kb45
Urglin IRL 13 Cc23
Urgnano I 149 Cd59
Uri I 168 Bd75
Uria RO 171 Db57
Uriage-les-Bains F 35 Jd48
Urimolahti FIN 82 La28
Urissaare EST 106 Kc47
Urjala FIN 89 Jd37
Urjupinsk RUS 203 Fc13
Urk NL 116 Bb35
Ürkmez TR 191 Eb87
Ürkút H 145 Ha54
Ürkütlü TR 199 Gb90
Urla TR 191 Eb86
Urlati RO 176 Eb64
Urlau D 142 Da52
Urlingford IRL 13 Cb23
Urmary RUS 203 Fd09
Urmeniș RO 171 Db58
Urnäsch CH 142 Cd53
Urne DK 109 Ea28
Urnerboden CH 142 Cc54
Urnes N 84 Cd36
Uroševac KSV 178 Bb72
Urovica SRB 174 Ca65
Urowo PL 122 Hd32
Urpila FIN 82 Ka29
Urraca-Miguel E 46 Da63
Urrea de Gaén E 48 Fb62
Urrez E 38 Dd58
Urriaapa FIN 74 La18
Urrianmutka FIN 90 Ka33
Urriés E 39 Fa58
Urroz E 39 Ed57
Urrutxua E 39 Eb55
Ursensollen D 135 Ea46
Urshult S 111 Fc53
Urskarsetran N 85 Ea34
Ursoaia MD 173 Ga59
Urspringen D 134 Da45
Ursviken S 80 Hc25
Urszulewo PL 122 Hd34
Urszulin PL 131 Kc39
Urt F 39 Fa54
Urtasun E 39 Ed56
Urtimjaur S 73 Hb18
Urueña E 46 Cc60
Ürünlü TR 186 Fc80
Ürünlü TR 185 Ec75
Ürünlü TR 199 Hb90
Ururi I 161 Fc72
Urvaste EST 107 Lb47
Urzędów PL 131 Ka41
Urzejowice PL 139 Kb44
Urzica RO 179 Da68
Urziceni RO 171 Cc54
Urziceni RO 176 Ec65
Urzicuța RO 179 Cc67
Ürzig D 133 Bd44
Urzulei I 169 Cb77
Uržum RUS 203 Fd08
Ušače BY 202 Eb11
Usadišče RUS 107 Ma47
Usadišče RUS 202 Ec08
Usagre E 51 Bd70
Uşak TR 192 Fd85
Ušakovka RUS 113 Jb58
Ušakovo RUS 113 Hd59
Usanos E 46 Dd63
Ušari BIH 152 Gd61
Ušće SRB 178 Ba68
Uschodni BY 202 Ea12
Uście Gorlickie PL 138 Jc46
Uscio I 149 Cc63
Used E 47 Ed62
Usedom D 120 Fa32
Useldange L 133 Bb44
Usellus I 169 Ca78
Usėnai LT 113 Jc57
Useras E 54 Fc65
Uševicy RUS 99 Ma41
Ushaw Moor GB 11 Fa17
Uši LV 105 Jc48
Usingen D 134 Cc43
Usini I 168 Bd75
Usk GB 19 Eb27
Uskali FIN 83 Ma31
Uskedal N 92 Cb41
Uskoplje BIH 158 Ha65
Uskumruköy TR 186 Fd77
Üsküp TR 185 Ed75
Üsküpdere TR 185 Ed75
Uslar D 126 Da39
Usma LV 105 Jc50
Usman' RUS 203 Fb12
Usmate Velate I 149 Cc59
Úsov CZ 137 Gc45
Usovo RUS 203 Fc11
Ussassai I 169 Cb78
Ussat F 40 Gc57
Usseau F 32 Fb46
Usseglio I 148 Bc59
Ussel F 33 Gd48
Ussel F 34 Hb49
Usseln D 126 Cc40
Usson-du-Poitou F 33 Ga45
Usson-en-Forez F 34 Hd48

Vanha-Kihlanki – Vendinha

Vanha-Kihlanki FIN 68 Ja16
Vanhakylä FIN 81 Jd31
Vanhakylä FIN 89 Ja33
Vanhakylä FIN 89 Ja36
Vanhamäki FIN 90 Kd34
Vanjärvi FIN 98 Ka39
Vänjaurbäck S 80 Gd27
Vänjaurträsk S 80 Gd27
Vânju Mare RO 174 Cb65
Vankiva S 110 Fa54
Vanlay F 30 Hd39
Vannareid N 62 Gd08
Vannäs FIN 81 Jb29
Vännäs S 80 Hb28
Vännäs S 80 Ha28
Vännäsberget S 73 Ja20
Vännäsby S 80 Hb28
Vannavalen N 62 Ha08
Vanneberga S 111 Fb55
Vannes F 27 Eb41
Vannes-sur-Cosson F 29 Gd40
Vannholman N 64 Jb04
Vannsätter S 87 Gb37
Vannvåg N 62 Ha08
Våno FIN 97 Jb40
Vänö FIN 97 Jb41
Vanonen FIN 90 La35
Vansbro S 95 Fb39
Vanse N 92 Cb47
Vänsjö S 87 Fc35
Vansjö S 95 Gb41
Vansö S 95 Gb43
Vantaa FIN 98 Kb39
Vantilla FIN 89 Jc37
Vanttausjärvi FIN 74 Ka19
Vanttaus koski FIN 74 Kb19
Vanvikan N 78 Ea29
Vanyarc H 146 Hd52
Vanyola H 145 Ha53
Vanzay F 32 Fd45
Vanzone I 148 Ca57
Vaour F 40 Gc53
Vapavaara FIN 75 La19
Vápenná CZ 137 Gc44
Vaplan S 79 Fb30
Vaprio d'Adda I 149 Cd59
Vaquèira E 40 Gb57
Vaqueiros P 58 Ad73
Var RO 174 Cb62
Vara EST 99 Lb44
Vara S 102 Ed47
Varacieux F 35 Jc48
Varades F 28 Fa42
Vărădia RO 174 Bd63
Varages F 42 Ka54
Varaire F 40 Gc52
Varaize F 32 Fc46
Varajärvi FIN 74 Jc20
Varakļāni LV 107 Lc51
Varäla FIN 90 Kd37
Varaldsøy N 84 Cb40
Varallo I 148 Ca58
Varanauskas LT 114 Kc59
Vărăncău MD 173 Fd56
Varangerbotn N 65 Kb06
Varano de'Melegari I 149 Cd62
Varanpää FIN 89 Ja38
Vărăşti RO 180 Eb67
Varászió H 145 Gd56
Văratec RO 172 Eb57
Văratic MD 173 Fa55
Văratic MD 173 Fd59
Varaždin HR 152 Gb57
Varaždinske Toplice HR 152 Gb57
Varazze I 148 Ca63
Várbalog H 145 Gd52
Varberg S 102 Ec51
Vărbešnica BG 179 Cd70
Varbevere EST 98 La44
Vărbica BG 179 Cd69
Vărbica BG 180 Db69
Vărbica BG 180 Ea70
Vărbica BG 180 Eb71
Vărbilău RO 176 Ea64
Vărbjane BG 181 Ec70
Varbola EST 98 Kb43
Vărbovka BG 180 Dc70
Vărbovo BG 179 Cb68
Vărbovo BG 185 Dd75
Vârciorog RO 170 Cb57
Várda GR 188 Ba86
Vardal N 86 Ea38
Varde DK 108 Cd25
Varden N 77 Db30
Vardim BG 180 Dd69
Vårdinge S 96 Gc44
Vardište BIH 159 Ja65
Vårdnäs S 103 Fd47
Vardö FIN 96 Hc40
Vardø N 65 Kd05
Vardofjäll S 71 Fc24
Várdomb H 153 Hc57
Vardun BG 180 Eb70
Varejoki FIN 74 Jc20
Varekil S 102 Eb47
Varel D 118 Cc33
Varelas E 36 Ba55
Varen F 41 Gd52
Varena I 150 Dd57
Varėna LT 114 Kd59
Varena I LT 114 Kd59
Varengeville-sur-Mer F 23 Ga33
Varenna I 149 Cc57
Varennes-Changy F 29 Ha40
Varennes-en-Argonne F 24 Ja35
Varennes-le-Grand F 30 Jb43
Varennes-Saint-Sauveur F 30 Jb44
Varennes-sur-Allier F 34 Hc45
Varennes-sur-Usson F 34 Hc48
Vareš BIH 159 Hc64
Varese I 148 Cb58
Varese Ligure I 149 Cc63
Varetz F 33 Gc49
Vârfu Câmpului RO 172 Ec55
Vârfuri RO 176 Dd64
Vârfurile RO 170 Cb59
Vårgårda S 102 Ed48
Vargas E 38 Dc55
Vargeneset N 66 Ga13
Várgesztes H 145 Hb53
Varghiet N 78 Ea28
Vârghiş RO 176 Ea60
Vargön S 102 Ec47
Vargträsk S 80 Gd27
Varhaug N 92 Ca45
Varhela FIN 89 Ja38
Vårhus N 86 Eb32
Vari GR 196 Da89
Variaş RO 174 Bc60
Varieba LV 105 Jd51
Variešas LV 106 La51
Varigotti I 148 Ca63
Variku EST 98 Ka43
Varilhes F 40 Gc56
Varín SK 138 Hc47
Väring S 103 Fb46
Variņi LV 106 La49
Váris GR 183 Bb79
Variskylä FIN 82 Kd25
Varislahti FIN 83 Lb30
Varistaipale FIN 83 Lb31
Varisvaara FIN 82 La26
Varize F 29 Gc39
Varjakka FIN 74 Jd24
Varjisträsk S 72 Ha21
Varkaus FIN 90 La32
Várkiza GR 195 Cc87
Vårkumla S 102 Fa48
Varland N 93 Da41
Varlaukis LT 113 Jd56
Vărlezi RO 177 Fb61
Varmahlíð IS 2 Ba03
Varmdal N 77 Ea30
Vārme LV 105 Jc51
Värminmäki FIN 89 Jd35
Varmo FIN 91 Ld32
Varmsätra S 95 Gb42
Värmskog S 94 Ed43
Varmvattnet S 80 Hb27
Varna BG 181 Fa70
Värna S 103 Ga47
Varna SRB 153 Ja62
Varnæs DK 108 Db28
Värnamo S 103 Fb51
Värnäs S 94 Fa40
Vārnava LV 106 La52
Varnenci BG 181 Ec68
Varnhem S 102 Fa47
Varniai LT 113 Jd55
Varnițal MD 173 Ga58
Varnja EST 99 Lb44
Varnsdorf CZ 128 Fc42
Varntresk N 71 Fb22
Varnum S 102 Ed48
Varnupiai LV 114 Kb59
Väröbacka S 102 Ec50
Varola S 103 Fb47
Város GR 190 Dc81
Varoška Rijeka BIH 151 Ga61
Városlőd H 145 Ha54
Varp S 94 Eb45
Varpaisjärvi FIN 82 La28
Várpalota H 145 Hb54
Varpanen FIN 83 Lc28
Varpanen FIN 90 Kd35
Varparanta FIN 83 Ld30
Varparanta FIN 91 Lc33
Varpasalo FIN 83 Lc31
Varpkuselkä FIN 69 Kd16
Varpsjö S 79 Gb27
Varpuperä FIN 75 Kc21
Varputėnai LT 114 Ka54
Varpuvaara FIN 69 Kc17
Varrains F 28 Fc42
Varreddes F 23 Ha36
Varriö FIN 69 Kc15
Varrio FIN 69 Kb17
Vars F 35 Kb50
Vărşag RO 172 Dd59
Vărşand RO 170 Bd58
Värsås S 103 Fb47
Văršec BG 179 Cc69
Varsedžiai LT 113 Jd56
Varsi I 149 Cd62
Văršilo BG 181 Ed73
Värska EST 107 Lc46
Vârşolţ RO 171 Cd56
Varsseveld NL 125 Bd37
Värst DK 100 Dc21
Varstu EST 107 Lb47
Vartai LT 114 Ka59
Vartdal N 76 Cc33
Varteig N 93 Ea43
Vârteşcoiu RO 176 Ed62
Vartholomió GR 188 Ad86
Vartiala FIN 82 La30
Vartius FIN 75 Lc24
Vartiusniemi FIN 75 Lc24
Varto TR 205 Ga20
Vârtoapele RO 180 Dc67
Vartofta S 102 Fa48
Vartofta-Åsaka S 102 Fa48
Vârtop RO 175 Cc66
Vartsala FIN 97 Jc39
Värtsilä FIN 83 Ma31
Varuntee FIN 90 Kb37
Varuträsk S 80 Hc25
Varv S 102 Fa47
Varv S 103 Fc46
Vārva LV 105 Jb52
Varva S 95 Gb39
Varva UA 202 Ed14
Varvara BG 179 Da73
Varvara BG 186 Fa74
Varvára GR 184 Cc78
Vărvăreuca MD 173 Fc55
Varvarin SRB 178 Bc67
Värve LV 105 Jb50
Varvikko FIN 69 Kc16
Varvítsa GR 194 Bc88
Vârvoru de Jos RO 175 Cd66
Vărzăreşti MD 173 Fb57
Vărzăreştii Noi MD 173 Fc57
Várzea Cova P 44 Ba60
Varzi I 149 Cc61
Varziela P 44 Ac63
Varzo I 148 Ca57
Varzy F 30 Hb42
Vasa FIN 81 Hd30
Vasalemma EST 98 Kb43
Vasankari FIN 81 Jc26
Vasaraperä FIN 75 Kd19
Vásárosnamény H 147 Kb50
Vasbotna N 78 Ed26
Vaşcău RO 170 Cb58
Văscăuţi MD 173 Fc55
Vascœuil F 23 Gb35
Väse S 94 Fa43
Vashtëmi AL 182 Ad77
Vašica SRB 153 Hd61
Väsieni MD 173 Fc56
Väsieni MD 173 Fc58
Vasilaţi RO 180 Eb67
Vasilátika GR 182 Ab80
Vasilcău MD 173 Fc54
Vasileuţi MD 173 Fa54
Vasilevo BG 181 Fb69
Vasil'evo RUS 107 Ld47
Vasil'evo RUS 203 Fd09
Vasilevskoje RUS 107 Mb49
Vasiliká GR 189 Cb83
Vasiliká GR 191 Ea83
Vasilikí GR 188 Ac83
Vasiliko GR 182 Ad79
Vasilítsi GR 194 Ba90
Vasil Levski BG 180 Db72
Vasilovci BG 179 Cc68
Vaškai LT 114 Kc53
Vaski FIN 74 Jd23
Vaski LV 106 Ka51
Väskinde S 104 Ha49
Vaskio FIN 97 Jc39
Vaskivesi FIN 89 Jd33
Vasknarva EST 99 Lc43
Vaskovo RUS 107 Mb50
Vaskrääma EST 106 Kc46
Vaskuu FIN 89 Jc33
Vasles F 28 Fc44
Vaslui RO 173 Fa59
Vass- FIN 98 Ka40
Vassa CY 206 Jb98
Vassarás GR 194 Bc89
Vassár H 145 Gc54
Vassås N 93 Dd43
Vassbø N 92 Cb45
Vassbotn N 92 Cc45
Vassbotnfjell N 71 Fd18
Vassbygdi N 84 Cd38
Vassdal N 93 Dc43
Vassdalen N 67 Gb13
Vassdalsvik N 71 Fb19
Vasselbodarna S 86 Fa37
Vasselhyttan S 95 Fd42
Vassenden N 84 Cc35
Vassenden N 85 Dd36
Vassenden N 93 Da46
Vassieux-en-Vercors F 35 Jc49
Vassijaure S 67 Gc13
Vassiláki GR 194 Ba87
Vassilika GR 183 Cb78
Vassilikó GR 189 Cb85
Vassilikós GR 188 Ac86
Vassilis GR 189 Bd82
Vassilópoulo GR 182 Ac80
Vassilópoulos GR 188 Ad84
Vasskogen N 63 Hd08
Vassli N 77 Dc30
Vassmolösa S 111 Ga53
Vassnäs S 78 Fa29
Vassor FIN 81 Ja30
Vasstrand N 62 Gc09
Vasstudal N 85 Db40
Vassy F 22 Fb37
Vassy F 30 Hd41
Vasszent mihály H 145 Gb55
Västan S 87 Gb34
Västanån S 79 Fc28
Västanbäck S 79 Ga25
Västanfjärd FIN 97 Jc40
Västannäs S 73 Ja20
Västansjö S 71 Fc22
Västansjö S 71 Fd24
Västansjö S 80 Gc26
Västansjö S 80 Gc31
Västansjö S 87 Ga37
Västansjön S 87 Gb34
Västanvik S 95 Fc39
Västbacka S 87 Fc36
Västbacken S 79 Fb30
Västemöisa EST 98 Kd45
Vastenjaure sameviste S 67 Gb16
Västeråker S 96 Gc42
Västeränga FIN 96 Hc41
Väster-Arådalen S 78 Fa31
Västerås S 80 Ha28
Västerås S 95 Gb43
Västerbäcken S 86 Ec34
Västerberg S 95 Gb39
Västerby S 95 Ga40
Västerby S 96 Gd44
Västerfärnebo S 95 Ga41
Västerfjäll S 72 Gb19
Västergarn S 104 Gd50
Västerhaninge S 96 Gd44
Västerhankmo FIN 81 Ja30
Västerhejde S 104 Gd49
Västerhus S 80 Gd30
Västerlanda S 102 Ec47
Västerlandsjö S 80 Gd30
Västerljung S 96 Gc45
Västermo S 95 Ga43
Västermyckeläng S 87 Fb37
Västerplana S 102 Fa46
Västerrottna S 94 Ed42
Västerrud S 95 Fb42
Västersel S 80 Gd30
Västerstråsjö S 87 Ga35
Västervåla S 95 Ga41
Västervik FIN 81 Hd30
Västervik S 103 Gb49
Vastila FIN 90 Kd38
Västilä FIN 90 Ka35
Vastinki FIN 82 Ka30
Västland S 96 Gc40
Vasto I 161 Fc71
Västpånäset S 72 Gb24
Västra S 96 Gd44
Västra Ämtervik S 94 Ed42
Västra Ansvar S 73 Ja19
Västra Eneby S 103 Fd48
Västra Fågelvik S 94 Eb43
Västra Fors S 94 Fa39
Västra Gafsele S 79 Gb28
Västra Gerum S 102 Fa47
Västra Harg S 103 Fd47
Västra Hjäggböle S 80 Hc26
Västra Husby S 103 Ga46
Västra Karup S 110 Ed53
Västra Merasjärvi S 68 Ja14
Västra Ny S 103 Fc46
Västra Ormsjö S 79 Ga26
Västra Örträsk S 80 Ha27
Västra Sjulsmark S 80 Hc27
Västra Skedvi S 95 Fd43
Västra Stenby S 103 Fc46
Västra Tåsjö S 79 Fd27
Västra Torup S 110 Fa54
Västra Tunhem S 102 Ec47
Västra Yttermark FIN 89 Hd32
Västrum S 103 Gb49
Vastse-Kuuste EST 107 Lb46
Vastseliina EST 107 Lc47
Vastse-Roosa EST 107 Lb48
Västsjö S 79 Fd26
Västsjön S 78 Fa29
Västvallen S 86 Fa33
Vasvár H 145 Gc54
Vasylivka UA 205 Fa16
Vasyl'kiv UA 204 Ec15
Vasyl'kivka UA 205 Fa15
Vasyščeve UA 203 Fa14
Vața de Jos RO 171 Cc59
Vatajankylä FIN 89 Jb34
Vatajankylä FIN 89 Jc33
Vatala FIN 83 Ma31
Vatan F 29 Gc43
Vätava RO 171 Dc57
Väte S 104 Gd50
Váthi GR 183 Cb76
Vathí GR 188 Ac83
Vathí GR 188 Ac84
Vathí GR 197 Ea91
Vathí GR 197 Eb88
Váthia GR 194 Bc91
Vathílakkos GR 184 Cd76
Vathílakos GR 183 Bc79
Vathís GR 197 Eb90
Vathult S 102 Fa50
Vathy GR 189 Cb85
Vatici MD 173 Fc57
Vatin SRB 174 Bc62
Vatjusjärvi FIN 82 Ka27
Våtkölssätern S 86 Ed36
Vatku EST 98 Kd42
Vatla EST 98 Ka45
Vatland N 92 Ca46
Vatland N 92 Cc46
Vatland N 92 Cc47
Vatnås N 93 Dc41
Vatne N 76 Cd32
Vatne N 76 Cc33
Vatne N 92 Cb44
Vatne N 92 Cd45
Vatne N 92 Cd46
Vatneli N 92 Cd46
Vatnøyra N 66 Fd15
Vatnstrøm N 92 Cd46
Vätö S 96 Ha42
Vatohóri GR 182 Ba77
Vatoússa GR 191 Dd83
Vatra MD 173 Fd58
Vatra Dornei RO 172 Ea56
Vatra Moldoviţei RO 172 Ea55
Vatry F 24 Hd37
Vats N 92 Ca42
Vatta EST 105 Jd46
Vatta H 146 Jc51
Vättak S 102 Fa48
Vattholma S 96 Gc41
Vattjom S 87 Gb33
Vattland S 87 Gb35
Vättlax FIN 97 Jc41
Vattukylä FIN 82 Ka26
Vatula FIN 89 Jc35
Vatutine UA 204 Ec15
Vatutino RUS 122 Jc30
Vatvet N 94 Eb43
Vauchamps F 24 Hc36
Vauchassis F 30 Hc39
Vauclaix F 30 Hc42
Vauconcourt-Nervezain F 31 Jc40
Vaucouleurs F 25 Jc37
Vaudeurs F 30 Hc39
Vaudoy-en-Brie F 24 Hb37
Vaudrey F 31 Jc42
Vau i Dejës AL 163 Jb71
Vaujany F 35 Ka48
Vauldalen N 86 Ec32
Vaulruz CH 141 Bc55
Vaulx-Vraucourt F 23 Ha32
Vaupoisson F 30 Hd38
Vau-Spas AL 159 Jc70
Vau-Spas AL 178 Ad72
Vausseroux F 28 Fc44
Vautorte F 28 Fb39
Vauvenargues F 42 Jd54
Vauvert F 42 Ja54
Vauvillers F 31 Jd39
Vaux-s-Sûre B 132 Ba44
Vaux-sur-Aubigny F 30 Jb40
Vavd S 96 Gd39
Vávdos GR 183 Cb78
Väversunda S 103 Fc47
Vavincourt F 24 Jb36
Vavkavysk BY 202 Dd13
Vavla CY 206 Jb97
Vavylas CY 206 Jb96
Växbö S 87 Gb36
Vaxholm S 96 Gd43
Växjö S 103 Fc52
Våxtorp S 110 Ed53
Vay F 28 Ed41
Väylä FIN 64 Ka10
Väylänpää FIN 68 Jb17
Vayrac F 33 Gc50
Väyrylä FIN 75 Kd24
Vaysal TR 185 Ec74
Väystäjä FIN 74 Jc20
Vazáš S 68 Hc15
Važec SK 138 Ja47
V'azka RUS 99 Ma44
Veähtšaknjarga FIN 64 Ka07
Veaikevárri S 67 Hb16
Vean N 77 Dc30
Veaugues F 29 Ha42
Vebbestrup DK 100 Dc22
Veberöd S 110 Fa56
Veblungsnes N 77 Da32
Vebomark S 80 Hc26
Vecate LV 106 Kc47
Vecbāta LV 113 Jc53
Vecbebri LV 106 La51
Vecborne LV 115 Lc53
Vecgaiķi LV 105 Jd51
Vechelde D 126 Dc37
Vechno RUS 107 Mb49
Vechta D 117 Cc35
Vecinos E 45 Cb63
Vecipiebalga LV 106 La50
Veckalsnava LV 106 La51
Veckebo S 87 Fd35
Veckenstedt D 126 Dc38
Veckholm S 96 Gc43
Veclaicene LV 107 Lc48
Vecmilgravis LV 106 Kb50
Vecsaule LV 106 Kc52
Vecsés H 146 Hd53
Vectilža LV 107 Ld49
Vecumi LV 107 Ld49
Vecumnieki LV 106 Kc51
Veczvärde LV 105 Jd52
Vėdariai LT 115 Lb54
Vedavågen N 92 Bd42
Vedbæk DK 109 Ec25
Vedby S 110 Ed54
Veddelev DK 109 Eb26
Veddige S 102 Ec50
Veddum DK 100 Dc22
Vedea RO 175 Db65
Vedea RO 180 Dc67
Vedea RO 180 Ea68
Vederslöv S 103 Fc52
Vedersø DK 100 Cd23
Vedevåg S 95 Fd43
Vedhall S 102 Eb48
Vedjeön S 79 Fd28
Vědlice CZ 136 Fb43
Vedrare BG 180 Db72
Vedrina BG 181 Fa69
Vedrines-Saint-Loup F 34 Hb49
Vedro Polje BIH 152 Gb63
Vedrovo RUS 203 Fb08
Vedum S 102 Ed47
Veelikse EST 106 Kc47
Veendam NL 117 Ca33
Veenendaal NL 125 Bb37
Veenwouden NL 117 Bc33
Veere EST 105 Jb46
Veere NL 124 Ab38
Vefall N 93 Db44
Vega E 38 Dc55
Vegacerneja E 37 Cd56
Vegacervera E 37 Cc56
Vega de Anzo E 37 Cb54
Vega de Espinareda E 37 Bd56
Vegadeo E 37 Bd54
Vega de Pas E 38 Dc55
Vega de Terrón E 45 Bc62
Vega de Valcarce E 37 Bd56
Vega de Valdetronco E 46 Cd60
Vegafriosa E 37 Cb54
Vegaquemada E 37 Cc56
Vegarienza E 37 Cb56
Vegårshei N 93 Db45
Vegas de Coria E 45 Ca64
Vegas del Condado E 37 Cc57
Vegaviana E 45 Bc65
Vegby S 102 Fa49
Vegeriai LT 106 Ka52
Veggen N 67 Gb13
Vegger DK 100 Db21
Veggli N 93 Db41
Veghel NL 125 Bb38
Vegi LV 105 Jd50
Veglie I 162 Hb76
Vegset N 78 Ed27
Veguilla E 38 Dd55
Veguillas de la Sierra E 47 Ed65
Vegusdal N 93 Da45
Vehendi EST 106 La46
Vehkajärvi FIN 90 Ka35
Vehkakorpi FIN 89 Jb36
Vehkalah FIN 90 Kc35
Vehkalahti FIN 90 La38
Vehkaperä FIN 81 Jd30
Vehkataipale FIN 91 Lb35
Vehmaa FIN 89 Ja38
Vehmaa FIN 90 La33
Vehmasjärvi FIN 82 La27
Vehmaskylä FIN 90 La32
Vehmaskylä FIN 90 La34
Vehmasmäki FIN 82 La30
Vehmersalmi FIN 82 La30
Vehniä FIN 90 Kb32
Vehtovo BG 181 Ec70
Vehu FIN 81 Jd31
Vehus N 92 Cd47
Vehuvarpee FIN 89 Jc35
Vehvilä FIN 82 Kd31
Veidholmen N 77 Db29
Veidnes N 64 Jc05
Veierland N 93 Dd44
Veiesund N 84 Ca35
Veikåker N 85 Dc40
Veikkola FIN 74 Kc18
Veikkola FIN 98 Ka39
Veillac F 33 Ha48
Veilsdorf D 134 Dc43
Veines N 65 Kb04
Veinge S 110 Ed53
Veiprty CZ 135 Ed43
Veiros P 50 Ba68
Veisiejai LT 123 Kc30
Veitsbronn D 134 Dc46
Veitsch A 144 Fd53
Veitservasa FIN 68 Jc14
Veitshöchheim D 134 Db45
Veitsiluoto FIN 74 Jc21
Veiveriai LV 114 Kb58
Veivirženai LT 113 Jc55
Vejano I 156 Ea70
Vejby DK 109 Ec24
Vejbystrand S 110 Ed53
Vejdelevka RUS 203 Fb14
Vejen DK 108 Da26
Vejer de la Frontera E 59 Bd77
Vejers Strand DK 108 Cd25
Vejlby DK 108 Db26
Vejle DK 108 Db25
Vejlen DK 100 Dc21
Vejno RUS 99 Ld43
Vejprnice CZ 135 Ed45
Vejrumbro DK 100 Db23
Vejrumstad DK 100 Da23
Vejruplund DK 109 Dd26
Vekarajärvi FIN 90 La36
Vekilski BG 181 Ed69
Vekkula FIN 90 Kb33
Vektarlia N 78 Fa25
Vela RO 175 Cd66
Velaatta FIN 89 Jd35
Velada E 46 Cd65
Velada P 50 Ba66
Velagići BIH 152 Gc63
Velaines F 24 Jb37
Vela Luka HR 158 Gc68
Velanda S 102 Ec47
Velanidiá GR 182 Ba78
Velanídia GR 195 Bd91
Velaóra GR 188 Ba82
Velayos E 46 Da63
Velbert D 125 Bd39
Velburg D 135 Ea47
Velda LV 105 Jc52
Velden D 135 Dd46
Velden D 143 Eb50
Velden am Wörthersee A 144 Fa56
Veldhoek NL 125 Bc37
Veldhoven NL 124 Ba39
Veldre N 86 Ea38
Vel'e RUS 107 Ld47
Vel'e RUS 107 Ma49
Velea Tailor RO 177 Fc64
Velebit SRB 153 Jb58
Velefique E 61 Ea75
Velehrad CZ 137 Gd48
Velemín CZ 136 Fa43
Vele Mun HR 151 Fb60
Velen D 125 Bd37
Velēna LV 107 Lb49
Veleni RUS 99 Mb45
Velenje SLO 151 Fd57
Velentzikó GR 188 Ba82
Velereč SRB 159 Jc64
Veles MK 183 Bc74
Veleševec HR 152 Gb59
Veleso I 149 Cc58
Velešta MK 182 Ad75
Velestino GR 189 Bd82
Velestovo MK 182 Ba76
Velestovo MNE 159 Hd69
Vélez Blanco E 61 Eb73
Vélez de Benaudalla E 60 Dc76
Vélez-Málaga E 60 Da76
Vélez Rubio E 61 Eb73
Velgast D 119 Ec30
Velhartice CZ 135 Ed47
Velholan FIN 75 Kc24
Veliés GR 195 Bd90
Veligonty RUS 99 Mb39
Veli Iž HR 157 Fd64
Velika GR 183 Ca80
Velika GR 194 Bb89
Velika HR 152 Ha60
Velika SRB 159 Jc68
Velika Bršljanica HR 152 Gc59
Velika Cista HR 158 Gc66
Velika Drenova SRB 178 Bb67
Velika Gorica HR 152 Gb59
Velika Jablonica KSV 178 Ad70
Velika Jablonica SRB 159 Jc68
Velika Kladuša BIH 151 Ga61
Velika Krsna SRB 174 Bb64
Velika Kruša KSV 178 Ba71
Velika Lukanja SRB 179 Cb69
Velika Moštanica SRB 153 Jc62
Velika Peratovica HR 152 Gd59
Velika Pisanica HR 152 Gd58
Velika Plana SRB 178 Bc69
Velika Preska SLO 151 Fc58
Velika Slatina KSV 178 Bb71
Velike Krčmare SRB 174 Bb66
Velike Lašče SLO 151 Fc58
Velike Račna SLO 151 Fc58
Velikie Luki RUS 202 Eb10
Veliki Gaj SRB 174 Bc62
Veliki Gradište SRB 174 Bd64
Veliki Greda SRB 174 Bc62
Veliki Grotevac HR 152 Gd59
Veliki Izvor SRB 179 Ca67
Veliki Kupci SRB 178 Bc68
Velikino RUS 99 Ld40
Veliki Plana SRB 174 Bb65
Veliki Poganac HR 152 Gc57
Veliki Popović SRB 174 Bc66
Veliki Preslav BG 181 Ec70
Veliki Radinci SRB 153 Ja61
Veliki Raven HR 152 Gb58
Veliki Šiljegovac SRB 178 Bc68
Veliki Srediste SRB 174 Bd62
Veliki Trnovac KSV 178 Bc71
Veliki Zdenci HR 152 Gd59
Veliko Orašje SRB 174 Bc65
Veliko Selo SRB 174 Bc65
Veliko Tărnovo BG 180 Dd70
Veliko Tirgovišće HR 151 Ga58
Veliko Trebeljevo SLO 151 Fc58
Velilla de Cinca E 48 Fd61
Velilla de Ebro E 48 Fb61
Velilla del Río Carrión E 38 Da56
Veli Lošinj HR 151 Fb63
Velimáhi GR 188 Bb86
Velimese TR 186 Fa77
Velimlje MNE 159 Hc68
Vélines F 32 Fd50
Velinga S 103 Fb48
Velingrad BG 179 Cd73
Velise EST 98 Kb44
Veliuona LV 114 Kb57
Veliž RUS 202 Eb11
Velje Duboko MNE 159 Ja68
Velji Breg KSV 178 Ba69
Veljun HR 151 Ga60
Veljusa MK 183 Ca75
Velká Biteš CZ 137 Gb47
Velká Bystřice CZ 137 Gd46
Velká Černoc CZ 136 Fa44
Velká Hleďsebe CZ 135 Ec45
Veľká Ida SK 139 Jd49
Veľká Lomnica SK 138 Jb47
Veľka Mača SK 145 Ha50
Veľká nad Ipľom SK 146 Ja50
Velká nad Veličkou CZ 137 Gd48
Velké Bílovice CZ 137 Gc48
Velké Heraltice CZ 137 Ha45
Veľké Kapušany SK 139 Ka49
Velké Karlovice CZ 137 Hb47
Veľké Kostoľany SK 137 Ha49
Velké Kunětice CZ 137 Gd43
Veľké-Leváre SK 145 Gc50
Velké Losiny CZ 137 Gc44
Veľke Lovce SK 145 Hb51
Veľke Ludince SK 145 Hb51
Velké Meziříčí CZ 136 Ga47
Velké Němčice CZ 137 Gc48
Velké Opatovice CZ 137 Gc46
Velké Pavlovice CZ 137 Gc48
Veľké Ripňany SK 137 Ha49
Veľké Rovné SK 137 Hb47
Veľke Turovce SK 146 Hc51
Veľke Uľany SK 145 Ha51
Veľké Zálužie SK 145 Ha50
Velkmossen FIN 89 Hd32
Velkua FIN 97 Ja39
Velkuankaupunki FIN 97 Ja39
Veľký Blh SK 138 Jb49
Velký Bor CZ 136 Fa47
Veľký Ďur SK 145 Hb50
Veľký Krtíš SK 146 Hd50
Veľky Meder SK 145 Ha52
Veľký Šariš SK 139 Jd47
Veľký Slavkov SK 138 Jb47
Velký Újezd CZ 137 Gd46
Vellahn D 119 Dd33
Vellamelen N 78 Ec27
Vellberg D 134 Da47
Velle N 76 Cd33
Vellechevreux F 31 Ka40
Vellefaux F 31 Jd41
Velle-le-Châtel F 31 Jd40
Velles F 29 Gc44
Vellescot F 31 Kb40
Velletri I 160 Eb72
Vellev DK 100 Dc23
Vellevans F 31 Ka41
Vellila de Tarilonte E 38 Da56
Vellinge S 110 Ed56
Vellisca E 47 Ea65
Velliza E 46 Cd60
Vellmar D 126 Da40
Vellua FIN 89 Ja38
Vélo GR 189 Bd86
Velovo HR 152 Ha60
Velpke D 127 Dd36
Velsen NL 116 Ad35
Velta N 94 Ec39
Velten D 127 Ed36
Veltrní CZ 136 Fb49
Veltrusy CZ 136 Fb44
Velušina MK 183 Bb76
Velvang N 78 Eb29
Velventós GR 183 Bc79
Velvína GR 188 Bb84
Velyka Lepetycha UA 205 Fa16
Velyka Pysarivka UA 203 Fa14
Velyki Dederkaly UA 204 Ea15
Velykyj Burluk UA 203 Fa14
Velžys LT 114 Kc55
Vemb DK 100 Cd23
Vemdalen S 87 Fb33
Vemdalsskalet S 87 Fb33
Vémend H 153 Hc57
Vemhån S 87 Fb34
Vemmedrup DK 109 Eb26
Vemmenæs DK 109 Dd28
Vemmetofte Strand DK 109 Ec27
Ven N 92 Cb44
Vena S 103 Ga49
Venabu N 85 Dd35
Venabygd N 85 Dd36
Venaco F 154 Cb70
Venafro I 161 Fa73
Venäjä FIN 89 Jc37
Venarey-les-Laumes F 30 Ja41
Venarsal F 33 Gc49
Venasca I 148 Bc62
Venas di Cadore I 143 Eb56
Venåsen N 85 Dd35
Venasque F 42 Jc52
Venčan BG 181 Ed70
Venčane SRB 153 Jc63
Vence F 43 Kc53
Venckai LT 113 Jb56
Vencloviškiai LT 114 Ka57
Venda P 50 Ba70
Venda Nova P 44 Ba59
Vendas Novas P 50 Ac69
Vendays-Montalivet F 32 Fa48
Vendegies-sur-Ecaillon F 24 Hb32
Vendel S 96 Gc41
Vendelä FIN 98 Ka39
Vendenheim F 25 Kc36
Vendeuil F 24 Hb34
Vendeuvre F 22 Fc36
Vendeuvre-sur-Barse F 30 Hd38
Vendine F 40 Gc54
Vendinha P 50 Ba70

Vizzini – Wąsosz

Vizzini I 167 Fc87
Vjatskie Poljany RUS 203 Ga08
Vjatskoe RUS 203 Fa08
Vjaz'ma RUS 202 Ec11
Vjazniki RUS 203 Fb09
V. Kolaro (Pamporovo) BG 184 Db75
Vlaardingen NL 124 Ac37
Vlachovo SK 138 Jb48
Vlachovo Březí CZ 136 Fa48
Vlad AL 159 Jc70
Vlad AL 178 Ad71
Vlădaia RO 175 Cc66
Vladaja BG 179 Cc71
Vlădeni RO 172 Ec55
Vlădeni RO 173 Fa56
Vlădeni RO 177 Fa66
Vlădești RO 175 Db63
Vlădești RO 175 Dc63
Vlădești RO 177 Fb62
Vladičin-Han SRB 178 Bd71
Vlădila RO 180 Db67
Vladilovce MK 183 Bc74
Vladimir MNE 163 Ja71
Vladimir RO 175 Cd64
Vladimir RUS 203 Fa10
Vladimirci SRB 153 Jb62
Vladimirescu RO 170 Bd59
Vladimirovac SRB 174 Bb63
Vladimirovci BG 181 Ec69
Vladimirovo BG 179 Cc68
Vladimirovo BG 181 Fa69
Vladimirovo MK 183 Ca74
Vladimirovo RUS 113 Ja59
Vladinja BG 180 Db70
Vladinos MNE 163 Ja71
Vladislav CZ 136 Ga47
Vlad Țepeș RO 176 Ed66
Vladyčkino RUS 99 Mb42
Vlagtwedde NL 117 Ca34
Vlaháta GR 188 Ac85
Vlaháva GR 183 Bb80
Vlahi BG 183 Cb74
Vlahiá GR 189 Cb84
Vlahióti GR 194 Bc90
Vlăhița RO 176 Ea60
Vlahokerassiá GR 194 Bc88
Vlahović HR 152 Gb60
Vlahovići BIH 158 Hb68
Vlăiculești RO 176 Ec66
Vlaina Okruglica SRB 179 Ca71
Vlajkovac SRB 174 Bc63
Vlajkovci SRB 178 Bb68
Vlas BG 181 Fa72
Vlasenica BIH 159 Hd64
Vlashuk AL 182 Ab76
Vlasi SRB 179 Ca70
Vlašići HR 157 Fd64
Vlašim CZ 136 Fc46
Vlașin RO 180 Ea67
Vlasina Rid SRB 179 Ca71
Vlăsinești RO 172 Ed55
Vlaški Drenovac KSV 178 Ba71
Vlasotince SRB 178 Bd70
Vlastiboř CZ 136 Fc47
Vlatten D 125 Bc41
Vledder NL 117 Bc34
Vlesno RUS 107 Ma49
Vleuten NL 116 Ba36
Vlijmen NL 124 Ba38
Vlissingen NL 124 Ab38
Vlorë AL 182 Aa77
Vlotho D 126 Cd37
V. Nedelja SLO 152 Gb57
Vnorovy CZ 137 Gd48
Vobbia I 148 Cb62
Vocance F 34 Ja49
Voćin HR 152 Ha59
Vockerode D 127 Eb38
Vöcklabruck A 144 Fa51
Vöcklamarkt A 143 Ed51
Vodable F 34 Hb48
Vodanj SRB 174 Bb64
Voden BG 185 Dd74
Voden BG 185 Ec74
Vodenica BIH 152 Gb62
Vodeničane BG 180 Eb72
Vodica BG 180 Ea70
Vodicë AL 182 Ad78
Vodice HR 151 Fa60
Vodice HR 157 Ga65
Vodice SLO 151 Fb57
Vodňany CZ 136 Fb47
Vodnjan HR 151 Fa61
Vodnjanci BG 179 Cb68
Vodno BG 180 Ea70
Vodovrar MK 183 Bc74
Vodskov DK 100 Dc21
Vodstrup DK 100 Da21
Voe GB 5 Fa04
Voel DK 108 Db24
Voerde D 125 Bd38
Voerladegård DK 108 Db24
Voerså DK 101 Dd20
Vœu F 29 Gc43
Voganj SRB 153 Jb61
Vogatsikó GR 183 Bb78
Vogelsdorf, Petershagen- D 128 Fa36
Vögelsen D 118 Dc33
Voggenau A 144 Fc52
Voghera I 148 Cb61
Voghiera I 150 Db62
Vognill N 77 Dd32
Vognsild DK 100 Db22
Vogogna I 148 Ca57
Vogorno CH 148 Cb57
Vogt D 142 Da52
Vogtareuth D 143 Eb51
Vogtsburg D 141 Bd50
Vogüe F 34 Ja51
Vohburg D 135 Dd49
Vohburg D 135 Ea49
Vohenstrauß D 135 Eb46
Vöhl D 126 Cd40
Võhma EST 97 Jc45
Võhma EST 98 Ka45
Võhma EST 98 Kd41
Võhma EST 98 Kd44
Vohonjoki FIN 74 Kb20
Vohonovo RUS 99 Mb40
Vöhrden, Neuenkirchen- D 117 Cc36
Vöhrenbach D 141 Cb50
Vöhringen D 142 Cc50
Vöhringen D 142 Da50
Voicești RO 175 Db65
Void-Vacon F 25 Jc37
Voievoda RO 180 Dc68
Voigtsdorf D 120 Fa33
Voigtstedt D 127 Dd40
Voikoski FIN 90 Kd35
Voila RO 175 Dc61
Voiluoto FIN 89 Ja37
Voineasa RO 175 Da62
Voineasa RO 175 Da66
Voinescu MD 173 Fc59
Voinești RO 173 Fa57
Voinești RO 173 Fa59
Voinești RO 176 Dd64
Voiron F 35 Jc48
Voise F 29 Gc38
Võisiku EST 98 Kd44
Voisines F 30 Jb40
Võiste EST 106 Kb46
Voiteg RO 174 Bc61
Voiteur F 31 Jc43
Voitoinen FIN 89 Jb37
Voitsberg A 144 Fd54
Voivodeni RO 171 Dc58
Vojakkala FIN 74 Jc21
Vojakkala FIN 90 Ka38
Vojčice SK 139 Ka48
Vojens DK 108 Db27
Vojinka UA 205 Fa17
Vojka SRB 153 Jb61
Vojkovice CZ 135 Ec44
Vojkovici BIH 159 Hc65
Vojmån S 79 Gb25
Vojnić HR 151 Ga60
Vojnik SLO 151 Fd57
Vojnika BG 181 Ec73
Vojnjagovo BG 180 Db72
Vojno-Selo MNE 159 Jb69
Vojnovo BG 181 Ed68
Vojšanci MK 183 Bd75
Vojsil BG 180 Db73
Vojska SRB 174 Bc66
Vojtjajaure S 71 Fd23
Vojvoda BG 181 Ed69
Vojvoda Stepa SRB 174 Bb61
Vojvodino BG 181 Fa70
Vojvodinovo BG 180 Db73
Voka EST 99 Lc41
Voladilla Alta E 60 Cc77
Vólakas GR 184 Cd76
Volargne I 149 Db59
Volary CZ 136 Fa48
Vólax GR 196 Db89
Volbu N 85 Dc37
Volče SLO 151 Fa57
Volciano I 149 Db59
Volčki RUS 203 Fb12
Volda N 76 Cc33
Voldby DK 101 Dd23
Volden N 78 Ea31
Volders A 143 Dd54
Voldi EST 98 La44
Voldum DK 100 Dc23
Volendam NL 116 Ba35
Volga RUS 202 Ed09
Volgelsheim F 31 Kc39
Volgodonsk RUS 205 Fd15
Volgograd RUS 203 Fd14
Volgorečensk RUS 203 Fa09
Volgovo RUS 99 Ma40
Volgsele S 79 Gb25
Volhov RUS 202 Eb08
Volimes GR 188 Ac86
Volintiri MD 177 Ga60
Volissós GR 191 Dd85
Voljice BIH 158 Ha65
Volkach D 134 Db45
Volkenschwand D 135 Ea49
Völkermarkt A 144 Fc56
Völklingen D 133 Bc46
Volkmarsen D 126 Cd39
Volkovija MK 178 Ba73
Volkovo RUS 107 Ld48
Volkstedt D 127 Ea39
Voll N 86 Ea38
Vollen N 62 Gc10
Vollen N 78 Ec28
Vollenhove NL 117 Bc35
Vollersode D 118 Cd33
Vollerup DK 108 Db28
Vollheim N 79 Fb26
Vollore-Montagne F 34 Hc47
Vollore-Ville F 34 Hc47
Vollsjö S 110 Fa56
Volmsjö S 80 Gc27
Volna RUS 99 Ma42
Volnay F 28 Fd40
Volnovacha UA 205 Fb15
Voloave MD 173 Fc54
Voločaevskij RUS 205 Fd15
Voločajevskoje RUS 113 Hd59
Voločys'k UA 204 Ea15
Volodarka UA 204 Ec15
Volodarovka RUS 113 Jc59
Volodarsk RUS 203 Fb09
Volodarskij Toriki RUS 99 Mb39
Volodymyrec' UA 202 Ea14
Volodymyr-Volyns'kyj UA 202 Dd14
Vologda RUS 202 Ed08
Voloiac RO 175 Cc65
Volokolamsk RUS 202 Ed10
Volokonovka RUS 203 Fb13
Volonne F 42 Ka52
Vólos GR 189 Ca82
Volosovo RUS 99 Ld43
Volosovo RUS 99 Ma41
Vološovo RUS 99 Mb43
Volosovo RUS 202 Ea08
Volotovo RUS 203 Fb13
Volovăț RO 172 Eb55
Volovec' UA 204 Dd16
Volovița MD 173 Fc54
Volovo BG 180 Ea69
Volpiano I 148 Bd60
Völpke D 127 Dd37
Völschow D 119 Ed32
Vol'sk RUS 203 Ga11
Voltaggio I 148 Cb62
Volta Mantovana I 149 Db60
Volterra I 155 Db66
Voltlage D 117 Cb36
Voltri I 148 Cb62
Voltti FIN 81 Jb30
Volturara Appula I 161 Fc73
Volturara Irpina I 161 Fc75
Volvic F 34 Hb46
Volyně CZ 136 Fa47
Volžsk RUS 203 Fd09
Volžskij RUS 203 Fd13
Vömmorski EST 107 Lc47
Vomp A 143 Dd53
Vonêche B 132 Ad43
Vonešta Voda BG 180 Dd71
Vóni GR 200 Da96
Vónitsa GR 188 Ad82
Vonnas F 34 Jb45
Võnnu EST 99 Lb45
Vonsild DK 108 Db26
Vööpste EST 99 Lb45
Vööpsu EST 107 Lc46
Voorburg NL 116 Ad36
Voore EST 99 Lb44
Voorschoten NL 116 Ad36
Voorthuizen NL 116 Bb36
Vopnafjörður IS 3 Bc04
Vörå FIN 81 Ja30
Vorau A 144 Ga53
Voray-sur-l'Ognon F 31 Jd41
Vorbasse DK 108 Da25
Vorchdorf A 144 Fa51
Vorden NL 125 Bc37
Vordernberg A 144 Fc53
Vorderriß D 143 Dd53
Vorderstoder A 144 Fb52
Vorderweissenburg A 136 Fb49
Vordingborg DK 109 Eb28
Vordónia GR 194 Bc89
Vorë AL 182 Ab74
Voreppe F 35 Jd48
Vorey F 34 Hd49
Vóri GR 200 Cd96
Vorinó GR 183 Bc76
Vorly F 29 Ha43
Vormsele S 80 Gd25
Vormsund N 94 Eb41
Vormträsk S 80 Gd25
Vorna FIN 82 Kb26
Vorniceni RO 172 Ec54
Voroning DK 100 Dc22
Vorona RO 172 Ec56
Voroncovo RUS 107 Mb48
Voroneț RO 172 Eb56
Voronež RUS 203 Fa13
Voronkina RUS 107 Lc47
Voronovo RUS 99 Ld42
Vorožba UA 202 Ed13
Vorpbukta N 78 Ea28
Vorra D 135 Dd46
Vorsma RUS 203 Fb09
Vorța RO 175 Cc60
Vorterøyskagen N 62 Ha08
Võru EST 107 Lb47
Vorzova LV 115 Ma53
Vosbutai LV 114 Kb56
Voshod RUS 203 Ga14
Vosiliškis LT 114 Kb55
Voskop AL 182 Ad77
Voskopojë AL 182 Ad77
Voskresensk RUS 203 Fa10
Voskresenskoe RUS 202 Ed09
Voskresenskoe RUS 203 Fc08
Voșlăbeni RO 172 Ea59
Voss N 84 Cc38
Võsu EST 98 Kd41
Vothylakas CY 206 Jd95
Votice CZ 136 Fc46
Võtikvere EST 99 Lb43
Voudenay-l'Église F 30 Ja42
Voúdia GR 195 Cd91
Voue F 30 Hd38
Vougécourt F 31 Jd39
Vougeot F 30 Jb42
Vouguinha P 44 Ba62
Vouhé F 32 Fb46
Vouillé F 28 Fd44
Vouillé F 32 Fc45
Voukoliés GR 200 Cb95
Voúla GR 195 Cb87
Vouliagméni GR 195 Cb87
Vouliásta GR 188 Ad81
Voúlpi GR 188 Ba82
Voulx F 29 Ha38
Voumajärvi S 73 Jb20
Voúnargo GR 188 Ba86
Vounihóra GR 189 Bc85
Vourgareli GR 188 Ba81
Vourijärvi FIN 89 Jc34
Vourkári GR 195 Cd88
Vourvouroú GR 184 Cc79
Vousnainen FIN 97 Ja39
Voussac F 34 Hb45
Voutás GR 200 Ca95
Voutenay-sur-Cure F 30 Hc41
Voutiáni GR 194 Bc89
Voutsarás GR 182 Ac80
Voútsis GR 194 Bb87
Vouvant F 28 Fb44
Vouvray F 29 Ga41
Vouzailles F 28 Fd44
Vouzela P 44 Ba62
Vouzeron F 29 Gd42
Voúzi GR 189 Bd82
Vouziers F 24 Ja35
Vouzon F 29 Gd41
Vovčans'k UA 203 Fa14
Voves F 29 Gc39
Voxna S 87 Fd37
Voxtorp S 103 Fb51
Voxtorp S 111 Ga53
Vöyri FIN 81 Ja30
Vozneseni MD 173 Fc59
Voznesens'k UA 204 Ed16
Voznesenskoe RUS 203 Fb10
Voznice CZ 136 Fb45
Vrå DK 100 Dc20
Vrå S 102 Fa52
Vrabča BG 179 Cb70
Vrabevo BG 180 Db70
Vráble SK 145 Hb50
Vraca BG 179 Cd69
Vračeš BG 179 Cd71
Vračev Gaj SRB 174 Bc63
Vračević SRB 153 Jc63
Vracov CZ 137 Gd48
Vrådal N 93 Da43
Vradijivka UA 204 Ec16
Vrads DK 108 Db24
Vragočanica SRB 153 Jb63
Vrahneika GR 188 Ba85
Vráhos GR 188 Ac82
Vråliosen N 93 Da43
Vrana HR 151 Fb62
Vrana HR 157 Ga65
Vranče MK 183 Bb75
Vrâncioaia RO 176 Ec61
Vranduk BIH 152 Hb63
Vranes MD 173 Fa56
Vrangiana GR 188 Ba82
Vrångö S 102 Eb49
Vrani RO 174 Bd63
Vranić SRB 153 Jc62
Vrani Kon BG 180 Eb71
Vranilovci BG 180 Dc71
Vranino BG 181 Fb69
Vranja HR 151 Fa60
Vranjak BG 179 Cd69
Vranje SRB 178 Bd71
Vranjska Banja SRB 178 Bd71
Vranov nad Dyjí CZ 136 Ga48
Vranov nad Topľou SK 139 Ka48
Vranovo SRB 174 Bc64
Vranovská ves CZ 136 Ga48
Vransko SLO 151 Fc57
Vrap AL 182 Ab75
Vrapce Polje MNE 159 Jb67
Vrapčište MK 178 Ba73
Vrassná GR 184 Cc78
Vrástama GR 184 Cc79
Vrata SLO 144 Fd56
Vratarnica SRB 179 Ca67
Vratěnín CZ 136 Ga48
Vratimov CZ 137 Hb45
Vratlo MNE 159 Ja68
Vrátna SK 138 Hc47
Vratnica MK 178 Bb72
Vravróna GR 195 Cc87
Vrba MNE 159 Ja66
Vrbanj HR 158 Gc67
Vrbanja BIH 152 Gd62
Vrbanja HR 153 Hd61
Vrbanjci BIH 152 Ha62
Vrbanje MNE 159 Hc69
Vrbas SRB 153 Ja59
Vrbaška BIH 152 Gd61
Vrbeštica KSV 178 Ba72
Vrbnica KSV 178 Ad72
Vrbnik HR 151 Fc61
Vrbno pod Pradědem CZ 137 Gd44
Vrboska HR 158 Gc67
Vrbov SK 138 Jb47
Vrbovce SK 137 Gd48
Vrbové SK 137 Ha49
Vrbovski SRB 153 Jc61
Vrbovsko HR 151 Fd60
Vrchlabí CZ 136 Fd43
Vrčice SLO 151 Fd59
Vrcin SRB 174 Bb64
Vrdy CZ 136 Fd45
Vrebac HR 151 Fd63
Vrécourt F 31 Jc38
Vreden D 125 Bd37
Vrees D 117 Cb34
Vrela KSV 178 Ad70
Vrela SRB 159 Jc68
Vrelo SRB 178 Bd68
Vremski Britof SLO 151 Fa59
Vrena S 95 Gb45
Vrensted DK 100 Dc20
Vreoci SRB 153 Jc62
Vresovo BG 181 Ed71
Vresse-s.-Semois B 132 Ad44
Vrésthena GR 194 Bc88
Vreta FIN 97 Jc40
Vreta kloster S 103 Fd46
Vreten S 95 Gb39
Vretstorp S 95 Fc44
Vrgada HR 157 Fd65
Vrgorac HR 158 Ha67
Vrhnika SLO 151 Fb58
Vrhopolje BIH 152 Gc62
Vrhovine HR 151 Fd62
Vrhovo SLO 151 Fd58
Vries NL 117 Bd33
Vriezenveen NL 117 Bd36
Vrigne-au-Bois F 24 Ja33
Vrigstad S 103 Fb50
Vrin CH 142 Cc55
Vrinners DK 109 Dd24
Vrisári GR 188 Bb86
Vrises GR 200 Cc95
Vrissa GR 191 Ea84
Vrissiá GR 189 Bc82
Vrissohóri GR 182 Ad79
Vrissoúla GR 188 Ad81
Vrizy F 24 Ja34
Vrlika HR 158 Gb65
Vrnjačka Banja SRB 178 Bb67
Vrnograč BIH 151 Ga61
Vrodoú GR 183 Bd79
Vron F 23 Gc32
Vrondádos GR 191 Dd86
Vronderó GR 182 Ba77
Vrontamás GR 194 Bc89
Vroomshoop NL 117 Bd35
Vrossina GR 182 Ac80
Vroutek CZ 135 Ed44
Vrpolje HR 153 Hc60
Vrpolje HR 158 Gb66
Vršac SRB 174 Bc63
Vršani BIH 153 Hd62
Vrsar HR 150 Ed61
Vrsi HR 157 Fd64
Vrtoče BIH 152 Gb62
Vruda RUS 99 Ma41
Vrujci SRB 153 Jc63
Vrulja MNE 159 Ja67
Vrulje HR 157 Fd65
Vrútky SK 138 Hc47
Vrutok MK 178 Ba73
Všeruby CZ 135 Ec47
Všestary CZ 136 Ga44
Všetaty CZ 136 Fc44
Vsetín CZ 137 Ha47
Vsevoložsk RUS 202 Eb08
Vtroja RUS 99 Ld42
Vuarrens CH 141 Bb55
Vučedo HR 153 Hd60
Vučić SRB 174 Bb65
Vućijak BIH 152 Ha62
Vučinice SRB 178 Ba69
Vučinići HR 151 Fc60
Vučitrn KSV 178 Bb70
Vučja Lokva KSV 178 Ba69
Vučja Luka BIH 159 Hc65
Vučje SRB 178 Bd70
Vučkovica SRB 178 Ad67
Vught NL 124 Ba38
Vuillafons F 31 Jd42
Vukan BG 179 Ca71
Vukosanka FIN 83 Lb25
Vukovar HR 153 Hd60
Vukovina HR 152 Gb59
Vuku N 78 Ec29
Vulaines-sur-Seine F 29 Ha38
Vulcan RO 175 Cd62
Vulcan RO 176 Dd62
Vulcana-Băi RO 176 Dd64
Vulcănești MD 177 Fc62
Vulcănești UA 204 Ec18
Vulcano Piano I 167 Fc83
Vulcano Porto I 167 Fc83
Vulpeni RO 175 Da65
Vultureni RO 171 Da57
Vultureni RO 176 Ed60
Vulturești RO 172 Ec56
Vulturești RO 173 Fa58
Vulturești RO 175 Db65
Vulturu RO 177 Fa62
Vulturu RO 177 Fb66
Vuobmaved FIN 64 Jc10
Vuoggatjålme S 71 Ga19
Vuohčču FIN 69 Ka13
Vuohijärvi FIN 90 Kd36
Vuohiniemi FIN 90 Ka37
Vuohtomäki FIN 82 Kb28
Vuojalahti FIN 90 Kd33
Vuojärvi FIN 69 Ka17
Vuokatti FIN 82 Kd25
Vuoksenniska FIN 91 Lc35
Vuolenkoski FIN 90 Kd36
Vuolijoki FIN 82 Kc26
Vuolinko FIN 90 La34
Vuolle FIN 81 Jc28
Vuolledalen N 63 Ja09
Vuollerim S 73 Hb20
Vuonamo FIN 82 Kc29
Vuonisjärvi FIN 83 Ld28
Vuonislahti FIN 83 Ld28
Vuono S 74 Jc21
Vuonos FIN 83 Lc30
Vuontee FIN 90 Kc32
Vuontisjärvi FIN 68 Jb13
Vuorenkylä FIN 90 Kc34
Vuorenmaa FIN 89 Jb37
Vuorenmaa FIN 90 La33
Vuoreslahti FIN 82 Kd26
Vuorilahti FIN 82 Kb30
Vuorimäki FIN 89 Jd32
Vuoriniemi FIN 91 Ld34
Vuosaari FIN 98 Kb39
Vuoskojaure sameviste S 67 Ha13
Vuostimo FIN 69 Kb17
Vuostimojärvi FIN 69 Kb17
Vuotinainen FIN 90 Ka38
Vuotjärvi FIN 82 La29
Vuotner S 72 Ha22
Vuotsa FIN 83 Ma29
Vuotso FIN 69 Ka13
Vuottas S 73 Hd20
Vuottolahti FIN 82 Kc26
Vuotunki FIN 75 La19
Vuovdakuoihka FIN 64 Jc09
Vurnary RUS 203 Fc09
Vurpăr RO 175 Db61
Vust DK 100 Db20
Vutcani RO 177 Fb60
Vybor RUS 107 Mb48
Vybor RUS 202 Ea10
Vyborg RUS 202 Ea08
Výčapy CZ 136 Ga47
Výčapy Opatovce SK 145 Hb50
Východná SK 138 Ja47
Vydeniai LT 114 Kd59
Vydmantai LT 113 Jb54
Vygoniči RUS 202 Ed12
Vygrėliai LT 114 Ka59
Vyksa RUS 203 Fb10
Vy-lès-Lure F 31 Ka40
Vylkove UA 204 Ec18
Vynnyky UA 204 Dd15
Vypolzovo RUS 202 Ec09
Vyra RUS 99 Mb41
Vyrica RUS 202 Eb08
Vyšgorodok RUS 107 Ld49
Vyšhorod UA 202 Ec14
Vyskatka RUS 99 Ld42
Vyškov CZ 137 Gc47
Vyskytná CZ 136 Fd46
Vyšné Nemecké SK 139 Kb48
Vyšné Ružbachy SK 138 Jb46
Vyšnij Voloček RUS 202 Ec09
Vysockoe RUS 107 Mb49
Vysoká SK 137 Hb46
Vysoké Mýto CZ 137 Gb45
Vysokij Most RUS 107 Ld47
Vysokoe RUS 113 Jc58
Vysokoje RUS 113 Jd58
Vysokovsk RUS 202 Ed10
Vysoký Chlumec CZ 136 Fb46
Vyšší Brod CZ 136 Fb49
Vystavka RUS 107 Mb46
Vyžiai LT 113 Jc56
Vyžnycja UA 204 Ea16
Vyžuonos LT 114 La55
Vzmor'e RUS 113 Hd59

W

Waabs D 108 Dc29
Waake D 126 Db39
Waakirchen D 143 Ea52
Waal D 142 Dc51
Waalre NL 124 Ba39
Waalwijk NL 124 Ba38
Waase D 119 Ed30
Wabcz PL 121 Hb33
Waben F 23 Gc32
Wabern D 126 Da40
Wabienice PL 129 Gd41
Wąbrzeźno PL 121 Hb33
Wach PL 122 Jc33
Wachenheim D 133 Cb46
Wachenroth D 134 Dc45
Wąchock PL 130 Jc41
Wachow D 127 Ec36
Wachów PL 129 Hb42
Wachtberg D 125 Bd42
Wachtendonk D 125 Bc39
Wächtersbach D 134 Cd43
Wacken D 118 Da31
Wackersdorf D 135 Eb47
Wackersleben D 127 Dd37
Waddesdon GB 20 Fb27
Waddewarden D 117 Cc32
Waddington GB 17 Fc22
Waddingtown IRL 13 Cc25
Waddinxveen NL 116 Ad36
Wadebridge GB 18 Db31
Wädenswil CH 141 Cb53
Wadern D 133 Bc45
Wadersloh D 126 Cc38
Wadhurst GB 20 Fd29
Wadlew PL 130 Hd39
Wadowice PL 138 Hd45
Waffenbrunn D 135 Ec47
Wagenfeld D 126 Cd36
Wageningen NL 125 Bb37
Waghäusel D 134 Cc47
Waging am See D 143 Ec51
Wagna A 144 Fd55
Wagrain A 143 Ed53
Wągrowiec PL 121 Gc35
Wahlstedt D 118 Dc31
Wahrenberg D 119 Ea35
Wahrenholz D 126 Dc36
Waiblingen D 134 Cd48
Waibstadt D 134 Cc46
Waidhaus D 135 Eb46
Waidhofen an der Thaya A 136 Fd49
Waidhofen an der Ybbs A 144 Fc51
Waidring A 143 Eb53
Waimes B 125 Bb42
Wainfleet All Saints GB 17 Fd23
Wainhouse Corner GB 18 Dc30
Waischenfeld D 135 Dd45
Waizenkirchen A 144 Fa50
Wakefield GB 16 Fa21
Walbeck D 125 Bc39
Walbeck D 127 Dd37
Walberswick GB 21 Gc25
Wałbrzych PL 129 Gb42
Walchen A 143 Dd54
Walchum D 117 Ca34
Walchwil CH 141 Cb54
Wałcz PL 121 Gb34
Wald A 143 Ed54
Wald A 144 Fc53
Wald CH 142 Cc53
Wald D 142 Cd51
Waldaschaff D 134 Cd44
Waldbach A 144 Ga53
Waldböckelheim D 133 Ca44
Waldbreitbach D 125 Ca42
Waldbröl D 125 Ca41
Waldbronn D 133 Cb48
Waldbrunn D 134 Cd46
Waldbrunn (Westerwald) D 125 Cb42
Waldburg D 142 Da52
Walddrehna D 128 Fa39
Wälde, Betzweiler- D 133 Cb49
Waldeck D 126 Cd40
Waldems D 133 Cb43
Waldenbuch D 134 Cd49
Waldenburg D 127 Ec42
Waldenburg D 134 Da47
Waldenstein-Twimberg A 144 Fc55
Walderbach D 135 Eb47
Walderton GB 20 Fb30
Waldfeucht D 125 Bb40
Waldfischbach-Burgalben D 133 Ca46
Waldhausen im Strudengau A 144 Fc50
Waldheim D 127 Ed41
Waldkappel D 126 Db40
Waldkirch CH 142 Cd53
Waldkirch D 141 Ca50
Waldkirchen D 127 Ed42
Waldkirchen D 136 Fa49
Waldkraiburg D 143 Eb50
Wald-Michelbach D 134 Cc46
Waldmohr D 133 Bd46
Waldmünchen D 135 Ec47
Waldneukirchen A 144 Fb51
Wałdowo PL 121 Gd33
Waldringfield GB 21 Gb26
Waldsassen D 135 Eb45
Waldsee D 133 Cb46
Waldsee, Bad D 142 Da51
Waldshut-Tiengen D 141 Ca52
Waldsieversdorf D 128 Fb36
Waldsolms D 134 Cc43
Waldstetten D 134 Cd46
Wałdyki PL 122 Hd32
Waldzell A 143 Ed51
Walenstadt CH 142 Cd54
Wales GB 16 Fa22
Walewice PL 130 Hd37
Walferdange L 133 Bb45
Walgherton GB 15 Ec23
Walichnowy PL 129 Hb40
Walim PL 129 Gb42
Walincourt-Selvigny F 24 Hb33
Walkenried D 126 Dc39
Walkerburn GB 11 Eb14
Walkern GB 20 Fc27
Walkowice PL 121 Gb34
Wallasey GB 15 Eb21
Walldorf D 126 Dc42
Walldorf D 134 Cc46
Walldürn D 134 Cd46
Wallendorf D 133 Bb44
Wallenfels D 135 Dd44
Wallenhorst D 117 Cb36
Wallerfing D 135 Ec49
Wallern A 144 Fa50
Wallern im Burgenland A 145 Gc52
Wallers F 24 Hb32
Wallersdorf D 135 Ec49
Wallerstein D 134 Db48
Wallgau D 143 Dd53
Wallhalben D 133 Ca46
Wallhausen D 127 Dd40
Wallhausen D 134 Db47
Wallingford GB 20 Fa28
Wallisellen CH 141 Cb53
Wallmoden D 126 Dc38
Walls GB 5 Ed05
Wallsee A 144 Fc51
Wallstawe D 119 Dd35
Walluf D 133 Cb44
Wallwitz D 127 Eb39
Walmerod D 125 Cb42
Wałowice PL 128 Fc38
Walpertskirchen D 143 Ea50
Walpole Saint Andrew GB 17 Fd24
Walsall GB 16 Ed24
Walschleben D 127 Dd41
Walsdorf D 134 Dc45
Walsrode D 118 Db35
Waltenhofen D 142 Db52
Waltersdorf D 128 Fc42
Waltershausen D 126 Dc41
Waltham GB 17 Fc21
Waltham-on-the-Wolds GB 16 Fb24
Walton East GB 14 Db26
Walton-on-the-Naze GB 21 Gb27
Waltrop D 125 Ca38
Waly F 24 Jb36
Wamba E 46 Cd60
Wambierzyce PL 137 Gb43
Wanborough GB 20 Ed28
Wanderup D 108 Da29
Wandlitz D 119 Ed35
Wanfried D 126 Db40
Wangen CH 141 Bd53
Wangenbourg F 25 Kb37
Wangen im Allgäu D 142 Da52
Wangerland D 117 Cc32
Wangerooge D 117 Cc31
Wängi CH 142 Cb52
Wanlockhead GB 10 Ea15
Wanna D 118 Cd32
Wansleben D 127 Ea40
Wanssum NL 125 Bc38
Wantage GB 20 Fa28
Wanzleben D 127 Ea38
Wapenveld NL 117 Bc35
Wąpielsk PL 122 Hc34
Wapienne PL 139 Jd45
Waplewo PL 122 Ja33
Wapnica PL 120 Fd34
Wapno PL 121 Gd35
Warberg D 127 Dd37
Warbomont B 124 Ba42
Warboys GB 20 Fc25
Warburg D 126 Cd39
Warchlino PL 120 Fc33
Warcino PL 121 Gb31
Warcq F 25 Jc35
Ward IRL 13 Cd21
Wardenburg D 117 Cc34
Wardin B 133 Bb43
Wardington GB 20 Fa26
Ware GB 20 Fc27
Waregem B 124 Aa40
Wareham GB 19 Ec31
Waremme B 124 Ba41
Waren D 119 Ec33
Warendorf D 125 Cb37
Warffum NL 117 Bd32
Warga NL 117 Bc33
Warin D 119 Ea32
Warka PL 130 Jc38
Warkworth GB 11 Fa15
Warley GB 20 Ed25
Warlingham GB 20 Fc29
Warlubie PL 121 Hb32
Warluis F 23 Gd35
Warmenhuizen NL 116 Ba34
Warmensteinach D 135 Ea44
Warminster GB 19 Ec29
Warmsen D 126 Cd36
Warmwell GB 19 Ec31
Warnemünde D 119 Eb31
Warnford GB 20 Fa30
Warngau D 143 Ea52
Warnice PL 120 Fc35
Warnikajmy PL 122 Jb30
Warnino PL 120 Ga31
Warnołęka PL 120 Fb32
Warnowo PL 120 Fb32
Warrenpoint IRL 9 Cd19
Warrington GB 15 Ec21
Warschau = Warszawa PL 130 Jb37
Warslow GB 16 Ed22
Warsop GB 16 Fa22
Warsow D 119 Ea33
Warstein D 126 Cc39
Warszawa PL 130 Jb37
Warszkowo PL 121 Gb30
Wart, Altensteig- D 134 Cc49
Warta PL 129 Hb39
Warta Bolesławiecka PL 128 Ga41
Wartenberg D 126 Da42
Wartenberg D 143 Ea50
Wartenburg D 127 Ec39
Warth A 142 Da53
Warthausen D 142 Da50
Warthe D 120 Fa31
Wartin D 120 Fb34
Wartkowice PL 130 Hc38
Wartmannsroth D 134 Da44
Warton GB 11 Ed15
Warwick GB 20 Fa25
Wasbek D 118 Db31
Wasbister GB 5 Ec02
Wasbüttel D 126 Dc36
Washaway GB 18 Db31
Washington GB 11 Fa17
Wasigny F 24 Hd34
Wasilków PL 123 Kb33
Waskemeer NL 117 Bd33
Waśniów PL 130 Jc41
Wąsosz PL 121 Gd35

Wólka Pełkińska – Zalegošč

Wólka Pełkińska PL 139 Kb43
Wolkenstein D 127 Ed42
Wolkenstein I 143 Dd56
Wolkersdorf A 145 Gb50
Wolkowe PL 122 Jc33
Wołkowyja PL 139 Kb46
Wolkramshausen D 126 Dc40
Wollbach D 134 Db43
Wollersheim D 125 Bc41
Wöllstadt D 134 Cc43
Wöllstein D 133 Cb45
Wolmirstedt D 127 Ea37
Wolnica PL 122 Ja31
Wolnzach D 135 Ea49
Wołomin PL 130 Jc36
Wołosate PL 139 Kc47
Wołow PL 129 Gb40
Wołowe Lasy PL 121 Gb34
Wolpertshausen D 134 Da47
Wolpertswende D 142 Cd51
Wolphaartsdijk NL 124 Ab38
Wolsingham GB 11 Ed17
Wolsztyn PL 128 Ga38
Woltersdorf D 119 Dd35
Wolvega NL 117 Bc34
Wolverhampton GB 16 Ed24
Wolverley GB 15 Ec25
Wombourn GB 15 Ec24
Wommels NL 116 Bb33
Wonersh GB 20 Fb29
Wonfurt D 134 Dc44
Woodborough GB 16 Fb23
Woodbridge GB 21 Gb26
Woodchurch GB 21 Ga29
Woodcuts GB 20 Ed30
Wood Dalling GB 17 Ga24
Woodenbridge IRL 13 Cd23
Woodford GB 20 Fd28
Woodford IRL 12 Bd22
Woodhall Spa GB 17 Fc22
Woodhouse GB 16 Fa22
Woodhouse Eaves GB 16 Fa24
Wooding-Dean GB 20 Fc30
Woodseaves GB 15 Ec23
Woodstock GB 20 Fa27
Woodton GB 21 Gb25
Wool GB 19 Ec31
Woolacombe GB 18 Dc29
Wooler GB 11 Ed14
Woolpit GB 21 Ga26
Woolverstone GB 21 Gb26
Woolwich GB 20 Fd28
Wooperton GB 11 Ed15
Wootton GB 20 Fb26
Wootton Bassett GB 20 Ed28
Wootton-Wawen GB 20 Ed25
Worb CH 141 Bd54
Worbis, Leinefelde- D 126 Dc40
Worcester GB 15 Ec26
Wördern A 145 Gb50
Wörgl A 143 Ea53
Woringen D 142 Db51
Wörishofen, Bad D 142 Db51
Workington GB 10 Ea17
Worksop GB 16 Fa22
Workum NL 116 Bb33
Wörlitz D 127 Ec38
Wormeldange L 25 Jd34
Wormeldange L 133 Bc45
Wormerveer NL 116 Ba35
Wormhout F 21 Gd30
Worms D 133 Cb45
Wörnharts A 136 Fc49
Wörnitz D 134 Db47
Worpswede D 118 Cd33
Wörrstadt D 133 Cb44
Wört D 134 Db47
Wörth A 143 Ec54
Wörth D 133 Cb47
Wörth D 135 Eb49
Wörth D 143 Ea50
Wörth am Main D 134 Cd45
Wörth an der Donau D 135 Eb48
Worthen GB 15 Eb24
Worthing GB 20 Fc30
Worton GB 20 Ed28
Woskowice Górne PL 129 Ha41
Woszczyce PL 138 Hc44
Woudenberg NL 116 Bb36
Woudsend NL 116 Bb34
Woumen B 21 Ha29
Woziwoda PL 121 Gd32
Wozławki PL 122 Jb30
Woźnawieś PL 123 Ka32
Woźnice PL 122 Jc31
Woźniki PL 130 Hc42
Wożuczyn PL 131 Kd42
Wragby GB 17 Fc22
Wrangle GB 17 Fd23
Wręczyca Wielka PL 130 Hc42
Wredenhagen D 119 Ec34
Wrelton GB 16 Fb19
Wremen D 118 Cd32
Wrentham GB 21 Gc25
Wrestedt D 118 Dc35
Wrexham GB 15 Eb23
Wriedel D 118 Dc34
Wriezen D 128 Fb36
Wrist D 118 Db31
Wróblew PL 129 Hb39
Wróblewo PL 129 Gb36
Wróblewo PL 130 Ja36
Wróbliniec PL 129 Gd39
Wroceń PL 123 Ka32
Wrocki PL 122 Hc34
Wrocław PL 129 Gc41
Wroczyny PL 130 Hc37
Wroniawy PL 128 Ga38
Wronki PL 129 Gb36
Wronki Wielkie PL 123 Jd30
Wronowy PL 129 Ha36
Wrotnów PL 131 Jd36
Wroughton GB 20 Ed28
Wroxham GB 17 Gb24
Wrząca PL 121 Gb34
Wrzesina PL 122 Ja32
Września PL 122 Hd34
Września PL 129 Gd37
Wrzoski PL 121 Ha35
Wrzosowo PL 120 Ga31
Wschowa PL 129 Gb39
Wulfen D 127 Eb38
Wülfershausen D 134 Db43
Wülfrath D 125 Bd39
Wulfsen D 118 Dc33
Wulften D 126 Db39
Wulkau D 119 Eb35
Wülknitz D 127 Ed40
Wulsbüttel D 118 Cd33
Wunderstetten A 144 Fc56
Wünnenberg D 126 Cd39
Wünschendorf D 127 Eb42
Wünsdorf D 127 Ed37
Wunsiedel D 135 Eb44
Wunstorf D 126 Da36
Wuppertal D 125 Ca40
Würenlos CH 141 Cb53
Wurmannsquick D 143 Ec50
Wurmsham D 143 Eb50
Würnsdorf A 144 Fd50
Würselen D 125 Bb41
Wurzach, Bad D 142 Da51
Würzburg D 134 Da45
Wurzen D 127 Ec40
Wüstenrot D 134 Cd47
Wusterhausen D 119 Ec35
Wusterhusen D 120 Fa31
Wustermark D 127 Ed36
Wusterwitz D 127 Eb37
Wüsting D 117 Cc34
Wustrow D 119 Dd35
Wustrow D 119 Ec30
Wustrow D 119 Ed34
Wuustwezel B 124 Ad38
Wybcz PL 121 Hb34
Wyborów PL 130 Jc38
Wyczechy PL 121 Gc32
Wycześniak PL 130 Ja38
Wydmusy PL 122 Jc33
Wydrza PL 131 Jd42
Wye GB 21 Ga29
Wygoda PL 123 Jd34
Wygoda PL 129 Hb38
Wygoda PL 130 Hc42
Wygoda PL 131 Jd39
Wyk auf Föhr D 108 Cd29
Wykrot PL 122 Jc33
Wylatowo PL 129 Ha36
Wymondham GB 17 Ga24
Wyningen CH 141 Bd53
Wyryki-Połód PL 131 Kc38
Wyrzysk PL 121 Gc34
Wysall GB 16 Fa23
Wyśmierzyce PL 130 Jb39
Wysocice PL 138 Ja43
Wysoka PL 120 Fc35
Wysoka PL 121 Gc34
Wysoka PL 128 Ga40
Wysoka PL 138 Hd43
Wysoka PL 139 Jd44
Wysoka Cerkiew PL 129 Gb39
Wysoka Lelowska PL 130 Hd42
Wysokie PL 123 Ka31
Wysokie PL 131 Kb41
Wysokie Mazowieckie PL 123 Ka34
Wysoki Most PL 123 Kb30
Wysowa PL 138 Jc46
Występ PL 122 Jc32
Wystok PL 128 Fc37
Wyszanów PL 129 Ha40
Wyszki PL 123 Kb34
Wyszków PL 122 Jc35
Wyszków PL 131 Jd36
Wyszogród PL 130 Ja36
Wyszomierz Wielki PL 123 Jd34
Wyszonki-Kościelny PL 123 Ka35
Wyszyna PL 129 Hb37
Wyszyny PL 121 Gc35
Wyszyny PL 122 Ja34
Wythall GB 20 Ed25
Wyvis Lodge GB 4 Dd07
Wziąchowo PL 129 Gd39

X

Xàbia E 55 Fd70
Xanten D 125 Bc38
Xánthi GR 184 Db77
Xàtiva E 54 Fb69
Xendive E 36 Ba58
Xeraco E 54 Fc69
Xermaménil F 25 Jd37
Xert E 48 Fd64
Xerta E 48 Ga63
Xertigny F 31 Jd39
Xesta E 36 Ba56
Xestoso E 36 Bb54
Xhyrë AL 182 Ad75
Xibrrakë AL 182 Ac75
Xifianí GR 183 Bc76
Xilaganí GR 184 Dc77
Xilókastro GR 189 Bd86
Xilokeratiá GR 195 Cc91
Xiloúpoli GR 183 Cb77
Xilxes E 54 Fc67
Xinó Neró GR 183 Bb77
Xinorlet E 55 Fa71
Xinóvrisi GR 189 Cb82
Xinzo de Limia E 36 Bb58
Xirokámbi GR 194 Bc89
Xirókambo GR 197 Eb90
Xirolímni GR 183 Bb78
Xirólofos GR 188 Ac81
Xironda E 44 Bb59
Xiropígado GR 188 Bb85
Xiropótamos GR 184 Cd76
Xitta I 166 Ea84
Xixona E 55 Fb71
Xove E 36 Bc53
Xuño E 36 Ac56
Xunqueira de Ambia E 36 Bb58
Xylofagou CY 206 Jd97
Xylóskalo GR 200 Cb95
Xylotymvou CY 206 Jc97

Y

Yabacı TR 192 Fb85
Yağca TR 199 Gc90
Yağcı TR 191 Ed83
Yağcıdereköy TR 197 Ed88
Yağcılar TR 186 Ga78
Yağcılar TR 191 Eb86
Yağcılar TR 192 Fa81
Yağcılar TR 192 Fb83
Yağdiran TR 191 Ed82
Yağhane TR 197 Ec89
Yağlılar TR 198 Fc88
Yağmurlar TR 192 Ga84
Yağmurlu TR 191 Ed83
Yahşieli TR 191 Ea81
Yaka TR 199 Ha88
Yakaafşar TR 199 Ha88
Yakacık TR 198 Fd92
Yakaköy TR 191 Ec85
Yakaköy TR 197 Ec91
Yakaköy TR 197 Ed90
Yakaören TR 199 Gc88
Yakasinek TR 193 Ha86
Yakuplar TR 192 Fd84
Yalakdere TR 186 Ga79
Yalding GB 20 Fd29
Yalıçiftlik TR 185 Ec80
Yalıçiftlik TR 186 Fa77
Yalıkavak TR 197 Ec90
Yalıköy TR 186 Fb76
Yalımkaya TR 193 Ha81
Yalnız TR 199 Gb92
Yalnızdam TR 191 Ed83
Yalova TR 185 Ea80
Yalova TR 186 Fd79
Yalvaç TR 193 Ha86
Yamaç TR 197 Ec88
Yamadı TR 198 Ga90
Yamanlar TR 191 Ec85
Yancıklar TR 185 Ed76
Yanguas E 47 Eb59
Yanıkağıl TR 186 Fa77
Yaniköy TR 193 Gd83
Yanişehir TR 192 Fc85
Yanuslar TR 191 Ec83
Yapıldak TR 185 Eb80
Yapıldak TR 193 Gc84
Yarbasan TR 192 Fc84
Yarbasan TR 193 Gc83
Yarbaşı TR 199 Gc91
Yarcombe GB 19 Eb30
Yarıkkaya TR 193 Gd86
Yarıkkaya TR 193 Ha84
Yarımca TR 193 Gc81
Yariş TR 192 Fd83
Yarışlı TR 193 Gc86
Yarpuz TR 199 Hb90
Yassıbel TR 193 Ha87
Yassıgeçit TR 187 Gc78
Yassıören TR 186 Fc77
Yassıören TR 192 Fc83
Yassıören TR 193 Gc87
Yaşyer TR 191 Ec82
Yatağan TR 197 Fa89
Yátova E 54 Fa68
Yattendon GB 20 Fa28
Yavaşça TR 185 Ed77
Yavaşlar TR 193 Gb86
Yavaşlı TR 193 Hb85
Yaverören TR 193 Ha83
Yaxham GB 17 Ga24
Yayaağaç TR 185 Ec78
Yayakent TR 191 Ec84
Yayakent TR 191 Ed84
Yayakırıldık TR 192 Fa84
Yayalar TR 192 Ga86
Yayıklı TR 193 Gd82
Yayıkın TR 192 Fa84
Yayla TR 191 Ed82
Yaylaalan TR 199 Ha91
Yaylabaşı TR 192 Fb82
Yaylabayır TR 192 Fa81
Yaylaçayırı TR 192 Fb81
Yaylacık TR 191 Ea82
Yaylaköy TR 185 Ea78
Yaylaköy TR 191 Ea85
Yaylaköy TR 192 Ga84
Yaylaköy TR 198 Ga88
Yaylaköy TR 199 Gb90
Yaylalı TR 186 Ga77
Yaylapınar TR 198 Fd90
Yaylasöğüt TR 198 Fb90
Yaylatepe TR 187 Hb78
Yazıbaşı TR 192 Fd82
Yazıca TR 187 Hb80
Yazıcık TR 187 Hb78
Yazıdere TR 193 Gd83
Yazıkent TR 198 Fb88
Yazıköy TR 197 Ec91
Yazıköy TR 199 Gb89
Yazılıkaya TR 193 Gc84
Yazıpınar TR 199 Gc89
Yazır TR 198 Ga89
Yazır TR 199 Gb91
Yazır TR 199 Gb92
Yazırköy TR 198 Fb88
Yazıtepe TR 193 Gb85
Yazla TR 193 Hb86
Yazlık TR 186 Fc77
Ybbs an der Donau A 144 Fc51
Ybbsitz A 144 Fc51
Ychoux F 39 Fa52
Ydby DK 100 Cd22
Yderby DK 109 Dd28
Yeadon GB 16 Ed20
Yealmpton GB 19 Dd31
Yebra E 46 Dd65
Yebra de Basa E 40 Fc58
Yéchar E 55 Ed72
Yecla E 55 Fa70
Yediburun TR 198 Fd93
Yedisu TR 205 Ga20
Yekli TR 192 Fd84
Yeleğen TR 192 Fc86
Yeles E 46 Db65
Yelken TR 198 Fd92
Yelland GB 19 Dd29
Yelten TR 199 Gb90
Yelvertoft GB 20 Fa25
Yelverton GB 19 Dd31
Yemişendere TR 198 Fb90
Yenibağarası TR 191 Eb85
Yenibosna TR 186 Fc78
Yeniçam TR 192 Fc87
Yenice TR 185 Ea78
Yenice TR 185 Ec78
Yenice TR 186 Fa75
Yenice TR 186 Fa80
Yenice TR 191 Ec81
Yenice TR 192 Fa82
Yenice TR 192 Fa84
Yenice TR 192 Fb81
Yenice TR 192 Fd83
Yenice TR 192 Ga85
Yenice TR 193 Gc84
Yenice TR 193 Gd81
Yenice TR 198 Fb88
Yenicekent TR 192 Fc87
Yeniceköy TR 186 Fa77
Yeniceşehler TR 187 Gd79
Yeniçiftlik TR 185 Ec80
Yeniçiftlik TR 186 Fa77
Yeni Çiftlik TR 191 Ed87
Yenidibek TR 185 Eb78
Yenidoğan TR 197 Ec88
Yenidoğan TR 199 Hb88
Yenierenköy = Aigialousa CY 206 Jd95
Yenifoça TR 191 Eb85
Yenigürle TR 186 Fd80
Yenikarabağ TR 193 Ha85
Yeni Karpuzlu TR 185 Ea78
Yenikavak TR 192 Fa81
Yenikent TR 193 Gd82
Yenikızılelma TR 192 Fc81
Yeniköy TR 185 Eb76
Yeniköy TR 185 Ec79
Yeniköy TR 185 Ed78
Yeniköy TR 186 Fb80
Yeniköy TR 186 Fc77
Yeniköy TR 186 Fd79
Yeniköy TR 187 Gb79
Yeniköy TR 187 Gc78
Yeniköy TR 191 Ea81
Yeniköy TR 191 Ec84
Yeniköy TR 191 Ec86
Yeniköy TR 191 Ec86
Yeniköy TR 191 Ec87
Yeniköy TR 191 Ed85
Yeniköy TR 191 Ed85
Yeniköy TR 192 Fa81
Yeniköy TR 192 Fa82
Yeniköy TR 192 Fa85
Yeniköy TR 192 Fc85
Yeniköy TR 192 Fd82
Yeniköy TR 193 Gb81
Yeniköy TR 193 Ha84
Yeniköy TR 193 Ha87
Yeniköy TR 198 Ga93
Yenimahalle TR 185 Ec75
Yenimahalle TR 187 Gc77
Yenimuhacir TR 185 Eb78
Yenioba TR 191 Ed87
Yenipazar TR 187 Gc80
Yenipazar TR 197 Fa88
Yenişakran TR 191 Ec84
Yenişarbademli TR 199 Ha88
Yenişehir TR 186 Ga80
Yenişehir TR 192 Fa87
Yeniyurt TR 193 Ha82
Yeniziraatlı TR 186 Fa80
Yenne F 35 Jd47
Yeovil GB 19 Eb30
Yepes E 52 Dc66
Yera E 38 Dc55
Yerkesik TR 197 Fa90
Yerlisu TR 185 Eb78
Yeroluk TR 192 Fa81
Yerseke NL 124 Ac38
Yerville F 23 Ga34
Yesa E 39 Fa57
Yeşilbağ TR 199 Ha89
Yeşilbağcılar TR 197 Fa89
Yesilçay = Ağva TR 187 Gb77
Yeşilce TR 186 Fa75
Yeşilçukurca TR 192 Ga82
Yeşildağ TR 199 Gb89
Yeşildağ TR 199 Ha89
Yeşildon TR 193 Gd82
Yeşilhisar TR 191 Ed83
Yeşilhüyük TR 193 Gb87
Yeşilkaraman TR 199 Gd90
Yeşilkavak TR 192 Fc86
Yeşilköy TR 191 Ed85
Yeşilköy TR 192 Fc84
Yeşilköy TR 192 Ga82
Yeşilköy TR 193 Gd87
Yeşilköy TR 197 Ec89
Yeşilköy TR 198 Fc88
Yeşilköy TR 198 Fd93
Yeşilköy TR 198 Ga90
Yeşiller TR 192 Fc81
Yeşilova TR 185 Ec76
Yeşilova TR 192 Fa81
Yeşilova TR 192 Fd87
Yeşilova TR 198 Ga89
Yeşiltepe TR 193 Gc83
Yeşilvadi TR 186 Fd77
Yeşilyayla TR 199 Gb90
Yeşilyurt TR 185 Ed77
Yeşilyurt TR 191 Eb82
Yeşilyurt TR 192 Fc86
Yeşilyurt TR 192 Ga85
Yeşilyurt TR 197 Fa90
Yeşilyuva TR 198 Fd89
Yesnaby GB 5 Eb03
Yeste E 53 Eb71
Yetre Brenna N 64 Jc06
Yetre Kjæs N 64 Jc05
Yetterlännäs S 80 Gc31
Yetts o'Muckhart GB 7 Ea12
Yg S 87 Ga35
Ygos-Saint-Saturnin F 39 Fb53
Ygrande F 30 Hb44
Yığılca TR 187 Ha78
Yiğitler TR 185 Ed79
Yiğitler TR 191 Eb81
Yiipää FIN 81 Jd26
Yıldızeli TR 205 Fc20
Yıldızköy TR 192 Fb81
Yıldızören TR 193 Ha83
Yılmazlı TR 198 Ga91
Yırcaköy TR 191 Ed83
Yitäkylä FIN 97 Jd39
Ykspihlaja FIN 81 Jb28
Ylakiai LT 113 Jc53
Ylä-Kintaus FIN 90 Kb32
Ylä-Kolkki FIN 89 Jd33
Ylä-Kuona FIN 91 Lc32
Ylä-Luosta FIN 83 Lb28
Ylämaa FIN 91 Lb37
Ylämylly FIN 83 Lc30
Yläne FIN 89 Jb38
Ylä-Valtimo FIN 83 Lb27
Ylemmäinen FIN 90 Kc35
Ylhäisi FIN 97 Jc39
Ylihärmä FIN 81 Jb30
Yli-Ii FIN 74 Ka22
Ylijärvi FIN 91 Lb37
Ylijoki FIN 89 Jc32
Yli-Kannus FIN 81 Jc28
Yli-Kärppä FIN 74 Ka21
Ylikiiminki FIN 74 Kb23
Yli-Körkkö FIN 74 Ka19
Ylikulma FIN 97 Jd40
Yli-Kurki FIN 75 Kd22
Ylikylä FIN 69 Kb17
Ylikylä FIN 81 Jd29
Ylikylä FIN 81 Jc31
Ylikylä FIN 81 Jb30
Ylikylä FIN 83 Lb27
Ylikylä FIN 89 Jb32
Ylikylä FIN 89 Ja33
Yli-Kyrö FIN 68 Jb14
Yli-Lesti FIN 82 Ka29
Yli-Iivo FIN 75 Kc21
Ylimarkku FIN 89 Hd32
Yli-Muonio FIN 68 Ja14
Yli-Nampa FIN 74 Ka18
Yli-Olhava FIN 74 Ka22
Ylipää FIN 74 Jd24
Ylipää FIN 74 Jd24
Ylipää FIN 74 Ka24
Ylipää FIN 81 Jd25
Ylipää FIN 81 Jc30
Ylipää FIN 81 Jd25
Ylipää FIN 82 Kb25
Ylipää FIN 82 Ka28
Yli-Paakkola FIN 74 Jc20
Yli-Siurua FIN 74 Kb21
Yliskulma FIN 97 Jc39
Yliskylä FIN 89 Jc34
Yliskylä FIN 90 Ka35
Ylistaro FIN 81 Jb31
Yli-Tannila FIN 74 Ka22
Ylitornio FIN 73 Jb20
Yli-Tynkä FIN 81 Jc27
Yli-Utos FIN 75 Kc24
Yli-Valli FIN 89 Jb33
Ylivesi FIN 90 La34
Ylivieska FIN 81 Jd27
Yli-Vuotto FIN 74 Kb23
Ylläsjärvi FIN 68 Jb16
Ylläsjokisuu FIN 68 Jb16
Ylläsmaja FIN 68 Jb15
Yllestad S 102 Fa48
Ylöjärvi FIN 89 Jd35
Ylönkylä FIN 97 Jc40
Ylvingen N 70 Ed22
Ymonville F 29 Gc39
Yngsjö S 111 Fb55
Ynyslas GB 15 Dd24
Yoğunpelit TR 187 Hb78
Yoğuntaş TR 185 Ec75
Yolağazı TR 185 Ea79
Yolağzı TR 186 Fb80
Yolçatı TR 186 Fc80
Yolören TR 186 Ga80
Yolüstü TR 192 Fa87
Yolüstü TR 198 Fb89
Yorazlar TR 193 Hb86
Yörgüç TR 185 Ec78
York GB 16 Fb20
Yortanlı TR 191 Ec83
Youghal IRL 13 Ca26
Youlgreave GB 16 Ed22
Yoxford GB 21 Gb25
Ypäjä FIN 89 Jc38
Ypäjänkylä FIN 89 Jc38
Yppäri FIN 81 Jc26
Ypsonas CY 206 Ja98
Ypyä FIN 81 Jd27
Ypykänvaara FIN 75 La22
Yrittäperä FIN 75 Kd23
Yrkje N 92 Ca42
Yrouerre F 30 Hc40
Yrttivaara S 73 Hc18
Ysane S 111 Fc54
Yset N 86 Ea32
Ysjö S 79 Gb29
Ysselsteyn NL 125 Bb39
Yssingeaux F 34 Hd49
Ystad S 110 Fa57
Ystebrød N 92 Ca45
Ystrad-Aeron GB 15 Dd25
Ystradfellte GB 19 Ea27
Ystradowen GB 19 Ea28
Yterturingen S 87 Fc33
Ytre Andersdal N 62 Gd10
Ytre Arna N 84 Ca39
Ytre Dåsvatn N 92 Cd45
Ytre Enebakk N 93 Ea42
Ytre Kårvik N 62 Gc09
Ytre Leirpollen N 64 Jc06
Ytre Ølydna N 92 Cc46
Ytre Oppedal N 84 Ca37
Ytre Ramse N 93 Da45
Ytre Sandvik N 64 Jb06
Ytre Snillfjord N 77 Dd30
Ytre Søndeled N 93 Db45
Ytre Veines N 64 Jb06
Ytterån S 79 Fb30
Ytteräng S 78 Fa29
Ytterås N 78 Eb30
Ytteråträsk S 80 Hb27
Ytterberg S 87 Fc34
Ytterboda S 80 Hc28
Ytterboda S 95 Fc39
Ytterbråtö FIN 81 Jb28
Ytter-Busjö S 80 Ha26
Ytterby S 102 Eb48
Yttergran S 96 Gc42
Ytterhogdal S 87 Fc34
Ytterjärna S 96 Gc44
Ytterjeppo FIN 81 Jb29
Yttermalung S 95 Fb39
Ytterrissjö S 80 Gc28
Yttersby S 96 Ha40
Ytterselö S 96 Gc43
Yttersjön S 80 Ha26
Yttersta S 73 Hc23
Ytterstad N 66 Fd14
Yttertällmo S 80 Gc29
Yttertavle S 80 Hc28
Ytter-Torga N 70 Ed23
Yttervik S 71 Fd23
Yttervik S 80 Hc25
Yttilä FIN 89 Jb37
Yttre Lansjärv S 73 Hd19
Yücebağ TR 205 Ga20
Yukarıdudullu TR 186 Fd78
Yukarıalıçomak TR 193 Hb84
Yukarıballı TR 192 Fc81
Yukarıbey TR 191 Ec83
Yukarıçamozü TR 205 Fd20
Yukarıdereköy TR 198 Fd91
Yukarıdinek TR 193 Ha87
Yukarıdolaylar TR 192 Fc83
Yukarı Dumanlı TR 185 Ec80
Yukarıfındıklı TR 187 Gc78
Yukarıgökdere TR 199 Gd88
Yukarıgüllüce TR 192 Fc85
Yukarıgüney TR 187 Ha79
Yukarıiğdeağacı TR 193 Ha82
Yukarıkadıköy TR 185 Ed75
Yukarıkalabak TR 193 Gc82
Yukarıkaraçay TR 198 Fd88
Yukarıkaraman TR 199 Gc91
Yukarıkılıçlı TR 185 Ed78
Yukarıkızılca TR 191 Ed86
Yukarı Kocayatak TR 199 Gd91
Yukarımusalar TR 192 Fb82
Yukarıotluk TR 193 Gb86
Yukarıpiribeyli TR 193 Hb84
Yukarısapçı TR 191 Eb81
Yukarısoku TR 187 Hb78
Yumaklar TR 199 Gd90
Yumaklı TR 193 Gc83
Yumaklı TR 198 Fb89
Yumrutaş TR 198 Fd89
Yunak TR 193 Hb85
Yuncos E 46 Db65
Yunquera E 60 Cc76
Yunquera de Henares E 46 Dd63
Yunuseli TR 186 Fd80
Yunusemre TR 193 Ha82
Yunuslar TR 192 Ga84
Yunuslar TR 199 Hb88
Yüreğil TR 192 Fb84
Yüreğil TR 198 Fd89
Yüreğil TR 198 Ga88
Yürekli TR 191 Ec82
Yürücekler TR 192 Fc81
Yürük TR 185 Ec78
Yürükkaracaören TR 193 Gd85
Yürükler TR 185 Ed77
Yürükler TR 186 Ga79
Yürükmezarı TR 193 Gb85
Yürükoğlu TR 198 Fc90
Yusufca TR 197 Ed89
Yusufça TR 198 Ga90
Yusufeli TR 205 Ga19
Yuva TR 185 Ec78
Yuva TR 187 Hb78
Yuva TR 198 Ga91
Yuvacık TR 187 Gb79
Yuvacık TR 197 Fa91
Yuvalı TR 186 Fa76
Yuvalı TR 199 Gd88
Yuvalıdere TR 187 Gc78
Yüylük TR 193 Gb84
Yverdon CH 141 Bb54
Yvetot F 23 Ga34
Yvignac F 26 Ec38
Yvoire F 31 Ka44
Yvré-le-Pôlin F 28 Fd40
Yxnerum S 103 Ga47
Yxpila FIN 81 Jb28
Yxsjö S 80 Gc27
Yxskaftkälen S 79 Fd29
Yzeron F 34 Ja47

Z

Zaamslag NL 124 Ab39
Zaanstad NL 116 Ba35
Žabalj SRB 153 Jb60
Zabalocce BY 202 Ec13
Zabar H 146 Jb50
Zabărdo BG 184 Db74
Žabari SRB 174 Bc65
Zabartowo PL 121 Gd34
Zabeltitz D 127 Ed40
Zaberfeld D 134 Cc47
Żabia Wola PL 130 Jb37
Zabica BIH 159 Hc68
Zabierzów PL 138 Ja44
Żabin PL 122 Jc34
Żabin PL 129 Gb39
Žabinka BY 202 Dd14
Żabiny PL 122 Hd33
Ząbki PL 130 Jc36
Ząbkowice Śląskie PL 137 Gc43
Zablaće BIH 152 Gc63
Záblatí CZ 136 Fa48
Žablava LV 107 Lc48
Žabljak MNE 159 Ja67
Zabłocie PL 128 Fc39
Zabłocie PL 139 Kb46
Zabłudów PL 123 Kb34
Żabno PL 129 Gc37
Żabno PL 131 Kb41
Żabno PL 138 Jc44
Zabok HR 151 Ga58
Zabolotje LV 107 Lc51
Zabór PL 128 Ga38
Zaboreni MD 173 Fd56
Zaborov'e RUS 99 Lc44
Zaborovka RUS 99 Ld45
Zaborów PL 129 Gb40
Zaborowice PL 129 Gb39
Zaborowo PL 122 Ja33
Żabów PL 120 Fc34
Zăbrani RO 174 Bd60
Zabrđe SRB 159 Ja66
Zábřeh CZ 137 Gc45
Zabrežje SRB 153 Jc62
Zăbriceni MD 173 Fa54
Zabrodzie PL 122 Jb31
Zabrodzie PL 130 Jc36
Zabrodzie PL 139 Kb46
Zabrost Wielki PL 122 Jc30
Ząbrowo PL 120 Fd32
Zabrze PL 138 Hc43
Zabrzeź PL 138 Jb46
Zaburalan TR 198 Fd91
Zabzuni AL 182 Ad75
Zacharzyn PL 121 Gc34
Zachenberg D 135 Ec48
Zaclău RO 177 Fb63
Žacléř CZ 128 Ga42
Zadar HR 157 Fd64
Zădăreni RO 170 Bd59
Zaddžje RUS 107 Mb49
Žadeikiai LT 113 Jc55
Žadeikiai LT 113 Jc55
Žadeikiai LT 114 Kd53
Zadonsk RUS 203 Fb12
Zadruga BG 180 Eb68
Zadworzany PL 123 Kc32
Zadzim PL 130 Hc39
Zafarraya E 60 Da75
Zafferana Etnea I 167 Fd85
Zafirovo BG 181 Ec68
Zafra E 51 Bd70
Zafra de Záncara E 53 Ea66
Zafrilla E 47 Ed65
Žaga SLO 150 Ed57
Żagań PL 128 Fd39
Zagăr RO 171 Dc59
Zagarancea MD 173 Fd57
Žagarė LT 114 Ka53
Žagariai LT 114 Kc59
Zagarise I 164 Gc81
Zaglavak SRB 159 Jb64
Zaglav HR 157 Fd65
Zagnańsk PL 130 Jb41
Zagon RO 176 Eb62
Zagorá GR 189 Ca82
Zagorci BG 180 Ea72
Zagorci BG 181 Ec73
Zagor'e RUS 99 Ld42
Zagorje RUS 107 Mb46
Zagorje ob Savi SLO 151 Fc57
Zagórów PL 129 Ha37
Zagorskoe RUS 113 Jc58
Zagórz PL 139 Kb45
Zagórze Śląskie PL 129 Gb42
Zagość PL 138 Jb43
Zagra E 60 Da74
Zagra RO 171 Db56
Zagraždén BG 180 Db68
Zagreb HR 151 Ga58
Zagrilla E 60 Da74
Zagrodno PL 128 Ga41
Žagubica SRB 174 Bd66
Zagvozd HR 158 Gd66
Zahara de la Sierra E 59 Cb76
Zahara de los Atunes E 59 Ca78
Zaháro GR 194 Ba87
Zahinos E 51 Bb70
Zahman TR 192 Fd85
Zahna D 127 Ec38
Zahody RUS 99 Ld45
Zahody RUS 107 Ld49
Záhony H 139 Kb49
Zahora E 59 Bd77
Záhoří CZ 136 Fb47
Záhorská Bystrica SK 145 Gc50
Záhorská Ves SK 145 Gc50
Zahrádky CZ 136 Fb43
Zăicana MD 173 Fd57
Zăicani MD 173 Fa55
Zaiceva LV 107 Lc48
Zaidin E 48 Fd61
Žaiginys LV 114 Kb55
Zaim MD 173 Ga59
Zaimčevo BG 181 Ed71
Zaimovo KSV 178 Ba71
Zainsk RUS 203 Ga08
Zaisenhausen D 134 Cc47
Zaistovec HR 152 Gb58
Zajača SRB 153 Ja63
Zajač'e RUS 203 Fa13
Zajączek PL 128 Fc39
Zajan'e RUS 99 Ld43
Zajas MK 182 Ba74
Zajcevo RUS 107 Ma47
Zaječar SRB 179 Ca67
Zaječov CZ 136 Fa45
Zajęczniki PL 131 Ka36
Zajezierze PL 120 Ga33
Zajezierze PL 131 Jd39
Zajk H 145 Gc56
Zakaki CY 206 Ja98
Zákamenné SK 138 Hd46
Zákány H 152 Gc57
Zákányszék H 153 Jb57
Zakarovce SK 138 Jc48
Zákas GR 182 Ba79
Zaķi LV 106 La48
Zákinthos GR 188 Ac86
Zakl SLO 151 Ga57
Zakliczyn PL 138 Jc45
Zaklików PL 131 Ka41
Zaklopača BIH 159 Hd64
Zakobjakino RUS 203 Fa08
Zakomo BIH 159 Hd65
Zakopane PL 138 Ja47
Zakroczym PL 130 Jb36
Zákros GR 201 Dd96
Zakrzew PL 130 Jc39
Zakrzew PL 131 Kb41
Zakrzewo PL 121 Gc33
Zakrzewo PL 121 Hb35
Zakrzewo PL 129 Gc37
Zakrzówek Osada PL 131 Ka41
Zákupy CZ 128 Fc42
Zalaapáti H 145 Gd55
Zalabaska H 145 Gc56
Zalaegerszeg H 145 Gc55
Zaļenieki LV 106 Ka52
Zalahaláp H 145 Gd55
Zalahtov'e RUS 99 Lc44
Zalaistvánd H 145 Gc55
Zalakaros H 145 Gd56
Zalakomár H 145 Gd56
Zalakoppány H 145 Gd55
Zalalövő H 145 Gc55
Zalamea de la Serena E 51 Cb70
Zalamea la Real E 59 Bc73
Zalamillas E 37 Cc58
Zalas PL 122 Jc33
Zalasowa PL 138 Jc44
Zalaszabar H 145 Gd56
Zalaszántó H 145 Gd55
Zalaszentbalázs H 145 Gc56
Zalaszentgrót H 145 Gd55
Zalaszentgyörgy H 145 Gc55
Zalatárnok H 145 Gc56
Zalău RO 171 Cd56
Zalavár H 145 Gd56
Zalavas LT 115 Lb56
Załazy PL 131 Jd39
Zalec PL 122 Jc31
Žalec SLO 151 Fd57
Załęcze PL 129 Gc39
Zalegošč' RUS 203 Fa12

Žalesa – Żywocice

Žalesa LT 114 La57
Zales'e RUS 107 Lc47
Zales'e RUS 113 Jc58
Zalesie PL 121 Gc33
Zalesie PL 121 Gd35
Zalesie PL 130 Jb37
Zalesie PL 131 Kc37
Zalesie PL 139 Kc43
Zalesina HR 151 Fc60
Zaļesje LV 107 Ma51
Zaleskie PL 121 Gb30
Zaleszany PL 131 Ka42
Zalewo PL 122 Hc31
Załęże PL 122 Ja33
Žalgiriai LT 113 Jb56
Zalha RO 171 Da56
Žalioji LT 114 Ka58
Zališčyky UA 204 Ea16
Zaliszewo PL 120 Fd34
Zalivino RUS 113 Jb57
Zalivino RUS 113 Jb58
Zalivnoe RUS 113 Ja58
Zalizci UA 204 Ea15
Zall-Dardhë AL 178 Ad73
Zaļmežnieki LV 107 Lb50
Żalno PL 121 Gd32
Zalogovac SRB 178 Bc67
Załom PL 128 Ga36
Žalpiai LT 114 Ka56
Zaltbommel NL 124 Ba37
Záltsa GR 189 Bd85
Zaluč'e RUS 202 Eb09
Załuski PL 130 Ja36
Zalusteż'e RUS 99 Ma42
Zalužje BIH 159 Ja64
Zalužnica HR 151 Fd62
Zalve LV 106 Kd52
Zam RO 174 Cb60
Zamárdi H 145 Ha55
Zamarte PL 121 Gd33
Žamberk CZ 137 Gb44
Zambra E 60 Da74
Zambrana E 38 Ea57
Zâmbreasca RO 175 Dc66
Zambrów PL 123 Jd34
Zambski-Kościelne PL 122 Jc35
Zambujeira do Mar P 58 Ab72
Zamch PL 139 Kc43
Zamęcin PL 120 Fd34
Zamfirovo BG 179 Cc69
Zamłynie PL 130 Hc42
Zamogil'e RUS 99 Lc44
Zámoly H 145 Hb53
Zamora E 45 Cb60
Zamość PL 121 Gd34
Zamość PL 122 Jc34
Zamość PL 131 Kc41
Zamoš'e RUS 99 Lc43
Zamostea RO 172 Eb55
Zámutov SK 139 Jd48
Zaņa LV 105 Jc52
Zanat H 145 Gc54
Žandov CZ 128 Fb42
Zandvoort NL 116 Ad35
Zănești RO 172 Ec58
Zanglivéri GR 183 Cb78
Zangora E 39 Fa57
Zaniemyśl PL 129 Gc37
Zánka H 145 Ha55
Zante LV 105 Jd51
Zaokskij RUS 203 Fa11
Zaorejas E 47 Eb63
Zaozen'e RUS 99 Ma45
Zaozer'e RUS 99 Mb42
Zaoz'ernoje RUS 113 Jc59
Zapadnaja Dvina RUS 202 Ec10
Zapałow PL 139 Kc43
Zapesen'e RUS 99 Mb44
Zapfendorf D 134 Dc44
Zapljus'e RUS 99 Mb44
Zăpodeni RO 173 Fa59
Zapole PL 129 Hb39
Zapol'e RUS 99 Ld41
Zapol'e RUS 99 Ma41
Zapol'e RUS 99 Mb44
Zaporižžja UA 205 Fa15
Zaporožskoe RUS 202 Ea08
Zapovednoe RUS 113 Jb57
Zappendorf D 127 Ea39
Zapponeta I 162 Gb73
Zaprešić HR 151 Ga58
Zaprudnja RUS 202 Ed10
Zapyškis LV 114 Kb57
Žár CZ 136 Fc49
Zara TR 205 Fd20
Zaraevo BG 180 Eb69
Zaragoza E 47 Fa61
Zarajsk RUS 203 Fa11
Zărand RO 170 Ca58
Zarańsko PL 120 Ga33
Zarasai LT 115 Lb54
Zaratán E 46 Cd60
Zarautz E 39 Ec55
Zarbince KSV 178 Bc71
Zar'binka RUS 99 Ma44
Zarcilla de Ramos E 61 Ec73
Żarczyn PL 120 Fb34
Zaręby PL 122 Jb33
Zaręby Kościelne PL 123 Jd35
Zaręby-Warchoły PL 123 Ka34
Zareč'e RUS 113 Jb58
Zareč'e RUS 113 Jb59
Zarečnoe RUS 113 Jd57
Žarėnai LT 113 Jc54
Žarėnai LT 114 Ka53
Zarga de Alange E 51 Bd69
Żarki PL 128 Fc39
Żarki PL 130 Hd42
Zárko GR 189 Bc81
Žarkovo RUS 107 Mb51
Zărnești RO 176 Dd62
Zărnești RO 176 Ec63
Zărnevo BG 181 Ed69
Žarnovica SK 138 Hc49
Żarnów PL 130 Ja40
Żarnowiec PL 112 Ha58
Żarnowiec PL 138 Ja43
Żarnowo PL 120 Fc32
Zarojeni MD 173 Fb55
Zarós GR 200 Da96
Žarošice CZ 137 Gc48
Zaroúhla GR 189 Bc86
Žarovnica HR 152 Gb57
Żarów PL 129 Gb41
Zarrentin D 119 Dd33
Zarskoe Selo RUS 202 Eb08
Zarszyn PL 139 Ka45
Zaruč'e RUS 99 Ld43
Zaručejnoe RUS 113 Jb58
Żary PL 128 Fd39
Zarza Capilla (Nueva) E 52 Cc69
Zarza de Granadilla E 45 Ca64
Zarza de Tajo E 53 Dd66
Zarzadilla de Totana E 61 Ec73
Zarza la Mayor E 45 Bc65
Zarzecze PL 131 Jd40
Zarzecze PL 131 Ka42
Zarzecze PL 139 Kb44
Zarzosa E 47 Eb59
Zarzuela E 47 Eb65
Zarzuela del Monte E 46 Da63
Żarzyn PL 128 Fd37
Zás E 36 Ad54
Zasa LV 107 Lb52
Zasavica SRB 153 Ja61
Zaseki RUS 107 Ma46
Zasieki PL 128 Fc39
Zasip SLO 151 Fa57
Zasitino RUS 107 Ma51
Zaškiv UA 204 Ec15
Žasliai LT 114 Kd57
Zásmuky CZ 136 Fc45
Zasos'e RUS 99 Ld42
Zasów PL 139 Jd44
Zaspy Małe PL 120 Ga31
Zastávka CZ 137 Gb47
Zastînca MD 173 Fc54
Zastražišće HR 158 Gc67
Zaszków PL 123 Ka35
Žatec CZ 136 Fa44
Zatom PL 120 Ga34
Zaton HR 157 Ga65
Zaton MNE 159 Jb67
Zatonie PL 128 Fd38
Zator PL 138 Hd44
Zatory PL 122 Jc35
Zătreni RO 175 Da64
Zatwarnica PL 139 Kb46
Zaube LV 106 Kd50
Zauchwitz D 127 Ed37
Zau de Câmpie RO 171 Db58
Zavala BIH 158 Hb68
Zavala HR 158 Gc67
Zavalatica HR 158 Gd68
Zavalinë AL 182 Ac76
Zavalje BIH 151 Ga62
Zavattarello I 149 Cc61
Zavelstein, Bad Teinach- D 134 Cc48
Zavet BG 181 Ec68
Zavetnoe RUS 205 Ga15
Zavidov CZ 136 Fa44
Zavidovići BIH 152 Hb63
Zavitne UA 205 Fb17
Zavlaka SRB 153 Ja63
Zăvoaia RO 177 Fa64
Zăvoi RO 174 Cb62
Zavoj MK 182 Ba75
Zavoj SRB 179 Cb69
Zavolž'e RUS 203 Fb09
Zawada PL 121 Gb34
Zawada PL 128 Fd38
Zawada PL 129 Gd40
Zawada PL 130 Hd41
Zawada PL 131 Kc41
Zawady PL 123 Ka33
Zawady PL 123 Kb33
Zawady PL 130 Ja38
Zawady PL 131 Kd42
Zawadzkie PL 129 Hb42
Zawda PL 122 Hc32
Zawichost PL 131 Jd41
Zawidów PL 128 Fc41
Zawidz Kościelny PL 122 Hd35
Zawiercie PL 138 Hd43
Zawierki PL 123 Kb33
Zawoja PL 138 Hd45
Zawonia PL 129 Gc40
Zazid SLO 151 Fa59
Zázrivá SK 138 Hd47
Zazuela del Pinar E 46 Dd61
Zbaraž UA 204 Ea15
Zbąszyń PL 129 Gb38
Zbąszyń PL 128 Ga37
Zbąszynek PL 128 Ga37
Zbečno CZ 136 Fa44
Zbelovo SLO 151 Fd57
Zberki PL 129 Gd37
Zbiczno PL 122 Hc33
Zbiersk PL 129 Ha38
Zbiroh CZ 136 Fa45
Zblewo PL 121 Ha31
Zboj SK 139 Kb47
Zbójno PL 122 Hc34
Zbojštica SRB 159 Jb65
Zboriv UA 204 Ea15
Zborov SK 139 Jd46
Zborowice PL 138 Jc45
Zborowskie PL 129 Hb42
Zboże PL 121 Gd33
Zbraslavice CZ 136 Fd45
Zbrosławice PL 138 Hc43
Zbrudzewo PL 129 Gc37
Zbůch CZ 135 Ed46
Zbucznka PL 131 Ka37
Zbýšov CZ 136 Fd45
Zbýšov CZ 137 Gb47
Žďár CZ 136 Fc43
Ždala HR 152 Gd57
Ždaňa SK 139 Jd49
Ždánice CZ 137 Gc48
Žďár CZ 135 Ed44
Žďár CZ 135 Ed47
Žďárec CZ 137 Gb47
Žďár nad Sázavou CZ 136 Ga46
Zdbice PL 121 Gb33
Zdenci HR 152 Hb59
Zdenska vas SLO 151 Fc58
Ždiar SK 138 Jb47
Zdice CZ 136 Fa45
Zdíkov CZ 136 Fa48
Ždírec nad Doubravou CZ 136 Ga46
Zdobnice CZ 137 Gb44
Zdolbuniv UA 204 Ea15
Zdounky CZ 137 Gd47
Zdrajsh AL 182 Ac75
Ždralovac BIH 158 Gc65
Zdravec BG 180 Eb70
Zdravec BG 181 Fa71
Zdrelo SRB 174 Bc65
Zdroisko PL 120 Fd35
Zdunje MK 178 Bb73
Zduńska Wola PL 130 Hc39
Zduny PL 129 Gd39
Zduny PL 130 Hd37
Zdżary PL 129 Ha37
Zdżary PL 130 Jb39
Zdziebórz PL 122 Jc35
Zdzieszowice PL 137 Ha43
Zdziłowice PL 131 Kb41
Zębowice PL 129 Hb42
Żebrak PL 131 Jd37
Zebreira P 45 Bc65
Zebrene LV 105 Jd52
Žebrokai LT 113 Jb53
Żebry-Wierzchlas PL 122 Jc34
Zebrzydowa PL 128 Fd40
Zebrzydowice PL 137 Hb45
Zechlin D 119 Ec34
Zechlinerhütte D 119 Ed34
Zeddam NL 125 Bc37
Zedelgem B 21 Ha29
Zedenac HR 151 Fd60
Zederhaus A 143 Ed54
Žedricy RUS 107 Mb49
Zeebrugge B 124 Aa38
Zeeland NL 125 Bb38
Zeesen D 128 Fa37
Zeewolde NL 116 Bb36
Zegama E 39 Eb56
Žegar SLO 151 Fd57
Żegary PL 123 Kb30
Zegerscappel F 21 Gd30
Żegiestów PL 138 Jc46
Žeglarci BG 181 Ed69
Żegocina PL 138 Jb45
Żegoty PL 122 Ja31
Žegra KSV 178 Bc72
Zegrze PL 130 Jb36
Zegrze Pomorskie PL 120 Ga31
Zegrzynek PL 130 Jb36
Zehdenick D 119 Ed35
Zehlendorf D 119 Ed35
Zehren, Diera- D 127 Ed41
Zeil D 134 Dc44
Zeilarn D 143 Ec50
Žeimelis LT 114 Kb53
Žeimiai LT 114 Ka54
Žeimiai LT 114 Kc56
Zeist NL 116 Ba36
Zeithain D 127 Ed40
Zeitlarn D 135 Eb48
Zeitlofs D 134 Da43
Zeitz D 127 Eb41
Žejane HR 151 Fb60
Zekeriyaköy TR 186 Fd77
Zekeriyaköy TR 187 Gd78
Żelazków PL 129 Ha38
Żelazna PL 121 Gd29
Żelazna Góra PL 122 Hd30
Żelazno PL 137 Gc43
Żelazowa Wola PL 130 Ja37
Żelechlinek PL 130 Ja39
Żelechów PL 131 Jd38
Zelencovo RUS 113 Jc59
Zelenčukskaja RUS 205 Fd17
Zeleni Jadar BIH 159 Ja64
Zelenik SRB 174 Bd65
Zelenika MNE 159 Hc69
Zelenikovo BG 180 Dc72
Zelenivka UA 205 Fb16
Zelenodol'sk RUS 203 Fd09
Zelenodol's'k UA 204 Ed16
Zelenograd RUS 202 Ed10
Zelenogradsk RUS 113 Ja58
Zelenokumsk RUS 205 Ga16
Želenov CZ 136 Fa47
Zelenovo RUS 113 Jb58
Želetava CZ 136 Ga47
Železan BG 185 Ea76
Železino BG 185 Ea76
Železná Ruda CZ 135 Ed47
Železné SK 138 Hd48
Železnik BG 181 Ec72
Železnik SRB 153 Jc62
Železniki SLO 151 Fb57
Železnodorožnyj RUS 122 Jb30
Železnogorsk RUS 202 Ed13
Železný Brod CZ 128 Fd42
Zelgauska LV 107 Lb50
Zelhem NL 125 Bc37
Żelichów PL 138 Jc43
Želiezovce SK 146 Hc51
Zelinja BIH 152 Hb62
Zélio GR 189 Ca84
Żelisławice PL 130 Ja42
Żeliszew PL 131 Jd37
Żelizna PL 131 Kb38
Željuša BIH 158 Hb66
Želju Vojoda BG 180 Eb72
Zelki PL 123 Jd31
Żelkowo PL 121 Gc29
Zell A 144 Fa50
Zell D 133 Ca49
Zell D 134 Da45
Zell D 135 Eb47
Zell D 141 Ca51
Zella-Mehlis D 126 Dc42
Zell am Moos A 143 Ed52
Zell am See A 143 Ec53
Zell am Ziller A 143 Ea54
Zellerfeld, Clausthal- D 126 Dc38
Zellingen D 134 Da45
Zell (Mosel) D 133 Bd44
Zell-Pfarre A 144 Fb56
Želnava CZ 136 Fa49
Želovce SK 146 Hd51
Zelovo HR 158 Gc65
Zelów PL 130 Hc39
Želsva LV 114 Kb59
Zeltiņi LV 107 Lb48
Zeltweg A 144 Fc54
Želva LT 114 La56
Zemaičių Kalvarija LT 113 Jc54
Žemaičių Naumiestis LT 113 Jc56
Žemaitkiemis LT 114 Kd56
Žemaitkiemis LV 123 Kb30
Žemalė LT 113 Jc53
Žemberovce SK 146 Hc50
Zemblak AL 182 Ba77
Zembry PL 131 Ka37
Zembrze PL 122 Hd33
Zembrzyce PL 138 Hd45
Zemen BG 179 Cb72
Zemeș RO 172 Ec59
Zemgale LV 115 Lc54
Zemianska Olča SK 145 Ha52
Zemite LV 105 Jd51
Zemitz D 120 Fa31
Zemmer D 133 Bc44
Zemné SK 145 Ha51
Zemplénagárd H 139 Kb49
Zemplinska Teplica SK 139 Jd48
Zemsko PL 128 Fd36
Zemun SRB 153 Jc61
Zenica BIH 158 Hb64
Zennor GB 18 Da32
Zentene LV 105 Jd50
Zenting D 135 Ed49
Žepa BIH 159 Hd64
Žepče BIH 152 Hb63
Zepernick D 128 Fa36
Žeravna BG 180 Eb71
Zerbísia GR 194 Bb88
Zerbst D 127 Eb38
Żerczyce PL 123 Kb35
Zerdevka RUS 203 Fc12
Zerenikovo MK 178 Bc73
Zerf D 133 Bc45
Zeri I 149 Cd63
Zerind RO 170 Bd58
Żerków PL 129 Gd38
Żerkowice PL 128 Fd41
Zermatt CH 148 Bd57
Zernez CH 142 Da55
Zernien D 119 Dd34
Żerniki PL 129 Gd38
Zernograd RUS 205 Fc15
Zernsdorf D 128 Fa37
Žeronys LT 114 Kd58
Zerpenschleuse D 120 Fa35
Zerqan AL 182 Ad74
Zervynos LT 123 Kd30
Zestoa E 39 Eb55
Žetale SLO 151 Ga57
Zetea RO 172 Dd59
Zetel D 118 Cc33
Zetjovo BG 180 Dc73
Zeulenroda D 127 Eb42
Zeuthen D 128 Fa37
Zeven D 118 Da33
Zevenaar NL 125 Bc37
Zevenbergen NL 124 Ad38
Zevgolatió GR 189 Bd86
Zevio I 149 Dc60
Ževloki RUS 107 Mb50
Zeybekçayırı TR 191 Ec81
Zeyköyü TR 193 Ha82
Zeytin TR 197 Fa89
Zeytinbağı TR 186 Fc80
Zeytindağ TR 191 Ec84
Zeytineli TR 191 Ea86
Zeytinköy TR 191 Ec87
Zeytinli TR 185 Dd80
Zeytinli TR 191 Ea81
Zeytinli TR 191 Ec82
Zeževo HR 157 Ga66
Zgalevo BG 180 Db69
Zgărdești MD 173 Fb56
Zgierz PL 130 Hc38
Zgłobień PL 139 Ka44
Zgniłocha PL 122 Ja32
Zgon PL 122 Jc32
Zgornja Kungota SLO 144 Ga56
Zgornje Jezersko SLO 151 Fb57
Zgórsko PL 138 Jc43
Zgorzelec PL 128 Fc41
Zgozhd AL 182 Ad75
Zgurița MD 173 Fb54
Zhukë AL 182 Aa77
Žiar nad Hronom SK 138 Hc49
Zibello I 149 Da61
Žibikai LT 113 Jd53
Žiča SRB 178 Ba67
Zicavo F 154 Cb71
Zichow D 120 Fb34
Ziçisht AL 182 Ba77
Zidani Most SLO 151 Fd58
Zidarovo BG 181 Ed73
Ziddorf D 119 Ec32
Židikai LT 113 Jc53
Žīdina LV 115 Lc53
Židlochovice CZ 137 Gc48
Ziduri RO 176 Ed63
Ziębice PL 137 Gc43
Zięby PL 122 Ja30
Ziegenhagen D 126 Da40
Ziegenrück D 127 Ea42
Ziegra-Knobelsdorf D 127 Ed41
Ziēkas LV 105 Jb50
Zielenice PL 129 Gc42
Zieleniec PL 137 Gb43
Zieleniewo PL 120 Fd34
Zieleniewo PL 120 Fd31
Zielin PL 121 Gc30
Zielitz D 127 Ea37
Zielona PL 122 Hd34
Zielona Góra PL 128 Fd38
Zielonka PL 130 Jc36
Zieluń PL 122 Hd34
Ziemeris LV 107 Lc48
Ziemetshausen D 142 Db50
Ziemiełowice PL 129 Ha41
Ziemupe LV 105 Ja52
Zierbena E 38 Ea55
Zierenberg D 126 Da40
Zierikzee NL 124 Ac37
Ziersdorf A 136 Ga49
Zierzow D 119 Ea34
Ziesar D 127 Eb37
Ziethen D 120 Fa32
Zieuwent NL 125 Bd37
Žiežmariai LT 114 Kd57
Zigós GR 184 Da77
Žīguri LV 107 Ld48
Žihle CZ 135 Ed44
Zilaiskalns LV 106 Kd48
Zilāni LV 106 La51
Zīle LV 106 La47
Zile TR 205 Fc20
Žiliai LT 113 Jd53
Žilina SK 138 Hc47
Žilinai LT 114 Kb59
Žilino RUS 113 Jc58
Zillis CH 142 Cd55
Zilly D 127 Dd38
Zilshausen D 133 Ca43
Ziltendorf D 128 Fc37
Zilupe LV 107 Ma51
Zimandu-Nou RO 170 Bc58
Zimány H 145 Ha56
Zimari RUS 107 Mb49
Zimbor RO 171 Cd57
Zimbreni MD 173 Fd58
Zimlje = Rujišta BIH 158 Hb66
Zimmern D 141 Cb50
Zimna Brzeźnica PL 128 Ga39
Zimna Woda PL 122 Ja33
Zimnica BG 180 Eb72
Zimnicea RO 180 Dd68
Zimnice Wielkie PL 137 Ha43
Zimovniki RUS 205 Fd15
Zinal CH 148 Bd57
Zinasco Vecchio I 148 Cb60
Žindaičiai LT 114 Ka57
Zingst D 119 Ec30
Zinkgruvan S 95 Fc45
Zin'kiv UA 202 Ed14
Žinkovy CZ 135 Ed46
Zinnowitz D 120 Fa31
Žiopeliai LT 113 Jd53
Zipári GR 197 Ec91
Ziras LV 105 Jb50
Zirc H 145 Ha54
Zirchow D 120 Fb32
Zirgi LV 107 Ma52
Žiri SLO 151 Fa58
Žirje HR 157 Ga66
Zirl A 143 Dd53
Zirndorf D 134 Dc46
Zirņi LV 105 Jc52
Žirnovsk RUS 203 Fd12
Ziros GR 201 Dd96
Žirovica MK 182 Ad74
Žirovnica SLO 151 Fb57
Žirovnice CZ 136 Fd47
Zistersdorf A 137 Gc49
Žitište SRB 153 Jc59
Žitište SRB 174 Bb61
Žitkovac SRB 178 Bd68
Žitnica BG 180 Db72
Žitnica BG 181 Ed71
Žitni Potok SRB 178 Bc69
Žitomislići BIH 158 Hb67
Žitoradja SRB 178 Bd69
Žitosvjat BG 181 Ec73
Zitsa GR 182 Ad80
Zittau D 128 Fc42
Žiūronys LT 114 Kc59
Živaja HR 152 Gc60
Živinice BIH 153 Hc63
Živkovo BG 179 Cd72
Živojno MK 183 Bb76
Ziyamet TR 187 Gc77
Złaków Kościelny PL 130 Hd37
Zlarin HR 157 Ga66
Zlata SRB 178 Bc69
Zlatá Idka SK 138 Jc48
Zlatar BG 181 Ec70
Zlatar HR 152 Gb58
Zlatar Bistrica HR 152 Gb58
Zlatarevo BG 183 Cb75
Zlatari SRB 178 Bb68
Zlatarica BG 180 Ea71
Zlaté Hory CZ 137 Gd44
Zlaté Klasy SK 145 Gd51
Zlaté Moravce SK 145 Hb50
Zlatica BG 179 Da71
Zlati Vojvoda BG 180 Ea72
Zlatna RO 175 Cd60
Zlatna Greda HR 153 Hd59
Zlatna Ostrove SK 145 Ha52
Zlatna Panega BG 179 Da70
Zlatni Pjasăci BG 181 Fb70
Zlatograd BG 184 Dc76
Zlatoklas BG 181 Ed68
Zlatokop SRB 178 Bd71
Zlatoličje SLO 144 Ga56
Zlatopole BG 185 Dd74
Zlatovo SRB 174 Bc66
Žlebič SLO 151 Fc59
Žlibinai LT 113 Jc54
Zliechov SK 137 Hb48
Zlín CZ 137 Ha47
Zliv CZ 136 Fb48
Žljebovi BIH 159 Hd64
Złobek PL 139 Kb46
Žlobin BY 202 Eb13
Zlobin HR 151 Fc60
Złochowice PL 130 Hc41
Złocieniec PL 120 Ga33
Złoczew PL 129 Hb40
Zlogonje HR 152 Gb57
Zlogoš BG 179 Ca72
Zlosela BIH 158 Gd64
Zlostup MNE 159 Hd68
Zlot SRB 174 Bd66
Złotniki Kujawskie PL 121 Ha35
Złotoria PL 121 Hb34
Złotoryja PL 128 Ga41
Złotów PL 121 Gc33
Złotowo PL 122 Hd33
Złotowo PL 129 Hb36
Złoty Stok PL 137 Gc43
Zlunice CZ 136 Fd44
Žlutice CZ 135 Ed44
Zmajevac BIH 152 Gb61
Zmajevac HR 153 Hc58
Zmajevo SRB 153 Ja59
Žman HR 157 Fd65
Žmerynka UA 204 Eb15
Zmievka RUS 203 Fa12
Żmigród PL 129 Gc40
Żmigródek PL 129 Gc40
Zmijiv UA 203 Fa14
Zminica MNE 159 Ja67
Žminj HR 151 Fa61
Znamenka RUS 99 Ld45
Znamenosec BG 180 Ea73
Znamensk RUS 113 Jb59
Znamenskoe RUS 202 Ed12
Znam'janka UA 204 Ed15
Żnin PL 121 Gd35
Znojmo CZ 136 Ga48
Zoagli I 149 Cc63
Zocca I 149 Dc63
Žocene LV 105 Jd49
Žodzina BY 202 Eb12
Zoetermeer NL 116 Ad36
Zofingen CH 141 Ca53
Zogaj AL 163 Ja71
Zogi LV 107 Lc50
Zogno I 149 Cd58
Žogotas LV 107 Lc51
Žogotas LV 107 Ld50
Zohor SK 145 Gc50
Zoio P 45 Bd59
Zoldo Alto I 143 Ea56
Zoljan HR 152 Hb60
Żółkiewka PL 131 Kb41
Zollhaus CH 141 Bc55
Zolling D 143 Ea50
Zollino I 163 Hc77
Zoločiv UA 204 Ea15
Zolote UA 203 Fb14
Zolotievca MD 173 Fd59
Zolotonoša UA 204 Ed15
Żółwino PL 120 Ga34
Żołynia PL 139 Ka43
Zomba H 146 Hc56
Zonguldak TR 187 Hb76
Zonhoven B 124 Ba40
Zoni GR 185 Ea76
Zóni GR 194 Bb88
Zonianá GR 200 Cd95
Zonza F 154 Cb71
Żórawina PL 129 Gc41
Zörbig D 127 Eb39
Zorge D 126 Dc39
Zorile MD 173 Fd56
Zorita E 51 Cb68
Zorita de la Loma E 37 Cd58
Zorita de los Canes E 47 Ea65
Zorlar TR 198 Fd92
Zorleni RO 177 Fa60
Zorlențu Mare RO 174 Ca62
Zorneding D 143 Ea51
Zornica BG 181 Ec73
Żory PL 137 Hb44
Zosna LV 107 Ld52
Zossen D 127 Ed37
Zoutkamp NL 117 Bd33
Zoutleeuw B 124 Ba41
Zoúzouli GR 182 Ba78
Zovka RUS 99 Ma44
Žovkva UA 204 Dd15
Žovti Vody UA 204 Ed15
Žovtneve UA 202 Ed14
Zreče SLO 151 Fd57
Zrenjanin SRB 153 Jc60
Zrenjanin SRB 174 Bb61
Zrin HR 152 Gb61
Zrinski Topolovac HR 152 Gc58
Zrmanja-Vrelo HR 158 Gb64
Zrnovci MK 183 Ca74
Žrnovnica HR 158 Gc66
Zruč nad Sázavou CZ 136 Fd45
Zruč-Senec CZ 135 Ed45
Zrze KSV 178 Ba71
Zrze MK 183 Bb74
Zsadány H 147 Ka54
Zsámbék H 146 Hc53
Zsámbok H 146 Ja52
Zsana H 146 Ja56
Zschadraß D 127 Ec41
Zscherben D 127 Ea40
Zschocken D 127 Ec42
Zschopau D 127 Ed42
Zschoppach D 127 Ec41
Zschornewitz D 127 Eb39
Zschortau D 127 Eb40
Zsedeny H 145 Gc53
Zsurk H 139 Kb49
Zuazo de Cuartango E 38 Ea56
Zubcov RUS 202 Ec10
Zuberec SK 138 Hd47
Zubia E 60 Db75
Zubialde E 38 Ea55
Zubići BIH 158 Ha64
Zubieta E 39 Ec56
Zubiškes LT 114 Kd57
Zubova Poljana RUS 203 Fb11
Zubowo PL 123 Kb34
Zubrești MD 173 Fc57
Żubrówka PL 123 Kb30
Zubrzyca Górna PL 138 Hd46
Žuč SRB 178 Bb69
Zucaina E 54 Fb65
Zudaire E 39 Eb57
Zudar D 119 Ed30
Zudibiarte E 38 Ea55
Zuera E 48 Fb60
Zufia E 39 Ec57
Zufre E 59 Bd72
Zug CH 141 Cb53
Zuheros E 60 Da73
Zuid-Beijerland NL 124 Ac37
Zuidhorn NL 117 Bd33
Zuidlaren NL 117 Bd33
Zuidwolde NL 117 Bd35
Zújar E 51 Cb70
Zújar E 61 Dd74
Zuji LV 107 Lc51
Zujkovo RUS 107 Mb50
Žukai LT 113 Jd57
Žukovka RUS 202 Ed12
Żuków PL 131 Kc38
Żukowice PL 128 Ga39
Żukowo PL 121 Ha30
Žuljana HR 158 Ha68
Žulová CZ 137 Gc44
Zülpich D 125 Bc41
Zumaia E 39 Eb55
Zumarraga E 39 Eb56
Zundert NL 124 Ad38
Zundi LV 107 Ld52
Zuoz CH 142 Da56
Zupa HR 158 Gd67
Županja HR 153 Hc61
Župelevec SLO 151 Ga58
Žur KSV 178 Ba72
Zūras LV 105 Jb50
Żurawica PL 139 Kb44
Zurbarán E 51 Cb68
Zurgena E 61 Eb74
Zürich CH 141 Cb53
Zurich NL 116 Bb33
Zuriza E 39 Fb57
Zurndorf A 145 Gc51
Żurobice PL 123 Kb35
Żuromin PL 122 Hd34
Żurominek PL 122 Ja34
Zurrieq M 166 Eb88
Zürs A 142 Da54
Zurzach CH 141 Cb52
Zusmarshausen D 142 Db50
Züssow D 120 Fa31
Žuta Lokva HR 151 Fd61
Zutphen NL 117 Bc36
Zuydcoote F 21 Gd29
Zuzela PL 123 Jd35
Žužemberk SLO 151 Fc58
Zvăničevo BG 179 Da73
Zvārtava LV 107 Lb48
Zvečan KSV 178 Ba70
Zvegor MK 179 Cb73
Zvenejniekciems LV 106 Kc49
Zvenigorod RUS 202 Ed10
Zvenigovo RUS 203 Fd09
Zvenimir BG 181 Ec68
Zvenyhorodka UA 204 Ec15
Zverino BG 179 Cd70
Zvezd SRB 153 Jb62
Zvezdec BG 185 Ed74
Zvezdel BG 185 Dd75
Zvidziena LV 107 Lc50
Žvingiai LT 113 Jc56
Žvirče SLO 151 Fc59
Žvirgždaičiai LT 114 Ka58
Zvirgzde LV 106 Kc51
Žvirgždėnai LT 114 Kd59
Zvirinë AL 182 Ad76
Zvole CZ 137 Gb46
Zvole CZ 137 Gc45
Zvolen SK 138 Hd49
Zvollenská Slatina SK 138 Hd49
Zvonce SRB 179 Ca70
Zvony RUS 107 Mb50
Zvoriștea RO 172 Ec55
Zvornik BIH 153 Hd63
Zwaagwesteinde NL 117 Bc33
Zwanenburg NL 116 Ba35
Zwardoń PL 138 Hc46
Zwaring A 144 Fd55
Zwartemeer NL 117 Ca35
Zwartsluis NL 117 Bc35
Zweeloo NL 117 Bd34
Zweibrücken D 133 Bd46
Zweiflingen D 134 Cd47
Zweisimmen CH 141 Bc55
Zwenkau D 127 Eb40
Zwethau D 127 Ed39
Zwettl A 136 Fd49
Zwettl an der Rodl A 144 Fb50
Zwiastowice PL 137 Ha43
Zwickau D 127 Ec42
Zwiefalten D 142 Cd50
Zwiernik PL 138 Jc44
Zwierzno PL 122 Hc31
Zwierzyn PL 120 Fd35
Zwierzyniec PL 131 Kc42
Zwiesel D 135 Ed48
Zwieselstein A 142 Dc55
Zwillbrock D 125 Bd37
Zwingenberg D 134 Cc45
Zwischenwasser I 143 Ea55
Zwochau D 127 Eb40
Zwoleń PL 131 Jd39
Zwolle NL 117 Bc35
Zwönitz D 127 Ec42
Żychlin PL 130 Hd37
Žydačiv UA 204 Ea15
Żydów PL 129 Ha39
Żydowo PL 121 Gb31
Żydowo PL 129 Gd36
Žygaičiai LT 113 Jc56
Zygi CY 206 Jb98
Zygmantiškė LV 114 Kb57
Žypliai LT 114 Ka57
Żyraków PL 139 Jd44
Żyrardów PL 130 Ja37
Żyrowa PL 137 Ha43
Żyrzyn PL 131 Ka39
Žytkavičy BY 202 Eb13
Żytkiejmy PL 123 Ka29
Żytniów PL 129 Hb41
Żytno PL 130 Hd41
Žytomyr UA 204 Eb15
Żywiec PL 138 Hd45
Żywocice PL 137 Ha43

340 REYKJAVIK
IS

N

S

FIN

333 OSLO
345 STOCKHOLM

HELSINKI 315

Sankt
Peterburg

TALLINN 346
EST

RUS

330-331 MOSKVA

Glasgow

IRL

314 DUBLIN

Manchester

GB

DK

KØBENHAVN 318-319
Malmö

341 RIGA
LV

LT

347 VILNIUS
RUS

Minsk

BY

300-301
322-325 LONDON

AMSTERDAM
Den Haag
Rotterdam
NL

Hamburg
Hannover

D

BERLIN
304-305

Essen
Köln
310-311 BRUSSEL/
BRUXELLES
B

Leipzig

Gdańsk

PL

WARSZAWA
348-349

Wrocław

Kyjiv

326-327 LUXEMBOURG
L

Frankfurt/m.

PRAHA 338-339
CZ

Krakau

UA

334-337 PARIS

Stuttgart

F

Strasbourg

307 BERN
Genève
CH
Zürich

München
Salzburg

WIEN 350-351
SK

BRATISLAVA 308
H

MD

Chişinău

BUDAPEST
312-313

Innsbruck
A

LJUBLJANA 321
SLO

RO

Bordeaux

Lyon

Milano

Venézia

ZAGREB 352

BUCUREŞTI 309

Bilbao

Génova

HR

BIH

BEOGRAD 306

Porto

P

Marseille

MONACO 332

Firenze

Sarajevo
SRB

BG

LISBOA 320

E

Barcelona

I

MNE

Pristina

KSV

SOFIJA 344

ROMA 342-343

Podgorica

316-317 ISTANBUL

MADRID 328-329

Valencia

Tiranë

MK

Skopje

Sevilla

Nápoli

AL

GR

Izmir

TR

Alger

Palermo

ATHINA 302-303

Rabat

Tunis

MA

DZ

TN

→ A8 5,5 km
DAFNI 5,5 km
PERISTERI 3,5 km

ELEFSINA 17 km
Skaramagkas 9,5 km

PERISTERI 3 km
VERDI 7 km

Stathmos
Peloponnissou 0,2 km

Stathmos
Larissis 0,5 km

Ag. Antonios

Egaleo

→ A8 9 km
EGALEO 1 km
DAFNI 9,5 km

NIKEA 11 km
PERAMA 12,5 km

(N. Salamina)

Stadio Karaiskaki
(Pireas) 3,5 km
Stadio
Irinis & Filias
4,5 km
Pireas 5 km
NIKEA 6,5 km

(N. Salamina,
Kriti, Kiklades,
Dodekanissa,
Izmir (TR), Rodos)
PERAMA 14 km

(N. Salamina)

Pireas

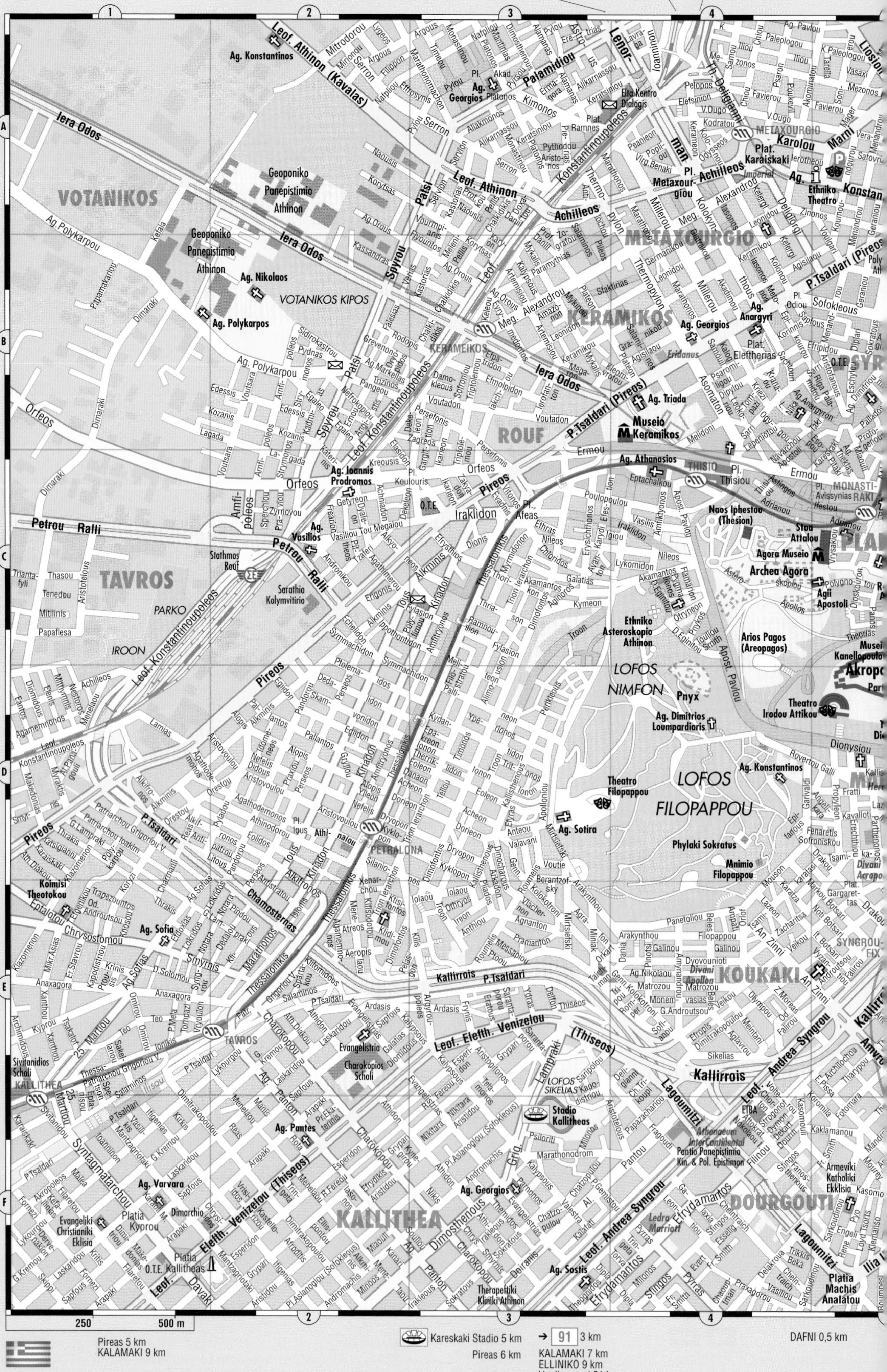

VOTANIKOS

Geoponiko
Panepistimio
Athinon

Geoponiko
Panepistimio
Athinon

Ag. Nikolaos

VOTANIKOS KIPOS

Ag. Polykarpos

METAXOURGIO
KERAMIKOS
ROUF
THISIO
MONASTI-RAKI

Museio
Keramikos

Ag. Triada

Naos Iphestou
(Thesion)

Stoa
Attalou

Agora Museio

Archea Agora

Agii
Apostoli

Arios Pagos
(Areopagos)

Akropoli

TAVROS

PARKO

IROON

Stathmos
Rouf

Sarathio
Kolymvitirio

Ethniko
Asteroskopio
Athinon

LOFOS
NIMFON

Pnyx

Theatro
Irodou Attikou

Ag. Dimitrios
Loumpardiaris

LOFOS
FILOPAPPOU

Theatro
Filopappou

Ag. Sotira

Phylaki Sokratus

Mnimio
Filopappou

Ag. Konstantinos

PETRALONA

Koimisi
Theotokou

Ag. Sofia

Chamosternas

KOUKAKI

Evangelistria

Charokopios
Scholi

Stadio
Kallitheas

LOFOS
SIKELIAS

Kallirrois

Sivitanidios
Scholi

KALLITHEA

TAVROS

Ag. Pantes

Ledra Marriott

Pantio Panepistimio
Kin. & Pol. Epistimon

Athenaeum
InterContinental

DOURGOUTI

Ag. Varvara

Dimarchio

Platia
Kyprou

Platia
Davaki

Evangeliki
Christianiki
Eklisio

O.T.E. Kallitheas

Ag. Georgios

Ag. Sostis

Therapeftiki
Kliniki Athinon

Platia
Machis
Analatou

Armeniki
Katholiki
Ekklisia

250   500 m

Pireas 5 km
KALAMAKI 9 km

Kareskaki Stadio 5 km
Pireas 6 km

→ 91 3 km

KALAMAKI 7 km
ELLINIKO 9 km
Vouliagmeni 21 km

DAFNI 0,5 km

302

303

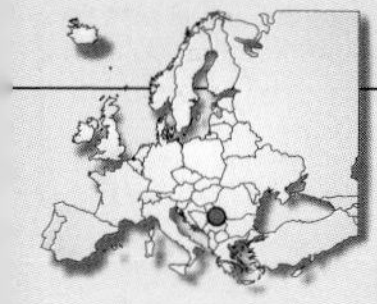

Dunav

DORĆOL

Sportski centar

Nebojša kula
Bulevar vojvode Bojovića

Crkva Svete Petke
Crkva Ružica
KALEMEGDAN
Šeih-Mustafino turbe
Zavod za zaštitu spomenika kulture
Vojni muzej
Muzej šumarstva i lova

Defektološki fakultet
ZOO

Dunavska
Mike Alasa
Jevrejska
Tadeuša Košćuška
Baruh
Solunska
Uroša
Visoka
Dratka
Desp. Đurđa
Solunska
Dunavska
Dunavski kej

Pristanište i luka Dunav

Cara Dušana
Viskog Stevana
Skender-begova
Dunavska

Muzej nauke i tehnike

Admiral Club

Bajrakli džamija
Galerija fresaka
Jevrejski istorijski muzej
Muzej pozorišne umetnosti, Vukov i Dositejev muzej
Etnografski muzej

Crkva Svetog Aleksandra Nevskog

STARI GRAD

UNIVERZITETSKI PARK
Univerzitet
Studentski trg
Prirodno-matematički fakultet
Filološki fakultet
Akademski trg
Filozofski fakultet

Saborna crkva
Aleksandar Palas
Muzej Srpske pravoslavne crkve
Palace
Muzej primenjene umetnosti
Muzej grada Beograda
Narodni muzej
Trg Republike
Narodno pozorište
Bitef teatar
Bulevar despota Stefana
Gradski zavod

Bulevar despota Stefana

Crkva Svetog Petra
BOTANIČKA BAŠTA
Institut za mentalno zdravlje
Takovska

Brankov Most
Brankova
Pijaca
Zeleni venac
Omen teatar
Prizrenska
Terazije
Pozorište na Terazijama
Muzej istorije kulture Jugoslavije
Atelje 212
Ministarstvo
PTT muzej
Ruska pravoslavna crkva
Duško Radović
PALILULA

Majestic
Moskva
Kralja Milana
Balkan
Union
Splendid
Prag
Skupština Beograd
PIONIRSKI PARK
Predsednik Republike
Skupština Republike Srbije
Ministarstvo
Stadion Tašmajdan
Crkva svetog Marka na Tašmajdanu
TAŠMAJDAN
Crkva Krista Kralja
Dadov

Železnička stanica Beograd
Autobuska stanica Beograd
Autobuska stanica Lasta
Ginekološko-akušerska klinika
Astorija
Savski Trg
Savski Trg
Vaznesenjska crkva
Milošev Amam
Vojni fakultet
Ministarstvo rudarstva i energetike
Jug. dramsko pozorište
Metropol
Arhiv Srbije
Pravni fakultet
Mašinski fakultet
Univ. biblioteka
Arhitektonski, elektrotehnički i građevinski fakultet
Spomenik Nikoli Tesli
Bulevar kralja Aleksandra

Sava

Bolnica Sv. Sava
Železnički muzej
Min. za državnu upravu i lokalnu samoupravu
Palata pravde
Vlada Republike Srbije
Ministarstvo finansija
Ministarstvo spoljnih poslova
Istorijski muzej Srbije
Narodna banka Srbije
Muzej N. Tesle
ČUBURA

PARK MANJEŽ
Kralja Milana
Trg Slavija
Prirodnjački muzej

Igralište FK "Železničar"

ŠAVSKI VENAC
Zavod za zdravstvenu zaštitu radnika
Urgentni centar
Klinički centar Srbije
Poliklinika
Pozorište Slavija
Crkva Sv. Save
VRAČAR
Narodna biblioteka
Kapela Svetih vračeva Kozme i Damjana
Medicinski, stomatološki i farmaceutski fakultet
Plućne bolesti

Stanica za hitnu pomoć
Beogradska industrija piva
Zavod za proletiku
Infektivne bolesti
KARA DEV PARK
DOR-

Bulevar Franše d'Eperea

250   500 m

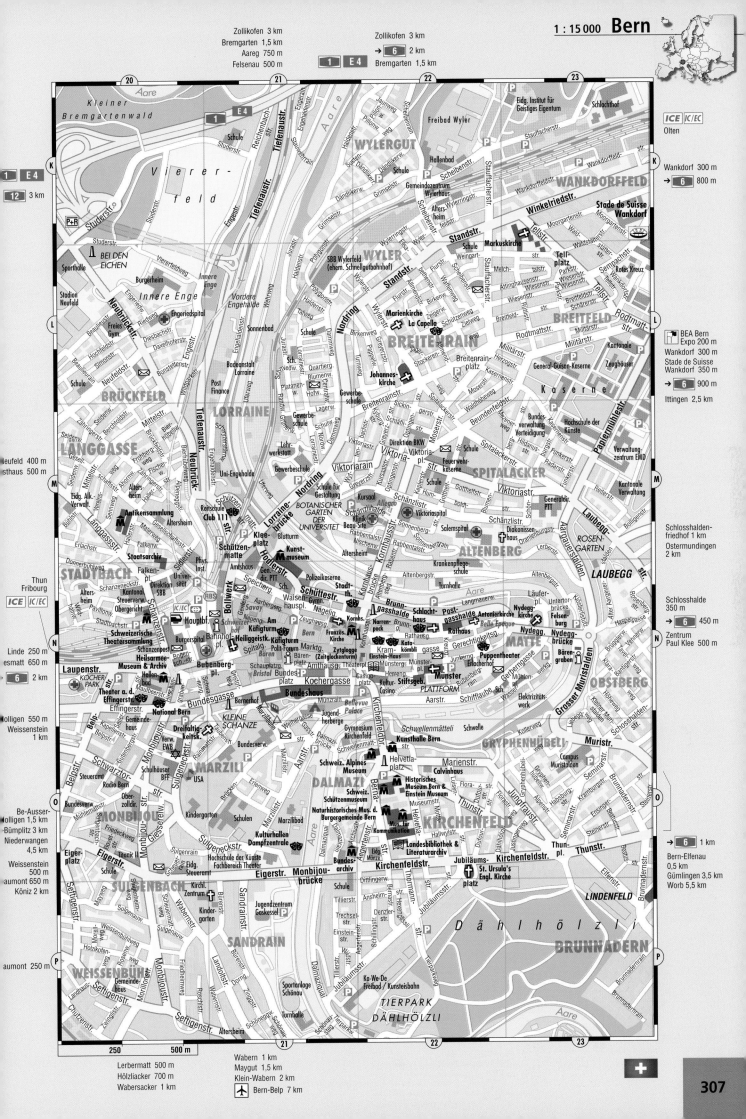

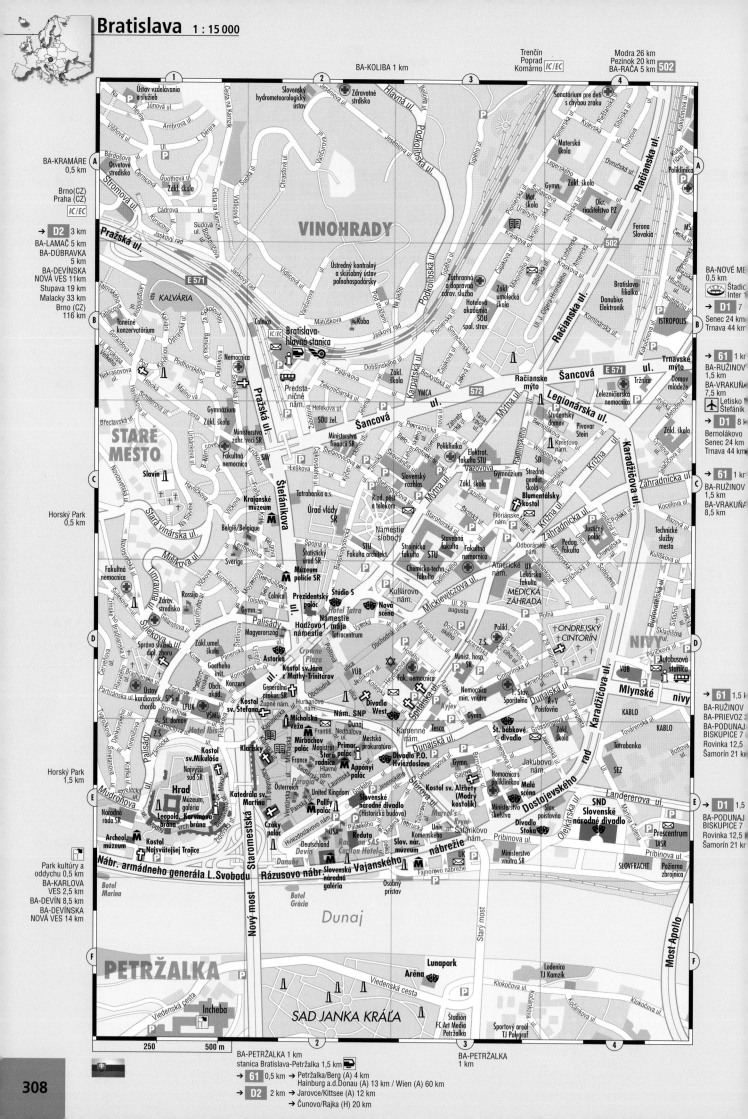

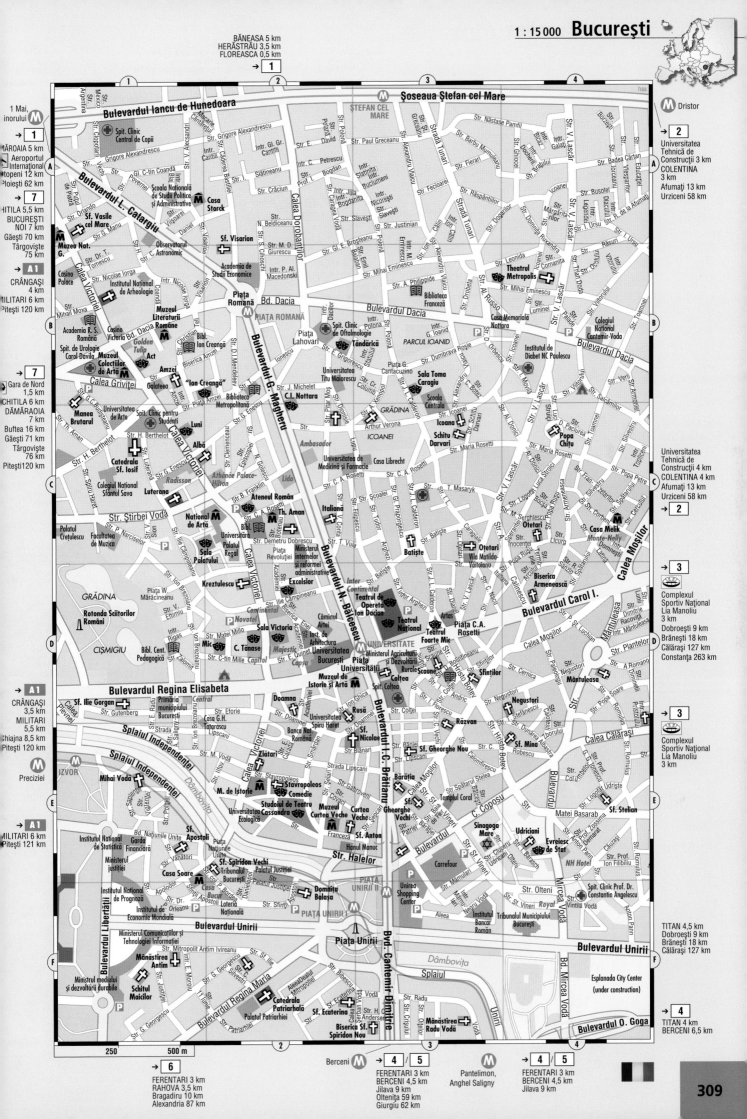

Budapest 1 : 15 000

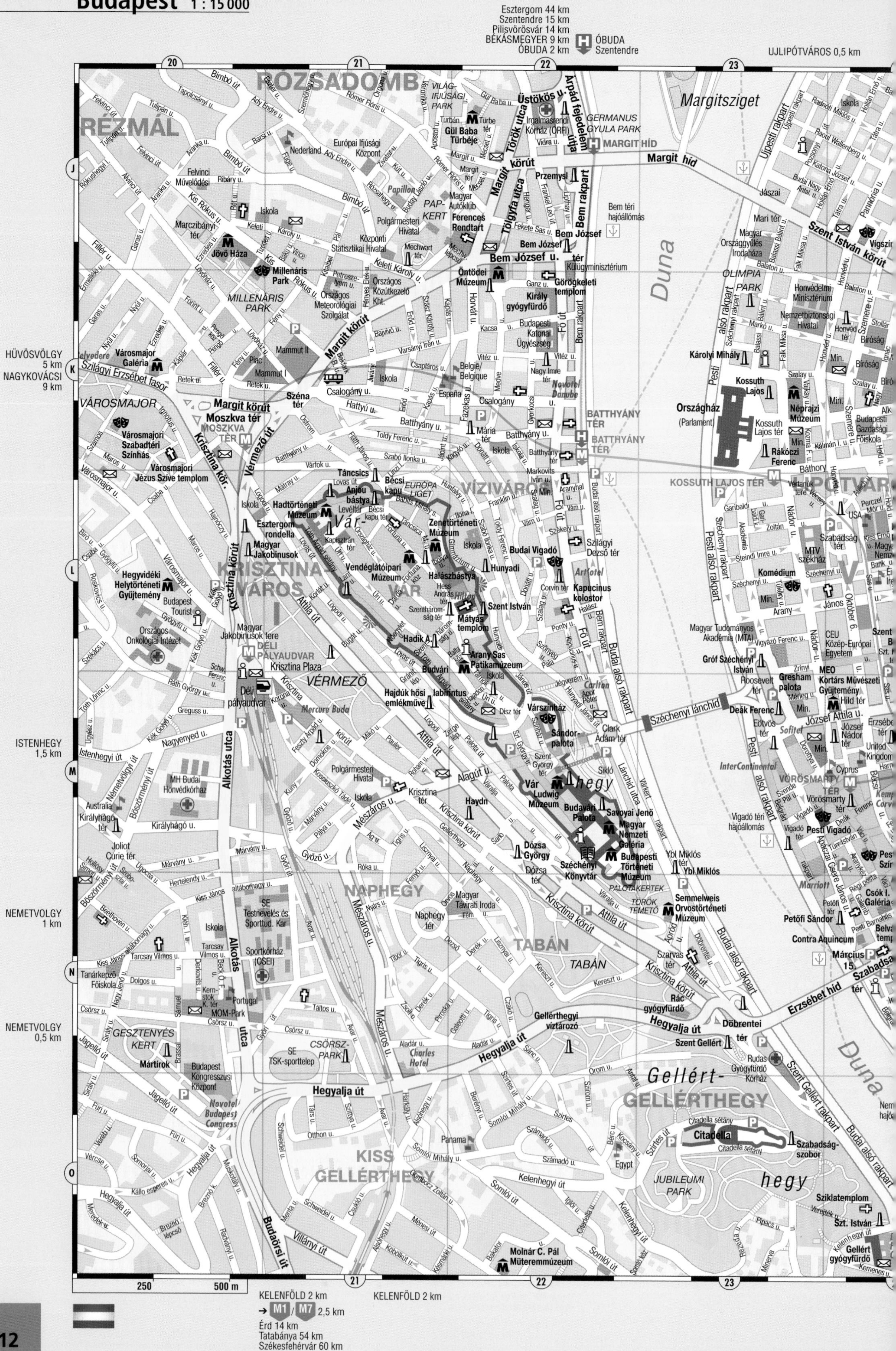

Esztergom 44 km
Szentendre 15 km
Pilisvörösvár 14 km
BÉKÁSMEGYER 9 km
ÓBUDA 2 km
ÓBUDA
Szentendre
UJLIPÓTVÁROS 0,5 km
HŰVÖSVÖLGY 5 km
NAGYKOVÁCSI 9 km
ISTENHEGY 1,5 km
NEMETVOLGY 1 km
NEMETVOLGY 0,5 km
KELENFÖLD 2 km
M1 / M7 2,5 km
Érd 14 km
Tatabánya 54 km
Székesfehérvár 60 km
KELENFÖLD 2 km
250
500 m
RÓZSADOMB
RÉZMÁL
Margitsziget
Margit híd
MARGIT HÍD
Duna
Országház
(Parlament)
Kossuth Lajos tér
KOSSUTH LAJOS TÉR
LIPÓTVÁROS
Széchenyi lánchíd
VÍZIVÁROS
Vár
VÁR
KRISZTINA-VÁROS
VÉRMEZŐ
Déli pályaudvar
DÉLI PÁLYAUDVAR
Mátyás templom
Halászbástya
Budavári Palota
Magyar Nemzeti Galéria
Budapesti Történeti Múzeum
Széchényi Könyvtár
NAPHEGY
TABÁN
Gellért-hegy
GELLÉRTHEGY
Citadella
Szabadság-szobor
JUBILEUMI PARK
KISS GELLÉRTHEGY
Erzsébet híd
Hegyalja út
Szent Gellért tér
Gellért gyógyfürdő
Sziklatemplom
Rác gyógyfürdő
Semmelweis Orvostörténeti Múzeum
Királyi gyógyfürdő
Gül Baba Türbéje
Millenáris Park
MILLENÁRIS PARK
VÁROSMAJOR
Városmajori Szabadtéri Színház
Moszkva tér
MOSZKVA TÉR
Margit körút
Szilágyi Erzsébet fasor
Krisztina körút
Alkotás utca
Attila út
Budaörsi út
Villányi út
Budai alsó rakpart
Pesti alsó rakpart
Bem rakpart
Fő utca
Batthyány tér
BATTHYÁNY TÉR
Clark Ádám tér
Vigadó tér
Pesti Vigadó
Vörösmarty tér
VÖRÖSMARTY TÉR
Deák Ferenc tér
Magyar Tudományos Akadémia (MTA)
Szent István körút
Szabadság tér
MOM-Park
Mammut I
Mammut II
Novotel Budapest Congress
Budapest Kongresszusi Központ
Molnár C. Pál Műteremmúzeum
Sándor-palota
Várszínház

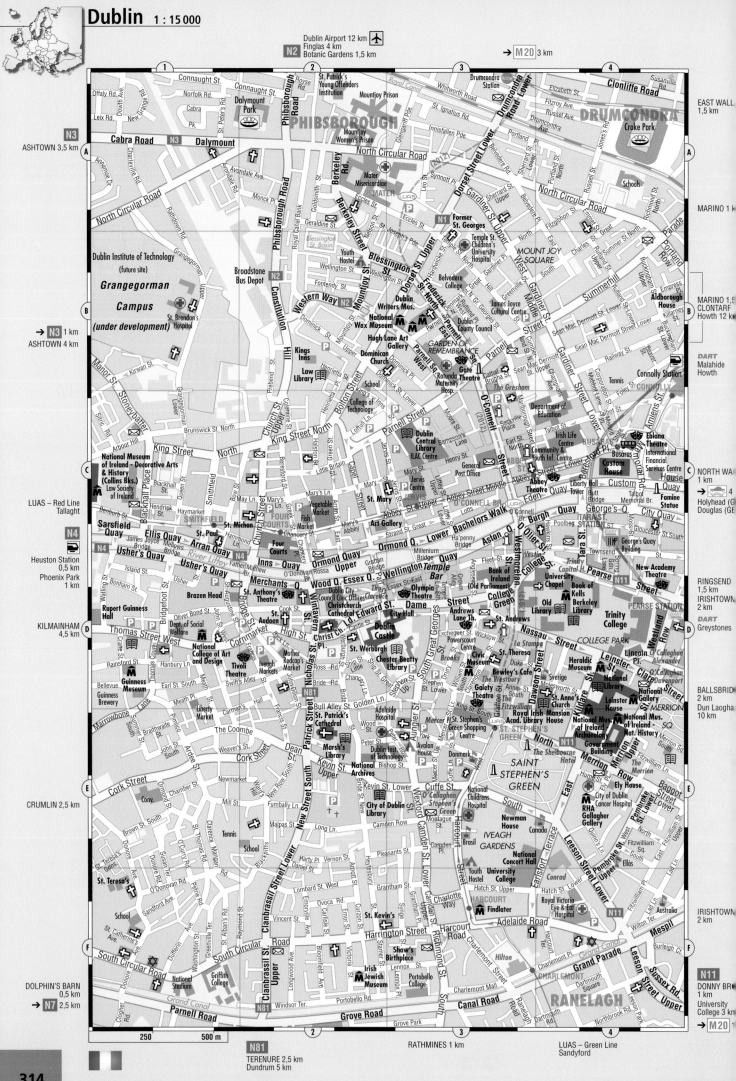

Dublin Airport 12 km
N2 Finglas 4 km
Botanic Gardens 1,5 km

→ M20 3 km

EAST WALL
1,5 km

N3
ASHTOWN 3,5 km

MARINO 1 km

→ N3 1 km
ASHTOWN 4 km

MARINO 1,5 km
CLONTARF
Howth 12 km

DART
Malahide
Howth

LUAS – Red Line
Tallaght

NORTH WALL
1 km

N4
Heuston Station
0,5 km
Phoenix Park
1 km

Holyhead (GB)
Douglas (GB)

KILMAINHAM
4,5 km

RINGSEND
1,5 km
IRISHTOWN
2 km

DART
Greystones

BALLSBRIDGE
2 km
Dun Laoghaire
10 km

CRUMLIN 2,5 km

IRISHTOWN
2 km

DOLPHIN'S BARN
0,5 km
→ N7 2,5 km

N11
DONNY BROOK
1 km
University
College 3 km

→ M20

250   500 m

N81
TERENURE 2,5 km
Dundrum 5 km

RATHMINES 1 km

LUAS – Green Line
Sandyford

314

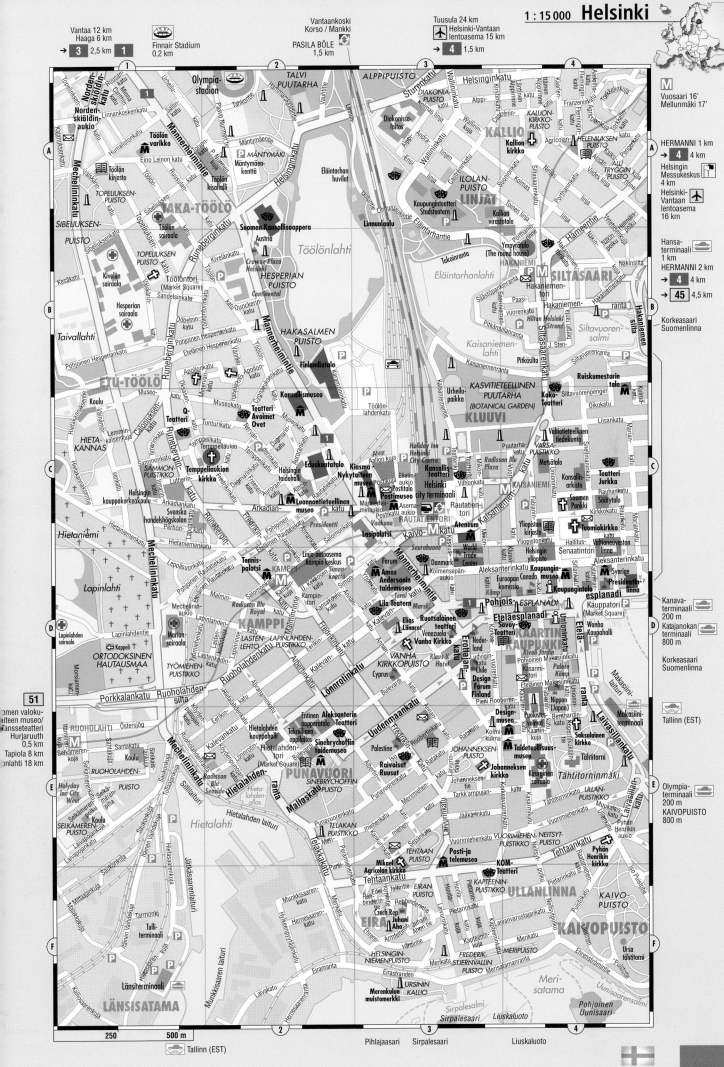

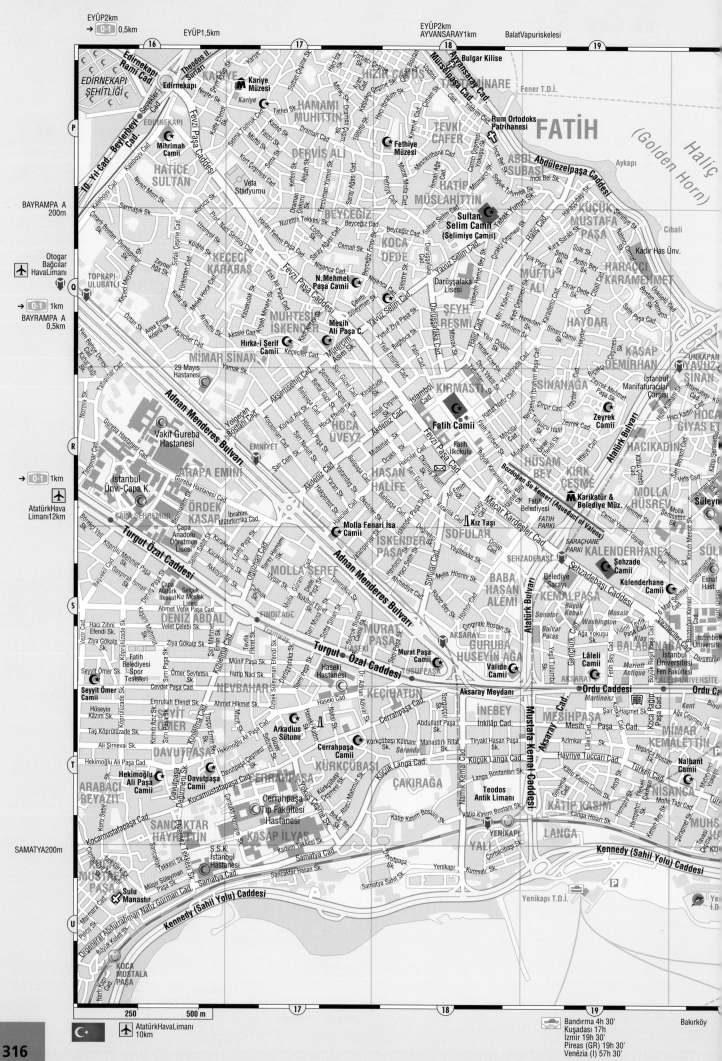

Istanbul 1:15 000

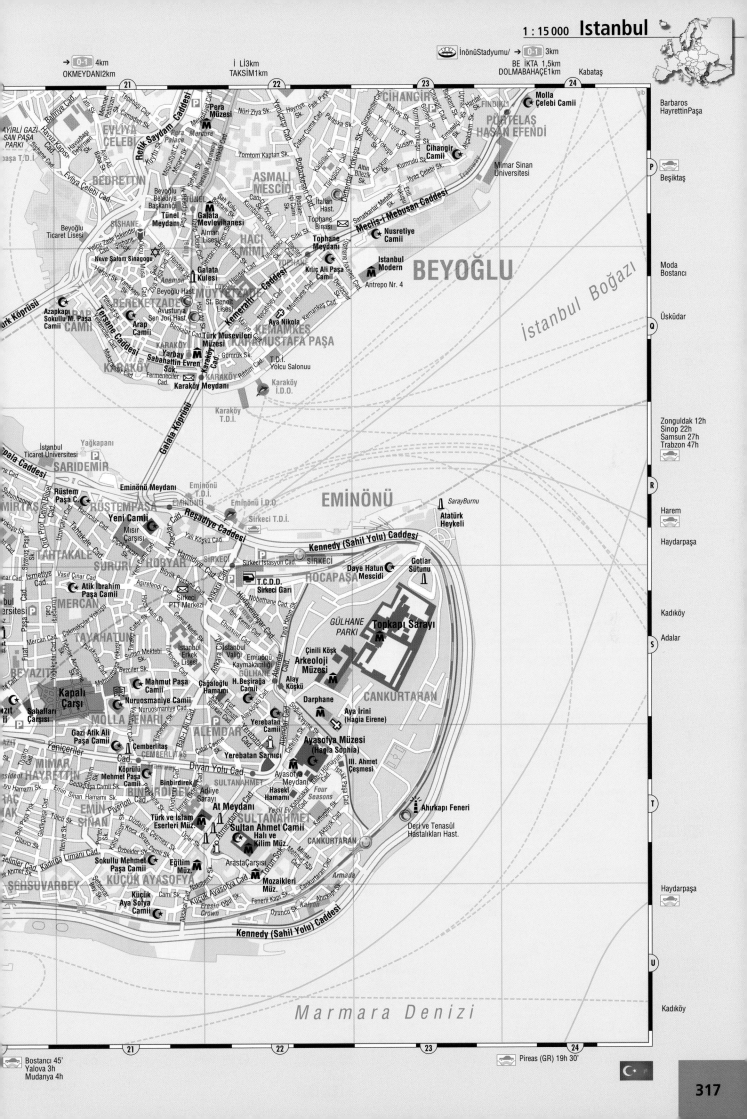

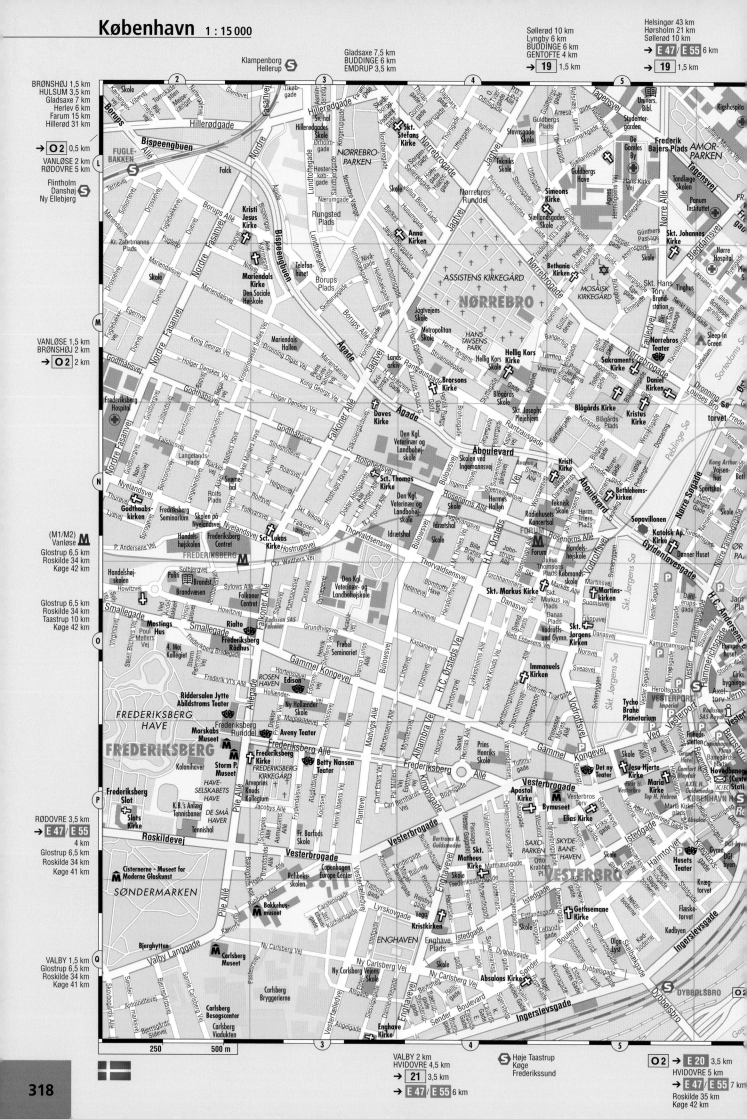

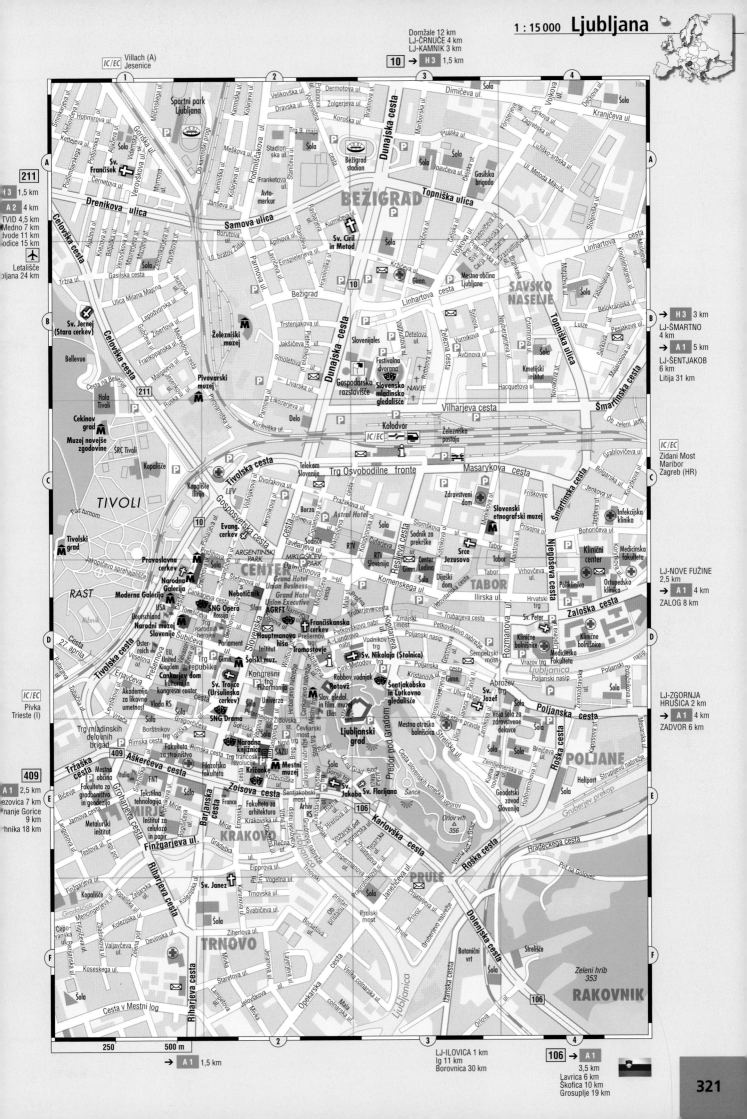

London (I) 1 : 15 000

HARROW 11 km
Regent's Park 2,5 km
→ A40 300 m
→ M1 7 km
WILLESDEN 6 km
Elephant & Castle
Edgware Road
Harrow
Weddelstone
Stanmore

→ A40
WEMBLEY 9 km

Kensington
Wimbledon
Richmond
Ealing Broadway

→ M41 3 km
WILLESDEN 7 km

West Ruislip
Ealing Broadway

HAMMERSMITH 3 km
HOUNSLOW 6 km

Circle line

Earls Court
Exhibition Centre
1 km

HAMMERSMITH 2,5 km
→ M4 6,5 km

Heathrow Airport 21 km

Ealing Broadway
Kensington
Richmond
Uxbridge
Wimbledon
Heathrow Airport

Congestion Charging Zone

HYDE PARK

KENSINGTON GARDENS

The Round Pond
The Long Water
The Serpentine
Boating Lake

The Diana, Princess of Wales Memorial Fountain
Serpentine Gallery
The Lido
Holocaust Memorial

Speke's Monument
Peter Pan Statue
Rima Statue
Physical Energy Statue
Queens Temple
Norwegian/British Monument
Albert Memorial
War Memorial
Achilles Statue
Wellington Museum, Apsley House

Reformer's Tree
New Lodge
The old Police House
Ranger Lodge
Reservoir
Nursery
Underground Car Park
The Four Winds Fountain
Magazine
Boat Houses
Bandstand

FOOTBALL PITCHES
Rotten Row
New Ride

MAYFAIR
Roosevelt Memorial
Marble Arch
Speaker's Corner
Park Lane
The Dorchester
Hilton on Park Lane
InterContinental London Park Lane
Grosvenor Chapel
Immaculate Conception
The Connaught
Christ Ch.

KNIGHTSBRIDGE
Royal College of Art
Royal Albert Hall
Kensington Gore
Russian Orthodox Cath.
College
Royal College of Music
Goethe Institut
Imperial College
Science Museum
Victoria and Albert Museum
Brompton Oratory
Natural History Museum
Harrods
Knights-bridge
Sheraton Park Tower
Hyde Park Barracks
Hyde Park Corner
Wellington Mon.
Wellington Arch

BELGRAVIA
Belgrave Square
Eaton Square
Sloane Street
Holy Trinity
Royal Court Theatre
Sloane Square
Duke of York's Headquarters
Saatchi Gallery
St. Barnabas
Victoria Coach Sta.

BROMPTON
Lycée Français Charles de Gaulle (French Univ. Coll.)
Cromwell Road
Thurloe Square
St. Mary
San Domenica
Police

SOUTH KENSINGTON
Old Brompton Rd.
The Bentley
Blakes Hotel
The Boltons
Evelyn Gdns.
Royal Marsden Hospital
Royal Brompton Hospital
St. Luke's Gardens
St. Luke
Chelsea Square

CHELSEA
Welsh United Reformed Chapel
Carlyle Square
National Army Museum
Chilianwalla Memorial
Royal Hospital Chelsea
RANELAGH GARDENS
BURTON'S COURT
Chelsea Barracks
Lister Hospital

King's Road
Fulham Road
Chelsea Embankment
Chelsea Bridge Road
Chelsea Bridge
Grosvenor Canal
Grosvenor

Chelsea & Westminster Hosp.
CHELSEA PHYSIC GARDEN

PADDINGTON
St. Mary's Hospital
Paddington Station
Praed
Sussex Gardens
Hyde Park Square
Bayswater Road
Lancaster Gate
The Fountains

BAYSWATER
Hallfield Estate
Cleveland Sq.
Craven Hill
Leinster Terrace
Queen's Gate

250 / 272.5   500 m / 545 yds

FULHAM 2 km
WANDSWORTH 4,5 km
PUTNEY 5,5 km
RICHMOND 8 km
Hampton Court Pier
Battersea Park 200 m
CLAPHAM 2,5 km
Gatwick Airport 48 km

Stamford Bridge (Chelsea F.C.) 0,5 km
FULHAM 1,5 km
WANDSWORTH 4 km

322

London (II) 1:15 000

Steinsel 6 km
Walferdange 3,5 km N7

Rue de Kopstal
Rue de Rollingergrund
Rue de Muehlenbach
Rue Albert Unden
Rue Emile Metz
EICH

R. d'Eich
Rue Emile Metz

Rue des Sept-Fontaines
Rue des Réservoirs
Maison de Retraite
MUHLENBACH
Rue de Muehlenbach
Rue Eecherschmelz
R. Ch. Engels
Millegaessel
Pl. d'Argent
PARC LAVAL

N12
Rue du Reckenthal
Rue de Rollingergrund
Avenue Pasteur
Rue de l'Avenir
Rue de l'Avenir
École
Rue V. Ferrant
Montée St-Crépin
Côte d'Eich

Reckendallerkopp
Château de Septfontaines
Faïencerie
R. S. vu Lëtzebuerg
Rue Nicolas Liez
Av. Joseph Juni
École
Av. de Gibraltar
Bellevue
Montée St-Crépin

ROLLINGER-GRUND
Sports
Centre Universitaire de Luxembourg
Intern. Don Bosco
Lycée Technique Michel Lucius
Centres d'enseignements professionnels
Résidence Pershing
Bd. Dr. Ernest Feltgen
Rue de Carisiers
Willmar
Rue Belle-Vue
Rue Laurent Ménager
N7

Rue de Dormans
Avenue de la Faïencerie
École
Rue Capus
Rue Fr. Clément
R. J. Kutter
Couvent
Av. Jean Baptiste Fresez
R. Fr. Seimetz
Fontaine
Lycée techn. des Arts et Metiers
Côte d'Eich

Rue Thomas Edison
Val Saint André
Rue T. Neumann
École
Rue N. et J. Lefèvre
R. Léandre Clément
Rue Batty Weber
Rue Michel Lentz
Avenue Victor Hugo
Rue Jean Pierre Koenig
Rue Emesinde
Rue des Roses
CIMETIÈRE ISRAÉLITE
Côte d'Eich

Rue A. Fleming
Rue Nicolas Braunshausen
École
Pl. Maurice Pescatore
PARC TONNY NEUMANN
LIMPERTSBERG
Rue Kerten
Avenue de la Faïencerie
Saint-Jog
Auguste Laurent
Lycée Garçons
Halles
Rue Henry VII
Av. Pasteur
Rue G. Schneider
Lycée
R. Emmanuel Servais
Boulevard Paul Eyschen

Rue Nicolas Ernest Barblé
Centre Hospitalier de Luxembourg
Val Fleuri
Rue de François Boch
Rue Nicolas Ries
Rue Joseph Hansen
Rue M.
Rue Henry VII
Av. Pasteur
Rond P. Robert Schumann
USA
Grand Théâtre de la ville
España

Maternité Grande Duchesse Charlotte
Rue Edmund Dune
Rue Michel Engels
Blvd. Napoléon 1er
Boulevard Napoléon 1er
R. des Foyers
R. Louis Deny
Portugal
Al. Scheffer
Av. de la Porte-Neuve
Espagne
Pont Grande-Duche
Tours Vauban
Côte d'Eich

N6
A6 1 km
Strassen 1,5 km
Route d'Arlon
Château d'eau
Stade Josy Barthel
Hall Omnisport
Rue de François Boch
Rue de Rollingergrund
N12
CIMETIÈRE
NOTRE DAME
Fondation J. P. Pescatore
PFAFFE THAL

N6
Route d'Arlon
Éire/Ireland
Boulevard de la Foire
Av. Adames
Av. de Pescatore
Côte d'Eich

CIMETIÈRE DE MERL
École
R. A. Kayser
R. des Aciéries busiers
Pl. des Pays-Bas
Val Sainte-Croix
Allée Leopold Goebel
Pl. de l'Étoile
Joseph II.
Deutschland
Galeria Municipale J. P. Pescatore
STATEC
Le Royal
Danmark
Österreich
Schweiz
R. Beaumont
St-Alphonse
Théâtre
Tunnel (PC)

Val Sainte-Croix
Ellas
R. Jean-Baptiste Esch
R. Emile Verhaeren
Charlotte
Brasseur
Pl. Winston Churchill
R. N. Welter
Sainte Elisabeth
PARC DE VILLE
Villa Louvigny
Nippon (Japan)
Grand
Cercle
Théâtre des Capucins

BELAIR
Rue d'Amsterdam
des Archiducs
Clinique Sacre Cœur
Couvent de Francisc. Cadastre
R. Jean Pierre
R. Ernest Koch
R. Jean Bertholet
Gare des autobus
R. d. Poste
R. Curie

Avenue Gaston Diderich
Rue Schrobilgen
Av. Gaston Diderich
École
R. Charles Arendt
R. des Dahlias
R. d. Franciscaines
Philippe
Gaston Diderich
France
N4
Av. Monterey
Emploi
Rue Notre Dame
Bibl. Nat.
Bruxelles Luxembourg

Rue Auguste
Rue Theodore
R. L. E. Olivier
R. G. Rue Jean Schetter
Liesch
Pl. de Liège
R. du M. Foch
R. Albert
X Septembre
N5
Albert Premier
Ponts et Chaussées Admin
PARC ED. KLEIN
Pl. Adolphe
CENTRE
Notre Dame
Boulevard F. D. Roosevelt

Rue Charlemagne
Rue Charlemagne
R. Yolande
Pl. de Grand
d'Oradour
R. du M. Foch
Parc Belair
Boulevard Grande
R. de Crécy
R. d'Orange
R. d. Namur
Avenue Marie-Thérèse
Palais Épiscopal
Pl. de Metz
Banque et Caisse d'Épargne de l'État

R. R. Q. N. Bradley
Pl. d'Astrid
R. Wurth-Paquet
Pl. de France
Avenue
Bd. Pierre Dupont
PARC DE MERL
Bd. Pierre
Bragance
Vianden
Épiscopal (Conv. Centre)
ARBED
Heine
Pl. de Martyres

N5
MERL 0,5 km
A6 1 km
Route de Longwy
R. Conrad 1er
Walram Neyen
R. Jean Bertels
Avenue Guillaume
Adolphe
Italia
Türkiye
École
Nederland
École Michel Rodange
Sainte Thérèse
GARE

R. de Machault
R. Pépin
R. Giselbert
R. du
R. Alphonse
Marie
R. d. Jardiniers
Santé
VALLÉE
DE
LA PÉTRUSSE
Boulevard de la Pétrusse
Boulevard Michel Walter
École Privée Fieldgen
Place de Paris

Rue Louis XIV
Quint
Bd. Marcel-Cahen
R. Charles Martel
Athénée de Luxembourg
Adelaide
R. de Nassau
R. J. Jochen
Pl. de Nancy
Belgie (Belgique)
Clinique Sainte Thérèse
Avenue de la Liberté

Rue Charles
Rue Beatrix
R. A. Roberti
Bd. Marcel-Cahen
R. Charles Martel
Conservatoire de Musique
École de Commerce et de Gestion
Terrain de Sport
Bd. Pierre Dupont
R. d'Oppenheim
R. G.
Munchen
R. J. Jaures
R. d. Girondins
N4
Direction

R. de la Barrière
R. Nicolas Mameranus
École
Route de Merl
R. Charles Martel
Lycée Michel Rodange
Abattoirs Communaux
École
Salzhof
St-Pierre et Paul
Merkes
R. Michel Engels
Bd. Dr.
R. d. États-Unis
R. Charles Marx
Bd. de Strasbourg
Pl. de Strasbourg
R. Joseph Junck
Mercure Grand Hotel Alfa
M
Pl. Épernay

Namur (B) 1h 39'
Arlon (B) 17'
IC/EC
A4
A6 1,5 km
Autoroute d'Esch
A4
Merlebach
Rue de Bouillon
P+R
Rue de Hollerich
Rue Baudouin
Rue de l'Aciérie
de la Fonderie
Off. d. Publicat
N3

Rue des Artisans
Dépôt Autobus
Usine à Gaz
Gazomètre
HOLLERICH
CIMETIÈRE HOLLERICH
Pl. Saints Pierre et Paul
Route d'Esch
Terrains
Industriels
Pont J. Buchler

Merler Wisen
R. des Artisans
R. L. Housse
Rue de Cessange
R. d. Cessange
R. Maurice Barres
Assurances Sociales
N4
Hollerich
CFL
Terrains Industriels
R. d'Alsace

A
B
C
D
E
F

1 2 3 4

250   500 m

N4 GASPERICH 1 km
A6 4,5 km
Leudelange 5,5 km

Metz (F) 39' IC/EC

2,3

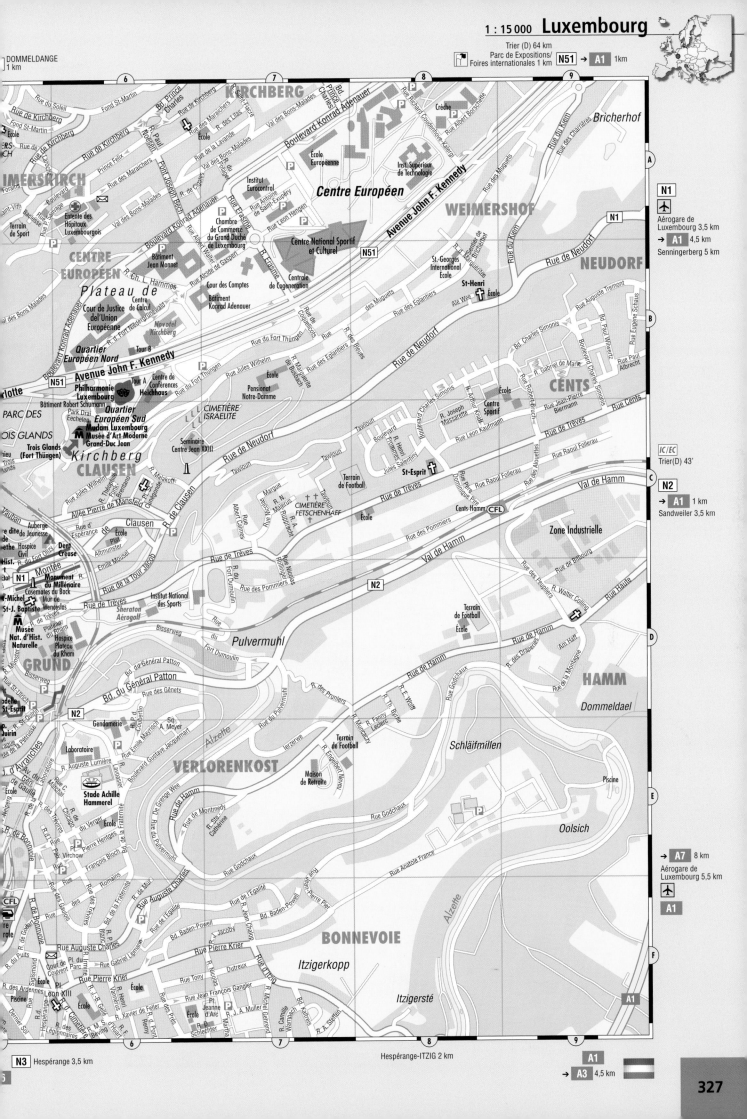

El Escorial 49 km
A-6 3 km
CIUDAD DE UNIVERSITARIA 3 km
MONCLOA 2 km

TETUÁN 2 km   TETUÁN 2 km

M-30 → A-6
El Escorial 49 km

A-4
LATINA 2 km
Alcorcon 9 km

250   500 m

ARGANZUELA

M-30 VILLAVERDE 5 km
Aranjuez 47 km

USERA 1 km
CARABANCHEL 3 km N 401 → M-30
→ A-4 VILLAVE

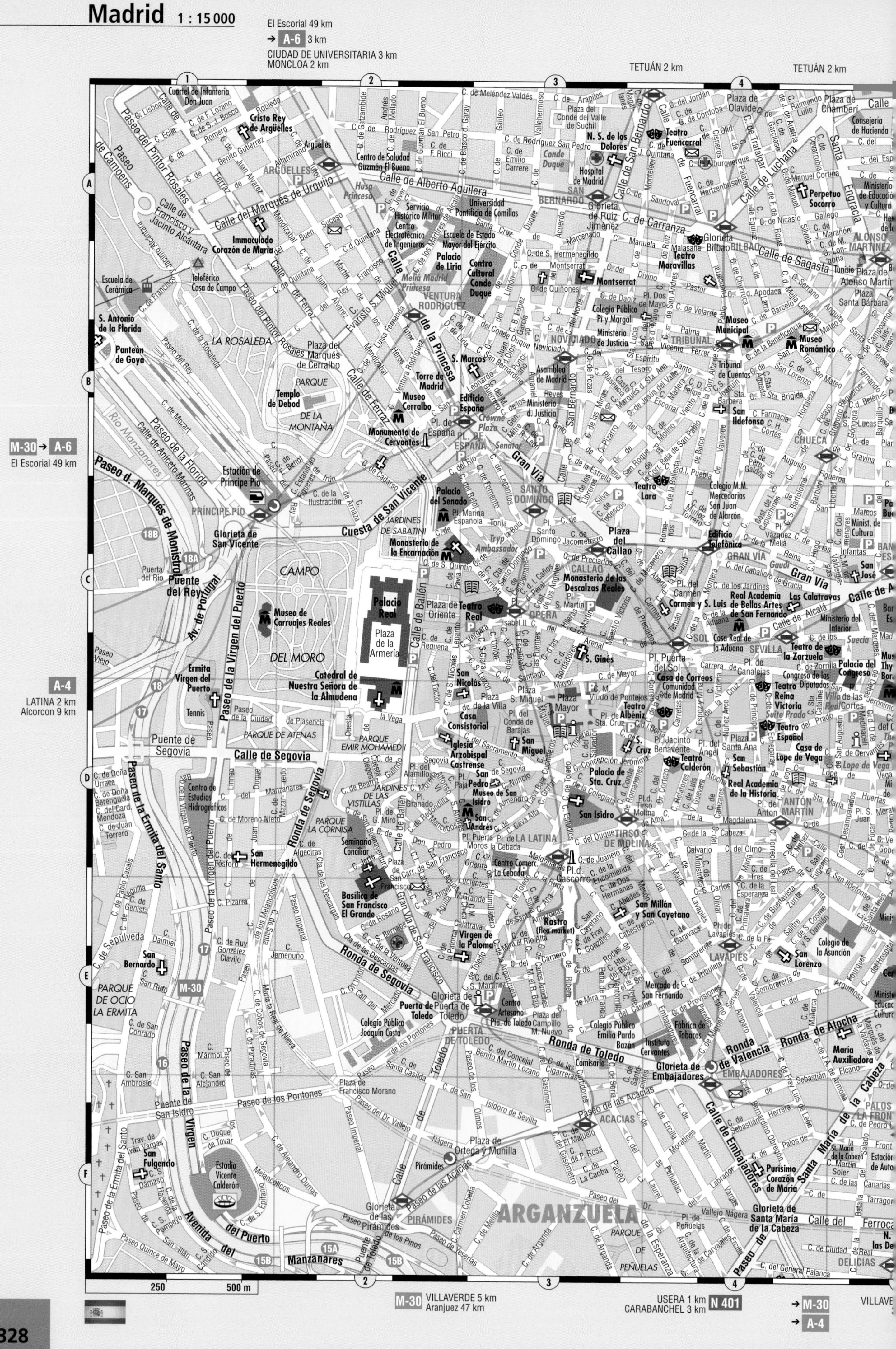

Moskva 1 : 15 000

Sheremetevo 25 km
TUSHINO 10 km
KHOVRINO 10 km — M10
Rechnoy Vokzal

Dmitrov 67 km
Dolgoprudny 16 km
LIANZOVO 10 km — A104
BESKUDNIKOVO 9 km

Marina Roshcha M

PRESNESKY 1,5 km
DOROGOMILOVO 3 km

Teatr kukol
Sadovaya-Samotech

Sadovaya-Karetnaya ulitsa
Teatr Novaya Opera
Estrada
Teatr Sfera
Teatr Ermitazh
Detsky muzykalny teatr

Triumfalnaya ploshchad
Sadovaya-Triumfalnaya ulitsa
MAYAKOVSKAYA M9
Dom Nashchokina

SAD ERMITAZH
F. N. Petrovu
Bolnitsa No. 24

Srednу Tishinsky pereulok
Maly Tishinsky per.
Bolshoy Tishinsky per.
Tishinsky rynok
Gruzinskaya ploshchad

Slovenská Republika
Česka Republika
Peking
Gymnazya

Teatr satiry
Konsertny zal im. Chaikovskogo
Marriott Grandhotel

Argentina
Ibus

Zhilsots-bank
Uspensky pereulok
Teatr Lenkom
S. V. Rakhmaninov
V. S. Vysotsky
Vyseko-Petrovskie Vorota
Vysoko-Petrovsky monastyr

Sota Rustaveli
Bolshaya Sadovaya ulitsa

SAD AKVARIUM
Teatr im. Mossoveta
Oftalmol. poliklinika
Teatr im. Stanislavskogo

Festival "Novy Yevropeisky Teatr (NET)"
PUSHKINSKAYA
Pushkinskaya
Detsky teatr "A-Ya"
Teatr Natsy

Dom-memorial muzeya Druzhby narodov
ZOOPARK
TVERSKOY
Bolnitsa im. Filatova
American Ekspress
Islamic Republic of Pakistan
I. A. Krylovu

Teatr yunogo zritelya
Muzey Sovremennoy Istorii Rossii
A. S. Pushkin
Muzey Bolshogo teatra

Muzey-masterskaya Konenkova
Preodolenie
Muzykalny teatr im. Stanislavskogo i Nemirovicha-Danchenko
Detsky teatr marionetok

ZOOPARK
Birzha Rossiiskaya bumaga
Moskovsky oblastnoy sud
Planetary
BARRIKADNAYA
Taehan-Min'guk (South Korea)
Marco Polo Presnya

Biblioteka im. Nekrasova
Teatr im. Pushkina
MKhAT Gorkogo
Yuriyu Dolgorukomu
Marriott Royal Aurora
Biblioteka Po iskusstvu

Planernaya
SHELEPIKHA 3 km
KHOROSHEVSKY 3 km
KUNTSEVO 8 km
STROGINO 10 km

Dom-muzey Chekhova
Byuro turist. puteshestvy
Teatr na Maloy Bronnoy
Dom-muzey Ermolovoy
Muzey narodnogo iskusstva
Memorialny muzey K. S. Stanislavkogo
Muzey-kvartira N. S. Golovanova

Tverskaya ploshchad
MERIYA
Khudozhestvenny teatr (MKhAT) im. Chekhova
Ministerstvo nauki i teknology
Moskovskaya operetta

KRASNO-PRESNENSKAYA
Vysotnoe zdanie
Kudrinskaya ploshchad
Dom-muzey Gorkogo
Ukrajina
España
Brasil
New Zealand

Muzey-kvartira K.A. Timiryazeva

Gymnazya
Dom kompozitorov
Dom soyuzov
Molodezhny teatr
TEATRALN

Stadion Krasnaya Presnya
Tsentralny dom literatorov
Nikitskaya ulitsa
Povarskaya
ITAR-TASS
Ploshchad Nikitskie Vorota
Nippon (Japan)
Teatr im. Mayakovskogo
Ellás
Nederland
Konservatorya im. Chaykovskovo
Muzey iskusstva narodov Vostoka

Teatr-studia kinoaktera
Bol. Devyatinsky pereulok
USA

Zoologichesky muzey
Universitet
Manezhnaya ploshchad
G. K. Zhukovu
Muzey Antropologii
Universitet
M. Lomonosov
Mogila neizvestnogo soldata
Galereya Manezh
Istoriches
Nikolskaya bashnya

Tserkov Devyati Muchenikov
Literaturny muzey
Verkhovny sud
N. V. Gogolyu
Norge
Eesti
Akademia iskusstv
GITIS
Tserkov Znamenya na Sheremetevom dvore
Dom Druzhby
Nauchnaya vystavochny zal Manezh

Best Eastern Mir

M1
DOROGOMILOVO 2 km
KUNTSEVO 8 km
MOZHAYSKY 9 km
Nemchinovka 11 km
Odintsovo 12 km

ulitsa Novy Arbat E30 M1
Teatralnoe uchilishche
Etsetera
Ploshchad Arbatskie Vorota
ulitsa Vozdvizhenka
Muzey arkhitektury
Rossiiskaya gosudarstvennaya bibl.
BIBLIOTEKA IM. LENINA
Tsentralny telegraf
Gosudarstvennaya Duma
Ritz Carlton
National
Teatr im. Ermolovoy
OKHOTNY RYAD
Okhotny Ryad

Novinsky
Kompozitorskaya ulitsa
Arbatskaya ploshchad
N. V. Gogolyu
ARBATSKAYA
Kutafya bashnya
BOROVITSKAYA
Kremi
Troitskaya bashnya
Arsenal

Kuntsevskaya M

Muzey Skryabina
Teatr im. Vakhtangova
Dramatichesky teatr im. Rubena Simonova
Tserkov Apostola Filippa
Min. oborony
ulitsa Znamenka
Byuro turizma Sputnik
Shakhmatny klub
Muzey Rerikhov

Borovitskaya ploshchad
Borovitskaya bashnya
Gosudarstvenny arkhiv
Oruzheynaya palata
Taynitskaya bashnya
Kremlevskaya

SMOLENSKAYA
Dom Aksakovykh
Tserkov Spasa na Peskakh
Tserkov Afanasiya i Kirilla
Canada
Muzey-kvartira Pushkina
Dom-muzey Gertsena
Muzey klassicheskogo i sovremennogo iskusstva
Muzey izobrazitelnykh iskusstv im. Pushkina
Galereya iskusstva stran Yevropy i Ameriki
Vodovzvodnaya bashnya

Mitino M

Smolenskaya-Sennaya ploshchad
Tserkov Vlasya
Italia
KROPOTKINSKAYA
Gosudarstvenny
Bolshoy Kamenny most
United Kingdom

Best Eastern Golden Ring
Luxembourg
Österreich
Dom uchenykh
F. Engelsu
Muzey Pushkina
Ploshchad Prechistenskie Vorota
Khram Khrista Spasitelya
Tserkov Averkiya Kirilova
BOL KAMENNY MOST
I. E. Repinu

Vneshekonom-bank
Muzey-masterskaya Golubkinoy
Mexico
Danmark
L. Tolstogo
Tserkov Obydennovo
Teatr estrady
Tretyakovsk gal

Novodevichy monastyr 2 km

250 500 m

LUZHNIKI-Tsentralny stadion im. V. I. Lenina 3 km
Novodevichy monastyr 2 km
Vnukovo 22 km
Domodedovo 37 km

LUZHNIKI-Tsentralny stadion im. V. I. Lenina 3 km
LENINSKIE GORY - MGU im. Lomonosova 5 km
OLYMPYSKAYA DEREVNYA 10 km
Solntsevo 15 km
Yugo-Zapadnaya M

CHEREMUSHKI 7,5 km
TEPLY STAN 10 km
Rumyantsevo 15 km
Vnukovo 20 km
Naro-Fominsk 63 km
Obninsk 99 km
Bul. Dmitri Donskogo

330

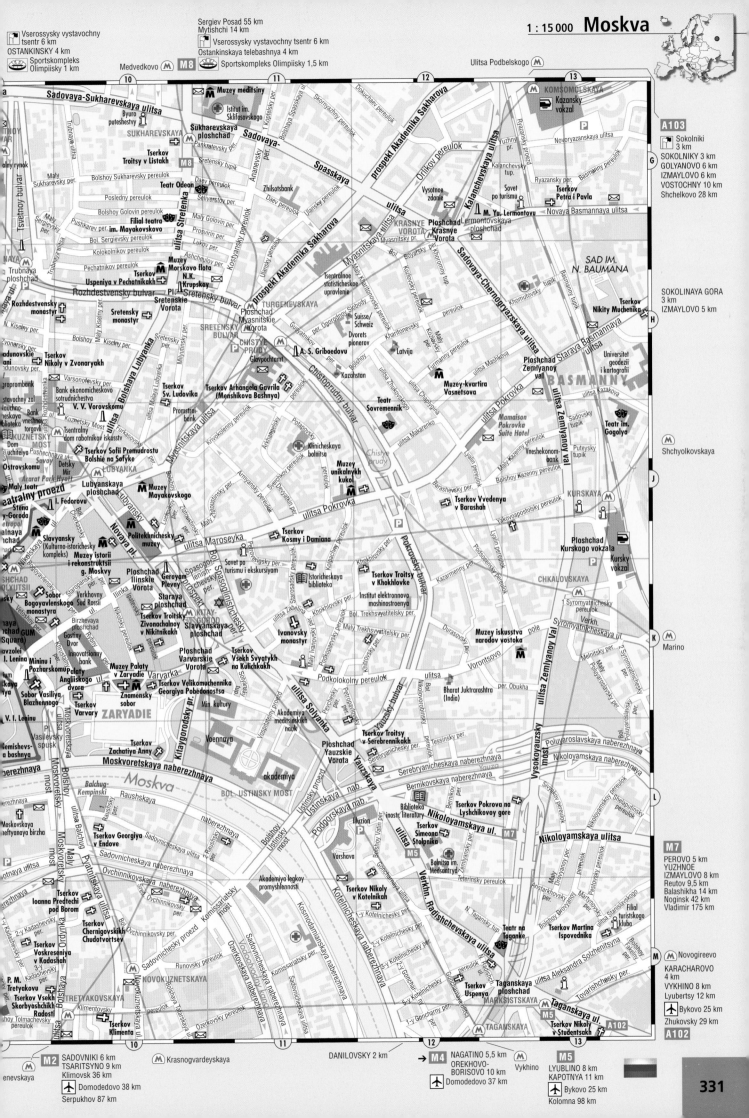

Monaco 1 : 15 000

San Remo (I) 36 km
Génova (I) 170 km
San Remo (I) 36 km
Menton 12 km

A8

San Remo (I) 36 km
Ventimiglia (I) 18 km
Menton 10 km

D 2564

Ventimiglia (I) 18 km
Menton 9 km
Roquebrune-Cap-Martin 6 km

D6007

Roquebrune
Cap-Martin 5
Menton 8 km
Ventimiglia (I)
20 km
San Remo (I)
38 km

TGV Menton 7'
Ventimiglia

Monte-Carlo-
Beach 0,5 km

A8
Nice 15 km
✈
Aéroport de
Nice-
Côte-d'Azur
30 km
Cannes 55 km

D 2564
La Turbie
1,5 km

Nice 13'
Antibes 34'
Cannes 1h 4'
Toulon 2h 19'

TGV

D6007
Eze 6 km
Villefranche-
sur-Mer 10 km
Nice 17 km

✈
Aéroport de
Nice-
Côte-d'Azur
24 km
Cannes 51 km

Menton (F)
San Remo (I)

D6098
Cap-d'Ail 1 km
Villefranche-
sur-Mer 10 km
Nice 18 km
✈
Aéroport de Nice-
Côte-d'Azur 25 km
Cannes 52 km

ST-ROMAN

Monte-Carlo
Country Club

LA ROUSSE

TENAO

Monte Carlo Bay
Hotel & Resort

LA NOIX

Chapelle des
Carmes

TERRE PLEIN
DU LARVOTTO

Le Méridien
Beach Plaza

Sea-Club
Piscine

Le Sporting
Monte-Carlo

BORDINA

LARVOTTO

PLAGES DU
LARVOTTO

Mont des Mules
291m

Musée National
(Poupées et Automates)

BEAUSOLEIL

St-Joseph

Lycée de
l'Annonciade

St-Pauls

Le Grimaldi Forum
Centre Culturel

St-Charles

Jardin
Japonais

GRIMA

Chapelle
de Franciscains

Radio Monte-Carlo
Télévision

Sacré Cœur

Office du
Tourisme

Centre Comm.
Le Métropole

MONTE-CARLO

Fairmont
Monte Carlo

MONEGHETTI

Gare de
Monaco
Monte-Carlo

Ste-
Dévote

Sporting
d'Hiver

Place du
Casino

Hôtel de
Paris

Casino
Salle
Garnier

Centre de Congrès

MALBOUSQUET

Pl. Ste-
Dévote

Avenue d'Ostende

Hermitage

Théâtre
Princesse Grace

Auditorium Rainier III

Pointe
Focinana

LES REVOIRES

Centre Comm.
de l'Escorial

Bibl.
Louis-
Notari

Réformée

LA CONDAMINE

Port de
Monaco

Centre de
Rencontres Int.

Port Palace

Stade Nautique
Rainier III

Tennis Club
de Monaco

Musée d'Anthropol.
Préhistorique

St-Martin

Douanes
Françaises

Yacht Club

Théâtre du
Fort-Antoine

Police
Maritime

Grotte de
l'Observatoire

Mus. des
Timbres et
des Monnaies

Jardin
ANIMALIER

Charles III

Palais
Princier

Appartements
du Palais

Grands
Appartements
du Palais

des Souvenirs
Napoléoniens

Place
d'Armes

Marché

Salle des
Variétés

Historial
des Princes
(Mus. de Cires)

Ministère
d'État

Mus. de la Chapelle
de la Visitation

Lycée
Albert 1er

MONACO-VILLE

Pointe
de la Poudrière

Centre Comm.
de Fontvieille

Mus.
Palais
de Justice

Pl. du
Palais

Mairie

Musée
Océanographique
et Aquarium

FONTVIEILLE

Musée Naval

CIMETIÈRE

Cathédrale
de Monaco

Centre
Hospitalier
Princesse Grace

University of
Southern Europe
Monaco

St-Nicolas

Centre d'Hémodialyse Privé
de Monaco

Campanile-
St-Nicolas

ROSERAIE
PRINCESSE
GRACE

Columbus

Stade Louis II

Z.a.c. de
St-Antoine

ESPACE
FONTVIEILLE

PARC
PAYSAGER DE
FONTVIEILLE

Port de
Fontvieille

Chapiteau Espace
de Fontvieille

Héliport de Monaco

ST-ANTOINE

Mer Méditerranée

PLAGE MARQUET

CAP-D'AIL

Port
de Cap d'Ail

250   500 m

Nice (F)

332

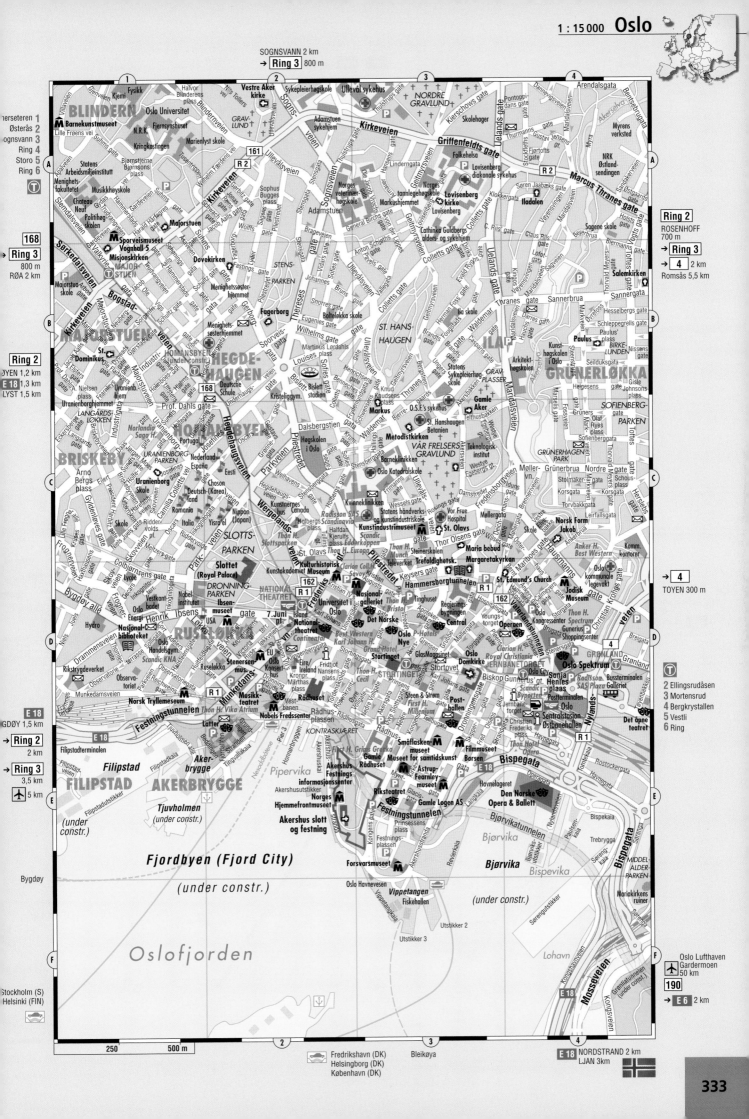

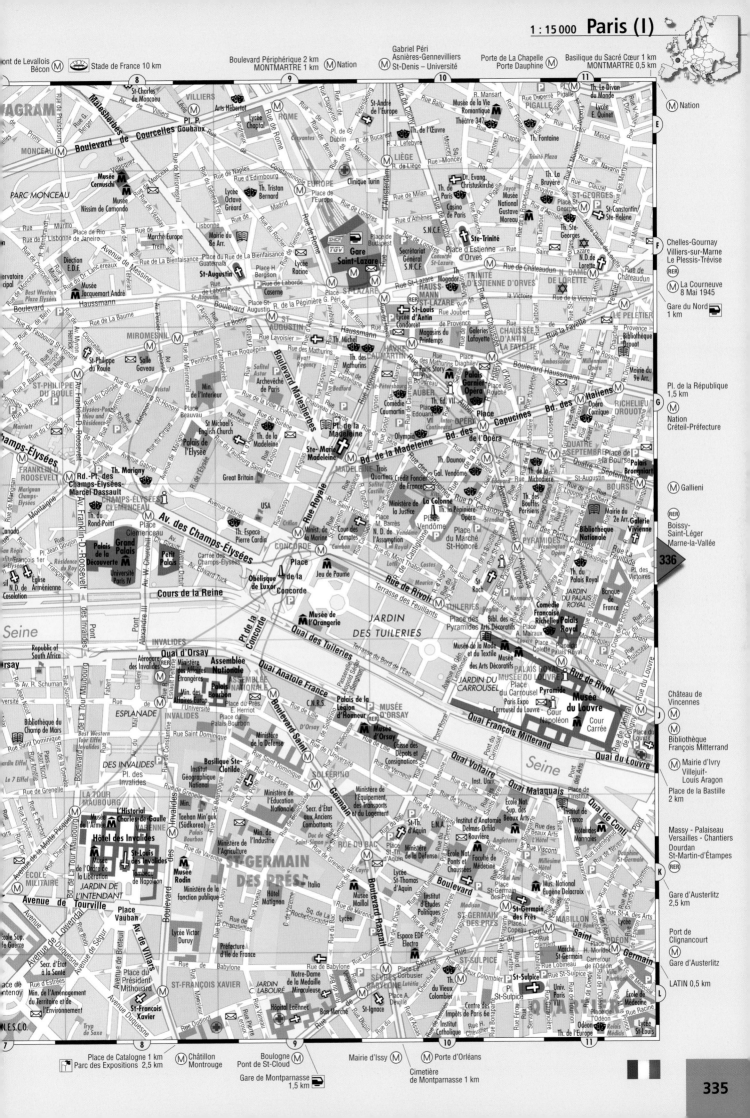

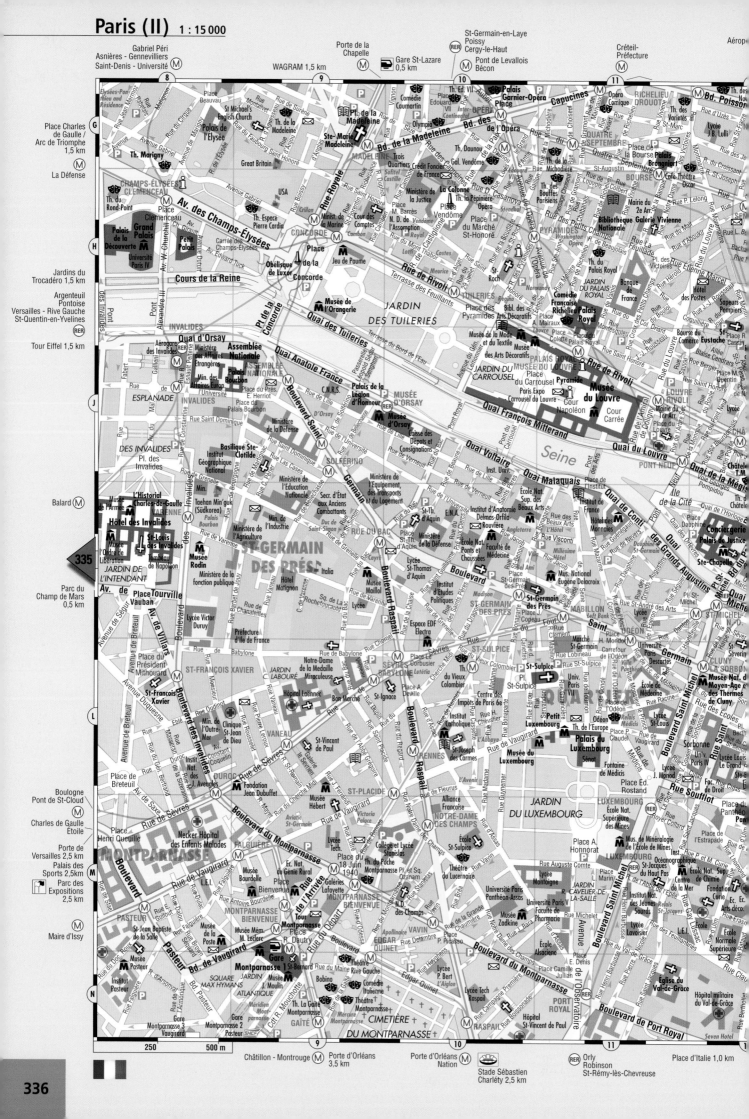

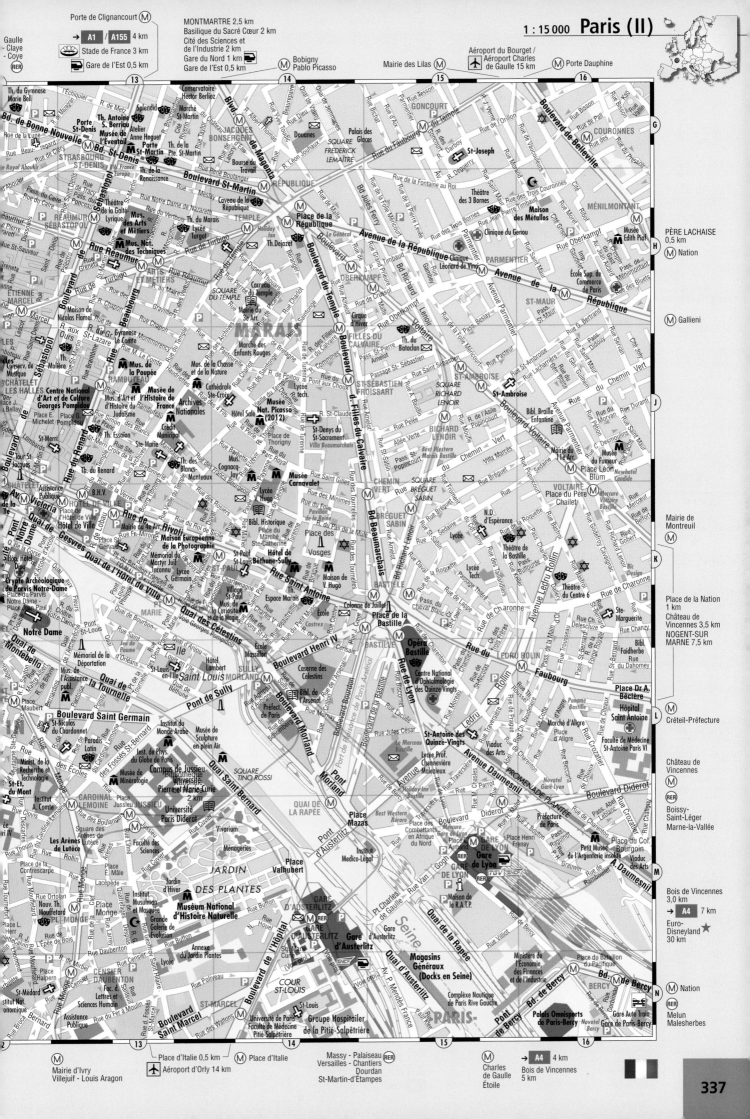

Roudnice nad Labem 48 km
Kralupy nad Vltavou 20 km
Roztoky 7 km
241

STROMOVK

BUBENEČ

1 2 3 4

Stadion
Mládeže
nám. Na Santince
Zelená
Zelená
A. Čermáka
Maďarská
Juárezova
Goetheho
Mistodržitelský
letohrádek
Stojící hoch
stará restaurace
(byv. Král. dvorana
domek
u Rudolfovy stá

Dejvické
div.
Nikoly
Tesly
Interbrigádů
nám.
U země
písemně
ústavu
Na Marně
Heineho
obchodní akad.
sv. Gotthard
Nederland
Rossija

CVUT
Flemingovo
nám.
Charlese de Gaulle
Roosveltova
Šímova
Sibiřské
nám.
Českomalínská
Wolkerova
Ke Starému Bubenči
Pod kaštany
nám.
Korunovační
Nad Královskou o

VŠCHT
Velflíkova
Terronská
Verdunská
Puškinovo
nám.
Zhongguo
(China)
Na Zátorce
škola Keram

CVUT
VŠCHT
Lotyšská
Národní
obrany
Raisova
Bubenečská
Wintra
Wolkerova
R. Rolanda
Pelléova
Sport.
hala
U Vyšínách

Katolický
seminář
CVUT
Studentská
Technická
Šolínova
Vítězné
nám.
Československé armády
nám.
Svobody
Obv. úř.
škola
Dr. Zikmunda
ZUŠ
Na Zátorce
AXA Arena
(AC Sparta)
U letenské vodárny

Evropská
7
Bansko-
bystrická
DEJVICKÁ
Národní obrany
Jaselská
Slavíčkova
Na Zátorce
Milady Horákové
LETNÁ
Ministerstvo
vnitra

VOKOVICE 3 km
Praha-Ruzyně
11 km
Kralupy nad
Vltavou 23 km
Louny 57 km
Chomutov 89 km
gymnázium
Generála Píky
Bušťehradská
ČS. církev
husitská
Václavkova
HRADČANSKÁ
Muchova
Yisra'el
(Israel)
Badeniho
gymnázium
Nár.
zeměděl
muz

Svatovítská
Wuchterlova
Bachmačské
nám.
Dejvická
Praha - Dejvice
K. Brušce
Na Valech
Maroko
LETENSKÉ SADY

Glinkova
Bzenecká
aut. stan. Hradčanská
Mín.
kultury
Na Valech
Mickiewiczova
nábřeží Edv

Na Ořechovce
Dělostřelecká
Pod hradbami
Mín.
obrany
Tychonova
Chotkovy
sady
Hanavský
pavilon
Vlta

Slunná
Pevnostní
Slovenská Rep.
HRADČANY
Mariánské hradby
Mariánské hradby
Kramářova
vila
Haffmeister

Muzeum
městské hromadné
dopravy
Jeleni
Jeleni
Jeleni
Letohrádek
královny Anny
CHOTKOVY
SADY
Ú Bruských
kasáren
sv. Maří
Magdalena

Střešovická
Keplerova
KRÁLOVSKÁ
ZAHRADA
Jízdárna Pražského
hradu
JELENÍ PŘÍKOP
Chotkova
Úřad vlády ČR
Inter
Continental

HOSTIVICE 9 km
Praha-Ruzyně
14 km
Kladno 25 km
Beroun 27 km
Křivoklát
38 km
Plzeň 81 km
Karlovy Vary
122 km
Šternberský palác –
Národní galerie
Katedrála
sv. Víta
Pražský hrad
Golden
Well
India
Belgique
Belgie)
MALOSTRANSKÁ

Nový Svět
Arcibiskupský
palác
Polska
Staranová
UK
Mauricius

P. Marie
Andělské
Hradčanské
nám.
United Kingdom
Valdštejnský
palác
J. Mánes
Rudolfinum
Umělecko
prům. muz.
synagoga

Loreta
sv. Jana
Nepomuckého
Panny
Marie
Thunovská
Valdštejnské
nám.
Mín.
financí
Mánesův most
sv. Mikuláše

Min. zahr.
věci
Loretánské
nám.
sv. Benedikta
Italia
Parlament
Letenská
sv. Tomáš
VOJANOVY
SADY
J. Palacha
VŠUP
Staro-
městská nám.

Schwarzenberský
palác – Národní galerie
Neruda
Nerudova
Malostranské
nám.
sv. Josef
Franz Kafka
Museum
sv. František
z Assisi
Staro-
městská
radnice

sv. Rocha
Nemocnice
sv. Karla
Boromejského
Deutschland
USA
Ireland
P. Marie
pod řetězem
Malostranské
mostecké věže
Karlův most
Klementinum
Staroměstská

Strahovský
klášter
Lobkovický
palác
Schönbornský
palác
P. Marie
Vítězná
Velkopřevorské
nám.
Staroměstská
mostecká věž
Klárov
Kláštěr
sv. Jíljí
STARÉ
MĚSTO

VRTBOVSKÁ
ZAHRADA
France
Muzeum
B. Smetany
AMU
Annenské
nám.

LOBKOVICKÁ
ZAHRADA
MALÁ STRANA
MŠMT
Lichtenštejnský
palác
KAMPA
Betlémské
nám.

STRAHOVSKÁ
ZAHRADA
Petřinská
rozhledna
Zrcadlové
bludiště
SEMINÁŘSKÁ
ZAHRADA
SPŠ
grafická
Tyršovo
muzeum
Muzeum
Kampa
Náprstkovo
muzeum

Malý
stadion
sv. Vavřinec
Petřín
Olympijská
lanová dráha
RŮŽOVÝ
SAD
327
sv. Jana
na Prádle
Akademie
věd
Národní
třída

MO
6
0,5 km
Sportovní
tréninkové centrum
(Strahov)
Chaloupeckého
Štefánikova
hvězdárna
PETŘÍNSKÉ
SADY
Vítězná
most Legií
Národní
divadlo
sv.
Voršila

Jezdecká
Šermířská
KINSKÉHO
ZAHRADA
nám.
Kinských
Justiční
palác
Divadlo
Mamaya-Papaya
Palác Žofín
sv.
Michal

Pod Stadiony
Strahovský tunel
Atletická
sv. Michal
Slovanský ostrov
Mánes
sv. Vojtěch
Novoměstská
radnice

MO
Turistická
Na Hřebenkách
zákl. škola
pro sluchově
postižené
Letohrádek
Kinských
Dětský ostrov
Svatého Cyrila
a Metoděje

Horní
Palata
U Plátenice
Ticha
Portheimka
a Kostel
svatého Václava
5
Resslova
Ječná

Dolní Palata
sv. Gabriel
Nejsvětější
Trojice
sv. Gabriel
byv. klášter
Sacré Coeur
zákl.
škola
14. října
Tančící
dům
5
sv. Václav
Karlovo
nám.

250 500 m

MO → R1 3 km
→ 4 3 km
→ D1 9 km
5 SMÍCHOV 1 km
D5 10 km
Rudná 15 km
Beroun 28 km
Karlštejn 37 km
Plzeň 80 km
4 ZBRASLAV 9 km
Dobříš 37 km
Příbram 47 km
103 VYŠEHRAD 1 km
Slapy 28 km

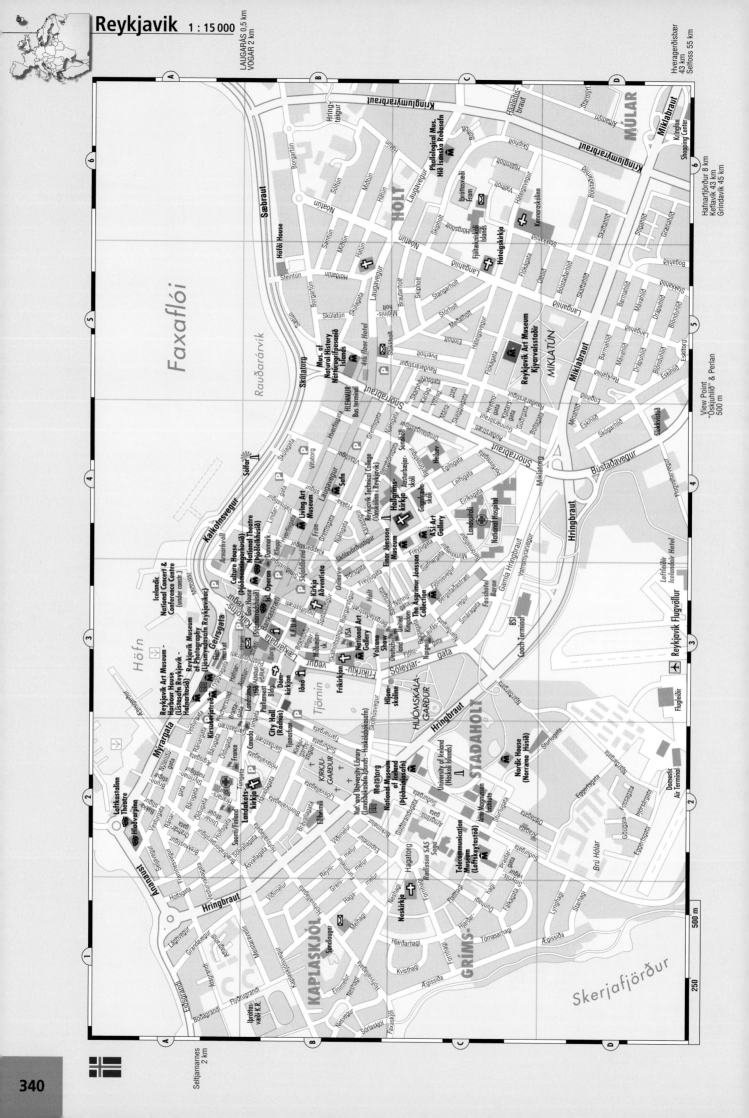

Reykjavik 1 : 15 000

LAUGARÁS 0,5 km
VOGAR 2 km

Hveragerðisbær 43 km
Selfoss 55 km

Hafnarfjörður 8 km
Keflavík 43 km
Grindavík 45 km

View Point
"Öskjuhlíð" & Perlan
500 m

A   B   C   D

6   6

Kringlumýrarbraut

MÚLAR

Miklabraut

Kringlan
Shopping Center

HOLT

Kringlumýrarbraut

Phallological Mus.,
Hið íslenska Reðasafn

Íþróttasvæði
Fram

Fjölnaskóli
Íslands

Kennaraskólinn

Háteigskirkja

5   5

Faxaflói

Höfði House

Skúlagata

Mus. of
Natural History
Náttúrugripasafn
Íslands

4th Floor Hotel

Reykjavik Art Museum
Kjarvalsstaðir

MIKLATÚN

Miklabraut

Rauðarárvík

HLEMMUR
Bus terminal

Snorrabraut

Bústaðavegur

4   4

Sóltún

Kalkofnsvegur

Living Art
Museum

Safn

Reykjavik Technical College
(Iðnskólinn í Reykjavík)

Hallgríms-
kirkja

Gagnfræða-
skóli

Helsey

ÁSÍ Art
Gallery

National Hospital
Landspítali

Hringbraut

Hringbraut

Lofthleiðir
Icelandic Hotel

Höfn

Icelandic
National Concert &
Conference Centre
(under constr.)

Culture House
(Þjóðmenningarhúsið)

Gov. House

National Theatre
(Þjóðleikhúsið)

Ísl. Operan

Kirkja
Aðventista

Einar Jónsson
Museum

The Ásgrímur Jónsson
Collection

United
Kingdom

Fosshotel

Baron

BSÍ
Coach Terminal

Reykjavik Flugvöllur

3   3

Reykjavik Art Museum -
Harbour House
Hafnarhúsið

Reykjavik Museum
of Photography -
(Ljósmyndasafn Reykjavíkur)

KFUM

National Art
Gallery

Volcano
Show

Deutsch
land

Norge

Reykjavik Flugvöllur

Reykjavik Airport

Flugleiðir

Myrargata

Loftkastalinn
Theatre

Hlaðvarpinn

Kirkustræti

City Hall
(Ráðhús)

France

Tjörnin

KIRKJU-
GARÐUR

HLJÓMSKÁLA-
GARÐUR

Hringbraut

STADAHOLT

Nordic House
(Norræna Húsið)

Domestic
Air Terminal

2   2

Landakots-
kirkja

Suomi/Finland

Nat. and University Library
(Landsbókasafn Íslands - Háskólabókasafn)

Melatorg

National Museum
of Iceland
(Þjóðminjasafn)

University of Iceland
(Háskóli Íslands)

Árni Magnússon
Institute

Radisson SAS

Telecommunication
Museum
(Loftskeytastöð)

Neskirkja

Hagatorg

GRÍMS-

KAPLASKJÓL

Íþróttahús
k. KR.

Sundlaugar

Skerjafjörður

1   1

Seltjarnarnes
2 km

A   B   C   D

500 m
250

340

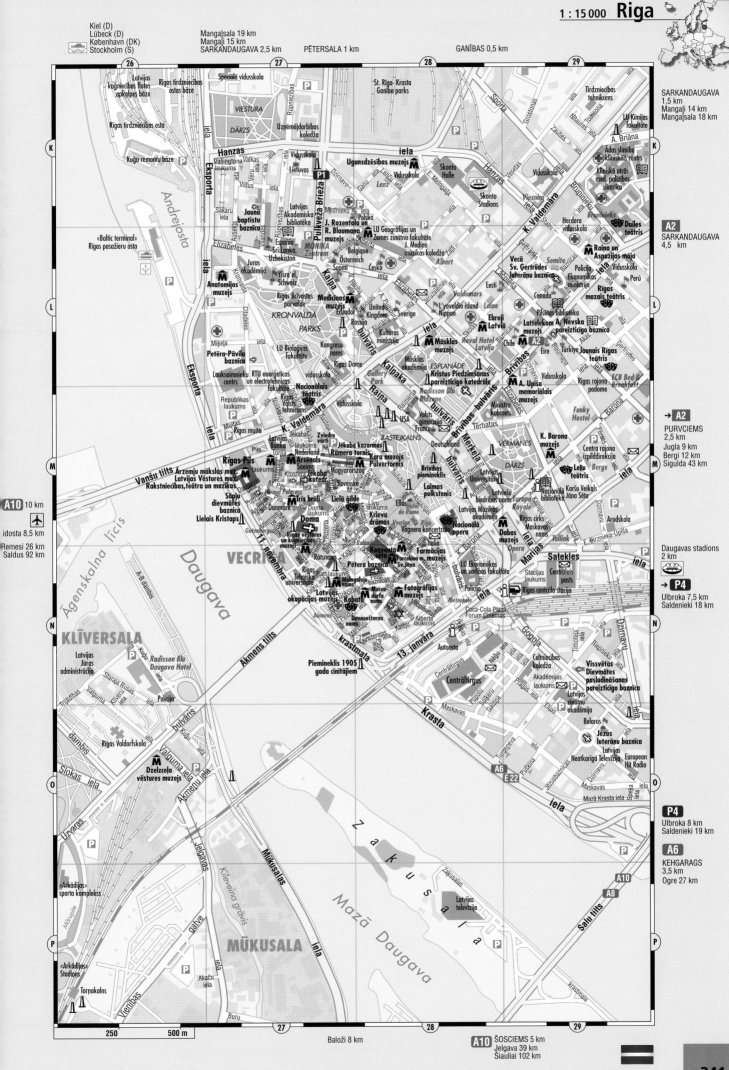

MONTE SACRO 3 km
NOMENTANO 0,5 km
→ GRA 9 km

→ 4 3 km

5
PORTONACCIO
2,5 km
→ 24 2,5 km
→ GRA 9 km
Carsóli 31 km
L'Aquila 73 km

Cimitero di Campo
Verano 0,5 km
TIBURTINO 1,5 km

TIBURTINO 1,5 km

ES
IC/EC
Firenze
Pescara
Nápoli

Pantano

→ 6
PRENESTINO
LABICANO 2 km

6
PRENESTINO
LABICANO 1,5 km

7
TUSCULANO 2 km
→ GRA 11 km
Albano 18 km

OSTIENSE 2 km
E.U.R. 5 km
→ GRA 10 km
Lido di Ostia 25 km

GARBATELLA 3 km 148
Fiera Campionaria 3 km
E.U.R. 6 km
→ GRA 10 km

343

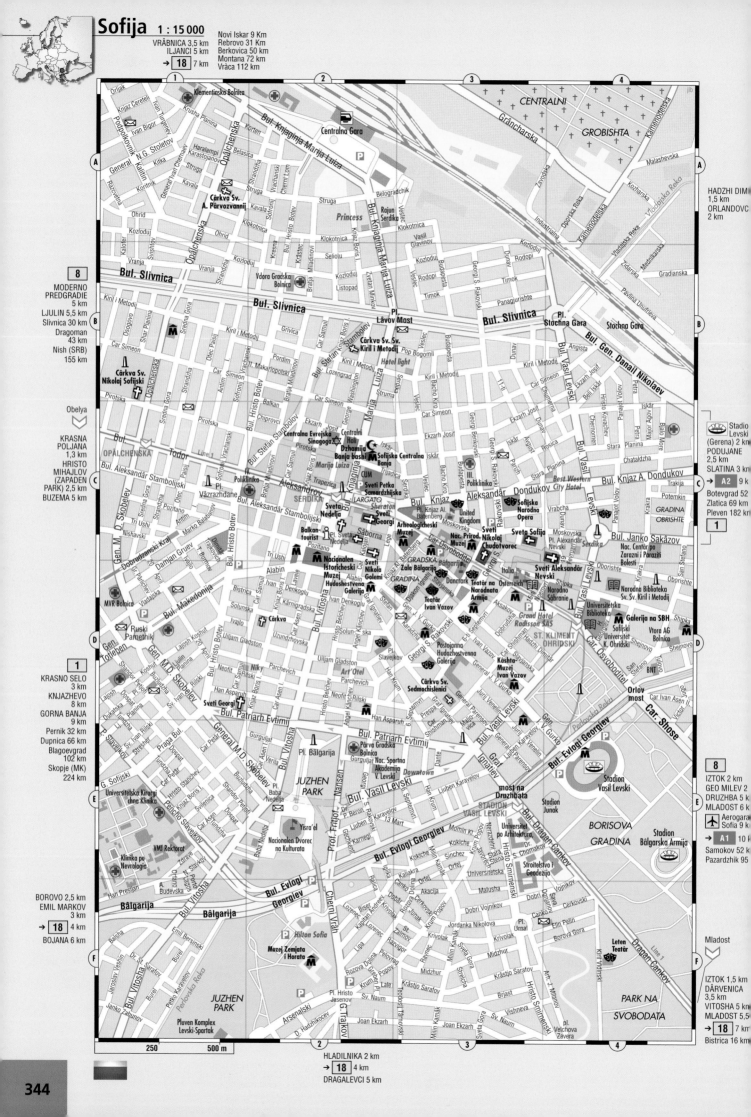

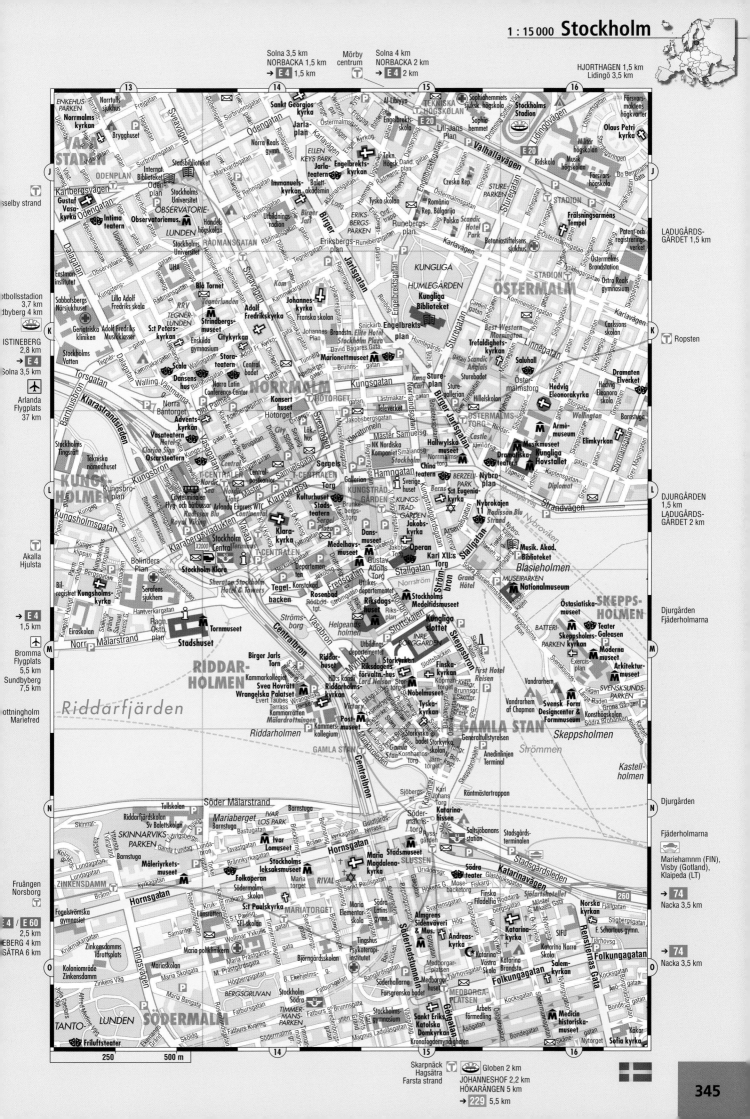

Tallinn 1 : 15 000

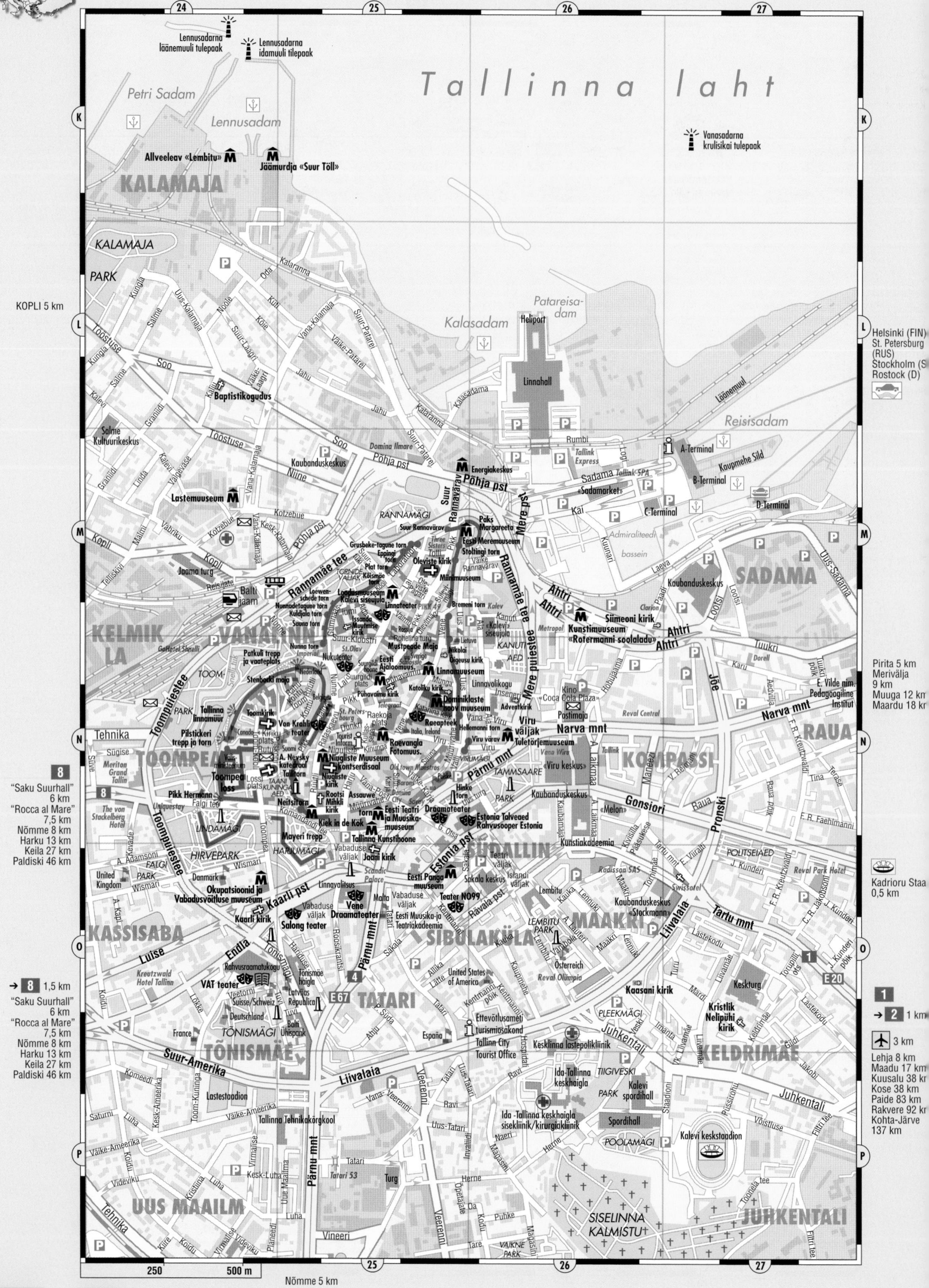

24   25   26   27

Tallinna laht

Petri Sadam
Lennusadam
Lennusadarna läänemuuli tulepaak
Lennusadarna idamuuli tilepaak
Vanasadarna krulisikai tulepaak

Allveelaev «Lembitu»
Jäämurdja «Suur Töll»

KALAMAJA
KALAMAJA PARK

Kalasadam
Patareisa-dam
Heliport
Linnahall

KOPLI 5 km

Helsinki (FIN)
St. Petersburg (RUS)
Stockholm (S)
Rostock (D)

Reisisadam

Baptistikogudus
Salme Kultuurikeskus
Kaubanduskeskus
Lastemuuseum

A-Terminal
Tallink Express
Sadama Tellik SPA
«Sadamarket»
B-Terminal
C-Terminal
Kaupmehe Sild
D-Terminal

Energiakeskus
Põhja pst
Paks Margareeta
Eesti Meremuuseum

Admiraliteedi bassein
SADAMA

RANNAMÄGI
Suur Rannavärav
Grusbeke-tagune torn
Epping torn
Stoltingi torn
Väike Rannavärav
Oleviste kirik
Miinumuuseum

Kaubanduskeskus

Pirita 5 km
Merivälja 9 km
E. Vilde nim. Pedagoogiline Instituut
Muuga 12 km
Maardu 18 km

Three Sisters Tolli
Plat torn
Sauna torn
Bremeni torn
Kalev
Loodusmuuseum
Kalevi siseujula
Linnateater
Piat 49

Balti jaam
Rannamäe tee
Ueren-schede torn
Nunnadetagune torn
Kuldjala torn

KELMIK-LA
VANALINN

Ahtri
Siimeoni kirik
Kunstimuuseum «Rotermanni-soolaladu»
Ahtri

Nunna torn
St.Olav
Suur-Klooster
Mustpeade Maja
Eesti Ajaloomuus.

KANUTI AED

TOOM PARK
Patkuli trepp ja vaateplats
Nukuteater
Stenbocki maja
Tallinna linnamüür
Toomkirik
Toompea loss
Pikk Hermann
Neitsitorn
Rootsi Mäkki kirik
Kiek in de Kök
Mayeri trepp

KOMPASSI
RAUA

Narva mnt

Linnamuuseum
Dominiklaste kloostri muuseum
Adventkirik
Postimaja
Coca Cola Plaza
Reval Central

Raekoja plats
Raeapteek
Viru väljak
Viru värav
Tuletörjemuuseum

Roevangla Fotomuus.
Old Town Maistro

TOOMPEA
A. Nevsky katedraal
Niguliste Muuseum
Kontserdisaal
Tallinn
Viru keskus

Gonsiori
Pronksi

Kadrioru Staa
0,5 km

Eesti Teatri ja Muusika-muuseum
Tallinna Kunstihoone
Draamateater
Estonia Talveaed
Rahvusooper Estonia
Kunstiakadeemia

SÜDALLIN

Vabaduse väljak
Joani kirik
Eesti Panga muuseum
Scandic Palace
Vabaduse väljak
Teater NO99

Radisson SAS
Swissotel
Kaubanduskeskus «Stockmann»

MÄAKKI

Tartu mnt

Okupatsiooni ja Vabadusvõitluse muuseum
Kaarli pst
Kaarli kirik
Salong teater
Vene Draamateater
Eesti Muusika- ja Teatriakadeemia

Reval Park Hotel

E 20

KASSISABA

Kreutzwald Hotel Tallinn
VAT teater
Rahvusraamatukogu
Tõnismäe haigla
Latvijas Republikas

SIBULAKÜLA
LEMBITU PARK
Österreich
Reval Olümpia

United Kingdom
Danmark
Suisse/Schweiz
Deutschland
France

Tõnismäe
United States of America
Kristlik Nelipühi kirik
Kaasani kirik

Kesktur

TÕNISMÄE
TATARI
E 67

PLEEKMÄGI
Ettevõtlusameti turismiosakond
Tallinn City Tourist Office
Kesklinna lastepolikliinik

Juhkentali
KELDRIMÄE

España
Balti Ühispank
Tallinna Tehnikakõrgkool

Ida-Tallinna keskhaigla
Tiigiveski PARK
Kalevi spordihall

SUUR-AMERIKA
Liivalaia

Ida-Tallinna keskhaigla sisekliinik/kirurgiakliinik
Spordihall
POOLAMÄGI
Kalevi keskstaadion

UUS MAAILM
Tatari 53
Turg

SISELINNA KALMISTU
JUHKENTALI

250   500 m

Nõmme 5 km

8 "Saku Suurhall" 6 km / "Rocca al Mare" 7,5 km / Nõmme 8 km / Harku 13 km / Keila 27 km / Paldiski 46 km

8 1,5 km "Saku Suurhall" 6 km / "Rocca al Mare" 7,5 km / Nõmme 8 km / Harku 13 km / Keila 27 km / Paldiski 46 km

1 2 1 km
3 km
Lehja 8 km
Maadu 17 km
Kuusalu 38 km
Kose 38 km
Paide 83 km
Rakvere 92 km
Kohta-Järve 137 km

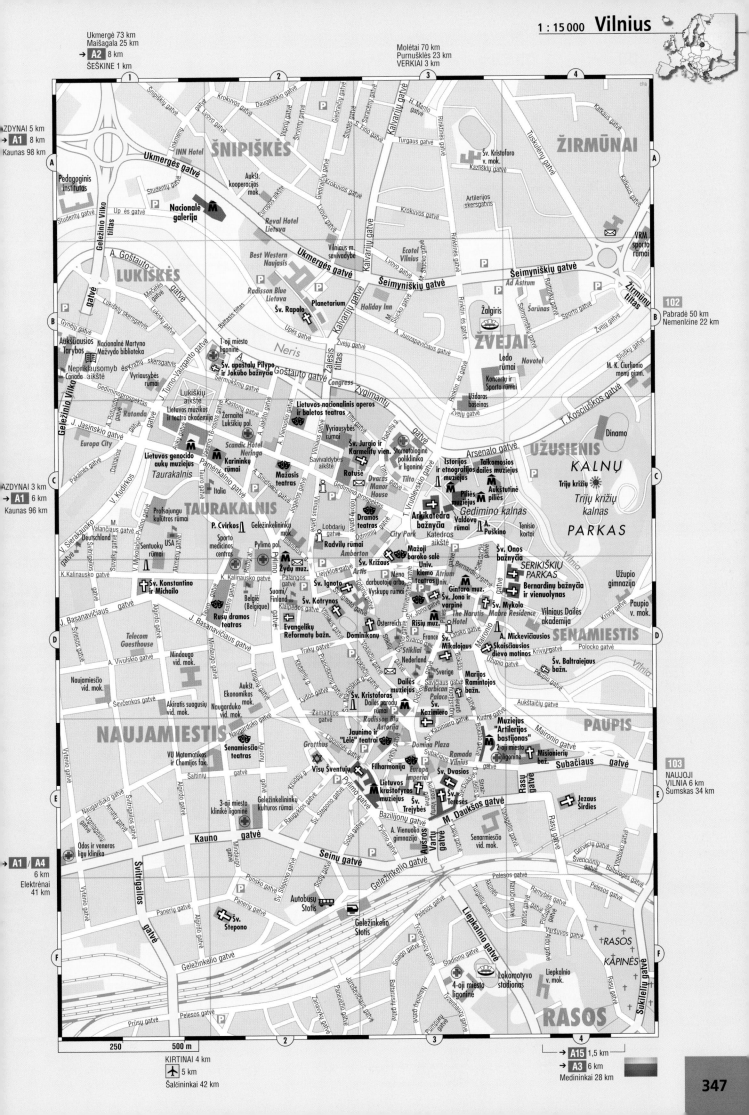

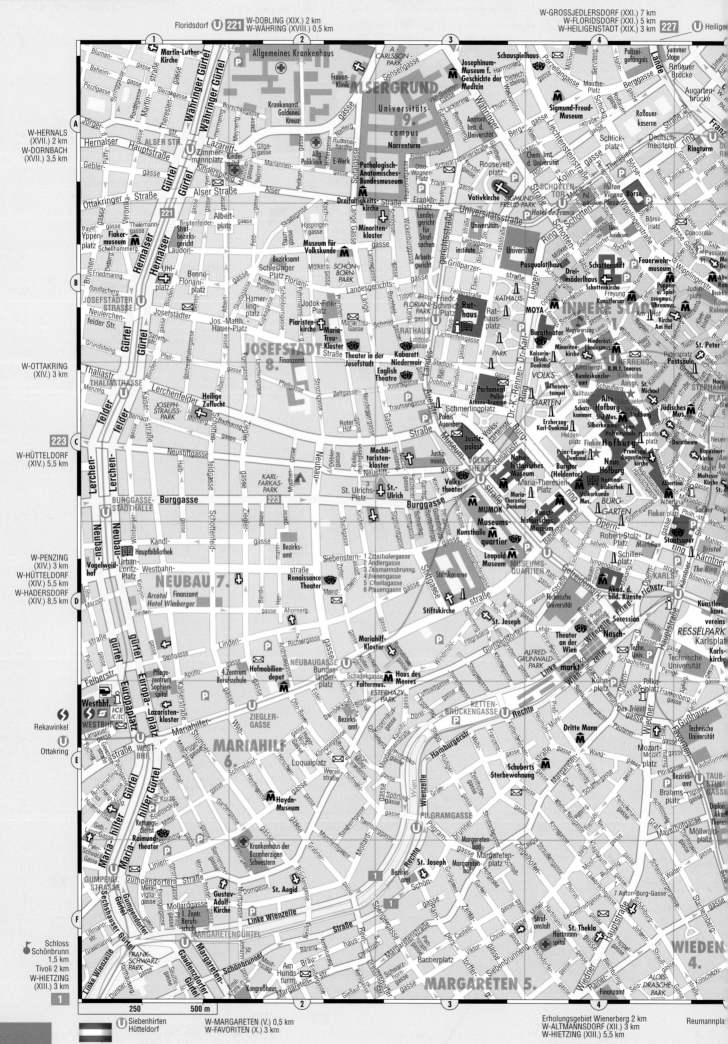

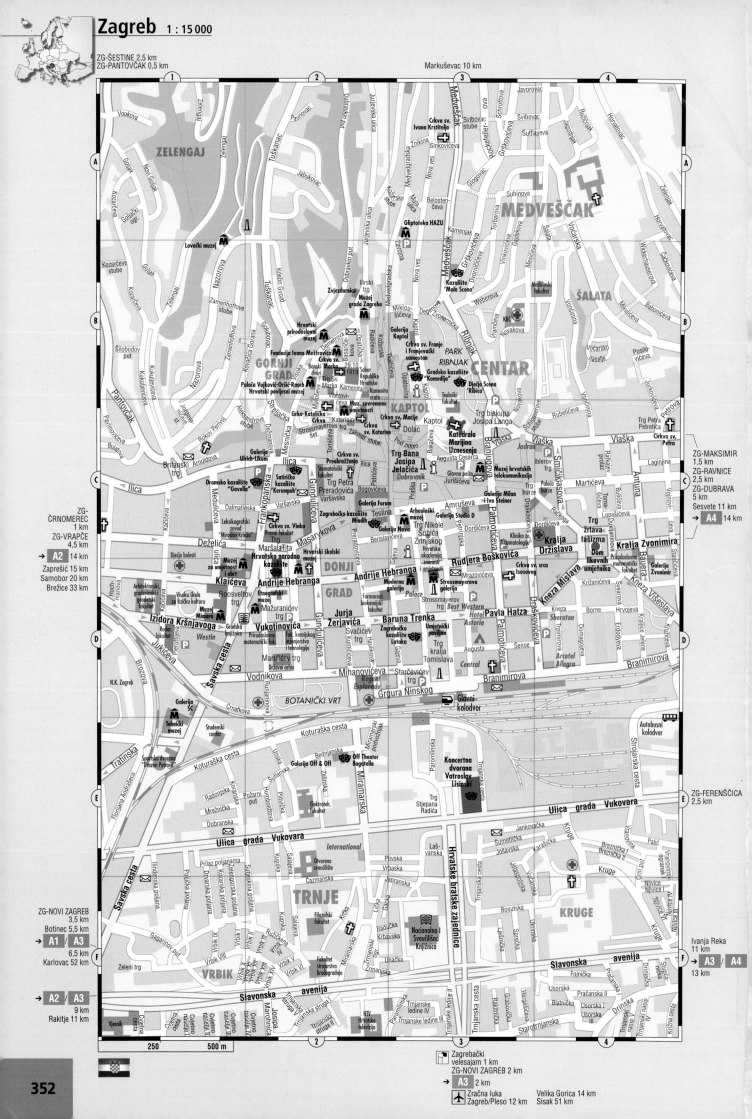